ANTOLOGÍA DE ANÉCDOTAS

NOEL CLARASÓ

# ANTOLOGÍA
# de
# ANÉCDOTAS

EDITORIAL ACERVO
BARCELONA

© NOEL CLARASÓ, 1971

© EDITORIAL ACERVO, S.L.
Barcelona

Diseño cubierta: J.A. Llorens

ISBN 978-84-7002-003-2

Primera edición, 1971
Segunda edición, 1978
Tercera edición, 1982
Cuarta edición, 1988
Quinta edición, 1995
Sexta edición, 2016

Ninguna parte de esta publicación, incluido el diseño de la cubierta, puede ser reproducida, almacenada o transmitida en manera alguna ni por ningún medio, ya sea eléctrico, químico, mecánico, óptico de grabación o de fotocopia sin permiso previo del editor.

# INDICE GENERAL

A MANERA DE GUIA                    7

1. ANECDOTARIO GENERAL .          11
2. ANECDOTARIO ESPAÑOL .         671
3. ANECDOTARIO ANONIMO .         781

# A MANERA DE GUÍA

*División del libro.*

Esta ANTOLOGÍA se divide en tres partes. Una primera parte de anécdotas con protagonistas de todo el mundo, excepto españoles. Una segunda parte con protagonistas españoles. Y una tercera parte con anécdotas sin protagonista o anónimas.

Entre los protagonistas españoles han sido incluidos Rubén Darío, por ser de habla española, y Cristóbal Colón, por su vinculación total a España.

*Orden alfabético.*

En las dos primeras partes, las anécdotas se han dispuesto por orden alfabético de los nombres de los protagonistas, con independencia de la cronología. Es la manera más cómoda para la busca de cada grupo.

Algunos personajes se alfabetizan no por el apellido, como se hace con los demás, sino por el nombre propio, por el seudónimo o por el apodo, cuando de esta forma se les conoce generalmente. Así, Ninon de Lenclos se alfabetiza en la N; el filósofo francés Émile Chartier, conocido universalmente por Alain, en la A; y Gonzalo de Córdoba en la G, como Gran Capitán, pues así se le denomina por lo común.

*Fechas y datos.*

En todos los personajes citados se señala la fecha de nacimiento y muerte, para información del lector. Sólo se suprimen estas fechas en algunos de los más modernos o contemporáneos.

Además de las fechas, se añaden algunos datos, como breve resumen histórico o de la obra del personaje protagonista.

Y en ciertos personajes se añaden referencias a temas anecdóticos más o menos relacionados con ellos. Así en Andersen, autor del famoso cuento *La Sirenita*, se incluyen algunos datos anecdóticos sobre las sirenas.

*Selección.*

Para la selección se ha tenido en cuenta:
Dar preferencia a las anécdotas de personajes muy conocidos. Se ha preferido incluir muchas anécdotas de determinados personajes, siempre que éstos sean importantes, puesto que ésas son las anécdotas citables, que dar entrada a muchos más protagonistas menos conocidos, disminuyendo el número de anécdotas de los importantes.

Dar preferencia a los personajes antiguos (más o menos antiguos), si bien se han recogido algunas de personajes modernos y hasta contemporáneos.

*Personajes más y menos anecdóticos.*

Algunos personajes son muy anecdóticos y de ellos se recogen aquí muchas anécdotas. Otros, sin ser menos importantes o siéndolo más, tienen menos anécdota. No siempre está en relación la cantidad de anécdotas con la importancia del personaje. Entre los personajes más anecdóticos figuran, por orden de más o menos antigüedad, Diógenes, Alejandro Magno, Rivarol, Napoleón Bonaparte, Oscar Wilde, Tristan Bernard y G. B. Shaw.

*Son anécdotas independientes.*

Esto se ha de tener en cuenta al leerlas. Que, aunque se han puesto, en cada personaje, más o menos en orden cronológico (o sea que las referidas a su infancia se ponen las primeras y las últimas las referidas a sus últimos tiempos y a su muerte), las anécdotas son independientes unas de otras, como piezas sueltas. Y, debido a esto, el nombre del protagonista se repite en muchas de ellas, y al referirlas se empiezan en forma más o menos parecida.

*Anécdotas atribuidas a más de un protagonista.*

Ocurre con algunas anécdotas que se atribuyen a más de un protagonista. Dos ejemplos: el «vísteme despacio que tengo prisa» se ha atribuido, por lo menos, a tres protagonistas distintos, y lo mismo algunas otras frases anecdóticas como «cuanto más trato a los hombres más prefiero a los perros». Ciertas anécdotas que se encuentran en este caso las hemos referido a un solo personaje, al que nos merecía más crédito como tal.

*Sobre la veracidad de las anécdotas.*

Es evidente que la veracidad de las anécdotas es dudosa siempre, y más dudosa cuanto más antiguo es el protagonista. Siempre las anécdotas, por mucha que sea la consideración histórica que se les dé, tienen algo de leyenda.

Y esto es debido a que las anécdotas no son textos históricos, sino palabras transmitidas de viva voz, hasta un cierto momento al menos, aunque después se hayan consignado por escrito. Y en las referencias que se transmiten de viva voz nunca se dice exactamente la verdad sin desfiguraciones, y las desfiguraciones aumentan a medida que la referencia va pasando por más voces.

Y otra ley que nunca falla es que las anécdotas transmitidas de viva voz tienden, con el tiempo, a abreviarse y simplificarse. Cosa, por otra parte, muy comprensible.

En la mocedad nos entreteníamos con un divertido juego, que consistía en escribir un hecho (inventado, desde luego) en un papel, contarlo a otro al oído; éste a su vez, lo contaba al oído a otro; éste a otro, y así sucesivamente hasta el último. El último lo escribía y se comparaban las dos versiones. Guardamos uno de los relatos que usábamos en este juego, en sus dos versiones. La primera versión dice:

«Una mujer, hija de un carpintero pobre y viuda de un viudo, se casó en segundas nupcias con el hijo del primer matrimonio de su marido, y de este matrimonio nacieron dos hijos, uno de los cuales fue jardinero como el primer marido de su madre, y el otro fue carpintero como el vecino de enfrente en cuyo taller empezó a trabajar.»

La segunda versión, después de pasar el relato por varias personas, siempre de oídas, es la siguiente:

«La viuda de un jardinero con dos hijos se casó con un vecino carpintero, y de este matrimonio nacieron otros dos hijos, uno de los cuales fue jardinero, como el primer marido de su madre, y el otro carpintero como su padre.»

Como se ve, cambian muchos datos y todo se abrevia y simplifica. Quede, pues, establecido que las anécdotas, reflejo siempre de algo que pudo suceder, nunca son verdades históricas. Aunque las que se repiten siempre igual ya han entrado en la inmutabilidad de la leyenda.

NOEL CLARASÓ

PRIMERA PARTE

# ANECDOTARIO GENERAL

# INDICE

Achard, Marcel, 19
Adenauer, Conrad, 20
Alain, 20
Alarico, 21
Alejandro Magno, 21
Alejandro I de Rusia, 34
Alejandro II de Rusia, 37
Alejandro III de Rusia, 37
Allais, Alfonso, 38
Amazonas, 40
Amundsen, Roald, 41
Andersen, Christian, 42
Aníbal, 45
Anouilh, Jean, 46
Annunzio, Gabriele d', 46
Apeles, 51
Apollinaire, 53
Aristóteles, 53
Arquímedes, 55
Asquith, Herbert H., 55
Atila, 56
Augusto, 56
Aznavour, 58
Bach, Juan Sebastián, 59
Bailly, Juan Silvano, 60
Baltasar, 60
Balzac, Honorato de, 61
Banville, Teodoro, 70
Barbey d'Aurevilly, Jules, 71
Bardot, Brigitte, 72
Barrault, Jean Louis, 73
Barry, Du, 73
Baudelaire, Charles, 74
Baum, Vicky, 77
Beethoven, Ludwig van, 77
Bergson, Henri, 81

Bernadotte, Juan Bautista, 82
Bernard, Tristán, 87
Bernhardt, Sarah, 96
Bernstein, Henri L., 100
Bismarck, Otto, 100
Blum, Leon, 103
Bolena, Ana, 103
Bonaparte, José, 104
Bonaparte, Napoleón, 104
Bonaparte, Paulina, 120
Bontempelli, Massimo, 121
Borgia, Lucrecia, 122
Borodin, Alejandro, 123
Brahms, Johannes, 123
Briand, Arístides, 125
Brillat-Savarin, 128
Brummell, George B., 130
Buridán, 132
Byron, Lord, 133
Cabarrús, Teresa, 138
Cagliostro, Conde de, 140
Calígula, 141
Cambises, 142
Cambronne, Pierre, 143
Campanile, Achile, 143
Camus, Albert, 144
Carlomagno, 144
Carlyle, Thomas, 145
Carnegie, Andrew, 146
Carol, Martine, 148
Caruso, Enrico, 148
Casanova, Giacomo, 150
Castiglione, condesa de, 151
Catalina I de Rusia, 154
Catalina II de Rusia, 155
Catón, 158

César, Julio, 159
Cézanne, Pablo, 161
Cicerón, M. Tulio, 163
Citroën, 166
Clary, Deseada, 166
Clemenceau, George, 169
Cleopatra, 174
Cocteau, Jean, 176
Colette, 179
Condé, príncipe de, 179
Conan Doyle, Arthur, 179
Coolidge, Calvin, 181
Cooper, Gary, 182
Coppée, François, 183
Corday, Carlota, 184
Cornelia, 186
Corvisart, Jean, 186
Courteline, Georges, 187
Coward, Noel, 188
Cristina de Suecia, 189
Croce, Benedetto, 192
Crommelynck, Ferdinand, 193
Cromwell, Oliverio, 193
Cyrano, 195
Chagall, 195
Chaliapin, Feodor, 196
Chamberlain, Joseph, 198
Chamberlain, Austin, 199
Chaplin, Charles, 199
Chateaubriand, vizconde de, 200
Chéjov, Antón, 200
Chesterton, Gilbert K., 201
Chevalier, Maurice, 203
Chiang Kai-Chek, 210
Chopin, Federico, 210
Churchill, Sarah, 216
Churchill, Winston, 216
Damocles, 220
Dante Alighieri, 221
Danton, George-Jacques, 223
Darío I el Grande, 225
Darwin, Charles, R., 226
Daudet, Alfonse, 228
Debussy, Claude, 231
Degas, Edgar Hilaire, 232
Demóstenes, 234
Dickens, Carlos, 236
Dietrich, Marlene, 238
Diógenes, 238
Disraeli, Benjamín, 243
Dors, Diana, 244
Dostoievski, Fedor, 244

Douglas, Kirk, 249
Dracón, 249
Duhamel, Georges, 249
Dulles, Foster, 250
Dumas, Alejandro (padre), 250
Dumas, Alejandro (hijo), 259
Duse, Eleonora, 261
Eden, Antony, 264
Edison, Thomas A., 264
Eduardo III de Inglaterra, 266
Eduardo VII de Inglaterra, 266
Einstein, Alberto, 273
Eisenhower, Dwight D., 276
Eliot, T. S., 276
Enrique IV de Francia, 277
Erasmo de Rotterdam, 278
Escipión el Africano, 279
Esopo, 279
Esquilo, 282
Eurípides, 282
Faruk de Egipto, 284
Faulkner, William, 285
Federico el Grande, 285
Felipe de Edimburgo, 291
Felipe IV el Hermoso de Francia, 191
Felipe Neri, san, 292
Félix, María, 293
Fernandel, 293
Feydeau, George, 294
Filipo de Macedonia, 296
Flammarion, Camile, 297
Flaubert, Gustavo, 297
Fontenelle, 301
Fontenoy, batalla de, 306
Ford, Henri, 308
Fouché, Joseph, 308
Fouquier-Tinville, 311
Fragonard, Jean-Honoré, 312
France, Anatole, 312
Francisco I de Francia, 323
Francisco José I de Austria, 324
Franck, César, 325
Freud, Sigmund, 326
Gabin, Jean, 327
Galileo Galilei, 327
Garbo, Greta, 328
Gaulle, Charles de, 330
Gautier, Teófilo, 333
Gengis Khan, 337
Gide, André, 338
Gioconda, la, 339

Giraudoux, Jean, 340
Gluck, Christophe W., 341
Goethe, Johann W., 342
Gogol, Nicolás, 346
Goncourt, Edmundo y Julio, 347
Grant, Ulises, 349
Grock, 350
Guatimozin, 351
Guillermo II de Alemania, 352
Guitry, Lucien, 354
Guitry, Sacha, 355
Gustavo V de Suecia, 360
Haile-Selasie, el Negus, 361
Hamsun, Knut, 362
Hayworth, Rita, 363
Hegel, G. Federico, 363
Heine, Enrique, 363
Hemingway, Ernesto, 369
Hope, Bob, 372
Hugo, Víctor, 372
Humberto I de Italia, 376
Huxley, Aldous, 376
Ibn Saud de Arabia, 377
Ibsen, Henrik, 377
Ingres, Juan-Augusto, 381
Isabel I de Inglaterra, 384
Isócrates, 387
Istrati, Panait, 388
Jerome K. Jerome, 388
Jorge VI de Inglaterra, 389
Josefina, emperatriz de Francia, 389
Jouvet, Louis, 392
Kant, Emmanuel, 393
Khan, Aga, 394
Khan, Alí, 394
Kipling, Rudyard, 395
Kirkegaard, Sören, 398
Kruschev, Nikita, 398
Labiche, Eugenio, 399
Lagerlöf, Selma, 400
Lao-Tse, 401
La Rochefoucauld, 402
Lawrence, David H., 402
Lebrun, Alberto, 403
Lenin, 404
Lennon, John, 404
Leónidas, 405
Lesseps, Fernando de, 405
Lehar, Franz, 406
Lewis, Sinclair, 406
Licurgo, 406

Lifar, Sergio, 407
Lincoln, Abraham, 407
Lindbergh, Charles, 409
Liszt, Franz, 409
Lollobrigida, Gina, 413
Lúculo, 414
Luis XIV de Francia, 415
Luis XV de Francia, 421
Luis XVI de Francia, 424
Lutero, Martín, 427
Lyautey, Louis H. G., 428
Lloyd George, 428
Mac Arthur, Douglas, 430
Magnani, Ana, 430
Manet, Eduardo, 431
Mann, Thomas, 432
Maquiaveio, 432
Marco Antonio, 434
Marco Aurelio, 435
María Antonieta de Francia, 436
María Estuardo, 442
Marina, doña, 446
Mario, 447
Mascagni, 448
Mata-Hari, 448
Matisse, Henri, 449
Maugham, Somerset, 450
Mauriac, François, 454
Maurois, André, 456
Mazarino, 457
Medicis, Lorenzo, 458
Merimée, Próspero, 458
Metternich, príncipe de, 459
Midas, 460
Miguel Angel, 461
Milton, Johannes, 464
Mille, Cecil B. de, 465
Mistinguet, 465
Mistral, Federico, 467
Mitchum, Robert, 469
Modigliani, Amadeo, 469
Monet, Claude, 470
Monroe, Marilyn, 472
Montes, Lola, 472
Montgomery, Bernard L., 473
Moravia, Alberto, 474
Morgan, Charles, 474
Morgan Pierpont, 474
Mozart, 476
Musset, Alfred, 478
Mussolini, Benito, 483
Nelson, Horacio, 483

15

Nerón, 485
Newton, Isaac, 486
Ney, mariscal, 488
Nietzsche, Federico, 489
Nijinsky, 490
Ninon de Lenclos, 490
Oscar II de Suecia, 494
Paderewsky, Ignacio, 494
Paganini, Nicolas, 495
Pagnol, Marcel, 497
Papini, Giovanni, 497
Paris, 498
Pascal, Blas, 499
Pasteur, Louis, 499
Patti, Adelina, 501
Paulova, Ana, 504
Pedro I de Rusia, 507
Peguy, Charles, 508
Pericles, 508
Petain, Felipe, 509
Petrarca, 509
Petronio, 511
Pirandello, Luigi, 511
Pirro, 513
Platón, 513
Poe, Edgar A., 514
Poincaré, Raimond, 516
Pompadour, marquesa de, 517
Pompeyo, 519
Popea, 519
Potemkin, Gregory A., 520
Praxiteles, 522
Proust, Marcel, 523
Puccini, Giacomo, 524
Puchkin, Alejandro, 526
Rachel, 527
Rachilde, 528
Rafael Sanzio, 528
Remarque, Eric María, 530
Rembrandt, 530
Renan, Ernesto, 531
Renoir, Augusto, 532
Revolución francesa, 533
Ricardo III de Inglaterra, 537
Rice, Edgar R. Burroughs, 537
Richelieu, cardenal, 537
Rilke, Rainer María, 539
Rimbaud, Arturo, 539
Rimsky-Korsakof, 540
Rivarol, Antoine, 540
Robespierre, Maximiliano, 542
Rockefeller, John D., 543

Rodin, Augusto, 544
Roosevelt, Franklin Delano, 546
Roosevelt, señora, 547
Rossini, Gioacchino, 547
Rousseau, Juan Jacobo, 550
Rubens, Pedro Pablo, 552
Rubinstein, 553
Rusell, Bertrand, 553
Sagan, Françoise, 553
Sainte-Beuve, Carlos Augusto, 554
Salinas, Juan, 554
Sand, George, 554
Sandwich, 558
Satie, Erik, 559
Schopenhauer, Arturo, 559
Schumann, Roberto, 560
Schweitzer, Alberto, 561
Sevigné, marquesa de, 561
Shakespeare, 561
Shaw, George B., 564
Shelley, Percy B., 585
Sinclair, Upton, 586
Sócrates, 587
Solón, 591
Steinbeck, John, 592
Staël, madame, 593
Stalin, 595
Stendhal, 596
Taine, Hipólito, 598
Talleyrand, Carlos Mauricio, 599
Tamerlan, 603
Tasso, Torcuato, 604
Tchaikowsky, Peter, 604
Tell, Guillermo, 606
Temístocles, 607
Thackeray, Guillermo M., 608
Thales de Mileto, 609
Tiberio, 610
Ticiano, 611
Tolstoi, León, 612
Toscanini, Arturo, 615
Toulouse-Lautrec, 616
Trajano, 616
Trotsky, 617
Turguéniev, 618
Twain, Mark, 620
Utrillo, Mauricio, 628
Valéry, Paul, 630
Vanderbildt, 631
Van Gogh, Vicente, 631
Verdi, Giuseppe, 633
Verlaine, Paul, 637

Victoria de Inglaterra, 637
Vigny, Alfred de, 638
Villa, Pancho, 639
Vinci, Leonardo de, 641
Virgilio, 642
Voltaire, 643
Vollard, Ambrosio, 647
Wagner, Ricardo, 649
Walpole, Robert, 652
Welles, Orson, 652
Wellington, 652
Wilde, 654
Windsor, duque de, 662
Whistler, Jacobo, 664
Whitman Wald, 666
Wolfromm, George, 666
Wood, Natalie, 667
Yugurta, 667
Zenón, 668
Zola, Emilio, 669

## ACHARD, Marcel

Este autor francés de comedias, nacido en 1899, ha tenido, como otros muchos autores, sus diferencias con los críticos. Un día estaba en un restaurante comiendo mano a mano con un crítico que más de una vez le había tratado con poca consideración. Alguien los vio y, después, le preguntó a Achard:
—¿No estabas enfadado con este crítico?
—Sí, y lo estoy.
—¿Y comes con él?
—Es que él no lo sabe y como voy a estrenar pronto, pues ¡cualquiera se lo dice!

Existe una famosa novela francesa —*Les liaisons dangereuses*—, escrita en 1782 por Choderlos de Laclos que, además de muy buena novela, es uno de los libros más atrevidos que se han escrito en buena literatura. Marcel Achard hizo la versión teatral, estrenada en París en 1952. Antes del estreno le preguntaban al autor de la versión si el público no se escandalizaría por el atrevimiento de algunas escenas. Achard les tranquilizó.
—No —dijo—, he hecho el arreglo de tal modo que todo lo excesivamente atrevido pasa durante los entreactos, y nadie lo ve.

Marcel Achard estuvo viendo con un amigo suyo, crítico de cine, una película de Marilyn Monroe. A la salida el crítico le decía:
—Es bonita y tiene un cuerpo provocativo; pero no es actriz. Mañana en la crítica la voy a hacer pedazos.
—Y si te sobra alguno mándamelo a casa; yo lo aprovecharé.

Comentaba las palabras de otro escritor que, en justificación de lo poco que trabajaba, había dicho: «Yo sólo trabajo cuando debo dinero para ganar lo que me hace falta para pagar mis deudas». Y decía que no trabajar no es siempre una buena solución. Lo decía así:
—No hacer nada cuando no se tiene nada que hacer es aburri-

dísimo. Lo único divertido es tener algo que hacer y no hacerlo. Y tener un día ocupadísimo y no hacer nada en todo el día, es el colmo de la felicidad.

## ADENAUER, Conrad

El que fue jefe del Estado alemán, canciller durante muchos años y hasta una edad muy avanzada, tenía fama de aprovechar sus vestidos hasta caérsele de viejos. Se cuenta que una vez unas señoras dedicadas a la caridad le visitaron y le pidieron si tenía algún vestido para dar a los pobres.
—No; no tengo ninguno. Para dar, se entiende.
—Pues ¿qué hace con los trajes viejos?
—Los llevo puestos.

## ALAIN

El filósofo francés Alain (Émile Chartier, 1868-1951) aconsejaba a sus discípulos que no leyeran demasiados libros. Les decía:
—Si se eligen bien, basta con un centenar de libros para toda la vida; a condición de leerlos una y otra vez.
—¿Siempre los mismos libros? —le preguntaba un alumno.
—No son los mismos. ¡No sabéis la cantidad de nuevas ideas que se encuentran en los buenos libros cada vez que se vuelven a leer!

Alain ponía la misma dedicatoria a muchos de sus libros dedicados. Una larga dedicatoria, así:
«Repito a mi querido amigo X X lo mismo que he dicho a otros muchos amigos: detesto a aquellos que dicen oscuramente las cosas claras. Y también detesto a aquellos que dicen claramente las cosas oscuras. Y que son los mismos, según he podido observar.»

En sus lecciones de filosofía ponía, a veces, curiosos ejemplos. En una lección sobre los distintos sentidos que pueden tener los nombres de los colores, puso este ejemplo a sus alumnos:
«Un padre y un hijo van de paseo. El niño se detiene delante de un árbol lleno de pequeños frutos y pregunta:
—¿Qué árbol es?
—Un ciruelo de esos de ciruelas negras.
—¿Negras? Pues yo las veo rojizas.
—Es que están verdes.»

Alain era contrario a las definiciones. Decía que ninguna defi-

nición explica de veras el objeto definido. Que mucho mejor que definir las cosas es explicarlas más o menos. Y ponía un ejemplo práctico en apoyo de la inutilidad de la definición. Preparaba pasta de esculpir sobre la mesa; pedía a un alumno que definiera una taza y él iría haciendo con el barro lo que el alumno dijera.
El alumno empezaba:
—Una taza es un objeto cilíndrico...
Alain hacía con el barro un cilindro largo y delgado.
—No, no; de un ancho de pocos centímetros y de un largo parecido.
Alain cortaba de su cilindro un trozo de tres centímetros de ancho y de largo.
—No, no; más largo y más ancho.
Alain le añadía dos o tres centímetros más al bloque cilíndrico.
—Vacío por dentro.
Alain lo vaciaba un poco por dentro a ambos lados.
—No, no; por uno de los lados, no. Y más vacío.
Y de este modo estaban mucho rato y nunca de lo que decía el alumno, hecho en pasta, salía una taza. Y Alain terminaba la lección así:
—Una taza es una taza. No hay otra definición. Y ésta todo el mundo la entiende.

## ALARICO

Este rey godo (370-410) fue uno de los destructores de Roma. Atacó la ciudad, la invadió y sus huestes la saquearon despiadadamente durante seis días. Así el primer destructor de la obra del hombre ha sido siempre el hombre.
Roma estaba sitiada y el senado mandó emisarios a Alarico. Y los emisarios, con el intento de hacerle desistir, le dijeron:
—En Roma hay un gran ejército. Y mucha gente, que luchará toda contra ti.
Y Alarico les contestó:
—Mejor se siega la hierba cuanto más espesa es. Decid a los romanos que ellos son la hierba y yo soy la guadaña.

## ALEJANDRO MAGNO

Se cuenta de Alejandro Magno (356-323 a. de J.C.) —el cual, como se ve, murió muy joven, a los 33 años—, que en su guerra contra Darío le estaba derrotando. Y Darío le mandó un mensajero con esta embajada: que si se avenía a hacer las paces, le ofrecía la mano de su hija la princesa Statira, con todo el territorio de Asia

Menor como dote y un tesoro de diez mil talentos. Parmenon, consejero privado de Alejandro, le dijo:
—Si yo fuese Alejandro, aceptaría.
—También lo aceptaría yo, si fuese Parmenon.

Uno de los generales de Alejandro, intentando convencerle de que fuese menos pródigo, le dijo:
—Si todo lo das, te vas a quedar pronto sin nada.
—No lo creas. Me quedará siempre la dicha de haber conseguido yo todo lo que doy a los demás, y la esperanza de seguir consiguiendo más para que mis dádivas sean cada vez más generosas.

Era hijo de Filipo y de su primera mujer Olimpia. Después Filipo repudió a Olimpia y se casó con otra. Fue discípulo de Aristóteles. Se casó con una princesa llamada Rojana. Su caballo, llamado Bucéfalo, fue muerto en una batalla y Alejandro fundó, en su memoria, la ciudad de Bucefalia. Es considerado uno de los genios militares de la historia de la humanidad. Era todavía mocito cuando, en un banquete, un hermano de la segunda mujer de su padre, dijo a los comensales:
—Filipo os dará, gracias a su matrimonio, un heredero legítimo.
Alejandro se levantó y le gritó:
—¿Soy yo acaso un bastardo?
Y, al decir esto, arrojó una copa a la cabeza del hermano de la mujer de su padre. Filipo, padre de Alejandro, encolerizado por la actitud de su hijo, se levantó para lanzarse sobre él. Pero había bebido mucho, tropezó y cayó al suelo. Y Alejandro le gritó:
—¿Y tú piensas conducir nuestros ejércitos, cuando no eres capaz de conducirte a ti mismo a través de la estancia?

Estando ya Alejandro en la adolescencia, regalaron a su padre Filipo el caballo llamado Bucéfalo. Era un animal indómito y Filipo dijo que no lo quería. Y Alejandro le gritó:
—Te pierdes un buen caballo por no saber manejarlo.
—Y tú, ¿quién eres para darme lecciones? Me faltas al respeto como si tú fueses capaz de montarlo.
—Lo montaré, y el caballo me obedecerá.
—Y si fracasas, ¿qué precio pagarás por tu temeridad?
—El precio que pagarás tú por el caballo.
Todos se burlaban de Alejandro por sus desplantes. Pero él se acercó al caballo y en seguida se dio cuenta de que lo que le asustaba era su propia sombra. Lo acarició, lo hizo poner de forma que no viera la sombra, soltó las riendas y lo dejó correr. Cuando le vieron regresar con el caballo dominado, todos le aclamaron. A Filipo se le llenaron los ojos de lágrimas, besó la cabeza de su hijo y le dijo:

—Tendrás que buscar un reino digno de ti, pues en Macedonia no cabrá tu grandeza futura.

El rey Filipo, padre de Alejandro, regresó herido de una batalla en la que, como en todas aquellas en las que participaba, salió vencedor. La herida le dolía y se quejaba con frecuencia del dolor. Y Alejandro le dijo:
—Mejor será que no te lamentes, pues tus lamentos no ayudarán a tu curación. Y de esta herida deberías estar orgulloso, puesto que te recuerda la última victoria obtenida sobre tus enemigos.
Posiblemente Filipo le contestó:
—Gracias, hijo mío.

Alejandro Magno no era físicamente grande, sino más bien pequeño. Muy fuerte, pero no alto, sino lo contrario. Parece que sentado en el trono de Ciro no le llegaban los pies a tocar el suelo. Después de su victoria sobre Darío usaba, como escabel donde apoyar los pies cuando se sentaba en el trono, una mesa de campaña del derrotado rey de los persas. Un eunuco de Darío le dijo que aquello no estaba bien, que era una humillación innecesaria del nombre del vencido. Y uno de los filósofos que acompañaban a Alejandro, un tal Filoto, le contestó al eunuco:
—Te equivocas, eunuco; esto no es una humillación, sino una advertencia. Así se advierte Alejandro a sí mismo que la inestabilidad es condición propia de los imperios de los hombres.

La madre de Alejandro era muy dada a las intrigas políticas y le gustaba intervenir en las funciones de gobierno, cosa que Alejandro le impedía. En una de sus largas ausencias guerreras, Alejandro dejó a Antipatro como gobernador de Macedonia. Y recibió después un mensaje de Antipatro en el que se quejaba de las continuas injerencias de Olimpia en el gobierno del país. Y le rogaba que no tardara en regresar para poner remedio a aquellas injerencias.
Y Alejandro, después de leer el mensaje, exclamó:
—Antipatro es un buen gobernante, pero no conoce a los hombres. No sabe que una sola lágrima de una madre puede hacer olvidar todo lo que él me dice en esta carta.

En un banquete en el que participaban Filipo de Macedonia, su hijo Alejandro y la segunda mujer de Filipo, Alejandro, que era hijo de la primera mujer, Olimpia, no tuvo con la otra mujer las atenciones que el rango de ella exigía. Filipo se lo recriminó y Alejandro no le hizo ni caso. Filipo se levantó y fue hacia su hijo, enfurecido, para castigarle. Pero había bebido mucho, le flaquearon las piernas y cayó cuan largo era. Y entonces Alejandro dijo a los otros comensales:

23

—Mi padre es un gran rey. Pero su grandeza, ya lo veis, no puede nada contra la mía. Esto es una buena señal para la futura gloria de nuestro imperio.

La Macedonia antigua correspondía, más o menos, a las actuales Grecia, Yugoslavia y Bulgaria. En tiempo de la juventud de Alejandro, Macedonia empezó a participar en los juegos olímpicos de Grecia. Ya entonces el deporte era el único vínculo capaz de unir a naciones enemigas (las naciones de entonces eran enemigas todas). Pero Alejandro no participó nunca... Y una vez que le preguntaban por qué no participaba contestó:
—No puedo medir mis fuerzas contra otros atletas que no sean reyes o hijos de reyes.

La primera victoria sonada de Alejandro fue en la batalla de Queroneso. Y, al regresar victorioso, su padre le dijo:
—Macedonia es poco para ti, hijo mío. Tendrás que buscar otro reino más grande.
Y en esta busca Alejandro perdió la vida. Aunque, entretanto, hizo otras muchas cosas, entre ellas fundar la ciudad egipcia de Alejandría, que fue, a través del tiempo, la menos destruida de todas las ciudades del imperio de Alejandro.

Cuenta Aulo Gelio que la madre de Alejandro, de la que otros historiadores apenas dicen nada, era mujer de mucho ingenio y buena consejera de su hijo en ciertos casos. Dice que, habiendo aceptado Alejandro el título oficial de «Hijo de Zeus», empezó así una carta dirigida a su madre: «El rey Alejandro, hijo de Zeus, a su madre Olimpia». Y que Olimpia le contestó: «Te ruego, hijo mío, que no uses títulos que podrían crearme conflictos con la diosa Juno, por celos en este caso, puedes estar seguro, injustificados».

Leemos una anécdota referida a Alejandro, tomada de Américo Scarlatti. Tal como la leemos la ponemos aquí: un mal poeta griego llamado Querilo se obstinó en unirse a las expediciones de Alejandro para cantar sus proezas. Alejandro le autorizó. Querilo compuso un largo poema del que Alejandro era el héroe y le rogó que se lo escuchara. Alejandro accedió, pero con una condición: Que por cada buen verso del poema le darían una moneda de oro, y por cada mal verso un bofetón. Y que un jurado de poetas dictaminaría sobre la calidad de los versos. Querilo aceptó y empezó la lectura, que no pudo terminar porque los bofetones le causaron la muerte antes de llegar a la mitad.

Alejandro quería mucho a Bucéfalo, su caballo. Y una vez muerto mandó hacer una estatua que se lo recordara. Todos los días le ponían a la estatua el mismo alimento que habría tomado el caballo. Alimento que, seguramente, después de un rato, repartían entre los otros caballos.

Aquiles es uno de los guerreros más famosos de la leyenda clásica. Fue el héroe principal de los griegos en la guerra de Troya, en la que provocó a Héctor en lucha singular y le mató. Aquiles era invencible, porque sólo una pequeña parte de su cuerpo, el talón izquierdo, era vulnerable. Su madre Tetis, para hacerle invulnerable, le bañó en la laguna Estigia, pero le sostuvo por el talón mientras le bañaba y la invulnerabilidad no le alcanzó aquella parte de su cuerpo. Y por allí le hirió la flecha de Paris dirigida por Apolo. Aquiles se había retirado de la guerra de Troya después de un disgusto que tuvo con Agamenón. Y no volvió hasta que supo la muerte de su íntimo amigo Patroclo. Y, para vengarle, mató a Héctor, que había dado muerte a Patroclo.

Alejandro Magno contemplaba una vez una estatua de Aquiles y no parecía muy contento.

—¿No te gusta? —le preguntaban.

—Le envidio —dijo Alejandro,

Y explicó su envidia así:

—Le envidio porque tuvo un amigo fiel (Patroclo) y un poeta como Homero que cantó sus heroicidades.

Alejandro recibía a los embajadores del rey de Persia, Darío. Les preguntaba cosas de su país y ellos le hablaban de las riquezas que Darío guardaba acumuladas. Y, al fin, Alejandro les dijo:

—Vuestro rey es rico, pero su riqueza se la puedo quitar. Yo no soy rico, pero soy grande; y mi grandeza no me la puede quitar nadie.

Cuando Alejandro se disponía a emprender su primera expedición guerrera por tierras de Asia, Aristóteles, su maestro, le dijo:

—Eres muy joven para la guerra. Mejor harías en esperar un tiempo y entonces la prudencia podría ser ya tu consejera.

—No lo dudo, pero ahora mis consejeros serán el impulso y la audacia, propios de la juventud.

Y gracias a tales consejeros obtuvo, en su primera expedición, sus primeras victorias.

Que fue rey de Macedonia y discípulo de Aristóteles es cosa generalmente sabida, sobre todo lo primero; que conquistó casi todo el mundo entonces conocido, también. Y es posible que casi todo el mundo sospeche que tanta conquista sólo le sirvió para la satisfacción de su afán de poder y de su instinto guerrero, pues no consiguió ni pacificar todo lo conquistado ni gozarlo en paz. Murió a los 33 años y, a su muerte, continuaron dominando el mundo conocido los cuatro jinetes del Apocalipsis.

25

Plutarco, en su *Vida de Alejandro*, asegura que un rayo cayó sobre la madre de Alejandro sin hacerle ningún daño, y que después de esto vio que estaba encinta. Y así no le fue difícil al padre de Alejandro suponer que su hijo había sido engendrado a medias entre él y los dioses, los últimos en forma de rayo.
El día del nacimiento de Alejandro (que no fue un día de día sino un día de noche) ardió el templo erigido a Diana, en Efeso. Diana es el nombre que los latinos dieron a la diosa Artemisa.

Cuenta Plutarco que Alejandro fue educado, desde muy niño, para la guerra y, como buen guerrero, para la victoria. Y como niño que sabía sacar fruto de la educación que le daban, una vez que su padre Filipo regresó victorioso de una batalla, en vez de mostrar alegría mostró enfado y le gritó a su padre:
—Si tú ganas todas las batallas, ¿qué dejarás para mí?
Así hablaban, se ve, los héroes guerreros de entonces.

Alejandro, muy joven todavía (todo lo hizo en la juventud, pues apenas si llegó a la madurez), participaba en un banquete. Y de sobremesa unió su voz a la de los cantores y cantó con ellos. Resultó que su voz era agradable y que cantaba muy bien. Los otros enmudecieron y, durante un buen rato, sólo se oyó la voz de Alejandro. Hasta que su padre le interrumpió con esta advertencia:
—¿No te da vergüenza, hijo mío, cantar así?
Le daba a entender con esto que el canto no es una virtud guerrera, ni una condición natural digna de un rey.

Alejandro tuvo, además de Aristóteles, otro preceptor llamado Leónidas. Y una vez que Alejandro ofrecía sacrificios a los dioses, quemaba tanto incienso que Leónidas le advirtió:
—Tanto incienso a la vez es un desperdicio.
Más tarde Alejandro conquistó la Arabia, donde el incienso se produce. Y regresó a Macedonia con un cargamento de incienso. Llamó a Leónidas, le enseñó el incienso y le dijo:
—Según tú yo lo desperdiciaba. Y ya ves cómo los dioses me devuelven, con creces, lo que yo desperdicié por ellos.

Un mendigo, llamado Bianco, pidió limosna a Alejandro. Y el rey le dio a elegir entre las ciudades conquistadas, con la promesa de nombrarle gobernador de la que eligiera. Bianco no creía que aquello fuese posible. Y Alejandro le dijo:
—No pienses en ti, que sólo eres el mendigo Bianco. Piensa en mí, piensa que es Alejandro el que da. Y la dádiva tiene que ser digna de mí; no de ti.

Uno de los soldados de Alejandro se llamaba también Alejandro. Y el rey de Macedonia le llamó a su presencia. El soldado le dijo:

—Cambiaré mi nombre por otro, si es esto lo que quieres de mí.
—No es esto lo que quiero. Pero si te llamas Alejandro, como me llamo yo, quiero que, en las batallas, hagas honor a este nombre, como se lo hago yo.
Y así supo hacer, de un soldado, un héroe.

El filósofo Zenocrates era amigo de Alejandro. Y un día Alejandro, para recompensarle, le dio una bolsa llena de monedas de oro. Zenocrates no quiso tomar el dinero. Dijo que no lo necesitaba para nada. Alejandro le gritó:
—¡Mala filosofía la tuya! ¿Es que no dispones de amigos entre los cuales puedas repartir este dinero? No me bastan a mí los tesoros de Darío para recompensar a todos mis amigos, y ¿no eres capaz tú de repartir entre los tuyos las monedas de esta bolsa? Compadezco tu filosofía.

El poeta Antagora iba con las huestes de Alejandro y cantaba en buenos versos (de los que no se conoce ninguno) las proezas del héroe. Antagora era muy aficionado a la pesca y él mismo se guisaba los peces después. Un día, Alejandro le sorprendió mientras guisaba los que acababa de pescar. Y le preguntó:
—¿Crees que Homero, cuando cantaba las proezas de los héroes griegos y troyanos, se entretenía guisando peces?
Y el poeta le contestó con otra pregunta:
—¿Crees tú que los héroes griegos y troyanos de aquella guerra se metían con lo que hacía Homero entre canto y canto?
Parece que la contestación divirtió mucho a Alejandro.

Cuenta Plutarco que un emisario conducía al palacio de Alejandro un mulo con un cargamento de oro. Tanto oro llevaba el mulo, que no pudo con el peso y se desplomó. El emisario cargó el oro sobre sus hombros y así, despacito, agobiado, sustituyó al mulo y consiguió llegar a palacio. Cuando Alejandro le vio tan agotado le preguntó:
—¿Serías capaz de llevar este oro un poco más lejos?
—Por ti, Alejandro, soy capaz de todo.
—Pues si lo llevas hasta tu casa, tuyo es.
No dice Plutarco si el buen hombre consiguió o no llevar el oro hasta su casa.

Las expediciones guerreras de Alejandro no tenían fin. Algunos de sus hombres empezaban a cansarse. Uno de ellos, en nombre de otros muchos, habló con Alejandro:
—¿Cuándo podremos regresar a nuestros hogares? Hemos dejado allí a nuestras mujeres y a nuestros hijos y deseamos reunirnos con ellos otra vez.
Alejandro no intentó retenerlos:

—Podéis iros. No os necesito. Alejandro sabrá encontrar soldados en cualquier parte en donde haya hombres.
Y los soldados se quedaron.

Durante su expedición a la India, uno de los reyes de allí, llamado Tassilo, se presentó a Alejandro y le hizo esta proposición:
—Nada ganamos con la lucha. Sepamos cada uno hasta dónde llegar el poder del otro, y si yo soy más poderoso que tú, yo te ayudaré; y si tú eres más poderoso que yo, tú me ayudarás. Y así resolveremos nuestro encuentro con bondad, con generosidad y con cortesía.
Alejandro pensó la contestación y, después de pensarla, la dio así:
—No quiero que sepa la historia que tú me has vencido en bondad, en generosidad, ni en cortesía. Acepto, pues, tu proposición. Quien es más poderoso lo sabremos después de la batalla; démosla, pues, y después haremos lo que tú dices.
En la batalla el reyezuelo Tassilo lo perdió todo. Y, después, Alejandro le ayudó invitándole a unirse a sus fuerzas contra otros reyezuelos vecinos. No habla Plutarco del fin de aquel reyezuelo indio.

Tampoco es muy seguro que Alejandro tuviera siempre mucha consideración con los vencidos. Pero Plutarco cuenta algunos casos de esta consideración. A otro rey de tierras indias, uno llamado Poro, Alejandro, después de hacerle prisionero, le preguntó:
—¿Cómo quieres que te trate?
—Como a un rey.
Y Alejandro le dejó al frente de su reino, al que incluso añadió otros territorios conquistados por él.

Plutarco cuenta que Alejandro, durante su expedición contra Darío, una noche que estaba cansado y sudoroso, se bañó en el río Cidno. Y le dio un fuerte enfriamiento, con fiebre. Ningún médico de los que le acompañaban se atrevía a intentar curarle. Y entonces se presentó otro médico, un tal Filippo d'Acarnia, y dijo que él tenía una pócima con la que devolvería la salud al rey. Los espías dijeron que aquel médico estaba de acuerdo con Darío, e incluso que Darío le había prometido enriquecerle y casarle con una hija suya si administraba a Alejandro la pócima mortal. Sabido todo esto, Alejandro hizo comparecer al médico con la pócima y le preguntó:
—¿Estás seguro de que esto me curará?
El médico se lo aseguró. Y Alejandro tomó la copa y, con la mirada fija en los ojos del médico, como sugestionándole, bebió todo el contenido. La acción del bebedizo fue inmediata y enérgica. Alejandro se desvaneció y le entraron fuertes convulsiones. Pero

pasado un breve tiempo abrió los ojos y se levantó. Estaba curado.
No dice la anécdota lo que hizo con el médico después, si le enriqueció por haberle curado o si lo hizo degollar por haber intentado matarle.

Vencido Darío, entre el botín conquistado estaba también la esposa del rey de los persas. De ella no consta el nombre. A la hora del reparto del botín, le preguntaron a Alejandro qué tenían que hacer con la reina de Persia.
—¿Cómo es?
—Joven y bella.
—Tratadla con todos los honores debidos a su condición.
—¿La quieres ver?
—No.
Y dio esta razón:
—No la quiero ver, porque si es joven y bella me gustará, y como no debo dar cuenta a nadie de mis acciones, haré con ella lo que no está bien hacer con una reina vencida.
Y, según Plutarco, no la conoció. Aunque no dice Plutarco lo que fue después de aquella joven y hermosa reina vencida.

Emisarios que regresaban de espiar al enemigo dijeron a Alejandro que Darío tenía ya en pie de guerra un ejército de muchos hombres, de muchos más que el de Alejandro. Y Alejandro les tranquilizó:
—No importa. Nunca el lobo, antes de atacar un rebaño, se ha preocupado por saber cuántas son las ovejas que lo forman.

Un general de Alejandro le aconsejaba que atacara a Darío en plena noche, pues así le sería más fácil vencerle por sorpresa.
—¡Jamás! —contestó Alejandro—. Soy un guerrero; no un ladrón de victorias.
Y venció a Darío a la luz del sol.

Alejandro supo, por sus emisarios espías, que Darío había concentrado todas sus fuerzas junto a la ciudad de Arbelas. Y sabido esto, la noche antes de la batalla, durmió profundamente. Se despertó con el día y sus capitanes, que no habían dormido, le preguntaban:
—¿Cómo has podido dormir tan bien la noche antes de la primera batalla importante de tu vida?
—Porque quedé muy tranquilo cuando supe que Darío había concentrado todas sus fuerzas en un solo punto, puesto que así supe que me bastaría una sola batalla para destruirlas todas.

Antes de la batalla de Arbelas contra Darío, los generales de Alejandro se quejaban de que los soldados hablaran ya de la

forma en que se repartirían el botín. Y Alejandro les tranquilizó:
—Al contrario; es una buena señal.
—Sí, esto asegura que piensan dedicarse después al pillaje y a la destrucción.
—Pero también asegura que no piensan huir. Y esto es lo principal.

Se cuenta que al aproximarse el ejército de Alejandro al de Darío, tuvo que cruzar un río. El río Idaspe, según parece. Era un día tempestuoso y las aguas estaban alborotadas y los generales de Alejandro no ocultaban su apuro:
—Empezamos mal —decían—. Aquí podemos perder muchos hombres.
—Empezamos bien —les dijo Alejandro—; éste es el primer obstáculo a vencer, digno de mí.
Y lo venció.

Los consejeros de Alejandro le reprochaban que impusiera impuestos demasiado escasos a los habitantes de las tierras conquistadas. Y Alejandro les dio esta razón:
—Me gusta el trabajo de los pastores que aprovechan la lana de las ovejas, más que el de los leñadores que arrancan árboles de raíz, matándolos, para vender la leña.

Contemplaba una noche las estrellas y uno de los filósofos que le acompañaban le dijo que muchas de ellas podían ser mundos habitados. Y Alejandro, pensativo, murmuró:
—¡Cuántos mundos! Y yo no he sido capaz de conquistar y pacificar el nuestro.
Entonces el filósofo le dijo que el resultado de las conquistas nunca era la paz.
Y Alejandro le replicó en seguida:
—Y el resultado de la filosofía tampoco, pues los filósofos están siempre discutiendo los unos con los otros. Y si estuvierais armados os mataríais.

Una vez que Alejandro administraba justicia, mientras hablaba el acusador, le escuchaba con un oído y se tapaba el otro. Le preguntaron por qué lo hacía, y dijo:
—Es que el otro oído me lo guardo para escuchar al acusado.

Alejandro estaba en su lecho de muerte. Era muy joven y conservaba toda la belleza de la juventud. Uno de sus generales se acercó a hablarle en nombre de los que creían herederle.
—Ruego que nos digas, Alejandro, dónde guardas tus tesoros.
—Tienes razón. Se me olvidaba decirlo.
—¿Dónde?

—En los bolsillos de mis mejores amigos.
Y parece que sus últimas palabras fueron:
—Mis funerales serán sangrientos.

Refiere Plutarco que Alejandro tenía casi más respeto por Aristóteles que por su propio padre. Que le preguntaban cómo explicaba esto y que lo explicó así:
—Mi padre, al darme la vida, me hizo bajar del cielo a la tierra; Aristóteles, con sus enseñanzas, me volvió a elevar desde la tierra hasta el cielo.

Refiere también Plutarco que estaba Alejandro en una fiesta. Y que llegó un mozo con una muchacha de una belleza sorprendente. Alejandro la vio y la quiso para él. Y el muchacho le dijo:
—Yo la quiero y voy a casarme con ella.
Alejandro le preguntó a ella si era verdad y ella dijo que sí. Y entonces Alejandro le dijo al muchacho:
—Pues llévatela de aquí inmediatamente, no fuese a ocurrir que su belleza me impulsara a hacer aquello que un hombre honrado no haría jamás.

No parece, sin embargo, que Alejandro fuese muy sensible a la belleza femenina o, al menos, que no supiera dominarse en este sentido. Se dice que amó a una mujer de gran belleza y quiso que el pintor Apeles le hiciese el retrato. Y que se dio cuenta de que Apeles, mientras se lo hacía, se había enamorado de ella. Y que le dijo:
—Quédate el retrato y a ella también. Alejandro no ha nacido para esclavizarse a nada, ni a la belleza de una mujer.

Llevaron preso ante Alejandro al capitán de un barco pirata. Alejandro le reprochaba su conducta en los mares y el pirata le dijo:
—La gente me llama pirata porque sólo tengo un barco. Si tuviera toda una escuadra o un ejército, me llamarían conquistador.
Y Alejandro le perdonó la vida.

Estaba Alejandro en campaña y vio que se acercaba un correo a caballo, a toda velocidad. Y uno de los generales interrogó así al destino:
—¿Qué noticia traerá este hombre al rey de Macedonia?
Y Alejandro le dijo:
—Sólo una noticia podría justificar la prisa que tiene en llegar: la noticia de que el poeta Homero ha resucitado.

Cuenta Plutarco que, antes de emprender su expedición de Asia, Alejandro repartió sus riquezas entre sus capitanes. Le preguntaban:

—Y para ti, ¿qué te quedas?
Y Alejandro les contestó:
—Dentro de mí, la esperanza. Fuera de mí, el mundo entero. Del que se apoderó de una buena parte.

Con Alejandro Magno se relaciona la anécdota del «nudo gordiano». Hubo en Frigia un buen campesino llamado Gordio. Toda su riqueza consistía en un carro y dos bueyes que tiraban del carro. El oráculo dijo que fuese rey de Frigia el primer hombre que pasara por una determinada calle. Aquel primer hombre fue Gordio con su carro. Le nombraron rey. Gordio fundó la ciudad de Gordia. Y una vez que le preguntaban cuál era su secreto, enseñó el nudo que ataba sus bueyes a su carro y dijo:

—Este nudo, que nadie es capaz de hacer ni de deshacer si lo he hecho yo.

A la muerte de Gordio el carro y el nudo fueron guardados en el templo, en la seguridad de que mientras nadie deshiciera el nudo, no sería sometido ni destruido el reino de Frigia.

Llegó allí Alejandro en su expedición guerrera y se enteró del oráculo y la leyenda. Entró en el templo y de un tajo, con su espada, partió el nudo gordiano y lo deshizo así. Frigia fue sometida.

Antes de partir para su primera expedición a Asia, quiso consultar el oráculo de Delfos. Llegó al templo a primera hora de la mañana y la sacerdotisa le dijo que tenía que esperar, pues la consulta a los dioses no empezaba hasta más tarde. Alejandro, que ya lo tenía todo preparado para emprender la marcha, le dijo que no podía esperar más. Y como la sacerdotisa insistiera en su negativa, la agarró por el cabello y la arrastró hasta el interior del templo. La sacerdotisa, mientras era arrastrada, gritaba:

—¡Eres un ser irresistible, Alejandro!
Y Alejandro la soltó en seguida con estas palabras:
—Este es mi oráculo. Me basta.
Y emprendió la expedición sin querer saber nada más.

Parece que Alejandro tenía un esclavo-bufón que le acompañaba siempre. Y que, como todos los bufones clásicos, se encargaba de decirle al soberano algunas verdades. Los ejércitos de Alejandro habían ganado muchas batallas y dominaban mucha parte del mundo de entonces. Alejandro y su séquito pasaban junto a unos olivos, y Alejandro iba pregonando sus futuras glorias y conquistas. Y el bufón le preguntó:

—Y cuando tengamos a todo el mundo sometido, ¿qué haremos?
Alejandro señaló los árboles:

—Nos sentaremos a descansar y esperar la muerte bajo estos olivos.

Y el bufón, que estaría de veras cansado, comentó:

—Pues ya podríamos sentarnos ahora y empezar a descansar.

Pero la filosofía de esta anécdota no es completa. Sí lo es en una anécdota parecida que se cuenta de un famoso guerrero oriental, sin citar el nombre. Uno que conquistó mucho territorio y creó, a fuerza de guerras, devastaciones y conquistas, un gran imperio. Y todavía en plena madurez, se retiró a la soledad de la montaña y allí hizo vida de anacoreta hasta la muerte. Uno de sus antiguos lugartenientes le visitó allí y le preguntó:

—Para acabar así, ¿no habría sido mejor ahorrar tanta sangre y tantas muertes y empezar por esto?

Y el guerrero ya retirado de la guerra, le contestó una sola palabra.

—No.

Lástima que no desarrollara más ampliamente la filosofía contenida en esta sola palabra.

Es sabido que Alejandro no guardaba nada atesorado. En una visita que le hizo un adivino, le preguntó dónde guardaba sus tesoros.

—¿Para qué lo quieres saber?

—Es que de tus tesoros guardados depende mi oráculo.

Alejandro mandó llamar a sus generales, a los que consideraba sus mejores amigos y, señalándolos, dijo:

—Esos son mis tesoros.

Todos los días, a primera hora, Alejandro Magno daba órdenes a sus generales y les decía todo lo que tenían que hacer. Y por la noche les pedía cuentas de si lo habían hecho o no. Una vez, uno de los generales, llamado Pimérides, había dejado una cosa sin hacer y, al rendir cuentas, dijo:

—Esto será lo primero que haré mañana.

Y Alejandro le preguntó:

—¿Sabes cómo he podido conquistar un imperio tan grande en tan poco tiempo?

Pimérides empezaba un discurso en elogio del valor guerrero de su jefe y Alejandro le atajó:

—No, no. Todo esto se supone. Lo he podido hacer no dejando nunca nada para el día siguiente.

Estaba Alejandro en guerra con Darío. Los emisarios de Darío le ofrecieron unas condiciones de paz. Y uno de los generales de Alejandro, un tal Parmenión, aconsejó:

—Si yo fuera Alejandro, aceptaría esas condiciones y daría fin a la guerra.

A lo que Alejandro repuso:

—Si yo fuese Parmenión también las aceptaría; pero como soy Alejandro, debo dar a Darío una respuesta digna de mi nombre.

Y continuó la guerra hasta vencerle.

Después de la victoria contra Darío las huestes de Alejandro se apoderaron de copioso botín. Para Alejandro reservaron el Pabellón de Darío. Y Alejandro se quitó las armas y anunció:

—Voy a lavarme el sudor de la batalla en el baño del que fue mi enemigo.

Uno de sus generales le advirtió:

—Mejor dirías en el baño de Alejandro, porque las cosas que pertenecieron al vencido ya pertenecen al vencedor.

Parece que cuando Alejandro se cercioró de la mucha riqueza y el extraordinario lujo que Darío llevaba consigo a todas partes, dijo a sus generales:

—En esto consistía, para mi enemigo, reinar. Mi victoria ha sido un acto de justicia.

Según los historiadores, una de las mejores pruebas de la benignidad y la generosidad de Alejandro fue el dolor, después de su muerte, de una mujer llamada Sisigambre. Y aquella mujer era la madre de Darío, uno de los reyes a quien Alejandro había derrotado, que con su dolor daba testimonio de la mucha bondad que había tenido Alejandro con ella.

## ALEJANDRO I

Alejandro I de Rusia (1777-1825) fue hijo de Pablo I, que murió asesinado, víctima de un complot capitaneado por el noble Pahlen. No parece que Alejandro tuviera nada que ver con el complot, aunque algunos historiadores suponen que sí y que puso a los conspiradores, como condición, que se respetara la vida del emperador. Pero Pablo I fue asesinado. Alejandro, al recibir la noticia, exclamó:

—¡Una página negra para la historia de Rusia!

Y parece que Pahlen le dijo:

—Tú cuidarás de que las páginas siguientes hagan que se olvide ésta.

Leemos que la condesa de Bonnenil, que visitó el imperio de los zares en aquellos tiempos, a su regreso a Inglaterra describía la coronación de Alejandro I, más o menos así:

«El joven emperador marchaba precedido por los asesinos de su abuelo, seguido por los asesinos de su padre y rodeado de sus futuros asesinos.»

En lo último, al menos, es seguro que se equivocaba, pues Alejandro I no murió asesinado, sino de unas fiebres que se le contagiaron en Crimea, a la edad de 47 años.

Alejandro I de Rusia subió al trono después de la muerte de su padre Pablo I, que fue asesinado. El soberano anterior a Pablo I, Catalina II, subió al trono o se quedó en el trono, pues ya estaba en él como zarina consorte, después del asesinato de su esposo, Pedro III. Un historiador, en su relato del asesinato de Pablo I, dice:

«Habiendo empujado la puerta de su alcoba, los conjurados, ebrios en su mayoría, se precipitaron sobre el desventurado zar y le destrozaron el cráneo y el pecho a puñetazos y a patadas. Como el cadáver pareciese contraerse todavía, uno de los asesinos saltó encima de su vientre, con los pies juntos, para hacerle salir el alma.»

Si es cierto que las cosas ocurrieron así, los palaciegos rusos, al menos en asesinatos, no eran excesivamente refinados. Pero el historiador que tal cosa escribió no estuvo presente en aquel magnicidio y es muy posible que no se ciñera en su relato a la auténtica verdad histórica.

El zar Alejandro I de Rusia fue uno de los vencedores de Napoleón y sus tropas entraron en París con los aliados contra el Imperio en dos ocasiones, en 1814 y en 1815. Uno de sus esbirros le contó una vez que se habían dado cuenta de que un hombre, un desconocido, se instalaba todos los días frente a la estatua de Pedro el Grande y no dejaba de mirarla; que le habían preguntado el motivo de estar tanto tiempo allí y el hombre había dicho que sólo se lo diría al mismo zar. Alejandro I le concedió audiencia y el hombre le dijo:

—Estoy allí porque admiro la sabiduría de Pedro el Grande.
—¿Y ves en su estatua su sabiduría?
—Precisamente. Presenté una reclamación al senado hace treinta años y todavía no me han contestado. La estatua de Pedro el Grande señala con una mano al senado y con la otra al río, el Neva, como queriendo decir: para lo que hace el senado es mejor que lo echen al río. ¿No es ésta una prueba de sabiduría?

Al parecer, la reclamación de aquel ciudadano quedó resuelta pocos días después.

Durante uno de sus viajes, el zar se detuvo en casa de un funcionario suyo a beber una taza de té. Sobre la mesa vio una Biblia:
—¿Lees este libro?
—Sí, señor. Todos los días.
—¿Y dónde estás ahora?
—Empezaba el Evangelio de San Mateo.

Después, sin que el hombre se diera cuenta el zar puso un billete dentro del libro, precisamente hacia el final del citado Evangelio. A su regreso se detuvo allí otra vez y preguntó al hombre.
—¿Cómo va tu lectura de la Biblia?
—Bien; ya estoy en el Evangelio de San Lucas.

El zar abrió la Biblia en el Evangelio de San Lucas y leyó este texto: «Busca el reino de Dios y todos los otros bienes te serán dados por añadidura». Buscó después en el Evangelio de San Mateo y allí encontró todavía el billete. Lo tomó y dijo:
—En la forma que tú buscas el reino de Dios, mintiendo, los otros bienes no te serán concedidos. Y ahí tienes la prueba.
Y volvió a guardar el billete.

Alejandro I fue, en París, huésped de Luis XVIII. No se encontró a gusto en cómo era recibido y tratado, y se quejó de su alojamiento. Un mayordomo del rey trataba de encontrar excusas y decía que el rey no había tenido tiempo de ocuparse en forma debida de los alojamientos. Y parece que el zar le contestó:
—Pues si él no se puede ocupar, que ordene a la duquesa de Angulema que le sustituya en este trabajo. Y seguro que lo hará bien, pues tiene todo el aspecto de una camarera.

Se cuenta que en su visita a París, los cortesanos le decían a Alejandro que pedirían al rey que le levantara una estatua en la plaza Vendôme, junto a la de Napoleón. Y el zar renunciaba con esta excusa:
—No, no; es un pedestal muy alto, y correría el riesgo de que me dieran vértigos, como le han dado ya a vuestro Napoleón.

Cuenta Chateaubriand en sus memorias que Alejandro I visitó, en las cercanías de París, un manicomio. Y que preguntó a una dama del séquito que le acompañaba.
—¿Hay en París muchos que hayan enloquecido por amor?
—Hasta ahora, no. Pero desde que estáis aquí es casi seguro que entre las mujeres se produzcan algunos casos.

Parece que en el Congreso de Viena, Talleyrand, hombre de una frialdad desconcertante, pronunciaba un largo discurso en el que hablaba de sagrados principios, de la justicia, del derecho. El zar Alejandro se dio cuenta de que el propósito de Talleyrand era hablar mucho sin decir nada y, sobre todo, sin abordar los temas principales, y le interrumpió:
—Perdón; tanto para vos como para mí el derecho es aquello que más nos conviene en cada caso. Vamos, pues, al grano, que es lo que importa.

## ALEJANDRO II

Se cuenta de Alejandro II de Rusia (1818-1881) que escuchaba siempre que le parecía oportuno las quejas de sus subordinados. Y si le parecían fuera de lugar las cortaba sin más. Uno de sus cocheros se le quejó de la mala conducta de otro. Y el zar dijo:
—No es cosa mía.
—Es que este hombre se atreve a hablar mal de vos, señor.
—No es cosa tuya.
Y así acabaron.

La provincia de Vilna se había sublevado. Alejandro II mandó allí al general Muraviejf para pacificar la región. Un general que tenía sus ideas propias acerca de la pacificación. Llegó y pidió al jefe de policía una lista de sospechosos. Se informó rápidamente y marcó a diez con cruces.
—¡Estos!
—¿Qué? ¿Qué hacemos con éstos?
—Colgarlos.
—Son los menos peligrosos.
—Precisamente. Pronto serán olvidados, y los otros, los más peligrosos, habrán escarmentado.

Este zar, que vendió Alaska a los Estados Unidos por siete millones de dólares, murió víctima de un atentado, una bomba que hizo saltar su trineo. Según una versión del hecho fueron dos bombas. Estalló una primera y el zar salió ileso. El nihilista Ryssakoff, que había lanzado la bomba, fue detenido en seguida. El zar le decía al jefe de policía:
—Gracias a Dios, a mí no me ha pasado nada.
Y el asesino, ya en poder de la justicia, le gritó:
—¡No te precipites, emperador de todas las Rusias!
Y justo entonces estalló la segunda bomba, la que le mató.

Y una última curiosa anécdota de este emperador de Rusia podrían ser las fechas de su nacimiento y de su muerte, puesto que las cifras de las dos fechas coinciden y en ellas sólo hay unos y ochos. Son, como figuran al principio, 1818 y 1881.

## ALEJANDRO III

Alejandro III (1845-1894) era un gigantón que, a pesar de que ofrecía mucho blanco, salió ileso de tres atentados. No le gustaba la música ni el baile. A la zarina, sí; y cuando daban una fiesta en palacio las habría prolongado, por su gusto, hasta altas horas.

Una noche de baile, el zar hizo llamar a uno de los músicos y le dio esta orden:
—¡Vete!
Y a todos, uno después de otro, les fue dando sucesivamente la misma orden. Hasta que sólo quedó un violín. Y entonces la zarina rogó a sus invitados que tuvieran la amabilidad de empezar a despedirse. Parece que después la zarina le preguntó al zar por qué se habían ido los músicos y que el zar le dijo:
—Mañana me informaré.

**ALLAIS, Alfonso**

Este escritor francés, famoso por sus buenas salidas y sus ocurrencias (1905-1954), entraba una vez en un restaurante, tropezó con una mesa, hizo caer una copa llena y el vino se vertió sobre el cliente que estaba comiendo allí, el cual ni siquiera dio tiempo a Allais de pedirle perdón. Se levantó enfurecido y alargó a Allais su tarjeta, en señal de que le desafiaba.
Allais, muy serio, buscó la suya. Fingió que no la encontraba.
—Las tengo en el abrigo. Un momento, que voy a buscarla.
Fue hasta la entrada, se cruzó allí con otro cliente, le dio, adrede, un empujón y en seguida le alargó la tarjeta del primero. El otro cliente le dio la suya, todo según el ritual establecido. Y aquélla fue la tarjeta que Allais entregó al señor del comedor, que aún se estaba secando el vino de los pantalones.

Discutía una vez con otros escritores de literatura. Y uno de los otros dijo:
—Yo, en algunas cosas, puedo decir que estoy a la altura de Balzac: me tomo diez o doce cafés todos los días.
Allais repuso:
—Yo, en algunas cosas, estoy a la altura de Napoleón. Mi mujer se llama Josefina veinticuatro horas todos los días.

Jules Renard cuenta en su «diario» que coincidió una vez con Allais en un figón. Les ofrecieron entre otras cosas patatas y el dueño de allí, al ofrecerlas, les dijo:
—Son patatas nuevas, bocado de príncipes.
Allais supo en seguida encontrar una réplica oportuna:
—Que los príncipes se dejen engañar no significa que me deje engañar yo. Sepa que ya los latinos decían que no hay nada nuevo bajo la capa del sol. Y a gritos dedicados a todo el mundo lo repitió en latín:
—*Nihil novum sub sole!*
Y parece que un desconocido se le acercó y le dijo:

—Está usted equivocado; precisamente en el subsuelo es donde se descubren todos los tesoros.

Compraba una vez un sello de los más caros y le decía al hombre de la expendeduría:
—Démelo de un color resistente.
—¿Por qué?
—Ha de ir muy lejos.

En otra ocasión, también en la compra de un sello estuvo mucho más ocurrente. Pidió un sello de dos francos para una carta. Y el que se lo vendía le dijo:
—Ha de ponerle dos.
—¿Por qué?
—Pesa demasiado.
—Es que si le pongo otro sello todavía pesará más.

Guitry decía que estaba haciendo algunos arreglos a una obra de teatro de Capus. Allais, que estaba allí, le daba la razón:
—Sí, sí; esa comedia necesita algunos arreglos.
—¿La conoces?
—No. Pero ¿no dices que es de Capus?

Cuenta Jules Renard en su «diario» que Allais iba de viaje con un amigo suyo llamado Gandillot. Este amigo llevaba maleta y Allais sólo una camisa limpia envuelta en papel. Y Gandillot le dijo:
—Si quieres, meteré tu camisa en mi maleta.
—¿Por qué? ¿Te he propuesto yo acaso meter tu maleta en mi camisa?
—No, no; perdón.
—Cinco trillones, doscientos setenta y dos billones, ciento cuarenta y un millones, ochocientas cincuenta y siete mil quinientas veintidós.
—¿Y esto qué es?
—Las veces que la palabra «perdón» ha sonado en el aire de Francia en lo que va de siglo. Antes nadie las contaba.

Un amigo de Allais se quejaba de la forma violenta como le despertaban en el hotel.
—Golpean la puerta hasta que me despierto. ¡Es intolerable!
Allais le preguntaba:
—¿Qué habitación tienes?
—El ciento cuarenta y dos.
—¿A qué hora te haces llamar?
—A las nueve en punto.
—Pues, problema resuelto. Mañana dices que llamen a las

nueve en punto a las habitaciones ciento cuarenta y ciento cuarenta y cuatro. Y te despertarás suavemente a los rumores apagados de los golpes que darán a las otras dos puertas.

Contaba el «Paris Soir» que Allais leyó el anuncio de una gran finca en venta, en el sur de Francia. Visitó al agente de ventas para informarse de cómo era la finca. Lo preguntó todo: la extensión, la situación, la forma de ir, los cultivos... ¡todo! Y al fin preguntó:
—¿Se vende toda entera o se puede comprar sólo una parte?
—También se vendería una parte.
—Usted me ha dicho que entre los cultivos hay una zona destinada a bosque.
—Sí; con más de tres mil pinos.
—¡Eso es!
—¿Le interesa esta zona?
—No toda. Me interesa un pino. Pero que esté bien situado desde luego, cerca del camino.

Y como el agente mostrara extrañeza por aquello, Allais, muy naturalmente, le preguntó:
—¿Cree que no es suficiente un pino para sentarse a leer a la sombra de un árbol?

Por equivocación el «Echo de París» publicó la noticia de la muerte de Alfonso Allais, cuando el escritor gozaba de la mejor salud. Y Allais dirigió una carta al director redactada así: «Querido director: es para participarle no sólo que no he muerto, sino que estoy muy bien de salud. Y en atención a su amabilidad al ocuparse de mí, queda usted autorizado, cuando yo muera, a dar la noticia en esta forma: "Como nosotros anunciamos hace veinticinco años, Alfonso Allais murió ayer"».

## AMAZONAS

Toda la anécdota de las amazonas pertenece a la leyenda clásica. Y no son, desde luego, anécdotas históricas. Las amazonas eran mujeres guerreros. Su nombre significa etimológicamente «sin pecho», no porque no lo tuvieran, sino que para evitar que les impidiera llevar el arco colgado, se cortaban el pecho izquierdo.

Y es curioso que, en la leyenda griega, siempre que las amazonas luchan con los hombres acaban vencidas.

Hipólita, reina de las amazonas, sucumbió al amor por Teseo y se casó con él. Las otras amazonas no perdonaron este sentimentalismo de su reina y se lanzaron al ataque contra Atenas. Hipólita huyó entonces de Teseo y se puso al frente de sus guerreros mujeres. Una flecha le atravesó el costado y murió en el campo de batalla. Y las amazonas, muerta su reina, huyeron en desbandada.

Teseo, a pesar de que Hipólita le había traicionado, inmortalizó su belleza en un monumento que le erigió en Atenas.

La más bella anécdota legendaria de las amazonas es la que refiere la muerte de su otra reina Pentesilea. La más bella reina que las amazonas tuvieran jamás. Pentesilea luchó contra los griegos en la guerra de Troya, a favor de los troyanos. Prometió a Príamo, rey de Troya, que daría muerte a Aquiles y marchó al encuentro de los griegos al frente de un grupo de sus amazonas. En la primera batalla, abatió siete héroes griegos sin ninguna baja en su ejército de mujeres. Aquiles supo que una mujer combatía con los troyanos, se armó de todas sus armas y fue al encuentro de aquella mujer al parecer invencible y le gritó:

—¡Mujer! ¿Quién eres que te atreves a luchar contra nosotros? ¿Acaso la locura se alberga en tu cabeza? Ha sonado tu última hora y tu cuerpo servirá de pasto a nuestros perros.

Arremetió contra ella, le arrojó la lanza y el hierro le atravesó el pecho. Pentesilea, a pesar de la herida, consiguió mantenerse a caballo. Aquiles le arrojó otra lanza que atravesó el caballo y la amazona. Pentesilea cayó a tierra, exánime.

Aquiles se acercó a su víctima, le arrancó la lanza y le quitó el casco. Y entonces, al verle el rostro, quedó deslumbrado por su belleza. Y se quedó motando la guardia junto al cadáver, para evitar que otro de sus guerreros lo profanara. No lo abandonó hasta que los troyanos lo reclamaron y, según la anécdota legendaria, cuando los troyanos se llevaron el cuerpo muerto de Pentesilea, Aquiles tenía los ojos llenos de lágrimas. Y, según la leyenda, no pudo olvidarla jamás.

## AMUNDSEN, Roald

Roald Amundsen (1872-1928), explorador noruego, fue el primero en cruzar el Polo Norte y años más tarde en llegar al Polo Sur. Desapareció después de haber salido en avión en busca de Nobile, cuyo dirigible había sido destrozado en su segundo intento de llegar al Polo Norte. El avión desapareció y no se han tenido más noticias de Amundsen.

Era un hombre sencillo, que no se vanagloriaba de sus empresas. A su vuelta del Polo Sur un periodista le preguntó:

—¿Y que hicieron ustedes al llegar al Polo Sur? ¿Cómo lo celebraron? Supongo que hubo hurras, gritos, abrazos...

—Pues, no. Nos sentamos y bebimos té, que nos cayó muy bien. Nos ocupamos en algunas determinaciones geográficas y... emprendimos el regreso.

—¿Así mismo?

—No, así mismo no; vestidos muy distinto y en trineos. Y muy contento de regresar. Allí el aire era espeso y oscuro, como de plomo. Se adelanta gracias a una especie de automatismo que no es nada fácil provocar. Era importante haber alcanzado la meta; pero lo era mucho más el esfuerzo que nos faltaba hacer para poderlo contar. Sólo unos días después, ya reposados, nos dimos cuenta de que habíamos hecho lo que no se olvidaría.

# ANDERSEN

Christian Andersen (1805-1875), nacido en el pueblecito de Odensee y muerto en Copenhague (la ciudad que allí tiene un nombre bastante distinto del que le damos aquí), es el mejor autor de cuentos para niños que haya existido jamás. Sus mejores cuentos, traducidos a todos los idiomas, pueden ser *El ruiseñor*, *El patito feo* y *La sirenita*, que tiene una estatua, sobre una roca, en el mar, junto a un muelle del puerto de Copenhague.

Andersen en *La novela de mi vida* cuenta algunas anécdotas propias. Su padre era zapatero. Nunca sobraba dinero en la casa. Y el padre, los días de fiesta, se llevaba al hijo lejos de la población y allí, los dos solos, le leía cuentos, fábulas y comedias. Christian los contaba después a los otros niños y se burlaban de él. Le llamaban, en burla:

—Ahí va el titiritero.

Y Andersen dice: «Yo sabía que nunca sería titiritero, y también sabía que llegaría a ser algo más y mejor que todos aquellos muchachos burlones».

Cuando ya era un escritor famoso, aunque no rico, el rey de Dinamarca le quiso conocer. Y en la audiencia que le concedió le hizo explicar cosas de su vida. Andersen se limitó a decir:

—Pues mi vida es mi trabajo.

—¿Y te basta?

—¿Qué más puedo desear?

—De todos modos, si algo necesitas, no tienes sino decírmelo.

—Pues... la verdad es que no necesito nada.

Un palatino que le acompañó en la entrevista le dijo después que el rey estaba dispuesto a favorecerle y que era una lástima que no hubiese pedido nada.

—Sí, lo comprendo; le habré parecido tonto. Pero ¿qué le iba a pedir si no necesito nada?

Cuando le llegó la hora de hacer la primera comunión, se presentó al párroco para que le admitiera en la preparación.

—¿Quién eres?

—Soy el hijo del zapatero Andersen.

El párroco sólo preparaba personalmente a los hijos de las

familias ricas. Los otros, los pobres, los hacía preparar por el vicario. Esta discriminación molestó a Andersen. Y muchos años después estaba pasando unos días en la isla de Forh, invitado por los reyes, que tenían allí una casa de campo. Cuando fueron a los oficios divinos, en la iglesia, Andersen reconoció a aquel párroco de tantos años atrás. Le contó al rey lo sucedido, y el rey, de acuerdo con él, preparó una divertida broma. Prestó a Andersen un coche real, con cuatro caballos y cuatro criados, le vistió como un gran personaje y así Andersen fue a visitar al párroco. Y sólo le dijo que iba a recordarle que, tantos años atrás, se había negado a prepararle para la comunión por no considerarle suficientemente rico.

—Y ahora —le dijo— puedo cubrir de oro vuestra iglesia. La torre no, desde luego; es demasiado alta.

Y se fue.

Una madrugada, en 1964, la Sirenita, que es de bronce, apareció decapitada. Y menos mal que se había conservado el molde de la cabeza y se pudo hacer, como se hizo, otra exactamente igual. Para el rostro de la Sirenita había servido de modelo una bailarina del ballet «Ellen Price». Era en 1912. Se hablaba de hacer el monumento a la Sirenita. Un tal señor Jacobsen, que tenía entonces 65 años, había visto un ballet en que una de las bailarinas, en su papel de Sirena, estaba prodigiosa. El tema del ballet se había tomado del cuento de Andersen. Pagó la estatua a condición de que aquella bailarina sirviera de modelo. Se lo propusieron y ella aceptó. La bailarina posó cuatro veces para el escultor Eriksen. La bailarina (se llama Ellen Price y el ballet era suyo) tiene ahora más de noventa años y vive retirada en el asilo de ancianos de Glostrup. Hace poco, en una entrevista con un periodista, le decía:

—Ya sólo deseo una cosa: que después de muerta me lleven a la isla de Bornholm, donde descansa mi marido, y me entierren a su lado.

Con ocasión de haber sido decapitada la estatua, la vieja bailarina dijo:

—He tenido la impresión de que es a mí a quien han cortado la cabeza.

Ya recompuesta la estatua, se volvió a inaugurar y el alcalde de la cidad le ofreció un ramo de flores. Nunca han sido encontrados los autores de este salvaje atentado.

Había en Copenhague un tal Tatoo-Ole, que se dedicaba a hacer tatuajes. Una bailarina de cabaret le visitó y le pidió que le tatuara algo en el cuerpo, un poco más arriba de la cintura y debajo del pecho. Tatoon-Ole le ofreció varios modelos, cada uno con su precio.

—¿No podrías tatuarme la Sirenita?
—Desde luego que sí.
—Si no me cobras mucho.
—Nada; un tatuaje así te lo regalo.

Y un tiempo después se estaba poniendo de moda entre las bailarinas de los cabarets llevar tatuada la Sirenita. Y Tatoo-Ole, gracias a su regalo, ganó mucho dinero.

¿Y qué es de verdad una sirena? Cuenta la leyenda clásica que son hijas de Forcis, un personaje maligno. En el Olimpo compitieron con las musas, fueron derrotadas y se retiraron a la isla de Sicilia, donde ejercían su maléfico poder. Al principio se las representaba con cabeza de mujer y cuerpo de pajarraco. Después se convirtieron en seres marinos. Todos los mitos coinciden en que las sirenas atraen a los hombres con su canto y, si los hombres no saben resistir y acuden, ellas les matan. Sólo un hombre las pudo vencer: Orfeo, con su lira. Cuando ellas oyeron la música de Orfeo enmudecieron y, sintiéndose derrotadas, huyeron.

En la leyenda clásica las sirenas han muerto. Un oráculo había predicho que desaparecerían el día que un hombre pudiera librarse del hechizo de su canto. Ulises se libró y era un hombre (Orfeo era un Dios). Se hizo atar al palo mayor de la nave y se hizo taponar los oídos. Y se libró así. Y ellas, después, se precipitaron al mar y desaparecieron para siempre.

En el mar, donde las encontró Andersen y de donde sacó a la protagonista de su precioso cuento *La Sirenita*.

Una sirena marina, llamada Parténope, fue arrojada muerta a una playa de Italia. Nadie supo jamás la causa de su muerte. Los pescadores recogieron el cadáver con todo respeto y le dieron sepultura a la orilla del mar. A fin de que todo el mundo pudiera admirar su belleza tardaron unos días en cubrirla. Acudió gente de toda Italia para admirar la suave belleza de aquel rostro. Primero se levantaron tiendas y después se fueron edificando casas alrededor de la tumba; así nació una pequeña ciudad, que se llamó al principio igual que la sirena y que luego cambió de nombre y se llamó Nápoles.

Las Sirenas, después de descubierta América, pasaron al Atlántico por el estrecho de Gibraltar y llegaron a algunos países del otro lado. Una vez al año, a principios de verano, la localidad brasileña de Ris Vermehios entra en trance. Han acudido los hombres y las mujeres de las aldeas vecinas y, durante dos días, a los acordes desencadenados de las orquestas de allí, las mujeres depositan en cestos, preparados para ello, algunas de las cosas que usan para realzar su encanto: cremas de belleza, barras de labios, esmaltes, collares, pulseras, revistas de moda... Todo el cargamento se sube a un barco y, desde allí, se arroja por la borda al mar, que lo engulle. Y, durante la ceremonia, cada mujer pide la más deseada gracia a la diosa Yamanja.

En Escocia cuentan una curiosa anécdota de una sirena que unos pescadores sacaron en la red, con los peces. Le propusieron que se quedara un tiempo con ellos, la sirena accedió y ocho días después, ya cansada de los hombres, se arrojó otra vez al mar. Y para demostrar a los hombres la poca consideración que le merecían, les dijo:
—Sois unos estúpidos, pues tiráis el agua en la que habéis cocido los huevos.

## ANÍBAL

El caudillo cartaginés Aníbal (247-183 a. de J.C.) era hijo de Amílcar Barca, supuesto fundador de Barcelona. Fue derrotado por Scipión. En una batalla anterior había perdido un ojo. Desperdició en Italia mucho tiempo sin atacar la ciudad de Roma y sus hombres le abandonaban. Parece que, una vez, Scipión le preguntó quiénes eran, según él, los mejores generales que habían existido. Los dijo así:
—Alejandro Magno, Pirro y yo.
—¿Te pones en tercer lugar cuando no has conseguido vencerme?
—Es que si lo hubiera conseguido, me pondría en el primero.

Cuenta Plutarco que uno de los generales de Aníbal, un tal Marbale, le dijo:
—Los dioses nunca conceden todos los dones a la misma persona. A ti te han concedido el de saber vencer; pero no el de saberte aprovechar de la victoria.
Y fue cierto.

De Aníbal refiere Appiano que, después de vencer a Marcelo, contempló su cadáver. Lo vio cubierto de heridas y dijo a los que le acompañaban:
—Estas heridas demuestran que era un buen soldado.
Esperó por si alguien le contradecía y viendo que no, añadió:
—Lo mismo que su derrota y su muerte demuestran que era un mal general.

Ya destruido Cartago, Aníbal se acogió a la protección de Prusias, rey de Bitinia. Y allí, temiendo que le iban a entregar a los romanos, se tomó un veneno. Prusias estaba preparando una

guerra, sacrificó algunos animales a los dioses y vio que el augurio de las vísceras era negativo. Sin embargo, Aníbal le aconsejaba la guerra. Y le dijo:
—Haces más caso de una carroña que de un viejo general. Esto será tu perdición.
Y muerto Aníbal, los romanos invadieron Bitinia.

## ANOUILH

El autor dramático francés Jean Anouilh, nacido en 1910, hablaba con unos amigos acerca de la guerra de los sexos. Y lanzó esta afirmación:
—Entre hombre y mujer todo es guerra siempre.
—¿El amor también?
—Desde luego. Y es la única guerra en cierto modo oficial. Fíjense que tanto las guerras como el amor no se consideran oficialmente empezados sin una previa declaración.

## D'ANNUNZIO

El escritor Gabriele d'Annunzio (1863-1938) fue un niño muy sensible, distinto de los otros, al que cualquier mala impresión dejaba profundamente afectado. Vivía en el campo, con su familia. Un vecino abatió a estacazos algunos nidos de pájaros que había en los árboles. D'Annunzio vio revolotear los pájaros airededor de los nidos destrozados y corrió a esconderse en el sótano de la casa. Allí le encontró su madre mucho rato después.
—¿Qué haces aquí?
—Estoy avergonzado y oculto mi vergüenza.
—Avergonzado ¿de qué?
—De ser hombre.
Contó lo que había visto y, desde entonces, todas las veces que veía al vecino destructor de nidos, echaba a correr tapándose los ojos.

D'Annunzio fue siempre un gran propagandista de sí mismo. Se daba mucha importancia y hacía todo lo posible para que se hablara de él en los diarios. En su juventud, cuando ya empezaba a ser conocido, apareció en un diario la noticia de su caída de caballo y de su estado grave después del accidente. Los amigos del poeta leyeron la noticia y acudieron a su casa a interesarse por él. Y allí le encontraron tan tranquilo. Comentaron entre todos cómo podía haber llegado aquella noticia a los diarios con tanta riqueza de detalles, como si fuese todo verdad. Y, al fin, D'Annunzio les dijo:

—La he mandado yo mismo. Y, puesto a inventar, dejaría muy mal parado mi genio de escritor si olvidara algún detalle.

Para escribir su libro *El inocente*, se retiró a un convento de frailes. Y un día, sin advertir a nadie, subió al campanario y se dio a voltear las campanas. Los frailes, al oír el repiqueteo, acudieron a ver lo que ocurría. Y D'Annunzio, desde lo alto del campanario, les gritó:

—¡Hago saber al mundo que acabo de terminar un libro!

Un amigo de D'Annunzio tenía un barco y un día D'Annunzio embarcó con su amigo y dos marineros que habían contratado. Hubo tormenta, ninguno de los dos supuestos marineros entendía nada de navegación y D'Annunzio y su amigo estuvieron a punto de morir ahogados. Cambió el tiempo y consiguieron llegar a puerto.

Allí les dijeron que habían tenido mucha suerte, pues ni ellos ni los dos marineros sabían nada de navegación. Y les preguntaron:

—¿Cómo se les ha ocurrido contratar a esos dos hombres?

D'Annunzio, enfáticamente como hablaba siempre, replicó:

—Se llaman Valente Valori y Domenicho Santilozzo.

—¿Y esto qué tiene que ver?

—Que son dos nombres impresionantes, y es natural que nos hayan impresionado.

—Lo que os importaba es que supieran navegar, no que se llamaran un nombre u otro.

Y D'Annunzio, muy en serio, dijo:

—Esto será para gente vulgar, como vosotros; no para mí.

Tenía una casa en Capponcina, cerca de Florencia, y allí se retiraba algunas veces a trabajar. Y, mientras trabajaba, se negaba a recibir a quien fuese. Su criado tenía orden de no dejar entrar a nadie. Pero no de decirles que D'Annunzio no estaba en casa, sino todo lo contrario: que estaba, pero que no recibía, porque trabajaba y su trabajo era lo primero. Y el criado cumplía la orden así:

—El señor D'Annunzio dice que no está en casa.

—¿Pero está o no está?

—Está. Pero me manda decir que no está, y decirlo así para que se sepa que está y que mientras trabaja no recibe.

Una joven actriz había intentado varias veces que la recibiera, sin conseguirlo. Ella insistía y al fin D'Annunzio, enterado de que era una bella muchacha (él era un gran conquistador de mujeres), decidió recibirla. Y su criado le advirtió:

—Es que no viene sola; la acompaña su padre.

D'Annunzio escribió unas líneas en un papel.
—Para ella.
Y en el papel la actriz leyó:
«Para Gabriele D'Annunzio, las actrices son todas huérfanas de padre y, si son bellas, de padre y madre.»
El padre se retiró. D'Annunzio recibió a la muchacha, no la dejó ni hablar, le impuso silencio, la estuvo contemplando un buen rato y la citó para otro día a otra hora. Y, después de citarla, le advirtió:
—Y te advierto que has tenido suerte.

Durante la lucha de Fiume por su independencia, D'Annunzio, convertido en caudillo de los «partisanos», cuando se encerraba a trabajar en su despacho oficial se ponía un pijama de seda negro. Y uno de sus guardias personales dijo una vez:
—El príncipe [D'Annunzio era príncipe de Montenevoso] se ha vestido de poeta.

D'Annunzio murió a los 76 años e hizo su última conquista a los 69. Vivía entonces ya retirado en las orillas del lago de Garda. Le visitó un grupo de amigos y, con ellos, una mujer norteamericana, de alrededor de cuarenta años, bien conservada y bonita, que se apoderó del viejo poeta y aprovechó la ocasión para decirle que era capaz de quedarse a vivir allí. Y se quedó y tuvo amores con el poeta.
Y un día D'Annunzio la visitó, como de costumbre.
—Vengo a despedirme.
—¿Os vais?
—No. Pero siempre he dicho que a los setenta años dejaría de amar para dedicarme únicamente a recordar mis antiguos amores. Mañana los cumplo.
Y fue inútil todo lo que ella hizo para continuar en compañía del poeta. Se despidió de veras y nunca volvió a verla. Parece que ella, cuando ya él se despedía definitivamente, le preguntó:
—¿Y no os acordaréis de mí?
—Sí; pero no sé cuándo. He de recordar antes a muchas otras.
Le besó la mano y se fue.

Una vez que estaba en París quiso comprar un cuadro en un anticuario. Era una Virgen italiana por la que el anticuario le pidió 15.000 francos. D'Annunzio ofreció 10.000 y estuvieron mucho rato discutiendo. Un amigo acompañaba a D'Annunzio y le ayudaba a defender su precio. Y, al fin, el anticuario, en un arranque, le dijo:
—Bueno, vale quince mil, pero, por tratarse de vos, os lo doy por diez.
D'Annunzio ordenó que le mandaran el cuadro al hotel y ya en la calle le dijo a su amigo:

—Ésta es la ventaja de ser alguien conocido.
Decía esto cuando oyeron la voz del anticuario que les llamaba. Se detuvieron. Y el anticuario dijo:
—Oiga, señor: me ha dicho el hotel, pero no me ha dado su nombre. Si me hace el favor...

Cuenta Jules Renard en su diario que D'Annunzio, cuando conoció a Sara Bernhardt, después de contemplarla un buen rato en silencio, le dedicó este requiebro:
—¡Bella! ¡Magnífica! ¡Danunziana!
La contempló otro rato, le hizo una reverencia y se fue. Parece que nunca se volvieron a ver.

Una revista citaba una conversación entre D'Annunzio y Anatole France. D'Annunzio, arrogante como de costumbre, le decía a aquél:
—Sorprende la pobreza de vocabulario de los escritores franceses. Vos mismo sólo usáis cinco mil palabras distintas. En el diccionario francés hay cuarenta mil. ¿Qué hacéis de las otras treinta y cinco mil?
France, que tenía buen sentido del humor, le contestó:
—Esas treinta y cinco mil palabras sólo las usan los traductores del italiano cuando traducen al francés las obras de un tal D'Annunzio.

Otro escritor, mucho menos popular que D'Annunzio, el día que le conoció, le dijo:
—¡Maestro! Había oído hablar mucho de vos y nunca había tenido el placer de conoceros.
Y D'Annunzio le contestó así el cumplido:
—Yo he tenido el placer de conoceros y nunca antes había oído vuestro nombre.

Cuando alguien le hablaba de sus obras, D'Annunzio le preguntaba, de pronto:
—¿Habéis leído mi obra *La hermana del diablo?*
Todos, como es de suponer, le decían que sí. D'Annunzio lo comentaba después y decía:
—Nunca he escrito este libro, ni existe tal libro. ¡Vayan ustedes a hacer caso de los elogios de la gente!
Y una vez, una señora a quien hizo la pregunta, le contestó:
—Este libro no existe.
—¿Cómo lo sabéis?
—Porque además de conocer toda vuestra obra, conozco muy bien toda la literatura italiana.
—Pues no tardaréis en estar equivocada.
—¿Por qué?

—Porque el libro existirá; yo lo escribiré.
Cosa que nunca hizo, pues no figura este título entre sus obras.
Decía D'Annunzio que la grafología es una farsa. Y contaba este caso: que había coincidido, en un hotel, con un grafólogo; que le hizo llegar un texto suyo escrito a mano, por mediación de un amigo; que el grafólogo lo examinó y preguntó:
—¿Es un pariente vuestro quien ha escrito esto?
—No; ni tan siquiera amigo. Un conocido.
—Si es así pocas palabras me bastarán para definirlo. Esto lo ha escrito un megalómano sin personalidad ninguna.

D'Annunzio, cuando supo esto, quiso ver un grafismo del grafólogo, lo examinó y escribió debajo: «Esto lo ha escrito un infeliz grafólogo, que si todo lo desconoce tanto como la grafología, no sabe nada de nada».

Durante una de sus estancias en París, un crítico escribió despreciativamente de la obra danunziana. Alguien le aconsejó a D'Annunzio que denunciara al crítico ante los tribunales.
—No, ¡jamás! Me costaría mucho dinero y no lo tengo. Sé que en Francia sólo ganan los pleitos los que disponen de mucho dinero para repartirlo en los juzgados.
Esta opinión molestó al que le aconsejaba, que era francés. D'Annunzio se dio cuenta, y añadió:
—Soy, en este caso, de la misma opinión de Sócrates que, cuando alguien le atacaba, decía: «Si un asno me suelta una coz, ¿le debo denunciar?».

Un periodista, en una entrevista, le preguntó qué opinaba de los genios. Y D'Annunzio contestó en seguida:
—Que se abusa mucho de la palabra *genio* cuando se aplica a la obra del hombre. En Italia, hasta la hora presente, sólo ha habido dos genios: uno de ellos, Leonardo da Vinci.
—¿Y el otro?
D'Annunzio le dirigió una mirada furibunda, se levantó y dio así por terminada la entrevista.

En sus memorias el mismo D'Annunzio relata todo aquello que puede darle importancia. Cuenta, así, que la noche del estreno de *Francesca da Rimini*, en Milán, el poeta, que estaba en un hotel, tomó un coche en la calle. Y el cochero, sin preguntarle nada, le llevó al Teatro Lírico, donde se estrenaba la obra.
—¿Cómo habéis sabido adónde iba?
—Sé que sois nuestro poeta D'Annunzio y esta noche sólo podéis ir al teatro donde estrenáis una obra.
Cuenta también que una vez que necesitaba mil liras y no las

tenía, las pidió por carta a un amigo. Y que el amigo, a vuelta de correo, le contestó:

«No sabes cuánto te agradezco tu carta autógrafo. Necesitaba dinero urgentemente y la he vendido por quinientas liras. Gracias otra vez.»

D'Annunzio le volvió a escribir:

«Te agradeceré que me des la dirección del comprador y le ofreceré, por mil liras, una carta autógrafo doble larga que la que te escribí a ti.»

Gabriele d'Annunzio llevó una vida muy agitada. El rey de Italia Víctor Manuel III le concedió el título de príncipe de Montenevoso. Y, según uno de sus biógrafos, «el pueblo italiano le idolatró por su excentricidad, por su lirismo, por su teatralidad sugestiva y por su vida maravillosa de amores y de triunfos». Ganaba mucho dinero y lo dilapidaba sin ninguna precaución. Su actitud con el dinero fue siempre inverosímil. Se cuenta que otro escritor, amigo suyo, que no había conseguido triunfar, murió pobre. D'Annunzio le había prestado dinero algunas veces y le había exigido siempre un recibo con fecha establecida de devolución. Después de muerto visitó a la viuda. Ella le recibió, convencida de que iba a reclamarle el dinero. D'Annunzio no se lo reclamaba. Ella le decía:

—Si quieres, como recuerdo, alguno de los objetos del muerto, puedes llevártelo. Sé que él, si se lo hubieses pedido en vida, te lo habría regalado muy a gusto. Elige lo que quieras.

D'Annunzio empezó a examinarlo todo y, de pronto, pidió:

—¿Y un café, no me lo podrías dar?

—Sí, desde luego.

Y mientras la viuda le preparaba el café, encontró en un mueble escritorio los recibos del dinero que había prestado al muerto y los guardó. La viuda entraba con el café.

—¿Has elegido?

D'Annunzio le enseñaba los recibos:

—Sí; me llevo esos recibos. No creo que a ti te interese guardarlos.

Y fue lo único que se llevó de allí, como recuerdo.

## APELES

Pintor griego famoso, contemporáneo de Praxiteles (siglo IV antes de Jesucristo), a quien se atribuye la frase, todavía viva en nuestros días, «zapatero, a tus zapatos». La historia es así: un zapatero de Atenas vio una pintura de Apeles, observó que en los zapatos había algún error y así lo dijo al pintor, el cual le dio las gracias

y los corrigió. Animado con esto, el zapatero señaló otros defectos de la pintura. Y entonces Apeles, conteniéndole, le dijo:
—Zapatero, a tus zapatos.

Del pintor griego Apeles se sabe que murió en el 324 a. de J.C. que fue contemporáneo de Alejandro Magno y que le hizo el retrato. Y que el retrato no gustó mucho a Alejandro. Pero su caballo Bucéfalo lo vio y se puso a relinchar, como si le conociera. Y Apeles le dijo entonces a Alejandro:
—Eres un gran rey, pero en pintura entiende más tu caballo que tú.

Había en Atenas, en tiempo de Apeles, otro pintor, rival suyo, llamado Protogenes. Un día, a pesar de la rivalidad, Apeles visitó a Protogenes y no le encontró en casa. Puso un papel grande sobre la mesa y trazó un esbozo. Y se fue. Cuando llegó Protogenes y lo vio, dijo:
—Esto sólo lo puede haber hecho Apeles.
Y convirtió el esbozo en un dibujo más acabado. Apeles volvió más tarde. El criado de Protogenes le dijo que el pintor había ido a buscarle. Y Apeles, con algunos trazos geniales, terminó el dibujo con su habitual maestría. Y se fue. Cuando Protogenes lo vio corrió a la casa de Apeles a humillarse ante él y decirle que era el pintor más grande de todos los tiempos.

Un pintor hizo una Venus cubierta de hermosos y largos vestidos. Y la enseñó a Apeles.
—¿Qué te parece?
—De ella o de sus vestidos.
—¡Es la diosa Venus!
—No grites, no vayan a enterarse. La verdad es que no has sabido pintarla bella y, para hacer algo, la has pintado rica.

Otro pintor contemporáneo de Apeles, con gran presunción, le dijo:
—Tú eres un gran pintor y, sin embargo, yo te desafío a ver quién de los dos pinta más...
Apeles le interrumpió:
—¡Aprisa! Tú, no cabe duda. Basta ver tus pinturas.

Apeles sostenía que el genio consiste en una diaria constancia en el trabajo. Los latinos recogieron esta doctrina de Apeles en una sentencia que ha pasado a la historia:
—*Nulla dies sine linea.*
Lo mismo se podría decir de un escritor, sustituyendo *línea* por *página*.

Tolomeo no tenía mucha simpatía por Apeles y, estando el pintor en Egipto, un dignatario le dijo que el faraón le invitaba a comer. No era verdad y lo hacía sólo para poner a Apeles en un aprieto. Cuando Tolomeo le vio, le gritó:
—¿Qué haces tú aquí?
—Tú me has invitado.
—No.
—Pues he recibido la visita de un emisario tuyo que me ha dicho que me invitabas.
—¿Quién ha sido el atrevido?
Apeles no sabía el nombre. Pidió un trozo de papiro y dibujó el rostro del emisario. Y lo hizo tan bien que todos le conocieron en seguida. Y esto congració al faraón con el pintor.

## APOLLINAIRE

El escritor francés vanguardista Guillermo Apollinaire (1880 a 1918) se llamaba Guillermo Apollinaire de Kostrovitski. En una ocasión estaba con otro escritor en un café, en París. Apollinaire le dijo, levantándose:
—Debo ausentarme un momento, pero en seguida vuelvo. Espérame.
El otro le esperó mucho rato, pero no volvió. Otro día que se encontraron, el otro preguntó:
—¿Qué te pasó la última vez?
—Nada. Es que no llevaba dinero.
—Haberlo dicho y habría pagado yo.
—¿Pero tú llevabas?
—Sí.
—Pues haberlo dicho.

Con los que se mostraban pedantes, fingía una ignorancia total. A uno que empezó a hablarle de Racine, le preguntó:
—¿Racine? ¿Quién es este Racine?
Y tuvo la paciencia de escuchar toda la explicación que sobre Racine le daba el otro. Y al final le dijo:
—Sólo te has equivocado siete veces.
Y le recordó las siete equivocaciones, y de las siete le dijo dónde estaba el error.

## ARISTÓTELES

Filósofo y matemático (384-322 a. de J.C.), fue uno de los hombres más sabios de la antigüedad.

Discutía, en cierta ocasión, alguna de las doctrinas de Platón. Le dijeron:
—Es Platón quien lo dice.
—Amo mucho a Platón, pero amo más la verdad.

Le preguntaban una vez:
—¿Nunca has mentido tú?
—Sabiendo que mentía, no.
—¿No crees, entonces, que a veces la mentira tiene su utilidad?
—Sí; es lo único que sirve para que no te crean cuando dices la verdad.

Le decían que amigos suyos hablaban mal de él en su ausencia.
—Me tiene sin cuidado.
—Ponen en peligro tu fama.
—La fama es humo pasajero.
—¿Y si el pueblo se revuelve contra ti?
—No está nada mal que el pueblo se divierta de vez en cuando.
Y, ya despidiéndose, añadió:
—Y a esos que tan mal hablan de mí en mi ausencia, decidles que, en ausencia, todo me parece soportable, hasta los bastonazos.

Iba un día solo por una calle y decía al aire:
—¡Amigos míos! ¡Amigos míos!
Y hacía como si saludara a gente. Alguien le dijo:
—¡Pero si no hay nadie!
—Tampoco hay amigos, y por lo mismo les saludo así.

Un discípulo le preguntaba por qué hay en el mundo tantas cosas bellas.
—¿Tienes la vista bien, tú?
—Sí.
—Pues nunca debiste hacer esta pregunta, que es una pregunta de ciego.

Un charlatán habló durante mucho rato ante Aristóteles. Y después que hubo terminado le preguntó:
—¿Qué te ha parecido mi oratoria?
—Sólo me extraña una cosa, pero no tuya, sino de tus oyentes. Que si de veras han tenido oídos para oírte, no hayan tenido también pies para echar a correr.

Censuraban a Aristóteles el haber socorrido con limosna a un hombre que había sido condenado por ladrón más de una vez. Y Aristóteles se defendió así:
—Quien tenía hambre era el hombre y no su mala costumbre de robar; y no socorrí la mala costumbre, sino al hombre.

Le decían a Aristóteles que muchos eran los ciudadanos de Atenas que le alababan. Y él contestaba:
—Si tanto me alaban será por alabarse a sí mismos, pues al alabarme dan a entender que me comprenden.

## ARQUÍMEDES

Fue uno de los más famosos matemáticos de la Antigüedad (287-212 a. de J.C.). Explicándole al rey Gerón los efectos prodigiosos de la palanca usada como fuerza, le dijo una frase que ha pasado a la historia:
—Dame un punto de apoyo y, con esa palanca, levantaré el mundo.

Gerón era tirano en Siracusa. Sus súbditos le regalaron una corona de oro. Gerón llamó a Arquímedes, con el que le unía algún parentesco y le dijo:
—Me temo que no sea todo oro. ¿Puedes averiguar si me equivoco?

Arquímedes, por mucho que pensó, no encontró la manera de averiguarlo sin estropear la corona. Con el tiempo descubrió que el peso específico de los metales cambiaba de un metal a otro. Lo vio claro mientras se estaba bañando. Y le dio un alegrón tan grande que tal como estaba, sin echarse nada encima, salió a la calle gritando:
—¡Eureka! ¡Eureka!

Que equivale a decir: «encontrado, encontrado». Y, en efecto, gracias al peso específico pudo saber si la corona era toda de oro o si se había mezclado en ella algún otro metal.

Cuenta la anécdota que Arquímedes murió por su total entrega a la ciencia. Los romanos habían invadido Siracusa. Arquímedes estaba en su casa, entregado a la resolución de un problema. Un soldado romano le encontró y le gritó:
—¡Sígueme!
—Espera. Me falta muy poco. Un momento, un momento.

El soldado esperó un rato y, viendo que Arquímedes no terminaba, pensó que era una estratagema y le atravesó con la espada.

## ASQUITH

Herbert Henry Asquith (1852-1928) era un inglés típico y sus contestaciones eran siempre típicamente inglesas. Parece que nunca intentaba ni tan siquiera discutir aquello cuya demostración, en un sentido u otro, no estaba en su mano. Si lo estaba, ponía el punto sobre la i y daba por terminada la discusión. Fue ministro del Interior. Debido a una de sus disposiciones se produjo una huelga. En un choque entre los huelguistas y la policía murieron algunos obreros. En la prensa de la oposición se le había acusado de aquellas muertes y Asquith nunca se había dado por enterado de las acusaciones. Más tarde fue primer ministro. Y entonces, un día, en los Comunes, un diputado de la oposición le recordó aquello en términos de radical dureza:

—Cuando usted asesinó a aquellos obreros, en mil ochocientos noventa y dos.

Asquith interrumpió en seguida:

—¡No!

Se hizo un silencio profundo. Y Asquith, muy tranquilo:

—No fue en mil ochocientos noventa y dos, sino en mil ochocientos noventa y tres.

Y hecha la observación dejó que el otro continuara su discurso.

## ATILA

Rey entre histórico y legendario de los hunos (406-453). Este rey bárbaro no hizo sino destruir, asolar y matar. Decía de sí mismo: «Donde mi caballo pone los pies no vuelve a crecer la hierba». Un monje, por razones que se ignoran, le llamó «el azote de Dios». Y este título se lo aplicó después Atila a sí mismo. Y para justificar sus vandalismos decía: «Yo soy el azote de Dios».

Murió joven, a los 47 años, de repente, durante las fiestas orgiásticas que había organizado para celebrar su boda.

## AUGUSTO

Se cuenta del emperador Augusto (63 a. de J.C.-14) —durante cuyo reinado, como se ve por las fechas, nació Jesucristo— que, una vez, puso precio a la cabeza del capitán de una cuadrilla de bandoleros, llamado Corocota, que era un lejano antepasado nuestro, nacido en la tierra que años después se llamó España, y que en nuestra tierra asustaba y robaba a los viajeros y asaltaba las casas de campo. La guardia romana montó la persecución del bandido. Y Corocota mandó un emisario a Augusto y, a través del emisario, le pidió audiencia. Augusto se la concedió. Y el bandido le dijo:

—Estoy en tu presencia, pero no estoy en tus manos. La verdad de lo que te digo quedará demostrada si me mandas detener. Has ofrecido un premio al que me entregue vivo o muerto. Me entrego yo mismo y reclamo el premio. O la libertad en vez del premio.

Y, si me concedes la libertad, te doy mi palabra de cambiar de vida y ser un hombre honrado el resto de mi vida.
Y Augusto le dejó en libertad. No dice la anécdota cuál fue la conducta posterior del bandido:

Marco Antonio, después de su derrota en Egipto frente a Augusto, le mandó un emisario con la proposición de luchar ellos, en combate singular. Y Augusto se negó:
—Sería una locura aceptar esto. Me quedan otros muchos caminos para salir con decoro de la vida.

Un poeta griego, cuyo nombre no registra la anécdota, todas las veces que en las calles se cruzaba con Augusto, le detenía y le leía versos. Augusto le escuchaba complacido y se los alababa. Pero no pasaba de aquí y nunca le hacía ningún buen regalo. Hasta que un día le regaló algunas tablillas para que en ellas siguiera escribiendo versos. Y el poeta echó mano a su bolsa, sacó algunos dineros y se los dio a Augusto.
—No es mucho por lo que tú mereces. Cuando tenga más, te daré más.
Y parece que Augusto, sin enfadarse, le hizo dar una buena cantidad.

Augusto era muy libertino, como hijo de aquellos tiempos de mucha licencia en las costumbres. Y, al parecer, si una mujer le gustaba, se la proporcionaba sin cumplidos. Los esclavos del emperador se presentaban en casa de la mujer con una litera cubierta de tal forma que nadie podía ver quién iba dentro. Y la mujer no tenía sino que resignarse, o exponer a su marido o a su familia a graves represalias.
La litera cubierta se presentó un día en la casa del filósofo Atenodoro, casado desde poco tiempo antes con una mujer de mucha belleza. A los dos les fastidiaba mucho ceder al mandato imperial y el filósofo tuvo una idea y la realizó. Se puso un vestido de su mujer y entró él en la litera. El emperador esperaba, en su cámara, la nueva presa. Y vio que de la litera salía un hombre, Atenodoro, quien le dijo:
—Lo hago para salvar tu vida, señor.
Y le dio esta explicación:
—Yo no llevo armas; pero si las llevara, tal como estamos los dos aquí, nada me impediría matarte. Piensa que otro día puede salir tu asesino de esta litera, y morirás sin defensa.
Augusto le dio la razón, le agradeció la advertencia y dejó en paz a la mujer.

Había entonces en Roma un anciano muy bien conservado. A los cien años representaba muchos menos. Augusto le quiso co-

nocer y le preguntó cómo lo había hecho para gozar, a tal edad, de tan buena salud. Y el anciano le dio esta receta:
—Miel y aceite. Miel por dentro y aceite por fuera.

Y, en efecto, aquel hombre sólo se alimentaba de miel y todos los días se frotaba el cuerpo con aceite.

Murió un ciudadano romano que había dejado muchas deudas sin pagar. Y murió viejo. Augusto ordenó que le trajeran el colchón del viejo mal pagador.
—¿Para qué lo quieres?
—Porque estoy convencido de que es un colchón maravilloso, ya que, en él, su dueño ha podido dormir tranquilo tantos años a pesar de sus deudas.

Había entonces en Roma dos mimos famosos llamados Ila y Pilade. Los dos tenían sus partidarios y la gente discutía cuál era el mejor de los dos. Tanto, que Augusto quiso poner límite a aquellas discusiones y mandó llamar a Pilade y le ordenó que estuviera un tiempo sin actuar. La contestación de Pilade ha pasado a la anécdota como una enseñanza de gobierno. Dijo:
—Estás equivocado, señor. Nosotros somos tu defensa, pues mientras los ciudadanos se ocupan de nosotros, no se ocupan de política ni de ti.

El emperador Augusto estaba ya postrado en su lecho de muerte. Tenía entonces poco más de cincuenta años. Le rodeaban algunos de sus generales y cortesanos. Se incorporó como pudo en su lecho y les preguntó:
—¿Os parece que he representado bien mi papel en la comedia de la vida?
Todos le dijeron que sí.
—Pues ahora voy a representar mi último papel, el de la muerte. Si también lo hago bien, os ruego un aplauso cuando mis ojos se hayan cerrado para siempre.
Murió poco después y todos los que estaban allí, obedientes al ruego, aplaudieron. Parece que ésta ha sido la única muerte aplaudida de la historia, lo mismo que se aplauden las muertes en el teatro.

## AZNAVOUR

Se habla de la guerra de los sexos, del eterno problema de los conflictos entre hombres y mujeres. Y Aznavour, que tiene una hija ya de veinte años, fruto de un primer matrimonio, y otra hija de dos años, fruto de su segundo matrimonio, dijo:
—En la guerra de los sexos nunca habrá vencedor ni vencido,

porque ninguno de los sexos quiere ganar la guerra; lo único que quieren es guerrear.
Y una mujer le advertía:
—Sí, bueno, pero a nosotros nos llaman el sexo débil. Y esto es una equivocación.
—Sí, aunque no siempre. Quiero decir que a veces sí y a veces no. El sexo débil es más fuerte que el sexo fuerte debido a la debilidad que el sexo fuerte siente por el sexo débil. Pero, a veces, se invierten los papeles y, por lo general, estas veces son tantas como las otras.

## BACH

Juan Sebastián Bach (1685-1750) es uno de los mejores músicos que han existido jamás. Su sentido musical es tan depurado que nunca cansa oír su música. De la que se conserva toda la que compuso. Se casó dos veces; de la primera mujer tuvo siete hijos y de la segunda trece y, al morir, dejó once hijos vivos, de los veinte que tuvo.

Bach era hijo de un músico. Pronto quedó sin padre y fue educado por un hermano mayor, músico también. Este hermano tenía, guardado en un armario, un cuaderno donde había anotado lo mejor de toda la música escrita hasta entonces. Pero nunca quiso enseñar aquel cuaderno a su hermano más joven. Bach consiguió abrir el armario y, durante muchas noches seguidas pasadas sin dormir, copió toda la música del cuaderno. Este cuaderno donde Bach copió el de su hermano no existe, porque su hermano, al descubrirlo, lo rompió y lo quemó.

La primera mujer de Bach, su prima María Bárbara, se ocupaba absolutamente de todo, de tal forma que Bach podía dedicarse únicamente a la música. Cuando la mujer murió, Bach no se puso ninguna señal de luto en el vestido. Le advirtieron que tenía que hacerlo. Y el músico, por la fuerza de la costumbre, les dijo:
—De esas cosas se cuida mi mujer.

Una noche había poca cena y Bach dijo a sus hijos:
—Si alguno de vosotros se queda sin cenar esta noche le daré un florín.
Un florín era bastante dinero y todos aceptaron. Como es de suponer, al día siguiente todos se levantaron con mucha hambre. Y Bach les dio una mala noticia:
—Hoy no hay desayuno.
Y les tranquilizó con otra noticia:
—Es decir, sí hay, pero sólo para los que paguen un florín. Si no, no.

Y todos, para desayunarse, pagaron el florín que habían recibido la noche anterior.

## BAILLY

Juan Silvano Bailly (1766-1793) fue un sabio cuya cabeza cortó la guillotina durante la Revolución francesa. Por cosas... Había sido alcalde de París. Durante su mandato hizo fusilar a unos revoltosos en el Campo de Marte. La guillotina estaba en la plaza de la Concordia. Y, cuando el populacho le vio subir al cadalso, alguien recordó lo del Campo de Marte y gritó:
—¡Al Campo de Marte, que es donde mataba él!
El grito fue coreado por otras muchas bocas; los verdugos aceptaron la petición y la guillotina fue desmontada, trasladada y vuelta a montar en el Campo de Marte. Y, durante todo el tiempo que duró el traslado y el montaje, Bailly tuvo que esperar en mangas de camisa, tal como estaba ya, para ofrecer el cuello a la guillotina. Era un día frío de invierno. Y uno de los verdugos, viéndole temblar, le gritó:
—¿Tiemblas, Bailly?
Y, según la anécdota, Bailly se limitó a contestar la verdad:
—Sí; pero no tiemblo de miedo. Tiemblo de frío.
Una frase que recogió y ha guardado la historia anecdótica.

## BALTASAR

Baltasar fue el último rey de Babilonia (siglo VII a. de J.C.). Era un hombre vicioso y débil que pasó la vida entregado a los placeres. Una noche, durante un banquete en el que Baltasar sentaba a su mesa a sus favoritas y a sus cortesanos, se les apareció una mano fantasmal que escribió tres palabras en el muro: Mane, Thecel, Phares. Baltasar tenía encarcelado al profeta Daniel y le hizo traer allí, por si le podía interpretar aquellas tres palabras. Daniel las interpretó así:
—Numerado, pesado, dividido.
Y dio esta explicación:
—Mane: ha numerado Dios los días de tu reinado y le ha fijado término;
Thecel: has sido pesado en la balanza y has sido hallado falto;
Phares: dividido ha sido tu reino, entre los medos y los persas.
Baltasar, que era nieto del gran Nabucodonosor, fue muerto aquella misma noche. Y, a su muerte, quedó cumplida la predicción, pues Darío le sucedió en el reino de los medos y Ciro en el de los persas.
Emil Ludwig, en su libro *Regalos de la vida*, asegura que la

verdadera inscripción de la mano fantasmal fue: Mene, mene tekel upkarsin. Y que esto está escrito en aramaico. ¡Vayan ustedes a saber!

# BALZAC

El gran escritor francés Honorato de Balzac (1799-1850), autor de *La comedia humana*, tiene una vida rica en anécdotas. No fue un niño precoz, sino que más bien, en la infancia, daba la impresión de ser menos inteligente que otros. Gautier, biógrafo de Balzac, cuenta que, una vez, el niño Balzac dijo algo muy acertado. Y su madre le desmereció así:
—Seguro que ni tú mismo entiendes lo que acabas de decir.
Balzac se limitó a sonreír.

Zweig, en una biografía de Balzac, cuenta que éste, en su juventud, en un retrato de Napoleón que le gustaba tener sobre la mesa, escribió: «Todo lo que tú conseguiste con las armas, yo lo conseguiré con la pluma». Y aunque no consiguiera tanto, su éxito no costó la vida a nadie, mientras que Napoleón sembró Europa de cadáveres.

Aquel genio de ambición
que en su delirio profundo,
cantando guerra hizo al mundo
sepulcro de su nación.

Sorprende de Balzac que, sin facilidades técnicas, puesto que entonces no había máquinas de escribir, llegara a una tan formidable cantidad de obras. A mucho más de lo que consta como obra suya, puesto que, antes de escribir con su nombre, había compuesto otros muchos relatos y novelas sólo para soltar la mano. Y ninguna de esas primeras obras, ahora perdidas, tuvo éxito. En realidad, toda la obra ingente conocida como de Balzac se hizo en veinte años.

En su juventud le gustaba dar largos paseos por París, en cuyas calles encontraba inspiración. También visitaba con frecuencia el cementerio del Père Lachaise. Y cuenta Gautier que, después de una de estas visitas, Balzac le dijo:
—Los epitafios más elocuentes son los que sólo ponen un nombre: La Fontaine, Molière, Massena... Pero un nombre que lo dice todo y que invita a largas meditaciones.

El autor de *La comedia humana* y de tantas otras obras, tuvo con frecuencia dos casas distintas y hasta tres, pues una de las dos la mantenía secreta y, si se la descubrían, buscaba otra en seguida. Necesitaba poder refugiarse en un sitio donde nadie supiera que estaba. Los nombres de sus personajes los buscaba en la calle, en los carteles de las tiendas. Cuenta que andaba buscando el nombre del protagonista de un cuento y que estuvo toda la mañana calles arriba y abajo. Y, al fin, lo vio escrito y le gritó, en mitad de la calle:

—¡Biocás!

Lo explicaba después a sus amigos y uno le preguntó:

—¿Y por qué Blocás y no otro nombre?

—Porque mi personaje, tal como yo lo tengo pensado, es un Blocás desde la cabeza hasta los pies.

Y no dio ninguna otra explicación.

Balzac iba con frecuencia al Museo del Louvre. Pero no iba a ver las obras expuestas allí, sino a ver la gente que miraba los cuadros y las esculturas. Su observatorio preferido era la rotonda donde está la Venus de Milo. Se ponía junto a la estatua y desde allí, como distraídamente, observaba los rostros de los hombres y mujeres que la miraban. El domingo era el día que más le gustaba dedicarse a esta observación, por ser cuando más forasteros, muchos de ellos gente palurda, acudían al museo; y la mayoría era la primera vez que se encontraba ante el maravilloso mármol de la Venus. Refería un amigo de Balzac que éste le había contado que, cierto día, se acercó a un campesino absorto ante la estatua y con la boca abierta, y que le metió el dedo en la boca sin que el campesino lo advirtiera.

En cierta ocasión, Balzac cogió en falsedad, en una mentira, a su ama de llaves. Y le dijo:

—Si quieres indisponerte con tu prójimo, sigue mintiendo.

—Y cuando vienen a cobrar facturas, y está usted encerrado escribiendo y les digo que no hay nadie, ¿qué?

—Es distinto. Los que vienen a cobrar no son prójimos nuestros, sino todo lo contrario.

Balzac era de buena familia, aunque no de la nobleza. Y había unos Balzac de Entraigues, nobles, que se negaban a admitir cualquier parentesco con el escritor. Balzac lo supo y les mandó una nota redactada así: «Me dicen que os negáis a admitir ningún parentesco conmigo. Pues... peor para vosotros. Sólo puedo deciros que vuestros nietos se arrepentirán de no ser, como por el nombre pudieran, descendientes del famoso Honorato de Balzac».

Un dibujante llamado Bertail estaba ilustrando un libro de Balzac y, antes de hacer los dibujos, leía el libro. Un cierto párrafo no lo entendió bien y pidió a Balzac que se lo explicara.

—¡Imposible! —le dijo el escritor—. Yo tampoco lo entiendo. Y lo he escrito precisamente adrede, dedicado a los lectores exigentes, que si lo entendieran todo no tardarían en disminuir la admiración que nos tienen.

Trabajaba sin descanso, hasta diez y doce horas diarias. Y, una vez, el músico Rossini le decía:

—No comprendo cómo podéis aguantar tantas horas de trabajo. Yo también he trabajado mucho, pero después de quince días de trabajo intenso, si no me tomo un descanso, me moriría.
—Yo también.
—Sin embargo, no descansáis y seguís viviendo.
—No; estoy muerto desde hace años. Y mi trabajo es mi sudario.

Visitó una vez a un amigo, un tal Giorgio, hombre de gran posición. Llegó a la casa, cuya puerta estaba abierta, y entró. Dentro no vio a nadie. Fue recorriendo habitaciones sin encontrar a nadie. Llamaba y nadie le contestaba. Abrió otra puerta, y se encontró frente a un baño y a una hermosa mujer dentro del agua, vestida como Eva en el paraíso terrenal. Y Balzac, muy serio, le preguntó:

—¿Es usted, acaso, el señor Giorgio?
Y sin esperar contestación añadió:
—No hace falta que me diga que no; salta a la vista.

Y cerró la puerta. Aquella mujer era la señora Giorgio, a la que un rato después el señor Giorgio presentaba al ilustre escritor señor Balzac. Ninguno de los dos hizo la menor alusión a lo ocurrido antes. Y, después de la comida, la señora Giorgio, a la primera ocasión, se limitó a murmurar en voz baja:
—Gracias, señor.
Y eso fue todo.

Balzac en su casa, para su trabajo, llevaba una especie de hábito de lana, largo y ancho, ceñido con un cordón. Con este hábito se le ve en el dibujo que le hizo Gavarny, muchas veces reproducido. Balzac presumía de ir siempre con su hábito limpio, sin una sola mancha de tinta. Y decía:
—El trabajo de un buen escritor debe ser siempre un trabajo limpio.

Y el suyo, como estilo, lo era. Aunque no en sus textos originales a mano, que están todos llenos de tachaduras y correcciones.

El gusto por el hábito ha sido propio de otros escritores. Tenemos una fotografía de Rubén Darío vestido con hábito de fraile. Y se dice que, a veces para estar en casa, iba vestido así.

Tardó muchos años en tener una posición relativamente desahogada, aunque parece ser que en las famosas deudas de Balzac se ha exagerado mucho. Soñaba siempre en la manera de ganar

en poco tiempo una gran fortuna. En cierta época de su vida residió en una casa en los alrededores de París. La casa tenía un jardín de cierta extensión. Un día Gautier le encontró, en París, discutiendo con un desconocido frente a una tienda desocupada.
—¿Qué haces aquí?
—Es que voy a alquilar esta tienda. Es un asunto para ganar mucho dinero.

Y le contó que vendería ananás, que entonces en París era una fruta muy cara. Gautier quiso informarse bien de cómo sería el negocio y resultó que los ananás los cultivaría el mismo Balzac en el jardín de su casa. Y ya alquilaba la tienda para venderlos, cuando aún no había empezado a plantar, ni tenía idea de dónde podía encontrar las plantas. Y era tan imaginativo, que si Gautier no hubiese intervenido, habría alquilado la tienda y colgado sobre la puerta el letrero que ya tenía redactado.

Tan poderosa era su imaginación que veía cosas donde no existían. Y las imaginaba como si estuvieran. Vivía instalado sin ningún lujo. Y en las paredes había escrito aquello que soñara tener un día u otro allí. Y los letreros eran nada menos: «tapiz de los Gobelinos», «espejo de Venecia», «cuadro de Rafael», «biombo de palisandro». Cosas todas que nunca tuvo y que las gozaba en imaginación como si las tuviera.

Estaban un día en el despacho de su editor. Entró otro a quien Balzac no conocía. Hablaron y Balzac le explicó, detalladamente, las muchas riquezas de su instalación, su palacete, sus jardines. El otro le escuchaba sorprendido y, una vez que Balzac se hubo ido, preguntó al editor:
—¿Cómo le pueden dar tanto dinero sus libros al señor Balzac?
—No lo sé. Lo único que sé es que hoy ha venido a pedirme que le adelantara cien francos sobre sus derechos de autor para poder llegar a fin de mes.

Murió a los 51 años. Y, ya en sus últimos tiempos, un día hablaba a sus amigos de los muchos libros que aún pensaba escribir. Los tenía todos decididos y con sus títulos. Les hablaba de tantos libros que le preguntaron:
—¿Cuánto tiempo necesitarás para escribir todo esto?
—Lo he calculado: ochenta años.
Estaba entonces entre los cuarenta y los cincuenta.
De todos esos libros que pensaba escribir y que nunca escribió, que nunca pasaron de proyectos, tenía hechas las maquetas. Eran libros encuadernados, con las hojas en blanco y con el título en el lomo y en la primera página. Y cuando alguien que le visitaba le preguntaba por su obra, señalaba aquellos libros y decía:
—¡Todo esto!

Si el visitante hojeaba un libro, le sorprendía ver las páginas en blanco.
—¡Pero si aquí no hay nada!
—Aquí, no; pero está aquí.
Y señalaba su cabeza.

En los últimos tiempos, ya con dinero, organizó su vida de forma que nadie pudiera molestarle mientras trabajaba. Había establecido un sistema de consignas y sólo sus íntimos amigos, que las conocían todas, conseguían llegar hasta él. La portera de la casa decía siempre:
—El señor Balzac no está.
Y allí, para que la portera dejara pasar, la consigna era: «Ha llegado por fin la estación de las lluvias».

En la casa había dos servidores, uno que abría la puerta y otro que estaba como de centinela en el sanctasanctórum donde Balzac trabajaba. La consigna para el que abría la puerta, era: «Vengo a vender encajes de Bruselas». Y para el otro sirviente era: «La salud de la señora sigue estacionaria».

Uno de sus libros de relatos cortos se titula *Contes drolatiques*. Esta palabra, *drolatique*, la tomó Balzac de escritores antiguos y se podría traducir por divertidos o chocantes. Junto a este libro, en su biblioteca tenía otro con este título: *Contes melancoliques*, o sea, cuentos melancólicos. Y era un cuaderno en donde iba anotando sus deudas, según la leyenda, muy numerosas.

Estuvo en Austria sin saber una palabra de alemán. Y a su regreso contaba cómo lo hacía para pagar sin entenderse con la otra persona, ni entender el valor de la moneda. La moneda austríaca de menos valor era el kreutzer. Balzac tomaba un coche (de caballos, desde luego) y, para pagar al cochero, sacaba muchas monedas de un kreutzer y se ponía una en la mano y después otra y después otra... Y, entretanto, observaba el rostro del cochero y por la expresión del rostro conocía cuándo llegaba al precio justo. Y si el cochero insinuaba una sonrisa era señal de que había puesto un kreutzer de más. Y entonces retiraba la última moneda puesta.

Balzac, cuando alternaba en sociedad, vestía siempre muy bien y usaba accesorios buenos. Le gustaba presumir de cadenas y relojes. Una vez, como tantas otras, estaba sin dinero. Había ido al teatro con amigos y de pronto exclamó:
—Nosotros aquí, y pensar que en mi casa hay cien velas encendidas que la iluminan.
Sus amigos se rieron de tal extravagancia. Y él dijo:
—¿Apostáis cien francos?
Los apostaron entre todos. Fueron a la casa de Balzac y allí

encontraron, en efecto, la habitación iluminada por cien velas, puestas encima de los muebles. Y no les tocó sino pagar.

Mientras escribía una novela se identificaba tanto con los personajes que vivía, interiormente, la vida de todos ellos. Cuenta Zweig que un amigo fue a visitarle, le abrió la puerta el mismo Balzac y le gritó:
—¡Se está volviendo loca, la pobre!
—¿De qué me habláis?
—De la pobre Eugenia.
Y le tuvo que explicar que Eugenia era la protagonista de su novela *Eugenia Grandet*, que acaba, en efecto, enloqueciendo.

Un profesor de frenología sostenía que era capaz de distinguir, sólo hablando con ellos, a un loco de un cuerdo. Un amigo de Balzac que le oyó decir esto, le propuso una experiencia. Y el profesor aceptó. Comieron juntos el profesor, el otro y dos más. Uno de los otros dos no abrió la boca en todo el rato; el otro estuvo todo el rato hablando con una verborrea estremecedora. El trato era que uno de los dos invitados era loco y el otro cuerdo. Y el profesor tenía que descubrir cuál de los dos era cada uno. Después de la comida el profesor dijo:
—Pues esto se ve en seguida. El loco es el parlanchín. Y si no loco de remate, al menos es un insensato.
—Pues se equivoca, profesor: el loco es el que no ha dicho nada. Está convencido de ser el Padre Eterno y no habla nunca con esos seres inferiores llamados hombres. El parlanchín es nada menos que Honorato de Balzac, nuestro famoso escritor.
No es de extrañar que el profesor no le hubiese conocido, pues entonces no habían aparecido aún las revistas ilustradas, que hacen casi imposible dejar de conocer a alguien famoso.

Elogiaban una de las novelas de Balzac. Y al que la elogiaba más, Balzac le dijo:
—Puede estar contento de no haberla escrito usted.
—¿Por qué?
—Porque usted puede ahora decir todo lo bueno que piensa de este libro. Y yo, por haberlo escrito, no lo puedo decir. Y eso que a mi juicio es todavía mucho más bueno de lo que usted dice.

Cuenta Gautier que Balzac lo corregía todo una y otra vez, en busca siempre de la máxima perfección de estilo. Gautier no lo hacía. Y mandaba artículos a los diarios sin corrección alguna, tal como le salían, a chorro de inspiración. Una vez, leyó un artículo a Balzac antes de mandarlo. Y Balzac le dijo:
—No está mal, como croquis. Y, rehaciéndolo tres veces, puede que quedara algo aprovechable.

En *Les nouvelles Literaires,* cuando el centenario de la muerte de Balzac, se contaba que Balzac presentó un original a un editor. No se cita el nombre del editor. El título del original, sí: *La dernière fée* (La última hada). El editor lo leyó y le gustó mucho. Decidió ofrecer 3.000 francos por la propiedad de la obra. Se enteró después de que Balzac vivía en un barrio de los suburbios de París y decidió ofrecerle menos. Pensó que 2.000 francos sería suficiente. Fue a verle para hacer el trato. Llegado a la casa de Balzac vio que era una casa vieja, la peor del barrio, y la portera le dijo que el señor Balzac vivía en el último piso. El editor pensó: «Le ofreceré 1.000 francos».

Llegó al piso, vio la habitación, sin ninguna comodidad, que ocupaba Balzac, signo todo de mucha falta de dinero, y le dijo:
—No está mal su libro. Le ofrezco trescientos francos.
Y Balzac los aceptó en seguida.

Cuenta Gautier que una vez él y otros amigos recibieron una invitación de Balzac para ir a su casa. Balzac les recibió impaciente:
—Habéis tardado mucho. Pero en fin... Se trata de que mañana he de leer una obra de teatro a un director.
—¿Y nos la quieres leer primero a nosotros? Pues, cuando quieras.
—No, no. Es que la obra no la tengo escrita. Lo que quiero es que me ayudéis a escribirla. Somos cinco, hacemos un acto cada uno y ya está.
Gautier le dijo:
—De acuerdo; pero explícanos antes el argumento.
—¡Ni hablar! Si os cuento el argumento no acabaremos nunca. ¡A escribir, a escribir!
No dice Gautier si el drama llegó a escribirse.

Balzac trabajaba de noche y dormía por la madrugada. Un día oyó ruido en su habitación mientras dormía. Abrió los ojos y vio a un hombre que le abría los cajones, sin duda en busca de dinero. Se incorporó y le dijo:
—Continuad, continuad. Yo nunca he encontrado dinero en esos cajones, pero a lo mejor tenéis más suerte que yo. Eso sí, si encontráis algo, vamos a medias.

Se identificaba tanto con los personajes de su creación que, mientras estaba escribiendo una novela, era incapaz de hablar de otra cosa, ni de interesarse por nada más que por sus propios personajes. Contaba Sandeau que le visitó en cierta ocasión para contarle sus penas: que tenía a una hermana muy enferma, que los médicos la habían desahuciado. Y Balzac, después de escucharle un rato, le dijo:

—¿Y el pobre Rastignac, qué? ¿Quién le saca de apuros? Rastignac es un personaje inventado que aparece en algunos de sus libros.

Andaba siempre mal de dinero (las famosas deudas de Balzac). Un buen amigo le prestó una vez mil francos, pero con una condición:
—Me los devolverás con el producto de tu primer libro.
Balzac le propuso otro trato:
—Con el de mi próximo libro, no; con el de mi mejor libro, mi obra maestra, que pronto aparecerá.
El amigo se avino. Apareció otra obra de Balzac. El amigo reclamó y Balzac le dijo que aquélla no era su obra maestra, que sería otra. Y lo mismo le dijo de todos los libros que iba publicando. Y, así, la deuda quedó siempre sin pagar.

Veron, en sus *Mémoires d'un bourgeois de París*, cuenta que Balzac se quejaba del poco beneficio que le producían sus libros. Y que un amigo le dijo:
—¿Y la gloria, no cuenta?
—¿La gloria? Con la gloria no puedo pagar nada y a los otros mi gloria sólo les causa contratiempos.
Y contó que, una vez, en Rusia, le invitaron a una reunión mundana. Entró en el momento en que una dama estaba sirviendo el té y tenía en las manos una bandeja con la tetera. Le anunciaron: «¡El señor Balzac!». Y la dama, sorprendida, dejó caer la bandeja y la tetera. Y después se supo que era una tetera de porcelana china, que costaba un dineral.

Fue siempre defensor de la castidad del escritor. Decía que la castidad favorece la imaginación y da claridad a la inteligencia. Sin embargo, se le conocen no pocas aventuras de amor con distintas mujeres. Y en una ocasión que defendía su doctrina de la castidad, le citaban los casos de algunos escritores, nada castos, sino todo lo contrario, y con abundante obra de buena calidad. Y dijo Balzac:
—Esto no demuestra nada. Seguro que si hubiesen prescindido de las mujeres habrían escrito más y todo mucho mejor.
Y a Alejandro Dumas, hijo, que llevaba una vida nada reprimida en el sentido de la castidad, le decía:
—¿Has observado lo que se pierde de pensamiento en una noche de amor? Medio volumen, lo menos. Y no hay ninguna mujer en el mundo que merezca la pena de perder por ella dos volúmenes al año.
O sea que merezca la pena de dedicarle, en un año, cuatro noches de amor.

Gautier cuenta que una revista pidió a Balzac una novela corta para su publicación. Balzac puso una condición: que la novela fuese precedida de un relato biográfico, que el autor del relato fuese Teófilo Gautier y que por este trabajo le pagaran a Gautier quinientos francos. La revista lo aceptó todo. Y se publicó la novelita y la biografía. Balzac cobró el dinero de su amigo, le visitó y le entregó doscientos cincuenta francos.
—¿No me habías dicho quinientos?
—Sí, y me han pagado quinientos. De los que retengo la mitad, pues todos los datos de tu trabajo biográfico te los he proporcionado yo. ¿Sí o no?
Gautier reconoció que así era, en efecto, y le pareció justa la distribución.

Le preguntaban una vez por qué escribía y publicaba tanto. Y daba esta razón:
—Porque así evito que publiquen, y acaso que escriban, otros menos dotados que yo. En el fondo, para el mayor bien de nuestra literatura nacional.

Siempre tuvo muchos acreedores, aunque... Se ha dicho también que en la historia de los famosos acreedores de Balzac hubo mucha parte de fantasía, y que el mismo Balzac los inventaba, o al menos inventaba muchos para librarse de unos pocos.
Uno de los acreedores le visitó y le reclamó el pago de la deuda con cierta urgencia.
—Es que mañana me vence una deuda y la he de pagar.
—¡Muy bonito! Contrae usted deudas y después quiere que se las pague yo.

Su conducta con las mujeres nunca fue abusiva ni presuntuosa. Tuvo algunos amoríos, pero no le gustaba que las mujeres le hicieran perder tiempo. Le decía a su amigo Teófilo Gautier:
—Tratar a las mujeres sólo sirve para perder el tiempo, la serenidad y la clarividencia. El escritor no debe abundar en este trato.
Gautier no estaba de acuerdo.
—Bueno, hasta cierto punto; las mujeres son un eterno componente de los problemas interiores de los hombres. Y media humanidad son mujeres. Yo no aconsejaría a nadie que se abstuviera de tratarlas.
—Yo, a un escritor, sólo le aconsejaría que no se abstuviera de escribirles. Y esto porque es un tipo de correspondencia que puede ayudarle a mejorar el estilo.

Balzac bebía mucho café. Hasta alrededor de los treinta cafés en un día. Este exceso le aceleró la muerte. Él lo sabía. Y entre sus últimas palabras parece que dijo:

—Mi muerte será un asesinato, y el asesino han sido las cien mil tazas de café que he tomado en los últimos diez años.

## BANVILLE

El escritor y poeta francés Teodoro de Banville (1823-1891), cuya obra poética es abundante y al mismo tiempo buena, fue contemporáneo de otro buen poeta, Alfred de Vigny, que le llevaba, en literatura, en poesía y en fama algunos años de ventaja. Uno de sus primeros libros fue *Les cariatides*. Banville, con el libro en las manos, visitó a Vigny, a quien no conocía. Le abrió la puerta una criada y Banville le entregó el libro y desapareció. Pocos días después recibía esta nota de Vigny: «Vuestro primer libro me ha gustado tanto que espero el segundo. Y con el segundo espero también a su autor».
Y el autor le visitó mucho antes de aparecer el segundo libro.

Banville tenía un culto exagerado por la lengua francesa. Discutiendo una vez con un escritor inglés, le decía que no comprendía cómo con un idioma tan pobre y poco rico en matices como el inglés se pudieran escribir buenos libros. Y el otro le dijo:
—Pues Shakespeare escribió en inglés todos sus dramas.
—¡No! ¡En francés! Y alguien se los tradujo.
—¿En francés? ¡Si no lo sabía!
—¿Cómo que no? Shakespeare era francés y se llamaba Jacques-Pierre. Pero los piratas ingleses le secuestraron y de nuestro Jacques-Pierre hicieron vuestro Shakespeare.

Aseguraba Banville, hombre aficionado a la buena mesa, que los *maître d'hôtel* franceses eran los hombres más ingeniosos del mundo. Y, para convencer a un amigo, le llevó a un restaurante y pidió al *maître*.
—Tomaremos un ala del ave fénix.
El ave fénix es un pájaro mitológico que nunca ha existido. El *maître*, sin mostrar la menor extrañeza, dijo:
—Lo siento, señores. La última ala de ave fénix la hemos servido hace un rato. No tendremos otra hasta mañana.

Nunca se cita el nombre de la mujer de Teodoro de Banville, pero se dice de aquella mujer que fue el más celoso guardián de la paz de su marido. Y que si, mientras Banville trabajaba, alguien se presentaba a visitarle, ella abría la puerta. El visitante decía:
—¿El señor Teodoro de Banville?
—El señor Teodoro de Banville soy yo. ¿Qué desea usted?

Banville nunca fue académico. Y una vez que hablaba con un académico de esta posibilidad, dijo:
—Soy totalmente incapaz de hacer las visitas previas de reglamento.
—Y si te ofrecieran el nombramiento en bandeja de plata, ¿lo aceptarías?
—Pues... no lo sé. Lo único que sé es que me quedaría la bandeja.

## BARBEY D'AUREVILLY

Jules Barbey d'Aurevilly (1808-1889), autor de *Les diaboliques*, era todo un gran tipo. Alto, fuerte, agresivo. Y, encima, iba vestido como un guerrero de la Edad Media de un país imaginario. Parece que verle cruzar las calles de París era un espectáculo. Tuvo una polémica con un periodista llamado Thiers, desde las páginas de los diarios, sin conocerse. Y Thiers dijo:
—El día que me encuentre con este tipo, le romperé el bastón en la espalda.

Thiers era pequeñito y delgadín, insignificante físicamente. Un día coincidieron los dos en la redacción del diario donde trabajaba Thiers. Y no faltó quien intentara enfrentarles. Cuando Thiers vio el aspecto del otro, buscó la manera de escabullirse. Pero ya D'Aurevilly le gritaba desde el fondo de la estancia:
—¡Eh! ¡Pequeñez de hombre! ¿Dónde tenéis el bastón? Porque yo la espalda la tengo ahí detrás.

Y, como siempre en tales casos, no pasó nada.

En la revista *El Enano Amarillo* apareció un trabajo de Barbey d'Aurevilly con este título: «Los cuarenta medallones», que era un baurla despiadada de los cuarenta miembros de la Academia Francesa. Después se supo la historia de aquel artículo. Se había presentado un muchacho a la redacción y lo había ofrecido al director. Éste lo leyó y le pareció muy ingenioso y sensacional. Sólo había un inconveniente:
—Pero la gran sensación sería que una cosa así la firmara un nombre conocido. Y a usted no le conoce nadie.

Y compró el trabajo con la condición de poderlo publicar con otra firma. Lo leyó a D'Aurevilly y le preguntó:
—¿Lo firmaríais?
—Yo, sí; con ambas manos a la vez.
—Basta con una.

D'Aurevilly cambió algunas cosas, muy pocas, y el trabajo se publicó con su firma. Y después, cuando le preguntaban por qué había escrito aquella especie de libelo, decía:

—No lo he escrito yo. Esas cosas yo no las escribo; pero las firmo.

Fácilmente se peleaba con quien fuese y aseguraba que nunca había dejado de conducirse según su primer impulso, con el único fin de no perder una amistad; que sólo le interesaban los hombres geniales y sus rarezas, y que prefería vivir solo a tener que soportar la presencia y la conversación de los imbéciles. Y decía:
—El mayor elogio que se puede hacer de un diamante es llamarle como se le llama cuando lo merece: un solitario.

Era hombre elegante y muy artificioso en el vestir. Y, además, se teñía el cabello. Una vez, sus amigos intentaron hacerle confesar que se lo teñía y sacaron a conversación la coquetería de algunos hombres que tratan de disimular la edad que tienen. Él les escuchaba sin intervenir. Le preguntaron:
—¿Qué os parece de esa costumbre de algunos hombres de teñirse el cabello?
Y D'Aureviily contestó muy en serio:
—Que si de veras son viejos hacen muy bien en teñirse. Yo pienso imitarles llegado a la vejez.
Tenía, cuando esto dijo, más de setenta años.

## BARDOT, Brigitte

Cuando empezaba a ser famosa, en una fiesta de sociedad, fue presentada a una vieja dama muy intransigente en lo que atañía a las costumbres licenciosas. La buena señora dijo a la joven actriz todo lo que de ella pensaba. Le dijo:
—He de confesarle que no apruebo su excesiva licencia en el vestir, y en la forma de moverse y de provocar a los hombres en sus películas. Sé que, en alguna, ha aparecido desnuda y esto no la honra a usted nada; ni a usted ni a Francia, que tales cosas permite. Espero que en sus próximas películas sea usted menos atrevida, y sus actuaciones más limpias.
—Pues, sí; lo serán seguro. En la próxima película me baño tres veces. ¿Quiere mayor limpieza?

Estuvo en Méjico rodando una película. Y de regreso a Francia, aseguraba que, en Méjico, alguien que conocía muy bien lo de allí, le había contado que Dios, después de crear Méjico, admirado de su propia obra, se dijo: «Me he excedido. Tanta belleza, este cielo tan azul, esta tierra tan fértil y este subsuelo tan rico, rompe el equilibrio de la creación». Y entonces, en un impulso de justicia y para restablecer el equilibrio roto, creó a los mejicanos.

## BARRAULT

Los actores franceses Madeleine Renaud y Jean-Louis Barrault han formado pareja durante mucho tiempo. Una vez, un crítico se metió con dureza contra Barrault. La actriz leyó la crítica y antes de enseñarla al actor, le preguntó:
—¿Eres muy sensible a las críticas?
—Desde luego, mucho. Pero a condición de que sean buenas. Si son malas ni me entero.
Y ella, entonces, le enseñó la crítica mala en el periódico. Y él, dando una prueba de comprensión, tiró el periódico sin ni siquiera mirar lo que decía.

## DU BARRY

Le vino el nombre a la Du Barry de su marido, el caballero Du Barry. Ella se llamó Juana Lange (1746-1793), o mejor, Juana Becu, aunque éste era el apellido de su madre, una costurerita que, como consecuencia de su amabilidad en el trato con los hombres, tuvo una niña. Que parecía un ángel, decían las vecinas, y dieron en llamarle «l'ange», el ángel. Y de ahí le vino el apellido Lange.

El caballero Du Barry, un muy poco respetable caballero, la explotaba como belleza al alcance de las buenas fortunas. Un informe de la policía, citado por los biógrafos, dice que Du Barry «la alquila a todos los que vienen, asegurándose antes que sean gentes de calidad y de dinero». Y más adelante del mismo informe: «Se dice que el conde Sabran ha hecho una buena jugada de bolsa y el Du Barry le ha cedido a su amiguita durante todo un día».

No se sabe, exactamente, cómo llegó a entrar en contacto con el rey, ya sexagenario. Sí se sabe que el rey, para admitirla como favorita, exigió que se casara con alguien de cierta calidad. Y el Du Barry la casó con un hermano suyo que vivía en provincias y que era más o menos conde, y el cual cobró por darle el nombre y el título, sin llegar a «conocerla» jamás. Cuando el rey murió, la Du Barry tenía treinta y dos años. Luis XVI le ordenó encerrarse en una abadía. Y un año después la dejó otra vez en libertad. Y ella se instaló en la posesión de Luciennes y sólo algunas veces acudía a Versalles, donde María Antonieta le dedicaba este piropo:
—Es la más tonta y la más impertinente criatura que cabe imaginar.

En Luciennes, la Du Barry se casó con el duque de Brissac. El duque fue decapitado por las turbas durante la revolución.

Y las turbas llevaron la cabeza hasta Luciennes y la arrojaron sobre la mesa de la Du Barry:
—¡Un buen regalo para ti! ¡La cabeza de tu amante! Para que te haga compañía mientras esperas que te llegue el turno.

Un gendarme se presentó en Luciennes con una orden de detención contra ella. Envalentonado y grosero le gritó:
—¡Tus papeles! ¿Dónde los guardas?
—En mi habitación.
—¡Vamos a buscarlos!
Allí el gendarme advierte que ella trata de esconder papeles en el seno. Se le echa encima y trata de arrebatárselos. Ella se defiende. El gendarme sucumbe ante la mujer, la abraza y la besa en la boca. Ella lo rechaza y le escupe en pleno rostro. Y con este acto, absolutamente justificado, ha firmado su sentencia de muerte.

En su último viaje en la carreta de los condenados a muerte, implora a gritos la ayuda de la gente de la calle.
—¡Socorro! ¡Salvadme! ¡Salvadme, amigos míos!
Nadie le hace caso. La han de bajar a empujones de la carreta. Los ayudantes del verdugo la arrastran hasta lo alto del patíbulo. Ella se debate enloquecida y rueda por el tablado. Gime:
—¡Todavía no! ¡Dejadme vivir! ¡Quiero vivir!
A viva fuerza consiguen atarla al pie de la guillotina. Ella todavía suplica:
—Un minuto más, señor verdugo.
Y así hasta que rueda su cabeza. Al día siguiente, un periódico de la revolución le dedica esta oración fúnebre: «Barril infecto, sumidero de iniquidades, cloaca impura».
No había para tanto. Pero aquél era el lenguaje revolucionario.

## BAUDELAIRE

Charles Baudelaire (1821-1867), poeta, autor de las famosas *Flores del mal*, fue un hombre de vida muy poco respetuosa con las buenas costumbres. Pero con una clara visión para la crítica de pintura y con un exclusivo interés para la poesía y la literatura en general. En el colegio, en la clase de matemáticas, en vez de atender, se pasaba con otro alumno noticias en verso. El profesor los descubrió y les preguntó:
—¿No os interesan las matemáticas?
Baudelaire contestó por los dos.
—No; sólo nos interesa la poesía. Y a mí, en poesía, sólo me interesa la que escribo yo.

A los diez años, en el colegio ya le consideraban un niño raro. Una de sus primeras hazañas fue un intento de prender fuego al bosque de Boulogne. Le detuvieron, le llevaron a la policía y allí, en vez de defenderse, intentó hacer su cómplice del comisario:
—Yo solo no lo he podido hacer. ¡Si usted me ayudara! ¡Sería tan bello ver todo el bosque en llamas!

Baudelaire no tenía amigos. Sus biógrafos citan el diálogo sostenido con un amigo, que le regaló un ejemplar de un libro que acababa de publicar:
—¡Toma! ¡Es mi libro! Acaba de salir.
—No, gracias.
—¿No quieres mi libro?
—No. ¿Para qué? No escribo en ningún diario; no podría citarlo.
—No importa; tómalo de todos modos.
—No; nunca lo leeré.
—Aunque no lo leas. ¡Tómalo!
—¡No!

Le gustaba decir cosas que asustaran y molestaran. Un día se fingía enfermo del estómago. Una señora le preguntaba:
—¿Estáis mal?
—Se ve que sí. Esta mañana he desayunado un niño al horno y, aunque estaba tierno, se ve que se me ha indigestado.

Otra vez enseñaba un libro muy bien encuadernado y decía:
—Es piel humana. De un buen amigo. Así lo tengo presente.

Y el biógrafo Henry Blaze cita otra salida parecida:
—Con la piel de mi padre me hice una corbata; pero sólo me la pongo en las grandes solemnidades.

En Chateauroux le hacen director de un periódico local. Se instala allí con una amante. Se descubre que aquella mujer no es su esposa y le visita el alcalde.
—Señor, nos ha engañado usted. Madame Baudelaire no es su mujer; es su amante.
—¿Y qué? La amante de un poeta vale mucho más que la esposa de un alcalde.

Y le despiden, como era de prever.

Un amigo le encuentra en un café. Está allí solo, llena la mesa de vasos vacíos.
—¿Qué haces aquí?
—Cultivo mi histeria.
—¡Vaya! ¿Por qué dices siempre esas cosas tan raras?
—Para asombrar a los tontos.

En 1847 publica su famoso libro *Les fleurs du mal*. El mismo año, y como consecuencia de una denuncia, el libro es condenado por ofensas a la moral y a las buenas costumbres. Sin embargo, el libro se reedita, corregido y aumentado y sin ninguna supresión, cuatro años después. Y cien años después, en 1949, el Tribunal del Sena rehabilita el libro y anula la sentencia condenatoria. En las ediciones actuales, los seis poemas por los que fue condenado el libro van al final, como en una separata. Y así le es más fácil al lector encontrarlos en seguida.

Era un mozuelo cuando su madre, poco tiempo después de enviudar, se volvió a casar. Baudelaire, la primera noche, cerró con llave por fuera la habitación matrimonial y huyó de la casa. Su padrastro le embarcó para la India. Baudelaire aceptó el viaje a condición de que le compraran toda la obra de Balzac. Durante la larga travesía no hizo sino leer y leer y regresó en el mismo barco. Cuando le preguntaban qué le había parecido la India, decía:
—Que está de París a treinta y siete volúmenes de la obra de Balzac.

Un buen amigo de su familia, cuando ya se empezaba a hablar del poeta, le invitó a comer. El amigo tenía tres hijas, muy bonitas las tres. Las presentó al poeta y Baudelaire les preguntó a las tres a la vez:
—Y vosotras, con lo estupendas que sois, ¿por qué no os dedicáis a la prostitución?
Y allí se acabó la comida y la amistad.

Se cita el nombre de un amigo de Baudelaire, un tal Du Camp, que una vez le venció en extravagancia. Baudelaire fue a casa de Du Camp con los cabellos teñidos de verde. Du Camp hizo como si no se diera cuenta. Hasta que Baudelaire le dijo:
—¿No notáis en mí nada extraño?
—No; nada.
—¿Ni el color de mis cabellos?
—Son verdes, como los cabellos de todos los hombres.
Y Du Camp sostuvo que siempre había visto de color verde los cabellos de los hombres. Afirmación que molestó mucho al poeta.

El médico de Baudelaire era el doctor Piogey. Baudelaire le visitaba con frecuencia; y todas las veces se quejaba a gritos de su mucho padecer y así conseguía que el doctor le recibiera en seguida. Una de estas veces Baudelaire le dijo:
—Sufro como una mujer.
Y al darse cuenta de lo que acababa de decir, añadió:
—Y la verdad es que soy más una mujer que un hombre.
El doctor le daba la razón:

—Sí, en efecto. Yo no me atrevía a decíroslo, pero así es.
Baudelaire quedó sorprendido y quiso seguir la broma.
—Una mujer llamada Baudelaire.
—No, no; descubierta la verdad os cambiaremos el nombre. Al menos yo, en adelante, no os llamaré Baudelaire, sino Belledelaire.
Y desde entonces todas las veces que Baudelaire visitaba al médico se hacía anunciar como «la señora Belledelaire». Y lo decía en voz alta, para que se enteraran los otros enfermos que esperaban turno.

Teodoro de Banville y Baudelaire eran amigos. Baudelaire intentó una vez leer a Banville una obra de teatro. Banville se negó a escucharla. Otro día, se encontraron en plena calle y Baudelaire le dijo:
—Os invito a lo más inesperado: a tomar un baño.
—No me parece mala idea.
Entraron en un establecimiento de baños y Baudelaire pidió un apartamento con baño doble. Y allí, ya los dos dentro del baño, Baudelaire sacó de su ropa un pliego de papeles y dijo:
—Y ahora, lo queráis o no, os leeré mi obra de teatro.
Y leyó todo el primer acto.

## BAUM

Vicki Baum, novelista austríaca, nacida en 1888, y que reside desde hace muchos años en Norteamérica. Su famosa novela *Gran Hotel* se ha llevado ya dos veces al cine. Se dice de ella que, una vez que se hablaba de la pobreza y de los pobres, dijo:
—Los pobres han de prescindir de muchas cosas en las que no encontrarían la felicidad, ni tan siquiera el bienestar. Pero ellos creen que sí, y tienen esta ventaja sobre los ricos, que ya saben que no.
Y alguien le dijo entonces:
—Pero a usted no le gustaría ser pobre.
—No; ahora ya no. Porque ahora ya sé que no y sería un pobre sin esperanza y sin ilusiones.

## BEETHOVEN

Ludwig van Beethoven (1770-1827) es uno de los más geniales músicos que han existido jamás. La trilogía del genio musical la forman, sin duda alguna, Bach, Beethoven y Chopin. Su padre era un tenor poco famoso. Vio que el niño tenía disposición para la música y, a los cuatro años, ya le puso un profesor. A los seis

años lo presentó en público, por primera vez, como violinista. Y parece que, a partir de entonces, Beethoven se negó a continuar «aprendiendo» música con su profesor.
—¿Es que ya crees saber bastante? —le preguntó su padre.
—No creo saber bastante; pero estoy seguro de saber más que mi señor profesor.

Mozart tenía 14 años más que Beethoven. No le conoció músico célebre, porque Mozart murió muy joven, a los 35 años, cuando Beethoven sólo tenía 21. Pero le conoció mozo prodigio y como tal se lo presentaron en Viena. Era cosa frecuente que le presentaran muchachitos con buena disposición para la música y a todos les pedía que improvisaran en el piano, pues así se daba cuenta de sus posibilidades. Beethoven se sentó al piano y tocó tan bien que Mozart se negó a creer que aquello fuese improvisado. Y lo dijo:
—Esto lo has aprendido. ¿De quién es?
—De nadie.
Mozart continuaba incrédulo y Beethoven le pidió que le diera un tema. Mozart accedió y, sobre el tema de Mozart, Beethoven hizo una improvisación tan notable que Mozart dijo después:
—Este muchacho hará que el mundo hable de él.
Y tuvo razón.

Beethoven se mostró siempre muy orgulloso de sí mismo y convencido de su alta calidad como músico. Se lamentaba una vez, en su primera juventud, de tener que estar buscando siempre editor para su música. Decía:
—Haendel y Goethe tenían un editor que les pasaba un tanto y les editaba todo lo que iban produciendo.
Alguien le repuso:
—Sí; pero es que ellos eran Goethe y Haendel.
—¡Y yo soy Beethoven!
Y al que le había considerado inferior que a los otros dos dejó de tratarle como amigo.

Le preguntaban a Beethoven si se había escrito en música algo insuperable. Y contestó en seguida, sin pensarlo:
—La suite en re menor de Bach.
El segundo tiempo de esta suite el «aria» conocida como «el aria de Bach», es el poema musical mejor de cuantos se han compuesto.

Era un entusiasta de Napoleón Bonaparte y le había dedicado la tercera sinfonía, la Heroica. En la dedicatoria, puso: «A la memoria de un gran hombre». Cuando supo que Napoleón se había

coronado a sí mismo emperador, borró la dedicatoria. Y parece ser que hizo este comentario:
—Al fin y al cabo, un hombre como todos.

Beethoven estuvo una vez en Weimar, donde Goethe tenía un cargo en la corte del duque. Y visitó a Goethe más de una vez. Un día iban los dos en coche por la ciudad y casi todo el mundo les saludaba. Goethe, que no era nada humilde, dijo:
—Sería curioso saber a quién de los dos saludan.
—A mí, no; aquí no me conoce nadie.
—Quién sabe, quién sabe...
Goethe lo que buscaba era la manera de demostrar a Beethoven que todos los de allí le saludaban a él, a Goethe. Y, al fin, como en busca de satisfacer una curiosidad, llamó a un desconocido que les había saludado y le preguntó:
—¿Sabéis a quién acabáis de saludar?
—Desde luego: al gran duque de Weimar.
—¿Y sabéis cuál de nosotros dos es el gran duque?
—Supongo que el otro señor, puesto que vos sois el que pregunta.
Y esto fue todo lo que consiguió demostrar Goethe a Beethoven acerca de la popularidad de alguno de ellos dos.

Había entonces en Brunswick un organista llamado Widebein, cuyo mayor deseo era conocer personalmente a Beethoven. Tanto, que hizo un viaje a Viena sólo con este fin. Y una vez allí se encaminó a la casa de Beethoven, cuya dirección le habían dado. Por el camino encontró un grupo que ayudaba a un cochero a levantar su caballo, que se había caído de un resbalón. Se detuvo a ayudar también. Habló con otro de los que ayudaban y le dijo que acababa de llegar a Viena.
—Pues yo os diré dónde está lo mejor de la ciudad, para que lo veáis.
—Es que no he venido para ver la ciudad, sino únicamente para conocer a Beethoven.
—¿El músico?
—Sí; si es que me recibe.
—Seguro que sí. Pero ni esto os hará falta para conocerle, puesto que ya le conocéis.
—Ciertamente, no.
—Ciertamente, sí. Soy yo.
Y lo era. Beethoven invitó al organista a su casa y allí el otro se quedó diez días. Y después, otra vez en Brunswick, contaba que ninguna vez, en los diez días, volvió a ver Beethoven que, ocupado en su trabajo, ni se acordó de que tenía un huésped invitado.

Estuvo en cierta ocasión en la casa de campo de su hermano. Daba allí largos paseos, componiendo siempre música de memoria. Iba gesticulando, gritando y cantando. Los campesinos le veían pasar y se asustaban. Hasta que supieron que era el hermano del Beethoven de allí, que era músico y que... hacía esto. Y entonces, una vez, un campesino se le acercó a hablarle.
—¿Por qué hacéis todo esto cuando estáis solo?
—¿Todo esto? Hago música.
—¿Y la música se hace así?
—Yo, sí.
Parece que después el campesino dijo a los de su casa:
—¡Pobre señor Beethoven! Su hermano está medio loco.

Beethoven tenía alergia para determinadas personas. Una de esas personas era un tendero de mucho dinero y muchas pretensiones, con el que Beethoven había tenido algunas diferencias. Un día, en un concierto que dirigía Beethoven, vio al tendero sentado en una de las primeras filas. Llamó al empresario y le dijo:
—Si aquel señor de tal asiento de la cuarta fila no se va, yo no salgo a dirigir.
—Este señor ha pagado su localidad, como otro cualquiera.
—Si no se va, yo no salgo.
Y no hubo sino convencer al tendero, que fue cosa larga y difícil. Y, al parecer, la única forma fue decirle en voz alta lo que ocurría y así se enteraron otros del público y, entre todos, rogaron al tendero que tuviera la amabilidad de irse. Cosa que hizo al fin, después que le devolvieron el dinero.

Beethoven, como todo genio musical, sentía una profunda admiración por Bach. Esta palabra en alemán significa arroyo. Y una vez que le preguntaban su opinión acerca de Bach, dijo:
—No debería llamarse así, pues no es un arroyo; es el mar, todo el mar.
Y, siempre que hablaba de Bach, le cambiaba el nombre y le llamaba Meer, que significa «mar» en alemán.

Entró una vez en un restaurante, en Viena, se sentó a una mesa y empezó a tabalear sobre la madera con los dedos. Después de mucho rato, sin que nadie se hubiese atrevido a interrumpirle, preguntó al camarero:
—¿Cuánto debo?
—¡Pero si no ha tomado nada!
—Pues sírvame lo que quiera. Pero, ¡aprisa!
Continuó tecleando, comió de lo que le sirvieron sin ni siquiera mirarlo y, después, se iba a ir sin acordarse de pagar. Cuando el camarero se lo advirtió, se limitó a decirle:
—Todos los camareros alemanes sois insoportables.

Beethoven ha sido uno de los pocos músicos que ha improvisado ante el público. Y parece ser que una vez, en Viena, dio un concierto sin anunciar nada de lo que tocaría. No hizo sino improvisar. Todo gustó mucho y fue muy aplaudido. Y como pasara el tiempo y Beethoven no dejara de tocar, el encargado del local se acercó a hacerle alguna indicación. Y Beethoven, sin apenas dejar de tocar, le dijo:
—¡Que se larguen! No toco para ellos, sino para mí.
Y terminó el concierto después de mucho rato, sólo con algunos fieles devotos como público.

Cuando estrenó la novena sinfonía estaba ya totalmente sordo. Fue recibida con una calurosa ovación y Beethoven ni se volvía a saludar. Es que no oía nada y no sabía cómo lo estaban aplaudiendo. Hasta que uno de los músicos le invitó a volver el rostro hacia el público. Y sólo entonces les «vio» aplaudir frenéticamente. Y tuvieron que sostenerle para que no se derrumbara, casi desvanecido.

El entierro de Beethoven fue una de las manifestaciones de duelo más multitudinarias que se han visto jamás. Un forastero preguntó a una vieja, que estaba allí mirando pasar la comitiva fúnebre:
—¿Qué es esto? ¿Qué ocurre?
—Seguro que venís de muy lejos, pues no lo sabéis. ¡Ha muerto Beethoven!
Y la vieja, sin poderse contener, se echó a llorar.

## BERGSON

Henri Bergson (1859-1941), el filósofo autor de *Le rire*, un libro que ha dado la vuelta al mundo, en sus últimos tiempos llevó una vida muy retirada y sólo trataba a los otros hombres si podía ayudarles en algo. Al parecer, una vez justificó su conducta así:
—Después de pasar muchos años en busca de la verdad, llegamos a la conclusión de que mejor habríamos hecho en ejercer la bondad.
Alguien le preguntaba:
—¿Y la belleza?
—En esto ya no hay elección posible. La belleza es un don de las hadas, y la creación de belleza me ha dado siempre la impresión de un milagro.

# BERNADOTTE

Juan Bautista Bernadotte (1764-1844), hijo de una «familia burguesa acomodada» de Pau, mariscal de Francia con Napoleón Bonaparte y, por fin, rey de Suecia con el nombre de Carlos XIV, llevó una vida fenomenalmente anecdótica desde el principio al fin. Era hombre de una ambición sin límites y que supo siempre resolver bien sus ambiciones.

Se cuenta que un médico francés, Dominico Villars, estuvo al frente del hospital de Grenoble cuando las guerras napoleónicas. Entre los heridos que llegaban al hospital había un soldado en tan grave estado que otro de los médicos, al hacer la visita junto con Villars, le dijo:

—Con éste nada hay que hacer; lo único que necesita es un confesor.

—Veamos, veamos —repuso Villars.

Lo examinó y ordenó que lo trasladaran a la sala de operaciones. Dos meses después el soldado, totalmente restablecido, abandonaba el hospital. Se llamaba Juan Bautista Bernadotte. Parece ser que años después, cuando el soldado Bernadotte era ya rey de Suecia, el médico Villars le pidió ayuda para resolver una difícil situación económica. El rey de Suecia le atendió y le mandó una nota con estas palabras: «No me debéis nada; pues era yo el que estaba en deuda con vos. Ignoro el valor que puede tener mi vida; pero todo este valor, sea el que sea, es la cantidad a que subía mi deuda, en parte ahora satisfecha».

La mujer de Bernadotte, Deseada Clary, era hija de un acomodado comerciante de Marsella. Bernadotte era sargento del ejército francés y, por el éxito con las mujeres, le llamaban «le sargent Bellejambe». El regimiento pasó unos días en Marsella y el sargento «Bellapierna» se presentó en casa de los Clary con una orden de alojamiento para él. Clary no estuvo conforme y no admitió en su casa al sargento; le dijo que, en todo caso, admitiría a un oficial; a un simple sargento, no. Aquellas primeras visitas bastaron para que el sargento conociera a las dos hijas de los Clary. La pequeña, Deseada, tenía entonces doce años. Le gustó la niña al sargento, más tarde la hizo su mujer y así fue como la niña Deseada terminó su vida reina de Suecia.

El biógrafo Narbonne cuenta una anécdota de Bernadotte, en la que se evidencia la sangre fría y el don de convicción frente a la multitud de este hombre excepcional. Era en tiempos de Luis XVI, el rey que murió guillotinado. Bernadotte era un oficial del ejército del rey. Y en toda Francia se respiraban aires republicanos. Bernadotte estaba entonces en Marsella (donde conoció a Deseada Clary, que fue después su mujer) y, como oficial del

ejército del rey, llevaba en el sombrero la escarapela real. Iba así por la calle y fue rodeado de gente desconocida, que le invitaban a sustituir su escarapela por otra tricolor, republicana. Y se la daban. Bernadotte la tomó, como convencido, gritándoles:
—¡Gracias!
Pero no la puso en el sombrero, sino en el puño de su espada, colgada. Miró un rato en silencio a los que le rodeaban, se apoderó así de sus ánimos antes de decirles nada y, al fin, mesuradamente y en voz clara y segura, les gritó:
—Soy oficial del ejército del rey y, mientras lo sea, llevaré en el sombrero la escarapela real. Un buen soldado no es libre de elegir por sí mismo. Vosotros lo podéis hacer; yo, no. Yo, como buen soldado, obedezco una disciplina militar. Y agradecedme que sea así, pues esta obediencia por encima de todo es la mayor defensa de vuestra libertad. Y si alguno de vosotros cree que estoy equivocado, que me lo diga cara a cara. Sabré contestarle.
Nadie le dijo nada y el oficial Bernadotte, futuro rey, siguió su camino con la escarapela real.

Narbonne explica la forma en que el general de brigada Bernadotte fue ascendido a general de división. Funcionaba entonces, antes del Imperio, un Comité de Salud Pública, encargado de administrar más o menos justicia. Llegaron al Comité acusaciones contra el general Bernadotte, lanzadas, probablemente, por algunos envidiosos. Y el Comité mandó a su agente Goupilleau y a un gendarme con orden de arresto contra el general. Los mandatarios del Comité llegaron al campo de batalla, donde Bernadotte defendía la patria contra sus enemigos. Se enteró de la orden y dijo a los del Comité:
—Bien está; pero imaginad que en vez de llegar hoy llegáis mañana... después de la batalla. Así que... ¡hasta mañana!
Y continuó los preparativos militares sin hacerles caso. La batalla fue dura y los franceses quedaron victoriosos gracias al general Bernadotte, que supo conducirlos con conocimiento y audacia. Los representantes del Comité decidieron aplazar más el cumplimiento de la orden de arresto y regresaron a París. Allí informaron de todo al Comité, y de tal forma redactaron el informe que el Comité decidió... ascender a Bernadotte a general de división.

Cuenta también Narbonne que, en 1791, durante una batalla, los soldados de Bernadotte llevaban la peor parte. Tenían ya la batalla perdida y algunos empezaban a darse a la fuga. Bernadotte, entonces general de brigada, se les puso delante, desenvainó la espada, la arrojó lejos de sí y les gritó:
—¡No quiero ser el jefe de un batallón de cobardes!
Los que huían se detuvieron, le rodearon y se dispusieron otra

vez a luchar. Uno de los soldados le devolvió la espalda con la voz de rigor:

—¡A vuestras órdenes, mi general!

En la primera huida, algunos carros de provisiones habían quedado abandonados y en peligro de caer en poder del enemigo. Bernadotte los vio, a lo lejos, y gritó a sus hombres:

—¿No os da vergüenza dejar abandonadas vuestras provisiones en manos del enemigo austríaco?

Los soldados retrocedieron y consiguieron recuperar las provisiones, ya casi abandonadas. Y las defendieron con tanto empuje, que aquella batalla fue una nueva victoria de las tropas francesas.

Napoleón le temió siempre a Bernadotte. Cuando, en 1799, Napoleón se hizo dueño de Francia gracias al golpe de Estado, conocido en la historia por el 18 Brumario, en el que estableció un consulado de tres cónsules (él, Sieyès y Roger-Ducos, del que no tardaron en ser eliminados los otros, quedándose Napoleón como cónsul único), uno de sus temores era la reacción de Bernadotte. Le invitó antes a su casa y cuando le tuvo allí, le dijo:

—Y de aquí no saldréis hasta que todo esto haya concluido.

Bernadotte se enfureció y contestó a gritos:

—¡Saldré en cuanto me plazca y de la forma que me plazca!

Lo gritó tan decidido a obrar por su cuenta y a usar de todo su poder personal para cumplir su amenaza, que Napoleón, muy hábil en casos así, cambió rápidamente de táctica y, en tono conciliador, le dijo:

—Desde luego, hablaba por hablar. Sois libre de ir a donde queráis.

Bernadotte salió inmediatamente a la calle. Y nada hizo que fuese un obstáculo a los planes de Napoleón.

Estuvo de gobernador en la ciudad de Hannover, recién conquistada por los franceses. Había allí un tal Heidman, acusado de complot contra los franceses (como tantos otros). Iba un día Bernadotte en su coche por una calle, cuando dos bonitas muchachas se precipitaron a saludarle. Bernadotte hizo detener su coche para escuchar lo que le decían. Y lo que le dijeron, con lágrimas en los ojos, fue que eran hijas del ciudadano Heidman, acusado y detenido, y que rogaban indulgencia para su padre.

Bernadotte las tranquilizó y, según su biógrafo Narbonne, les dijo:

—Si vuestro padre está detenido, seguro que es culpable, y digo esto en honor a la justicia francesa. Y, en honor al ejército francés, digo que no teme a los conspiradores. Y que, por lo mismo, podemos poner en libertad a vuestro padre sin peligro ninguno.

Y ordenó que Heidman fuese puesto en libertad. Y así, sobre mostrarse galante con dos bonitas muchachas, consiguió hacer de su enemigo, el ciudadano Heidman, uno de sus más acérrimos partidarios.

Al burgomaestre de una de las ciudades conquistadas por los franceses, le dijo Bernadotte:
—La verdad es que no hemos venido aquí a hacer el bien; pero os doy palabra de haceros el menos daño posible.
Y así fue, aparte quedarse con todo lo necesario para alimentar a sus hombres.

Tuvo Bernadotte algunas salidas buenas, sobre todo en lo tocante a generosidad. En Hamburgo vivía un profesor francés refugiado, llamado De Bonald. Este hombre ganaba su dinero dando lecciones de francés. Y había publicado una gramática en cuyos ejercicios de lectura, entre otras cosas, se leía: «Aunque se ha dicho que Bonaparte es un gran general, la verdad es que no es sino un bribón afortunado». Vencedor el ejército de Napoleón, y ya con los franceses en Hamburgo, Bonald cambió el texto de su libro por otro en el que sólo variaba un nombre, y en donde antes se había leído «Bonaparte», se leía «Bernadotte». El profesor sabía algo de las incompatibilidades entre Bonaparte y Bernadotte y pensó que así se congraciaba con Napoleón. Bernadotte fue nombrado, precisamente por Bonaparte, gobernador militar de Hamburgo. Y en seguida llegó a sus oídos lo de aquel libro de lectura. Llamó a su presencia al profesor francés, que se dio por muerto. Pero Bernadotte se limitó a ordenarle que mandara recoger todos los libros de aquellos que hubiese en las tiendas y se los mandara. Así lo hizo el profesor. Y, unos días después, recibió un dinero de parte del gobernador, como pago de los libros, con una nota que decía: «Los franceses, mientras tenemos dinero, pagamos».

El municipio de Hamburgo puso a disposición de Bernadotte un palacio muy destartalado. Allí le visitó uno de los síndicos de la ciudad para pedirle un favor. Hombre muy insistente, le dijo:
—No saldré de aquí hasta que me hayáis concedido eso que os pido.
Bernadotte le repuso:
—De acuerdo. Podéis elegir la habitación que más os guste. Y os apuesto cualquier cosa a que, cualquiera que sea la que elijáis, no aguantaréis en ella más de un par de días.
El síndico no se quedó y, al día siguiente, el Ayuntamiento de la ciudad mandó todo lo necesario para que el palacio quedara cómodamente habitable.

Las tropas francesas, al mando de Bernadotte, habían conquis-

tado una pequeña ciudad alemana. La anécdota no dice la ciudad. El burgomaestre alemán, para congraciarse con el general francés, le regaló dos hermosos caballos. Bernadotte no los aceptó. Dijo, rechazando el regalo:
—Estoy aquí para combatir; no para recibir regalos.

Uno de los oficiales de su Estado Mayor, un tal Sarrazin, habló con el burgomaestre y consiguió quedarse él con los caballos. Bernadotte lo supo, le ordenó devolver los caballos, pero...
—No personalmente. La devolución de un regalo no es excusa suficiente para suspender un arresto.

Y así, al mismo tiempo, le comunicó que estaba arrestado.

Bernadotte fue, un tiempo, embajador de Francia en Viena. Y allí un ministro austríaco, que conocía el origen poco ilustre de Bernadotte, intentó humillarle y, delante de todos, en la corte, le dijo:
—Vive aquí, en Viena, un ex oficial francés que, según dice, os tuvo a sus órdenes, como soldado, hace años.
—¿Quién es?
—Un tal De Bethisy.

Y Bernadotte, como lo más natural del mundo, exclamó:
—¡Pues claro que sí! Fue mi coronel hace años. Pero cuando estuve a sus órdenes no fue como soldado raso, sino como sargento. Si vive aquí como emigrado no podré recibirle en la Embajada; pero decidle de mi parte que le recuerdo muy bien y que le estoy agradecido por todo lo que me enseñó cuando estuve a sus órdenes.

Y así dejó al ministro con la palabra en la boca.

Tenía Bernadotte un gran instinto militar. Cuando Napoleón empezó la campaña contra Rusia, Bernadotte, en un coloquio con el zar Alejandro, le dijo:
—Napoleón ganará las tres primeras batallas; la cuarta será de resultado indeciso y la quinta la ganaréis vos.

Y así fue. Más tarde, cuando Napoleón entró en Moscú, la opinión general era que Napoleón quedaba ya definitivamente instalado en Europa como vencedor. La única opinión contraria fue la de Bernadotte que, según Narbonne, dijo simplemente:
—Napoleón está perdido.

Y tuvo razón.

Como rey mantuvo un principio económico en el que, al parecer, educó a su hijo Óscar. Era éste: «Un Estado ha de ahorrar cuanto pueda, para disponer así de dinero suficiente en las circunstancias extraordinarias».

De la coronación de Bernadotte como rey de Suecia, se cuenta

que, en el banquete de celebración, uno de los dignatarios (la anécdota atribuye las frases a un obispo), antes de empezar a comer, dijo:
—Ahora es rey Carlos XIV; sólo él y ningún otro.
Bernadotte era muy frugal y se levantó pronto de la mesa, dando el banquete por terminado. Y entonces el mismo dignatario dijo:
—Ahora está ya saciado Carlos XIV; sólo él y ningún otro.

Muerto Napoleón en Santa Elena se le hicieron en París solemnes honras fúnebres. Bernadotte se enteró desde su trono de Suecia y comentó:
—Esto sí que merece la pena. ¡Y pensar que yo, que he llegado a mariscal de Francia, ahora no soy sino rey de Suecia!

Hemos leído que, en sus últimos años, como tratamiento de una enfermedad, los médicos le recetaron sangrías, que entonces se hacían como sanguijuelas aplicadas sobre el brazo. Bernadotte se opuso. Pero ante la insistencia de los médicos, accedió, con una condición: que los médicos le prestaran juramento de no decir a nadie lo que verían.

El rey se quitó la chaqueta, levantó la manga de la camisa y apareció en su brazo un tatuaje en color rojo. Era un gorro frigio, símbolo de los republicanos franceses, y debajo esta inscripción: «Mort aux rois».

Por lo visto los médicos, si esto es verdad, faltaron al juramento prestado.

## BERNARD

La antología anecdótica de Tristan Bernard (1866-1947) es tan abundante como la de Bernard Shaw, y si es menos conocida se debe a que la obra de Bernard no se ha inmortalizado tanto como la de Shaw. Tristan Bernard era un hombre gordezuelo, no muy alto, de movimientos lentos y pesados, con barba, y siempre llevaba un curioso sombrero de copa fuerte parecido a nuestros antiguos bombines. Le conocimos en París en unas fiestas de teatro en las que participamos. Y un día nos preguntó:
—¿Alguien ha escrito algo más, en España, después de Cervantes?
Ocurría esto en 1931.

Una vez, para terminar en paz una obra de teatro, se retiró a una casita de campo alquilada. En otra casa vecina vivía una mujer sola, que en todo el día no dejaba de tocar el piano, por cierto muy mal. Y aquella rara música molestaba a Bernard. Pero

no se atrevía el escritor a decir nada. El sábado vio llegar un hombre a la casa. Supuso que era el marido de la pianista. Y a eso de medianoche, Bernard llamó a la puerta de sus vecinos. Esperó que se encendieran luces y desapareció. Una hora después volvió a repetir el juego. Y una hora después, igual. Y ya hacia la madrugada esperó que abrieran la puerta. Le vieron allí y el marido le gritó:
—¿Quién es usted?
—El vecino de esta otra casa, que he estado toda la semana soportando el piano de la señora de aquí y que, en compensación, he decidido que esta noche ustedes dos me soporten a mí. Y así quedamos en paz.
El piano no volvió a sonar fuerte.

Con la señora vecina vivían dos niños, hijos suyos, que estaban muchos ratos en el jardín, casi siempre llorando, con un ruido tal que tampoco dejaba trabajar a gusto a Bernard. Una mañana, mientras los niños lloraban, salió al jardín, se sentó de cara al del vecino y se dio a llorar y berrear como un condenado. Los niños, ante la visión de un hombre con barbas que lloraba de aquel modo, huyeron despavoridos. Y no salieron más a llorar al jardín. Después Bernard, cuando lo contaba, decía:
—Lo que más trabajo me ha costado de esta comedia ha sido el silencio que necesitaba para escribirla a gusto.

Jules Renard cuenta en su diario que encontró un día a Bernard en la calle y Bernard le invitó a comer.
—No puedo; estoy ya invitado. Un admirador desconocido se ha obstinado en hacerme aceptar la invitación.
—No vayas. Porque si de veras es un admirador tuyo, le defraudarás. Yo sólo he conseguido que me admiraran los desconocidos que nada sabían de mí.

No presumía nunca de sus éxitos. Cuando el estreno de *Petit café* el éxito fue ruidoso y la crítica aseguró que la obra se mantendría mucho tiempo en cartel. Tristan Bernard era hombre de café, y estaba un día en La Rotonde, leyendo esas críticas. Se le acercó un amigo y Bernard empezó a rascarse. Sin parar. Hasta que el amigo le preguntó
—¿Qué te pasa? ¿Te escuece?
—No; es que estaba leyendo esas críticas.
—¿Y por eso te rascas?
—Verás, es que para mí la vanidad es una dolencia tan superficial, que me basta rascarme un rato para que se me quite.

Participaba un día en una reunión de gente de teatro. Uno de los asistentes, tartamudo, pedía la palabra una y otra vez:

—Pi, pi, pi, pido la pa, pa, pa, labra, se, se, señor pre, pre, presidente.

Y Tristan Bernard, después de haberle oído algunas veces, le tocó el hombro y le dijo en voz baja:

—Oiga, ¿por qué en vez de pedirle la palabra al señor presidente, no se la pide usted a Dios?

A un amigo que le iba a contar un chiste, le preguntó:
—¿Se lo has contado a tu mujer?
—No.
—Entonces, ¿cómo puedo saber si es bueno o malo? Es que si me dices que se lo has contado, te preguntaré si se ha reído; y si me dices que sí, una de dos: o es muy bueno el chiste o es muy buena tu mujer. Y como a tu mujer ya la conozco...

Explicaba a sus amigos que había asistido a una boda y que, a petición de otros invitados, había dedicado un brindis a los recién casados, en el que se había movido siempre en el terreno de la mentira.
—¿Y qué necesidad teníais de mentir?
—Pues, sí. Les he hablado de amor y no ha sido un matrimonio de amor, sino todo lo contrario: de odio. Ella se ha casado por odio a la soledad y él se ha casado por odio a la pobreza. Pero, ¡cualquiera les dice esto!

Tristan Bernard presumía de ser muy distraído. Lo era mucho, pero presumía de serlo mucho más. Y hasta tal punto, que una vez llegó a decir:
—Tan distraído soy que ayer, por simple distracción, me metí en el baño vestido.
—¡Cómo se pondría!
—No. Nada. Es que, también por simple distracción, me había olvidado de llenar el baño.

Un joven con presunción de elegancia asistía, a veces, a la tertulia de Bernard. Un día, Bernard le elogió la elegancia y el joven se quiso añadir méritos:
—Yo sé lo que me cuesta. No es nada fácil ir siempre sin una arruga, con los pantalones como recién planchados.
—Lo comprendo —dijo Bernard—, puesto que yo, para conseguir todas las arrugas de mi traje y esas bonitas bolsas de mis pantalones, he necesitado estar nada menos que tres años llevando siempre la misma ropa encima.

De su hijo contaba algunas anécdotas, según el hijo inventadas la mayoría. Explicaba que una vez la madre del niño le decía:

—Piensa que si eres malo irás al infierno y si eres bueno irás al cielo.
Y el niño preguntó:
—Y para ir al cine esta tarde, ¿cómo he de ser?

En un diario alemán apareció una curiosa entrevista con Tristan Bernard, con este llamativo titular: «TRISTAN BERNARD MURIÓ HACE CUATRO AÑOS». Le enseñaron el diario a Bernard y le animaban a protestar. Y él dijo:
—Es la pura verdad.
—Pero, ¿cómo?
—Es verdad que esto es lo que yo le dije.
Y contó que no le gustaba que le entrevistaran. Pero que aquel periodista alemán había insistido tanto, que accedió. Y antes de que le preguntara nada, Bernard le dijo:
—El caso es que le he de desilusionar, puesto que yo no soy Tristan Bernard. Verá: el llamado Tristan Bernard murió hace cuatro años. Dejó algunas comedias escritas sin estrenar. Y su familia, para no perder los posibles beneficios, ocultó su muerte. Encontraron a un hombre de la misma edad que Bernard, grueso como él y con barba, y lo hicieron pasar por el muerto. Yo soy este hombre y todavía estaré un tiempo en mi papel, pues aún me falta estrenar una de las comedias que dejó escritas el auténtico Bernard.

Una de las comedias de Bernard que más éxito tuvo se llamaba *Petit café*. De esta comedia se hizo una película. El productor de la película rogó a Bernard que saliera, al empezar la primera secuencia, sentado en el café y que se limitara a decir, dirigiéndose a un camarero que no se veía:
—¡Un café!
Bernard aceptó. Y hecha la película la vio antes del estreno. Y le pareció tan mala que rogó al productor que le dejara salir otra vez al final, con el café ya servido y tomado, y decir también al invisible camarero:
—No, no; eso, no. Le pedí un café y no este sustituto que no sabe a nada.

En las *Nouvelles littéraires* de la época aparecían con frecuencia anécdotas atribuidas a Tristan Bernard y salidas suyas contadas por otros. Alguien vio a Bernard que estaba cortando trozos del periódico.
—¿Cortas noticias?
—No; son anécdotas y salidas que otros me atribuyen. Las corto siempre, me las aprendo y en la primera ocasión las uso. ¡No sabes el esfuerzo mental que esto me ahorra!

Bernard advirtió que su criado se le fumaba los cigarros puros. Y, en vez de decírselo, tomó otra decisión. Le dijo:
—Desde hoy dejo de fumar.

Y, al decirlo, cerró la caja, donde quedaba un piso entero con diez cigarros. Y estuvo un tiempo sin fumar, hasta que otro día abrió maquinalmente la caja y vio que de los diez cigarros, sólo quedaban cuatro. Llamó al criado. Y éste, ante la caja abierta y sin que Bernard le dijera nada, le dijo:
—¡Vaya! Me dijo usted que no fumaba y a escondidas de mí se ha fumado seis. ¿Le parece bien?

Bernard invitó a su criado a uno de los cuatro cigarros que quedaban en la caja, encendió otro y le dijo al criado:
—Y los dos que quedan para el que llegue primero.

Y decía que el criado no se atrevió a fumarse ninguno de aquellos dos cigarros.

Se hablaba un día, en un grupo de amigos, del cielo y del infierno. Bernard no abría la boca. Hasta que otro le preguntó su opinión. Y dio ésta:
—Nunca hablo de esas cosas. Tengo buenos amigos en ambos sitios y prefiero estar bien con todos, para cuando llegue a uno o al otro.

Otra vez, también con un grupo de amigos, uno de ellos citaba el caso de Pascal que, cuando le dolía la cabeza, combatía el dolor con el estudio de algunos problemas de geometría. Y Bernard decía:
—A mí me sucede todo lo contrario, y para combatir la geometría siempre he fingido que me duele la cabeza.

Asistió una vez a una operación. El operado era un buen amigo. Y el cirujano le dijo después:
—Le habré hecho a usted el efecto de un carnicero.
—Todo lo contrario. Los carniceros primero matan y después descuartizan. Y ustedes, en todo caso, lo hacen al revés.

Estaba una vez en el teatro. La primera actriz, no muy buena, hablaba de tal forma que desde la butaca de Bernard no se entendía casi nada de lo que decía. Bernard estaba con un amigo y, terminada la función, fueron los dos a saludar a la actriz. Bernard le dijo:
—Usted es una de las mujeres a quien confiaría cualquier secreto sin miedo ninguno.
—¿Sin miedo a que lo revelara a otros?
—O al menos sin miedo a que los otros entendieran lo que usted les dijera.

Estaba un día en la Comedia Francesa con otros autores de comedias. Y uno de ellos dijo:
—¡Cómo me gustaría tener aquí un busto mío!
—Nada más fácil —repuso Bernard—. Aprenda escultura y pida a algún autor famoso que se deje hacer el retrato.

Buscaba un secretario y a solicitar el puesto se le presentó un tartamudo, muy recomendado.
—¿Cómo se llama usted?
—Po...po...po...po...lidor.
—Bien. Queda admitido. Empezaremos mañana, pero, si no le molesta, le llamaré, simplemente, Polidor.

Se hablaba de la gloria literaria. Y uno decía que Víctor Hugo, a los treinta años, era ya tan famoso que incluso en pequeñas localidades encontraba su nombre escrito en algunas paredes. Y Bernard preguntaba:
—¿La primera vez que iba o la segunda? Porque si era la segunda, seguro que el nombre lo había escrito él mismo la primera vez.

Si le contaban alguna historieta divertida, la repetía después como inventada por él. Y decía:
—Si os gusta y la contáis por ahí, es mejor que digáis que es mía. Así gustarás más.
Y a uno que le contó una de las más divertidas, le dijo:
—Si la cuentas a otros, te autorizo a decir que es mía y la he inventado yo. Porque si dices que la has inventado tú, nadie lo creará.

Estaba una vez en un festival aéreo. Le preguntaron si deseaba pasar allí su bautizo del aire. Dijo que no, que gracias, que ya lo había pasado años atrás, muchos años atrás.
—¿Y ha volado muchas veces desde entonces?
—Ninguna más. En esas cosas del aire, lo mismo que en religión, que le hayan bautizado a uno no significa que uno sea practicante.

Bernard tenía un hijo, Jean-Jacques Bernard, autor también de obras de teatro. Cuando el hijo era niño, Bernard le contaba leyendas mitológicas, entre ellas la de Prometeo encadenado y el buitre que le devoraba constantemente las entrañas. Y el niño exclamó:
—¡Pobre buitre!
—Querrás decir ¡pobre Prometeo!
—No, no, pobre buitre que tenía que comer hígado todos los días.

92

Un día caluroso de verano hallábase Bernard en una pequeña localidad. Le sobraba tiempo, entró en la iglesia, se encontró allí más fresco que en cualquier otro sitio y allí se quedó sentado. Empezó una misa. Subió un cura al púlpito y predicó un bonito sermón. Bernard durmió durante casi todo el sermón. El sacerdote le vio dormir. Y, después, fue a su encuentro y le preguntó si no le había gustado el sermón.
—¿Quién dice que no?
—Ha dormido durante todo el rato.
—Es que yo soy de otra parroquia, y ya comprenderá...

Tuvo un día que salir precipitadamente de París. Había cobrado una cantidad, la llevaba encima y acudió a su banco a depositarla. Pero era ya tarde y el banco había cerrado las ventanillas. El director estaba todavía allí. Se conocían. Bernard entró a verle en el despacho, donde el director hablaba con dos altos empleados.
—Me voy unos días y tengo este dinero que no sé dónde depositar. Se lo dejo aquí y a mi vuelta regularizaremos el ingreso.
—De todos modos...
—Nada, nada, hasta la vuelta.
Y se fue. A su regreso, diez días después, su primera visita fue para el director.
—Vengo por aquello de aquel dinero.
—¿Qué dinero?
El director dijo que no tenía la menor idea de que Bernard le hubiese dejado allí, sobre la mesa, dinero alguno. Bernard recordó que había dos empleados presentes. El director recordó este detalle, llamó a los dos empleados y les expuso el caso:
—El señor Bernard asegura que dejó aquí, en depósito, en mi poder, diez mil francos. Yo creo que está confundido, pues no tengo idea de nada parecido. Ustedes estaban aquí conmigo. ¿Lo recuerdan?
Los dos dijeron que recordaban que el señor Bernard estuvo allí, pero no recordaban que hubiese dejado ningún dinero. Bernard, ya enfurecido, gritó:
—Pero, ¿qué broma pesada es ésta? ¡Yo dejé aquí diez mil francos!
El director le dio entonces la razón. Le dijo que sí, que lo recordaba muy bien, y que si había hecho aquella comedia había sido únicamente para poner a prueba la fidelidad de sus empleados.
Bernard observó detenidamente los rostros de los dos empleados y, al fin, dijo:
—Sí, la fidelidad del tonto. Basta verles las caras.
Ingresó el dinero sin añadir palabra y nunca volvió a poner los pies en aquel banco.

Tristan Bernard viaja en tren. Sentado frente a él hay otro

hombre. Al lado de Bernard, una mujer. Bernard enciende un cigarro y el pasajero de enfrente le dice:
—Le ruego que no fume, señor. Me molesta el humo.

Ocurre esto hace años, en una época en que en el interior de los vagones de los trenes un letrerito decía: *Prohibido fumar;* letrero que ha desaparecido. Bernard dice que no tirará el cigarro si no le obliga el revisor. Ya empezaba entonces a ser costumbre que nadie dejase de fumar, en los trenes, si ningún pasajero protestaba. El otro pasajero se levanta y vuelve con el revisor. Y el revisor le ruega a Bernard que no fume.

—De acuerdo, no fumaré. Pero le ruego que pida usted el billete a este señor que me ha denunciado.

El revisor le pide el billete. Es un departamento de primera y el billete es de segunda. El revisor expulsa al otro viajero del vagón de primera. Bernard, muy atento con la viajera que está sentada a su lado, le dice:

—Si le molesta el humo, no fumaré.

—No, señor; no me molesta. Pero, si me permite una pregunta, ¿cómo ha sabido usted que este otro viajero tenía billete de segunda clase?

—Porque lo ha cambiado de bolsillo y he visto que era del mismo color que el mío.

—¿Así usted también viaja en primera con billete de segunda?

—Sí, señora, como de costumbre, hasta que me echan. Cosa que a veces sucede y a veces no; y con el dinero ahorrado las veces que no, he conseguido una cierta reserva económica para cuando llegue la vejez.

Bernard está solo en un restaurante. Ha pedido, para empezar, sopa de pescado. Se la sirven. Bernard llama al *maître:*
—Esta sopa no se puede comer.
—Usted perdone.
Le conocen de otras veces y le atienden en seguida.
—Le ruego que elija otra.
Bernard elige una sopa de ajo. Se la sirven. Bernard llama al *maître:*
—Esta sopa no se puede comer.
El *maître* defiende la honorabilidad de la casa:
—Pues no lo entiendo, señor; nuestras sopas son especialidad de la casa y gustan mucho a todo el mundo. Me extraña que no le gusten.
—No he dicho que no me gusten. Ni lo puedo decir, pues no las he probado. Digo que no se pueden comer.
—Pero, ¿por qué?
—Porque no me han puesto cuchara.
—Pero ¿por qué no lo decía?

—Ya lo he dicho, pero cada cual tiene su manera de decir las cosas.

Bernard vestía sin ninguna elegancia, con vestidos anchos, siempre de la misma forma, casi sin forma, como grandes sacos. Encontróse una vez con otro escritor, que presumía de elegante, y le preguntó qué sastre le vestía. El otro le dio el nombre del sastre y añadió:
—Y por tratarse de mí me hace un precio especial. A ti también te lo haría.
—Bueno, en esto no gano nada. También mi sastre me hace un precio especial, a condición de que no diga su nombre a nadie. Se ve que más que escritor me considera el peor anuncio de su sastrería.

Se daba en un teatro de París una comedia de Bernard, sin éxito. Un amigo le pidió una entrada de favor. Bernard se la mandó con esta nota: «Te aconsejo que vayas armado; es un sitio muy desierto».

Iba una vez a Versalles, llegó tarde a la estación y el tren había salido ya. Pensó ir en taxi y preguntó a un taxista cuánto le cobraría:
—Treinta francos.
Era hace años, antes de todas las guerras. A Bernard le pareció caro e hizo una proposición al taxista.
—Me presta el taxi, conduzco yo, usted se pone de pasajero y le llevo a Versalles por quince francos.

Bernard pasaba unos días en un lugar de Francia. En el teatro de aquella localidad una compañía ambulante representaba una comedia suya. Fue a verla. El primer actor inventaba mucho. Después Tristan Bernard le saludó y el actor, al reconocerle, le dijo:
—Ha de perdonar si cambio algunas cosas. Es que no he tenido tiempo de aprenderme el papel.
—¿Perdonar? No, ¡si me ha gustado mucho! Y le ruego que me dé por escrito todo lo cambiado. Es que me piden una comedia en París. No tengo ninguna y les daría ésta que, con los cambios, parecerá otra y no la conocerán.

Se levantaba siempre tarde. Y si estaba en un hotel, la orden de despertarle la daba así:
—Me llaman a las nueve. Si no me levanto me vuelven a llamar a las diez. Y a las once y a las doce. Y si a las doce no me levanto, es prueba de que tengo sueño y me dejan dormir en paz.

Visitaba un día una exposición de aparatos de radio y tocadiscos. Iba con otros amigos y se detuvieron ante un *stand*. Allí había, en unos carteles, la breve historia de las máquinas parlantes, y en ella se decía que Edison fue el inventor de la primera. Tristán Bernard lo leyó y puso un gesto de duda. Alguien le preguntó si no estaba conforme.

—Pues, no. Creo que el inventor de la primera máquina parlante fue Dios cuando creó a la mujer. El invento de Edison es más perfecto, pues se puede hacer callar cuando se quiere.

Iba Tristan Bernard en el coche de un amigo, por una carretera. Conducía el coche el amigo. Iban hablando los dos y el conductor lo pasaba muy bien escuchando las ocurrencias de Bernard. Hasta que, distraído escuchando, en una curva dio contra un árbol. No hubo que lamentar ninguna desgracia personal, pero el coche no pudo continuar funcionando. Y, mientras los dos amigos esperaban que otro coche les recogiera, Bernard preguntó:

—¿Y por qué se ha parado usted?

—Yo no quería pararme.

—¡Oh, perdón! Es que yo entiendo poco esas cosas. Es que le iba a aconsejar que, otra vez que quisiera parar, no confundiera un árbol con el freno.

## BERNHARDT, Sarah

Sarah Bernhardt (1844-1923) se llamaba Henriette Rosine Bernard. Estuvo, en la niñez, en el colegio de monjas agustinas de Versalles, donde hizo más de una vez perder la paciencia a las monjas. Una noche, organizó una fuga general de todas las alumnas. Tan bien organizada que salieron todas sin que ninguna monja las viera. Y, al día siguiente, las monjas advirtieron, con sobresalto, que todas las camas estaban vacías. Dieron aviso a la policía y pronto encontraron a todas las niñas en la estación, donde se habían refugiado y donde, muertas de frío, esperaban que alguien las fuese a buscar. La niña Sarah se confesó autora de la idea. Y añadió:

—Pero admito que he fracasado. A estas horas, si todo hubiese salido bien, estaríamos en París. Y estamos otra vez aquí.

Un día, durante el recreo, sin que nadie la viera, se subió a un árbol del jardín y se escondió entre las ramas. Tardaron mucho en encontrarla allí y entonces dijo que no bajaría si no le prometían no castigarla. Y, al fin, para que bajara, se lo prometieron. Y a la directora, que después le recriminaba aquello, le dijo:

—Es muy fácil reprochar a los otros lo que uno mismo no es capaz de hacer. Y le apuesto cualquier cosa a que ninguna de ustedes es capaz de subir a un árbol y quedarse arriba cinco horas. Ninguna aceptó la apuesta, claro está.

Cuando dijo que quería ser actriz, su madre la llevó al conservatorio a aprender teatro. Pero no admitían a ningún nuevo alumno sin someterle a un examen, que consistía en hacerle representar una escena de alguna obra de teatro. Sarah no sabía ninguna y se ofreció a recitar una fábula de La Fontaine, «La cigarra y la hormiga». Y el director, encogiéndose de hombros, le dijo:
—Bueno, aunque no sirva... Así veremos cómo andas de voz.
Sarah recitó la fábula y el director la interrumpió a la mitad con una pregunta:
—¿Eres judía?
—De nacimiento, sí; pero me bautizaron.
—Menos mal, porque si no, no te habríamos podido admitir. ¡Quedas admitida!
Le bastó aquella media fábula para comprender que aquella niña tenía madera de gran actriz.

Para ir al conservatorio la acompañaba una institutriz. La madre de Sarah les daba dinero para hacer el trayecto en ómnibus, que era el transporte público de entonces. Sarah se quedaba el dinero e iban andando. Y así cada cinco días tenían dinero suficiente para alquilar un coche. Sarah, cuando su madre lo supo, le dio esta razón:
—Yo no soy como todo el mundo y, por lo mismo, no puedo viajar como viaja todo el mundo.

Sarah era muy delgadita y esto la perjudicó al principio, puesto que el público de entonces prefería en escena mujeres algo más llenas. Su extrema delgadez sirvió de tema a los caricaturistas. Se conserva una caricatura que estuvo expuesta al público en la que aparecía la actriz junto a un perro san Bernardo, con este título: «Cada perro con su hueso». El «hueso» era ella.
Y un crítico escribió esto en el *Figaro*: «Estaba en los alrededores del teatro. Era demasiado pronto para entrar. Veía llegar un coche vacío. El coche se detenía frente al teatro. Y del coche vacío bajaba Sarah Bernhardt».

Mucho se ha discutido si para un actor es mejor el temperamento o el oficio. Sarah Bernhardt defendía la importancia del oficio y, al parecer, nunca fue temperamental, sino todo lo contrario. Se cuentan de ella dos anécdotas en este sentido.
Una, que en *La dama de las camelias* conseguía arrancar aplausos al público con la lectura, en silencio, de una carta. Le preguntaron si tenía de veras algo escrito en el papel donde figuraba leer. Dijo que no. Y, en efecto, era un papel en blanco. Le

preguntaron si se decía algo a sí misma para dar aquella impresión tan fuerte de emoción contenida. Dijo que sí, que, mientras fingía leer, se repetía en voz baja una palabra, una sola palabra, siempre la misma, que empieza con *m* y en francés tiene cinco letras, una menos que en español.

Estuvo una vez en Rusia y dio allí algunas representaciones en francés, con mucho éxito. Fue en San Petersburgo. Le dieron una cena de gala. Después de cenar le pidieron que recitara algo. Y recitó. Y, aunque nadie entendió lo que dijo, les emocionó a todos por el tono de la voz, por las inflexiones, por la expresión del rostro.

Un periodista le pidió el texto original de la poesía recitada, para traducirla y publicar la traducción. La actriz dijo que era imposible.

—¿Por qué?

—Es que, aunque nadie se haya dado cuenta, he recitado la tabla de multiplicar.

Y añadió:

—Por el siete, que es mi número favorito.

Se dice que si alguno le preguntaba su edad, decía:
—Exactamente la misma que mi hija.
Y no daba más explicaciones.

Leemos de Sarah Bernhardt (muy aficionada por lo visto a las haches, puesto que añadió dos a su nombre: una en el nombre propio y otra en el apellido) que una vez que, en gira artística, actuaba en una pequeña República americana (no se cita el nombre del país), antes de la representación entraron unos caballeros a saludarla en el camarín. Tomó la palabra uno de ellos, un hombre ya en la madurez, muy bien portado y, en tono discursivo, empezó así:

—Yo, como presidente que soy de esta República...

Y dale que dale. El éxito fue, como de costumbre en Sarah, clamoroso. Después de la función, otro grupo de caballeros entró a saludarla y a felicitarla. Y uno de ellos, un tipo fuerte, de mediana edad, vestido medio de uniforme, medio no, tomó la palabra.

—Yo, como presidente que soy de esta República...

Sarah le interrumpió:

—Perdón, ¿es que en esta República hay dos presidentes?

Y uno de los caballeros que acombañaban al presidente le dio esta explicación:

—No, señora; presidente sólo hay uno y es el que ha tenido el honor de empezar a dirigirle la palabra. Pero es que esta noche hemos tenido revolución, cuatro tiritos no más; un presidente ha sido derrocado y hemos puesto a otro.

Y, dirigiéndose al nuevo presidente, dijo:
—Cuando su excelencia guste.
Y el presidente, el único presidente, continuó su discursito.

Sarah Bernhardt quiso probarlo todo y, con todo, también el ataúd. Se lo hizo hacer mucho tiempo antes de morir. Lo tenía en su habitación al pie de la cama. Se vestía una larga mortaja blanca y se acostaba en el interior del ataúd, forrado de raso blanco. A cada lado, un cirio encendido. Y así, dentro del ataúd, había recibido algunas visitas. Y debe ser cosa cierta que le gustaba este continuo juego con la muerte, pues, en algunas de las muchas caricaturas que de ella se publicaran, aparece rodeada de calaveras, cada calavera con dos huesos en cruz debajo, como se suelen poner como indicación de peligro de muerte.

Un joven periodista, cuyo nombre no se cita, tuvo que pasar por la prueba de hacer, o de intentar hacer, una entrevista a Sarah Bernhardt. El director del diario le advirtió:
—Será inútil que solicite la entrevista. Se niega siempre.
El muchacho no solicitó nada. Se situó en un pasillo del teatro dispuesto a acometer a la actriz. Y, allí, estuvo esperando la ocasión, que al fin se presentó. Sarah Bernhardt se acercaba... sola. El periodista se armó de todo su valor, se le acercó y le preguntó:
—¿Es la señora Sarah Bernhardt a quien tengo el honor de hablar?
La señora Sarah Bernhardt se limitó a darle un soberbio bofetón. Acudieron otros al ruido y la actriz ordenó que echaran de allí a aquel hombre. Hubo después quejas y explicaciones y Sarah Bernhardt justificó así su conducta:
—En Francia, un hombre que ha de preguntarme si soy Sarah Bernhardt no merece ser periodista.

La gran trágica francesa Sarah Bernhardt dio una vez este consejo a una joven actriz:
—¡Muerde! ¡Muerde!
La joven no comprendió el sentido y Sarah Bernhardt se lo explicó así:
—Que muerdas a grandes bocados y sin miedo todos los frutos de la vida. Pero, cuidado: cuando están todavía en el árbol, sin esperar que los hayan cogido otros y ya estén en un cesto.

En 1830 Sarah Bernhardt estrenó en París *Hernani*, de Víctor Hugo. Fue un gran éxito. Víctor Hugo asistió al estreno y después mandó a la actriz una perla en forma de lágrima, con una carta en la que le decía: «Aquí os mando esta lágrima que me habéis arrancado al recitar mis propios textos».
Se ha dicho que, después, Sarah Bernhardt hizo examinar la

perla por un joyero y resultó ser falsa. Y que ésta fue la causa de una cierta frialdad en las futuras relaciones de la gran actriz con el gran poeta.

## BERNSTEIN

El dramaturgo Henri Léon Gustave Bernstein (1876-1953) dirigía a la actriz Elvira Popescu, para la que escribió muchas de sus obras, una de las cuales incluso se llama *Elvira*. Y le hacía repetir la misma escena una y otra vez, descontento de cómo ella la representaba. Hasta que la actriz, ya cansada, protestó:
—No tienes razón. Estoy dando el tono justo.
—¿Justo? Sí, ya lo sé, desde el principio.
—Pues, ¿qué más quieres?
—El tono raro, que es el único que asegura el éxito.

## BISMARCK

Otto Edward Leopold, príncipe de Bismarck (1815-1898) fue uno de los forjadores del Imperio alemán, ya desaparecido, y un acérrimo defensor del «Deutchland über alles». Una vez que asistía a un banquete oficial, le tocó estar sentado al lado de una señora muy efusiva, que empezó llamándole excelencia. Después de un rato y de algunas copas le llamaba «Herr von Bismarck». Y ya hacia el final del banquete, y con más copas en el cuerpo, le llamó «mi querido Bismarck». Y entonces el canciller se inclinó al oído de la dama y le susurró:
—Mi nombre es Otto, amiga mía.

Bismarck fue el alma de la unidad germánica. En aquellos tiempos los estudiantes alemanes usaban espada y se batían con frecuencia. orgullosos de las cicatrices que lucían después como recuerdo de sus heridas. Cuando Bismarck ingresó en la universidad, lo primero que hizo fue preguntar quiénes eran los mejores espadachines. Le nombraron a dos. Fue a su encuentro en la cervecería y, sin discusión previa, se echó sobre ellos. Así, sin darles tiempo de defenderse, les hirió a los dos.

Estuvo de embajador de Alemania en Rusia. Allí un dignatario ruso, después de tratarle, dijo:
—Este hombre parece un ministro de Federico el Grande.
Frase que llegó a oídos de Bismarck y que le mereció este comentario:
—Desde luego, y ya que Federico el Grande no existe, esta vez lo haré yo solo.

Estaba una vez en Berlín en una cervecería. Uno de los bebedores criticó la idea del imperialismo alemán. Bismarck estaba con un vaso de cerveza en la mano. Se enfrentó con toda la concurrencia a la vez y les gritó:
—¿Habéis oído esto? ¿Y nadie ha protestado? Pues si antes de terminar mi cerveza no os habéis ido todos de aquí, romperé el vaso contra la cara del que esté a mi lado.
Terminó de beber el vaso. Nadie se había movido. Bismarck cumplió la amenaza y rompió su vaso sobre el rostro que tenía más cerca. Y los demás, asustados, abandonaron el local. Bismarck se limitó a preguntar al cervecero:
—¿Cuánto vale un vaso?

Nunca tuvo ninguna estima por los franceses, a los que consideraba sus enemigos naturales. Se le atribuye este juicio, ciertamente poco elogioso: «En todo lo que yo sé de Francia, sólo dos mujeres me han parecido agradables: la emperatriz Josefina y María Walewska; y ninguna de las dos era francesa. De los hombres nunca he podido soportar a ninguno».

Después de la batalla de Sedán, en la que los franceses fueron derrotados por los alemanes, el ministro francés Favre estuvo tratando las condiciones de paz con el canciller Bismarck. Fue un tratado difícil, en el que los franceses no salían bien librados. En cierto momento Favre, impresionado y dolorido, no pudo contener las lágrimas. Bismarck empezó a hablar, entonces, en alemán, en vez de hacerlo en francés como habían hablado hasta aquel momento. Favre le advirtió:
—Perdón, alteza; pero vuestra alteza sabe bien que no entiendo el alemán.
Y Bismarck, con su dureza habitual, repuso:
—Tampoco entiendo yo el lenguaje de las lágrimas.

En la revista *Minerva* se contaba esta anécdota de Bismarck: un día, en el palacio imperial, vio a los dos príncipes hijos del emperador que tocaban la armónica y bailaban. Y uno de ellos le dijo:
—¡Ven a bailar con nosotros!
Bismarck les dijo que a su edad ya no estaba para bailoteos; pero que si les parecía bien tocaría la armónica para que bailaran ellos. Y lo hizo. Y así les sorprendió el emperador, que llamó aparte a Bismarck y le dijo:
—¿No os parece, excelencia, que es demasiado pronto para hacer bailar al príncipe heredero al son de vuestra música?

Contaba otro periódico que Bismarck estuvo en Marienbad para una cura de aguas. Antes de empezarla se hizo visitar por el doctor

Schweniger, que le empezó a hacer preguntas. Hasta que Bismarck, cansado ya del interrogatorio, exclamó:
—¡Basta ya de preguntas y decidme lo que he de hacer!
—Pues... llamar a un veterinario para que os visite. Son los únicos que no hacen ninguna pregunta a los enfermos.

Hablaba de la diplomacia y de los diplomáticos con un desprecio total. Decía:
—La diplomacia es una comedia de tartufos, cuya única ciencia consiste en quitarles a las palabras cualquier significado positivo. Y todos los diplomáticos son tipos muy respetables que sus países mandan a mentir al extranjero.

Y se cuenta que, en cierta ocasión, en una entrevista que tuvo con diplomáticos, antes de empezar, les dijo:
—Un momento.
Quedó como pensativo y añadió:
—Estaba buscando un tema para pensarlo mientras ustedes discuten. Después, cuando hayan terminado, les diré lo que se ha de hacer, que esto lo tengo pensado ya.

Leemos que Bismarck, en un álbum de una muchacha, escribió: «Que Dios os guarde de levantar castillos en el aire; esos castillos que tan fácilmente se construyen y que tan difícilmente se derriban después».

Y que en otro álbum puso su firma debajo de la del general Moltke. El general había escrito: «La mentira se desvanece; la verdad triunfa al fin y permanece». Bismarck debajo de esto escribió: «Ciertamente que la verdad triunfará en el otro mundo; pero en éste nunca podrá salir victoriosa de nuestras mentiras, ni bajo el mando del más valiente de los mariscales de campo».

También leemos que una vez que le pedían su parecer sobre la libertad de prensa, dijo:
—Desde luego, la juzgo muy oportuna; y también juzgaré oportuno, el día que se implante esta libertad, colgar a todos los periodistas que hagan uso de ella.

Bismarck recibía la visita del primer ministro de Inglaterra lord Beaconsfield. Y el ministro inglés le preguntaba si tenía algún sistema para desembarazarse de los importunos que asedian sin parar a los hombres de Estado.
—Es muy sencillo —le decía Bismarck—; confío en mi mujer, que tiene para tales casos un golpe de vista admirable. Los conoce en seguida y, cuando juzga que han estado ya bastante tiempo importunándome, me envía un recado diciéndome que me esperan en palacio.
—Es un sistema muy ingenioso.

Se abrió la puerta, apareció un criado y dijo a Bismarck:
—Señor, su majestad desea hablar con vuestra alteza y os espera en palacio.

## BLUM

Se cuenta que el político francés Léon Blum, muerto en 1950, era buen amigo de André Gide. Y, un día, Blum le contaba a Gide que el ama de llaves que le cuidaba la casa le cogía libros con frecuencia de la biblioteca.
—¿Para vendérselos?
A Gide no se le ocurrió preguntar otra cosa.
—No; los lee por la noche, en su habitación, y los devuelve.
—¿Y se lo consientes?
—Pues, sí. Porque se da el caso que sólo elige libros buenos. Los mismos que, si me pidiera consejo, le aconsejaría yo.

## BOLENA

Ana Bolena (1507-1536) fue la segunda esposa de las seis que tuvo Enrique VIII y murió decapitada, tres años después de haber sido coronada reina de Inglaterra. Ya condenada a muerte dijo que prefería que le cortaran la cabeza con espada en vez de hacha, como era más usual. El verdugo de Londres no era diestro en el manejo de la espada; pidieron uno a Francia y esto retrasó la ejecución. Cuando supo que el verdugo francés ya había llegado, preguntó a Kingston, el alcaide de la Torre de Londres:
—¿Es hábil?
El alcaide le dio todas las garantías acerca de la habilidad del verdugo, y Ana Bolena hizo este comentario:
—Después de todo no le daré mucho trabajo. ¡He adelgazado tanto!
Pasó la noche rezando y, al amanecer, conversó animadamente con las mujeres que la acompañaban. Y, al despedirse de ellas, les dijo:
—Me llamarán la reina sin cabeza.
Llegada la hora puso la cabeza de lado sobre el tajo y quedó así mirando fijamente al verdugo. Éste, que no la conocía, levantó dos veces la espada sin dejarla caer, y dicen que se disculpó con estas palabras dirigidas a Kingston:
—Perdón, señor. Mientras esté mirándome no podré matarla. Es superior a mis fuerzas.
Entonces Ana cerró los ojos y el verdugo le cortó la cabeza.

## BONAPARTE, José

José Bonaparte (1768-1844) era el hermano mayor de Napoleón, sólo un año mayor. Y el que fue, brevemente, rey de España con el nombre de José I. Nunca los españoles admitieron el dominio napoleónico. Y se cuenta que el rey José, al que aquí llamaban *Pepe Botella*, por supuesta afición al vino, creó una guardia real análoga a la guardia imperial de Napoleón. Y un aristócrata afrancesado (parece ser que fue el duque del Infantado) vistió a un hijo suyo de siete años con el uniforme de aquella guardia y, vestido así, lo llevó a presencia del rey José.
Con el uniforme iba la espada, y el niño la llevaba también. El rey José le preguntó:
—¿Para qué te sirve esta espada?
Y el niño, eco de la voz popular, contestó:
—¡Para matar franceses!
Según la anécdota, el padre del niño, apurado, dijo:
—Comprenda vuestra majestad... Es un niño y no piensa lo que dice. Repite lo que oye decir a la gente.
Y si es cierto que dijo esto, mejor hubiese sido callar, como tantas otras veces.

El hermano de Napoleón estuvo casado una sola vez con Julia Clary, hermana de Deseada Clary, esposa de Bernadotte, el que fue rey de Suecia. No parece que José Bonaparte fuese un gran defensor de las mujeres como compañeras del hombre. Paul Morand, en una novela, pone en sus labios esta frase:
—Es maravilloso para un hombre que una mujer entre en su vida; y es una gran suerte, después, que se vaya y le deje en paz.

## BONAPARTE, Napoleón

Pocos personajes han dado tantas anécdotas a la historia, más o menos auténticas, como Napoleón Bonaparte (1769-1821), y acaso sobre ningún otro personaje histórico se han escrito tantos libros.
La guerra se ha hecho siempre en busca de botín. Siempre ha sido un robo organizado desde las altas esferas. Y considerado heroicidad patriótica si ha salido bien. El derecho de apropiación a mano armada, si la mano armada es un ejército, ha sido reconocido en toda época. Y la verdad es que el hombre siempre ha tenido, prácticamente, derecho a todo aquello que su poder le ha permitido defender. Si no, no.
Hay dos textos anecdóticos (y, por lo mismo, discutibles) que corroboran nuestro concepto de la guerra como manifestación humana. Uno es una arenga de Napoleón a sus tropas antes de emprender la campaña de Italia:

«Soldados: Estáis mal vestidos, mal alimentados, y el Gobierno, que todo os lo debe, nada puede hacer por vosotros. Yo os conduciré al paraíso terrenal, en el que hay llanuras fértiles, grandes ciudades, magníficas provincias, donde os esperan honor, gloria y riquezas.»

Pudo haber añadido: «Y que todo os pertenecerá, con derecho indiscutible, si os apoderáis de ello a mano armada».

Y leemos que, hacia el final de su vida, en su cautiverio de Santa Elena, decía:

«Cuando entré por primera vez en Italia, era yo joven como usted [la persona a quien lo decía], tenía la viveza y el fuego de la juventud, el conocimiento de mis fuerzas y el deseo de ensayarlas. Los veteranos bigotudos desdeñaban a aquel general barbilampiño, pero en breve mis ruidosas hazañas les impusieron silencio; mi conducta severa y mis austeros principios les parecían cosa extraña en un joven salido de la revolución. Por donde yo iba, los aplausos llenaban el aire. Todo dependía de mí; sabios, ignorantes, ricos, pobres, magistrados, clero, todos estaban a mis pies; mi nombre era repetido con fervor por los italianos. Confieso a usted, doctor, que este concierto de homenajes me exaltó y llenó de tal modo mi espíritu que me hizo insensible a todo lo que no fuese la gloria; no soñaba más que en la historia y en la posteridad. Las hermosas italianas hacían ostentación de sus atractivos, pero yo me mostraba insensible; verdad es que se desquitaban con mi comitiva. ¡Qué tiempos felices aquéllos! ¡Qué gloria la de aquellos tiempos!»

Una anécdota más que demuestra cómo el hombre, guerrero por naturaleza, ha encontrado siempre en la guerra una de sus mayores satisfacciones. Y cómo la multitud, no guerrera, ha admirado siempre las virtudes y proezas del guerrero. Y cómo las mujeres han premiado siempre, con su entrega, la gloria del guerrero.

En la elaboración de las teorías sobre la paz y la guerra se podría tener en cuenta, como factor casi universal, estas humanas condiciones.

Es famosa en la anécdota la frase que usó para arengar a sus tropas antes de empezar, en Egipto, la batalla de las Pirámides. Les gritó:

—¡Soldados, cuarenta siglos os contemplan desde lo alto de estas pirámides!

Pensándolo bien, parece que, para soldados franceses, tal arenga tenía que sonar como una pura tontería. Pero no fue así. Y quizá se podría añadir, para completar la anécdota, que los soldados que más lejos estaban del emperador, los que sin entender las palabras sólo oyeron el grito, fueron los más convencidos.

Siendo Napoleón primer cónsul, paseaba una tarde con su esposa Josefina, en coche, por el parque de Saint-Cloud. Les acompañaba un general. El cochero que guiaba los cuatro caballos se

llamaba César. Napoleón quiso guiar él y tomó las riendas. Los caballos, muy fogosos, notaron el cambio y se dispararon al galope. César, asustado, gritaba:
—¡A la izquierda! ¡A la izquierda!
El general y Josefina gritaban también. Napoleón no pudo dominar los caballos y el coche fue a chocar contra una verja y volcó. Los tres pasajeros sufrieron leves contusiones. Por la noche, durante la cena, se habló de lo ocurrido. Y Napoleón le dijo al general, que cenaba con ellos:
—Sabido es que hay que dar al César lo que es del César. De aquí en adelante, pues, el cochero César continuará en su cargo, con su látigo y sus riendas.

Juegos de palabras que mucha gente hace llegada la ocasión, pero que sólo se recuerdan y se repiten si han salido de la boca de un personaje.

Se le atribuye la frase, tan repetida después, «de lo sublime a lo ridículo no hay más que un paso». Y parece que la dijo al obispo de Malinas, monseñor De Pradt, en ocasión en que el prelado le hablaba de la sublime heroicidad de la retirada de Rusia.

El biógrafo Emil Ludwig atribuye también la frase a Napoleón y dice que en una conversación que tuvo el emperador, en Varsovia, con algunos nobles polacos, después de la retirada de Rusia, la dijo tres o cuatro veces.

En anécdota, según dicen, se repitió muchos años después y algo distinta. Viajaban en el mismo departamento de tren un inglés y un francés. Discutían. No estaban de acuerdo. El francés caía en la costumbre muy francesa de hacer frases, cosa que caía mal al inglés. Y, en una ocasión, el inglés, cansado ya, dijo:
—Las frases sublimes, cuando se repiten, me recuerdan aquella tan sabida de que de lo sublime a lo ridículo no hay más que un paso.
Y el francés, inspirado, preguntó:
—¿No será el paso de Calais?
Mejor sería que hubiese añadido, para evitar confusiones, «que de la sublime Francia conduce a Inglaterra».

Guarda cierta relación con la anécdota anterior algo que nos relataba de su infancia una buena señora, ya viejecita cuando nuestra juventud. Se había educado en España, pero en un colegio francés. Y así, al tiempo que se educaba, aprendía el idioma vecino. Contaba que la directora de su colegio, una buena dama francesa de aquellos tiempos, lanzaba al aire con cierta frecuencia esta invocación:
—*O bon Dieu de la France, protegez l'Espagne!*
De lo cual se deduce que si saber idiomas ha sido cosa buena siempre, el aprendizaje de los mismos puede, a veces, ser anecdótico. Como lo fue, en Londres, el aprendizaje de inglés del hijo

de un rico burgués español. Mandó a su hijo a Londres, para que el conocimiento del idioma le facilitara el trato con los clientes ingleses. El hijo tenía entonces dieciocho años y, aparte lo heredado físicamente de su padre, de la raza había heredado el donjuanismo. Y, en Londres, lo primero que hizo fue echarse una novia para consuelo de la soledad. La eligió extranjera, como lo era él, italiana de nacimiento. Se hizo de ella inseparable y en los seis meses de su permanencia en Londres aprendió, aunque de viva voz, muy correctamente el italiano. Y su padre decía después:
—Tendré que mandarlo ahora a Italia a ver si allí me aprende el inglés.

Napoleón, el zar de todas las Rusias y el emperador de Austria se habían reunido en una cacería. Napoleón no era muy aficionado a esas cosas, pero, alguna vez, si no había otro remedio... Y Napoleón, en vez de cazar, se entretuvo en conversaciones con los otros dos monarcas. Iban los tres a caballo, la conversación se alargó y ellos perdieron de vista a los otros cazadores. Estaban cansados, vieron una casa y entraron a descansar y pedir algo de beber. Era la casa de un leñador; él mismo les sirvió y mientras lo hacía les preguntó quiénes eran. El primero en contestar fue Napoleón. Y dijo la verdad:
—Napoleón primero, emperador de los franceses.
Los otros dos no quisieron ser menos y también dijeron la verdad:
—Francisco segundo, emperador de Austria.
—Alejandro primero, zar de Rusia.
El leñador les miraba con sonrisa burlona. Napoleón le preguntó:
—¿Y vos, quién sois?
—¿Yo? ¿No lo veis? ¡El emperador de China!
En el momento de decir esto llegaban los otros cazadores. Napoleón se despidió del leñador con una gran reverencia. Y cuando le preguntaron la razón de tan solemne despedida dijo que lo preguntaran al zar de Rusia. Y Alejandro I dio esta explicación:
—Es que este leñador es el emperador de China.
Y es de suponer que, después, para evitar confusiones, contaran la verdad de lo ocurrido.

Creía mucho en la buena suerte y parece que él la tuvo muchas veces en muchas cosas. Tanto creía en la suerte que antes de conceder un ascenso a alguno de sus jefes, o de admitir a alguien a su servicio, en vez de pedirle un *curriculum vitae*, como se hace ahora, le preguntaba:
—¿Acostumbras tener buena suerte en tus cosas?
Y si le decían que no, aplazaba la decisión.

Leemos que Napoleón, antes de empezar su aventura en España, le dijo a uno de sus mariscales:

—Los pueblos donde hay exceso de frailes son fáciles de dominar. Con doce mil hombres tengo bastante para someterla a mi obediencia; será un pasatiempo. Los españoles no saben lo que son las tropas francesas; a los prusianos les sucedía lo mismo y han pagado muy cara su ignorancia. Creedme, la resistencia será corta. No quiero hacer daño a nadie; pero cuando mi carro político está en marcha necesito seguir adelante y ¡ay de aquel que intente cerrarme el paso! Acabará debajo de las ruedas.

No contaba, se ve, Napoleón, que entre España y el resto de Europa hay una diferencia que, en la guerra de aquellos tiempos, importaba mucho, y es la configuración del terreno. España es tierra casi toda montañosa, donde hostigar al enemigo y así impedirle la victoria es cosa fácil. Y había que contar también con aquello que inspiró estrofas a un tal poeta llamado Bernardo López García (1840-1870), estrofas que Menéndez y Pelayo incluye en *Las cien mejores poesías de la lengua castellana* y que dicen:

> Aquel genio de ambición
> que en su delirio profundo
> cantando guerra hizo al mundo
> sepulcro de su nación,
> hirió al ibero león
> ansiando a España regir,
> y no llegó a percibir,
> ebrio de orgullo y poder,
> que no puede esclavo ser
> pueblo que sabe morir.

Leemos que Napoleón, durante su estancia en Madrid (en Chamartín), una sola vez entró en la ciudad y fue para ver el palacio real. Fue una mañana, muy de mañana (Napoleón dormía pocas horas). Y, al descender por la soberbia escalera con su hermano José, al que había sentado en el trono de España, y a quien los españoles llamaban *Pepe Botella*, le dijo:

—En verdad, hermano, estáis mejor alojado que yo.

No se sabe si se refería a su alojamiento provisional en Chamartín o a su alojamiento, más definitivo, aunque en cierto modo también provisional, en París.

Napoleón, durante su imperio, era recibido con grandes manifestaciones de entusiasmo popular en todos los lugares por donde pasaba en sus traslados, y mucho más en los sitios donde se quedaba a pasar unas horas o una noche. Y, por documentos encontrados después, parece ser que aquellos recibimientos estaban siempre previamente organizados, incluso con una tarifa de precios establecida según la cantidad y el fervor del entusiasmo popular.

En realidad, no es Napoleón el protagonista esta vez, sino uno de los comparsas. En un grupo de amigos, todos en muy buena posición desde no mucho tiempo antes, y ninguno con cultura excesiva, se hablaba de música. Y todos confesaban su indiferencia por oírla. Y uno, en apoyo de su falta de afición, dijo:
—Bueno, a Napoleón tampoco le gustaba; y era Napoleón. Aseguran que decía que la música era el ruido que le molestaba menos.
Y otro intervino:
—Esto sería entonces. Ahora no lo habría dicho.
Y explicó su punto de vista así:
—Ahora el ruido del motor de un buen coche americano, si el coche es propio, molesta mucho menos que la música.

Algunas veces, en campaña, revisaba él mismo sus escuadrones. Revisaba una vez un escuadrón de caballería. Los caballos estaban todos reunidos en una cuadra improvisada. Un sargento joven parecía estar al cuidado de todos ellos. Napoleón llamó al sargento:
—¿Cuál es el mejor de todos esos caballos?
El sargento contestó en seguida, sin vacilar:
—El número cuarenta, señor.
—¿A qué soldado pertenece?
—A ningún soldado. A Pierre Sautin.
—¿Y quién es Pierre Sautin?
—Es el mejor sargento del ejército.
—¿Está por aquí?
—Sí, señor, muy cerca.
—Señálamelo.
—Soy yo, señor.
El sargento pudo conservar su caballo y, poco después, fue ascendido a teniente.

Un capitán llamado Dupont había caído en desgracia del emperador. Se encontraron en una recepción y Napoleón le volvió la espalda. El capitán se dirigió hacia el emperador, sin miedo.
—¡Señor! Me satisface comprobar que me seguís contando en el número de vuestros amigos.
—No creo que tengáis ningún motivo para pensar así.
—Tengo uno y me basta: que me habéis vuelto la espalda. Y el mundo entero sabe que Napoleón no vuelve jamás la espalda al enemigo.
Y se reconciliaron.

Napoleón pasaba revista. Preguntó a uno de los jefes:

—¿Sois el capitán de esta compañía?
—Sí, majestad; pero aunque sólo sea capitán, soy de la madera de los generales.
—Me satisface saberlo, capitán. Os tendré en cuenta cuando necesite generales de madera.
Napoleón era muy buen fisonomista y recordaba los rostros aunque los hubiese visto sólo una vez. Aquel capitán fue un día ascendido. Y la primera vez que se encontró con Napoleón, después del ascenso, le dijo:
—Gracias, señor, por haberme ascendido.
Hacía tiempo de la primera vez y, a pesar de todo, Napoleón le contestó:
—De nada, ex capitán madera.

Al parecer Napoleón era mal cazador (y seguramente mal tirador) y, en una cacería, hirió ligeramente en la nalga al fiel mariscal Duroc, el que le acompañó a Polonia y allí le había presentado a María Walewska. Y, excusándose, le dijo:
—Ésta es la primera vez, querido Duroc, que un valiente es herido por la espalda.
Y parece ser que Duroc, en venganza, le contestó:
—Y esto prueba que se puede ser el mejor estratego del mundo, sin ser un buen soldado.

Se cuenta de Napoleón que, cierta vez, en una batalla, cayó una granada enemiga no lejos de donde estaba él, entonces general. Y que Napoleón, en vez de huir, lanzó su caballo sobre la granada como para demostrar que nada le daba miedo. Y la granada no estalló. Aquella vez, como otras muchas, Napoleón tuvo suerte. Y siempre la supo aprovechar.

En una carta dirigida a madame Tallien, le decía:
«Le envío toda mi consideración, toda mi estimación y no añado todo mi respeto porque sé que esto no gusta demasiado a las mujeres.»
Y, al parecer, como mujeres, y desde el punto de vista hombre, o sea, «sexo contrario», nunca les tuvo ningún respeto. De una mujer que había dicho de él cosas poco halagüeñas, se limitó a decir:
—Lo único que puede tener contra mí es que nunca he intentado abusar de ella, ni faltarle al respeto.
En 1814 fue obligado a retirarse a la isla de Elba, a la que llegó como soberano, después de abdicar como emperador de Francia en Fontainebleau. Pero no tardó en cansarse de la vida de la pequeña isla y organizó su vuelta a Francia. Hizo el viaje de retorno en un bergantín, dos fragatas y cuatro falúas. Iban con él un puñado de partidarios decididos, mil cuarenta hombres en total. A los

veinte días de haber desembarcado, Napoleón hacía su entrada triunfal en París. *El Constitucional*, un diario de entonces, dio las noticias de la vuelta y la llegada de Napoleón, según han quedado registradas en el diario, así:
Tan pronto como se supo que Napoleón había abandonado la isla de Elba anunció: «El sanguinario ogro ha abandonado su guarida».
Después de su desembarco en Francia: «El bandido de Córcega está en Francia».
Cuando ya Napoleón, en su primera etapa hacia París, había llegado a Grenoble: «Bonaparte se encamina hacia París».
Tres días más tarde: «Napoleón prosigue su avance triunfal».
Cinco días después: «Mañana hará su entrada en París el emperador de los franceses».
Y al otro día: «Su majestad real e imperial ha llegado a la capital de sus Estados».

Al desembarcar en Francia, procedente de la isla de Elba, dio el mando de su vanguardia al general Cambronne (el de la famosa frase de Waterloo, aquello de que «La guardia muere pero no se rinde») y le dijo:
—Ésta será mi mejor campaña. Sé que no encontraréis sino amigos, y no os hará falta disparar un solo tiro. Quiero que mi corona me sea devuelta sin que se derrame una sola gota de sangre francesa.
Y aquella vez Napoleón fue profeta.

Existe un libro, *El diario secreto de Napoleón Bonaparte*, escrito por Lo Duca, compuesto de anécdotas y episodios de la vida de Napoleón y frases auténticas del mismo emperador. Algunas partes de este libro son puramente anecdóticas. Trasladamos aquí algunas de las que hacen referencia a la relación de Napoleón con distintas mujeres. Todas van precedidas de una fecha.
20 de octubre de 1799. — Josefina está en París desde anteayer. Sabe que lo sé. Ella no comprende mi indiferencia ante sus debilidades, ni mi apego a su ser, al calor de su cuerpo, a ese sabor y ese perfume de fruta madura que su carne tiene para mí.
Ella no me da más que una parte de los placeres de mi vida, pero ¡qué placeres! Mi cuerpo se sacia de ella, mientras mi espíritu sigue jugando con un mundo en el que hasta un dios se convertiría en un títere.
A mi alrededor dioses, semidioses, hombres, infrahombres e intrigantes se agitan, hormiguean, intentan penetrar mis proyectos, para estar en el primer plano de mis elecciones cuando llegue la hora. En este hormiguero, Talleyrand es un dios por su inteligencia, su finura y su bajeza. Por su orgullo, su insolencia, su agudeza y habilidad, Bernadotte [el futuro rey de Suecia, fundador de la

dinastía actual] es otro dios. Barras no es más que un intrigante. Y no sé cómo clasificar a Fouché.

Es un enorme teatro, donde los actores hacen sus papeles, confiados, sin saber adónde les llevará el director. Desde que he vuelto sólo encuentro dos miradas limpias: la de Rustan, mi esclavo, y la que sale de la blanca cabeza de mi caballo.

Milán, 5 de junio de 1800. — Anoche, concierto en la Scala. Un marco espléndido. La flor y nata de Italia rebosando cordialidad y profunda simpatía. Verdaderamente, esta gente se entrega a su ardor como en estado de trance.

Pensaba en este ardor mientras Giuseppina Grassini cantaba divinamente en el escenario, entre un silencio de selva virgen. Después del concierto fui a su camerino. Es una mujer bella y ocurrente. Le dije, en italiano:

—Perdonadme, Giuseppina, no tengo tiempo de haceros la corte. Soy el primero en sentirlo y os ruego que no me hagáis sentirlo demasiado.

Se rió cordialmente y su pecho temblaba como el carmín de un petirrojo. ¡Buena mujer! Giuseppina me ha dado la más suculenta de mis noches milanesas. Cuando habla su voz tiene vibraciones que acentúan el deseo.

Berthier [un general de Bonaparte] nos ha sorprendido durante el desayuno. Su mirada era como una gota de mercurio sobre mármol negro

Malmaison, 15 de octubre de 1804. — Dulzura de Josefina esta noche. Antes de ponerse el sol me ha hecho fijarme en las hojas cobrizas del jardín. Una alfombra leonada nos acompañaba hasta el Sena. Luego, el sol ha tomado el color de las hojas y la noche ha penetrado en nosotros con un estremecimiento, de puntillas.

Noche de otoño. Será una noche lánguida. El amor huele a savia. Es la primera vez, desde que es emperatriz, que Josefina no piensa en los diamantes, en los vestidos bonitos, en las miserias de su edad.

Saboreo esta fruta madura, pero sé lo que me espera. Nunca la he amado ciegamente, pero su cuerpo me ha producido siempre íntima satisfacción y he hecho todo lo posible para ser justo con ella.

Malmaison, 24 de marzo de 1805. — He contado a Josefina una aventura inesperada. Estaba yo de incógnito en el teatro, con Duroc [uno de sus generales], en un palco de proscenio. Un hombre, al parecer amigo de Duroc, ha venido a saludarle y le ha dicho:

—Estoy enamorado de la emperatriz.

Le he contestado yo:

—Mejor fuera hacer esta confesión delante de otras personas, ¿no os parece?

El hombre me miraba aturdido. Duroc me miraba también, como para contenerme. Josefina me dijo entonces:

—Debíais haberle enviado a madame Duchâtel.

¡Josefina celosa de una de mis amantes! Sin duda se ha enterado de que hice enviar cien mil francos a madame Duchâtel. Creo que ésta debe haberse jactado de ello, como para dar una alta idea de su valor. También yo se la doy, pero quizá en otro sentido.

Schönbrunn, 20 de diciembre de 1805. — Murat me ha dicho:

—Quiero haceros conocer a una mujer encantadora que está loca por vos y no quiere sino a vos.

Por proceder la cosa de Murat [uno de los generales de Napoleón] sospeché que aquella belleza quería más bien matarme. Así y todo, he aceptado el juego. Ella no hablaba ni una palabra de francés, ni yo una palabra de alemán.

Me gustó tanto que pasé la noche con ella. Es una de las mujeres más agradables que he conocido. Olía a rocío. Al amanecer se despertó y desapareció. Ni tampoco sé cómo se llama. Y este «no saber» me ayudará a olvidarla.

Schönbrunn, 23 de diciembre de 1806. — Madame de Staël me ha hecho saber que por dos millones escribiría todo lo que yo quisiera. La he mandado a paseo.

[Nunca tuvo Napoleón ninguna simpatía por madame de Staël, a la que alejó de París, desterrándola.]

Varsovia, 1 de enero de 1807. — Creo que la campaña está terminada. El enemigo ha interpuesto, entre nosotros y él, pantanos y desiertos. Voy a retirarme a mi cuartel de invierno.

Los campesinos polacos me han festejado en la parada de Blonie. La parada estaba guardada por soldados italianos, tan enrojecidos por el frío como sus uniformes. Los polacos han traducido rápidamente su divisa «los hombres libres son hermanos», y ahora lo dicen en francés y se aprovechan a la francesa.

Con un taconeo de botas, Duroc ha traído hasta mi calesa a una joven de largas trenzas. Ella me dice que los polacos están dispuestos a darme su sangre y las polacas su corazón. Tiene un rostro adorable. Habla francés. Se le ve en seguida que su vestido de campesina es un disfraz.

Le he dado una rosa. Todavía ignoro su nombre.

Varsovia, 10 de enero de 1807. — Baile en Pod Blacha, en casa de Poniatowsky. El sobrino del antiguo rey de Polonia no me gusta, aunque trate de mostrarse encantador.

En el baile he vuelto a ver a la joven de Blonie. Es la condesa María Walewska. Su marido, mucho mayor que ella, me ha explicado largamente los orígenes de la orden del Águila Blanca.

He bailado con ella. Es altiva, tímida y bella. He observado que se fijaba, sobre todo, en mis manos.

Varsovia, 18 de enero de 1807. — María Walewska ha venido esta noche. No quiere ser mía. La he besado sin que sus labios correspondieran a mi caricia. He dejado mi mano sobre su pecho y sólo he sentido contraerse los músculos. Estuvimos juntos durante cinco

horas, delante del fuego, siguiendo con nuestros ojos los dorados de las águilas, laureles y grifos que adornan la biblioteca.
Esta mujer me gusta mucho. La blancura de su piel resalta sobre el verde oscuro del diván. El tiempo se consume rápidamente en estos momentos. Diríase que el deseo martillea el corazón y apresura las horas.
Se ha ido durante la noche. Quisiera que las «N» que invaden Varsovia [la inicial de Napoleón] acabaran por invadir su espíritu. Quisiera descansar en sus brazos y abrir por una vez mi corazón, como si, en vez de ser «N», no fuera más que un hombre.
Pero ella no quiere saber de mí. Habla de Polonia cuando yo le hablo de mi corazón; de los proyectos de Koliontaj cuando yo le hablo de mi soledad y del viejo conde, su marido, cuando yo le hablo de mi ternura.
Varsovia, 20 de enero de 1807. — María Walewska es bella. Su cuerpo tiene la delicadeza de un pétalo algo carnoso. Se resiste todavía y cierra los ojos cuando la tengo entre mis brazos.
Varsovia, 25 de enero de 1807. — María es mía. Se ha abandonado como el agua se deja ir hacia el mar. Donde había músculos, nervios, una piel desconfiada, he sentido el calor de la carne que se entrega a la vida. Su cuerpo huele a jazmín.
París, 31 de enero de 1808. — Leczynsky ha traído de Polonia a María Walewska. La acompaña la princesa Jablonowska. Voy cada noche al muelle de Voltaire, a una de esas casas sencillas y dulces, de color ocre y gris, que bordean el Sena. Y llamo a la puerta de la felicidad.
Paz del cuerpo. María es una revelación perpetua, más que una sensación nueva. Es una mezcla singular de independencia, de sumisión, de inteligencia y de ligereza, que la hace del todo diferente de las demás mujeres. Tenía necesidad de esta mujer tan joven, tan firme, tan clara. Es la voluptuosidad adolescente y el fruto que madura en mis brazos.
Benavente, 31 de diciembre de 1808. — El año acaba en España cada vez más hostil. Sesenta kilómetros a rienda suelta. La persecución de los ingleses mantiene aún una parte de su ardor original. Pero he de detenerme. Un correo de París corre detrás de mí. Espero al lado del fuego de vivac mientras trato de interpretar el contorno de las llamas.
El 11 de noviembre tuve una hijita, Emilia. Conocí a su madre en Lyon. Casi había olvidado a la bonita Françoise. Mis ojos brillaban demasiado, durante el banquete ofrecido por la ciudad. También sus ojos brillaban.
Desaparecimos de repente, mientras su marido enrojecía de placer. Muchos maridos me han facilitado, por vanidad, el camino hacia sus mujeres. Françoise vino luego a las Tullerías y a Saint-Cloud. Tenía el pecho más bello que jamás he visto. El hijo era inevitable. Es una niña nada más. Pero yo prefiero ver el mundo

por los ojos de esta inocente, que por los millares de ojos vidriosos que han quedado abiertos bajo las estrellas de España.

Schönbrunn, 13 de octubre de 1809. — Ayer, en el patio de revistas, Rapp prendió a un joven que intentaba acercarse a mí y matarme. Su nombre: Federico Stapps. Es hijo de un pastor luterano de Erfurt. He querido interrogar a mi asesino frustrado.

—¿Es verdad que has venido aquí especialmente para matarme?
—Sí; éste era mi único objetivo.
—¿Por qué has querido matarme?
—Para impedir más derramamientos de sangre.
—Entonces, habrías podido matar al emperador Francisco, que me ha declarado la guerra.
—Inútil; le sucedería otro que haría exactamente lo mismo.
—Y si yo te perdonara, ¿intentarías matarme otra vez?
—No. Pensaría que he cumplido con mi deber, pero que Dios no lo ha querido.

Stapps parecía muy seguro de sí. Le hice ayunar durante veinticuatro horas y este ayuno no le cambió en nada. Entonces... le fusilaron. No puedo quitarme de la cabeza a ese desgraciado. Pero ya pasará.

El jefe de la policía de Viena, a propósito de este atentado, confirma a Savary lo que yo siempre había sospechado: la famosa mujer que yo tuve en mi cama en 1805 [véase esta fecha], como una especie de regalo de Murat, era también una Judit. Pienso que el placer de su cuerpo le quitaría el gusto por la sangre.

París, 29 de noviembre de 1809. — Paulina [una de las hermanas de Napoleón] me trae otra mujer, madame Cristina de Mathis, tan rubia como morena era Elena. He pasado la velada con ella. Demasiado perfumada. Demasiado sensual. Demasiado delgada. Además, ahora mi corazón no está para esos juegos.

Hace un mes que retraso el momento de hablar con Josefina. Pero está decidido. He de hablar con ella.

París, 30 de noviembre de 1809. — Ceno a solas con Josefina. Imposible decir cuál de nosotros dos estaba más apurado. Ni una palabra hasta el momento en que hablé de generalidades, de la salud del imperio, de la necesidad de un heredero para mi dinastía. Ella me interrumpió, como mujer y a sabiendas de que no tenía razón:

—Ya no me amas.

Mientras hablábamos después, yo pensaba lo difícil que resulta decir la verdad y que nos la comprendan. Le habría podido decir que la he amado durante catorce años. Que nuestro amor ha sido un contacto carnal inolvidable y nuestro matrimonio un intercambio de transpiraciones. Que ella me ha dado la chispa que mi vida necesitaba. Que ella ha apaciguado mis sentidos. Que ella ha satisfecho mi deseo. ¿Qué importa lo demás? Aunque nuestros cami-

nos se separen, nada puede borrar las horas de bienestar que hemos tenido juntos.
Pero una mujer, cuando las cosas se le ponen en contra, no razona y sólo es sensible a la desesperación. Mis palabras no la habrán consolado. Sus pies, de repente, parecieron demasiado débiles para soportar el peso de su cuerpo agotado. Vi doblarse sus escarpines como si el tobillo se le deshiciera. Y Josefina cayó, el cuerpo doliente y el alma herida.
Llamé a Bousset [el ayuda de cámara] y la bajamos a su habitación. De la boca de Josefina salían lamentos sordos. Bousset tropezó con mi espada. No puedo explicar el sufrimiento de Josefina. El mío, sí. Es como si, con el corazón encogido, saboreara algo más amargo que el ajenjo.
Compiègne, 20 de marzo de 1810. — María Luisa me gusta. Tiene esa carne alemana rubia, voluptuosa y sin misterios, que fascina a un hombre del mediodía. He vuelto al castillo en su coche. Yo debía dormir en la casa de la Cancillería, pero algunas intimidades, en la calesa, despertaron mi curiosidad.
María Luisa, sin embargo, resistió. Tuve que vencer sus escrúpulos. Llamé al cardenal, mi tío, y le pregunté:
-—¿No es verdad que estamos casados?
Fesch, con excesiva habilidad, contestó:
—Sí, majestad, de acuerdo con las leyes civiles.
Así, pues, anuncié a María Luisa, en voz baja, que iría a visitarla cuando estuviera sola en la cama.
Sólo una biblioteca me separaba de su habitación. Llegué. Y ella lo hizo todo riendo. Es diferente de Ester. Es una encantadora niña.
Esta mañana las camareras han visto las sábanas manchadas de sangre. Me he quedado un buen rato a su lado. La archiduquesa y emperatriz me recuerda un pinzón rosado.
Compiègne, 20 de abril de 1810. — Vamos a partir hacia Bélgica y Holanda. Estoy encariñándome con María Luisa. Su calor confiado, su sonrisa que todavía guarda el recuerdo de la infancia, su juventud plena y firme, me atraen. Este viaje nos aproximará aún más. La hija de una monarquía terrestre verá la fuerza del mar, y en acción al dueño de esa fuerza.
Amberes, 4 de mayo de 1810. — Si mis cálculos son exactos, María Walewska debe estar a punto de dar a luz un hijo mío. Seguramente será varón. Hemos decidido llamarle Alejandro. Es para mí como una prenda que ofrezco al destino y al recuerdo de mi amistad con el zar. Alejandro dormirá su primer sueño en una cuna de caoba guarnecida con laureles de plata y una «A» coronada. Su padre se la envía.
Fontainebleau, 15 de noviembre de 1810. — Caza, misas, bautizos, teatros, salones, recepciones, decretos y firmas; así pasan mis días. Estoy engordando y tal vez mi humor se resiente de ello. Mi corte me detesta cada vez más. Después del bautismo del príncipe Car-

los Luis Napoleón, un prelado pronunció una plática llena de servilismo: «Dios hizo a Bonaparte y descansó», dijo de pronto, visiblemente contento de su hallazgo, hasta el punto de permitirse una larga pausa. Un confidente me dijo después que alguien, cuyo nombre no me quiso decir, había murmurado: «Dios hubiera hecho mejor en descansar un poco antes».

Por un momento he imaginado a toda mi corte desnuda, abandonadas sus pieles a la blancura de las carnes, dilatados sus esqueletos, hinchados sus vientres de orgullo, torcidas sus espaldas de tanta reverencia.

París, 21 de diciembre de 1811. — María Luisa está más rosada, más oronda y más rubia que nunca. Desde los seis meses de embarazo no hace más que embellecer. Cuando pasa, mis amigos retienen el aliento, por miedo a molestar al niño que ella lleva dentro. Mis hermanas la rodean como a un capullo de rosa que va a abrirse.

Hoy, en casa del gran duque de Würzburg, he encontrado a María. Estaba pálida y emocionada. Su reverencia de corte fue casi un desmayo. Otra señora tuvo que sostenerla. Todavía no he visto a Alejandro.

Vilna, 1 de junio de 1812. — He preguntado a Balachev cuántas iglesias hay en Moscú.

—Más de doscientas.

—¿Cómo? Esto es un signo evidente de civilización retrasada. ¡Tantas iglesias en un tiempo en que ya no se es cristiano!

—Perdón —replicó Balachev, ruborizándose como una solterona—, los rusos y los españoles lo son todavía.

Este hombre es así: al ingenio añade la insolencia. Pero se engaña. Los rusos no serán nunca cristianos. Los españoles nunca lo han sido.

Hace tres días que llueve a cántaros.

Walewice, 1 de diciembre de 1812. — No pude dejar Varsovia sin pensar en María. Polonia será la primera víctima de mi derrota; el yugo ruso va a aplastarla. Necesitaba ver a María Walewska.

La encuentro emocionada y más tierna que nunca. Me dice que después de tantas victorias, una sola derrota no importa.

Duroc estaba allí. Bajaba la mirada a su plato para no tener que aprobar nuestras esperanzas. Ha dicho únicamente:

—Sí; seremos los más fuertes si nadie nos traiciona.

Más tarde he subido con María a la habitación de Alejandro, mi hijo. ¡Alejandro! Aquí ha nacido este hijo del amor, este bastardo del renacimiento que recibió el nombre del que creía mi amigo [se refiere al zar de Rusia]. El niño duerme al lado de ese padre, al que ignora, y que huye ahora ante los tiros de su antiguo aliado.

María está bella en su traje de noche. Sin darme cuenta me he dormido sobre el hombro de «mi esposa polaca».

París, 8 de enero de 1813. — Mi estrella, mi estrella personal,

palidece. Siento que mis sueños se me escapan unos tras otros. Nada puedo hacer.
He intentado todo para lograr el éxito. Incluso he dominado la felicidad, como Alejandro, como César, como Aníbal. Carnot me dijo una vez:
—A pesar de cuanto se haga, tarde o temprano se choca con la inevitable realidad de las cosas.
Y yo añadí:
—Y con los permanentes caracteres de los hombres.

La Ermita, 1 de septiembre de 1814. — Una mujer ha surgido en mis recuerdos, una sola, la más dulce y quizá la más bella de todas. Amé a las mujeres, pero ella me ha amado. María Walewska me hizo conocer la primera alegría de un hombre: ser continuado por otro hombre en la persona de un hijo. Nuestro Alejandro no solamente lleva el nombre de aquel con quien yo había esperado compartir el universo, sino que también es la más bella conquista de mi carne.
Walewsky ha muerto de viejo en Roma, este verano. María Walewska podría venir aquí, reina sin trono de un rey sin reino.
Sin embargo, ya no sé, ya no sé... ¿Puedo encadenar a mí a una mujer? Si yo quisiera avanzar, seguir mi destino, con una mujer a mi lado, tendría que reflexionar dos veces, romper dos resistencias, convencer a dos espíritus. Si he de envejecer, no quiero contar mis arrugas en el rostro de la mujer que vive a mi lado.
Nada de todo esto tendrá sentido si María me seduce.
Hace cinco horas que sigo con la vista este barco de plateadas velas que se acerca a nosotros. María está, sin duda, en el puente, y comparte mi deseo, un deseo que es casi angustia. Nada parece tan inmóvil como un barco al que se espera y se ve acercarse a través de las corrientes que estrían el mar. Pienso en ella intensamente, tenso hasta el punto de imaginar que percibo su viviente perfume.

La Ermita, 2 de septiembre de 1814. — María desembarcó en la playa de San Giovanni con su hermana Emilia y el pequeño Alejandro. Su mano pequeña, trémula como un pájaro, en la mía. Sus ojos azules deslumbraban. Está más hermosa, más mujer que nunca. Permanecemos largo rato juntos, sin hablar mucho.
Más tarde, María me esperaba en su habitación. Prodigio de la carne que se entrega. Prodigio del placer que se olvida de sí mismo. El hombre sería el ser más mísero, más despreciable, sin esa felicidad que sabe extraer de su ser. Jamás he estado tan presente en el amor. Si esta noche naciera un hijo, forzosamente tendría alas.

La Ermita, 3 de septiembre de 1814. — Las cenizas de la mañana me han encontrado feliz, pero lúcido. Deseaba a María. No la deseo más. He tocado una cima después de la cual sólo hay silencio.

Cierto que aún podría conocer la voluptuosidad del cuerpo de María. Pero me haría su esclavo y el hábito mataría mi destino. En esto la mujer nos traiciona y su amor ya no es amor. María debe partir. Sus lágrimas brillarán como las joyas que ha querido dar para mi tesoro, pero no debe quedarse ni un día más. Con ella partirá el único pesar que podría sentir al arriesgarme una vez más.
Yo no moriré en una pequeña isla [que es donde murió]. [Los textos de 1814 están escritos en la isla de Elba.]
Santa Elena, Les Eglantiers, 18 de octubre de 1815. — Aquí sopla un viento furioso que me corta el alma, un viento de país sin retorno. He pedido hospitalidad en Les Eglantiers mientras terminan de pintar mi cárcel. Me han acogido dos niñas, las niñas Balcombe, que hablan un poco de francés. La pequeña, Betzy, parece muy atolondrada; pero hay algo en ella que me seduce.
Mi pequeña corte está abrumada. Las Cases tiene el rostro del color del más hermoso pergamino. Gourgaud, en cambio, está rojo como un tomate.
Les Eglantiers, 22 de octubre de 1815. — Betzy tiene catorce años. No conoce el miedo ni respeta nada. Me llena de preguntas raras. Ella es lo imprevisto; el pájaro ligero que, de repente, alza el vuelo en medio de un claro del bosque. Abre sus ojos azules y me pregunta si sé tocar el arpa, si es verdad que una vez estrangulé a una mujer con mis propias manos y si es verdad que he tenido un harén en Egipto.
Betzy parodia a todo el mundo y sus bromas me hacen soportable la realidad. Tiene el corazón puro. He tenido que esperar hasta Santa Elena para encontrar el encanto de un ser que no da más de lo que tiene, pero que de esto, lo da todo.
Les Eglantiers, 31 de octubre de 1815. — A través de Betzy veo flores por todas partes. Jugamos, mientras el chambelán y el gran mariscal nos miran con la mayor desaprobación. Hoy me ha dicho:
—No sois tan célebre como creéis. Conozco a un hombre que nunca ha oído hablar de vos.
Y me ha llevado a ver al viejo jardinero, Toby, un esclavo malayo. Y le pregunta:
—¿Has oído hablar alguna vez del emperador Napoleón?
Toby la mira sorprendido y mueve la cabeza negativamente. Betzy le dice, como para ayudarle a recordar:
—Se trata de un tal Napoleón Bonaparte, emperador de los franceses, rey de Italia...
Las Cases, que se había acercado, no quiere ser menos que Betzy y añade:
—El hombre que ha conquistado el universo con la fuerza de sus armas, que ha sido durante años el dueño de Europa, donde ha hecho triunfar la religión.
Toby, por fin, murmura:

—Si estáis hablando del gran rajá Siri-Tri-Buvana, el único que sometió a todos los pueblos malayos, os advierto que hace tiempo que murió.

Betzy está orgullosa de su descubrimiento. Hice dar unos cuantos napoleones al jardinero, de los que tuvieron que explicarle el valor.

31 de marzo de 1818 [Napoleón murió en Santa Elena el 5 de mayo de 1821]. — Sin duda, a lo largo de mi vida, no concedí mucha atención a las mujeres. Y ahora ellas, en venganza, pueblan mis sueños. Y voy recordando, en sueños, a todas las que he conocido y amado. Pero aquella cuya imagen nunca se borra de mis ojos es Josefina. Gracias a ella me hice completamente afrancesado. Ella me quitó mi nombre corso y ella hizo de mí el hombre de mundo que supe ser después.

¡Qué mujer! ¡Qué gracia! ¡Qué piel! Su recuerdo me hace estremecer. Nunca me pidió dinero, pero contraía deudas por millones. Y si sonreía poco era debido a que tenía los dientes malos.

También me acuerdo de María Luisa, tan dulce y sencilla, tan sensual por naturaleza, y que ahora está bajo el yugo de otro macho, de ese Neiperg-le-Borgne. De todas esas mujeres que he conocido no me queda sino el recuerdo de sus cabellos, de sus pechos, de sus sexos sin fondo.

Y se me presenta también la imagen de la pequeña Betzy, que fue sólo una especie de vaso de agua helada en el desierto. Y que me dijo una vez:

—Pero yo soy una chica como otra cualquiera, y soy rubia, tal como os gustan.

Y creo que lo decía con un matiz de pesadumbre.


## BONAPARTE, Paulina

La hermana de Napoleón, Paulina, la mayor de las dos hermanas (1780-1825), era de una belleza impresionante. Un biógrafo dice: «Sus pretendientes fueron muchos, como también sus amores poco discretos. Napoleón la hizo casar con el general Leclerc. Enviudó muy pronto y se casó con el príncipe romano Camilo Borghese, del que se separó poco después. Sus costumbres fueron harto licenciosas, pero era la hermana preferida de Napoleón y obtuvo de éste cuanto deseaba. Pintores y escultores se disputaron inmortalizarla en lienzos y en mármol. Su extraordinaria belleza puede comprobarse al contemplar la estatua llamada *Venus victoriosa*, obra de Cánova, para la que sirvió de molelo... harto escandaloso».

Y es que la Venus victoriosa de la estatua está desnuda. Y Paulina Bonaparte posó desnuda ante el escultor. Aunque no del todo. Un ligero lienzo la cubre desde más abajo de la cintura hasta más

arriba de las rodillas. Según la anécdota, una dama de la corte preguntó a Paulina:
—¿No os molestó permanecer desnuda ante el escultor?
Y Paulina, muy graciosamente, contestó:
—No. Había buena calefacción en el estudio.

## BONTEMPELLI

El escritor humorista italiano Massimo Bontempelli (1878-1960), autor de muchas novelas y obras de teatro, contaba de un marido que al hablar de su esposa la llamaba siempre «la divina»:
—La conocí, me gustó y se humanizó tanto conmigo que siempre que su marido me hablaba de ella, de su divina, creía que me estaba hablando de otra mujer.

Estaba un día solo en un club distinguido de Roma y leía un periódico. Vio pasar a uno elegantemente vestido de frac. Y le llamó:
—¡Oiga! ¿Me trae un café?
Le había tomado por un camarero y era nada menos que un socio de allí, con título de nobleza. El otro le advirtió:
—Usted se confunde, no soy un camarero; soy el conde tal y tal.
—¡Ah! En este caso, si no es usted un camarero, no me traiga el café.
Y ésa fue la única disculpa que le dio.

Tuvo un conflicto con un editor y le quiso poner una reclamación judicial. Consultó a un abogado que se lo desaconsejó:
—Bien estudiado el caso, tiene toda la razón el editor; es un pleito perdido.
—¿Y no hay al menos la esperanza de que los jueces se equivoquen?
El abogado le dijo que no. Bontempelli quiso entablar el pleito de todos modos. Se hizo la demanda, el editor le llamó y le propuso una amigable composición, cuyos términos Bontempelli aceptó porque eran ventajosos para él. Y después de este episodio decía:
—El éxito de los pleitos depende de interrumpirlos a tiempo, siempre que sea la otra parte la que proponga la interrupción.

Bontempelli no vio el mar hasta entrada la juventud, en uno de sus viajes. Iba con otros amigos que le habían llevado, precisamente, a ver el mar. Bontempelli lo estuvo mirando mucho rato sin mostrar ningún entusiasmo.
—¿No te gusta?

—Pues... sí. Pero, la verdad, por lo que me habían dicho creí que era mucho más grande.

## BORGIA, Lucrecia

Se sabe de Lucrecia Borgia que nació en 1489. Su padre fue Rodrigo Borgia (elegido papa con el nombre de Alejandro VI) y su madre Rosa Vanoza de Catanei. Era hija, por tanto, de un español ilustre; en cuanto a su madre, no se sabe si fue una cortesana o una distinguida matrona. Desde el nacimiento hasta los once años la vida de Lucrecia está algo envuelta en el misterio. El nombre Borgia o Borja es español, o de origen español, y los Borgia tuvieron ilustres representantes, a la vez, en España y en Italia.

Poco se sabe de Lucrecia hasta que el famoso cardenal Rodrigo, que después fue papa con el nombre de Alejandro VI, se interesa en buscar novio para esta niña de once años que es su hija.

Lucrecia se casó muy joven con Juan Sforza y, a los diecisiete años, había enviudado; contrajo matrimonio por segunda vez con Alfonso de Aragón, príncipe de Salerno. De este matrimonio tuvo dos hijos, uno que murió poco después de nacer y otro que se llamó Rodrigo de Borja y Aragón. Un niño en el colegio preguntaba:

—¿Por qué primero Borja y después Aragón?

Y el profesor, tan poco enterado como otro cualquiera a través de tantos años, le decía:

—Cosas de aquellos tiempos.

El segundo marido de Lucrecia murió asesinado (lo mismo que el primero). Cuando su segunda viudez ella tenía veintiún años. El tercer marido fue Alfonso de Este, duque de Ferrara. La boda fue uno de los grandes acontecimientos de la época. Lucrecia vivió en el castillo de Ferrara hasta que murió, todavía joven y todavía bella.

Se cuenta que durante su tercer matrimonio Lucrecia tuvo amores, acaso sólo románticos (cosa frecuente en aquellos tiempos), con Francisco Gonzaga. Se sabe que los dos enamorados se escribían cartas apasionadas y que un poeta de la pequeña corte, uno llamado Strozzi, les servía de mensajero. Y también se sabe que un día el poeta murió asesinado.

De aquel tercer matrimonio, Lucrecia tuvo cinco hijos y los cinco vivieron más que ella, que murió de su último parto, el 24 de junio de 1519, más o menos a los treinta años.

## BORODIN

Alejandro Borodin (1834-1887), músico ruso, autor de *El príncipe Igor*, era hijo natural de un noble ruso y químico de profesión. Empezó a dedicarse a la música sólo por afición. En Alemania, en Heidelberg, conoció a una pianista rusa, llamada Catalina Protopov, y fue ella la que le decidió a dedicarse más a la música. Pero nunca abandonó la química, de la que era profesor en una universidad, y continuó en su cátedra hasta la muerte. En vida algunos le conocían sólo como químico. Después de su muerte, sólo como músico se le recuerda.

El director del Teatro Imperial de San Petersburgo tuvo la idea de encargar una ópera a cuatro famosos músicos de entonces: Borodin, Cui, Mussorgsky y Rimsky-Korsakof. Cada uno de los músicos escribió un acto. Y la ópera nunca fue estrenada porque costaba demasiado caro montarla. Cuando le preguntaban si había escrito alguna ópera decía:

—Una y cuarto; pero el cuarto nunca llegó a sonar.

Y, como dato curioso de este hombre, se puede añadir que aunque conocido en vida como químico y después de muerto como músico, era también médico, profesión que nunca llegó a ejercer.

Borodin murió en plena fiesta, en un baile. Estaba agotado de tanto trabajar. Fue a un baile disfrazado de campesino ruso. Se puso a danzar aires campesinos, muy agitados. Y de pronto, en mitad de un baile, se desplomó. Estaba muerto.

Hemos leído que sobre su tumba, en un cementerio de San Petersburgo, hay dos coronas. Una formada por notas musicales y la otra formada por algunas fórmulas químicas, las que habían sido determinadas por él en sus investigaciones.

## BRAHMS

El músico alemán Johannes Brahms (1833-1897), en su juventud, no encontraba editor para su música. Uno de los editores a los que visitó, le decía:

—Su música es demasiado triste. La gente prefiere cosas más alegres.

Brahms intentó hacerlas, parece que lo consiguió y volvió a visitar al editor:

—¿Qué? ¿Me trae cosas más alegres?

—Sí, esto; a ver qué le parece.

Y le enseñó unas canciones, cuyo título general era *Alegremente me encamino hacia la tumba*.

Parece ser que lo primero que le propuso el editor fue cambiar el título.

Una cantante de escasa categoría le pidió que le indicara alguna canción suya adecuada para ella. Y Brahms le dijo:
—De las que tengo escritas, ninguna. Espere un poco.
—¿Mucho?
—No se lo puedo decir. Pero las únicas canciones mías que le recomendaría son mis canciones póstumas. Así tendré, al menos, la seguridad de no oírselas cantar.

Daba un concierto con un violinista no muy bueno. Brahms tocaba muy fuerte. El violinista le rogó:
—No tan fuerte, que apenas se oye el violín.
—Creo que a su violín es lo mejor que le puede ocurrir.

No recuerda la anécdota el nombre del violinista.

Brahms en sus primeros tiempos tocaba, para ganar el sustento, en una cervecería. Se acostaba tarde, dormía como un tronco y se levantaba pronto. Fue hombre de una salud de hierro, hasta el punto de sólo padecer una enfermedad, ya cerca de los sesenta años, que fue la última, de la que murió.

Le decían que tenía que dormir más y contestaba:
—Es que al amanecer me siento más inspirado.
—Pues, en tal caso, acuéstate mucho antes.
—Es que por la noche trabajo mucho más tranquilo.

Aseguran sus biógrafos que eso de que el hombre duerme una tercera parte de su vida nunca fue verdad para Brahms, que de los 64 años de su vida lo más que durmió fueron diez o doce.

Le gustaba la vida familiar, pero nunca tuvo mujer. Cuando le preguntaban por qué no se había casado, decía:
—Cuando era tiempo de hacerlo, nadie aceptaba mi música y así iba de fracaso en fracaso. Una mujer no habría sido capaz de soportarlo, ni yo de soportar mi fracaso ante una mujer. Después, aunque algunas mujeres me gustaron, entre mi trabajo y la mujer me decidí siempre por mi trabajo. Y ésta es una decisión que las mujeres no la soportan nunca a gusto.

Era hombre de mucha cultura, aunque de carácter algo retraído y poco adaptable. Nunca demostró entusiasmo por la obra del hombre, la música aparte. Iba al teatro algunas veces, y una vez que le preguntaban si le gustaba, dijo:
—Más que gustarme, me entretiene, porque eso de ver tres comedias a la vez y distinguirlas una de otra, no deja de ser un buen trabajo mental.
—¿Tres comedias?
—Sí: la que el autor escribió, la que los actores representan y la que el público explicará después.

Un crítico musical de entonces, un tal Hugo Wolf, dejaba siempre en mal lugar la música de Brahms. Y, en cierta ocasión, le dedicó calurosos elogios. Brahms los leyó y exclamó, desilusionado:
—Es que uno no se puede fiar de nadie. Hasta los mejores enemigos llega un día que te fallan.

## BRIAND

Arístides Briand (1862-1932), que fue presidente del Gobierno francés, era hombre con salidas buenas. Cierta vez visitaba una exposición. Una de las pinturas eran dos matronas abrazadas y, debajo de ellas, una esfera simbólica. Briand preguntó al pintor, que le acompañaba:
—¿Y esto qué significa?
—Es el abrazo de la paz y la justicia, símbolo de la humanidad futura.
Y parece que Briand dijo algo así:
—¡Lástima que no haya pintado usted a la humanidad que permita tal abrazo! Sería un buen ejemplo para la humanidad actual.

Nunca dejaba Briand que le ayudaran a ponerse el abrigo. Se sabía que evitaba esta ayuda y, en general, no se la ofrecían. Pero si no lo sabían, sí. Y entonces Briand les tomaba el abrigo y se limitaba a decir:
—No, no, gracias.
Y se lo ponía, aprisa, sin ayuda de nadie. Y cuando le preguntaban por qué nunca dejaba que le ayudaran a ponérselo, decía:
—Porque bastante trabajo me da ponérmelo yo solo.

Era muy aficionado a la pesca y, cuando se enteró de que le habían nombrado primer ministro, estaba preparando una salida a pescar. Y exclamó:
—¡Me han fastidiado la pesca esta vez!
Alguien le recordó que muchos grandes hombres de Estado han alternado con la pesca sus tareas políticas. Y Briand repuso:
—Es perder el tiempo. Tan pronto como a uno le nombran presidente del Consejo de Ministros, los peces se pasan a la oposición.

Briand era amigo de Jaurés. La primera vez que Briand fue primer ministro, dijo:
—Esto a Jaurés le sentará mal.
Y, en efecto, en la primera sesión Jaurés lanzó un violento discurso contra Briand. Y parece que, después, Briand comentó:
—Ninguna elocuencia ha rayado nunca a tanta altura como

la que se usa contra los mejores amigos. Jaurés, con su elocuencia, me ha demostrado su gran amistad, cosa que le agradezco.

Pero también Briand incurría en faltas de respeto con los amigos, o así lo demuestra, al menos, una curiosa anécdota. Tenía Briand una pequeña finca, en el campo. Allí fue a visitarle una vez su «amigo» Léon Daudet, hijo del gran escritor Alphonse Daudet. Briand no estaba en casa. Daudet dijo al campesino que le recibió:
—Bueno, le dice a su amo que ha estado aquí Léon Daudet.
—¿León Daudet?
—Sí, ¿le extraña?
—No. Es que éste es el nombre que le ha puesto el amo a uno de sus gansos.

Y es que, al parecer, Briand tenía la costumbre de bautizar con los nombres de sus buenos amigos, algunos de los animales más o menos domésticos que le rodeaban.

Una mañana, siendo Briand ministro de Justicia, todos los visitantes citados le pidieron algún favor. Quedaba, al fin, uno sólo. Y Briand, agotado ya, le hizo entrar. Y le recibió con un abrazo:
—¡Hombre! ¡Gracias a Dios! Ya es hora de que venga a verme un buen amigo sólo por el gusto de abrazarme y no para pedirme un favor, como hacen todos.

Y el otro no se atrevió a exponer el verdadero objeto de su visita y salió de allí sin haber pedido nada.

Al parecer, una vez que el presidente de la República le llamó para ofrecerle la presidencia del Consejo, Briand le contó esta anécdota.
—Entró una vez un tipo en una tienda de cerámicas y a bastonazos rompió todo. Mientras lo rompía, mucha gente se detuvo a mirarle y a comentar su ocurrencia. Fue un éxito. Después, entró otro hombre en la tienda y empezó a pegar todos los trozos rotos y a reconstruir así las piezas. Y nadie se detuvo a ver lo que hacía. Y yo, la verdad, eso de ir recomponiendo sin que nadie se entere...

No le entusiasmaban a Briand las reuniones sociales ni el trato con personas con las que no tenía nada que discutir. Le habían invitado a una gala con banquete y rehusó la invitación. Insistían y Briand les dijo:
—Imposible, no tengo tiempo para esas cosas.

Y, viendo que se ponía en duda su afirmación, añadió:
—La cosa política es tan dislocada que, algunas veces, no consigo en todo el día y toda la noche resolver los problemas. Y otras veces, no tengo nada que hacer en todo el día y toda la noche. Ya ven ustedes que no me queda un momento libre.

Se hablaba de otro político. Briand le reprochaba su falta de corazón. Le decían:
—No le conoce usted bien. Tiene un corazón sensible, delicado, muy generoso si hace falta.
—Y, sobre todo, muy nuevo, porque la verdad es que hasta ahora no se ha sabido que lo haya usado jamás.

Briand y Caillaux eran enemigos políticos. Bajo la presidencia de Painlevé participaron ambos en el mismo conjunto ministerial. Painlevé, que conocía su enemistad, les citó a los dos a la vez y les dijo:
—Y les ruego que se dejen de rencores, se estrechen las manos y se dispongan a colaborar.
Los dos parecieron someterse a tan buen consejo. Y, al despedirse uno del otro, Caillaux le dijo a Briand:
—Amigo Briand, crea que le deseo todo lo mismo que me desea usted a mí.
Y Briand replicó:
—¿Ya empezamos otra vez? ¿Es que nunca sabrá usted callar sus malos pensamientos?

Un abogado famoso entonces había defendido a un súbdito extranjero, que salió condenado a un año de cárcel y a expulsión de Francia después. El abogado visitó a Briand, entonces jefe del Gobierno, le expuso el caso y añadió:
—Mi cliente desea permanecer en Francia. ¿No habría forma de arreglarlo?
—Sí; consiga que terminado el cumplimiento de la primera condena, le condenen a otro año de encierro. Y así sucesivamente.

En una reunión de sociedad se discutía si era mejor amar o ser amado. Una mujer, como es de suponer, llevaba la discusión. Y decía:
—Yo prefiero ser amada.
Briand la contradijo:
—Yo, no; prefiero amar. Al menos, en este caso, puedo escoger.

Briand era buen orador y tenía su manera propia de preparar los discursos. Elegía los temas y las ideas a desarrollar, una después de otra, en riguroso orden; pero nunca preparaba la forma de expresarlas. En esto confiaba en la inspiración. Decía:
—Lo principal es repetir cada idea muchas veces y cada vez en forma distinta.
Una vez un periodista le pidió información sobre lo que diría en un anunciado discurso. Y le dijo:
—Nunca sé lo que diré. Lo único que sé es aquello de lo que hablaré.

—¿Y de qué hablará?
—Me temo que, si lo digo, cuando me oiga pensará que estoy hablando de otra cosa. ¿Lo dejamos así?
Y así lo dejaron.

Briand y Clemenceau eran enemigos políticos. Y cuando Briand fue presidente del Consejo ofreció una cartera a Clemenceau.
—¿A un enemigo político? —le preguntaron.
—Por lo mismo; prefiero tenerle dentro del Gobierno que fuera, en la oposición.

Tenía salidas muy buenas y era capaz, si hacía falta, de animar una reunión él solo. Se había organizado unos cursos de «comunicación entre los hombres». Briand dio una de las lecciones. No había mucha gente y la cosa resultaba un poco aburrida. De pronto Briand se dirigió a uno del público, al que le pareció menos dispuesto a defenderse y le gritó:
—¿Y usted, por qué me interrumpe?
—¿Yo? Pero si no he abierto la boca.
—¿Cree que no se le ve lo que piensa? Pues está usted equivocado. Y como usted hay muchos, incapaces de disimular, que ni siquiera necesitan abrir la boca para desnudar el pensamiento.
Otro quiso defender al pobrecito oyente. Briand atacó al otro. Y así consiguió excitarles de tal manera a todos, que la cosa acabó en un debate general del que todos salieron satisfechos. Después Briand, comentando el hecho, decía:
—Nada hay tan eficaz como la agresión personal, sobre todo cuando no se llevan armas encima.

Se dice que Clemenceau decía de Briand y Poincaré:
—Poincaré lo sabe todo y no comprende nada; Briand no sabe nada y lo comprende todo.
Y así dejaba dibujados a los políticos, en un solo trazo.

## BRILLAT-SAVARIN

Más conocido por su libro *La fisiología del gusto*, Brillat-Savarin (1755-1826) era también magistrado. Se alababa de saber comer y aseguraba que éste era el mejor de los conocimientos de un hombre civilizado. Cuando la Revolución francesa le desterraron, y vivió primero en Suiza y después en los Estados Unidos, donde ganaba su dinero dando lecciones de francés. Durante el Imperio regresó a Francia. Y decía:
—No creo que la revolución haya influido mucho en la vida de los franceses. En la mía, al menos, no ha influido. Sigo digiriendo tan bien ahora como antes de la revolución.

—¿Cree que una buena digestión es lo más importante para un hombre?
—No; lo segundo. Lo primero en importancia es saber comer bien. Lo segundo, digerir lo que se ha comido.

Tanto bien comer y bien beber le arruinaba la salud y el médico le prohibió terminantemente el vino. En la siguiente visita, el médico, a la hora de comer, vio sobre la mesa de Brillat-Savarin nada menos que tres botellas de vino.
—¿Así cumplís mi prohibición de beber vino?
—Me habéis prohibido beberlo, pero no deleitarme en su contemplación. Y eso es lo que hago.
Y lo msimo hacía más tarde cuando le fueron prohibidos algunos guisos demasiado fuertes. Se los hacía preparar y servir, los olía, los contemplaba puestos sobre la mesa y no los probaba.
—¿No es esto peor? —le preguntaban sus amigos.
—No; lo peor, para quien vive de sus buenos recuerdos, es el olvido. Y así la vista de las botellas me impide olvidar el vino.

No le gustaba comer solo y siempre, para las comidas, se juntaba con algunos amigos. Y daba esta razón:
—Me gusta conocer a fondo a mis amigos y sólo viéndoles comer puedo conocerles bien.
Una de sus máximas era: «Dime cómo comes y te diré quién eres».

Ofreció, en cierta ocasión, una comida a algunos magistrados del Tribunal Supremo. Les dio faisán, tan bien guisado que todos lo celebraron con entusiasmo. Discutióse después cuál podría ser el mejor vino para acompañar el faisán. Brillat-Savarin les interrumpió:
—Éste es un tema tan importante, que no quiero correr el riesgo de tomar parte en la discusión sin documentarme antes muy a fondo. Quedan, pues, todos invitados para otra comida de faisán y entonces, si entre tanto se han documentado también, discutiremos lo del vino.
Y, para discutirlo con mayor conocimiento, en la otra comida les ofreció más de veinte vinos distintos. Y, después de probarlos todos, sólo llegaron a una conclusión: que la mezcla de tantos vinos incapacitaba para decidir concienzudamente entre ellos.

Tenía una tía de más de noventa años, a la que apreciaba mucho. Tanto que en la última enfermedad de la tía no dejó de cuidarla día y noche. Ella le preguntaba:
—¿No necesitas dormir?
—Todavía no; cuando lo necesite, dormiré un rato, no lo dudo.
Y una noche su tía le dijo:

—Hoy no te pregunto si necesitas dormir, porque esta noche soy yo la que necesito morirme. Si cumples mi edad, advertirás que llega un día en que la muerte es una necesidad, lo mismo que lo era antes el sueño.

Y su tía satisfizo aquella noche su última necesidad, y murió antes del alba.

Había entonces en París un famoso cocinero llamado Mauricio. Brillat-Savarin, gran gastrónomo, discutía con frecuencia con aquel cocinero. Un día el cocinero decía:
—El cocinero se hace, pero el *rotisseur* nace.

Brillat-Savarin le enmendó la sentencia:
—No; el *rotisseur* también se hace; el único que nace es el *salsero* [el buen preparador de salsas].

Otro día, Mauricio aseguró que un pollo se podía guisar de 365 maneras distintas. Y Brillat-Savarin tampoco estuvo de acuerdo.

—No; un pollo, para que esté en su verdadero punto, sólo se puede guisar de una manera: tal como lo guiso yo.

## BRUMMELL

George Bryan Brummell, uno de los hombres más elegantes que han existido (1778-1840), tenía fama de estar siempre mucho rato para vestirse y, sobre todo, para anudarse la pechera de encaje. Se le atribuye la frase «vísteme despacio, que tengo prisa», que la decía a su criado cuando no le sobraba el tiempo. Se le llamó *arbitrer elegantiarum* y parece ser que, en alguna fiesta social, se le anunció así: «Su elegancia el señor Brummell». Fue el inventor de las hebillas de los zapatos, que se llamaron *the Buck Brummell*. Se cuenta de él esta anécdota: Una vez que iba, como siempre, elegantemente vestido, se acercó a una mujer que le gustaba mucho y le dijo únicamente:
—Tengo hambre.

Ella, sorprendida, le preguntó:
—¿De veras? ¿Puedo hacer algo por usted?
—Sí: venir a cenar conmigo al Claridge.

Había inventado un tipo de corbata con la que se daba tres vueltas al cuello y se hacía después un gran lazo, siempre exactamente igual. Era fama que, para anudarse aquella corbata, necesitaba tanto tiempo como para vestirse todo lo demás de su complicada indumentaria. Alguien le escribió una carta dirigida así: «A lord George Brummell, en su corbata». Y, sin otra dirección, recibió la carta.

Algunos de sus principios sobre elegancia, se recuerdan todavía. Uno era: «Un hombre elegante nunca llama la atención por cómo va vestido». Decía que con un vestido nuevo se llamaba siempre la atención y, cuando se hacía un vestido, lo hacía llevar unos días a su criado antes de ponérselo él. Y así el vestido perdía la rigidez de lo nuevo.

Decía también: «Lo importante en sociedad es impresionar en seguida de manera favorable; y marcharse en seguida que se haya causado buena impresión, para que de nosotros sólo quede el recuerdo de aquella impresión primera».

En su conversación buscaba siempre frases que causaran extrañeza. En una caída se había dañado una pierna. Y lo comentaba así:

—Y lo peor es que he estado a punto de estropear mi pierna favorita.

—¿No son nuestras dos piernas iguales?

—No; todo lo mío son piezas únicas, y cualquier parte mía que se estropee será una pérdida irreparable.

Presumía un día de no comer nunca vegetales. Decía:

—La vegetación, para mí, es un elemento del paisaje; nunca un ingrediente de la comida.

Le preguntaban si nunca había comido vegetales, y afirmaba:

—Sí; recuerdo que una vez, hace ya tiempo, comí un guisante. O mejor, medio guisante, pues cuando me di cuenta de lo que era, dejé la mitad.

Brummell era miembro del Club Watier, al que pertenecía también el príncipe de Gales. Por lo que fuese, Brummell rompió con el príncipe. Y era tanta la consideración que le otorgaba el club, que se sometió a votación la eliminación del príncipe como socio. Brummell participó en la votación y votó, magnánimamente, a favor del príncipe.

Después del rompimiento de Brummell con el príncipe, una señora aristócrata, llamada Thomson, dio una fiesta de sociedad. Invitó al príncipe y no invitó a Brummell. Y, mientras todos esperaban al príncipe, se presentó Brummell. La señora Thomson, asustada por lo que pudiera ocurrir a la llegada del príncipe, advirtió a Brummell que ella no le había invitado.

—Pues yo he recibido su invitación, señora.

—No es posible.

Brummell buscó y encontró la invitación. Y la enseñó. La firmaba una señora Johnson.

—Esta invitación no es mía; yo no soy la señora Johnson, sino la señora Thomson.

Y Brummell, con el mayor desdén, dijo:

—Perdón, me habré confundido; cosa que nada tiene de extraño, pues para mí Thomson y Johnson son dos nombres como tantos otros, que me suenan exactamente igual.

Hizo una reverencia y salió de la casa. Una salida que la señora Thomson no le perdonó jamás.

La aristocracia inglesa estaba ya un poco cansada de la presunción de Brummell. Y, en una fiesta mundana, uno de los asistentes, persona también muy elegante, le dijo:

—Vos sí que todo lo debéis a los vestidos; desnudo no seríais nadie.

—Os hago una apuesta: nos desnudamos los dos y sometemos a votación cuál de los dos, desnudos, parecemos más alguien.

Y dicho esto empezó a despojarse de su vestido. Pero el aristócrata no aceptó la apuesta. Y Brummell le dijo:

—Comprendo que os dé vergüenza mostraros desnudo. Lo que no comprendo es que no os dé también vergüenza mostraros vestido. La elegancia no es una forma de vestir; es una manera de ser incompatible, por lo visto, con vuestra naturaleza.

Acabó mal y murió pobre en París. Acaso los privilegios de que gozaba gracias a sus amistades y a su elegancia se le habían subido a la cabeza. Al parecer, no supo estar siempre en el lugar que le correspondía. Fue amigo del príncipe de Gales, Eduardo, después Eduardo VII. Y la amistad terminó repentinamente. ¿Qué había pasado?

Corrió este chisme: Estaba un día con el príncipe, en las habitaciones particulares de palacio; Brummell quiso llamar a un criado y, como se sentaba lejos del cordón de la campanilla y el príncipe estaba sentado más cerca, Brummell, muy correctamente, le dijo al príncipe:

—Oye, Gales, tira del cordón.

El príncipe se sintió rebajado por este alarde de intimidad. Y cuando entró el criado, fue el príncipe quien le habló y fue para decirle:

—Echa de aquí al señor Brummell.

Y aquella misma noche Brummell partió hacia el destierro. Y en el destierro murió, muy pobremente.

## BURIDÁN

Así es la anécdota del asno de Buridán:
Se dice que había en Francia, allá por el siglo XVI, un filósofo, no de mucho renombre, que se llamaba Juan Buridán. Este filósofo tenía discípulos y, en vez de enseñarles certidumbres, sólo les enseñaba a dudar. De modo que Buridán murió sin haber resuelto

ningún problema de los muchos que preocupan a los pensadores. Después de su muerte, sus discípulos continuaban con las mismas dudas. Y otro filósofo les dijo:
—Tanta duda no puede conducir a nada bueno.

Y, para demostrárselo, les puso el ejemplo de un asno que tenía al lado derecho un montón de avena y al lado izquierdo un cubo de agua; pero nunca estaba seguro de si tenía hambre o si tenía sed; por falta de aquella seguridad, dudaba entre comerse la avena o beberse el agua. Y tanto le duró la duda que al fin murió, al parecer de hambre y de sed, todo a la vez.

Esta anécdota quedó resumida en la expresión «el asno de Buridán», para expresar la ineficacia de la vacilación exagerada.

## BYRON

George Noel Gordon, lord Byron (1788-1824), llevó una vida extraña; si no anecdótica del todo, fuera de lo corriente. Tanto su padre como su madre fueron conocidos por sus extravagancias y excesos. Tuvo amores con su hermanastra Augusta Mary, hija de su mismo padre y de una madre distinta. En una visita a Grecia, cruza a nado el Helesponto lo mismo que el héroe de la leyenda griega Leandro. Su hermanastra, casada y con tres hijos, se separa del marido, vive con Byron y tienen una hija, Elisabeth. Se casa, tiene una hija de su legítimo matrimonio y, poco después, abandona a su mujer. Tiene otra hija con otra mujer, una de las muchas que amó. Muere el poeta Shelley, en Italia, ahogado. Byron vivía con Shelley y quema el cadáver en la playa. Marcha a Grecia decidido a pelear allí contra el dominio turco y muere en Missolonghi, a consecuencia de unas fiebres cogidas un día de lluvia, en un largo paseo a caballo bajo el agua.

Su madre era de una familia noble escocesa. Mujer colérica, irritable, trataba al niño Byron sin compasión. El padre de Byron decía de su esposa:

—Mi mujer es encantadora a distancia, pero de cerca no hay quien la soporte. Desafío a soportarla a todos los santos del cielo, y seguro que ninguno lo consigue.

Padre y madre de Byron vivían separados, en dos casas distintas. Byron creció así y heredó de su madre la irritabilidad y de su padre la presencia de ánimo. Se cuenta de él que, a los tres años, la institutriz que le cuidaba le riñó por haber manchado un vestido limpio. Y el niño Byron se quitó el vestido, lo rasgó por la mitad y arrojó los trozos al rostro de aquélla.

Byron cojeaba de un pie y, durante toda su corta vida (murió a los 36 años, a la misma edad que había muerto su padre), estuvo acomplejado por su defecto físico. Niño todavía iba de paseo con

su institutriz. Llevaba un bastoncito del que nunca se separaba. Una mujer al verle dijo:
—¡Guapo niño! Lástima que ande mal.
Y el niño Byron se revolvió contra ella y, a bastonazos, le rompió el bastón sobre la espalda.

El título de lord lo heredó de un tío, hermano de su padre. Era este hombre un tipo raro, que le había dicho a su sobrino:
—Heredarás mi título y nada más. Todo lo demás que me pertenece lo destruiré antes de morir.

Vivían en una casa-castillo en el campo. Y el tío se dedicaba, día tras día, a matar toda la caza de por allí, y a cortar y quemar los árboles. Y le decía al sobrino:
—Para que no encuentres nada vivo el día que yo muera.

Murió el tío cuando Byron era niño aún. En la escuela le llamaban George Gordon. Y el primer día después de la muerte del tío, cuando el maestro le nombró como de costumbre, se levantó indignado y gritó:
—¡No! ¡Lord Byron!

En el colegio donde se educaba había otro niño cojo. Entre los dos se estableció una alianza contra todos los demás. Una vez, otro niño mayor que ellos le daba una paliza con un palo al niño cojo amigo de Byron. Y el pequeño lord, viendo que no era lo suficiente fuerte para vencer al verdugo de su amigo, le gritó:
—¿Piensas pegarle mucho más?
—¿Y a ti qué te importa?
—Déjale en paz y pégame ahora a mí, si es que no te da vergüenza.

Y ofreció su espalda para librar a su amigo y recibió una buena serie de palos.

Le molestaba tanto su cojera que le impedía gozar de la vida. Tenía alrededor de los veinte años y se quejaba de su mucha desgracia al reverendo Becher. Y éste le decía:
—Pues lo tenéis todo en la vida: un nacimiento ilustre, buena posición económica y, sobre todo, una inteligencia privilegiada que os sitúa por encima de la mayoría de los hombres.

Y Byron le contestaba:
—Y una pierna estropeada que me sitúa muy por debajo de la inmensa mayoría.

Llevó siempre una vida muy discutible en cuanto a moralidad y, al parecer, más allá de todo prejuicio. Se apartó de su mujer poco tiempo después de casado y, según se asegura, tuvo un hijo con su hermanastra. Byron es uno de los hombres famosos a quienes se atribuye la frase «Cuanto más conozco a los hombres, más aprecio a los perros». Lo que sí parece cierto es que quiso mucho a un perro y hasta le escribió un epitafio.

Iba embarcado una vez, desde luego con el perro. Y apenas el barco salía del puerto, el perro saltó al agua. Byron se dirigió a gritos al capitán:

—¡Pare el barco! ¡Salven a mi perro!

El capitán le dijo que no podía parar el barco por un perro, que no era costumbre. Que si se tratara de una persona, sí; pero un perro...

—¿Por un hombre, sí?

Y Byron se echó al agua. Fue en busca del perro y el barco se detuvo para recogerlos a los dos.

El perro murió. Byron lo enterró en el jardín de su posesión de Newstaedt y le puso una lápida con esta inscripción: «Aquí descansan los restos de una criatura que fue bella sin vanidad, fuerte sin insolencia, valiente sin ferocidad y que tuvo todas las virtudes de los hombres sin tener ninguno de los defectos».

Estaba un día contemplando la tumba de su perro y se le acercó su criado Joe Murray, que se mostró extrañado del sentimiento de Byron por la muerte del perro. Y Byron le dijo:

—Es un premio a la fidelidad, y si me sois tan fiel como me lo fue mi perro, os prometo enterraros aquí mismo, a su lado.

El criado no pareció muy contento y, después de pensarlo un rato, repuso:

—Si vos, señor, murierais antes y os enterraran también aquí, no digo que no me gustara. Pero eso de no tener, después de muerto, más compañía bajo tierra que la de un perro...

Cuando, la primera vez que estuvo en Grecia y Asia Menor, cruzó el Helesponto a nado, desde Sesto a Abidos, le contó la proeza a su madre en una carta, con estas palabras: «Os comunico, con orgullo, que he cruzado a nado el Helesponto desde Sesto a Abidos, tal como lo cruzó Leandro hace miles de años, y que me siento más glorificado por esta proeza que por todo lo que puedo haber conseguido en poesía, en oratoria y en política».

Su largo poema *Childe Harold*, que es la narración de su primer viaje a Grecia, fue un gran éxito. Byron sabía largos trozos de memoria y, cuando sus amigos le hacían alguna pregunta, les contestaba con trozos del poema. Alguien le dijo:

—Todo el mundo habla de vos, ahora.

Y contestó en seguida:

—Esto es cierto, si entendéis por todo el mundo los tres o cuatro mil que están verdaderamente despiertos a la realidad, mientras los demás duermen.

Cuenta Maurois, en su biografía de Byron, que una de las mujeres a las que amó le pidió un rizo de sus cabellos para guardarlo toda la vida. Byron se lo prometió. Pero amaba tanto todo lo suyo que, en vez de mandarle cabellos propios, le mandó un rizo de un amigo, que se lo dejó cortar y que los tenía del mismo color que Byron. Y parece que Byron, comentándolo, decía:
—Una mezcla de amistad y amor que ha dado muy buen resultado.

Se casó sin estar enamorado, por razones que ningún biógrafo ha sabido explicar. Y a sus amigos les contó después, la noche de su boda:
—Me desperté a altas horas de la noche, vi un brasero encendido y creí que estaba en el infierno. Después, cuando me di cuenta de la verdad, vi que era mucho peor: que estaba casado y con mi mujer allí.

En uno de sus largos viajes le acompañaba un médico, el doctor Polidoro. Y el editor Murray había encargado a este doctor que escribiera el diario de su viaje con Byron y lo publicaría. Eso exaltó la vanidad del médico, que se tuvo desde entonces por un buen escritor. Y se alababa de serlo ante Byron. Le dijo una vez:
—Nada hacéis vos que yo no sepa hacer también.
Byron le repuso:
—No está demostrado, ni lo estará mientras no crucéis a nado el Helesponto, no apaguéis una vela de un tiro a veinte pasos y no publiquéis un libro del que se vendan, en un día, catorce mil ejemplares.

Una anécdota explica la fama de Byron en cierto momento de su vida. En Venecia tuvo como amante a Teresa Gamba, mujer de sólo dieciséis años, casada con un hombre mucho mayor que ella. El marido murió y Teresa se casó con otro, con un noble. Y este segundo marido, cuando la presentaba, decía:
—La marquesa, mi mujer, que fue amante de lord Byron.

Se cuenta que, en Venecia, se había enamorado de otra mujer, con la que una noche coincidió en una fiesta. Ella estaba rodeada de admiradores y Byron no podía hablarle a solas. Rompió una página blanca de un libro y escribió: «O esta noche o nunca». Dobló el papel y lo entregó a la mujer delante de todos. Ella lo leyó y, mientras continuaba hablando con sus admiradores, cortó en dos el papel y devolvió a Byron la mitad. Pero no dice la anécdota si la mitad del texto que devolvió a Byron era la primera o la segunda, el «esta noche» o el «nunca».

También en Venecia, Byron tuvo amores con una tal Mariana, mujer de un tendero. Y a la vez con una tal Margarita, mujer de un panadero, a la que Byron llamaba la «Fornarina». De esos amores tuvo conocimiento Mariana; sorprendió juntos a Byron y a Margarita y a ella la insultó de mala manera. Margarita, sin devolverle los insultos, le dijo:
—Vos no sois su esposa, como tampoco lo soy yo; sois una de sus mujeres, como también lo soy yo. Vuestro marido lleva los cuernos, como los lleva el mío. No veo que tengáis ningún derecho ni ninguna razón para insultarme de este modo.

Después de esto, Byron abandonó a Mariana y continuó con Margarita, evidentemente más sensata.

La empresa de libertar a Grecia de la opresión de los turcos obedeció a razones o exaltaciones misteriosas, nunca puestas en claro. Tal vez todo lo hizo Byron siguiendo sus raros impulsos de poeta extravagante. En Cefalonia encontró a un amigo inglés, y, como todo el mundo, quedó muy extrañado al conocer los motivos del viaje de Byron. Le preguntó:
—¿Y qué interés tenéis en librar a los griegos de los turcos?
—No es esto exactamente —le dijo Byron.
—Pues, ¿entonces?
—Los turcos son gente muy superior a los griegos, mucho más cultivados y más civilizados. Los griegos son tan pillos y bribones como en tiempos de Temístocles. Y mi único propósito es impedir que la maldad natural de los griegos se contagie a los turcos y les arruine su bondad natural.

Maurois explica así los últimos momentos de Byron en Missolongi. Estaba ya agonizando y no había ninguna esperanza de salvarle la vida. Junto a su lecho, su fiel criado Fletcher. Byron, en un último esfuerzo, pidió a su criado que regresara pronto a Inglaterra y que allí le cuidara la mujer, la hermana y la hija. Y le amenazó:
—Y si no lo haces, una vez muerto, te buscaré y, en forma invisible, no te dejaré vivir en paz.

Dijo esto porque sabía que su criado era muy supersticioso. Después exclamó:
—¡Pobre Grecia! —y añadió—: ¿Por qué no habré comprendido antes todo lo que comprendo ahora?

Y las últimas palabras las dijo en italiano:
—Lascio qualque cosa cara al mondo.

Quedó después como dormido y fue para no despertar.

## CABARRÚS

Teresa Cabarrús, señora Tallien (1775-1835), fue una de las bellezas de su tiempo, y una de las mujeres que más dio que hablar a la historia y a la anécdota. Tanto dio que hablar, entre otras cosas por la ligereza de sus costumbres, que una caricatura le representó vestida con túnica romana con esta inscripción encima: «Respetad la propiedad nacional».

Napoleón y Barras hablaban de lo mucho que debían los dos a la señora Tallien. Napoleón decía:
—Yo le debo mis primeros pantalones oficiales.

Parece ser que los oficiales del ejército, durante la Revolución, no recibían sus pagas; que un decreto del Comité de Salud Pública les obligó a usar unos determinados pantalones; que Napoleón no tenía dinero para comprárselos y que la señora Tellien se los proporcionó.

Teresa Cabarrús era española, nacida en Carabanchel Alto, un pueblecito entonces a poca distancia de Madrid. Su madre, María Antonia Gelabert, era también española; su padre, Francisco Cabarrús, un francés con residencia en España, donde tenía negocios. Muy bonita desde niña y muy pronto mujer, su madre la mandó a París a los doce años. Y a los catorce estaba casada con el señor de Fontenay. A los quince ya era madre. Y un biógrafo dice de ella que «a tan escasa edad empezó su carrera social en París con un éxito fulminante, debido a su original belleza y a la forma generosa en que la supo usar».

Fontenay reúne un día a sus amigos en el taller de la señora Vigée Lebrun, para darles ocasión de admirar el retrato que ha hecho de su esposa la bella Teresa Cabarrús. Entre los invitados hay un escritor, que se hace enviar allí unas pruebas de imprenta. El muchacho que las ha llevado queda embobado ante la belleza del retrato.
—¿Te gusta? —le pregunta la pintora.
—Sí, mucho.
—Pues ahí tienes el original.

Y así la pintora hizo que los ojos del muchacho fueran de la pintura a la propia Teresa. Y Teresa le preguntó al muchacho:
—¿Cómo te llamas?
—Tallien.

Uno de los nombres que más sonarán después en todo el país revolucionado. Sea verdad o mentira, lo que sí parece cierto es que cuando Teresa y Tallien se encontraron un tiempo después, en Burdeos, ya se conocían.

Teresa Cabarrús se divorció a los 19 años, siendo madre de dos hijos. En plena revolución decide trasladarse a España. Llega a Burdeos acompañada de dos galanes, que riñen en duelo por culpa de ella. Uno hiere al otro. El vencedor pretende llevarse a Teresa. Y ella, contra todas las reglas de la caballería, prefiere quedarse con el herido y cuidarle. Una disposición permite a las extranjeras casadas con franceses quedarse en el país. Teresa se instala ricamente en Burdeos, gracias al dinero que le queda de su primer matrimonio deshecho.

Taillien es entonces representante de la Convención en Burdeos. Teresa tenía una lista de emigrados a los que ella había salvado la vida. Un grupo de revolucionarios, con Tallien al frente, le reclama la lista. Teresa, antes de dejársela arrebatar, la hace pedacitos rápidamente y se los traga. Tallien la detiene y la manda a la cárcel. Pero, obsesionado por la belleza de Teresa, la visita en la cárcel y le da una buena noticia:

—Ciudadana; he venido a ponerte en libertad.

Y, al poco tiempo, Teresa es, en Burdeos, la señora de Tallien. Y Tallien es el padre de su tercer hijo.

Durante la Revolución, debido a los odios entre Tallien y Robespierre, Teresa estuvo encarcelada en París. Es posible que su encarcelamiento contribuyera a aumentar el odio de Tallien contra Robespierre y a precipitar la caída del tirano. Después de la caída de Robespierre, Teresa llevó en París una vida alegre, sin muchas reservas morales. Dos datos de aquella época: que un banquero llamado Ouvrart le regaló un palacio con llaves de oro para todas las puertas, y que le nacieron cuatro hijos naturales, los nombres de cuyos padres ignora la historia.

A los treinta años, divorciada ya de Tallien, un día, en un salón, oye por primera vez el nombre de un desconocido:

—Permitidme, señora, que os presente al conde José de Caraman.

Poco tiempo después el conde recibe una carta de su padre: «¡Jamás! ¿Lo entiendes? Jamás daré mi consentimiento para esta boda».

Y, a pesar de la carta, Teresa y José de Caraman se casan en 1805. Ella tiene entonces treinta años y siete hijos. Y lo más curioso es que Teresa y su último esposo son... felices. Ella empieza a engordar, se convierte en una matrona y en sus últimos años dice de sí misma:

—He sido una mujer sencilla y bondadosa con un corazón de asilo.

Y uno de sus amigos comentaba:

—Es cierto. Toda la belleza de su rostro y de su cuerpo se le ha refugiado, a última hora, en el corazón.

## CAGLIOSTRO

Alejandro o José Balsamo, conde de Cagliostro (1743-1795), intentaba hacerse pasar por mago y contaba de sí mismo las más extrañas mentiras. Le decía una vez, en París, al cardenal de Rohan que había sido gran amigo de Poncio Pilato. Y le explicaba cómo era la casa de Pilato y las conversaciones que tenían. Rohan le decía después al que acompañaba a Cagliostro como escudero:
—No es posible que sea verdad lo que dice vuestro señor. Son cosas de hace dos mil años. ¿No creéis que lo inventa todo?
—Pues, la verdad, no os lo puedo decir, puesto que yo sólo hace cuatrocientos años que estoy a su servicio.

Y lo más curioso es que tales cosas parece que las decían más o menos en serio.

Cagliostro era hombre muy inteligente y bastante superior a todos aquellos de quienes se aprovechaba. Decía tener poderes mágicos para curar a los enfermos y, en efecto, curaba a muchos. La Facultad de Medicina de París le mandó a dos estudiantes, en perfecta salud, para que, fingiéndose enfermos, le desenmascararan. Cagliostro les examinó y les dijo:
—Volved a vuestras casas, guardad cama durante quince días y volved después.

Esto no satisfizo a los muchachos y le pidieron alguna receta que precipitara la curación. Y Cagliostro les dio una en sobre cerrado con una advertencia: que no abrieran el sobre ellos, sino los médicos de la Facultad, pues sólo ellos la entenderían. Los muchachos dieron el sobre a los médicos. Y la receta era ésta: «Exceso de bilis en los señores profesores de la Facultad».

Después Cagliostro invitó a comer a los dos muchachos, que le contaron todo y fueron sus más adictos discípulos.

En París, Cagliostro invitó a comer a algunos filósofos. Les puso en la invitación: «Seremos doce a la mesa, todos gente conocida». Llegaron ocho invitados y Cagliostro hizo servir la comida.
—Ya estamos todos —dijo.

En la mesa había cubiertos para doce. Cagliostro presentó a los ocupantes inexistentes de los sitios vacíos. Dijo:
—Por si no os conocíais, os presento a Voltaire, Diderot, D'Alembert y Coiseul.

Y, durante la comida, se dirigió una y otra vez a los cuatro citados, que no podían estar allí, puesto que los cuatro habían muerto. Uno de los invitados le dijo:

—¿Os gusta hablar con los muertos?
—Los muertos no existen.

Cagliostro defendía esta tesis: que nadie ha muerto; que los aparentemente muertos residen alrededor de los vivos y gracias a cierta magia se puede fácilmente hablar con ellos.

Cagliostro, en Italia, fue condenado a prisión perpetua y encerrado en el castillo de San León, en Urbino. Allí murió, sin que ninguna de sus magias le valiera para abrirle las puertas de la cárcel.

## CALÍGULA

El emperador romano Calígula (12-41), en sus pocos años de vida, se hizo famoso por sus rarezas y crueldades. Presidía en el Coliseo un espectáculo de lucha entre gladiadores. Uno de éstos se mostró tan valiente que el público, de pie, pidió al emperador que le indultara. El emperador se negó. El público insistía y se puso a gritar contra el emperador. Se dice que Calígula, enfurecido, les gritó a su vez:

—¡Ah, si tuvierais una sola cabeza! ¡Con qué gusto os la cortaría de un solo tajo!

Un augurio había anunciado a Calígula que tan difícil le sería llegar a emperador como cruzar a caballo la bahía de Nápoles. Llegó a emperador, aunque sólo lo fue durante cuatro años. Y entonces se propuso, para desmentir al oráculo, cruzar a caballo la bahía de Nápoles. Y lo consiguió. Para ello tuvo que situar en la bahía alrededor de cuatro mil embarcaciones y unirlas unas a otras a manera de puente. Encima de las embarcaciones mandó poner largos tablones, y encima toneladas de arena para evitar resbalones a los caballos. El puente tenía nueve kilómetros de longitud. Y Calígula cruzó la bahía a caballo por aquel puente, seguido de su caballería y sus carros de guerra.

Suetonio le deja muy mal en sus escritos. Le trata de monstruo. Dice que Calígula pedía a los dioses que mandaran sobre Roma hambre, peste, derrotas y temblores de tierra. Cada diez días «arreglaba sus cuentas». Él lo decía así. Y el arreglo de cuentas era la lista de los prisioneros que mandaba a la muerte. Asistía a las ejecuciones y ordenaba a los verdugos que hirieran a sus víctimas de modo que se sintieran morir.

Entre las muchas crueldades de Calígula, se citan éstas:
Que daba fiestas y si veía que alguno de sus invitados no daba muestras de divertirse mucho, le hacía matar.

Que como la carne con que alimentaban a las fieras del circo salía muy cara, ordenó que las alimentaran con carne de esclavos y de prisioneros.

Que a un poeta llamado Aletto le hizo quemar vivo por encontrar en sus versos alguna falta de retórica.

Tenía una amante llamada Piralis, mujer muy bella. Y un día que estaban juntos, el emperador quedó como en éxtasis, mirándola dulcemente. Y ella le preguntó:

—¿En qué piensas?

Y Calígula, como en un piropo de amor, le contestó:

—En que nada me impide, si se me antoja, hacer que te corten ese hermoso cuello.

Pero no se sabe si lo hizo, pues nada se conoce sobre cómo murió la hermosa mujer.

## CAMBISES

De este rey de los persas y de los medos se sabe que fue hijo de Ciro el Grande, y que subió al trono después de la muerte de su padre, aproximadamente por los años 529 a. de J. C. No hay fecha de su nacimiento. Murió en el 522 a. de J. C. Y, según el recuerdo histórico, fue un tirano execrable. Tomamos este adjetivo de un texto histórico. Hay que señalar, empero, que sus maldades debíanse a una grave alteración psíquica que, a veces, le convertía en un verdadero monstruo de perversión.

Presapes era el favorito de Cambises, algo así como su lugarteniente o primer ministro. Un día Cambises le preguntaba:

—¿Qué dicen mis súbditos de mí?

Presapes, olvidando de que a los poderosos no les gusta oír las verdades contra ellos, dijo una verdad:

—Admiran tus buenas cualidades, pero te censuran tu excesiva afición al vino.

—Pues voy a demostrarte que el vino no me impide razonar, ni disminuye en nada mis facultades.

Cambises se hizo servir una gran jarra llena de buen vino y bebió lentamente todo su contenido. Después hizo venir a un hijo de Presapes, le hizo ponerse en un extremo de la estancia con la mano izquierda en alto, tomó su arco y una flecha y advirtió:

—Apunto al corazón.

Disparó y la flecha fue a clavarse justo en el corazón del muchacho.

—¿Crees que me ha temblado el pulso?

Y, según la anécdota, Presapes, cortesano hasta un extremo inconcebible, le contestó:

—El mismo Apolo no lo hubiese hecho mejor.

## CAMBRONNE

El general Pierre, vizconde de Cambronne (1770-1842), ha pasado a la historia por una frase que pronunció ante el enemigo en la batalla de Waterloo. Y que, según algunos historiadores, no pronunció, sino que dijo otra cosa muy distinta, que no pudo pasar a la historia, porque la puerta que da entrada a este paso está vigilada por ciertos centinelas bastante documentados en cortesía y conveniencias.

La versión «frase» dice que, en el curso de la batalla, los franceses se retiraban en desbandada. Menos la Guardia Imperial que, a las órdenes de Cambronne, había formado el cuadro y así resistía a las embestidas y a los cañonazos de los ingleses. Y que entonces uno de los jefes enemigos, al parecer el general Colville, y según otro parecer el general Maitland, les gritó:

—¡Bravos franceses, rendíos!

Y el general Cambronne contestó la frase que le ha hecho históricamente famoso:

—¡La Guardia muere, pero no se rinde!

Heroica contestación. Pero después el señor Víctor Hugo escribió su novela *Los miserables*, en la que, en una explicación de la batalla de Waterloo, se dice: «... las mechas encendidas como ojos de tigre en la noche, hacían un círculo alrededor de sus cabezas. Y entonces, antes de dar la orden de ¡fuego!, un general inglés, Colville según unos y Maitland según otros, les gritó: "¡Bravos franceses, rendíos!". Cambronne contestó: "Merde!"» Puesto así, en francés queda más clásico. Copiamos un texto francés publicado en una revista de temas históricos:

«En una *Vida* de Cambronne, compuesta bajo la vigilancia de la viuda del general, el autor, Rogeron de La Vallée, afirma: Cambronne se contentó con responder: "¡Mierda!", palabra que la historia no se atrevió a registrar y que fue históricamente sustituida por "La Guardia muere, pero no se rinde". Y con la versión que damos está de acuerdo la viuda del general, y tanto ella como otros de la familia tenían por cosa cierta que Víctor Hugo, en *Los miserables*, dijo la verdad».

Puede el lector elegir la contestación que más le guste. Aunque, desde luego, como frase histórica queda mejor la más larga.

## CAMPANILE

Se cuenta del famoso humorista italiano Achile Campanile, nacido en 1900, que una vez llegó a un hotel y pidió habitación. Le dijeron que había una libre, en el piso tercero. Y, en el momento que le decían esto, saltó una pulga sobre el libro registro. Campanile cogió su maleta y echó a correr hacia la calle. El encargado de

la recepción del hotel salió tras él y le alcanzó.
—¡Señor! ¡Señor! ¿Adónde va?
—No lo sé. Pero comprenda que no puedo quedarme en un hotel donde las pulgas acuden a informarse de cuál es mi habitación. Eso sí que no.
Y no hubo forma de convencerle.

# CAMUS

Albert Camus (1913-1960), escritor francés, Premio Nobel en 1957, estaba un día fumando un cigarrillo en la terracita de su despacho en la Editora Gallimard, cuando se precipitó sobre él un viejo amigo.
—¡Albert! ¡Te han concedido el Premio Nobel!
Decía después el amigo que vio temblar el cigarrillo en la mano de Camus.
—¿El Nobel? ¿A mí? No es posible. Soy demasiado joven. Y están Sartre y Malraux. ¡No me toca a mí!
—Pues te lo han concedido a ti.
Contaba el amigo que Camus le cayó en los brazos y se echó a llorar.
Tres años después moría Camus en un accidente de automóvil.

Y su muerte tiene también anécdota. Es, desde luego, una anécdota triste. Una mañana de enero de 1960. La mujer de Camus estaba en su casa de París. Llamaron a la puerta. Era un fotógrafo con todo el instrumental.
—¿La señora Camus?
—¿De qué se trata?
El fotógrafo la miró, asombrado. Dijo a media voz, como titubeando:
—Del accidente.
La señora Camus no sabía nada. Y así se enteró de que su marido había muerto en la carretera.

# CARLOMAGNO

Carlomagno, rey de Francia, o de los francos (742-814), y después emperador, tenía una hija, y un secretario llamado Eginardo, que estaba enamorado de la hija del rey. Era correspondido por ella. Y se veían algunas noches en la habitación de la princesa. Una noche, mientras estaban juntos, nevó. Y Eginardo vio que, si pisaba la nieve, sus huellas le delatarían. La princesa encontró la solución; cargó a Eginardo sobre sus hombros y así cruzó el patio de armas, de forma que sólo sus huellas pequeñas quedaron marcadas en la nieve. Cuenta la anécdota que Carlomagno les vio desde su ventana y no dijo nada. Y, comprensivo, ennobleció después a Eginardo y así fue posible la boda entre los dos enamorados. Una boda que tal vez para la princesa, además de posible, vino a ser muy oportuna.

Carlomagno sellaba sus decretos con el pomo de su espada, y decía:
—Esto es lo que yo ordeno.
Y levantaba después la espada y añadía:
—Y ésta es la espada con la que haré obedecer mis órdenes.

Fundó muchas escuelas durante su reinado. Decía que nadie puede hacer el bien a los demás si no ha aprendido a distinguir el bien del mal. Visitaba con frecuencia las escuelas y, en una de aquellas visitas, se informó del comportamiento de los alumnos. Supo que los alumnos hijos de la nobleza eran los que menos aprendían y los que menos obedecían a sus maestros, y que los alumnos pobres eran más obedientes y se aplicaban mucho más. Reunió entonces a sus nobles, padres de los malos alumnos, y les dijo:
—Vuestros hijos están dando mal ejemplo a los hijos de vuestros vasallos. No basta la nobleza heredada, ni sirve de nada si no se acompaña de conocimiento y saber. De hoy en adelante repartiré los mejores cargos entre los hijos de los pobres, puesto que son ellos los que más saben y los que más obedecen.

Carlomagno tuvo tres hijos. Gobante, Luis y Lotario. Ya viejo, reunió a sus tres hijos, partió en tres grandes partes una manzana y ordenó a sus hijos que abrieran la boca para meterles en ella, a cada uno, el trozo de manzana que le correspondía. El hijo Gobante no lo quiso hacer y se marchó diciendo que todo aquello eran ridiculeces. Los otros dos obedecieron. Carlomagno invistió a Luis como rey de Francia, a Lotario como duque de Lorena y dejó sin nada a Gobante.

## CARLYLE

Thomas Carlyle (1795-1881), filósofo, historiador y crítico inglés, autor de *Sartor Resartus* y de *Los héroes*, entre otros muchos libros, era un hombre de trato difícil, que lo supeditaba todo a su obra y esto hacía dificultosa la convivencia familiar. Su mujer estaba encargada de alejar a los inoportunos y de mantener el silencio alrededor del trabajo del escritor. En esto Carlyle era

de un rigor extremado. Si daba una orden, exigía que se cumpliera en seguida. Decía:
—Si pido que me hagan un caldo de piedras, aunque a todo el mundo le parezca extraño, me han de hacer un caldo de piedras.
Se dice que su mujer dijo una vez:
—Supe que me casaba con un hombre de genio; pero no sabía que el genio fuese tan difícil de soportar.

Carlyle nació en Ecclefechan, en Escocia, y vivió en este lugar en su juventud, hasta que se fue a vivir a Londres. Una vez, un viajero que visitaba Escocia, llegado a Ecclefechan, preguntó a uno de allí si había conocido al poeta Thomas Carlyle.
—¡Ah, sí! Hace tiempo. Creo que ahora vive en Londres y escribe libros. Pero aquí el tipo importante es su hermano Jaime. Es el hombre que cría los mejores cerdos de todo el país.

Carlyle no estaba de acuerdo con las doctrinas de otros filósofos, como suele ocurrir a todos los pensadores, que lo primero que descubren son los errores de los otros. Y una vez que le preguntaban si leía mucho, dijo:
—Menos a los filósofos, todo lo que puedo.
—¿Y por qué a los filósofos no?
—Porque a mí sólo me interesa la verdad, y los filósofos suben en globo con una vela encendida y cuando bajan nos explican cómo son las estrellas vistas a la luz de la inteligencia. Inventado todo.

## CARNEGIE

Andrew Carnegie (1837-1919), uno de los multimillonarios más famosos del mundo en su tiempo, había nacido en Escocia. Hizo los millones en los Estados Unidos, donde empezó con un empleo en Pittsburg, Pensilvania, por el que sólo ganaba diez dólares al mes. Un día, el cajero de la empresa, en vez de pagarle el sueldo, le dijo:
—Espera; he de hablar contigo.
Carnegie pensó que le despedirían. Pero no fue así, sino todo lo contrario. El cajero le dijo:
—Estamos contentos de tu trabajo y hemos decidido aumentarte el sueldo. De aquí en adelante cobrarás doce dólares cada mes.
Años después, ya millonario, decía Carnegie:
—Pocas veces el dinero ganado me ha producido tanta satisfacción como aquellos dos dólares de aumento mensual.

A Carnegie le gustaba ayudar a los otros y facilitar el camino del éxito a los que creía capacitados para triunfar. Se asegura que treinta de sus colaboradores llegaron también a millonarios. Cuando le preguntaban el secreto de su éxito, decía:
—He sabido elegir a mis colaboradores.

En el *Century Magazine* se publicó, en 1908, una referencia a Carnegie que merece la pena repetir. El multimillonario, viejo ya, asistió a un banquete. Le pidieron que dijera algo de sí mismo, que explicara alguno de sus buenos recuerdos. Se levantó y dijo:
—Nací en una familia pobre, y no cambiaría los buenos recuerdos de mi infancia por los de ningún hijo de millonarios. ¿Qué saben esos niños de las alegrías familiares, y del inolvidable recuerdo de una madre que es el mejor refugio de muchos hijos, la mejor cocinera, la mejor maestra, la mejor lavandera y, a la vez, la mujer más bonita, más ahorradora, más angelical y más santa de cuantas ha conocido un hombre en su larga vida?

Y una vez dijo que el epitafio que le gustaría tener en su tumba sería éste: «Aquí yace un hombre que supo rodearse de otros hombres más capaces que él».

Tenía Carnegie un perro al que quería mucho. Una vez que pasaba unos días de vacaciones en el lago Michigan, perdió el perro, y puso un anuncio en el periódico local, el *Morning Herald:* «Perdido un fox-terrier blanco que responde al nombre de *Billy.* Se ofrecen mil dólares a quien lo encuentre y lo devuelva a su dueño en el Star-Palace». El anuncio no se publicó y Carnegie fue a la redacción a protestar. No había nadie. Llamó a voces y, al fin, le atendió una mujer que estaba limpiando los suelos.
—¿Es que no hay nadie?
—No; se han ido todos.
—Pero, ¿qué ha pasado?
—Por lo que he oído, me parece que han ido en busca de un perro blanco que se llama *Billy.*
No dice la anécdota si el perro se encontró. Y la verdad es que esta misma anécdota la hemos leído otras veces atribuida a otros, y hasta como cuentecillo, sin atribuir a nadie. Pero la revista italiana *Minerva,* la atribuye a Carnegie.

Carnegie era coleccionista de autógrafos y llegó a tener casi todos los V.I.P. de su tiempo. Le faltaba el de un naturalista llamado Ernest Haeckel y se lo pidió a través de un alumno. Haeckel accedió en seguida y en el álbum de Carnegie escribió: «Ernest Haeckel agradece, conmovido, a Andrew Carnegie el microscopio

que ha regalado al laboratorio de biología de la universidad».
Carnegie regaló el microscopio y decía después:
—No sé si Haeckel es el personaje más importante entre aquellos cuyos autógrafos tengo, pero su autógrafo es el que me ha costado más caro.

Cuando alguien le hablaba de su mucho dinero, decía:
—No, no; no paso de ser un pobre bienhechor de la humanidad.
—¿Pobre?
—Sí; y de un tipo de pobreza que sólo conocen los que invierten su dinero en el bien de los otros.

## CAROL

La actriz de cine francesa Martine Carol visitaba a otra actriz, amiga suya, que no había conseguido triunfar y vivía en un piso barato, en un barrio apartado del centro. Martine Carol le decía que debía cambiar de casa.
—Se ha de saber dar impresión de bienestar y de lujo. Yo, en tu caso, me cambiaría en seguida a otro piso mucho mejor que éste.
—Pero si éste hace tiempo que no lo pago, por falta de dinero.
—Precisamente. Por el mismo precio puedes tener otro mucho mejor.

## CARUSO

El célebre tenor italiano Enrico Caruso (1873-1921) era de una familia pobre, de Nápoles. Nunca había dinero en la casa y los niños siempre tenían hambre. Alguien les regaló un queso entero. Y la madre no dejó que lo comieran. Debían dinero al médico y quiso regalarle el queso en señal de agradecimiento. Lo envolvió y el niño Enrico se encargó de llevar el queso a la casa del médico. Allí le hicieron esperar y, mientras esperaba, oyó una voz de mujer que aprendía canto. Y él, con su voz de niño, ya privilegiada, se puso a cantar lo mismo. La voz era de una hermana del médico que, interesada por el niño que tan bien cantaba, habló con él y no sólo hizo que su hermano no admitiera el queso, sino que le comprometió a pagar los estudios del niño en la escuela de música.

Debió su primer éxito a dos cosas: a su bonita voz y a una borrachera. Iba con una compañía como tenor suplente, pero el

tenor titular no faltaba nunca y el tenor suplente se aburría. Cantaban en Nápoles. Una tarde, Caruso y otros amigos, de aburridos que estaban, se emborracharon todos. Y, precisamente, aquella noche al tenor se le enronqueció la voz y no pudo cantar. Y el director echó mano de Caruso, que salió a escena borracho. Y entusiasmó al público tanto por lo bien que cantó como por las tonterías que hizo. Le aplaudieron, pero el director le despidió. Y la noche siguiente el público gritaba:
—¡El borracho! ¡El borracho!
Y el director, para satisfacer al público mandó a buscar a Caruso y le hizo salir otra vez. Pero ya no estaba borracho y cantó tan bien que triunfó definitivamente por su voz y su canto. Y ya todo le fue fácil desde entonces.

Caruso dibujaba muy bien y hacía buenas caricaturas. En un viaje por mar a América, un pasajero que no le conocía, le vio dibujar y entabló conversación con él. Caruso le dijo que se dirigía a Nueva York con la idea de ganar algún dinero vendiendo caricaturas del famoso tenor Caruso.
—¿Le salen bien?
—Sí; es lo que hago mejor.
Caruso se puso a dibujar y, en pocos trazos, muy seguro, hizo una buena caricatura de sí mismo.
—Pero éste no es Caruso. Éste es usted.
—Exacto; soy yo: ¡Caruso!
Y se alejó cantando.

Caruso contaba muchas extrañezas de los millonarios norteamericanos. Entre ellas, que un millonario le propuso que fuese a cantar a su casa y le ofreció mucho dinero. Caruso aceptó. Y en la casa sólo estaba el millonario y un gran perro mastín. Esto extrañó a Caruso y el millonario le dijo que le pagaba para que cantara sólo para ellos dos. Tan pronto como Caruso empezó a cantar, el perro se puso a ladrar. Y entonces el millonario le dijo a Caruso:
—Mi perro ladra siempre que oye cantar y he querido saber si una voz como la de Caruso también provocaría sus ladridos. Veo que sí.
Le pagó lo estipulado y le despidió. Decía Caruso:
—Es la vez que, con menos trabajo, he ganado más dinero.

Caruso se había comprado una casa cerca de Nápoles y se instaló en ella cuando todavía se la estaban arreglando. Tenía el estudio en el segundo piso, y allí entrenaba la voz y preparaba sus futuras actuaciones. Las obras de albañilería nunca se terminaban. Caruso llamó al capataz y se quejó de la lentitud de las obras.

—Usted tiene la culpa.
—¿Yo?
—Canta a las horas de trabajo y mis obreros, en vez de trabajar, le escuchan.

Y Caruso no tuvo más remedio, para que le terminaran las obras, que irse a cantar a otro sitio.

En un banco, en Nueva York, no le querían reconocer la firma sin exhibición de documentos. Caruso no llevaba ninguna documentación encima. Les decía:
—¿Cómo les puedo demostrar que soy Enrico Caruso?

El hombre de la ventanilla encontró la solución:
—Cante.

Caruso cantó el aria de *Tosca*, «Recóndita armonía», y en seguida le reconocieron la firma.

# CASANOVA

Giacomo Casanova (1725-1798), el famoso aventurero del amor, cuyas *Memorias* han sido uno de los libros más leídos, sabía hacer muy bien dos cosas: rendir a las mujeres y vivir como un personaje sin un doblón en el bolsillo. Estaba en Varsovia y fue recibido por el rey Estanislao Augusto, muy culto y conocedor de los clásicos. El rey le hablaba de Horacio y le preguntó si recordaba algunos buenos versos de este poeta latino. Casanova le dijo que sí y le recitó, no se sabe si en latín, en italiano o en polaco, unos versos de Horacio que, traducidos al español, podrían ser así: «Aquellos que delante del rey no hablan de su pobreza ni piden nada, / reciben más del rey que aquellos otros que sólo se lamentan y piden». El rey comprendió la indirecta y mandó dar a Casanova doscientos escudos.

En París tenía Casanova un criado llamado Giovanni Costa, que desapareció llevándose dinero y objetos de valor de su amo. Casanova, enemigo de los tratos con la policía, no le denunció. Años más tarde, en Roma, vio a su antiguo criado, muy bien vestido, sentado en un café, en compañía de una hermosa dama. Casanova se acercó a saludarle y le dijo:
—Creo que nos conocimos en París.
—Sí, maestro, y me alabo de haber salido un discípulo aprovechado.

Y Casanova, dirigiéndose a la hermosa dama, dijo:
—Como veis, nos ha bastado esto para entendernos. Ahora

sólo falta que vos decidáis entre el caballero Casanova y su antiguo criado.
Y parece que Casanova le presentó excusas después a su antiguo criado por haberle soplado una conquista. Y al dárselas le dijo:
—Aún os falta mucho por aprender.

Un buen amigo del caballero Casanova de Seingalt era el príncipe de Ligne. Una vez, el príncipe le presentó al rey de Austria José II. Y el rey le trató con escasa amabilidad. Le dijo:
—No aprecio mucho a los que compran títulos.
Y Casanova le preguntó:
—¿Y a los que los venden?
Y tuvo que intervenir el príncipe para que la cosa no acabara mal. Y parece ser que este príncipe decía de su amigo Casanova:
—Sin duda, sería un hombre de muy agradable aspecto, si no fuese tan feo.
Y era de veras feo, al parecer. Pero de una fealdad con la que sabía seducir a las mujeres. ¿Cuál era el secreto de la seducción de Casanova? Nunca se sabrá, pero si hemos de creer a Stephan Zweig, que hizo su biografía, era «la sinceridad de su deseo». Y acaso también, aunque Zweig no lo diga, la amabilidad de sus posibilidades físicas como instrumento de amor.

## CASTIGLIONE

Virginia Oldoini (1835-1899), condesa de Castiglione por su matrimonio con Francisco Verasis, conde de Castiglione de Asti, fue una de las mujeres más famosas del segundo Imperio y amante, al parecer, durante cierto tiempo, de Napoleón III.

Era mujer de un carácter indomable y cuando se casó, muy jovencita, no quiso conocer a la suegra. Vivía entonces el matrimonio en Florencia y un día el conde dijo a su joven mujer:
—¿Te apetece un paseo?
—Bueno.
Dentro del coche, ya en pleno paseo, el conde insinúa:
—Ahora que ya eres mi mujer, me parece que lo más correcto será que un día u otro consientas en conocer a mi madre.
Y, entre tanto, el coche ha tomado ya el camino de la casa de la señora condesa madre. El conde, muy suavemente, continúa:
—Por ejemplo, hoy.
El conde cree tener ganada la partida, puesto que su mujercita no contesta. Pasan por un puente bajo, sobre un arroyo. De pronto Virginia abre la puerta y, sin que el conde lo pueda impedir, salta del coche al agua. El coche se detiene, el conde corre en ayuda de su mujer y se encuentran los dos en la orilla,

adonde ella ha llegado medio a nado, medio a pie. Y, con toda la fingida ingenuidad de que es capaz, pregunta:
—¿Tú crees que estoy presentable para hacer a tu madre la primera visita de mi vida?
Y así queda otra vez aplazada la presentación.

La condesa llegó a París, en 1855, con una misión secreta: la de enamorar al emperador para ejercer después influencia sobre él. Estaba al servicio de un político extranjero. Léase entre líneas el nombre de Cavour. La condesa hace su presentación en las Tullerías una noche, en un baile. Su belleza sorprende y admira a todos. Napoleón baila dos veces con ella. Ella sabe, al principio, mostrarse indiferente con Napoleón. Él, a solas, le pregunta:
—¿Por qué sois tan esquiva?
—Estoy cansada de que todos los hombres me digan siempre lo mismo, que soy hermosa. No me aburráis repitiéndolo; os lo ruego.
Poco tiempo después ya se decía en voz baja que ella era la amante de Napoleón.

Los biógrafos de la condesa dicen que el conde de Castiglione fue a buscarla a Florencia y la pidió en matrimonio. Y ella le dijo:
—Yo no os amo ni os amaré nunca. No os aconsejo que os caséis conmigo.
Y citan esta contestación del conde:
—No me importa que no me améis. Nos casaremos y me bastará, para satisfacción de mi orgullo, estar casado con la mujer más bella de Europa.

Al parecer el conde de Castiglione era un hombre de buen trato, muy campechano y, al mismo tiempo, un redomado cínico, que decía de sí mismo:
—Soy un marido perfecto, un modelo de maridos: no veo nada, no oigo nada ni me entero de nada.

Un famoso pintor llamado Baudry le hizo un retrato de cuerpo entero, desnuda. Parece ser que era una pintura extraordinaria. La condesa pasaba largos ratos contemplándola. Y enseñaba la pintura a sus amigos, y se gozaba en las alabanzas que hacían de la pintura, como si se las dedicaran a ella. Y, un tiempo después, como ella hubiese engordado un poco, alguien le dijo:
—Ahora, desnuda, no seríais tan bella como entonces.
La misma noche la condesa cortó la pintura a trozos y los echó al fuego de la chimenea.

La emperatriz Eugenia, ya acostumbrada, quieras que no, a las infidelidades de su imperial marido, se resignó a la nueva aventura. Nunca dio mucha importancia a la Castiglione. Obró siempre como si la condesa no existiera. Y sólo una vez se refirió indirectamente a ella, en un comentario sobre la volubilidad sentimental del emperador. Dijo:

—Su corazón se ha cansado de volar; pero nunca había caído tan bajo como esta vez.

Parece ser que, por aquel tiempo, Napoleón, todas las tardes, pasaba un rato en una casa de Pasy (que entonces quedaba alejado del centro), en la calle de la Pompe. En la casa vivía, sola, sin el marido, la condesa italiana.

Chismes de la época dicen que un día la Castiglione se presentó en las Tullerías con el mismo peinado de la emperatriz. Esto Eugenia de Montijo no lo perdonó. Y ella misma hizo desaparecer un retrato de la Castiglione que estaba en el salón del emperador, y mandó imponer una multa a su peluquero. Había ya pasado tiempo desde los primeros encuentros de Napoleón y la condesa, y el emperador no protestó de nada de lo que hizo entonces la emperatriz.

Su estancia en París terminó por culpa de una muerte de la que no se puso en claro la verdad. Napoleón estaba con ella. Montaban la guardia el general Fleury y el policía Griscelli. Entró en la casa un hombre desconocido. Griscelli, sin darle el alto ni pedirle la documentación, disparó contra él y lo mató. A pesar de que se aseguró que todo fue un error y que el muerto era el novio de la criada de Castiglione, el hombre iba armado, y se sospechó que la condesa no era del todo ajena a la posibilidad de un atentado contra el emperador. Al día siguiente la conducían a la frontera.

La condesa, ya en la primera madurez, se instaló otra vez en París, en la plaza Vendôme. Allí tiene las ventanas de la casa siempre herméticamente cerradas. Vive encerrada con dos perritos cuyos nombres se conocen: *Sandouga* y *Carine*. Jamás aparece en público durante las horas diurnas y de noche sale a pasear los perros como una vecina cualquiera.

Así pasan años. La condesa manda retirar todos los espejos de la casa. No se siente capaz de soportar su rostro que un día fue «el más bello de Europa», estragado ya por el tiempo implacable. Es una viejecita arrugada y ni siquiera los vecinos, aunque le conocen el nombre, han conseguido verla de cerca. Hace cosas raras y la gente, cuando habla de ella, dice:

Esa vieja loca.

Muere a los setenta años. Está enterrada en el Père Lachaise, con la Dama de las Camelias, con Sarah Bernhardt y con otras mujeres que, un tiempo, en vida, fueron famosas.

Dentro de cerca de veinte años hará un siglo de la muerte de la condesa de Castiglione. Hace muy poco tiempo que sus cartas, sus vestidos, sus medias, sus cuadros y otros objetos que le habían pertenecido fueron vendidos en pública subasta. Entonces un comentarista, refiriéndose a aquella venta, dijo:
—Todo lo que perteneció a la Castiglione ha producido millón y medio de francos. Todo... menos su diario íntimo, por el que se calcula que se pagará el doble de esa cantidad.
No nos han llegado noticias del precio que se pagó de veras por este diario.

## CATALINA I

Catalina I, emperatriz de Rusia (1683-1727), fue primero amante y después esposa de Pedro el Grande. Era de origen oscuro, de una familia humilde, no precisamente rusa, sino de Suecia. Después de la muerte del zar, reinó ella sola durante año y medio, hasta que le sucedió Pedro II. Su vida, reducida a anécdota, es así: se casa a los veinte años con un militar sueco, enviuda; cae prisionera de los rusos y el general Mentschikov la hace su amante; la conoce Pedro el Grande y la lleva siempre con él, hasta que se casa con ella, aunque no la hace coronar emperatriz sino doce años después.
Ya emperatriz, fue acusada de adulterio con un cortesano llamado Moens. Verdad o no, no lo dice la historia. Sí dice que el zar, para hacer enmudecer las murmuraciones, hizo acusar de malversación a Moens y le cortaron la cabeza. Y parece ser que Catalina, cuando lo supo, dijo:
—No era su cabeza lo suyo que más valía; aunque, sin cabeza, ya nada sirve para nada.
Eran así, entonces.

Una dama de la corte tenía gran amistad con la emperatriz Catalina. El zar quiso satisfacer con aquella dama una pasión fugaz y ella, por su amistad con la emperatriz, se opuso. Y el zar la mandó azotar. Era entonces un castigo cruel, que no consistía en simples azotes, sino en el *knut*, nombre que se daba a todo el castigo. Ataban al paciente de pies y manos a dos maderos, le desnudaban hasta la cintura y descargaban sobre sus espaldas el número de latigazos a que había sido condenado, con unas disciplinas formadas por varios ramales de cuero con alambres retorcidos en las puntas. El *knut* fue suprimido en 1845 y sustituido

por el simple latigazo. Desde luego, para dar una cierta legalidad al castigo, la dama fue primero acusada de traición. La emperatriz lo supo y rogó a su esposo que no se cumpliera el castigo. El zar, enfurecido, gritó:
—¡Yo hago lo que me parece!
Y, para demostrarlo, arrojó al suelo un espejo de Venecia que valía una fortuna y el espejo se rompió en mil pedazos. La emperatriz le dijo:
—Nada más fácil que destruir la belleza, sobre todo para el zar de todas las Rusias.
Y, después de una escena llevada por la emperatriz con mucha calma, el zar se apaciguó y la dama fue librada del castigo.

## CATALINA II

Catalina II de Rusia (1729-1796) era alemana y se llamaba Sofía Augusta Federica. Estaba casada con Pedro, hijo de la emperatriz Isabel. Y, al morir la emperatriz, dio un golpe de Estado, encerró a su marido (que era muy poca cosa y acaso algo anormal) y se puso ella de zarina. Pedro fue asesinado sin que, posiblemente, Catalina tuviera ninguna participación en el crimen.

Catalina, ya casada con Pedro, no presentaba síntomas de embarazo. Y, un día, el gran canciller Bestujef comunicó a Catalina que el Gobierno había decidido ofrecerle un amante para que, gracias a él, en sustitución del marido inútil, naciera un heredero. Catalina se indignó. Y el gran canciller se limitó a preguntarle:
—¿Conocéis al príncipe Sergio Saltykof?
La emperatriz no lo conocía:
—Os lo presentaré esta tarde.
Catalina se sometió a la razón de Estado, aunque al parecer nada a disgusto, y un año después Saltykof salía de Rusia con un cargo en una embajada en otro país y una fuerte recompensa económica. Catalina había comunicado su embarazo al gran canciller.

Cuenta la anécdota que Catalina echó de menos a Saltykof y rogó a Bestujef que le hiciera regresar a San Petersburgo. Y parece que el canciller le dijo:
—Nada tiene este hombre, señora, que no tengan otros. Y en esas cosas lo único malo es no interrumpirlas a tiempo.
Lección que Catalina, por lo que luego se vio, aprendió bien.

Catalina era muy dada a leer. Sus autores favoritos eran Vol-

taire, Tácito (por los *Anales*) y Montesquieu, cuyo libro, *Espíritu de las leyes*, tenía siempre en la mesita de noche. Y decía de este libro:
—Éste debería ser el breviario de todos los soberanos con sentido común.

Catalina fundó muchas escuelas; que no tuvieron mucho éxito. Y una vez el gobernador de Moscú decía a la emperatriz:
—Ahora tenemos escuelas; pero falta que los niños asistan.
Y la emperatriz le contestó:
—No las he fundado para esto, sino para quedar bien ante Europa. Piensa que si un día nuestro pueblo siente el deseo de instruirse y consigue hacerlo, la primera consecuencia será que a ti y a mí nos echarán a patadas.

El embajador italiano, llamado Caracciolo, contaba que Catalina, después del golpe de Estado que le puso el gobierno en las manos, no se atrevía a presentarse ante el pueblo y hacer una declaración oficial de lo ocurrido. Y el general Betzky le pregntó:
—¿A quién debéis la corona?
Catalina, aturdida, contestó:
—A Dios y a la voluntad de mis súbditos.
—Pues ésta ha de ser vuestra declaración oficial.
Y así se hizo. Catalina fue emperatriz por la voluntad de Dios y del pueblo ruso.

Y decía el embajador italiano que el trono de Rusia no fue nunca hereditario ni electivo, que fue, simplemente, ocupativo. O sea, que el primero que con cierto derecho llegaba y lo ocupaba, aquél era proclamado zar.

Catalina tenía dos principios y fue siempre fiel a los dos. Uno era que «lo mejor que se puede hacer con un enemigo, es convertirlo en amigo». Y lo consiguió con muchos de sus enemigos en la corte, gracias a las amabilidades que tuvo con ellos. El segundo era que «las cosas, una vez empezadas, lo mejor que se puede hacer es terminarlas, aunque sea mal; y lo peor dejarlas a medio hacer. Porque si se hacían mal, se podían enmendar después, pero a medio hacer no tenían enmienda posible ni servían para nada».

El banquero alemán Suderland era en la corte de Catalina su mejor consejero económico. El banquero regaló un perro a la zarina. Y Catalina llamó al perro con el nombre del banquero: *Suderland*. El perro murió y Catalina dio esta orden: «Que disequen inmediatamente a *Suderland*».
La orden fue comunicada de unos a otros y así hasta que un equipo de disecadores se presentó en la mansión del banquero

decididos a matarle y a disecarlo y mandarlo disecado a la zarina. Menos mal para el banquero que consiguió que todo se pusiera en claro.

Presidía los consejos de ministros y, si la contradecían, levantaba la sesión. Decía:
—Hoy es un mal día para Rusia. Continuaremos mañana.
De sus ministros decía:
—Estoy de acuerdo con ellos siempre... que ellos estén previamente de acuerdo conmigo.

Si alguna vez se mostraba enfadada por algo que otro le había hecho, en seguida que se daba cuenta cambiaba de actitud. Cuéntase que, en una comida de gala, sostuvo una conversación muy animada con un embajador de otro país. Tan animada que todos se enteraban de lo que decía la emperatriz. Entonces el secretario de Estado, Crapovitzky, le advirtió:
—Calma, señora, calma.
Catalina cambió de tono como la cosa más natural del mundo. Después de la comida llamó a Crapovitzky y, muy enfadada, le dijo:
—¿Quién os ha autorizado a darme consejos que no os pido? ¡Y en público! ¿Es que no sabéis quién soy?
Crapovitzky, humillándose, le pidió perdón. Y la emperatriz cambió de tono y, muy afablemente, le dijo:
—Sé que lo habéis hecho para bien de todos. Y os doy las gracias.
Le regaló una tabaquera de oro como recuerdo de aquella ocasión y le advirtió:
—Otra vez que veáis que me animo demasiado, bastará que saquéis esta tabaquera para que yo lo tome como una advertencia y cambie de tono.

Nicolás I daba un día un paseo por el jardín de su palacio y vio a un centinela en un sitio, junto a un rosal, donde le pareció que no hacía ninguna falta. Le preguntó:
—¿Por qué estáis aquí?
—Es uno de los puestos de guardia, majestad.
—¿Por qué?
—Lo ignoro, majestad.
Nicolás I quiso saber de aquel puesto de guardia, hizo indagar y se supo que, medio siglo antes, en tiempos de Catalina II, un rosal del parque imperial había dado una rosa muy bella. Y que la emperatriz, para evitar que alguien la estropeara, mandó poner un centinela. Y así se había establecido el puesto. El rosal, muy viejo ya, apenas daba flores y el centinela continuaba allí montando guardia sin saber por qué.

Estaba un día la zarina en el jardín de Zarkoie-Selo con una dama de la corte. Pasaron por allí dos jóvenes jardineros y ni tan siquiera las miraron. La dama dijo que tanta desatención no se podía tolerar. Y Catalina repuso:

—Si nos hubiesen mirado no toleraría que no nos saludaran. Pero que no nos hayan mirado sólo es una prueba de que hemos envejecido. ¡Dejadlos!

Catalina II murió de risa. Y de una risa inocente y pueril. Un palaciego llamado Leo Naryschkin se disfrazó de buhonero y trató de vender juguetes y chucherías a la emperatriz. Una ocurrencia que provocó la risa de Catalina. Fue una risa violenta, con inevitables sacudidas musculares. Y la emperatriz, apoyada en el brazo de Zukov, se retiró a descansar más temprano que de costumbre. A la mañana siguiente, al levantarse, se desvaneció. Y dos días después había muerto. Y los médicos dictaminaron que la alteración cardíaca que le produjo la muerte había empezado en las convulsiones de aquella risa estrepitosa de tres días antes.

## CATÓN

Hubo dos Catones famosos y los dos, al parecer, se llamaron Marco Porcio. Pero no eran contemporáneos. Uno de ellos fue biznieto del otro. Y de éste, precisamente, se cuenta que una vez le preguntaban:

—¿Qué pasa contigo? Todos los romanos ilustres tienen estatua y tú no. ¿Por qué?

Catón no dio ninguna razón. Se limitó a decir:

—Cuando tantas se erigen, prefiero que no esté la mía.

—¿Por qué?

—Por esto mismo que tú me preguntabas. Prefiero que mis contemporáneos me pregunten por qué no me levantan una estatua, a que la posteridad se pregunte por qué me la levantaron.

Le preguntaban a Catón si se arrepentía de algo que hubiese hecho. Y contestó que sí, que de tres cosas se había arrepentido. Y las dijo:

—Primera, de haber confiado un secreto a mi mujer; segunda, de haber embarcado para un viaje que pudiera haber hecho por tierra; y tercera, de haber pasado un día sin hacer nada de provecho.

# CÉSAR, Julio

Julio César (100-44 a. de J.C.) ha sido uno de los más grandes estrategos y hombres de gobierno de la historia. Es muy difícil situarse ahora para comprender cómo se hacían las cosas dos mil años atrás. De Julio César se sabe que, en sus campañas de las Galias y de Britania (donde desembarcó con sus legiones), sus traslados a tales distancias eran de una rapidez tal que, en lo sucesivo, hasta la mecanización del transporte, o sea, hasta hace muy poco tiempo, nunca fueron igualadas. Es de suponer que las hacía a caballo, a marchas forzadas y con frecuentes cambios de cabalgadura.

Julio César era calvo y esto no le impedía llevar una doble vida: la de caudillo de guerra y hombre de Estado y la de incansable y gran mujeriego. A la reina de Egipto, Cleopatra, la tuvo en Roma, como mujer propia, durante algunos años.

Luchó contra su rival Pompeyo y le venció. El ejército de César iba en busca de Pompeyo. Antes de la batalla de Farsalia en la que Pompeyo fue vencido, le preguntaban a éste cómo intentaría defenderse de César. Y Pompeyo dijo:
—Dondequiera que dé con el pie en Italia, brotarán legiones para mí.
Poco después le llegaba la noticia de la proximidad del ejército de César. Y uno de sus capitanes le dijo:
—Ya es hora, Pompeyo, de que des con el pie.

Una disposición de entonces consideraba traidor a Roma a cualquiera que pasara con un ejército el río Rubicón. César, llegado de las Galias y dispuesto a vencer a Pompeyo, pasó el río con su ejército. Y antes de lanzarse dijo una frase que se ha hecho histórica: *Alea jacta est* (La suerte está echada). Significaba con esto que ya no podía retroceder.
Ya casi al alcance de las huestes de Pompeyo, supo que éste había huido. Y dijo:
—Bien está. Combatiré primero a un ejército sin general y le venceré; después a un general sin ejército y le venceré también.
Y fueron dos augurios proféticos.

Después de vencer a Pompeyo, venció a Farnaces, rey del Ponto. Fue tan rápida la victoria de César que la comunicó al senado con tres únicas palabras: *Veni, vidi, vici* (Llegué, vi y vencí).

Era todavía un muchacho cuando Sila le incluyó en una lista de condenados a destierro. Le preguntaron a Sila:
—¿Qué necesidad de desterrar a un muchacho tan joven?

—Este muchacho, a pesar de su juventud, vale más que todos los otros juntos. Sólo él será capaz de hacerse dueño de Roma.

En su juventud cayó en poder de un barco pirata. El capitán pirata pidió veinte monedas de oro como precio de rescate. César se echó a reír.
—Yo, para mi rescate, doy cien monedas.
—¿Dónde las tienes?
—Dondequiera que estén, serán mías cuando yo quiera.
Trató siempre a los piratas como a esclavos suyos y les amenazó con hacerles colgar a todos. Se pagó su rescate y le dejaron libre. Poco tiempo después, César reunió una flota, salió en persecución del barco pirata, le alcanzó y cumplió su amenaza.

Cuenta Plutarco una frase de César que se ha hecho famosa. En uno de sus viajes, al principio de su carrera, descansaba en un pueblecito y daba órdenes a todo el mundo, como si tuviera autoridad sobre ellos. Y allí fue donde dijo:
—Preferiría ser el primero en este pueblo que el segundo en Roma.

Uno de sus principios era que, en los momentos peligrosos, lo que importaba era actuar, no discutir, puesto que la rapidez era condición indispensable del éxito. Y muchas de sus victorias se debieron a la rapidez con que supo caer sobre el enemigo, envolverle, cortarle la huida y de este modo aniquilarle.

César dictaba sus cartas a caballo mientras viajaba. Y no una carta, sino hasta cuatro cartas a la vez. Y así los correos de César estaban cruzando siempre el imperio de uno a otro extremo. Mentira parece, con los escasos medios de comunicación de entonces, la rapidez con que se daban las noticias.

Cuando lanzaba alguna amenaza contra un enemigo o contra alguien a quien quería dominar, le advertía:
—Y piensa que esto que te digo me es más fácil hacerlo que decirlo.
Y así le obedecían sin atreverse a protestar.

En la batalla de Farsalia contra Pompeyo, en la que le derrotó, César perdió doscientos hombres y Pompeyo quince mil. Terminada la batalla, y contemplando la tierra llena de cadáveres, César dijo:
—Ellos lo han querido. Me han obligado a vencerles para no morir.
Las guerras de entonces eran siempre a muerte y la consigna vencer o morir.

César no era feminista, sino todo lo contrario. Fundó en Roma la primera biblioteca pública y algunas veces iba a ver a los que acudían allí a estudiar. Cuenta la anécdota que una sola vez encontró a una mujer. César le preguntó:
—Y tu marido, ¿dónde está?
—No lo sé.
—Pues te vas en seguida a buscarlo, por orden mía, y te pones a sus órdenes y a su servicio. Una mujer honrada sólo debe cuidar de su marido y dar hijos sanos y fuertes a la República.

César murió a manos de un grupo de conspiradores, entre los que estaba su hijo adoptivo Bruto. Cuenta Plutarco que, pocos días antes, le advirtieron del peligro, diciéndole que tomara precauciones pues algo se tramaba contra él. Y replicó:
—Prefiero morir de una vez que vivir con el miedo de la muerte.

También cuenta Plutarco que, el mismo día de su muerte, César comía en casa de Marco Lépido, y que durante la comida se habló de cuál era la muerte más bella. Y César dijo:
—La más inesperada.

Dice asimismo Plutarco que un adivino había pronosticado desgracias a César para los idus de marzo. Y que el día de su muerte César le dijo al adivino:
—Ya han llegado los idus de marzo.
—Sí; pero no han pasado todavía.
Y poco después le mataban.

Cuenta Plutarco que los conjurados contra César eran veintitrés. Que César se defendió hasta que vio a Bruto entre ellos. Que entonces exclamó:
—¡También tú, Bruto, hijo mío!
Y dejó de defenderse. Todos cayeron sobre él y murió de veintitrés heridas. Con lo que quedó demostrado que ninguno de los conjurados quiso dejar de participar en el asesinato.

## CÉZANNE

Pablo Cézanne (1839-1906), pintor impresionista francés, quiso desde muy niño dedicarse a la pintura. Lo llevaba dentro. Su padre intentaba disuadirle. Le decía:
—Los pintores no ganan dinero y hace falta mucho para vivir un poco bien.
Y el muchacho contestaba:
—Es que yo no deseo vivir bien; lo que yo deseo es pintar.

Cézanne no ganaba dinero, pues no encontraba compradores

para sus cuadros, que no se pagaron bien hasta después de su muerte. No vivió en la pobreza, ya que era hijo de un banquero y su padre le dejó un cierto bienestar económico. Pero en vida de su padre estuvo muchas veces sin dinero. Y una vez en París (él vivía en Aix) se encontró con Renoir. Cézanne llevaba un cuadro bajo el brazo, un cuadro que ahora es famoso: *Les baigneuses*. Renoir le preguntó adónde lo llevaba:
—A ver si me lo compran, pues necesito dinero.
Quedaron en encontrarse después de la gestión que iba hacer Cézanne. Y Cézanne apareció sin el cuadro.
—¿Lo has vendido?
—Tanto como esto, no. Pero he encontrado a uno que le ha gustado mucho, un músico buen amigo.
—¿Y qué?
—Pues... se lo he regalado. ¡Le gustaba tanto!

Tenía la costumbre de regalar sus cuadros y, después de su muerte, el famoso *marchant* Vollard los estuvo buscando en todas las casas de los que habían sido amigos del pintor.
Una vez, un campesino de Aix se presentó a Vollard. Llevaba un cuadro bajo el brazo. Vollard lo vio y le gustó mucho.
—¿Cuánto pides?
El campesino tardó mucho en decir el precio, seguro de que Vollard no se lo pagaría. Y al fin dijo:
—Ciento cincuenta francos.
Vollard se los pagó. Y decía después que si le hubiese pedido mil quinientos se los habría pagado también. Lo que no dijo Vollard es el precio que puso él al cuadro cuando lo vendió.

Cézanne nunca hizo vida social, ni trató a la gente sólo por compromiso. Era un hombre tímido que sólo vivía para su trabajo. Una vez, en París, Zola le invitó a una fiesta mundana en su casa. Cézanne se presentó con su vestido de trabajo, sucio de pintura. Los demás iban todos de etiqueta, con sus fraques negros. Cézanne estaba allí, solo, aburrido. Zola le preguntó:
—¿No lo pasas bien?
—Hace mucho calor.
—Quítate la chaqueta.
Y Cézanne se quitó la chaqueta y quedó en camisa. Zola le decía:
—Es curioso, todos van vestidos de negro y tú vas así, en camisa. ¿No te das cuenta?
Cézanne se dio cuenta entonces y preguntó:
—¿Y por qué van de negro?
Era así.

Tuvo siempre mucha timidez con las mujeres. Parece ser que

la primera vez que trabajó con una modelo profesional, salió del taller mientras ella se desnudaba y, una vez desnuda, la hizo poner de espaldas.

Y otra vez que comía en casa de Vollard y una muchacha les servía la comida, interrumpió a otro comensal, que había empezado a contar algo subido de color. Cuando la chica salió dijo:
—No está bien que la muchacha oiga esas cosas.
Vollard se echó a reír.
—Seguro que de todo esto sabe más ella que nosotros.
—Pero no me parece bien que ella advierta que ya supones que sabe tanto.

Ahora un cuadro de Cézanne, si se vendiera alguno, valdría una fortuna.

## CICERÓN

Marco Tulio Cicerón (106-43 a. de J.C.) era enemigo de las retóricas inútiles y, en sus discursos, iba siempre al grano y se esforzaba en evitar todo lo que fuese palabrería inútil. Ya entonces se decía que el poeta nace y el orador se hace. Y Cicerón añadía que el orador se hace, pero que se empieza a hacer en el seno de su madre, y que tenían un estilo u otro según su madre los hubiese llevado en el vientre, en el corazón o en el bolsillo. Le preguntaron:
—¿Y a ti dónde te llevó?
Y Cicerón dio una respuesta, que muchos que intentan definir a los hombres podrían repetir:
—Cuando hablo de los oradores, no hablo de mí.

Consideraba a Demóstenes como el más grande orador de aquellos tiempos. Le preguntaron cuál era el discurso de Demóstenes que le había gustado más. Y contestó:
—El más largo.

La esposa de Cicerón se llamó Terencia. Muchos recuerdan aquellas cartas de Cicerón dirigidas a su mujer, con las que aprendían latín: «Marcus Tulius Cicero Terentia sua salutem plurimam dat». Después de unos años de matrimonio, Cicerón repudió a su mujer y no tomó a otra. Le preguntaban por qué no se había vuelto a casar, y decía:
—Porque la experiencia me ha enseñado que es imposible convivir a la vez con una mujer y con la filosofía.

En un discurso pronunciado en defensa de un amigo, Cicerón estuvo mucho rato gritando. Y el acusador de su amigo le preguntó:

—¿Por qué ladras tanto?
La contestación fue rápida:
—Para que tú me entiendas.
Y Cicerón ganó la causa.

Dijo Cicerón en cierta ocasión:
—En toda la historia de Roma hemos tenido sólo un cónsul, tan preocupado por el bien público, que nunca durmió durante el tiempo de su consulado.
Le preguntaban quién había sido ese cónsul. Y Cicerón dio el nombre:
—Caninio Resizio.
Era el nombre de un ciudadano romano que había sido nombrado cónsul una mañana y destituido de su cargo la tarde del mismo día.

Una de las preocupaciones de Julio César, después de la campaña de las Galias, era recompensar a sus soldados. Y propuso al Senado que les repartieran las tierras de la Campania. La proposición cayó mal a algunos senadores, propietarios de parte de aquellas tierras, y uno de ellos, un tal Lucio Gelio, la combatió calurosamente. Lucio Gelio era entonces muy viejo. Y Cicerón, en defensa de la proposición de Julio César, dijo:
—La proposición es buena para Roma, pero Lucio Gelio también tiene razón. Aconsejo al Senado que apruebe la proposición y que aplace su realización hasta después de la muerte de Lucio, que dada su edad, no tardará en morir.
Y el Senado aprobó la proposición sin esperar tanto y los amigos de Lucio le decían:
—Pronto, tal como te dijo Cicerón, habrás dejado de interesarte por tus tierras.

Le propusieron participar en una conjura y preguntó:
—¿Cuántos son los conjurados?
Le dijeron el número y se negó a participar con estas razones:
—No quiero estar de menos ni estar de más; y en las conjuras siempre, si son pocos, faltan, y si son muchos, sobran.

Julio César, después de derrotar a Pompeyo, hizo levantar una estatua en su honor. Cicerón lo comentó así:
—Es la mejor manera de preparar los ánimos a favor de una estatua para él.

Acusaban a Cicerón de haber hecho condenar a más hombres con sus testimonios de los que había hecho indultar con sus discursos. Y él decía:
—Es cierto, y esto prueba que soy más verídico que elocuente.

Como se sabe, Cicerón era un gran orador. También Tucídides tenía fama de serlo. Y alguien le preguntó a Cicerón cómo juzgaba las arengas de Tucídides. Y Cicerón las juzgó así:
—Las tengo por muy buenas; tanto, que no podría imitarlas y, si pudiera hacerlo, tampoco las imitaría.

Cicerón estuvo en Grecia para aprender oratoria entre los griegos. En Grecia, el orador Apolonio le oyó pronunciar un discurso ante mucha gente. Todos le aplaudieron mucho, menos Apolonio. Y Cicerón le preguntó:
—¿No lo hago bien?
—Más que otro cualquiera. Y eso me entristece. La elocuencia era la única gloria que nos quedaba, y tú vienes a quitárnosla y te la llevas a Roma.

Cicerón era muy vanidoso, con mucho amor propio. En una ocasión, pronunció un discurso de alabanza dedicado a Marco Craso. Y fue ovacionado. En otra ocasión, poco tiempo después, pronunció otro discurso contra Marco Craso. También le salió muy bien y le ovacionaron. Marco Craso, muy intrigado, le interrgó después:
—¿Me alabas primero y después me vituperas?
—Hoy he dicho la verdad. La primera vez sólo lo hice para ejercitar la elocuencia en un tema ingrato.

En una causa, el abogado de la parte contraria, Metelo Nepote, para confundir a Cicerón recordándole su humilde origen, le preguntó:
—Y, en resumidas cuentas, ¿quién fue tu padre?
Cicerón, con su siempre mesurada voz, le contestó:
—Más fácil es para mí decir quién es mi padre que para tu madre decir quién es el tuyo.
Y como, en efecto, la madre de Metelo no se había distinguido por la honestidad de sus costumbres, Cicerón tuvo al auditorio de su parte y ganó la causa.

Un romano, acusado de haber envenenado a sus padres con una torta, fue sometido a juicio. El acusador era Cicerón. El acusado, hombre de dinero y de influencia, se permitió en el juicio lanzar amenazas contra su acusador. Y Cicerón puso al público de su parte, diciendo al acusado:
—Tus amenazas no me asustan. La verdad es que prefiero tus amenazas a tus tortas.
Y ganó el juicio.

Un amigo de Cicerón presumía de ser mucho más joven de lo que era en verdad. Y Cicerón le dijo:

—Así resulta que, en aquellos tiempos, cuando íbamos a la escuela, tú aún no habías nacido.

Cuenta Plutarco que Cicerón no era muy valiente, pero que lo fue a la hora de la muerte y supo morir con todo honor. Después de la muerte de César, Cicerón se pronunció a favor de Octavio y en contra de Marco Antonio. Pero Marco Antonio fue nombrado triunviro junto con Octavio y Lépido y esto fue la sentencia de muerte para Cicerón. Huyó con su hermano Quinto. Algunos hombres les acompañaban en la huida. Pero los esbirros de Marco Antonio les dieron alcance. Los hombres intentaban defenderles y Cicerón se lo impidió. Avanzó hacia sus perseguidores y les dijo:
—Aquí tenéis la cabeza que andáis buscando.
Y allí mismo le cortaron la cabeza. La mandaron después, como testimonio mudo, a Marco Antonio. Y Fulvia, la mujer de Marco Antonio, se entretuvo pinchando con agujas la lengua de aquella cabeza muerta, en castigo de todo lo que había dicho contra su marido.

## CITROËN

El fundador de la industria de automóviles Citroën contaba que, en una visita de un grupo de clientes a la fábrica, uno le preguntó:
—¿Cuánto tiempo se necesita para construir un automóvil?
Y Citroën contestó que, si era preciso, podía hacerse en muy poco tiempo. Que una vez habían construido uno en veintitrés minutos. Y uno de los del grupo exclamó:
—¡Es el mío, seguro!
No se sabe si la casa Citroën le regaló otro.

## CLARY, Deseada

Deseada Eugenia Clary (1781-1860), novia un tiempo de Napoleón y, al final, esposa de Bernadotte y reina de Suecia, era hija de un buen burgués de Marsella. Era muy bonita, algo metidita en carnes y tenía los ojos muy bellos. Antes de ser novia de Napoleón lo fue de su hermano José Bonaparte. Un hermano suyo fue detenido en la época del Terror. Deseada y su hermana mayor, Julia, visitaron al jefe de policía para pedirle que pusiera en libertad al hermano. Había muchos visitantes y las hicieron esperar mucho rato. Deseada se durmió sentada en un banco. Entretanto, su hermana pudo entrar a hablar con el jefe de policía y después la hicieron salir por otra puerta. Cuando Deseada despertó estaba sola allí. Era de noche. Deseada salió a la calle. Le daba miedo ir sola hasta su casa.

Pasó por allí un oficial, ella le rogó que la acompañara, el oficial se prestó y, al despedirse, le pidió permiso para visitarla el día siguiente, y ella se lo dio. Así se conocieron Deseada y José Bonaparte y así empezó la gran aventura de aquella muchachita, hija de un comerciante de Marsella. Cuando Napoleón llegó a Marsella destituido como oficial del ejército, su hermano le llevó a casa de los Clary y allí Napoleón se hizo novio de Deseada y su hermano José se consoló con Julia, con la que se casó después. Napoleón marchó más tarde a París y allí, olvidando a Deseada, se casó con Josefina. Traición que, al parecer, Deseada no le perdonó nunca.

De Deseada Clary nunca se ha dicho toda la verdad, ni se puede decir, porque la verdad de los corazones es impenetrable. Si es cierto que el hombre es un ser de pasión y no de razón, como han afirmado los filósofos, el gran ejemplo de «pasión como principal impulso interior» sería Deseada Clary. Un biógrafo reduce la fenomenal anécdota de su vida en un solo largo párrafo, que es el siguiente:

«Famosa mujer francesa, esposa del general Bernadotte, reina de Suecia. Su destino pareció trazado por un Shakespeare y un Milton en colaboración. Y, en medio de sus maravillosas aventuras, siguió siendo una francesa sencilla con un poco de melancolía (esas cuatro últimas palabras pueden ser el dedo mágico que traza un destino). Su padre era un rico comerciante de sedas de La Cannebière. Deseada tenía otra hermana mayor, llamada Julia, no tan bonita como ella. Deseada Clary se hizo novia de un pobre oficial llamado José Bonaparte, hermano de otro oficial llamado Napoleón, que ya empezaba a ser famoso. José quiso casarse con Deseada, pero Napoleón, luego de conocer a ésta, decidió que José se casase con Julia, porque era él quien iba a casarse con Deseada. Y José se casó con Julia. Y Deseada fue novia de Napoleón, al que amó con verdadera pasión [es en este punto donde se hace imposible llegar hasta la verdad histórica]. Napoleón, claro está, la olvidó, y se casó con Josefina Beauharnais [que era, al parecer, una mujer con fuerte seducción sexual]. Deseada tuvo otros buenos pretendientes, entre ellos el general francés Junot. Pero lo que ella deseaba para vengarse no era un satélite de Napoleón, sino un rival [¿quién sabe si esto es verdad?], y por eso eligió a Bernadotte, a quien Napoleón llamaba «el hombre obstáculo». ¿Cómo adivinó la fina provinciana que aquel hombre era el que la vengaría? [Posiblemente, ni lo adivinó ni lo pensó.] ¡Y bien vengada quedó! En todas partes, Napoleón, a lo largo de su ruta gloriosa, topó con el inquietante rival, hostil al 18 Brumario, inmóvil en Jena, retrasado en Eylau, casi rebelde en Wagram. Y, sin embargo, Napoleón, que aplastó a todos sus enemigos, jamás se atrevió contra Bernadotte [otro de los misterios de la humana cuerda pasional]. La boda de éste con Deseada se celebró el 17 de agosto de 1798 [Bernadotte tenía entonces 34 años y Deseada 22]. Cuando Bernadotte fue elegido príncipe heredero de Suecia, Deseada marchó con él. En Suecia, el pueblo la recibió cariñosamente; a todos les pareció una mujer encantadora y le dieron un sobrenombre que ha pasado a la historia: Bonnette. Pero no tardó Deseada en regresar a París. ¿Por qué? Jamás dejó de adorar a Napoleón y necesitaba estar cerca de él [afirmaciones éstas que el biógrafo es incapaz de demostrar]. Cuando Bernadotte entró en París con sus aliados y Napoleón, abandonado por todos, emprendía el camino del destierro, Deseada debió de exultar, aunque entre lágrimas, porque se vengaba totalmente del ser... a quien amaba aún [sarta de afirmaciones sin demostración posible]. Y poco faltó para que, desposeídos los Borbones, tomara Bernadotte en las Tullerías el puesto del emperador caído y para que ella entrase allí ¡como emperatriz! [este poco que faltó pudo ser, el trazo invisible de los destinos humanos, casi todo]. Ya reina de Suecia, Deseada siguió viviendo en París. ¿Qué la retenía en esta ciudad? ¡Inolvidables recuerdos! Pero murió en Estocolmo el 7 de diciembre de 1860».

Del tiempo que Deseada fue reina de Suecia se cuenta una anécdota muy curiosa. Deseada nunca habló bien el sueco. Al paracer, ni se molestó mucho en intentar aprenderlo. Le gustaba dar largos paseos sola, campo a través. Y en uno de esos paseos conoció a una niña de la vecindad, de la que se hizo muy amiga. Se entendían muy bien y la reina aprovechaba aquella amistad para perfeccionar su mal aprendido sueco. Y un día le dijo a la niña:
—Vosotros, los suecos...
La niña le interrumpió:
—Nosotros no somos suecos.
—¿No? ¿Pues de dónde sois?
—Somos franceses y en casa siempre hablamos francés.
Y, después de aquel prodigioso descubrimiento, se acabaron las lecciones de sueco de la niña, que continuó tan amiga como antes de la reina, pero ya para siempre en francés.

Durante la Restauración, Deseada, en vez de unirse a su marido el rey, en Suecia, se estableció en París y se condujo allí como enamorada del duque de Richelieu, ministro de Luis XVIII. Nadie comprendía aquel amor, pues el duque no era joven ni de buena presencia. Pero Deseada le seguía a todas partes, frecuentaba todos los sitios que frecuentaba el duque. El duque, que tampoco comprendía el motivo de aquella persecución y que no correspondía al amor de Deseada, hacía todo lo posible para evitar encontrarse con ella. La conocía de lejos por el vestido y desaparecía. Parece ser que Deseada confesó a su amiga madame Récamier que había conseguido de su modista que le prestara un vestido distinto todos los días y que así el duque no la conocía de lejos y ella podía acercársele. Y según se llegó a descubrir, o al menos a sospechar, lo único que pretendía Deseada del duque era una intervención a favor de Napoleón, en el sentido de hacerle más llevadero su destierro en Santa Elena.

## CLEMENCEAU

Georges Clemenceau (1841-1929) fue conocido con el apodo de *el Tigre*, por su agresividad. En una ocasión, en su juventud, participó en un tumulto callejero. Y, subido a un banco, habló a la multitud en términos violentos. Pero sin gesticular ni una sola vez. Y, al prescindir de la gesticulación, tuvo que poner mucha más persuasiva convicción en sus palabras. Después contó que, al producirse el tumulto, estaba participando en una subasta de porcelanas, había comprado algunas piezas muy buenas y, al lanzarse a la calle, las llevaba en los bolsillos. Y que no sacó las manos de los bolsillos para evitar que se le rompiera alguna. Y parece ser que, tiempo después, todavía decía:
—Lo más difícil, en un tumulto callejero, es salvar la porcelana.

Lo que mucha gente ignora es que Clemenceau era médico. Y en su juventud, fue a la vez consejero municipal por el distrito de Montmartre y médico de allí. Y en el local de la tenencia de alcaldía resolvía a la vez los asuntos municipales y atendía a algunos enfermos. Un día esperaban turno algunos enfermos. Clemenceau tenía prisa y les dijo a todos a la vez:
—¡Desnudaos!
Todos se desnudaron de la cintura hacia arriba. Llamaron a Clemenceau para un asunto del municipio y estuvo un rato ausente. Mientras, entró un muchacho alto y sólido y, al ver que todos estaban medio desnudos, se desnudó también convencido de que aquello era un trámite previo indispensable. Clemenceau pasó visita a los enfermos y, al llegar al muchacho, le preguntó:
—¿Qué le duele?
—¿A mí? Nada. Yo he venido a solicitar una plaza de auxiliar en el municipio.
Y a Clemenceau le hizo tanta gracia la cosa, que le concedió la plaza.

Fue, durante un tiempo, director del periódico *Justice*. Y a un nuevo redactor le puso en antecedentes así:
—Amigo mío, escribir en este periódico es cosa fácil: sujeto,

verbo y complemento. Y, antes de añadir algún adjetivo, consultarme siempre. Los adjetivos los elijo todos yo.

Y en la redacción del mismo periódico, en vista de cómo brillaban los redactores por sus muchas ausencias y cortas presencias, puso este aviso: «Se ruega a los señores redactores que tengan la amabilidad de no marcharse antes de llegar».

Se trataba de condecorar con la Legión de Honor a un prefecto, amigo de Clemenceau. Otro ministro era contrario a esta concesión y la combatió, en un largo parlamento, durante un Consejo. Clemenceau se limitó a contestarle:
—De todos modos tendrá la Legión de Honor.
—Pero, ¿por qué?
—Por una razón indiscutible: porque no la tiene.

Estaba un día en la redacción de *L'Aurore* con otro colega. Sonó un disparo y una bala se incrustó en la pared. Clemenceau y su amigo se precipitaron a la habitación contigua, donde ya otros redactores habían detenido a un desconocido. Clemenceau decía:
—Es un loco, seguro.
Y su amigo:
—O un anarquista.
En aquel momento el desconocido gritaba:
—¡Viva la justicia!
Y Clemenceau se ratificaba en su primera opinión:
—Lo que yo os dije: un loco.

Cuando dirigía el diario *L'Aurore,* buscó un redactor que se encargara de política internacional. Se presentó un joven para ocupar el puesto. Clemenceau le estuvo hablando mucho rato de los distintos problemas internacionales del momento, de sus causas y de las consecuencias que podían tener. El joven le iba diciendo a todo que sí. Y, después de mucho rato, Clemenceau llamó a los otros redactores y les presentó al nuevo redactor. Les dijo:
—Éste hará, en adelante, los comentarios sobre política internacional, y le he designado porque, según he podido darme cuenta, no sabe nada de nada. Y ésta es la única forma de comentar sin prejuicios todo lo que ocurre en el mundo de la política.

Se supo después que todo lo que le había estado diciendo al joven eran puras invenciones que nada tenían que ver con la realidad.

Clemenceau, en su juventud, había estrenado una comedia: *El velo de la felicidad.* El crítico de *Le Journal,* Catulo Mendès, la trató ferozmente, de «lo peor que se ha hecho en los últimos tiempos». Años después, Clemenceau era director de *L'Aurore*

y Catulo Mendès estrenaba *La reine en feu*. El crítico teatral de *L'Aurore* tenía conocimiento de la forma desconsiderada como Mendès había tratado una obra de Clemenceau años atrás, y antes de ir al estreno, le preguntó si quería aprovechar la ocasión para devolver la pelota a Mèndes.
—Sí —le dijo Clemenceau—, le devolveremos la pelota y le daremos una lección.
—Descuide.
—En el bien entendido de que si la obra es sencillamente buena, la pongáis por las nubes, y si es mala digáis, sencillamente, que es muy buena.
Y así fue como le quiso dar una lección a quien le había tratado tan mal.

Clemenceau había sido, en su juventud, muy revolucionario. En su madurez fue presidente del Consejo de Ministros. Y un periodista, en rueda de prensa, le preguntó:
—¿Qué piensa ahora el señor presidente acerca de las revoluciones?
—Exactamente lo mismo que pensaba en mi juventud. Con una sola diferencia: que ahora lo pienso desde el otro lado.

Era ministro y, en una sesión en la Cámara de los Diputados, uno de los miembros pronunciaba un discurso interminable. El presidente de la Cámara aprovechó un breve silencio del orador para decirle:
—Si su señoría desea descansar un rato...
—No, gracias; no estoy cansado.
Y entonces Clemenceau, desde el banco del Gobierno, le sugirió:
—Si su señoría quiere dejarnos descansar un rato a todos nosotros...
Risa general. Y el señor diputado terminó en pocas palabras su discurso.

Clemenceau tenía también su casita de campo para las vacaciones. Y junto a la casa de Clemenceau estaba la casa del cura de allí. Y en el jardín del cura había un árbol muy corpulento. Clemenceau pidió a su vecino el cura que cortase el árbol pues le quitaba la vista. El cura defendió su árbol:
—Lo planté yo, en mi juventud.
—De todos modos...
Y, al fin, el cura accedió con estas palabras:
—Bien, lo cortaré. No quiero que sea dicho que yo he sido un obstáculo para que Clemenceau viera el cielo, aunque fuese de lejos.
Y cortó el árbol.

Se asegura que decía de uno de sus ministros:
—No tiene idea de nada; pero sabe defender sus ideas con pasión. Y esto es lo que interesa.
Su apodo de el Tigre le venía de la dureza despiadada de sus decisiones. Y se cuenta que una vez, en la Cámara de los Diputados, debutaba un joven político que hizo, inesperadamente, un muy buen discurso. Clemenceau, felicitándole momentos después, le dijo:
—Dejad que os estreche sobre mi corazón.
—No; eso, no. Me da miedo el vacío.
Y esta contestación le gustó tanto a Clemenceau, que la primera vez que fue presidente del Consejo ofreció una cartera al joven político.

No sentía ningún aprecio por los aduladores. De uno que siempre le estaba elogiando, dijo una vez:
—Es un tipo odioso. Todas sus frases se componen de sujeto, verbo y un cumplido.

Cuando fue ministro del Interior, prohibió a los prefectos de los distintos departamentos ausentarse de su jurisdicción sin un especial permiso. El prefecto de uno de los departamentos del centro de Francia era un viejo amigo. Quiso pedir a Clemenceau que le mejorara la situación y fue a París a visitarle. Clemenceau, por todo saludo, le preguntó:
—¿Sois ahora prefecto del departamento del Sena?
—¿Del Sena? Ya sabéis que no.
—Lo pregunto porque el único prefecto que tiene derecho a residir en París es el del Sena.
—Yo sólo quería pediros un favor.
—Y yo otro. Son las cuatro: a las cuatro y media sale un tren hacia el sur. Que no lo perdáis.
Por la noche le llamó por teléfono y cuando le oyó la voz, le dijo:
—¡Bien! ¡Veo que no habéis perdido el tren! ¡Buenas noches!

Era muy sagaz como político y, en cuanto a creencias, librepensador. Esto lo sabía todo el mundo y Clemenceau hacía honor a este saber general. Su ventana daba al jardín de un convento de frailes. Y, en el jardín había un árbol corpulento que le dejaba la habitación a oscuras. Clemenceau escribió al padre superior del convento, rogándole que mandara cortar el árbol. Y el superior le complació. Clemenceau se lo agradeció en otra carta. En la primera, como librepensador que era, le había tratado simplemente de «Monsieur l'abbé». En la segunda, como quiso ser más religiosamente cortés, de «padre». Pero, puesto a quedar bien a la vez con el fraile y con sus ideas, le escribió así: «Padre mío... Y puedo efectivamente llamarle de este modo, porque gracias a usted he visto la luz del día...».

Clemenceau era jefe del Gobierno cuando murió uno de los ministros. Otro político, con la pretensión de sustituir al ministro fallecido, telefoneó en seguida a Clemenceau:
—Creo, señor presidente, que yo soy la persona indicada para ocupar el puesto del ministro fallecido...
—Sí, sí, desde luego. Pero esto no depende de mí. Póngase usted de acuerdo con los de pompas fúnebres.

El político francés era tan buen patriota que no admitía que nadie dudara de la perfección de todas las organizaciones francesas. Alguien le hablaba un día del retraso de algunos trenes, y Clemenceau gritó:
—¡Falso! Los trenes franceses llegan siempre a la hora.
Y añadió después, en voz baja:
—Aunque a veces no llegan al final de trayecto, sino a un sitio un poco antes del final.

Se cuenta también que, una vez, viajaba en tren por el país. Era de noche. El tren se detuvo en una estación y quedó detenido durante mucho rato. Clemenceau mandó llamar al jefe de estación y le preguntó:
—¿Cuánto rato para este tren, aquí?
El jefe de estación sabía que estaba hablando con el jefe del Gobierno. Y, puesto a dar una contestación absolutamente reglamentaria, consultó la guía y, seguro de sí mismo, dijo:
—Este tren aquí no para.
—Pero está parado.
—Esto es muy posible, si vuestra excelencia lo asegura, pero como parar, no para.
Y siempre apoyado en la guía de horarios, no le sacaron de ahí. Hasta que el tren se puso en marcha.

Después de la primera guerra mundial las conversaciones entre Wilson, Lloyd George y Clemenceau se hacían interminables. En una de las sesiones, Lloyd George se hizo acompañar de los primeros ministros de Australia, del Canadá y de Nueva Zelanda. La presencia de aquel acompañamiento molestó a Clemenceau. Y la primera vez que Hugues, primer ministro australiano, se levantó a hablar, le interrumpió con una pregunta:
—¿Es cierto, señor ministro, que en vuestra infancia erais caníbal?
Y Hugues, muy naturalmente, sin darle ninguna importancia, le replicó:
—Bueno, no tanto; siempre se exagera un poco.

En los consejos de ministros no era fácil hacerle cambiar de propósito. Insistía, insistía hasta que le daban la razón. Si alguna vez no lo conseguía, interrumpía el Consejo, aplazándolo hasta otro día. Una vez, después de mucho rato de discutir con sus ministros, interrumpió la discusión para decirles:

—Mi abuelo paterno era un gran observador. Cuando yo era niño me llevaba a hacer largos paseos por el campo y todas las veces me daba una u otra lección. Un día, después de cruzar un prado, me dijo: «Siempre que acabes de cruzar un prado, vuelve la cabeza y mira hacia atrás; y verás un asno que te mira». Volvimos la cabeza y allí estaba el asno.

Y, con mucha calma, añadió:

—Me acuerdo de esto siempre que he acabado de tener un consejo de ministros. Por lo mismo, al salir, nunca vuelvo la cabeza.

Y se fue sin volverla.

Se hacía famoso entonces el médico ruso Voronof, que, con sus inyecciones de glándulas, pretendía alargar la vida y rejuvenecer a los viejos. Voronof se encontró un día con Clemenceau y le insinuó las ventajas de someterse a una cura de juventud.

—No, no; por ahora, no. En todo caso más adelante, cuando empiece a envejecer.

Clemenceau tenía, entonces, ochenta y tres años. Murió a los ochenta y ocho.

## CLEOPATRA

Esta reina de Egipto (69-30 a. de J.C.) ha pasado a la historia por sus amores con Julio César y con Marco Antonio. La anécdota del encuentro de Cleopatra y César, histórica o legendaria, es muy bonita. César estaba instalado en Alejandría, después de su victoria sobre Pompeyo. Cleopatra fue a su encuentro envuelta en unos tapices. Así la llevó hasta la presencia de César un esclavo de constitución atlética, llamado Apolodoro. Pidió que le dejaran entrar a vender tapices a César. Entró, extendió los tapices que llevaba arrollados, y de pronto del rollo salió Cleopatra, que tenía entonces alrededor de los dieciocho años y era, como mujer, de una belleza impresionante.

En la vida de Cleopatra hay un curioso misterio, y son los tres años que pasa en Italia, como amante titular de César. Habían pasado cuatro años desde el encuentro de los dos en Egipto. César era el dueño de Roma y la mandó a buscar. Y Cleopatra acudió a la llamada. Llegó a Roma en compañía de su hermano, con el que estaba legalmente casada según costumbre faraónica. El hermano era algunos años más joven que ella. Cleopatra en Roma llevó una vida quieta, tranquila, de buena mujercita de su casa. Y parece ser que esto fue lo que no le perdonaron las matronas romanas. No toleraban sin disgusto que una reina egipcia fuera a darles ejemplo de buenas costumbres hogareñas. Cleopatra vivía en una villa a orillas del Tíber; César la visitaba con frecuencia y es de suponer que fueron felices, porque jamás se ha escrito la historia de aquellos tres años, desde que Cleopatra llegó a Roma hasta la muerte de César.

Un historiador dice: «Cleopatra regresó a Egipto después de la muerte de César, pero no en seguida, sino algunos meses después. Nada se sabe de lo que hizo ella en Roma durante su larga permanencia de tres años allí. Y es casi seguro que no hizo nada malo, porque, si lo hubiese hecho, la historia lo recordaría».

Al parecer, Cleopatra tenía una nariz perfecta y esta perfección tuvo que influir en los amores que inspiró. Un historiador quiso dedicar al caso «Cleopatra» una frase lapidaria y la encontró gracias a la nariz. Escribió: «Si Cleopatra hubiese tenido la nariz un dedo más larga, habría cambiado la faz del mundo».

Sí, porque ni César ni Marco Antonio se habrían enamorado de ella. Y un profesor de historia repetía a sus alumnos la frase lapidaria del historiador, y la ponía como tema de una composición. Entre los alumnos había uno con claro sentido del humor. Y, al poner el título en su composición, cambió un poco la frase lapidaria y la puso así: «Si Cleopatra hubiese tenido la nariz un dedo más larga, no se sabe lo que habría ocurrido en el mundo; lo único seguro es que habría cambiado la faz de Cleopatra».

Mucho se ha hablado de unas perlas que, en cierta ocasión, Cleopatra disolvió en vinagre y se las tomó así. Plinio refiere este hecho de la siguiente forma: Cleopatra le ofreció a Marco Antonio una comida de diez millones de sestercios. Era imposible gastar tanto dinero en una sola comida. Marco Antonio apostó que no era posible, Cleopatra aceptó la apuesta y nombraron a un tal Planco como juez de la apuesta.

La comida que Cleopatra ofreció a Marco Antonio era más o menos como todas. Cleopatra llevaba dos gruesas perlas colgadas al cuello. Y le preguntó a Planco:

—¿Cuánto pueden valer estas perlas?

—Cinco millones de sestercios cada uno, lo menos.

Cleopatra se descolgó una perla, la dejó caer en una copa y llenó la copa de vinagre. Un rato después, la perla se había disuelto en el vinagre. Cleopatra se lo bebió. Cuando iba a disolver la otra perla, Planco le detuvo el brazo, diciéndole:

—No hace falta. Has ganado.

Y Marco Antonio lo reconoció también. La otra perla fue ofrecida a la diosa Venus y quedó colgada del cuello de la estatua de la diosa que estaba en el Panteón (templo consagrado a los dioses romanos).

De la muerte de Cleopatra se han dado versiones que difieren unas de otras. La versión más anecdótica la refiere un historiador así:

En el último pliego que recibió Octavio de Cleopatra, la reina de Egipto sólo le rogaba que la enterraran junto a Marco Antonio. Después, cuando los soldados de Octavio consiguieron entrar en la habitación de la reina, Cleopatra había muerto ya. Nunca se ha sabido ni se sabrá exactamente cómo. Que murió envenenada parece cierto, pues su cuerpo no tenía herida ni señal alguna, dicen. Pero nunca se ha sabido cómo se administró el veneno. Se han hecho distintas suposiciones: que tenía el veneno guardado en un alfiler o en una horquilla de oro; que se mordió ella misma y se introdujo en la herida un veneno de víbora, tal como se hacía entonces para producir una muerte suave; que se hizo morder por un áspid... Y, al decir un áspid, se significa una víbora egipcia con las manchas de la piel de color distinto de las víboras nuestras. Ésta es la versión aceptada por los historiadores más competentes.

Pero nada se sabe cierto. Algunos historiadores aseguran que la víbora fue introducida por un campesino en un cesto de higos; otros aseguran que en un cesto de uvas. Unos aseguran que la mordedura se produjo en el brazo izquierdo; otros que en el pecho. Lo único conocido es que Cleopatra y sus dos bellas esclavas murieron envenenadas. Se sabe que las dos esclavas se llamaban Eiris y Charmion.

Y se supone que el cuerpo de Cleopatra, por orden de Octavio, respetuoso con el último deseo de la reina, fue enterrado en la misma tumba de Marco Antonio. No se sabe cómo era ni dónde estuvo emplazada esta tumba. Si existió, nunca ha sido encontrada. El que un día la encuentre, si todavía existe bajo las arenas acumuladas por el viento de los siglos, hará a los museos y a los investigadores un regalo tan precioso como el que Marco Antonio y Cleopatra hicieron, con su amor, a la historia, a la leyenda y a la anécdota.

## COCTEAU

El poeta francés Jean Cocteau (1892-1962) tenía sus salidas de poeta, algunas de ellas aprovechando ocasiones provocadas. Estaba pasando unos días en la orilla del mar y paseaba meditabundo por la playa. Alguien que le vio allí le dijo:

—Seguro que de este paseo de hoy saldrá algo bueno.

—En todo caso, algo inferior a lo que ha salido ya.

Y, después de esto, el poeta sentenció:

—Es que el mar y los sueños se parecen. Las plantas que se arrancan al mar y las obras que se arrancan a los sueños pierden mucha de su belleza en contacto con el mundo exterior.

Sabido es que Cocteau no tenía un gran aprecio por las mujeres, al menos un aprecio sexual. Contaba uno de sus amigos que Cocteau había rehusado siempre las discusiones con mujeres. Decía:
—Con el hombre se puede discutir, porque nunca está seguro de tener razón. Con la mujer no se puede discutir, porque siempre está segura de tenerla. Y es que la mujer es incapaz de analizar una idea. Y, ante esta incapacidad, la admite de una vez como indiscutible. Esto el hombre no lo hace nunca.

Y añadía:
—Y he observado que las mujeres, cuando discuten entre ellas, hablan siempre de cosas distintas, sin que ninguna se digne ni tan siquiera escuchar lo que le dice la otra.

Le hablaban un día de su poesía. Le decían:
—Ha escrito usted cosas admirables.
Se apresuraba a interrumpir:
—No me diga cuáles. La tragedia de un poeta consiste en ser admirado, precisamente, por aquello que todos interpretan mal. Nunca por lo que el poeta quiso de veras decir.

En el campo, donde pasaba largas temporadas, sabía hacerse amigo de los campesinos. Y les hablaba en el lenguaje de ellos, de manera que todos le entendieran. Un amigo le dijo:
—Entre los campesinos de aquí parece otro campesino. ¿Es que les conoce a fondo?
—No.
—¿Entonces?
—Es que cuando hablo con esa gente sencilla, procuro usar sólo de aquello de mí mismo que tengo de común con los demás.
Es una buena lección.

Cocteau daba a veces recitales de poesías suyas. Y tenía la costumbre, al terminar, de pedir perdón así:
—Y perdonen, se lo ruego, que esté vivo todavía.
Y cuando le preguntaban por qué decía esto, daba esta explicación:
—Porque el público ha preferido siempre a los poetas muertos. Y considero que mi presencia aquí tiene para los que me escuchan, en este sentido, algo de decepción.

Se dice que, cuando le felicitaban por su ingreso en la Academia Francesa, decía:

—No me felicite. Entre el uniforme, la espada, la capa y el sombrero he tenido que gastar más de seiscientos mil francos. Francos antiguos, desde luego. Y si le aseguraban que pronto los ganaría con algún nuevo libro, decía:
—Si cuento la verdad de todo lo que vaya sabiendo de los otros académicos, es muy probable que sí.
Y, por lo que se sabe, en ningún libro la ha contado.

En cierta ocasión dijo que no tiene nada de extraño que los jóvenes y los dictadores se parezcan, precisamente porque las dictaduras siempre son jóvenes.
—¿Y se parecen? —le preguntaron.
—Sí. Ni los jóvenes ni las dictaduras saben lo que quieren; pero saben muy bien lo que no quieren.
Y ese doble no querer lo explicaba así:
—Lo que no quieren las dictaduras es que el país cambie de régimen. Y lo que no quieren los jóvenes es seguir, en lo que sea, el ejemplo de los que ya no lo son. Y, por otra parte, ésta es la única forma de ir avanzando hacia... cualquiera sabe dónde.

Sostenía que todo lo que se dice de la igualdad de hombres y mujeres le sonaba a falso. Que bastaba observar a hombres y mujeres en las mismas situaciones para comprobar que nunca reaccionaban igual. Y citaba este ejemplo, como experiencia que muchos pueden hacer:
—Vayan al Louvre y sitúense cerca de la *Gioconda*. Oigan cómo comentan la pintura los hombres y cómo la comentan las mujeres. Los hombres, o callan o tratan de discutir el cuadro en sus cualidades como pintura. Las mujeres dicen:
—¡Toma! Pues se parece bastante a Margarita.
O a otra cualquiera.

Hubo fuego una vez cerca de donde vivía Cocteau. Y un amigo que estaba con él, mientras los dos contemplaban el fuego, le preguntó:
—De todo lo que tienes aquí, si un día ardiera tu casa, ¿qué te llevarías?
Y Cocteau, a lo mejor pensando que el otro repetiría la frase, contestó en seguida:
—¡El fuego!

Además de escribir, pintaba muy bien y, aunque no llegó a ser famoso como pintor, sus cuadros se vendían y pintó los frescos de una iglesia en el sur de Francia. En una exposición de pinturas suyas, el día de la inauguración estuvo más alegre que de costumbre. Le preguntaban el motivo de su alegría y contestaba muy serio:

—Los pintores somos todos gente alegre, y hoy soy pintor.
—¿Los escritores, no?
—No.
—¿Cuál es la razón?
—Que la tinta es triste; no hay otra.

## COLETTE

La escritora francesa Colette (Sidonie Gabrielle, 1873-1954), casada con el escritor Willy, trabajó hasta última hora de su vida, y se permitió siempre, en sus textos, mucha libertad de expresión. Ya pasada la primera madurez alguien le preguntó a qué edad empieza una mujer a darse cuenta de haber envejecido.
—Pues mientras se entere de cómo las malas lenguas se ocupan de ella, no. Cuando ya lleve un tiempo sin que nadie le vaya con la noticia desagralable de lo que otro ha dicho de ella, entonces.

## CONDÉ

El Gran Condé (1621-1688), príncipe de Condé y duque de Enghien, fue un genio militar en la Francia de Luis XIV. Vivía rodeado de aduladores y es posible que llegara a hartarse de los elogios que le prodigaban. Y parece ser que una vez, a uno que le elogiaba, le dijo:
—Id y preguntad a mi ayuda de cámara.
De esta ocurrencia puede venir la frase proverbial «no hay grande hombre para su ayuda de cámara».
Otros autores atribuyen la frase a Napoleón. Pero, en textos mucho más antiguos, ya se puede leer que «pocos hombres fueron admirados por sus criados, pues nadie ha sido nunca profeta, no sólo en su casa, sino tampoco en su país».
Y de todo esto quedan ahora dos frases proverbiales:
«No hay ningún gran hombre para su criado».
«Nadie es profeta en su tierra.»

## CONAN DOYLE

El famoso escritor inglés sir Arthur Conan Doyle (1859-1930), inventor del también famoso Sherlock Holmes, estuvo una vez en Boston a dar unas conferencias. Al llegar a la ciudad tomó un taxi hasta el hotel. El taxista se negó a cobrar. Y le dijo:
—Preferiría que, en vez de pagarme, me diera usted una entrada para su conferencia de esta tarde.
—¿Cómo sabe usted quién soy?

—Muy sencillo y hasta elemental, amigo Watson. Sabemos que está usted en Boston; en las solapas de su abrigo veo un polvo que me parece de Nueva York, en donde ha estado usted antes; el cabello lo lleva usted cortado como lo cortan en Filadelfia, donde también ha estado usted; en sus zapatos...
Conan Doyle se echó a reír:
—Es usted más sagaz que mi Sherlock Holmes.
—Mucho más. Y aún no se lo he dicho todo. En la tarjeta de su maleta está claramente escrito su nombre, señor Doyle.

El inventor de Sherlock Holmes no buscaba nunca los elogios, ni los aceptaba con gusto. Se cuenta que una vez que alguien le estuvo dedicando alabanzas, en una reunión social, le dejó decir sin interrumpirle. Y cuando el otro hubo terminado, le dijo:
—Puede que todo sea cierto. Pero yo lo único que envidio y me gustaría tener es la piel de un hipopótamo. Sobre todo, los días de lluvia.
Y dio media vuelta y se alejó.

Era hijo de un notable caricaturista; tenía la carrera de medicina y la ejerció en sus primeros tiempos. Un día, en la clínica donde prestaba servicios visitó a un enfermo recién llegado. Algunos estudiantes le acompañaban. Conan Doyle observó un rato al enfermo y después, en vez de hablarle de la enfermedad, le dijo:
—Usted era soldado y ha dejado el servicio hace poco tiempo. Y estuvo destacado en las islas Barbados.
El enfermo le escuchó estupefacto, pues todo aquello era verdad.
—¿Me conoce?
—No.
Y después dijo a los estudiantes, también sorprendidos:
—Llevaba puesto el sombrero. Esto sólo lo hacen los soldados o los que han dejado el servicio hace poco tiempo. En seguida he visto que padecía elefantiasis, que es una enfermedad propia de las Indias Occidentales. Lo de las islas Barbados lo he dicho porque sí, a la buena de Dios. Y he acertado. No olvidéis que de las varias cosas posibles en cada caso, siempre hay una que es cierta.
Un estudiante le preguntó:
—¿Y si el enfermo hubiese dicho que no, que no había servido allí?
—Le habría contestado: ¡Claro que no! Y ya teníamos eliminada una posibilidad.

Muchos lectores de Sherlock Holmes creían que este personaje tenía existencia real, y le escribían cartas dirigidas al editor. Éste las entregaba a Conan Doyle, que contestaba algunas, y en las contestaciones firmaba Sherlock Holmes. Así ayudó a mantener la leyenda de la existencia real de su protagonista.

El Sherlock Holmes de sus libros es soltero. Un amigo de Conan Doyle hizo una pieza de teatro de uno de los relatos. Y le preguntó a Doyle si Holmes, en la pieza, podía aparecer casado, que iba mejor así. Doyle le dijo que podía hacer de Holmes todo lo que le pareciera bien. Y así Holmes, en el teatro fue, por una vez, un hombre casado.

Contaba Conan Doyle (y es muy posible que fuese cierto) que una vez mandó a muchos amigos el mismo telegrama, redactado así: «Huye inmediatamente; todo se ha descubierto». Y que algunos de los que recibieron el telegrama habían desaparecido de sus domicilios.

No dice la anécdota si Doyle les visitó un tiempo después para decirles:

—Vengo a ver si descubro los motivos que os impulsaron a huir después de leer el telegrama.

En *Les nouvelles littéraires* se refirió hace años este caso de Conan Doyle: En los Estados Unidos fue detenido y juzgado un tal Slater. Y se le condenó a trabajos forzados por homicidio y robo. Doyle, que seguía en la prensa todos los casos de crímenes, juicios y condenas, sospechó que se había cometido algún error y que Slater era inocente. Se ocupó personalmente del caso, consiguió una revisión de la causa, se encontraron nuevas pruebas a favor de la inocencia de Slater y no sólo fue puesto en libertad, sino también indemnizado con setecientos dólares. Entonces Doyle le escribió en estos términos: «Lo menos que puede hacer ahora es indemnizarme también a mí por los mil dólares que he gastado en obtener la revisión del proceso». Slater le contestó que no pensaba darle ni un céntimo. Y Doyle decía después que aquélla había sido la mayor desilusión de su vida.

## COOLIDGE

Calvin Coolidge (1872-1933) fue uno de los presidentes de los Estados Unidos más parco en palabras. Es fama que siempre encontraba la forma de decirlo todo con las menos palabras posible. Le visitaron una vez las señoras que formaban la junta directiva de una liga femenina y le hicieron entrega de un pliego de peticiones a favor de la entidad. La presidenta le dijo:

—Y ahora, señor presidente, le ruego que me dé una contestación. He apostado una fuerte suma con mis compañeras a que le haría a usted decir más de cuatro palabras.

Y Coolidge le hizo perder la apuesta contestándole con tres únicas palabras:

—Ha perdido usted.

## COOPER

El actor Gary Cooper (1901-1961), el mejor *cow-boy* del cine americano, fue protagonista de una de las mejores películas que se han hecho jamás. *Solo ante el peligro...*
¿Y por qué es ésta una de las mejores películas? Por tres razones:
Porque no hay saltos de tiempo. La acción dura exactamente el mismo tiempo que dura la película. ¡A ver quién es capaz de hacer esto, bien hecho, en cine!
Por un trozo de música inolvidable que acompaña algunas escenas como fondo sonoro.
Por la perfección de una escena en la que no ocurre nada y en la que el gran actor Gary Cooper cruza el campo visual, andando hacia allá, visto por detrás.

La primera película de Gary Cooper se llamó *La conquista del oeste*. La dirigió Cecil B. de Mille. Gary Cooper hacía el papel de un *cow-boy* legendario vencedor de bandidos y malhechores, un tal Wild Bill. En una de las escenas, Cooper tenía que poner fuera de combate, a tiros, a tres bandidos a la vez. Tenía que hacerlo gracias a un rápido manejo de la pistola, nada fácil. De Mille temía que Cooper fracasara en aquella escena, mucho más porque, al darle las dos pistolas con las que tenía que defenderse, las había puesto al revés, como si no supiera manejarlas. Se rodó la escena y Cooper lo hizo de forma tan magistral que dejó a todos asombrados.
El mismo De Mille gritó:
—¡Muy bien!
Gary Cooper le dio las gracias. Y De Mille le preguntó:
—¿Cómo diablos has conseguido hacer esto?
—Pues, desde que leí el guión, hace tres meses, todos los días, sin falta, he ensayado esta escena; y algunos días hasta siete veces seguidas.

Un periodista le preguntaba dónde y cómo había aprendido a actuar tan bien y con tanta personalidad. Y contestó:
—Si esto queda bien es porque sale así. Yo lo hago así, simplemente porque no me sale de otro modo. Esto es todo lo que me atrevo a hacer.

Algunas reacciones anecdóticas parecen poco respetuosas para la vida de los demás. Se cuenta que Gary Cooper, que no se llamaba Gary sino Frank J. Cooper, iba a rodar una escena ciertamente peligrosa. Y el director se la explicaba así:
—Usted está parado en la carretera, aturdido. Un camión se le acerca por detrás a toda velocidad. No le ve hasta el último

momento y entonces, con un rápido frenazo, se detiene casi encima de usted.
—¿Y si no funcionan los frenos?
—Habrá que repetir la escena.
—¿Con otro?

Y la escena se rodó, pero... con otro, sin que hubiese que lamentar desgracia ninguna.

Le preguntaban si podía definir la felicidad. Y lo hizo así:
—La felicidad puede consistir en tener suficiente trabajo durante todo el día y suficiente sueño durante toda la noche, para que no quede tiempo de pensar en la felicidad.

Gary Cooper murió de cáncer. Y tiempo antes de morir supo que tenía cáncer y que no le quedaba mucho tiempo de vida. Pero jamás habló a nadie de su enfermedad. Un club americano organizó una cena en su honor. Aceptó la invitación y asistió a la cena. Estuvo muy amable y hasta sonriente durante todo el rato y, al final, al dar las gracias, dijo:
—Si alguien me preguntara si soy el hombre más afortunado del mundo, le diría: Pues ciertamente que sí.

Y nadie advirtió la trágica ironía de aquellas palabras, que eran, exactamente, las mismas que uno de los personajes interpretados por él, Lou Gehring, protagonista de la película *El ídolo de las multitudes*, pronunciaba al despedirse de sus amigos para ir en busca de la muerte.

## COPPÉE

El poeta francés François Coppée (1842-1908) era muy aficionado a los juegos de palabras y, sobre todo, a las letras de canciones hechas a base de esos juegos. Y cuando le preguntaban de dónde le venía tal afición, se limitaba a recitar la letra de una canción, que se había popularizado mucho algunos años antes, y que era así:

> Il a tant plu
> qu'on se cait plus
> dan quel mois il a le plus plu.
> C'est superflu,
> mais au surplus
> s'il eût moins plu
> ce m'eût plus plu.

Y añadía:

—Sólo quisiera, para mi futura gloria, haber sido yo el autor de esta letra.

Perteneció a la Academia Francesa. Y, en una reunión, los académicos discutían sobre la definición de una palabra. La anécdota no dice cuál era la palabra. No se ponían de acuerdo. Coppée salió, regresó después de un tiempo y exclamó:
—¡Ya está!
Y dio una definición que, en general, gustó. Le preguntaron dónde había ido a buscar la inspiración y dijo:
—En el Larousse [que es un diccionario]. Al menos, si no estamos de acuerdo nosotros, que lo estén los diccionarios.

Los aspirantes a ser nombrados académicos, en Francia, visitan a los académicos, en busca de aprobaciones para su solicitud. Y si no obtienen las suficientes no se pueden presentar. Un poeta llamado Ponairols visitaba a los académicos con este fin. Pero era hombre muy tímido y, en vez de visitarles personalmente, su mujer le sustituía en las visitas. Era una mujer muy expresiva y muy guapa, y acaso el poeta pensaba que, a través de ella, le sería más fácil obtener las aprobaciones. La señora Ponairols visitó a Coppée y le insistió, hasta que el poeta le dio su palabra de votar por Ponairols. Mientras intentaba convencerle le dijo:
—Ser académico ya es la última ilusión de mi esposo. Y tanto lo desea que si no le eligen, morirá del disgusto.
—Bien; le votaré.
Y le votó. Pero Ponairols no salió elegido. En la elección siguiente, la señora Ponairols visitó otra vez a Coppée, y el poeta se negó a ayudarla. Le dijo:
—No; esta vez no, puesto que la vez anterior yo cumplí mi palabra y le voté; pero él no cumplió la suya y no murió del disgusto.

## CORDAY, Carlota

Carlota Corday (1768-1793) murió joven, a los 25 años, en la guillotina, culpable de haber asesinado a Marat. Se llamaba Mariana Carlota Corday d'Armans y ella se firmaba María Corday o, simplemente, Corday. Era de familia noble. Durante la Revolución luchó al lado de los girondinos y cuando Marat decretó la muerte de todos ellos (por ser contrarios a sus ideas), decidió matar a Marat. Fue a verle varias veces y nunca consiguió que la dejaran entrar. Hasta que un día, mientras ella discutía con Simona Evrard, amante de Marat, él desde dentro, desde el baño, gritó que la dejara pasar. Y la recibió en el baño, donde, a la vez que se bañaba, redactaba una lista con los nombres de los que tenían que ser ejecutados. Carlota fingió que había ido a denunciar a más traidores y dio nombres a Marat. Él los anotó y aseguró que todos, antes de ocho días, serían guillotinados. Y, mientras Marat escribía, Carlota le hundió un cuchillo en el corazón. Allí mismo fue detenida; juzgada después, fue condenada a muerte y guillotinada. Un ayudante del verdugo levantó la cabeza ya separada del cuerpo y la abofeteó. Y unas mujeres públicas, que habían asistido al espectáculo, desnudaron el cuerpo y lo profanaron a su manera.

Era una mujer impetuosa que vivía en continua exaltación. Refugiada en Caen, no dejaba a nadie descansar en paz. Iba a los cafés y arengaba a los hombres a empuñar las armas. A los que jugaban a las cartas les gritaba:
—¡Vosotros jugáis y la patria agoniza!
Vivía con una tía que hacía todo lo humanamente posible para no dejarla salir a la calle, donde no hacía sino comprometerles a todos. Su estribillo, como una obsesión, era:
—Mientras Marat viva no hay salvación posible para los amigos de la ley y de la humanidad.

Ante el tribunal revolucionario se presentó altiva y habló sin miedo, hasta el punto que desconcertó a los que la estaban juzgando. Los historiadores cuentan así el interrogatorio a que fue sometida:
—¿Cómo os llamáis?
—Todos lo sabéis: Carlota Corday.
—¿Qué razón habéis tenido para asesinar a Marat?
—Los criminales no merecen otra cosa.
—¿Creéis haber conseguido algo con esta muerte?
—El bien de mi país. He matado a un hombre para salvar a muchos. ¡Son miles los que ahora me deben la vida!
El acusador público, el tristemente famoso Fouquier-Tinville, que a tantos había llevado a la muerte, le preguntó:
—¿Cómo fuisteis capaz de obrar tan aprisa y con tanta precisión?
Carlota gritó:
—¡Porque la justicia guiaba mi mano!

La carreta que la condujo a la guillotina avanzaba despacio. La gente se amontonaba en la calle clamando contra la condenada y no la dejaron avanzar. Carlota, de pie, se mantenía erguida y desafiaba a la multitud con su altanería. Sansón, el verdugo que conducía la carreta, le dijo:
—No puedo ir más aprisa. Siento que el camino se os haga tan largo.
Y ella, tranquilamente, le contestó:

—Llegaremos de todos modos; no lo dudéis.

Y, ya en el tablado donde estaba montada la guillotina, se entretuvo observando el mecanismo con curiosidad y dijo al verdugo:
—Es la primera vez que veo la guillotina tan de cerca.

Se cuenta que los girondinos que estaban encarcelados comentaban con tristeza la muerte de Carlota. Y se dice que uno de ellos, condenado también a muerte, decía:
—Nada hemos ganado con la muerte de Marat.
Y otro, un tal Vergniaud, le contestó:
—Sí, hemos aprendido a morir, que ya es mucho.

## CORNELIA

Cornelia tuvo fama de ser la mujer más virtuosa de Roma (189-110 a. de J.C.), en una Roma donde la virtud femenina brillaba por su ausencia. Era hija de Publio Cornelio Scipión. Casó con Tiberio Sempronio Graco. Tuvo doce hijos, de los cuales murieron nueve (la mortalidad infantil era entonces muy alta), quedando una hembra y dos varones, que fueron los famosos Tiberio y Cayo Graco. Cornelia nunca asistía a fiestas ni usaba joyas. Se dice que una vez, en una reunión de damas romanas, en la que todas se envanecían de sus joyas y sus galas, le pidieron que mostrara las suyas. Mandó llamar a sus dos hijos y, señalándolos, dijo:
—He aquí mis galas.
Una frase que ha pasado a la historia anecdótica. Roma erigio un monumento a Cornelia, cuyo pedestal fue descubierto algunos siglos después.

## CORVISART

Jean Corvisart (1755-1822) fue médico de cabecera de Napoleón, que le recompensó con el título de barón. Cuenta la anécdota que Napoleón, cuando estaba por casarse con María Luisa de Austria, ya a sus cuarenta años, preguntó a Corvisart si a aquella edad podría tener hijos o era probable que los tuviera. Nada buscaba tanto Napoleón como un príncipe heredero para su dinastía. Y Corvisart le contestó:
—Sí, es probable.
Napoleón quiso saber más.
—¿Y si uno se casa a los cincuenta?
—Menos probable, pero los puede tener.
—¿Y si se casa a los sesenta?
—Puede tenerlos, pues se han dado casos.
—¿Y si se casa a los setenta?

—A esa edad, seguro que los tiene.

No dice la anécdota si Corvisart terminó de expresar su pensamiento o si pensó que, entre personas inteligentes, como él y el emperador lo eran, basta sólo insinuar las cosas o decirlas a medias para entenderse del todo.

## COURTELINE

Georges Courteline se llamaba Georges Moineaux (1860-1929). Escribió buenas obras de humor, novelas y teatro. Había reunido en su domicilio un «museo de horrores», que era una colección de pinturas extravagantes, fruto de mentes desequilibradas. Entre esos cuadros había dos del aduanero Rousseau, cuyas obras ahora se pagan mucho.

Courteline recibió un día la visita de un desconocido, que le pidió que le vendiera los dos cuadros de Rousseau y le ofreció mucho dinero por ellos. Courteline quedó muy extrañado:

—¡Pero si no valen nada!

—Yo le ofrezco diez mil francos.

—No puedo aceptar tanto dinero por este par de mamarrachos.

—¿Me los vende o no?

Y el desconocido sacó su talonario y empezó a extender el cheque. Courteline tenía la impresión de estar ante un atrasado mental. Y, al fin, presumiendo de entendido, descolgó los dos Rousseau y gritó al desconocido:

—¡Se los regalo! ¡Lléveselos! No quiero que después diga que le he robado el dinero.

Y, mucho tiempo después, el mismo desconocido visitó otra vez a Courteline, le entregó una suma importante y le dijo:

—Es la mitad de lo que me han pagado por aquellos dos mamarrachos que me regaló. No quiero que se diga que le he robado el dinero. ¡Usted lo pase bien!

Courteline aseguraba que nunca supo el nombre de aquel desconocido.

Courteline, amigo de Tristan Bernard, fue atropellado por un coche, sin consecuencias graves. Pero tuvo que estar unas semanas sin salir a la calle. Tristan Bernard le prometió que le buscaría compañía para evitar que se aburriera demasiado. Y empezó a llamar a amigos de todas clases y a todos les citó en el domicilio de Courteline. Eran poetas, escritores, pintores, cantantes, músicos, gente de teatro. Y así, en la casa de Courteline, se organizaron verdaderos alborotos, hasta el punto que una noche, uno de los vecinos a quien el ruido no dejaba dormir, llamó a la puerta de Courteline y le abrió el mismo Tristan Bernard.

—Pero, ¿qué es lo que pasa aquí?

Bernard le impuso silencio.
—¡Chist! ¡Que hay un enfermo! Eso es todo.

## COWARD

El comediógrafo inglés, nacido en 1899, aseguraba que muchas de las buenas salidas de los personajes de sus comedias estaban tomadas de la realidad. Y decía:
—Ayer presencié una escena y ya estoy pensando cómo la incluiré en la próxima comedia.

Contaba la escena así:
«Uno de mis amigos está tratando de casar a su hija con un hombre muy rico que le dobla la edad. Ella tiene veinticinco años y el novio que le proponen cincuenta. La hija dice que no está dispuesta a casarse con un hombre tan viejo. Y el padre responde:
»—Un hombre a los cincuenta años no es viejo.
»—Puede que no, pero de todas formas yo, para eso del amor, prefiero a dos de veinticinco.»

Es curioso que la misma contestación se cuenta del poeta catalán del siglo XVII Vicente García, conocido por *el Rector de Vallfogona*. Se dice que el obispo ordenó que las amas de llaves de los párrocos no podían tener menos de cuarenta años. En una visita pastoral a Vallfogona, le sirvió la mesa una moza joven y bonita.

El obispo dijo que esto era contrario a lo ordenado. Y el párroco-poeta replicó:
—Es que hay otra.

Y llamó a la otra para que el obispo la viera. Moza también y bonita.
—Pues es mucho peor dos que una.
—No, ilustrísima, con perdón; *dos vints fan quaranta.*

O sea, que, sumadas las edades de las dos mozas, eran los cuarenta reglamentarios.

Una noche salió bastante alegre de un local de diversión nocturna. Detuvo un taxi y dio su dirección. Era noche de niebla. El taxista dijo que no le podía llevar hasta allí.
—Le daré dos libras.
—Si me diera cinco...
—Le daré cinco.
—Pues espere un poco. Voy a llamar a un amigo para que vaya delante con una linterna.
—No hace falta. Deme la linterna. Iré yo mismo.

## CRISTINA de Suecia

Cristina de Suecia (1626-1689) fue una reina aventurera, que abandonó el trono y su país después de abdicar en su primo Carlos Gustavo, y que dejó recuerdos de sus andanzas en algunos países de Europa. Parece ser que su padre esperaba un hijo y le dieron, equivocadamente, la noticia de que el recién nacido era un niño. Y cuando le dijeron que no, que les perdonara, que le habían dado noticia falsa, que era una niña, dijo:

—De todos modos, demos gracias a Dios. Sin duda será una mujer difícil y muy hábil, puesto que ya al nacer nos ha engañado a todos.

Cristina era muy aficionada a los libros y le gustaba rodearse de filósofos y hombres de saber. Y, al parecer, esta buena afición fue la causa involuntaria de la muerte de Descartes. Cristina, reina entonces de Suecia, le llamó a la corte. Descartes acudió. Cristina llevaba una vida muy rara y recibía a Descartes en la biblioteca de palacio a las cinco de la madrugada. Era en invierno y la biblioteca era una estancia enorme, sin ninguna calefacción. Cristina, insensible a los rigores del tiempo, estaba allí como el pez en el agua. Pero Descartes era una delicada flor de estufa. Se enfrió y murió de una congestión pulmonar.

Los amores de Cristina con el embajador español Pimentel son anécdota histórica. Amores que dieron mucho que hablar a todas las cortes europeas. La reina le amó apasionadamente. El embajador se limitó, acaso, a cumplir órdenes de su Gobierno. Cuentan las crónicas que a Felipe IV le interesaba la alianza con Suecia y que, decidido a obtenerla, pensó que, tratándose de una reina, sería mejor apelar a su corazón que a su cerebro. Y le envió a un embajador arrogante, apuesto y encantador, que con aquella empresa, entre política y sentimental, empezaba su carrera diplomática. Dicen los historiadores que Pimentel no fue un gran político. Pero todos están de acuerdo en que, como don Juan, hizo quedar muy bien a España, pues triunfó plenamente en el corazón de la reina. Parece ser que cuando Pimentel, llamado por su rey, abandonó Estocolmo, la despedida de la reina Cristina fue patética en extremo. Es un tema bueno para una comedia de amor de alta escuela y el cine lo supo aprovechar en una película protagonizada por Greta Garbo.

El misterio que rodea la figura de esta reina no ha sido puesto en claro en tres siglos de historia y no es probable que lo sea nunca. Y así perdurará hasta que la historia, a través de este enigma, se esfume en la leyenda. A los dieciocho años fue proclamada

reina. El Parlamento le aconsejó que buscara un marido. Cristina se negó en redondo. Dijo:
—He nacido libre y quiero morir libre.
Cuando le hablaban de la necesidad de asegurar la sucesión, se excluía de esta necesidad con una razón indiscutible. Decía:
—Mi primo tiene hijos que llevan mi apellido. Mis hijos no lo llevarían.

Y si quieren poner a alguien en una duda histórica, después de contarle esta anécdota de Cristina, le pueden preguntar cuál era el apellido que llevaban los hijos del primo de Cristina. Desde luego, no era el de los actuales reyes de Suecia, que son de la dinastía Bernadotte, introducida en 1818. Cristina pertenecía a la dinastía Wasa, cuyo primer rey fue Gustavo I.

Después de sus amores fracasados con el embajador español Pimentel, Cristina fue víctima de la melancolía familiar de los Wasa, muchos de los cuales habían sido tipos raros y extravagantes. Y abdicó en su primo Carlos Gustavo. El futuro rey, antes de aceptar la corana, propuso a Cristina:
—Casémonos y reinaremos juntos.
Y la reina Cristina se negó. Dicen los historiadores que con estas palabras:
—No; mi destino es otro.
En la ceremonia de la abdicación designó a un palatino para que le quitara la corona. Le señaló con el dedo y le dijo:
—¡Vos! ¡Quitadme la corona!
—¡Señora!
El palatino no se atrevía a obedecer; Cristina se la quitó ella misma y la entregó al palatino para que la pusiera en la cabeza del nuevo rey. Y a su primo, el nuevo rey, le dijo:
—Gracias, señor.
Y después se vistió de hombre y emprendió un largo viaje por Europa que había de durar treinta y cinco años.

En sus viajes por Europa la acompañaba un mayordomo italiano, llamado Mona Delchi. Un día Cristina supo que el italiano la traicionaba y le robaba. Le hizo detener, le obligó a confesar públicamente su delito y le hizo matar. Lo curioso es que la cosa ocurrió en Francia y que nadie se opuso a aquella singular administración de justicia. Y no sólo esto, sino que la corte, muy diplomática, dio una versión del hecho favorable a Cristina: que el italiano había muerto en duelo. Pero Cristina desmintió esta versión. Dijo que no; que lo había mandado matar ella por traidor y por ladrón, y que había obrado así según un derecho indiscutible. La consecuencia fue que la ex reina perdió su reputación en París y, como consecuencia, en toda Europa.

Más tarde Cristina tuvo dificultades económicas y hubo de vender sus joyas. Era católica y supo morir serenamente. Cuando a los 63 años se sintió vieja y enferma se mandó hacer un largo traje blanco, bordado en oro. Llamó a su «adivinadora» y se lo enseñó.
—¿Te gusta?
—Parece una mortaja.
—Lo es. ¿Crees que tardaré mucho en ponérmelo?
—Pudiera ser que no.
Cristina recibió con dulzura este presagio.
—No deseo que te equivoques.
Murió pocos días después, al amanecer.

En tiempo de la reina Cristina fue decapitado Carlos I de Inglaterra. Cuando Cristina lo supo, preguntó:
—¿Y qué han hecho de su cabeza?
Le dijeron que la habían enterrado junto con el cuerpo. Y muy tranquila, comentó:
—Ya es algo. El rey nunca supo qué hacer con ella.

En una ocasión, cuando había abdicado ya, en otra corte europea le proponían un marido. No lo quiso aceptar. Dijo:
—Si no quise casarme cuando habría hecho rey a mi marido, menos lo aceptaré ahora que no puedo hacerlo sino viajero ilustre.

Vivió tiempo en Roma. Un día, en el Museo Vaticano, estaba admirando una estatua. La acompañaba un cardenal, y le decía:
—Es la estatua de la Verdad.
—Me parece admirable.
—Os felicito, señora; no todos los soberanos saben admirar la verdad.
—Ni todas las verdades son, como ésta, de mármol.

Un historiador cita una curiosa anécdota relativa a la conversión de Cristina al catolicismo. Ocurrió en Bruselas. Cristina abjuró públicamente de la religión luterana. Y aquella noche se dio una función de gala en el teatro, como en celebración de tal acontecimiento. Los protestantes no creyeron que la confesión católica de Cristina fuese hecha con sinceridad, y uno de los amigos protestantes de la reina, dijo:
—Me parece justo que los católicos celebren con una comedia, una conversión que sólo ha sido una farsa.

En Roma visitaba un convento de monjas de clausura. Sorprendida por el grosor de las rejas que separaban a las monjas del mundo de los vivos, dijo a la abadesa:
—Esto me parece inútil.
—¿Por qué, señora?

—¿Hacéis voto de castidad?
—Desde luego que sí.
—Pues si hacéis este voto, ¿de qué sirven las rejas? Y si ponéis las rejas, ¿de qué sirve el voto?

Dos cosas solía decir Cristina de Suecia, dos cosas que han pasado a la anécdota como frases suyas:
Que la humanidad se dividía en dos tipos de gente: los cortesanos y los pícaros. Y que le gustaban los hombres, no porque fuesen hombres, sino porque no eran mujeres.
Y no se sabe que hubiese tenido, en su agitada vida, ninguna buena amistad con ninguna mujer.

De la reina Cristina de Suecia decían algunos que parecía un hombre. A ella se lo habían dicho más de una vez. Y cuando el Gobierno de su país le pidió que se casara, se negó, diciendo:
—Si no puedo seguir pareciendo un hombre aquí, lo seguiré pareciendo en otros países.
Abdicó en favor de su primo Carlos Gustavo y se marchó a recorrer Europa. En Francia reinaba, entonces, Luis XIV. Cristina de Suecia fue muy bien recibida en la corte de Francia. Sobre todo, las damas de la corte la recibieron muy bien. Tan bien que Cristina dijo:
—Por la forma como las damas de aquí me han recibido, creo de veras que parezco un hombre.
Parece ser que aquellas damas la recibieron todas con abrazos y besos, cosa que no era costumbre en la corte de Suecia.

## CROCE

Benedetto Croce, filósofo italiano, muy prolífico, nació en 1866 y murió en 1952, a los 86 años. Trabajó hasta última hora y, una vez, un reportero americano le preguntaba cómo pudo llegar a viejo en tan buen estado, sin perder la forma. Y Croce le dijo:
—Lo peor para la buena salud es la ociosidad. Y lo que mejor la conserva es el trabajo. Pero se ha de imprimir al trabajo un ritmo vital. Y esto sólo se consigue con un buen rato de distensión total todos los días y sin apresurarse jamás mientras se trabaja. Si se cumplen esas condiciones, todo el mundo puede vivir cien años.
—¿Y usted las cumple, desde luego?
—¿Yo? No; nunca. Me limito a aconsejarlas.

Le preguntaban cuál era su opinión acerca de los críticos literarios. Y contestaba, después de pensarlo, así:
—Pues, la verdad, yo preferiría el antiguo sistema chino. Se dice

que antiguamente, en Cina, los críticos nunca juzgaban la obra impresa, sino el manuscrito. Y, para juzgarlo, se limitaban a olerlo. Nunca revelaron el curioso secreto de su olfato. Nuestros críticos actuales, que leen toda la obra impresa antes de juzgarla, sólo revelan, en la crítica, su total falta de olfato. De la que nos damos cuenta si releemos sus críticas después de pasados muchos años.

A un joven que le pedía consejo, le dijo, excusándose:
—Eso sí que no. Nunca doy consejos a la juventud. Tienen demasiado tiempo por delante para darse cuenta, si los han seguido, del error que ha sido seguirlos, y si no los han seguido, del error que ha sido no seguirlos.

Y una vez que le pidieron que definiera la felicidad, lo hizo así:
—La felicidad es algo parecido a esas cajas japonesas de las que, abierta la primera, hay otra más pequeña dentro; y abierta la segunda, otra más pequeña. Y así hasta la última, muy pequeñita, en la que dentro no hay nada.

## CROMMELYNCK

El comediógrafo belga Fernando Crommelynk, nacido en 1888, autor de *Le cocu magnifique* (El cornudo magnífico), obra que ha dado con éxito la vuelta al mundo, recibió la visita de una señora rusa, con un cargo en la Embajada de su país, con la proposición de escribir una obra expresamente para los rusos. Le dijo:
—Y os daré el tema.
Crommelynck, sorprendido, le preguntó:
—¿Y a qué viene esta proposición?
—A que en Rusia se ha representado *Le cocu magnifique* y ha gustado mucho.
—Lo sabía; y, sin embargo, no he cobrado nada por derechos de autor.
—Será porque no sois comunista.
—De manera que en vuestra famosa Rusia, para los derechos de un capitalista, se ha de ser comunista. ¡Raro país!
Y no cerraron trato.

## CROMWELL

Oliver Comwell (1599-1658), que dirigió en Inglaterra la revolución contra el rey Carlos I, y que con el título de lord protector fue durante años como un dictador en su país, era un gran orador, de los que son capaces de arrebatar a la multitud con sus

palabras. Era todavía muy joven la primera vez que habló en la Cámara de los Comunes. Y otro diputado, después de oírle, preguntó:
—¿Quién es éste?
Le dijeron el nombre. Y el preguntón comentó:
—No sé lo que ha dicho, pues no le he escuchado. Pero por la forma que habla y por el calor que pone en sus palabras, me temo mucho que llegue a ser uno de los primeros hombres del país.
Y el temor se cumplió.

En la batalla de York entre los realistas y los puritanos, las cosas se estaban poniendo mal para las huestes de Cromwell. Uno de sus generales, llamado Manchester, lo comprendió así y se dio a la fuga seguido de otros oficiales a sus órdenes. Cromwell les vio huir y les cortó el paso. Sin preguntarles nada, les gritó:
—¡No! ¡No! Os equivocáis. El enemigo está hacia el otro lado.
Y todos dieron media vuelta y volvieron a la batalla que, al fin, ganaron.

Después de su victoria contra las tropas del rey, entró triunfalmente en Londres, entre una inmensa multitud que le vitoreaba. Y fue entonces cuando pronunció aquellas palabras que tantas veces se han recordado:
—Mucha gente, la misma que acudiría a verme si me llevaran al patíbulo.

También se dice que, después de la decapitación del rey, levantó la cabeza separada del cuerpo, la examinó y dijo:
—Era de constitución fuerte y habría vivido mucho tiempo.
Ésta fue toda la oración fúnebre que le dedicó.

Dictaba sus cartas a un secretario. Y si eran cartas cuyo contenido le importaba mantener secreto, dictaba cuatro o cinco cartas con versiones distintas y contradictorias. Y el secretario nunca sabía cuál de las cartas era la que llegaba a su destino.

Cromwell tenía una hija que se llamaba Francisca. Un pastor protestante llamado Withrite estaba enamorado de la muchacha. Cromwell se oponía a aquellas relaciones, por considerar que el muchacho era demasiado insignificante para ellos. Y, un día, le sorprendió arrodillado a los pies de Francisca. El muchacho, al verse descubierto, sin dejar hablar a Cromwell le gritó:
—¡Ayudadme, señor! Estoy intentando persuadir a vuestra hija de que me deje casar con una de sus camareras de la que estoy enamorado.
Cromwell sabía la verdad, le gustó la presencia de ánimo del muchacho, le ayudó desde entonces y lo casó con su hija.

Estaba ya en su lecho de muerte y recibió la visita de algunos amigos. Les dijo:
—No temáis; esta vez no moriré. No me ha llegado todavía la hora.
Su hija le preguntaba después cómo sabía que no le había llegado la hora.
—No lo sé. Pero así, si no muero, pasaré por profeta, y si muero, ¿qué me importa entonces lo que piensen de mí?

Cromwell, enemigo del rey y de la monarquía, era republicano decidido. Y sus seguidores republicanos eran tan fanáticos que, al rezar el padrenuestro, cambiaban la frase «venga a nosotros tu reino», por «venga a nosotros tu república».

## CYRANO

Cyrano de Bergerac, cuya realidad se ha desvanecido detrás del protagonista de la comedia del mismo nombre, de Edmond Rostand, fue un famoso espadachín (1619-1655), poeta, aventurero, hombre ingenioso y pintoresco, probablemente con una nariz muy larga. Estaban en una casa y la criada llevaba una sortija con una piedra preciosa muy grande. Discutían algunos si sería auténtica o falsa la piedra. Y Cyrano dijo:
—Hagámosle el honor de creer que es falsa. Porque si fuera buena, no veo que pudiéramos hacerle a esta camarera ninguna clase de honor.

Había en aquellos tiempos un actor, llamado Montfleury, muy presuntuoso, alto y grueso que, al menos físicamente, ocupaba mucho lugar. Cyrano dijo una vez de aquel actor:
—Presume tanto porque, dada su corpulencia, no hay manera de llenarle, en un solo día, el cuerpo a bastonazos.

Escribió algunas obras de teatro y una de ellas, *Agripina*, tuvo mucho éxito. Alguien le decía a Bergerac:
—No se comprende cómo esta obra puede gustar tanto.
—Yo sí lo comprendo. Gusta porque está llena de las más bellas y sorprendentes impiedades. De las que yo no he inventado ninguna; pero sí les he inventado a todas la belleza.

## CHAGALL

Nacido en Rusia, en 1890, ha sido uno de los pintores más «personales» de Francia, donde ha vivido desde la primera juventud. Cuenta que una vez, en una cervecería de Montparnasse,

vio a una muchacha que le pareció sería el tipo ideal para modelo de la mujer que pensaba pintar en un cuadro, cuyo tema sería «el dolor». El rostro de la muchacha, muy expresivo, le emocionó. Y se acercó a hablarle. Le dijo que era pintor y le propuso que le hiciera de modelo, desde luego a un precio a establecer. Ella no dijo en seguida que sí ni que no. Dudaba. Chagall insistía:
—Es una cosa seria. No se trata de un desnudo. Irá usted envuelta en un manto negro y pondrá expresión dolorida. Lo que me gusta de usted es la intensidad expresiva de su rostro.
—¿Cuánto me pagaría?
Chagall dijo un precio y a ella le pareció aceptable. Y cerraron trato. El primer día, después de la primera sesión, ella le dijo al pintor:
—Una cosa le ruego: que no diga a nadie que yo le hago de modelo.
—¿No? ¿Por qué?
—Para evitar que lo sepa mi madre. No me lo perdonaría.
—¿Es que le da miedo que yo...?
—No, no; es que no le gusta que pierda el tiempo.
—¿Y qué entiende tu madre por no perder el tiempo?
—Pues, lo que yo hago.
Y la muchacha de la expresión triste le dijo, humildemente, que se dedicaba a la «vida alegre»; en otras palabras, a la prostitución.

## CHALIAPIN

Del famoso cantante ruso (1873-1938), uno de los bajos más famosos de todos los tiempos, se cuenta que estaba de paso en Berlín. Al irse del último sitio había hecho mandar a Berlín su correspondencia. Y, en esta ciudad, fue a Correos a preguntar si había algo para él. Dio su nombre. No les bastó y pidieron documentación. La buscó y no la llevaba encima.
—La he dejado en el hotel.
—Pues es mejor que vaya a buscarla.
—¿Es que duda usted que yo sea Chaliapin?
—Hay dos cartas a su nombre y, sin estar seguro...
—Lo estará en seguida.
Y Chaliapin, para identificarse sin documentos, cantó un trozo de la ópera rusa de Mussoursky *Boris Godunov*. Todos los que estaban allí se juntaron a escucharle y, al fin, sonó una salva de aplausos. Y, desde luego, le entregaron las dos cartas sin más exigencias.

Un escultor le hizo un retrato en Montecarlo. Habían quedado en que el cantante iría al estudio del escultor. Pero no fue. El es-

cultor fue a visitarle al hotel y le encontró en la cama. Chaliapin se levantaba tarde. Y medio dormido le dijo:
—Podéis empezar ahora.
—Mañana —dijo el escultor.
Fue allí al otro día con el barro suficiente para hacer el retrato. Chaliapin dormía. El escultor le incorporó y estuvo trabajando durante una hora. Y así todos los días, siempre con el modelo dormido. Pero muy quieto. Después el escultor decía que nunca había hecho un retrato tan cómodamente.

En una fiesta en la casa del gran duque Sergio Mikalovic, un criado ofreció champaña a Chaliapin en una copa de plata trabajada. Chaliapin le dijo después al gran duque:
—Os agradezco esta copa y la guardaré toda la vida como recuerdo vuestro.
El gran duque, que no había pensado regalársela, le dejó que se la llevara. Y años después, otra vez que se encontraron, el duque le recordó aquello y le dijo:
—Tenía doce copas iguales y me estropeasteis la docena.
—La cosa tiene arreglo —le dijo el cantante—; podéis regalarme las otras once.
No dice la anécdota si el gran duque aceptó aquella solución.

En los Estados Unidos dio un concierto en la Casa Blanca, adonde le invitó el presidente Coolidge, después de haberle conocido en el Metropolitan. Chaliapin cantaba el *Mefistófeles*. El presidente, que había ido a escucharle, le quiso conocer. Chaliapin fue a saludar al presidente al palco presidencial. Pero no le dio tiempo para cambiarse de ropa y se presentó vestido de Mefistófeles. Y dijo al presidente:
—Sé que las conveniencias sociales no permiten mandar al diablo al presidente del país, pero sí permiten al diablo ir al encuentro del presidente.
Cosa que le cayó bien al presidente e invitó a Chaliapin a cantar en la Casa Blanca.

Chaliapin leyó una vez un libro de un escritor joven, que le entusiasmó. El escritor se llamaba Máximo Gorki. Chalapin le escribió felicitándole por el libro que había escrito. Gorki no le contestó. Años después, Chaliapin cantaba en un teatro de Moscú. Gorki le fue a saludar a su camarín. No se habían visto nunca. Gorki le tendió la mano sin decirle nada. Chaliapin le dijo:
—Usted es Máximo Gorki.
—¿Me conoce?
—No. Pero no puede ser otro.
—Ninguno de nosotros puede nunca ser otro.
Así empezó su amistad, que duró hasta la muerte de Gorki, el

cual murió en Moscú dos años antes que Chaliapin. De esta amistad había Chaliapin en su libro *Por los caminos de la vida*.

## CHAMBERLAIN, Joseph

Joseph Chamberlain (1836-1914), padre de Austen Chamberlain, el primer ministro del paraguas, tuvo un negocio de alfombras muy productivo; tanto que a los treinta años lo dejó para dedicarse a la política, en cuyo menester fue varias veces ministro. Era un hombre frío, reservado, elegante, que despreciaba todo lo que fuese deporte y se enorgullecía de este desprecio. Decía:

—Nunca he subido a una bicicleta, ni he montado a caballo; no he practicado ningún deporte y prefiero ir en coche que a pie. Y cuando me hablan de la deportividad en política, espero en silencio que me hablen de otra cosa.

Era sobrino de Gladstone y, en cierta ocasión, coincidieron los dos en el mismo Gobierno. El sobrino no sentía mucho aprecio por algunas costumbres del tío, entre ellas la de ir siempre a pie. Un día que Glastone se dirigía a un Consejo de Ministros, a pie como de costumbre, fue ligeramente atropellado por un coche; se levantó en seguida y quiso ver el número del coche. No lo consiguió, porque el cochero se había dado a la fuga. Gladstone llegó tarde al Consejo y contó, como disculpa, lo ocurrido. Su sobrino Chamberlain le dijo:

—Suya es la culpa, por ir a pie. Y, como culpable, no debía haber gritado, en plena calle, contra el cochero. Un ministro no debe hacer esto.

—¿Y cómo sabes que he gritado?
—Porque el pasajero del coche que le atropelló, era yo. Y, como es lógico, le he animado al cochero para que echara a correr, y así se librara de una multa.

No toleraba que le interrumpieran sus discursos. Y si algún diputado le interrumpía, le preguntaba:
—¿Cómo dice?
El que había interrumpido repetía la interrupción. Y Chamberlain le rogaba:
—Más claro, más claro, y más fuerte, que todo el mudo le oiga.
El otro, confuso, no se atrevía a repetir dos veces lo mismo. Y Chamberlain continuaba entonces su discurso, con un absoluto desprecio por la interrupción.

En una reunión social, una señora decía:
—Llegará un tiempo en que las mujeres gobernarán el mundo.
Chamberlain, que la había oído, preguntó:

—¿Y qué sucederá después?
La señora no supo cómo contestar. Y Chamberlain dijo:
—Se lo pregunto para saber qué es lo que sucederá un día u otro en el mundo, donde las mujeres han gobernado, hasta ahora, siempre.

## CHAMBERLAIN, Austen

Austen Chamberlain (1863-1933), hijo del anterior, fue durante mucho tiempo primer ministro de Inglaterra. Contaba que, en su juventud, había ido a visitar a su nodriza, en un pueblecito. Ella le preguntó qué pensaba hacer en este mundo. Y él, dándose importancia, dijo:
—Pienso dedicarme a la política.
Y ella respondió:
—¿Y no podrías hacer alguna cosa de provecho?

## CHAPLIN

Se ha contado varias veces que Charles Chaplin, una vez que pasaba en coche por un pueblecito, en los Estados Unidos, vio un cartel donde se anunciaba un concurso de imitadores de Charlot. Se quedó a comer allí y se presentó al concurso. Eran siete los concursantes y Chaplin quedó en segundo lugar. Y al felicitar al ganador le dijo:
—Lo hace usted mejor que el propio Charlot.
—¿Usted cree?
—Sí, y el jurado también.
Y se marchó sin darse a conocer.

Una noche, en una fiesta con amigos, les entretuvo a todos con imitaciones de otros actores. Fue un verdadero éxito. Chaplin es autor de la música de sus películas y, en algunas de ellas, ha cantado, con más o menos voz. No se puede negar que su voz no es nada desagradable. Y aquel día, puesto a divertir a los demás, les cantó una romanza. Y le salió muy bien. Le decían después:
—Pues nadie sabía que supieras cantar.
—No, no; si no sé. Me ha salido así porque trataba de imitar a Caruso.

Chaplin llegó un día a un hotel en Atlantic City. Al poner su nombre en el registro de entrada, leyó los nombres últimamente escritos. Eran estos dos: «El príncipe X con su séquito» y «la duquesa Y con su séquito». Chaplin puso su nombre y a continuación: «El séquito llegará mañana».

## CHATEAUBRIAND

Se cuenta que un crítico advirtió en cierta ocasion a Chateaubriand (1768-1848) que lo mejor que podía hacer, en vez de escribir tanto, era cuidar un poco más el estilo. Chateaubriand estaba escribiendo entonces *La Meute* y, una vez terminado el libro, lo mandó al crítico, acompañado de una nota en la que le preguntaba si el estilo no le parecía mucho más cuidado. Y el crítico, en otra nota, le contestó: «Sí, se notan dos cosas: que lo ha cuidado más y que no ha conseguido curarlo».

## CHÉJOV

Antón Chéjov (o Chéjof) (1860-1904) es uno de los pocos autores dramáticos rusos, del pasado siglo, cuyas obras se siguen representando en todo el mundo. En español hemos visto, hace poco, representadas *El jardín de los cerezos*, *El tío Vania* y *Las tres hermanas*. Chéjov era médico y empezó a ejercer como tal. Un día dio una receta a un enfermo. Después recordó que en los gramos de un ingrediente no había puesto la coma y en vez de 3,5 gramos había puesto 35. Horrorizado, corrió a la farmacia, donde el farmacéutico ya se había dado cuenta del error y había preparado la medicina debidamente. Pocos días después, en una familia que eran sus clientes, enfermaron todos de tifus y la madre y una de las niñas murieron, sin que Chéjov pudiera hacer nada para salvarlas. Impresionado por ambas cosas, al llegar a su casa quitó de la puerta el cartel de «Médico-cirujano», y se retiró del ejercicio de la medicina.

Era amigo de otro escritor ruso llamado Bunin. Le vio después de mucho tiempo de no verle y le preguntó si escribía mucho.
—No —dijo Bunin—, escribo poco ahora.
—Es un error. Hay que escribir mucho. Todo el secreto está en escribir mucho y más brevemente cada vez.
Decía esto como una buena fórmula de trabajo para los escritores.

Con motivo del centenario del nacimiento de Chéjov, las *Nouvelles littéraires* contaban esta anécdota: Chéjov vivía entonces a la orilla del mar. Bunin también, en la misma localidad. Salían juntos a dar largos paseos y a contemplar el mar. Chéjov le proponía a su amigo:
—¿Cómo dirías algo bueno del mar?
A Bunin no se le ocurría nada y Chéjov le dijo que lo mejor que había leído del mar fue en la composición de un muchacho sobre este tema, que les pusieron en el colegio. El muchacho había

escrito: «No se puede en un papel tan pequeño explicar toda la grandeza del mar. Sólo se puede decir una única verdad: que el mar es grande».
Un día, llegados a la plaza mayor de allí, vieron a mucha gente reunida.
—¿Qué habrá pasado? —preguntó Bunin.
—Nada. Todos los días es igual.
Chéjov se acercó a un grupo y gritó:
—¿No lo sabéis? ¡Bunin ha muerto!
Y explicó con muchos detalles la muerte del escritor Bunin, que a su espalda le escuchaba asombrado. Y otra vez solos, Chéjov le dijo:
—Mañana aquí se hablará de ti; no lo dudes.

## CHESTERTON

Gilbert Keith Chesterton (1874-1936), escritor y filósofo inglés, pasó algunos veranos en Sitges. Dicen que tenía la costumbre de sentarse siempre en el mismo banco, frente al mar. Nada, en ningún banco, recuerda ahora que allí se sentaba Chesterton. A los veinte años, se hizo famoso por una campaña contra sus compatriotas, los ingleses, por la guerra de los bóeres en África del Sur. Fundaba la campaña en su defensa del nacionalismo. Le preguntaban:
—¿Ir contra Inglaterra es defender el nacionalismo?
—En este caso, sí. Porque nuestro imperialismo es contrario a los nacionalismos de otros países.
Y esta curiosa defensa de los nacionalismos en un país imperialista, que debía toda su grandeza a los beneficios obtenidos de las colonias, le hizo famoso en poco tiempo.

Contribuyó a su fama, su forma de presentarse en público y su aspecto físico. Era un gran tipo, pesado y grueso. Y en Londres salía a la calle con un ancho sombrero, capa y espada. Y decía:
—Es mucho más fácil que te ataquen en una calle de Londres que en una selva africana.
Y una vez que le preguntaron qué era aquello de Londres que más le gustaba, dijo:
—Los *pubs*.
Que son sitios donde se va a beber, lo que aquí llamaríamos tabernas. Y añadió:
—Si Inglaterra pudiera producir buenos vinos, sería el primer país del mundo. Mientras tenga que importar los vinos, nunca lo será.

Se discutía, durante la primera guerra europea, la teoría alemana de que «los tratados sólo son trozos de papel». Y Chesterton preguntó:
—¿Y los billetes de tren?
—Sí, también, desde luego.
—Pues los que piensan así, que nunca tomen ida y vuelta.

Leemos que Chesterton, después de una comida, cuando fue invitado a tomar la palabra, dijo que un cristiano condenado a morir despedazado por un león en el Coliseo de Roma, se acercó al león, le dijo algo al oído y el león se apartó sin tocarle. Y que, después, el cristiano explicó lo que había dicho al león. Le había dicho que...
Se ruega al lector que vea esta misma anécdota, atribuida a Mark Twain. De ambos personajes la hemos leído. Y si la contamos entera en Mark Twain es porque así facilitamos el camino al lector que quiera pasar, de golpe, un montón de páginas.

Era partidario decidido del humor y de la frivolidad. Decía:
—Cualquiera es capaz de escribir el artículo de fondo de un diario. Lo único difícil es escribir algo de veras interesante en un periódico de humor. En otras palabras: que el ingenio es mucho menos frecuente que la erudición, y mucho más interesante para el lector.

Daba muchas conferencias y hasta cursillos. Le gustaba que sus conferencias derivaran en coloquios. En uno de esos coloquios, una muchacha le preguntó, a bocajarro:
—¿Cuál es el mejor libro que se ha escrito?
Chesterton contestó en seguida:
—A juzgar por los ejemplares vendidos, ninguno mío.
A la muchacha no le gustó la contestación, que era como una huida por la tangente. Insistió:
—No, no; en serio. Si le condenaran a vivir en una isla desierta, de todos los libros de su biblioteca, ¿cuál se llevaría antes que ningún otro?
—Pues en este caso, un manual de construcción de embarcaciones.

Chesterton, en uno de sus libros, en *El hombre que fue jueves*, explica la curiosa anécdota del hombre que, sin saber nada de nada, discute con un sabio y consigue llevarle ventaja:
«El sabio intentaba derrotarme con sus conocimientos. Pero yo le opuse una táctica muy sencilla: cada vez que él decía algo que sólo él podía entender, yo contestaba algo que ni yo mismo entendía. Él decía, por ejemplo:

»—No creo que usted trate de aplicar el principio de que la evolución es sólo negación.

»A lo cual replicaba yo desdeñosamente:

»—Esto lo ha leído usted en Pinkwerts: la noción de la evolución como función eugenética la expuso, hace ya mucho tiempo, Glumpe.

»Huelga decir que esos autores no existen. Pero, con gran sorpresa mía, el sabio parecía recordarlos perfectamente. Y, viendo que su cultura no le servía de nada ante un cínico como yo, se dedicó a atacarme con ingeniosidades de tipo más popular.

»—Ya veo —dijo— que usted ha triunfado como el falso cerdo de Esopo.

»—Y usted —contesté— pierde como el erizo de Montagne.

»—Ya va usted quedándose sin recursos —dijo él—, y lo mismo se quedará sin barbas.

»Era una salida muy ingeniosa, a la que no encontré respuesta inteligente. Solté la risa y dije al azar:

»—Sí, como las botas del panteísta.

»Y di media vuelta, afectando un aire de triunfo. A mí me aplaudieron y el otro, el verdadero sabio, fue expulsado.»

**CHEVALIER**

Estaba Chevalier reunido con otros, en sociedad. Y uno de los asistentes, en tono de alabanza propia, dijo:

—Yo no tengo secretos para mi mujer.

Chevalier le preguntó:

—¿Y está usted casado?

—Sí, claro que sí.

—¿Está seguro?

—¿Cómo no lo voy a estar?

—Pues no le envidio.

Y le explicó su ausencia de envidia, aunque con algunos eufemismos, para no herirle la susceptibilidad.

—Es que, verá usted, yo puedo estar equivocado, como todo el mundo; y también puede ser que usted se haya permitido exagerar un poco... Bueno, el caso es que yo siempre he pensado que el hombre que no tiene secretos para su mujer, una de dos: o no tiene mujer o no tiene secretos. Y en ninguno de los dos casos me parece un hombre envidiable.

Cuenta Chevalier en uno de sus libros que, una vez, se encontraron él y Chaplin. Los dos estaban entonces alrededor de los setenta. Chaplin le dijo:

—¿Qué te parece que podemos desearnos uno al otro?

—Buena salud —le contestó Chevalier.

—Creo que está dicho todo.
—Y, por lo demás —añadió Chevalier—, ¡allá nosotros!

Contaba un amigo de Chevalier que, en una ocasión, un amigo de ambos estuvo un tiempo en Roma. Y de regreso, les decía:
—Te enseñan muchas ruinas del tiempo del Imperio romano, pero muy poca gente sabe la historia de las tales ruinas. Frente a las del Coliseo, le pregunté a uno de allí si cuando el incendio de Roma por Nerón, aquello había ardido también. Y me preguntó: «¿Quién es Nerón?». ¿Se concibe que un vecino de Roma no haya oído hablar nunca de Nerón ni sepa quién es?
Chevalier le apoyó en seguida.
—No se concibe; como tampoco se concebiría un vecino de París que no supiera quién soy yo.

Cuando Chevalier empezaba a trabajar, siendo todavía un mozalbete, se mandó hacer unas fotografías como de propaganda. Un tiempo después, el fotógrafo enseñaba una de las fotografías a la madre de Chevalier.
—¿Le conoce?
—Claro que sí; es mi hijo. ¡El vivo retrato de su padre!
—El caso es que le hice esas fotografías y todavía no me las ha pagado.
—Lo que yo le decía: ¡el vivo retrato de su padre!

Cuando apareció su libro autobiográfico *Ma route et mes chansons*, un día estaba firmando ejemplares en una librería. Había dos tipos de ejemplares, en encuadernación lujosa y en rústica. En los primeros, bastante más caros, ponía una larga dedicatoria; en los segundos sólo ponía la firma. Una muchacha compró un ejemplar en rústica y Chevalier lo firmó. La muchacha le dijo:
—He visto que en los ejemplares caros pone usted dedicatoria, y en los baratos no. ¿Por qué?
Chevalier se hizo el desentendido:
—Sí; no me he dado cuenta.
Y, sin poner dedicatoria, estampó otras cuatro firmas debajo de la que había puesto ya.
Unos días después, la muchacha había vendido su ejemplar con cinco firmas a buen precio, y con parte del dinero compró otro ejemplar encuadernado. Visitó a Chevalier, él la recibió, ella le contó lo ocurrido y él le puso entonces una larga dedicatoria que terminaba así: «... y si consigue vender este ejemplar y el precio me parece oportuno, le firmaré otro y así sucesivamente, agradeciéndole esta promoción de venta que nunca se nos habría ocurrido ni al editor ni a mí».

Le preguntaban si era sincero en sus manifestaciones. Lo pensaba un poco y decía:
—Me gusta poner mis cartas boca arriba sobre la mesa.
—¿Es esto una prueba de sinceridad?
—Bueno, no siempre. Me doy cuenta de que muchas veces pongo cartas falsas, y también me gusta.

Le preguntaban si leía mucho. Decía que no, que mucho no; que sólo algún libro de vez en cuando, y siempre muy lentamente; que si un libro no le inspiraba una lectura lenta, lo abandonaba. Decía:
—No es cosa buena leer demasiado, sobre todo cuando ya se tienen las convicciones formadas. Leer demasiado es un desperdicio de sensibilidad. Y no me parece nada constructivo diluir la atención y la sensibilidad en lecturas continuas.
—Pero el lector asiduo no puede dejar de leer muchas cosas de las que se publican. Se ha creado la necesidad de leer y sufre si no puede satisfacerla.
—Bueno —decía Chevalier—, hay otra solución mejor, y es no enterarse de todo lo que se publica. Todo aquello de lo que uno no se entera es como si no existiera.

Un día, en una reunión, le presentan a una señora. Chevalier, muy correcto siempre, le dice:
—Encantado de conocerla, señora.
Y ella protesta:
—Es la cuarta vez que nos presentan y las otras tres anteriores me ha dicho lo mismo.
—Es una deformación profesional. Mi profesión, fuera de los escenarios, no consiste en reconocer a los demás, sino en ser reconocido por ellos.

Es uno de los famosos del espectáculo más imitado. Acaso los dos más imitados han sido él y Charlot. Quizá porque los dos han mantenido siempre el mismo tipo frente al público. Le preguntaban a Chevalier si no le molestaba la aparición de tantos imitadores. Y encontró una contestación muy ingeniosa:
—No; todo lo contrario. Voy a verles trabajar, intento después imitarles yo y así voy puliendo mi estilo.

Chevalier estaba trabajando en Las Vegas cuando recibió la noticia de la gravedad de Mistinguette. Le puso en seguida un telegrama: «Siempre contigo, de todo corazón y con nuestros maravillosos recuerdos. Estaré en París el 20 de enero. Valor, amiga mía. Mauricio».
Mistinguette nunca conoció este texto, pues cuando le llegó el telegrama había perdido el conocimiento para no recuperarlo jamás.

Cocteau, en la oración que dedicó a Mistinguette, escribió:
«La señora Mistinguette es el símbolo de una gran raza difunta, una raza animal a la que me gustaría sorprender murmurando, lo mismo que las plantas deben murmurar entre ellas: *Yo no pienso, luego existo*».
Y en la misma oración fúnebre, al final, dice:
«El milagro de Mistinguette ha sido dejar detrás de ella un largo rastro luminoso, mientras otras muchas personas que se creen más dignas no han dejado, como recuerdo de su paso por el mundo, nada que se distinga de la profunda oscuridad de la noche.»

Chevalier no figurará en ninguna antología como poeta. Pero a la muerte de Mistinguette, con la que estuvo durante tres años íntimamente unido, le escribió un poema que bien merece un lugar de honor en muchas antologías.

Mal traducido (es casi imposible traducir bien la poesía) resulta así:

*No te vas.*
*No desapareces.*
*Te transformas, eso es todo.*
*Tú estarás siempre allí donde la vida me lleve.*
*Tu rostro, tu mirada, tu risa, cruzarán las ruidosas sombras en*
 *[sitios donde el tumulto trata de sustituir al amor.*
*Tú fuiste mi mujer, mi amante, mi mejor amiga.*
*Tú quisiste a mi querida madre.*
*Gracias a ti comprendí mucho de cuanto después suerte y trabajo*
 *[me permitieron completar.*
*Nuestra profesión separónos un día; fue honrosa separación.*
*Pero nada ha podido hacer que en tu corazón y el mío no quede*
 *[construido un sitio para el otro, hecho de entusiasmos, vic-*
  *[torias y equivocaciones.*
*Puedes descansar en paz, Mist.*
*Representaste a la mujer parisiense como ninguna otra antes la*
 *[representara y tan bien como otra cualquiera lo hará un día*
  *[u otro, si aparece este nuevo astro.*
*Fuiste el físico, el alma y gracia, travesura y elegancia de la ciudad*
 *[de la mujer.*
*Fuiste tan amada en general como en platea, amada por unos y*
 *[por otros, por hombres y mujeres.*
*Tú quedarás entre nosotros como una luz entre las luces de la*
 *[Ciudad Luz.*
*Eternamente.*

Le preguntaban por qué muchos cómicos y payasos son, en su vida privada, personas tan serias. Decía:

—Porque se dan enteramente cuando trabajan. Y después necesitan recuperarse para la próxima dádiva. Desconfiad de un cómico que lo sea también en su vida privada. Seguro que, durante su trabajo, no se da del todo.

Mauricio Chevalier, una de las primeras veces que esuvo en Hollywood en aquellos tiempos que precedieron a la filmación de *El desfile del amor*, visitó a los Fairbanks en su casa. Era en verano. Allí estaba Douglas Fairbanks y la que entonces era su mujer, Mary Pickford, y otros invitados. Todos en bañador, alrededor de la piscina. Chevalier iba vestido hasta con cierto lujo, como era su costumbre. El mismo Douglas le recibió, le llevó con disimulo hasta el borde de la piscina, le dio un empujón y le echó al agua. Chevalier salió de la piscina hecho una sopa y no disimuló su contrariedad. Douglas, al ver que se ponía serio, le dijo:
—¡Vaya! Se ve que los franceses no tenéis sentido del humor.

Esta anécdota nos recuerda otra, sin protagonista conocido. La de un hombre que, en plena calle, recibió un manotazo tan fuerte en la espalda que se le doblaron las piernas y cayó sentado. Levantó la cabeza y se encontró con un desconocido que le dijo:
—¡Oh! Perdone usted, señor. Le he confundido con mi amigo Pablo.
Y el buen señor, desde el suelo, respondió:
—Es que, aunque fuese su amigo Pablo...

Chevalier, ya mayorcito, publicó su primer libro de recuerdos, *Ma route et mes chansons;* mejor dicho, sus tres libros, porque la obra tiene tres volúmenes. Cuenta en su libro que sus contestaciones a los periodistas que le entrevistan han cambiado mucho últimamente. Y que si le preguntan cómo anda de amores, dice:
—Nada, nada. Llega un día en que el amor, como todos los deportes, nos abandona. Y lo único sensato entonces es decir: gracias, no juego.

Un día que no estaba de muy buen humor, un amigo le preguntó:
—¿Qué te pasa?
—Que está fastidiado.
—¿Está? ¿Quién?
—El otro yo. En todos los hombres que valemos algo hay otro hombre inferior que no vale más que un cualquiera, y este otro hombre es el que sufre, se angustia, come, siente incomodidades y se fastidia infinitas veces, como yo ahora.

Se hablaba un día de Paul Geraldy, recién llegado de África. Se decía que, durante su estancia en ese continente, en ninguna

de sus colaboraciones en los diarios de París había hablado de África, y que continuó escribiendo como si estuviera en París. Chevalier hizo este comentario:
—A mí esto me parece muy bien.
Y dio esta razón:
—Lo único razonable es hablar sólo de aquello que se conoce muy a fondo. Y nadie conoce a fondo un país en el que sólo ha pasado unas semanas. Todo lo que sea hablar de lo que se conoce sólo por encima es palabrería artificial, falsedad en definitiva.

Ya en sus últimos años de trabajo en los escenarios le decían que estaba cambiando de estilo. Lo reconoció.
—Sí.
—¿Es que ha perdido las ganas de hacer reír?
—No precisamente. Pero es que existen risas y aplausos que, a cierta edad, si se sigue buscando la calidad, se han de evitar decididamente. A un hombre joven que empieza todo le está bien. A mí, no.
Decía esto cuando ya evitaba, por demasiado fácil, el estilo en cierto modo grosero y hasta pornográfico.

Después de haber publicado su primer libro le preguntaban:
—¿Qué le parece más difícil, trabajar en un escenario o escribir?
—Todo es difícil... cuando no sale. Y todo parece fácil, cuando sale a gusto de los demás casi sin que nos demos cuenta. Puesto a escribir, lo que me parece más difícil es pensar justo. Pensar de acuerdo con lo poco que hay auténticamente cierto en el tropel diario de convencionalismos, tópicos, lugares comunes, inversiones de valores y afirmaciones sin fundamento que nos abruman.
Y añadía:
—Lo que nos hace falta son verdades seguras, que no sean mentira mañana. Aunque...
Recordaba en silencio algunas circunstancias de su vida pasada y añadía:
—Toda la sabiduría del mundo es impotente contra ciertos sentimientos que sobrevienen, inesperadamente, como primavera dentro de nosotros.

Hemos leído esta anécdota atribuida a personajes distintos y también sin atribuir a nadie, como simple cuentecillo. Si la incluimos aquí es por haberla leído atribuida a Chevalier.
No le gustaba viajar en tren porque le conocían, le hablaban y no le dejaban tranquilo. En uno de sus viajes en tren, uno de los compañeros de viaje se apoderó de él y no dejó de contarle cosas que a Chevalier le tenían sin cuidado. Y, en todas, haciéndose el

gracioso. Y en esto cruzaban unos campos en los que pacía un gran rebaño de vacas. Y el compañero de viaje dijo:

—Yo, cuando veo tantas vacas reunidas...

Chevalier le interrumpía:

—Yo las cuento. Nada me divierte tanto como contar vacas.

—Sí, pero tantas no se pueden contar.

—Yo, sí.

Hizo como que las contaba rápidamente y exclamó:

—¡Setecientas cuarenta y dos!

—Es admirable. ¿Cómo se las arregla usted para contar tan aprisa?

—Muy fácil. Cuento las patas y las divido por cuatro.

De Maurice Chevalier se dice que una vez definió así a los hombres rigurosamente bien educados:

—Son los que saben explicar toda la gracia y la belleza de una mujer con las dos manos siempre detrás, a la espalda.

Nunca se le han sabido ruidosas aventuras con mujeres y, en sus memorias, sólo habla de su primera aventura de amor, con Mistinguette. La cuenta así:

Trabajaban juntos en una revista. En la escena final caían abrazados y un criado, distraídamente, les arrollaba en una alfombra. Y una vez, dice Chevalier que les dejaron olvidados dentro de la alfombra arrollada, y cuando se dieron cuenta había pasado mucho rato, el suficiente para... no decir en letras de molde lo que había pasado dentro de la alfombra.

Últimamente se le atribuyen algunas frases de nostalgia en lo que se refiere a mujeres. Una de ellas ésta:

—A mi edad puedo todavía ayudar a una mujer a levantarse; lo que ya no puedo es hacerla caer.

Siempre ha tenido una cierta fama de todo lo contrario de malgastador. Se cuenta de él que, una vez que visitaba una fábrica de armas, el gerente le regaló una magnífica escopeta de caza. Y le dijo:

—Existe la superstición de que las armas regaladas traen mala suerte. Se la vendo, pues, por cincuenta francos.

Chevalier buscó los cincuenta francos y sólo encontró un billete de cien.

—Sólo tengo cien. Se los queda y usted me da dos escopetas. ¿Le parece bien?

## CHIANG KAI-CHEK

Chiang Kai-Chek había estudiado en Inglaterra, en una de las famosas universidades de allí. Solicitó plaza y el director le quiso conocer. El futuro jefe de la China nacionalista era entonces muy joven, pues tenía alrededor de los veinte años. Los chinos, a esa edad, parecen más jóvenes que los europeos. Y el director, sólo con verle, antes de preguntarle nada, le dijo:
—Veo, por su cara, que usted no tiene todavía madurez.

Y el muchacho, suavemente, contestó:
—Tengo la suficiente para sospechar que las personas que juzgan la madurez de los otros únicamente por la edad que representan, no dan con ello ninguna prueba de madurez.

Y fue admitido.

## CHOPIN

Federico Chopin (1810-1849) nació en Polonia y murió en París. Su apellido es francés, puesto que su padre lo era, nacido en Lorena. Estaba de profesor de francés en Varsovia y vivía en una aldea, cerca de la capital, y allí nació Chopin. Parece ser que en Polonia este nombre se pronunciaba así: Kopin.

Era pequeñito, delgado (se dice que sólo pesaba 44 kilos), muy atildado en el vestir y con un algo inefable que seducía a las mujeres. Después de años de vivir en París, decía:
—Aquí estoy sólo de paso.

Y no se sabe si se refería sólo a París o al mundo.

Fue un gran profesor de música y sus discípulos le dieron fama y dinero. Sólo se le veía verdaderamente feliz cuando improvisaba al piano. Componía sobre el mismo piano, buscando su expresión en el inspirado encadenamiento de las notas. Y... (esto ya es anécdota pura y de las más bellas) cuando se sentaba al piano a improvisar, empezaba siempre, como para que le acudiera la inspiración, con trozos de Bach, su preferido, del que se sabía *todo* de memoria.

Justina Krzyzanowska, la madre de Chopin, tocaba valses y mazurcas como distracción para la familia. Una noche, el niño Federico, que tenía entonces cinco años, bajó al salón en camisón de dormir, se sentó al clavicordio y tocó algunos de los valses que oía tocar a su madre. Nadie le había enseñado a tocar. Una mujer que estaba en la casa como aya del niño le oyó tocar, despertó a los otros y todos acudieron a escuchar. Y el padre dijo a la madre en voz baja:
—Toca mejor que tú.

La madre cubrió al niño con una manta. Y el niño le dijo:
—He querido probar a ver si me salía, para tocar yo y que tú descanses, mamá.

Sus padres, a los cinco años, le pusieron un profesor de música. Después de un año, el profesor dijo a los padres del niño:
—Ya no puedo enseñarle nada más. Es un alumno a quien hay que seguir, no dirigir.

A los ocho años dio su primer concierto. Su madre le vistió con una chaqueta de terciopelo y un gran cuello blanco almidonado. Después del concierto, ya otra vez en su casa, los padres interrogaron al niño. El padre decía:
—¿Qué te parece que le habrá gustado más al público?
Y el niño músico, muy decidido, dijo:
—¡Mi cuello blanco!
Y es que Chopin niño no daba importancia a tocar bien el piano, puesto que le salía sin ningún esfuerzo.

Chopin, además de dominar la música, tenía ciertos extraños poderes de telepatía y premonición. Sabía lo que iba a ocurrir como si interiores visiones proféticas se lo revelaran. Y tenía también un gran poder de imitación. Divertía con frecuencia a sus amigos con lo que él llamaba sus representaciones. Les preguntaba:
—¿Queréis ver a Liszt y oírle cómo toca?
Imitaba las actitudes y hasta la expresión de Liszt y tocaba exactamente como él.

Estuvo una vez invitado a comer en una casa rica. Había otros invitados. Después de comer, la señora de la casa le rogó que tocara un poco. Chopin dijo que no podía hacerlo, que sólo podía tocar cuando estaba inspirado y que no lo estaba.
La señora se puso pesada con su insistencia. Le decía:
—Yo os he invitado contando con que tocaríais. Si llego a saber que os negaríais a tocar, no os habría invitado a comer.
Y Chopin, exclamó:
—¡Oh, señora mía! Pero... ¡he comido tan poco!

Chopin fue siempre un hombre triste, devorado por irremediables nostalgias. Cuando le preguntaban de dónde le venía la inspiración, lo explicaba con una sola palabra:
—Zal...
Una palabra polaca que no tiene traducción exacta y que significa algo así como *spleen, cafard, blues,* morriña, *saudade,* nostalgia...; *enyorament,* se diría en catalán; una insatisfacción interior que sólo en la música encontraba su expresión.

211

Cuando el primer encuentro de Chopin y George Sand, ella tenía 32 años y él 26. Las mismas edades que Josefina y Napoleón cuando se conocieron. Liszt, un año más joven que Chopin, era ya famoso en París cuando se conocieron, al parecer en el apartamento de Liszt. Chopin y Liszt se habían conocido en el establecimiento de música Pleyel. Cómo, no se sabe con seguridad, pero la anécdota lo explica de una manera deliciosa. Chopin estuvo un día en la casa Pleyel, para entrar en tratos con ellos. Le hicieron esperar. Mientras, se sentó a un piano y se puso a tocar. Entró Liszt, uno de los buenos músicos de la casa; quedó maravillado al oírle; se sentó a otro piano y empezó a tocar a dos pianos con él. Chopin, sin ni volver el rostro, continuó, enardecido. Y así estuvieron mucho rato. Y, al terminar, se levantaron y, sin conocerse, se dieron un abrazo, que fue coreado por aplausos, pues el personal de la casa había acudido a escucharles.

Liszt vivía con su amante, la condesa María d'Agoult, en el número 43 de la rue Laffite. María había abandonado, por Liszt, a su marido y a una hija. Con Liszt tuvo otra hija, que fue años después la segunda esposa de Wagner. George Sand vivía en la misma casa y frecuentaba el apartamento de Liszt. Ella y sus hijos, Maurice de 13 años y Solange de 8, iban los tres vestidos de hombre. Y allí, en casa de Liszt, se encontraron por primera vez Chopin y George Sand. En las biografías se citan las palabras poco amables que Chopin dedicó a la Sand, después de conocerla por primera vez:

—¡Lo que llega a ser antipática esta mujer! Pero, ¿es de veras una mujer? Yo llego a dudarlo.

Chopin, en París, tenía un criado polaco que no dejaba entrar a nadie. Daba siempre la misma excusa:
—El señor Chopin ha salido.
—¿A esta hora?
—El señor Chopin no tiene horas.
—Me dijo que estaría en casa.
—El señor Chopin acostumbra decir una cosa y hacer otra.

Y si entonces se oía el piano y la visita preguntaba quién lo tocaba, el criado, impávido, decía:
—El señor Chopin. Pero cuando toca es como si no estuviera. Y si no está, no puede recibir.

Chopin, en los dieciocho años que vivió en París, sólo dio diecinueve conciertos. Ganaba su dinero con lecciones de música y con la venta de sus partituras. El último concierto lo dio el 18 de febrero de 1848, nueve meses antes de morir. Y la anécdota es que la casa Pleyel conserva como una reliquia el piano que usó Chopin en este su último concierto de París.

Maurois, para sus biografías, se documentaba. Pero en su libro *Chopin*, dice: «Llegaron a Mallorca durante la estación del viento y de las lluvias». Se refiere a la llegada de Chopin y George Sand. Y la verdad es que no hay en la isla de Mallorca estación de viento ni estación de lluvias; allí hace viento cuando el viento sopla y allí llueve cuando las nubes descargan. Y dice Maurois: «La isla, cubierta de palmeras, era muy hermosa con sus montañas color de esmeralda y sus casas de estilo árabe». Y nadie ha visto jamás que la isla de Mallorca estuviera cubierta de palmeras, ni nadie ha advertido el estilo árabe en las casas de la isla. Y añade Maurois, refiriéndose a la cartuja de Valldemosa: «Es un viejo convento aislado, edificado en un bosque de naranjos y limoneros». En Mallorca se cultivan naranjos en el campo de Sóller, no en bosques, sino en campos de cultivo. Y limoneros se cultivan algunos, pero ni en campos ni en bosque, sino aislados. O sea, que el bosque de naranjos y limoneros no ha existido jamás en la isla.

En fin, que así se ha escrito y se escribe siempre la historia.

En Mallorca, Chopin se entera, por los médicos que le visitan, de que está tuberculoso. A uno de los médicos, el que más le ha visitado, le llama el doctor Malvavisco, porque malvavisco era lo único que le recetaba. Una vez que le visitaron médicos de Palma, resumió así el diagnóstico en una carta: «Uno de los médicos dice que reventaré, otro dice que estoy reventando y otro que he reventado ya».

La anécdota de la celda de Chopin en la cartuja de Valldemosa es una curiosidad sobre la que merece la pena insistir.

Actualmente, dos celdas de la Cartuja, la celda 2 y la celda 4, se enseñan como la de Chopin. Cada una de las dos celdas se compone de tres habitaciones. En la celda 2 hay un pequeño piano antiguo de fabricación mallorquina. Dicen que es el que usó Chopin, alquilado en Palma. En la celda 4 hay un piano grande francés, un Pleyel de caoba. Dicen que es el famoso Pleyel que le llegó a Chopin de París.

En la celda 2, entre los recuerdos, está el manuscrito del libro de George Sand, *Un hiver à Majorque*.

Maurois, en su libro, dice que Chopin y George Sand alquilaron tres celdas.

George Sand, en su citado libro, dice: «Su celda [la de una tal María Antonia] estaba situada al lado de *la nuestra* y nos servía de cocina». Y más adelante: «Mientras las antiguas celdas eran sombrías, estrechas y mal cerradas, las nuevas eran claras, aireadas y bien construidas. Haré la descripción de *aquella que nos*

*alojaba...* Las tres piezas que la integraban... Estas tres habitaciones estaban separadas del claustro...».
Bien claro está: una sola celda de tres habitaciones.

En documentos publicados, que tenemos a la vista, se lee: «La autenticidad de la que fue morada del músico y la escritora, en Valldemosa, se halla todavía en litigio, lo mismo que la del famoso piano Pleyel».

Leemos en otro documento: «... el visitante pierde la fe y llega a la conclusión de que las celdas son falsas, y dudaría de la existencia de Mallorca, si no estuviera en aquellos momentos pisando el suelo de la isla».

A través de los datos anecdóticos es muy difícil saber con exactitud cuál fue la celda donde pasaron dos meses Chopin y George Sand. Un último texto dice: «Nadie sabe cuál es la celda que ocuparon, porque, temiendo el contagio, las habitaciones fueron desinfectadas después y la mayor parte de los muebles destruidos».

Pero los turistas que quieran ver, en la cartuja, la celda de Chopin, si pagan la entrada, se la enseñarán. Y no sólo una; les enseñarán dos.

En Nohant, propiedad de George Sand, una gran casa ahora convertida en museo, Chopin pasó siete largos veranos. Había otros invitados con frecuencia, entre ellos el pintor Delacroix y Liszt. Se cuenta que en cierta ocasión, Liszt tocó un nocturno de Chopin. Se sintió inspirado mientras tocaba y cambió algunas cosas. Chopin se molestó:

—Si tocáis música mía, tocadla tal como la he compuesto. Si no, tocad otra cosa.

Liszt, conciliador, se levantó y le cedió el piano.

—Tocad vos mismo.

Y Chopin terminó de tocar su nocturno. Había dos bujías encendidas sobre el piano. Una mariposa se quemó en una de ellas y la apagó. Chopin apagó la otra y siguió tocando a oscuras.

A la noche siguiente, Chopin y Liszt se dirigieron al piano y apagaron las luces. En la oscuridad se oyeron las notas del mismo nocturno de Chopin. Todos creían que era Chopin el que lo tocaba. Hasta que Liszt, levantándose del piano, encendió las bujías y entonces se vio que había tocado él. Y Chopin, olvidado del enfado de la noche anterior, dijo:

—Sí, hoy lo ha tocado Liszt y ha estado admirable.

El último encuentro de Chopin y George Sand ocurrió un año después de su ruptura y separación. Se sabe que este último encuentro es verdad; pero no se sabe toda la verdad. No todos los biógrafos lo explican igual.

Chopin estaba ya muy enfermo. Y un sábado, el día 4 de marzo de 1848, Chopin y George Sand se encontraron... no se sabe exacta-

mente dónde. Bueno, sí, en la casa de Carlota Marliani. Pero no se sabe si dentro de la casa, en el vestíbulo, abajo en la entrada, o en la calle junto a la puerta de la casa, en el momento de entrar uno y salir el otro. Los dos eran amigos de Carlota. Los biógrafos citan este diálogo; él le dijo:
—¿No tenéis noticias recientes de Solange?
—No.
—Entonces os diré que sois abuela. Solange ha tenido una niña. Me felicito de ser el primero en daros la noticia.

Solange, la hija de George Sand, había roto con su madre, por culpa de su matrimonio, pero no con Chopin, que la seguía tratando. Dicen algunos biógrafos que el diálogo citado fue cuanto pasó. Otros añaden que los dos retrocedieron después de haberse separado, que ella le preguntó por su salud, que él le dijo que muy bien (una mentira), y que eso fue todo.

¿Cuáles fueron las últimas palabras de Chopin moribundo?
Dicen que al médico que le asistía, le dijo:
—Es una rara gracia que Dios concede al hombre esto de revelarle el instante de su agonía. A mí me lo ha hecho. Dejadme morir en paz.
Cuentan que preguntó a uno de los que le acompañaban:
—¿Y ella? ¡Me había dicho tantas veces que yo moriría en sus brazos!
No dijo ningún nombre. Nadie supo si se refería a George Sand o a su gran amor de antes de conocer a la Sand: María Wodzinski.
El doctor le preguntó si aún sufría y Chopin le dijo:
—Más.
Sus últimas, sus verdaderas últimas palabras fueron:
—*Matka, moia biedna matka.*
Que en polaco significa: «Madre, mi pobre madre». Dicen que, probablemente, se acordaba de su madre, o se refería a su patria.
Chopin está enterrado en el cementerio de Père Lachaise, junto a la tumba de Bellini. Cuentan que había pedido que le enterraran allí.

En un mueble, en la habitación de Chopin, se encontró un sobre con estas palabras escritas: *Moia Bieda*. Significa, en polaco: «Mi desgracia». Dentro del sobre había algunas cartas y una rosa seca. Eran las cartas, poco apasionadas, que le había escrito María Wodzinski.
Dicen que en Marienbad, cuando Chopin y María se despidieron por última vez, ella le dijo:
—Nunca nos separaremos. Tú morirás en mis brazos.
Y que él le dijo:
—Perderte sería mi desgracia.
*Moia Bieda.* Mi desgracia. La ruptura definitiva con María fue,

al parecer, la gran desgracia de la vida de Chopin. Ella fue el gran amor. Ella, de la que nunca se pudo cansar, porque nunca vivió con ella.

Cuenta un biógrafo que, después de su separación de George Sand, alguien le dijo a Chopin que ella estaba escribiendo sus memorias. Y Chopin dijo:
—¡Imposible! ¡Si lo único que sabe hacer es olvidar! Que, en todo caso, escriba sus olvidos.

## CHURCHILL, Sarah

Sarah Churchill, hija de Winston Churchill, era actriz. Y, al parecer, llevaba una vida nada suave en algunos sentidos. Era, entonces, muy exagerada en casi todo. Un periodista quiso entrevistarla. Y lo consiguió después de muchos intentos fracasados. Y al publicar la entrevista, la empezó así:
«Han sido necesarias seis llamadas telefónicas para llegar a un acuerdo con Sarah Churchill. Al fin lo he conseguido. He acudido a la cita y, por último, después de una larga espera, ha acudido ella. Y ha empezado así, sin ni dejarme hablar: "Tengo una prisa loca [nunca las actrices tienen una prisa normal], y debo caer precisamente sobre Italia dentro de muy poco [las actrices no van simplemente a un sitio; caen precipitadamente allí encima]; siento mucho que le haya sido tan difícil ponernos de acuerdo y le exijo que, si es por mi culpa, me lo perdone" [las actrices nunca piden que se las perdone; lo exigen]». Y empezaba la entrevista.

## CHURCHILL, Winston

Winston Churchill (1874-1965) contaba el conflicto que tuvo en el colegio con su profesor de latín, el primer día de clase. El maestro les explicaba la declinación de *mensa, mensae* y, después de las palabras en latín, les daba el significado en inglés:
—*Mensa*, mesa; *mensae*, de la mesa; *mensa*, a la mesa...
Al llegar aquí Churchill le interrumpió:
—¿A la mesa? ¿Qué significa esto de a la mesa?
—Pues significa que uno se dirige a una mesa, que uno habla a la mesa...
—Yo no he hablado nunca con ninguna mesa.
—Esto que dice es una impertinencia y si no se calla le castigaré.
Y Churchill terminaba así su explicación:
—Y yo decía la verdad, porque las mesas las uso para muchas cosas, pero nunca he hablado con ellas.

Estuvo en África, en su juventud, en la guerra contra los bóeres. Y, en una escaramuza, cayó prisionero. Desde el primer día dijo a los guardiane:
—Vigiladme bien, porque huiré.
Y se reían de él. Un día encontró por allí un sombrero de bóer, se lo hundió hasta las orejas y salió del campo de concentración, sin que nadie le impidiera salir. Anduvo perdido dos días y dos noches y, al fin, llegó a una casa que pertenecía a un ingeniero partidario de los ingleses, que lo tuvo escondido y, finalmente, le facilitó la huida dentro de un saco, en un tren, junto a otros sacos llenos de lana.

Cuenta en sus memorias que, en una votación, siendo primer ministro Chamberlain, Churchill votó contra una proposición de aquél, o sea, contra su propio partido, los conservadores. Chamberlain le llamó después y le reprendió por su voto en contra. Churchill se defendió:
—He votado en contra porque no tenían razón.
Chamberlain le dio una lección de política de partido. Le dijo:
—Votar a favor del partido cuando tiene razón lo hace cualquiera. Pero sólo los elegidos saben votar a favor del partido cuando éste se equivoca. Ésta es la verdadera fidelidad política.

Cuenta que siendo primer lord del Almirantazgo, uno de sus secretarios le dio la noticia de que en una batalla, los navíos ingleses habían sido hundidos todos por los alemanes. Churchill había preguntado con ansiedad:
—¿Qué? ¿Qué se sabe? ¿Cómo ha ido?
Y el secretario le dijo:
—Muy bien. Todos nuestros barcos hundidos.
Y añadía Churchill que nunca había sentido tanto odio por la flema británica.

Después de la primera guerra mundial Inglaterra estuvo algunos años desarmada, y no se volvió a armar hasta 1935. Un periodista le preguntó entonces a Churchill por qué se armaba Inglaterra otra vez.
—Pues porque Inglaterra, que se creía una isla, se ha dado cuenta de que está unida al continente.
—Y los Estados Unidos, ¿por qué se arman tanto?
—Por lo mismo. Se creían un continente y se han dado cuenta de que están unidos al mundo entero.

Le pidieron que se encargara de hacer el discurso de ofrecimiento en una cena, la misma noche.
—¿De qué duración?
—Máximo, diez minutos.

—¡Imposible! Para preparar un discurso de diez minutos necesito lo menos dos horas. Y no dispongo de tanto tiempo.
—Según eso, para preparar un discurso de dos horas necesitará una semana.
—No. Un discurso tan largo puedo empezarlo ahora mismo.

Se dice de Churchill que nunca improvisaba. Que de tanto no improvisar era incapaz de hacerlo. Que siempre que hablaba, preparaba antes cuidadosamente lo que iba a decir. Y sostenía:
—Las improvisaciones me entusiasman. Pero únicamente cuando he tenido tiempo de prepararlas cuidadosamente.

Decía también que lo que llevaba siempre aprendido de memoria en sus discursos era el final. Y aconsejaba que se hiciera de este modo.
—Y así, si te das cuenta de que la gente se aburre demasiado, sueltas el final y sales del apuro.

Era jefe del partido conservador y, como es de suponer, hacía todo lo posible para evitar que gobernaran el país los laboristas. Durante un gobierno laborista se discutía en la Cámara de los Comunes la conveniencia de intervenir en una guerra. Churchill, que estaba en la oposición, preguntó:
—¿No sería mejor acabarla?
Le contestaron que si la cosa fuese posible... Y Churchill dijo que él tenía una fórmula segura. Y la explicó así:
—Cederles a nuestro señor Tal y que le nombren allí ministro de la guerra.
—¿Y así la guerra se acabaría?
—Seguro. Aquí ha sido ministro de Subsistencias y consiguió que las subsistencias se acabaran.

Desde luego, el señor Tal era un ministro laborista.

Se ha dicho que Churchill contaba a veces esta historia: Un lunes por la mañana, un miembro de la Cámara de los Lores, llama a su mayordomo y le dice:
—Me han dicho, James, que ayer estabas bebido. Me lo ha dicho alguien que te ha visto en Hyde Park empujando un barril a patadas y cantando cosas no del todo decentes. ¿Es cierto?
—Pues sí, señor, es cierto.
—¿Y dónde estaba yo que no me enteré de nada?
—Dentro del barril, señor, si no recuerdo mal.

Cuentan que el general Montgomery le decía:
—Yo no bebo ni fumo, y me considero inglés ciento por ciento.
Y Churchill le replicó:
—Pues yo bebo lo mío y estoy fumando siempre. Me veré obligado a considerarme inglés doscientos por ciento.

Durante una conferencia internacional, en su despacho de Londres, después de mucho rato de discutir, enmudeció, cerró los ojos y quedó dormido. Uno de los que asistían a la conferencia, le dijo a otro:
—El señor Churchill parece cansado.
—¡Los años! A su edad, esas cosas...
—Ya no aguanta, como antes, se ve.
—Sí, se ha dormido.
De pronto se oyó la voz del propio Churchill:
—Y dormido y todo se entera de cuanto se dice a su alrededor.
Y abrió los ojos y se echó a reír.

Churchill y Aldous Huxley se encontraron por primera vez en sociedad. Y Churchill le dijo al escritor:
—Le he de confesar que he usado varias veces como mía una sentencia tomada de uno de sus libros. Ésta: «Consideramos siempre como ventajas los abusos sociales que nos benefician y como abusos las ventajas sociales de los otros».
Y Huxley le tranquilizó:
—Sí; la puse en uno de mis libros. Pero la tomé hace veinte años de uno de los textos de un tal Winston Churchill quien, por lo visto, no tiene muy buena memoria.

En una visita que hizo a los Estados Unidos, en un mal momento para la economía inglesa, se mostró siempre de muy buen humor. Le acompañaba Anthony Eden, que fue también después *premier*, aunque por poco tiempo. Eden, sorprendido por el buen humor de Churchill, no pudo dejar de manifestar su sorpresa. Y Churchill le dijo:
—Precisamente cuando las cosas van mal es cuando se ha de estar de buen humor. ¿No sabía que la desgracia huye de aquellos que no le hacen ni caso?
Y continuó bromeando.

Era conservador, como todo el mundo sabe. Y, por lo mismo, contrario político de los laboristas. Un reportero, en una entrevista, le hablaba de la antigüedad del partido laborista. Y Churchill le atajó:
—Mucho más antiguos de lo que ellos suponen. Como que el primer laborista fue Cristóbal Colón.
—¡Si no era inglés!
—¿Y esto qué importa? Pero fue el primero en no saber adónde iba ni saber adónde había llegado, en un largo viaje que le pagaban los otros.

Se hablaba de la amistad y Churchill, que escuchaba en silencio, dijo al fin:

—No perdáis el tiempo. La amistad es siempre inexplicable.
—¿Por qué?
—Pues, al menos para mí, un buen amigo es un hombre que lo sabe todo de mí, que me conoce a fondo y que, a pesar de todo, me aprecia. Buscadle explicación a este raro sentimiento.

Hay una diferencia entre la utilidad de la imaginación y la del humor, que hemos visto publicada atribuida a Churchill y, acaso, a algunos otros. Pero eso es lo que menos importa. El texto que tenemos a la vista la atribuye a Churchill, sin referencias a la ocasión en que fue pronunciada:
—La imaginación consuela a los hombres de lo que no han podido ser. El humor les consuela de lo que son.
Si le hubiesen preguntado cuál de los dos consuelos le había sido más útil, quizá hubiese contestado:
—Una taza de tila.

Estaba un día en su casa de campo, al sol, meditativo. Y un amigo le dijo:
—Algo bueno saldrá para todos de su meditación.
—No; estaba contemplando mi sombra.
—¿Precisamente la sombra?
—Creo que es lo mejor de un buen hombre de Estado. Piénselo.
Y se cuenta que, en otra ocasión, como alguien le reprochara que había hecho excepciones a cierta ley a favor de alguien, sin inmutarse, dijo:
—La misión de un buen gobernante no es hacer cumplir la ley, pues para esto basta la justicia. La misión del gobernante es decidir con acierto cuándo no se ha de cumplir y quiénes pueden dejar de cumplirla. Una alta misión que podría formularse así: El incumplimiento de la ley para el mayor bien del país.

## DAMOCLES

¿Han oído hablar de la espada de Damocles? ¿Saben quién era Damocles y qué pasó con su espada? Pues el caso es que la tal espada no era de Damocles, sino de Dionisio, tirano de Siracusa. Damocles... nadie sabe quién era realmente. Algún contemporáneo de Dionisio; eso, sí. Y alguien que tenía cierto acceso al palacio del tirano. Y que, al parecer, le dijo un día a Dionisio algo así:
—Tú sí que te lo pasas bien. Eres el mandamás de aquí, tu voluntad es ley para todos, posees inmensas riquezas...
Y Dionisio quiso demostrarle lo bien que lo pasaba y le invitó a comer. En la estancia donde sirvieron la comida, Democles vio una espada que colgaba del techo, suspendida de un hilo tan fino que podía romperse de un momento a otro. El invitado quedó

sorprendido al ver la espada. Dionisio le señaló el sitio justo debajo de la punta de la espada y le dijo:
—Siéntate; es tu sitio.
Y le hizo comer sentado allí, debajo de la espada, que si no le atravesó fue porque Dios no quiso. Y, terminada la comida, Dionisio le dijo:
—Para que veas en qué consiste el bienestar de los soberanos como yo.

## DANTE

El gran poeta italiano Dante Alighieri (1265-1321), autor de *La Divina Comedia* y de los maravillosos sonetos de *La vida nueva*, fue el enamorado platónico de Beatriz, de una Beatriz que tuvo existencia real, pero a la que Dante casi nunca llegó a tratar. La conoció en casa de ella, una vez que el padre de Dante le llevó allí, cuando él tenía nueve años y ella ocho.

De entonces se sabe lo que el poeta escribió, que: «Iba vestida de un bello color rojo, ceñida y ataviada a la manera que convenía a sus pocos años... Ciertamente hubiera podido aplicarme esas palabras de Homero: Ella no me pareció la hija de un mortal, sino la hija de un dios».

Parece seguro que después de aquel primer encuentro nunca llegaron a dirigirse la palabra y, una vez que se cruzaron en la calle y Dante la saludó, ella le negó el saludo. Entonces Beatriz era ya la mujer de otro y el amor del poeta por ella no pasó jamás de lo puramente ideal.

Beatriz se casó muy joven y murió a los 23 años, víctima de una enfermedad infecciosa.

Cuenta la anécdota que un día que Dante estaba en la iglesia, cubierta la cabeza por su caperuza, como era costumbre entonces, en el momento de la elevación no se descubrió, y que por esto fue acusado de impiedad ante el obispo. El obispo le llamó y Dante le dio esta explicación:

—Señor, tenía en aquel momento el alma tan entregada a Dios, que no me daba cuenta de lo que hacía mi cuerpo. No la tendrían así mis acusadores, puesto que hasta se dieron cuenta de lo que hacía yo.

Y el obispo no admitió, desde luego, la acusación.

Dante se casó después de la muerte de Beatriz y tuvo dos hijos y una hija. Ésta se llamó también Beatriz y entró en religión.

Un curioso dato anecdótico de Dante Alighieri: que no se llamaba Dante ni Alighieri. Un día, un tal señor Calcciaguido se casó con una tal señora Aldighiera. El apellido de la mujer quedó como apodo familiar y se convirtió en Alighieri. Un biznieto de esta señora fue bautizado en la iglesia de San Juan de Florencia con el nombre de Durante; nombre que después, abreviado, se transformó en Dante. Y este biznieto, cuyo verdadero apellido paterno no ha pasado a la historia, es Dante Alighieri.

Los primeros glosadores de la peripecia vital del poeta no ponen en duda la coincidencia de la Beatriz ideal con Beatriz Portinari, mujer de Simón de Bardi. Coinciden en esta apreciación Pedro, el hijo del poeta; Graziolo, que escribe apenas tres años después de la muerte de Dante, y Boccaccio, biógrafo del poeta, que escribe sólo unos cuarenta años después de su muerte. Todos están de acuerdo en que la Beatriz amada es la hija de Folco Portinari, casada desde muy jovencita con Simón de Bardi. Y Boccaccio usa el tema de los amores de Dante y Beatriz como asunto de uno de sus cuentos.

Dante no vivió muy unido a su mujer, Gemma Donati. Sin embargo, un biógrafo cuenta que la mujer fue acusada de infidelidad por unos amigos del poeta. Y Dante, con mucha serenidad, dijo a los acusadores:
—A vuestro juicio, ¿conocéis la vida de mi esposa mejor que ella misma?
—Desde luego que no.
—Ella sostiene que vuestras acusaciones son mentira. Dejadme, pues, en paz.
Y les despidió.

Cuenta otro biógrafo que para despedir a un importuno, le preguntó:
—¿Cuál es el animal mayor que existe?
—El elefante, sin duda alguna.
—Bien, pues... señor Elefante, dejadme en paz.

Refiere el mismo biógrafo que el bufón de un noble le preguntó:
—¿Cómo es, poeta, que yo, tonto como soy, me he enriquecido y tú, sabio como eres, estás en la pobreza?
—Porque tú has encontrado a un hombre rico que se te parece y te protege. Y yo no lo puedo encontrar.

Se dice de Dante que tenía muy buena memoria. Una vez, en Verona, pasaba por una calle y un desconocido que estaba sentado a la puerta de una casa, le preguntó:
—¿Cuál es la mejor comida?
—Un huevo duro —contestó el poeta.
En otra visita que hizo a Verona años después, pasó por la

misma calle. Allí estaba el mismo hombre sentado y, al verle, le preguntó:
—¿Con qué?
—Con sai —dijo el poeta.
Aunque en esta anécdota se ve más la buena memoria del desconocido que la de Dante Alighieri.

En el libro de Padovan *Náufragos y héroes* leemos una curiosa anécdota sobre el texto original de *La Divina Comedia*. Después de muerto el poeta, por cartas y documentos que encontraron sus hijos, advirtieron que al texto original de la obra le faltaban los últimos trece cantos. Y por mucho que los buscaban no los encontraban. Y una noche, Pedro, el hijo de Dante, vio a su padre en sueños, y oyó que le decía que los trece cantos estaban escondidos debajo de las tablas del suelo en la casa donde había vivido el poeta.

Fue Pedro a la casa con un amigo suyo llamado Giardini, levantaron las tablas y allí encontraron, muy bien envueltos, los trece cantos que faltaban y que Dante, en un momento de revuelta política, había escondido allí.

## DANTON

Georges-Jacques Danton (1759-1794), abogado y protagonista de la Revolución francesa, estuvo como alumno en un seminario. Pero no pudo resistir la disciplina, en parte monacal. Todo se hacía allí a son de campana. Y el mozo Danton decía:
—Esta campana será mi muerte, si no me libro de ella.
Hasta que un día, para no oírla más, huyó del seminario.

Después de la toma de la Bastilla, para cuya acción Danton había estado en la calle animando al populacho, se retiró a su casa a dormir. A altas horas de la noche llamaron a la puerta. Eran sus dos amigos Desmoulins y Fabre d'Eglantine, que iban a comunicarle una buena noticia:
—Acabas de ser nombrado ministro de Justicia.
—¿Por eso me despertáis? Me habría enterado mañana.
—Es que yo —le dijo Desmoulins— vengo a solicitar que me nombres tu secretario.
—Y yo —dijo Fabre— que me nombres tu vicesecretario. Y así entre los tres llevaremos todos los asuntos del Ministerio.
Danton les dejó decir y después les señaló la puerta:
—Perdéis el tiempo. Mientras me hablabais he tomado la decisión de no enterarme de nada hasta mañana, cuando me despierte, dentro de siete horas.
Y se negó a seguir escuchándoles.

Fue contrario decidido de la política de Robespierre y esto precipitó su condena a muerte. Su lema contra Robespierre era:
—Prefiero ser guillotinado que guillotinador.

Y fue guillotinado junto con sus amigos Desmoulins, Fabre d'Eglantine, y algunos otros, como reos de un delito muy curioso: el de indulgentes con los otros condenados.

Danton trataba de establecer un gobierno moderado que pudiese tener cierta duración. Su principio, que repetía con frecuencia, era:
—Sólo queda destruido aquello que es en seguida reemplazado.

Danton trabajaba entonces de acuerdo con Robespierre. Pero pronto Robespierre rompió con él y con la moderación y se declaró partidario del Terror, y Danton fue llevado ante el tribunal revolucionario. Uno de los que formaban el tribunal, un tal Sauberbielle, manifestó que no veía en qué apoyarse para condenar al acusado. Y otro miembro del tribunal, un tal Topino-Lebrun, le dijo:

—Aquí no se trata de aplicar leyes, sino de hacer política. Danton y Robespierre no pueden llegar a un acuerdo, esto es evidente. Hace, pues, falta, para el bien del país, que uno de los dos desaparezca.

—Bueno, sí, pero...
—¿Cuál de los dos os parece más necesario para el triunfo de la causa revolucionaria?
—En este momento, dadas las circunstancias, Robespierre.
—Pues ya habéis dictado sentencia. En este momento, dadas las circunstancias, debe morir Danton.

Y Danton fue guillotinado.

Danton era muy buen orador, tenía la voz muy fuerte y era hombre alto y fornido. Su defensa ante el tribunal revolucionario, que le condenó, fue bravía e insultante para sus jueces. El presidente del tribunal trataba de interrumpirlo haciendo sonar la campanilla. Danton no callaba y el presidente, fuera de sí, le gritó:
—¿Es que no oís esta campana?
—Un hombre que defiende su propia vida —le gritó Danton— se ríe de tu campana.

El día antes de ser guillotinado estaba meditativo en la prisión. Y uno de sus compañeros de infortunio le preguntó si buscaba consuelo en la filosofía.
—No, precisamente. En todo caso, en la filología.
—¿Cómo es eso?
—Estaba pensando que el verbo *ajusticiar* no se puede conjugar

en todos los tiempos. Se puede decir *yo ajusticio y yo seré ajusticiado,* pero nadie puede decir *yo he sido ajusticiado.*

Antes de recibir el golpe fatal, dijo al verdugo:
—Enseña después mi cabeza al pueblo. Y que así escarmienten en cabeza ajena.

## DARÍO

Darío I el Grande, rey de Persia (550-485 a. de J.C.), subió al trono después de matar a un usurpador que se había sentado en él (después de matar al hijo de Ciro). Fue uno de los reyes de Persia que más engrandecieron a su país y uno de los más famosos guerreros de la Antigüedad, pero que, lo mismo que otros guerreros posteriores, fracasó en su campaña contra Rusia, incapaz de vencer el frío de las estepas; cosa muy parecida a lo que les pasó a Napoleón y a Hitler. Le sucedió su hijo Jerjes I, nieto de Ciro, puesto que su madre, mujer de Darío, era hija de Ciro.

Darío no era de sangre real, pero, por valiente, pudo casarse con la hija de Ciro y subir al trono. Cuando sólo era un capitán en el ejército del rey Cambises, que fue después su cuñado, por ser también hijo de Ciro, Persia recibió la visita de Polícrates, rey de Samos. Acompañaba a Polícrates su hermano Silofone, un elegante de aquella época, que sorprendió a la corte persa con su túnica de color rojo vivo. Darío, muy joven entonces, le dijo:
—Daría cualquier cosa por tener una túnica como la tuya.
Silofone se quitó la túnica y se la dio:
—Tómala; tuya es.
Muchos años después, Darío era rey de Persia y, un día, sus mayordomos le dijeron que un griego desconocido deseaba verle, y que había dicho que iba a cobrar una deuda que el rey tenía con él. Darío le recibió.
—Dices que tengo una deuda contigo. ¿Cómo puede ser si ni tan siquiera te conozco?
—Soy Silofone, que estuve aquí hace años cuando mi hermano Polícrates era rey de Samos. Entonces te di una túnica roja.
Darío le reconoció:
—¿Y quieres que ahora te la pague?
—No. Quiero que me ayudes a recuperar el trono que heredé de mi hermano y del que he sido desposeído por un usurpador.
Darío le prometió ayuda, cumplió su palabra y ¡ésta fue la causa de la primera guerra de los persas contra los griegos!

En aquellos tiempos el único auténtico deber de los hombres era luchar por la patria. Ninguna consideración podía anteponerse a este deber. Se cuenta que un hombre, ya de edad avanzada, le hizo a Darío una petición desacostumbrada:

—Señor —le dijo—, tengo tres hijos y soy viejo. Te ruego que me dejes a uno de los tres como báculo de mi vejez. Llévate a la guerra a los otros dos, pero déjame uno.

Y Darío aprovechó la ocasión para dar un alto ejemplo a su pueblo. Dijo al viejo:

—Te dejaré los tres.

Hizo decapitar a los tres hijos y mandó las cabezas al padre, para que, escarmentados con esto, ningún padre antepusiera, en lo sucesivo, sus propios sentimientos y egoísmo al bien común de la patria.

Un biógrafo atribuye a Darío una frase que ha sido también atribuida a algunos otros grandes hombres. Y que según el biógrafo, Darío la pronunció en sus últimos años. Dijo:

—Nunca me he arrepentido de haber callado; y muchas veces me he arrepentido de algo que he dicho y habría sido mejor callar.

Y otros biógrafos aseguran que Darío redactó él mismo su epitafio. Un curioso epitafio que decía: «Aquí yace un hombre que ha sabido beber mucho vino y lo ha soportado siempre sin perder la cabeza».

Uno de los cortesanos de Darío, hombre joven y de buena presencia, estaba enamorado de una muchacha plebeya llamada Leila. Y hablaba tanto de ella que sus amores eran comentados en la corte. Darío quiso conocer a la muchacha y el joven enamorado se la presentó. Darío esperaba ver una belleza y se encontró con una mujer feúcha, de poco atractivo a primera vista. Y le dijo al enamorado:

—¿Cómo puedes querer tanto a una mujer tan poco favorecida?

Y el enamorado le contestó:

—Para mí es la mujer más bella del mundo.

—Pero no es bella.

—Para ti, no, porque no la amas. Para mí sí y esto te hará comprender cuánto la amo.

No dice la anécdota si el joven enamorado se casó al fin con la plebeya feúcha, ni si fue feliz con ella hasta el fin de sus días.

## DARWIN

Charles Robert Darwin (1809-1882), famoso naturalista inglés, autor de la famosa obra *El origen de las especies*, cuyo auténtico título es: *The origin of the species by means of natural selection*, era hijo de un médico y desde niño se dedicó a cazar insectos y a

estudiarlos. Su padre, que había pensado dedicarlo a la vida eclesiástica, decía de él:
—Es inútil. ¡Todo el día corriendo detrás de las moscas y los mosquitos!

Y aquel muchacho inútil escribió uno de los libros más famosos de cuantos se han escrito.

Buscaba en todo la verdad y nunca daba su parecer sin conocer a fondo los asuntos. No se fiaba de nada de lo que leía, sino de lo que había podido comprobar por sí mismo. Y exclamaba a veces:
—De todo lo que se escribe como obra científica, más de la mitad es mentira.

Y decía también:
—Lo malo de escribir una mentira es que otros la copian después, sin comprobarla, y así se establecen como verdades conclusiones falsas.

Su obsesión por la verdad era tan fuerte que una noche, en su casa, en familia, le preguntaron dónde había tenido, durante sus largos viajes, la mayor impresión de sublimidad. Sin pensarlo mucho dijo:
—En lo alto de la cordillera de los Andes.

Se retiró a descansar y, al poco rato, reapareció y dijo:
—No creo que sea exacto lo que os he dicho antes. Creo que me impresionó más la selva brasileña.

No quiso acostarse sin desmentir algo que había dicho y que podía no ser del todo verdad.

Trabajaba tanto que no tuvo tiempo de empezar a leer poesía y a escuchar música hasta la madurez. Y entonces decía:
—He perdido mucho tiempo.

A todo el mundo le extrañaba que dijera esto. Y Darwin lo explicaba así:
—¡Tantos años sin leer poesía y sin escuchar música!

Y decía que, en la educación de los niños, un día a la semana debía dedicarse a la poesía y otro día a la música.

Darwin es el introductor en ciencias naturales de la doctrina o teoría evolucionista, que supone la evolución de las especies de unas a otras. La Iglesia anglicana no estuvo de acuerdo con esta doctrina y la condenó como contraria a la fe cristiana. El canónigo Kingsley era muy amigo de Darwin. Y después de haberse pronunciado la Iglesia contra el evolucionismo, el canónigo visitó a Darwin y le dijo:
—Debo confesaros que desde hace tiempo, al observar cómo crecen las plantas y cómo cambian, vengo creyendo en la evolución de las especies, persuadido de que esta posibilidad no supone ninguna irreverencia hacia el Creador, sino todo lo contra-

rio, puesto que tanta omnipotencia hace falta para llegar a todas las especies actuales desde unas pocas especies primitivas, como para irlas creando todas sucesivamente.

Darwin cuenta esta visita del canónigo y añade:
«Éramos amigos desde hacía treinta años y ni una sola vez habíamos estado de acuerdo en nada. Pero aquella vez, después de su declaración, nos miramos estupefactos y estuvimos mucho rato sin decirnos nada, como enloquecidos los dos. Mi amigo me acababa de dar una solución que a mí no se me había ocurrido nunca».

No soportaba los discursos inútiles, la palabrería vana, ni los largos textos prolijos sin un sentido claro. Decía una y otra vez:
—Todo el mundo habla y escribe demasiado.

Conocía a Carlyle, y, una vez que coincidió con él en una reunión de amigos, dijo después:
—Habla tanto que nadie se entera de lo que dice. Hoy ha hablado dos horas sin parar, en defensa, ¿sabéis de qué?
Y terminaba en un grito:
—¡Del silencio!

## DAUDET

Alfonse Daudet (1840-1897) murió a los 57 años y por su aspecto, con su larga barba, parecía mucho mayor. Autor de *Lettres de mon moulin* y *Tartarín de Tarascón*, pronto alcanzó la fama. En el sur de Francia, en Fontvieille, se enseña el molino donde Daudet escribió sus cartas, aunque muchos aseguran que nadie sabe con exactitud si el molino fue el que ahora se enseña u otro de por allí. Es frecuente que ocurra esto. También en Verona enseñan el balcón donde se asomaba Julieta para hablar con Romeo, sin que se esté seguro de la existencia real de esos dos amantes famosos.

Daudet sostenía la doctrina retórica de la no existencia de sinónimos. Decía que nunca dos palabras sustituyen exactamente la una a la otra, con significado igual. Le preguntaban la diferencia entre vanidad y orgullo. Y decía:
—Totalmente distintos. La vanidad es un vestido; el orgullo es un estado del alma.
Sobre el mismo tema, un escritor nuestro cuyo nombre no se cita, pues todavía vive, decía estar de acuerdo con la doctrina de Daudet. Le preguntaban la diferencia entre arrogancia y altivez. Y contestaba:
—Salta a la vista: de las cuatro consonantes de cada una de las dos palabras no hay ninguna que sea igual.

Se hablaba un día del misticismo de Tolstoi en los últimos años de su vida. Daudet dijo:
—No creo que esto sea un buen ejemplo para nadie, sino más bien lo contrario.
Y explicó su idea así:
—Tolstoi presta oído a la llamada espiritual a los setenta años, después de una vida dedicada a todos los goces y a muchas perversiones, disfrutada al estilo, sin trabas, de un gran señor ruso. Y, llegado a la vejez, cuando se ha visto obligado a renunciar a todo, empieza a predicar el renunciamiento a los otros. Esto no deja de ser un mal ejemplo.

La mujer de Daudet tocaba el piano y a él le gustaba mucho la música. Y rogaba a su mujer que tocara cosas de Schubert, Mozart, Beethoven y Schumann, mientras él escribía. Decía:
—Me gusta toda la música; incluso prefiero una música mala a no oír música.
Y su mujer decía:
—Mi marido va escribiendo lo que piensa, mientras yo le caliento el pensamiento con la música. Su trabajo es más genial, no lo dudo, pero el mío es bastante más pesado.

Una de las definiciones retóricas de Daudet, que se sigue repitiendo, es la que se refiere a los adjetivos. Decía que el adjetivo ha de ser la amante del sustantivo, no la mujer legítima. Las uniones entre esos dos tipos de palabras han de ser siempre pasajeras. Esta fugacidad es lo que distingue a los buenos escritores de los adocenados.

Era susceptible, pero no rencoroso. Y contra los sentimientos de rencor daba esta receta:
—Dejad hacer al destino. Que se encargue él de satisfacer vuestro rencor. No dejará de hacerlo.

Jules Renard explica en su diario que Víctor Hugo murió sin haber leído un solo libro de Daudet. Y eran amigos. Pero después de conocerse, Hugo le dijo:
—Espero que me mandéis alguno de vuestros libros.
—Por ahora, no.
—¿Por qué?
—Me temo que no lo leeríais. Y me temo también que me fastidiaría encontrar una dedicatoria que nos dejara contentos a los dos: a mí, que la escribiría, y a vos, a quien iría dedicada.
Y todas las veces que se veían, Hugo le decía:
—Sigo esperando vuestro libro.
—Sigo con mis dos temores.

Y así estuvieron hasta que Víctor Hugo murió sin haber recibido ni leído ningún libro de Daudet.

Daudet tuvo un conflicto con un amigo suyo llamado Delpit, también escritor. Delpit, en busca de la reconciliación, le escribió una carta que terminaba así: «Tengo, lo confieso, mucha admiración por vuestro genio, pero no por vuestro carácter».

Daudet le contestó con otra, muy breve, así: «Lamento vuestra falta de coincidencias y prefiero no exponerme a comprobar que son irremediables. Tengo, lo confieso, mucha admiración por vuestro carácter, pero no por vuestro genio».

Y no se reconciliaron.

Daudet era de una extremada susceptibilidad. Se presentó como candidato a la Academia Francesa y no fue admitido. Nunca más quiso tener trato ninguno con la Academia ni con los académicos. Y las veces que le propusieron que volviera a presentar su candidatura se negó siempre en redondo. Se limitaba a decir:
—La Academia, para mí, ha dejado de existir.

Daudet se casó muy joven y la forma como conoció a la que después sería su mujer, según la anécdota, fue ésta: Se estrenaba una obra de teatro de los Goncourt, *Henriette Maréchal*. Los Goncourt tenían muchos enemigos entre los escritores jóvenes, y grupos de ellos habían preparado el fracaso del estreno. Uno de ellos era Alfonse Daudet. Un amigo de la familia Daudet preguntó al muchacho:
—¿Puedo llevar a mi hija al teatro al estreno de esta noche? Me temo que sea algo muy atrevido, porque esos Goncourt...
—Puede llevarla. Habrá tanto escándalo que nadie se enterará de nada de la obra.

El amigo de la familia Daudet era un tal señor Allard. Fue al estreno con su hija. Daudet fue a saludarla y le estuvo hablando para evitar que se interesara por lo poco que los gritos dejaban oír de la obra. Y, poco tiempo después, se casaba con ella.

A cualquiera algo enterado de literatura que le pregunten cuál es el libro más famoso de Daudet, seguro que citará el *Tartarín*. Sin embargo, no fue éste el libro que le sacó de apuros y le situó, sino *Fromont jeune et Risler ainé*, un libro que ahora está completamente olvidado. Una vez que le preguntaban a Daudet cuál era su libro preferido, dijo:
—Como lector, el *Tartarín*; como autor, el *Fromont*.

Y daba esta razón:
—Gracias al dinero que he ganado con el *Fromont* puedo perder tiempo releyendo el *Tartarín*.

*Tartarín de Tarascón* se publicó primero por entregas en un

diario y con otro nombre y el título de *Barbarín de Tarascón*. O sea, que el protagonista empezó llamándose Barbarín. Pero resultó que en Tarascón vivía una familia llamada Barbarín. Y protestaron. Y entonces Daudet cambió el nombre del protagonista. Y la primera vez que salió cambiado, se acompañó una nota editorial, en la que se decía que si hasta entonces se había puesto Barbarín había sido por una errata de imprenta. Y alguien le preguntó a Daudet:
—¿Cómo es posible que hayan tardado tanto tiempo en darse cuenta de una errata?
—No es cosa mía —contestó—; es cosa del mismo Barbarín.
Y era verdad.

## DEBUSSY

El músico Claude Debussy (1862-1918), autor de la ópera *Pelléas et Mélisande*, sobre libro de Maeterlinck, fue, en su juventud, entusiasta de Wagner. Y consiguió comunicar su entusiasmo a un amigo suyo, un tal Peter, que fue después su biógrafo. Peter, con más posibilidades económicas que Debussy, hizo un viaje a Alemania y estuvo en Bayreuth, donde se quedó mucho tiempo totalmente entregado a vivir la música y el recuerdo de Wagner. De vuelta a París, corrió al encuentro de Debussy para contarle sus impresiones wagnerianas de viaje. Debussy le interrumpió en seguida:
—¡Oh, Wagner...!
Una actitud que sorprendió a Peter.
—¿Es que no te gusta Wagner?
—No es que no me guste. Wagner era para mí un veneno y me he desintoxicado; eso es todo. Pero me sigue gustando, a ratos, de vez en cuando.

Tardó años en triunfar y, cuando ya lo había conseguido y era un tipo conocido, una vez que fue a ver una función de circo, espectáculo que le gustaba mucho, uno de los payasos se le acercó y le dijo:
—Saludo a nuestro gran artista.
—También usted es un artista.
Y se entabló un diálogo entre el músico y el payaso que el público siguió con atención.
—No; yo soy un clon y todo mi arte consiste en recibir patadas y hacer piruetas.
—También nosotros los músicos recibimos patadas y no de un compañero, sino de los críticos y del público.
—Pero todo el mundo les conoce.
—Y vosotros conseguís que todo el mundo se ría.
Y el payaso le hizo entonces una proposición:

—¿Cambiamos? Yo la música y usted la payasada.
El payaso llevaba un violín y empezó a tocar, por cierto bastante bien. Debussy se levantó, se puso de cara al público, puso una expresión grotesca y con la voz atiplada gritó:
—¡Ua! ¡Ua! ¡Ua!
Fue un exitazo.

## DEGAS

El pintor impresionista francés Edgar Hilaire Germain Degas (1834-1917), famoso, entre otras muchas, por sus pinturas de bailarinas, despreció siempre el dinero y, aunque ahora un cuadro suyo se pagaría a precio muy alto, él los vendía baratos. Y se enfadaba con sus compradores si llegaba a saber que habían revendido alguno de sus cuadros a un precio más alto. Sucedió esto con un amigo suyo, que le había pagado 3.000 francos por un cuadro y que después, pasado un tiempo, lo vendió por 30.000. Degas corrió a visitarle y, muy enfadado, le preguntó:
—¿Es que ya no te gusta mi pintura?
El amigo no se atrevió a decir la verdad: que aunque le gustara había aprovechado la ocasión de hacer un buen negocio. El amigo, titubeando, decía:
—Me lo han pagado bien y...
—Y como a ti ya no te gusta, lo has vendido. Desengáñate, pagaste tres mil francos porque te gustaba; y el que ha pagado ahora treinta mil, no lo ha hecho porque le guste el cuadro, sino porque lleva mi firma. Es triste para un pintor que se pague más por su firma que por su pintura.

En vida de Degas, su famoso cuadro *Danseuses à la barre* se vendió por quinientos mil francos. Cuando Degas lo supo, dijo:
—El que pintó este cuadro no es necesariamente un imbécil; pero el que ha pagado ahora quinientos mil francos por el cuadro es, necesariamente, un idiota.

Un coleccionista de entonces, llamado Isaac Camondo, había reunido muchos cuadros de Degas. Era hombre de mucho dinero y de escasa cultura, que de su casa decía: «Es una casa con agua y Degas en todas las habitaciones».
Un amigo de Degas visitó la Colección Camondo y habló después con el pintor de aquella visita. Le decía que el mismo Camondo le había enseñado los cuadros.
—Y seguro que te ha estado explicando mi pintura como si entendiera algo en ello.
—No; no me ha dicho nada.
—¿Es posible?

—Seguro. No ha abierto la boca durante todo el tiempo.
—¿Será entonces posible que ya empiece a entender algo en pintura este hombre?

Degas vivía sometido a un riguroso horario de trabajo y tenía muy raras exigencias en todo lo que le rodeaba. Cuenta Vollard, el famoso vendedor de cuadros, que un día le invitó a comer. Y que Degas le dijo:
—Bien, iré; pero con algunas condiciones.
—Veamos.
—La primera que hemos de empezar a comer a las siete y media en punto.
—Muy bien; es mi hora.
—Que el comedor estará a media luz; me fastidia ver los rostros de la gente cuando comen y que otras personas vean el mío.
—Habrá poca luz.
—Sobre la mesa no quiero ver mantequilla ni flores; la mantequilla no la soporto y el olor de las flores me impide gozar el olor de la buena comida.
—No habrá mantequilla ni habrá flores.
—¿Habrá mujeres?
—Algunas.
—Decidles que no se perfumen; si huelo algún perfume me iré.

Todo se hizo a gusto del pintor y la comida transcurrió sin contratiempo ninguno.

De su trato con sus modelos se cuentan dos curiosas anécdotas. A una modelo a la que estaba pintando desnuda, le dijo:
—Tienes tu parte posterior igual que la de la Gioconda.
—¿Quién es la Gioconda?
—Una de las más bellas modelos que han existido jamás.

La modelo se sintió orgullosa de su parecido y un día, con otro pintor, presumió así:
—Dice el señor Degas que mi c... es tan bonito como el de la Gioconda.

El pintor siguió la broma:
—Cuando el señor Degas lo dice...

La modelo repitió aquello otras veces y aunque al fin alguien la enteró de la verdad, ya todo el mundo la conocía, en el ambiente de los pintores, por «la Gioconda».

No toleraba que ninguna modelo hiciera ningún comentario de lo que él pintaba. Les advertía:
—No hace falta que mires lo que pinto, y si lo miras no hace falta que digas si te gusta o no. Tú cumple con tu obligación, que es estarte quieta, y yo la mía, que es pintar; y a callar los dos.

A pesar de todo, una modelo observó la pintura de Degas y le dijo:

—¿Ésta es mi nariz? Yo nunca he tenido una nariz como ésta.

Degas tomó un pincel y, fingiendo que iba a dar una pincelada en el cuadro, la dio en la nariz de la modelo y se la dejó negra. Luego le gritó:

—¡Y ahora a la calle!

Y la empujó hacia fuera, haciéndola salir del taller en seguida, sin darle ni tiempo de limpiarse la nariz. Nunca más la volvió a llamar.

Sus juicios sobre los otros pintores eran despiadados. Del cuadro de Meissonier *Los coraceros*, cuando lo vio, dijo:

—¡Hierro todo! Menos las corazas, desde luego.

Y del mismo Meissonier decía:

—Su único error ha sido pintar. Por lo demás, es un hombre muy respetable que, seguramente, será un buen marido y, si tiene hijos, un buen padre.

Un pintor de su tiempo, uno llamado Vilbert, que hacía cuadros muy complicados, detallándolo todo mucho, le decía a Degas:

—Es muy posible que mis cuadros no te gusten, que los encuentres demasiado lujosos. Pero, al fin y al cabo, la pintura es también un artículo de lujo.

—La mía, no —le replicó Degas—. La mía es un artículo de primera necesidad.

Una de sus modelos se casó y Degas asistió a la boda. Al felicitar al marido, le dijo:

—Es la primera vez que veo a su mujer vestida, y casi le diré que me gusta más así. Le felicito.

No soportaba los discursos y menos los que se reducían a sonoras parrafadas huecas en expresión y sentimiento. Estaba un día en el entierro de otro pintor y uno de los asistentes pronunció un discurso de este tipo, totalmente de circunstancias. Degas cogió del brazo a un amigo, también pintor, lo apartó de allí y le dijo:

—Cuando me entierren a mí, si tú vives, te encargas de la oración fúnebre. Impondrás silencio y, en voz muy lenta y convencida, dirás: Era un hombre que amó mucho la pintura; y la pintura le correspondió haciéndole feliz. Eso es todo.

**DEMÓSTENES**

El más famoso orador griego (385-320 a. de J.C.) tenía un defecto de pronunciación. Lo intentaba todo para corregirlo. Una vez se puso un canto rodado debajo de la lengua, intentó hablar así y le desapareció el defecto. Y, desde entonces, pasó horas todos los días con la piedra bajo la lengua sin cesar de hablar en voz alta. Hasta que el defecto (que no se dice cuál era) quedó definitivamente eliminado.

Tuvo enemigos como todo el mundo. Y, en cierta ocasión en que los atenienses estaban contra él por algunos defectos que les había reprochado, la gente que llenaba la plaza donde Demóstenes iba a hablar, empezó a soltar murmullos cada vez más fuertes, para impedir así que se le oyera. Demóstenes les gritó:

—¡Sólo dos palabras! Es para contaros la historia de un asno.

El anuncio intrigó a la multitud y le dejaron hablar.

—Era un hombre que alquiló un asno para ir desde Atenas a Megara. El dueño del asno tuvo que ir también a Megara y le propuso hacer el camino juntos. A mediodía buscaron la sombra de un árbol para sentarse a comer. No había ninguno y el dueño del asno se sentó a la sombra del asno. Dijo:

»—Te he alquilado el asno, pero no su sombra; de modo que la sombra sigue perteneciéndome.

»El que tenía alquilado el asno protestó:

»—No, no. He alquilado el asno entero con todas sus consecuencias.

Y al llegar aquí Demóstenes bajó del tablado y se fue. Le gritaron:

—¿Y qué ocurrió después?

—¿Cómo? ¿Os interesa más oírme hablar de la sombra de un asno que de vuestros propios intereses?

Y así consiguió que le escucharan.

Un ateniense pidió a Demóstenes que le defendiera en una causa contra otro que le había injuriado. Demóstenes se negó a defenderle.

—¿Por qué te niegas?

—Porque no creo que sea verdad que hayas sido injuriado.

—¿Cómo que no? —gritó al ateniense—. ¿Cómo te atreves a decir que no? ¿Y cómo te atreves a añadir esta negativa al dolor de la injuria?

—Desde luego, te defenderé —le dijo entonces Demóstenes—. Pues ahora veo que me dices la verdad, al expresarte como un hombre que de veras ha sido injuriado.

Un amigo preguntó a Demóstenes cuál era la cualidad más necesaria para un orador. Y Demóstenes dijo, sin dudarlo:

—La forma de emitir la voz.

—¿Y la segunda cualidad necesaria?

—La forma de emitir la voz.

—¿Y la tercera?
—La forma de emitir la voz.
—Y aquello que dices con la voz, ¿no es también importante?
—Es que si no lo dices en una voz bien emitida, nadie se enterará de lo que dices.

Demóstenes participó en la batalla de Queronea, en la que los atenienses fueron derrotados. Y huyó antes de la derrota. Después, algunos le reprocharon su huida. Y Demóstenes les dijo:
—Cuando una batalla está perdida, sólo los que han huido pueden combatir en otra.

Los atenienses mandaron embajadores al rey Filipo de Macedonia, padre de Alejandro Magno, con el fin de evitar la guerra. Los embajadores regresaron admirados de todo lo que habían visto en la ciudad y en el palacio del rey. Y de la persona del rey, de quien decían:
—Es hombre de una gran belleza y de una gran elocuencia, y con una capacidad extraordinaria para la bebida.
En aquellos tiempos, la resistencia al vino era una de las buenas cualidades de que se alababan los grandes hombres. Demóstenes, molesto con aquella embajada en la que no había participado, les dijo:
—Ninguna de esas tres cualidades es propia de un rey. La belleza es más propia de mujeres; la elocuencia es más propia de los embaucadores y la capacidad de absorber vino es más propia de las esponjas.

Dos oradores contendieron en Atenas para la corona de oro de la oratoria: Demóstenes y Esquino. En realidad, el pueblo quiso dar la corona a Demóstenes y Esquino le atacó, y en un discurso se opuso a que se la dieran. Demóstenes se defendió en otro discurso y estuvo tan elocuente que no sólo obtuvo la corona, sino que Esquino fue desterrado a la isla de Rodas. En su destierro, Esquino entusiasmó a las gentes repitiendo el discurso que había pronunciado contra Demóstenes. Y para convencerles de que el pueblo griego había obrado con justicia, les repitió después el discurso de Demóstenes en defensa propia. Y cuando les vio entusiasmados, les dijo:
—Y mucho más os habría gustado si se lo hubieseis oído al propio Demóstenes, como se lo oí yo.

## DICKENS

Charles Dickens (1812-1870) fue en su época uno de los escritores ingleses más populares. Y, aun hoy en día, es uno de los escri-

tores ya desaparecidos que se siguen leyendo más. Era un hombre especialmente dotado como escritor, como actor y como imitador. De niño, en el colegio, daba sesiones él solo a los demás condiscípulos. Y pusieron, entre todos, en escena, una obra que había escrito él, a los doce años: *Misnar, sultán de la India*.
Un día uno de sus profesores le dijo:
—Tú llegarás a ser alguien.
Y el niño Dickens le contestó, muy convencido, aunque sin ninguna presunción:
—Ya lo soy.

Una prueba de la gran popularidad de las novelas de Dickens nos la da el hecho de que la gente le detenía en la calle, sin conocerle personalmente, y le preguntaba cosas de sus personajes. Sus novelas se publicaban por fascículos y eran leídas con tanto interés, que detenían al autor para preguntarle cómo continuaba el argumento, sin que ni el mismo Dickens pudiera contestarles, porque, muchas veces, no lo sabía.
Una vez una mujer desconocida se acercó a estrecharle la mano. Y le dijo:
—Quiero estrechar esta mano que me ha llenado la casa de tantos buenos amigos.
Se refería a los personajes de sus libros.

Dickens daba con frecuencia lecturas públicas de sus relatos. Estuvo en los Estados Unidos y fue tan grande su éxito con aquellas lecturas, que acabó dándolas en un teatro antes de empezar la función, pues los otros locales eran demasiado pequeños para la cantidad de gente que quería asistir. Y lo curioso es que, después de escuchar la lectura de un libro, en vez de disminuir, aumentaba la venta.

En una de sus lecturas del *Pickwick* ocurrió un caso muy divertido. Un buen hombre que había acudido a oír la lectura, preguntó a su vecino:
—¿Y este que lee quién es?
—El propio Pickwick.
—¡No es posible!
—¿Cómo que no?
—Pickwick es pequeño y grueso y este hombre es alto. Y Pickwick sólo lleva patillas y este hombre lleva barba.
—¿Usted cree, entonces, que es un impostor?
—Si se hace pasar por Pickwick, sí.
Y los dos hombres estuvieron a punto de interrumpir la lectura sólo para asegurarse de si el lector era o no era el propio Pickwick.

## DIETRICH, Marlene

No se pone esta vez la fecha del nacimiento. Ya hacía muchos años, más de treinta, que Marlene se servía del mismo fotógrafo. Y una de las últimas veces, ella, observando una de las últimas fotografías, le decía:

—No sé... Yo diría que no le salen tan bien como antes.

Y el fotógrafo, echándose toda la culpa, le contestaba:

—Sí, es que pasa el tiempo. Y hace treinta años, cuando empecé a fotografiarla, yo tenía treinta años menos. Y, sin duda, lo hacía mejor.

## DIÓGENES

Los Diógenes filósofos griegos son dos: el Diógenes del tonel, que buscaba hombres con un farol, contemporáneo de Alejandro Magno, nacido hacia el año 412 a. de J.C., y Diógenes Laercio, que vivió como unos dos siglos después y que escribió una *Historia de los filósofos griegos*, en la que refiere muchas anécdotas de su homónimo de dos siglos atrás. El del tonel es el llamado Diógenes el cínico y el más famoso de los dos, y aquel del que más cosas se cuentan.

Diógenes fue desterrado a Atenas. Él vivía entonces en Sínope. Y en Atenas frecuentó la escuela del filósofo Antisteno que, al saber de quién se trataba, intentó echarle, por miedo a que se burlara de él. Diógenes no se quería ir. Antisteno le amenazó con echarle a bastonazos. Y Diógenes le dijo:

—No hace falta tanto. Bastará que empieces a explicar tus verdades, para que yo me canse de oírte y me marche.

Todo el equipaje de Diógenes viajero consistía en una copa colgada del hombro por un hilo. La llevaba por si, al andar, le daba sed. Un día vio a un niño que bebía agua en el hueco de la mano. Levantó la copa y la arrojó contra una piedra, rompiéndola. Y, compadecido de sus propios errores, dijo:

—¡Necio de mí, que he llevado tanto tiempo este objeto superfluo!

Un filósofo sofista quiso demostrar a Diógenes que el movimiento no existe. Diógenes le dijo que se lo demostrara, que si se lo demostraba, le creería. Y el sofista se puso a aportar complicados argumentos. Hasta que Diógenes, que le escuchaba sentado, se levantó y le dijo:

—Tú no me has demostrado nada y, sin embargo, yo te voy a demostrar que el movimiento existe.

Y echó a andar. Y de aquí vino el proverbio. El movimiento se demuestra andando.

Preguntaron a Diógenes cuál era la mejor hora para comer. Y contestó:
—La mejor hora para los ricos es cuando quieren, y para los pobres cuando pueden.

Le preguntaron a qué es debido que los hombres ricos den limosna a los pobres y nunca ayuden con su dinero a los filósofos.
—La razón es que todos los ricos —dijo Diógenes— tienen miedo de llegar a ser pobres, y ninguno tiene miedo de llegar a ser filósofo, cosa que no ha ocurrido nunca.

Otro filósofo, mucho menos buen pensador que Diógenes, intentaba con frecuencia hacerle quedar mal. Un día, el otro filósofo estaba sentado en un banco de piedra. Compareció Diógenes rodeado de sus amigos, y le dijo:
—Les he traído para que se gocen en el espectáculo que no se ve todos los días, y es una piedra sentada sobre otra piedra.

Diógenes cayó en poder de unos piratas y le vendieron como esclavo. Del tiempo de su esclavitud se cuentan tres buenas anécdotas.
El pirata que le puso en venta, le preguntó:
—¿Y tú qué sabes hacer?
—Una sola cosa: mandar y dirigir a los demás.

Y cuando le anunciaban para venderle gritaron:
—¿Quién compra este esclavo?
Diógenes les corrigió y les dijo que lo gritaran así:
—¿Quién compra a su dueño?

Nadie le compraba. Pasó por allí un tipo joven de buena presencia y Diógenes gritó:
—¡Éste me gusta!
Al tipo también le gustó la cosa y le compró. Y Diógenes le dijo:
—Y ahora prepárate a obedecerme. Y si no lo haces, sólo demostrarás tu poca cabeza.
Su familia intentaba rescatarle. Y cuando lo supo, dijo:
—Están locos. Aquí el único esclavo es el que me ha comprado, que, además de escucharme y obedecerme, me ha de dar comida y vestido.

Un tocador de cítara era tan hábil con su instrumento como desagradable en el trato. Sin embargo, Diógenes decía:
—Es uno de los pocos hombres a quien admiro.

—¿Por lo bien que toca?
—No precisamente, sino porque con la habilidad que tiene en las manos, se ha dedicado a tocar la cítara y no a ladrón.

Comía un día en la plaza pública, delante de todos. Y uno le preguntó:
—¿Por qué comes aquí, delante de todo el mundo?
—Porque tengo hambre aquí, delante de todo el mundo.

En uno de sus viajes llegó a la ciudad de Minda. Era una pequeñísima ciudad y sus puertas eran enormes, las más grandes que había visto Diógenes. Entró y se puso a gritar:
—¡Que cierren la puerta! ¡Que cierren la puerta!
Hasta que le preguntaron la razón. Y la dio así:
—Para que no se escape por ella la ciudad.

Diosippo, un atleta vencedor en los juegos olímpicos, fue recibido en Atenas por una multitud que le vitoreaba. El atleta iba en su carro triunfal y apenas se daba cuenta de cómo le aplaudían, absorto en la contemplación de una bella muchacha que iba siguiendo el carro. Diógenes lo advirtió y dijo:
—Ha vencido a los hombres en todo y ahora será vencido por una mujer. Mejor sería que, en vez de aplaudirle, le compadecieran.

Le encontraron un día frente a una estatua, con la mano extendida como si pidiera limosna. Le preguntaron en burla:
—¿Pides limosna a una estatua?
—Sí.
—¿Crees que te la dará?
—No. No se la pido para que me la dé, sino para acostumbrarme a que no me den.

Fue una vez a bañarse en los baños públicos. Había muy poca limpieza. Y preguntó:
—¿Dónde se van a bañar al salir del baño?

Iba un hombre cargado con una viga y le dio con ella a Diógenes. Y le gritó:
—¡Atención!
Diógenes, dolido, le preguntó:
—¿Es que pensabas darme otra vez?

Un discípulo le preguntó cómo deben ser tratados los ricos y los poderosos.
—Lo mismo que el fuego —contestó el filósofo—; ni desde demasiado lejos ni desde demasiado cerca.

Un tirano fue depuesto de su mando y reducido a ganar el sustento como maestro de escuela. Diógenes le encontró un día y le dijo:
—Te felicito.
—¿Después de mi desgracia?
—Sí, porque supongo que después de lo que tú llamas tu desgracia eres más feliz que antes.
—¿Y si no fuese así?
—Te felicitaría igual, pues ahora tienes ocasión de aprender a ser más feliz de lo que nunca has sido.

Un muchacho, hijo de un hombre rico, iba por la calle con su preceptor. Vio a Diógenes en su tonel y le lanzó una piedra. Diógenes se levantó y dio un bofetón al preceptor. Y le dijo:
—Es tu merecido, por lo mal que has educado a este niño.

Preguntaron a Diógenes:
—¿Dónde quieres ser enterrado después de muerto?
—Prefiero no ser enterrado —dijo— y que me dejen en el campo, al aire libre.
—¿Para ser pasto de los buitres y las alimañas?
—Me defenderé de ellos a bastonazos.
—Si estás muerto no te podrás defender, pues ni te enterarás, ya que de nada se enteran ni nada sienten los muertos.
—Pues si nada siento y de nada me entero, ¿qué me importa que me devoren los buitres y las alimañas?

Como se ha dicho, Diógenes vivía en un gran tonel. Y estaba una mañana sentado al sol, junto a su tonel, cuando acudió a visitarle Alejandro Magno, a cuyos oídos había llegado la fama del filósofo. Y Alejandro, para mostrar su munificencia, le dijo:
—Pídeme lo que quieras y te lo daré.
Alejandro se había situado entre el sol y Diógenes. Y éste le le contestó:
—Sólo te pido una cosa: que no me quites el sol.
A propósito de este hecho Séneca, en sus *Tratados filosóficos*, escribió: «Sin duda fue Diógenes más rico y más poderoso que Alejandro, aunque éste lo poseía todo, por ser mucho más lo que Diógenes no quería recibir que lo que Alejandro le pudiera dar».

Se cuenta de Diógenes que, un día de feria, iba de un puesto a otro observando todo lo que allí se vendía. Y, viéndolo, se reía a solas. Le preguntaban por qué se reía y decía:
—Porque al ver todo esto pienso: ¡Cuántas cosas hay que Diógenes no necesita para nada!

241

Le preguntaban a Diógenes qué tiempo de la vida era el bueno para que los hombres se casaran. Y contestó así:
—Para los jóvenes todavía no ha llegado el buen tiempo; para los viejos ha pasado ya.

Diógenes fue una vez condenado a destierro. Al sitio a donde llegó desterrado, a los que le preguntaban por qué le habían condenado, les decía:
—No me han condenado ellos a mí, sino yo a ellos; les he condenado a quedarse.

Y cuando, después del destierro, regresó a Atenas, a los que le preguntaban cómo le había ido, les decía:
—Muy bien; salí de aquí aficionado a la filosofía, y he regresado filósofo de verdad.

Un hombre, enfadado con Diógenes, le llamó «perro» delante de otros. Y Diógenes le dijo:
—Gracias por haberme comprendido.

Le preguntaban después por qué había dicho esto, y decía:
—Porque hago como los perros: halago a los que dan, ladro a los que no dan, y a los que lo merecen les muerdo.

Los arqueros estaban tirando al blanco. Tiraba uno que tenía fama de hacerlo muy mal. Diógenes, que estaba allí, fue a sentarse frente al blanco. Y dijo:
—Aquí estaré seguro; no sea que, en otro sitio, me hiera.

Decía Diógenes a sus discípulos que todo lo que tenía que suceder estaba escrito ya. Y que nada de lo que hiciera el hombre podía cambiarlo. En cierta ocasión, un perro se le echaba encima y Diógenes, para evitar que le mordiera, se subió a un árbol. Un discípulo le planteó este problema:
—Según tu doctrina, no deberías haber subido al árbol. Si estaba escrito que el perro te mordería, te habría mordido igual. Y si estaba escrito que no te mordería, ¿para qué subirte al árbol?
Diógenes dio esta solución al problema.
—Estaba escrito que el perro se me echaría encima y estaba escrito que yo me subiría al árbol; y así todo lo escrito se ha cumplido.

Fue el fundador de la escuela cínica, cuyo principio era: «Los dioses no necesitan nada, y los hombres, cuanto menos necesitan, más se parecen a los dioses». Diógenes amoldó su vida a este principio y vivía igual que un perro, sin ni tan siquiera un techo donde cobijarse. Y de aquí el nombre «cinismo» de su doctrina, tomado etimológicamente de *cinis*, que significa «perro».

Iba Diógenes por las calles con una linterna encendida, en pleno día. Le preguntaban:
—¿Qué buscas con esta luz a pleno día?
—Busco a un hombre.

Quería decir con esto lo difícil que resultaba encontrar a un verdadero hombre entre los vecinos de allí.

Había en aquellos tiempos un hombre muy rico, pero de mala fama que, según la opinión general, había ganado su dinero expoliando a los demás. Y sobre la puerta de la casa del rico había un letrero con esta invocación. «No entre por esta puerta cosa mala». Diógenes pasó por allí, vio el letrero y empezó a llamar a gritos al dueño de la casa. Algunos se le acercaron a rogarle que no lo hiciera, pues el dueño era hombre poderoso. Y Diógenes les dijo, haciéndose el ingenuo:
—Sólo quería preguntarle cómo se las arregla para entrar en su casa por la ventana.

## DISRAELI

El político inglés Benjamín Disraeli (1804-1881), cuando le pedían un favor, le costaba mucho decir que no. Y, si no tenía otra solución, intentaba compensar el favor negado con alguna otra cosa. Un comerciante enriquecido, más o menos amigo, le pidió un título de baronet. Disraeli ordenó que se buscaran antecedentes en la vida del comerciante y en la de sus antepasados. No se encontró nada que justificara el ennoblecimiento. Y tuvo que negarse a conceder el título. Y, en una entrevista con el comerciante, le dijo:
—Lo siento mucho, pero me ha sido imposible complacerle. Sin embargo, puedo hacer por usted algo mejor que concederle un título.
—¿Algo mejor?
—Sí. Esto: le autorizo a que diga a sus amigos que le he ofrecido un título y que usted se ha negado a aceptarlo. Si lo dice y me preguntan, no le desmentiré.

Le presentaron a un hombre ya en la madurez con cierto prestigio en andanzas políticas; un hombre que aspiraba a labrarse una situación a la sombra política de Disraeli. Después de la entrevista, Disraeli dijo a quien se lo había presentado:
—Pues... no sé. Su cara no me ha gustado.
—Él no tiene la culpa de su cara. Cada cual tiene la que Dios le ha dado.
—Sí, al principio, sí. Pero pasados los cuarenta todos somos responsables de la cara que presentamos, no lo dudéis.

Su esposa le llamaba Dizzi. Disraeli era aficionado a la buena pintura. Es una afición que sólo los que disponen de mucho dinero pueden satisfacer con cierta comodidad, pues los otros han de ir a los museos, mucho menos cómodo que tener una buena colección en casa. Disraeli no era un don Juan, pero no le disgustaba la compañía de mujeres bonitas. Y se cuenta que su esposa, incapaz de dominar los celos, en cierta ocasión dijo:
—Nuestra casa está llena de cuadros indecentes. En nuestra habitación hay uno que será mi ruina física. Dice que es Venus y Adonis. Y tengo que permanecer despierta gran parte de la noche para evitar que Dizzi, en vez de dormir, se entregue a la contemplación de Venus. Que está tal como vino al mundo, aunque bastante más desarrollada.

## DORS, Diana

La actriz y cantante inglesa Diana Dors tiene sentido del humor. Trabajaba en un teatro londinense junto a su marido Alan Lake. Protagonizaban la comedia *Three Months Gone*, con buen éxito de público. Sin embargo, las críticas no eran buenas. Le preguntaban a Diana cómo podía explicarse esta disparidad. Y ella decía:
—Pues no lo comprendo. La verdad es que en esta obra no comprendo nada de lo que ocurre. Cuando la leí, no comprendí nada. Se lo dije al autor, a Donal Howard; me lo explicó todo muy bien y tampoco comprendí nada. La estrenamos hace bastante tiempo y el público llena el teatro todos los días. Se ve que todos son más inteligentes que yo.

## DOSTOIEVSKI

El gran escritor ruso Fedor Dostoievski (1821-1881) ha sido, según los críticos, uno «de los más grandes novelistas de todas las épocas y todos los países». Sus obras *Los hermanos Karamazov*, *Crimen y castigo* y *El idiota* se siguen reeditando y leyendo. Y sin embargo, también según los críticos, escribía el ruso sin ninguna belleza ni gracia en el estilo, hasta tal punto que sus obras parecen mejor escritas en las traducciones que en la versión original. Y esto puede ser una demostración de lo poco que importa el estilo, o el buen estilo, para la grandeza y la profundidad humana de un escritor. Su vida estuvo siempre envuelta en tragedia. Su padre fue asesinado, su madre enloqueció y él fue no sólo condenado a muerte, sino que estuvo a punto de ser ejecutado, aunque no llegó a morir. Y del dolor, siempre en ebullición de su vida, nació, condensada en humo inmortal, su obra.

Tuvo desde la infancia extraños temores. Oía voces y veía fantasmas; hablaba con apariciones; tenía un gran miedo a que le enterraran vivo. Al acostarse dejaba sobre la mesita de noche un papel escrito con esta rara petición: «Si mañana no me despierto, que no me entierren en seguida, que esperen algunos días. Puede ser que no esté muerto».

Su primera novela, *La pobre gente*, no tuvo éxito. Y después de publicada, Dostoievski decía:
—Tengo ganas incontenibles de echar a correr y no sé hacia dónde ni veo ningún camino.

La pobre gente apareció por entregas en la revista *El Diario de la Patria*. Dirigía la revista un tal Nekrasov. Y un escritor llamado Grigorivic le entregó el original de la novela de parte de Dostoievski. Los dos la leyeron aquella misma noche y les gustó tanto que fueron en seguida a decírselo a Dostoievski. Eran las cuatro de la madrugada. Y, a pesar de la hora, le despertaron. Cuando Dostoievski supo que su obra era aceptada con entusiasmo, se echó a llorar. Y, sin embargo, la novela no tuvo éxito.

En la juventud de Dostoievski había en Moscú un matrimonio, los Paniaev, que protegían a escritores y artistas jóvenes. Turguéniev, ya mayor, era uno de los asiduos a las reuniones de los Paniaev. Dostoievski fue presentado en la casa y no tuvo éxito. No sabía desenvolverse con gracia. Turguéniev le dedicó una poesía humorística en la que le llamaba «el caballero de la triste figura». Seguro que había ledío el *Don Quijote*. Y el señor Paniaev dijo del joven Dostoievski.
—Ha venido aquí a cubrirse de ridículo.

Ahora se sabe, después de años, que el tal Paniaev era un tipo verdaderamente ridículo y Dostoievski es uno de los escritores más conocidos y leídos en todo el mundo.

La condena a muerte de Dostoievski fue resuelta con la máxima crueldad por las autoridades. Eran varios los condenados, todos por delito de traición política. Los llevaron al sitio donde se llevaban a cabo los fusilamientos, ataron a cada uno a un palo y les enseñaron las fosas abiertas allí mismo. Se formó el pelotón y el capitán dio la orden fatal:
—¡Fuego!

Pero no sonó ningún disparo. Había, entretanto, llegado la orden de indulto y de condena a trabajos forzados, en Siberia. Pero les hicieron pasar por el mal rato de esperar la muerte cara a cara.

Durante el cumplimiento de su condena, Dostoievski fue siempre respetado por los otros condenados. Era joven, estaba enfermo

245

y todos sabían que era un buen escritor. Encerrados en la fortaleza de Omsk, los condenados organizaron un movimiento de protesta por el mal trato que les daban. Dostoievski tenía que participar, como todos. Pero no le dejaron. Le dijeron:
—No; tú, no. Tu sitio no está aquí.
Sabían que todo acabaría en un trato todavía peor y quisieron ahorrarle a Dostoievski un nuevo sufrimiento.

Mientras estuvo en Siberia, un admirador suyo le dedicó un largo poema, en el que se le calificaba de protector de los otros condenados, ayudándoles a todos a superar su desgracia y convertido en maestro voluntario de todos ellos. Recuperada la libertad, el admirador le leyó el poema.
—Sí, todo esto es verdad —le dijo Dostoievski—, menos una cosa: que yo haya sido en nada maestro de los otros condenados. La verdad es lo contrario: que he aprendido mucho de ellos y me he considerado siempre su humilde discípulo.

Viajó mucho por Europa y anduvo de un sitio a otro, sin dinero y jugándose el poco que le mandaban de Rusia. A veces, se lo mandaba su mujer, que fue la gran ayuda de sus últimos años. En cierta ocasión, estando en Wiesbaden, se jugó el dinero y quedó sin nada. El dueño del hotel le dijo:
—Hasta que no me pague no le daré de comer.
Le dejó continuar allí, pero sin darle comida. Dostoievski fingió ante los otros huéspedes que por una dolencia estomacal había perdido el apetito. Y así estuvo muchos días, sin comer nada. Pasaba casi todo el día en la cama y a los amigos que le visitaban y le recomendaban médicos, les decía:
—No, no; me pasará. No es la primera vez que me encuentro así, no se preocupen.
Y todo su trabajo consistía en escribirle a su mujer pidiéndole dinero. Es curioso leer las cartas que Dostoievski escribía a su mujer Ana desde Alemania. Están publicadas. Desde Wiesbaden le escribe: «Comprendo perfectamente que el domingo no podrás encontrar ni enviar el dinero. Esperaré hasta el martes, pero el lunes, por lo que pudiera ser, pasaré por Correos. ¡Voy a Correos al menos dos veces al día! Con el dinero que me mandes pagaré lo que debo en el hotel y regresaré. Haré el viaje en tercera. Hasta la vista, ángel mío». Y en otra: «Si no llego mañana, no te desesperes y no pienses que me he jugado otra vez el dinero y lo he perdido. Esto no ocurrirá más». Última nota: «Probablemente llegaré hambriento, pues me parece que no tendré dinero para comer durante el camino. Por eso te ruego que prepares algo para cuando llegue, y también un paquete de cigarrillos, porque tampoco lo habré podido comprar».

Leemos otra curiosa anécdota de Dostoievski y Turguéniev. Hay un hecho confuso en la juventud de Dostoievski, y es su relación con cierta muchacha a la que, al parecer, «deshonró», y a la que abandonó después. Y ella, desesperada, se suicidó. Dostoievski llevaba dentro de sí el remordimiento de haber sido la causa de aquella muerte. Nunca hablaba del caso, pero ya en la madurez sintió la necesidad de contarlo a alguien y eligió, para esta confesión, a Turguéniev. Le contó todo tal como había sucedido. Turguéniev le escuchó en silencio y, terminado el relato, no hizo ningún comentario.
—Sólo me falta añadir —dijo Dostoievski— que por esto que hice me he despreciado siempre.
Esperó que Turguéniev le dijera algunas palabras que le sirvieran de consuelo o de alivio. Pero Turguéniev continuaba silencioso. Y entonces Dostoievski le dijo:
—Y debo deciros también que más os desprecio a vos.
Y salió aprisa de la habitación. Nunca volvieron a verse.

De toda su obra, tomada de su vida y de sus contactos con otros hombres, sólo daba una explicación. Tomando la frase del Evangelio, decía:
—He nacido para dar testimonio de la verdad.
Y uno de los críticos que mejor han definido la obra de Dostoievski, dijo:
—Es precisa mucha profundidad de alma para pintar un cuadro tomado de la despreciable vida y que resulte un diamante puro.
Y Dostoievski a un escritor joven le daba esta lección:
—Si como artista te ha sido revelada la verdad, cuida de que esta revelación pase, al convertirse en obra, por el tamiz de tu corazón.

Dostoievski habló pocas veces en público. Y las veces que lo hizo fue siempre a favor de la generosidad y, sobre todo, del espíritu de reconciliación. Su doctrina parecía inspirada toda en el sermón de la montaña. Y exponía sus ideas con tanta convicción que lograba emocionar a los que le escuchaban e imbuir en ellos el propósito de hacerse mejores y más humanos en el trato con los demás. Se cuenta un caso. En un homenaje a Puchkin, Dostoievski desarrolló el tema: «Puchkin es el anuncio de una nueva moral, fundamento de una humanidad mejor». Asistían al acto dos ciudadanos que, por conflictos en cosas de negocios, habían dejado de tratarse hacía mucho tiempo. Los dos vieron que el otro estaba allí. Y terminada la alocución de Dostoievski uno de ellos corrió en busca del otro decidido a reconciliarse con él, y el otro le recibió con los brazos abiertos. Y los dos, ya reconciliados, pidieron después a Dostoievski que les bendijera.

Ana Grigórievna fue la segunda mujer de Dostoievski. El escritor había caído en manos de un editor sin escrúpulos llamado Stellovski, que se aprovechó de la mala situación económica del escritor y le compró, por poco dinero, el derecho a hacer una edición completa de todas sus obras. Y, encima, de una nueva novela, que debía estar terminada en una determinada fecha y, si no lo estaba, Dostoievski perdía sus derechos de autor. Acosado por los acreedores, que le amenazaban con la prisión, Dostoievski aceptó aquellas bárbaras condiciones y se puso a escribir *El jugador*. Trabajaba día y noche, se agotó así y cayó enfermo. Sus amigos le proporcionaron entonces una taquígrafa, una tal Ana Grigórievna, muchacha de veinte años. Dostoievski le trató sin ninguna consideración. Ella se indignó. Pero, debido a un impulso inexplicable, acudió otra vez a su trabajo. Dostoievski tenía entonces cuarenta y siete años. Y un año después eran marido y mujer.

Parece que cuando Dostoievski propuso a Ana Grigórievna que fuese su mujer, ella se limitó a decirle, tímidamente:
—Yo le amo y le amaré durante toda mi vida.
Y ya casados, siempre que ella se sacrificaba por él, se limitaba a no darle importancia. Decía:
—Sólo cumplo la palabra que di una vez.

Dostoievski estaba con su mujer en Dresde cuando les nació una niña, que se llamó Luba. Dostoievski fue a inscribir el nombre de la niña en el registro civil. Dio el nombre de la niña y el suyo y, cuando tuvo que dar el de su mujer, sólo pudo decir que se llamaba Ana. El apellido no lo recordó. El funcionario gritaba:
—¿Pero usted no recuerda el apellido de su mujer?
—Pues no; no lo recuerdo.
Y corrió a su casa y le preguntó a su mujer:
—Oye: ¿cómo te llamas?
—¿Yo? Me llamo Ana.
—Ya sé que te llamas Ana. ¡El apellido! Me lo han preguntado en el registro y no lo recuerdo.
—Grigórievna.
—¡Ah, sí!
Y Dostoievski se dio una palmada en la frente.

Muerto Dostoievski en plena gloria, Rusia le hizo grandiosos funerales nacionales. Ana Grigórievna seguía el cadáver entre la multitud. No se había atrevido a mezclarse con los que presidían el duelo. En la puerta de la iglesia, un oficial uniformado le cerró el paso. Ella murmuró:
—Soy la viuda de Dostoievski.
El oficial uniformado se inclinó profundamente ante ella y la acompañó hasta el presbiterio. Y allí Ana, sola entre desconocidos,

se echó a llorar. Nunca supo decir el nombre de un desconocido, muy bien vestido, que le había dirigido palabras de consuelo.

## DOUGLAS, Kirk

Cuando este actor de cine cumplió sus cuarenta años, lo celebró con sus amigos en una alegre cena. Una hora después, cuando ya dormía, le despertó el teléfono. Era su madre que le felicitaba por el cumpleaños.
—Estás cumpliendo los cuarenta, hijo mío, y te llamo para felicitarte.
—¿Y para eso me despiertas a esta hora? Podías llamar más tarde.
—No olvides que a la misma hora me despertaste tú hace cuarenta años, y no protesté.

## DRACÓN

Fue Dracón el primer legislador en Grecia (hacia 624 a. de J.C.). Era un gobernador duro y todavía ahora el término *draconiano*, aplicado a los gobernantes y a las leyes, es sinónimo de dureza. Cuenta Plutarco que, después de un juicio en el que todos los acusados fueron condenados a muerte, alguien preguntó a Dracón por qué había sido tan duro en sus sentencias. Y que Dracón contestó:
—Los delitos más leves merecían este castigo. Y no he encontrado otro castigo mayor para los delitos más graves.

De Dracón refiere Plutarco un hecho muy curioso. Subió un día a la tribuna y esperó a que se reuniera el pueblo ante él. Y entonces le dijo:
—Amigos míos atenienses, como sabéis todos muy bien, tengo un solar, y en mi solar hay una higuera, con cuyo fruto os habéis regalado muchos de vosotros. He decidido ahora edificar allí, y me ha parecido justo daros tal noticia, por si alguno de vosotros piensa ahorcarse, para que se apresure a hacerlo antes de que yo mande arrancar la higuera.

## DUHAMEL

El escritor francés Georges Duhamel (1884-1962) era médico. A un amigo que se lamentaba de lo difícil que es ser un poco feliz en este mundo, lo preguntó:
—¿No recuerdas ningún día feliz de tu vida?
—Un día, quizá sí.

—Pues si has sido feliz un día, ¿qué más quieres? Piensa que muchos hombres no lo han sido nunca.

Y cuenta Duhamel en sus memorias que, después de esto, adoptó la costumbre de preguntar a los demás si habían tenido un día feliz, y si le decían que sí, pedirles que le contaran cuándo y cómo. Y que la felicidad que más le sorprendió fue la de un hombre situado y con dinero, cuyo momento más feliz había sido una noche, en la mocedad, en la que participó en la extinción del incendio de un bosque. Y dice que el amigo, después de su explicación, comentó:

—Una felicidad que no me he atrevido a repetir; habría sido demasiada pérdida para la riqueza forestal.

## DULLES, Foster

Cuentan del político norteamericano Foster Dulles que, si hablaba de sí mismo, era siempre con cierto sentido del humor. Le preguntaban una vez cuáles eran sus principales defectos. Y contestó:

—Dos. Uno, que soy muy distraído. Y les cuento, como demostración, lo que me pasó hace poco. Estaba en la estación esperando el tren de las seis. Y, de pronto, me di cuenta de que me había olvidado el reloj en mi casa. Uso reloj de bolsillo, no de pulsera. Consulto mi reloj, veo que aún faltan veinte minutos para el tren, calculo que es tiempo suficiente para volver a mi casa a buscar el reloj y, ya en la calle, me doy cuenta de que donde he mirado la hora ha sido precisamente en mi propio reloj.

—¿Y el otro?

—El otro, que nunca he sabido hablar de mi distracción sin decir una tontería, como la que acaban ustedes de oír.

## DUMAS (padre)

Alejandro Dumas padre (1803-1870), fue, durante cierto tiempo, escritor contemporáneo de su hijo, el otro Alejandro Dumas (1824-1895). Los dos Dumas, padre e hijo, sólo se llevaban 21 años. La vida de Alejandro Dumas padre fue más anecdótica que la de Alejandro Dumas hijo.

A los trece años Dumas vivía en Villers-Cotterets y su mayor deseo era conocer París. No hablaba de otra cosa. Y muy joven todavía, parece ser que a los quince años, marchó a París con otros dos amigos. No tenían dinero y el viaje lo hicieron en parte a pie. Dumas, ya en París, fue al teatro donde actuaba el gran actor Talma, se presentó al actor y le dijo:

—Yo quiero escribir para el teatro.

Talma le hizo algunas preguntas y le dio un consejo:
—Vuélvete a tu pueblo y a tu casa, y olvídate de París; es lo mejor que puedes hacer.
—Y vos, señor —le contestó el muchacho—, lo mejor que podéis hacer es no olvidaros de mí, pues quizás algún día vendréis a pedirme que os deje representar una obra mía.
Y el día llegó. Y no fue Dumas, sino Talma, el que tuvo la amabilidad de recordarlo.

Dumas estaba muchas veces sin dinero. Y el que le llegaba lo gastaba en seguida. Un día que no sabía de dónde sacar dos mil francos para unos pagos urgentes, se cruzó con el coche de un banquero amigo suyo. Y el banquero sucumbió a la debilidad de gritarle:
—¡Eh, Dumas! ¡Buenos días!
Dumas se acercó al coche.
—No tan buenos. Ni lo serán hasta que encuentre dos mil francos. Los necesito para pagar una deuda, si quiero evitar que mañana me embarguen.
—Yo os los presto.
—¿De veras?
La contestación salió del bolsillo del banquero en forma de dos billetes de mil. Dumas rogó al banquero que le acompañara a pagar la deuda, cosa que el banquero hizo. Por el camino pasaron por delante de una tienda de objetos de arte. En el escaparate había una figurita de mármol que a Dumas le gustó mucho. Hizo parar el coche.
—Sólo quiero preguntar el precio de esta bonita figura.
Le pidieron por la figura mil trescientos francos. Dumas discutió el precio y consiguió que se la dejaran en mil. Y, para aprovechar la ocasión de la rebaja, la compró.
—¿La habéis comprado? —le preguntó el banquero.
—Sí, por mil francos. Y vale mucho más. Seguro que si la vendo ganaré dinero.
De todos modos, continuaron el viaje hacia la casa del acreedor de Dumas. Por el camino Dumas explicó que si le daba los mil francos que le quedaban, conseguiría un aplazamiento. En cierto punto del trayecto Dumas dijo:
—Aquí vive la Chery.
Era una joven actriz, ya famosa. Dumas dijo que subiría un momento a saludarla. Subió, le dedicó algunos cumplidos y... le regaló la estatuilla que acababa de comprar. Al salir de la casa se encontró con un viejo amigo que empezó a contarle penas y acabó pidiéndole ayuda. Dumas le dio los mil francos que le quedaban. Y después se despidió del amigo banquero, puesto que, si ya estaba sin un céntimo, ¿para qué visitar al acreedor?
—¿Y cómo le pagaréis? —le preguntó el banquero.

—Con los dos mil francos que, en un feliz encuentro, alguien me prestará mañana, en mi camino hacia vuestro banco donde, si no he encontrado a nadie, os los pediré.

Esta anécdota recogida por Lenôtre, explica muy bien la manera de ser de Alejandro Dumas padre.

Dicen que presumía de noble abolengo. Pero su apellido demostraba todo lo contrario. El marqués de la Pailleterie tenía posesiones en la isla antillana de Santo Domingo. Y en las posesiones tenía esclavos. Y con una bella esclava hasta tuvo un hijo. La esclava se llamaba Juanita Dumas. El hijo se llamó Alejandro y llevó el apellido de la madre. Este origen se le notaba a Dumas en el rostro, cuyas facciones eran racialmente híbridas.

Tenía fama de haber presumido siempre de... todo. Incluso de dinero cuando no tenía un céntimo. Al principio de su carrera, en conversación con dos amigos, escritores también, contándoles sus costumbres les dijo:

—Yo todos los días me levanto a la misma hora, toco la campanilla...

Un día los dos amigos le visitaron. El mismo Dumas les abrió la puerta. Y, en el curso de la conversación, les confesó que vivía solo. Ellos le preguntaron si su criado se había despedido.

—Nunca he tenido criado.

Y entonces le recordaron lo que les había dicho otro día de la campanilla.

Y Dumas, sin inmutarse, aclaró:

—No; no tengo criado. Pero tengo campanilla y me divierte tocarla.

Sabido es que Dumas padre tenía un equipo de «negros» que le escribían las novelas. Él recogía los datos, trazaba el esquema y el guión de la novela y sus «negros» la escribían. Sólo así pudo componer tanto en tan poco tiempo. Se cuenta que un día los dos Dumas se encontraron y el padre preguntó al hijo:

—¿Has leído, hijo mío, mi última novela?

Y el hijo contestó al padre:

—No, padre mío. ¿Y tú?

Sólo con la ayuda de sus «negros» se explica su prodigiosa fecundidad. Pero, pese a todo, era un creador excepcional. Se cuenta este caso: reunió a algunos amigos para la lectura de su drama *La demoiselle de Belle-Isle*. Leyó la obra y todos dijeron que les había gustado. Y entonces les enseñó las cuartillas de las que la había leído. Estaban todas en blanco, o sea, que les había «dicho» la obra entera, como si la leyera, pero inventándola. ¿Quién sería capaz de hacer una cosa semejante?

En una representación en el Théâtre Français de una obra de Soumet, Dumas estaba en un palco con el autor de la obra. Vio a un tipo dormido en una butaca, y lo señaló a Soumet y le dijo:
—Éste es el efecto de tu teatro en el público: ¡sueño!
Al día siguiente se ponía una comedia de Dumas, y los dos estaban en el mismo palco. Soumet vio a un tipo dormido en las butacas, lo señaló a Dumas y le dijo:
—¿Crees que tu teatro no da sueño? ¡Mira!
—Te equivocas —dijo Dumas—. Éste es el mismo hombre de ayer, que todavía no se ha despertado.

Cuenta un biógrafo que a Dumas le gustaba mucho meterse con los desconocidos y que aprovechaba cualquier ocasión para hacerlo. Un día entró en la portería de una casa y sostuvo este diálogo con el portero:
—Buenos días, amigo.
—Buenos días, señor.
—Por favor, ¿qué pájaro es éste que tenéis en una jaula?
—Es un mirlo, señor.
—¿Y se puede saber por qué tenéis un mirlo enjaulado?
—Canta muy bien, señor.
—Decidme, ¿estáis casado?
—Me he casado tres veces, señor.
—¿Y dónde está vuestra mujer?
—Hace la limpieza a los inquilinos del quinto piso.
—Hijos, ¿tenéis muchos?
—Ninguno, señor.
—¿Tres mujeres y ningún hijo? ¿Qué hacéis, pues, con vuestras mujeres durante las largas noches de invierno?
—Perdón, señor. ¿Espera usted a alguien?
—No, no.
—Lleváis mucho rato haciéndome preguntas, ¿puedo saber con qué objeto?
—Con ningún objeto.
—¿Entonces?
—*Parbleu!* Paso por aquí, veo un letrero que dice que nadie pase sin hablar con el portero, y, antes de continuar mi camino, hablo con el portero.
Y se despedía y se iba tan orondo.

Dumas pidió dinero una vez a un usurero. Lo consiguió, pero el usurero le hizo firmar un recibo con pagaré, con muchas cláusulas y compromisos. Dumas lo firmó sin leerlo. El usurero guardó el pliego y le dio una copia.
—¿Cuánto os ha costado todo este papel? —le preguntó Dumas.
—Un franco.
—Pues ahora, con mi firma, ya no vale nada.

Y nunca más quiso saber nada del usurero que, sin atreverse a embargarle, le visitó una y otra vez, pidiéndole que le devolviera el préstamo. Al fin, Dumas le dijo que le pagaría un tanto el día tal de todos los meses. Cumplió y así le fue pagando la deuda. Y, cuando le pagada, le decía:
—Supongo que es la primera vez que un usurero pierde tanto tiempo para cobrar. Pero también es la primera vez que un usurero ha tenido el honor de prestarle dinero a Alejandro Dumas.

Tuvo Dumas una criada llamada Sofía que no sabía leer ni escribir. Dumas se ofreció para enseñarle al menos a poner su nombre, a firmar. Y les decía después a sus amigos que le había enseñado a escribir *Sofía* con letras todas distintas de las que tiene este nombre. Ninguno de los amigos consiguió hacerlo y Dumas lo escribió así: *Çauphy*.

Dumas se hacía muy bien la propaganda y había inventado un sistema que le daba buen resultado. Siendo ya famoso había quien pagaba sus autógrafos. Escribió entonces una carta, dirigida al director de un diario de provincias, en los siguientes términos: «Mi querido colega: mucho os agradeceré que deis conocimiento a vuestros lectores del éxito que está obteniendo en París mi novela tal. Vuestro siempre mejor amigo, Alejandro Dumas».
De esta carta hizo sacar varias copias litográficas. Y las mandó a todos los directores de diarios de provincias, añadiendo de su puño y letra el nombre del director en una tinta distinta, de color rojo. Todos le agradecían el autógrafo y se apresuraban a dar noticia del éxito de la novela tal.

Se cuenta que Lamartine le dijo un día:
—La verdad es que sois el rey de los embustes.
—Y otra verdad —le contestó Dumas— es que vos sois el pretendiente al trono.
Y tan contentos los los.

Dumas hijo contaba de su padre que su gran secreto como escritor era su entrega total a lo que hacía.
—Lleva dentro los personajes y siente como si fuera ellos.
Y contaba que una vez había ido a ver a su padre para un asunto urgente. Su padre, cuando trabajaba, no dejaba entrar a nadie y el criado le dijo que no entrara, que era un mal momento, puesto que había dado orden de que nadie le interrumpiera. Dumas hijo esperó; ya que estaba allí prefirió esperar. Y de pronto oyó fuertes risas que venían de la habitación donde trabajaba el padre. Pensó que alguien estaba con él y que podía entrar, y así lo hizo. Pero encontró a su padre solo con algunas cuartillas en las manos.
—¿Con quién estabais?

—Con nadie.
—Oí risas.
—¡Ah, sí! Dumoretz se reía de lo que estaba diciendo Ragul. Eran los nombres de dos de los personajes de la novela que estaba escribiendo. Y la risa de Dumoretz se le había contagiado y se había reído él.

En 1832, en revueltas callejeras, Dumas, que ya era muy conocido, fue arrestado. No parece que hubiese participado en las revueltas, pero sí que era amigo de algunos de los que participaban. Pronto fue puesto en libertad y entonces su amigo Charles Nodier le invitó a cenar, con una nota redactada así: «Se dice que os han detenido y fusilado. Si la noticia es falsa os espero a cenar esta noche; si es verdad, os espero igual».
Dumas contestó la invitación con otra nota muy breve: «Es verdad». Y no fue a cenar.

Parece ser que Dumas participó, más o menos, en la revuelta que puso en el trono a Luis Felipe. Al parecer, era la segunda vez que participaba, más o menos, en una revuelta. Y la última, pues de la segunda decía:
—Después de una revolución, lo difícil es saber a quién se odia más, a los vencidos o a los vencedores; y, después de dos revoluciones, se desprecia tanto a unos y a otros que ya no se piensa nada.

Dumas quiso fundar un diario que se llamaría *El Mosquetero*. Uno de tantos proyectos suyos que jamás se realizaron. Y nombró administrador a su jardinero, una especie de Sancho Panza, con mucho sentido práctico, pero que no sabía leer ni escribir. Y que, al enterarse del nombramiento, le dijo:
—No está mal. Si todos vuestros acreedores se suscriben, será buen negocio.

Como todo el mundo sabe, Alejandro Dumas era hijo natural de un general francés y de una mulata africana. Dumas no se llamaba Dumas, sino Davy de la Pailleterie. De su madre heredó rasgos negroides. Y un día alguien, para fastidiarle, le preguntó:
—¿Es verdad eso que se dice de que sois hijo de un negro?
—Sí —contestó Dumas—, mi padre era negro y mi abuelo era un mono. Una familia la mía que, en el salto del mono al hombre, ha ido muy aprisa.

Una señora le preguntó:
—¿Podríais decir, en pocas palabras, la diferencia que hay entre la amistad y el amor?
—La misma que entre el día y la noche —le contestó Dumas.

Se cuenta que una vez, en un interrogatorio en un juzgado, a la pregunta «¿Profesión?», contestó muy serio:
—Dejarme crecer la barba.

Era muy aficionado a la buena mesa y a los buenos vinos y en su casa, cuando tenía invitados, se comía muy bien. Un día, el cocinero le preguntaba para cuántos tenía que preparar comida.
—Seremos ocho —le dijo Dumas—. Prepara para treinta.

Tuvo conflictos con un amigo, que se había portado mal con él, y dejó de saludarle. Tiempo después, el amigo quiso reconciliarse. Fue al encuentro de Dumas y le dijo:
—¿No me reconocéis?
—No.
—Soy vuestro amigo Fulano de Tal.
—Y no habéis cambiado nada. Por eso no os he reconocido.

Uno de los libros de Dumas se titula *El vacío doloroso*. Cuando el libro se publicó, un amigo le dijo:
—Es un título sin sentido. El vacío no puede ser doloroso.
—¿Que no? ¡Cómo se ve que nunca os ha dolido la cabeza, amigo mío!

Dumas tenía un vecino, y el vecino, un tal señor Felice, tenía jardín y un gallinero en el jardín. Dumas pasaba ratos, de vez en cuando, en el jardín de su vecino. Y le decía:
—La soledad de este jardín me ayuda a encontrar ideas.

Y el señor Felice, muy respetuoso con la literatura, le dejaba solo. Y entonces Dumas, en vez de meditar, entraba en el gallinero y, de los huevos que había, se guardaba algunos en los bolsillos. Hasta que un día el señor Felice se dio cuenta. No dijo nada (siempre tan respetuoso) y, cuando Dumas abandonaba el jardín, se hizo el encontradizo con él. Llevaba el señor Felice una pala de madera.
—¿Adónde vais con esta pala? —le preguntó Dumas.
—La uso para sacudir el polvo de la ropa.
—¡Buena idea! Nunca se me habría ocurrido.
—Se hace así.

Y el señor Felice dio un palazo sobre el bolsillo de Dumas, con el que aplastó los huevos. Y, ante la mal disimulada confusión de Dumas, le dijo:
—Menos mal, señor, que sólo perdéis el vestido, ya que los huevos los he puesto yo.
Siempre tan respetuoso.

Dumas fundó un diario que se llamó *Le Mois* (El Mes) y que, a pesar del título, salía todos los días. Aunque no salió muchos días, pues pronto dejó definitivamente de salir. El lema del diario, puesto debajo del título, era: «Dios dicta y nosotros escribimos». Dios se cansó de dictar, o ellos se cansaron de escribir, o los pocos que escribían se cansaron de no cobrar, el caso es que *Le Mois* dejó de salir. Y, en el último número (un número no demasiado lejos del primero), la suspensión del diario se anunció así: «Una buena noticia para nuestros lectores: Todos los redactores de *Le Mois* han dimitido y, en consecuencia, el público de París, tan protector siempre de la buena prensa, no tiene ningún pretexto para darse de baja de la suscripción a otros diarios y suscribirse a *Le Mois*».

Alejandro Dumas padre, como se ha dicho, tenía un equipo de «negros» que le escribían las novelas. Él estructuraba la obra y entregaba los datos importantes. Y los otros escribían. Esas novelas se publicaban por entregas en un periódico.

Un día, el director del periódico le llamó y, verdaderamente consternado, le dijo:

—Amigo mío, estamos en plena catástrofe. Su «negro» acaba de morir de repente. Y todos los días me entregaba cuatro páginas. ¿Qué hago?

—No se preocupe. Mañana anuncie que, por un día, se interrumpe el folletín, deme todo lo publicado y pasado mañana tendrá nuevo material.

Y cuando estaba ya todo combinado así, el director recibió por correo las cuatro páginas para el día siguiente. Hizo sus averiguaciones y supo entonces que las cuartillas procedían de otro «negro», de un «negro» del «negro» de Dumas. O sea, que el autor del texto que se publicaba en el periódico era alguien a quien ni el mismo Dumas conocía.

Uno de nuestros buenos traductores nos decía que esto se ha hecho muchas veces. Que él, con cierta fama de buen traductor, si no podía dar abasto a todo su trabajo, usaba también «negros», a los que pagaba bastante menos de lo que le pagaban a él. Y añadió que aún tenía otro sistema, como buena solución económica de las traducciones. Pedía un precio alto. Si se lo pagaban, bien. Si le ofrecían menos, lo aceptaba y, al traducir, iba suprimiendo texto, de forma que por la cantidad de hojas escritas resultara al mismo precio.

*La dama de las camelias*, convertida en obra de teatro, se estrenó con mucho éxito. Y, después del estreno, algunos felicitaban a Dumas padre, que estaba también allí. Y él decía:

—No, no; esta vez yo no soy el autor de la obra. Yo soy el autor del autor de la obra.

Se cuenta de Dumas que, en cierta ocasión, se acercó a saludarle en público un escritor joven, y se permitió tratarle muy familiarmente. Le gritó:
—¡Hola, Dumas! ¿Cómo te va?
Y Dumas le contestó en el mismo tono:
—¡Hola, muchacho! ¿Cómo te llamas?

El caso de los Dumas, padre e hijo, llamados los dos Alejandro Dumas, es muy curioso. El padre, autor de *El conde de Montecristo* y de *Los tres mosqueteros*, nació en 1803 y murió en 1870. El hijo, autor de *La dama de las camelias*, nació en 1824 y murió en 1895. Se llevaban veintiún años. Y, durante tiempo, mediado el siglo XIX, fueron dos famosos escritores contemporáneos, caso quizás único en la historia de la literatura.

Dumas padre, en sus *Causeries*, cuenta cómo su hijo le presentó a la dama de las camelias (que se llamaba Alfonsina Plessis, y usaba el nombre de María Duplessis, aunque en el libro de Dumas hijo se llama Margarita Gautier). El relato de este encuentro entre el padre Dumas y la futura protagonista de la novela del hijo Dumas es anecdótico del principio al fin. Dice:

«Yo estaba en el Théâtre Français, en un pasillo. Se abre la puerta de un palco de platea, alguien me agarra por el faldón de mi levita y vuelvo el rostro. Es mi hijo.

»—¡Ah! ¿Eres tú? Buenas noches, querido.

»—Ven acá, padre mío.

»—¿Estás solo?

»—No, y razón de más. Cierra los ojos, asoma la cabeza por la puerta entreabierta y no temas. No te ocurrirá nada desagradable.

»En efecto, apenas había cerrado los ojos, apenas había asomado la cabeza, cuando sentí sobre mis labios la presión de otros dos labios enfebrecidos, ardientes. Abrí los ojos. Una joven adorable, de veinte o veintidós años, se hallaba en compañía de Alejandro y acababa de ofrecerme aquella caricia tan poco filial. La reconocí, puesto que la había visto algunas veces en los palcos de proscenio. Era María Duplessis, la dama de las camelias. [No es raro que Dumas padre use aquí este nombre, pues el texto se escribió algunos años después de la aparición del libro *La dama de las camelias*.]

»—¿Es usted, hija mía? —dije, librándome suavemente de sus brazos.

»—Sí. Y estoy quejosa de usted. Le he escrito dos veces y no me ha contestado.

»—Creí que sus cartas iban dirigidas a Alejandro.

»—Desde luego, a Alejandro Dumas.

»—Pero a Alejandro Dumas hijo.

»—¡Vaya! Alejandro es Dumas hijo, pero usted no es Dumas padre. Ni lo será nunca.

»—Gracias por el cumplido.
»—Le pedía que me visitara. ¿Por qué no lo ha hecho? No lo comprendo.
»—Voy a intentar que lo comprenda. Una joven hermosa como usted sólo cita a los hombres de mi edad si los necesita. ¿En qué puedo serle útil yo? Desde este momento le ofrezco mi ayuda y renuncio al pago.
»—¿No lo decía yo? —dijo Alejandro.
»—Bueno, entonces —dijo María Duplessis, con una sonrisa encantadora y velando sus ojos tras sus largas y negras pestañas— iré yo a verle, con su hijo.
»—Cuando usted guste, mademoiselle.
»Me incliné y la saludé como hubiese saludado a una duquesa. La puerta se cerró y me encontré de nuevo en el pasillo. Aquella fue la única vez que besé a María Duplessis. Y la última vez que la vi. Estuve esperando la visita de Alejandro y la hermosa cortesana. A los pocos días, Alejandro vino solo. Me contó cosas de María Duplessis y me dijo que estaba enferma. Y añadió:
»—Esta mujer está muy por encima del oficio a que se dedica.
»—Espero que la quieras con... amor, ¿verdad?
»—Sí, la quiero aunque quizá más que nada con... compasión —respondió Alejandro.
»Nunca mi hijo y yo volvimos a hablar de María Duplessis.»

Cuando se sintió morir, llamó a su hijo a su cabecera y le dijo:
—Hijo mío: supongo que te han dicho muchas veces que he sido un padre pródigo y que he dilapidado todo el dinero que, por ser mío, un día u otro pudo haberte pertenecido. Piensa, sin embargo, que del dinero verdaderamente tuyo, no he gastado nada. Tu madre, al morir, me dio un luis de oro. Lo he guardado para ti y aquí lo tienes.
Y le dio un luis de oro, que Dumas hijo guardó durante los veinticinco años que sobrevivió a su padre.

## DUMAS (hijo)

La vida de Alejandro Dumas hijo fue menos anecdótica que la del padre. El poeta Max Jacob (1876-1944) recordaba con frecuencia una frase de Dumas hijo, que nunca antes había sido recogida como cita aprovechable. Es ésta: «Dios coge las almas con anzuelo y el diablo las coge con red; ésta es la diferencia».
El escritor Jules Renard (1864-1910), autor de la conocida obra de teatro *Poil de carotte*, cita en sus memorias otro texto o frase de Alejandro Dumas hijo, que tampoco se le suele atribuir. Es el siguiente:
«Lo que nos salva con las mujeres a los que ya tenemos

cierta edad, es que los jovencitos no les saben decir lo que piensan, y que nosotros hemos aprendido a decirles, muy bien dicho, aquello que no pensamos.»

Dumas hijo alcanzó fama muy pronto por el éxito de su novela *La dama de las camelias*, que, convertida en obra de teatro, triunfó también. La estrenó una actriz joven, de vida muy irregular y disipada, llamada Doche. Empezó a ensayar el papel otra actriz, ya en la madurez, mucho más conocida, llamada Fargueil. No acababa de conseguir la manera de interpretar a Margarita Gautier y le decía a Dumas:
—Es que nunca he conocido este ambiente.
—Pues a vuestra edad —le contestó Dumas— ya no lo conoceréis. Mejor será que lo haga otra.
Y eligió a la Doche, que se supo adaptar a su situación desde el primer ensayo, y que, antes de empezar, le preguntó a Dumas:
—Os agradeceré cualquier observación que podáis hacerme.
—Una sola: que no hagáis teatro. Naturalidad, naturalidad y naturalidad.
—Pero yo nunca he sido una dama de las camelias.
—Porque no habéis tenido ocasión. Pero si aprovecháis la que os doy...
Y la Doche fue una auténtica dama de las camelias, que hizo triunfar la obra.

Contaba Dumas hijo que, un día, tenía a un amigo invitado a cenar. Y, antes de entrar en el restaurante, le preguntó:
—¿Llevas dinero encima?
—Nada.
—Es que yo sólo tengo veinte francos. Pero, si esperas un rato, mi padre vive cerca de aquí, iré a pedirle que me preste treinta, y con cincuenta francos cenamos los dos muy bien.
El amigo esperó un buen rato, y al fin, regresó Dumas entristecido.
—¿Nada? —le preguntó su amigo.
—Peor que nada. Me ha pedido mis veinte francos y se los he dado.
Y los dos se quedaron sin cenar.

Dumas hijo, después de su éxito con *La dama de las camelias* recibía muchas confidencias de mujeres. Y un amigo le decía:
—Tú sí que, con tantas mujeres que te cuentan sus intimidades, no debes aburrirte nunca.
—Te equivocas. Todas cuentan exactamente lo mismo. Y lo único interesante de ellas, por lo visto, sería lo que callan.
—¿No te abren el corazón?
—Sí, pero no importa. Resulta que las mujeres, aunque no sea

esto lo que de ellas se suele decir, todas tienen el corazón en la cabeza y la cabeza en ninguna parte.

Dumas hijo era hijo natural de Dumas padre. La madre era Marie Catherine Lebay. Y, al parecer, tuvo otros hijos naturales con otras mujeres. Un biógrafo de Dumas cuenta que, una vez, fue citado por el juez para que reconociera a un niño como hijo suyo. Era la madre del niño la que pedía el reconocimiento. Dumas dijo que si veía al niño y le conocía, le reconocería. Y, en otra próxima citación, compareció una mujer con el niño en brazos. Dumas les vio y se avino a firmar esta curiosa declaración:

«Reconozco a este niño como hijo mío; pero me es totalmente imposible reconocer a la madre.»

Y, por más que ella intentó hacerle recordar cosas, él no recordó, o fingió no recordar, ninguna. Hasta que al fin el juez, ya cansado, le preguntó:

—Pero vamos a ver, señor Dumas: ¿conoce o no conoce a esta mujer?

—¡Claro que sí! Hace ya una hora que discuto con ella. Y, si la sesión dura una hora más, llegaremos a ser buenos amigos.

Dumas escribió una *Orestiada*. Una de las escenas que más gustaron fue aquella en la que Casandra predice el asesinato de Agamenón y la venganza de Orestes. Y, después del estreno, Dumas contó cómo fue escrita aquella escena. Había prometido a una actriz, a Marie Laurent, que Casandra sería ella. Y, terminada la obra, le mandó el papel. Era muy corto y la Laurent le visitó.

—Sé a lo que venís —le dijo Dumas—; a hacerme una escena porque la escena de Casandra no os gusta.

—Es demasiado corta.

—Hacedla más larga. Aún no he entregado la obra y tal como la hagáis la entregaré.

La Laurent estuvo mucho rato escribiendo. Dumas no quiso ni ver lo que ella había escrito. Se estrenó la obra y toda la crítica estuvo de acuerdo en que aquella escena de Casandra era la mejor. Y, comentando lo ocurrido, decía Dumas:

—La verdad es que los buenos actores deberían escribirse los dramas ellos mismos; o los buenos autores deberían representárselos. Ahí está la duda.

## DUSE

La actriz italiana Eleonora Duse (1859-1924) era tan temperamental que triunfó muy joven y desde el día que, por enfermedad de otra actriz famosa, sustituyó a ésta en el papel de Julieta en *Romeo y Julieta*. Tuvo amores tempestuosos con Gabriel d'An-

nunzio, del que se separó varias veces volviéndose a juntar después. Estrenó algunas obras de D'Annunzio, entre ellas *La cita morta* y *Francesca de Rimini*. Era hija de padre y madre actores de escaso valer y de muy poco dinero. Ella creció muy delgadita y conservó la delgadez hasta muy mayor. Contaba que, una vez, cuando ya trabajaba en un teatro, le cogió un aguacero en la calle y llegó al teatro con la ropa empapada.
—¿Qué te ha pasado?
—¡Esta lluvia! Vengo mojada hasta los huesos.
Y uno de sus compañeros le dijo:
—Para esto no hace falta que llueva mucho.

Uno de sus grandes éxitos fue *Froufrou*, un drama en cuyo último acto la protagonista moría después de despedirse de su hijo de pocos años. Con una escena, la del despido, todas las noches emocionaba al público y arrancaba lágrimas a las mujeres. Y, de pronto, dejó de representar *Froufrou*. Más tarde explicaba las razones que tuvo para hacerlo. El niño del que se despedía era siempre el mismo, que hacía su papel como si tal cosa. Un día el niño estuvo enfermo y otro le sustituyó. Y aquel otro niño tomó la escena tan en serio que se abrazó al cuello de la actriz que figuraba su madre, se echó a llorar acariciándola y aquella noche, por una sola vez, Froufrou no murió en escena. Y la Duse no quiso volver a hacer aquella obra.

Era actriz tan temperamental que, en su trabajo, ponía más corazón que cabeza. Y el resultado era que nunca representaba dos veces el mismo papel sin cambiar su manera de hacerlo. Todo dependía de su ánimo. D'Annunzio dio su *Ciudad muerta* en estreno a Sarah Bernhardt, cosa que entristeció mucho a la Duse. Había visto trabajar a la Bernhardt y decía de ella:
—La admiro y no la comprendo. Es en escena de una frialdad matemática. Y, sin embargo, emociona. Yo no sé hacer esto. La he visto en *La dama de las camelias* y, en una escena, se sienta y, dominada por su excitación, le da vueltas a una llave con el dedo. Le he visto hacer esto varias veces y siempre le ha dado a la llave exactamente las mismas vueltas. Y, con una tan estudiada precisión, emociona al público. Yo esto nunca lo sabré hacer.

Triunfó en los Estados Unidos, pero no pudo acostumbrarse a la manera que tenían los norteamericanos de juzgar su trabajo. Contaba que, una vez, había oído hablar de ella a dos señoras, en el hotel. Ella estaba sentada detrás de las dos señoras, que no la conocieron. Y el diálogo fue éste:
—¿Qué pone esta noche la Duse?
—*La Locandiera*.
—¿Cuántos actos son?

—Tres.
—¿Saca muchos vestidos?
—No; creo que uno sólo. De camarera.
—¿Y mañana, qué pondrá?
—*La dama de las camelias.*
—¿Cuántos actos son?
—Cinco.
—¿También siempre con el mismo vestido?
—¡No! Seis o siete vestidos. Y, en el último, se está muriendo durante todo el acto.
—¡Ah! Pues iré mañana.
Contaba esto como prueba de que el público de allí, más que la obra y el trabajo de la actriz, apreciaba otras circunstancias.

Contaba otras muchas cosas del público y aseguraba que su mejor público había sido siempre el más barato. Y ponía el ejemplo de la vez que la reina Victoria de Inglaterra la quiso ver trabajar. Ella aceptó la invitación de representar un acto de alguna obra delante de la reinta. Un solo acto, porque más largo sería demasiado cansado para la reina. El palatino con el que hizo el trato le aconsejó que fuese el último acto de *La dama de las camelias.*
—¿Y no se escandalizará la reina? La protagonista es una mujer pública.
Y el palatino le dijo:
—Ya lo he pensado. Lo cambiaremos. Figurará la novia de un soldado que está destacado en la India. Ella está muy enferma y quiere ver a su novio antes de morir. Pero el novio llega cuando ha muerto ya.
Y así lo hicieron.

D'Annunzio tenía su casa de retiro, que había bautizado con el nombre de Capponcina. Cerca de su casa estaba la de la Duse, a la que D'Annunzio había bautizado Porziuncola. Los dos tenían un amigo común, vecino de por allí, un tal Palmerio. Un día la Duse, al llegar de uno de sus viajes, fue a la casa de D'Annunzio. Él no estaba. Y, por lo que encontró allí, comprendió que había estado otra mujer. Enfurecida, fue en busca de Palmerio para que le ayudara a prender fuego en la Capponcina. Y a Palmerio le costó mucho disuadirla. Le decía la Duse:
—Sólo el fuego puede purificar esta traición.
—Sí, desde luego —le contestaba Palmerio—; el fuego es un gran purificador; lo malo es que si se abusa hay líos con la policía.
Cuando reapareció D'Annunzio, Palmerio quiso estar presente en la primera entrevista del poeta con la actriz. Y dio esta razón:
—Es la única manera de evitar una muerte.

## EDEN

El político inglés Anthony Eden, nacido en 1897, fue una vez a consultar al médico. Se quejó de ciertas molestias que le importunaban desde algunos meses atrás.
—¿Y por qué ha tardado tanto en venir?
—He esperado que mi mujer se fuera de vacaciones, pues la primera vez que le dije que iría al médico, me contestó que mejor sería que dejara de beber whisky. Y ciertas insinuaciones a uno no le gusta que se las repitan.

Fue ministro de Asuntos Exteriores durante mucho tiempo y contaba entonces que cierto pastor protestante había sido miembro del Parlamento, y que, sin entender nada en política, lo había hecho bastante bien.
—¿Qué? ¿Rogar a Dios por los otros miembros? —le preguntaron.
—No; eso no. Escuchaba los debates y rogaba por la salvación de la patria. Y se ve que Dios le escuchaba, porque la patria, hasta ahora al menos, se ha salvado.

Aiguien que estuvo presente en la Conferencia de Ginebra, contaba que míster Eden repetía con cierta frecuencia un chiste, siempre el mismo. Un escocés fue a un sastre y le dijo:
—Soy el padre de uno de sus clientes, un tal McCarran. ¿Es verdad que mi hijo le debe a usted un traje desde hace cuatro años?
—Sí, señor. Y si viene usted a pagarlo, si lo hace al contado, le rebajaré diez por ciento.
—No. Vengo a preguntarle si puede hacerme un esmoquin en las mismas condiciones, o sea, a no pagar dentro de cuatro años.

## EDISON

El inventor Thomas Alva Edison (1847-1931), inventor entre otras cosas del primer gramófono, decía un día que, antes de lograr un resultado aprovechable, pasaba siempre por muchas experiencias fracasadas. Decía:
—Intento ahora encontrar un nuevo tipo de acumulador y llevo hechos ya alrededor de los siete mil experimentos.
—¿Con buen resultado?
—Excelente. Ya sé que hay siete mil fórmulas que no me sirven para nada.

Edison gozó siempre de la mejor salud. Su mujer, una vez que él se sintió mal, llamó en seguida al médico. Edison le reci-

bió y se dejó visitar. El médico recetó algunos medicamentos. La señora Edison los compró todos. Y Edison, después de leer los prospectos, los tiró todos a la basura. Y un biógrafo atribuye a Edison aquella famosa salida que a tantos otros se ha atribuido.
—Todos hemos de vivir: el médico, el farmacéutico y yo. Y ésta es la única manera de conseguirlo.

Edison frecuentaba poco la sociedad. No le daba el tiempo para tales distracciones. Y, si alguna vez participaba en alguna reunión, nunca hablaba de su trabajo. Prefería contar historias divertidas. Sabía muchas y las contaba con mucha gracia. Un día, en una reunión, refirió una de sus historias. Gustó mucho a todos. Y la señora de la casa, haciéndose la interesante, le preguntó:
—Bueno, esto está muy bien. Pero, ¿cuál ha sido su último invento?
—¿Mi último invento? Pues ha sido la historia que acabo de contar.
—No me refiero a esto, sino...
La buena señora no encontró en seguida las palabras para definir aquello a lo que se refería. Y, mientras las buscaba, Edison empezó a contar otra historia, advirtiendo:
—Ésta no la invento ahora, pues ya la he contado otras veces; pero está muy bien.

Edison tenía su casa de campo. Allí le visitaban sus amigos. Y uno se quejó de lo muy pesada que era la puerta y de lo mucho que costaba abrirla.
—¿De veras? —le preguntó Edison, fingiendo asombro.
—Sí, sí, y creo que debería hacerla arreglar.
—Bueno, el caso es que yo mismo la arreglé hace poco. Puse un mecanismo...
—Que no sirve para nada. Esta vez se ha equivocado.
—Sí que sirve. Cada vez que se abre la puerta, el mecanismo saca del pozo cinco litros de agua. Y así, gracias a los que entran y salen, tengo siempre lleno el depósito del jardín.

En el *Corriere della Sera* leemos una anécdota sobre lo muy distraído que, como buen sabio, era Edison. Y lo bueno es que la misma anécdota la hemos oído contar como cuento alemán del que son protagonistas Fritz y Otto. ¿Será verdad que una vez la protagonizó Edison?
Se cuenta que al regresar de un viaje en tren se sintió indispuesto y mareado. Y dijo:
—Me temo que sea porque iba sentado de espaldas a la máquina.
—Podías haber pedido al viajero enfrente de ti que te cediera el sitio. Si no estabas bien... —le decía su mujer.
Y Edison, distraídamente, respondió:

—No, no pude; es que en el asiento de enfrente, ahora lo recuerdo, no había nadie.

Edison fue el primero en construir un fonógrafo. Y un día un amigo le decía:
—Desde que inventaste la primera máquina parlante...
—No, no; la primera, no.
—¿Cómo que no?
—La primera máquina parlante la hizo Dios, hace muchos miles de años, de una costilla de Adán.

## EDUARDO III

Muchos han oído hablar de la orden de la Jarretera. Una jarretera es una liga. Palabra derivada de jarrete, que es la parte alta y carnosa de la pantorrilla, hacia la corva, que en francés se llama *jarret*. ¿Cómo fue posible que una orden llevara un nombre así, que es el nombre de un accesorio que sólo ha servido, a lo largo de los tiempos, para sujetar las medias? El origen anecdótico de esta orden tiene dos versiones.

Fundó la orden el rey de Inglaterra Eduardo III. La fundó en Francia, después de invadir parte de su territorio. Y, al lanzarse a la invasión, a sus altos jefes les dio, como santo y seña, la palabra *gaster*, que en francés es *jarrettere* y en español jarretera o liga. Todo salió a pedir de boca al principio de la invasión, y el rey convirtió la palabra y el objeto designado por ella en símbolos de una orden. Y, para evitar falsas interpretaciones, el lema que dio a la orden fue el tan conocido *Honni soit qui mal y pense*, que se traduciría por «Mal haya quien mal piense de esto».

La otra versión es más galante. El rey Eduardo galanteaba con travesura a una dama de la corte, la condesa de Salisbury. A ella, entre una y otra travesura, se le desprendió la liga. El rey la recogió y la ató a su propia pierna. Algunos cortesanos se sorprendieron al verla, y el rey les gritó:
—Honni soit qui mal y pense!
Y fundó la orden, cuyo emblema es una liga de mujer.

## EDUARDO VII

Eduardo VII de Inglaterra, hijo de la reina Victoria, no subió al trono hasta la edad de sesenta años. Había nacido en 1841, subió al trono en 1901 y murió nueve años después, en 1910. Tenía fama de muy elegante y a él se debe la moda de los pantalones planchados con raya. Nadie los llevaba. Un día, cuando sólo era príncipe de Gales, iba a una fiesta, en coche. Había llovido mucho

y el paso de otro coche le salpicó los pantalones. No quiso ir con los pantalones manchados ni tampoco llegar con retraso. Entró en un almacén de confección, compró unos pantalones y se los puso. Los pantalones, por haber estado tiempo guardados en montón con otros, tenían marcada la raya. El dueño del almacén dio orden de que los plancharan rápidamente. El príncipe no quiso perder más tiempo y dijo que no, que daba igual. Y llegó a la fiesta con la raya marcada en los pantalones. Alguien le preguntó:
—¿Esos pantalones, alteza...?
—Es la última moda.
Y, a los pocos días, todos los elegantes de Londres llevaban los pantalones planchados con raya.

Tenía fama de ser hombre muy campechano. Un día fue personalmente a poner un telegrama. El empleado que le despachaba le conoció y le saludó:
—Alteza...
—¡Pero si es Payne!
Se conocían. Payne había trabajado, en su juventud, en el palacio real, precisamente a las órdenes inmediatas del príncipe. Y Eduardo, al despedirse, le dijo:
—Venga un día a verme; charlaremos.
—Es que estoy casado, alteza.
—Venga con su mujer.
El matrimonio visitó al príncipe y éste les dio una fotografía con dedicatoria. Payne, cuando enseñaba la fotografía, decía siempre:
—Mi querido príncipe.

Del hijo de la reina Victoria, que tantos años fue príncipe de Gales, se cuenta que una vez iba solo por un camino en su cochecito de caballos. Le gustaba guiar así, sin compañía. Por el mismo camino iba una mujer con un gran cesto de fruta. La mujer le hizo señas y el coche se detuvo.
—Oiga, señor, ¿va usted a pasar por el pueblo de...?
—Pues sí.
—¿Quiere hacerme el favor de dejar esta cesta en la primera tienda que hay a la entrada del pueblo, a mano derecha? Les dice que ya pasaré cualquier día a cobrársela.
—Y si se la compro yo, ¿no me la venderá? Así se la pago y ya la tiene cobrada.
—En la tienda me pagan tres chelines.
—No llevo dinero suelto. Pero si le parece bien le puedo dar, en vez de ese dinero, un retrato de mi madre.
—¿Bromea usted? ¿Qué voy a hacer yo con un retrato de su madre?
—¡Quién sabe! Ahí lo tiene.

Y el príncipe puso en la mano de la campesina un billete de una libra esterlina, en el que estaba la efigie de la reina Victoria.

Estaba un día el príncipe en el *foyer* de la Ópera de París. Uno de sus acompañantes le presentó a dos aristócratas franceses que deseaban conocerle. Uno de ellos tenía el cabello agrisado, y el otro, negro. Después de hablar un rato con ellos, el príncipe les despidió y dijo a quien se los había presentado:
—¿Son amigos entre sí?
—Creo que sí.
—Y eso que se llevan al menos diez o quince años.
—¿Los conocía vuestra alteza?
—No; pero se nota en seguida. En el cabello. ¿No ha observado que uno lo tiene gris y el otro negro?
—No creo que el del cabello gris sea mucho más viejo que el otro.
—No es más viejo. Al contrario; es más joven. Le calculo unos diez años menos.
—¿No decíais que les conocíais la edad por el cabello?
—Precisamente; el más joven lo tiene gris, de su color natural. Y el más viejo lo tenía ya demasiado blanco y se lo ha teñido de negro.

Y añadió una sentencia que, luego, se repitió como una de tantas cosas del príncipe:
—El cabello totalmente negro en los hombres y totalmente rubio en las mujeres son signos evidentes de nostalgia de la juventud; y esa nostalgia sólo se empieza a sentir a una edad relativamente avanzada.

Cuando era príncipe de Gales jugaba al tenis en Eden Roc. Uno de los muchachitos recogepelotas, después de prestarle servicio, le preguntó sin darle tratamiento alguno:
—¿Desea algo más el señor?
Era un muchachito muy comunicativo y afectuoso, y con mucha gracia natural. El príncipe trabó conversación con él. El muchachito le contó que trabajaba allí porque en su casa eran muy pobres; su padre estaba sin empleo y así él ayudaba con su trabajo al gasto de la casa.
—¿Sois muchos hermanos?
—Siete, y yo soy el mayor. ¡Fíjese!
Y, de pronto, el muchachito exclamó:
—¡Ah, si un día me encontrara con un rey o un príncipe en mi camino! Sería la salvación para todos nosotros.
—¿Por qué?
—Le pediría trabajo para mi padre. El sindicato no se lo da, pero estoy seguro de que un príncipe se lo daría.

Al príncipe le sorprendió que el muchachito le hablara de aquella forma, y le continuó preguntando:
—¿Y nunca has conocido a ningún príncipe?
—Nunca, señor.
Todos allí conocían al príncipe. Y el príncipe sospechó que el muchachito estaba representando una comedia para interesarle a su favor. Insistió:
—¿Seguro que no has conocido a ningún príncipe?
—Seguro que no. Os doy mi palabra, alteza.
Dijo esto con mucha gracia y, al advertir que él mismo se había traicionado, se tapó la boca y con tanta gracia pidió perdón, que el príncipe se ocupó del caso, se informó bien, supo que el niño le había dicho la verdad y consiguió trabajo para un padre desconocido, uno de cuyos siete hijos era recogepelotas.

El príncipe de Gales, Eduardo, que ha sido un príncipe muy famoso en la historia, en su viaje por los Estados Unidos estuvo en Dwight, cerca de Chicago, donde participó en una cacería organizada en su honor. Y, antes de empezarla, le presentaron a todos los que formarían equipo con los cazadores, desde los personajes que le acompañaban hasta los ojeadores y encargados de jauría. Y, según la costumbre norteamericana, todos le fueron estrechando la mano. Y, terminada la ceremonia de presentación, el alcalde de Chicago dio al príncipe un manotazo en el hombro y le dijo:
—Y ahora, príncipe, antes de empezar la cacería, vamos a lavarnos las manos, ¿no?
El príncipe, muy afable, observó:
—En realidad, sólo he usado una; todos me han estrechado la derecha.
Y el alcalde de Chicago le dio una contestación que el príncipe repitió muchas veces como una sentencia:
—Es más cómodo lavarse las dos manos que lavarse una sola.

Contaba el príncipe de Gales que, una tarde de invierno, en París, en el Bois de Boulogne, paseaba a pie y sintió frío. Era en el mes de noviembre, vio una mujer que vendía castañas, le compró una bolsa, se las metió en los bolsillos y, al calor de las castañas, se calentó las manos metidas en los bolsillos. Y, ya recuperado, fue comiendo las castañas durante su paseo. Y después supo que el vendedor de castañas le había reconocido, o alguien le había dicho quién era aquel cliente tan elegante, y puso en su puesto un cartel en el que se anunciaba como «PROVEEDOR DEL PRÍNCIPE DE GALES».

Pasaba, durante su largo principado, mucho tiempo en París. Como es sabido, era un hombre tenido por muy elegante y los otros elegantes le imitaban. Y así, sin proponérselo, introdujo algunas modas. Una vez olvidó abrocharse el último botón del chaleco y, así, nació la moda de llevar el último botón desabrochado. Otra vez, un día de lluvia, para no mojarse los bajos de los pantalones, se los dobló hacia arriba; se olvidó después de desdoblarlos y de este modo surgió la moda, que todavía dura, de la vuelta en los bajos de los pantalones. Padecía el príncipe un dolor reumático, que le impedía extender el brazo derecho. Y, al dar la mano, lo hacía con el codo unido al cuerpo; ademán que se puso de moda y se convirtió en una forma elegante de dar la mano.

En uno de los viajes que hizo a los Estados Unidos, les cayó tan simpático a todos que, al despedirle, uno de los que le acompañaban le dijo:
—Si regresáis dentro de tres años os haremos candidato a la presidencia de la República.
Al príncipe le gustó y la comentó así:
—Pues sería una forma muy cordial de **recuperar una** de las colonias que ya hemos perdido.

*Honni soit qui mal y pense* es, como se ha dicho, la divisa de la orden de la Jarretera. Una vez, en el Canadá, el príncipe asistió a un baile. Tropezó mientras bailaba y él y su pareja cayeron al suelo. Se comentó mucho aquella caída. Y el príncipe mandó un telegrama a su madre, en el que sólo le ponía aquella conocida divisa: *Honni soit qui mal y pense*.

Cuando su coronación como rey de Inglaterra, uno de los ministros le escribió el discurso que debía pronunciar. Eduardo VII lo leyó y dijo:
—Me parece, a la vez, muy bien y muy mal.
Y no quiso dar ninguna explicación de sus palabras. Y, el día de la coronación, pronunció un discurso totalmente distinto del que le había escrito el ministro. Y lo pronunció de memoria, sin leerlo. Después explicó el sentido del comentario que había hecho el día anterior. Dijo:
—El otro discurso me pareció muy bien como pieza literaria escrita por un ministro; y me pareció muy mal para pronunciarlo yo, pues todo el mundo sabe que aquélla no es mi forma de hablar.
El discurso que pronunció el rey tuvo mucho éxito, y el ministro que había escrito el otro no pudo por menos de reconocerlo. Y el rey Eduardo le dijo:
—Usted, señor, puede sustituir en todo mi cabeza; pero no puede sustituir mi corazón.

Había entonces en Budapest un famoso carrocero llamado Ferenç Kolber, a quien todas las cortes europeas habían encargado alguna carroza, pues la calidad del trabajo de Kolber era superior a la de cualquier otro. Una vez que Kolber estaba en Londres, el rey Eduardo quiso conocerle para enseñarle la colección de carrozas de palacio. De una, de alta calidad, le dijo:

—Ésta la hemos adquirido últimamente. Está hecha aquí, en Londres, y por ella verá que también los ingleses trabajamos bien. Estoy casi seguro de que usted no lo haría mejor.

Kolber examinó la carroza.

—Mejor no la sabría hacer, majestad. Pero igual, sí.

—Quién sabe, quién sabe...

—Pues podríais saberlo, majestad.

Y Kolber levantó un almohadón de la carroza y apareció la marca de fábrica de la carroza, que era esta firma: Ferenç Kolber. O sea, que el carrocero londinense había pedido a Kolber que le hiciera la carroza encargada por el rey.

Se cuenta de Eduardo VII una curiosa anécdota, que se refiere también de otros reyes. ¡Cualquiera sabe cuál fue el que realmente la protagonizó! El rey era buen amigo de su sastre. Y un día le invitó a un baile en palacio, para que pudiera decir que había estado y lo había visto. El sastre conocía a algunos de los personajes, puesto que los vestía. Todos sabían que el sastre asistiría a aquel baile, le saludaron amablemente y algunos dialogaron con él. Durante la fiesta, el rey se le acercó:

—¿Qué le parece?

—No está mal, majestad; aunque, si os he de hablar con sinceridad, hay mucha mezcla en la concurrencia.

—¡Oh, desde luego! —exclamó el rey—. Mis invitados no pueden ser todos sastres.

Esta anécdota, tan repetida, nos recuerda estos versos cuyo autor desconocemos:

*—Caballero, si lo sois,*
*ayudad a esa mujer.*
*—Soy sastre; no puede ser.*

Y otra anécdota de dos estudiantes madrileños, que habían descubierto un sistema para que el sastre les vistiera por muy poco precio. Parece ser que, entre estudiantes, ha existido siempre la mala costumbre de no pagar al sastre, costumbre que, en opinión de un buen sastre, no supone jamás un contratiempo económico para el negocio, pues los sastres la conocen, saben el tanto por ciento que no cobrarán, saben los que lo hacen y dividen a prorrata el precio de los primeros entre los que se cobran, aumentan el precio de éstos y ya está.

Pues los dos estudiantes eran de parecida talla. Iban a dos sastres distintos, se encargaban dos trajes cada uno y, cuando les faltaba la última prueba, desaparecían. Desde luego, habían dado direcciones falsas y los dos sastres tenían que admitir que habían

sido engañados. Un tiempo después, bastante tiempo después, aunque no demasiado, iban los dos otra vez a los sastres, pero yendo cada uno al sastre que había hecho los trajes para el otro. Decían que les corría mucha prisa tener dos trajes nuevos, pues debían ausentarse, y que los pagarían al contado si el sastre se los hacía en dos o tres días. Y los sastres decían:
—¡Imposible! En tan poco tiempo...
Y entonces, como si se les acabara de ocurrir la idea, preguntaban:
—¿Y no tendrá algún traje hecho, de algún cliente muerto o de qué sé yo, que sea más o menos de mi talla?
Los sastres se acordaban entonces de los dos trajes cuyo cliente había desaparecido. Y los enseñaban, ya casi acabados. Los muchachos decían que no eran exactamente lo que habrían querido, pero que si se los dejaba a un precio aceptable...
Y el sastre, que ya daba los trajes por perdidos, se los dejaba a mitad de precio. Ellos, que llevaban el dinero encima, para quedar bien, pagaban, se quedaban los trajes, los recogían ya terminados dos días después, se los cambiaban y ya está. ¡A mitad de precio! O sea, dos por el precio de uno.

Algunos aseguran que las tres K, que se citan o se citaban como misión de la mujer alemana de otros tiempos, fueron inventadas por el rey Eduardo VII, y que fue él quien dijo una vez que la mujer alemana sólo se interesaba por las tres K: Kirche, Kibder, Küche (iglesia, niños, cocina).
Sabido es que todas esas definiciones de mujeres y de hombres, aplicadas como ley general, son siempre falsas. Pero, a veces, son ingeniosas. Una de las más atrevidas y gráficas en este sentido la daba un diplomático francés, que había vivido mucho tiempo en Madrid y que hasta escribió un libro sobre el curioso fenómeno de la relación hombre-mujer en España. Decía:
—La mujer francesa es una cocinera en la cocina, una meretriz en la cama y una señora en la calle. Y la mujer española es una señora en la cocina, una cocinera en la cama y una meretriz en la calle.
Censuraba con esto, entre otras condiciones de nuestras mujeres, su clara voluntad de provocación en su manera de vestir y en sus andares por las calles. Mujeres, a su juicio, cuyo propósito parece encaminado a excitar el deseo de los hombres y no satisfacerlo.

El rey Eduardo VII, enfermo ya de muerte y sin poder abandonar el lecho, continuaba trabajando y recibiendo visitas. Uno de sus ministros le dijo:
—Ya va siendo hora, señor, de que descanséis un poco.
—No —le dijo el rey—. La única cosa buena de la vida es el

trabajo; dejadme gozar hasta mi último momento lo bueno de la vida.

## EINSTEIN

El sabio alemán Albert Einstein (1879-1955), autor de la teoría de la relatividad, esa difícil teoría que, al parecer, nadie ha entendido nunca del todo, y según algunos aseguraban ni el mismo Einstein, era muy aficionado al violín y lo tocaba, naturalmente como aficionado y sin ninguna pretensión. Pero, en cierta ocasión, aceptó tocar en una fiesta de beneficencia. Cuando el cronista de sociedad se informaba de quiénes eran los que actuaban, el nombre del violinista se lo dieron así:
—Y el violín lo tocará el famosísimo Einstein.

El cronista empezaba su carrera y no estaba muy informado aún de las celebridades mundiales. Pensó que el tal Einstein era algún violinista famoso. Estuvo en la fiesta y, al hacer el comentario de las actuaciones, se deshizo en elogios sobre cómo el violinista Einstein, de fama mundial, había interpretado magistralmente, y como sólo él lo sabía hacer, tal y tal piezas musicales. Einstein leyó la crónica de sociedad, la recortó, le hizo poner un marco y lo tenía colgado en su estudio donde trabajaba. Cuando lo enseñaba a sus amigos decía:
—Es el elogio más excepcional que he recibido en mi vida.

Einstein no tenía tiempo para recibir a todos los que deseaban verle. Y tomó una secretaria, encargada sólo de recibir ella las visitas y decirles que Einstein no podía hacerlo. Y, en atención a los visitantes, eligió a una muchacha joven y bonita. Le encargó que les preguntara a todos el objeto de la visita. La mayoría decían lo mismo: que deseaban ver a Einstein, para que les explicara claramente el significado de la teoría de la relatividad. Y entonces la secretaria propuso:
—Usted me lo explica a mí y así yo se lo podré explicar a ellos.
—Bien; me parece muy bien. Es una cosa muy simple. Les dice que a un hombre que pasa una hora en compañía de una muchacha bonita, como usted por ejemplo, aquella hora le parece un minuto. Y que a un hombre que pasa un minuto sentado sobre un brasero encendido, aquel minuto le parece una hora. Y que esto es la relatividad.

Llegó una vez a Bruselas invitado por la reina. Un lujoso automóvil de palacio le esperaba en la estación. Einstein bajó de un vagón de segunda clase con la maleta en una mano y el violín en la otra. Los que habían ido a buscarle no le reconocieron. Einstein preguntó a un desconocido:

—¿Por dónde se va al palacio real?
El desconocido le indicó el camino. Einstein echó a andar, mientras el coche de palacio daba la vuelta y regresaba a palacio, donde ocurrieron dos cosas: que los que habían ido a buscarle dijeron a la reina que Einstein no había llegado, cosa que molestó a la reina; y que los porteros de palacio no dejaron entrar a Einstein, convencidos de que se trataba de algún vagabundo trastornado. Y Einstein se sentó sobre la maleta, frente al palacio, y allí se quedó a la espera de los acontecimientos. Los porteros le vieron allí sentado, dieron la noticia, la reina salió a ver quién era, comprobó que era su invitado y ella misma salió a recibirle. Y todo quedó aclarado.

Parece que una buena señora le preguntó a Einstein si tenía alguna opinión concreta sobre la eternidad.
—Sí, señora. Muy concreta.
—¡Por fin! No sabe lo que me ha costado encontrar a alguien capaz de explicarme este misterio. ¿Qué es la eternidad?
Y Einstein, muy en serio, le dio esta explicación:
—Es el tiempo que tardaría usted en comprender mis teorías, si intentara explicárselas.

Le preguntaban una vez si se llegaría a descomponer el átomo. Y dijo que sí, que la ciencia no tiene límites; que lo que tiene límites es la manera de ser de la sociedad humana. Y a uno que no lo acababa de entender se lo explicó así:
—A la larga será mucho más fácil deshacer un átomo que deshacer un prejuicio.

Einstein dio una vez una conferencia en Heidelberg, anunciada con un coloquio. El público estaba compuesto casi todo de estudiantes. Einstein sabía por experiencia que sus conferencias sobre la relatividad, pronunciadas en serio, eran casi fracasos, pues nadie le acababa de entender. Y, para que aquellos muchachos le entendieran o al menos pasaran un buen rato, decidió hablarles con cierto humor. Empezó así:
—Hoy vengo decidido a fracasar. Sí, porque para mí es muy fácil hablar en serio de la relatividad y muy difícil hablar en broma, sin mentir demasiado. Y esto es lo que intentaré hacer, aunque ya doy por descontado que no lo conseguiré, a no ser que ustedes me ayuden.
Hizo una larga pausa y continuó:
—Ayer, apenas llegado a esta bonita ciudad, me sentí mal. Un mal relativo, se entiende. Vino un médico al hotel y me ordenó un reposo absoluto. Y esto me proporciona un ejemplo de que todo, en este mundo, es siempre relativo. Sí, porque yo he obedecido al

médico, pero sólo relativamente. Y el fruto de mi relativa desobediencia es que estoy aquí.

Uno de los muchachos le preguntó:

—¿Relativamente enfermo o relativamente curado?

—Las dos cosas a la vez, como sucede siempre; porque no hay nada en este mundo, ni en todo el universo, que sea absoluto.

Y el muchacho preguntó:

—¿Ni la relatividad?

Esta pregunta provocó mucha risa. Einstein esperó que las risas se apaciguaran, saludó con la mano al muchacho y le dijo:

—Gracias por su ayuda.

Y, dirigiéndose a todos, prosiguió:

—Veo que en lo relativo a la relatividad no adelantaremos nada; pero en lo relativo al humor daremos un gran paso. Adelante, pues, y a ver si entre todos aprovechamos el tiempo.

Conferencia y coloquio se desarrollaron en el mismo tono, y decía después Einstein que aquélla fue la única vez que el público que había acudido a escucharle lo pasó bastante bien. Y añadía:

—Y yo también, por cierto.

Esta anécdota lo mismo se puede atribuir a Einstein que a Chaplin, pues en ella intervienen los dos. Se conocieron en los Estados Unidos. Y Einstein felicitó a Chaplin y le dijo:

—Usted es popular en todo el mundo, porque todo el mundo le ha comprendido en seguida.

Chaplin le devolvió la felicitación y la cortesía:

—Y usted es popular también en todo el mundo, porque nadie ha comprendido nunca nada de lo que usted dice.

Le preguntaron a Einstein cuáles serían las armas en una guerra próxima.

Lo pensó un rato y dio esta contestación:

—Pues en la guerra próxima, no lo sé; depende de la fecha, pues todos los años se inventan armas nuevas. Pero en la guerra siguiente a la próxima..., las piedras.

Parece ser que, como todos los sabios, tuvo grandes distracciones. Se cuenta que, una vez, encontró a otro sabio amigo y le dijo:

—Venga a cenar esta noche. Vendrá también el profesor Smithson.

—Lo sé. Precisamente el profesor Smithson soy yo.

—Eso no importa; venga de todos modos.

Una vez que se hablaba de progreso, Einstein lo definió así:

—El progreso sólo es el cambio de nuestras incomodidades y conflictos por otras incomodidades y otros conflictos mucho más perfeccionados. Y las nuevas incomodidades son tan incómodas como las antiguas, y los nuevos conflictos muchas veces más difíciles de resolver.

## EISENHOWER

El general Dwight David Eisenhover (1890-1969), que fue presidente de los Estados Unidos, había sido generalísimo de los ejércitos norteamericanos en Europa en la segunda guerra mundial. Cruzaba un día un campo de instrucción de reclutas. No llevaba ninguna insignia. Al parecer, tenía costumbre de ir así. Un recluta iba en dirección contraria. Eisenhover le llamó y le dijo:
—¡Eh! ¡Muchacho! ¿Me das fuego?
El recluta no le conoció, le dio fuego y se alejó. En seguida, alguien le dijo:
—¡Es el general!
El recluta retrocedió, se cuadró ante Eisenhower y le presentó sus excusas. Y el general, muy cordialmente, contestó:
—No tiene importancia. Es culpa mía por no llevar insignias. Pero ten cuidado que no te ocurra lo mismo con un teniente.

El general Eisenhower era hombre de pocas palabras, aunque, en general, amables todas. Un día, alguien le preguntó cuál era el mejor consejo que había recibido en su larga vida. La esposa del presidente estaba presente y él, mirándola a ella, contestó:
—El de que me casara con una muy agradable joven que ahora es mi esposa.
Y el curioso siguió preguntando:
—¿Y quién fue el que le dio tan buen consejo?
—Ella misma.

## ELIOT

El poeta T. S. Eliot (nacido en los Estados Unidos y nacionalizado inglés) ha escrito relativamente poco. Le preguntaban por qué no escribía más y daba esta razón:
—Para dar ejemplo.
Y explicaba el ejemplo así:
—El principal enemigo de la buena literatura es que los escritores tengan necesidad de ganarse la vida con lo que escriben. Porque el resultado de esta necesidad es que todos sucumben a los tres demasiados: empiezan a escribir demasiado pronto, escriben demasiado aprisa y escriben demasiado.

T. S. Eliot se mostró una vez ciertamente despectivo con el novelista californiano Steinbeck. Eliot tenía entonces sesenta y

dos años y Steinbeck cincuenta. El novelista norteamericano hablaba de algunas de las últimas novelas. Y Eliot le atajó:
—Bueno, bueno, ya está bien. Yo, desde que cumplí los sesenta años, soy incapaz de leer una novela.
Y Steinbeck le contestó en seguida:
—Yo sólo he cumplido cincuenta y hace ya tiempo que soy del todo incapaz de leer poesía. Y menos que ninguna la actual poesía inglesa.

## ENRIQUE IV

Enrique IV (1553-1610) fue el primer Borbón que reinó en Francia, y un descendiente suyo, Felipe V, el primer Borbón que reinó en España. Murió asesinado, en plena calle, por un religioso fanático llamado Ravaillac que, creyendo que el rey iba contra el papa, le dio dos puñaladas.
Tuvo conflictos con la Iglesia. Abjuró de sus errores y, entonces, el conde de Brissac, que mandaba las fuerzas de París, le abrió las puertas de la ciudad, donde fue coronado rey. Y en relación a este hecho se le atribuye esta frase histórica:
—París bien vale una misa.

Se cuenta de este rey que preguntó a su confesor:
—Si un pecador os anunciara, en confesión, que pensaba matarme, ¿guardaríais el secreto de la confesión o me lo comunicaríais?
Su confesor era el padre Coton, que le contestó quedando muy bien con la religión y con el rey. Le dijo:
—Guardaría el secreto; pero no os perdería de vista y, llegado el momento, correría a ponerme entre el puñal asesino y la persona del rey.

A Enrique IV se le ve representado, en un grabado de la época, a cuatro patas con su hijo montado encima, o sea, haciendo de caballo de su hijo, el que fue después Luis XIII. Y refiere la anécdota que, en tal situación, le sorprendió un embajador (el de España, dicen) y que el rey le preguntó:
—¿Tenéis hijos, señor embajador?
Y como el embajador dijera que sí, que los tenía, el rey añadió:
—En este caso puedo acabar de dar la vuelta a la habitación.
Verdad o no, una anécdota parecida se refiere de Agesilao, rey de Esparta, o la cuenta Plutarco en sus *Vidas paralelas*.

Enrique IV estaba casado con Margarita de Valois, de la que se divorció para casarse con María de Médicis. Su más famosa

favorita fue Gabriela d'Estrées. Y tuvo otras. Se dice que le preguntaba a una dama de la corte:
—¿Por dónde se puede llegar hasta vuestra cámara?
—Por la iglesia, señor.

Curiosa contestación en una dama de la corte francesa de entonces, cuyas damas no tenían costumbre de poner excesivos obstáculos a satisfacer los deseos sentimentales de los reyes.

Enrique IV era muy aficionado a los caballos y tenía siempre un caballo favorito. A uno de esos caballos lo quería tanto, que llegó a decir que mandaría meter en prisión a quien fuese que le diera la noticia de su muerte. Y uno de sus ayudantes de campo un día le dijo:
—¡Vuestro caballo, señor, vuestro hermoso caballo!
El rey se sobresaltó en seguida.
—¿Qué le pasa a mi caballo?
Y el otro repetía, sin añadir nada más:
—¡Vuestro caballo! ¡Vuestro tan querido caballo!
Hasta que el rey, adivinando la verdad, dijo:
—Ya veo que mi caballo ha muerto.
Y el ayudante de campo le gritó:
—¡Daos preso, majestad! Vos habéis sido el primero que ha dado la noticia de la muerte del caballo.
Que era, por desgracia para el rey, noticia cierta.

Se cuenta de este rey que, presumiendo de la facilidad con que vencería a los italianos, se atrevió a decir:
—¡No hay en Italia resistencia capaz de detener mi ejército! Si un día entro allí al frente de mis soldados, me desayunaré en Milán, comeré en Roma y cenaré en Nápoles.
Y un embajador italiano, que le escuchaba, terminó la frase.
—Y si galopáis un poco más, la misma noche o al despuntar el día, podéis llegar a tiempo de morir en Calabria.
—¿Por qué allí?
—Porque saben matar, señor; y si se trata de un invasor, les divierte hacerlo.

## ERASMO

Erasmo de Rotterdam (1467-1536), filósofo autor del famoso *Elogio de la locura*, fue invitado a establecerse en la corte de Enrique VIII. En aquellos tiempos los soberanos competían en tener filósofos de fama entre sus cortesanos. Pero Erasmo no aceptó la invitación. Dijo:
—La vida de las cortes es una espléndida miseria y un simulacro de felicidad; no me interesa.

Más tarde le invitó Francisco I de Francia, y el filósofo tampoco aceptó la invitación. Dijo entonces:
—La vida cortesana es como los tapices, que más bonitos parecen vistos de lejos que de cerca.

Leemos que enterado el papa (no se cita el nombre del papa) de que Erasmo comía carne durante toda la Cuaresma, se lo reprochó. Y Erasmo se justificó así:
—Santidad: mi alma es buena católica, pero mi estómago es luterano.

Erasmo, en su *Elogio de la locura*, dejaba malparados a los monjes y a los teólogos. Ellos elevaron sus quejas a Roma, y el cardenal Ximénez les contestó:
—O hacedlo vosotros mejor, o dejad hacer a aquellos a quienes Dios ha dotado de ingenio suficiente para poneros en solfa a todos.

## ESCIPIÓN

Hubo varios Escipiones. Escipión el Africano (253-173 a. de J.C.) fue víctima de una acusación dirigida por Catón, y se retiró a sus posesiones de Liternum, en la Campania, lejos de Roma, donde se dedicó a la agricultura hasta la muerte. Nunca quiso volver a Roma y dejó una inscripción para poner en su tumba como epitafio: «Ingrata patria; no poseerás mis huesos». Es un texto que se suele citar junto al nombre de este soldado romano.

## ESOPO

El fabulista Esopo, cuya existencia histórica no está absolutamente comprobada, vivió tal vez entre los siglos VII y VI antes de Cristo. Era esclavo, y una vez que el hombre rico a quien servía emprendió un viaje, por ser poca cosa físicamente y algo jorobado, le dejaron elegir el bulto que llevaría. Esopo eligió el más grande. Los otros esclavos se burlaron de su poco acierto en la elección. Pero no se dieron cuenta de que el bulto de Esopo era el de las provisiones, que desde el primer día empezó a disminuir; a la mitad del viaje quedó reducido a la mitad y en las últimas jornadas era el más pequeño. Y entonces Esopo les decía:
—Ahora yo podría burlarme de vosotros; pero no lo hago, porque ninguna burla aligeraría más el peso de mi carga.

Decía Esopo que la vida de los hombres está hecha de dolor y de miseria, pero que los hombres sólo pueden soportarlos con resignación, puesto que evitarlos es imposible.

—¿Por qué? —le preguntaron.

—Porque cuando Prometeo amasó con barro la figura del primer hombre, no encontró agua para ablandar el barro; esto le entristeció, se echó a llorar, recogió sus lágrimas y amasó el barro con sus lágrimas.

Una vez Esopo fue llevado al mercado de esclavos y puesto a la venta junto con otros dos: un gramático y un cantor. Entre los compradores había un filósofo, un tal Xanto, del que se decía que trataba muy bien a sus esclavos. Y Esopo y sus dos compañeros deseaban que Xanto les comprara. El filósofo se acercó a ellos y les preguntó:
—¿Qué sabéis hacer?
El gramático se anticipó a contestar:
—¡Todo!
El cantor, por miedo a no ser elegido, dijo:
—Yo igual; pero todo lo hago mejor.
Esopo se echó a reír entonces y dijo:
—Yo no sé hacer, ni he necesitado nunca aprender, porque he tenido siempre la suerte de que mis compañeros lo supieran hacer todo y lo hicieran todo.
Y el filósofo, sorprendido por el ingenio de la respuesta, lo compró.

Xanto mandó a Esopo a un encargo con la orden de no decir a nadie adónde iba. Por el camino se cruzó con un magistrado que le detuvo y, con ganas de averiguar los asuntos de Xanto, le preguntó:
—¿Adónde vas?
Esopo le contestó:
—La verdad es que no lo sé.
La contestación enfadó al magistrado, que ordenó que Esopo fuese encarcelado. Y Esopo le dijo:
—Ahora sé que voy a la cárcel, pero antes te aseguro que no lo sabía.

Una vez que Xanto tenía invitados a comer, ordenó a Esopo que fuese a comprar la comida y trajera lo mejor que encontrara en el mercado. Esopo trajo lenguas y nada más.
—¿Esto es lo mejor? —le preguntó Xanto.
—¿Quién lo duda? La lengua es el órgano de la verdad y lo que permite a los hombres entenderse entre ellos.
Otro día que tenía los mismos invitados, Xanto le ordenó que comprara en el mercado la peor comida. Y Esopo compró también lenguas.
—¿Esto es lo peor? —le preguntó Xanto.
—¿Quién lo duda? La lengua es el órgano de la mentira y el

arma que usan los hombres para injuriarse y ofenderse mutuamente.
—Entonces tú —le preguntó Xanto—, ¿sólo comerías lenguas?
—Yo nunca he dicho esto. A mí no me gusta comer lo mejor ni lo peor; a mí me gusta el buen pan de trigo y la carne asada.

Xanto, un día que había bebido mucho, apostó su casa y su cadena de oro a que sería capaz de beberse toda el agua del mar. Otro ciudadano aceptó la apuesta. Cuando Xanto se dio cuenta de lo que había hecho pidió consejo a Esopo para salir del paso. Y Esopo le dijo que él le acompañaría y que le dejara hacer. Llegó el día de realizar lo apostado y se juntó mucha gente a la orilla del mar. El competidor de Xanto ya tenía sus muebles en la calle, para entrarlos en la casa de Xanto tan pronto como el filósofo perdiera la apuesta. Llegó Xanto, acompañado por Esopo, y su competidor le gritó:
—¡Ahí tienes el mar! ¡A ver cómo te lo bebes!
Esopo puso las cosas en su debido punto. Preguntó:
—¿Qué dijo mi dueño que bebería?
—Toda el agua del mar.
—¿Y el agua de los ríos?
—No. Sólo la del mar.
—Pues cerrad el paso al agua de los ríos y, cuando estén todos cerrados, mi dueño beberá el agua del mar.
Y los magistrados dijeron que Xanto no perdía la apuesta y su competidor, incapaz de cerrar el paso al agua de los ríos, tuvo que reconocer que no podía ganar la apuesta y se llevó otra vez los muebles.

Esopo, después de recuperada la libertad, vivía solo con sus libros. Un campesino le visitó y, al verle allí con sus libros y ninguna otra compañía, le dijo:
—¿Cómo soportas tanta soledad?
—No tiene ningún mérito. Hace muy poco rato que estoy solo.
—¿Poco rato?
—Sí; desde que has entrado tú.

Esopo era un hombre justo, leal e incapaz de engañar a nadie. Ya en su vejez, sus discípulos le preguntaban:
—¿Cómo has conseguido ser justo, ser leal y no engañar nunca?
—Pues no hay nada tan fácil.
—Dinos cómo lo has hecho.
—Viendo lo que hacían todos los demás.
—¿Crees que todo el mundo es justo, leal e incapaz de engañar?
—No me habéis dejado terminar: viendo lo que hacían los demás y haciendo todo lo contrario.

# ESQUILO

El autor dramático Esquilo (525-456 a. de J.C.) presentó sus *Euménides* con cincuenta coristas en el papel de furias. Y las caracterizó tan horriblemente, que algunas mujeres del público tuvieron que ser asistidas por lo mucho que se asustaron al verlas. Intervinieron los magistrados de Atenas y ordenaron que el número de furias fuese reducido a quince.

Ya entonces, en el teatro griego, había una participación directa del público en el espectáculo, que se obtenía gracias a que los que formaban el coro, como en el caso de las *Euménides*, se mezclaban con el público para hacerles participar quieras que no. No siempre con resultado favorable, como acabamos de ver.

Las tragedias, en aquellos tiempos, eran presentadas en competición. En una de aquellas competiciones Esquilo fue vencido por Sófocles, que era bastante más joven. La derrota molestó a Esquilo, y acusó a sus compatriotas de ignorantes y de favorecer siempre a los jóvenes y a todo lo nuevo. Y la próxima tragedia no la dedicó a sus compatriotas, como era costumbre, sino al *Tiempo*, con lo que dio a entender que sólo buscaba la aprobación de la posteridad.

Al nacer Esquilo un oráculo predijo que moriría aplastado por una casa. Esquilo, para hacer imposible el vaticinio, nunca paseaba por el interior de la ciudad, sino por el campo, donde ninguna casa podía caerle encima. Y un día, mientras estaba sentado al sol, en pleno campo, un águila que había cazado una tortuga y la llevaba cogida con las garras, la dejó caer sobre la cabeza del dramaturgo. Y así Esquilo murió aplastado por una casa, pues las tortugas, como los caracoles, animales que llevan siempre su casa encima.

# EURÍPIDES

El poeta trágico Eurípides (480-405 a. de J.C.), el día de la primera representación de *Orestes*, tuvo que esconderse después del fracaso de su tragedia. Y sin culpa ninguna, pues todo fue culpa del primer actor, uno llamado Egheloco que, sin querer, dijo una palabra por otra. En aquellos tiempos en la primera representación de una tragedia, los actores se limitaban a recitar el texto inmóviles. El público escuchaba y sólo admitía la obra si no se cometía ningún error en la versificación. *Orestes* estaba escrito sin ningún error. Y, en determinado momento, el actor decía: «Después de la tempestad, por voluntad de Zeus, viene la calma». La palabra calma en griego es *galene*. En el momento en que el actor declamaba la frase, se le cortó la voz y en vez de *galene* dijo *gale*, que significa «gata». Y la frase quedó así: «Después de la tempestad, por voluntad de Zeus, viene la gata». El público se enfureció y se tuvo que suspender la representación. Eurípides hubo de esconderse. Y los atenienses empezaban a cazar gatos y a lanzarlos, por las ventanas, dentro de la casa del poeta. La tragedia no se pudo reponer hasta pasado un tiempo y entonces triunfó y el público, para desagraviar al autor, le llevó en andas por toda la ciudad.

Por cierto que una pregunta que se puede hacer para descubrir conocimientos ajenos es ésta:
—¿Cuál es la etimología de la palabra griega *tragedia*?
Y si el otro no lo sabe, se le puede decir que *tragedia* deriva de *tragos*, que, en griego, significa «cabra». ¿Y qué tiene que ver la cabra con una representación teatral? Pues tiene que ver que, en aquellos tiempos, en Grecia, el premio al poeta vencedor en una competición teatral era una cabra.

Desde aquellos tiempos se habla de tragedia. De drama no se empieza a hablar hasta mucho más tarde. Si os preguntaran cuál es la diferencia entre tragedia y drama, podríais decir:
—Una tragedia es la lucha del hombre contra su destino fatal. Y el drama es la lucha de las imbecilidades de los hombres entre sí. Así resulta que ninguna sensatez puede evitar la tragedia, y cualquier asomo de sensatez puede evitar el drama.

Era tanta la afición al teatro de los atenienses que, según se cuenta, después de las primeras representaciones de *Andrómaca* de Eurípides, los atenienses recitaban los versos de la tragedia en sus idas y venidas por las calles, y apostaban a quién sabía un trozo más largo; pero esto sólo lo hacían los hombres, porque, al parecer, las mujeres, en la Grecia de entonces, no iban al teatro.

Eurípides escribía muy lentamente. Le decía a su amigo el poeta Alcesti:
—En tres días sólo he conseguido escribir tres versos; uno por día.
—Pues yo —le dijo Alcesti— en tres días escribo una tragedia.
—De acuerdo; pero tu tragedia sólo durará tres días, y mis versos serán eternos.

Eurípides, en sus tragedias, nunca elogia a las mujeres, sino que las presenta como seres malvados. Y, sin embargo, Eurípides iba siempre en busca de mujeres y se complacía en pasar las noches con ellas. Pero fue desafortunado en sus matrimonios. Se casó primero con una tal Chiarina, a la que tuvo que repudiar por sus

costumbres licenciosas; casóse después con otra y la sorprendió en la cama con un cómico. Se dice que Sófocles decía de Eurípides:
—Desprecia a las mujeres en el teatro y las busca en la vida. Y ellas le pagan con la moneda contraria: le aprecian como poeta y le desprecian en la vida como hombre.

Eurípides abandonó Atenas, después de las burlas que le dedicó Aristófanes en una de sus comedias, y se refugió en la corte de Arquelao, rey de Macedonia. Aquí gozó de consideración general y de la estima del rey. Una vez Arquelao le pidió que le hiciera protagonista de una de sus tragedias. Eurípides se negó (aunque, al parecer, luego compuso una obra sobre él). Le dijo:
—Prefiero pedir a Zeus que aleje la tragedia de tu vida.

Arquelao, cuando tenía algún invitado importante, le regalaba una copa de oro de las que él usaba en la mesa. A Eurípides no le había regalado ninguna, porque el poeta nunca había querido asistir a ninguna comida real.
Decía:
—Hay tres cosas que prefiero hacer a solas: comer, trabajar y amar.
En uno de los convites reales, uno de los invitados tuvo la osadía de pedir al rey que le regalara una copa de oro. Y Arquelao le preguntó:
—¿La pides para ti o para Eurípides, que tanto la merece?
El invitado no se atrevió a decir que la pedía para él, y dijo lo que no había pensado jamás:
—Para Eurípides, que tanto la merece.
Y Arquelao se la dio con el encargo de llevársela a Eurípides, cosa que el invitado, contra su voluntad, tuvo que hacer.

## FARUK

Cuentan de Faruk, último rey de Egipto, que estaba una noche, en Biarritz, sentado a una mesa de juego, en el casino. Tenía enfrente a una mujer joven y bonita. La mujer sacó un pitillo y buscó cómo encenderlo. Faruk lo advirtió, sacó su mechero de oro y, absorbido por el juego, en vez de acercarse a la mujer para ofrecerle fuego, le lanzó el mechero por encima de la mesa. Y la mujer lo cogió, lo lanzó en alto al *croupier* y dijo:
—¡Para la casa!
Y Faruk, desde luego, no se atrevió a reclamar su mechero al *croupier*.

## FAULKNER

Se publicaron en los Estados Unidos los resultados de una encuesta sobre «el hombre norteamericano ante el problema de la vida futura». Y dio este resultado: que sobre 100 norteamericanos, 95 creen en Dios, 33 creen en una vida futura, 60 están seguros de salvar sus almas, 62 creen que cumplen las enseñanzas evangélicas en el trato con sus vecinos y 25 creen que las cumplen en el trato con sus enemigos.

Faulkner, nacido en 1897, Premio Nobel en 1950, muerto en 1962, leyó esos resultados y publicó un comentario que, al parecer, no fue muy bien recibido por sus compatriotas. Decía el comentario:

«El resultado de la encuesta sólo demuestra claramente que hay mucha diferencia entre aquello que los norteamericanos creen pensar y lo que de veras piensan, y entre aquello que creen hacer y lo que de veras hacen».

## FEDERICO EL GRANDE

Federico el Grande, rey de Prusia (1712-1786), se complacía en tener a los filósofos más famosos en su corte y... en despedirlos cuando empezaba a cansarse de ellos. Voltaire fue su huésped durante un tiempo, hasta que el rey le insinuó que si prefería abandonar la corte no le pondría ningún inconveniente. Voltaire no se lo hizo decir dos veces y desapareció. Después Federico comentaba:

—Esos filósofos son como los limones. Lo bueno con ellos es exprimirles el jugo y echarlos después.

Quizá Voltaire se refería a Federico cuando escribió: «Los reyes son necesarios. ¿De quién se burlarían los filósofos si los reyes desaparecieran?».

Uno de los cortesanos de Federico II era un hombre muy elegante. Federico le visitó una vez y el cortesano le enseñó su colección de pelucas. Y presumiendo de ellas, dijo:

—No creo que ningún otro señor en Alemania tenga tantas como yo.

—¿Y dónde las ponéis?

—En mi cabeza, señor.

—¿Y no os parece que a unas pelucas de tanta calidad deberíais ofrecerles una cabeza de más calidad que la vuestra?

—No tengo otra, señor.

—Cosa que en la corte todos lamentamos, querido amigo.

Parece que después de la visita del rey, el cortesano de las pelucas desapareció de la corte por un tiempo bastante largo.

Federico buscaba a sus servidores en sitios apartados de Berlín. Decía que los berlineses nunca le habían dado buen resultado. Y una vez un muchacho le pidió que lo admitiera a su servicio.
—¿De dónde eres? —le preguntó Federico.
—De Berlín.
—En este caso, no; no me gusta tener berlineses a mi servicio.
—¿Puedo tener el atrevimiento de preguntaros la razón?
—Me han fallado todos los que he tenido.
—Pues yo me atrevería a deciros que conozco a dos berlineses muy superiores a los otros alemanes.
—¿Les conozco yo?
—Desde luego. Uno sois vos y el otro soy yo.
Y Federico se lo quedó a su servicio.

Un cortesano acusaba a otro ante el rey Federico. Le decía:
—¡Si supierais lo que dice de vos!
El rey confiaba siempre poco en la verdad de tales acusaciones. Le preguntó:
—¿Sabéis si este hombre tiene cien mil soldados a sus órdenes?
—Desde luego que no los tiene.
—Si los tuviera, le declararía la guerra; pero si no los tiene, ¿qué puedo hacer que no sea un abuso de poder?

Un día mandó llamar a su médico, el doctor Zimmerman, y, bromeando, le preguntó:
—¿A cuántos has matado hoy, doctor?
El doctor le contestó muy en serio.
—Hoy, a ninguno; ésta es mi primera visita.
—¿Y en toda tu vida?
—Muchos menos que vuestra majestad y, lo que es peor, con mucha menos gloria.

Dos damas de la corte de Federico discutían, antes de pasar una puerta, cuál de las dos, según la etiqueta, debía ceder el paso a la otra. Ninguna de las dos lo quería ceder. Se acaloraban en la discusión. Federico oyó las voces, se les acercó y, enterado del asunto, preguntó cuál de los dos esposos tenía más categoría. Resultó que ambos eran militares con igual graduación.
—¿Cuál es el más antiguo?
Resultó que eran de la misma promoción. Y Federico dio con la única solución posible:
—Pues que pase primero la más necia de las dos.
Ambas damas retrocedieron a la vez y ninguna de ellas pasó la puerta.

Un día estaba en una estancia de palacio y contemplaba el jardín desde una de las ventanas. Un ruido le hizo volver la cabeza y vio

a uno de sus pajes, que le quitaba polvos de rapé de una caja de plata que estaba sobre un mueble. Entró y le preguntó:
—¿Te gusta esta caja?
El paje estaba tan aturdido que no era capaz de contestar. Federico repitió la pregunta:
—¿Te gusta esta caja?
—Sí, majestad; es preciosa.
—Pues quédate con ella, porque para dos es demasiado pequeña.

De uno de nuestros aristócratas de principios de siglo cuentan que cierto día, durante una fiesta en su casa, sorprendió a un mocito invitado que se apoderaba de algunos cigarros de una caja y los guardaba en el bolsillo. El aristócrata no se dejó ver y, al otro día, el mocito recibió una caja entera de cigarros como aquéllos, con una tarjeta del aristócrata. Pasó tiempo, y un día el padre del mocito tenía al aristócrata invitado en su casa. A la hora del café, el mocito le presentó, abierta, una caja de cigarros puros para que tomara uno. El aristócrata, al ir a tomar el cigarro, vio sobre los puros su propia tarjeta. No faltaba en la caja ningún puro. Y parece que le preguntó al mocito:
—¿Es que los guardas todos para mí?
—No; pero quiero que usted la estrene.
Todos fumaron de los mismos puros y... así terminó la cosa.

Visitaba una vez un colegio de niñas y se entretuvo haciendo algunas preguntas a las niñas, no tanto para ver si sabían mucho, como para divertirse poniéndolas en apuros. A una, señalándole una flor, le preguntó:
—¿A qué reino pertenece esta flor?
—Al reino vegetal —dijo la niña.
—Eso está bien —dijo el rey—. Y una moneda, ¿a qué reino pertenece?
—Al reino mineral.
—Muy bien, muy bien.
Y de pronto:
—Y yo, ¿a qué reino pertenezco?
—Al reino a...
La niña se dio cuenta de lo que iba a decir, se detuvo y se tapó la boca. Y en seguida, ante la sorpresa de todos, reaccionó y dijo, feliz:
—¡Al reino de Dios!
Y parece que el rey Federico repuso:
—Esto es un buen augurio.

Mucho se hablaba de la economía doméstica del rey Federico y hasta de su avaricia. Se contaba que una vez que un grupo de

extranjeros visitaban el Palacio Sans-Souci en Potsdam, uno de ellos preguntó si podían ver el guardarropa del rey. Y que el ujier que les enseñaba el palacio les dijo:
—No; hoy no está aquí.
—¿El guardarropa?
—El rey.
—Es que yo no he dicho que quisiera ver al rey, sino su guardarropa.
—Desde luego; pero es que el rey todo su guardarropa lo lleva siempre encima.

Todos los hombres de la Guardia del rey, llamados granaderos de la Guardia, eran tipos altos y muy bien formados. El capitán de la Guardia los elegía y los preparaba. Eligió una vez a un campesino francés de buena estatura y muy arrogante. El muchacho vivía en Prusia y se había alistado allí, pero era francés y no sabía alemán. Todos los nuevos granaderos eran, en cierto modo, presentados a Federico y éste les hacía a todos tres preguntas que ellos debían contestar. Las preguntas eran siempre las mismas, y el capitán enseñó al nuevo soldado a contestarlas en alemán. Le dijo:
—Diré al rey que eres un campesino del sur y así no le sorprenderá tu pronunciación.

Las tres preguntas eran: ¿Qué edad tenéis? ¿Cuánto tiempo lleváis a mi servicio? ¿Están completos vuestro armamento y equipo? Y el diálogo entre el rey y el nuevo granadero fue así:
—¿Cuánto tiempo hace que estáis a mi servicio?

El soldado fue el único que no se dio cuenta de que el rey alteraba el orden de la preguntas. Y contestó:
—Veintiún años, señor.
—¿Cómo es posible? ¿Qué edad tenéis entonces?
—Un año, señor.

El rey, sorprendido, en vez de la tercera pregunta. dijo:
—O vos o yo hemos perdido el juicio.
—Los dos, señor.

Es de suponer que entonces el capitán explicó la verdad al rey y todo se resolvió sin daño para nadie.

Se cuenta que en una discusión que tuvieron el rey Federico y Voltaire acerca de la conveniencia de acabar con los prejuicios, el rey sostuvo que nadie acabaría jamás con ellos, que los prejuicios han existido y existirán siempre.
—Pero son inútiles.
—Pienso que aquello que el hombre ha mantenido siempre no puede ser inútil. Puedo no saber explicar la utilidad, pero sé que existe.
—Si yo mandara —dijo Voltaire—, empezaría por cerrar la puerta a los prejuicios y enseñaría a los niños a no admitir, por

principio, ningún concepto establecido sin pasarlo por el tamiz de la razón.
Y fue entonces cuando el rey Federico pronunció una frase que se ha citado después muchas veces:
—Si cerráis la puerta a los prejuicios, entrarán por la ventana.

Federico II tenía siempre en la corte algún filósofo de fama. Y, por otra parte, se complacía en demostrarles que los despreciaba. Decía:
—Si quisiera castigar a una provincia mía, mandaría a ella de gobernador a un filósofo.

Una vez que uno de sus cortesanos le preguntó por qué les invitaba, si tan poco aprecio les tenía, dijo:
—Los tengo, lo mismo que los antiguos reyes tenían enanos y bufones, para divertirme con ellos.

Pasaba temporadas en el Palacio de Sans-Souci, en Postdam. En una de las habitaciones de este palacio, en el techo, hay pintada en oro una gran tela de araña, con la araña en el centro. Y parece ser que la historia de tan curiosa pintura es ésta: Federico el Grande se disponía una mañana a tomar su taza de chocolate, cuando vino a caer una araña del techo, precisamente dentro de la taza. Federico ordenó que le sirvieran otro chocolate y que dieran el primero a su perro favorito, que lo comió muy a gusto y un rato después había muerto. Hechas las investigaciones del caso, se descubrió que aquello era el resultado de una conspiración contra la vida del soberano. Los conspiradores habían comprado al cocinero y éste había echado veneno en el chocolate. No dice la anécdota lo que pasó con el cocinero y con los otros complicados, cuyos nombres dio el cocinero en defensa propia.

Federico el Grande no tenía hijos y le sucedió su sobrino Federico Guillermo II. Cuando ya Federico estaba para morir en su última enfermedad, la que le llevó a la tumba a los setenta y cuatro años, tuvo una crisis favorable, se recuperó y hasta se llegó a pensar que se restablecería. Y uno de los médicos se acercó al rey y le anunció la buena nueva:
—Señor, estáis muy mejorado y casi os puedo asegurar que ha pasado el peligro.
Federico dio las gracias al médico y, dirigiéndose a su sobrino, que acompañaba al médico, le dijo:
—Y vos, sobrino, perdonad que os haga esperar tanto.
Pero murió pocos días después.

Después de una derrota sufrida, uno de sus generales pronunció una brillante arenga. Y el rey Federico dijo:

—Este hombre es como un tambor, que sólo suena cuando le apalean.
También decía, refiriéndose a la paz y la guerra algo que, por desgracia, ha sido siempre verdad.
—Las guerras se hacen para poder conseguir la paz. Y las paces se hacen para preparar las guerras.

En un reparto de la pobre Polonia, que tantas veces ha sido repartida, a Alemania le tocó Varsovia. Y Federico, entre otras reformas, rebajó la paga del obispo de Varsovia. Una vez que visitó la ciudad, el obispo le fue a cumplimentar y Federico le dijo:
—Sé que no me será fácil entrar en el cielo, y espero que uno de vosotros me deje entrar escondido debajo de su manto.
—Por lo que a mí respecta, lo veo difícil —repuso el obispo—. Me lo habéis recortado tanto que no servirá ni para esconderos.
No se sabe si después de esto el rey le volvió a aumentar el sueldo.

Hablaba un día Federico con un noble inglés que le había visitado. Y, como es costumbre entre los poderosos de todos los países, le hablaba mal de los ingleses. Le decía:
—Los ingleses no tenéis idea de lo que debe ser la monarquía. Vuestro rey no ejerce ninguna autoridad. Si yo fuese rey de Inglaterra, ¡veríais!
—Si vos fueseis rey de Inglaterra —le dijo el noble inglés— no duraríais ni veinticuatro horas en el trono.
—¿Tan incómodo es vuestro trono?
—No lo sé, nunca me he sentado en él; ni creo que vos tuvierais tiempo de daros cuenta.

Al despedir al general Brunswich, que iba a incorporarse a sus tropas, en una guerra contra los franceses, Federico le dijo:
—Os será fácil vencer a los generales franceses, pero mucho me temo que a los soldados no consigáis vencerles nunca.
—¿Y si lo consigo, señor?
—Os rogaré que no os envanezcáis por ello y que, por ello, felicitéis a vuestros soldados.

En la guerra contra los franceses, los alemanes hicieron prisionero a un tal capitán D'Eon, que resultó ser una mujer. Se habló mucho de aquello entonces. Y después Federico decía al embajador de Francia:
—Los franceses tenéis la costumbre de decir «cherchez la femme». Pero nunca la habéis encontrado tan de verdad como la encontramos nosotros en el capitán D'Eon.

El marqués D'Argenson cuenta en sus memorias que, una vez

que el rey Federico pasaba revista a una compañía, vio algo incorrecto en el vestido de un capitán y le golpeó con la fusta. El capitán sacó su pistola y le dijo:
—Para vengar mi honor ultrajado, debería mataros. Pero sois mi rey y prefiero desaparecer yo.
Y, antes de que pudieran detenerle, se pegó un tiro. Parece ser que Federico le dedicó esta oración fúnebre:
—No había para tanto.

Federico era cruel y generoso a la vez. Todo dependía de su humor del momento. Castigaba, a veces, a los que le contestaban sin respeto y, otras veces, les premiaba. En la batalla de Colen fue derrotado. Un soldado, que había luchado en Colen, se salvó con una herida cuya cicatriz le cruzaba el rostro. Un día, tiempo después, el rey le vio mientras pasaba revista y le hizo una pregunta poco respetuosa:
—¿En qué fonducho te has pelado que te han cruzado el rostro en esta forma?
—En un fonducho, señor, donde vos pagabais el gasto: en la batalla de Colen.
Aquella vez Federico recompensó al soldado.

## FELIPE DE EDIMBURGO

Se dice que el rey consorte de Inglaterra, después de un viaje real a Australia en calidad de esposo de la reina, contaba que allí los del país le llamaban «Fellow belongs to the Queen», o sea, el muchacho que pertenece a la reina.

## FELIPE IV

En aquellos tiempos (a finales del siglo XIII) Felipe IV, rey de Francia, perdió sus dominios de Flandes, que eran, en realidad, como un pequeño reino.
La anécdota de esta pérdida se cuenta así: era gobernador de Flandes el conde de Saint-Pol, un mal gobernador, hombre tiránico que tenía en su contra a todos los flamencos. El conde mandó un mensaje al gobernador de otra región del país, también francés. En el mensaje le ordenaba disolver las milicias flamencas y anular sus privilegios.
El mensajero, al entrar en Brujas, sufrió una caída de caballo. Al caer, perdió el rollo con el mensaje. Otros lo encontraron y su contenido fue la chispa que hizo estallar la revuelta contra el dominio francés.
La caída del mensajero fue provocada por haber perdido su

caballo un clavo de una herradura y la herradura después. Y parece ser que entonces se empezó a decir aquello, más o menos modificado según quien lo dice, de que «por un clavo se pierde una herradura; por una herradura, un caballo; por un caballo, un caballero; por un caballero, una batalla, y por una batalla, un reino».
De todo lo cual ha quedado como proverbio nuestro la primera parte: que por un clavo se pierde una herradura.

## FELIPE NERI

De san Felipe Neri (1515-1595), italiano nacido en Florencia, se cuentan cosas muy graciosas. Era persona de gran sencillez y trataba a todo el mundo como a íntimos amigos y sin ningún cumplido. Era sacerdote y pasaba casi todo el tiempo en las calles de los barrios pobres, en busca de necesitados a quienes ayudar. Cierta mujer llamada Ana estaba enferma. El marido fue en busca del santo, de Pippo il Buono, como le llamaban allí. Entró el santo en la habitación de la enferma y le gritó:
—¿Qué haces en la cama? ¿Te parece bonito fastidiar a un buen hombre como es tu marido con tu enfermedad?
Se le acercó y le dio un par de sonoros cachetes. Y la enferma quedó milagrosamente curada.

Como refugio de los niños pobres fundó el Oratorio, que pronto se tuvo que ampliar por la cantidad de niños que se acogían allí. Les repetía siempre:
—¡Alegría, hijos míos, alegría! Los tristes van al infierno y no a la alegre casa de Dios. Cuando no tengáis qué hacer, reíos, y si tenéis trabajo y lo estáis haciendo, ¡reíos!
Se cuenta que un día, fatigado del alboroto de los niños, les decía:
—¡A ver, hijos míos! A ver si os estáis quietos de una vez.
Y añadía después, como hablando consigo mismo:
—Pero ya sé que esto es imposible, a vuestra edad.

De una monja contemporánea del santo se decía que hacía milagros. San Felipe Neri la quiso conocer y fue a visitarla al convento. En cuanto la vio, lo primero que hizo fue darle un par de bofetones. La monja se enfadó mucho, le llamó grosero y corrió a pedir a la madre superiora que le echara de allí. El santo escribió después al papa que no hiciera caso de los milagros ni de la santidad de aquella monja, pues para ser santa le faltaba la virtud principal: la humildad.
Decía que el orgullo era el peor pecado, y, para humillarse él, iba siempre vestido de cualquier manera, y a veces daba saltos

y hacía piruetas en medio de la calle, sólo para que se rieran de él. Y aconsejaba a sus discípulos que lo hicieran también.
—Cuando los hombres se ríen de nosotros —decía—, Dios nos mira con más amor.

El cardenal Bonelli, sobrino del papa Pío V, había sido discípulo de san Felipe Neri. Ocupaba una elevada posición en Roma y algunas veces visitaba al santo y le decía:
—Dime si puedo ayudarte en algo, que lo haré. Yo sólo deseo ayudarte.
Y el santo le contestaba siempre:
—Yo no necesito nada; ni pido nunca nada a los hombres. Yo sólo le pido a Dios.
—¿Y qué le pides a Dios?
—Que no me dé nada; que se lo dé todo a los otros.
Pero tanto insistía el cardenal Bonelli, que un día el santo le dijo:
—Pues sí; hoy necesito una cosa y os la voy a pedir.
—Si está en mi mano la tendrás.
—¿Qué os parece mi barba gris?
El cardenal no esperaba esta salida.
—Antes era negra. Si me facilitarais un buen tinte, me la teñiría otra vez de negro. No sabéis lo que me gustaría verme otra vez con mi barba negra.
El cardenal comprendió que el santo no le hablaba en serio, y nunca más le preguntó si necesitaba alguna ayuda.

## FÉLIX, María

Hay un diálogo que puede haber ocurrido entre actrices famosas de cine. Lo hemos leído referido a varias, una de ellas María Félix. Otra actriz, bastante mayor que ella, le preguntó:
—¿Qué haces para conservarte tan joven?
—Lo más sencillo; lo hice una sola vez, hace tiempo, aunque no tanto como tú; en realidad, lo hice diez años después de hacerlo tú: nacer.

## FERNANDEL

El actor de cine francés, muerto hace poco, no era hombre muy guapo. Y presumía de no serlo. Un día un amigo le dijo:
—Ayer vi a un tipo que se parecía a usted de una manera asombrosa.
—Era yo.
—No, hombre. Era otro.

—¡Increíble! Y crea que lo siento. Estaba convencido de que mi fealdad era totalmente inconfundible.

Contaba Fernandel que, cuando estaba en Italia rodando la película *Don Camilo*, iba algunas veces, en los descansos, vestido de cura por allí. Y un día se le acercó una niña y le pidió:
—Una bendición, padre.
Y él, no sabiendo cómo desengañarla sin decepciones, le empezó a decir:
—Verás..., es que resulta que yo no soy un verdadero sacerdote...
Y la niña, en seguida, le dijo:
—Pues en este caso bendiga a mi muñeca, que tampoco es una verdadera niña.

## FEYDEAU

George Feydeau (1862-1921) fue, junto con Labiche, uno de los autores más ingeniosos del famoso vodevil francés, género teatral muy característico y distinto de todos los otros géneros; un género que, en París, ha tenido éxito siempre y en otros países no lo ha tenido nunca. En los Estados Unidos, por ejemplo. Un crítico norteamericano decía que esto era debido a que un marido engañado por su mujer nunca ha sido, en los Estados Unidos, un tipo cómico ridículo, sino un hombre que da pena y merece compasión. Le preguntaban al crítico:
—¿Es que las mujeres en los Estados Unidos no les ponen los cuernos a sus maridos?
—A veces, sí, como en todas partes. Y este fenómeno lo hemos usado muchas veces como tema de nuestros dramas; nunca como tema de nuestras comedias de risa. Y no es que tengamos menos sentido del humor, sino que, aunque no nos juzguen así, tenemos un sentido más tradicional, más serio y, sobre todo, más íntimo del bienestar matrimonial.

Feydeau sabía encontrar el lado cómico, ridículo de las gentes. En una reunión social conoció a una señora enriquecida aprisa desde hacía poco tiempo, la cual aún no había conseguido adaptarse a ninguno de los aspectos de la distinción. Alguien le preguntó a Feydeau:
—¿Qué le parece esta señora?
—Que todavía no.
—Todavía no, ¿qué?
—Señora.
Y añadía:
—Lleva muchas joyas, muchos anillos; lo malo es que no lleva aún bastantes para taparse las manos.

Un joven escritor, muy pagado de sí mismo, le dijo un día:
—¡Por fin le encuentro! Precisamente le andaba buscando, porque le quería explicar una idea que he tenido.
—¿Una idea? ¿Y dónde la tiene?
El otro se señaló la cabeza.
—Aquí, donde están siempre las ideas.
—¿Y no se aburre?
Al parecer no dijo más, y esto bastó para que el otro no le explicara la idea.

Un amigo le elogiaba a su echadora de cartas.
—No hago nada sin consultarla antes —decía.
Y no paró hasta que convenció a Feydeau para que la consultara también. Y después le preguntó:
—¿Qué le ha parecido?
—Que acierta. Me ha pronosticado que yo sería víctima de un engaño y, poco después, me cobraba veinticinco francos por su trabajo.

Le gustaba mucho el café. Pero el café auténtico, sin mezcla de nada más, cosa que siempre es difícil de conseguir y más difícil en Francia. Un día, en un mesón de montaña, quiso tomar café. Llamó a la muchacha que servía las mesas.
—¿Tendrías achicoria por casualidad?
—Pues sí; tenemos.
—¿Mucha?
—Un paquete empezado y otro por empezar.
—Quizá me baste. Déjamelos ver. Es por el tamaño de los paquetes, ¿sabes?
La muchacha le puso sobre la mesa los dos paquetes. Feydeau los puso bajo la protección de su brazo.
—Y ahora, ¿me haces un café?

Le gustaba mucho entrar en conversación con quien fuese y no desaprovechaba ocasión de hacerlo. Vivía con frecuencia en hoteles y fondas sólo para tener más ocasión de conocer gentes distintas. Un día estaba solo en el recibidor del hotel. Entró un viajero, le tomó por el encargado y le preguntó:
—¿Tiene habitación?
—Pues sí.
—¿Puede decirme el precio?
—Desde luego: doce francos.
—¿La puedo ver?
—¿Por qué no? Suba usted.
Llevó al viajero a la habitación que ocupaba él. Al viajero le pareció bien.
—Me la quedo.

—No; esto ya no. Sería demasiado. Le contesto a todo, le digo hasta el precio de mi habitación, y ¿me la quiere quitar? Eso sí que no.

Y es de suponer que aprovecharía la escena para una comedia.

Iba Feydeau una vez con un amigo. Se encontró con otro amigo, que se les juntó y continuaron el camino los tres. El que se había unido últimamente a los dos primeros, después de un rato, viendo que Feydeau no les presentaba, preguntó:

—¿Por qué no me presentas a tu amigo?

—Era para no presumir —le dijo Feydeau—; pero, en fin...

Y presentó a los otros dos, uno al otro, así:

—Luis catorce, rey de Francia; Napoleón Bonaparte, emperador de los franceses.

Los dos se echaron a reír y, aceptada la farsa como un golpe de humor de Feydeau, cada uno dio su nombre al otro. Después, uno se despidió y el otro preguntó a Feydeau:

—¿Por qué nos has presentado así?

—Porque en aquel momento no recordaba ninguno de vuestros dos nombres, y he pensado que un poco de farsa os molestaría menos que mi olvido.

En un grupo de amigos se comentaba la suerte de un escritor nada bueno, que estaba teniendo éxito con una comedia. Y uno de ellos dijo:

—¡Mentira parece! Un hombre que sólo sirve para que le pongan los cuernos.

Y Feydeau advirtió:

—Y aun para esto necesita que le ayude su mujer.

Feydeau tenía un hijo que, en la niñez, era un *enfant terrible*. Le vio un día con una niña desconocida. Se les acercó, acarició a la niña y dio un buen consejo a su hijo:

—Trátala bien; es una niña.

—Es tonta.

—Bueno, pero ésta no es una razón para que le pegues.

—Es que si no fuese tonta ya le habría pegado. Me fastidian las niñas sabihondas.

Parece ser que su hijo, niño terrible, le sirvió de inspiración para personajito de algunas de sus comedias.

## FILIPO

El padre de Alejandro Magno, Filipo de Macedonia (uno de los Filipos reyes, que vivieron entre tres y dos siglos antes de Jesucristo), no hacía mucho caso de los que hablaban de él sin consideración. Y un amigo fiel le preguntaba:

—¿Por qué no les castigas? Sería el modo de acabar con su maledicencia.
—Desde luego, si los mandara matar a todos. Pero, ¿para qué? Si lo que dicen es mentira, otros me defenderán y así proclamarán mis cualidades; si lo que dicen es verdad, ¿por qué he de castigarles? En todo caso, debería castigarme a mí, no a ellos.

## FLAMMARION

El astrónomo francés Camile Flammarion (1842-1915) era persona humilde, que no acostumbraba pedir nada a nadie. Murió otro astrónomo, que había sido todo lo contrario: un hombre infatuado, que se había movido siempre entre personajes y de todos había solicitado cargos, honores y distinciones. La Sociedad de Astronomía pidió a Flammarion que redactara el epitafio para el muerto. Y lo hizo así: «Aquí yace Fulano de Tal. Éste es el único puesto que ha tenido sin haber antes solicitado una y otra vez que se lo dieran».

Un fontanero le estaba arreglando un grifo en el estudio del astrónomo. Había allí una esfera terrestre. El fontanero le decía al dueño de la casa:
—Yo no creo que la Tierra gire alrededor de su eje, ni que gire a la vez alrededor del Sol, como nos decían en el colegio.
Flammarion hacía girar la esfera dándole con la mano.
—Pues gira. Así, ¿ves?
—Ésta, sí; porque está montada sobre un eje.
—Y aunque no lo estuviera.
—¡Imposible!
Flammarion desatornilló la esfera y la lanzó al aire, imprimiéndole a la vez un efecto para que girara sobre sí misma.
—Así, ¡lo ves!
No la pudo coger después, le resbaló, dio contra el suelo y se rompió. Y el fontanero le dijo:
—Lo que yo decía. Imposible sin un eje. ¿Tengo o no tengo razón?
O sea que aquella vez, al menos aparentemente, quedó bien el fontanero.

## FLAUBERT

El novelista Gustave Flaubert (1821-1880) fue el autor de *Madame Bovary*, que, al parecer, se trataba de un caso real, más o menos disimulado en el libro. En la realidad la protagonista se llamaba Delfina Delamare y era la mujer de un farmacéutico.

Y, una vez muerta, apareció en su tumba este epitafio, encargado por el bueno del marido: «Aquí yace la señora Delfina Delamare, esposa y madre ejemplar». O sea, al menos en la primera parte, todo lo contrario de lo que había sido en realidad. Y hasta tal punto chocó el epitafio a todo el mundo, que el alcalde de la localidad rogó al farmacéutico que lo cambiara por otro, cosa que, al parecer, se hizo después de algún tiempo. Cuenta Maurice Maeterlinck, en sus memorias, que en su infancia había estado en un pueblecito cerca de Ruán y que su madre le había dicho:
—Aquí, en esta farmacia, vivió madame Bovary.
Uno de los casos en que la semejanza entre los personajes de un libro y personas reales ha sido más evidente.

Flaubert, antes de ofrecer el libro al editor Lévy, lo ofreció a otro llamado Jacottet, que después de leerlo le dijo al autor:
—El libro está sin duda bien estructurado, pero no se venderá. No me atrevo a publicarlo.
Después del éxito del libro, Flaubert decía:
—Los editores son los peores jueces y como profetas del no éxito fallan siempre. Nunca agradeceré bastante a Lévy la precaución que tuvo de no hacer de mi libro ningún comentario antes de su publicación.

Flaubert fue siempre enemigo de los críticos. Decía:
—Ninguna crítica hace que la gente se dé cuenta de toda la mala calidad de un libro vano, y los libros buenos se imponen a pesar de la mala calidad de los críticos, que empiezan todos por no saber leer.
Y no es raro que se expresara así, pues el famoso crítico de París Julio Janin, el autor del prólogo de *La dama de las camelias*, después del éxito de *Madame Bovary*, en los *Anales de la literatura*, publicación anual, escribió: «El mayor éxito de este año ha sido la primera novela de un joven escritor normando, un tal Flauguergue, titulado *Madame Bovary*».
¡Si tenía motivos Flaubert para decir que los críticos no sabían leer!

*Madame Bovary* dio, al principio, muy poco dinero a su autor. Flaubert decía:
—El éxito de los libros depende de algo que nada tiene que ver con la calidad literaria. *Madame Bovary* ha tenido éxito por sus atrevimientos y por nada más. *Salammbo*, que es una obra literaria mucho más importante, ha tenido menos éxito, porque le falta el incentivo picante y atrevido de la aventura al alcance de todos.
Y, cuando le preguntaban en qué género literario incluiría *Salammbo*, decía:

—En un género no clasificado hasta ahora, que se podría llamar «libros de opio histórico».

Gustave Flaubert sintió siempre una indiferencia total por los acontecimientos políticos de su país. Era un tema en el que nunca intervenía y, si otros lo discutían, decía:
—Yo de todo esto no sé nada, ni quiero saber nada.

Y, para explicar su posición de total indiferencia, aseguraba que se la había contagiado un amigo chino que, sorprendido por el interés de los europeos en la política de sus países, le dijo:
—Se os nota en esto a los europeos que sois países jóvenes. Nosotros, que somos un país mucho más viejo, sabemos por milenarias experiencias que un tipo de gobierno sucede siempre a otro y que, en los intermedios, se producen revoluciones más o menos duraderas, según la capacidad del país para mantenerlas.

El gran éxito de Flaubert fue, y sigue siendo, *Madame Bovary*, y esto el autor lo aceptó siempre como una prueba de la incapacidad del público francés. Después de la publicación de su libro *Las tentaciones de san Antonio*, recibió una carta de Ernest Renan en la que se elogiaba toda su obra, y con la carta la autorización de mandarla a algún diario para su publicación, cosa que Flaubert no hizo, porque, en el último párrafo de la carta, Renan le aconsejaba que insistiera en la novela del tipo de *Madame Bovary*, obra que Flaubert había considerado siempre como de segundo orden. Con lo que nunca estuvo de acuerdo con sus críticos ni con el público.

Flaubert era un trabajador incansable. Defendía la perfección de la forma, sólo conseguida a fuerza de trabajo. En una entrevista con los hermanos Goncourt les dijo:
—Una vez terminada la primera versión de un libro, empieza el segundo enorme trabajo, que es darle la última mano de perfección a la forma; que no se encuentre en el texto ni una asonancia, ni una repetición. Y esto es fruto de horas y horas de trabajo.

Y con frecuencia decía:
—En arte, la forma lo es todo.
También solía decir, después de esas confesiones, que el único engaño amable de la vida es el trabajo.

A veces, se encerraba a trabajar en su casa de Ruán, y su criado se encargaba de que nadie le molestara. Y el mismo criado sólo le podía dirigir la palabra los domingos, y sólo a primera hora para decirle una cosa, siempre la misma:
—Señor: hoy es domingo.
Y entonces Flaubert daba un largo paseo para descansar un rato de su trabajo.

Era tan exagerado su culto por la forma, que otros escritores lo tomaban a broma. Gautier decía una vez:
—El pobre Flaubert tiene la vida envenenada por un remordimiento que le llevará a la tumba: haber puesto en *Madame Bovary* dos genitivos seguidos. Puso: «una corona de flores de naranjo». Parece que sólo le consuela pensar que esto no se puede decir de ninguna otra manera.

Decía Flaubert que no se daba cuenta de la perfección o de la imperfección de la forma sino por la voz. No le bastaba leer lo escrito; tenía que leerlo en voz alta. Y toda su obra literaria se la leyó lo menos dos veces en voz alta, para descubrir así si todo le sonaba absolutamente bien. Y en caso contrario, lo corregía hasta encontrar una sonoridad mejor.

La obsesión de Flaubert por la perfección de la forma les servía a algunos otros escritores de motivo para ponerle en ridículo. Incluso a veces le escribían preguntándole cuál era la forma más perfecta de alguna frase. Esto indignaba a Flaubert y le indisponía con sus compañeros, a los que trataba de «rebaño de cerdos rabiosos». Alejandro Dumas, uno del rebaño y uno de aquellos que menos importancia daban a la perfección de la forma, decía de Flaubert:
—Es un gigante que tala un bosque entero para llenar una caja de cerillas, muy bien hechas todas.

Un joven con ganas de ser escritor fue a pedirle consejo. Flaubert le llevó a dar un paseo por el campo. Se sentaron los dos frente a un gran árbol y Flaubert le dijo al muchacho:
—Mira este árbol y escribe dos cuartillas, sólo explicando lo que ves. Éste es el único sistema de llegar a dominar el lenguaje.

El muchacho se llamaba Guy de Maupassant y fue, con el tiempo, otro gran escritor y alguna de sus obras, como *Boule de suif* (Bola de sebo), se popularizó mucho. Pero ninguna alcanzó la popularidad de *Madame Bovary*.

Flaubert y un tal Du Camp discutían sobre el uso del imperfecto de subjuntivo, que es una de las reglas gramaticales más discutibles de la lengua francesa. Sostenía Flaubert que este tiempo de verbo regía siempre otro tiempo igual. Du Camp sostenía que éste no era un régimen necesario. Aquella noche Flaubert llamó a la puerta de su amigo y le despertó. Du Camp se asomó a la ventana.
—¿Qué pasa?
—Sólo te llamaría así para que te levantaras.
—Bueno, ¿y qué?
—Y te convencieras de una vez que decir *te llamaría para que te levantases* no suena bien. *Llamaría* rige *levantaras*.

Y, ya establecido este principio, se fue calle arriba, vociferando regímenes gramaticales.

Se hablaba una vez, entre amigos, de otros escritores. Y de Octavio Feuillet, autor de infinitas novelas de folletín, dijo Flaubert:
—No tiene sentimiento de sexo.
Le pedían que explicara esto.
—Bueno —dijo Flaubert—, quiero decir que la mujer no le inspira amor. Le inspira elogios exagerados y galanterías tontas; pero no amor.
—¿Y cómo lo sabes?
—Basta leer lo que escribe. Con las mujeres se limita a dedicarles poéticas frases de elogio. Y con esto demuestra que nunca las ha amado, pues el hombre sólo ama aquello que le hace sufrir, y los hombres que de veras aman a las mujeres cuentan precisamente aquello de ellas que más les ha hecho sufrir, y no pierden el tiempo diciéndoles que tienen labios de coral y mejillas como pétalos de rosa.

## FONTENELLE

El escritor y filósofo francés Bernard le Bovier de Fontenelle (1657-1757), que murió en París a los cien años, estaba un día con otros invitados en el jardín de una casa noble. El dueño de la casa les explicaba las perfecciones de su jardín. De un parterre todo en flor, les dijo:
—No nos acerquemos. Está tan cuidado que merece todo nuestro respeto. Y los hombres sólo de lejos sabemos respetar como es debido.
Fontenelle protestó:
—No me gustan esas cosas que tanto respeto merecen. ¿Qué pensarían de nosotros las damas que nos acompañan si las respetáramos así?
Y una de las damas le dio la razón:
—Tiene razón Fontenelle. La única falta de respeto que no perdonan las mujeres es el excesivo respeto.

Una dama le preguntó cuáles eran sus ideas sobre metafísica. Y Fontenelle le dijo:
—Desde una experiencia que tuve, nunca hablo de metafísica con mujeres. Aquella vez estuve un año entero discutiendo metafísica con una mujer, sin llegar jamás a entenderme con ella. Después, estuve un año entero entendiéndome con ella, a pesar de nuestra disparidad de opiniones en metafísica. Y, al fin, estuvimos otro año ya totalmente de acuerdo en la metafísica y en desacuer-

do en todo lo demás; y fue el año peor de nuestras relaciones mutuas.

Un día muy frío de invierno, un poeta joven le fue a leer unos versos. Y le pidió después su opinión.

—Pienso —le dijo Fontenelle— que, con un poco más de fuego en los versos y con los versos en el fuego, nos habría molestado menos el frío, ¿no?

Tuvo Fontenelle, durante mucho tiempo, íntima amistad con una mujer muy bella y a la vez escasamente inteligente. Le preguntaban:
—¿Cómo sois capaz de soportar a esta mujer?
Y el filósofo daba esta razón:
—Es bella y tiene muy bonitos dientes.
—Pero esto no impide que sólo diga tonterías.
—Cosa que me tiene sin cuidado, puesto que cuando estoy con ella la miro hablar, pero no la escucho.

Le preguntaban sus amigos si podía establecer una diferencia clara entre lo bueno y lo bello. Y les dio ésta:
—Lo bueno necesita demostración; lo bello, no.
Le hacían esta objeción:
—Pero nada es bello igual para todo el mundo.
—Desde luego que no. Porque la belleza, más que en la cosa, está en los ojos del que la mira. Y la naturaleza a sido lo suficiente rica para dar ojos distintos a todo el mundo.

Se comentaba un día entre amigos la obra de La Fontaine. Y Fontenelle dijo:
—Es uno de los más admirables escritores franceses.
Tanto elogio pareció exagerado a los otros y lo discutieron. Y Fontenelle lo explicó así:
—No es muy difícil ser hombre de ingenio, ni es tampoco muy difícil ser un imbécil nato. Lo único difícil, y por lo mismo admirable, es ser ambas cosas al mismo tiempo, como el querido y único La Fontaine.

Se hablaba de los muchos errores que han sido sostenidos por la inmensa mayoría como verdades indiscutibles. Fontenelle explicó el fenómeno así:
—Dadme cuatro personas convencidas, de buena fe, de que al mediodía es de noche, y yo me las arreglaré para extender el convencimiento a media humanidad. Lo único que me hace falta es la buena fe de los cuatro primeros. ¡Y abunda tanto la buena fe en el error, que no sería difícil encontrarlos!

En la Academia Francesa se hizo una vez una colecta para

atender un pago urgente. Se acordó que cada uno de los académicos diera un escudo. Uno de ellos, un tal Roze, se distinguía por su avaricia. Y, a pesar de todo, dio el escudo. El que hacía la colecta se confundió y le pidió otra vez el escudo a Roze. Y éste protestó:
—¡Os lo he pagado ya!
—Perdón —le dijo el que hacía la colecta—, así lo creo, aunque no lo haya visto.
Y Fontenelle acudió en defensa del avaro. Dijo:
—Pues yo lo he visto, y a pesar de todo no lo creo.

Tuvo Fontenelle una amante de la que estuvo muy enamorado. Ella, después de un tiempo, dejó de serle fiel y se entregó a otro. Fontenelle lo supo y, a pesar de su filosofía, corrió a visitar a la mujer y a reprocharle su conducta. Y ella le dijo:
—Querido Fontenelle, sois lo suficiente buen filósofo para comprender que si me uní a vos fue por el placer que me dabais. Si ahora he encontrado a otro que me da más placer, ¿no os parece natural que me vaya con él?
Fontenelle, ya más tranquilizado, preguntó:
—Y tenerme engañado, ¿os daba también placer?
—Pues sí, aunque fuese un placer distinto.
—¿Y tener engañado a vuestro actual amante no os daría placer?
—No os lo puedo decir, porque no lo he probado.
—¿Y no os atrae lo suficiente la aventura de la vida para intentar probarlo?
La mujer le dijo que sí, Fontenelle se ofreció para que ella hiciera la prueba con él; ella la hizo, le gustó y desde entonces traicionó con Fontenelle a su nuevo amante.

Le preguntaban a Fontenelle si había descubierto muchas verdades en su vida.
—Muchas —contestó.
—¿Y cuántas habéis explicado a los hombres?
—De las indiscutibles, ninguna; de las otras, de las que no estoy muy seguro, algunas.
Y daba esta razón de su actitud:
—El conocimiento de la verdad no hace más feliz a nadie. Y si la verdad es lo contrario de la creencia general, puede hacer desgraciado al hombre que la conoce. Acordaos de lo que le pasó al pobre Galileo.

Le preguntaban cómo había conseguido tener tantos amigos. Y daba esta razón:
—He pensado siempre que todo es posible, y a todos les he dicho siempre que la razón está de su parte.

—¿Y si no la tenían?
Y Fontenelle dijo algo cuya primera parte se ha repetido mucho después:
—Las palabras se las lleva el viento; pero no se lleva la enemistad, ni la amistad creada gracias a las palabras.

Visitó Fontenelle a una amiga suya y ella, que aún estaba acostada, se levantó para recibirle. Y le dijo:
—Perdonad que os reciba así, pues me acabo de levantar por vos.
—Perdonada estáis, aunque me sentiría mucho más honrado si, en vez de levantaros por mí, os acostarais por mí.
No se sabe cuál fue la reacción de la dama.

Le preguntaban cómo se podía juzgar, sin error, un libro de poesía de reciente aparición. Y, sin haberlo leído, dijo:
—Todo es muy malo.
—¿Lo habéis leído?
—No.
—Pues, ¿cómo os atrevéis a juzgarlo?
—Sé por experiencia —dijo Fontenelle— que si de los nuevos libros de poesía que se publican digo que son muy malos, de cada cien veces sólo me equivoco una o dos.

Alguien le decía a Fontenelle:
—Amar es, ante todo, comprender.
—No puedo estar de acuerdo —decía Fontenelle—; pues tres cosas hay que no consigo comprender y que amo por encima de todo: la música, la pintura y las mujeres.

Famosa es la sentencia que Fontenelle le dedicó al café. Tan famosa es, que en algunas cafeterías la hemos visto escrita. Le decían que el café era un veneno. Y él replicaba:
—Sí, pero un veneno lento. Y la prueba está en que lo tomo desde hace ochenta años y no he muerto todavía.

Fontenelle murió a los cien años. Y, cuando ya tenía noventa y cinco, una mujer de noventa le decía:
—La muerte se ha olvidado de mí.
Fontenelle le imponía silencio:
—¡Chist! No lo digáis, que a lo mejor os oye y se entera del olvido.

En una reunión de sociedad, Fontenelle fue el primero en llegar, cuando todavía no había nadie. La segunda en llegar fue una dama. Así se encontraron los dos solos en el salón. Y Fontanelle le dijo:

—Lo siento, señora; no sabéis cuánto lo siento.
—¿A qué os referís?
—A mí, señora. Siempre que me dejan solo con una dama siento no tener diez años menos.

La dama le agradeció la confesión, sin preguntarle la edad. Si se la hubiese preguntado, habría sabido que Fontenelle tenía, entonces, noventa y tres años cumplidos.

Se hablaba del diablo y alguien le dedicaba frases de lo más despectivo e injurioso. Fontenelle le advertía:
—Yo no diría esto.
—¿No os parece despreciable el diablo?
—No lo juzgaría por las apariencias. ¿Y si él fuese el encargado de los negocios del buen Dios?

En los tiempos actuales en vez de «encargado de los negocios» habría dicho el *public relations*.

Un amigo de Fontenelle se casó y éste le preguntó después:
—¿Es bella vuestra mujer?
—Es muy inteligente y de trato muy agradable.
Y Fontenelle le hizo esta observación:
—Os pregunto una cosa y me contestáis otra. Esto significa que vuestra naturaleza sufre una divergencia y que, por esta divergencia, dentro de poco tiempo, la presencia de vuestra mujer será para vos una invitación a pensar en otra.

Se hablaba un día de la felicidad y Fontenelle dijo, en dos frases, todo lo que hacía falta para ser un poco feliz en este mundo. La primera frase la dijo en seguida:
—Tener buena salud y mala memoria.
La segunda la pensó un poco más:
—Ponerse límites en todo, tanto en el sitio, como en la obra, como en los amigos.

Vivía Fontenelle en una casa con jardín. Allí le visitaron amigos suyos de la Academia de Ciencias. Fontenelle les enseñó un pajizo que cubría un plantel recién hecho, y les dijo:
—En la parte exterior de este pajizo da el sol; en la parte interior, no. Y sin embargo está frío por la parte exterior y caliente por la interior. ¿Me podéis explicar la causa de esta diferencia de temperatura?

Los científicos tocaron el pajizo y pudieron comprobar que, en efecto, del lado exterior estaba frío y caliente del lado interior. Y empezaron a pensar y a discutir las posibles causas. Hasta que, entre todos, descubrieron una posibilidad. Y, cuando la iban a exponer, Fontenelle les dijo:
—Debo haceros una advertencia, y es que en el momento en que

os vi entrar toqué el pajizo, que estaba caliente en la parte donde le da el sol y frío en la parte interior y yo, rápidamente, le di la vuelta. ¿No os parece que éste pudiera ser uno de los motivos principales? Parece ser que ninguno de los científicos le agradeció el engaño.

Fontenelle tenía un solo criado, que no fue siempre el mismo. Le visitaron un día sus amigos y le encontraron de mal humor.
—¿Qué os pasa?
—¡Veinte criados! No hay quien los soporte.
—Pero, si sólo tenéis uno.
—Tengo uno, pero es uno tan malo que molesta por veinte.

Ya en la vejez, decía:
—Si ahora empezara a vivir lo haría todo distinto de como lo he hecho.
—¿Y creéis que ganaríais mucho con esto? —le preguntaban.
—Creo que llegaría al mismo resultado a que he llegado ahora, o sea, a decir que si volviera a empezar lo haría todo distinto.

Ya en su lecho de muerte, el médico le preguntaba:
—¿Cómo va, hoy?
—Hoy no va —le decía suavemente Fontenelle—; hoy se va.
Prestaba mucha atención a todo lo que le estaba ocurriendo y a todo lo que pensaba y sentía. Y decía:
—Perdonad que me preste tanta atención, pero es la primera vez que veo morir a alguien.
Un médico le preguntó:
—¿Y qué sentís?
—Siento, por primera vez en la vida, como si vivir empezara a ser para mí una cosa difícil.
Al parecer, éstas fueron sus últimas palabras.

Fontenelle tenía muchos amigos y casi todos los días comía invitado en la casa de alguno. En su entierro, uno de los que le acompañaban, decía:
—Creo que ésta es la primera vez que Fontenelle sale de su casa sin que nadie le haya invitado a comer.

## FONTENOY

Mucho se ha hablado de las frases corteses cruzadas entre capitanes ingleses y franceses antes de la batalla de Fontenoy. Fontenoy está en Bélgica y la fecha de la batalla fue en 1745, cuando reinaba en Francia Luis XV, que hizo acto de presencia en la famosa batalla. Es probable que la presencia del rey de Francia

consistiera en acercarse al campo, vestido de rey como de costumbre, sacudirse el polvo y preguntar a su chambelán:
—¿Es aquí donde estamos derrotando a los ingleses?

La batalla de Fontenoy figura en todas las historias de Francia, y del mundo entero, como una victoria del ejército francés sobre ingleses, austríacos y holandeses unidos, aunque en algunas, escritas por ingleses, acaso figure como una victoria del ejército inglés.

En un libro de autor español leemos que antes de la batalla, cuando ya los dos ejércitos estaban formados uno frente al otro, el capitán inglés Charles Roy se destacó de los suyos, avanzó hacia los franceses, se descubrió, les hizo una reverencia y les dijo:
—Tirad primero, caballeros franceses.

El capitán francés, conde de Auteroche, correspondió al saludo y contestó:
—Después de vosotros, caballeros ingleses.

Preliminares ambientados en la más cumplida cortesía histórica. Pero otras versiones, acaso con más conocimiento de la realidad, aseguran que lo ocurrido fue muy distinto. Hacía relativamente poco tiempo que, en la guerra, se usaban armas de fuego. Y esas armas, arcabuces y mosquetes, se cargaban, con un solo disparo, antes de abrir fuego. Y esta operación de carga era delicada y lenta. Y si los soldados de un ejército disparaban todos a la vez, tardaban un rato en poder lanzar una segunda descarga. Y los enemigos aprovechaban este tiempo para disparar sobre ellos y dejarles maltrechos.

Así las cosas, los dos ejércitos estaban frente a frente, y ambos capitanes esperaban que el otro ejército disparara para contestar al fuego mientras el enemigo volvía a cargar las armas. Ninguno de los dos ejércitos se decidía a empezar. Y el capitán inglés, ya cansado de esperar, con reverencia o sin ella (probablemente sin reverencia), avanzó unos pasos y gritó a los franceses estas palabras textuales:
—*Faites tirer vos gens!*

Y entonces el capitán francés le contestó:
—*Non, monsieur; a vous l'honneur.*

Frase en la que no deja de haber cierta cortesía, poco compatible con la pasión guerrera. De forma que es muy posible que las auténticas frases fuesen más o menos éstas:
—[Un sólido taco y:] ¿Tiráis o no?
—[Otro sólido taco, en francés:] ¡Tirad vosotros...! [Y acaso otro taco como final.]

Asegura un autor que, en la primera descarga, después de las frases cruzadas, murieron seiscientos soldados. Y, al parecer, los primeros en disparar fueron los ingleses, con lo que se quedaron con las armas descargadas.

## FORD

El famoso Henry Ford, fundador de la industria Ford de automóviles (1863-1947), que de la nada llegó a ser uno de los hombres más ricos de los Estados Unidos, hizo que su hijo estudiara la carrera de ingeniero. Y un amigo le preguntó:
—¿Usted cree que su hijo necesita ser ingeniero para dirigir este negocio?
Ford le dio, con su respuesta, una buena lección:
—No lo necesita. Pero, aunque el hombre que sabe cómo se hacen las cosas siempre encuentra trabajo, en el caso de elegir un jefe siempre se elige al hombre que sabe por qué se hacen..., aunque no las sepa hacer.

## FOUCHÉ

Joseph Fouché (1754-1820), ministro de Policía del Directorio y de Napoleón, fue uno de los hombres que más hilos de la historia de Francia movió entre bastidores. Tuvo siempre muy bien organizados los servicios de espionaje, tanto con respecto a lo que pudiera ocurrir en otros países, como a lo que ocurría, de tapadillo, entre los personajes importantes de su propio país. Lo sabía todo de todo el mundo. Y, al parecer, además de las visitas oficiales, que hacía y recibía muchas, concedía entrevistas en sitios solitarios, durante la noche, para evitar que otros supieran que había tenido lugar aquella entrevista.

Durante el Directorio, el mayor peligro era el Club de los Jacobinos, enemigos irreconciliables del Gobierno y todos gente muy conocida y poderosa. El Gobierno consultó con Fouché, su jefe de Policía, y Fouché dio su opinión claramente:
—La solución es disolver el club y cerrar el local.
—¿Y quién se atreve a hacer esto?
—Yo.
Y, al día siguiente, se presentó él solo, sin armas, en el club. Uno de los miembros estaba perorando contra el Gobierno. Fouché subió a la tarima, apartó al que hablaba y dijo:
—He venido a comunicaros que este club ha sido disuelto y que voy a cerrar el local.
Nadie se atrevió a oponerse. Todos, a indicación de Fouché, abandonaron la sala. Fouché pidió la llave al conserje, le ordenó salir, salió él detrás, cerró la puerta y guardó la llave en el bolsillo. Y así fue disuelto, por la autoridad de un solo hombre, sin orden ninguna ni papeleos, el famoso club que tanto había combatido al Gobierno.

Fouché fue el creador y organizador del Ministerio de Policía, que nunca había existido antes. Tenía montado un servicio de espionaje muy eficiente y tan extendido que le llegaba noticia de todo lo que iba ocurriendo. Desde luego, los líos entre hombres importantes y mujeres los sabía todos y ninguna infidelidad matrimonial le pasaba por alto. Talleyrand decía de Fouché:
—El ministro de Policía se ocupa de todo lo que le incumbe y, además, de todo lo que no le incumbe.

Fouché fue el primero en organizar un fichero donde se anotaba cuanto se sabía de todo el mundo. Y el fichero de Fouché ha servido, años después, para establecer muchos datos precisos de la historia de aquellos tiempos. Disponía de dos ficheros: uno, en cierto modo, público, y otro totalmente privado, al que sólo el mismo Fouché tenía acceso. Este fichero secreto nunca se supo dónde lo tenía. Y parece ser que Fouché pudo conservar su puesto, a pesar de los cambios de Gobierno, precisamente por el miedo que todos tenían al famoso fichero secreto.

En el golpe de Estado en el que Napoleón se proclamó cónsul vitalicio y, desde luego, único cónsul, Fouché le ayudó mucho contra todos los que trataban de oponérsele. Uno de ellos era Barras. Napoleón necesitaba deshacerse de Barras, y no dudaba que Fouché le ayudaría, a pesar de lo mucho que Barras le había protegido en tiempos anteriores. Éste no temía a Fouché, porque tenía en su poder algunas cartas que le comprometían. Fouché, puesto al servicio de Napoleón, no dudó en proceder contra Barras. Le mandó una orden de destierro en ocasión en que le sabía ausente. Y, con la orden, mandó registrar la casa, y así consiguió apoderarse de la correspondencia en poder de Barras.
Barras, vencido, tuvo como único consuelo saber que Fouché continuaba al servicio de Napoleón. Dijo:
—Los dos han sido mis enemigos. Y ellos mismos se encargarán de vengarme, uno del otro.

Fouché trabajaba siempre a las órdenes de un dueño y hacía todo lo posible en su ayuda, puesto que, al defenderle, defendía su puesto. Desde luego, le interesaba más el submundo político que el castigo de la delincuencia común. Sin embargo, una noche entraron ladrones en el palacio de la marquesa española de Santa Cruz y se le llevaron las joyas. El embajador de España se entrevistó con Napoleón y acusó de incompetencia a la policía francesa. Le dijo que, de haber pasado en España, las joyas reaparecerían. Napoleón llamó a Fouché y le exigió la reaparición de las joyas. Le dijo:
—Quiero demostrar al embajador que nuestra policía es más eficiente que la española.

La misma noche reaparecían todas las joyas robadas. Talleyrand, siempre enemigo de Fouché, dijo entonces:
—Si este hombre, además de saberlo todo, supiera algo más, sería el dueño de Francia.
Y aquel algo más que le faltaba fue lo que nunca supo Fouché. Y lo que siempre supo, y muy sabido, Talleyrand.

Napoleón dio un título a Fouché, el de duque de Otranto. En una cena de gala, cuando la boda de Napoleón con María Luisa de Austria, éste dijo, delante de la emperatriz, al nuevo duque:
—Se rumorea que fuisteis de los que votaron por la condena a muerte de Luis XVI, tío de vuestra emperatriz actual. ¿Es cierto?
Fouché, sin descomponerse, cosa que no le sucedía nunca, contestó:
—Cierto, majestad. Y aquél fue el primer servicio que yo, simple servidor de la patria, hice a vuestra imperial majestad.

Una vez, como tantas otras, discutían Napoleón y Fouché. En los desacuerdos frecuentes, Napoleón se enfurecía. Y Fouché se limitaba a repetir:
—No somos, señor, de la misma opinión.
Y tantas veces lo repetía que, al fin, Napoleón, ya cansado, le gritó:
—Creo que debería haceros cortar la cabeza, duque de Otranto.
Y el duque se limitó a repetir una vez más:
—No somos, señor, de la misma opinión.

Cuenta Lenôtre que, cuando Fouché comunicó a Napoleón que habían sido detenidos los ladrones de las joyas de la marquesa de Santa Cruz, el senador Roederer, que estaba presente, le dijo:
—Todo esto parece una artimaña vuestra, señor Fouché.
—Depende —repuso Fouché— del sentido que le deis a la palabra *artimaña*.
Y, al decir esto, le enseñó un manojo de llaves y le preguntó:
—¿Conocéis algunas de esas llaves?
Roederer reconoció las llaves de su propia casa y de su propia caja de caudales. Y tuvo que admitir que Fouché no cometía ningún error al explicar el contenido de la caja de caudales.
—¿Y cómo estáis tan enterado?
—Son mis artimañas, señor; las que me permitirán detener a los ladrones si algún día os roban.
Roederer quiso saber por qué medios se había valido Fouché para obtener las llaves y la información. Y Fouché le preguntó:
—Entre vuestros servidores, ¿tenéis alguno que os sea de veras fiel?
Roederer dijo que uno sólo, uno que llevaba muchos años sirviéndole. Fouché contestó:

—Exacto. Este hombre es fiel a todos aquellos a quienes sirve. Y uno de ellos soy yo.

Fouché fue siempre fiel a Napoleón... mientras éste estuvo en el poder. Durante los famosos cien días también lo fue. Napoleón, que ya no confiaba en nadie, le amenazaba a veces. Y, una de estas veces, Fouché le hizo esta observación:

—Todos aquellos a quienes he servido fielmente me han amenazado. Pero no todos han cumplido sus amenazas. Robespierre me gritó una vez que, pasados quince días, una de las dos cabezas habría caído, o la suya o la mía. Y no pudo cumplir su amenaza, porque cayó la suya.

Luis XVIII, por consejo de su ministro Talleyrand, que siempre había sido enemigo de Fouché, le obligó a dimitir y le incluyó en una orden de destierro expedida contra todos los que habían votado la muerte de Luis XVI. Fouché murió en Trieste. Y, poco después de su muerte, aparecieron publicadas sus memorias. Nunca se supo si eran auténticas o falsas, aunque prevaleció el último criterio. El poeta Enrique Heine dijo de aquellas memorias:

—Fouché fue un hombre falso en todo, y ha querido continuar su falsedad después de muerto con la publicación de esas memorias, de las que figura como autor y de las que, en vida, nunca supo nada.

## FOUQUIER-TINVILLE

Fouquier-Tinville (1746-1795), que murió en la guillotina, después de haber sido, durante el Terror, acusador público ante el tribunal revolucionario y de que entre sus acusados figuraran personajes tan importantes como Luis XVI y María Antonieta, buscaba de la forma más desconsiderada y sin ninguna compasión, la manera de presentar como culpables a los acusados. Una vez tuvo sentada en el banquillo de los acusados a una tal señora Mouchy, que no le contestó ninguna de las preguntas. Después de un largo interrogatorio, siempre sin contestación, alguien advirtió al acusador que la señora Mouchy era sorda y no se enteraba de las preguntas que le hacían. Y Fouquier levantó contra ella la acusación de haber tramado una sorda conspiración contra el Gobierno. A los que le reprocharon esta acusación, les dijo:

—Es lo que merecen los sordos conspiradores.

Y así consiguió que se la condenara a la guillotina.

Fouquier-Tinville, junto con otros dieciséis miembros del tribunal revolucionario, fueron condenados a la guillotina después de termidor. La multitud, al reconocer a Fouquier-Tinville al paso

de la carreta, le gritaba toda clase de insultos. Y él les gritaba desde la carreta:
—¡Pueblo de Francia! Pierdes conmigo a uno de tus mejores amigos.

## FRAGONARD

El pintor francés Jean-Honoré Fragonard (1732-1806) fue muy enamoradizo y dedicó su vida a su obra de pintor y a las mujeres. En la juventud, amó violentamente a una actriz, la Guimard, con la que nunca consiguió llegar a un acuerdo sentimental. Al fin, ella le abandonó y, entonces, Fragonard fue en busca de una muchacha a la que había conocido en su país natal, una tal María Ana Gerard. Ella lo aceptó y se casaron. Pero Fragonard continuó enamorándose de otras mujeres, hasta que María Ana encontró la manera de retenerle en casa. Tenía ella una hermana mucho más joven, de dieciséis años, llamada Margarita. La hizo ir a París y la hospedó en su casa. Vio que a Fragonard le gustaba la muchacha y le propuso:
—Úsala como modelo.
El pintor no se lo hizo repetir. Y durante muchos años estuvo enamorado de la joven Margarita, con la que pintó algunos de sus cuadros, sin llegar nunca a poseerla, porque aquello era lo único a lo que ella se negaba siempre. Y, según se supo después, Margarita estaba de acuerdo con su hermana y le dejaba tomarse muchas libertades al pintor sólo para evitar que se enamorara de otras. Y así, la mujer del pintor, gracias a su hermana, consiguió satisfacer la pasión amorosa de Fragonard con un largo amor romántico.

## FRANCE

Anatole France (1844-1924), cuyo verdadero nombre era Anatole-François Thibault, sintió desde muy mozuelo la vocación de escritor. Teniendo unos siete años se propuso escribir su primer libro. Puso el título y lo enseñó a su madre. El título era: *Quién es Dios.* La madre le dijo:
—Es un título muy ambicioso, y creo que deberías ponerle entre interrogantes, como una pregunta: ¿*Quién es Dios?*
—¿Por qué? —preguntó el niño.
—Porque tú no lo sabes, tu deseo es saberlo y expresas tu deseo en la pregunta.
—¿Y quién te ha dicho que no lo sé?
—Si lo sabes, dímelo. ¿Quién es?

—No se puede decir en pocas palabras. Lo diré en mi libro y tú lo sabrás cuando leas el libro.

Un libro que nunca escribió, pero que dio ocasión al futuro Anatole France de manifestar la gran confianza que tenía en sí mismo.

France no pudo conseguir el título de bachiller. Uno de los catedráticos de entonces se divertía preguntando las cosas a los niños de forma que se confundieran. Les preparaba trampas y si caían en ellas les suspendía. Al niño Anatole le hizo las preguntas así:
—¿Es verdad que el Sena desemboca en el canal de la Mancha?
—Sí, señor; es verdad.
—¿Es verdad que el Loira desemboca en el Atlántico?
—Sí, señor; es verdad.
Y así le preguntó de muchos ríos. Y la última pregunta, cuando ya el niño Thibault empezaba a estar aturdido, fue:
—¿Es verdad que el Danubio desemboca en el lago de Michigan?
—Sí, señor; es verdad —dijo el niño.
Y fue automáticamente suspendido.

Los primeros libros de Anatole France no tuvieron éxito. Empezó muy joven a publicar versos. De sus *Poèmes dorés* casi nadie se enteró. Ni de sus otros primeros libros: *Le génie latin, La légende de Sainte Radegonde, Le valet de madame la duchesse, Les noces corinthiennes* y *Jocaste et le chat maigre*. En 1881, ya en la primera madurez, apareció su *Le crime de Sylvestre Bonnard*, premiado por la Academia, que fue un gran éxito de venta. Por entonces, un día, en una reunión literaria, le decían:
—¡Por fin! Ha conseguido que le lean. ¡Lo contento que debe de estar!
—Pues, no; todo lo contrario.
Y daba esta explicación de su descontento verdadero o fingido:
—Un libro que se vende tanto no puede ser sino un grandísimo disparate literario.

Interrogaban a Anatole France sobre su trabajo. Y el escritor decía:
—Yo, los días que trabajo más son los domingos.
—¿Y los otros días, no?
—No; los otros días no escribo.

En su tiempo se habían inventado ya las estilográficas, pero Anatole France no las usó nunca. Prefería mojar la pluma en un tintero. Y justificaba su preferencia así:
—El tiempo de mojar la pluma es el tiempo que me tomo para pensar.

En su libro *La isla de los Pingüinos* explica, en una anécdota, lo que podríamos llamar la filosofía de la guerra. Dice:
«Pasó entonces un pastor tocando una marcha con su flauta.
»—¿Qué es esta música? —preguntó Graciano.
»—Es el himno de guerra de los pingüinos contra los marsuinos. Aquí todo el mundo lo canta. Los niños lo aprenden antes de hablar. Somos todos buenos pingüinos.
»—¿No amáis a los marsuinos?
»—Les odiamos.
»—¿Por qué razón les odiáis?
»—¿Y me lo preguntas? ¿No son los marsuinos los vecinos de los pingüinos?
»—Sin duda.
»—Pues bien, por este motivo les odiamos.
»—¿Esto es un motivo?
»—Ciertamente. Quien dice vecinos dice enemigos. ¿Ves el campo que linda con el mío? Es del hombre a quien odio más en el mundo. ¿Y quieres que los pingüinos no sean enemigos de los marsuinos? ¿Es que no sabes en qué consiste el patriotismo? En cuanto a mí, he aquí los dos gritos que salen de mi pecho: ¡Vivan los pingüinos! ¡Mueran los marsuinos!»

Sabía encontrar buenas definiciones para todo. Se hablaba entre amigos de una mujer casada y con un amante a la vista de todo el mundo, sin disimulo. Y uno dijo:
—Un caso más del tan frecuente *ménage a trois*.
France encontró otra definición más original:
—Yo lo definiría mejor así: una trinidad, pero sin misterio.

Un biógrafo de Anatole France cuenta que el escritor defendía con frecuencia el altruismo. Y una vez que le preguntaron qué entendía exactamente por altruismo, puso dos ejemplos: el de san Macario y el de unos heridos de guerra.
El de san Macario es muy conocido. Iba el santo con sus discípulos, un día muy caluroso. Todos estaban muertos de sed y no tenían agua. Pasaron por un campo y vieron a un hombre que iba a empezar a comer las uvas de un racimo. Le preguntaron si había alguna fuente por allí cerca y el hombre les dijo que no. Y, al verlos a todos tan sedientos, les ofreció el racimo. San Macario lo tomó y, sin quitarle un grano, lo ofreció al que le pareció más sediento de todos sus discípulos. El discípulo lo ofreció a otro, éste a otro, el otro a otro y así hasta que el último lo devolvió a san Macario y el santo lo devolvió al campesino, con esta extraña justificación:
—Tú estás solo y nosotros somos muchos.
Y el otro ejemplo no es tan conocido. Un médico militar sólo tenía cloroformo para un herido. Y había muchos. Les dijo que le

daría el cloroformo al que estuviera más grave, y que a los otros les operaría sin dormirles. Empezó por uno que tenía una mano destrozada. Y el herido le dijo:
—Sin cloroformo, desde luego. Seguro que hay otros más graves que yo.
Ninguno de los heridos aceptó el cloroformo. El último era un capitán muy malherido. El médico le dijo:
—Vuestra herida es grave; os cloroformizo a vos.
Cosa que indignó al capitán:
—¡Jamás! Yo soy oficial; guardadlo para un soldado raso.
Le preguntaban si esos ejemplos eran verdad. Y decía:
—No hace ninguna falta que los buenos ejemplos sean verdad. Basta que sean de veras ejemplares.

Muchos escritores jóvenes mandaban sus originales a France y le pedían su opinión. France nunca leía los originales y les decía a todos lo mismo:
—No está nada mal. Pero lo que importa es que vuestro segundo libro sea mejor que el primero. Si lo conseguís estaréis camino del triunfo.
Un poeta, que publicó su primer libro de poemas, le mandó el libro a France. Y después le preguntó si lo había leído.
—Sí, desde luego. Y uno de los poemas me ha sorprendido; me refiero al de la página ochenta y cuatro. Creo que es el mejor poema de vuestro libro.
El poeta le dio las gracias y después repitió a sus amigos que, según France, su mejor poema era el de tal página. Un amigo de France le preguntaba qué había encontrado en aquel poema mejor que en los otros.
—Nada. No he leído ninguno. Pero todo joven poeta está siempre dispuesto a creer que cualquiera de sus poemas es el mejor de todos.

France estrenó una obra de teatro hecha en colaboración con Lucien Guitry. Y el día del ensayo general le dijo a Guitry:
—Lo mejor de la obra es lo suyo. Se puede decir que la obra es suya.
—¿Así le parece?
—Mi parecer es lo que menos importa. Se lo digo porque ésta será la última vez que alguien me oirá decirlo. En adelante diré todo lo contrario: que lo mejor es lo mío y que bien se puede decir que, en realidad, la obra es mía.

Se hablaba de un político muy inteligente que no conseguía triunfar. Y France decía:
—Por su culpa. Cree que en este mundo somos los inteligentes

los que hacemos las leyes para los imbéciles y la verdad es lo contrario.
—Así, ¿es que ningún hombre inteligente puede triunfar en política?
—Mientras use su inteligencia, no. Si sabe hacer buen uso de su imbecilidad, sí.

France se hizo hacer el retrato por un pintor muy bueno. Después, la primera vez que fue al peluquero, le enseñó el retrato y le dijo:
—Arrégleme el cabello y la barba de forma que me parezca lo más posible a este retrato.

Y decía que si tenemos un retrato nuestro hecho por un buen pintor, nuestra obligación es parecernos ya siempre más al retrato.

Le gustaba comprar todo aquello que le llamaba la atención, y tenía la casa llena de libros antiguos y objetos curiosos. Siempre llevaba los bolsillos llenos de cosas compradas, que no sacaba de sus bolsillos hasta que no le cabían más. Un día, en su casa, un amigo le vio vaciar los bolsillos sobre una mesa. Entre muchas cosas salió una figurita de mujer, por desgracia sin cabeza. Se le había roto dentro del bolsillo. France hizo este comentario:
—No importa. Nunca la cabeza de una mujer ha sido un órgano importante.

A los escritores jóvenes que le pedían consejo, les daba, entre otros, éste:
—Acariciad vuestras frases una y otra vez y las frases acabarán por sonreíros.

Un joven escritor que le visitó le decía:
—Es usted el mejor escritor de Francia y uno de nuestros hombres más famosos.
—Es posible. Pero... He cumplido ya los setenta y el médico me ha prohibido, entre otras cosas, el tabaco, el vino y el amor. Lo único que no me prohíben es escribir libros. Y ¿qué voy a hacer sino escribirlos? El tabaco y el vino son dos vicios y no se los aconsejo. El amor, sí. Haga el amor ahora que está a tiempo. Hágalo de día y de noche, en cualquier sitio y en cualquier época del año. Viva sólo para esto. Todo lo demás es vanidad, humo e ilusión. Hay una sola ciencia buena: el amor. Una sola riqueza buena: el amor. Y una sola política que puede salvar al mundo: el amor.

Iba un día con un amigo por el Luxemburgo y el amigo le decía:
—Por aquí, un día u otro, le harán un monumento.

—Será inevitable —decía France—. Y costará mucho dinero y, a lo mejor, será horrible. Preferiría, se lo aseguro, que me dieran el dinero a mí, y que no me hicieran jamás el monumento. Pero siempre ha ocurrido lo mismo en este mundo: las espinas para los vivos y las rosas para los muertos.

Tenía un sobrino llamado Luciano, con el que pasaba ratos muy agradables. Pero, a veces, se enfadaba con él, y casi siempre una buena salida del sobrino le disipaba el enfado. Una vez comían en la misma mesa. Algo hizo el sobrino que le molestó y France agitó la mano amenazándole. En la mano tenía la servilleta y agitó también la servilleta. El sobrino le preguntó:
—¿Bandera blanca? ¿Es que ya te rindes?
Y así le desarmó.

Un día un amigo le enseñó una noticia aparecida en la prensa con referencia a sus libros: que todos habían sido incluidos en el índice. Y France exclamó:
—¡Por fin! ¡Ya era hora! Voy a escribir en seguida a Pío XI dándole las gracias. Aunque... quizá lo que debo hacer es pedirle explicaciones por el agravio que me ha hecho, como buen escritor, al haber tardado tanto.

France no acostumbraba dedicar libros a los amigos. Y si alguna vez lo hacía les ponía, en vez de dedicatoria, algo equivalente a un buen consejo. Uno le pidió que le dedicara *Les contes de Jacques Tournebroche*. Le enseñó un libro recién adquirido y le dijo:
—Me habría gustado tener dedicada la primera edición. Pero no he encontrado ningún ejemplar. Ésta es la última.
France le puso en el libro:
«Piense mi amigo Tal y Tal que la última edición de un libro es siempre la mejor, sobre todo para el autor, pues es la única de la que cobra derechos».

France frecuentaba las mujeres de las casas de tolerancia. Y una vez que se lo reprocharon, dijo:
—Es que a mi edad ya me empiezan a faltar fuerzas para perseverar en la seriedad, teniendo en cuenta, sobre todo, que en esto nunca he sido una persona seria.

Un amigo de Anatole France, un tal De Caillavet, hombre de mucho dinero, que muchas veces invitaba a France, estuvo en unas regatas, tomó nota de todo e hizo una crónica que mandó al *Fígaro*. Pero antes de mandarlo lo enseñó a France:
—¿Qué le parece?
—Pues... yo lo habría hecho distinto.

—Añada algo vuestro y quedará mejor.
France añadió un trozo al principio, otro hacia la mitad y otro al final. El reportaje salió publicado, pero con supresiones. Y lo suprimido fueron tres párrafos, uno del principio, otro de la mitad y otro del final, precisamente los tres que había añadido France. De Cavaillet le embromó muchas veces a France por aquellas supresiones, tanto que France preguntó en la redacción del *Figaro* la razón de haber suprimido aquellos trozos. Y le dijeron:
—Estaban de más; sobraban.
Años después, ya famoso Anatole France, le decía a De Cavaillet:
—Aquello que nos pasó una vez es una clara demostración de la gran competencia literaria de nuestros periodistas.

La señora De Cavaillet, buena amiga de France, escribía también. Y hasta colaboraba con France en una forma rara. Si él tenía que hacer algún artículo para la prensa y le faltaba tiempo, le daba algunas ideas a la señora De Cavaillet y lo escribía ella. Pero la señora De Cavaillet no fue lo suficiente humilde para callar aquella curiosa colaboración; la cosa se supo y corrió la voz de que algunos artículos de France no los escribía él, sino una mujer que le ayudaba.
Uno de aquellos artículos hechos por ella era la crítica de un libro de Jules Lemaître. No le gustó el artículo a Lemaître y así se lo dijo a France, en una comida.
—Menos mal —le dijo— que, por el estilo, se ve que éste ha sido uno de los artículos que, por lo visto, le escribe una mujer, a quien no tengo el gusto ni el deseo de conocer, pues si todo lo hace tan mal como escribir artículos...
Junto a France estaba sentada una mujer a quien Lemaître no conocía. Y que se creyó con algún derecho a intervenir:
—Esta mujer soy yo.
Lemaître, muy amablemente, le dijo:
—No retiro ni una palabra de lo dicho.
Se levantó y se fue.

France había dado a leer a la señora De Cavaillet el original de la *Vida de Juana de Arco*. La señora lo leyó y después le hizo algunas observaciones al autor.
—Así, ¿no le ha gustado tal como está?
—Creo que se puede mejorar.
—Sí, desde luego; ¡así!
Y tiró el manuscrito al fuego. La señora De Cavaillet pudo salvar una gran parte, pero no todo. Y allí quedó lo salvado. Y pocos días después aparecía publicado el libro. Sólo entonces supo la señora De Cavaillet que el original quemado era un primer original, distinto del que ya se estaba imprimiendo.

Al parecer, la señora De Cavaillet tuvo, al fin, relaciones íntimas con France. Y más al fin dejó de tenerlas. Quizá fue entonces cuando France escribió que «nada hay tan pesado para un hombre como el cuerpo de una mujer a la que se ha dejado de amar».
France marchó entonces a Sudamérica a dar unas conferencias. Los amigos de la señora De Cavaillet, enterados todos de la aventura sentimental de ella con France, le preguntaban si tenía noticias. Ella un día les dijo que sí y les leyó una carta: «Dimos ayer nuestra primera conferencia y el éxito fue estrepitoso».
—Esto no parece escrito de France —dijo una de las amigas.
—No lo es. Esto me lo escribió mi criado. Se lo presté como acompañante a France, con el ruego de que me mandara algunas noticias.
France hacía el viaje con aquel criado y un secretario. En muchos sitios le pedían autógrafos; tantos que, al fin, France decidió que los escribiera su secretario imitándole la letra y él se limitaba a firmarlos. El texto era siempre el mismo: «Lenta, pero irremisiblemente, la humanidad acaba siempre por realizar los sueños de los sabios». Tantas veces escribió aquello el secretario que, sin darse cuenta, lo empezó a escribir al revés y así lo continuó escribiendo: «Lenta, pero irremisiblemente, los sabios acaban siempre por realizar los sueños de la humanidad». Una vez que France, cuando firmaba las dedicatorias, se dio cuenta del cambio, exclamó:
—¡Esto es absurdo! Ha cambiado los términos.
—¿Y qué hacemos ahora?
—Sólo podemos hacer una cosa: volverlos a cambiar en lo sucesivo.
Y no se sabe que nadie se diera cuenta de que la dedicatoria tuvo dos versiones distintas.

En una visita que hizo D'Annunzio a Anatole France, mientras él estaba allí llamaron a la puerta. El criado de France entreabrió la puerta y dijo, aprisa:
—¡Betty!
France rápidamente dijo a D'Annunzio que la tal Betty era una norteamericana que no le dejaba en paz, y que si le decían que él no estaba en casa, exigía que le dejaran ver todas las habitaciones, pues si no, no se iba.
—Yo me escondo en un armario mientras ella no se larga.
Ya se estaba escondiendo, y D'Annunzio se escondió también en el mismo armario. Desde allí oyeron los pasos de la norteamericana, cómo entraba, cómo cruzaba la habitación, cómo salía... Oyeron después la puerta de la calle, salieron del armario y el criado entró a decir:
—Se ha ido.
D'Annunzio preguntó:

—¿Tiene dinero?
—Sí, mucho.
—Pues... una idea: la próxima vez la recibís, le contáis lo ocurrido hoy, y seguro que os hace proposiciones para comprar el armario y os lo paga bien. Y vamos a medias.

France, como buen incrédulo, tenía poco trato con sacerdotes. Su amigo Huysmans, también escritor, intentaba hacerle aceptar la visita de un sacerdote amigo suyo. France le decía:
—A condición de que os dejéis visitar por un amigo mío médico.
Al fin, Huysmans accedió y France también. Y, al parecer, ninguno de los dos aprovechó la visita; ni France siguió los consejos del sacerdote amigo de su amigo, ni Huysmans tomó los medicamentos recetados por el médico.

France iba un día por la calle, pasó un entierro y él se quitó el sombrero. Un amigo que le vio, le dijo:
—Me gustaría saber a quién ha saludado. A los curas es de suponer que no, puesto que no sois partidario; a los enterradores es de suponer que tampoco, puesto que no les conocéis; y al muerto es de suponer que tampoco, puesto que está muerto y no os puede devolver el saludo. ¿A quién saludaba, si se puede saber?
—He saludado a la muerte, y la saludo siempre que la veo. Me gusta estar bien con aquellos que un día u otro, fatalmente, serán mis compañeros.

Uno de los libros suyos que más éxito tuvieron fue *El crimen de Silvestre Bonnard*. Anatole France lo consideraba una de sus obras inferiores. Y tanto le hablaba todo el mundo de aquel libro que, al fin, les daba a todos la misma explicación:
—Me interesaba entrar en la Academia. Y, para conseguirlo, escribí un libro lo bastante malo para que gustara a todos los señores académicos. Así nació mi *Silvestre Bonnard* y así ingresé en seguida en la Academia.

France se casó dos veces y la primera vez fue poco feliz en su matrimonio. Decía entonces de su mujer:
—No me fastidia que no comprenda nada de mí, porque siempre he sabido que ninguna mujer ha comprendido nunca nada de ningún hombre. Lo que me fastidia son dos cosas: que diga a todo el mundo que ella es la única persona que me comprende, y que esté convencida de que dice la verdad.

Aquella mujer usaba, para hacerse los vestidos, un maniquí de mimbre. Y France, en sus libros, cuenta algunos de los episodios de su vida matrimonial con ella, hasta el punto de que uno de sus libros se titula *El maniquí de mimbre*. La mujer guar-

daba el maniquí, cuando no lo usaba, en la habitación donde trabajaba Anatole. Un día Anatole tuvo reunidos en su estudio a algunos amigos escritores. Y, durante la conversación, uno de ellos, señalando el maniquí, dijo:
—He aquí la prueba de la autoridad marital de un escritor.
—Exacto —repuso France.
Esperó que todos prestaran atención a la posible explicación y entonces, en silencio, sin añadir palabra, levantó el maniquí y lo arrojó por la ventana, que daba a la calle, donde el maniquí, al caer, por suerte, no hizo sino quedar aplastado sobre los adoquines.

France abandonó a su primera mujer, simplemente marchándose de su casa. Y lo hizo sin amenazas previas y sin preparación ninguna. Estaba escribiendo en su estudio. Entró la mujer y empezó a hacer una escena de las suyas. France escribió algunos comentarios en verso a lo que ella decía y los leyó en voz alta. Ella le insultó en forma baja y vulgar y France entonces, sin decir nada, dobló los papeles que ya tenía escritos, cogió el tintero y la pluma y tal como estaba salió de la habitación. Iba en un pijama de estar por casa, en zapatillas y con un gorro de lana. La mujer vio que cruzaba la calle vestido de aquella forma, siempre con los papeles y el tintero en las manos. Y... no le volvió a ver nunca más.

Uno de los Rothschild (la anécdota no dice cuál) preguntó a un amigo suyo:
—¿Es cierto que tienes amistad con Anatole France?
—Sí; le conozco.
—¿Lo suficiente para pedirle un favor de mi parte?
—Según sea el favor, supongo que sí.
—Que me ponga su autógrafo, como dedicatoria en algunos libros suyos.
El amigo se ofreció para transmitir el deseo. Anatole France le dijo que bueno, que no le entusiasmaba dedicar libros y menos a desconocidos, pero que, en fin...
—No es un desconocido, es Fulano de Tal [el Tal equivale a Rothschild].
—Sí, bueno, me suena este apellido; pero yo no le conozco.
El intermediario recibió pocos días después una maleta. La abrió. Estaba llena de libros. Y con los libros una carta abierta dirigida a France con el ruego de dedicar aquellos libros suyos. El intermediario se limitó a mandar la maleta a Anatole France. Tiempo después, como France no le dijera nada, ni le devolviera la maleta, le preguntó por los libros, si los había dedicado ya.
—No —le dijo France—, ni sé cuándo lo podré hacer. He calculado que son lo menos cuarenta volúmenes. Quizá durante unas vacaciones. Pero hace muchos años que no me las tomo.

No dice la anécdota si, al fin, Anatole France dedicó aquellos libros, o si sólo dedicó algunos, o si no llegó a dedicar ninguno.

Anatole France fue Premio Nobel en 1921. Después de la entrega de los premios, todos los premiados estuvieron en Copenhague, en una cena de gala en honor de ellos. Al lado de France estaba sentado un dignatario danés que hablaba francés correctamente. Los otros que les rodeaban, no. France pasaba el rato observándoles. A los postres, les sirvieron fruta. Un señor muy serio, sentado frente a France, pasaba apuros por mondar con cierta gracia una pera. France preguntó a su vecino:
—¿Quién es este señor, el de enfrente?
—Nuestro ministro de Agricultura.
—¿No sabe mondar una pera y es ministro de Agricultura? Curioso país.
—¿Es que en Francia el ministro de Policía sabe atracar un banco?

Era el mismo Anatole France quien contaba después este diálogo.

Anatole France vivía, en los últimos años de su vida, en una casa con jardín, no lejos de París. Y los domingos dejaba la puerta del jardín abierta, para que todo el mundo pudiera entrar a visitar el jardín. Allí le encontraban y él les saludaba y les daba un rato de conversación. Un domingo saludó a un matrimonio con un niño de unos diez años. Y el marido le dijo:
—Esta mañana mi mujer quería ir al cine, y mi hijo quería ir al jardín de animales a ver la jaula de los monos. Lo discutían sin ponerse de acuerdo, y yo les he dicho: Ninguno de los dos; hoy iremos a conocer a Anatole France. A los dos les ha entrado curiosidad por conocerle a usted, y aquí estamos.
—Bien, bien. Me satisface haber contribuido así a un bienestar familiar.

Y en aquel momento el niño preguntó a su padre:
—¿Quién es este señor, papá?

Y el padre le preguntaba a la madre:
—¿No se lo has dicho?

La madre decía que no y entonces el padre, como excusándose con France, le aseguraba que él, después de explicar a su mujer quién era Anatole France, le había rogado a la mujer que lo explicara al niño. Pero que las mujeres ya se sabe...

La casa con jardín de Anatole France se llamaba la Béchellerie. Aquí France tenía siempre algunos invitados a comer, todos gente de por allí, gente humilde, apenas cultivada literariamente. Entre ellos estaba con frecuencia el jefe de estación, el peluquero, un albañil... Y decía France:

—Con esos amigos míos de ahora aprendo mucho más que con los académicos en París. Si lo hubiese sabido me habría venido a vivir aquí mucho antes. Ahora ya no tengo tiempo de convertir en libros todo lo que estoy aprendiendo de ellos.

Uno de los buenos amigos de France en la Béchellerie era el párroco del lugar. Cuando se conocieron, France le dijo:
—Desconfíe de mí, se lo ruego. He escrito algunos libros irreverentes y no creo que el buen Dios le aconsejara tenerme como amigo.
—El buen Dios, señor —le dijo el cura—, tiene tantas cosas que resolver que no le queda tiempo de leer libros.

La última anécdota contradice la tesis de aquel buen sacerdote. Y el protagonista es otro sacerdote, el abate Mugnier, amigo también de France, y que le visitaba con cierta frecuencia, siempre con el propósito de hacerle recuperar la fe. El mismo abate había conseguido que murieran cristianamente Carlos Hugo, hijo de Víctor Hugo, y Huysmans, y no perdía la esperanza de llegar a tiempo con France, cosa que no consiguió, pues en el último momento, cuando llegó a la cabecera de France, ya le encontró muerto.

Y un discípulo del escritor le decía:
—Le supongo a usted convencido de que nuestro querido maestro está en el infierno, entre llamas.
—No —le repuso el abate—, todo lo contrario. Estoy casi seguro de que Dios le ha perdonado.
—¿Y en qué funda esta suposición?
—En otra suposición: que Dios ha leído todos sus libros. Y ha comprendido a esta criatura suya, tan buen escritor.

**FRANCISCO I**

Francisco I, rey de Francia (1494-1547), fue derrotado por Carlos V en la batalla de Pavía y conducido prisionero a Madrid, donde se firmó después entre los dos monarcas la paz de Madrid.

De aquel cautiverio real (relativo cautiverio, pues el prisionero fue tratado con todos los honores debidos a su alto rango) se cuentan algunas anécdotas. Cuenta una de ellas que, ya prisionero el rey de Francia, se le acercó un arcabucero español y le dijo:
—Señor, sepa vuestra majestad que ayer, cuando supe que hoy se daría la batalla, hice seis balas de plata y una de oro para mi arcabuz; las de plata para seis de vuestros *musiures* y la de oro para vos. Usé muchas de plomo contra vuestros soldados, y cuatro de las de plata para cuatro *musiures* que se me pusieron a tiro. Me sobraron las otras dos y la de oro, que no os pude disparar, pues no os eché la vista encima en toda la batalla. Pero os la des-

tinaba y aquí la tenéis, para que os sirva de ayuda en pago de vuestro rescate, que su peso es de una onza y bien puede valer ocho ducados.

Se dice que el rey de Francia aceptó la bala y la guardó después de agradecer su buen deseo al arcabucero español. Lo que se nos hace raro, visto a la distancia de los siglos, es que un soldado raso pudiera pronunciar un tan largo discurso ante la persona de todo un rey prisionero.

De una de las amantes de Francisco I se cuenta una bonita anécdota, de la que también es protagonista el rey. Y si se pone aquí a nombre del rey es porque la hemos leído atribuida a más de una de las más o menos amantes que se le atribuyen. El rey le había regalado muchas joyas de valor, todas con amorosas dedicatorias. Después se cansó de ella y le pidió que le devolviera las joyas. Ella las mandó fundir y se las devolvió convertidas en un lingote de oro. Y lo mandó al rey con una carta en la que le decía: «El peso es exacto, majestad. Las dedicatorias están grabadas en mi corazón, de donde sería trabajo inútil devolverlas».

## FRANCISCO JOSÉ I

El emperador de Austria y rey de Hungría, Francisco José I (1830-1916), reinó durante muchos años y tuvo que soportar grandes desgracias familiares. Su hijo, el archiduque Rodolfo, murió junto con su amante, en Mayerling. Su esposa, la emperatriz Isabel, fue asesinada en Lucerna. Y, con todo, vivió muchos años.

Se cuenta que a uno de sus protegidos le nombró conservador de los caminos, con la obligación de mantener en buen estado los caminos de los alrededores de Viena, sobre todo aquellos que solía usar el rey en sus desplazamientos. Y el nuevo conservador se ocupó de su trabajo.

Un día, el rey le invitó a cenar. Y le mandó decir que un coche real le recogería, cosa que al conservador le llenó de satisfacción. El coche le recogió y le llevó hasta el castillo de Lainz, donde entonces residía el rey. Y le condujo por los caminos que estaban en mal estado, más llenos de agua y de barro. Tan mal estaban que, por dos veces, se estropeó una rueda del coche, el cochero tuvo que arreglarla y el conservador se vio obligado a ayudar al cochero. El conservador se había puesto su ropa mejor, y acabó lleno de barro y empapado de agua. Así llegó al castillo. Junto a la puerta le esperaba Francisco José. Lo primero que hizo el conservador fue rogar al rey que le disculpara. Y el rey le dijo:

—Estoy acostumbrado. Así llego yo muchos días. ¡Si los caminos estuvieran mejor!...

Y lo estuvieron poco tiempo después.

Cuenta una anécdota que Francisco José tenía un muy buen cocinero, que consiguió de una manera muy especial. Estuvo el emperador a cenar en la mansión de un noble amigo. Le gustó mucho la cena que le dieron y felicitó a su amigo por el cocinero que, seguramente, tenía. El amigo aceptó la felicitación. Y, al otro día, el emperador recibió una caja grande con agujeros en la tapa, y con la palabra «frágil» escrita en letras muy grandes. La abrieron y, dentro de la caja, había un hombre vestido de blanco, con un gorro blanco muy alto y una carta para el rey. La carta era del amigo en cuya casa el rey había cenado días antes, y decía:
«Os ruego, majestad, aceptéis lo que más os gusta de la cena que me hicisteis el honor de aceptar».
Era el cocinero.

## FRANCK

El músico belga César Franck (1822-1890) tenía, desde niño, mucha afición a la pintura. Pero su padre era músico y quiso que el hijo lo fuera. También estaba muy bien dotado para la música y, a los doce años, dio su primer concierto en público. Como muchos músicos famosos, fue un niño prodigio. Estudió en el Conservatorio de París y obtuvo un Gran Premio de Honor. Lo más curioso del premio fue que nunca se había concedido antes, ni se volvió a conceder después.

Tras el estreno en París de su *Sinfonía en re menor* la crítica se le echó encima, maltratándole. Y uno de los reproches que le hicieron fue, literalmente, éste: «Nunca en ninguna sinfonía se ha usado como instrumento el cuerno inglés». Ésta era una de las razones por las que se creían autorizados a maltratar aquella música Y Gounod, el autor del *Fausto*, dijo entonces de los críticos:

—Aprovechan todas las ocasiones para patentizar su total impotencia. Todo lo que no entra en el dogma les parece malo y absurdo.

Franck tenía muchos discípulos. Y siempre que terminaba alguna obra musical, la daba a conocer a sus discípulos y les rogaba que le dieran sin miedo su opinión. Decía:

—Es la opinión que más me interesa, puesto que les conozco bien y sé hasta dónde son capaces de juzgar con acierto.

La opinión que menos le interesaba era la de los críticos, y de ellos decía:

—Todos juzgan según moldes establecidos. Nada es tan difícil para quien carece de capacidad creadora como admitir y ponderar en otros esta capacidad.

# FREUD

Sigmund Freud (1856-1939), el famoso psicoanalista, pedía a sus enfermos que le relataran detenidamente todo lo que recordaban de sus vidas, pues sólo así conseguía descubrirles las vivencias subyacentes. Y prefería que los enfermos, mientras se confesaban, no le vieran, pues temía que su presencia pudiera intimidarles. Les hacía tumbarse cómodamente, dejaba la habitación a media luz, se sentaba detrás del enfermo y le rogaba:
—Cuente, cuente. Vaya contando su vida. Todo lo que recuerde. Pero no como si me lo contara a mí, sino como si lo recordara en voz alta.

Y algunas sesiones duraban dos o tres horas y hasta más. Era muy cansado para Freud. Y una vez, mientras una de sus enfermas hablaba, Freud se durmió. No lo pudo evitar. La enferma se dio cuenta, aunque no le veía, al oír unos ronquidos. Se incorporó entonces rápidamente y apostrofó a Freud, el cual se defendió así:
—Lo siento, señora. Pero tenga la seguridad de que si me hubiese contado usted algo de veras importante, no me habría dormido.
—Así resulta que nada de lo que le he contado tiene importancia.
—Hasta ahora, nada. Y sepa usted, señora, que las cosas importantes no se dicen muchas veces sino después de una o dos horas de decir otras sin importancia ninguna.

La enferma lo aceptó y continuó hablando.

Freud tuvo enemigos, como todo el mundo. Decían sus enemigos que el hecho de recordar los impulsos instintivos malos podía fortalecerlos. Freud sostenía lo contrario; que recordarlos y analizarlos era la única forma de combatirlos. Y les preguntaba:
—¿Aconsejarían a los policías que no entraran jamás en contacto con los ladrones y otros delincuentes, por miedo a contagiarse de la mala costumbre social de robar y maltratar al prójimo? ¿Aconsejarían a un sacerdote que no tratara con gentes de mal vivir, por no considerarles compañía beneficiosa para personas de bien? Pues es lo mismo.

En el año 1933, cuando la persecución de los judíos en Alemania, los libros de Freud, que era judío, fueron quemados públicamente. Freud, al saberlo, hizo este comentario:
—Y después dirán que la humanidad no progresa.
Le preguntaron:
—¿Es un progreso perseguir así a los judíos?
—Desde luego. Siglos atrás me habrían quemado vivo a mí. Y ahora sólo queman mis libros.

## GABIN

El actor de cine francés Jean Gabin no tiene hijos, ni se ha casado nunca. Y, sin embargo, se le atribuye una sentencia relativa a los hijos que puede aprovechar mucho a todos los padres. Visitaba un colegio de niños y preguntaba a una de las profesoras:
—¿Le gusta tratar con tantos niños?
—Sí. Si no me gustara, no lo haría.
—¿Y por qué le gusta?
—Pues, yo creo que porque quiero mucho a los niños.
—Pues, si me lo permite, le voy a dar mi opinión, y eso que yo nunca he tenido hijos ni he tratado a muchos niños. Pero me da la impresión de que lo más importante no es querer a los niños, sino hacerse querer por ellos. Y acaso lo más difícil.

## GALILEO

Galileo Galilei (1564-1642), sabio matemático, físico, filósofo y astrónomo, inmortalizado por haber tenido el valor de proclamar una verdad, la de que la Tierra gira alrededor del Sol, fue el primero en empezar a enunciar la ley del péndulo, y en buscar la aplicación de esta ley al péndulo de los relojes. Era muy joven y un día, en la gran nave de la catedral de Pisa, observó las oscilaciones de una lámpara recién encendida. Se dio cuenta, observando y midiendo el tiempo de las oscilaciones, que a medida que iban perdiendo extensión tenían la misma duración. Y de eso dedujo su ley de la isocronía, o igualdad de duración de las oscilaciones del péndulo.

Galileo tenía su cátedra en la Universidad de Florencia. Allí los catedráticos iban siempre vestidos con la toga, como si llevaran uniforme de sabios. Galileo no se la ponía. Y por negarse a llevarla por las calles estuvieron a punto de expulsarle de la universidad. Galileo, en defensa de su actitud, decía:
—No veo que tenga nada que ver el conocimiento con el vestido. ¿Es que por llevar un vestido u otro seré más o menos sabio?

Lo más conocido de la historia anecdótica de Galileo es su conflicto con la Inquisición por atreverse a sostener que la Tierra gira alrededor del Sol, afirmación que se tenía entonces por contraria a los textos bíblicos y, en cierto modo, al dogma. Se le detuvo, se le encarceló e incluso se le sometió a tortura para hacerle abjurar de su error. Y Galileo abjuró de su supuesta herejía y admitió públicamente ante sus jueces que es el Sol el que gira alrededor de la Tierra. Y por haber reconocido su «error» fue absuelto. La abjuración se pronunciaba de rodillas, y Galileo, al levantarse des-

pués de abjurar, dio con el pie en le suelo y murmuró unas palabras en voz baja, unas famosas palabras que han llegado hasta nosotros:
—*Eppur si muove!*
«Sin embargo, se mueve», es decir, que a pesar de su abjuración la Tierra se mueve alrededor del Sol.

Acerca de este curioso error del movimiento de la Tierra y del aparente movimiento del Sol, un autor humorista daba la solución así:
—Tenían razón los antiguos y tenía razón Galileo. En los tiempos bíblicos el Sol se movía alrededor de la Tierra. Pero un día Josué detuvo el Sol en su camino. Y, desde entonces, fue la Tierra la que empezó a moverse alrededor del Sol. Y así, todos contentos.

Galileo intentó demostrar que, en algunas cosas, los hombres habían estado siempre equivocados hasta entonces. Y nada hay tan difícil como convencer de sus equivocaciones a los hombres. Una anécdota de Galileo lo demuestra. Según la doctrina de Aristóteles, el centro nervioso del cuerpo es el corazón. Galileo, examinando un cadáver, descubrió que al corazón llegaba un solo nervio y que todo el sistema nervioso procedía del cerebro. Y así lo explicó y lo demostró a sus alumnos. Y uno de los alumnos, después de oírle, le dijo:
—Me habéis hecho ver esto de los nervios con tanta claridad que, si no fuese porque Aristóteles asegura que nuestro centro nervioso es el corazón, diría que tenéis razón.
Pero no le dijo que la tuviera. Y así no le dio la razón únicamente porque era contraria a la doctrina de Aristóteles.

## GARBO

Greta Garbo nunca participaba en fiestas y en galas. Vivía tranquila en su casa y lo único que deseaba es que, después de sus horas de trabajo, la dejaran en paz. Una vez la Metro celebró con una cena el éxito del estreno de una de sus películas. Se contaba con ella, desde luego. Pero ya pasaba la hora anunciada y ella no aparecía. Fueron a buscarla, la encontraron, y casi la obligaron a acudir. Lo hizo, aunque de mala gana. Y, antes de sentarse a presidir la mesa, dijo a todos:
—No pensaba venir. Pero ya que he venido, lo único que me importa es daros a todos las gracias, ya que, según me dicen, la cena es en mi honor. Y deciros también que ésta es la última vez que asisto a una cena de gala. Yo donde estoy más a gusto es en mi casa.

Greta Garbo, que se llama de verdad Greta Lovisa Gustafsson,

la más famosa actriz de cine de todos los tiempos, y retirada ya desde hace muchos años, empezó su carrera en Suecia como discípula de la Real Academia de Arte Dramático. Todos los años, a final de curso, la Academia lo celebraba con un espectáculo en el que intervenían los mejores alumnos. Algunos actuaban solos, entre ellos los mejores del último curso. Un año, entre aquellos alumnos se encontraba Greta Gustafsson. Sus profesores le preguntaron si se veía capaz de actuar ella sola.
—¿Qué he de hacer? —preguntó.
—Recitar un monólogo.
—Pues si sólo se trata de esto, me parece muy fácil.
—Es que habrá público y se ha de hacer muy bien.
—Yo lo hago tal como me sale.

Aquel año entre el público había, como de costumbre, algunos directores de teatro, que iban en busca de nuevos valores. Greta Gustafsson recitó su monólogo. Le salió mucho mejor que a cualquiera de las otras. Después de la función, un señor del público la quiso conocer. Y le dio su tarjeta. Era Mauritz Stiller, director de la Svenska Film, el cual sólo hizo una pregunta a la muchacha:
—¿Quiere trabajar en el cine?
Y parece ser que Greta contestó una sola palabra:
—Bueno.

Y éste fue el comienzo de la carrera cinematográfica que ha dejado en todo el mundo el recuerdo más imborrable.

No le gustaba tampoco que los reporteros de prensa la entrevistaran. Pero algunas veces tenía que acceder. Y entonces se encerraba en un mutismo casi total. Contestaba con monosílabos y nunca daba explicaciones.
Un diálogo con ella era algo así:
—¿Cuáles son los papeles que le gustan más?
—Todos.
—¿Prefiere el cine o el teatro?
—Me da igual.
—¿Por qué, pues, no hace teatro?
—Porque hago cine.
—¿Tiene alguna razón especial para hacer cine y no teatro?
—Ninguna.
—¿Qué piensa usted de sí misma?
—Nada.

Y así era imposible sacarle nunca una confesión, un parecer, o una declaración. Una vez un periodista le preguntó:
—Su conocido mutismo en las entrevistas, ¿obedece a alguna razón?
—Sí —dijo Greta Garbo—. Me he dado cuenta, por otras entrevistas leídas, que ustedes firman las entrevistas. Y me parece na-

tural que si las firman, pongan en ellas literatura propia. Y yo, con esto que usted llama mutismo, les doy ocasión de poner únicamente su propia literatura, de usarme a mí como referencia, y sobre esta referencia dejarse llevar libremente, sin trabas, por su fantasía. Creo que deberían agradecérmelo, ¿no?
No dice la anécdota si el periodista le dijo que sí o que no.

## GAULLE, De

Del general Charles de Gaulle, muerto en 1970, a los 80 años, se han contado y escrito muchas cosas. Las que se ponen aquí están tomadas del libro *Cosas del general de Gaulle*, de Ernest Mignon.

En un momento dado, de mucha gravedad política, los amigos del general le ruegan que se dirija al país a través de la televisión. El general se resiste. No le gusta improvisar. Le suplican, le presionan, le dicen que la cosa corre prisa. El general protesta:
—Denme tiempo, al menos, para preparar este discurso.
—No hay tiempo. La situación es grave.
—No veo que el hecho de que la situación sea grave pueda ser un motivo suficiente para que yo haga un discurso mediocre.

Londres, junio de 1941. El ejército alemán acaba de invadir Rusia. Los militares británicos invitan al general a seguir, ante una radio del Estado Mayor, el curso de las operaciones.
Es asombroso lo rápidamente que avanzan los alemanes. Los estrategos británicos no lo comprenden. Se les ve a todos muy preocupados. El general permanece silencioso. Todos se lamentan, menos él. La radio anuncia los nombres de las ciudades rusas que van cayendo en poder de los alemanes. Los ingleses temen que esta invasión sea desfavorable para los aliados y para el resultado de la guerra.
—Y usted, general, ¿qué piensa de la forma como los carros alemanes pulverizan las defensas rusas?
—Pienso que ha llegado el momento de empezar a pensar cómo frenaremos el avance de los comunistas en Europa.
Y al decir esto, se levantó y desde la puerta, cuando ya iba a salir, les dijo a todos, como una profecía:
—¡No olviden estos momentos! Me equivoco algunas veces en lo que hago, pero jamás en lo que vaticino.

Se le atribuyen en el libro dos frases que, al parecer, repetía con frecuencia, como principios de su política:
—Un hombre de Estado no debe sacrificar sus convicciones; debe utilizarlas.
—En política, como en amor, ocurre a veces que la retirada es una forma de victoria.

Esta última sentencia, referida no a la política, sino a la guerra, se ha atribuido también a Napoleón.

En Londres discutía con el general Passy sobre la necesidad de la información. Y le decía:

—Sí, sí, general, se ha de saber todo.

—Todo nunca se puede saber.

—Pues en una guerra es absolutamente necesario estar bien informado de dos cosas: de lo que quiere el enemigo y de lo que quiere uno mismo.

A la guardia nocturna del Elíseo le daban curiosas consignas. Una de ellas era ésta: «No molestar al presidente de la República sino en caso de guerra mundial». Y así, por lo visto, durante su presidencia, no tuvieron que molestarle nunca por la noche.

Hubo un atentado contra el general, que fracasó. Y el general hizo después este comentario:

—Al oír la detonación me dije: Larguémonos; es una broma de mal gusto. Después, de pronto, pensé: ¡Caramba! Esto es un atentado. Así que... razón de más para largarnos. Y es lo que hicimos, aunque con el debido orden, en atención a los demás.

Decía que los franceses descubrieron la igualdad en tiempo de Luis XVI, y, en nombre de su descubrimiento, guillotinaron al rey y a la reina. Y que todavía ahora, después de casi doscientos años, los franceses siguen tan partidarios de la igualdad como entonces, y que, como afirmación de esta pasión por la igualdad, todos los franceses buscan la manera de tener y gozar cuantos más privilegios mejor.

Parece ser que poco tiempo antes de su última retirada de la política, en una conversación con otro político acerca de los problemas de Francia, dijo:

—Francia está en un momento difícil y es por mi culpa.

Y ante la extrañeza del otro, lo explicó así:

—Sí, yo no debía haber envejecido nunca; y estoy viejo.

No podía el general estar de incógnito en ninguna parte. Su tipo era inconfundible. Y usaba algunos confidentes fieles que se mezclaban en los movimientos populares y así averiguaban la manera de pensar y de reaccionar de la gente. Uno de los confidentes estuvo un día en una reunión tumultuosa donde, entre otros gritos, sonó éste:

—¡Guerra a muerte a los idiotas!

Cuando el general lo supo, hizo este comentario:

331

—No me atrevería a establecer esto como programa político. Es un programa demasiado vasto.

Después de hacer algunas afirmaciones contundentes, preguntó a uno de los que le escuchaban:
—¿Cree o no cree que tengo razón en lo que digo?
—Sí, mi general.
—¿Del todo?
—Absolutamente.
—¡Es asombroso!
Y explicó así su asombro:
—Siempre me asombra que me crean, porque yo no creo jamás en lo que digo.

En un viaje que hizo De Gaulle por África, un jefe de Estado de allí (no se dice el país) le decía:
—Mi idea política es conseguir una federación africana, ¡bajo la unidad de Dios!
—Pues es una gran idea. Con esta unidad queda eliminada la competencia.

Parece ser que del general inglés Montgomery tenía una opinión... discutible. Y que una vez De Gaulle la expresó así:
—Montgomery más que un buen soldado es un buen actor. Pero como actor es tan bueno que, cuando hace de buen soldado, lo hace muy bien.

El ministro Louis Joxe llegaba con frecuencia retrasado al Consejo de Ministros. El general nunca le decía nada. Hasta que una de tantas veces Joxe se excusó:
—Perdone mi retraso, general, pero es que...
De Gaulle levantó la mano interrumpiéndole:
—No se preocupe. Que llegue usted puntual o con retraso no tiene la más pequeña importancia para el país.
Desde aquel día Joxe llegó siempre a la hora.

El general no rehuía las ruedas de prensa. Incluso se le veía satisfecho de concederlas. Sin embargo, alguna vez se negaba a recibir a algunos periodistas. Le hicieron observar esta aparente contradicción y la explicó así:
—Recibir a muchos periodistas a la vez es siempre un placer. Recibir a dos o tres periodistas suele ser engorroso. Y recibir a uno solo es un suplicio.

En una visita que hizo el general a los Estados Unidos, fue desde luego recibido por el presidente John Kennedy. Y, en una

reunión en la Casa Blanca, Jacqueline le contaba cosas de su vida, en francés. Y le dijo:
—Es que mi familia, general, es de origen francés.
Y el general, en seguida, repuso:
—Bueno, ¿y qué? La mía también.

Recibía en el Elíseo a un grupo de mujeres, todas en la madurez, supervivientes de las que habían luchado contra los alemanes, afiliadas a la Francia Libre. Y una de ellas, presumiendo de su gaullismo, le dijo:
—Usted, general, siempre ha tenido a muchas mujeres entre sus partidarios.
—Acaso. Pero como estar seguro, sólo lo estoy del gaullismo de una, que es la más antigua gaullista de Francia.

Las visitantes buscaban entre ellas y el general las desengañó:
—No, no la busquen; no está aquí. Es mi mujer.

Parece que el general se planteó un día este problema: ¿Cómo es posible poner de acuerdo a la gente de un país en el que se hacen doscientas sesenta y seis clases distintas de queso?

Hemos leído esta anécdota en varios sitios distintos y en todos la cifra de la cantidad de clases de queso es también distinta. Lo único cierto es que en Francia existen muchas clases de quesos, algunos muy buenos.

Se cuenta que el ex primer ministro Pinay había hecho con los quesos otra experiencia económica. Pidió en una quesería que partieran un camembert en dos mitades exactamente iguales, y que las pusieran en el escaparate con dos precios distintos, es decir, un medio queso más caro que el otro medio. Se repitió varias veces el experimento y siempre se vendió primero la mitad más cara. Y Pinay decía:
—¿Cómo se puede gobernar un país con este curioso sentido de la economía?

## GAUTIER

Teófilo Gautier (1811-1872), crítico, novelista y poeta francés, autor también de las biografías de Balzac y de Baudelaire y de un *Viaje a España*, escrito el libro en 1843, se quejaba con frecuencia de la incompetencia de los críticos. Uno de los que más generosamente le alabaron fue Sainte-Beuve. Le preguntaban a Gautier:
—¿De lo que dice Sainte-Beuve de vuestra obra, estaréis contento?
—No.
—Todo son alabanzas.
—Sin embargo, no ha comprendido mi obra. Y todo lo que dice

de mis propósitos como escritor es pura fantasía. Los críticos son todos creadores fracasados. Como obra de creación ya sólo les queda la crítica y, para dar satisfacción a sus impulsos y acaso como realización de antiguos sueños, inventan todo lo que dicen.

Era muy aficionado a dejar establecidas buenas frases. Se dice que un amigo le preguntaba una vez una opinión. Estaban los dos solos y Gautier le contestó:
—Se la daré otro día que alguien más nos escuche. No le creo a usted capaz de popularizar mi contestación.

Y otra vez que se hablaba del azar, después de asegurarse de que le escuchaban, dijo:
—Puede que el llamado azar no sea sino el seudónimo que usa Dios cuando no quiere firmar.

Y parece ser que, en otra ocasión, hablando de la escuela Politécnica, la definió así:
—Un gran invento de alguno de nuestros antepasados. Los actuales politécnicos lo saben todo. Pero... nada más.

Y, en comentario a otro escritor de su tiempo (no hay constancia de cuál), dijo:
—Es un poeta mediocre, un novelista mediocre, un dramaturgo mediocre... Pero un gran hombre de letras.

Todo el mundo sabía que Gautier no era nada entendido en música y que carecía totalmente de sentido musical. Verdi estaba entonces en la cumbre de la fama. Y un día Gautier dio esta noticia a sus amigos:
—He descubierto el secreto de la música de Verdi.

Los amigos ya suponían que lo único que pretendía Gautier era colocarles uno de sus golpes de ingenio. Y le dieron ocasión.
—Pues, sí. Cuando Verdi pone música a una letra o a una escena triste, hace que los instrumentos suenen «tru, tru, tru». Y cuando pone música a una letra o una escena alegre, hace que suenen «tra, tra, tra». Y eso es todo.

Y uno le preguntaba:
—¿Así, en toda una ópera como *Aida* no hay sino tru, tru, y tra, tra?

Y Gautier, muy serio, dijo:
—Bueno, *Aida* es una obra excepcional en la que Verdi ha puesto todo lo que puede dar de sí. Y así he de admitir que en *Aida* hay también algunos tre, tre, tre, algunos tri, tri, tri y algunos tro, tro, tro.

En su conversación era agresivo, corrosivo y hasta brutal. Y, por encima de todo, despiadado con los otros escritores. Pero en sus críticas era mucho más cordial y generoso. Un día que se despachaba a gusto contra otro escritor, le decían:

—¿Por qué no lo escribes todo esto? Meterías ruido.
Y Gautier daba esta explicación:
—Yo escribo críticas en un diario. Al empezar, hace ya tiempo, el director de mi diario me dijo: «Nada de consideración para nadie. ¡Atacar! ¡Atacar! Que se vea que en esta redacción no nos chupamos el dedo». Me pareció muy bien y le dije: «Bueno, empezaré mañana con esta horrible comedia que ha estrenado X». Y entonces el director lo pensó mejor: «No, mañana con esta comedia, no. Es amigo nuestro... Compromisos... Empezad la próxima semana». Y eso es todo.
Después de un silencio, añadió:
—Una próxima semana que después de años no ha llegado todavía.
—O sea —le decían—, que en la redacción se chupan el dedo.
—Sí —terminaba Gautier—, un dedo de la mano izquierda, porque con la derecha escriben.

Tenía, como crítico, amigos en todas las compañías teatrales. Y otro amigo, menos relacionado, le rogó que recomendara su novia al director de un teatro.
—¿Es buena actriz?
—No; es bailarina.
—Quizá mejor. ¿Baila bien?
—Como ninguna.
El elogio le pareció exagerado a Gautier. Y dijo que antes de recomendar a la bailarina quería conocerla. Y hasta verla bailar.
—Porque si la recomiendo y luego resulta que no sirve, quedaré desprestigiado.
Se montó todo para que Gautier pudiera presenciar una sesión de baile de aquella bailarina única. La prueba se hizo en una escuela de baile donde Gautier conocía a la directora. La bailarina, muy jovencita, era sumamente delgada, como trazada a tiralíneas, sin la mínima redondez. Y, por si esto fuese poco, bailaba bastante mal y sin gracia. Gautier aguantó toda la prueba y aseguró a su amigo que la recomendaría. Y, al otro día, el amigo recibió una nota de Gautier: «Mi querido X: Vuestra amiga puede presentarse al director que le interesaba, con esta nota mía y seguro que la atenderá». «Mi querido director X: Me complace presentaros a la bailarina XX que os será insustituible en el papel de espárrago si un día montáis un ballet vegetariano. Vuestro, Teófilo Gautier.»
No hace falta decir que el amigo rompió dos cosas: la carta de recomendación y su amistad con Gautier. Falta saber si rompió también sus relaciones sentimentales con la bailarina.

Gautier, como otros escritores de su tiempo, gastaba más de lo que ganaba y estaba siempre sin dinero. Explican los Goncourt, en su famoso *Journal*, que la princesa Matilde (no encontramos en

la cita el apellido de la princesa) tenía como bibliotecario a un buen escritor conocido y que lo cambiaba con cierta frecuencia. Uno de los Goncourt había desempeñado el cargo. Y un tiempo después, le tocó el turno a Gautier. Y, antes de tomar posesión de él, le preguntó a Goncourt:
—Decidme, sinceramente, ¿existe de veras esta famosa biblioteca de la princesa Matilde?
—Tengo entendido que sí —le contestó Goncourt—, pero si queréis un consejo de buen amigo, mejor será que hagáis como si la biblioteca no existiera.

Cuando la guerra franco-prusiana, Gautier estaba en Suiza, en Ginebra. Allí supo que los alemanes estaban a punto de entrar en París, tomó el tren en seguida y apareció de pronto en París, consternado. Sus amigos le preguntaban:
—Allí estabais tranquilo, ¿por qué habéis vuelto?
Y parece que Gautier, muy enfáticamente, les dio esta razón:
—¿Qué menos puedo hacer que morir en brazos de mi pobre madre destrozada?

Gautier era muy aficionado a usar, en sus novelas, palabras raras, cuyo significado muchos lectores ignoraban. Le reprochaban esta costumbre y él la defendía:
—El público juzga la calidad de los textos por las palabras que no entiende. Más de una vez he oído juzgar así a un escritor: «y usa palabras que no hay quien las entienda», y siempre en tono de alabanza. Si yo fuese capaz escribiría un libro en el que sólo usaría las diez o doce mil palabras de nuestro diccionario cuyo significado todo el mundo ignora. Y seguro que me hacían un monumento.

Explicaba su estilo así:
—Lanzo las frases sobre el papel, lo mismo que si lanzara un gato por la ventana, seguro de que ha de caer sobre sus cuatro patas. Si no tuviera esta seguridad, no me consideraría escritor.
Le decían que Flaubert era un gran escritor y hacía todo lo contrario, que corregía, pulía y limaba sus frases hasta un punto inverosímil. Y Gautier explicaba la diferencia así:
—Es que los gatos de Flaubert no son de pura raza, y los míos sí.

Un día, en uno de sus paseos, se cruzó con Heredia, otro escritor. Heredia iba acompañado de una mujer muy bella. Se saludaron y Gautier no se atrevió a unirse a ellos. La vez siguiente que vio a Heredia le preguntó:
—¿Se puede saber quién es aquella belleza que os acompañaba?
—Es mi mujer.

—¡Lástima, hombre!
Y, a preguntas de Heredia, explicó así su exclamación:
—Que sí, que es una lástima que tanta belleza se desperdicie en una profesión como ésta.

Parece ser que no era cosa fácil que Gautier tomara en serio nada de lo que otros le dijeran. Lo sacrificaba todo a un rasgo de ingenio. Un escritor poco famoso, un tal Bergerat, un día, como para darse importancia, le dijo:
—Yo, por si no lo sabíais, soy hijo natural.
—Evidentemente; todos los hijos son naturales.
—Sí, pero mi caso es distinto. Mi padre era un sacerdote.
—Pues os aseguro que de todos nuestros padres, el más respetable es el vuestro.

## GENGIS KAN

El guerrero mongol Gengis Kan (1162-1227) fue el fundador del imperio mongol y el unificador de Mongolia. Una anécdota explica mejor que nada su manera de ser. Su nombre era Gengis y kan su título de soberano, equivalente a jefe supremo. Quedó huérfano a los 10 años. Su primera juventud no fue triunfal. Pero consiguió imponerse, dominar, crear un ejército de... casi se podría decir que de bandidos, destruir y aniquilar a sus enemigos y apoderarse así de casi todo el mundo asiático. Venció a sus enemigos mongoles y fue reconocido como gran kan del país; derrotó a las tribus de Manchuria, dominó todo el norte de China y llegó a ocupar Pequín. Hacia el oeste se apoderó del Afganistán, de gran parte del actual Irán y hasta de extensas regiones de la Rusia actual. Cuando sus tropas se apoderaban de una ciudad, pasaban a cuchillo a los hombres y se llevaban a las mujeres y los niños. Y parte de los conquistadores se quedaban en la ciudad, se establecían allí con sus mujeres y sus hijos y así se extendía el poderío mongol.

Gengis Kan tenía cuatro hijos. Cuenta la anécdota que un día les reunió y les preguntó:
—¿Cuál os parece que es la mayor belleza que puede gozar un hombre en este mundo?

Uno de los hijos le dijo que la caza, otro que lanzarse a caballo a toda velocidad, otro que poseer mujeres bellas, otro que vencer al enemigo.
—Ninguno de los cuatro sabe toda la verdad. Y yo, vuestro padre, os la voy a decir. La mayor belleza que un hombre puede gozar en este mundo es luchar con los enemigos, echárseles encima, vencerles y matarles a todos; entrar en las ciudades vencidas, saquearlo y destruirlo todo, oír los gritos de los vencidos, ver llorar a las mujeres de los muertos, echarse sobre ellas y sobre sus hijas

y dejar en todas partes un rastro de dolor, de desolación y de muerte.

Gengis Kan murió en plena guerra, una guerra que sus hijos terminaron con la mayor devastación del vencido y la destrucción total de una ciudad, todo por respeto a la memoria del padre muerto. Y lo malo para la unidad de Mongolia fue que Gengis Kan, mal político como casi todos los guerreros, dividió su imperio entre sus cuatro hijos, que, menos fuertes que su padre, fueron vencidos por sus enemigos y quedó destruido así el imperio.

# GIDE

El escritor francés André Gide (1869-1951) celebró sus ochenta años, dos años antes de morir, en casa de su yerno, el escritor Jean Lambert. Su hija Catherine Lambert Gide preparó el pastel de cumpleaños con las ochenta velitas encendidas y los dos nietos de Gide, Isabelle y Nicolás, las apagaron soplando. Después de un rato, Gide se retiró a su habitación a descansar. En su breve equipaje llevaba siempre su diario. Y aquel día escribió una línea. Esto:
«Hoy, ochenta años. Gran necesidad de silencio.»

Decía siempre su edad, sin quitarse años. Una señora amiga le preguntó por qué no decía menos, pues también le creerían. Y Gide le preguntó a ella:
—¿Usted cuántos tiene?
—Treinta y nueve.
—Bueno; pongamos cuarenta y tres. Diga que tiene sesenta y todos le dirán que está muy joven. Y esto es halagador, creo yo.

Decía también Gide, refiriéndose a la edad, que las mujeres no comienzan a mostrar su edad sino cuando comienzan a ocultarla.

Se mostró siempre poco partidario del periodismo como literatura. Sin embargo, escribía en los diarios. Y una vez que le advertían esta contradicción, dijo:
—No hay contradicción ninguna. Escribir en los diarios no siempre es hacer periodismo.

Y aclaró:
—Yo llamo periodismo a todo lo que mañana será menos interesante que hoy.

A este gran escritor francés, Premio Nobel en 1947, le preguntaban cuáles eran las cien mejores novelas escritas en francés. Y decía:

—¿Las cien mejores? Necesito tiempo para pensarlo.
—¿Y las diez mejores?
—Necesito tiempo también. Mucho menos, pero un tiempo sí.
—¿Y la mejor? La mejor novela escrita en francés.
Y Gide contestó en seguida:
—*La cartuja de Parma.*
Y, aunque no hace falta decirlo, el autor es Stendhal (Henri Beyle).

## GIOCONDA

La mujer que ha pasado a la anécdota con el nombre de La Gioconda se llamaba Lisa Gherardini y estaba casada con un rico propietario florentino, de apellido Giocondo. Leonardo da Vinci le hizo el retrato más o menos entre 1502 y 1505. Dos años más tarde, en 1507, la señora Monna Lisa moría, en plena juventud, de unas fiebres malignas. Leonardo la estuvo pintando durante dos años. Y, después, se negó a entregar el cuadro con la excusa de que no estaba terminado. No se separó de su obra en muchos años y, al fin, la vendió al rey de Francia Francisco I por cuatro mil escudos de oro.

No iba Leonardo a pintar a la casa de Giocondo. Era ella, la bella mujer, la que acudía al estudio del pintor, siempre a la misma hora. Así lo exigía el pintor para que la luz fuese siempre la misma. Leonardo tenía músicos contratados y, al parecer, algunas veces él y la bella mujer pasaban el rato escuchando la música, sin que el pintor diera una sola pincelada.
—¿No trabajamos hoy? —preguntaba ella.
—Imposible —decía el pintor—. Hay una sombra de tristeza en tus ojos.

Y así conseguía el pintor que el cuadro no se terminara nunca y que tampoco se interrumpiera su diario trato con aquella bella mujer.

Es curioso que el cuadro de Leonardo da Vinci, conocido en todo el mundo por la *Gioconda*, no empezó a llamarse así sino, por lo menos, hasta cien años después de la muerte del pintor. Al principio se llamó *La dama del velo de gasa,* hasta que un investigador italiano averiguó, rebuscando en archivos, que aquella mujer del velo era Monna Lisa Gherardini, esposa del patricio Francesco di Bartolomeo di Zanobi del Giocondo. Cuando se casaron, ella tenía dieciséis años y él más de cuarenta, y había estado casado otras dos veces.

Se sabe que el matrimonio Giocondo tuvo una niña y que la

niña murió poco tiempo después de nacida. Se supone que el señor Giocondo, para consuelo de su entristecida joven esposa, contrató al mejor pintor de aquellos tiempos para que le hiciera un retrato; un pintor que entonces tenía 50 años, llamado Leonardo da Vinci.

El retrato de Monna Lisa ocupaba en el Museo del Louvre un puesto principal, casi enfrente de la gran escalera. No hace mucho fue cambiado de sitio y, donde estuvo durante muchos años, se puso el famoso *Gilles* de Watteau. Una revista francesa publicó, a raíz del cambio, este comentario:
«Una decisión, en la que nos esforzamos en no ver una manifestación de chauvinismo, ha cambiado de sitio algunos cuadros del Louvre. La gran galería que estaba reservada a la pintura italiana del Renacimiento, queda ahora destinada a las escuelas francesas de los siglos XVII y XVIII. Y allí el *Gilles*, de Watteau, ocupa el sitio de la *Gioconda*, que ha sido relegada a una situación más modesta. A pesar de todo, la *Gioconda* continúa siendo la principal atracción del Louvre. Y, mientras los visitantes se amontonan frente a su misteriosa sonrisa, casi nadie se detiene frente al cuadro de un pintor francés que la ha sustituido.»

## GIRAUDOUX

Jean Giraudoux (1882-1944), escritor y autor dramático francés, de mucho éxito en el primer cuarto de este siglo, con obras tan representadas como *La loca de Caillaux, No habrá guerra de Troya* y *Ondine*, cuenta que en la primera guerra mundial fue herido. Una de las enfermeras del hospital le conoció el nombre y le dijo al médico mayor que allí, entre los heridos, había un escritor conocido, Jean Giraudoux. El médico no entendía gran cosa en literatura, pero quiso conocer al soldado-escritor. Y, al día siguiente, al pasar visita, buscó a la enfermera que le conocía. No la vio, ni recordó el nombre que ella le había dicho. Y entonces, en voz alta, preguntó:
—¿Quién de vosotros, soldados, es un escritor conocido? Es que deseo conocerle yo.
Giraudoux no dijo nada. Y una voz desde el fondo de la sala dijo:
—Puedo ser yo.
—¿Cuál es vuestro nombre? —le preguntó el médico.
—Mauricio Dekobra.
Muchos de los heridos conocían aquel nombre y sonaron aplausos. Y el médico no pareció convencido.
—Pues yo diría que me dijeron otro nombre.
Giraudoux no abrió la boca y la cosa quedó un poco fría. Des-

pués, gracias a la enfermera, se aclaró todo. Y parece ser que el médico mayor, ya amigo de los dos escritores, les decía a veces:
—Esos escritores...

Giraudoux era diplomático, aunque nunca había ejercido cargos fuera de Francia. En una reunión de sociedad se hablaba de una ciudad de América. Se discutía si era una ciudad de la Argentina, del Ecuador o del Brasil. Y una señora, al ver a Giraudoux, le llamó:
—Oiga, señor diplomático, seguro que usted lo sabe: ¿a qué país de América pertenece esta ciudad?
—¡Claro que lo sé, señora!
—Pues dígalo, ¿a cuál?
—¿Y usted, querida señora, me cree capaz de revelar aquí, sin más ni más, un secreto diplomático?
Y no lo dijo. Después, según cuenta el mismo Giraudoux, al llegar a su casa, buscó la ciudad en una enciclopedia. Y entonces supo que se trataba de una ciudad brasileña.

Parece ser que Jean Giraudoux fue, en el colegio, un buen alumno. Y, sin embargo, se dan como auténticas algunas frases suyas referidas a la vida en los colegios y al bienestar de esta vida, que invitan a ponerlo en duda. Se le atribuye esta frase:
—Los niños en los colegios, si tienen la suerte de caer bajo buenos profesores, sólo aprenden a ser buenos profesores, que podrán ser utilizados en otro colegio. Si no tienen esta suerte, no aprenden nada.
Se le atribuye también esta confesión:
—Yo debo a mi colegio muchas horas de felicidad.
Y estas horas las explicaba así:
—Todas aquellas que, por mi escasa salud o por otras causas, entre ellas mi habilidad subversiva personal, conseguía no ir al colegio.

## GLUCK

De este músico (1714-1887) casi nunca se dice el nombre entero. Se llamaba Christophe Willibald Gluck. Con los músicos pasa esto, que se les conoce casi siempre por un solo nombre: Gluck, Mozart, Bach, Beethoven, Wagner... Se cuenta de Gluck una anécdota que, muy parecida, se ha contado de algunos otros autores. Puede ser que hubiese sido él el verdadero protagonista. Un día, en Viena, sin querer, rompió con la puntera de su bastón el cristal de un escaparate. El dueño de la tienda le exigió que le pagara el valor del cristal. Y le pidió cincuenta florines.
Gluck sólo llevaba un billete de cien. El dueño de la tienda no

tenía cambio. Estuvieron discutiendo cómo lo podían solucionar. El tendero se obstinaba en no dejarle marchar sin pagarle el siniestro. Y, al fin, Gluck exclamó:

—¡Ya está!

Dio un bastonazo a otro cristal igual, lo rompió y gritó:

—¡Quédese ahora los cien florines! ¡Estamos en paz!

Gluck era hijo de un guardabosque. En sus últimos años estuvo casi imposibilitado, después de un ataque de apoplejía. Había sido hombre de buen diente y, sobre todo, buen bebedor.

Un día el príncipe de Saint-Empire le preguntó:

—¿Cuáles son las cosas de esta vida que más os gustan?

—El dinero, el vino y la gloria.

—¿Por este orden?

—Exactamente, pues con el dinero compro vino, con el vino me entra la inspiración y el fruto de mi inspiración me abre la puerta de la gloria.

Gluck explicaba así la misión de la música y de la letra en las óperas:

—La música debe secundar la poesía para hacerla más expresiva, sin interrumpir la acción ni añadirle adornos superfluos.

Y, al parecer, una vez un poeta, después de oír un trozo de música de Gluck, le dijo:

—Me gustaría ponerle letra a esta música.

Gluck le dijo que no quedaría bien. Y añadió:

—Nunca debe ponerse letra a una música, sino al revés: música a una letra. Cualquier buen poema, si se le pone música, cantado con aquella música se hace mejor. Y ninguna música mejorará si se le añade una letra.

## GOETHE

Johann Wolfgang Goethe (1749-1832) es uno de los escritores más importantes en lengua alemana. Su *Fausto* es una obra inmortal y su *Werther*, la primera novela que escribió muy en la juventud, una de las mejores novelas de amor que se han escrito jamás. Con una cosa muy notable: que sin que ocurra apenas nada (sino que un hombre se enamora de una mujer y se suicida al saber que ella ama a otro), el libro es todo acción desde el principio al fin.

Muy mozo aún, a los quince años o así, se dedicaba con unos amigos a escribir cartas de amor. Y las ofrecían a los enamorados que no se atrevían a declarar su amor a las chicas amadas. Y al revés: a las muchachas enamoradas de mozos que no se les acercaban. Escribieron una carta para una muchacha, prima de uno de los del grupo, que se llamaba Margarita, y a la que Goethe no conocía ni de vista. Le dijeron que la muchacha estaba enamorada de un muchacho con el que no había hablado nunca. Goethe escribió la carta. Y poco tiempo después recibió una carta con letra de mujer, firmada Margarita, que era copia exacta de la que él mismo había escrito. Los otros muchachos sabían que la chica estaba enamorada de Goethe sin que él lo supiera y urdieron todo el embrollo. Y así se conocieron Goethe y Margarita, la que fue su primera novia, y a la que hizo protagonista de la primera parte del *Fausto*.

Nunca tuvo Goethe mucha consideración con las mujeres. Las tomaba y las dejaba, después de haber gozado de ellas, sin hacer caso ninguno de sus lamentos. Se contaba que a una de sus amadas, al separarse de ella ya para siempre, le dijo sencillamente:
—Me voy y no volveré. Puede que mañana lo lamente.
Y aquella mujer, de lo que sintió el poeta el día siguiente nunca tuvo noticia. El caso es que nunca quiso Goethe encontrarse otra vez con una mujer de la que se hubiera separado ya. Y suyo es un texto que dice: «El recuerdo de un amor pasado es muy agradable, siempre que se evite la presencia de la mujer que nos lo inspiró».

En la mesa de Goethe había siempre invitados. Allí se hablaba de todo y Goethe participaba en todas las conversaciones, menos si le empezaba a germinar alguna buena idea. Entonces adoptaba una actitud reflexiva, siempre la misma; entornaba los ojos y permanecía inmóvil. Y así estaba a veces mucho rato. En aquellas ocasiones todos respetaban la elaboración mental de Goethe y permanecían en silencio hasta que el anfitrión abría los ojos y les preguntaba:
—¿De qué hablábamos?
Y era protocolario que uno de los invitados continuara el tema que había quedado interrumpido. Contaba un estudiante, amigo del hijo de Goethe, que, estando invitado a comer en la casa, por determinadas circunstancias, llegó tarde. Ya estaban todos sentados a la mesa cuando él llegó. Había en la mesa un sitio libre, el del recién llegado, que llegaba, precisamente, en uno de los momentos de silencio. Y el hijo de Goethe se levantó a recibir a su amigo, le impuso silencio, le llevó a su sitio y le advirtió:
—Silencio. Mi padre piensa.
Y, terminada la elaboración mental de Goethe, su hijo hizo la presentación del amigo. Goethe le preguntó:
—¿Cuándo has llegado?
—Mientras estabais pensando, señor.
Y parece que Goethe le dijo algo así como:
—Lo mejor que podría hacer por ti sería comunicarte mi pensa-

miento. Pero ésta es, entre los hombres, una comunicación imposible.

Le preguntaban una vez para quien escribía. Dijo:
—No lo sé, pero supongo que para muy pocos. Nunca pretendí complacer a la multitud, pues lo que yo puedo hacer la multitud no lo quiere, y lo que todo el mundo quiere, yo no lo puedo ni lo quiero hacer.

En los últimos tiempos de su vida, decía:
—Aunque me sea posible consagrar mil últimas fuerzas a la tierra, mi pensamiento se encuentra apartado de la vida, está en otra parte, en el mundo inefable de las cosas inciertas. No tengo nada más que decir a nadie.

Goethe era hombre muy comedido en todo. Le gustaba la buena mesa y los buenos vinos, pero nunca abusaba de una cosa ni de otra. Ya en sus últimos años le gustaba celebrarlos cuando los cumplía. Su secretario, el señor Wolf, entraba todos los días a saludarle a la misma hora, no muy tarde, de la mañana. Un día de verano le encontró extrañamente alegre. Vio sobre la mesa una botella de vino medio vacía y un vaso medio lleno. Goethe se dio cuenta en seguida del asombro de su secretario y, muy exaltado y hasta a trompicones, le gritó:
—¡Celebro mi cumpleaños! Nadie en este olvidadizo país se acuerda hoy de que Goethe cumple años, cosa que me tiene sin cuidado, puesto que éste sería un recuerdo indigno de mis paisanos. ¡Me basta recordarlo yo! ¡Y celebrarlo yo! Y, en efecto, como podéis ver, lo estoy celebrando.

Y bebió de un trago el vino que quedaba en el vaso. El secretario, tímidamente, le advirtió:
—Sí, en efecto, vuestro cumpleaños es el veintiocho de agosto. Y hoy estamos a veintisiese, o sea, que vuestro cumpleaños, que no es precisamente hoy, será, exactamente, mañana.

Goethe se precipitó entonces hacia su calendario, abierto en el 28. Buscó la hoja que arrancara y vio que había arrancado dos en vez de una. Y cerró la equivocación con una buena sentencia:
—Es la primera vez en mi vida que me emborracho inútilmente. Y con una agravante: que mañana tendré que acabarme la botella.

Era costumbre entonces, como lo ha sido durante mucho tiempo, recoger en álbumes autógrafos de personajes famosos. Una princesa romana, durante el viaje de Goethe por Italia, le pidió un autógrafo. Goethe le dijo:
—Hacedme una pregunta en el álbum y os la contestaré.

La princesa le mandó el álbum con esta pregunta en una página en blanco: «Si no fuerais Goethe, ¿qué os gustaría ser?». Y Goethe puso esta contestación: «Aquí, en Roma, vuestro príncipe».

Un crítico le reprochó el uso de algunos barbarismos y Goethe le dijo:
—La fuerza de un idioma no consiste en saber rechazar, sino en saber incorporar.

Goethe era, como todos los escritores con genio, partidario decidido del neologismo y enemigo acérrimo de los puristas.

En la mesa de Goethe estaba terminantemente prohibido hablar mal de los ausentes. Y si alguno se atrevía a insinuar algo en este sentido, Goethe le imponía silencio en seguida. Le decía:
—No; aquí, no. Si os gusta el barro, llenad de barro vuestra casa. La mía, no.

La madre de Goethe era una amable viejecita. Se llamaba Elisabeth Textor. Cuenta Goethe, en una de sus cartas, que su madre le daba este consejo:
«Que tu paso por la vida sea como el paso de un hombre por la nieve, en la que deja un rastro, pero no la ensucia».

La madre de Goethe quería a su hijo tanto que, víctima de su última enfermedad, prohibió que le dijeran al hijo lo enferma que estaba. «No quiero hacerle sufrir más de lo necesario.» Y así estuvo enferma sin que casi nadie lo dijera. Recibió aquellos días una invitación para una fiesta. La contestó en la siguiente forma: «Siento no poder aceptar, pero es que he aceptado antes otra invitación». La visitaron después, le preguntaron por la otra invitación y dijo:
—La de la muerte.
Y moría pocos días después.

Goethe fue un gran conquistador de mujeres. Era hombre de muy buena presencia, muy decidido, de conversación muy agradable y rendía fácilmente los corazones de las mujeres que le trataban. Una de sus primeras enamoradas fue la hija de un profesor de baile, del que era discípulo Goethe. Se llamaba Lucinda. Goethe no le hacía mucho caso. Y un día ella se le echó encima, le abrazó y le besó apasionadamente. Y le gritó después:
—¡Que sea desgraciada la mujer que bese tus labios sobre este beso mío!

Goethe no se dejó impresionar por el augurio. Pero se lo contó a la primera mujer que le amó después. Y ella le besó apasionadamente también y le dijo:
—Así queda roto el augurio.
—¿Y si eres desgraciada?
—Habré salvado de serlo a otra a quien nunca conoceré. Y luego dirán que las mujeres no tenemos espíritu de sacrificio.

Goethe vivía entonces en Weimar, con su hijo. Y nunca rehusaba tener invitados a comer. Si no les conocía les preguntaba algunas cosas y si se le daban pruebas de cierta inteligencia en las contestaciones, les seguía preguntando y hablando con ellos.

Un día tenía invitado a un amigo de su hijo, recién llegado de otra ciudad. Goethe le preguntó:
—¿Habéis visto algo, durante vuestro viaje, que os haya llamado la atención?
—Pues..., la verdad, no.
Goethe se volvió hacia la persona que tenía sentada al otro lado y le habló de otra cosa. Y en toda la comida no volvió a dirigir la palabra al invitado de su hijo, un hombre que, al viajar, no se enteraba de nada interesante.

No era Goethe nada amigo de los críticos. De uno llamado Tieck, que se había ocupado muchas veces de sus libros, decía:
—Todas las rosas tienen su insecto y todos los poetas también. El mío es Tieck.

Parece verdad que las últimas palabras de Goethe, estando moribundo, fueron:
—¡Luz! Luz! ¡Más luz aún!

## GOGOL

Nicolás Gogol (1809-1852), muy buen escritor ruso, mostró, desde la infancia, una imaginación sorprendente. Se conducía siempre como si fuese otro y se moviera en un mundo imaginario. En el colegio trataba a sus compañeros unas veces como si les hablara un rey; otras, como si les hablara un bandido o un ermitaño. Y sus compañeros de colegio le habían puesto como apodo *El enano misterioso*.

Con este apodo firmó Gogol algunas de sus colaboraciones en los diarios.

Gogol intentaba divertir a los lectores con sus relatos. Decía:
—Todo en la vida tiene un aspecto divertido. Yo me pongo como misión enseñar a los otros a comprender lo divertido que es el mundo.

Y escribió su gran novela *Almas muertas*, dio a leer el original a Puchkin y éste se entristeció tanto leyéndolo, que tuvo que interrumpir varias veces la lectura. Y, al devolvérselo a Gogol, le dijo:
—¡Qué bien habéis sabido describir la gran tristeza de nuestra Rusia!

Esto sorprendió mucho a Gogol, pues estaba convencido de haber escrito un libro divertido.

Un libro que no se pudo publicar en seguida, porque la censura no lo autorizó. La primera dificultad fue el título. Dijo el censor que las almas eran inmortales, y que aquello de almas muertas podía ser interpretado como una herejía. Gogol explicó a los censores que no se trataba de contradecir la inmortalidad del alma, que aquello de «almas muertas» era una cosa imaginaria; que en el libro se contaba la historia de un señor ruso que compraba a sus amigos los siervos muertos, los inscribía a su nombre como si vivieran y así presentaba a los bancos una lista de muchos más siervos de los que, en verdad, tenía y obtenía préstamos mayores. Y la censura no autorizó la publicación del libro. Dio la razón de que el relato era ofensivo para las instituciones rusas.

A sus amigos les decía Gogol:

—Os deseo que seáis almas vivas y no almas muertas, como tantas hay.

Un amigo le preguntó:

—¿Cuál es la diferencia entre un alma viva y un alma muerta?

—Todos lo sabréis cuando se publique mi libro.

Al fin el libro se publicó, pero con otro título: *Aventuras de Chichikov* y con el subtítulo de *Las almas muertas*. Y así fue autorizado.

Antes Gogol había publicado una novela histórica *Tarás Bulba*, que tuvo mucho éxito. Sus amigos le animaban a continuar con obras del mismo tipo. Y Gogol les decía:

—No lo puedo hacer. No tengo bastante imaginación para esto.

—Pero para las novelas históricas no hace falta imaginación.

—Mucha más que para las otras. En mis otros libros lo tomo todo de la vida, de la realidad. En mi Tarás Bulba lo inventé todo.

—Pero Tarás Bulba es un personaje histórico.

—Del que nadie sabe nada; ni yo. Y en mi libro explico muchas de sus aventuras, inventadas todas.

—Son hechos históricos.

—Desde luego. Pero, aparte el hecho, que se explica en cuatro líneas, todo lo demás es inventado.

## GONCOURT

Los hermanos Goncourt, Edmundo (1822-1896) y Julio (1830 a 1870), fundaron la Academia Goncourt, que todavía existe y que todos los años concede un premio literario, el Premio Goncourt, que supone para el libro premiado la venta de muchos ejemplares. En realidad, la Academia Goncourt es una fundación para la concesión de un premio anual, que no empezó a funcionar hasta después de la muerte del último de los hermanos, el mayor, el cual vivió muchos más años que el otro. Lo más importante de la obra de los Goncourt es su famoso *Journal,* en el que se habla de todo lo ocurrido en el ambiente literario de París, desde 1852 hasta casi el fin del siglo XIX.

Cuentan los Goncourt, en su diario, que estaban un día en un restaurante y entró un señor con muchos años encima. Iba solo. Se sentó y quedó allí inmóvil, como ausente de todo lo que le rodeaba. El *maître* le preguntó:
—¿Qué desea el señor?
Y éste, después de un suspiro, le dijo:
—El señor sólo desea poder desear alguna cosa.

Y los Goncourt añaden a su relato este comentario: «Aquel hombre no era un viejo; era la ancianidad personificada».

Edmundo de Goncourt (se firmaban siempre «de» Goncourt, pues eran de familia aristocrática) definía así la diferencia entre franceses e ingleses:
—Los franceses nos tomamos cálidamente un caldo frío, y los ingleses se toman fríamente un buen caldo caliente.

No se ve que estuviera muy acertado en esta definición, puesto que el buen caldo caliente francés, el *bouillon,* es más famoso que ningún caldo inglés. Más acertado estuvo en otra frase referida también a los restaurantes. Decía:
—Un *maître* inglés no hace nada por enterarse de qué desea comer su cliente, y un *maître* francés hace todo lo posible para enterar a su cliente de aquello que le conviene comer.

También decía:
—Los ingleses son tramposos como pueblo y muy honestos como individuos. Y los franceses al revés; son honestos como pueblo y tramposos como individuos.

Le preguntaban a Goncourt su opinión sobre la música. Y Goncourt (siempre se habla de «los Goncourt», de los dos a la vez; y si alguna vez se habla de uno sólo es siempre de Edmundo) la daba así:
—A mí lo que más me gusta de la música son las mujeres cuando la escuchan.

Siempre han tenido fama en París los salones dirigidos por alguna mujer. En realidad, se puede decir que la historia de los salones forma parte de la historia de la literatura francesa. Y, muchas veces, los salones han sido juzgados cruelmente por los mismos que a ellos acudían. Víctor Hugo decía que «para descansar de la diversión del trabajo, nada mejor que el aburrimiento de los salones».

Edmundo de Goncourt lo pasó muy bien y muy divertido en uno de los salones del París de entonces. Salía de allí con su amigo Viollet-le-Duc y le decía:

—Hoy sí que lo hemos pasado bien.
—¿Sabéis por qué?
Goncourt no encontraba la razón. Viollet-le-Duc le dio ésta:
—Porque Fulano de Tal está ausente de París.
—¿Y eso qué tiene que ver?
—Es el todo. Este señor, como todo el mundo sabe, es el amante de madame Tal (la organizadora del salón), y en esas reuniones sólo se pasa bien y divertido cuando la dueña de la casa tiene un amante y el amante no está.

Goncourt de uno de sus amigos, banquero, decía:
—Es un ladrón con licencia para robar.
—¿Existe esta licencia? —le preguntaban.
—Sí, y todos los banqueros la tienen, concedida por el Gobierno.
—Así, ¿creéis que todos los banqueros roban?
—Desde luego, en defensa de su prestigio profesional. Porque, si no roban, quiebran. Y esto les desprestigia.

Goncourt era muy aficionado a la buena mesa. Y contaba una anécdota que se ha repetido mucho después, ya convertida en cuentecillo. Su médico le había prohibido comer todo aquello que más le gustaba. Decía:
—Los médicos hacen esto siempre, porque así entristecen al cliente y le pueden recetar después contra la tristeza.

Contaba que, una noche, había encontrado a su médico en un famoso restaurante, cenando copiosamente de todo aquello que le había prohibido a él. Se le acercó y le dijo:
—¿De forma que vos, doctor, os dais el gustazo de comer todo lo que prohibís a vuestros enfermos?

Y decía que el médico le dio esta explicación:
—Es que a mí me visita otro médico que, al parecer, sigue otro sistema.

## GRANT

Ulises S. Grant (1822-1885) fue uno de los generales en la guerra de Secesión de los Estados Unidos y, más tarde, decimoctavo presidente de la nación, 1868. Siendo general, ganó importantes batallas y contribuyó así poderosamente al triunfo del norte. Tenía enemigos, como los tiene todo el que triunfa. Y uno de sus enemigos advirtió al presidente Lincoln del peligro que suponía para todos la conducta de Grant, que tenía la costumbre de emborracharse. Algo de esto parece que era verdad. Lincoln fingió interesarse por la noticia y quiso saber más detalles.
—¿Y con qué se emborracha?
—Con whisky. Lleva siempre unas botellas en su equipaje.

Lincoln estuvo pensando un rato y preguntó más detalles.
—¿Podría saber la marca del whisky?
—Pues no creo que sea difícil saberlo. Me informaré.
—Sí, y cuanto antes mejor.

El que daba la noticia quedó un poco extrañado, no lo disimuló y Lincoln le explicó su idea:
—Es que me procuraré algunas cajas de este whisky y mandaré botellas a mis otros generales, a ver si así ganan las batallas tan fácilmente como las gana Grant.

Grant fue después presidente de los Estados Unidos. Ya en la presidencia mantuvo siempre buenas relaciones con sus compañeros de armas, y atendió a todos los que le visitaron. De uno no había vuelto a saber nada, un tal general Burnside. Preguntó por él y le dijeron que se había retirado a un pueblecito, donde estaba muy enfermo. Y Grant prometió visitarle y cumplió su palabra.

Era hombre de muy pocas palabras y en su vida había pronunciado un discurso. En el pueblecito donde residía el general Burnside ya retirado, le recibieron con todos los honores, le acompañaron hasta la casa del enfermo y mucha gente se reunió en la calle a la espera de que el presidente los saludara desde el balcón. Así se lo dijeron a Grant y él les complació. Salió al balcón y saludó a todos manos en alto. Pero en seguida se hizo un gran silencio y todos esperaban que él les dirigiera unas palabras. Alguien le dijo al presidente:
—Esperan que les hable.
—No, no; hablar, no.
La gente persistía en el prolongado silencio y no hubo otro remedio que decirles algo. Y Grant repitió lo mismo que había dicho al negarse, pero más brevemente. Levantó las dos manos y dijo:
—Hablar, no.
Bajó las manos y desapareció. Y, al parecer, fue ovacionado.

No tenía ninguna disposición para la música. Y una vez, cuando ya era presidente de los Estados Unidos, tuvo que asistir a un concierto. Y después de un rato, le dijo al que estaba a su lado:
—La verdad es que yo en música entiendo muy poco. Y como conocer sólo conozco dos piezas: nuestro himno nacional y otra de la que lo único que sé es que no es el himno nacional.

## GROCK

El famoso payaso Grock (1880-1959) se llamaba Adrian Wettach, era suizo, hijo de un relojero. Contaba así su comienzo en un circo como payaso:

Creía tener vocación para esta difícil profesión, consiguio que un empresario de circo le contratara, y la primera vez que salió a hacer y decir gansadas ante el público no se rió nadie. Después de la función, el empresario le dijo:
—Pruebe de domador. Acaso los leones se le den bien.

Grock pidió al empresario que le diera una segunda oportunidad como payaso. Y, en su segunda salida, en un momento dado, sonó una carcajada. Grock estaba tan aturdido que, al oírla, echó a correr. Y, con aquella improvisada carrera, hizo reír a muchos. Y así empezó. En la tercera salida tuvo un amigo escondido entre el público. Salió, dijo una tontería cualquiera y el amigo soltó una carcajada ruidosa. Grock se asustó y echó a correr. Y este truco le sirvió, al parecer, durante muchos años.

Decía Grock:
«No todos los países ríen con los mismos trucos. Y yo, según el país, hago una cosa o hago otra. En cada país en su idioma propio. Un día me confundí y en Alemania empecé un truco de los destinados a Francia. Lo comencé en francés, como lo hacía siempre. Y el público se rió mucho. Y entonces me di cuenta de que los trucos que no hacían reír, presentados en el idioma del otro país donde la gente se reía con ellos, daban risa. Este descubrimiento aumentó mucho mi repertorio.»

Un periodista, en una entrevista, le preguntó:
—¿Y usted, qué se propone?
—Una sola cosa: hacer reír a la gente.
—¿Nada más?
—¿Le parece poco?

El periodista no parecía muy convencido y Grock le invitó a tomar su puesto.
—Ande, pruébelo. Hay más de mil personas en el local. Vístase como quiera, salga a la pista y trate de conseguir que se rían más o menos todos durante diez minutos.

El periodista no aceptó y, si hubiese aceptado, es casi seguro que no habría conseguido sino fracasar.

## GUATIMOZÍN

Fue el último emperador azteca de México (1497-1522). Se llamaba Cuauhtémoc, palabra que en azteca significaba «el águila que baja». Era yerno de Moctezuma. Los españoles le llamaban Guatimozín. Fue el que venció a los soldados de Cortés en la «noche triste». Después fue hecho prisionero cuando intentaba abandonar la ciudad en una piragua. Cortés, para obligarle a decir dónde estaba escondido el tesoro real, mandó darle tormento, al parecer, quemándole los pies. Anecdóticamente, poniéndole sobre una parrilla calentada al fuego. Y, junto con él, pusieron a su primer ministro, que no pudiendo soportar el dolor, daba alaridos. Y entonces Gautimozín le dijo:

—¿Crees que yo estoy sobre un lecho de rosas?

Fue ahorcado después, a la edad de 25 años, en el curso de una expedición dirigida por el mismo Cortés. En Ciudad de México tiene un monumento.

## GUILLERMO II

Guillermo II, último emperador de Alemania (1859-1941), no parecía, en la juventud, muy dotado para el gobierno de un país. Se cuenta que su padre, el emperador Federico, cuando el príncipe Guillermo fue declarado oficialmente mayor de edad, dijo:

—La verdad es que este hijo mío completamente mayor de edad no lo será nunca.

Fue, según parece, muy superficial en todo, aunque presumió siempre de entenderlo todo muy bien. Y se las daba de muy entendido en arte y ciencia de guerra, aunque, según sus generales, la verdad era todo lo contrario. Quiso una vez dirigir personalmente unas maniobras militares. Hacia el final detuvo su caballo ante el de uno de sus generales y le preguntó:

—¿Algún comunicado, general?

—Ninguno, señor.

—¿Cómo que no? Vuestra obligación como general es darme un comunicado.

—Si me lo exigís, os lo daré. Y será éste: que toda esta maniobra ha sido desde el principio al fin un incalificable disparate.

El general, en castigo de haber dicho la verdad, fue retirado del servicio activo.

Guillermo II tenía espías en todas partes y había dado órdenes muy severas a la policía contra todos los que le criticaban. Un día, en una bodega, dos bebedores hablaban del emperador. Se habían conocido allí, gracias a la alegría del vino. Uno de ellos, en un momento de expansión, levantó el vaso e hizo este brindis:

—¡Por el loco emperador!

El otro bebedor se cuadró ante él y le gritó:

—¡Quedáis detenido!

Era un policía de los que andaban siempre mezclados entre las buenas gentes. El pobre detenido intentó defenderse. Dijo:

—Yo no me refería a nuestro emperador, sino al emperador de China.

Y el otro bebedor-policía:

—¡Qué va! Todos sabemos que emperador loco sólo hay uno: ¡el nuestro!
Y lo llevó detenido.

Una revista italiana, *La Stampa*, publicó una curiosa anécdota de la visita que hizo Guillermo II a Italia, en su juventud. El emperador de Alemania quiso conocer por dentro algún palacio veneciano. Se hicieron gestiones para que la condesa Van Axel le recibiera en su palacio. Se estipuló que la visita del emperador sería a las nueve de la mañana. La condesa madrugó para tenerlo todo en orden a las nueve. A las diez todavía no había llegado el emperador. Y un caballero del séquito imperial visitó entonces a la condesa para decirle:
—El emperador se ha retrasado por lo mucho que se ha alargado su visita al monasterio de los frailes armenios.
A las once llamaron por teléfono a la condesa y una voz le dijo:
—El emperador está visitando San Marcos.
Nueva llamada a las doce y otra voz:
—El emperador está tomando un ligero refrigerio.
Hacia las dos otra llamada por teléfono y otra vez:
—El emperador...
La condesa interrumpió a la voz y le dijo:
—La señora condesa Van Axel tiene costumbre de sentarse a la mesa a las dos en punto y después de comer duerme la siesta hasta las cinco.
Y colgó. La visita no se hizo.

Corrían muchos chistes por Alemania burlándose del emperador Guillermo. Uno de ellos era éste:
—¿Qué diferencia hay entre Dios y Guillermo II?
La contestación era:
—Dios en siete días fue capaz de crear todo lo que existe.
Y Guillermo II en siete días sería capaz de destruir todo lo creado por Dios.

Un proverbio alemán decía que la misión de la mujer consistía en las tres K: Kinder, Kirche, Küche. Guillermo II modificó el proverbio añadiéndole otra K, y dejó el antiguo proverbio así: Kaiser, Kinder, Kirche, Küche. O sea que el niño, iglesia, cocina, fue convertido en emperador, niño, iglesia, cocina.
Guillermo II tenía manías de grandeza. Ordenó la construcción de un acorazado que fuese el navío de guerra más poderoso e inexpugnable del mundo. Y dio con la orden todos los datos relativos a cómo debía ser el acorazado. Un tiempo después recibió un comunicado del director de los astilleros navales: «Majestad: vuestro acorazado será el buque de guerra más poderoso y terrible que jamás se haya visto. Se desplazará a una velocidad nunca con-

seguida hasta ahora. Su armamento superará a cuanto se ha hecho en toda la historia militar del mundo. El alcance de sus cañones será incalculable y representará un gran honor para toda la marinería alemana formar parte de la dotación de este navío, que sólo tendrá un pequeño defecto: que se hundirá tan pronto como sea botado».

El acorazado no se construyó, pero el director de los astilleros perdió su puesto.

Bülow, en sus memorias, asegura que la emperatriz madre dijo una vez a una amiga suya:
—Mi hijo será la ruina de Alemania.
Profecía que se vio cumplida en 1918.

Y Maurois, en su *Eduardo VII y su tiempo* cuenta que la emperatriz dio una vez la composición de un Gobierno ideal para su hijo, del que formaban parte Julio Verne, Randolph Churchill, el general Boulanger, dos exploradores de África, dos inventores y Ricardo Wagner.

También cuenta Maurois que una vez, en un banquete, cuando Guillermo II se levantó para tomar la palabra, su madre dijo a la dama que estaba sentada a su lado:
—¡Qué podría hacer yo para que mi hijo se quedara sin voz!

### GUITRY, Lucien

Lucien Guitry (1860-1925) tenía salidas muy buenas, lo mismo que las tuvo su hijo Sacha Guitry. Un desconocido le visitó en su camarín del teatro, en un entreacto.
—Señor —le dijo—, soy uno de vuestros más fervientes admiradores. Y me haría feliz si me dedicara este retrato vuestro.

Era un retrato de Guitry en uno de sus papeles. Guitry accedió. Y, mientras buscaba la pluma y le preguntaba el nombre al desconocido, éste no dejaba de hablar. Decía:
—En algunas de sus interpretaciones está sublime. Su Cyrano es el mejor que he visto. Iba todas las noches a verle. ¡Un recuerdo inolvidable para mí!

Guitry le puso esta dedicatoria:
—A Fulano de Tal, el único hombre del mundo que me ha visto representar el *Cyrano*.

Porque esta obra, el *Cyrano*, Lucien Guitry no la había representado jamás.

## GUITRY, Sacha

Sacha Guitry, hijo de Lucien, fue tan famoso como su padre. Sacha Guitry (1885-1957) fue en el colegio un mal estudiante. Pero razonablemente malo. Nunca quiso estudiar nada de matemáticas, historia ni geografía. De las matemáticas decía:
—Nunca he entendido nada. Para mí las matemáticas son como si estuvieran todas en chino. Y ¿de qué me serviría aprender el chino?

Y de la historia y la geografía opinaba:
—Estudiar esas cosas que están todas en los libros es perder el tiempo. Si necesito un dato, lo busco en el libro y lo encuentro siempre. Estudiar esos libros sería tanto como aprenderse la guía de teléfonos y los horarios de los trenes.

Hablaba Guitry con Max Maurey, empresario del teatro donde se daba una comedia de Guitry. El empresario estaba de mal humor. Guitry todo lo contrario. Y decía:
—No puedo quejarme de mi situación personal. Escribo una comedia en tres noches, la ensayo durante un mes, la tengo en cartel un año y me gano quinientos mil francos.

Y el empresario le hacía una proposición:
—¿Vamos a medias?
—¿En todo?
—¿Por qué no? El hecho es que ahora mi caso no es exactamente igual al suyo. Usted escribe la obra en tres noches, la ensayamos los dos durante un mes, yo la tengo en cartel durante un año y, a fin de año, he perdido quinientos mil francos.

Es fácil que ninguno de los dos dijera la verdad y lo seguro es que nunca fueron a medias en todo.

Tampoco Sacha Guitry estaba contento de los críticos. Y lo decía con frecuencia:
—No, no; no me gustan los críticos.

Le preguntaban la razón y daba siempre la misma:
—Porque son los que escriben esos disparates que la gente llama críticas.

Guitry era muy rápido en sus contestaciones y, tanto en el teatro como fuera de la escena, encontraba siempre la manera de resolver una situación apurada. Una vez, uno de sus admiradores le invitó a comer. Estaban en el camarín de Guitry. La invitación fue hecha con tanto deseo que Guitry no se atrevió a decir que no. Y en cuanto que el admirador se fue le ordenó a su secretario:
—Mandad una nota a este imbécil, diciéndole que no puedo comer con él.

Y justo entonces advirtió que el «imbécil» estaba allí todavía,

y que le había oído. Volvió el rostro hacia él y añadió, solemne:
—Porque como con este señor.
Y comió con aquel señor.

Cuenta Jules Renard en su diario que, una vez que se hablaba de Egipto, Guitry dijo:
—He estado allí y he descubierto de los egipcios que es un pueblo que se burla de los europeos desde hace cuatro mil años.
Y añadió:
—El que descubrió esta cantidad de tiempo fue Napoleón ante las pirámides, aunque el secreto lo interpretó mal.
Se refería a la frase de Napoleón: «¡Soldados: desde lo alto de las pirámides, cuarenta siglos os contemplan!», frase que, según algún autor, Napoleón no pronunció nunca.

Se hizo famoso por sus frases cáusticas, pronunciadas casi todas en ocasiones a propósito y repetidas después. Como a la mayoría de los franceses, le gustaba hacer frases, y si alguna le salía buena, insistía en ella, y así sus amigos la repetían después, señalando «como dice Sacha Guitry».
De uno que se mostraba muy acérrimo en el sostenimiento de sus opiniones, dijo: «No se lo perdono. Nada me cuesta perdonar a los otros que no sean de mi opinión; pero me cuesta mucho perdonarles que sean pesadamente de la suya».
Cuando terminó la segunda guerra mundial estuvo un tiempo en la cárcel como colaboracionista con los alemanes. Y decía después: «La cárcel es un sitio donde, aparte de lo más necesario, no le falta a uno nada».
Y de la vida dijo más de una vez: «La vida es un conjunto de pequeños dramas que, todos juntos, no pasan de ser una comedia ligera».

Comió una vez Guitry con unos amigos en un restaurante de lujo. Pidió la cuenta. Le pareció muy caro, hizo llamar al dueño y le dijo:
—Somos colegas, señor. Y entre colegas...
—¡Ah, perdón! No lo sabía.
La cuenta fue rebajada en veinte por ciento. Guitry pagó y el dueño del restaurante quiso saber dónde tenía Guitry el suyo.
—Yo no tengo ningún restaurante.
—¿No ha dicho que somos colegas?
—Sí; es que soy ladrón profesional.
Y cuando el dueño del restaurante empezaba a insinuar protestas, Guitry le preguntó:
—¿Quiere que lo discutamos en voz alta para que todo el mundo se entere?
El *maître* se esforzó en contener al dueño y después le dijo:

—Este señor es Guitry.
—¿Y quién es Guitry?
—Uno de nuestros mejores actores.
—Lo creo. Aquí no lo ha hecho del todo mal.

Guitry no sólo se caracterizaba muy bien, sino que podía hablar con voces distintas. En alguna obra había interpretado dos papeles sin que nadie se diera cuenta. Y había pedido a un autor amigo que le escribiera una comedia con cuatro papeles distintos para interpretarlos todos él, y aseguraba que se anunciaría con cuatro nombres distintos y nadie del público se daría cuenta de la verdad.

Un día un tipo llamó a su puerta. Le abrió Justina, la camarera de turno.
—Deseo ver al señor Guitry.
—No está en casa.
—Supongo que esto es lo que dice a todos los visitantes. Pero sé que está.
—Le aseguro que no.
—¿Se apuesta algo? ¿Cien francos?

Justina, segura de que Guitry no estaba en la casa, aceptó la apuesta. Y le dijo al desconocido:
—Entre. Si le encuentra, le pago. Si no, me paga usted a mí.

El desconocido se dirigió a la habitación de Guitry, de la que salió muy poco después y... ¡era el propio Guitry! Éste perdonó los cien francos a la pobre Justina, que no le había conocido.

No sabía vivir solo, sin una mujer al lado. Y cuando la tenía, no sabía estar con ella. La razón de sus frecuentes cambios de mujer era que las mujeres, tan pronto como un hombre se las mete en casa, dejan de ser como eran y se convierten en otras. Decía también:
—No me importa que las mujeres me fastidien; lo que no aguanto es que me fastidie siempre la misma.

Tuvo un conflicto con un sastre y quiso vengarse. El sastre le había dicho que otro actor, uno muy famoso entonces, le debía varias facturas y no había manera de cobrarlas. Guitry llamó a la puerta del otro actor, le abrió un criado:
—Usted dirá.
—No, usted. Y le dirá al señor Foulin, de parte de Raimu, el sastre, que el señor Foulin es el mayor sinvergüenza de París.

Y se fue, aprisa. Volvió al otro día y dijo exactamente lo mismo. Y otro día igual. Y otro. El criado le abría la puerta y gritaba:
—¡De parte del sastre Raimu, que el señor Foulin es un sinvergüenza!

Y, al fin, llamó por teléfono al sastre Raimu y le dijo que había

hablado con Foulin, y que Foulin le había dicho que si veía a Raimu le dijera que ya podía ir a cobrar la factura, que le pagaría. Raimu fue el mismo día. Le abrió la puerta el criado:
—Soy Raimu, el sastre, que...
Y el criado, como es de suponer, le cerró la puerta en las narices. Y la factura quedó sin pagar.

Tenía anotados en una agenda los nombres de las personas a quienes no saludaba. Todos los días, antes de salir de casa, los leía y decía:
—Es que en esas cosas hay que andar con mucho cuidado. Tan peligroso es saludar a uno de la lista como no saludar a uno de los que todavía no están.

Daba este consejo a un joven que le preguntaba la manera de elegir esposa:
—Que sea graciosa, vivaracha, bonita, seductora y con facilidad de establecer contactos humanos. Sólo así tienes la casi seguridad de que otro hombre no tardará en librarte de ella.

Decía de sí mismo que nada le fastidiaba tanto como ponerse al aparato cuando le telefoneaban; que se ponía siempre su ayuda de cámara y siempre decía lo mismo:
—El señor no está. Ha salido.
Y añadía:
—Y si alguna vez mi criado sale, y estoy solo en casa, lo que hago es estar telefoneando siempre yo. Es la única forma de evitar que otros me telefoneen a mí.
—¿Y esto le gusta?
—No, nada. Y para evitarme disgustos llamo a números cualesquiera, pregunto por un nombre inventado, me dicen que no es allí y cuelgo.
—¿Y si una vez, por una de aquellas casualidades, resultara que allí vive una persona con el nombre inventado?
—Sería un milagro. Entonces le preguntaría la dirección y me iría a visitarle en seguida para convencerme de que los milagros existen y empezar a creer en ellos.

Estaba un día con algunas mujeres, como de costumbre, y una dijo:
—Estoy pensando...
Guitry la interrumpió rápidamente:
—¿En quién?
—En nadie. Estaba pensando que...
Y otra interrupción.
—Pues sois una excepción. Siempre que he preguntado a una mujer en qué pensaba, ninguna me ha sabido contestar. Y siempre

que les he preguntado en quién, todas me han contestado en seguida.

Decía también Guitry que las mujeres y los periódicos tienen para los hombres una cosa común. Y es que cada hombre quiere tener un ejemplar propio, y que esto no le impide a ninguno echar una ojeada al ejemplar del vecino y hasta pasar todas las hojas.

Daba esta curiosa definición de la independencia femenina: «Una mujer independiente es una mujer que no encuentra a nadie que se preste a depender de ella.»

Sacha Guitry era, además de autor, actor. Se escribía las comedias y se las representaba. Cuenta en sus memorias que una vez tenía fontaneros en su casa, que le arreglaban el baño, y les preguntó:
—¿Les gustaría verme en el teatro?
Los fontaneros (eran dos) tuvieron un gesto vago.
—La obra es mía también. Yo las escribo y las represento. La obra se llama Une folie. ¿No la han visto anunciada?
Ninguno de los dos había visto el anuncio. Uno murmuró:
—Cuesta muy caro el teatro.
—No les costará nada. Yo les invito.
Y les dio dos butacas para el día siguiente, domingo. No se acordó de ellos durante la representación. Les había dado una fila hacia la mitad y ni tan siquiera miró a ver si estaban. El lunes entró a saludarles en el baño.
—¿Cómo va esto?
Los dos le dijeron que iba muy bien, pero ninguno le habló de Une Folie. Guitry pensó que a lo mejor no habían ido, que habrían regalado las butacas a otros o quién sabe si las habían vendido. Y tampoco les dijo nada. Terminado el trabajo le presentaron la factura. Guitry la examinó y se vio obligado a protestar:
—No, no; esto sí que no. Aquí pone día tal, tres horas, seiscientos francos. Y este día que pone aquí era domingo. Y ningún domingo han venido a trabajar.
—Es el día del teatro, señor. Tres horas. Y no le contamos el metro ni el acomodador, únicamente el tiempo perdido.
No cuenta Guitry cómo lo resolvió al fin.

No siempre hablaba bien de las mujeres, acaso por la escasa suerte que tuvo en sus cuatro primeros matrimonios. Una escritora conocida le decía una vez:
—Es un error creer que las mujeres seamos inferiores a los hombres.
Y Guitry le daba en cierto modo la razón:
—Yo nunca he dicho que sean inferiores. Y estoy dispuesto a

admitir que son superiores. Creo que ésta es la unica forma de convencerlas de una vez de que no son nuestras iguales.

Sacha Guitry nunca tuvo contemplaciones con los críticos. Los juzgaba siempre sin ningún respeto. Un día, un periodista les defendía y en su defensa, decía:
—Es que no hace falta ser buen escritor para juzgar la obra de los otros. Un mal escritor puede ser un buen crítico.
—Desde luego —dijo Guitry—, lo mismo que de un mal vino se puede hacer un buen vinagre.

Le hablaban de un amigo suyo que le había criticado con cierta dureza y mala idea. Y Guitry lo comentó así:
—Sí, es uno de los diecinueve.
Y añadió esta explicación:
—De cada veinte amigos, diecinueve hablan mal de nosotros. Y el único que habla bien, todo lo que dice lo dice mal. Es así.

Se casó cinco veces y de las cuatro primeras se divorció. Y una vez que le reprochaban que cambiara tanto de gusto con las mujeres, contestó:
—No; yo no cambio de gusto. Las que cambian son ellas después de casadas conmigo. Y, como es natural, me toca sustituirlas.

Una vez a Sacha Guitry le presentaron a un hombre de negocios que presumía mucho de su éxito económico en la vida. Y que en la conversación, en propio elogio, dijo:
—Y que conste que soy un auténtico *self made man*, o sea, que me he hecho yo mismo.
Y Sacha Guitry le contestó en seguida:
—¡Hombre! Lo contento que estará Dios Nuestro Señor si lo sabe, pues se le quitará de encima el peso de una gran responsabilidad.

## GUSTAVO V

El rey Gustavo V de Suecia (1858-1950), que murió a los 92 años, fue jugador de tenis y practicó este deporte hasta una edad muy avanzada. En su club, el Kungliga Klubben, mucho tiempo después de su muerte, se guardaba todavía el sombrero del rey en el cajón que había usado en vida. El rey jugaba siempre con sombrero.
En un partido de tenis en el que jugaba de pareja con el Copa Davis francés Jean Borotra, éste contestaba cuantas pelotas podía y dejaba las menos posibles para el rey. Y más de una vez le decía a su real pareja:
—Más a la izquierda, majestad, más a la izquierda.

Y, en un cambio de lado, el rey le dijo:
—Es curioso; me dice usted lo mismo que me está diciendo siempre mi primer ministro.

Gustavo V era muy alto. Un militar alemán, en la época de Hitler, estuvo en Estocolmo y vio al rey, solo, por la calle. No le había visto nunca y no le conoció. Sólo vio a un buen señor anciano, muy alto, a quien todo el mundo saludaba. Y preguntó:
—¿Quién es este señor?
—El rey.
—¿Y va por la calle sin escolta?
—¿No ve la escolta? Aquí somos todos los que coincidimos en la calle con él, y en Suecia somos los ocho millones de suecos. ¿Para qué necesita más?

Cuando se abrió el testamento del rey se vio que las primeras palabras estaban tachadas y vueltas a escribir. Las palabras tachadas eran: «Cuando yo muera». Y habían sido sustituidas por: «Si yo muriese alguna vez». Parece ser que los reyes hacen su testamento a mano y el notario lo certifica sin leerlo. Cuando el rey Gustavo hizo el suyo tenía noventa años y llevaba casi medio siglo en el trono.

## HAILE SELASIE

El emperador de la Etiopía actual, rey de reyes, estuvo un tiempo expatriado, después de que Italia se apoderase de Abisinia y la convirtiese en colonia. En una de las noticias de la guerra de Vietnam trasladada a Laos, hemos leído que los soldados laosianos hacían la guerra acompañados de sus mujeres y algunos hasta de sus hijos. Será una costumbre, en cierto modo, de países del este, pues el emperador de Abisinia, al movilizar a su gente contra los invasores italianos les dirigió esta proclama:

«Todos debéis movilizaros y todo hombre joven capaz de sostener la espada marchará camino de Addis Abeba. Los casados llevarán a sus mujeres consigo para que les guisen y transporten la comida; los que no tengan esposa tomarán una mujer que no esté casada. Las mujeres que tengan hijos pequeños y las que no puedan hacer caminatas a pie, quedan exentas de esta ley. Ellas aparte, todo el que sea encontrado en su casa, será ahorcado.»

Viajaba una vez por Europa, de incógnito. Esto, dicho así, ya resulta anecdótico, puesto que al negus todo el mundo le conoce en seguida. Sin embargo, se publicó una fotografía del negus, en Biarritz, con numeroso séquito, y esta noticia debajo:

«El negus, en su viaje de incógnito por Europa, a su llegada a Biarritz.»

Durante este viaje de incógnito, uno que estaba en un hotel coincidiendo con la llegada del negus, vio que en la entrada del hotel se hacían algunos preparativos. Preguntó si iba a ocurrir algo. Y le dijeron:
—Es que va a llegar el negus.
Le pareció bien. Y el informador del hotel, añadió:
—Pero mejor será que no lo ande diciendo por ahí, porque viaja de incógnito.

Y, a la llegada, el incógnito consistía en una alfombra roja desde la puerta hasta la calle, adornada en la entrada con flores, y muchos conserjes y botones todos en dos filas. Banda de música, al parecer, no había.

## HAMSUN

El novelista noruego Knut Hamsun (1859-1952) era hombre de gran estatura, capaz de comer y beber grandes cantidades y también de pasar días enteros sin comer ni beber.

Un día muy caluroso entró con un amigo en una cervecería y pidió:
—¡Cervezas!
—¿Cuántas?
—¡Todas!

El camarero puso diez botellas sobre la mesa. Y una hora después estaban todas vacías.

Cuentan sus biógrafos que su forma de pedir en los restaurantes y las cervecerías era siempre la misma. En los restaurantes pedía:
—¡Comida!

Y se enfadaba si le hacían más preguntas. Comía todo lo que le ponían delante hasta que se le terminaba el hambre. Y en las cervecerías pedía:
—¡Cervezas!

Y bebía botella tras botella hasta que se le terminaba la sed.

Antes de empezar a escribir se había dedicado a otras profesiones, entre ellas la de conductor de tranvía. En aquella línea, el conductor gritaba los nombres de las paradas. Y así los pasajeros sabían cuándo les tocaba bajar. Una vez se equivocó, gritó una parada por otra y se produjo cierto alboroto entre los pasajeros. Aquello le gustó y desde entonces de vez en cuando equivocaba adrede algunos de los nombres. Hasta que los pasajeros dirigieron una protesta a la compañía. Un director llamó al orden a Hamsun.
—¿Es que no se da cuenta de lo que hace?
—Sí, señor; me doy perfecta cuenta.
—Pues ¿por qué lo hace?

—Porque me divierte, señor.
Y le despidieron.

## HAYWORTH

Se cuenta de Rita Hayworth que, en cierta ocasión, visitó una leprosería y que, terminada la visita, dijo a la monja que la había acompañado:
—Es algo admirable la labor que hacen ustedes aquí. Yo no sería capaz de hacer esto ni por un millón de dólares.
Y la monjita, dulcemente, le contestó:
—Nosotras tampoco.

## HEGEL

El filósofo Jorge G. Federico Hegel (1770-1831) no escribía para la comprensión de todo el mundo, ni mucho menos. Basta, para convencerse, poner el título de uno de sus libros, que es: *Differenzen des fichtenchen und schllingischen Systems der Philosophie Beziehung auf Reinholds Beitrage zur leichteren Uebertsight der Zustandes des Philophisie bei dem Amfange des 19 Jahrhunderts.*

Leemos que el poeta Heine contaba que Hegel, en su lecho de muerte, vio que estaba allí uno de sus discípulos, le señaló y dijo:
—Éste es el único hombre que me ha entendido.
Esperó un rato, pues le costaba mucho esfuerzo hablar, y añadió:
—Pero no me ha entendido bien.

## HEINE

El poeta alemán, de origen judío, Enrique Heine (1797-1856), autor de los famosos poemas del *Intermezzo lírico,* que han dado la vuelta al mundo junto con los del *Buch der lieder,* murió en París y está enterrado en el cementerio de Montmartre.

Pertenecía a una familia de banqueros y era sobrino de un hombre muy rico, Salomón Heine, que le desheredó por dedicarse a la literatura. Y el poeta decía:
—Tengo ahora el derecho a ser inmortal; he comprado en dieciséis millones mi asiento en el Parnaso.

Heine sufrió mucho durante su no muy larga vida. Sufrió a causa de las persecuciones, de los amores y de las enfermedades. Decía:

—Con el zumo de mis grandes pesares he hecho pequeñas coplas.

Pero fueron coplas inmortales, que se siguen leyendo muy a gusto y que, a poco que se pueda, es bueno leer en alemán, cosa no imposible, pues el alemán de Heine es relativamente fácil. Buena cosa es leerlas en alemán con una traducción española al lado, la de Teodoro Llorente, por ejemplo.

Heine que, como se ha dicho, era de origen judío, se convirtió al cristianismo. Daba de su conversión esta explicación:
—Así en el otro mundo no me encontraré con ninguno de mis parientes, judíos todos.

Por razones políticas fue desterrado de Alemania, y decía después:
—El destierro me sienta muy bien, puesto que siempre me ha costado digerir las salchichas y la cerveza, las dos únicas cosas alemanas que me gustan.

Cuando ya estaba muy enfermo, su mujer intentaba convencerle para que arreglara sus cuentas con Dios. Y él le decía:
—No te preocupes. Dios me perdonará.
—¿Y si no te perdona?
—Sí, mujer; es su oficio.
Y parece que murió tranquilo, con esta esperanza de perdón. De este gran poeta sí que se puede decir «que Dios le haya perdonado».

A Heine su familia le tuvo siempre en poca consideración, precisamente por ser poeta. Una hermana suya, casada con un banquero, le invitó a comer para presentarle a la familia del marido. Heine aceptó la invitación. La hermana le advirtió:
—Piensa que son gente rica, entendidos más en negocios que en poesía.
—Lo supongo.
Heine llegó tarde, cuando ya todos los otros estaban en la casa. Les saludó a todos a la vez, se acercó a una niña, sobrina de su cuñado, y le preguntó:
—¿Cómo te llamas y cuántos años tienes?
La niña le dijo el nombre y la edad.
—¿Quieres que te cuente un cuento?
—Sí.
Heine contó un cuento a la niña y otro y otro, sin hacer ningún caso de los demás. Y así durante toda la comida. Después su hermana le reprochó la desatención con los otros invitados.
—Otra vez que me invites, puedes hacer una cosa —le dijo Heine—. Me pones un collar con cadena, me paseas por la habita-

ción y vas diciendo: «Éste es mi hermano Enrique, incapaz de otra cosa que no sea perder el tiempo escribiendo versos». Y yo les saludaré y hasta, si te parece bien, les acariciaré las narices. Es todo lo que puedo hacer por ellos.

Cierta condesa de Mónaco que tenía la costumbre de invitar a comer a escritores y artistas, no se atrevió a invitar a Heine por ser judío. Y le invitó un día a tomar café. El poeta le mandó unas líneas.

«Querida señora: No puedo aceptar vuestra invitación porque estoy acostumbrado a tomar mi café inmediatamente después de comer, y les tengo cierto apego a mis viejas costumbres.»

En uno de sus viajes estaba pasando unos días en Boulogne. Leía diarios en el *hall* del hotel. Un grupo de viajeros ingleses hablaban ruidosamente; tanto que no le dejaban poner atención a lo que leía. Heine se levantó y, diario en mano, les dijo:

—Perdonen, pero ¿no estorbará a sus conversaciones que yo siga leyendo mi periódico?

No cuenta el biógrafo de Heine si los ingleses se dieron por aludidos.

En relación con esta anécdota se nos ocurre observar que las famas nacionales son, muchas veces, contrarias a la realidad. Así, los ingleses tienen fama de no levantar la voz, y la verdad es que nadie grita tanto como los ingleses fuera de su país. En las observaciones de un viajero relativas a los viajeros ingleses leemos:

«Ningún ruido de voces humanas es comparable en chillidos al de un grupo de mujeres inglesas viajeras en el momento de entrar, todas a la vez, en un hotel al que acaban de llegar en autocar.»

Estábamos una vez en un hotel, en Madrid. De la habitación inmediata nos llegaban voces estridentes. De mujeres, al parecer. Duraron las voces hasta muy entrada la noche. Teníamos sueño y rogamos por teléfono a la conserjería del hotel que tuviera la amabilidad de rogar silencio a los ocupantes de aquella habitación. Al otro día, el conserje nos indicaba:

—Allí están las inglesas de la habitación inmediata a la suya.

Eran tres mujeres, de una edad entre los 30 y los 70 años (es muy difícil adivinar sin error la edad de las inglesas viajeras). Las tres mujeres hablaban en voz alta. Otro cliente del hotel se nos acercó.

—No se puede estar aquí. ¡Cómo chillan esas mujeres!

Nos sentamos junto al otro cliente, muy próximos a las tres inglesas y nos pusimos a hablar a voz en cuello. Pronto las tres mujeres nos miraban estupefactas, y no tardaron en levantarse y desaparecer. Dijo el otro cliente:

—Seguro que si escriben sus «notas y recuerdos de viaje» pondrán que en los *halls* de los hoteles españoles no se puede estar, por lo mucho que grita la gente.

Comía un día Heine con uno de los Rothschild y su anfitrión, que le ofrecía del llamado Lacryma Christi, vino muy caro y estimado, le preguntó:
—¿De dónde le vendrá el nombre a este vino?
—La verdad es que se llama así por las lágrimas que derrama Cristo cuando los ricos beben este vino, en un mundo donde tantos pobres se mueren de hambre.

Heine quiso siempre mucho a su madre. Ella vivía en Hamburgo. Heine, ya enfermo de gravedad, le escribía todos los días sólo para repetirle una y otra vez que estaba bien. Los diarios alemanes publicaron la noticia de su enfermedad. Heine lo supo y escribió a su madre que no hiciera caso de aquellas noticias, porque eran cosas que inventaban los editores para especular con la venta de sus libros.

La última salida de su casa fue para ir al Museo del Louvre. Estaba ya muy enfermo y le costó trabajo llegar. Y en el museo fue directamente al pabellón de la *Venus de Milo* y allí se quedó, inmóvil delante de la estatua, contemplándola. Lo recordaba después y decía:
—Me habría gustado morir allí, junto a Venus; ella sin brazos y yo con los míos casi paralizados. Pienso que si Venus hubiese tenido brazos me los habría tendido y si yo hubiese podido moverme me habría mecido en ellos, como un niño en brazos de su madre. Y éste ha sido mi último sueño: morir en los brazos de una estatua sin brazos.

Su médico de cabecera era el doctor Schlesinger. Cuando ya este médico no supo qué hacer para mejorarle, pidió ayuda al doctor Gruby, quien le visitó y le examinó minuciosamente.
—¿Cree que tengo para mucho tiempo? —le preguntó Heine.
—Sí; seguro que sí.
—Ah, pues le ruego, doctor, que no se lo diga a mi mujer. No le quitemos su última esperanza.

Dice Mauclaire que la emperatriz Isabel de Austria era una gran admiradora de Heine; tanto, que en el jardín de su mansión en la isla de Corfú, el Achilleion, tuvo una estatua de mármol del poeta. Muerta la emperatriz (que murió asesinada en Ginebra), la finca fue puesta en venta y la compró Guillermo II, emperador de Alemania. El emperador ofreció la estatua a la ciudad de Hamburgo, pero el Consejo Municipal de la ciudad la rechazó. Y, al parecer, la estatua fue a parar al patio de una hostería. Sería curioso averiguar cuál es el destino actual de aquella estatua.

Heine tuvo el don poético desde mocito. A los catorce años, en el colegio de Dusseldorf, era ya poeta. Y estaba ya enamorado de una muchachita, la inspiradora de sus primeros poemas de amor. En la fiesta de fin de curso Heine tenía que recitar una poesía. Era un día muy caluroso. En el momento en que empezaba a recitar vio entrar a la muchacha amada y... se desvaneció.
—Es el calor —dijeron sus profesores.

Y Heine cuando, después, comentaba aquel recuerdo, decía:
—Entonces empecé a darme cuenta de la impenetrabilidad de nuestros corazones.

Publicó sus primeros poemas, muy joven, en una revista, con un nombre supuesto: Freudhold Riesenfard. Enseñó las poesías publicadas a su profesor de latín y le dijo:
—Son de un amigo mío y me parecen muy malas.

El profesor las leyó y le gustaron:
—Te equivocas. Esto es auténtica buena poesía y te ruego felicites a tu amigo de mi parte.
—Gracias, señor.
—¿En nombre de tu amigo?
—Mi amigo no existe, señor. El poeta soy yo.

Y profesor y discípulo se abrazaron emocionados.

El hermano de Heine, Maximiliano, publicó un libro con este título: *Recuerdos de Enrique Heine*. Explica en el libro que también él había empezado a escribir poesías. Y que su hermano, cuando lo supo, le dijo:
—Mejor es que escribas en prosa. Creo que un poeta ya es desgracia suficiente para una familia.

Un amigo suyo publicó un libro y se lo dio a leer. Heine le decía después a otro, amigo de los dos:
—Me preguntará mi opinión sobre el libro y no me atreveré a decirle la verdad. El caso es que lo empecé a leer y me aburrió tanto que me dormí. Dormido soñé que continuaba leyendo el libro, y me continuó aburriendo tanto que me desperté. ¿Cómo le digo que es un libro que no sirve ni para ayudarte a dormir?

Dijo un día a sus amigos que la sabiduría y la felicidad, aunque fuesen cosas distintas, se componían de los mismos elementos. Y daba una explicación cuya segunda parte puede que no sea muy convincente. Decía:
—Según los filósofos, la sabiduría consiste en conocerse a sí

mismo; y, por lo que he podido averiguar en el trato con los hombres, la felicidad puede consistir en no conocerse a sí mismo.

Heine estuvo mucho tiempo enfermo antes de morir. Su mujer le cuidaba. Y parece ser que un día el poeta dijo a un amigo que le visitaba:

—Esta enfermedad me ha servido para descubrir que mi mujer se ha enterado de que su marido, o sea yo, ha publicado algunos versos en el curso de su vida.

Heine murió de una parálisis progresiva que, lentamente, se fue apoderando de todo su cuerpo. La enfermedad le impedía salir de casa y hasta trabajar, pero no le impedía cultivar su humor y hasta su genio. Decía:

—Estoy perdiendo la vista y espero que gracias a mi ceguera cantaré mejor. También a los ruiseñores les quitan los ojos para que canten mejor.

Todo el costado derecho se le paralizó y decía entonces:

—Sólo puedo comer con media boca y sólo puedo llorar con un ojo. Soy sólo la mitad de un hombre y sólo puedo gustar a las mujeres por mi costado izquierdo. Supongo que ya sólo tengo derecho a ser amado por media mujer.

Y a una antigua amiga que le visitaba, le preguntó:

—¿Con cuál de vuestras dos mitades de corazón me compadecéis, con la mitad derecha o con la mitad izquierda?

Cuando empezaba a no poder mover los brazos, el médico le colgó una cuerda desde el techo hasta la cama para que, cogiéndola, intentara ejercitar los brazos, por si así conseguía vencer un poco la parálisis. Y Heine decía a sus amigos:

—Es una trampa que me hace este doctor. Me dice que ejercite el brazo, pero la verdad es que ha colgado la cuerda como una invitación a que me cuelgue. Y si sigo viviendo es por mi culpa, por no decidirme a aceptar la invitación.

Su mujer, Matilde, había sido su amante. Ella le cuidaba, aunque no con demasiada atención. Sin embargo, tenerla a ella fue una suerte para Heine en sus últimos tiempos. Matilde tenía un papagayo, y lo quería tanto que Heine había dicho a un amigo:

—Matilde tiene esa maldad propia de las mujeres y se goza dándome celos. No puede hacerlo con otros hombres, porque no tiene ocasión, y lo hace con su papagayo.

Matilde nunca le abandonó. Una vez estuvo muchas noches ausente, tantas que Heine temió que ella le hubiese abandonado. Una enfermera le cuidaba y Heine preguntó a la enfermera si Matilde se había llevado el papagayo.

—No lo sé.

—Os ruego que lo veáis. Lo tiene siempre en su habitación. La enfermera entró en la habitación de Matilde y allí estaba el papagayo.
—No se lo ha llevado. Allí está.
—Entonces, seguro que volverá.
Y se adormeció tranquilo.

## HEMINGWAY

Ernest Hemingway (1898-1961) era hijo de un médico. Desde muy joven empezó a viajar por el mundo y a participar en las guerras que iban estallando. La primera guerra mundial le cogió en Italia, cuando tenía dieciséis años. Falseó sus documentos, se puso algunos años más y consiguió que le admitieran como voluntario en el ejército italiano. De aquella aventura de guerra surgió su libro *Adiós a las armas*. Y de su participación en la guerra civil española, su otro libro de guerra: *Por quién doblan las campanas*. Le preguntaban una vez si le gustaba la guerra.

—No —decía—; precisamente la guerra, no. Me gusta explicar la manera de ser de los hombres y su aventura en este mundo. Y, para explicarlo todo con más conocimiento, me gusta vivir esta aventura junto con los hombres. Eso es todo.

Escribía despacio, y algunos trozos los repetía una y otra vez. Decía:

—Saber lo que se quiere decir no es difícil. Lo difícil es decirlo.

Pero conseguía un tipo de literatura que impresionaba al lector y sus libros se vendían mucho. *El viejo y el mar*, uno de los *best-seller* de su tiempo, le proporcionó mucho dinero. Alguien le dijo entonces:

—Ahora ya no necesita escribir para vivir.
—No. Pero ahora, como siempre, necesito vivir para escribir.
—¿Quiere decir con esto que no inventa nada?
—Lo invento siempre todo. Pero todo es, a la vez, verdad. Y esto es lo más difícil: inventar cosas que sean más verdad que la vida misma.

Uno de sus biógrafos cuenta que alguien le escribió una carta con esta dirección: «Para el señor Ernest Hemingway - Dios sabe donde». Y la carta le llegó. Hemingway puso entonces un telegrama al autor de la carta: «Se ve que Dios lo sabía».

Hemingway llegó a ser uno de los escritores norteamericanos más famosos en el mundo. Y entonces, una vez que le preguntaron cuál era su mayor deseo, dijo:

—Vivir en un sitio donde nadie me conozca.

—Pues haberse dado cuenta antes y no haber escrito ningún libro.
—Desde luego; pero entonces yo no lo sabía. Puedo decir que toda mi obra es fruto de la inexperiencia de la juventud.

Era un curioso incansable. Iba siempre de un país a otro. Muy aficionado a los toros, escribió uno de los más singulares tratados de toros que se conocen, con el título *Death in the Afternoon* (Muerte en la tarde). Cuenta que una vez visitaba una cárcel, siempre en busca de tema, y que le sorprendió ver en una celda un retrato de mujer colgado en la pared, y un lazo negro colgado del mismo clavo, caído sobre el cuadro. Le preguntó al preso:
—¿Era su esposa?
—Exactamente, mi esposa.
—¿Murió estando usted preso?
—No; unos meses antes. Y por esto estoy aquí.
—¿La mató usted?
—Eso dicen.
—¿Y la tiene aquí para recordarla?
—¿Qué quiere? Nunca he tenido otra.

Hemingway estuvo un día comiendo en un restaurante de Nueva York. Cuando ya se iba, un camarero, que no le había visto nunca, se le acercó y en voz baja le dijo:
—Si me da un dólar no diré que se lleva usted un cubierto.
Hemingway levantó ambos brazos y exclamó:
—¿Yo? ¡Que me registren!
—No, no, y usted perdone. Es que en muchos casos esto me da resultado, ¿sabe?

No era partidario del proverbio «dime con quién andas y te diré quién eres». Y en apoyo de su actitud ponía este ejemplo:
—Los once amigos de Judas eran todos irreprochables, y ya sabéis él lo que hizo.
Y uno de nuestros humoristas, que tampoco estaba de acuerdo con el proverbio, lo cambiaba así:
—Dime con quién andas y te diré quién te acompaña.

La primera vez que estuvo en París dijo que la ciudad le había decepcionado. Lo dijo en rueda de prensa y un periodista de allí, orgulloso de su gran ciudad, le preguntó:
—¿Se puede saber por qué?
—Es muy sencillo. Lo he encontrado todo demasiado distinto de como yo lo describí en mis primeras narraciones. A todo el mundo le decepciona que la realidad desmienta su propia fantasía. Y pensaba: «¡Si pudiese cambiarlo!». Claro que me refería a París y no a mis narraciones.

Quizás Hemingway había leído una confesión atribuida a Balzac: que si observaba la realidad nunca era para explicarla después, sino para saber si había acertado o no al explicarla antes.

Estaba un día en la terraza de un hotel, en Italia, cerca de Venecia. Tenía libros y papeles sobre la mesa. Llegó un grupo de turistas norteamericanos. Y el encargado del hotel les advirtió:
—Si salen ustedes a la terraza, les ruego que no alboroten mucho, pues allí está...
Señalaba al escritor y añadía:
—¿Le conocen? Es Hemingway, que está terminando una novela.
Y una de las turistas preguntaba:
—¿Una novela? ¿De quién?

Le preguntaban una vez si tenía ideas políticas. Dijo que sí y que muy definidas. Le pedían que las expusiera y definió así los distintos sistemas políticos:
—Socialismo: Si tienes dos vacas, das una a tu vecino. Fascismo: Si tienes dos vacas, el Gobierno te las quita y te autoriza a comprarle la leche. Comunismo: Si tienes dos vacas, el Gobierno te las quita y si le preguntas la razón, te condena a más o menos años de campo de trabajo, según tu insistencia. Economía dirigida: Si tienes dos vacas, el Gobierno te las quita, mata una y deja pudrir la carne y ordeña la otra y tira la leche.
—Bueno —le preguntaban—, ¿y si no tienes ninguna vaca?
—Entonces empiezas a estar situado para ocupar un cargo directivo en cualquiera de los regímenes o, si esto no te interesa, para dedicarte a la poesía.

Hemingway era muy amigo de Gary Cooper. El 17 de abril de 1961 Hemingway vio, por la televisión, cómo James Steward recogía en Hollywood el Óscar concedido a Gary Cooper, que no pudo recogerlo personalmente, porque ya estaba internado en el hospital donde no tardaría en morir. Y vio cómo Steward lloraba al recoger el Óscar de Gary Cooper. Aquello le emocionó tanto a Hemingway que llamó por teléfono al hospital y preguntó si podía decir unas palabras a Gary Cooper. Pudo hacerlo y le dijo:
—Sé que estás enfermo. Bueno, ¿y qué? Todos lo estamos. Yo también, y mucho me temo que lo mío sea grave.
Gary Cooper, que ya sabía que no tenía salvación y estaba resignado a ello, le contestó:
—¡Hombre! ¿Te apuestas algo a que en esta última carrera hacia la muerte llego yo primero?
Y llegó primero, pero por muy poco tiempo.

## HOPE

El actor de cine Bob Hope sufre fuertes mareos cuando viaja en barco. Y si ha comido algo antes, fácilmente lo devuelve. En uno de sus viajes, un camarero le sirvió la comida en el camarote, tal como el actor había pedido. Y, en aquel momento, Bob ya empezaba a notar los síntomas del mareo. La dijo al camarero:
—Mejor será que lo eche todo a los peces. No veo que sea indispensable que yo sirva de intermediario.

## HUGO

Víctor Hugo (1802-1885) es uno de los más fecundos escritores que ha tenido Francia. Empezó a escribir poesía desde niño, en el colegio. Y tantos poemas escribía que no le quedaba tiempo para estudiar. El director del colegio le llamó a su presencia y le dijo:
—De hoy en adelante, terminantemente prohibido escribir más poesías.
Unos días después el director encontró más poemas en el pupitre de Víctor Hugo. Le volvió a llamar y se los enseñó:
—Os prohibí escribirlos y no me habéis obedecido.
El niño poeta le contestó:
—Y yo nunca os he autorizado a registrar mi pupitre y lo habéis hecho. Estamos en paz.

La fecundidad de Víctor Hugo no ha sido quizá igualada por casi ningún otro escritor. Muy jovencito llevó una selección de sus poemas a un editor, y el editor no se los aceptó. Le dijo que la poesía se vendía poco.
—Os equivocáis esta vez —le repuso convencido el muchacho—. Si me hubieseis editado estas poesías yo os habría cedido la edición de todas mis futuras obras, y esto habría sido vuestra fortuna. Me llamo Víctor Hugo.
Y se fue. El editor, años después, recordaba aquella visita y decía:
—El muchacho tenía razón.

Chateaubriand, treinta y cuatro años mayor que Hugo, después de leer algunas cosas del muchacho, dijo:
—Esto es genial. Se hablará de este muchacho.
Y se habló, pero no precisamente por aquello que había leído Chateaubriand, pues cuando Víctor Hugo alrededor de los veinte años, decidió definitivamente no dedicarse sino a escribir, guardó todo lo que había escrito antes, que era mucho, en una carpeta y escribió encima: «Tonterías escritas antes de nacer». Y nunca aprovechó nada de todo aquello.

Víctor Hugo nunca fue purista, pero pocas veces lo ha sido ningún escritor de genio. Cuando ensayaban su *Marion Delorme* uno de los actores le hizo observar que una de las palabras del texto no era propiamente francesa.
—¿No? —le preguntó Hugo.
—Seguro que no. La he buscado en el diccionario y no está.
—Pues yo la hago palabra francesa y no dudéis que no tardará mucho en aparecer en el diccionario.

Era un tragón formidable. Comía mucho y de todo. Decía:
—En la naturaleza hay tres estómagos que lo digieren todo: el del tiburón, el del avestruz y el de Víctor Hugo.
A sus invitados les daba un curioso espectáculo de su capacidad tragona. Se introducía en la boca una naranja entera, sin quitarle la piel, y algunas cucharadas de azúcar. Mascaba un rato, abría la boca y mostraba así que lo había engullido todo.

Víctor Hugo se dedicó a la política y fue representante del pueblo en la Cámara de Diputados, donde también se sentaba otro escritor muy leído: Eugène Sue. Se conocían; desde el primer día se sentaron uno al lado del otro y, durante las largas sesiones, ellos dos hablaban de literatura. Las votaciones se hacían levantándose, de forma que no levantarse en una votación equivalía a votar en contra. Mientras los dos escritores hablaban hubo una votación y Víctor Hugo se levantó.
—¿Votáis a favor? —le preguntó Sue.
—Sí, desde luego.
—¿Y sabéis de qué se trata?
—No: no me he enterado de nada.
—Entonces...
Víctor Hugo le señaló a otro diputado sentado frente a ellos.
—¿Veis a este gordo sentado ahí enfrente? No sé ni cómo se llama, pero he observado que nunca estamos de acuerdo. Y así, siempre que hay votación, si él se levanta, yo no, y si él se queda sentado, yo me levanto. Y esta vez no se ha levantado.

Tenía fama de ser, como escritor, muy vanidoso. Se decía que él mismo escribía las críticas de sus libros y las mandaba bajo otros nombres a los diarios. Una de sus novelas más importantes es *Los miserables*. Cuando ya el libro estaba impreso y a punto de aparecer, Víctor Hugo dio la orden de no ponerlo todavía a la venta. Y apareció una nota en los diarios en la que se anunciaba el retraso de algunos días en la aparición del libro, debido a que los impresores se habían emocionado tanto al leerlo que habían necesitado mucho más tiempo del que estaba previsto.

Víctor Hugo cuidaba muy bien su propaganda personal, lo mismo que hacen algunos de nuestros actuales escritores. Armando Fallières, que era entonces ministro de Instrucción Pública, notificó al poeta que iría a visitarle con un grupo de profesores y de estudiantes que le querían homenajear. Víctor Hugo les recibió y les dirigió un discurso en tono de gran oratoria. Esas cosas las hacía muy bien.

Después, durante la recepción, le dijo al ministro:
—¿No os parece que de todo esto tendría que salir mañana información en la prensa?
—Sí, desde luego. Daré órdenes para que se haga.
—No hace falta. Ya lo he hecho yo.

Y le dio al ministro una reseña de lo ocurrido, hecha, desde luego, antes de que ocurriera nada, en la que había extractado lo más sustancial del discurso del «más grande de nuestros poetas».

Víctor Hugo, en su testamento, dejó ordenado que le enterraran sin lujo alguno, llevándole en el coche «de los pobres». Y así se hizo. Fue un entierro muy solemne, con mucha comitiva, pero el féretro era de madera pintada de negro y se usó el coche que servía para enterrar a los que no podían pagar nada.

Léon Daudet, que estaba en el entierro, dijo:
—Este simulacro de pobreza y de humildad es el golpe de vanidad del poeta. Y hasta tal punto lo veo así que voy a cambiar mi testamento. Yo también tengo ordenado que se me entierre sin lujo ninguno. Pero hoy mismo voy a borrar del testamento esta disposición. ¡Que me entierren como quieran!

Cuenta Lenôtre que un escritor joven, admirador incondicional de Víctor Hugo, se había propuesto conocerle. Y no sabía cómo hacerlo. Le habían dicho que Hugo en su casa no le recibiría. Supo que Hugo visitaba con mucha frecuencia a la Drouet y decidió aprovechar esta circunstancia para conocerle. Se enteró del domicilio de la actriz y allí se dirigió a hablar con la portera. Empezó por preguntarle si conocía a un señor que visitaba con frecuencia a una de sus inquilinas, a la señora Drouet.
—¡Sí! ¡Claro que le conozco! ¡Vaya tipo!
—Me refiero al señor Víctor Hugo.
—Sí, sí. El tiempo que hace que viene por aquí y nunca ha sido capaz de darme una propina. ¡Nada! ¡Nada!
Se oyeron pasos en la escalera. La portera vio a un hombre que bajaba y dijo:
—¡Es él! Ahora baja. Con su cara de imbécil.
El joven escritor desapareció. Y después contaba lo ocurrido a sus amigos y les decía:
—¡Nunca se es famoso para todo el mundo!
Y decía una gran verdad.

No todo fueron éxitos en la vida literaria de Víctor Hugo. El estreno de su obra de teatro *El rey se divierte* fue un fracaso. Cuenta Daudet que un amigo suyo que estuvo en el estreno le dijo:
—En el estreno de *El rey se divierte* el único que se divirtió fue el rey.
Uno de los personajes decía: «Un rey que se divierte es un rey muy peligroso». Y uno del público gritó:
—¡Sobre todo para la taquilla!
Daudet conocía la obra, pues había asistido a la lectura que hizo Hugo de ella a sus amigos. El director del teatro donde fracasó la obra le decía:
—¡Quién podía pensar que ocurriría esto!
Y Daudet, muy en su papel de crítico de ocasión, dijo:
—Pues todos los que conocíamos la obra.

Fue nombrado académico, desde luego. Pero no tan pronto como él habría deseado. Y antes de su nombramiento había dicho siempre pestes de la Academia y de los académicos. Y uno de los otros académicos, al enterarse del nombramiento de Víctor Hugo, dijo:
—Éste sí que entra en la Academia lo mismo que el que se casa con una mujer después de haberla deshonrado.

Por cuestiones políticas fue desterrado de Francia y se trasladó a Inglaterra con su hijo Francisco. Durante la travesía padre e hijo sostuvieron un diálogo que ha pasado a la historia anecdótica.
—¿Creéis, padre, que vuestro destierro será largo?
—Así lo espero, hijo mío.
—¿Y qué pensáis hacer en la otra orilla?
—Contemplar el mar.
—Yo traduciré a Shakespeare.
El hijo cumplió su palabra. El padre quizá también, pero sólo a ratos, pues durante el destierro escribió algunas de sus mejores obras, y terminó *Los miserables*, que tenía empezada ya.

Víctor Hugo estaba casado con Adela Foucher. No fue un matrimonio feliz. El poeta tuvo amores con otras mujeres y una larga aventura amorosa con la actriz Julieta Drouet, con la que se estuvo escribiendo constantemente, casi a diario. De aquella correspondencia se conservan alrededor de 18.000 cartas. Adela, la mujer del poeta, tuvo también sus amores, al parecer con Sainte-Beuve. Durante su destierro en Guernesey, Víctor Hugo tenía con frecuencia invitados a comer. Se hablaba un día entre ellos de la ridiculez de los maridos cornudos. Y de pronto Víctor Hugo, ante el estupor general, dio un puñetazo sobre la mesa y gritó:
—¡Falso! La grandeza humana es superior a esas ridiculeces. Y tenéis que saber, amigos míos, que los grandes hombres han sido cornudos todos. Lo fue Napoleón Bonaparte, y lo soy yo.

De Víctor Hugo, que tantos versos escribió, todos muy en serio, se conocen también algunos en broma. Uno de ellos, dedicado a una mujer, es como un testamento redactado así:

*Je legue au pays, non ma cendre,
mais mon beafsteak, morceau de roi.
Femme, si vous mangez de moi,
vou verrez, comme je suis tendre.*

«Lego al país, no mis cenizas, / sino mi bistec, bocado real. / Mujer, si comes de mí, / verás qué tierno soy.»

Y una vez que estaba en Londres escribió cuatro versos, medio en inglés, medio en francés, así:

*Pour chasser le spleen,
j'entrai dans un inn
ou je bus le gin.
God save the Queen!*

«Para ahuyentar el aburrimiento, / entré en una taberna, / donde tomé mi ginebra. / ¡Dios salve a la reina!»

## HUMBERTO I

Este rey de Italia (1844-1900) murió asesinado por un anarquista. Fue el padre del último rey Víctor Manuel III. Uno de sus cortesanos aspiraba a una condecoración, y un amigo del cortesano habló al rey de este deseo. El rey accedió con una frase que ha pasado a la historia anecdótica:
—¿Por qué no? Una condecoración y un cigarro no se niegan a nadie.

Las dos cosas son verdad, al menos en algunos países. Y de un presidente de la República Francesa se ha dicho que, antes de conceder nuevas legiones de honor, pedía la lista de las personas conocidas que no habían sido condecoradas todavía, y que un día, al ver la lista, dijo:
—Quedan muy pocos.

No se sabe si, para evitarse trabajo en algún tiempo, los condecoró a todos a la vez.

## HUXLEY

Aldous Leonard Huxley nació en Godalming, Inglaterra, en 1894. Muchos de sus libros han sido traducidos al español: *Arte, amor*

*y todo lo demás, Los escándalos de Crome, Contrapunto, Un mundo feliz...* Se hablaba, entre amigos, del amor, de las distintas clases de amor. Y Huxley sentenció:
—Sí, hay muchas clases de amor y todas son peligrosas.
—¿Hasta el amor romántico?
—Es el más peligroso. Es como jugar con un arma de fuego que se cree que no está cargada. Y lo está.

## IBN SAUD

Un arqueólogo inglés visitó al rey Ibn Saud, de Arabia Saudita. Iba a pedirle autorización para realizar investigaciones en busca de la tumba de la reina de Saba. El rey árabe le preguntó:
—¿No vendrá usted en busca de petróleo?
—No. Vengo en busca de la reina de Saba.
—No la conozco. Pero si la encuentra, salúdela de mi parte.

## IBSEN

El dramaturgo danés Henrik Ibsen (1828-1906) iba un día por la calle y vio mucha gente agolpada ante un cartel. Se había olvidado los lentes en casa y no lo podía leer. Entonces preguntó a un desconocido:
—¿Qué dice?
—Pues, no lo sé; yo tampoco sé leer.

Henrik Ibsen fue uno de los autores dramáticos más famosos de su tiempo y algunas de sus obras, como *Casa de muñecas*, se siguen representando de vez en cuando. En su primera juventud, Ibsen había estado de dependiente en una farmacia. Y contaba después un campesino, que le había conocido allí con ocasión de hacerse despachar dos recetas, una para su mujer enferma y otra para su vaca, que el mocito Ibsen, al entergárselas, le dijo:
—Y no se confunda. Ésta es para su mujer y ésta para la vaca. Si las cambia, podría ser perjudicial para la vaca.

Un biógrafo de Ibsen explica cómo sus primeros versos aparecieron publicados. Un amigo de Ibsen, un tal Duc, escribía versos y un día leyó algunas de sus poesías a Ibsen. Y le preguntó:
—¿Nunca has escrito poesía tú?
—Sí, algunas.
El amigo quiso conocer los poemas de Ibsen y le pidió que le leyera una, al menos una. Ibsen le leyó una poesía y se dio cuenta, mientras la leía, de que Duc rompía las suyas.
—¿Por qué las rompes?

—Porque me avergüenzo de haberlas escrito después de oír lo que has escrito tú.
El mismo Duc aconsejó a Ibsen que mandara sus poemas a una revista. Ibsen no se atrevió; Duc se los pidió, con la excusa de leerlos a solas, los copió y los mandó a una revista. Y, poco tiempo después, le enseñaba a Ibsen una revista con una poesía suya publicada. Y así comenzó.

Ya decidido a dedicar su vida a la literatura, estuvo en su casa, con sus padres, en un pueblecito. Y les confesó la vida que pensaba emprender.
—¿Y esto para qué? —le preguntó su padre.
—Quiero llegar a tener una visión clara de la verdad de la vida y de los hombres.
Su hermana le preguntó:
—¿Y si llegas a tenerla, qué harás después?
Ibsen le contestó, convencido:
—Morir tranquilo.

Ibsen se casó con la hija de un pastor protestante. La conoció, la amó y le escribió una larga declaración de amor. Le decía en la carta que iría a verla a las cinco de la tarde; que si ella no le correspondía bastaría que no estuviera en casa y que si ella le recibía ya significaría una aceptación.
Llegó a la casa a las cinco en punto y preguntó si la muchacha estaba allí. La criada le dijo que sí, que aguardara, pues ella no tardaría en salir. Y le hizo entrar en un saloncito. Allí estuvo Ibsen esperando lo menos dos horas y al fin, después de mucho tiempo, oyó una risa femenina que salía de detrás del sofá. Y detrás de la risa apareció la muchacha. Ibsen quedó tan sorprendido como es de suponer.
—¿Estabas aquí?
—Sí; escondida.
—¿Por qué?
—Quería poner a prueba tu paciencia, y con ella tu amor.
Ibsen había salido triunfante de la prueba y no tardaron en casarse.

Su obra *Nora o la casa de muñecas* sorprendió tanto, y tuvo tanto éxito, que en la ciudad no se hablaba de otra cosa. Había en la obra un nuevo planteamiento de la posición de la mujer de su casa. En todas las casas se comentaban las consecuencias que podía tener aquella nueva posición si llegaba a implantarse. Y esto hasta tal punto que se dio más de un caso de invitaciones a una comida o a una fiesta en las que la anfitriona ponía esta nota:
«Se ruega no hablar de *Casa de muñecas*». Sólo después de este ruego se hablaba, a veces, de otras cosas.

Ibsen fue un gran defensor de los derechos de la mujer y, al mismo tiempo, de los derechos del hombre de labrarse y gozar una independencia total. No admitía que nadie le sirviera. Todo el trabajo de servicio de su casa se lo hacía él. Y decía:
—La única forma de ser un hombre libre e independiente es no necesitar a nadie.
Y añadía en voz baja:
—Sucede, además, que todo lo mío me lo hago yo mucho mejor que otro cualquiera.

El apellido Ibsen es muy frecuente en Noruega. Quizá no tanto como aquí García o Pérez, pero son muchos los que se llaman Ibsen. Cuando ya Henrik Ibsen era el dramaturgo más famoso no sólo de Escandinavia, sino de Europa y del mundo, un amigo suyo sueco, también escritor, le invitó a su casa de Estocolmo. Y un día dio una comida en su honor a la que invitó a algunos famosos suecos y, entre ellos, a un famoso químico finlandés.

En el momento de las presentaciones el anfitrión, al nombrar a cada uno de sus invitados, decía también la profesión. Menos de Ibsen. Dijo únicamente:
—Y éste es Ibsen.
Entonces el químico finlandés le preguntó:
—¿Ibsen? ¿El matemático?
—No, no; nada de matemático. ¡Ibsen!
—¡Ah, perdón! El pintor Ibsen.
—¡El poeta! ¡El autor dramático!
—Pues la verdad es que es la primera vez que oigo hablar de un Ibsen poeta.
El anfitrión buscó excusas para la ignorancia de su invitado:
—La química es una cosa tan absorbente que...
—Los absorbentes —dijo el químico— son un problema. Yo estoy haciendo ahora unas pruebas...
Y continuó hablando de sus absorbentes sin ni enterarse de los murmullos y las risas de su alrededor.

Ibsen estuvo en Roma y aquí conoció a una señora noruega de familia muy conocida, que había dejado en Cristianía (hoy Oslo) a su marido y a una hija y se había ido a vivir a Italia con su amante. La señora, orgullosa de lo que había hecho, le dijo al dramaturgo:
—He obrado igual que vuestra protagonista. Soy una segunda Nora.
—No —repuso Ibsen—. Eso sí que no.
—Nora se va de su casa y abandona al marido.
—Sí; pero se va sola. Nora defiende un derecho de la mujer. Usted sólo ha defendido una pasión personal; es radicalmente distinto.

—Así, ¿no me da la razón?
—Razón tiene siempre todo el mundo. No se trata de dar la razón, sino de dar ejemplo.
Ibsen volvió la espalda a la señora noruega y no le volvió a dirigir la palabra.

Tenía sobre la mesa de trabajo una colección de figuras de animales en bronce; entre ellos un conejo, un león, un gato, un perro, un asno... Un amigo que le visitaba se los alabó:
—¡Bonita colección!
—Los necesito —le dijo Ibsen.
—¿Para qué?
—No sé trabajar si no veo a mis personajes. Esos tres son los protagonistas de lo que estoy ahora escribiendo.
Ibsen señaló un avestruz, un cerdo y una hiena que estaban puestos aparte, separados de la colección.
—¿Un avestruz, un cerdo y una hiena?
—Sí: dos hombres y una mujer. El cerdo y la hiena son los dos hombres; el avestruz es la mujer. ¿No ve el drama? Piense en conocidos suyos; en un hombre que sea un cerdo, en otro que sea una hiena y en una mujer que sea un avestruz. Júntelos en determinadas circunstancias y surgirá el drama.

Ibsen, como casi todos los grandes escritores artistas dedicados intensamente a su trabajo, apenas hacía vida social. Además, era tímido, le molestaba defraudar a la gente; si le hacían preguntas nunca sabía cómo contestarlas y prefería evitar el trato social. Pero alguna vez no podía dejar de aceptar alguna invitación. Y entonces fingía no encontrarse muy bien para que le dejaran en paz. En una de aquellas ocasiones, una señora que le admiraba mucho, una alemana, le dijo:
—Leyendo su Peer Gynt no he sido capaz de comprender todo el sentido de este raro personaje. ¿Me lo puede explicar?
—Siento decirle que no.
—¿No conoce el significado de un personaje suyo?
—La verdad es que cuando escribí el Peer Gynt sólo Dios y yo conocíamos el significado del protagonista. Pero hace años de esto y yo lo he olvidado totalmente. Si no se lo explica Dios...

Leemos en *Les Nouvelles Littéraires* que Ibsen pasó un tiempo en Mónaco, donde todas las tardes iba a sentarse en la misma cervecería. Corrió la noticia y mucha gente acudía allí sólo para ver a Ibsen de cerca. Un día, Ibsen desapareció y la gente dejó de ir. Pero a todos los que preguntaban por Ibsen, el dueño del establecimiento les decía:
—El señor Ibsen volverá dentro de unos días.
Era hombre, el dueño de allí, que sabía cuidar su negocio. En-

contró a un actor de estatura y tipo parecidos a los de Ibsen y le pagó para que sustituyera al dramaturgo. El actor aceptó y lo hizo muy bien. Se caracterizó, pasó muchas tardes sentado en el mismo sitio donde se sentaba Ibsen y la gente volvió a acudir. Parece que el mismo actor, años después, ya muerto Ibsen, se unió a una compañía inglesa que representaba en los Estados Unidos los dramas de Ibsen. En los carteles se anunciaba la obra con «la presencia del autor». Así se llenaban los teatros. Y el actor convertido en Ibsen salía a saludar y dirigía la palabra al público.

La farsa, según *Les Nouvelles Littéraires*, tardó mucho tiempo en descubrirse.

## INGRES

Jean-Auguste-Dominique Ingres (1780-1867), famoso pintor francés que trabajó hasta la última vejez y que es uno de los pintores de los que se dice que de los 2.000 cuadros que pintó en toda su vida hay por lo menos 4.000 en los Estados Unidos, estaba casado con una mujer totalmente entregada a defenderle de los inoportunos que le habrían impedido trabajar. Ingres había conocido a un escultor llamado Rude, hombre entrado en años y con una larga barba blanca, y le había rogado que fuese a verle un día a su casa. Rude fue a verle un día mientras Ingres estaba trabajando. Le abrió la puerta la señora Ingres. Al verle la barba y la forma en que iba vestido le tomó por un modelo que iba a buscar trabajo. Y le despidió:

—No, no; hoy, no. Mi marido no os necesita.
—Es que yo, señora...
—Que no, que no.

Y le cerró la puerta. Ingres le preguntó después a su mujer quién había llamado:

—Un viejo modelo que buscaba trabajo.
—¿Buen tipo?
—Con una barba blanca muy larga.
—¿No dejó su dirección?
—No.
—Si viene otra vez, se la tomas. Puede que algún día lo necesite.

Rude se reunía con algunos amigos de su generación en un determinado café. Fue allí y contó a sus amigos lo que le había ocurrido. Y, entre todos, organizaron un asalto al taller de Ingres. Los que no tenían barba se la pusieron postiza y se dirigieron todos en grupo a la casa de Ingres. Eran siete u ocho. Llamaron, les abrió la puerta la mujer y ellos, sin preguntar ni decir nada, entraron en la casa cantando una vieja canción. Ingres salió al oírles

cantar. Vio que se trataba de su amigo Rude, quedó explicada la confusión y, entre todos, lo celebraron. Parece que Ingres decía después:
—Los artistas necesitamos una mujer que nos ayude. Y así, cuando no luchamos con la obra, tenemos ocasión de continuar el entrenamiento con ella.

Era muy lento en su trabajo. No daba nada por terminado hasta que le parecía que ya no podía mejorarlo. Una señora le encargó el retrato de un hijo de quince años. Ingres trabajó un año entero en el retrato. Pero no lo dio por terminado. Tuvo que interrumpir después el trabajo por ausencia del muchacho. Ésta se prolongó con el servicio militar y cuando el muchacho pudo disponer de tiempo para volver a posar sin interrupciones habían pasado seis años. Ingres observó al muchacho, ya convertido en un hombre, observó su pintura y dijo:
—Bueno; volveré a empezar.

Y volvió a empezar sobre el retrato en el que ya había trabajado durante un año. No dice la anécdota si la segunda vez lo terminó o no.

A Ingres le gustaba mucho la música. Sus músicos predilectos eran Beethoven y Bach. Y no admitía entre sus amistades a nadie que no compartiera con él sus aficiones y gustos musicales. Hasta el punto de que dejó de tratar a Stendhal tras una discusión sobre música, en la que Stendhal dijo:
—A Beethoven le falta melodía.

Ingres dio después esta orden a su criado:
—Si vuelve este señor le dices que no estoy en casa. Para él ya no estaré nunca más.

A los mocitos que le pedían consejo para llegar a pintar bien, les decía lo mismo:
—Copiar, copiar, copiar. Copiar las pinturas de los grandes maestros. Es la mejor forma de aprender a pintar.

Le ponían algunos esta objeción:
—Existen muy buenos copistas que nunca han sido buenos pintores.

Y, al parecer, Ingres les decía:
—Pero no existen buenos pintores que no hayan sido buenos copistas.

Era despiadado en sus juicios contra los críticos. Afirmaba:
—Saben mucho y no entienden nada. Y cualquiera que entienda algo, aunque no sepa nada, puede opinar con mucho mejor criterio que un crítico profesional.

Si se enteraba que a un crítico le sucedía aldo desagradable, decía:
—Merecido lo tiene. Y mentiría si dijera que no me alegro.

Napoleón III había reunido Consejo de Ministros en Saint-Cloud cuando se oyeron gritos desaforados de alguien que quería ver inmediatamente al emperador. Era alguien que gritaba:
—¡Le están matando! ¡Le están matando!

El emperador se informó, supo que se trataba de Ingres, suspendió el consejo y recibió al pintor, el cual repitió el grito:
—¡Le están matando, señor!
—¿A quién?
—¡A Rafael!

Ingres consiguió, al fin, calmarse y así pudo explicar al emperador que se refería al pintor Rafael y a una restauración que estaban haciendo, en el Museo del Louvre, del *San Miguel* del gran pintor italiano. Ingres decía que lo hacían mal y que aquello era matar al pintor.

El emperador dio órdenes para salvar la vida del pintor italiano. Pero Ingres se ganó la enemistad del director del Louvre y de los restauradores del cuadro.

Ingres, como otros muchos pintores, invertía parte de sus ganancias en la compra de buenos cuadros. Su colección era importante. Un día, un vendedor le ofreció una cabeza de mujer.
—Es de Velázquez.
—¿Seguro?
—¡Y tan seguro! Lo he cortado de un cuadro grande, con lo demás a medio hacer. Pero esta cabeza ya está terminada.

Ingres se abalanzó sobre el vendedor, gritándole:
—¡Habéis mutilado una obra de arte! ¡Y de Velázquez! ¡Esto es una infamia! ¡Una traición! ¡Os denunciaré y caeréis bajo el peso de la ley!

Tantas cosas le dijo que le asustó y así consiguió ahuyentarle, aunque sin el cuadro, que él se lo quedó. Y el vendedor no se atrevió nunca a reclamarlo por miedo a verse metido en un lío con la policía. Ingres lo enseñaba después y decía:
—No sé si es de Velázquez, pero es muy bueno. Y sólo me costó unos gritos a tiempo.

Ingres y su mujer vivieron siempre en paz. Ya en los últimos años de su vida, los amigos de Ingres le decían:
—Le debéis mucho a la mujer que os tocó en suerte.
—Cierto. Y mi mujer se la debo a un viejo amigo.

Y les contó que, en su juventud, durante una de sus estancias en Roma, se encontraba solo, triste y angustiado por la nostalgia. Un amigo (nunca citaba el nombre del amigo) le dijo:

—Deberías casarte.
—Sí, pero ¿con quién?
—Conozco en París a una muchacha con la que serías feliz.
—¿Por qué no te casas tú con ella?
—Porque me caso con otra, con una amiga de la que te digo.

Y así, por mediación del amigo, empezó la relación entre Ingres y la que fue después su mujer. Ingres, todavía sin conocerla personalmente, se hizo un autorretrato y se lo mandó. Lo primero que le dijo ella la primera vez que se vieron, en París, fue esto:
—Eres un buen pintor; eso, sí. Y en tu retrato supiste favorecerte mucho.

Se casaron y vivieron siempre en muy buena armonía. Todo gracias a la intervención de un amigo.

Los lunes por la mañana los museos están cerrados en muchas ciudades del mundo. Y un lunes por la mañana un discípulo de Ingres vio al pintor junto a la puerta del Louvre, como en espera de que abrieran. Ingres era muy viejo ya. El discípulo le dijo que no abrirían, que era lunes.
—¡Qué lástima! —exclamó Ingres.
—¿Os interesaba ver algo del museo?
—¡Casi todo! Vengo siempre que puedo. Es la única forma de aprender a dibujar.

Un amigo le encontró copiando un cuadro de Giotto.
—¿Por qué lo copiáis? —le preguntó el amigo.
—Es como más se aprende.

¡Esto lo dijo a los ochenta y seis años y estando considerado como uno de los mejores pintores de todos los tiempos!

## ISABEL I

La reina Isabel I de Inglaterra (1533-1603) era hija de Enrique VIII y Ana Bolena. Pero si preguntamos a quien sea si Isabel I sucedió directamente a su padre, o si entre los dos hubo otros reyes, y en este caso cuáles fueron esos reyes, difícilmente obtendremos una contestación exacta. Lo cierto es que Isabel sucedió en el trono de Inglaterra a su hermanastra María Tudor, hija de Enrique VIII y Catalina de Aragón (hija de nuestros Reyes Católicos), si bien, antes de María, habían reinado otros dos hijos del mismo Enrique VIII: Eduardo VI y Juana Grey (ésta sólo unos días).

Es curioso que en las sucesiones de los reyes, para los que hace años que han dejado de estudiar y leer y escribir historia, es muy difícil recordar datos precisos. Otra curiosa pregunta que se puede hacer, precisamente sobre historia de España, y también con una Isabel como protagonista, es ésta:

—¿De quién era hija Isabel I?
O Isabel la Católica, que era hija de Juan II, y la cual no sucedió directamente a su padre, sino a su hermano de padre Enrique IV. Y a esta pregunta sigue otra:
—¿De quién era hijo Fernando el Católico?
Y resulta que también era hijo de Juan II... de Aragón.

Tenía Isabel I de Inglaterra catorce años, cuando un día que parecía muy entristecida, al preguntársele si le ocurría algo malo, contestó:
—Es que noto que me está empezando a salir la razón.
Lo dijo así, como quien habla de que le sale un diente.

Isabel I nunca se casó, al menos oficialmente. Reinó siempre sola. Uno de sus favoritos (en el sentido político), Raleigh, era muy aficionado a fumar en pipa. Y un día la reina le preguntó, como con ganas de hacerle quedar mal:
—Vos que no dejáis de ser inteligente, ¿seríais capaz de pesar el humo de vuestra pipa?
—Sí, majestad.
—Apuesto a que no.
—Apostado va, majestad.
Y unos días después Raleigh dijo a la reina:
—Tres gramos y medio. Es el peso del humo de una de mis pipas.
La reina quiso saber cómo había pesado el humo.
—He pesado el tabaco antes de encender la pipa, majestad, y la ceniza después de fumada la pipa. La diferencia, tres gramos y medio, es el peso del humo.
Y la reina aceptó que había perdido la apuesta. No dice la anécdota cuánto era lo apostado, pero se sabe que fue dinero, puesto que la reina dijo:
—Muchas veces he visto convertir el dinero en humo; ésta es la primera vez que veo convertir el humo en dinero.

La reina Isabel tenía su bufón. No se cita en la anécdota el nombre del bufón. Y éste acostumbraba reprochar a la reina sus defectos, siempre en verso. Y un día no lo hizo, ni al siguiente, ni al otro. Hasta que la reina le preguntó:
—¿Qué te pasa que no me recuerdas en verso mis defectos?
—Me pasa que, como todos los artistas, quiero ser original. Y por lo mismo, me niego a repetir aquello de lo que todo el mundo habla.

Isabel I prescindía muchas veces de los rigores de la etiqueta palatina. Se cuenta que un día, durante una de sus reuniones privadas con sus damas y cortesanos, salía mucho humo de una

lámpara. La reina se levantó y la apagó. Una de sus damas protestó:
—No tenía por qué molestarse vuestra majestad. Si nos lo hubiese dicho...
Y la reina:
—Si os lo hubiese dicho habríais llamado al gran jefe de ceremonial, éste habría llamado al gran chambelán, éste habría llamado al gran mayordomo, éste a uno de los alabarderos, éste a otro... Y, entretanto, la lámpara habría continuado echando humo. Y, ahora, apagada está.

En la guerra entre Inglaterra y España, un general inglés que defendía una plaza sitiada por los españoles, fingió que se rendía y abrió la puerta a los oficiales españoles como para entregarse a ellos. Los españoles entraron, confiados. El inglés, cuando los tuvo dentro, mandó cerrar las puertas y decapitar a los españoles. El general inglés fue a contar su proeza a la reina y a pedirle una recompensa. Y la reina le dijo:
—Nunca recompensaré a los traidores, aunque a veces les necesite. Si otra vez os necesito, para otra traición, os llamaré.

El mismo concepto de no recompensar al traidor, aunque se aproveche la traición, y hasta se le castigue luego, lo encontramos en *La vida es sueño*, de Calderón de la Barca. Al final de la obra, cuando ya Segismundo ha sido proclamado rey, empieza a ejercer su justicia y a dar premios y castigos. A Clotaldo, servidor fiel de Basilio, padre de Segismundo, le dice:

> —*A Clotaldo, que leal*
> *sirvió a mi padre, le aguardan*
> *mis brazos, con las mercedes*
> *que él pidiere que le haga.*

Y el soldado, que con su traición al rey Basilio hizo posible el triunfo de Segismundo, dice:

> —*Si así a quien no te ha servido*
> *honras, ¿a mí que fui causa*
> *del alboroto del reino,*
> *y de la torre en que estabas*
> *te saqué, qué me darás?*

Y Segismundo contesta en el mismo tono que la reina Isabel I:

> —*La torre, y porque no salgas*
> *della nunca, hasta morir,*
> *has de estar allí con guardas,*

*que el traidor no es menester
siendo la traición pasada.*

Y los comentarios son de alabanza por tales decisiones, con lo que se abona este trato dado a los traidores:

—*Tu ingenio a todos admira.*
—*¡Qué discreto y qué prudente!*

¿Tomaría Calderón de la Barca este laudable concepto del castigo del traidor de la anécdota de Isabel I de Inglaterra?

De la reina Isabel I se ha dicho otra cosa, y han sido varios los que la han dicho, no precisamente refiriéndose a ella, sino al gobierno ejercido visiblemente por mujeres, comparado con el ejercido visiblemente por hombres. Según leemos, la duquesa de Borgoña le dijo a la señora de Maintenon:

—Es natural que la reina Isabel I de Inglaterra gobierne mejor que Luis XIV de Francia, sencillamente porque en Inglaterra, con una mujer en el trono, gobiernan los hombres, y en Francia, con un hombre en el trono, gobiernan las mujeres.

Es posible que alguna vez haya sido así, y es casi seguro que no lo ha sido siempre.

## ISÓCRATES

El orador griego Isócrates (436 a 338 a. de J.C.) estaba una vez sentado a la mesa del rey Nicocrente de Chipre. Y no abrió la boca en todo el tiempo, como no fuese para comer. El rey le preguntó:
—¿Estáis enfermo?
—No, todo lo contrario. Me encuentro muy bien.
—Te he invitado para oírte lucir tu oratoria. ¿Por qué no abres la boca?
—Por una sola razón: porque de todo lo que yo sé, nada te interesa, y de todo lo que te interesa, yo no sé nada.

Le preguntaron una vez si sabría definir la elocuencia. Y preguntó:
—¿Con elocuencia o sin elocuencia?
Le dijeron que la definiera de ambas maneras. Y dijo:
—Dicho sin elocuencia, la elocuencia es el arte de presentar con toda su grandeza las cosas pequeñas y con toda su pequeñez las cosas grandes. Y dicho con elocuencia, la elocuencia es...

Se interrumpió, levantóse, extendió los brazos y empezó el siguiente discurso:
—¡Oh, atenienses, hijos predilectos de Zeus y descendientes to-

dos de aquellos antiguos héroes que regaron con su sangre fecunda los campos de esta tierra!
Y estuvo hablando con elocuencia de la elocuencia durante un par de horas.

Un ciudadano le solicitó que le admitiera como discípulo. Y se lo pidió en una interminable palabrería. Isócrates le dijo que sí, que le admitía, y le indicó el precio. El ciudadano, que se había informado ya, protestó:
—Me pides el doble que a tus otros discípulos. ¿Es que me consideras más torpe?
—No; es que mi enseñanza, para que te aproveche, ha de ser doble. Primero te enseñaré a callar; después a hablar.

## ISTRATI

El novelista rumano Panait Istrati (1884-1935) estuvo en Italia cuando imperaba el fascismo de Mussolini. Era de ideas más favorables al comunismo y no dejaba de proclamarlo. Fue denunciado por sus manifestaciones y encarcelado. Él vivía en Francia y, cuando pudo regresar allí, sus amigos le preguntaron:
—¿Es que en Italia no puede todo el mundo pensar como quiere?
—Sí, desde luego. Pero cuando se tienen ciertas ideas, si se dicen, se han de ir a pensar en la cárcel.

## JEROME

El humorista inglés Jerome K. Jerome (1859-1927) cuenta que fue una vez de pesca con otros amigos y que llegaron a un lugarcito, a la orilla de un río. Cenaron en la posada y el camarero que les servía, al ver las cañas y los cestos de los pescadores, les dijo que él también era pescador y que allí muchos lo eran. Y les enseñó una trucha de gran tamaño, disecada, que estaba sobre un mueble.
—¿Ven esta trucha? La pesqué yo.
Y les contó toda la complicada peripecia de cómo había pescado aquella trucha.
Después de cenar, mientras tomaban café, les saludó el dueño de la posada. Al ver las cañas y los cestos les dijo que él también era pescador y que la trucha disecada la había pescado él. Y les contó todos los detalles de cómo la había pescado.
Cuando ya se iban, Jerome tropezó, se agarró al mueble para no caer y con la sacudida la trucha disecada se tambaleó y cayó al suelo. Y al caer se hizo pedazos. Era de yeso.

## JORGE VI

Cuentan del rey de Inglaterra, padre de la reina actual, que era muy aficionado a la caza, y que una vez, después de estar cazando todo el día, contó las piezas que había matado, que estaban sobre la hierba. Contó diecisiete.
—No está mal —dijo.
Después, en silencio, contó sus cartuchos. Y en voz baja añadió:
—Y lo más curioso del caso es que sólo he disparado nueve cartuchos. ¡Gracias, amigos míos!
Fernández Flórez, en su novela *El secreto de Barba Azul*, cuenta un caso parecido. Un rey está de caza, le van cargando la escopeta y él va disparando a unas piezas, en cierto modo voladoras, que le pasan por delante, de un lado a otro, y todas caen muertas. Hasta una vez que, por distracción de los lanzadores de piezas, pasan dos al mismo tiempo. Y caen muertas las dos. Y no puede ser de otra manera, pues tanto aquellas dos como todas las otras ya están muertas cuando las lanzan al aire frente a la escopeta real, según la prensa, una de las mejores escopetas del país.

Jorge VI estaba un día en un concierto. Tocaban un vals, que estaba muy en boga entonces, llamado *Tú no lo sabrás nunca*. El rey preguntó a uno de sus acompañantes:
—¿Cómo se llama este vals?
—Vuestra majestad no lo sabrá nunca.
—¿Por qué?
Y hubo que poner la cosa en claro.

## JOSEFINA

La primera mujer de Napoleón, Josefina Beauharnais (1763 a 1814), era una mujer de mucha seducción sexual, muy *sexy*, como se diría ahora. Y supo aprovechar muy bien esta condición natural. Su primer matrimonio con Alejandro de Beauharnais (ella se apellidaba Tascher de la Pagerie) no fue un matrimonio de amor. Un biógrafo lo cuenta así: «Josefina nació en la Martinica, donde su padre era gobernador. Este señor tenía otra hija de diecisiete años, y buscó marido para ella en París. El marido elegido fue Beauharnais, sin que ellos dos se conocieran. Ya concertado el matrimonio, la muchacha murió. Entonces el padre escribió a su futuro yerno ofreciéndole la hija segunda, que le decía "tiene un cutis muy bonito y unos hermosos brazos y desea ardientemente vivir en París". Llegó el contrato matrimonial con el nombre de la mujer en blanco y el padre puso el nombre de Josefina».
Cuando la revolución, el vizconde de Beauharnais fue guillotinado. Josefina, su mujer, había sido detenida con él y estaban los

dos en la misma cárcel, en sala común con otros muchos. Todas las mañanas llamaban a los condenados a la guillotina. Una mañana gritaron el apellido:
—¡Beauharnais!
Los dos se levantaron, el vizconde y Josefina. Pero el vizconde se anticipó, diciéndole a su mujer:
—Permitidme, señora, que, por una vez, pase una puerta delante de una dama.

Y, gracias a esta «descortesía» histórica, sólo se lo llevaron a él. Cuando Josefina y Napoleón se casaron, ella tenía 32 años y Napoleón 26. Y en los papeles constaba como si los dos tuvieran 28.
Napoleón, durante su campaña de Italia, escribió muchas cartas a Josefina. Le decía en ellas con frecuencia: «Tú lo eres todo para mí». Y el mariscal Ney (que todavía no era mariscal), comentando esto, dijo una vez:
—Sí, es cierto. Josefina lo es todo para Napoleón..., todo después de todo lo demás.
Y, al parecer, añadió:
—Tiene que ser así.

Algunos cronistas serios como, por ejemplo, De-Norvins, afirman que Napoleón y Josefina se conocieron de la siguiente manera: Un día, un muchacho de catorce años solicitó ser recibido por el general Bonaparte, el cual había ordenado, por orden del Gobierno, que todos los ciudadanos entregasen sus armas. Napoleón le preguntó:
—¿Qué deseas de mí?
—Que me devolváis la espada de mi padre.
Este deseo llama la atención del primer cónsul.
—¿Quién es tu padre?
—Murió en la guillotina. Era el vizconde de Beauharnais.
Napoleón felicita al muchacho por la forma en que quiere recuperar un recuerdo de su padre. Al día siguiente, recibe la visita de una mujer bonita, insinuante y dulce; lo que ahora llamaríamos una belleza cálida.
—¿Qué queréis de mí?
—Agradeceros la bondad que habéis tenido con mi hijo.
—¿Quién sois?
—La vizcondesa viuda de Beauharnais.
Es una mujer seductora y Napoleón se siente seducido.
Muchos historiadores dignos de crédito dicen, empero, que Napoleón conoció a Josefina en casa de Barras (del cual, posiblemente, era amante). Y Barras, al parecer, instó a Bonaparte para que se casase con ella, lo que él hizo muy gustoso. Josefina, sin embargo, no le amaba, si bien es cierto que, con el tiempo, a pesar

de las infidelidades conyugales mutuas, llegó a sentir por el corso un gran afecto.

Napoleón, cautivado por la cálida belleza de Josefina, la hace su amante. Se ven en un hotelito de la calle de Chanterreine, en las afueras de París.
Es allí donde vive. Y el primer día le dice:
—Perdonad que no os pueda recibir mejor.
—Lo mejor sois vos, señora.
Allí Napoleón le habla de matrimonio. Y ella le da esta primera contestación:
—Bueno, lo pensaremos.
Napoleón no le da tiempo de pensar nada y pocos días después se han casado ya.

Cuenta la pequeña historia que Le Marois, el ayudante de campo del general Bonaparte, no pudo firmar como testigo por ser menor de edad. Entonces los hombres podían ayudar a un general a ganar batallas antes de ayudarle a casarse.
—¿Listos? —pregunta Napoleón.
—Sí. Hemos terminado —le dice el señor alcalde.
—Pues, ¡adiós!
Se lleva a Josefina a su hotelito y, cuarenta y ocho horas después, se despide de ella para una de sus campañas en Italia.

Durante aquella campaña se ve, por las cartas que escribe, que el recuerdo de Josefina le obsesiona: «Josefina mía; tormento, dicha, esperanza, alma de mi vida... Jamás mujer alguna fue amada con tanta devoción, con tanto fuego y ternura. Mil puñales desgarran mi corazón. No concibo cómo puedo vivir sin ti».
Y, al mismo tiempo que esto escribe, da órdenes a sus capitanes y traza el plan estratégico del día siguiente.

En una cena de gala, ya en tiempo del Imperio, Napoleón galanteó a una dama de «cierto modo especial». Otra dama que se hallaba presente comentó después con la emperatriz la galantería del emperador.
—¿Le ha alabado el peinado? —preguntó la emperatriz.
—No. Le ha dicho que no comiera tantas aceitunas, que le harían daño.
Este detalle le bastó a Josefina para comprender que el emperador se interesaba por la damita de modo especial. No perdió de vista a la damita, que era la señora Duchatel, hasta que la sorprendió en la habitación del emperador. Y allí se armó la gresca. Fue después de las escenas violentas entre los dos que siguieron a aquello, cuando el emperador lanzó por primera vez al rostro de Josefina la amenaza que no tardaría en cumplirse:

—Nada debo a una mujer que no me da hijos. Buscaré a quien me los dé y te repudiaré por estéril.

El día que el emperador comunicó a Josefina su decisión de repudiarla, ella se desvaneció. Napoleón dijo a Bousset:
—¿Sois lo bastante fuerte para cogerla en brazos? Entonces llevad a la emperatriz a su habitación.

Cuando subían la escalera, la emperatriz, todavía aparentemente sin sentido, murmuró unas palabras a Bousset, que la llevaba en brazos:
—Me apretáis demasiado.
Y continuó desvanecida.

## JOUVET

Louis Jouvet, el gran actor francés (1887-1952), daba este consejo a los jóvenes actores:
—Dos cosas son indispensables para la buena calidad de nuestro trabajo. La segunda es dar importancia a todo aquello que de veras la tiene.
—¿Y la primera? —le preguntaban, como es natural.
—La primera es no dar importancia a nada de todo aquello que no la tiene de veras.

Se hablaba un día de la sinceridad de los hombres y de las mujeres. Jouvet defendía la mayor sinceridad de las mujeres; otro le contradecía. Y Jouvet resumía su parecer con una comparación.
—Si he de juzgar por mi experiencia, siempre que una mujer habla de su pasado, es una confesión. Y siempre que un hombre habla del suyo, es un cuento marsellés [*une histoire marseille*, se dice en Francia de todo lo que se cuenta tan exagerado que casi nada es verdad].

El actor dirigía su compañía y, como todos los directores, recibía muchas obras con el ruego de que las leyera. Y algunas le llegaban muy recomendadas. Tantas le llegaban que no tenía tiempo de leerlas y se le iban acumulando en una estantería de su despacho. Muchos amigos conocían aquella estantería, a la que Jouvet llamaba «el cementerio de obras vivas».

Recibió una vez una comedia con una nota del autor redactada así:
—Apuesto mil francos a que esta comedia pasa a quedar enterrada en el cementerio de obras vivas.

Jouvet mandó al autor, por toda contestación, un talón por valor de mil francos.

## KANT

El filósofo alemán Emmanuel Kant (1724-1804) era un hombre sumamente ordenado, y vivía sometido a un horario que se repetía todos los días con rigurosa exactitud. Tenía sus reflejos tan condicionados, que si se producía alguna alteración en el orden que le rodeaba, era incapaz de pensar ni, desde luego, de trabajar. Iba todos los días, después de comer, a dar un paseo, siempre por las mismas calles y de la misma duración. Y cada día, después del paseo, entraba en una cervecería, siempre la misma, y se tomaba una cerveza y una salchicha. Un día el dueño del establecimiento no le pudo servir la salchicha. Se le habían terminado y aún no había recibido otras, aunque las estaba esperando de un momento a otro. Kant se sintió invadido de un raro desasosiego y aquella tarde no pudo pensar ni escribir nada.

En la cervecería, mientras iba sorbiendo la cerveza y mordiendo la salchicha, leía el periódico. Era una tarde que estaba lloviendo muy fuerte. El dueño del local le dijo:

—Ningún día de este año ha llovido tanto como hoy. ¿No lo veis?

Kant, sin levantar los ojos del periódico, le contestó:

—¿Para qué? Mañana, en el periódico, me dirán la cantidad exacta de agua que ha caído hoy.

Lo mismo que no le interesaba ver llover, tampoco le interesaba ninguno de los otros fenómenos naturales. Ni se daba cuenta del paso de una estación a otra. Vivía siempre exactamente igual, tanto si era verano como invierno. Un día, una hija del dueño de la cervecería le dijo:

—¡Qué bonita es la primavera!

Kant apenas la miró. La muchacha señaló hacia la ventana. Era primavera y se veían muchas flores.

—¡Tantas flores!

—Como todos los años —le dijo Kant—. Las flores en primavera, la nieve en invierno. Esto se repite siempre igual.

Y continuó leyendo.

Kant daba clase en la Universidad de Koenigsberg. En un examen le preguntó al alumno:

—¿Podéis decirnos cuál es la verdadera causa de la aurora boreal?

El alumno pensó un buen rato y, al fin, dijo:

—Lo sabía, señor; pero he de confesar que lo he olvidado.

—Pues es un olvido imperdonable, porque habéis sido el único hombre en el mundo que ha sabido esto alguna vez.

Un contemporáneo de Kant, comentando la regularidad exagerada en todo del filósofo, decía:

—Kant nunca ha salido de Koenigsberg. Menos una vez que estuvo en París y es la excepción que justifica la regla.

La caligrafía de Kant era menuda y difícil de descifrar. Uno de sus discípulos se encargaba de copiar todo lo que el maestro escribía, antes de darlo a la imprenta. Una vez, el copista no consiguió descifrar una frase. Le pidió a Kant que la descifrara él; Kant tampoco lo consiguió. Dijo:
—Entiendo todas las palabras, pero no entiendo el sentido. Cuando escribí habría sido capaz de explicar en otra forma mi pensamiento. Ahora no lo soy. Déjalo tal como está y seguro que algún filósofo sabrá interpretarlo. Y si ninguno sabe, no faltará quien invente una interpretación.
—¿Y la claridad, señor?
—Yo nunca he pretendido ser claro.
Y la frase apareció impresa tal como estaba, a la espera de una interpretación.

## KHAN, Aga

Del Aga Khan, casado en segundas nupcias con la Begum francesa que todavía vive, se cuentan algunas buenas anécdotas. Hemos leído ésta: Un mendigo consigue acercársele y le pide cien francos.
—¿Para qué los quieres? ¿Para emborracharte?
—No; no bebo.
—¿Para jugártelos?
—Nunca me juego el dinero.
—¿Para dárselos a alguna mujer?
—Hace años que no trato a ninguna.
—Bien; te los daré a condición de que me acompañes a mi casa.
El mendigo aceptó y el Aga Khan lo presentó a la Begum y le dijo:
—A veces me reprochas algunos de mis vicios. Pues ahí tienes a este hombre que no bebe, que no juega y que no trata a las mujeres. ¡Y ya ves de qué le ha servido!

## KHAN, Alí

El hijo mayor del Aga Khan, uno de los *jet-men* más importantes de su tiempo, estaba una noche en un baile, en París. Dos mujeres, una europea y una americana, llevaban el mismo modelo de vestido. Las dos, cuando se dieron cuenta, se iban a retirar del baile. Alí se enteró, las reunió a las dos y les propuso una solución: que una de las dos, echándolo a suertes, se quitara el vestido y que él lo rasgaría y la envolvería con tela rasgada en forma que podría continuar participando en la fiesta. Lo echaron a suertes y le tocó a la americana. Alí Khan sólo necesitó diez minutos para cumplir lo prometido. Y la mujer, ligeramente envulta en trozos de tela, tuvo tanto éxito, que la otra mujer, la europea, decía después que si lo hubiese sabido habría hecho trampa para que le tocara a ella. Según parece, el éxito del invento de Alí Khan fue debido a que, al envolver a la mujer con los trozos, dejó uno de los pechos casi totalmente al descubierto.

## KIPLING

Rudyard Kipling (1865-1936) aprovechaba las ocasiones que se le ofrecían para contar cuentos a los niños. En ocasión de pasar unos días invitado en la casa de campo de un amigo, coincidió con una niña, sobrina de su amigo. Y la primera tarde la llevó a dar un paseo.

A la vuelta, el amigo de Kipling preguntó a la niña:

—¿Cómo ha ido? Supongo que has hecho todo lo posible para no aburrir al señor Kipling.

—Sí, tío. Y el señor Kipling ha hecho todo lo posible para aburrirme a mí.

Confesaba después Kipling que aquellas palabras de la niña le hicieron pensar mucho.

Una tarde, el autor de *El libro de la selva* entró en una librería, en Londres, y se puso a hojear un libro. Después de un rato le preguntó al librero:

—¿Merece la pena leer este libro?

—Pues... no lo sé. No lo he leído.

—Entonces usted vende los libros sin haberlos leído. ¿Cómo puede así recomendar a sus clientes los libros buenos?

El librero no le conocía y, muy tranquilamente, le contestó:

—¿Cómo puedo? Pues lo mismo que los farmacéuticos recomiendan los buenos específicos. ¿Cree usted que los prueban todos antes de recomendarlos?

A Kipling le gustó la salida y, como para premiar al librero, le dijo:

—Bueno, pues deme un libro de Rudyard Kipling.

El librero le dio uno, diciéndole:

—Éste le puedo asegurar que es muy bueno y tampoco lo he leído.

—Pues yo no sólo lo he leído, sino que lo he escrito.

Y Kipling pagó el libro, lo firmó y una vez dedicado y firmado se lo regaló al librero, que, según dicen, aún lo conserva y lo usa como prueba al contar esta historia.

Kipling no recibía nunca a nadie cuya visita no tuviera anunciada. Su criada despedía a quienquiera que fuese el que deseara verle. Una mañana tres norteamericanos, un padre y sus dos hijos, entraron en la casa a pesar de las protestas del criado. Y los tres se pusieron a llamar a Kipling a grandes voces. Kipling oyó las voces y salió a ver lo que ocurría.
—¿Es usted Rudyard? —le preguntó el padre.
—Sí, soy yo.
El padre se dirigió a los dos muchachos:
—Este es el señor Rudyard Kipling.
Y a Kipling le hizo otra pregunta:
—¿Es allí donde trabaja?
Y señaló la puerta por donde había entrado Kipling, que permanecía abierta. Kipling dijo que sí, que allí trabajaba. El señor norteamericano señaló a sus hijos la habitación de trabajo de Kipling y les dijo:
—Y aquí es donde trabaja el señor Kipling.
Y, sin hacer caso de Kipling, continuó hablando con sus hijos.
—Y ahora vámonos a ver algunas otras curiosidades de Londres.
Y salieron los tres, aprisa, como buenos turistas curiosos.

Vivía en una casa con jardín. El autocar de un hotel le estropeó un día la verja del jardín. Kipling hizo componer la verja y después escribió al dueño del hotel pidiéndole una indemnización igual a lo que le había costado arreglar la verja. No recibió contestación. Escribió otra carta que tampoco fue contestada. Entonces le visitó, y el dueño del hotel le dijo:
—Mejor hubieseis hecho en escribirme más cartas.
Y le dijo que había vendido las dos cartas recibidas por dos libras cada una. Y que ya que Kipling le pedía una indemnización de diez libras, si tenía la amabilidad de escribirle otras tres cartas habría conseguido, vendiéndolas, el dinero suficiente para pagarle.
Kipling le escribió allí mismo otras tres breves cartas y el dueño del hotel le dio las diez libras.

Kipling iba, a veces, a los jardines públicos a ver jugar a los niños y hablaba y jugaba con ellos. Una mañana jugó mucho rato con una niña, que después le preguntó:
—¿Cómo te llamas, tú?
—Rudyard Kipling.
—Yo conozco este nombre —dijo la niña—. Es el nombre de uno que escribe cuentos preciosos.
—Soy yo.
—¡No mientas!
—No miento; soy yo.
La niña le clavó los ojos en el rostro y se echó a llorar. Después Kipling estuvo hablando con ella, y la niña le dijo que había ima-

ginado al Kipling de los cuentos vestido de indio y con una barba blanca, como un dios.

Y Kipling decía después:

—¡Cuánto sentí aquel día no ir vestido de indio y no tener una larga barba blanca, tal como me había imaginado aquella niña!

Kipling recibió una carta de un norteamericano desconocido con este ruego: «Señor: tengo entendido que cobráis un dólar por cada palabra que escribe. Aquí le mando cinco dólares y le ruego que me mande un breve autógrafo para mi colección». Y dentro de la carta había, en efecto, un billete de cinco dólares. Kipling contestó: «Le mando mis afectuosos saludos». El desconocido reclamó, en otra carta, diciendo que al autógrafo de Kipling le faltaba la firma. Kipling no contestó. Recibió más cartas del mismo desconocido y no contestó ninguna. Un día, tiempo después, en Londres, recibió la visita de un desconocido que se anunció como el autor de las cartas, y que le dijo que aprovechaba un viaje a Europa para pedirle a Kipling que le firmara el autógrafo por el que había pagado cinco dólares, un dólar por palabra.

—Son dos dólares más —le dijo Kipling—. Mi firma son dos palabras. Yo escribí cinco, que son las que me pagó. Si quiere dos más, son dos dólares.

El norteamericano pagó los dos dólares, y Kipling firmó la carta que había escrito años antes.

Uno de los libros más famosos y más editados de Kipling es *El libro de la selva*. Kipling llevaba siempre encima un ejemplar de esta novela. Un ejemplar viejo, agujereado y con algunas hojas ennegrecidas como por humo. Y contaba que el libro había pertenecido a un soldado destacado en la India, que lo llevaba siempre encima. Y que, en una refriega con nacionalistas indios, una bala le había alcanzado, había dado en el libro y, después de atravesarlo, apenas le había hecho daño. El soldado regaló el libro agujereado a Kipling, y el escritor lo llevó siempre encima desde entonces como un talismán.

—Es mi amuleto —decía.

Kipling, como otros ingleses que han sobresalido, recibió de su Gobierno el título de lord. No le gustaban esas distinciones a Kipling, pidió audiencia al ministro, fue recibido y le dijo:

—Señor ministro, yo tengo influencia suficiente para conseguir que le nombren obispo. Y le he venido a decir que lo conseguiré y recibiréis el nombramiento.

—No, no, por Dios; yo no quiero ser obispo.

—Ni yo quiero ser lord y, sin consultarme, me ha mandado el nombramiento. Yo, al menos, le he venido a anunciar el suyo.

Ésta fue su manera original de renunciar al título que su Gobierno le concedía.

## KIERKEGAARD

El filósofo danés Sören Kierkegaard (1813-1855), en cuyas doctrinas se han inspirado, al parecer, los existencialistas, era hijo de un padre muy severo, que tenía a su hijo sometido a rigurosa vigilancia y no le permitía ninguna distracción. El muchacho deseaba una vida más libre y le pedía a su padre que le dejara reunirse con amigos.
—¿Para qué?
—Para ir a algun sitio.
—Dime adónde te gustaría ir.
El muchacho decía un sitio al azar y su padre le explicaba el viaje desde allí hasta aquel sitio, con todo detalle. Después de una larga explicación le decía:
—Y ahora, después de un paseo tan largo, estamos cansados los dos y lo mejor será que descansemos. En casa, desde luego, que es donde mejor se descansa.
Y un día Kierkegaard huyó de su casa.

## KRUSCHEV

Nikita Kruschev, nacido en Kursk (1893-1971), en una visita que hizo a Londres cuando era el primer jefe del Gobierno comunista de su país, quedó admirado del movimiento que había en el aeropuerto londinense y del orden y la rapidez con que allí se despachaba todo. Preguntó:
—¿Cuántos son en el personal del aeropuerto?
—No sé el número exacto, pero más de tres mil y menos de cuatro mil —le dijo el alto funcionario inglés que le acompañaba.
—¿De cuántas horas consta la jornada laboral?
Su acompañante se informó y le pudo decir que era de treinta y cuatro horas semanales.
Kruschev se echó a reír.
—El personal del aeropuerto de Moscú trabaja sesenta y cuatro horas semanales.
—Esto sería para nosotros una buena solución económica. Pero si lo impusiéramos, todo el personal se declararía en huelga. La mayoría son comunistas y, a pesar de todo, ignoran el trato que dais los comunistas de Rusia a vuestros trabajadores.

En una visita a los Estados Unidos, Kruschev conoció a Gary Cooper. Y el diálogo entre los dos fue breve. Kruschev le dijo:

—He visto películas suyas. Es usted muy buen actor.
—Yo he leído muchas de sus actuaciones. Es usted mucho mejor actor que yo.
Kruschev no continuó la conversación.

Kruschev, cuando estaba de buen humor, tenía salidas muy divertidas, incluso delante de personalidades de otros países. Un día, en una fiesta en la Embajada de los Estados Unidos en Moscú, explicó que poco tiempo antes había hecho una visita de inspección a una de las Repúblicas del sur de Rusia, y que allí habían matado una oveja en su honor y le habían ofrecido los ojos y las orejas. Decía:
—Es una costumbre del país. Pero yo les dije que los dieran a los dirigentes de allí, que son los que más ojos y más orejas necesitan para enterarse de todo. También me ofrecieron el cerebro, y les dije que lo mandaran a los miembros de la Academia de Ciencias.
—Y para usted, ¿qué? —le preguntó uno de los asistentes.
—Nada. Yo soy el primer ministro de la Unión Soviética y, como tal, nada necesito. Para mis funciones no me hace falta enterarme de nada, ni gastar nada de cerebro.
Y preguntó a los norteamericanos que le rodeaban:
—¿Les sorprende?
Le dijeron que sí. Y él añadió:
—Si hasta sorprender a los norteamericanos me resulta tan fácil, ¿cómo no ha de serme fácil todo lo demás?

**LABICHE**

Eugène Labiche, el famoso autor de comedias francés (1815 a 1888), escribía casi todos sus vodeviles en colaboración con otros. Y sus colaboradores eran gente desconocida, de escaso mérito literario. Preguntaban a Labiche:
—¿Cómo organizáis el trabajo con vuestros colaboradores?
—Lo organizan ellos. Precisamente éste es uno de sus trabajos.
—¿Y qué es lo que ponen ellos en las comedias y lo que ponéis vos?
—Ellos lo ponen todo. Me dan las comedias hechas. Y yo me limito a poner lo poco que hace falta para que la comedia guste a todo el mundo.

Labiche tenía compañía propia y pagaba a sus actores lo menos posible. Las actrices, más que buenas como actrices, las escogía buenas como mujeres, guapas, graciosillas y, sobre todo, atractivas para los hombres. Les decía:
—Si el día del estreno no recordáis alguna frase, en vez de

decir otra cosa es mejor que no digáis nada y que sustituyáis la frase por un gesto. Pensad que el público está más pendiente de vuestros gestos que de vuestras palabras.

Una vez contrató a una actriz muy atractiva como mujer por cincuenta francos diarios. Era poco dinero. La obra fue un éxito y la actriz también. Y ella le dijo después de la función:
—¿No creéis que yo valgo por lo menos cien francos?
—Ahora, sí.
—¿Después del éxito?
—No. Después de la función, para pasar la noche.
Y no le subió el sueldo.

Enfermo ya para morir, el médico le aplicó sanguijuelas. Las dos primeras aplicaciones dieron buen resultado. La tercera, no.
—Esta última —dijo el médico— no ha servido para nada.
—¿Por qué? —preguntó el enfermo.
—No ha chupado. Se conoce que no le gusta la sangre.
—Pues si no le gusta la sangre —dijo el enfermo—, que cambie de profesión y no haga de sanguijuela.

Uno de los hijos de Labiche era muy religioso. Estaba a la cabecera de su padre moribundo, y le hablaba del cielo y del consuelo que era pensar en el cielo en el momento de la muerte. Labiche le preguntó:
—¿Se está bien en el cielo?
—Todo es bien, sin mezcla de mal alguno.
—Hijo mío...
Le faltaron fuerzas al enfermo para terminar la frase, pero, al fin, con un último esfuerzo, la pudo acabar:
—...Si tan bien se está, ¿por qué no vas tú en mi lugar?

## LAGERLÖF

Selma Lagerlöf (1858-1940), escritora sueca, Premio Nobel 1909, fue la escritora más popular de su país, y muy leída en Europa y en todo el mundo. Llevó siempre una vida muy retirada y nunca participaba en fiestas ni en ningún tipo de vida social. En sus últimos tiempos confesó a un periodista que consiguió entrevistarla:
—Una vez he terminado un libro prefiero no saber nada de lo que pasa con él. Ni tan siquiera miro las cuentas que me manda el editor. Nunca he sabido cuáles han sido los libros míos que se han vendido más. Y de todo lo que dicen que se ha escrito de mis libros y de mí nunca he guardado nada.
—¿No le interesa, pues, la gloria?
—Es una de tantas vanidades y nunca he sido vanidosa.

—Sin embargo, su país le debe mucho.
—Sí, eso sí. Sobre todo esta provincia mía de Värmland. Parece como si yo la hubiese descubierto y ahora los turistas la visitan mucho más. Todo lo que he hecho para mi país ha sido esto: favorecer el turismo.

## LAO-TSE

Filósofo chino que vivió, según parece, a principios del siglo VII, estaba en su juventud de bibliotecario en la ciudad de Khu. Confucio era entonces ministro del Imperio chino, y, en uno de sus viajes por el país, se detuvo en Khu. Alguien le habló de Lao-Tse y Confucio le visitó. Le encontró en su jardín, vestido de cualquier manera, porque trabajaba la tierra. Le dijo:

—Sé que eres un hombre sabio y me gustaría que me dieras algún consejo que me ayudara a restablecer en nuestro país la humanidad y la justicia.

Lao-Tse dejó la herramienta, sonrió y le dijo:

—¿Humanidad? ¿Justicia? ¿Conoces acaso el significado de esas palabras? Se habla mucho de humanidad y de justicia, pero siempre es para ocultar otros designios. Y si tú sabes el significado de *humanidad* y justicia, ¿qué interés tienes en enseñarlo a los que lo ignoran? Las palomas blancas son blancas porque nacen así y nunca cambiarán de color. Dios sabe lo que se hace y mejor será que dejes a su cuidado hacer de la humanidad lo que mejor le parezca.

En aquella conversación Confucio dijo a Lao-Tse:

—Yo voy en busca de la verdad.

—¿La verdad? Buscar la verdad es un trabajo inútil y tú eres el primero en desear no encontrarla. ¿Qué quieres que haga la gente de la verdad? Tú dices que la buscas y tú sabes muy bien que la verdad no se encuentra buscándola, porque no está escondida, sino alrededor nuestro, en todas las cosas. No hace falta buscar la verdad. Lo único que hace falta es creer en ella, creer que es verdad todo lo que existe.

—Pero los hombres mienten.

—Y la mentira de los hombres son sus verdades, como la verdad del cielo es el azul y la verdad del viento es el ruido que hace entre las hojas.

Confucio, después de aquella conversación con Lao-Tse, estuvo tres días sin pronunciar una sola palabra, entregado a sus pensamientos.

Los vecinos de Khu no dejaban en paz a Lao-Tse y siempre le estaban pidiendo consejo. Lao-Tse decidió irse a vivir a otro sitio donde nadie le conociera. Cerró su casa, dio la llave a guardar a un vecino y se fue andando, sin despedirse de nadie. No volvió la cabeza hasta mucho tiempo después. Y entonces vio a todos los vecinos de Khu, que le seguían a lo lejos. Les esperó y les preguntó:

—¿Qué queréis de mí?

Le dijeron que querían que les diera buenos consejos. Lao-Tse subió a una piedra y les dijo:

—Amigos míos, si no olvidáis lo que ahora os diré, ningún otro consejo necesitaréis. En vuestras cabezas está todo. Y este todo es la memoria y el olvido. Que la memoria os sirva para acordaros siempre de olvidar todo el mal que os hayan hecho y todo el bien que hayáis hecho vosotros. Sólo tenéis un deber para con los otros hombres: el amor. Y un deber para con vosotros mismos: la indiferencia. Todos los otros deberes, de los que tanto se habla, son fantasía.

Les habló durante muy largo tiempo y les fue repitiendo siempre las mismas palabras. Después continuó en silencio su camino. Nadie le siguió y nadie volvió a verle nunca más.

## LA ROCHEFOUCAULD

Del conde de La Rochefoucauld (1613-1680) se conocen, más que nada, las *Máximas*, publicadas en un volumen muy reeditado desde que apareció. Era un caballero cortesano y se cuenta que una vez, en la corte de Luis XIV, le preguntaron por qué había escrito su libro. Contestó:

—Seguramente porque me he sentido escritor.

—¿Y qué entendéis por sentiros escritor?

—Pues, sin duda, sentir que no son suficientes para uno los libros que han escrito los otros.

## LAWRENCE

El novelista inglés David Herbert Lawrence (1885-1930) en su más conocido libro, *El amante de lady Chatterley*, se complace en las descripciones sexuales. Aunque no tanto como para que sea prohibitiva la lectura de la obra. Y menos ahora, que se han publicado otros muchos libros más atrevidamente claros y descriptivos en esos temas.

Cuenta Maurois que Lawrence mandó su primer original a un editor. Y que el editor le llamó después de leerlo y le dijo:

—Su novela tiene todos los defectos de las novelas inglesas. Se conoce que usted, su autor, ha leído más que ha vivido. Pero hay ramalazos de genio. Yo no se la editaré, pero de usted, como escritor, se hablará mucho.

Y ambas cosas se cumplieron. Aquella primera novela no se editó nunca, y de Lawrence se ha hablado y se sigue hablando mucho.

Lawrence no era, como hombre, un gran tipo ni mucho menos. Pero producía cierto efecto fascinante en las mujeres. Y tenía fama de tratarlas mal. A uno que se lo reprochaba, le dijo:
—Las trato como merecen.

Y a un amigo que no conseguía que su mujer le diera la razón en nada, le aconsejó:
—Dale una buena paliza. Y puedes tener por seguro que, si después sigue sin estar de acuerdo contigo, al menos no hablará mal de ti.

La novela de Lawrence *El amante de lady Chatterley* fue prohibida en Inglaterra. Lawrence editó el libro en Italia. Y decía, comentando la prohibición de su libro:
—No se comprende que los ingleses se atrevan a tener huevos en los escaparates de las hueverías. Los huevos son una prueba evidente de que un gallo ha ejercido su profesión de macho con una gallina. No se comprende cómo los ingleses, que han prohibido mi libro, no prohíben los huevos.

Le preguntaban a Lawrence cómo se las había arreglado para conocer tan a fondo a las mujeres.
—No es que las conozca a fondo —contestó—; es que sólo hablo de lo que de ellas conozco, y que es lo único que los hombres conocen de sus amantes.

Continuaron preguntándole si se refería al cuerpo o al alma. Y dio esta explicación:
—El alma de otro nadie la puede conocer. De una mujer que se nos entregue conocemos, sin duda, algo del cuerpo... por fuera. Pero lo que todos los hombres conocen bien de las mujeres que se les entregan, son los nervios. Y este conocimiento es lo que pongo en mis libros.

## LEBRUN

Albert Lebrun (1871-1950), que fue presidente de la República Francesa, no empezó demasiado bien, pues fue expulsado del cuerpo de funcionarios del Estado, por culpa de una contestación ingeniosa. Un inspector visitaba la oficina donde trabajaba Lebrun y preguntó a uno de los funcionarios:
—¿Cuál es su misión aquí?

—Corregir los errores, señor.
El inspector preguntó después a Lebrun, que ocupaba la mesa inmediata:
—¿Y la suya?
—Cometer errores, para que mi compañero tenga trabajo. Y aquella contestación le costó el cese. Y a lo mejor, gracias al cese, llegó después a presidente de la República.

## LENIN

Vladimir Ilich Ulianov, llamado *Lenin* (1870-1924), era un hombre casto, sobrio, ascético y, a la vez, violento, despiadado y maquiavélico. Pasaba por encima de todo para conseguir sus fines, y lo hacía con una fuerza de voluntad inagotable, con absoluta frialdad y con un gran poder de proselitismo. Explicaba una vez su doctrina a sus amigos, y uno le decía:
—Pero lo que acabas de decir, en realidad, no es así.
—Pues es la realidad la que se equivoca —dijo Lenin—, y peor para ella.

Lenin, antes de la Revolución rusa, vivía en Lausana. Uno que le conoció allí decía que llevaba una tranquila vida de buen burgués, que vestía como un buen burgués y que trabajaba mucho menos que cualquier otro buen burgués. Le visitó y se despidió pronto.
—No os quiero robar más tiempo —le dijo.
—No, no. ¡Si no hago nada! Mi único trabajo, de aquí en adelante, será la revolución. Y lo único que hago aquí es esperar que llegue la hora de empezar mi trabajo.

## LENNON

De John Lennon, el ex *beatle*, se sabe que recibe muchas cartas de sus *fans* y que la encargada de abrirlas, leerlas y contestarlas es su actual mujer, la japonesa Yoko Ono. Un día le llegó una carta que decía: «Te ruego me tomes como secretaria, pues estoy dispuesta a hacer por ti lo que desees, y cuando digo "lo que desees", quiero decir "sea lo que sea"».
Yoko Ono contestó: «Siento decirte que John tiene una secretaria muy competente y que yo, su esposa, me encargo de todo lo demás, y cuando digo "de todo lo demás", quiero decir exactamente "de todo, sea lo que sea"».
Leemos también que Yoko Ono, en un libro que ha publicado con el título *Pomelo*, explica el argumento de una mini representación de la que ella fue protagonista años atrás. Lo explica así:

«La pieza se llamaba *De corte*, y fue representada en Kioto, Tokio, Nueva York y Londres. Yoko Ono entra en el escenario, se sienta, coloca unas tijeras frente a ella y pide al público que suba, uno a uno, le corte un trozo de su ropa, del lugar que quiera, y se lo lleve. Se advierte que si otros quieren interpretar esta pieza, no hace ninguna falta que sean mujeres».

## LEÓNIDAS

Leónidas fue rey de Esparta, hacia el año 488 a. de J.C Es históricamente famosa la defensa que hizo del paso de las Termópilas, sólo con 300 espartanos y unos 5.000 griegos de otras ciudades helénicas, contra un ejército enemigo poderoso, el de Jerjes. A última hora, defendió el paso sólo con 300 de Esparta, 400 tebanos y 700 tespios, que murieron todos. La cabeza de Leónidas fue enviada a Jerjes y su gesta pasó a la historia como ejemplo de heroísmo. Con este acto heroico consiguió retrasar el avance del enemigo, lo que permitió a los demás griegos agruparse. Se dice que en vísperas de la batalla un atalaya le anunció:
—Parece que ya tenemos encima a los persas.
Y Leónidas le contestó:
—Pues vais a ver cómo pronto los tenemos debajo.
Un emisario de Jerjes, conminándole a la rendición, dijo:
—¡Somos tantos que nuestras flechas oscurecerán el sol!
Y Leónidas, en su papel de héroe, pronunció una frase histórica:
—Mejor; así combatiremos a la sombra.
Se dice también que las últimas palabras de Leónidas, dirigidas a los pocos soldados suyos que aún estaban vivos, fueron éstas:
—Estáis invitados a cenar esta noche con Plutón.
Que, como se sabe, era el dios de los infiernos.

## LESSEPS

Fernando de Lesseps, ingeniero y diplomático francés (1805 a 1894), fue el «autor» del canal de Suez, gracias, en parte, a la protección de la española emperatriz Eugenia, esposa de Napoleón III. Lesseps se casó dos veces y entre sus dos esposas tuvo dieciséis hijos. Había nacido en Versalles y, para realizar su proyecto de apertura del canal, tuvo que luchar contra toda suerte de dificultades durante mucho tiempo. Por fin, un día, en 1869, las aguas del Mediterráneo se unieron a las del mar Rojo a través del canal. Lesseps fue entonces el héroe del acontecimiento. En las muchas entrevistas que le hicieron, le preguntaron el secreto de su éxito. Y contestó:

—No creo que se deba a que yo tenga algo más que los otros hombres, sino todo lo contrario; a algo que tengo de menos, a algo que nunca he sabido tener.
—¿Y qué es?
—Resignación. Si me he propuesto llegar a ciento, soy incapaz de resignarme con noventa.

## LEHAR

Este músico (1870-1948) fue autor de algunas operetas muy populares, entre ellas *El conde de Luxemburgo, La viuda alegre, El país de las sonrisas*. Empezaba entonces a ser famoso el compositor norteamericano Gershwin, autor de *Porgy and Bess*, y acudió a Lehar como a un maestro. Al parecer, le dijo:
—Gano dinero con mi música y estoy dispuesto a pagarle bien las lecciones que me quiera dar.
—¿Cuánto ha ganado usted el último año?
—Alrededor de los trescientos mil dólares.
—En este caso creo que soy yo quien ha de tomar lecciones de usted. Yo he ganado mucho menos.

## LEWIS

Sinclair Lewis (1885-1951), el famoso escritor norteamericano, autor de *Babbit*, dejó, al morir, algunos millones de dólares, y la heredera de más de la mitad fue su mujer, la periodista, al parecer de cierta fama, Dorothy Thompson.
El escritor y la periodista estaban separados desde muchos años atrás. Y en el testamento quedaba justificada la designación de heredera, con un párrafo ejemplar, redactado así: «No tengo nada contra ella, y el no haber conseguido que me soportara no es una razón para que no me herede».

## LICURGO

Plutarco, en sus *Vidas paralelas*, explica que alguien, en un banquete, se atrevió a usar de chanzas con Licurgo y que, como provocándole, le preguntaba:
—¿Quién crees que es el mejor de los espartanos?
Licurgo no contestó a las primeras preguntas. Pero, después de algunas, se dio una palmada en la frente, como si acabara de dar con la contestación adecuada, y exclamó:
—¡Ya está! El que menos se parezca a ti.

## LIFAR

Serge Lifar, bailarín y coreógrafo ruso, nacido en 1905, ha dirigido ballets durante muchos años. Una bailarina, ya de cierta edad, solicitaba ser recibida por Lifar, para pedirle trabajo. Lifar se negaba a recibirla, pues no le interesaba. Y, al fin, la bailarina le salió al encuentro en un pasillo y le detuvo.
—Atiéndame, maestro, se lo ruego. No soy una principiante. Hace veinticinco años que bailo.
—Pues siéntese, porque estará muy cansada.
No se dice si la bailarina consiguió que Lifar la contratara. Pero sí se cuenta un diálogo parecido en cierto lugar, entre dos mujeres que se encontraron en la calle. Empezaba una:
—Y tu chiquillo, ¿qué?
—¡Bien! Hace ya tres meses que anda.
—¡Corcho! ¡Lo lejos que debe de estar!

Lifar es el ejemplo de una vida entera dedicada al baile. Tiene publicados algunos tratados de baile. Le preguntaban una vez cuál era la definición del perfecto bailarín y daba ésta:
—La inmovilización en el vacío.
Decía que sólo Nijinski había llegado a mantenerse inmóvil en el vacío durante unas décimas de segundo, y que, para llegar a esta perfección, además de una gran disposición natural, se había estado ejercitando durante veinte años.

## LINCOLN

Abraham Lincoln (1809-1865), presidente de los Estados Unidos cuando la guerra entre el norte y el sur, empezó trabajando como abogado. Un campesino le consultó cómo podría hacerlo para no pagar un impuesto sobre las cabezas de ganado.
—¿Cuántas cabezas tienes?
—Dos bueyes. Y no los uso; los tengo siempre en el establo.
—¿Nunca los sacas?
—No. Así nadie sabe que los tengo.
—De forma que se pueden considerar como parte del establo.
—Exactamente.
—En este caso pide que se te incluyan entre los bienes inmobiliarios.

A Lincoln le preguntaron una vez:
—¿A qué sabe eso de ser presidente de los Estados Unidos?
Hemos leído, publicada, esta contestación de Lincoln:
—¿Recuerdas el cuento del hombre cubierto de pez y emplumado, a quien llevaban en una carretilla para echarlo fuera de la

ciudad? Un espectador salió de la muchedumbre y le preguntó si la cosa le gustaba, y el hombre contestó: «Pues, mire usted, si no fuera por el honor que me hacen, preferiría ir a pie».
Es muy posible que Lincoln diera alguna vez una contestación parecida a este largo párrafo. Y, si la dio, es muy posible que alguno de los presentes la recordara después, más o menos. Lo que ya sería milagroso es que Lincoln pronunciara alguna vez exactamente esta larga parrafada que la anécdota le atribuye. Y es que la anécdota tiene esta cosa de común con la leyenda: que no corresponde nunca, exactamente, a la verdad, pero que, si llega a establecerse, la sustituye con ventaja.

Lincoln admitió en su ejército a un oficial alemán, que había llegado a Norteamérica después de huir de su país por razones poco claras. El oficial le dijo:
—Aunque me vea huido no soy un cualquiera. Pertenezco a una de las familias de nobleza más antiguas de Alemania.
—Bueno, no importa. No creo que esto le impida prosperar en el ejército de los Estados Unidos.
Ésta era la importancia que le daba Lincoln a la nobleza europea.

Durante la guerra de Secesión, el general Sherman amenazó con su pistola a un oficial a sus órdenes que no le obedecía. Y le gritó:
—La próxima vez le mato.
Lincoln visitó después aquella compañía. El general Sherman era su amigo y Lincoln le conocía muy bien. El oficial presentó sus quejas al presidente.
—El general Sherman —le dijo— me amenazó con pegarme un tiro.
—Conozco muy bien al general Sherman —contestó Lincoln— y, si le amenazó, lo más probable es que cumpla su amenaza. Así pues, cuidado.
Y eso fue todo.
El 14 de abril de 1865 Richmond cayó en poder del ejército del norte. Aquello significaba el final de la guerra. Lincoln dio órdenes para que no se tomaran represalias con los vencidos. Después de comer dio un paseo en coche con su mujer y le contó todos sus proyectos. Le gustaba hacerlo, pues al contarlos, los iba construyendo. Por la noche, estuvo en el teatro, en la función a beneficio de una actriz. Y allí se oyó un grito:
—¡Muerte a los tiranos!
Lincoln acababa de ser asesinado en el palco presidencial. El asesino consiguió desaparecer, gracias al tumulto provocado por lo ocurrido. Después fue detenido y en la cárcel se suicidó.

Años después se estrenó una comedia tomando el tema de la vida de Lincoln. Se buscó un actor que se pareciera al presidente. Y se encontró uno. Pero no era muy buen actor, y no todos los críticos estuvieron de acuerdo con su manera de interpretar el papel. Uno de ellos, al parecer, se expresó así: «El primer actor cifra toda su gloria en su parecido con el personaje que representa, con Lincoln. Y su ambición de gloria y de parecido no se verá satisfecha hasta que lo asesinen también a él».

## LINDBERGH

El famoso aviador Charles Lindbergh (nacido en 1902), que en el año 1927 fue el primero en cruzar el Atlántico en avión, después de su regreso a Norteamérica tuvo que dejarse homenajear algunas veces. En uno de los homenajes, le pusieron de compañera a una muchacha, cosa que sorprendió a Linbergh. Pensó que ella podía tener alguna relación con los servicios de aviación. Era hombre de pocas palabras y tímido con las mujeres, y preguntó a su compañera de mesa:
—¿Acaso la señorita vuela?
Y ella, aturdida, contestó:
—Yo, no. ¿Y usted?
La pregunta chocó tanto al aviador, que continuó hablando con la muchacha y, poco tiempo después, se casaba con ella. Después decía:
—Mi mujer empezó a gustarme una vez que me preguntó si yo había volado alguna vez.

## LISZT

Franz Liszt (1811-1886) fue uno de los musicos más universalmente famosos de su tiempo, aunque su fama era mayor como pianista que como compositor. Fue también gran cultivador de relaciones sociales, gran viajero y un auténtico don Juan. Aparte su larga aventura de amor con la condesa María d'Agoult, que abandonó al marido para irse con Liszt, tuvo amoríos con otras célebres mujeres de su tiempo, entre ellas George Sand y María Duplessis (la Margarita Gautier de la literatura). Las primeras lecciones de piano se las dio su padre y, después, un tal Czerny, pianista muy conocido entonces, que, antes de hacerse cargo del nuevo discípulo, le oyó tocar la *Sonata en la bemol* de Beethoven y, emocionado por lo bien que ya tocaba, se comprometió a darle lección por el precio de un florín cada vez. Y, después de la lección décima, dijo al padre del muchacho:

—De hoy en adelante no cobraré nada. Los progresos de este niño me compensan suficientemente.
—Pero yo debo pagar vuestro trabajo.
—No. Vuestro hijo será un pianista famoso, el mejor de todos. Y es justo que, entre todos, le ayudemos a convertirse en una de las futuras glorias de nuestro país.
Y le continuó enseñando sin cobrarle nada.

No se crea que estar bien dotado para cualquier arte o ciencia sea suficiente para triunfar. Liszt no dejaba de estudiar y de tocar continuamente. Tanto tiempo dedicaba al piano, que llegó a agotarse y a enfermar. Y los médicos le obligaron a un tiempo de reposo. Durante su reposo preguntaba todos los días:
—¿Todavía no?

Por fin, le dejaron volver a tocar y, los primeros días, tenían que arrancarle materialmente del piano. Poco tiempo después murió su padre, y sus últimas palabras fueron para el hijo. Le dijo:
—Hijo mío; te dejo solo, pero sabes lo suficiente para no necesitar a nadie. Has tenido la suerte de nacer mejor dotado que cualquier otro. Y tu corazón es bueno. Lo único que me da miedo, por ti, son las mujeres. Temo que ellas trastornen tu vida y le pido a Dios que no lleguen a envenenar tu corazón.

Liszt era entonces muy joven, pero su padre ya había podido darse cuenta de cómo reaccionaría más adelante. Y no se equivocó.

Liszt, en París, dio a conocer su *Cantata*. Él mismo dirigía la orquesta. No habían ensayado mucho y la cosa no salió del todo bien. El público apenas aplaudió. Liszt advirtió que el público tenía razón y gritó a los músicos:
—¡Tienen toda la razón! ¡Otra vez! ¡Otra vez!

Y, sin volver el rostro ni fijarse en nada, volvieron a empezar, con mucho más entusiasmo y mucha más precisión. La segunda vez la *Cantata* fue un éxito y el público, puesto en pie, la aplaudió entusiasmado.

Entre la música de Liszt hay una *Misa*. Cuando se estrenó, uno de los alumnos de Liszt dijo:
—Estoy seguro de que si el diablo oyera esta música se convertiría.

Liszt estaba hospedado en el castillo de Jassy, en Hungría. Le dijeron que por allí había una *troupe* de zíngaros músicos y quiso oírles. Así pues, les invitaron al castillo. Liszt los oyó tocar y cantar, y después les dijo:
—Ahora, si os place, me oiréis tocar a mí.
El que dirigía a los zíngaros, un tal Barbo, le dijo que con mu-

cho gusto. Y Liszt se sentó al piano y estuvo un rato improvisando algo muy complicado, con lo que trataba de impresionar a Barbo y a sus músicos. Cuando hubo terminado, Barbo se sentó al piano y tocó lo mismo que había tocado Liszt, exactamente igual, sin una sola falta. Liszt, después, le abrazó emocionado y le dijo:
—Yo soy incapaz de hacer esto. ¡Y todo el mundo me conoce! Y a ti no te conoce casi nadie.

Y Barbo le contestó:
—Es que yo, señor, sólo vivo para la música. Y que me conozcan o no me tiene sin cuidado.

Liszt y un cantante llamado Marchesi estuvieron una noche invitados a una velada en la corte imperial austríaca, en Hofburg. Liszt tocó y Marchesi cantó. Después los invitados pasaron al comedor. Y un criado les dijo a los dos músicos:
—Vosotros por aquí.

Y les llevó a donde estaba servida la mesa para los músicos de la orquestina, a cuyos sones se bailaría después. Liszt le dijo al criado:
—Oye, muchacho: le dices a tu señor que nosotros nos vamos a cenar a casa. —Y al cantante—: Y tú haz lo que haga yo.

Pidió el sombrero, se lo puso y atravesó el gran salón, por en medio de los invitados, cantando a grandes voces. Y el cantante detrás, cantando igual y con más voz todavía. Así llegaron a la puerta, salieron y continuaron cantando los dos mientras se alejaban de palacio.

Cuenta un biógrafo de Liszt que el músico vio por última vez a Musset en París, después de muchos años de no verle. Le encontró en una tasca, medio bebido y muy avejentado. Y Musset, sin siquiera saludarle, le dijo:
—¡Esto se ha acabado!

Y después, en un gran suspiro, añadió:
—De lo único que me arrepiento es de no haber muerto joven.

Liszt se ofreció para acompañarle a su casa y Musset le dijo que no, pues nunca pasaba la noche en su casa, sino en las casas de sus buenas hermanas. Se dejó acompañar hasta la puerta de una casa de tolerancia y allí se despidió del músico.

Liszt, en los últimos años de su vida, vistió hábito de religioso. No llegó a ser sacerdote, pero recibió órdenes menores y vistió hábito, lo cual no le impidió continuar demostrando su admiración por la belleza femenina. En una fiesta mundana, a las que concurría de hábito, se acercó a admirar los hombros y la espalda de una joven dama. Y ella le dijo:
—Pero, ¡señor abate!

—Sois un ángel, señora, estaba observando si os empezaban a salir las alas.

Años después, cuando ya Liszt era un personaje conocido en toda Europa, tenía la costumbre de inscribirse de manera muy original en los hoteles. En un hotel de Chamonix, donde pasó unos días junto a María d'Agoult, Georges Sand y un tal Adolfo Pictet que acompañaba entonces a la Sand, se inscribió así: «Lugar de nacimiento: El Parnaso. Profesión: Músico y filósofo. Procedente de: El Paraíso del Dante. Se dirige a: El descubrimiento de la Verdad».

Los cuatro se acostaron muy tarde y, una de las noches de su permanencia en aquel hotel, no dejaron dormir a los otros huéspedes. Ya entrada la noche, algo bebidos los cuatro, Liszt empezó a cantar; George Sand, a recitar poesías a gritos; Pictet, que era profesor de idiomas, a gritar en una rara mezcla de inglés, alemán y francés, y María, a bailar frenéticamente. Algunos huéspedes bajaron de sus habitaciones a ver lo que ocurría. Ellos cuatro les invitaron a participar en la juerga; algunos se unieron a la algazara y les dio la primera luz del día reunidos todos en los salones del hotel, en plena fiesta improvisada.

Al día siguiente, el dueño del hotel les preguntó:

—¿Piensan repetir esto todas las noches?

Liszt le dijo que no tenían nada decidido al respecto y que no se lo podía decir.

—Es que si piensan repetirlo todas las noches y se quedan mucho tiempo, lo anunciaré en los prospectos del hotel.

Daba una vez un concierto de piano en San Petersburgo ante el zar Nicolás I, que era muy aficionado a la música. A poco de empezar, el zar se puso a hablar con la persona que tenía al lado. Liszt le miró, sin dejar de tocar, y el zar continuó hablando. Entonces Liszt dejó de tocar en seco. Nicolás I, dándose cuenta de la interrupción, preguntó:

—¿Qué ocurre?

Liszt, inclinándose ceremoniosamente ante el zar, contestó:

—Cuando el emperador habla todos deben callar.

El zar le dedicó una amable sonrisa y le indicó con un ademán que podía continuar, cosa que Liszt hizo en seguida.

Liszt estaba en Londres, donde la buena sociedad le hacía cierto vacío por no perdonarle su aventura, efectuada tan a la vista de todo el mundo, con la condesa D'Agoult. En una casa donde Liszt estuvo invitado, sin que lo estuviera ella, una de las señoras le preguntó:

—Y esta condesa D'Agoult, de la que tanto se habla, ¿quién es?

Liszt la miró tranquilamente, sin contestarle nada. Y la señora repitió la pregunta en otra forma:

—¿Cuál es, en realidad, su opinión sobre esta señora D'Agoult?
—¿La conocéis?
—No. Pero he oído hablar mucho de ella.
—Pues mi opinión es que si ella me pidiera que me arrojara por la ventana, me arrojaría en seguida.
—¡Incomprensible! —exclamó la señora.
Y Liszt remató el tema con una observación:
—No todo el mundo es capaz de comprenderlo todo, señora mía.

Se levantó, se sentó al piano y estuvo allí improvisando una hora seguida, como si estuviera solo, sin levantar los ojos de las teclas.

Después de algunos años de convivencia, Liszt y María d'Agoult se separaron. Ya tenían entonces tres hijos: Blandine, Cosima y Daniel. Doce años después de vivir juntos rompieron definitivamente. María murió en 1876, diez años antes que Liszt. Se habían separado en 1844, y María había escrito algunos libros con el seudónimo Daniel Stern. Liszt después de su separación de María, tuvo otros varios amores y en ninguno de ellos demostró mucha constancia. Una vez, separado ya de María d'Agoult, un amigo le dijo:
—Esta mujer ha sido para vos como una Beatriz.
—Con una diferencia —observó Liszt—: que la auténtica Beatriz murió a los dieciocho años.

Con lo que faltó algo a la verdad, pues Beatriz Portinari, la musa de Dante, murió a los veinticuatro años.

En el verano de 1885, un año antes de la muerte del músico, un empresario norteamericano le ofreció dos millones de marcos por una serie de conciertos en los Estados Unidos. Liszt lo pensó un rato y dijo:
—Estoy cansado.
—Pero son dos millones.
—¿Y de qué me servirá tanto dinero? Nada me devolverá el dinero de todo lo que ya me ha quitado la vida.

Tenía entonces setenta y cuatro años. Y no aceptó.

En aquellos últimos tiempos, cuando se hablaba de la muerte, decía:
—Me parece mucho más fácil y mucho más sencillo morir que continuar viviendo.

Murió poco después, a consecuencia de un resfriado que pilló al salir de un concierto.

## LOLLOBRIGIDA

Contaba esta famosa actriz de cine que, una vez, estaba pasando unas vacaciones en una localidad de la Costa Azul. Una mañana,

en la playa encontró a un niño, hijo de unos amigos suyos. Gina le preguntó por la familia.
—Somos más ahora —dijo el niño—. Mis papás me han traído una hermanita.
—Y tú estás muy contento de tenerla, ¿no?
—Yo hubiera preferido un hermanito, para jugar más a gusto con él.
—Diles a tus papás que la cambien. Seguro que si van a la tienda les cambiarán la niña por un niño.
Y el niño, después de pensarlo un rato, desilusionado, dijo:
—No creo que esto sea posible. Al principio sí, cuando la trajeron. Pero ahora, después que la hemos usado ya algunos meses...
No dice la anécdota la edad que tenía el niño.

## LÚCULO

Lucio Lucinio Lúculo (109-57 a. de J.C.), al que no hay que confundir con el otro famoso Lúculo, era un ciudadano romano que logró fama por la magnificencia de sus banquetes y fiestas. Fue también uno de los hombres más ilustrados de Roma y tenía la casa llena de libros. Todavía ahora, se habla de «una comida a lo Lúculo» como de una opípara comida muy bien servida. Plutarco, en uno de sus libros, dice: «En las cenas de Lúculo se veía en todo el fausto y la riqueza; en los paños de púrpura, en las vajillas, en los coros y representaciones y en la gran cantidad de suculentos manjares que se iban sirviendo».

Se cuenta que, una noche, Lúculo comía solo en su casa. Era la primera vez en mucho tiempo que esto ocurría. Su criado principal preguntó cuántos eran a cenar.
—Yo solo.
—¿Sin invitados?
—Sin ninguno. Hoy comeré solo.

El jefe de servicio (que era un esclavo) no se molestó en preparar una gran cena ni en disponer la mesa con excesivo lujo. Y cuando Lúculo vio la falta de servicio y la escasez de manjares, llamó a su criado y le reprochó tanta sencillez.
—Señor..., pensé que hoy, si no había ningún invitado...
—¿Cómo que no hay ninguno? ¿Es que no te das cuenta de que hoy Lúculo está invitado a cenar en casa de Lúculo?

Y exigió, como los otros días para otros, una cena abundante y bien servida para él solo.

Pero un amigo nuestro hacía algo todavía mejor. Estaba comiendo un día solo en un restaurante. Llenó la mesa de manjares, acompañados de dos botellas de vinos distintos. ¡Un festín! Y él solo, despacito, lo iba consumiendo todo. Entró un amigo, le vio allí y, sorprendido, le preguntó:

—¡Hombre! ¿Es que celebras algo?
—Sí, mi cumpleaños.
—¡Vaya! ¿Y cuántos cumples?
—Pues exactamente, treinta y siete años, cuatro meses, siete días y, en este momento, catorce minutos.

## LUIS XIV

El Rey Sol, Luis XIV (1638-1715), vivió 77 años y reinó, o fue proclamado rey, desde los cinco años, o sea, que, más o menos, reinó durante setenta y dos años. No es extraño que dijera: «El Estado soy yo», si bien algún biógrafo asegura que no lo dijo jamás. Aunque quizá mejor hubiese dicho: «La costumbre soy yo». Estaba una vez en guerra con los flamencos (cuando ya para los españoles en Flandes se había puesto el sol) y su ejército tenía sitiada la ciudad de Lille. El gobernador de la ciudad mandó un emisario al rey, para saber dónde estaba situada la tienda real.
—¿Para qué lo queréis saber? —preguntó Luis XIV.
—Para no tirar sobre la tienda.
Y Luis XIV, muy en su papel histórico, le contestó:
—Mi tienda, como rey de Francia, es todo el campamento donde están mis soldados. Decid al gobernador que, si no quiere tirar sobre mi tienda, se abstenga de tirar.

En aquellos tiempos, en las guerras, sobre todo cuando los reyes participaban en ellas, se tenían esas atenciones. El emisario del gobernador, después de darse por enterado y de felicitar al rey por su alto concepto del patriotismo real, le preguntó cómo estaba de hielo. El rey le dijo que muy mal. Y, el mismo día, recibió unas barras de hielo que le mandaba el gobernador de la ciudad. Luis XIV era muy aficionado a las bebidas frías, y pidió al gobernador que le mandara más hielo. Y el gobernador le dijo que le era imposible. Le dijo:
—Mucho me temo que el sitio sea largo, y, si de veras lo es, si os mando más hielo, nos podemos quedar sin hielo nosotros.
Parece ser (o así lo asegura Le Combre) que la discusión sobre el hielo, mantenida entre el gobernador y el rey, duró casi tanto como el sitio.

Y ya que estamos en Luis XIV, acaso el rey que durante más tiempo ha sido rey, aprovechamos la ocasión para ayudar al lector a situarse en la consideración de verdad concedida a las anécdotas. De las referidas en este volumen no inventamos ninguna. Todas están tomadas de otros textos. Y no puede ser de otra forma. Pero esto no significa que sean todas verdad, ni mucho

menos. Y si como para prueba basta un botón, aquí está, anecdóticamente también, el botón de muestra:
En uno de los libros citados en la bibliografía, leemos (y es copia textual):
«Al ser nombrado Felipe V para el trono de España, Luis XIV hizo la presentación de su nieto, en el Palacio de Versalles, con estas palabras:
»—Señores, he aquí al rey de España. Su nacimiento le ha llamado a esta corona; la nación española lo ha deseado y me lo pidió con anhelo: yo se lo concedo con placer, acatando los derechos de la Providencia.
»Después, dirigiéndose al de Anjou (al que fue en España Felipe V), le dijo:
»—Sed buen español; ése es desde este momento vuestro deber primordial, pero acordaos de que habéis nacido francés, para mantener la unión entre ambas naciones, como medio de hacerlas felices y de conservar la paz de Europa.
»El embajador de España, Castel dos Rius, entusiasmado, pronunció entonces estas históricas frases:
»—¡Qué gozo! ¡Ya no hay Pirineos! ¡Se han hundido en la tierra y ya no formamos más que una nación!»
Copiamos ahora textualmente de otro de los libros citados en la bibliografía:
«Voltaire, en el capítulo 28 de su obra *El siglo de Luis XIV*, puso en boca del Rey Sol estas palabras, suponiendo que las dirigió a su nieto el duque de Anjou, cuando iba a partir para reinar en España con el nombre de Felipe V, para indicarle la estrecha unión que habría en adelante entre ambas naciones.
»Voltaire califica estas palabras como "las más hermosas que pronunció Luis XIV".
»Sin embargo, Voltaire o estaba equivocado o mentía al atribuir la frase al gran rey.
»El "ya no hay Pirineos" no se sabe exactamente quién lo dijo o si lo dijo alguien; pero quien dijo una frase equivalente a ésta fue nuestro embajador en París Castel dos Rius. Así lo afirma Dangeau en su diario, con fecha 16 de noviembre de 1700 (tomo 7, página 119). Según Dangeau, cuando el nuevo rey de España dio permiso a algunos de sus cortesanos para que le acompañasen a España, nuestro embajador añadió, muy oportuna y gentilmente, que el viaje era sumamente fácil, "porque los Pirineos ya se habían fundido (o hundido)".
»Al publicar madame de Genlis algunos fragmentos del citado diario, apuntó la sospecha de que las palabras del embajador español habían dado ocasión a la superchería de Voltaire. A pesar de ello, la celebridad de éste hizo que se le creyese, y desde entonces ha venido prevaleciendo la opinión de que el "ya no hay Pirineos" fue una frase feliz de Luis XIV.»

Cuando Luis XIV iba de caza, mandaba a algunos servidores suyos disfrazados de campesinos a mezclarse con las buenas gentes del país, para que hablaran con ellas y le enteraran después de lo que la gente decía.

Una vez cruzó, yendo de cacería, por una aldea. Iba sin guantes. Un grupo de campesinos le vio pasar, y uno de los servidores disfrazado, dijo:

—Va sin guantes. Es raro que no tenga frío en las manos.
—El rey nunca tiene frío en las manos —le dijo un campesino.
—¿Y cómo lo sabéis? ¿Acaso os lo ha dicho el mismo rey?
—No. Pero, ¿cómo puede tener frío con las manos metidas siempre en nuestros bolsillos?

No dice la anécdota si el servidor se atrevió a repetir al rey las palabras del campesino. Aunque, según otra anécdota, no le disgustaba siempre a Luis XIV que le dijeran las verdades. Una vez le dio a leer un madrigal al mariscal de Grammont, y le advirtió:

—Me acaban de mandar este madrigal. A mí me ha parecido una tontería. Leedlo y dadme vuestra opinión.

El mariscal lo leyó y dio la razón al rey.

—En efecto, es una tontería.
—Mucho me temo que su autor sea uno de nuestros mayores imbéciles.
—Es lo más probable, majestad.
—Pues sabed, mariscal, que el autor soy yo.
—Os ruego que me lo dejéis leer otra vez, majestad. Lo he leído sólo por encima y casi sin prestar atención.
—No, no —le dijo el rey—. Habéis tenido ocasión de decirle la verdad a vuestro rey y la habéis aprovechado. ¿Es que ya la queréis sustituir por una mentira?
—Perdón, majestad.
—Perdonadme vos a mí por la forma poco leal en que he conseguido arrancaros esta verdad.

En una fiesta cortesana, Luis XIV le dedicó afectuosas galanterías a una doncella de honor de la reina. Ella era la señorita de Mailly y, turbada casi protocolariamente, le dijo:

—Majestad, no entiendo lo que me queréis decir con vuestras palabras.

—Pero bien entiendes, al parecer, lo que te quiere decir con las suyas uno de mis gentileshombres.

Recordemos, para entender la anécdota en su verdadero valor histórico, que el trato cortesano de entonces entre caballeros y damas era totalmente distinto del de ahora, y cualquier galantería salida de la boca del rey podía y hasta debía interpretarse, si no como una proposición de futuras liviandades, al menos como un tanteo del terreno para averiguar si germinaría la proposición.

La damita de honor empezaba entonces a mantener amores con un gentilhombre polaco, con el que se casó después. Escuchó atentamente las palabras del rey y las contestó así:

—Cierto es, majestad; pero el gentilhombre al que os referís es un simple cortesano y vos sois el rey de Francia. Y las palabras de un rey sólo una reina las puede entender. Si vuestra majestad me lo permite le repetiré las vuestras a la reina y le pediré que me las explique.

—¡Ah, tunantuela! —le dijo el rey—. Eres mucho más pillina de lo que yo creía.

Y la dejó en paz.

Luis XIV pasaba revista a su Guardia Real. El sitio elegido era un terreno donde un campesino, por otra parte dueño del campo, había sembrado habichuelas. Y el campesino se puso a gritar:

—¡Milagro! ¡Milagro!

—¿A qué viene este grito? —le preguntó un oficial de la Guardia.

—Viene, señor, a que yo en este campo tenía sembradas habichuelas y veo que en vez de habichuelas han nacido soldados de la Guardia Real.

No dice la anécdota si la cosa llegó a oídos del rey ni lo que pasó después, ni si el campesino, lo mismo que había recibido a los reales soldados, recibió también una real indemnización por el destrozo de la siembra.

Cerca de Versalles había un bosque de pinos. Los pinos le quitaban la vista a una de las perspectivas del jardín de Versalles. Luis XIV ordenó al duque de Antin que mandara cortar los pinos. El duque, con la natural tendencia de todos los personajes a crear anécdotas históricas, mandó cortar los árboles y dejar los troncos como si no se hubiesen cortado, sostenidos... cualquiera sabe cómo. Y, otro día, el rey reprochó al duque que no hubiese mandado todavía cortar los árboles. El duque le dijo:

—En seguida, majestad.

Hizo una señal; los hombres ocultos en el bosquecillo tiraron de las cuerdas y todos los árboles cayeron como acabados de cortar. El rey, después, comentaba elogiosamente la proeza del duque. Y un cortesano le hizo esta observación:

—Si a vuestra majestad le molestaran nuestras cabezas como le molestaban aquellos pinos, el duque las cortaría lo mismo que cortó los pinos.

Un día de mucho viento el rey enseñaba al duque de Vivonne las nuevas dependencias que se estaban edificando. Le decía:

—Aquí había antes un molino de viento.

—Cierto —dijo el duque—, y el molino ya ha desaparecido. Lo que no parece haber desaparecido es el viento.

Al rey le gustó la observación y la repitió después muchas veces. Decía:
—Hemos quitado el molino. Si hubiésemos podido suprimir el viento también lo hubiésemos hecho.

Luis XIV era de baja estatura y usaba tacones muy altos, para aparentar mayor altura. Y así se pusieron de moda los altos tacones llamados «Luis XIV». Es posible que, alguna vez, tomara un baño caliente. Los reyes, aun entonces, podían permitirse esos lujos. Pero su aseo diario, generalmente, consistía sólo en un ligero lavado del rostro, que se lo daba pasándose un pañuelo mojado en alcohol. Esto puede sorprender a nuestras ideas actuales sobre higiene, pero no a las de entonces, de hace tres siglos. Parece ser que en el Palacio de Versalles, cuando se inauguró, no había ningún sitio destinado a depositar aquello de lo que el cuerpo se desprende en el cumplimiento de las necesidades naturales. Y el desprendimiento se hacía, como quien dice, sobre la marcha, en vasijas que proporcionaba la servidumbre, y, en atención a la etiqueta, detrás de las puertas.

A Luis XIV, como se ha indicado anteriormente, se le atribuye la frase «El Estado soy yo». Hay quien asegura que no lo dijo nunca. ¡Cualquiera sabe! Y hay quien afirma que la frase se dijo en el Parlamento, una vez que el rey se presentó con el látigo de montar en la mano. Y el cardenal Mazarino, gran mandamás entonces, le discutió el derecho de faltar de este modo al respeto al alto cuerpo consultivo. Y le dijo:
—Majestad, os hablo por el bien del Estado.
Y el rey cortó así la discusión:
—El Estado soy yo.

Es fama que Luis XIV quedó sin dientes alrededor de los cuarenta años. Un día que se lamentaba de su falta de dientes, un cortesano intentó consolarle así:
—En Francia, majestad, desde que vos no los usáis, los dientes han pasado de moda.

Que el rey, queriéndolo o no, imponía modas en la corte, es cosa evidente. En cierta ocasión, su majestad sufrió una fístula en la parte posterior de su real cuerpo. Y la fístula se puso tan de moda que llegó a ser costumbre, entre los cortesanos, presumir de fístula y preguntarse unos a otros por el estado de las respetivas fístulas. La del rey fue operada con éxito. La curación de la fístula real se celebró con una fiesta, y uno de los festejos fue el estreno de una composición musical de Lully dedicada a celebrar la curación. Se dice que alguien llevó aquella música a Inglaterra, y que allí se naturalizó y es la música del actual *God save the King*.

Luis XIV conocía la mucha ambición de uno de sus cortesanos. Y un día le preguntó:
—¿Sabéis el español?
—No, señor.
—Pues es una lástima, porque...
Y el rey habló de otra cosa. El cortesano pensó que el rey tenía la intención de mandarle de embajador a España, y se puso a aprender el español. Unos meses después ya lo hablaba. Entonces un día le dijo al rey:
—Majestad, mucho me satisface poder daros una buena noticia. Ya sé el español.
—¿Lo suficiente para entender a los españoles?
—Sí, majestad.
—Y para leer, entendiéndolo, lo que los españoles escriben.
—Sí, majestad.
—Pues me satisface daros un buen consejo: que leáis el *Don Quijote* en su versión original.
Y eso fue todo.

Luis XIV aplazaba el nombramiento de algunos altos cargos vacantes. Sus cortesanos le recordaban aquellos nombramientos. Y, un día, el rey les dijo:
—No quisiera tener que nombrar a ninguno de vosotros para esos altos cargos.
Todos le hicieron protestas de fidelidad.
—Sin embargo —les dijo el rey—, sé por experiencia que cada vez que hago un nombramiento me creo cien enemistades y una ingratitud.

El debido respeto a la persona del rey se demostraba entonces en forma muy exagerada. El rey estaba, teóricamente, en todas las cumbres de la humana posibilidad. El rey era el más sabio, el más fuerte, el más guapo, de tal forma que nadie podía competir, en nada, con el rey. Y si alguien competía, era para salir derrotado.
Un buen predicador decía su sermón durante la misa para el rey de Francia, nada menos que Luis XIV, el Rey Sol. Y, entre otras cosas, dijo el predicador esta gran verdad:
—Cierto es que todos nosotros moriremos.
Al rey de Francia le sentó mal la mención de su futura muerte y dirigió una mirada de disgusto al predicador, el cual se dio cuenta, pues no apartaba la vista del rostro del rey. Y en seguida se corrigió:
—Digo mejor: la cosa cierta es que casi todos nosotros moriremos.
Una leve sonrisa en el rostro del rey y todos tan contentos y tan felices

Luis XIV supo morir con la grandeza que corresponde a un rey. Allí, junto a su cabecera, estaba la señora de Maintenon, su esposa, y el moribundo le dijo:
—Señora, creía que morir era más difícil.

Algunos de la servidumbre tenían los ojos húmedos. El moribundo se dio cuenta y les dijo:
—¿Por qué lloráis? ¿Creíais acaso que yo era inmortal?

Una vez muerto, le fueron extraídos el corazón y las entrañas, como se hacía en Francia con los reyes. Y, en un diario satírico, apareció el siguiente epitafio del rey hecho en burla:

> *A Saint Dionis*
> *le bon roi Louis*
> *est sans entrailles*
> *de mème qu'a Versailles.*

«En San Dionís [que era la sepultura real] / el buen rey Luis / está sin entrañas / lo mismo que en Versalles.»

## LUIS XV

El rey de Francia Luis XV (1710-1774) era biznieto de su antecesor Luis XIV, y fue proclamado rey a los cinco años, o sea, que de los sesenta y cuatro años que vivió, fue rey durante 59, y los aprovechó para ser, como brevemente dice uno de sus biógrafos, «un soberano inepto y disoluto, famoso por sus muchas amantes, entre ellas la Pompadour y la Du Barry». Era, en años de niño, muy avispadillo y, convencido de su importancia, la gozaba poniendo en aprietos a quien fuese. Un día, de golpe y porrazo, le preguntó nada menos que al nuncio de su santidad:
—Monseñor, ¿cuántos han sido los papas hasta ahora?

El nuncio no lo sabía exactamente y tardaba en contestar, esperando hallar una respuesta que le evitara quedar mal ante el real mocito. Pero éste se anticipó a decirle:
—¿Sois nuncio de un papa y no sabéis esto? Yo que soy un niño sé muy bien cuántos han sido los reyes en Francia.

Y le dijo el número exacto; un número que casi ninguno de nosotros sabría decir exactamente sin consultar antes una cronología. Y, por si acaso, sépase que los reyes de Francia hasta Luis XV incluido, fueron 87 y hasta su último rey Napoleón III, Francia ha tenido 94 reyes. España, tierra mucho más fecunda en reyes que Francia, desde su primer rey godo Ataúlfo hasta su último rey Borbón Alfonso XIII, ha tenido 169 reyes.

La gran afición de Luis XV era la caza. Y en ella mostraba una refinada crueldad con las piezas cobradas, rematando con su propía mano las que no habían muerto todavía. Tenía en su palacio una gran estancia llena de pájaros, y se divertía soltando en ella un halcón y viendo cómo los pájaros eran cazados y mortificados. Y los que caían al suelo, los remataba con flechas. Con una de aquellas flechas, hirió una vez gravemente en el vientre a su real preceptor, el señor Des Sourches.

Era muy distraído y se cuenta que en cierta ocasión le preguntó al embajador de Venecia:
—¿De cuántos miembros se compone el Consejo de los Diez?
Y parece ser que el embajador, sospechando que el rey le hablaba en broma, le contestó:
—De cuarenta, majestad.

En un baile de máscaras en palacio, Luis XV observó que un invitado, envuelto en una amplia túnica amarilla a manera de túnica griega, se acercaba al aparador por segunda vez y, por segunda vez, se atracaba de lo lindo. Cuando iba a dar órdenes para que le averiguaran la personalidad de la máscara amarilla (que iba, como todos, con la cara tapada), vio que, por tercera vez, se atracaba en el aparador. Y después por cuarta vez, y otra, y otra. El rey hizo seguir a la máscara y se vio cómo salía del interior del palacio, cómo se quitaba la túnica, cómo quedaba en uniforme de la Guardia Real y cómo otro soldado, de la misma guardia, se ponía la túnica sobre el uniforme y entraba en el baile a sacar la tripa de mal año.
Luis XV quiso saber cuántos eran en la Guardia Real. Descontó los ocho que habían entrado ya e hizo servir un buen refrigerio para todos los demás.

El rey Luis XV vivía rodeado de cortesanos. La admisión de un caballero como cortesano cerca del rey era acompañada de complicados trámites, en los que el mismo rey apenas intervenía. Y, así, se daba el caso de que el rey casi no conocía a algunos de los cortesanos recién ingresados en la real corporación. A esos cortesanos desconocidos el rey acostumbraba hacerles preguntas delante de los demás. Ellos, en sus respuestas, se esforzaban en mostrarse ingeniosos. Y de este modo, a veces, por algunas de sus respuestas al rey, un nuevo cortesano entraba rápidamente en la fama palatina. Un día, el rey le preguntó a un cortesano todavía desconocido:
—¿Cuántos hijos tenéis, señor?
—Cuatro, majestad.
Un rato después, en la misma fiesta cortesana, el rey le repitió la pregunta. Y el cortesano repitió también la contestación. Y, más tarde, el rey, por tercera vez, le preguntó:
—¿Cuántos hijos tenéis, señor?

Los otros cortesanos, puesta la atención en el interrogado, esperaban una respuesta ingeniosa. Y el cortesano, para quedar bien, dijo:
—Cuarenta, majestad.
—¿Es posible? —preguntó asombrado el rey.
—No, majestad; no es posible. Ni es verdad. He añadido un cero en honor de vuestra majestad y os ruego me perdonéis el atrevimiento.
Parece ser que aquel cero añadido fue el origen de un nuevo título en la vecina Francia.

Luis XV iba de caza con mucha frecuencia. Y sus cacerías eran a veces verdaderos desfiles palatinos. Otras veces, según las circunstancias y el «tipo» de la cacería, no, pues siempre que el rey salía de palacio para misiones de carácter privado (aunque no tan privado para que no participara en ellas alguna mujer), la salida se anunciaba como «salida de caza».

En las cacerías auténticas, en la impedimenta real de caza figuraban cuarenta botellas de vino, por si el rey, durante la partida de caza, tenía sed y quería apagarla con vino. Un día, en plena cacería, tuvo sed y pidió una botella. Su real sumiller le dijo, muy apurado:
—Señor, no queda ninguna. Se han acabado.
El rey no preguntó quién o quiénes se habían bebido el vino. Se limitó, con su real magnanimidad, a dar una orden:
—La próxima vez traed cuarenta y una botellas. Así, si tengo sed, quedará una botella para mí.

Luis XV contrajo matrimonio, como es sabido, con María Leszczynska de Polonia. Ella era muy joven cuando se casó; no había cumplido los dieciséis años. El cortesano promotor de la boda fue el duque de Choiseul. Y el mismo duque anunció al rey Luis XV la llegada de María.
—¿Y qué os ha parecido la delfina? —le preguntó el rey.
—Es muy bella, señor.
—¿Tiene un bonito pecho?
—Majestad... —dijo confuso Choiseul—, no me he atrevido a prestar atención a este detalle.
—Pues debíais haberlo hecho. A una mujer se la juzga siempre empezando por el pecho.

Parece ser que esta frase del rey se propagó y que, desde entonces, en la corte, de una mujer con el pecho bonito se decía que tenía «un buen juicio real» y si de una mujer se decía que, aunque bonita, no llegaba a merecer un «buen juicio real», significaba lo contrario: que su pecho era deficiente o excesivo, pero sin la debida perfección.

Muerto Luis XV, en la plaza de la Concorde se levantó un monumento con la estatua de él a caballo. En el pedestal estaban representadas las cuatro virtudes cardinales: Prudencia, Justicia, Fortaleza y Templanza. Y se dice que un filosofillo de entonces, al ver el monumento exclamó:
—*O tempora, o mores!*
No es una exclamación muy original. Pero le bastó para llamar con ella la atención. Y a los que le preguntaron el motivo que le inducía a lanzarla, les señaló el monumento y les dijo:
—¿No lo veis? Las virtudes a pie y el vicio a caballo.

## LUIS XVI

Luis XVI (1754-1793), el monarca que pagó en la guillotina, a los 39 años, las culpas de sus antecesores, parecía, en sus últimos tiempos, bastante mayor de lo que era. La afición a la buena mesa y la falta de ejercicio le había hecho engordar, y empezaba a sufrir algunas de las afecciones propias de la madurez bien vivida. Siempre fue tímido y nunca tuvo la palabra fácil. Y padecía, al parecer, complejo de inferioridad. Una vez, cuando todavía era delfín, un magistrado de provincias que le visitó dedicó grandes elogios a la precocidad de su inteligencia. Y el delfín, muy de buena fe, le dijo:
—Os equivocáis, señor; yo no soy inteligente. El inteligente aquí es mi hermano, el conde de Provenza.
Podemos imaginar el embarazo del pobre magistrado provinciano. Lo que no se sabe es la forma como supo resolver la papeleta.

Luis XVI nunca dio demasiada importancia al movimiento revolucionario que le llevó al patíbulo. Y jamás se mostró asustado por lo que le pudiera suceder. Cuando el 20 de junio de 1792 el populacho invadió las Tullerías, un soldado de la Guardia Nacional le dijo al rey:
—Señor, no os asustéis. Nosotros nunca os haremos daño alguno.
Y el rey tomó la mano del soldado, la puso sobre su corazón y le dijo:
—Podéis ver, amigo mío, cómo mi corazón sigue latiendo normalmente.
Y así era, en efecto. Y en el diario del rey de algunos de aquellos días aparece una sola frase: «Un día más sin que haya pasado nada».

Luis XVI consultaba un día la lista de los aspirantes a ocupar las vacantes de la Escuela Militar. Había 40 plazas vacantes y en la lista le mandaban 600 nombres. Y, junto al de cada aspirante,

el nombre de la persona que lo recomendaba. Entre esos nombres figuraban el de la reina, el del delfín, el del ministro de la Guerra... Pero algunos nombres, muy pocos, no llevaban recomendación alguna. El rey preguntó:
—¿Y a esos pocos quién les recomienda?
Su ayudante de campo, que le había traído la lista, le dijo:
—Nadie. No ha habido nadie que se interesara por ellos.
—En este caso tendré que recomendarlos yo.
El rey puso su nombre junto al de los pocos que iban sin recomendación ninguna. Y fueron, como es de suponer, los primeros en la lista de los admitidos. Y, sin duda, los más sorprendidos.

La noche del 13 de julio de 1789, el intendente general de París visitó al rey en Versalles. El rey quiso saber noticias:
—¿Y en París, qué?
—Todo bien, señor.
El rey se acostó tranquilo y, antes de acostarse, escribió en su diario: «Hoy, nada nuevo». Al día siguiente le despertaron para decirle que el pueblo había tomado la Bastilla.
—No es posible —dijo el rey.
El duque de Liancourt, que le daba la mala noticia, la empeoró:
—Todo París está en armas.
—Así, ¿es que hemos de considerar que se trata de una revuelta?
—No, señor. No es una revuelta; es la revolución.
Y por el asombro del rey, advirtió el duque que Luis XVI no creía que aquello fuese posible.

La noche del 21 de septiembre, el comisario de la Commune, Lubin, proclamó, ante una apretada multitud, junto a las ventanas del Temple, donde estaba hospedada la familia real, la abolición de la monarquía en Francia.
La familia real se hallaba reunida en el saloncito de María Antonieta. El rey leía un libro de Montesquieu: *Grandeza y decadencia del Imperio romano*. La reina y su hija hacían labor. Ninguno de ellos hizo ninguna referencia a lo que ocurría en la calle. Unos días después el rey decía a la reina:
—Mi reinado ha sido un sueño y como un sueño se ha desvanecido. Pero no lo soñaba a gusto. El destino me obligó a soñar y el pueblo me libra de este sueño. Haga el cielo que Francia sea más feliz después de mí, y no le reprocharé nada.
Fue un rey, Luis XVI, convencido de su inutilidad cómo tal, no sólo para el bienestar del pueblo, sino para su propia satisfacción.

Malesherbes defendió al rey ante el tribunal popular. Hizo todo lo que pudo para salvar al rey de la muerte. Y, cuando comprendió

que todo era inútil, no pudo contener las lágrimas. Después el rey dijo a uno de sus servidores, llamado Clery:
—El dolor de este buen viejo me ha conmovido.
Y le dio la orden de prepararlo todo para afeitarle, lo mismo que los otros días.

La ejecución del rey se había fijado para la mañana siguiente después de las ocho. El rey, condenado ya, estaba en el Temple con los suyos. Contó a la reina muchos pormenores del proceso y defendió como supo a sus acusadores. Después dio a todos las buenas noches y se retiró a la habitación donde dormía. Su servidor Clery se dispuso, como todas las noches, a arreglarle el cabello.
—Hoy no hace falta —le dijo el rey —. Ve a acostarte y mañana despiértame a las cinco.
Se acostó y pocos minutos después dormía profundamente.

El 6 de octubre de 1789 el populacho intentó asaltar el Palacio de Versalles. La Guardia Real detuvo a la multitud y un hombre del pueblo le gritó a uno de los soldados de la Guardia:
—¿Me dejáis pasar?
—No puedo hacerlo; no está permitido. Y, por otra parte, ¿para qué?
—Para hablar con el rey.
—¿Y qué le diríais al rey?
—Le diría que dé por terminada la farsa, que dimita y que así se evitarán cosas peores.
Aquel hombre, cuyo nombre se ignora, no pudo hablar con el rey. Y no se evitó nada de lo mucho malo que acaso se habría podido evitar.

Uno de los que en la Convención Nacional votaron la muerte del rey fue el diputado Lepelletier. La misma noche del día de la condena, Lepelletier estaba cenando en una hostería. Entró un desconocido y le preguntó:
—¿Sois Lepelletier?
—Sí.
—¿Habéis votado la muerte del rey?
—Sí.
—Pues ésta es la recompensa.
Y, rápidamente, le hundió un puñal en el pecho. Lepelletier no tuvo tiempo ni de gritar. El desconocido desapareció. Lepelletier murió poco después.

Las últimas palabras de Luis XVI en el patíbulo fueron:
—¡Franceses! Muero inocente. Perdono a los autores de mi muerte y ruego a Dios que mi sangre no caiga sobre Francia.
Iba a decir algo más, pero el verdugo le interrumpió:

—No os he traído aquí para lanzar peroratas, sino para morir. Y dio órdenes a los tambores para que tocaran fuerte. Y, así, el rey fue guillotinado entre redobles de tambor.

Y bueno es que se sepa que no todo el mundo en Francia, ni mucho menos, deseaba la muerte del rey. Le juzgó la Convención Nacional. Y fue condenado a muerte por 387 votos contra 334. Fue guillotinado en la plaza de la Concorde, que entonces se llamaba de la Constitución.

## LUTERO

Martín Lutero (1483-1546), el monje agustino que se separó de la Iglesia católica y fundó la nueva Iglesia reformada conocida por protestantismo, se firmaba Martin Luther, aunque en realidad se llamaba Luder. Publicó, o presentó, 95 tesis contra las indulgencias concedidas por el papa León X y contra otros puntos de la doctrina católica. Fue el primero que formuló el predominio del juicio privado personal en materia religiosa. Los escritos con los que rompía abiertamente con la Iglesia católica eran *Epístola a la nobleza alemana*, *La cautividad de Babilonia*, *Tratado de la libertad cristiana*. Una traducción suya al alemán del Nuevo Testamento es conocida como la Biblia de Septiembre. A los cuarenta y dos años se casó con Catalina de Bora, monja del Cister exclaustrada. Murió a los sesenta y tres años, de apoplejía, después de larga dolencia. En sus últimos años publicó un libelo titulado *Contra el papado establecido por el diablo*, con caricaturas de Cranach y versos suyos.

Una vez, durante su lucha contra el catolicismo, católicos amigos suyos le visitaron y le reprocharon el daño que hacía a los sentimientos religiosos de la gente. Y él les dijo:

—No he venido a traer la paz, sino la espada.

Palabras tomadas de un texto bíblico, y que repitió después muchas veces, casi como santo y seña.

El filósofo católico Erasmo de Rotterdam fue enemigo de Lutero. Y enemigo, sobre todo, de la soberbia de Lutero, a quien reprochaba el que hablara como si estuviera en posesión de la verdad. Le visitó el vicario general de los agustinos, cuando estaba todavía en buena relación con Lutero, y le rogó que dejara en paz al monje, ya en camino de protestante. Parece ser que el argumento del vicario era:

—¿Qué daño os ha hecho este pobre Lutero?

Y Erasmo le contestó:

—A mí, ninguno, ni me lo puede hacer. El daño se lo ha hecho a sí mismo, pues se ha cerrado el camino de la paz interior.

Dos versos atribuidos a Lutero han quedado incorporados al proverbio popular alemán:

> *Wer nicht liebt Wein, Weib und Gesang
> der bleibt ein Narr sein Lebelang.*

Que se traducen literalmente, sin dificultad ninguna, así:

> Quien no ama el vino, la mujer y el canto
> será un imbécil a lo largo de su vida.

## LYAUTEY

El general francés Louis-Hubert Lyautey (1854-1934), mariscal de Francia, estuvo mucho tiempo de comisario general en el Marruecos francés. Había allí viejos bosques de cedros. Un tipo de cedro propio precisamente del norte de África, el *Cedrus atlanticus*. Lyautey, en una visita que hizo a los bosques acompañado del jefe de los servicios forestales, vio que muchos árboles se hallaban en mal estado y que el bosque se despoblaba. Y dio su parecer:
—Creo que será conveniente replantar esos cedros.
—Mi general —le dijo el técnico—, un cedro necesita al menos cien años para su total desarrollo.
—¿Cien años? Pues ¡a empezar a plantarlos en seguida!

También de Picasso se asegura que ha dicho alguna vez que si va a hacer algo y le dicen que ya es demasiado viejo para hacerlo, lo hace en seguida.

## LLOYD GEORGE

El político inglés Lloyd George (1863-1945) fue, durante algún tiempo, presidente de uno de tantos clubes ingleses, tan aficionados todos éstos a la discriminación; hasta el punto de que Mark Twain decía haber descubierto en Londres un club tan estrictamente discriminado que no tenía ningún socio. Uno de los socios del club, en un momento del juego, enfadado con otro jugador, le arrojó la baraja al rostro. Y la junta directiva nombró juez y árbitro al presidente. Lloyd George llamó al ofendido y le dijo:
—Creo que debería dar las gracias a su ofensor, pues ha tenido usted mucha suerte.
—¿Suerte, señor? ¿En qué?
—Mucha suerte en estar jugando al bridge, porque si hubiese estado jugando al billar...
—Pero, señor...

—Lo piensa usted bien, le da las gracias, quedan tan amigos como antes y verá cómo así se establecen nuevas y curiosas seguridades en la convivencia entre los señores socios.

Lloyd George era primer ministro del Reino Unido. Regresaba a Londres en el coche de un buen amigo. Oscurecía. El buen amigo bajó a encender los faros. En aquellos tiempos el encendido no era tan automático como ahora. Entretanto, Lloyd George intentó encender el faro posterior. El amigo terminó antes, subió al coche, lo puso en marcha y arrancó. Cuando Lloyd George vio que el automóvil se iba sin él, comenzó a gritar. Pero con el ruido del motor el otro no le oyó. Y Lloyd George continuó su camino andando. Vio un edificio iluminado, pensó que se trataba de un hotel y entró a preguntar si le podían facilitar un coche para ir hasta Londres, y que pagaría lo que fuese. Para animarles, dijo:
—Es que soy el primer ministro.
—Aquí hay otros cuatro que también lo son, señor.
El edificio era un manicomio. Lloyd George se dio cuenta entonces, señaló hacia un pasillo y gritó:
—¡Por allí! ¡Por allí! ¡Que se escapa!
El conserje corrió hacia allí y Lloyd George aprovechó para huir y no volvió el rostro hasta que se hubo alejado algunos kilómetros.

A un joven que le pedía buenos consejos para llegar a ser un buen hombre de Estado, le dio éste:
—No exponer nunca las razones de las decisiones que se toman. Resulta que en política las decisiones pueden ser buenas, pero las razones que se dan para apoyarlas son siempre malas.

En las discusiones en el Parlamento (la Cámara de los Comunes) era de una insistencia desesperante para sus contrarios. Y, una vez, una diputada, cansada de oírle insistir, le gritó:
—Si yo fuese la esposa de vuestra señoría ya os habría envenenado.
Y Lloyd George, sin perder la calma, le contestó:
—Si vuestra señoría fuese mi esposa, ya me habría dejado envenenar muy a gusto.

Una buena frase de humor político, que se ha atribuido a Lloyd George y también a Churchill, es ésta:
—Un buen político es el hombre que, a principio de cada año, sabe anunciar todo lo que ocurrirá, en política, en el transcurso de él; y, a fin de año, sabe explicar claramente por qué han ocurrido otras cosas no previstas.

## MAC ARTHUR

Durante el mando de Mac Arthur en el Japón, estuvo en este país el actor cómico Joe Brown, muy popular en los Estados Unidos en aquel momento. Douglas Mac Arthur le concedió una audiencia y, ante la sorpresa del actor, un fotógrafo les retrató a los dos juntos. Mac Arthur dio esta explicación:
—Es para mandar la fotografía a mi hijo.
Y acabó de explicar su intención así:
—Mi hijo sólo tiene siete años, y en su última carta me decía que le gustaría tener una fotografía de su padre junto a algún personaje importante. Si a usted no le molesta...
—A sus órdenes, mi general.

Cuentan del general Mac Arthur, que gobernó durante mucho tiempo al Japón después de terminada la guerra, que, cuando fue relevado de su cargo por el presidente Truman, antes de llegar a los Estados Unidos ya se había buscado otro trabajo. Y un periodista le preguntó:
—¿No piensa tomarse un tiempo de vacaciones?
—No.
—Le sentaría bien.
—No. Me tomé un día de vacaciones hace años y crea que me sentó muy mal.

Mac Arthur estaba casado con una mujer muchos años más joven. Un día esperaba a su mujer y en vez de llegar ella, que había pasado unos días en el campo, llegó este telegrama: «Perdido tren hoy. Saldré mañana misma hora». Y el general le hizo poner en seguida otro telegrama: «Sal antes. Si sales misma hora, volverás a perder el tren».

## MAGNANI

En Roma, hace ya algunos años.
Un hombre de aspecto sólido se presentó en un dispensario de urgencia, desorbitados los ojos y las mejillas ardientes. Se quejaba de lo mucho que le dolía la cabeza. El médico de servicio le preguntó:
—¿Le acostumbra doler?
—¡Qué va! Pero ¡esta vez!
—¿Qué le ha pasado?
—Que me han abofeteado durante ocho horas seguidas.
El médico estaba muy sorprendido.
—¿Quién? ¿La policía?
—No. Anna Magnani, la actriz.

—¿Y por qué?
—Por culpa de Garibaldi.
El médico empezaba a temer que se tratara de un loco. Pero el hombre se fue explicando y todo se aclaró. Estaban rodando una película sobre Garibaldi, protagonizada por la Magnani. En una escena la Magnani daba un bofetón a un soldado. Se empezó a rodar la escena a las dos de la tarde. Salió mal y se tuvo que repetir. Y así otra vez, y otra y otra... hasta las diez de la noche en que salió bien o, al menos, aprovechable.
Y el pobre hombre era el soldado de los bofetones, a quien el médico recetó cinco días de reposo total.

## MANET

El pintor impresionista Eduard Manet (1832-1883) se había casado muy joven con una mujercita llena de gracia que, después de casada, gracias a la buena cocina francesa y a la vida sedentaria, se fue metiendo en carnes y aumentando de peso, hasta convertirse en una gorda respetable. Al pintor le seguían gustando las mujeres esbeltas y cimbreantes. Y un día, en una calle de París, iba siguiendo a una encantadora mujercita de envidiable silueta. Dio la casualidad de que su gorda mujer se cruzara con él. La mujer se dio cuenta en seguida de la ocasional ocupación del pintor y le gritó:
—¡Te he cogido *in fraganti!*
—¿A mí?
—Sí; seguías a aquella mujer.
—Desde luego. Es que la vi por detrás y creí que eras tú.
Asegura el biógrafo de Manet que la mujer del pintor pesaba lo menos el doble que la otra desconocida mujercita.

Manet, en una de sus exposiciones en París, presentó un cuadro en el que se veía un espárrago. Y nada más. Sólo un espárrago. Los críticos le preguntaron:
—¿Cómo se le ha ocurrido pintar un espárrago?
—No ha sido ocurrencia mía. Este cuadro tiene su historia.
Y contaba la historia, posiblemente inventada, de esta manera:
—Vino un desconocido a encargarme un cuadro, con la condición de que el motivo fuese un mazo de espárragos. Acepté el encargo, puesto que de eso vivo. El desconocido, antes de que yo le pidiera un precio, me ofreció por el cuadro una suma muy inferior a lo normal. Yo le dije que por aquel dinero sólo le podía pintar un espárrago. El tipo gritó: «¡Acepto!». Y no tuve más remedio que cumplir el encargo. El individuo no vino después a recoger el cuadro, no me lo ha pagado y aquí está, a la espera de que otro lo compre.

Manet hablaba mal de los críticos, como suelen hacer la mayoría de los pintores. Decía que se lanzan a la labor crítica sin la suficiente preparación, y una anécdota viene a darle la razón. El famoso comerciante en pinturas Vollard abrió una importante exposición de Manet. Un muchacho joven, después de visitar la exposición, le dijo a Vollard:
—Soy crítico de arte en tal diario. Si el pintor Manet me regalara uno de sus cuadros, yo le haría una crítica detallada, y tan elogiosa que le dejaría definitivamente situado.
—Comprendo —le contestó Vollard—, pero no está la cosa como para que yo le transmita esta proposición a Manet.
—En todo caso, si me da la dirección del pintor, yo mismo le visitaré.
—¿Su dirección? Sí, desde luego: en el Père-Lachaise.
Que, es como todo el mundo sabe, uno de los cementerios de París.
—¿Quiere esto decir —preguntó el joven crítico— que Manet ha muerto?
—Exactamente; murió hace diez años.
—Así —redondeó el crítico—, no tiene nada de particular que yo no le haya oído nombrar nunca. Es que sólo llevo tres años metido a crítico de pintura.
¡Si tendría razón Manet en reprochar a algunos jóvenes críticos su falta de preparación!

## MANN

Thomas Mann, escritor y sociólogo alemán (1875-1955), autor de *La montaña mágica*, era muy cáustico en sus contestaciones y afirmaciones. Le presentaron en cierta ocasión a otro escritor mucho menos conocido y muy pedante; este escritor no dejó de empequeñecerse durante todo el rato. Decía: «Yo no soy sino un pobre principiante», «A mí, que todavía nadie me conoce», «Mi nombre no puede ni compararse con el suyo». Thomas Mann procuró terminar pronto la entrevista, y después dijo del otro escritor:
—Este hombre no tiene derecho a empequeñecerse de esta forma. Para tener ese derecho, hay que ser bastante más importante de lo que él es.

## MAQUIAVELO

Nicolás Maquiavelo o Niccolo Machiavelli (1469-1527) se hizo famoso, principalmente, por su obra *El príncipe*. Bajo el dominio de los Médicis, en Florencia, en un registro, se encontró el nombre de Maquiavelo en la lista de conspiradores a favor de los enemigos del partido de los Médicis. Maquiavelo fue encarcelado y sometido a tortura. Se le tuvo después por inocente y fue puesto en libertad. Maquiavelo que, antes de los Médicis, había sido secretario de la República Florentina, celebró su libertad con un gran jolgorio, rodeado de amigos y mujeres y con mucho abuso de buenos vinos. En medio de la fiesta, la tristeza asomaba a su rostro. Le preguntaron:

—¿Es que no estás de veras contento?

Y dicen los biógrafos que contestó:

—Ni lo estaré nunca. Admito que la diosa Fortuna ha vuelto su rostro hacia mí. Pero en su rostro brillan las lágrimas. ¿Cómo puedo estar contento?

Maquiavelo escribió un tratado sobre la manera de ordenar y dirigir un ejército. Un capitán paisano suyo quiso ver cómo se las arreglaba Maquiavelo para mandar un ejército, no sobre el papel, sino de verdad. Puso a su disposición tres mil soldados, y le rogó que los ordenara. Maquiavelo luchó una hora con los soldados y no consiguió que le obedecieran, puesto que no llegaba a hacerse oír de todos a la vez. Y entonces el capitán tomó su puesto, llamó a un corneta de órdenes y a toques de corneta en pocos minutos dejó en orden a los tres mil soldados. Y, una vez ordenados, le dijo a Maquiavelo:

—Con lo cual queda demostrado que vale más la práctica que la gramática.

Frase que en algunos sitios de Italia se sigue usando como proverbio.

Había entonces en Italia, como las ha habido siempre en todas partes, algunas de esas gentes que critican todo lo del país y sólo alaban lo extranjero. Y uno de ellos parece ser que le dijo a Maquiavelo:

—No se comprendre cómo, con vuestra claridad de visión, continuáis aquí. En la corte de Francia ya os habrían encumbrado a un puesto principal.

Y Maquiavelo, buen patriota, le contestó:

—Prefiero morir de una puñalada en Florencia que de una indigestión en Francia.

La famosa obra de Maquiavelo *El príncipe* tiene ganado su derecho a entrar en la anécdota por dos razones: la primera, porque el título original de la obra no es *El príncipe*, sino *De principalibus*, que se puede traducir por «Las cosas de los príncipes»; la segunda, porque la publicación de *El príncipe* fue autorizada por el papa Clemente VII y, más tarde, en 1559, bajo el papado de Paulo IV, el libro fue incluido en el Índice, o sea, prohibida su lectura por los doctores de la Iglesia.

Maquiavelo, en su libro *La mandrágora*, combate las mentiras de algunas órdenes religiosas. Una vez, en Florencia, Maquiavelo estuvo hospedado un tiempo en un convento de frailes. Y el padre guardián le dijo:

—Cuidadito, señor, no se os vaya a contagiar nuestra propensión a la mentira

—En todo caso —le contestó Maquiavelo—, me encontrará inmunizado, puesto que, en mentiras, estoy licenciado y hasta soy doctor. La vida me ha enseñado a mezclar de tal modo la mentira con la verdad y la verdad con la mentira, que no se distingan la una de la otra.

Le hablaban a Maquiavelo de un erudito de aquellos tiempos, que lo había leído todo y lo sabía todo. Le decían:

—En erudición es el primero del mundo.

—Es posible —repuso Maquiavelo—, pero, mejor que saberlo todo, es para un hombre observar el mundo que le rodea, tener ideas propias, saberlas explicar claramente y sacarles jugo.

Le repetían que aquel erudito lo sabía todo.

—Sí, desde luego —decía Maquiavelo—, pero la lástima es que sólo lo sepa y... nada más.

## MARCO ANTONIO

El protagonista de la historia de amor con Cleopatra (83-30 a. de J.C.) fue el más grande derrochador de su tiempo. Cuenta un historiador el asombro de un viajero al ver que, en la cocina de Marco Antonio, se guisaban ocho jabalíes. Preguntó:

—¿Tantos son a comer?

Le dijeron que no, que eran diez o doce. Pero Marco Antonio exigía que se le sirviera la comida en seguida después de su llegada. Y, para tener un jabalí en su punto a la llegada del anfitrión, se guisaban ocho jabalíes a la vez, aunque no empezados a guisar al mismo tiempo. Y así uno se podía servir en cualquier momento.

César le había adoptado con el propósito de que le sucediera. A la muerte de César las deudas de Marco Antonio ascendían a cuatro millones de sestercios. Se dice que Marco Antonio se vanagloriaba de su deuda y que decía:

—Nadie, en Roma, ha debido nunca más dinero que yo.

A la muerte de César se apoderó de los papeles personales del muerto y, al parecer, le falsificó la firma para, gracias a ella, agenciarse dinero.

También le retrata uno de los principios que un historiador, algunos años después, pone en su boca:

—Todo es verdad cuando lo digo yo, y todo me pertenece jurídicamente cuando ha caído en mis manos.

Llegado con su ejército vencedor a Atenas, los vencidos le colmaron de honores. Y, entre otras cosas, le propusieron celebrar con gran pompa sus esponsales con la diosa Minerva. Marco Antonio supo aprovechar la ocasión:

—Me parece muy bien. Y como Minerva me exigirá que la dote con esplendidez, dadme todo el oro que encontréis y no se hable más.

Una curiosa anécdota (la tomamos de un *Diccionario del amor*) asegura que Cleopatra era sexualmente insaciable, y que Marco Antonio, enamorado de ella, rogó al médico real, un tal Sorano, que le contara toda la verdad del caso de Cleopatra. Sorano le dijo que la reina salía disfrazada, de noche, en busca de hombres, habiendo estado, en una sola noche, con ciento seis. Y que tanta insaciabilidad era como un estado enfermizo debido al clima.

—Muchas otras mujeres soportan el mismo clima y no hacen esto.

—Porque no pueden. Y Cleopatra es la única que puede hacer todo lo que se le antoje.

Después de la batalla de Accio, en la que las naves de Marco Antonio fueron derrotadas, Cleopatra, en su nave real, huyó hacia Alejandría. Marco Antonio, que aún no estaba vencido, vio que la nave se alejaba y en vez de continuar defendiéndose, se fue con su nave tras la reina. La alcanzó y pasó a la nave real. Y llegaron a Alejandría los dos, aunque, al parecer, sin dirigirse la palabra en todo el viaje.

## MARCO AURELIO

El emperador romano Marco Aurelio (121-180) fue discípulo del filósofo Epicteto. En el Imperio romano estaba todo en camino de la mayor corrupción y, sin embargo, Marco Aurelio fue el más puro, el más cuerdo y el más virtuoso de los romanos de su tiempo. Defendió a los esclavos contra sus dueños, protegió a los pobres (una vez arrojó su manto sobre el cadáver desnudo de un mísero que llevaban a quemar), persiguió a los delatores, suprimió las confiscaciones y ordenó que los gladiadores lucharan con espadas sin punta. Pocos días antes de subir al trono, no podía disimular la tristeza.

—¿Por qué estás triste? —le preguntó su madre.

—Voy a reinar. ¿No te parece motivo suficiente de tristeza?

Su mujer Faustina llevó una vida disipada, y en Gaeta se prostituyó con los marineros y los gladiadores. Los histriones hacían burla, en los escenarios, del deshonor conyugal del emperador. Y Marco Aurelio no se daba por enterado de nada, y en sus memorias proclamaba la bondad y la dulzura de su mujer. Se daba en el teatro una comedia cuyo protagonista era un marido traicionado por su mujer. El marido preguntaba a otro el nombre del amante de su mujer. Aquel nombre, en la comedia, era Tullus. Y el actor lo repetía tres veces:
—Tullus, Tullus, Tullus.
El marido le preguntaba por qué lo repetía tres veces. Y con esto se hacía un juego de palabras entre «tres veces», *ter* en latín, y «Tullus», y sonaba «Tertullus», que era el nombre del amante de la emperatriz. Todos los rostros se volvían hacia el emperador, y Marco Aurelio escuchaba a los actores con expresión de interés, sin dar a entender ni por un momento que se daba cuenta de la trampa.

En los últimos años de su vida, Marco Aurelio escribió su obra *Meditaciones*, un libro que todavía ahora, después de casi dos mil años, se sigue leyendo y reeditando. Y es que en él se dicen algunas cosas que a todos, si las tuviéramos presentes, nos ayudarían a vivir en paz con nosotros mismos. Dice Marco Antonio en sus *Meditaciones* que «dondequiera se viva, se puede vivir bien». Y afirma también que «todo lo que sucede en este mundo es tan usual y poco sorprendente como la rosa en primavera y el fruto maduro en estío». Y, al decir «todo lo que sucede», se refiere a «cuantas cosas alegran o entristecen a los insensatos».

Cuando Marco Aurelio se sintió enfermo y a punto de morir, recibió en la cama al centurión que iba a recibir órdenes. Era durante una de sus campañas contra los enemigos del imperio. Y, en vez de darle órdenes, le dijo el emperador una sola palabra:
—Ecuanimidad.
Volvió el rostro al otro lado, se cubrió con la sábana y se abstuvo de comer y de beber hasta que la vida se le fue del cuerpo.

## MARÍA ANTONIETA

María Antonieta (1755-1793), hija de María Teresa de Austria, mujer de Luis XVI y reina de Francia, fue guillotinada, como es sabido, por la Revolución. Cuando llegó a Francia para casarse con el delfín no había cumplido aún 15 años y no cuidaba demasiado de su arreglo personal, cosa a la que las mujeres nobles de entonces daban mucha importancia. El embajador de Austria dijo algo de esto a la emperatriz de Austria en una carta. Y María Teresa escribió a su hija: «Me dicen que no pones mucho cuidado en el vestir y en el componente y que tus damas no se atreven a decírtelo». Y unos años después, cuando ya María Antonieta era reina de Francia, su madre le escribía todo lo contrario, pues le decía: «No me parece que la soberana de una gran nación deba vestir así. Bueno es seguir la moda, pero no es bueno exagerarla tanto. Una reina graciosa y gentil no tiene necesidad de ponerse en la cabeza tanto montón de adornos».

En cierta ocasión, en un baile en la corte, María Antonieta apareció con un vestido de un color distinto de los que se habían llevado hasta entonces. Sus damas le admiraron el vestido (era su obligación protocolaria) y la reina les preguntó:

—¿Os gusta mi vestido color pulga?

Y el color pulga se puso de moda en la corte. Era un color como de tierra oscurecida y gris, que tuvo diversas variantes. Y aparecieron vestidos color pulga joven, color pulga vieja, color panza de pulga, color dorso de pulga... Y todas las damas de la corte tenían un vestido de cada uno de aquellos colores en la gama «pulga».

Y, entretanto, en los bajos fondos hambrientos, iba germinando la Revolución.

Cuando María Antonieta entró por primera vez en París junto a su esposo el delfín, fue aclamada por la multitud. Al lado de la carroza cabalgaba el mariscal De Brissac. La delfina no entendía muy bien los gritos de la multitud. Pero veía la alegría en los rostros y se sabía recibida con entusiasmo. Le dijo a De Brissac:

—¡Cuánta gente, señor!

El mariscal le hizo una reverencia y le dijo:

—Señora, con permiso del delfín, aquí veis a doscientos mil parisienses todos enamorados de vos.

Cuando María Antonieta apareció como delfina en el Palacio de Versalles, la señora Du Barry (o Dubarry) era la favorita del rey Luis XV. María Antonieta no le dirigió la palabra durante mucho tiempo. Y aquella actitud de la delfina con la favorita del rey fue el tema de todas las conversaciones cortesanas. Las damas advirtieron a la delfina que mejor sería para todos que cambiara de actitud. La delfina les prometió hacerlo. Las damas divulgaron su promesa y, la primera vez que la corte estuvo reunida en Versalles, María Antonieta volvió la cabeza hacia donde estaba la Du Barry y, sin mirarla demasiado directamente, dijo:

—Hoy hay mucha gente en Versalles.

Y aquellas palabras de la delfina, las primeras que más o menos dirigió a la favorita, fueron el tema de todas las conversaciones durante mucho tiempo.

La maestra de ceremonias de Versalles era la condesa de Noailles, mujer muy protocolaria y etiquetera, y de una rigidez que se le hacía pesada a la joven delfina.

En sus paseos por el parque de Versalles, María Antonieta montaba a veces un burrito muy complaciente. Y un día cayó de su cabalgadura. Las damas acudieron en seguida a ayudarla a levantarse, y ella las detuvo:

—No, de ninguna manera. Id primero a preguntar a la condesa de Noailles quién, según el protocolo, debe ayudar a levantarse a la delfina caída de un burro.

Nadie le hacía caso y ella insistió hasta que una dama fue en busca de la condesa. Y la delfina, que se había quedado sentada sobre el césped, le dijo al verla:

—No he querido que nadie me levantara, señora, sin saber lo que ordena el protocolo en un caso así.

Esta salida molestó tanto a la condesa, que presentó la dimisión de su cargo. Y María Antonieta, por consejo del rey, le pidió perdón.

María Antonieta, ya reina de Francia, recibió una medalla que tenía en una de las caras la imagen de la Virgen María y, en la otra, la efigie de la reina. No tenía la medalla ninguna inscripción, y la reina lo comentó:

—No tiene inscripción ninguna.

—Ni hace falta —le dijo el duque de Nivernois—; la inscripción la pondrán los labios de los que miren la medalla. Cuando vean la figura de la Virgen, dirán «Ave María», y cuando vean el otro lado de la medalla dirán: «Gratia plena».

Se cometían entonces algunos robos de joyas, y ciertos engaños y timos con joyas de por medio. Una noche, en el teatro, una dama que estaba en el palco inmediato al de la reina, llevaba dos preciosos brazaletes. La reina se los alabó. Después, entró en el palco un chambelán y rogó a la dama que le prestara uno de los brazaletes, pues la reina deseaba verlo de cerca. La dama se lo dio y el falso chambelán desapareció con el brazalete. La dama supo después que su brazalete no había llegado a la reina. Y denunció el robo a la policía. La misma tarde, la visitó un agente de policía con una carta del jefe de policía de París, señor Le Noir. Decía la carta que habían detenido a un ladrón de joyas y que, entre las joyas que le habían encontrado, había algunos brazaletes; le rogaba que entregara el otro brazalete al agente para poder comprobar así si uno de los brazaletes era la pareja. La buena señora entregó el otro brazalete. El falso agente desapareció y nada se volvió a saber del chambelán, del agente, ni de los dos brazaletes.

Pasó tiempo, y después del lastimoso mal asunto del collar, en el que la reina, sin buscarlo, se vio implicada, la *vox populi* se pronunciaba a favor de ella. En todo el curso del proceso del collar, nunca la reina lanzó ninguna acusación contra nadie, ni insinuó nada que pudiera perjudicar a otros. Se asegura que uno de los magistrados que entendían en el asunto llegó a interrogar a la reina, y que le preguntó si sabía algo de todo aquello del collar y si podía darle los nombres de algunos de los que habían tramado el delito. La reina, siempre en su lugar, le dijo:

—Pues sí, señor magistrado, lo he sabido todo y lo he visto todo, pero lo he olvidado todo. Siento no poderos ofrecer nada más que mi real olvido.

Tardó mucho María Antonieta en darse cuenta exacta de la situación revolucionaria. Creía que su poder era inquebrantable. Ya todo revuelto, un día la multitud se aglomeró frente a la verja del parque de Versalles. La reina vio aquella gente desde una de las ventanas del palacio, y preguntó:

—¿Qué quieren?

Alguien ya enterado, le dijo que querían pan; que no tenían pan y lo pedían a gritos. Y la reina, todavía con su ligereza e insensatez, de la que tanto tardó en curar, repuso:

—Pues si no tienen pan, que coman brioches.

Ya la Revolución en marcha, un sueco, el conde Fersen, que, al parecer, estaba enamorado de la reina, organizó la fuga de la familia real. Y consiguió llevarles hasta Varennes, guiando él mismo el coche. Allí desapareció, y allí quedó detenido el coche. Toda la familia real fue llevada de nuevo a París en el mismo coche, ya como prisionera del pueblo. Un representante de la Asamblea, un tal Pétion, hizo el viaje de regreso en el mismo coche, para asegurarse de que los reyes de Francia no se le escaparan. Y, durante el camino, para mortificar a la reina, le preguntó:

—¿Cómo se llama este sueco que conducía el coche?

María Antonieta, nunca rendida por la humillación, le contestó:

—No tengo la costumbre de enterarme de los nombres de los cocheros.

Mirabeau intentó defender a la reina ante el tribunal popular. Y una de las cosas que dijo en su defensa, fue ésta:

—Mejor es que viva. Una reina humillada puede ser buen ejemplo para muchas cosas; una reina degollada sólo sirve para argumento de una tragedia.

Ante el tribunal que la juzgó, María Antonieta fue acusada de intentar pervertir sexualmente a su hijo el delfín. Y ella, que apenas se había defendido hasta entonces, lanzó un grito de defensa que no ha sido olvidado. Exclamó:

—¡Apelo a todas las madres de Francia!

Pero no la juzgaban las madres de Francia; la juzgaba un tribunal popular decidido a condenarla a muerte.

Cuando María Antonieta salía de la sala del tribunal que la había condenado a muerte, y volvía a la prisión de la que ya no saldría sino para ser llevada a la guillotina, iba tan aprisa que, sin darse cuenta de la poca altura de una puerta, no inclinó la cabeza y se dio un golpe en la frente. Uno de los guardias que la acompañaban le preguntó si se había hecho daño.

—No —le dijo tranquila la reina—; de aquí en adelante ya nada puede hacerme daño.

María Antonieta pasó los últimos tres meses de su vida en la cárcel del Palacio de Justicia, denominada la Conserjería. Allí estaba sola, separada de sus hijos, casi siempre con centinelas de vista, precaución del todo innecesaria, que no tenía más objeto que humillar a la reina destronada. Y allí, en la tristeza de la cárcel, por primera vez en su vida, María Antonieta pidió libros y más libros. Y los va leyendo uno tras otro, con sus ojos mortecinos y enrojecidos. Le preguntan qué tipo de libros prefiere y responde:

—Libros de aventuras.

No quiere novelas ni obras de teatro. Nada alegre, nada sentimental, nada amoroso. Sólo libros de aventuras. Los viajes del capitán Cook, historias de naufragios y audaces expediciones; libros que acaparen la atención del lector y le impidan pensar en otras cosas. Y, allí, los compañeros de su soledad son todos personajes inventados, imaginarios.

Un día la ex reina pregunta:

—¿No se me permite recibir visitas?

Le dicen que sí, que algunas visitas a ciertas horas, sí. Y entonces la reina no puede por menos de comprender que nadie ha ido a preguntar por ella, a visitarla. Nada oye durante el día, sino la campana de la inmediata Sainte-Chapelle, que no ha enmudecido a pesar de la Revolución, y el chirrido de la llave en la cerradura. Su calabozo es pequeño, sin sitio suficiente para moverse a gusto. La falta de movimiento y aire debilita su cuerpo; sufre fuertes hemorragias. Y cuando, por fin, la llevan ante el tribunal, es una vieja de cabellos blancos y rostro surcado de arrugas. Y sólo tiene 38 años.

Es el 16 de octubre de 1793. A las siete de la mañana, la criada del carcelero entra en el calabozo. María Antonieta, vestida de negro, está tendida en el lecho.

—Señora —le dice la criada—, ayer por la noche no tomasteis ningún alimento y casi nada durante el día. ¿Qué deseáis, ahora?
—Hija mía —le contesta la reina sin levantarse—, ya no necesito nada. Para mí todo ha terminado ya.
La muchacha insiste y le ofrece una sopa. Al fin la reina accede:
—Bueno; tráeme una sopa.
Toma algunas cucharadas de la sopa. Después la muchacha la ayuda a cambiar de traje. Le han dicho que no vaya al cadalso vestida de negro y María Antonieta se deja poner un ligero vestido blanco de mañana. Hay dentro del calabozo un oficial de guardia. La reina desea cambiarse la camisa y ruega al oficial que se retire un momento. El oficial se niega, pues dice que no le está permitido abandonar su puesto. Y la reina se cambia la camisa en el espacio reducido entre la cama y la pared medio oculta por la muchacha que se ha opuesto entre ella y el oficial.

Y, a eso de las diez, entra el verdugo, un mocetón alto y fuerte llamado Carlos Enrique Sansón; corta los cabellos a la reina y le ata las manos a la espalda.

Hacia las once, la reina sube a la carreta del verdugo para su último viaje. Es un carro con una tabla puesta entre los travesaños, sin almohadón ni cubierta alguna. Luis XVI había sido conducido a la guillotina en una carroza cerrada, protegido así contra la curiosidad pública. María Antonieta va sin ninguna protección y con las manos atadas a la espalda. Van tres personas en la carreta: la reina condenada a morir, el verdugo Sansón y el clérigo Giraud, uno de los muchos sacerdotes que han prestado juramento a la República, vestido de paisano. Y tanto el verdugo como el clérigo van descubiertos, con el sombrero bajo el brazo, como si con esta atención quisieran disculparse ante la mujer indefensa que conducen al patíbulo.

Un cómico llamado Grammont cabalga un rato delante de la carreta vestido con uniforme de la Guardia Nacional y grita a la multitud:
—¡Aquí tenéis a la infame Antonieta! Se ha fastidiado ahora, amigos míos.

El rostro de la reina permanece inmutable, como si no se enterara de nada, como si no oyera nada. Hébert, uno de los acusadores de la reina, dirá al día siguiente en un artículo de prensa: «Por lo demás, la muy bribona se mantuvo hasta el final audaz e insolente».

En la esquina de la calle Saint-Honoré, donde está ahora el Café La Régence, hay un hombre lápiz en ristre y con un papel blanco en la mano. Es el pintor Louis David (1748-1825), un hombre tan oportunista y cobarde como buen pintor, que se ha puesto siempre al servicio de los que ejercían el poder. Un biógrafo le

llama «lisonjeador de los triunfadores, despiadado con los vencidos». David tiene para dibujar una mano prodigiosa. Y, al paso de la carreta, traza un dibujo de la reina. Es un boceto espantoso y magnífico, muchas veces reproducido, arrancado de la propia vida, caliente y palpitante. Aparece en el dibujo una mujer envejecida, ya no bella, pero todavía orgullosa. La boca cerrada con soberbia, los ojos indiferentes a cuanto ocurre a su alrededor, sentada, con las manos atadas a la espalda, tan erguida en su carreta de la muerte como si estuviera sentada en un trono.
Y, hacia las doce, Sansón, el verdugo, mostraba en alto la cabeza de la reina, ya separada del cuerpo. Y de la multitud se levantaba un grito:
—¡Viva la República!
El mismo Sansón se llevó el cuerpo muerto en una carretilla, con la cabeza sangrienta entre las piernas. Cuerpo y cabeza iban dentro de un ataúd de madera. Un ataúd que queda abandonado unos días en el cementerio sin ser enterrado. No se cavan fosas allí para un solo cadáver. Unos días después, cuando se han reunido los suficientes, la caja de María Antonieta es arrojada a la fosa común y cubierta con algunas paletadas de cal.

Dicen varios biógrafos que casi todo lo anecdótico que se cuenta de María Antonieta, tanto en su época de Versalles, como en la desgraciada época de su prisión y la mañana de su muerte, son inventos cuya verdad no ha podido demostrarse jamás. Y que las últimas palabras que se atribuyen a María Antonieta, ya en el cadalso, son también fruto de la fantasía. Y, con todo ello, es también fantasía pura la anécdota de unas breves palabras dirigidas al verdugo después de pisarle involuntariamente el pie, en el momento de subir al cadalso. Dice la anécdota, desde luego falsa, que la reina, muy cortés, le dijo:
—*Pardon, monsieur.*

## MARÍA ESTUARDO

María Estuardo (1542-1587) fue dos veces reina; primero reina de Francia, como esposa de Francisco II. Fue tres veces esposa: de Francisco II, de lord Darnley y de Bothwell. Y dos veces estuvo prometida a la espera de un matrimonio que la elevaría al trono: con el príncipe de Gales, cuando sólo tenía un año, y con el delfín de Francia, cuando tenía seis.
Y además de tanta realeza, cuando ya era esposa, a los 16 años, del delfín de Francia, el rey Enrique II, padre del príncipe, le aconsejó que tomara el título de reina de Inglaterra. Ella siguió el consejo y la reina Isabel de Inglaterra, a la que el rey de Francia consideró siempre como bastarda, nunca perdonó a María Estuar-

do la grave ofensa que le hizo al darse a sí misma el título de reina de Inglaterra. Murió decapitada por orden de la reina Isabel, aunque, aparentemente, condenada por delitos de alta traición, a los 45 años de edad.

María Estuardo era, por lo visto, mujer de muy bella presencia. De ella, en París, dijo un poeta cortesano: «Si alguna vez no lleva el compás cuando baila, es el compás el que se equivoca». Brantâme escribió de ella que «a los quince años empezó a aparecer su hermosura, como la luz de un claro día». Y el poeta Du Bellay le dedicó elogios en verso, como éstos:

> *En su espíritu el cielo se supera*
> *y la naturaleza y el arte en ella han puesto*
> *todos los dones de la belleza juntos.*
> *Pueden mis ojos hallarse satisfechos,*
> *pues otra belleza igual jamás verán.*

Lope de Vega le dedicó versos de estilo conceptuoso, a la manera de entonces:

> *De sus ojos tomaron las estrellas*
> *el vivo ardor, de sus mejillas grana*
> *de entre las flores las más bellas.*

Y después de enviudar, a los 19 años, del rey de Francia, el hermano del rey muerto, ya monarca a su vez con el nombre de Carlos IV, le dedicó en verso esta loa:

> *Haber gozado tu beldad*
> *pecho con pecho, bien vale un reino.*

Con lo que suponía, poéticamente consolado, a su hermano muerto.

En París se celebraba un torneo, que era el deporte de los nobles de entonces, y el rey Enrique II, suegro de María Estuardo, quiso romper una lanza *pour l'amour d'une dame*. Él era un rey galante y enamorado y su favorita, Diana de Poitiers, una de las mujeres más bellas del país. El rey quiso lucir el garbo y el corazón junto con los demás caballeros. Pero con tan mala suerte que un caballero escocés, un tal Montgomery, de la escolta de la princesa María Estuardo, al chocar en el encuentro con el rey, le clavó la lanza en un ojo. El rey se desplomó del caballo. Los médicos, que entonces sabían bastante menos medicina que

ahora, no consideraron la herida peligrosa y aseguraron a la corte:
—En pocos días el rey estará curado.
El rey les hizo quedar mal y murió en tan pocos días, como habían pronosticado los médicos que necesitaría para curarse.

El mismo día de la muerte de Enrique II, Catalina de Médicis, la reina viuda, al ir a pasar una puerta junto con su nuera María Estuardo, se detuvo, se inclinó y dijo:
—Vos primero, señora.
Así supo María Estuardo que desde aquel momento era reina de Francia.

María Estuardo reinó en Francia durante dos años. Durante su breve reinado emprendió un viaje a Madrid. Se detuvo en Barcelona, donde permaneció dos días, huésped del noble señor don Miguel de Desplá y de Sarriera, en la calle Ancha. Le llegó allí un correo de París con la mala noticia de una enfermedad del rey y regresó inmediatamente a París. Y así lo único de España que conoció un poco fue la ciudad de Barcelona.

María Estuardo, viuda a los 19 años, regresó a su país. Llegó a Calais el 12 de agosto. Embarcó llorosa y desconsolada, y siguió llorando mientras la embarcación se alejaba mar adentro. Dicen que no se movía de cubierta, fijos los ojos en la tierra donde había vivido tantos años (desde los seis, pues ya prometida con el delfín la llevaron a educarse a Francia) y donde había sido el alma de una corte refinada y poética. No quiso acostarse y, como apenas se levantó viento en toda la noche (iba, naturalmente, en barco de vela, pues todavía no se había inventado el barco de vapor), la nave avanzó poco y al despuntar el otro día aún pudo ver, a lo lejos, la costa ya borrosa de su querida Francia. Levantó las manos hacia aquella tierra lejana y exclamó:
—¡Adiós, Francia! Creo que nunca más he de volverte a ver.

Dos curiosos datos anecdóticos. María Estuardo, de niña, tuvo viruelas, una enfermedad que entonces dejaba en la mayoría de los casos, desfigurados los rostros. Pero a ella apenas se le notaba, porque un cirujano de la corte le salvó la belleza tratándole una a una todas las ampollas. Se las vaciaba y las cubría con un bálsamo que las ayudó a cicatrizar completamente bien.
Cuando la reina desembarcó en Escocia, a su regreso de Francia, la nave que llevaba sus caballos había perdido el rumbo entre la niebla, y ella tuvo que continuar hasta Edimburgo montada en un caballejo cualquiera. Y así entró en Edimburgo menos majestuosamente de lo que su rango merecía.

María Estuardo, reina de Escocia, se casó con lord Darnley, parece ser que por intereses políticos más que por amor. El secretario y músico de María Estuardo, un tal David Rizzio, o Ricio, italiano de Turín, se sospechaba que era amante de la reina, aunque no haya podido demostrarse históricamente. Lord Darnley, víctima de la mordedura de los celos, irrumpió una tarde con otros caballeros, entre ellos los condes Lindsay y Morton, en la habitación de María Estuardo, que ya esperaba el primer hijo. Encontraron a Rizzio allí; entre todos le arrastraron fuera de la habitación y le destrozaron a puñaladas y hachazos. Todo ello en presencia de María Estuardo, que trataba de salvarle la vida. Fue un espectáculo que, naturalmente, le destrozó los nervios. Los autores materiales de la muerte fueron los citados condes y sus principales cómplices Ruttren y, claro está, Darnley.

María Estuardo tuvo un solo hijo, que sería después rey de Escocia y de Inglaterra con el nombre de Jacobo I. Y en vida de Darnley amaba ya a su tercer esposo Bothwell. Darnley murió como consecuencia de una explosión muy bien preparada por Bothwell y sus secuaces. Poco después, la reina se casó con el asesino de su segundo marido. El país no se lo perdonó y se levantó contra ella. Entonces, María Estuardo sufrió la primera humillación de su vida. Tuvo que alejar a Bothwell de su lado y casi pedir perdón a los rebeldes. Y hubo de oír cómo las turbas le gritaban:

—¡Asesina de tu marido!

María Estuardo se vio obligada a huir y se refugió en Inglaterra, donde pidió asilo a la reina Isabel, que la tuvo prisionera durante diecinueve años, aunque tratándola siempre con ciertos honores reales. Hasta que al fin, por unas cartas comprometedoras, probablemente falsificadas, fue juzgada, condenada a muerte y decapitada.

Un caballero poeta llamado Chastelart se enamoró de María Estuardo y le dedicó versos inflamados. Un día los servidores de la reina encontraron a Chastelart escondido entre los cortinajes del dormitorio real. Lo tomaron a broma y le echaron de allí. Otra vez, de noche, cuando ya la reina ha empezado a desnudarse, aparece Chastelart en el dormitorio y, a consecuencia de tal atrevimiento, Chastelart fue detenido, encarcelado, juzgado y decapitado en la plaza pública. Y, ya ante el verdugo, Chastelart recitó unos versos de su amigo el poeta francés Ronsard:

*Yo te saludo, muerte de mis amores,*
*médico y consuelo de los extremos dolores.*

Antes de descansar la cabeza sobre el madero exclamó:

—¡Oh, cruel señora!
Y, así, murió como el protagonista de una balada o el héroe de una poesía.

Toda la escena de la muerte de María Estuardo es anecdótica. Ella camina despacio hacia el patíbulo. Dos azafatas la sostienen, porque sus piernas, tullidas por el reuma, apenas se pueden mover. Las azafatas la abandonan al pie de la escalera donde Melville, el mayordomo de la reina, cae a sus pies:
—Señora, la tarea más difícil de mi vida será comunicar la muerte de mi venerada reina.
María Estuardo le ayuda a levantarse.
—Más bien debíais alegraros de que haya llegado al término de mis fatigas.
Cuatro servidores y dos damas la acompañan hasta el patíbulo. El verdugo se arrodilla a los pies de la reina y le pide perdón. Ella le dice:
—Os perdono de todo corazón, pues espero que esta muerte pondrá término a todos mis dolores.
Las damas ayudan a María Estuardo a desnudarse el cuello. La reina las abraza y les ruega que no lloren. Se arrodilla en el almohadón y reza en voz alta, en latín.
Y de aquí hasta el final todo es horrible, por mucho que las crónicas traten de disimularlo con alusiones poéticas. El verdugo yerra el primer golpe; no da en la nuca, sino en la cabeza. El segundo golpe acierta, pero no es suficiente para separar la cabeza del tronco. Sólo después del tercer golpe rueda la cabeza por el suelo.
Y entonces ocurre otra cosa, también desagradable. El verdugo trata de levantar la cabeza ya separada del cuerpo, para enseñarla a los que han presenciado la ejecución, y, al cogerla por los cabellos, queda una peluca en su mano; la cabeza sigue rodando suelta, y es la cabeza de una mujer envejecida, cubierta por despeinados mechones blancos.
Cae un paño negro sobre el cuerpo. Y, según algunas crónicas, algo se ve rebullir debajo del paño negro, y aparece el perrito de la reina, que estaba oculto entre los vestidos y que enseña los dientes al verdugo. Es el último que, ya sin reina, defiende así el recuerdo de una de las mujeres históricamente más desgraciadas.

## MARINA, Doña

Doña Marina (hacia 1505-1530) fue en México la amiga, intérprete y hasta consejera de Hernán Cortés. Y su amante, pues le dio un hijo. Aunque este detalle no tiene demasiada importancia, pues Cortés tuvo hijos con varias mujeres, entre ellas una hija

del emperador Moctezuma, con la que tuvo nada menos que cuatro hijas.
Cortés repartía mujeres indias entre sus capitanes. Jerónimo de Aguilar hacía de intérprete.
—¿Cómo te llamas? —le preguntaba Aguilar a una de las muchachas.
—Malintzin.
Este nombre, al pronunciarlo, se convertía en *Malinche*.
Y Aguilar explicaba a sus compañeros de armas:
—Es un bonito nombre. Significa «Abanico de plumas blancas». Pero la llamaremos Marina, en castellano, y así nos entendemos mejor.
Después, siendo ya compañera de Hernán Cortés el Conquistador, todo el mundo la llamó doña Marina.

Guatimozín, el sucesor de Moctezuma, no quiso revelar, ni sometido, al parecer, a tormento, el escondite del tesoro real. Doña Marina se encargó de traducir a Hernán Cortés las últimas palabras de Guatimozín ya moribundo (estaban entonces camino de Honduras):
—¿Por qué no me mataste en México? Dios te pedirá cuentas de haber prolongado mi suplicio. Si creías deber matarme, debiste hacerlo allí. De tantas muertes respondas a Dios como de días he aguardado la sentencia.

Doña Marina, cuando Cortés tuvo que separarse de ella por exigencias sociales de su auténtico matrimonio, casó con Juan de Jaramillo, y el matrimonio se instaló en Ciudad de México, de donde Jaramillo llegó a ser alcalde.
Y es curioso que, después de su matrimonio, nada cierto se sabe de ella. Hay biógrafos que aseguran que el matrimonio estuvo en España alguna vez. Pero no se ha demostrado que esto sea verdad.
Y aunque Malintzin, o *Malinche* como le llamaban los soldados, o doña Marina, es un personaje histórico, en ningún sitio se cita palabra suya alguna. Su única anécdota sería la fidelidad que tuvo siempre a los hombres en cuya compañía estuvo.

## MARIO

Refiere Plutarco que Mario, cónsul romano (156-86 a. de J.C.), concedió el derecho de ciudadanía a unos soldados que se habían mostrado muy valientes. Le advirtieron que tal distinción era contraria a la ley. Y Mario les contestó:
—Durante la batalla, con el ruido de las armas, no pude oír la ley. Y lo hecho, hecho está.

## MASCAGNI

Pietro Mascagni (1863-1945), autor de la música de *Cavalleria rusticana*, estaba una vez en un hotel, en Londres. En la calle, frente al hotel, sonaba un organillo. Y la música del organillo era precisamente un trozo de *Cavalleria rusticana*. Mascagni la estuvo escuchando un rato, salió del hotel y se encaró con el organillero.
—Esto lo toca usted demasiado aprisa. Yo le enseñaré cómo se toca.
—¿Es usted organillero?
—No; pero soy el autor de esta música.
Y Mascagni se puso a tocar llevando la música al ritmo conveniente. Al día siguiente, al salir del hotel, vio allí al organillero, que se estaba preparando para su concierto matinal. Llevaba, montado en el organillo, un gran letrero que decía lo siguiente: «Discípulo de Mascagni, el autor de *Cavallería rusticana*».

## MATA-HARI

Mata-Hari (1876-1917), cuyo nombre auténtico fue Margarita Gertrudis Zelle, se recuerda más por la tragedia de su muerte, fusilada como espía, que por su vida de bailarina. Mata-Hari parece ser que significa, en árabe, «Ojo de la mañana». Así al menos lo leemos en una biografía. Otro nombre de Mata-Hari fue el de señora MacLeod, pues éste era el nombre del único marido de la bailarina espía y del cual estaba separada.

Cuando Mata-Hari fue juzgada, condenada y fusilada como espía tenía algo más de cuarenta años. Ya no era entonces una mujer bella, pero... El comandante Massard, que asistió al juicio, la describió así: «Muy alta, esbelta; el rostro afilado tiene a veces un aire seco e ingrato, pese a sus ojos hermosos y a sus finos rasgos. Tiene, en todo, cierta distinción. En cambio, carece de gracia, cosa que, en una bailarina, sorprende. Lo que más impresiona de su carácter es su resolución, y la viva inteligencia que demuestra a cada instante».
Se ha publicado todo el largo interrogatorio. Impresiona la serenidad con que la interrogada alude a sus relaciones «sentimentales» con los hombres que ha conocido, que se suponen sospechosos.
—... Y el jefe del servicio alemán le encomendó a usted una misión de confianza y le entregó treinta mil francos.
—Es exacto que me entregó treinta mil francos, pero sólo fue en pago de mis favores. Era mi amante.
—La suma resulta, como regalo galante, algo excesiva.
—No para mí. Nunca me dio menos.

Le hablan de sus relaciones con otros dos jefes del Servicio Secreto alemán. Contesta:

—Los dos han sido amantes míos. Si me han dado dinero de los fondos de su Gobierno no es culpa mía.

La defendió el abogado Clounet, ya sesentón, que hizo cuanto pudo para salvarla y que se mostró, en todo momento, muy impresionado por la personalidad femenina de su defendida. No consiguió nada, y el día 24 de julio de 1917 le fue leída a Mata-Hari su sentencia de muerte. El abogado Clounet escuchó la lectura con los ojos llenos de lágrimas.

Se dice que, después de firmada la sentencia, uno de los jueces exclamó:

—¡Ha sido horrible tener que condenar a muerte a una criatura en plena juventud, tan seductora y de tan asombrosa inteligencia! Pero sus intrigas han sido causa de desastres tan enormes que yo la haría fusilar doce veces si fuera posible.

Desde que le leyeron la sentencia hasta la ejecución pasaron cincuenta días. Y el día que la sentencia se cumplió, ella fue la única, entre todos los que estuvieron presentes, que conservó la serenidad. Todavía en la cárcel, preguntó:

—¿Qué tiempo hace?

Le dijeron que hacía un día magnífico. Sor Léonide, la monja que la cuidó los últimos días, lloraba.

—Vamos, hermana —le dijo Mata-Hari—. Ya verá usted qué bella muerte.

Ya en el lugar de la ejecución, la ataron al poste por la cintura. Sus últimas palabras fueron:

—No es el público a que estoy acostumbrada. Pero haré lo posible para que el último espectáculo sea el mejor.

Abrió el bolso, sacó el lápiz rojo y se pintó los labios. Las dos monjas, sor Léonide y otra, arrodilladas sobre la hierba, rogaban por ella.

—¡Fuego!

Nadie reclamó el cuerpo, que fue llevado a la sala de disección. Y allí el cuerpo de Mata-Hari tuvo que presentarse, una vez más, desnudo ante los hombres. Pero con las doce heridas de las doce balas que le habían disparado.

**MATISSE**

El pintor francés Matisse (1869-1954) tardó años en triunfar. Después fue un pintor consagrado. Dejó también algunas esculturas en bronce y unos escritos sobre pintura, titulados *Notes d'un peintre* (1908). En una de sus primeras exposiciones, un crítico que la visitó dio su opinión desfavorable. Tocó uno a uno los cuadros y dijo de todos:

—Nada..., nada..., nada...

Matisse estaba allí y lo vio. El crítico, que no conocía al pintor, era un hombre gordo, muy convencido de no equivocarse nunca. Matisse se le acercó, le tocó la cabeza y exclamó:

—¡Nada!

Y después le tocó el vientre y añadió:

—¡Mucho!

Y se alejó sin ni esperar que alguien les presentara.

## MAUGHAM

Somerset Maugham, muerto en 1963 a muy avanzada edad, cerca de los cien años, en su *Carnet de un escritor* cuenta algunas anécdotas de su vida. En una de ellas refiere que una vez un crítico literario le preguntó cómo era posible que, a tan avanzada edad, siguiera escribiendo todos los días. Y Maugham dice que, al contestarle, no dijo lo que pensaba, que era: «Porque me da la real gana». En cambio dijo:

—Porque el hombre es un animal de costumbres. Y yo, después de tantos años de hacer siempre lo mismo, si al cabo de un rato de haberme levantado no me pongo a escribir, ya no sé qué hacer y me aburro. Y menos mal si, con lo que escribo, no aburro a los otros.

Y el crítico, agresivo, respondió:

—Esto es lo que usted no sabe.

—Lo supongo, y para suponerlo me apoyo en las liquidaciones de mis editores. No les creo tan generosos como para pagarme derechos de autor por libros que no han vendido.

Entre sus anécdotas vividas cuenta algunas interesantes. Dice que un día estaba sentado con un amigo en el salón de un hotel, en Worthing. Se había cometido un crimen, no se había detenido aún al criminal, los periódicos se ocupaban mucho de aquello, y ellos dos lo comentaban. Un desconocido sentado cerca de ellos intervino en la conversación.

—Yo pienso —dijo— que, si quieren encontrar al asesino, han de empezar por averiguar el móvil del crimen. Si no hay móvil, no encontrarán al asesino.

No parecía que hubiese móvil conocido en aquel caso, puesto que el asesino no había robado nada de la víctima. Se sospechaba que fuese un crimen sentimental. El desconocido insistió:

—Si no descubren el móvil, no le encontrarán. Quiero decir que si el asesino lo ha hecho sólo para pasar el rato, porque le divierte asesinar, será inútil que la policía le busque. Y tengo mis motivos para creer que esta vez ha sido así.

Maugham, curioso de la vida ajena, le preguntó cuáles eran esos motivos. Y el desconocido dijo:

—Uno sólo, pero de peso: que el asesino soy yo.

Y Maugham y su amigo quedaron tan estupefactos que, cuando empezaron a reaccionar, ya había pasado un buen rato, y les pareció que lanzarse en persecución del desconocido habría sido perder el tiempo

Una vez le preguntaban a Maugham si escribir le parecía divertido.

—Escribir es, al menos, entretenido. Lo malo es que el escritor necesita estudiar incesantemente a los hombres. Y lo aburrido es esto. Requiere una gran dosis de paciencia. Sobre todo, el estudio del hombre corriente, que empieza por desconocerse a sí mismo. Y no puede, por lo mismo, decirnos nada de su aventura interior que sea del todo verdad. Lo único que se advierte siempre, en casi todos los hombres, es su inconsecuencia y su falta de una manera de ser definida.

—Si es así, lo mismo da estudiarlos que inventarlos.

—Pues, no; resulta que no da lo mismo. Y ésta es la parte aburrida de la profesión de escritor.

Cuenta el caso de un poeta moribundo. La mujer del poeta era pintora y estaba ausente. Un amigo del poeta le telegrafía, llamándola. El amigo le dice al poeta que ha llamado a su mujer:

—¡Vaya! ¿Por qué? ¿No podías dejarme morir en paz?

Alguien había mandado al poeta una cesta de melocotones, que estaban allí.

—Mi mujer, en cuanto llegue, lo primero que hará será comerse el más bonito de esos melocotones, sin dejar de hablar de ella y de sus éxitos.

El amigo fue a buscar a la mujer a la estación. Ella, al entrar en la habitación del enfermo, exclamó:

—¡Oh, Francesco, Francesco!

El poeta se llamaba Francisco y ella le llamaba siempre Francesco. En seguida vio los melocotones.

—¡Oh! ¡Qué estupendos melocotones! ¿De dónde salen?

Eligió uno y lo mordió con gusto. Y, mientras lo comía, añadió:

—Todo el mundo ha admirado mis pinturas. De veras que ha sido un éxito mi exposición. Todos me dicen que verdaderamente tengo mucho talento.

Habló así mucho rato y, al fin, dijo que estaba cansada, que había pasado la noche en el tren, y tenía sueño. Se acercó a la cama, besó al enfermo y se retiró a dormir. Cuando despertó, al día siguiente, el poeta había muerto.

Maugham, en su libro, cuenta este otro caso tomado de la vida real: era un hombre más o menos como todos, dependiente en una agencia de aduanas y embarques. Empezó a trabajar a los catorce años y estuvo siempre en la misma agencia. Se casó a los veintiocho años. Dos años después su mujer, a consecuencia de una enfermedad, quedó inválida. El hombre, entonces, empezó a robar pequeñas cantidades a la empresa donde trabajaba. Después, en su declaración, dijo:

—Robaba, no tanto para darle comodidades a mi mujer enferma, como por lo que me divertía pensar que yo no era el empleado honrado y pundonoroso que mis jefes creían.

Por fin, sus robos se descubrieron cuando ya la cantidad robada era una fuerte suma. El hombre pensó que si le condenaban a cárcel nadie cuidaría de su mujer inválida; y la mató, ahogándola. Una vez muerta, le colocó una almohada debajo de la cabeza, le juntó las manos, compró algunas flores y se las puso entre las manos juntas. Tenía un perrito, y lo llevó a un veterinario para que lo matara sin dolor; dijo que no podía decidirse a matarlo él mismo. Después se fue a la policía, lo contó todo y se entregó.

Decía que muchas cosas son más importantes que el dinero. Pero que todas son tales que hace falta mucho dinero para conseguirlas.

Parece ser que poco tiempo antes de morir, hizo pública una cláusula de su testamento en la que rogaba a todos los que tenían cartas escritas por él que las destruyeran. Lo pedía para evitar que fuesen a parar a manos de coleccionistas. Se apoyaba en este razonamiento:

—Una carta sólo tiene sentido para quien la escribe y para quien la recibe, e incluso para ambos sólo tiene auténtico sentido en el momento en que se escribe y se recibe. Después, ya no.

Nunca había sido aficionado a la política. Pero en el sur de Francia, donde residía, en épocas de elecciones le gustaba asistir a las conferencias y discursos de los candidatos. Le preguntaron por qué lo hacía.

—Para convencerme de que el país está bien gobernado.

—¿Lo deduce de la manera de hablar de los candidatos?

—No es exactamente eso, pero algo así. En todas partes los políticos hablan bastante y en todas partes lo hacen bastante mal. Creo, pues, que lo mejor para un país es que hablen mucho y que actúen muy poco. Y si voy es convencido de que cuantos más seamos a escucharles, más les animamos a hablar.

Muchas de las novelas y cuentos de Maugham se han llevado al cine. Parece ser que Maugham se metía poco con lo que el cine hacía con su literatura, a condición de que le pagaran el tanto es-

tipulado. Pero esto no significa que estuviera de acuerdo con la veracidad de lo que hacían. Se asegura que, al explicar el origen de una de sus novelas, decía:
—He sacado el tema de una película.
—¿Con permiso del autor?
—Sin permiso ninguno. No hacía falta. Era una película de una de mis anteriores novelas llevada al cine, la cual se parecía tan poco a mi novela que me ha inspirado otra.

Maugham confesó una vez a su amigo Leonart Lyons que, muchas veces, ni él mismo podía descifrar lo que había escrito a mano. Y añadió:
—Dicen que escribo todas las mañanas de diez a dos. Es falso. Escribo de diez a doce, y de doce a dos, entre mi secretario y yo, tratamos de descifrar lo que he escrito antes.

Contaba que una vez, al descifrarlo, encontraron una palabra cuyo significado desconocían. Y que no podía ser error, pues estaba muy claramente escrita. La buscaron en un diccionario de los más modernos y la encontraron. Allí le daban un significado, pero con una nota a continuación: que la única autoridad para el uso en inglés de aquella palabra era Somerset Maugham.

A los setenta y ocho años Maugham anunció que renunciaba a escribir más. Y continuó escribiendo. El día que cumplió los ochenta le recordaron lo que había dicho, y replicó:
—Es que he cambiado de propósito. Desde ahora, a mis ochenta años, renuncio ya, definitivamente, a renunciar a escribir más.

Pasados los ochenta años, Maugham, que como se ha dicho vivió hasta cerca de los ciento, le decía a su amigo Churchill:
—Hace muchos años una echadora de cartas me predijo que yo moriría joven. La verdad es que todo lo que dicen esas mujeres es mentira.
—En vuestro caso no —le dijo Churchill—. Ella quiso decirle que se conservaría joven hasta una edad muy avanzada. Y esto es verdad.

Maugham era tartamudo y, al parecer, tuvo siempre cierto complejo por este defecto. Cuenta que, una vez, le dijo a Churchill:
—Si no hubiese sido tartamudo me habría dedicado a la política y, con la facilidad que tengo para los idiomas, hubiera podido ser un buen ministro conservador de Asuntos Exteriores. ¿No le parece?

Y dice que Churchill le contestó:
—Nunca opino sobre las cosas la primera vez que me entero de su posibilidad. Prefiero pensarlas. Y esta posibilidad suya le

aseguro que es la primera vez que alguien me la sugiere. Lo he de pensar.

Le preguntaban si los críticos le habían tratado bien.

—Con un total desconocimiento, cosa que, al parecer, es su fórmula. Cuando empecé a publicar me llamaban brutal, después me llamaron charlatán, luego cínico, los más favorables me llamaron competente y, por fin, algunos me han llamado superficial. Lo único que puedo decir sin equivocarme de los críticos es que son los peores jueces de la comercialidad de los libros, y a un editor al que quisiera hundir le aconsejaría que pusiera, como seleccionador de obras, a un crítico. Fracaso seguro.

En sus últimos años (murió a los 97) le preguntaban sus impresiones sobre la vejez. Con una leve sonrisa, que no llegaba a alegrar su rostro mortificado por el tiempo, decía:

—Pierdo la memoria y para mí esto no es un bien, pues siempre he sabido olvidar los recuerdos desagradables. Me estoy quedando sordo y esto tampoco es un bien para mí, porque siempre he sabido pensar en otra cosa cuando lo que me dicen no me interesa. Y lo peor es que pierdo la capacidad de inventar, y con ella el poder de creación; esto es cosa triste. Pero no me quejo. He ganado mucho dinero, he viajado por todo el mundo, y he podido prescindir de todos aquellos de los que nada me interesaba.

## MAURIAC

François Mauriac (1885-1970) ha sido uno de los escritores franceses más leídos le su generación. Y tuvo, como casi todos, sus discrepancias poco afectuosas con los críticos. Después de la publicación de uno de sus primeros libros, *Le fleuve de feu*, un crítico llamado Gustavo Bofa comentó así la obra: «Más que de un río, se trata de una llovizna».

Un tiempo después se publicaba la novela *Genitrix*. Mauriac mandó un ejemplar al crítico con esta dedicatria: «A Gustavo Bofa, para que lo lea bajo un paraguas».

En la citada novela *Le fleuve de feu* Mauriac dice: «No hay nada más horrible que un compartimiento de segunda clase, en verano, en nuestros trenes del sur».

Poco tiempo después, Mauriac recibió una carta del director de los trenes del sur. Dentro del sobre estaba, cortada de un libro, la página con el texto citado. Y un papel de carta de la compañía con estas únicas palabras: «¡Cómo se ve, maestro, que no ha viajado en nuestros compartimientos de tercera!».

Los escritores se permiten con frecuencia tratarse unos a otros con cierto desprecio. Se hablaba del famoso *Journal* de los Goncourt, y uno de los contertulios dijo:
—Dicen que antes de darlo a la imprenta lo escribieron tres veces.
Y Mauriac manifestó:
—No me extraña. Es casi imposible que una cosa tan aburrida salga de un tirón, sin revisiones.

Buscaba una vez algo interesante en un puesto de libros de viejo. Y descubrió un libro suyo. Lo hojeó y vio que el libro llevaba una dedicatoria del autor, o sea, del mismo Mauriac, a un amigo. Mauriac se interesó por el libro.
—¿En cuánto me lo deja?
—Está marcado a doscientos francos.
—Sí, pero vea cómo aquí hay algo escrito. Y esto lo desmerece.
—Bueno, se lo dejo en ciento cincuenta.
El escrito que lo desmerecía era la dedicatoria de puño y letra de Mauriac.

Le visitó una muchacha, muy bonita por cierto, y le pidió una recomendación para un diario, donde pretendía hacer reportajes.
—¿De qué ha vivido usted hasta ahora?
—He sido modelo fotográfica.
Mauriac le dio la recomendación y le dijo:
—Espero que me comunique usted el resultado de su experiencia, y me diga si le ha resultado más fácil vivir de la pluma o vivir de la belleza. Es una experiencia que yo nunca, personalmente, he podido hacer.

El gran escritor francés tenía la costumbre de madrugar y empezar a trabajar muy pronto. Y a un joven escritor que le pedía consejo, le dijo:
—Piensa que una de las mejores armas en la lucha por la vida es un despertador.

Hablando de sí mismo decía que nunca había conseguido no ser rencoroso. Sobre todo, con los otros escritores si le trataban sin la debida consideración. Comentaba:
—Un escritor cuando habla de otro ha de saber disimular su pensamiento. Es natural que a un escritor le parezca poco bueno casi todo lo que otros escriben. Pero no está bien que lo diga. Y yo, si otro escritor habla mal de lo mío, he de confesar que le guardo rencor.
Le recordaban la mala forma como otro escritor le había tratado en cierta ocasión, muchos años antes. Y decía:
—Bueno, de esto hace tantos años, que ya lo he olvidado.

Y añadía con una leve sonrisa:
—Pero todavía me acuerdo de que lo he olvidado.

## MAUROIS

Este gran escritor francés, cuyo verdadero nombre era Émile Herzog (1885-1967), había estado varias veces en Norteamérica y conocía bien a los norteamericanos. Un día alguien le pidió que definiera, según su modo de ver, la política norteamericana. Y André Maurois contó este apólogo:
—Iban un día, en un vagón de tren, cuatro hombres y una mujer. La mujer dijo tener el don de adivinación por las líneas de la mano, y los cuatro hombres se sometieron a la prueba. Después de examinar la mano del primer hombre, la mujer le dijo, asustada:
—Veo tu muerte próxima, inmediata. Te quedan diez minutos de vida.
Examinó la mano del segundo hombre y, asustada otra vez, le dijo exactamente lo mismo. Y lo mismo al tercero, y al cuarto. Y entonces, más asustada, exclamó:
—Todo esto prueba que vamos a tener un accidente ferroviario. ¡Pobres de nosotros!
Y, asustadísima, salió al pasillo, abrió la portezuela, se arrojó del tren y se mató.
Esta mujer es Norteamérica. Los cuatro hombres son Francia, Inglaterra, Italia y Alemania. Norteamérica descubre que esos países europeos están perdidos y, gracias a este descubrimiento, corre el peligro de precipitar su propia caída.
Esto lo decía poco después de la segunda guerra mundial.

Dio durante un tiempo, por televisión, lecciones de matrimonio. Y, desde entonces, muchos le consultaban. Uno que le había preguntado si le aconsejaría casarse siendo joven como era, y lo era mucho, recibió este consejo escrito:
«No se case antes de haber aprendido a amar; ni intente ser buen pintor antes de haber aprendido a dibujar».

Le preguntaban a Maurois si le parecía más difícil escribir artículos largos o artículos cortos. Y Maurois decía:
—Eso depende. Cuando no sé lo que voy a decir, es más fácil escribir un artículo largo. Pero cuando sé, exactamente, lo que voy a decir, lo más fácil es un artículo corto.
—Y cuando no sabe lo que va a decir, ¿también escribe?
—Sí, desde luego. Es la única forma de escribir un buen rato todos los días.

Se decía que la señora Maurois era muy aficionada a resolver crucigramas; que estaba resolviendo uno y le faltaba una palabra. Entonces llegó su marido y ella le pidió ayuda:

—A ver, una palabra de siete letras que es el nombre de un escritor, que ha de empezar con eme y terminar con ese...
—A lo mejor se trata de tu marido.
—¿De ti?

Resultó que sí, lo era y ella lo comentaba después:
—Pues nunca se me habría ocurrido.

Le decían un día que, en algunas cosas, había tenido mucha suerte. Y él admitió:
—Sí, en algunas, sí. Pero...

No terminaba la frase. Esperó que le prestaran más atención y añadió:
—La suerte nos regala de vez en cuando vestidos muy bonitos. Lo admito. Pero nunca están hechos totalmente a la medida. Y si nos los arreglamos nosotros mismos, ¡uuuuum!

Para comprender el sentido de la última voz no articulada, hace falta suponer el gesto que la acompañaba.

Una vez que se hablaba de las artimañas de los hombres para conquistar a las mujeres, decía:
—El hombre, en su conversación con las mujeres, miente siempre. Cuando trata de conquistarlas, sus mentiras son ingeniosas y hasta refinadas. Y, después, cuando intenta librarse de ellas, sus mentiras son burdas y hasta groseras algunas veces.
—¿Nunca le dice la verdad el hombre a la mujer?
—Cuando habla de ella con otros hombres, a veces sí; cuando le habla a ella, nunca. Esto es lo único que, según mi experiencia, puedo asegurar.

Estuvo una vez Maurois en un teatro donde daban un vodevil muy malo, pero que tenía mucho éxito de público. Y parece ser que, a la salida, dijo:
—Lo siento por el autor. Está perdido.
—¡Pero si es un éxito!
—Precisamente por esto. Cualquier buen autor es capaz de superar un fracaso. Pero ningún mal autor ha sido nunca capaz de superar un éxito. Está perdido.

## MAZARINO

El cardenal Mazarino (1602-1661) fue ministro de Luis XIV. Después de establecer un nuevo impuesto, preguntó a uno de sus esbirros:

—¿Qué dice ahora de mí el pueblo de París?
—Nada bueno, señor. Entonan canciones injuriosas en las que os ponen muy mal.
—Bien está, bien está; si cantan, eso significa que pagarán.

Mazarino tenía fama de ser muy avaro, no sólo de su dinero, sino del dinero del Estado. A sus empleados les pagaba poco y con retraso. Una vez su intendente se lamentaba:
—Señor, hace ya lo menos dos semanas que estoy sin dinero.
—¿Y cómo te las arreglas?
—Pues ni yo mismo lo sé; entre una cosa y otra...
—A ver, a ver, explícame esas cosas; la una y la otra.
—Quise decir, señor, que voy tirando lo mejor que puedo.
—¡Ah! Eso está bien. Y te aconsejo que continúes igual.
Y no le pagó nada de lo que, por atrasos, le debía.

## MÉDICIS

Lorenzo de Médicis el Magnífico (1449-1492), al que bastaron 44 años para crear su magnificencia, buscaba un buen criado y no lo encontraba. Un amigo le recomendó uno y le dijo:
—Es hombre que bastará que le deis a beber algunas copas para que haga cuanto queráis.
—Me parece muy bien —le dijo el Magnífico—, pero si alguno de mis adversarios le da a beber algunas botellas, ¿qué?
Y no lo tomó.

## MERIMÉE

De Prosper Merimée (1803-1870), autor de *Carmen*, que gracias a la música de Bizet se convirtió después en ópera, se repite una gran verdad, que dejó sentada en una conversación con la emperatriz Eugenia, de cuya familia era amigo. Dijo:
—Cuando le decimos hermosa a una mujer fea, en nada le cambiamos las facciones, pero en algo le cambiamos el alma, y al ser el rostro espejo del alma, se le embellece.
Esto es tan verdad, que un jefe de empresa norteamericano contaba esta experiencia suya. Tuvo una secretaria fea, francamente fea y con complejo de fealdad, cosa que le impedía sacar fruto de sí misma. Pero trabajaba bien. Y un día su jefe le dijo:
—Perdone que se lo diga, pero este vestido que lleva usted hoy es muy bonito; la felicito.
Observó el jefe que los días siguientes la secretaria fea vestía más cuidadosamente. Otro día le alabó el peinado, como de

paso, sin darle importancia, y observó que desde entonces se peinaba mejor. Y, por fin, un día le dijo:
—Hoy está usted realmente guapa, señorita Anny. Y le ruego que me perdone el atrevimiento.
Y, al día siguiente, a la señorita Anny, si no estaba realmente guapa, le faltaba para estarlo mucho menos que tiempo atrás.

## METTERNICH

El príncipe de Metternich (1773-1859), famoso estadista y diplomático austríaco, estaba casado con una mujer que sucumbía a las exigencias de la moda. Un día, la mujer presentó a Metternich la factura de su modista. Era mucho dinero. Metternich le dio la suma. Y la mujer dijo:
—Falta todavía la factura de mi modista de sombreros.
—¿Mucho?
Ella entendió «muchos» y dijo que no, que uno sólo, pues era la factura de un solo sombrero. Mucho dinero también. Y Metternich, después de darle el dinero, hizo este comentario:
—El sombrero no creo haberlo visto.
—Sí; precisamente lo llevaba ayer.
—¡Ah! ¿Uno muy pequeñito? La verdad es que tus sombreros, cuanto más pequeños, más caros se ponen. A ver si, al fin, te podrás cubrir mejor la cabeza con la factura que con el mismo sombrero.

Metternich estuvo de embajador en Alemania. Allí, en una fiesta de la corte, el embajador del Reino Unido, un tal Elliot, le dijo que dos veces por semana mandaba correo a su Gobierno.
—¿Y tenéis noticias para tanto correo? ¡Si aquí nunca pasa nada!
—Desde luego, no las tengo. Pero a mi Gobierno le gusta recibirlas. Y, para complacerle, en el correo de los lunes las invento. Y en el correo de los viernes las desmiento. ¿No es esto lo que hace todo buen diplomático?
Y parece que Matternich le contestó:
—Todo buen diplomático inglés, se ve que sí. Todo buen diplomático austríaco, se ve que no, pues no me tengo por malo en mi profesión y no lo he hecho nunca.

Cuando estuvo de embajador en Francia, cerca de Napoleón, sostuvo algunos altercados con el emperador. Parece ser que, en cierta ocasión, delante de otros diplomáticos, Napoleón le dijo:
—Estáis en camino de llegar a ser un gran diplomático; ya sabéis mentir con una sangre fría muy prometedora.
Terció otro de los diplomáticos presentes:

—En esto al señor Metternich se le conoce que lleva tiempo aquí y se le está contagiando el estilo de los diplomáticos franceses, como el cardenal Mazarino, por ejemplo.

—Con una diferencia —intervino otra vez Napoleón—: que el cardenal Mazarino engañaba siempre, aunque dijera la verdad, y vos, aunque mintáis, no engañáis nunca a nadie.

Se dice que, después de su larga estancia en Francia, comentaba:

—Es tal el abuso que se hace en Francia de la palabra *fraternidad*, que si yo tuviera un hermano le llamaría mi primo.

Metternich conoció en Viena a Balzac. Fue Balzac el que, de paso en Viena, quiso conocer a Metternich; procuró que le recibiera y lo consiguió. Y el diplomático le dijo:

—Querido señor Balzac, aunque no he leído ninguno de vuestros libros porque la política no me deja tiempo para esas diversiones, sé que sois un buen escritor, ya famoso. Y, si he de juzgar por lo que me han dicho de vos, creo que sois un loco de la pluma, que se dedica a colgar a los otros locos locuras mucho mayores de las que son capaces de hacer.

Balzac decía después que, en la definición de Metternich, se había visto retratado. Y añadió este comentario:

—Ya quisiera yo saber definir a un diplomático, sin haber estado jamás en ninguna embajada, igual que este diplomático me ha sabido definir a mí sin haber leído ninguno de mis libros.

## MIDAS

No hace falta ponerle fechas de nacimiento y muerte, pues es un rey legendario. Era rey de Frigia, en Macedonia, hijo de Gordio y acaso de la diosa Cibeles. Era inmensamente rico, porque había heredado de su padre un secreto: que las arenas del río Pactolo arrastraban pepitas de oro.

Según la leyenda, Midas tuvo el poder de transformar en oro cuanto tocaba. Dioniso le concedió este poder por la buena acogida que dio al viejo Sileno. Pero Midas no pudo comer mientras gozó del don, pues también la comida, al entrarle en la boca, se transformaba en oro. De ahí, otra leyenda sobre el origen del oro que se encontraba en las arenas del río Pactolo: Midas, para librarse del don concedido por Dioniso, se bañó en este río y, desde entonces, el río tuvo arenas auríferas.

Otra leyenda supone también que Midas era muy entendido en música y fue nombrado árbitro en una competición entre Apolo y Marsias. Midas declaró vencedor a Marsias y el dios Apolo, ofendido con él, le hizo salir orejas de asno. Midas mantuvo sus orejas ocultas por un gorro durante mucho tiempo. Y éste es, según algunos, el origen del gorro frigio, que fue después símbolo republicano, contra la corona, símbolo real.

El único que conocía el secreto de las orejas de Midas era su peluquero. Pero tenía prohibido revelarlo bajo pena de muerte. El peluquero era muy parlanchín y, para no caer en la tentación de revelar el secreto, abrió un hoyo en la arena, introdujo la cabeza y le contó el secreto al hoyo. Le dijo:

—El rey Midas tiene orejas de asno.

Sobre la arena que tapaba el hoyo nacieron rosas, o cañas según otra versión, y cuando el viento las movía una voz vegetal susurraba las palabras del barbero: «El rey Midas tiene orejas de asno». Así todo el mundo se enteró y Midas, avergonzado, se envenenó con sangre de toro hasta morir.

Parece ser que Marsias fue el nombre que se dio en Frigia al dios Pan, y también que Midas, en tiempos antiguos, tuvo existencia real y fue un rey poderoso y rico. En un «género chico» nuestro se cantaba:

*El rey Midas*
*tiene orejas de pollino.*

## MIGUEL ÁNGEL

Miguel Ángel Buonarroti (1475-1564) pintaba los frescos de la Capilla Sixtina, en tiempos de Paulo III. Era un encargo del papa anterior, Julio II. Paulo III no estaba muy de acuerdo en todo lo que hacía el pintor y, algunas veces, le visitaba durante el trabajo y le hacía indicaciones, cosa que molestaba mucho a Miguel Ángel. Un día, mientras el papa le estaba mirando pintar, desde lo alto del andamio dejó caer un madero que pasó rozando al santo padre. Y no pidió perdón ni dijo nada.

Después un señor cardenal advirtió al pintor que debía poner mayor cuidado en presencia del papa. Y el pintor le contestó:

—El ciudado lo ha de poner él, pues si continúa impidiéndome trabajar a gusto, un día el madero le caerá encima.

Y, al parecer, el papa dejó de importunar a Miguel Ángel.

El padre de Miguel Ángel, de antigua familia noble, era el podestá de Caprese. Le disgustaba que su hijo se dedicase a pintar y Miguel Ángel, niño todavía, tenía que dibujar y pintar a escondidas de su padre. Hasta que un día el padre le sorprendió en su trabajo y montó en cólera. El niño Miguel Ángel, que había respetado siempre mucho a su padre, le gritó:

—¡No te muevas!

Y le empezó a dibujar con el rostro contraído por la furia, mientras le decía:
—Es el enfurecimiento humano más bello que he visto jamás.

Parece ser que en su juventud fue, en cierto modo, falsificador de esculturas antiguas. Se cuenta sobre esto una historia. Por encargo de Lorenzo de Médicis hizo una escultura, *El Amor durmiente*. Al parecer, el mismo Lorenzo de Médicis le propuso convertirla en una escultura antigua, clásica, venderla como tal y lucrarse con la venta. Miguel Ángel se avino a ello y dio a su mármol 1.500 años de antigüedad. Lo tuvo un tiempo bajo tierra y acaso le hizo algo más. *El Amor durmiente*, convertido en escultura clásica antigua, se vendió a buen precio (se dice que por 200 ducados de oro) a un cardenal. De este dinero correspondieron 30 ducados a Miguel Ángel.

Aquella escultura de Miguel Ángel desapareció. Y reapareció después otra igual, que está en Turín, y que se considera una falsificación del siglo XVI o XVII. Se dice que la escultura obra de Miguel Ángel fue enterrada otra vez, con la idea de que fuese más adelante descubierta en alguna excavación fortuita. Lo que no se sabe con toda seguridad es si *El Amor durmiente* de Turín es o no la estatua que salió de las manos geniales de Miguel Ángel.

Trabajó en su juventud por encargo de Lorenzo de Médicis. Le hizo algunas estatuas para el jardín que Lorenzo el Magnífico tenía en Careggi. Allí el de Médicis sorprendió al mocito Miguel Ángel pensativo frente a un bloque de piedra.
—¿Qué piensas? —le preguntó.
—¿Me dais esta piedra, señor?
—¿Para qué la quieres?
—Para que la piedra os diga lo que pienso.

Lorenzo le dijo que podía hacer con la piedra lo que quisiera, y Miguel Ángel la estuvo trabajando hasta dejarla convertida en la cabeza de un sátiro. Cuando Lorenzo de Médicis vio la escultura terminada preguntó al muchacho:
—¿Era éste tu pensamiento?
—Sí.
—Pues alguna cosa la pensabas mal. Por las arrugas que le has puesto es la cabeza de un viejo.
—Sí, señor.
—El viejo se ríe y al reír se le ven los dientes. Y los tiene todos, cosa imposible en un viejo. Rómpele algunos dientes, o quítale las arrugas.

No dice la anécdota por cuál de las dos posibilidades se decidió Miguel Ángel.

Miguel Ángel despreciaba la vida social y vivía solitario. Era hombre de trato difícil, gruñón, y más de una vez había reprochado a otro pintor más joven y famosísimo ya, Rafael Sanzio, el tiempo que perdía en el trato superficial con los demás. Parece ser que un día los dos grandes maestros se encontraron en la plaza de San Pedro. Rafael iba con su cortejo de costumbre, rodeado de amigos, algunos de los cuales eran mujeres, y Miguel Ángel iba, como siempre, solo. Y, según la anécdota, Miguel, en tono burlón y despectivo, le gritó:

—¡Llevas tanto séquito como un general!

Y Rafael le contestó:

—Y tú vas tan solo como el verdugo.

Sin embargo, no parece que los dos pintores estuvieran indispuestos uno con el otro. Se cuenta que Rafael había pintado un cuadro para el banquero Chigi, en el que había muchos personajes. A Chigi le pareció que Rafael pedía demasiado dinero, y propuso que Miguel Ángel señalara el precio. Rafael aceptó el arbitraje. Miguel Ángel, después de estudiar el cuadro, dio una curiosa solución:

—Cien escudos por cabeza.

Y sumadas las cabezas y los escudos resultaba menos de lo que había pedido Rafael. El banquero Chigi no tuvo más remedio que pagar.

Entre los condenados del infierno que pintó en la Capilla Sixtina, puso algunos rostros de personas conocidas, entre ellos el de un chambelán de Paulo III. El chambelán vio su rostro entre los condenados, y se fue a quejar a su santidad:

—Esto va contra mi reputación. Si no lo mandáis quitar, todo el mundo sabrá que estoy entre los condenados.

Y se dice que Paulo III se negó a intervenir con una muy oportuna excusa:

—Tengo potestad de Dios en el cielo y en la tierra; pero no en el infierno. Así es que no puedo liberaros. Lo siento, pero no puedo.

Una vez que el papa Julio II había concedido audiencia a Miguel Ángel, le tuvo esperando mucho rato, sin recibirle. Miguel Ángel se cansó de esperar y se largó. El ujier intentó retenerle.

—No, no; me voy porque estaba aquí de más.

—¿No estabais citado?

—Dos horas antes, sí. Ahora, ya no. Y si el papa pregunta por mí, decidle que mi trabajo es tanto que no me deja tiempo de estar sin hacer nada.

Y se fue.

En los últimos años de su vida estaba ciego. Se hacía llevar al museo, donde le dejaban frente a alguna de las esculturas antiguas que más le gustaban. Y allí pasaba largos ratos, siguiendo con la mano el cuerpo marmóreo de la estatua. Y aseguran algunos biógrafos que, mientras esto hacía, los ojos se le llenaban de lágrimas.

Las tres esculturas más importantes de Miguel Ángel son *David*, la *Piedad* y *Moisés*, y es curioso que los tres rostros son muy parecidos, como de la misma familia (de la *Piedad* el rostro de Cristo). Es fama que, una vez terminado el gigantesco *Moisés*, el mismo Miguel Ángel lo vio tan humanamente natural, que le golpeó la rodilla con un mazo de los que había usado en su trabajo y gritó a la estatua:

—¡Habla!

## MILTON

John Milton (1608-1674), el poeta inglés autor de *El paraíso perdido*, quedó ciego a la edad de 46 años. Dos años antes se le había muerto su primera mujer, Mary Power. Viudo, ciego y con tres hijas se casó en segundas nupcias con Catalina Woodcook. Enviudó también y, a los 52 años, pobre y envejecido, se casó por tercera vez y su última mujer, Isabel Minshull, mucho más joven que él, le ayudó a terminar su obra maestra, ahora una de las obras clásicas de la literatura inglesa, *El paraíso perdido*.

Uno de sus amigos le decía:

—¿Y cómo os ha sido posible, a vuestra edad, sin dinero y ciego, encontrar a una mujer para casaros?

—Mucho más fácil que antes —le contestó Milton—, y creo que si hubiese sido también mudo y sordo, se me habría podido considerar un marido ideal.

Milton tenía tres hijas y las tres, ya ciego el poeta, le ayudaban a escribir. Las tres, por turno, le leían en voz alta las obras de los grandes maestros de la literatura. Una vez Milton les decía:

—Sería interesante poder leer esos poemas en su idioma original.

«Esos poemas» eran de un buen poeta alemán. Y las hijas le pidieron permiso para aprender el alemán, el francés y el italiano, cada una uno de los tres idiomas, para poder así leer las obras maestras en el mismo idioma en que fueron escritas. Milton les dijo que no. Y les dio una razón que entre los ingleses se cita todavía como un proverbio clásico:

—A las mujeres les basta y en general les sobra con una sola lengua.

La tercera mujer de Milton era joven y bonita y, a pesar de que ayudó mucho al poeta en su trabajo, tenía el carácter difícil y no siempre complaciente. Se cuenta que el duque de Buckingham le dijo a Milton, después de conocerle la mujer:
—Vuestra esposa es digna de un poeta y bella como una rosa.
—Sin duda —le contestó Milton—; lo malo es que yo de las rosas ya no puedo ver los colores y me toca, lo mismo que antes, sufrir las espinas.

Nunca fue Milton muy feminista ni tenía a las mujeres en muy alto concepto. Se comentaba una vez que, en algunos países, un hombre podía ser proclamado rey a los catorce años, pero no podía casarse hasta los dieciocho. Milton observó:
—Me parece muy razonable, y alabo a los países donde se toman esas medidas. Todo hombre sensato a los catorce años es capaz de gobernar un país. Y ningún hombre sería a esa edad capaz de gobernar a una mujer.

Un profesor de literatura habla a sus alumnos de los clásicos ingleses, y le toca el turno a Milton. Son alumnos de tercero de bachillerato, entre los doce y los trece años. El profesor les dice:
—Milton era un gran poeta. Y ciego, además. Un poeta ciego.
En este momento suena la campana de fin de clase. Es inútil continuar. Al día siguiente el profesor sigue con Milton.
—Ayer empezamos a hablar de Milton. Les hablé de su desgracia, y supongo que todos recuerdan lo que les dije.
Y pregunta a uno de los muchachos:
—¿Cuál era la desgracia de Milton?
—Pues, que era poeta.

## MILLE

Al magnate del cine Cecil B. de Mille le preguntaban si había descubierto alguna fórmula de películas de éxito seguro. Y dijo que únicamente una: empezar por un terremoto, o una catástrofe parecida, y continuar en un clímax siempre en aumento hasta el final. Le dijeron que esto es casi imposible y estuvo de acuerdo:
—Sí, y por lo mismo es casi imposible hacer una película mejor que todas las que se han hecho hasta aquí.

## MISTINGUETTE

Jeanne Bourgeois, conocida en el mundo del espectáculo por Mistinguette (1875-1956), ha sido acaso la mujer que se ha conservado en la escena como *vedette*, hasta una edad más avanzada. Cuenta Cocteau que le gustaba hacer escuchar un disco de la Mistinguette al famoso actor Jouvet.

—Escucha lo bien que articula —le decía.

Y dice que, un día, interrogó a la propia Mistinguette sobre este arte de la perfecta articulación, y que ella le dijo:

—El público de los *music-halls* se sentiría defraudado si perdiera una sola palabra del texto de las canciones.

Y añadió:

—Y ésta es la dificultad mayor para los autores de esas canciones: encontrar un texto en el que cada palabra tenga su valor y su gracia.

Un día, no muchos años antes de su muerte, un empresario le propuso el primer papel en una revista. El tema del libro era una vieja gloria que enseñaba a una joven actriz el arte de triunfar en la escena, la forma de hablar, de moverse, de seducir al público.

—Muy bien, aceptado está —dijo la Mistinguette—. Pero ¿quién se encargará del papel de la vieja gloria?

Parece ser que el empresario, con una sonrisa llena de cordialidad, le dijo:

—No olvide, querida, que sólo usted es capaz de demostrar cómo suben, teatralmente, una escalera las piernas más bonitas del mundo.

Ya en edad bastante avanzada participó en una fiesta benéfica. Cuando la felicitaban por su actuación, dijo:

—¡Ay, pobre de mí! En una actuación como la mía de hoy sólo podía tener éxito una mujer joven y bella.

Y uno de los presentes, en ambiguo y hasta equivocado elogio, le dijo:

—No, no. Usted nos acaba de demostrar precisamente lo contrario.

Parece ser que hubo un silencio y que Mistinguette lo animó echándoles un beso a todos.

Hay una época en la vida de la Mistinguette en que su edad se convierte, en París, en tema corriente de osadías ingeniosas. Los *chansonniers* de Montmartre usan este tema. Uno dice:

*Mistinguette no envejece,*
*porque ya no es posible para ella*
*envejecer más.*

Otro canta:

*Hay tres monumentos en París*
*que si los ves enmudeces:*

el Arco de Triunfo,
la tumba de Napoleón
y la... Mistinguette.

El consonante de Mistinguette en el verso francés es *tu reste mouet*.

Chevalier explica en su libro *Ma route et mes chansons* su primer encuentro sentimental con la Mistinguette. En una escena cómica entre los dos, ella le daba una serie de bofetones, se arrancaban a bailar un baile desorbitado, tropezaban con los muebles, los derribaban, oían ruido y desaparecían por una ventana.

«Y un día —cuenta Chevalier—, desaparecimos tan a gusto que nadie nos encontró hasta el día siguiente.»

## MISTRAL

El poeta Mistral (1830-1914), autor de los dos famosos largos poemas *Mirèio* y *Nerto*, era hijo de labradores y había vivido siempre en el campo, en contacto con la naturaleza que tan bien supo cantar. Una vez que estuvo en París visitó al novelista Barbey d'Aurevilly, entonces en el apogeo de su fama. El escritor de París se quedó contemplando la gallarda figura del poeta del sur.

—¿De modo que es usted Frédéric Mistral?
—Sí, soy Mistral.
—Siempre había creído que iba usted vestido de pastor.
—Pues no. Siempre he ido más o menos como voy ahora.

Y parece que Barbey, en gran tono declamatorio, le lanzó esta parrafada:

—Cuando un hombre se llama Frédéric Mistral y se escriben las cosas que usted ha escrito y se vive en la Crau, se visten pieles de chivo y se esgrime un cayado de pastor. Y si no es así, se pone el retrato en la primera página de los libros, para evitar que el público se confunda.

Los dos poemas de alcance universal, *Mirèio* y *Nerto*, están escritos los dos en lengua provenzal, la única que cultivó el poeta literariamente. Fue Premio Nobel en 1904. Y lo que nadie recuerda es que el mismo año fue también Premio de Literatura nuestro Echegaray, o sea, que, en 1904, se dio el Premio Nobel de Literatura a dos escritores a la vez.

Mistral era hijo de un campesino. Un campesino francés suele ser un hombre de cierta posición económica. Mistral, en vez de continuar la labor campesina de su padre, estudió y fue bachiller y universitario. Volvió a su pueblo natal con su primer título uni-

versitario en el bolsillo, y allí se le festejó por el éxito. Y uno de los oradores campesinos, en su brindis, dijo:
—Todos hemos de estar muy contentos de que uno de nosotros, un hijo de nuestra tierra, haya sido capaz de demostrar que esta tierra da algo más que tomates, cebollas y pepinos.
Gustó mucho la comparación y fue muy aplaudido.

Tuvo la suerte de que su padre respetara y favoreciera su vocación de poeta. Mistral era abogado, pero no ejerció nunca la abogacía. Cuando regresó con su título, su padre le dijo:
—Yo he trabajado la tierra, tú has estudiado y eres ya lo suficiente hombre para elegir tu destino. Sea cual sea el camino que elijas, en mí encontrarás siempre una ayuda.
Y Mistral eligió el camino de la literatura y del estudio del idioma provenzal. Vivía en la casa de sus padres y allí trabajaba. Y su padre se ocupaba de todo lo demás. Si alguien preguntaba por el hijo cuando Mistral estaba con su trabajo de escritor, el padre le alejaba diciéndole:
—Ahora mi hijo escribe. Interrumpirle sería interrumpir su obra. Vuelva más tarde si le place.

La madre de Mistral era analfabeta. Un día, Mistral le estuvo leyendo algunos de sus poemas. Después de la lectura, su madre le dijo:
—Hijo mío; no he entendido nada. Pero mientras tú leías tus versos, yo veía una estrella.

Un cura de pueblo visitó una vez a Mistral, después de un largo camino a pie. Fue recibido en seguida por el poeta. El cura, con la voz temblorosa de emoción, le dijo:
—He venido sólo para conocerle. Ahora ya podré decir a mis feligreses que le he visto con mis propios ojos y que le he oído hablar.
Después el cura le dijo que, todos los días, leía un trozo de *Mirèio* después de haber cerrado el breviario.
—*Mirèio* es mi segundo breviario.
Y antes de marcharse, el cura le preguntó:
—¿Puedo hacer algo por usted, señor?
Mistral le dijo que no, que no necesitaba nada. Y el cura le hizo un buen ofrecimiento:
—Todos los meses ofreceré una de mis misas por vuestros difuntos.
Mistral se secaba los ojos. Y cuando el cura le vio las lágrimas, exclamó como enloquecido:
—¡He visto llorar a nuestro poeta! ¡Nunca agradeceré bastante a Dios este favor que me hace!
Y se alejó recitando, en voz alta, estrofas de *Mirèio*.

# MITCHUM

Del actor de cine Robert Mitchum hemos leído esta curiosa anécdota:
Un director de cine (no se cita el nombre del director), la primera vez que le dirigió, antes de empezar le dijo:
—Le advierto, querido Mitchum, que yo no soy dueño de mis nervios. Cuando me enfado con un actor, le insulto, aunque sea de la talla de usted. Claro que el enfado se me pasa muy pronto y quedo tan amigo como antes.
Y Mitchum, tranquilamente, le replicó:
—Es una curiosa coincidencia. A mí los nervios se me alteran también muy fácilmente. Y en cuanto me dicen algo desagradable, me lío a puñetazos. Claro que el enfado se me pasa también en seguida y, entonces, lo primero que hago es ir a la clínica a ver a mi víctima.
No se dice cuál era la película, y no se sabe cuál fue el resultado.

# MODIGLIANI

El pintor italiano Amedeo Modigliani (1884-1920), establecido en París desde 1906, nunca consiguió triunfar durante su vida. Es uno de los casos más evidentes del éxito llegado demasiado tarde, sólo después de la muerte. Modigliani nunca consiguió mejorar su mala posición económica gracias a la venta de sus cuadros. Y, poco tiempo después de muerto, ya se pagaban por ellos precios muy altos. Ahora, un Modigliani auténtico vale una fortuna.
En París le ayuda algo la dueña de un *bistro*, una tal señora Weil. Allí, en los sótanos del establecimiento, Modigliani hizo una primera exposición de sus obras; mujeres desnudas casi todo. Intervino la policía y la señora Weil fue detenida y encarcelada, aunque poco después la dejaban en libertad. Modigliani daba entonces uno de sus cuadros por una comida. Cuadros por los que ahora se pagarían millones.

Modigliani murió a los 36 años. Vivió siempre en la mayor pobreza y en lucha contra la enfermedad que le consumía. Estaba tísico. En 1917, a los treinta y tres años, se encontró en París con una condiscípula de la Escuela de Bellas Artes, Jeanne Hébuterne. Tampoco a ella le iban muy bien las cosas. Se casaron y lucharon los dos contra la pobreza y la enfermedad. Tuvieron un hijo.
Modigliani murió en el hospital de la *Charité*. Había nacido en Italia, en Livorno, y sus últimas palabras fueron:
—¡Italia! ¡Mi Italia querida!
En Italia vivía la madre del pintor y, en sus últimos tiempos,

Modigliani intentaba ahorrar dinero para efectuar un viaje a Italia. Daba esta razón:

—Quiero ver a mi madre.

No lo consiguió. Murió sin haber podido emprender el viaje. Y el mismo día del entierro, su mujer se suicidó.

## MONET

El pintor Claude Monet (1840-1926) pertenece al grupo llamado de los «impresionistas». Sus primeros cuadros, como los de otros pintores de la misma escuela, fueron rechazados. Y después se pagaron por ellos precios muy elevados. Monet pintaba el paisaje no tal como era, sino tal como... le parecía bien a la impresión o a la sensación del pintor. Un día un amigo le dijo:

—Pasaba esta mañana junto al Sena, y me daba cuenta de que algunos aspectos del paisaje se empiezan a parecer a tus cuadros.

—Sí, claro está. La naturaleza no es tan tonta como parece y, aunque poco a poco, va aprendiendo de nosotros.

Una cosa parecida aseguraba Wilde en sus *Intenciones:* que no es él quien imita la naturaleza, sino la naturaleza la que, a medida que se perfecciona, va imitando al arte.

Monet era de una ingenuidad incomprensible. Cuando ya sus cuadros se empezaban a pagar bien, le visitó un viejo amigo. Vio, en el estudio del pintor, un biombo ya viejo, con manchas y rotos. Y le preguntó:

—¿Me lo das? Me gustaría tener un recuerdo tuyo.

—Llévate este otro, que está mucho más nuevo.

El «otro» era un biombo con los paneles de tela limpia. Los paneles del biombo viejo estaban pintados con un paisaje en cada uno. Los había pintado el mismo Monet. Y estuvieron un rato discutiendo el pintor y su amigo; el pintor obstinado en regalarle el biombo nuevo y el amigo fingiéndose resignado a llevarse el viejo. Al fin ganó el amigo. Y los paneles de aquel biombo, ya separados y convertidos en cuadros cada uno con su marco, fueron vendidos después a un precio muy respetable.

Monet aconsejaba el matrimonio a otro pintor amigo suyo, y le proponía como esposa a una de las modelos con la que trabajaba. Y le decía:

—A pesar de su profesión es un ángel.

El otro pintor la quiso conocer. Era una mujer joven, nada desagradable, pero muy pintada. Esto no le gustó al joven pintor y así lo dijo después:

—Puede que sea un ángel, pero va muy pintada.

—¿Y has visto alguna vez un ángel que no sea pintado?

Un marchante en cuadros de París llamó a Monet para enseñarle algo. Era un antiguo cuadro de la juventud del pintor. El marchante sólo quería saber si era o no un Monet auténtico.

—Sí, es obra mía —le dijo Monet—. Eso lo pinté en mi juventud, cuando no sabía lo que me hacía. Quisiera destruir toda la obra mía de aquellos tiempos. Si me dais este cuadro os daré otro de ahora.

El marchante aceptó el trato y él mismo eligió, en el taller del pintor, el cuadro que cambió por la obra de juventud. Uno de los discípulos de Monet le decía después:

—Le habéis dado un cuadro que vale mucho dinero.

—Lo sé, lo sé; pero es que daría cualquier cosa por recuperar esas malas obras de mi juventud.

Unas malas obras que hoy en día, si se encuentra alguna, se pagan muy bien; lo cual puede significar que ningún pintor es buen crítico de su propia obra.

Nos decía el dueño de una de nuestras mejores galerías de arte, después de oír a un pintor cómo se despachaba hablando de pintura:

—No sé si os habéis dado cuenta; pero este hombre, a pesar de lo bien que pinta, no entiende nada de pintura. Esto es cosa muy frecuente en los buenos pintores.

Y otro muy buen pintor nuestro, cuyo nombre callamos, y que exponía periódicamente cada tres años, se saltó una de sus tandas de exposición. Le preguntaban la razón de no haber expuesto. Y sólo a un amigo le dijo la verdad:

—Es que necesitaba dinero.

—¿Pero tú ganas dinero sin exponer?

—Sí; he descubierto que los coleccionistas buscan cuadros de mi primera época, y los pagan muy bien.

—¿Y esto qué tiene que ver?

—Que durante todo este tiempo me he dedicado a pintar cuadros de mi primera época. Y, como comprenderás, no podía exponerlos. Pero vendidos bajo mano me han producido mucho dinero.

Monet triunfó en vida y murió rico. En sus últimos años tuvo que operarse los ojos, porque padecía cataratas. Le operó un famoso oculista llamado Coutela. Y Monet, con la presunción propia de algunos triunfadores, le dijo:

—Tenga en cuenta, profesor, que va a operar los ojos del pintor Monet.

—Si pensara esto no le operaría. Para mí tan ojos son los de un gran pintor como los del primer imbécil.

Claro que la contestación del oculista no quedó registrada en ninguna cinta magnetofónica y no se sabe, sin lugar a dudas, lo que dijo de verdad.

## MONROE, Marilyn

En el curso de una gira triunfal llegó a una estación donde la esperaba una multitud. Ella, asustada, preguntó a uno de los que la acompañaban.

—¿Qué debo hacer? ¿Qué les digo?

Y al otro sólo se le ocurrió esta solución:

—Baja de espaldas y... habla conmigo, que bajaré detrás.

## MONTES, Lola

Esta bailarina, que paseó por todo el mundo unos supuestos bailes españoles (1818-1861), ni sabía bailar, según dicen, ni era española, pues había nacido en Irishtown, en Escocia; su padre se llamaba William Gilbert y su madre Margaret Plivier. Pero era una mujer muy atractiva, seductora en extremo y de muy bella figura. Fue, durante algunos años, la favorita del rey de Baviera Luis I.

En Berlín, donde actuaba, Lola Montes asistía a las grandes maniobras organizadas por Federico Guillermo IV en honor del zar. Asustado por las salvas de artillería, el caballo de Lola se encabritó y se lanzó contra el estrado real. Un gendarme detuvo el caballo y lo golpeó. Lola, enfurecida, cruzó de un latigazo el rostro del gendarme, y huyó al galope. Al día siguiente, la policía se presentaba en su casa a hacerle pagar una multa por lo ocurrido. Ella rompió el papel y arrojó a los agentes los trozos a la cara.

Este hecho se comentaba después en París. Y se cuenta que Alejandro Dumas decía:

—Esa Lola Montes merece que, en adelante, la llamen la mujer del latigazo. Se ha conducido como un auténtico mosquetero.

Se dice que Théophile Gautier añadió:

—¡Es la sangre española!

Una sangre española, si todo es verdad, muy bien imitada.

Bailaba una vez en Varsovia. Polonia estaba entonces sometida a Rusia, bajo la autoridad del virrey Paskievich. El virrey estuvo en el teatro, vio a Lola, le gustó como mujer y le ofreció satisfacerle cualquier capricho si accedía a ser su amiga (en el más liviano sentido de la palabra). Era un tipo desagradable y Lola se negó en redondo. El virrey salió del camarín de Lola muy ofendido. El director del teatro vio venir la catástrofe:

—Lola, por lo que más quiera, acepte. Este hombre nos puede arruinar.

—Mándele a su mujer.

—Es el dueño de Polonia.

—Yo soy española.

El virrey dio órdenes terminantes y la misma noche una claque organizada por la policía, recibió a la bailarina con pateos y silbidos. El director se dio cuenta de que los alborotadores eran policías. Entró desesperado en el camarín de Lola:
—¡La ruina! Esto será mi perdición.
—Yo les hablaré.
—¡No! ¡No! Sería peor.
Lola salió otra vez a bailar y fue otra vez recibida con pateos y silbidos. Entonces ella avanzó, majestuosamente, hasta las candilejas y habló despacio:
—Distinguido público: me silban por orden del virrey. ¿Y saben por qué? Porque me ha hecho proposiciones deshonestas y las he rechazado.
La policía desapareció y el espectáculo pudo continuar. Pero la misma noche fueron a detenerla. Lola les recibió pistola en mano y les amenazó con divulgar la historia por toda Europa. La dejaron en paz aquella noche. Ella se refugió en el Consulado francés y, al día siguiente, pasó la frontera.

## MONTGOMERY

El mariscal Bernard L. Montgomery no tenía mucha facilidad de palabra. Una vez que dieron en su honor un banquete, en su dicurso para dar las gracias, dijo:
—¡Señores! [una larga pausa]. Tengo entendido que un discurso después de una buena comida, para ser también bueno ha de reunir tres requisitos [una larga pausa]: el que lo pronuncia ha de estar de pie para que todos puedan verle [una larga pausa]; ha de hablar muy claro, para que todos puedan entenderle [una larga pausa]; y ha de ser breve para evitar que el auditorio se canse [una larga pausa]. He cumplido las dos primeras condiciones y para cumplir la tercera, dificultada esta vez por mis largas pausas, sólo me falta terminar. De forma que: he dicho.

Se sentó y fue muy aplaudido, no se sabe si con aplausos estrepitosos o no estrepitosos. Y decimos esto a imitación de Eugenio d'Ors, que decía de la forma como había sido recibido el final de una obra de teatro, que el público aplaudió con un entusiasmo «no indescriptible».

En realidad, no es Montgomery el protagonista de esta anécdota, pero está en cierto modo en ella, pues se trata de lo que se dijo en un acorazado y un submarino que escoltaban un convoy de abastecimientos para Montgomery. Antes de zarpar de un puerto inglés, el comandante del submarino dijo al del acorazado:
—En caso de batalla, procuraré permanecer en la superficie todo el tiempo posible.

Y el otro comandante le contestó:
—Yo también.

Se dice que, en 1942, la madre del mariscal Montgomery dio esta noticia a unas amigas:
—Ahora ya es seguro que la guerra no tardará en acabar.
Le preguntaron si su hijo le había hecho confidencias.
—Confidencias, no; pero me ha dicho, en su última carta, que empieza a estar cansado de la guerra.

## MORAVIA

La política nunca ha sido cosa muy elogiada por los escritores. Se cuenta del novelista italiano Alberto Moravia (se llama Alberto Pincherle y nació en 1907, en Roma) que ha definido la política, sin que se sepa que esta definición haya sido escrita, así:
—Es el arte de obtener el dinero de los ricos y el voto de los pobres para defender, en bien del país, a los unos de los otros.

## MORGAN, Charles

El escritor inglés Charles Lambridge Morgan, nacido en 1894, estaba un día con amigos y se hablaba de la muerte. Uno propuso que cada uno de ellos pensara lo que haría si le dijeran que iba a morir dentro de diez minutos. Y Morgan levantó el dedo:
—Yo ya lo sé.
—¿Qué?
—Tomaría el ascensor hasta el último piso y me arrojaría por la ventana. Así evitaría, que la muerte me encontrara vivo.

## MORGAN, Pierpont

El multimillonario norteamericano Pierpont Morgan (1837-1913) era, en el colegio, un buen alumno de matemáticas. Un día su profesor le dijo:
—Si no dejas las matemáticas podrás llegar a ser un buen profesor.
—Quizá mi padre prefiera tenerme a su lado, en sus negocios.
—Será una lástima.
Morgan recordaba aquella conversación años después y decía:
—Seguro que si hubiese seguido los consejos de mi profesor habría vivido mucho más tranquilo que ahora.

—Y con mucho menos dinero —le repuso alguien.
—Desde luego. Lo malo es que el dinero no sirva para comprar tranquilidad.

Morgan era enemigo de conceder entrevistas a los periodistas. En esto tenía muy bien organizada su defensa. Si un periodista solicitaba entrevistarle contestaba siempre lo mismo:
—No.

Y no le sacaban de esta clara y sencilla negativa. Estaba una vez en Londres y un muchacho periodista le solicitó una entrevista. Morgan le hizo llegar la negativa de costumbre. El periodista insistió una y otra vez. Al fin, Morgan cambió su contestación y le mandó ésta:
—Cada minuto del señor Morgan vale cien libras.

El periodista insistió:
—Díganle de mi parte al señor Morgan que los minutos de mi tiempo valen bastante más y, sin embargo, se los dedico.

Y así consiguió que Morgan le recibiera. El multimillonario, sin ofrecerle asiento, le preguntó:
—¿Qué desea de mí?
—Nada más que pagarle las doscientas libras por los dos minutos, reloj en mano, que le hago perder.
—Bueno, bueno; usted ha dicho que sus minutos valen más que los míos.
—Y así es. He apostado con mis compañeros de redacción quinientas libras a que usted me recibiría y que hablaríamos. He ganado la apuesta. Le pago sus doscientas libras y yo me gano trescientas. Vea cómo mi tiempo vale más que el suyo.

Dejó allí encima las doscientas libras y se marchó.

Son muchas las historias que se cuentan del gran financiero. Acudía con cierta frecuencia a un bar y bebía siempre lo mismo: un whisky de los que se hacen en Norteamérica, con sabor no muy parecido al whisky escocés.

Entró Morgan un día, le sirvieron su whisky y el millonario levantó la copa como si brindara con todos los presentes y les dijo:
—Cuando Morgan bebe, todo el mundo bebe.

Todos se acercaron al mostrador, contentos de beber con Morgan, y el barman les sirvió whisky. Y, todos a la vez, brindaron por Morgan. Un bonito espectáculo. Entonces Morgan dejó una moneda sobre el mostrador, que era el precio de un solo whisky, el suyo, y dijo a los demás:
—Cuando Morgan paga, todo el mundo paga.

Y se alejó, aprisa. Es de suponer que en un coche mucho más potente que cualquiera de los coches de los otros.

## MOZART

Wolfang Amadeus Mozart (1756-1791) fue, como la mayoría de los músicos famosos, un niño prodigio. A los seis años dio un concierto en la corte de Viena, en presencia de la emperatriz María. Teresa y su esposo Francisco de Lorena. Allí estaba también una de las hijas de los emperadores, la archiduquesa María Antonieta, un año más joven que Mozart. La niña, futura reina de Francia, tomó al niño músico de la mano y le llevó a admirar sus muchos juguetes. Mozart, muy impresionable sentimentalmente, le dijo:
—Sois muy buena y muy bella, y quiero que nos casemos. Pero yo soy pobre y no tengo juguetes.

Entró entonces la emperatriz, se enteró de los sentimientos del niño músico y le dijo:
—Tú eres pobre, pero serás el rey de los músicos, y puedes muy bien casarte con nuestra María Antonieta. Pero sois demasiado niños los dos. Mejor será esperar algunos años.

Y cuenta la anécdota que Mozart, en un impulso de agradecimiento, besó a la emperatriz y le dijo:
—¡También me quisiera casar con vos, señora!

Mozart niño pasó algunos días en la corte y dio algunos conciertos. Los cortesanos le trataban con cierta consideración, aunque la comida se la sirvieron en la mesa de los criados. Cuenta Barbieri, en su obra *Vidas ardientes,* que una vez Mozart, al bajar una escalera de palacio, se cayó, se hizo daño en un pie y le costaba levantarse. Una dama de la corte, que le vio caer, en vez de ayudarle a levantarse, se echó a reír. Pasaba por allí la archiduquesa María Antonieta y ella ayudó al niño músico a levantarse. Y Mozart le repitió lo mismo que otras veces le había dicho:
—Tú eres buena, y cuando yo sea mayor me casaré contigo.

María Antonieta se casó, diez años después, con el heredero del trono de Francia. Seguro que si se hubiese casado con Mozart no habría acabado en la guillotina.

Mozart aún no había cumplido ocho años cuando dio su primer concierto en Versalles. El rey Luis XV le trató con amabilidad. La reina también y hasta le dio un beso. La favorita del rey, la marquesa de Pompadour, le quiso conocer, se lo prsentaron y Mozart le ofreció la mejilla. Pero la Pompadour hizo como que no se daba cuenta y no le besó. Y Mozart, allí mismo, preguntó al embajador austríaco que le acompañaba:
—¿Quién es esta mujer tan soberbia que se niega a besarme? Mi emperatriz y la reina de Francia me han besado, ¿por qué ella no?

El embajador le contestó:
—Después te lo explicaré. Ahora hablemos de otra cosa.

Sostuvieron este diálogo delante de la Pompadour y de otros altos personajes. Pero hablaban en alemán y nadie les entendió. Es casi seguro que si lo hubiesen dicho en francés, al menos el niño músico lo habría pasado bastante mal.

El mismo año de su muerte, un desconocido le visitó para encargarle una misa de réquiem. La terminó poco antes de morir y parece ser que dijo que aquélla sería la misa que se tocaría en sus funerales. Por lo visto, el músico nunca supo quién era el desconocido que le había encargado la misa, y Mozart estaba convencido de que se trataba de un enviado del otro mundo que, con aquel encargo, le había anunciado su próximo fin.

Se dice que Mozart terminó la misa el día anterior a su muerte, y que nadie se presentó a recoger la música encargada.

Mozart se enamoró, muy jovencito, de Aloysa Weber y, más tarde, se casó con Constanza Weber, hermana de Aloysa. Mozart ganó fama en vida, mucha fama, pero no ganó dinero y no consiguió salir de la pobreza. Murió joven, a los 35 años, al parecer de un tifus, aunque algunos biógrafos insinúan que pudo morir envenenado. Fue enterrado un día de tormenta. Nadie le acompañó en su último viaje. Cuando mejoró el tiempo, la viuda fue al cementerio para ver dónde habían enterrado a su marido. En la administración del cementerio le dijeron que no tenían noticia de haber enterrado a nadie que se llamara Amadeus Mozart.

—Como no sea uno de los de la fosa común.

A los que enterraban en la fosa común no se les registraban los nombres. Y aquello fue lo ocurrido. Mozart fue a parar a la fosa común, a una de las varias fosas comunes, y nadie supo decir a la viuda dónde estaba enterrado, exactamente, el músico; ni nadie lo ha sabido jamás. No existe, pues, la tumba de Mozart.

Otros biógrafos explican de otra manera la visita de la viuda de Mozart al cementerio. Uno dice: «El emperador Leopoldo concedió una pequeña pensión a la viuda de Mozart. Ella, para ayudarse económicamente, puso una pensión, y en el cartel de la pensión este rótulo: "Viuda Mozart - Pensión familiar". Uno de los huéspedes de la pensión fue el consejero de la Legación de Dinamarca, George Nicolas von Nissen. Éste se enamoró de la viuda, se casó con ella e hizo de padre a los hijos de Mozart. Cuando Nissen tuvo que regresar a Copenhague, su mujer le siguió. Y fue entonces, antes de abandonar Viena, en 1809, casi veinte años después de la muerte de Mozart, cuando su viuda estuvo por primera vez en el cementerio a enterarse de dónde había sido enterrado su primer marido. El sepulturero que enterrara a Mozart en la fosa común había ya desaparecido, y nadie supo decir a la señora Nissen, antes viuda Mozart, dónde estaba enterrado su primer marido».

## MUSSET

El poeta francés Alfred de Musset (1810-1857) fue en su juventud uno de los hombres más elegantes y más conocidos del París entre bohemio y literario. Bebía mucho, empezó a envejecer pronto y acabó enfermo y consumido por la nostalgia de una vida en la que ya era sólo un fantasma del pasado.

Tuvo siempre una impaciente ansia de vivir, ya desde la niñez. Se cuenta de él que, a los tres o cuatro años, su madre le compró unos zapatos nuevos. El niño se los quiso poner en seguida y salir inmediatamente a la calle a lucirlos. Su madre accedió. Pero la madre tardaba en vestirse y el niño Musset le gritó:

—¡Aprisa, mamá! ¿No comprendes que mis zapatos nuevos, si tardas tanto, envejecerán antes de que nadie me los vea?

Este poeta romántico es autor de algunas obras de teatro que no sólo tuvieron éxito en su tiempo, sino que algunas, como *Fantasio* y *Los caprichos de Mariana*, han sido repuestas cien años después y se han sostenido en cartel también con éxito.

Musset tenía mucho éxito con las mujeres y se cuenta que una muchacha de la aristocracia, que se interesaba mucho por el poeta, un día, en una fiesta, le preguntó:

—¿Y tú, querido poeta, no has pensado nunca seriamente en el matrimonio?

Musset juntó ambas manos y, como admirado de la juvenil ingenuidad de la muchacha, exclamó:

—¡Cómo se conoce que todavía no sabes casi nada del mundo!

Así dejó intrigados a los que les rodeaban. Y entonces añadió:

—Si tuvieras más experiencia sabrías que únicamente los hombres y las mujeres casados piensan seriamente en el matrimonio.

Desde muy joven empezó a recitar sus propios versos en algunas reuniones de intelectuales, presididas casi siempre todas ellas por alguna mujer. Uno de los poetas académicos de entonces era un tal Perseval. Aquel poeta, como buen académico, despreciaba las innovaciones de los jóvenes. Oyó recitar a Musset y comentó:

—Otro que pierde el tiempo y que nos lo hace perder.

Musset recitó una vez un poema, una balada, en la que el enamorado llevaba en brazos a la mujer amada, envuelta en un manto, como «un niño dormido». Perceval estaba allí y, cuando Musset se levantó a recitar, se levantó también y pasó a otra habitación para no escucharle. Un amigo de Musset pidió el original de la balada, fue al encuentro de Perceval y le dijo:

—Es un gran poeta este muchacho. Escucha esto. Es de una gran belleza poética.

Y le leyó un trozo de la balada. Pero cambió una palabra y en vez de decir «como un niño dormido» dijo «como un caballo dormido». Dijo «cheval» en vez de «enfant», dos palabras que tienen las mismas sílabas en francés. Lo hizo adrede. Y Perceval protestó a gritos. Decía:

—¿Cómo puede ser poético un caballo dormido en brazos de un hombre enamorado?

Y, durante un tiempo, se repitió la frase de Perceval como símbolo de lo escrito adrede mal, o con engaño, para despistar al lector. Se decía «esto es un caballo en brazos de un enamorado».

En su juventud Musset estuvo enamorado de George Sand. Y se fue con ella a Venecia, donde se pelearon. Y regresó a París sin la mujer, que se había quedado en Venecia en brazos de otro, de un médico italiano llamado Pagello.

Del conflicto sentimental entre Musset y la Sand se habló mucho en los círculos literarios de París. Entonces en París se daba mucha importancia a esas cosas. Y un día, en un salón, una dama intentó sonsacar a Musset, que nunca quería hablar de lo pasado entre él y la escritora. La dama le preguntó:

—¿Es cierto que la Sand es una mujer muy afectuosa?

—Sí, es cierto —le contestó el poeta.

La dama insistió:

—¿Tan afectuosa como algunos dicen?

—Tanto, tanto.

La dama, dale que dale:

—A lo mejor los que lo dicen no la han conocido tan íntimamente como se asegura que la habéis conocido vos.

Musset levantó la mano en un amplio gesto y se limitó a exclamar:

—¡A lo mejor!

Y, dirigiéndose a los otros, añadió:

—El gallo cantó tres veces después de las negaciones de san Pedro.

Y dirigiéndose a la dama:

—Vuestro canto, señora mía, ya tres veces repetido, no hará que este poeta reniegue de ninguno de los destellos de su genio.

Y se fue a hablar con otros.

Musset murió en 1857, casi veinte años antes de la muerte de George Sand, con la que, como se ha señalado, tuvo una muy conocida aventura de amor que acabó mal, en Venecia. Y desde su separación definitiva de la escritora, en 1835, cuando él sólo tenía veinticinco años, hasta su muerte, se enamoró muchas otras veces. Bien había escrito un día, cuando niño, en el colegio, que no podía vivir sin estar enamorado.

Raquel era una actriz ya famosa entonces. Y muy bella. Su verdadero nombre: Elisa Félix. A los dieciocho años había triunfado ya en la Comedia Francesa y era en todo de una osadía sin precedentes.

Ella y Musset se conocieron cuando la artista tenía veinticinco años y Musset treinta y cinco, ya famosos los dos. Y vivieron una historia de amor, como tantas de las que habían vivido antes los dos y vivirían después. El primer encuentro entre la actriz y el poeta parece inventado por un buen argumentista. Coincidieron los dos una noche en una cena. Había mucha gente, todos gente conocida. Ellos dos nunca todavía se habían dirigido la palabra. Raquel llevaba una sortija con una piedra preciosa de mucho valor. Un vecino de mesa se fijó en la sortija y Raquel, muy aficionada a hacerse protagonista de la vida, se sacó la sortija, la hizo saltar entre sus manos y gritó:

—¡Se vende! ¡Se vende! ¡Y vendo un beso con la sortija!

Empezaron a hacerse ofertas. Estaban ya en los cinco mil francos, cuando Raquel se dirigió a Musset, a quien sólo conocía de vista y le gritó:

—¿Y tú, poeta, no ofreces nada?

Todo el mundo sabía que Musset, por poeta famoso que fuese, nunca tenía dinero. Y todos estaban interesados en ver cómo sabría resolver la situación. Y Musset lo supo hacer muy bien. Ante el silencio general, dijo:

—Soy demasiado pobre. Y lo único que puedo ofrecer tiene, para los demás, poco valor.

—¿Y qué es lo que puedes ofrecer?

—Mi corazón.

Raquel le arrojó la sortija a través de la mesa, mientras gritaba:

—¡Tómala! Es tuya.

Se tiene noticia de las primeras y breves cartas cruzadas entre la actriz y el poeta, después de este encuentro. Ella le escribió: «Estoy hambrienta de tu poesía. Ven a mi casa hoy, después de comer, y me firmarás un compromiso para el teatro».

Y él contestó: «Acudiré al placer de tu sobremesa y te firmaré lo que quieras, aunque sea una obra maestra. Pero me seduce mucho más firmar, simplemente, estas palabras: Te quiero».

Parece ser que la consecuencia de aquella primera cita fue la promesa, por parte del poeta, de escribir para Raquel *La Servante du Roi*, una comedia que existió en su imaginación, pero que no llegó a escribirse jamás.

Una actriz del teatro francés le dijo a Musset, en tono ofendido, delante de otros:

—Sé que vuestro hermano ha dicho que os habéis alabado de haber dormido conmigo.

—Un malentendido, señora —le contestó Musset—; precisamente si me he alabado ha sido de lo contrario: de no haber nunca dormido con vos.

Frase que un poeta de por aquí habría podido terminar con un ¡aún hay clases! muy significativo.

Uno de los principales obstáculos con que tropezó Musset en la vida fue su propia fantasía. Tan exigente que le llevaba a crear asombrosas situaciones. El director del diario *Constitutionnel* le pidió una novela para su publicación por entregas, en forma de folletín.

—Os la escribiré —le dijo el poeta—, pero necesito que me adelantéis cuatro mil francos. Gracias a este dinero podré dedicar todo mi tiempo a empezar esta novela.

El director le dio el dinero. Al día siguiente recibió una invitación para una cena en uno de los mejores restaurantes de París. Acudió, y allí encontró a Musset rodeado de mujeres, todas de vida alegre, ante una mesa estupendamente servida.

—¿Y a qué viene esta cena? —preguntó.

—Manantial de inspiración para la novela que os he prometido.

La cena le costó a Musset los cuatro mil francos recibidos. Y la novela nunca fue escrita.

En los últimos años de Musset su musa fue Aimée d'Alton, una muchacha buena, dulce, ingenua y bella como pocas. Se conserva una estatua de ella, obra del escultor Barre, en la que aparece en toda su gracia su límpida belleza, su juventud y hasta su tierna dedicación al amor. Musset y Aimée d'Alton se escribieron muchas cartas. A principios de este siglo, Léon Seché publicó un libro con este título: *Cartes de amor de Aimée d'Alton.* Por esas cartas se supo la historia del amor de la bella mujer y el poeta, que no fue un amor trágico, sino un amor apacible, uno de esos amores de los que nunca se escribe la historia ni las anécdotas.

Un día de 1880, una señora, ancianita ya, llamó a la puerta del crítico Jules Troublat, le explicó que se llamaba Aimée d'Alton, que había sostenido largos amores con Alfred de Musset, y que tenía muchos papeles inéditos del poeta, poesías y cartas. Y también cartas que ella había escrito al poeta y que se encontraron después de su muerte. Troublat se entusiasmó con el ofrecimiento. Y la vieja señora sólo puso una condición:

—Que no se publique nada hasta después de mi muerte.

—Pongamos una fecha.

—Dentro de treinta años.

Ella tenía, entonces, casi setenta, y así se aseguraba de que no apareciera nada mientras ella viviera todavía.

Los papeles de Musset quedaron depositados en la Biblioteca Nacional de París, en un cofrecito, que no se abrió hasta cuarenta años después de la muerte del poeta. Y por aquellos papeles, se conoció la historia de los amores de Musset y Aimée d'Alton.

481

Musset y Aimée d'Alton se conocieron en el salón de la señora Joubert, madrina del poeta. Aimée estaba un día allí, apartada de los demás, sola en un rincón. Musset, siempre en busca de lo inesperado se le acercó:
—¿Estás triste?
—Por lo menos, no estoy alegre.
—¿No amas a nadie?
—No. Una mujer que no esté enamorada nada puede hacer en este mundo sino sucumbir al aburrimiento.

Un día, cuando ya empezaban a encontrar gusto en la mutua compañía, Musset la despidió con estas palabras:
—Adiós, mi pequeño *monillon* blanco.
*Monillon* podría traducirse por monjecito. Aimée llevaba la cabeza cubierta por una manteleta blanca. Y, desde entonces, Musset llamó siempre a Aimée *el Monillon* o *mi Monillon*.
No tardaron en amarse. Pero Musset era jugador, bebía mucho y se estaba arruinando la juventud. Aimée hizo cuanto pudo para apartarle de la disipación, y no lo consiguió. Estaban de moda los poetas malditos y Musset seguía la moda.
El amor de Musset y Aimée duró cuatro años. Después dejaron de verse. Luego se volvieron a encontrar, pero... ya no fue lo mismo. Los dos se convencieron en aquel intento de aproximación, después de haberse separado, de que «ya nada era posible». Así lo dice Musset en una de sus cartas. Y la misma Aimée confesó a algunos amigos:
—El tiempo ha hecho su obra y ya no es posible que nos entendamos.

En la primera etapa de amor entre Musset y Aimée, ella bordó una bolsa con hilo de oro y la mandó al poeta con una carta dentro. Decía la carta: «Dinero encerrado ahí dentro como en un nido tibio y oloroso, ¿verdad que no estarás solo? ¿Verdad que todos los días caerá en la bolsa una lágrima de oro?».
A Musset le gustó mucho esa invitación al pequeño ahorro. Y dos de sus protagonistas imitan, con una ocurrencia parecida, a la bella Aimée. La protagonista de *Capricho* borda una bolsa para corregir la prodigalidad de su marido, y el protagonista de *El hijo del Ticiano* recibe una bolsa parecida de una desconocida.

El epílogo de los amores de Musset y Aimée fue más bien triste. El mismo día de la muerte de Musset, Aimée, que no vivía entonces en París, sino en sus inmediaciones, fue a la capital, en tren, a despedirse del muerto. Un pasajero desconocido, al verla entristecida, le preguntó:
—¿Qué os ocurre, señora?

—¿No lo sabéis? ¿No sabéis que Alfred de Musset acaba de morir?

Y entonces, después de la muerte del poeta, ocurrió algo, que no sabemos que jamás se haya usado como tema y que nos parece prodigiosamente bello. El hermano mayor del poeta, Pablo Musset (el hermano no se ponía el «de» antes del apellido), el buen hermano que ayudó siempre al poeta, y que le hizo de primer biógrafo, se casó con la antigua amada del muerto, con Aimée d'Alton. Los dos ya empezaban entonces a tener canas.

Y un dato bueno para la anécdota: este Pablo Musset, muerto diez años después que el poeta, se dedicó a repasar todos los papeles y las cartas que, años después, Aimée ofrecería para una posible publicación. Suprimió algunos trozos, que estimó incorrectos o licenciosos, e hizo así cuanto pudo para que la posteridad tuviera el mejor concepto de su hermano y de su propia mujer, la antigua amada y, seguramente, amante del hermano muerto.

Musset murió el día primero de mayo de 1857. Sus últimas palabras fueron:

—¡Dormir! Por fin voy a dormir.

## MUSSOLINI

Un escultor norteamericano, un tal Jo Davidson, hizo el retrato en barro de Mussolini, que se había resignado a posar tres veces, durante dos horas cada vez. Un amigo del escultor le preguntaba después si, durante las tres sesiones, habían hablado o no.

—Sí, desde luego. La única manera de evitar la rigidez en los rasgos del modelo, es hacerle hablar.

—¿Y de qué hablabais?

—De Mussolini. El *Duce* me advirtió el primer día que, para mantener su pose auténtica, tenía que estar hablando siempre de sí mismo.

Y añadía el escultor:

—Y aguantaba las dos horas sólo con un breve descanso a la mitad. Y más de una vez me repitió la misma pregunta: «¿No está usted cansado?».

## NELSON

El almirante inglés Horatio Nelson (1758-1805) forma, con lady Hamilton, una de las parejas de amantes célebres de la historia de la humanidad. La gloria de Nelson empezó en la batalla del cabo San Lorenzo contra una armada española. Nelson había recibido la orden de retirarse. El mando superior consideró que es-

taban en inferioridad numérica ante los españoles y que no podían vencerles. Nelson recibió la orden y dijo:
—Hoy, para mí, la gloria o la muerte.

Desobedeció la orden y, en vez de retirarse, lanzó sus barcos contra la escuadra enemiga, a la que desorientó con la violencia de la inesperada acometida y así la venció. Cuentan los ingleses que Nelson subió al puente de la nave almirante española para aceptar su rendición, y que allí los oficiales vencidos le entregaron sus espadas, que eran tantas que no le cupieron en las manos, y las dio a guardar a un marinero que estaba a su lado. Y el marido, con su flema inglesa, exclamó:
—Mientras no me hunda, con tanto peso.

Se dice de él que, en su niñez, un día, como ya fuese noche entrada y no hubiese regresado, sus padres, alarmados, pidieron a los vecinos que les ayudaran a buscarlo. Vivían entonces en una pequeña localidad, junto al mar. Al fin le vieron regresar por las rocas. Dijo que le había apetecido corretear de noche y había corrido la aventura. Alguien le preguntó:
—¿Y no has tenido miedo?
Y el niño Nelson replicó con otra pregunta:
—¿Miedo? ¿Y eso qué es?
Y a partir de entonces, desde los pocos años, se dejó llevar siempre por su afición incontenible al mar.

Nelson perdió un brazo en la batalla de Tenerife. Y mientras se lo cortaban en una cura de urgencia, dijo:
—¡Aprisa! ¡Aprisa! Que todavía me queda un brazo para defender a la patria.
Y aún le quedaba un ojo, pues el otro lo había perdido ya en una batalla anterior.

Nelson se había casado con Francisca Nisbert. De sus amores con lady Hamilton tuvo una hija, llamada Horacia, que nació en Londres. El día de la batalla de Trafalgar, Nelson iba vestido, como de costumbre, con el uniforme de almirante y con todas sus condecoraciones. Uno de sus oficiales le aconsejó que se quitara al menos las condecoraciones.

—Os pueden conocer por ellas y haceros blanco de sus disparos.
—Las he ganado todas en defensa de la patria —le dijo Nelson— y, si muero con ellas, tendré el honor de no haberlas abandonado nunca.

Sus oficiales tuvieron razón y una bala enemiga le destrozó la columna vertebral. Pero Nelson no quiso abandonar su puesto de mando y, desde allí, ya moribundo, continuó dando órdenes, aunque, al cabo, hubo de ser trasladado al camarote. Hasta que comprendió que habían ganado la batalla no rindió la vida. Dio las gracias a Dios por la victoria y se dejó morir.

John Jarvis mandaba, en cierta ocasión, la escuadra inglesa y Nelson iba en ella de comodoro, al mando del navío *Captain*. Pero fue él quien ganó la batalla, pues, en el momento crítico, Jarvis le obedeció.

El navío de Nelson era de los últimos del ala derecha de los ingleses. Nelson vio que algunos barcos de la escuadra española cambiaban de rumbo y se lanzó en su persecución, para impedirles que rodearan a la escuadra inglesa. Esta maniobra de Nelson no figuraba en el plan de batalla de Jarvis. Y el almirante, al ver cómo el navío de Nelson se apartaba de la ruta convenida, le ordenó con señales de banderas que retrocediese y volviera a su línea. Nelson continuó su rumbo sin hacer caso de las señales. El segundo de a bordo le advirtió la orden que les estaban dando. Nelson había perdido, años antes, un ojo en otra batalla. Enfocó el catalejo hacia donde le decía Berry, el segundo de a bordo, y dijo:

—¡No veo nada!

No mintió. No se había colocado el catalejo ante el ojo sano sino ante el ojo ciego.

Continuó su rumbo, cortó el paso a los navíos españoles y los ingleses ganaron la batalla.

Nelson murió, como se ha dicho, en la batalla de Trafalgar, a bordo del *Victory*, cuando ya estaba ganada la batalla. El lugar de la batalla fue la desembocadura del estrecho de Gibraltar y la escuadra enemiga estaba compuesta de barcos franceses y españoles. Todavía repiten los libros la arenga de Nelson a sus hombres antes de empezar la batalla: «England spects that every man will do his duty».

## NERÓN

El emperador Domicio Claudio Nerón (37 a 68) murió joven, como casi todos los emperadores romanos. Y no de muerte natural. Desde muy joven llevó vida disoluta y, reunido con otros nobles romanos de su edad, pasaba las noches entregado a desmanes y diversiones mucho peores que las actuales gamberradas. Iba una noche con sus amigos por las calles de Roma, cuando acertó a pasar el senador Montano con su esposa, mujer de mucha belleza. Los muchachos se echaron sobre la mujer con intención de violarla. El senador la defendió y consiguió ponerles en fuga, perseguidos por la guardia personal que le acompañaba. Después supo que uno de los alborotadores era el emperador, al que no habían conocido.

Y escribió al emperador presentándole sus excusas. Nerón leyó la carta y se echó a reír.
—De manera —dijo— que se ha atrevido a perseguirme y sigue con vida. Esto es intolerable.
Y dio órdenes secretas a sus guardias que, poco rato después, asesinaban al senador.

Entre sus muchas extravagancias, una fue mandar castrar a un muchacho de hermosa presencia; le vistió de mujer y se casó con él. Y uno de sus cortesanos hizo este comentario:
—Fortuna hubiese sido para Roma que el padre de este monstruo sólo se hubiese casado en esta misma forma.

Uno de los cortesanos de Nerón le dijo un día:
—Poco me importa a mí que, después de mi muerte, arda el mundo entero.
—Pues a mí, si ha de arder el mundo, me gustaría verlo —repuso Nerón.
Y, pocos días después, ardía Roma. Nunca se supo seguro que fuese Nerón el culpable de aquella catástrofe; pero muchos historiadores así lo suponen. Y, mientras ardía la ciudad, Nerón, imperturbable ante el espectáculo, cantaba acompañándose él mismo con la lira.

Ya perseguido por sus propios súbditos, tuvo que huir y se refugió en la casa de un antiguo esclavo al que había concedido la libertad. Nerón rogó a su antiguo esclavo que le matara y el esclavo no se atrevió. Y Nerón pronunció una de las frases suyas que han pasado a la historia anecdótica:
—¿Es posible que no encuentre ni amigos que me defiendan la vida ni enemigos que me la quiten?

Nerón, cuando ya los hombres de Galba le tenían cercado, decidió darse la muerte por su propia mano. Se apoyó un puñal en el pecho y... le faltó el valor para hundirlo en su carne. Y, uno de los esclavos que le habían seguido, le empujó la mano hasta hacer penetrar el puñal. Fue entonces cuando Nerón, ya moribundo, exclamó:
—¡Qué gran artista pierde el mundo!
Tenía, al morir así, treinta y un años.

## NEWTON

El físico, matemático y astrónomo inglés Isaac Newton (1642 a 1727) estaba una noche, todavía en su primera juventud, sentado en el jardín de su casa. Vio caer una manzana de un árbol. Levan-

tó los ojos al cielo. Allí, a lo lejos, brillaba la Luna. Y, de pronto, Newton se hizo esta pregunta:
—¿Por qué cae esta manzana y la Luna no cae?

Empezó a reflexionar sobre este misterio y, de sus meditaciones, surgió la ley de la gravedad universal, esta fuerza que es como una vida interior de los astros en el espacio, que los mantiene en sus posiciones relativas y que da peso a los cuerpos.

Una mañana de sol estaba Newton leyendo un libro, en el campo, sentado a la sombra de un árbol. Pasó un pastor con unas vacas y se acercó a hablarle.
—¿Vivís lejos de aquí? —le preguntó el pastor.
—A cosa de una hora.
—¿Tenéis paraguas?
—No. ¡Con este sol!
—Pues os mojaréis, porque no tardará en llover.

Newton tomó a broma el pronóstico del pastor. Y el pastor, ofendido por la incredulidad del desconocido, se quedó por allí con sus vacas. Poco rato después avanzaron nubes negras y empezó a descargar la lluvia. El pastor se acercó otra vez a Newton, que ya empezaba a mojarse, y le dijo:
—Está lloviendo, señor, tal, como os dije.
—¿En qué conocéis que ha de llover?
—Yo, no; mis vacas. Cuando restriegan el hocico contra los arbustos, lluvia segura.
—¿Y eso, por qué?
—¡Ah! Eso se lo preguntáis a las vacas.

Tiempo después, cuando le hablaban a Newton de sus descubrimientos, decía a veces:
—Sí, pero lo que yo quisiera saber es por qué las vacas, cuando amenaza lluvia, restriegan el hocico contra los arbustos.

Y, como consecuencia de esto y otros fenómenos parecidos, decía a sus amigos científicos:
—La única verdad indiscutible es que no todo es mentira. Y esta verdad puede ser uno de los principales impulsos de la curiosidad de los sabios.

Un tal Stukely, amigo de Newton, fue a visitarle un día hacia la hora de comer. La criada de Newton le rogó que esperara.
—No puedo entrar ahora. Me ha dicho que no le interrumpiera nadie hasta terminar no sé qué.
—¿No sabéis si tardará mucho?
—No puede tardar, pues también me ha pedido la comida y ya la tiene servida.

Stukely esperó un rato y, viendo que Newton no aparecía y que el pollo servido ya se estaba enfriando, se sentó a comérselo él. Y ordenó a la criada que preparara otro para Newton. Cuando

Newton apareció, no quedaba del pollo sino los huesos. Newton saludó a su amigo, vio los huesos en el plato y dijo:
—¡Si seré distraído! Venía a comer y ahora me doy cuenta de que ya he comido. Ni me acordaba.
Stukely se echó a reír y le contó la verdad. Y Newton añadió este comentario:
—Ya me parecía a mí que esta sensación de mi cuerpo no era sólo fatiga, sino hambre. La verdad es que no soy tan tonto como algunos piensan.
Y lo más curioso es que todo esto lo decía de buena fe.

## NEY

El mariscal de Napoleón, Michel Ney, duque de Elchingen y príncipe del Moscova (1769-1815), llegó de hijo de un tonelero a mariscal de Francia. No fue siempre fiel a Napoleón, y cuando éste desembarcó en Fréjus para sus cien días de Imperio, estuvo al mando de las tropas que iban a cerrarle el paso. Pero se pasó al enemigo, o sea, a Napoleón, y estuvo a su servicio hasta la batalla de Waterloo. Después de la caída de Napoleón fue declarado proscrito y al fin juzgado, condenado a muerte y fusilado en los jardines del Luxemburgo.

Cuando luchaba a las órdenes de Napoleón, en los primeros tiempos victoriosos del emperador, recibió una vez un mensaje con órdenes concretas. Y no consiguió entender nada. Era algo que Napoleón había escrito precipitadamente. El mensajero le decía:
—Es algo muy importante; algo de estrategia.
Hasta que Ney, en la imposibilidad de descifrar el mensaje, le dijo al mensajero:
—Diga lo que diga el emperador, ya que no hay forma de averiguarlo, seguiré mi estrategia propia, que consiste en avanzar siempre, mientras se pueda.
Y lanzó su caballo hacia adelante, hacia el enemigo. Su tropa le siguió y, con independencia de la estrategia de Napoleón, ganó la batalla.

En la batalla de Waterloo hizo todo lo que supo en defensa del emperador. Acaso se equivocó en la forma como dispuso las reservas. Pero luchó con heroicidad sin límites. Y, herido y ensangrentado, les gritaba a sus hombres:
—¡Ahora veréis cómo muere un mariscal de Francia!
Y no murió. Después de la batalla en la que no consiguió encontrar la muerte, decía:
—Quisiera tener en mi cuerpo todas las granadas enemigas.

El presidente del tribunal que le condenó a muerte, antes de leer la sentencia, con el nombre del mariscal, mencionó todos sus títulos, que eran muchos. Ney le interrumpió y, muy sereno, casi sonriente, le dijo:
—Dejaos de tantos títulos, señor. Decid únicamente mi nombre, Michel Ney, el nombre de un soldado que, dentro de poco, se habrá convertido en un puñado de tierra.

Sobre la tumba del mariscal, su mujer hizo poner esta inscripción: «Treinta y cinco años de gloria y un solo día de error».

## NIETZSCHE

El filósofo alemán Friedrich Nietzsche (1844-1900) decía siempre de sí mismo:
—Yo sólo busco la verdad.

Y si le preguntaban si la había encontrado, decía:
—Sí; pero el hombre tiene necesidad no de una verdad, sino de muchas verdades. Las usa continuamente, las deteriora y necesita otras verdades nuevas.

Nietzsche no fue un autor muy leído. Sus primeras obras encontraron lectores; las últimas, muy pocos. Su libro *Así hablaba Zaratustra* no lo aceptó ningún editor. Lo editó el mismo Nietzsche, en una muy limitada edición. Ofrecía después los ejemplares a sus amigos a condición de que se comprometieran a leer el libro. Y sólo siete se comprometieron. Después de esto, en alabanza a la buena amistad de uno de sus incondicionales, decía Nietzsche:
—Es tan amigo mío, que ni la lectura de *Así hablaba Zaratustra* ha conseguido alejarle de mí.

Nietzsche fue gran amigo de Wagner. Después esta amistad se rompió dramáticamente. Lo mismo le pasó con Schopenhauer. Nietzsche vivía con su madre y su hermana. Cuando empezó a enfadarse con Wagner se condujo más de una vez como un chiquillo. Sabía que Wagner, de una partitura de Brahms, había dicho: «Esto me gustaría haberlo compuesto yo». Nietzsche visitó a Wagner. Llevaba en el bolsillo la partitura de Brahms y, mientras esperaba a Wagner, la puso en el atril del piano. Y otro día lo volvió a hacer. Y otro día igual. Hasta que Wagner, harto ya, se enfureció con él y lo echó de su casa. Unos días después, Wagner encontró en la calle a la hermana de Nietzsche. Y le dijo:
—Nietzsche quería ofenderme con aquella música, como diciéndome que yo no era capaz de hacer otra igual. No supe contenerme y me enfurecí lo mismo que un toro ante un trapo rojo.

Y acabaron por dejar de verse.

Nietzsche murió loco, en Weimar. Cuando advirtieron los primeros síntomas de locura, su madre y su hermana avisaron a un médico. Nietzsche se negó a recibirle. Decía:
—¿Para qué? No estoy enfermo.
No le dejaban salir solo a la calle. Y una vez que consiguió burlar la vigilancia y salió, le encontraron frente a la universidad, abrazado al cuello de un caballo.
No tardó en morir, a los 56 años.

## NIJINSKI

Un antiguo campeón español de triple salto, cuyo nombre se calla, pues todavía vive, estaba entrenándose en la playa de San Sebastián, un verano. Era poco antes de la primera guerra europea. Mientras nuestro atleta se entrenaba, se le acercó un desconocido y le estuvo observando con curiosidad. Y en un descanso del atleta le preguntó:
—¿Para qué hace usted esto?
Se lo preguntó en francés con acento muy dudoso. El atleta le dijo, también en francés, que era campeón de España de triple salto y se estaba entrenando para los próximos campeonatos. El desconocido le preguntó:
—¿Me deja probar a mí?
El atleta no puso ningún inconveniente. El desconocido probó y saltó medio metro más de la distancia máxima que había saltado el atleta. Y después, al despedirse, se presentó:
—Nijinski, bailarín ruso.

## NINON DE LENCLOS

Famosa cortesana francesa (1615-1705), de la que se recuerdan y cuentan algunas muy buenas anécdotas.
El padre de Ninon fue aventurero con cierta fortuna. Encontró a su hija en París algunos años después de haberse separado de ella, y le dio este consejo:
—Procura escoger bien los placeres y, si lo sabes hacer, no importa que abuses de ellos.
Y poco después le mataron en un duelo.

En uno de sus frecuentes apuros económicos, le escribió a un buen amigo rico pidiéndole que le hiciera un préstamo. No le decía la cantidad. El amigo era, a la vez que hombre rico, hombre galante. Le mandó mil francos y una carta en la que le decía: «Os envía mil francos con veinte mil cumplidos vuestro mejor amigo».
Ninon le dio las gracias con otra carta: «Muchas gracias, aun-

que lo hubiese preferido al revés: veinte mil francos y mil cumplidos».

Ninon, en París, cambió de domicilio con cierta frecuencia. Se había instalado poco tiempo antes en una casa y alguien le habló de otra donde estaría más cómoda. Y Ninon le dijo:
—No; nunca cambio de domicilio antes de que los vecinos me empiecen a criticar demasiado. Entonces, sí. Y así, de barrio en barrio, le doy un aire alegre a la vieja ciudad.

Voltaire conoció a Ninon siendo él muy jovencito y ella ya bastante mayor. Nunca se supo con exactitud cuántos años tenía ella en cada momento de su vida. Voltaire la cita como una de las mujeres más espirituales y mejor dotadas de su tiempo. Ninon, agradecida, al morir, legó 2.000 francos al joven escritor para que comprara libros. Puso en su testamento: «Para este joven poeta, a quien posiblemente espera un gran porvenir».

En tiempo de Luis XIII Ninon todavía muy jovencita, ya llevaba una vida muy libre. Las damas de la corte la censuraban. La reina, Ana de Austria, hermana de Felipe III, celosa guardiana de las buenas costumbres, trató de castigarla y le envió un mensajero con la orden de escoger un convento adonde retirarse. Ninon, enterada de la orden, mandó su contestación a la reina:
—Decid a la reina que elijo el convento de los grandes franciscanos de París.

Enfadada la reina por esta desvergüenza, ordenó que se recluyera en un refugio de doncellas arrepentidas. Y Ninon le contestó:
—No puedo en esto cumplir la orden de la reina, porque no soy doncella ni estoy arrepentida.

Según otras versiones, estuvo encerrada en la prisión de la Madelonetta, y sus admiradores estuvieron a punto de asaltar el edificio. La trasladaron entonces al convento de benedictinas, y su retiro se convirtió en el centro de reunión de toda la buena sociedad masculina francesa. En fin, que no hubo nada que hacer con ella y la dejaron en paz.

Se cuenta de Ninon que, una vez, se trasladó de París a Lyon disfrazada de militar, para seguir la suerte de uno de sus amantes, un tal Pierre de Villars. Y no llegó al término del viaje, porque, a mitad de camino, encontró a otro que le gustó más y se fue con él.

La famosa cortesana francesa le escribió a uno de los hombres con el que estuvo unida sentimentalmente y algo más: «Amor mío: estoy casi convencida de que te amaré por lo menos durante tres meses, cosa que para mí ya es una eternidad».

Uno de los mejores amigos que tuvo Ninon fue un tal Gourville, que, por cosas de política, fue condenado a alejarse de París. Tenía algún dinero en monedas de oro y las repartió entre tres amigos, rogándoles que se las guardaran por si algún día podía volver a París. Uno de los amigos fue Ninon, con la que mantenía relaciones amorosas. Durante su destierro contaba la forma como había depositado el dinero. Y le decían:
—La parte que diste a guardar a esta mujer la puedes dar por perdida.
Gourville pudo volver a París después de pasado mucho tiempo. Visitó a uno de sus amigos y le pidió el dinero. Su amigo le dijo que no lo tenía, que en un tumulto revolucionario le habían saqueado la casa y se lo habían llevado. Visitó al otro amigo, y sólo consiguió que el otro se hiciera el desentendido.
—¿Monedas de oro? Tú estás equivocado.
Y no quiso ni recordar que hubiese tenido nunca el dinero en depósito. Visitó después a Ninon y empezó preguntándole:
—Supongo que en tanto tiempo te has olvidado de mí.
—Lo único que ha pasado en este tiempo —le dijo ella— es que he dejado de amarte. Pero no me he olvidado de ti ni de tu dinero.
Y fue la única que le devolvió el dinero intacto.

Un padre jesuita llamado Dorléans visitaba a veces a Ninon de Lenclos, ya en su primera vejez, y hacía todo lo posible para hacerle recuperar la fe. Ella no se mostraba nada convencida. Y le decía al jesuita:
—Mi incredulidad es más fuerte que yo.
—Pues haced una cosa: ofreced a Dios vuestra incredulidad.
No se sabe si Ninon hizo o no este ofrecimiento, pero sí parece que, antes de morir, se puso a bien con Dios, y que murió cristianamente.

La señora de Maintenon, esposa secreta de Luis XIV, mandó un emisario a Ninon de Lenclos para decirle que, si cambiaba de vida, nunca más le faltaría nada. Y le rogaba que lo hiciera, para ejemplo de otras francesas como ella. Y Ninon le contestó que nunca le había faltado nada sin necesidad de que ninguna esposa de tapadillo la protegiera y que, en cuanto a lo de dar ejemplo, pensaba que el mayor ejemplo que podía dar a las otras mujeres era vivir según su natural manera de ser, sin engañar a nadie. Y todo continuó como antes.

Saint-Évremont, uno de los amigos de Ninon de Lenclos, le sugirió que escribiera su autobiografía. Ninon le prometió hacerlo. Y lo hizo. Saint-Évremont la leyó convencido de que encontraría historias muy divertidas y picantes, y muchos nombres conocidos. Pero no encontró nada de todo esto. Era la ingenua biografía

de una mujer de su casa. Saint-Évremont protestó y Ninon le dijo:
—Pues os aseguro que he escrito mi retrato. Claro que sólo es el retrato del busto, de medio cuerpo para arriba.

Ninon vivió muchos años, conservó la belleza hasta edad muy avanzada y nunca estuvo enferma. Le preguntaban cómo lo había hecho para conservar tan bien la salud, y decía:
—Lo atribuyo a que nunca he sido aficionada al juego, al vino ni a las mujeres.

Ninon, a los setenta años, era todavía una mujer atractiva y aún algunos hombres la solicitaban. Entre ellos, el abate Chaulieu, a quien Ninon no rechazaba y a quien tampoco se entregaba. Pasaba el tiempo, el abate insistía y Ninon le decía siempre:
—Todo llegará, todo llegará.

Y, al fin, llegó, y ella cedió a los deseos del abate. Él después le preguntó:
—¿Y por qué habéis tardado tanto en acceder a mi deseo?
—¿De veras os interesa saberlo?
—Todo lo que sea conocer a las mujeres me interesa.
—Esto no será conocer a las mujeres, sino únicamente conocerme a mí. El caso es que me hacía ilusión satisfacer el deseo de un hombre a los setenta años de edad.
—Puede que lleguéis a esta edad todavía con seducción suficiente.
—He llegado, señor, he llegado. Los he cumplido hoy.

Prueba esta anécdota lo muy bien conservada que estaba Ninon como mujer seductora, a una edad tan avanzada.

Uno de sus galanes se atrevió a presumir de conquistarla fácilmente. Ella lo supo y no se dejó conquistar. Era el galán un tal Vendôme, el cual, humillado por el desprecio, le mandó un epigrama:

*Mi amor te concedió encantos*
*que, ciertamente, no tienes.*

Y Ninon, mujer muy culta, le contestó con otro epigrama:

*Si el amor concede encantos*
*¿por qué no le pides algunos?*

Tuvo Ninon algunas veleidades literarias. Se le atribuye un libro, *Les liaisons dangereuses* (Las uniones peligrosas), y algunos textos sueltos, entre ellos, éstos:

«Hay que elegir entre conocer a fondo a las mujeres o amarlas».
«Una mujer prudente nunca debe elegir sin el consentimiento de su juicio, ni amante sin el consentimiento de su corazón.»

«Lo único razonable en el amor es la economía de los sentimientos y de los placeres.»

«La alegría del espíritu da la medida de su fuerza.»

Nadie sabe la edad que tenía exactamente Ninon cuando murió, pues la fecha que se da como de su nacimiento no está comprobada. Aseguran algunos biógrafos que no podía ser menos de casi cien años. Murió arrepentida de sus pecados; su última salida fue para estar en la iglesia de San Pablo y allí se confesó. Aprovechó su última noche para escribir un poema:

> No quiero que esperanza alguna vana
> mi valor venga a destruir;
> me hallo en edad de morir
> y en el mundo nada mejor me queda por hacer.

## OSCAR II

Este rey de Suecia y Noruega (1829-1907), padre de Gustavo V, el viejo rey alto y delgado que todos recordamos aún, visitaba un día una escuela de niños. El rey preguntó a uno de los niños:

—A ver si me dices el nombre de un gran rey de Suecia.

Y el niño, que conocía el nombre del visitante, contestó en seguida:

—¡Oscar segundo!

—Bueno, pues a ver si me dices alguno de los hechos que han dado grandeza a este rey.

—Muchos, señor; pero no me acuerdo de ninguno.

—No te preocupes. En esto estamos iguales; yo tampoco me acuerdo de ninguno.

## PADEREWSKI

Gran pianista, hombre de Estado y jefe de Gobierno de Polonia (1860-1941). Daba una serie de conciertos en los Estados Unidos y tuvo que suspender uno en Filadelfia, porque, en el anterior concierto, en el Carnegie Hall, se había roto la uña del dedo índice de la mano derecha. Alguien le dijo:

—Una uña que le cuesta mucho dinero.

—No tanto, no tanto...

—¿Es que le pagan poco?

—No tan poco, no tan poco...

Y entonces, aclarado todo, se supo que tenía hecho un seguro para accidentes de este tipo y que, al no poder tocar por la uña rota, cobraba de la compañía de seguros una cantidad nada despreciable.

Ignaz Jan Paderewski daba un concierto en una casa particular; una casa de gente de mucho dinero, desde luego. Y no todos de mucha cultura, ni muy entendidos en música. Interpretó, entre otras cosas, el *Claro de luna* de Beethoven. Y una de las señoras invitadas, le dedicó este elogio:
—Improvisa usted como nadie, maestro.
Paderewski, muy serio, replicó:
—Yo no improviso.
—¡Ah! ¿No es de usted esto? Pues ¿de quién es?
Paderewski contestó, agresivo:
—De un tal Beethoven.
—¿Y lo ha compuesto para usted?
—Señora, Beethoven ya no compone.
—¿No? ¿Pues qué hace ahora?
Y Paderewski, a grito pelado, exclamó:
—¡Se descompone!
Y le volvió la espalda.

## PAGANINI

Niccolò Paganini (1782-1840) fue el mejor violinista de su tiempo y uno de los mejores que han existido jamás. Era hombre de genio muy raro, muy temperamental y extravagante. Y había sido, como casi todos los buenos músicos, niño prodigio. A los seis años ya daba conciertos. Fue, según dicen, intratable, avaro y jugador. En la juventud, se jugó hasta el violín con el que ganaba su dinero, y lo perdió. Fue una suerte para él, pues un admirador le regaló un auténtico Guarnerius, del que nunca se desprendió y que se conserva en Génova.

Tuvo fama, por su inimitable forma de tocar, de haber hecho un pacto con el diablo, y de esta fama nacieron dos anécdotas, desde luego sin verdad histórica ninguna de las dos.

Una es que había matado a un hombre, a otro violinista, que le hacía la competencia y que, encerrado en un calabozo, pactó con el diablo que, en poco tiempo, le hizo tocar mejor que nadie, y después le puso, por diabólica arte de magia, en libertad.

La otra la refería un admirador suyo de Viena que afirmó, al salir de un concierto, que había visto al diablo detrás de Paganini, y que el diablo le iba dirigiendo el arco sobre las cuerdas. Y decía, convencido, aquel falsario:
—No toca él, toca el diablo; yo lo sé porque lo he visto.

Más de una vez, gente rica y noble le invitaba a cenar con la esperanza de oírle tocar un rato, cosa que nunca consiguió nadie, pues si bien Paganini aceptaba algunas invitaciones, nunca acudía a ellas con su violín. Una vez recibió la invitación de un noble italiano, con esta nota: «Os ruego que no olvidéis vuestro violín». Paganini acudió a la cita, pero sin el violín. El anfitrión le preguntó:

—¿Y vuestro violín?

La contestación de Paganini convirtióse en los círculos musicales italianos, en una frase proverbial. Dijo:

—Mi violín nunca cena fuera de casa.

Paganini era italiano, nacido en Génova y, aunque muy famoso en toda Italia, no podía tocar en Ferrara desde que una vez tocó en un teatro de esta población. Estaban anunciados una bailarina y un violinista, uno después de otro. La bailarina era la famosa Marcolini (de la que poca gente se acuerda ahora). A última hora, la bailarina sufrió una indisposición y fue sustituida por otra, la Pallerini, considerada inferior. El público protestó, silbó a la Pallerini y no le dejó terminar su parte. Paganini vio que lloraba y le dijo:

—Ya les daré yo a esos memos. ¡Tú lo verás!

Dijo algo así. Avanzó hasta las candilejas y dijo que, antes del concierto, imitaría con el violín algunas voces y cantos de animales; sólo para demostrar lo que se podía hacer con el instrumento. Imitó el canto de los pájaros, el maullido de un gato, el aullido de un lobo. Y, por fin, preguntó:

—¿Serán capaces, señores, de adivinar la voz de este animal?

Imitó el bramido de un asno, muy bien imitado. Todo el mundo reía muy a gusto. Y Paganini les dijo:

—Ésta es la voz de... todos los que han silbado a la bailarina.

Paganini no pudo terminar su anunciado concierto, ni desde Ferrara le llamaron nunca más para tocar allí.

Un día en Viena, en la calle, frente a una tienda de música, un hombre vendía figuritas más o menos parecidas al famoso violinista que aquellos días daba allí unos conciertos. Y las pregonaba así:

—¡Paganinis! ¡Paganinis! ¡Compren un Paganini!

Paganini iba a entrar en la casa de música, de cuyo dueño era amigo, y oyó el pregón. Entró en la tienda, habló con el dueño, un tal Pietro Michetti, y le rogó que alejara de allí al vendedor. Michetti habló con el hombre de la calle y le dijo después a Paganini:

—Ya está arreglado.

—¿Se ha ido?

—No; pero está arreglado.

Paganini salió a ver el arreglo, y oyó que el hombre pregonaba las figurillas así:

—¡Compren un Paganini, señores! ¡El violinista mejor y el hombre más bello del mundo!

Paganini se despidió de Michetti y se alejó en silencio, aprisa, procurando no ser reconocido.

## PAGNOL

Marcel Pagnol, comediógrafo francés nacido en 1896, autor de *Marius* y de *Topaze*, es muy aficionado a contar lo que en Francia llaman *histoires marselleises* e incluso, según dicen, se inventa algunas. Una de las posiblemente inventadas, y que ha contado mucho, es ésta:
Dos locos pasean junto a la piscina del manicomio. Y uno dice al otro:
—Te apuesto lo que quieras a que me estoy diez minutos debajo del agua.
—Sí, bueno, pero te ahogarás.
—¡Vaya! Ya te han dicho el truco.

Le gustan tanto las historias llamadas marsellesas que hasta las ha lanzado al mercado mundial. Una de ellas, ésta:
—¡Hola, Marius! ¿Cómo estás?
—No del todo mal.
—¿Te has casado?
—Todavía no.
—Pues ¿qué esperas?
—El autobús.

## PAPINI

El escritor italiano Giovanni Papini (1881-1956) vivió siempre en Florencia, y allí murió. Le preguntaban una vez por qué no viajaba nunca. Y dijo:
—¿Para qué, si ya vivo en Florencia?

Papini ha sido un escritor de gran fecundidad. Desde 1906 hasta pocos años antes de su muerte, publicó unos cincuenta libros, la mayoría muy extensos. Le decían una vez que escribía mucho, y se defendió así:
—Mucho menos de lo que podría. A diez páginas diarias es un libro todos los meses, y en cincuenta años no he llegado aún a los cincuenta títulos.

Siempre ha habido alguien que, además de ejercer con más o menos éxito otra profesión, ha escrito un libro. Y dice Maurois que todo el mundo puede escribir un libro bueno si se limita a explicar su propia vida. Papini recibió un libro escrito por una cantante famosa (no se cita en la anécdota el nombre) con esta dedicatoria: «Para Giovanni Papini, en homenaje de XX, escritora». Papini, en agradecida contestación, mandó un retrato suyo a la cantante con esta dedicatoria: «Para XX, en homenaje de Giovanni Papini, soprano».

Un joven futuro escritor preguntaba a Papini dónde se encuentran los mejores temas para hacer con ellos buena literatura. Y Papini le decía:
—Los temas están en la calle, pero no están quietos y hay que darse prisa en apoderarse de ellos, para evitar que se nos escapen. Y ya con el tema en mano, yo me limito a tomar algunas notas, las uso como inspiración cuando otro día me siento a escribir aprisa, aprisa, aprisa. Después, al ponerlo en limpio, es cuando disfruto más. Lo más difícil es el trabajo de la primera redacción apresurada.
Pensó un poco después de decir esto, y lo cambió:
—Es decir, no. Lo más difícil es, el segundo día, cuando se pone en limpio, entender todo aquello que se ha escrito a mano aprisa el primer día.

## PARIS

Se trata de Paris sin acento en la i. No de París, con acento, capital de Francia. Paris es, en la leyenda griega, el hijo menor de Príamo, rey de Troya. El que se lleva a Elena, esposa de Menelao, rey de Esparta. Y para recuperar a Elena, la mujer más bella de todos los tiempos, los griegos se lanzan contra Troya en aquella legendaria guerra que duró diez años, y que terminó con la derrota de los troyanos y la destrucción de la ciudad.

Paris, antes de su encuentro con Elena y de la guerra, tiene una anécdota que ha sido el origen de una frase hecha: «La manzana de la discordia», y que se aplica a todo aquello o a aquellas personas que son causa inmediata de discordia entre otros.

Peleo y Tetis se habían casado y a la fiesta de su boda asistían invitados todos los dioses del Olimpo, menos la diosa Discordia, que no había sido invitada. Y le sentó tan mal que, aunque sin invitación, al final del festín se presentó. Y arrojó sobre la mesa una manzana de oro con esta inscripción: *Para la más hermosa*.

Tres diosas se lanzaron a coger la manzana, convencidas de que eran las destinatarias: Juno, Palas y Venus. Zeus las detuvo y decidió que fuese un mortal quien eligiera entre ellas la más hermosa dándole la manzana. El mortal fue Paris, esposo entonces de la ninfa Enone. Paris, debido a su fortaleza física, se llamaba también Alejandro (de *alexo* y *andros*, el que socorre a los hombres, o sea el fuerte). Aceptó, pero exigió que las tres diosas se le presentaran desnudas. Ellas no sólo accedieron, sino que trataron de coaccionar a Paris ofreciéndole dones. Juno le prometió la riqueza y el poder; Palas, la sabiduría, y Venus (Afrodita), la mujer más bella de la tierra. Y Paris dio la manzana (la manzana de oro de la discordia) a Afrodita.

## PASCAL

Blaise Pascal (1623-1662) fue un niño prodigio. Su padre, temiendo que tanto estudiar matemáticas le pudiera perjudicar la salud, le dejó un tiempo sin libro ninguno. Y el niño Pascal, a solas, compuso por su cuenta la geometría hasta la proposición 32 de Euclides. Y a los dieciséis años escribió un tratado sobre las secciones del cono. Lo mandó a Leibniz y este sabio filósofo y científico no quiso creer que aquello fuese obra de un jovencito de dieciséis años, hasta que le conoció y se convenció de la clara inteligencia matemática del muchacho. Un amigo de Pascal le hablaba un día sobre cierto personaje del que decía ser tan gordo como tonto. Y Pascal comentó:
—He aquí la prueba de que un cuerpo puede tener mucho volumen y poca capacidad.

Hablaba un día Pascal de sus obras y decía:
—Nuestro libro tal... Nuestro libro cual...
Decía siempre «nuestro» en vez de decir «mi». Le preguntaron la razón y daba ésta:
—Nadie es capaz de escribir un libro sin aprovechar mucho de lo que otros han escrito antes. El que habla de «mis» libros, olvida esto y mejor diría siempre «nuestros» libros.

## PASTEUR

Louis Pasteur (1822-1895) había nacido en un pueblecito, en Villeneuve. Era hijo de un curtidor de pieles. Su padre le mandó de muy mozo a estudiar a París, donde Pasteur no pudo nunca vencer la nostalgia del campo libre. Dicen sus amigos que exclamaba:
—¡Si al menos pudiera sentir el olor de las pieles!
Estaba tan acostumbrado al olor de la tenería de su padre que lo echaba de menos. Y todo el recuerdo de la casa, del pueblo y de la niñez ya pasada se resumía para Pasteur en aquel olor.

Había entonces en el sur de Francia, en Provenza, mucho cultivo de gusanos de seda. Cundió entre los gusanos una enfermedad y morían en gran cantidad. Los cultivadores pidieron ayuda a Pasteur, que ya era famoso por sus conocimientos bacteriológicos. Llegado al sitio, Pasteur empezó a documentarse y le dirigieron a un maestro de escuela muy dedicado al estudio de los insectos. Pasteur le visitó y así conoció al fomoso entomólogo Fabre.

—Es un gran honor para mí haberos conocido —le decía Fabre.

—Espero que lo sea para mí haberos conocido yo, pues he venido en busca de conocimientos que vos tenéis y yo no.

—No creo que os pueda enseñar nada.

—Espero que sí.

Y así estuvieron un rato. Después Fabre condujo a Pasteur hasta el sitio donde estaba estudiando sus insectos. Allí Pasteur vio unos gusanitos que no cesaban de mover las cabezas.

—¿Qué son? —preguntó.

Fabre le miró asombrado. Eran precisamente gusanos de seda, aquellos gusanos atacados por una epidemia que Pasteur tenía el encargo de estudiar y de intentar vencer. Hasta entonces nunca los había visto.

Pasteur tenía a otro sabio invitado a comer. De postres les dieron cerezas. El sabio amigo, al verlas tan apetecibles, comió en seguida algunas. Pasteur le detuvo:

—No, no; no comáis nunca cerezas sin lavarlas antes. No sabéis cuántos millones de microbios viven en la piel de una cereza.

Y, mientras lo decía, lavaba cuidadosamente algunas cerezas que después comió. Y, así, durante un buen rato fue hablando, lavando cerezas y comiéndolas, todo a la vez. Y, al final, distraídamente, se bebió el agua en la que había lavado las cerezas. El amigo le gritó:

—¡No! ¡Está llena de microbios!

Contaba el amigo que Pasteur había encogido ligeramente los hombros y había terminado de beber el agua.

Pasteur tenía poco respeto por los filósofos. Decía que los filósofos nunca habían resuelto ningún problema. Los definía así:

—Un filósofo es un hombre que sube a una cumbre, la encuentra envuelta en niebla espesa y después, al bajar, explica todo lo que ha visto.

Otras veces decía:

—El principal trabajo de todos los filósofos ha consistido en buscar los errores de los filósofos anteriores, encontrarlos y desenmascararlos sin sustituirlos por ninguna verdad incontrovertible.

Sainte-Beuve asegura que Pasteur, en una conversación, le dijo:

—Todas las teorías de los metafísicos carecen de fundamento indiscutible y, por lo mismo, si se discuten, se desvanecen. Sobre el origen y el fin de todas las cosas sabe mucho más mi madre, que es una campesina, y todo lo que sabe lo ha aprendido de mi abuela y ésta de mi bisabuela.

En una discusión en la Academia de Ciencias con otro sabio, Pasteur perdía la paciencia al ver que no le era posible hacer comprender al otro la verdad. Y le gritó:
—¡Sois muy sabio! Pero no sabéis observar.
Y el otro le contestó con otro grito:
—Y vos no sabéis reflexionar. No sé qué es peor.
Pasteur se dominó, consiguió recuperar la calma y presentó sus excusas al otro, aunque de una forma muy curiosa. Le dijo:
—Admito que me he dejado llevar de la impaciencia y os pido perdón. Como espero que vos me lo pidáis cuando estéis convencido, como algún día lo estaréis, de que toda la razón la tengo yo.

El sabio investigador Louis Pasteur, que había descubierto la vacuna contra la rabia, andaba siempre falto de dinero para el sostenimiento del Instituto Antirrábico, también fundado por él. Y visitaba personalmente a personas ricas en busca del dinero que le faltaba. Así visitó a la viuda Bondicant, dueña de los Almacenes Bon Marché. Pasteur era entonces un viejecito de aspecto más bien humilde. La señora le recibió, Pasteur expuso tímidamente el motivo de su visita y, al fin, la dueña de la casa le dijo lo que tantas veces se dice en esos casos:
—Tengo ya distribuidas mis limosnas y no accedo a otras peticiones.
—En fin, lo siento mucho... Usted perdone.
—De todos modos, algo le daré, para evitar que resulte del todo inútil su visita.
Salió y regresó con un cheque firmado. Pasteur miró la cantidad antes de dar las gracias. Y vio ¡un millón de francos! Se quedó sin poder decir nada, mudo de asombro. La viuda Bondicant le abrió los brazos y Pasteur cayó en ellos, emocionado. Y fue ella la que le dijo:
—Gracias, profesor, por haberse acordado de mí.

## PATTI

La famosa cantante Adelina Patti (1843-1919) era madrileña, pero de familia italiana. Fue una niña prodigio y, a los seis años, ya cantaba en público subida a una mesa. Tenía una memoria musical prodigiosa y se sabía todas las óperas que había cantado alguna vez. Tuvo tres maridos; el marqués de Caux, del que se divorció; el tenor Nicolini, del que enviudó, y el barón de Felderbrunn, aristócrata sueco sin fortuna.
Fue siempre muy caprichosa y la primera vez, muy niña aún, que cantó en un teatro en los Estados Unidos, se negó a salir si no le compraban una muñeca que había visto en un escaparate. Se la compraron y salió a cantar con la muñeca en brazos.

Los padres de la Patti habían estado en buena posición. Ya arruinados, vendieron una a una todas las joyas. Y, un día, el padre enseñó a su hija un imperdible de oro.
—Es la última joya de algún valor que nos queda y voy a venderla.
La niña se opuso, pues el imperdible le gustaba mucho. Y se ofreció para cantar en público y empezar ella a ganar dinero. Muchos años después lucía con frecuencia aquel mismo imperdible, de mucho más valor entonces, pues tenía muchos brillantes engarzados. La Patti lo enseñaba, contaba cómo lo había salvado y decía:
—Todos los años le hago añadir un brillante, y así recuerdo los años que me separan de aquellos tiempos de pobreza.

Tenía que cumplir un contrato con un empresario rumano, en un teatro de Bucarest. Era en invierno, hacía mucho frío y se negó a ir. El empresario, que ya tenía anunciado el concierto y vendidas muchas localidades, le mandó un telegrama redactado así: «Toda la nobleza y las autoridades del país preparan un fastuoso recibimiento a la más famosa cantante del mundo entero. Vuestra llegada a Bucarest será un espectáculo inolvidable». La Patti era muy aficionada a los elogios y aquello la decidió. Y, en efecto, en Bucarest fue recibida por una comisión de la nobleza —todos los de la comisión iban muy bien vestidos y con los pechos llenos de condecoraciones— y otra oficial, cuyos miembros estaban muy uniformados. Y mucha gente más, y música. En fin, un recibimiento como pocas veces lo había tenido.
Y nunca supo la Patti que todos eran gente alquilada, puros comparsas disfrazados, y que las bandas y las condecoraciones eran todas de guardarropía.

Durante mucho tiempo la Patti se negó a grabar discos. Al fin, accedió y grabó el aria *Voi che sapete* de Mozart. Y quiso oír el disco antes de grabar ninguno más.
Nunca la Patti había oído su propia voz. Nadie oye su propia voz como la oyen los demás, si no es a través de una grabación. Quedó como absorta, extendió los brazos hacia el aparato y exclamó:
—¡Gracias, Dios mío! Al fin, he comprendido quién es la Patti. ¡Maravillosa voz! Nunca había oído nada semejante.
Los que la oyeron expresarse así dijeron que no fue teatro, sino simple explosión de sinceridad.

Adelina Patti fue una de las cantantes más celebradas de su tiempo. Y, según dicen, de las más convencidas de su importancia profesional. Se cuenta que una vez cantó *El barbero* sin haber ensayado ninguna vez con los otros cantantes. Los otros tuvieron que resignarse a ello. Pero el tenor quiso saber si al salir a escena,

en el primer acto, la encontraría a la izquierda. Lo preguntó al director y dijo que no lo sabía. A última hora llegó la Patti. El tenor se le acercó a preguntarle:
—Una pregunta, señora. Sólo quiero saber si, al salir yo a escena, la encontraré a la derecha o a la izquierda.

La Patti se tapaba la boca con un pañuelo. Lo hacía siempre, para evitar enfriamientos. Y contestó:
—Donde dé menos el aire.

Y así quedaron.

Muchas veces la Patti, para lucir más la voz, introducía cambios en lo que cantaba. Lo alargaba, lo recortaba, modificaba el ritmo. Una vez que cantó *El barbero de Sevilla*, Rossini estaba en un palco. Escuchó en silencio. Y terminada la función corrió a saludar emocionado a la cantante. Había gente en el camarín de la diva. Rossini entró manos en alto gritando:
—¡Maravilloso! ¡Maravilloso! ¡Ruiseñor de la tierra! ¡Ángel de los cielos!

Y todo un rosario de elogios. Después, cambiando el tono, dijo:
—Por cierto, que no está nada mal esta ópera. ¿Quién es el autor?

No le gustaba a Adelina Patti que la crítica dijera de ella algo que no fuesen elogios. Cantó en Madrid, en el Real, cuando ya empezaba su decadencia. Y un crítico (la anécdota no dice el nombre) escribió:

«De desear hubiera sido que la Patti, olvidando antiguos y no excusables hábitos, ensayase siquiera una vez con la orquesta para dar al conjunto de la obra la unidad necesaria. Quizá también el buen gusto de la "diva" habría puesto entonces coto a ciertos inútiles efectos de relumbrón que aquélla se permitió, y evitado que el magnífico andante del final del segundo acto se llevara a un paso de carga que nunca se había oído, y plegue al cielo no se vuelva jamás a oír».

La obra presentada era *Lucía*, uno de los mayores éxitos de la Patti. Al parecer ella mandó un emisario al crítico y le pidió que rectificara lo escrito. Y parece ser que el crítico le contestó algo así:
—Diga a la Patti que lo que escribí no es nada comparado con lo que callé, y que cuando lo haya dicho todo, si ella me lo pide, rectificaré.

No dice la anécdota si el crítico añadió más cosas ni si ella le pidió otra vez que rectificara.

Parece ser que la Patti representaba menos años de los que tenía. Y explicaba así, según hemos leído, el secreto de su conservación en buen estado:

«Hasta los cuarenta años no me privé de nada. Desde esa fecha dejé de comer carne de vaca y la sustituí por carne de aves. Y como bebidas, me limité al vino blanco mezclado con agua de Seltz. Y, si me sentía muy fatigada, una copa de champaña. He dormido siempre con la ventana abierta, con el fin de respirar aire puro durante la noche. Nunca me acuesto demasiado tarde y, antes de acostarme, tomo un baño. Éste es el mejor remedio para no engordar, peligro del que debe huir todo el mundo y, especialmente, las cantantes. Mi secreto puede, pues, condensarse en pocas palabras: comida frugal, aire puro y mucha limpieza».

Ahora el consejo lo daríamos así: «Comida frugalísima sin excepción ninguna, aire puro respirando hondo y ejercicios diarios de contracción muscular». Y añadiríamos que, lo último, es un yoga de larga vida y de bienestar, que todo el mundo debería conocer y practicar.

La Patti había pedido un autógrafo al músico Berlioz, entonces en el apogeo de la fama. Berlioz no se lo daba. Y un día la cantante, entonces muy joven, ofreciéndole su álbum, le dijo:
—Ahora sí que me pone aquí su autógrafo. Y yo, en compensación, le haré un regalo, a elegir: o un beso o un trozo de pastel.
—Dadme el álbum.
Y Berlioz escribió: «Oportet pati».
—¿Y esto qué significa? —preguntó ella.
—Significa: Tráeme el pastel.
Elección que, como es de suponer, molestó mucho a la cantante, ya muy famosa dada su juventud.

## PAVLOVA

La famosa bailarina Anna Pavlova (1881-1931) dejó, en el mundo de los aficionados al ballet, un recuerdo imborrable. De ella decía un crítico: «Su danza es poesía pura; su cuerpo es una canción alada». Otro crítico opinaba: «Es la misma belleza, el mismo ritmo hecho carne, o mejor, hecho espíritu femenino». Y una de las últimas noticias fue ésta: «Nos llega la noticia de la muerte de la Pavlova. El cisne maravilloso ha cerrado las alas para siempre. Nada de ella sobrevivirá. La fotografía sólo reproduce la inmovilidad de un gesto y el baile es todo lo contrario: una rápida sucesión de gestos bellos en movimiento».

Dos años antes de su muerte, la Pavlova tuvo su última entrevista con Serge Lifar. Le preguntó:
—¿Cuándo bailamos juntos? ¿Es que ya no piensas bailar más?
El mismo Lifar refiere la entrevista en su libro *Las tres gracias del siglo XX*. Dice que él le dijo a la bailarina:
—Es tanta mi pasión cuando te veo bailar que más de una vez

he pensado matarte, para evitar así que jamás la imagen sublime se borre de mi alma, ni que sea posible verte en otro momento menos genial.

Refiere que Anna Pavlova le cogió la cabeza y le besó ardientemente, y «yo le correspondí, enajenado, con un beso en la pierna, en aquella pierna del cisne eternamente moribundo». Y añade que entonces ella gritó:
—¡Vete ahora! Necesito estar sola.
Se fue y nunca más volvió a verla. Ella murió poco después, de una pulmonía, en La Haya.

Anna Pavlova nació antes de tiempo y estuvo enfermiza en su primera infancia. La llevaron a vivir al campo, para que respirara aire puro, le sentó muy bien y se convirtió en una graciosa niña, muy esbelta y fina de cuerpo. Su madre decía:
—Esta niña sería una buena bailarina.
Y preguntó a la niña:
—¿Te gustaría bailar?
—Si ya bailo. ¡Mira!
Y la niña dio unos pasos de baile inventados, alrededor de sus padres. Los padres quedaron maravillados de lo bien que bailaba aquella niña que nunca había aprendido a bailar.

Tenía la niña ocho años cuando su madre la llevó a la escuela de baile. Allí la recibió el director que, sin esforzarse en mostrarse amable, le dijo:
—Anda un poco.
La niña obedeció y dio algunos pasos.
—Quieta ahora. Levanta los brazos, despacito.
La niña obedeció. El director, inmutable, preguntó a la madre:
—¿Cuántos años tiene?
—Ocho. señor.
—Vuelvan dentro de dos años; no las admitimos hasta los diez.
—Es que ya baila muy bien. Me gustaría que la viera bailar.
—No sólo no quiero ver cómo lo hace, sino que le ruego que le prohíba terminantemente hacerlo.
Y Anna, en aquellos dos años de espera, nunca pudo bailar delante de nadie. Y ella decía después:
—Me consolaba bailando a solas. ¡Y lo que llegué a bailar sin que nadie lo supiera!

Anna en su juventud, siendo ya bailarina, tuvo un novio, con el que no se casó, pues el novio le dio a elegir entre él y el baile, y ella eligió el baile. El novio era un noble ruso. Y un día, en una finca de su novio, Anna vio morir un cisne. Quedó tan impresionada de los últimos movimientos del cisne en su agonía que después, en San Petersburgo, explicó a Fokin lo que había visto.

—Me gustaría bailar la muerte de un cisne.
—Hace falta una música adecuada.
—Yo le explicaría al músico lo que quiero.
El músico elegido fue Saint-Saëns, que estaba entonces en San Petersburgo. Anna le explicó lo que había visto y lo que quería, y así nació *La muerte del cisne*, el ballet que ella hizo triunfar después en todo el mundo.

La Pavlova fue muy generosa siempre y socorrió con largueza a los necesitados. En Caracas, el presidente de Venezuela le regaló una estola de piel en la que estaba escrito el nombre de Anna Pavlova con monedas de oro de veinte dólares. Y ella, al agradecer el regalo, dijo:
—Es la primera vez que me duele llamarme Anna Pavlova.
—¿Por qué?
—Porque este dinero lo repartiré entre mis pobres. Y si me llamara Anastasia Edvardova Karavaniskaia, les habría podido repartir muchos dólares más.

*La muerte del cisne* se estrenó en Moscú. Tan emocionados estaban los espectadores que, terminado ya, reinó en la sala un profundo silencio. Después los aplausos se convirtieron en una frenética manifestación de entusiasmo. Y Anna Pavlova decía:
—He tenido la impresión de que yo también agonizaba y moría.

Anna tuvo su compañía propia de ballet. El director de escena era Victorio Dandré. Estaban preparando una gira y Dandré le dijo a la bailarina que tal vez no podría formar parte de la expedición.
—¿Por qué? ¿No trabajas a gusto conmigo? —le preguntó Anna.
—Sí, mucho. Pero...
Anna comprendió, por la actitud de Dandré, que era cierto lo que ella sospechaba desde tiempo atrás. Y fue ella la que habló:
—He recibido infinitas proposiciones de matrimonio. Nunca he aceptado ninguna. Hace años estuve enamorada y fui yo la que decidí romper. Y no es que no tenga corazón. Pero soy incapaz de vivir sin un sacrificio absoluto de todo lo ajeno a mi arte, y si me casara no lo podría hacer. A menos que me casara con un hombre que también sólo viviera por mi arte, como vivo yo.
Se casaron. Anna tenía entonces entre los treinta y los treinta y cinco años.

Contaba el director de una escuela de baile que algunas veces las madres que le llevaban a sus hijas como discípulas, le daban una única razón:
—Es que he visto bailar a la Pavlova.

Anna Pavlova pareció en los escenarios siempre igual de bella. Murió a los cuarenta y seis años y, en los últimos tiempos, desde el patio de butacas no se descubría ninguna diferencia entre la Pavlova de los primeros tiempos y la Pavlova de veinticinco años después.

## PEDRO I

Pedro I de Rusia (1672-1725) llamado Pedro el Grande, fue un verdadero tirano. Parece ser que tenía tanto miedo a que le asesinaran que, las veces que salía de palacio, obligaba a tener cerradas todas las ventanas que daban a las calles por donde pasaba. Y si los soldados de su guardia veían una ventana abierta, disparaban hacia allí.

Visitó, en cierta ocasión, a Federico IV de Dinamarca. Los dos monarcas visitaron la Torre Redonda. Estaban en lo alto de la torre y Pedro le dijo a Federico:

—¿Queréis que os demuestre la fuerza de mi autoridad?

Llamó a uno de los cosacos de su séquito, le señaló el borde de la torre y le ordenó:

—¡Salta!

El cosaco hizo un saludo militar al soberano y saltó al abismo. Y se mató, claro está. Y el zar preguntó al asombrado Federico:

—¿Tenéis súbditos que os obedezcan en esta forma?

Y Federico le contestó:

—Felizmente, no.

No dice la anécdota cómo terminó la visita a la torre, ni la conversación entre los dos soberanos.

Pedro I, entre otras muchas acciones lamentables, llevó a su hijo, el zarevich, ante un tribunal, asusándole de traición. El zarevich fue condenado a muerte. Se levantó mucha protesta popular contra la sentencia. Y Pedro I la revocó y le perdonó. Y, al parecer, ordenó a su médico:

—El príncipe es muy nervioso y es posible que, al comunicarle el perdón, sufra un acceso de nervios. Bueno será que, para evitarle el daño emocional, se le sangre abundantemente.

El «bueno será» fue dicho como una orden, y en un tono que el médico no pudo dejar de comprender, o acaso el médico recibió después otras órdenes secretas, más precisas. El caso es que el príncipe, dos días después de la noticia de su perdón y de la sangría, era solemnemente enterrado con todos los honores debidos a su prosapia.

## PÉGUY

El poeta francés Charles Péguy (1873-1914), autor de varias obras en verso y en prosa, entre ellas la de *Mystère de la charité de Jeanne d'Arc* con algunas páginas de asombrosa belleza. Se hablaba una vez de poesía y poetas, y Péguy intentó hacer una distinción entre los verdaderos poetas y otros que no llegan a tanto. Dijo:

—Escribir poesía a los veinte años es, simplemente, tener veinte años; escribir poesía a los cuarenta, es ser poeta.

## PERICLES

Gobernó Atenas durante bastante tiempo, por los años 499 a 429 a. de J.C. Protegió a los artistas, entre ellos al escultor Fidias, al que tuvo que encarcelar para librarle de sus enemigos y que fue asesinado en la cárcel. Pericles fue un gran orador y supo esgrimir en cualquier caso argumentos muy convincentes. Tucídides, cuya palabra era tan eficaz que, si le dejaban hablar, salía siempre triunfante, decía:

—Está derribado y hundido; dice que está en pie de guerra, convence y todo el mundo le cree y le sigue.

Y añadía Tucídides:

—Hombres así son los que el pueblo necesita, si no para estar bien gobernado, al menos para vivir confiado.

Cuenta Plutarco en sus *Vidas paralelas* que Pericles, después de una guerra ganada, presentó sus cuentas al pueblo y rogó que le dijeran sinceramente, si las aprobaban o no. Una de las partidas era la siguiente: «Cien talentos gastados en lo que se tuvo por conveniente». Y el pueblo reunido aprobó todas las cuentas, pero al llegar a esta partida, la aprobó con un aplauso, para demostrar así la confianza que tenían en su gobernante.

El adversario político de Pericles era Tucídides. Y, según cuenta Plutarco, Arquidamo, rey de Esparta, preguntó a Tucídides cuál de los dos, él o Pericles, era más difícil de vencer. Y Tucídides dio esta respuesta:

—Si yo, luchando con Pericles, lo venciera y consiguiera derribarle, él después de levantarse sabría demostrar con tanta elocuencia que me había vencido a mí, que todo el mundo lo creería, aun aquellos que hubiesen sido testigos de su derrota.

Y acababa llegando a esta conclusión: Que nunca la fuerza vence a la elocuencia y siempre la elocuencia ha vencido a la fuerza.

Pericles, en su lecho de muerte, estaba rodeado de sus fieles

amigos. Todos comentaban lo mucho bueno que Pericles había hecho por su patria. Uno hablaba de la magnificencia de los edificios, otro de la economía, otro del florecimiento de todas las bellas artes. Pericles, aunque ya moribundo, les escuchaba. Pidió que le ayudaran a incorporarse y les dijo:
—Os olvidáis lo único bueno que de veras he conseguido para mi patria: la paz. Bajo mi autoridad nadie en Atenas ha tenido que llevar luto por mi culpa.

## PÉTAIN

Leemos una curiosa anécdota del mariscal Pétain, cuando todavía no era sino coronel. Pétain había nacido en 1856 y murió prisionero en el castillo de la isla de Yeu, en 1951, acusado de colaboración con los alemanes durante la guerra. Era un buen cristiano. Y se cuenta que, en la época en que Pétain era coronel, la autoridad competente prohibió a los militares asistir a misa de uniforme. Y un día Pétain recibió este comunicado:
«Enterados de que algunos oficiales de su regimiento asisten a misa de uniforme, violando así los reglamentos, se le ordena comunicar a la superioridad los nombres de los susodichos infractores».
Firmaba el comunicado un general. Pétain le contestó:
«Mi general: Es cierto que algunos de los oficiales de mi regimiento asisten a misa de uniforme. Y con ellos su coronel. Pero, dado que el coronel se sitúa siempre en primera fila, ignora los nombres de los que tiene detrás».
Y parece ser que el general no insistió.

## PETRARCA

Petrarca (1304-1374) ha sido uno de los mejores poetas líricos italianos. Y junto con su amada ideal Laura forma una de las parejas de enamorados famosos en la historia anecdótica. Petrarca conoció a Laura a los veintitrés años, en la iglesia de Santa Clara, en la ciudad de Aviñón. Ella estaba casada con otro, con un tal Audiberto de Noves. Se sabe que, veintidós años después del primer encuentro, Laura murió víctima de una epidemia, y Petrarca se retiró a un convento y allí escribió su poema *A la muerte de madonna Laura*. En la Biblioteca Ambrosiana de Milán se conserva un volumen de Virgilio que había pertenecido a Petrarca, cuyo nombre entero fue Francesco di Ser Petracca. Más tarde el mismo poeta cambió por otra una de las letras de su apellido y lo convirtió en Petrarca o arca de piedra.

Petrarca despreciaba la elocuencia, por considerarla manantial de engaño. Se dice que se le había oído esta exclamación:
—¡Engañosa elocuencia!
Y decía que nunca la verdad ha sido elocuente ni ha necesitado la elocuencia para nada.

Petrarca era un lector incansable. Tanto leía que sus amigos temieron que la salud se le pudiera resentir y le ocultaron la llave de la biblioteca Y entonces enfermó de verdad y no hubo otra solución que devolverle la llave. Petrarca les dijo:
—Sin el alimento espiritual de mis libros, ¿cómo podría estar sano? No es el cuerpo el que mantiene la salud del espíritu, sino el espíritu el que mantiene la salud del cuerpo.

Le preguntaron una vez si era cosa buena para un escritor tener mujer. El poeta contestó que sí, a no ser que su condición de eclesiástico se lo prohibiera. Pero añadió:
—Pienso, de todos modos, que un hombre dedicado al estudio sólo si es muy fuerte podrá sostener al mismo tiempo el peso de sus estudios y el peso de una mujer.

Contaba Petrarca que tuvo una curiosa conversación con un campesino. Pasaban soldados a lo lejos y éste le preguntó:
—¿Adónde van esos soldados?
—A la guerra. ¿No sabes que se ha declarado una guerra?
—Pero —dijo el campesino— esta guerra terminará con la paz. ¿No es así?
—Éste es el final de todas las guerras.
—Pues si la guerra se hace para llegar a la paz, ¿no sería mejor empezar por la paz y no hacer la guerra?
—Desde luego que sería mucho mejor.
—¿Me puedes, pues, explicar cómo nunca los hombres han entendido una cosa tan clara y tan fácil?
Y decía Petrarca que no se lo pudo explicar.

En sus últimos años se retiró a vivir en Arqua, cerca de Padua, en una casa con un mirador, desde donde contemplaba las puestas de sol.
Allí murió una mañana de 1374, dos días antes del aniversario de su nacimiento en el mismo mes de julio. Murió mientras estaba leyendo uno de sus libros preferidos, el volumen de Virgilio en el que había anotado, veinticinco años antes, la fecha de la muerte de su amada ideal Laura. Le encontraron muerto con las dos manos sobre la mesa y el rostro apoyado en las páginas del libro. Uno de sus pocos amigos dijo después:
—Si le hubiesen dejado escoger la muerte, no habría elegido otra mejor.

## PETRONIO

Este romano, nacido a principios del siglo I y que murió en el año 66, es famoso por un único libro, *El satiricón*. Vivió en tiempos de los emperadores Claudio y Nerón. Era uno de los hombres más elegantes de Roma (le llamaban *arbiter elegantiae*). Nerón le mandó encarcelar por acusaciones no comprobadas y Petronio se abrió las venas y, así, puso fin a su vida. En *El satiricón* se burla de muchas cosas, incluso de la afición de los romanos a crear dioses. Inventa el tipo de una mujer campesina que desea casarse y va a Roma en busca de marido. Y allí, cuando la interrogan, dice:

—Donde yo vivo hay tantos dioses que es mucho más fácil encontrar un dios que un hombre. Yo lo que necesito para casarme es un hombre y heme aquí, en Roma, en busca de lo que necesito.

## PIRANDELLO

Luigi Pirandello (1867-1936) tardó mucho en estrenar su primera obra de teatro *Seis personajes en busca de autor*. Cuando la obra se estrenó, Pirandello estaba ya cerca de los sesenta. Fue un éxito, no sólo en Italia, sino en todo el mundo. Un amigo le decía a Pirandello:

—En esta obra hay algo desconcertante.
—Sí.

La afirmación también desconcertó al amigo.

—¿Lo sabías?
—Lo sé ahora. Lo desconcertante de esa obra es el éxito que ha tenido.

Se estrenó una comedia muy mala de un autor joven. La crítica, desorientada como de costumbre, la elogió mucho. Y un crítico le decía después a Pirandello:

—Este muchacho tiene algo.
—Y algo extraordinario —dijo Pirandello—; yo lo considero tan extraordinario como un cerdo sin orejas y sin rabo.

La frase quedó establecida y durante un tiempo se aplicó a las obras que, a pesar de su escasa calidad, merecían elogios de la crítica. Se las llamaba, suprimida la alusión a los cerdos, obras «sin orejas y sin rabo».

Pirandello fue Premio Nobel en 1924. Se contaba después que, cuando fue a recoger el premio, Pirandello andaba perdido de una sala a otra. Vio a un señor de uniforme y le preguntó:

—¿Dónde se dan los premios?
—Yo le acompaño, pues también voy allí.

Llegados a la puerta, el señor de uniforme se detuvo:
—Entre usted; yo he de esperar porque, según el ceremonial, he de entrar el último.
—¿Sois...?
—Gustavo, el rey.
—Pirandello, uno de los premios.
Y se estrecharon afectuosamente las manos.

Estaba en París una vez, después de haber estrenado allí varias de sus obras, con Benjamin Cremieux, su traductor. Cremieux le hablaba del éxito del pirandelismo en todo el mundo. Y Pirandello le atajó:
—No me interesa el pirandelismo. A mí sólo me interesan las imágenes que se forman dentro de mí, inspiradas en lo que veo del mundo que me rodea.
—Precisamente esas imágenes son el pirandelismo.
—¿De veras?
Pirandello estuvo un rato pensativo.
—Pues, la verdad es que esto podría ser el tema de una nueva comedia.
Una comedia que, por lo que se sabe de Pirandello, no se escribió nunca.

Pirandello dirigía algunas veces los ensayos de sus propias comedias. En un ensayo de *Il piacere dell'onestà*, hizo repetir varias veces una escena a uno de los actores. Y, al fin, como nunca el actor lo hiciera a gusto del autor, Pirandello se impacientó y le gritó:
—Pero, vamos a ver: ¿es que no sabe expresarse con más naturalidad? El personaje es un marido que acaba de saber que su mujer le engaña. Yo quiero la reacción natural de este marido. ¡Naturalidad! ¡Naturalidad!
El actor intentó otra vez y tampoco le salió la cosa a gusto de Pirandello, que le preguntó, a gritos:
—Pero, hombre, ¿es que nunca le ha engañado su mujer?
Y el actor encontró una muy buena contestación:
—Sí; y lo he sabido. Pero mi reacción, en este caso, fue también totalmente desprovista de naturalidad.

Pirandello tenía poca costumbre de hablar en público. Y no lo hacía muy bien. En 1934, en la redacción de *Paris-Soir*, dieron una recepción en su honor. Y no tuvo más remedio que pronunciar algunas palabras. Se limitó a decir:
—Tendréis que perdonarme, pues la verdad es que he dedicado tanto tiempo a escribir, que no me ha sobrado ni un minuto para aprender a hablar. Muchas gracias.

Alguna vez que le hablaban de su fama como autor de obras de teatro, decía:
—Bueno, bueno; eso son habladurías. ¡Y si tuviéramos que hacer caso de todo lo que se dice por ahí!

## PIRRO

Pirro (318-292 a. de J. C.) fue rey de Epiro. Cuenta Plutarco que un ciudadano tenía la mala costumbre de criticar públicamente a Pirro y de ofenderle de palabra con todo el descaro. Le fueron con la noticia a Pirro y él dijo que ya lo sabía.
—¿Y no lo has desterrado?
—Desde luego que no. Mejor es que se quede aquí, pues más vale que me difame entre nosotros, que somos pocos, que no fuera de aquí, por el mundo, ante todos los demás.

Solía decir que la vida o la muerte le eran indiferentes. Y le preguntaron:
—¿Pues por qué no te mueres?
—Por lo que os decía, porque me da lo mismo vivir.

Pirro murió en Argos, donde entró al frente de su ejército. Una mujer le arrojó una teja desde lo alto de una casa y lo mató. Aunque hay otra versión de su muerte, según la cual ésta tuvo lugar durante una breve batalla nocturna.

## PLATÓN

Los biógrafos de Platón (429-347 a. de J.C.) cuentan que sus padres recién nacido el niño, le llevaron al monte Imeto y allí ofrecieron un sacrificio a los dioses. Dejaron al niño sobre la hierba, en un prado. Y, al volver a recogerlo, le encontraron rodeado de abejas que iban dejándole miel en los labios. Fue aquello el presagio de una gran elocuencia.

Una noche Sócrates soñó que tenía un cisne dormido en los brazos, un cisne pequeño. Y el cisne despertaba, crecía y emprendía el vuelo hasta perderse en el espacio. No comprendió el significado de aquel sueño. Pero durante el día se le presentó un muchacho y le preguntó si podía ser su discípulo. Sócrates habló un rato con el muchacho, y después de oírle le dijo:
—Tú eres el cisne que he soñado esta noche.
El muchacho era Platón, después discípulo predilecto de Sócrates.

Los habitantes de Cirene visitaron a Platón y le rogaron que les diera buenas leyes, para gobernarse según ellas. Platón se negó. Les dijo:
—Sois demasiado ricos para obedecer leyes. Y las leyes desobedecidas envilecen a los pueblos.

Platón invitó a comer a un ciudadano ateniense llamado Timoteo. Y le sirvió una comida frugal. Al día siguiente Timoteo le visitó.
—He venido a darte las gracias por la comida de ayer.
—Me las diste ayer.
—No del todo. Hasta hoy no he sabido que tu comida ha hecho que me encuentre bien al día siguiente.

Diógenes estuvo un día en la escuela de Platón. Al pisar descalzo la alfombra de la entrada, dijo:
—Estoy pisando ahora el fastuoso orgullo de Platón.
Platón, que le escuchaba, le repuso:
—Sí; pero lo pisas con un orgullo mucho mayor que el mío.

Platón era sobrio, moderado, trabajador, paciente, afable y muy comprensivo para los defectos de los demás. Decía:
—El verdadero filósofo enseña la virtud más con el ejemplo que con las palabras. Los hombres no necesitan preceptos. Cualquiera, sin precepto ninguno, puede llegar a tener muy buen sentido. Lo único que necesitan los hombres son ejemplos. La vida virtuosa suele ser incómoda al principio, y nada ayuda tanto a vivirla como ver a otros que la viven con alegría.

Cicerón fue uno de los grandes admiradores de Platón. Decía:
—Prefiero equivocarme con Platón, que tener razón con otros filósofos contra Platón.
Uno le preguntó:
—¿Crees que Platón se ha equivocado alguna vez?
—Lo creeré —le contestó Cicerón— el día que tú me lo demuestres.

# POE

Edgar Poe (1809-1849) se enamoró, por primera vez, a los 14 años de la madre de uno de sus compañeros de colegio, una señora joven y muy bonita, que despertó en el adolescente Poe una verdadera pasión, y que un año después, cuando Poe tenía 15, murió. Y Poe sufrió un desconsuelo tal que fue incapaz, durante mucho tiempo, de hacer nada ni de interesarse por nada. Iba por las noches al cementerio y se sentaba junto a la tumba de la mujer

amada. Y cuando sus amigos le preguntaban por qué hacía aquello, les decía:
—No pierdo la esperanza de verla resucitar.

Una de las poesías más populares de Poe es la que tiene por título *Las campanas*. En la poesía original, de puño y letra de Poe, hay esta anotación: «Autora, la señora Shew». Aquella señora Shew era una buena amiga del poeta. Estaba un día Poe con ella, él muy callado, y la señora le preguntaba:
—¿Qué os pasa?
—Siento que me ha llegado el momento de escribir un poema; pero no sé ni cómo empezar.
—Ahí tienes papel, ¡anda!
—¡Si al menos se callaran esas campanas!
Unas campanas que sonaban cerca. Y la señora Shew le dijo:
—Éste podría ser el título: *Las campanas*.
Y ella misma escribió una frase como primer verso de la posible poesía: «Las campanas, las pequeñas campanas de plata».
Poe terminó la estrofa. Ella, la señora Shew, escribió el primer verso de la segunda estrofa, que Poe terminó también. Y así hasta que estuvo terminado el poema *Las campanas*, uno de los más bonitos poemas de Edgar Poe.

Poe contaba una anécdota de sí mismo que, después, se ha repetido mucho como cuentecillo, sin atribuirlo a nadie concretamente. Decía que una vez entró en una tienda, vio que la mujer que vendía tenía los ojos hundidos y la frente pequeña, y pensó: «Tiene tan poca memoria como escasa inteligencia». Y quiso probar si ambas deducciones eran ciertas. Pidió un cigarro, lo sacó de la caja y preguntó el precio.
—¿Y una copa de ginebra cuánto me costaría?
La mujer le dijo el mismo precio.
—Va bien. Así dejo el cigarro y me tomo la ginebra.
Devolvió el cigarro a la caja mientras la mujer le servía la bebida. Y se iba ya, cuando la mujer le gritó:
—¡No me ha pagado!
—¿Cómo que no? He tomado la ginebra en vez del cigarro.
—Pues págueme el cigarro.
—¿Por qué, si lo he devuelto a la caja?
Y mientras la mujer dudaba, Poe salió de la tienda y se alejó. Pensaba: «En efecto, ni tiene mucha memoria ni es persona muy inteligente».

## POINCARÉ

El político francés Raymond Poincaré (1860-1934) era muy joven la primera vez que se presentó como candidato a unas elecciones. Sus adversarios políticos decían:
—Es tonto confiar en un hombre tan joven. Y los franceses no son tontos.
Poincaré, en una de sus peroraciones, dijo:
—Sé que mis adversarios políticos me reprochan la demasiada juventud. Bien, pues yo les doy mi palabra desde ahora de que, día tras día, con una constancia ejemplar, me iré curando de este defecto.
Nunca los adversarios volvieron a llamarle «demasiado joven».

A los treinta años fue ministro por primera vez. Cuando su madre lo supo comentó:
—¿Y después, qué? El único porvenir de un ministro es dejar de serlo.

Poincaré era un buen conferenciante. Le preguntaron el secreto de una buena conferencia, y dijo:
—Lo primero, empezar bien.
—¿Y cómo se hace para empezar bien?
—Se dice *señoras, señores*.
—Esto lo dice todo el mundo.
—No. La mayoría dicen *señoras y señores*. Y yo he dicho: *señoras, señores*, con una separación entre las dos palabras.
Y explicaba que esta separación tiene mucha importancia, tanta como cambiar el tono y la expresión de una palabra a la otra. Que *señoras* se ha de decir en tono suave, muy amable y con la sonrisa en los labios. Y *señores*, después de una pausa y hasta con un cambio en la dirección de la mirada, se ha de decir en tono doctoral y la expresión muy seria.

Una vez, en pleno Parlamento, Poincaré, en un momento de indignada impaciencia, gritó la famosa palabra de Cambronne. Palabra que los franceses evitan menos que los de algunos otros países. Hubo un vago tumulto a su alrededor. Y otro parlamentario, amigo de Poincaré, advirtió:
—Les ruego tengan en cuenta que esta palabra, en boca del señor Poincaré, no puede ser una ofensa para nadie; es únicamente una cita. Claro que le ha faltado añadir: «Como dijo en Waterloo el general Cambronne».

Era un trabajador incansable. Al día siguiente de una sesión en el Parlamento, que había terminado a las dos de la noche, esta-

ba en su despacho del Ministerio, a las nueve, ya despachando asuntos. Alguien le dijo:
—¿Es que no conocéis el cansancio?
—Sí. He visto esta palabra en el diccionario. Pero no recuerdo el significado.

Cuando le insinuaban cosas que otros habían dicho de él, interrumpía:
—No, no; no lo quiero saber. Si alguna vez he sabido lo que dicen de mí, lo he olvidado en seguida. Menos una cosa...
Y contaba que una vez un taxista le había reconocido y le había dicho:
—¡Buenos días, papá Poincaré!
Y añadía:
—Aquella voz de un hombre de la calle que me llamaba papá no la he olvidado nunca.

Cuando hablaba acostumbraba tener en las manos su discurso escrito. Pero nunca lo miraba. Uno le decía:
—De manera que lo hace así: escribe un discurso, se lo aprende de memoria y después lo recita.
—Nada de esto. Lo hago así: compongo mi discurso de memoria, después lo escribo y después lo digo distinto.

Poincaré era madrugador y una hora antes que los demás ya estaba en su despacho. Afirmaba que, a primera hora, tenía la cabeza mucho más clara. Uno de los otros ministros del mismo Gabinete, un tal Colrat, le decía:
—Yo, no. Yo tengo más ideas por la noche que por la mañana.
—¿Y qué? ¿Desde cuándo ha hecho falta tener ideas para resolver asuntos en un Ministerio?

## POMPADOUR

La marquesa de Pompadour (1721-1764) se llamaba Juana Antonieta Poisson. Se había casado a los veinte años con el caballero Lenormand d'Etioles. A los veinticuatro años era la favorita de Luis XV y marquesa de Pompadour. Tuvo el talento y el tacto suficientes para no caer en desgracia del rey durante veinte años. Una verdadera proeza, dada la volubilidad sentimental de Luis XV.

Al principio de su decadencia como amada del rey tuvo que luchar contra otras presuntas favoritas. Si le parecían peligrosas, intentaba alejarlas. Si le parecían inofensivas, les favorecía sus

contactos con el rey. Entendía por peligrosas las que parecían poder durar, y por inofensivas las que se veía que no.
Una costurerita muy guapa y desenvuelta consiguió los favores del rey. La Pompadour la vio muy peligrosa y la aconsejó misteriosamente:
—Al rey le gusta que sus amiguitas presuman de su papel aquí.
La costurerita siguió el consejo, presumió de su encumbramiento delante de algunos personajes de la corte, y fue rápidamente eliminada. Cuando la Pompadour lo supo preguntó al rey:
—¿Te divierte esta graciosa chiquilla?
—Es una insolente —dijo el rey— y la han despedido.
—Pues parecía todo lo contrario. Me equivoqué con ella.
Y así la Pompadour recogía las migajas de su ya casi extinguido poderío en la corte.

No es seguro que la Pompadour le fuese nunca infiel a Luis XV durante sus muchos años de favorita, lo cual no quiere decir que no le colgaran deslices e infidelidades. Cuenta la anécdota que la vieron, un día que paseaba por los jardines de Versalles, con uno de los mariscales de Francia. Y uno de los cortesanos que les vio quiso hacer una frase ingeniosa:
—Este hombre es una de las espadas del rey. Y ella, una de las vainas de esta espada.

Durante el favoritismo de la Pompadour se inauguró en París el puente de Orleans. Se dudaba de la resistencia del puente. La Pompadour lo quiso ver y pasó de un lado a otro. Y un cortesano dijo después:
—Ya podemos felicitar al señor Hugot [el ingeniero que había calculado el puente], pues la resistencia del puente está probada. Ha sostenido el peso más grande que soporta Francia y no se ha hundido.

Los últimos días de la favorita fueron de mucha tristeza y soledad. Nadie la visitaba. Estaba enferma y sólo esperaban que muriera para llevársela y destinar a otro uso sus habitaciones. Ella era, simplemente, un objeto fuera de uso, destinado a desaparecer.
En el momento de sacar el cuerpo de Versalles, se desencadenó una tormenta que hizo imposible la menor solemnidad. El rey se secó una lágrima, más o menos forzada, y dijo a su ayuda de cámara:
—Es el último homenaje que me está permitido dedicarle.

Dice la pequeña historia que la reina, María Leczinska, hija del rey de Polonia, unos días después de la muerte de la Pompadour, ordenó:

—Que digan una misa por el alma de la marquesa.
Y una de las camareras de la reina, cuyo nombre se cita, una tal María Lesieur, comentó:
—La reina es la única que todavía se acuerda de la señora de Pompadour.

## POMPEYO

Este caudillo romano (106-48 a. de J.C.) ha pasado a la historia principalmente por su genio militar, su sobriedad, su generosidad para con sus seguidores y su lucha contra César, de la que salió derrotado en la batalla de Farsalia. Pompeyo estaba casado con Julia, hija de César. La fama de Pompeyo es que no se detenía por nada ante el cumplimiento del deber. Después de una campaña en el norte de África, contra el rey del Ponto, Mitrídates, Pompeyo hizo gran acopio de trigo para mandarlo a Roma, donde hacía mucha falta. Cuando Pompeyo iba a embarcar en su flota, los pilotos intentaron disuadirle, pues se había levantado mucho viento. Y uno le dijo:
—No partas.
—Debo hacerlo.
Ésta era su contestación en la que resumía toda posible explicación. Un piloto le advirtió:
—No llegarás vivo a Italia.
La contestación de Pompeyo fue inmediata:
—Es necesario que parta; pero no es necesario que viva.
Partió, y llegó a Italia y después a Roma.

## POPEA

Popea, la mujer disoluta que fue esposa de Nerón, murió en el año 65 de nuestra era. No se sabe, exactamente, la edad que tenía al morir. Se casó primero con un tal Crispuno y después con un noble romano llamado Otón, cortesano del emperador. Nerón había oído hablar de la belleza de Popea y le dijo a Otón:
—No conozco a tu mujer. ¿Por qué no la presentas en palacio?
Nerón, prendado de Popea, mandó al marido de gobernador a una lejana provincia y con el nombramiento le dio una orden: que dejara a su mujer en Roma. Otón obedeció y Nerón mandó a un emisario detrás del viajero con orden de matarle en la primera ocasión, que no tardó en presentarse. Y Popea tuvo residencia oficial en Roma, como favorita del emperador.

Tenía fama Popea de ser la mujer más bella de su época. Y la mitad de su tiempo lo dedicaba a embellecerse, y la otra mitad a ejercer de «mujer más bella del imperio». Según la anécdota, para conservar intacta su belleza, se bañaba todos los días en leche de burra. En uno de los anexos del recinto imperial se habilitó un establo para cuatrocientas burras, y los esclavos ordeñaban todos los días a tantas como era necesario para llenar el baño de la emperatriz.

Se decía que, después del baño diario, sus esclavas le secaban el cuerpo con plumas de cisne y se lo frotaban con suaves pieles de armiño.

La vida matrimonial de Popea con Nerón no fue del todo feliz. Durante los años que vivieron juntos, estuvieron varias veces a punto de separarse. Un día, Nerón llegó borracho a la cámara matrimonial. Discutió con su mujer, la hermosa Popea; se encolerizó y le propinó un terrible puntapié en el estómago. Tan fuerte le dio que le produjo una hemorragia interna, de la que Popea murió pocos días después.

Nerón, inconsolable, mandó que el cadáver fuese embalsamado y, según algunos biógrafos, lo conservó en una habitación de su palacio durante mucho tiempo.

## POTEMKIN

Grigorii Aleksandrovich Potemkin (1739-1791) fue, durante muchos años, el favorito de la soberana de Rusia, Catalina II. La emperatriz tuvo relaciones amorosas con muchos hombres y Potemkin fue uno de los últimos... oficialmente, puesto que durante su privanza la emperatriz continuó entreteniendo su nunca apagado deseo con otros. Y, según se dice, se los proporcionaba el mismo Potemkin. Son famosas, como anécdota histórica, las «aldeas de Potemkin». El favorito había arrebatado Crimea del poder de los turcos y organizó un viaje de la emperatriz a Crimea, para que se convenciera de lo feliz que era el pueblo ruso bajo su dominio. Se hizo el viaje y, en todas partes, la emperatriz encontró aldeas prósperas y gente feliz, que la recibía con músicas y bailes. Y no se dio cuenta de que toda la gente era siempre la misma, que iban de un sitio a otro con todo el montaje de alegría y prosperidad, y así Potemkin presentaba a la emperatriz el espectáculo de un pueblo ruso feliz, lo que era completamente falso.

Esas «aldeas de Potemkin», como expresión de una visión engañosa de la realidad muchas veces ofrecida a los soberanos, no dejan de repetirse en los tiempos actuales. Hemos leído que los viajes de la reina Isabel de Inglaterra salen caros al país, precisamente por el montaje de engaños parecidos. Y si la reina se detiene, al paso, en algún lugar poco importante, ve allí hermosos jardines públicos y todo muy limpio y en el mejor estado, aunque todo es improvisado, construido y arreglado rápidamente a última hora; hasta el punto de que se ha dado el caso de que algunos municipios han rogado a la «organización de los viajes reales» que la reina no pasara por allí, pues, dado que el municipio tenía que pagar el embellecimiento y presentación, le salía demasiado caro.

Potemkin, de origen humilde, empezó de simple soldado de la Guardia y llegó a príncipe. Era hombre de una arrogancia sin límites. Se cuenta que, en cierta ocasión, el príncipe de Táurida (éste era el título de Potemkin), en conversación con un sobrino suyo que publicó las palabras de su tío en unas memorias, dijo: «Todo lo que he deseado lo he conseguido como por obra de magia. Quise una posición elevada y tengo la más alta del imperio. No puedo ni recordar los títulos y condecoraciones que me han sido concedidos. Me gustan las joyas y los objetos artísticos y mis colecciones son de las mejores del mundo. Me divierte jugar y me he jugado cantidades incalculables. He dado las mejores fiestas, he construido los mejores palacios y hasta he llegado a crear Estados. Me basta pronunciar una palabra para ver cumplidos todos mis deseos».

Y así era, en efecto. Y así le gustaba Potemkin demostrarse a sí mismo que sus palabras eran verdad. En su declaración no habla de la emperatriz, de la que habría podido decir: «He querido tener por amante a una emperatriz y he dormido con la de todas las Rusias».

Se cuenta que, durante uno de sus viajes a las provincias del sur, que el mismo Potemkin había arrebatado a los turcos, llegó a una localidad donde, como en todas, le hicieron un recibimiento triunfal. Durante la ceremonia no pronunció una sola palabra. Pasaron después a la mesa, ricamente servida con toda clase de manjares y de bebidas. Potemkin lo observó todo y, de pronto, en voz imperiosa de mando, exclamó:

—¡Quiero café!

Café era lo único que no había allí, sobre la mesa. Se dieron órdenes y el café no tardó en aparecer. Potemkin no lo bebió. Dijo:

—Pueden retirarlo. Ya no lo quiero.

Y después dijo a un confidente que había pedido precisamente café porque era lo único que no había visto sobre la mesa, y que lo único que le hacía sentirse poderoso era conseguir, en cada momento, lo más difícil.

## PRAXÍTELES

Este escultor griego, uno de los mejores de su tiempo, vivio en Atenas en el siglo IV a. de J.C. (entre los años 390-332). De sus obras principales, excepto, acaso, la llamada *Hermes llevando en brazos a Dioniso*) sólo se conservan copias, y entre ellas la famosa Venus de Cnido, en el Museo Vaticano, para cuya obra le sirvió de modelo su bella amante Friné.

Praxíteles autorizó a Friné para que escogiera, entre todas las estatuas de su taller, la que más le gustase. Friné, con el fin de descubrir cuál era la mejor, hizo que un esclavo dijera al escultor que el taller estaba en llamas. Y Praxíteles gritó:
—¡El Cupido! ¡Salvadme el Cupido!
Friné le tranquilizó y le dijo que la noticia era falsa:
—Es que no habría sabido elegir con acierto, y ahora ya sé. Me quedo el Cupido

Praxíteles expuso al público su Venus, copia del cuerpo de Friné. Era una estatua totalmente desnuda. Friné era una cortesana y tenía, por lo mismo, muchos enemigos, entre ellos a todas las otras mujeres. Y Friné fue acusada de impiedad. La hubiesen condenado, a no ser por la astucia de su defensor, un viejo que conocía a los hombres y confiaba en ellos. Los acusadores pedían nada menos que la pena de muerte. El defensor les preguntó:
—¿Alguno de vosotros sabe lo que perdería Atenas con la muerte de esta mujer?

Uno de los acusadores se levantó a contestar:
—Atenas perderá una cortesana impía que sólo da mal ejemplo.
El viejo defensor acompañó a Friné hasta el estrado. Ella iba toda envuelta en una túnica. Y el defensor gritó:
—¡No sabéis nada de nada! Pero quiero que lo sepáis. Atenas perderá... ¡Esto!

Y en un gesto rápido despojó de la túnica el cuerpo de Friné. Ella levantó los brazos, cruzó las manos sobre la cabeza y dobló la cintura. Y de la multitud, ante la belleza de aquel cuerpo de mujer, se levantó un grito de admiracón. Y Friné fue declarada inocente.

Parece ser que Friné, después de la sentencia absolutoria, estuvo ausente de Atenas y se negó a regresar si no le pagaban una indemnización por el descalabro sufrido en su reputación de mujer piadosa. Se supone que volvió a Atenas, que se enriqueció mucho y que, después de la destrucción de Tespis, ofreció pagar una ciudad nueva, a condición de que pusieran, sobre la puerta principal, esta inscripción: «Reconstruida por la cortesana Friné». Pero sus compatriotas no aceptaron el ofrecimiento.

# PROUST

Marcel Proust (1871-1922) frecuentó mucho los salones de París y tenía buenas amistades en la alta sociedad. Una señora le pidió un autógrafo y le ofreció un álbum. Proust abrió el álbum, eligió el sitio en blanco y... tardaba en poner algo. Y el marido de la dueña del álbum le dijo:
—Lo primero que se le ocurra, querido amigo; cualquier cosa, menos un pensamiento profundo. Es para mi mujer.

Tenía un prodigioso don de observación. Estuvo una noche en la Ópera, en el palco de un amigo. Se sentó en el fondo del palco y no dejó de hablar durante toda la función. Después su amigo le dijo:
—Si no le interesa la ópera no hace falta que otro día le invite.
—No, no hace falta, porque esta noche me he enterado de todo.
—¡Si ha estado todo el rato de conversación!
—Para enterarme de más cosas.

Y escribió una relación detallada de todo lo que había visto en la Ópera, en el escenario y en el público; de los cantantes, de sus voces y sus vestidos, de los decorados, de la música, del público y del decorado interior del teatro. Y añadió, en unas notas, todo lo que había sabido por las conversaciones mantenidas durante la representación.

Proust le dijo un día a un amigo:
—Estoy satisfecho de lo que han dicho de mí hombres tan inteligentes como Bergson y Barrès.
—¿Qué han dicho?
Proust le repitió los elogios. Después el amigo habló de Proust con Bergson, y éste le dijo:
—Sí, creo que es un joven escritor que siempre busca quien le invite.
Habló con Barrès y éste comentó:
—Sí, creo que ha escrito cosas muy ingeniosas sobre el esnobismo.

Le contaban a Proust un duelo entre Gambetta y Clemenceau, en el que ninguno de los dos había sido herido. Y le decían:
—Se limitaron a intercambiar los tiros.
—¿Dispararon con bala?
—Desde luego.
—¿Balas del mismo calibre?
—Sí.
—¿Y del mismo metal?
—Sí.
—¿Y del mismo peso?

—Sí, sí.
—Pues ¿por qué las intercambiaron?

Era amigo del escritor Rosny, de uno de los dos Rosny, el mayor, el conocido por Rosny *ainé.* Y decía Rosny que Proust, poco antes de morir, le dijo:
—Creo que Dios existe, pero que está dormido. Supongo que se ha dormido cansado de tanto velar por los hombres. Y ahora la máquina del mundo funciona mal, sin que nadie la dirija, mientras Dios no despierte, estaremos cada vez peor.

## PUCCINI

Giacomo Puccini (1858-1924), el músico autor de óperas tan popularizadas como *Manon Lescaut, La Bohème, Tosca* y *Madame Butterfly*, tuvo sus incondicionales y sus detractores. Un crítico le trataba siempre sin consideración. Puccini vio un día al crítico, solo en una cervecería, donde seguramente esperaba a alguien. Para amenizarse la espera silbaba un trozo de una de sus óperas. Puccini se le acercó y le dijo:
—Nunca ha alabado mi música y, sin embargo, cuando está solo, la recuerda.
—La silbo aquí —le dijo el crítico— lo mismo que la silbaría en el teatro.

Al parecer, para algunos temas musicales de *La Bohème* se había inspirado en su propia juventud. El libro está tomado de *Escenas de la vida bohemia* de Murger. Y se encargaron de arreglarlo para la ópera dos amigos de Puccini, Giacosa e Yllica. Algunas de las cosas que pusieron no estaban tomadas del libro de Murger, sino de los recuerdos de Puccini. En *La Bohème*, uno de los artistas pobres, el llamado Colline, empeña su abrigo para comprar leña para la chimenea. Y, al parecer, Puccini tuvo una novia modistilla en su juventud, y empeñó una noche su abrigo para invitarla a cenar. Cuando lo comentaba años después, decía:
—A la mitad del invierno ya había roto con ella; pero sin abrigo tuve que estar todo aquel invierno.

Vivía en una pensión en Milán. La dueña de la pensión tenía prohibido a sus huéspedes que guisaran y comieran en las habitaciones. Estaba de acuerdo con la portera y si les veía entrar con paquetes, avisaba en seguida a la dueña. Y ella entraba en la habitación y, si encontraba comida, amenazaba al huésped con despedirle.

Puccini tenía poco dinero entonces y, algunas veces, compraba pan y queso, y ésta era toda su comida. Para comer su pan y su

queso en la habitación, salía con un maletín y decía a la portera:
—Estaré todo el día fuera. ¡A respirar aire puro!
Volvía poco rato después, con la maleta llena, y decía:
—He perdido el tren por unos minutos. Y, como el otro no sale hasta dentro de dos horas, lo dejo para otro día.

El dueño de la pensión trabajaba en Correos. Puccini recibía todos los meses un giro de cien liras. Y el dueño de la pensión le traía el dinero a casa. Pero le descontaba el precio de la pensión de un mes.
—Esto es un abuso de poder —le decía Puccini.
—Después que le ahorro el trabajo de pagarme, ¿me lo agradece así?
—De todos modos...
—Si le diera todo, ¿no me pagaría?
—Desde luego que sí.
—Pues me anticipo y me pago yo mismo. Y debería cobraros algo más por el trabajo que me tomo. Pero, en fin...

Puccini no tenía facilidad de palabra y nada le ponía en mayor aprieto que tener que hablar en público. Después del estreno de *Manon*, que fue un éxito, en Turín, le dieron un banquete. Puccini escribió su breve parlamento de gracias y lo llevaba escrito en el bolsillo. Lo buscó antes de levantarse y no lo encontró. Y, aturdido, dijo:
—Muchas gracias a todos...
No le salió nada más y se volvió a sentar. Pero al sentarse, de azarado como estaba, derribó dos botellas y algunos vasos. Y uno de sus amigos se levantó y dijo:
—¡Éste ha sido el bautismo de *Manon*!

Puccini era poco amigo de la publicidad. Estaba en Nueva York con su hijo Tonio y un admirador le ofreció 500 dólares por una página musical escrita a mano. Puccini dijo que no. Iba con su hijo y en una tienda vieron una pequeña embarcación que al muchacho le gustó mucho.
—¡Cómpramela, papá!
Puccini no tenía allí dinero suficiente para comprarla. Preguntó el precio en la tienda: 500 dólares. Puccini recordó que era la misma cantidad que le habían ofrecido por un autógrafo. Dijo al niño que fuese a visitar al que le había hecho el ofrecimiento, que se ofreciera para convencer a «su padre» de que aceptara el dinero y escribiera la música autógrafa, y que si conseguía el dinero tendría la embarcación.
Y la tuvo. Puccini decía después lo mismo que muchos padres dicen:
—Lo que no se hace por un hijo...

Tan enemigo era de la notoriedad y amigo de que le dejaran en paz, que una vez que estuvo en Bayreuth se inscribió en el hotel con un nombre falso, como Arquímedes Rossi. En el teatro de ópera, donde se ponía *Parsifal*, un amigo le conoció. Y le dijo a Cossima Wagner:

—Allí está Puccini.

El amigo fue a su encuentro y le dijo que la señora Wagner deseaba saludarle. Puccini se negó:

—Aquí no soy Puccini; soy Arquímedes Rossi.

Y el amigo tuvo que mentir y decir a Cossima Wagner que se había confundido, pues aquel señor tan parecido a Puccini, no era Puccini, sino un tal Arquímedes Rossi.

## PUSCHKIN

Alexander Puschkin (1799-1837), poeta y novelista ruso, se lamentaba de la falta de pureza de razas en todo el mundo. Y un día que estaba comiendo con amigos puso un ejemplo, refiriéndose a la falta de pureza en la dinastía de los Romanov. Llenó un vaso de vino, lo levantó y dijo:

—Éste es el primer Romanov.

Llenó la mitad de otro vaso de agua y lo terminó de llenar con el vino del primer vaso. Y lo levantó:

—Éste es el segundo.

Llenó la mitad de otro vaso de agua y lo acabó de llenar con la mezcla del segundo vaso. Lo levantó:

—Éste es el tercero.

Continuó la operación con otros vasos, hasta que, en el último, el agua apenas tomó un poco de color rosado.

—Y éste es Alejandro segundo.

Que era el zar que había entonces en Rusia.

Nunca salía de Rusia. Le hablaban de otros países y no mostraba ningún interés.

—¿No os gusta viajar? —le preguntaban.

Y él contestaba:

—Supongo que no merece la pena. Imagino sublimes bellezas naturales, y temo que, comparado con lo que imagino, el mundo me defraudaría. ¿Y qué interés puedo tener en conocer gente importante, si ellos no se interesan por conocerme a mí?

—¿Cómo sabéis que no se interesan?

—Si tanto se interesaran vendrían aquí a conocerme. Y no vienen.

Estaba Puschkin una noche en el teatro, donde trabajaba una tal Assenkova, a la que Puschkin tenía por muy mala actriz. A su

lado se hallaban sentados dos desconocidos y, en una escena de la obra, en un mutis muy espectacular y muy teatral de la Assenkova, todo el mundo la aplaudió. Y los dos vecinos de Puschkin también. Él, no. No sólo no aplaudió, sino que tuvo algunos gestos de desagrado. El que estaba a su lado, aunque no le conocía, le preguntó:
—¿No os gusta?
—¡Nada!
—Es que, con toda seguridad, no entendéis esas cosas.
—¿Cómo que no? Soy el poeta Puschkin.
—¿Y qué tiene que ver la poesía con el teatro?
—Vuestra total ignorancia merece un par de bofetones, señor. Y no os los doy porque quiero evitar que esta actriz, al oír el ruido, piense que la he aplaudido.

Estaba un día de mal humor por falta de dinero. Llamaron a la puerta. Era su zapatero. Puschkin, inquieto, le preguntó:
—¿Venís a pedir que os pague lo que os debo?
—No, señor, sino todo lo contrario.
—No os entiendo.
—Vengo a ofreceros dinero. He inventado un nuevo betún para el calzado y quiero poner dos versos vuestros sobre las cajas, con vuestro permiso. Y esto se paga.
—Yo no sé hacer versos de este tipo.
—Hechos están, señor.
Y el zapatero recitó dos bellos versos de un poema de Puschkin:

*Más claro que la luz del día,*
*más oscuro que la noche.*

Dio la autorización firmada, pidió una cantidad como precio de la autorización y el zapatero se la pagó en seguida. Después Puschkin, cuando lo comentaba, decía:
—Y en seguida me arrepentí de no haberle pedido el doble.

## RACHEL

La famosa trágica francesa Rachel (1821-1858) estaba dando representaciones en San Petersburgo. Rusia estaba entonces terminando victoriosamente la guerra de Crimea. Y un general, vanagloriándose de los éxitos militares del ejército ruso, vino a decir que ningún ejército europeo sería, si llegara la hora, capaz de detenerlos. Dijo a la actriz:
—Iremos hasta París y os aplaudiremos allí, y brindaremos con vuestro buen champaña.
Rachel, muy patriota, le contestó:
—Muy gentil de vuestra parte; pero me parece oportuno adver-

tiros que Francia no es tan rica como para dar de beber champaña a todos sus prisioneros.

La bella actriz murió joven, a los treinta y siete años. Tuvo varios amoríos tempestuosos. No llegó a casarse, pero sí a tener dos hijos naturales. Poco tiempo antes de morir escribió su última carta a una amiga. Era el 22 de diciembre y la fechó a 1 de enero. Dijo que le ponía una fecha avanzada para obligarse a vivir algunos días más. Murió el día 4 de enero, cuando habían pasado tres días de la fecha de la carta.

## RACHILDE

Rachilde es el seudónimo de la escritora francesa Margarita Eymery (1866-1953), Margarita Wallete por el nombre de su marido, autora de algunos libros muy atrevidos. Empezó a escribir muy jovencita, con otro seudónimo. Así aparecieron sus dos primeras novelas: *Madame de Sang-Dieu* y *Fidelium*. Rachilde tenía, entonces, dieciocho años. Pertenecía a una familia de la más precavida burguesía. Su padre vio un día, en la habitación de la «niña», uno de los dos citados libros. Lo empezó a leer, llamó a su hija y le preguntó:

—¿Quién te ha dado permiso para leer esos libros?

Rachilde dijo que el libro se lo había prestado una amiga.

—Pues me gustaría conocerla.

Y lo había escrito ella.

## RAFAEL

El gran pintor del Renacimiento Rafael Sanzio (1483-1520) es uno de los más geniales pintores de todos los tiempos. Por encargo del Vaticano había pintado *La Transfiguración*, uno de sus últimos cuadros y uno de los de mayor tamaño de todas sus obras. Dos cardenales, cuyo nombre no dice la anécdota, vieron el cuadro ya terminado y criticaron algunas cosas. A Rafael no le gustaba que los poco entendidos le criticaran su pintura. Dijo uno de los cardenales:

—Los rostros de san Pedro y de algunos otros son demasiado rojos.

—Es que son así.

—¿Que son así? ¿Dónde?

—¡En el cielo! Rojos de vergüenza de que la Iglesia tenga cardenales tan poco inteligentes en pintura.

Rafael murió joven y, en sus treinta y siete años de vida, tuvo tiempo y genio suficientes para pintar algunas de las obras maestras de la pintura universal. Nació un Viernes Santo y murió otro Viernes Santo. Su primera obra es un exvoto que se conserva en el Museo de Liverpool. Lo pintó cuando sólo tenía doce años, en la bodega de la casa que había sido de su padre y que le servía de taller. Algunos elogiaron el cuadro en presencia del niño pintor y Rafael, sin darle importancia, advirtió:
—Puedo hacerlo mejor.

Conocidos son los amores de Rafael con la Fornarina, una muchacha hija de un panadero (de ahí lo de fornarina), que fue durante años modelo y amante del pintor. Un autor, un tal Henry de Koch, acusó a la Fornarina de haber sido la causa de la muerte prematura del pintor, no por asesinato, sino por exceso de amor. Dice este autor: «Maldita sea esta mujer que causó la muerte del príncipe de los pintores, cuando aún se hallaba en la primavera de la vida. Fue una cortesana cuyos besos ardientes devoraron la fuente de la vida de Rafael».

Lo cierto es que, en la intimidad de Rafael y la Fornarina, hay un misterio que nunca ha sido aclarado por completo.

Le preguntaban cómo había conseguido pintar con tanta perfección. Y respondía:
—No descuidando nunca ni el más pequeño detalle.

Algunos de sus amigos le reprochaban detalles del cuadro *Amor y Osiche* como poco coincidentes con la auténtica naturaleza, Rafael les preguntaba:
—¿Y lo demás?
—Lo demás se ve más natural.
—Pues, en todo caso, corregiré lo demás. El artista no debe copiar la naturaleza tal como es, sino pintarla tal como debiera ser.

Ya muerto Rafael, las tropas españolas y alemanas saquearon Roma y estropearon algunas de las pinturas del Vaticano. Después el papa encargó a Sebastián del Piombo que las recompusiera hasta dejarlas como antes. Y entonces visitó el Vaticano por primera vez el Ticiano. Vio a un hombre que pintaba algo sobre una pintura de Rafael y empezó a gritar:
—¡No! ¡No! ¡Jamás!
Se reunió gente. Le llevaron a presencia de un capitán de la Guardia Vaticana. Y él gritaba:
—¡Nunca mientras viva consentiré que un imbécil estropee con sus pinceles las obras maestras de Rafael!
No se sabe si Del Piombo continuó su obra o si la terminó otro.

## REMARQUE

Erich Maria Remarque (1882-1969) fue soldado durante la primera guerra y escribió después un libro, que sería uno de los *best-seller* más célebres de aquellos tiempos: *Sin novedad en el frente*. Un día le preguntaban si lo había escrito durante la guerra, en el mismo campo de batalla, o si al menos había ido tomando notas para escribirlo después.
—No. Escribí el libro diez años después, muy tranquilamente, en una casa de campo donde no había guerra ninguna, teniendo a la vista un jardín lleno de flores.
—¿Y durante la guerra no escribió nada?
—Sí. Allí no había flores y me entretuve escribiendo poesías... Casi todas sobre las flores.

## REMBRANDT

El pintor flamenco Rembrandt (1607-1669), uno de los pocos pintores del mundo verdaderamente geniales (Velázquez, Rembrandt, Goya, Picasso), era un dibujante excepcional, como lo son todos los buenos pintores. Estaba un día invitado en la casa de un amigo suyo. Ya se iban a sentar a la mesa cuando advirtieron que faltaba sal. El anfitrión mandó a un criado a comprarla. Dijo:
—No tardará.
Mientras le esperaban, Rembrandt, rápidamente, dibujó los rostros de todos los que estaban allí. Y les dijo:
—Todo pintor debería dibujar así, rápidamente, tres o cuatro horas todos los días.

Rembrandt tenía, como todos los pintores, sus secretos técnicos. Y le disgustaba que otros observaran sus cuadros muy de cerca, como para descubrir aquellos secretos. Les decía:
—La pintura se hace para ser mirada; no para ser olida. El olor de la pintura es malo para la salud.

Un rico señor le encargó su retrato. Una vez terminado no le gustó. Dijo:
—Pintáis muy bien; pero no acertáis el parecido.
Rembrandt le dijo que si no quería el cuadro lo vendería a otro.
—No; eso, no —dijo el señor del cuadro—. Unas sesiones y a ver si le mejoráis el parecido.
Rembrandt accedió. Pintó en el suelo de su taller una moneda de oro. Y la primera vez, después de aquello, que el señor fue a posar, vio la moneda y se inclinó para recogerla. Rembrandt se echó a reír.
—Y luego me diréis que no acierto el parecido

Y se negó a modificar el retrato que, al fin, fue aceptado tal como estaba.

## RENAN

Ernest Renan (1823-1890), filósofo, filólogo y escritor francés, autor de uno de los libros que más ha combatido la Iglesia, la *Vida de Jesús*, pasó mucho tiempo en Palestina recogiendo datos para su obra. Mientras preparaba el viaje a aquellas tierras, un amigo le dijo:
—Hay muchos bandidos por allí.
—Eso dicen.
—Creo que deberíais llevaros un fusil, por si acaso.
—¿Para qué? Con tantos bandidos, me lo quitarían.

Después de su libro *Vida de Jesús*, le preguntaron:
—¿No creéis en la existencia de Dios?
—En cierto modo, sí.
—Si no habláis más claro...
—Que no estoy convencido de que Dios ya exista; pero sí de que algún día existirá.

Lamartine estaba falto de dinero y Renan, que dirigía un diario, le encargó una historia del Próximo Oriente, para irla publicando por entregas. Lamartine entregó los primeros pliegos. Renan los encontró aburridos. Pero los publicó. Un día llamó al secretario de redacción.
—He descubierto —le dijo— que Lamartine copia su historia de otro autor, pero literalmente.
—¿Seguro?
—Aquí está el libro.
Compararon los dos textos y eran, en efecto, iguales. Renan decidió terminar aquella publicación. El secretario intentó defender a Lamartine:
—Es que está sin dinero y con muchos acreedores.
—¿Cuántos?
—No lo sé; pongamos ciento.
—¿Cuántos suscriptores tenemos nosotros?
—Cerca de veinte mil.
—¿Y os parece equitativo que Lamartine, para pagar a sus cien acreedores, aburra a nuestros veinte mil suscriptores? A mí, no.
Y suspendió la publicación.

Ménard había escrito un libro en el que analizaba el largo proceso de la humanidad desde el paganismo al cristianismo. Pidió a Renan que le escribiera el prólogo. Renan aceptó. Y el prólogo que

le entregó empezaba así: «Es más fácil saber y explicar cómo acaban los dogmas, que saber y explicar cómo han empezado». Ménard leyó esto y no estuvo de acuerdo.
—Esto no me parece cierto.
—¿No?
—¿Y si lo cierto fuese lo contrario?
—Nada más fácil.

Renan tachó lo escrito y lo volvió a escribir: «Es más fácil saber y explicar cómo han empezado los dogmas, que saber y explicar cómo acaban».

La frase apareció en el prólogo así: «No es nada fácil conocer el proceso de un dogma desde su comienzo hasta su fin».

Renan daba una conferencia. Uno de los asistentes sentados en las primeras filas luchaba contra el sueño. Renan se dio cuenta, interrumpió su charla, se dirigió al dormilón y le gritó:
—¡Oiga! ¡Oiga! Siento por usted no ser capaz de interesarle. Pero no se preocupe, dentro de diez minutos termino.

Y el dormilón, desde donde estaba, sin ni levantarse, le preguntó:
—¿Cree que habrá dejado de llover dentro de diez minutos? Porque si sigue lloviendo, mejor estamos aquí, ¿no?

Después se supo que era un transeúnte cualquiera, que había entrado allí únicamente para guarecerse de la lluvia.

## RENOIR

El pintor Auguste Renoir (1841-1919) es uno de los pintores de quien más falsificaciones se han hecho y vendido. Los falsificadores sabrán si es debido a que no resulta muy difícil de falsear, o a que los coleccionistas pagaban bien los Renoirs. De este pintor se ha dicho que, de los 500 cuadros que pintó en su vida, hay 2.000 en las colecciones de los Estados Unidos.

Renoir tenía fama de dar muy poco valor a los escritores. Decía:
—Sólo cuentan mentiras y la mayoría de las veces sin gracia ninguna.

Sus amigos le alababan la obra literaria de Zola.
—Me basta saber que se trata de un escritor para empezar despreciándolo.

Y contaban sus amigos que de *Madame Bovary* había dicho:
—Es la historia de un imbécil cuya mujer, como es natural, ama a otro. Es uno de esos libros que si se ha conseguido llegar a la mitad, se piensa: ¿y a mí qué me importan todos esos tipos? Se lee el final y se regala el libro a un amigo.

Contaba Rencir que a sus primeras exposiciones no iba nadie, que su pintura, muy distinta de lo que hasta entonces se había hecho, no gustaba a nadie. Una vez estaba él solo con sus cuadros en la sala de exposición y entraron un hombre y una mujer. El hombre, enfurecido, señaló todos los cuadros a la vez y gritó:
—¡Mira!
La mujer se tapaba los ojos negándose a mirar y el hombre le apartaba la mano y le repetía el grito:
—¡Mira! ¡Mira!
Renoir se acercó a hablarles sin darse a conocer y el hombre le contó que obligaba a su mujer a mirar aquellos horrores, en castigo por sus desobediencias.
—Es una mujer rebelde y, si no cambia, la traeré aquí todos los días.
Renoir añadía este comentario:
—Cambió, seguramente, pues no les volví a ver.

Cuenta Vollard, en su libro *Souvenirs d'un marchand de tableaux*, que tuvo mucho tiempo un desnudo de Renoir, por el que sólo pedía 250 francos, y nadie se lo quiso comprar. Lo abandonó en su almacén detrás de otros muchos cuadros. No lo encontró hasta veinte años después y, casualmente, buscando otra cosa. Y entonces se lo comprón Rodin por... 25.000 francos. Cuentan que Vollard decía:
—Casi nadie entiende en pintura. Pero todos los compradores saben que, en un momento dado, unas firmas se pagan a cualquier precio. Y los cuadros con aquellas firmas les parecen siempre los mejores.

Le preguntaban a Renoir cuál era la moda, en vestidos de mujer, que le había gustado más pintar.
—La única moda que no pasa de moda —dijo.
—¿Y cuál es esta moda?
—El desnudo

Renoir, a pesar de su poca afición a la lectura, en sus últimos años descubrió que leer obras de teatro era entretenido. Y se compró algunas colecciones. Pero no las leía enteras. Había descubierto otro sistema mejor. Leía el primer acto de una, el segundo acto de otra y el tercero de otra. Y decía:
—Lo único que desorienta es el cambio de personajes. Por lo demás, ligan muy bien y hasta parecen escritos los tres actos por la misma mano.

# REVOLUCIÓN FRANCESA

Recogemos aquí algunas anécdotas de la Revolución francesa, o sea del período entre 1789 y 1795. A principios de 1790, las gentes del pueblo empezaban a desmandarse contra los aristócratas. Y nadie se atrevía a castigarlas. Una noche, en un teatro, un grupo de descamisados arrojaron tomates y patatas contra los palcos. En uno de ellos estaba la duquesa de Biron. Recogió algunos de los proyectiles, hizo un paquete con ellos y lo mandó a Lafayette, jefe entonces de la Guardia Nacional, con un billete en el que había escrito: «He aquí, querido general, los primeros frutos de la Revolución».

Una noche, a la salida del teatro, una señora de la aristocracia llamó al hombre que se encargaba de buscar las carrozas y le ordenó:

—Llamad a mis criados.

Un *sans-culotte* (descamisado), que pasaba por allí y la oyó, le gritó:

—¡Ya no hay criados! Ahora todos los hombres somos hermanos.

—Gracias —dijo la señora—. En este caso llamad a esos hermanos míos que están a mi servicio.

Así pues, los aristócratas se tomaban, al principio, con cierto humor las provocaciones del pueblo sublevado.

Había entonces en Toulouse un arzobispo, monseñor De Brienne, que fuera impuesto por el rey y que no había hecho nada para ganarse la voluntad del pueblo. Ya la Revolución en marca, las turbas invadieron el palacio episcopal en busca del arzobispo. Monseñor había tenido tiempo de huir y no le encontraron. Y decididos a desahogar su odio, decidieron quemar un muñeco de paja al que vistieron con ropas del arzobispo. Cuando estaban preparando la hoguera, con el muñeco allí en alto, acertó a pasar un cura. Se le echaron encima gritando:

—¡He aquí al confesor del arzobispo!

Y le obligaron a acercarse al muñeco y a fingir que le confesaba. Pero el cura tuvo una idea genial. Desde donde estaba, en alto sobre el populacho, gritó:

—¡Hijos míos! Mucho me gustaría confesar al arzobispo. Pero si empiezo, serán tantos los pecados que tendréis que dejar la quema para mañana.

Y, gracias a esta ocurrencia, que fue recibida con grandes risotadas, se pudo escabullir y se libró de aquel simulacro de confesión.

El tribunal revolucionario juzgó y condenó a muerte al general Custine y a su hijo. La mujer del hijo, marquesa de Custine, joven y bella, asistió al proceso. Alguien del público la reconoció y lanzó un grito contra ella, mientras su joven marido estaba declarando.
—¡Ésta es su mujer! ¡A ella!
Otros se levantaron y se dirigieron a donde estaba sentada la joven marquesa. Sentada a su lado se hallaba una mujer del pueblo con un niño en brazos. La mujer ofreció el niño a la marquesa y le dijo apresuradamente:
—¡El niño os salvará!
Cuando la marquesa se levantó todos vieron que llevaba un niño en brazos y esto les detuvo. La joven marquesa cruzó con el niño en brazos entre la multitud alborotada que llenaba el local. Detrás de ella iba una mujer del pueblo. En la calle, la marquesa devolvió la criatura a la mujer, a la que no conocía de nada. No se cruzó entre las dos mujeres una sola palabra. La marquesa corrió a esconderse y la mujer se fue hacia su casa con el niño en brazos.

Durante la Revolución los billetes de banco fueron sustituidos por los llamados «asignados». Un inquilino fue a pagar el alquiler de la casa al propietario y le pagó con asignados.
—¿No tenéis otra moneda?
—Sólo circula ésta.
—Es papel mojado. Mejor será que esos asignados se los deis a los pobres.
—No es posible. Les he ofrecido otros que tengo y no los han querido.
Ni los pobres aceptaban aquella moneda lanzada al mercado por la Revolución.

Durante la guerra de la Vendée, un general republicano dijo a un campesino de aquella región:
—Si mandara yo, haría derribar todos vuestros campanarios y así ya nada os recordaría vuestras antiguas supersticiones.
—Nos las recordarían las estrellas, señor. Y éstas nunca las podréis quitar del cielo.

En un momento de la Revolución fueron suprimidos los «santos». Y los barrios de París dedicados a un santo se llamaron «el barrio Antonio» en vez de «de San Antonio», el «boulevard Germain,» en vez de «de Saint-Germain», etc. Entre un aristócrata, el señor de Saint-Janvier, y el tribunal revolucionario se produjo un curioso diálogo:
—¿Cómo os llamáis?
—Mi nombre es de Saint-Janvier.
—Los «de» no existen. El pueblo los ha suprimido.

—Pues me llamo Saint-Janvier.
—No hay santos. También el pueblo los ha suprimido.
—Pues me llamo Janvier.
—«Janvier» es el nombre de un mes que ya no existe. Ahora se llama Nevoso.
—Pues me llamo Nevoso.
Y el que interrogaba le dijo muy serio al que tomaba nota de todo:
—Bien está. Poned: el ciudadano Nevoso.
Y todos tan contentos.
Durante nuestra guerra sucedió en Madrid algo en cierto modo parecido. Los milicianos detuvieron al marqués de Esquilache. En la comisaría le preguntaron el nombre. El marqués dudaba:
—No os gustará mucho, pero... soy el marqués de Esquilache.
—¡Nada de marqueses! ¡El nombre! ¡El nombre!
—Es que todavía os gustará menos. Me llamo Alfonso de Borbón.

De aquellos tiempos de la Revolución se cita otro diálogo parecido entre un noble y el interrogador de un tribunal popular.
—¿Cómo os llamáis?
—Soy el vizconde de Saint-René.
—¡No hay títulos!
—Me llamo, pues, de Saint-René.
—Los «de» están suprimidos.
—Me llamo Saint-René.
—¿Es que no sabéis que no hay santos?
—Me llamo René.
—Re-né, o sea dos veces nacido. Por si acaso, daremos orden de que se os guillotine dos veces.
Pero bastó con una, como con todo el mundo.

Un criado del duque de Epremesnil, un fiel criado, consiguió salvar, con su ingenio, la casa y la persona del duque. Las turbas se habían amotinado y un cabecilla les gritaba:
—¡Vamos a quemar la casa de este sinvergüenza!
Entre la multitud estaba el fiel criado. Tuvo la suerte de que nadie le conocía. Gritó:
—¡No! ¡Los muebles no! Ya no son del duque, sino de sus acreedores.
El cabecilla, exaltado, gritaba:
—¡Quemaremos a la duquesa!
—Pero si es una mujer que va con todos. Lo contento que se pondrá el duque si le libramos de ella.
Y el cabecilla, que ya veía que estaba perdiendo la partida, dijo:
—Pues le aplastaremos la cabeza al duque y le quemaremos el cerebro.

—¡Imposible! ¿No sabéis que el duque tiene la cabeza vacía? Y así consiguió divertir a la multitud, alejarla de allí y salvar la casa y la persona del duque.

## RICARDO III

Ricardo III de Inglaterra (1452-1485), en una larga batalla contra las tropas de Enrique Tudor, perdió el caballo y estuvo en situación muy apurada, rodeado de enemigos, sin montura y sin poder huir. Y, en su apuro, pedía a gritos un caballo y ofrecía por el caballo cuanto tenía. Su grito, verdad o no, ha pasado a la historia anecdótica en esta forma:

—¡Mi reino por un caballo!

Ricardo III murió en este combate.

## RICE

Edgar Rice Burroughs es el escritor norteamericano autor de *Tarzán*. Había nacido en Chicago en 1875 y murió en 1950. Fue *cowboy*, buscador de oro, vendedor ambulante, profesor por correspondencia, empezó a escribir cuentos para algunas revistas y, al morir, era el escritor que más dinero había ganado con sus libros.

En 1912 escribió la primera aventura de Tarzán, el hombre de las selvas africanas. El editor lee un trozo y se echa a reír.

—¡Vaya disparate mayúsculo! Elija otra profesión, créame.

Durante dos años E. R. Burroughs le sigue visitando. Y, al fin, el editor, vencido por tanta insistencia, publica el libro. Es en 1914. Y así empieza la fortuna de autor y editor a la vez.

Un dato curioso de este autor que debió en parte al paisaje su inmensa fortuna: nunca había estado en África. Siempre decía que quería ir; pero escribía tantas aventuras en África, que no le dio tiempo de ir a conocer África jamás.

## RICHELIEU

El cardenal Richelieu (1585-1642) se llamaba Armand-Jean du Plessis; fue desde muy joven hombre metódico y buscó siempre apoyos legales para el cumplimiento de todos sus propósitos. Estuvo en Roma para hacerse consagrar obispo. El papa le vio muy joven.

—¿Tenéis la edad? —le preguntó.

Richelieu dijo que sí. Y una vez consagrado pidió al papa que le diera la absolución por una mentira.

—Os he dicho que tenía la edad y no la tengo. Pero ahora ya soy obispo y la cosa no tiene remedio.
El papa se enfadó mucho con él. Y después dijo a sus cardenales:
—Este hombre llegará. Sabe abrirse paso.

El cardenal Richelieu era hombre de pocas palabras. Fue secretario de la reina Ana de Austria, esposa de Luis XIII de Francia, y después valido del rey. En una fiesta de palacio estaba apartado de los demás y les observaba en silencio. Un caballero se le acercó:
—¿Se aburre vuestra eminencia?
—No.
Ésta fue la breve contestación del cardenal, que continuó silencioso. El caballero, un rato después, insistió:
—¿De veras no se aburre vuestra eminencia?
—No, querido duque; yo no me aburro jamás, a no ser que los demás insistan en aburrirme con su conversación.
No se repitió la insistencia del duque.

El cardenal Richelieu, siempre que alguien le hablaba mal de otro, le escuchaba con mucha atención, y animaba al maldiciente a continuar hablando. Y, cuando había oído bastante, decía:
—Le recompensaré como merece.
El maldiciente pedía una aclaración.
—Sí, porque si no tuviera algunas buenas cualidades no habríais despotricado contra él con tanta insistencia.
Y así se sacaba de delante al acusador, le desorientaba y se había enterado de muchas cosas del otro.

Al cardenal Richelieu se le atribuye una frase que, al parecer, no la decía él. La frase es: «Dadme dos líneas escritas de puño y letra de cualquier hombre y, aunque sea inocente, encontraré motivos suficientes para condenarle a muerte».
Parece ser que quien acostumbraba decir esto era un juez llamado Laubardemont, a quien el cardenal Richelieu confiaba los casos de simple venganza personal a los que quería dar una apariencia de justicia.

Richelieu quiso deshacerse del mariscal Marillac. Le envolvió en acusaciones lanzadas por otros y consiguió que un juez le condenara a destierro. Y después decía:
—Hemos de reconocer que Dios concede a los jueces una visión mucho más clara que a los otros mortales.

Ya en su lecho de muerte, el sacerdote que le atendía le dijo que perdonara a sus enemigos.

—No he tenido más enemigos —le dijo el cardenal— que los enemigos de Francia. Si creéis que merecen perdón...

Muerto Richelieu corrió por París un falso epitafio que, desde luego, nunca se puso en la tumba. Era el siguiente: «Aquí yace un famoso cardenal que hizo mucho bien y mucho mal; pero el bien lo hizo siempre mal y el mal lo hizo siempre bien».

## RILKE

El poeta Rainer Maria Rilke había nacido en Praga en 1875 y murió en Suiza en 1926. Un mocito le enseñaba sus versos y le preguntaba su opinión. Los versos no eran malos y Rilke le aconsejaba que, a pesar de todo, sólo continuara escribiendo cuando se sintiera totalmente incapaz de hacer otra cosa. Y en una carta le prevenía contra la impaciencia, diciéndole:

—Lo bueno de un buen poeta sale siempre de milagro. Pero, para que el milagro se empiece a producir, hace falta haber visitado muchas ciudades, haber conocido a mucha gente y haberse enterado de muchas cosas. Y, además, haber sentido el vuelo de las aves y advertido los movimientos de las flores que se abren al sol, todas las mañanas.

## RIMBAUD

Arturo Rimbaud (1854-1891) fue, desde muy joven, un gran poeta. Y dejó de escribir poemas también muy joven. Es uno de los pocos casos de un escritor famoso que sólo ha escrito en su juventud.

Abandonada la literatura, marchó a Abisinia y allí emprendió negocios en los que no tuvo éxito. Otro francés viajero que le encontró en ese país, le reconoció.

—Sois, si no me equivoco, el gran poeta Rimbaud —le dijo.

Rimbaud contestó secamente:

—Lo fui.

Y habló de otra cosa.

En Aden trabajó a las órdenes de un comerciante griego. Después de su muerte, un viajero francés visitó al griego en busca de noticias del poeta. Y la única noticia que pudo obtener del comerciante griego fue ésta:

—¿Rimbaud? Sí; era un buen contable.

Nunca supo el griego que su contable Rimbaud había sido uno de los grandes poetas de Francia.

## RIMSKY-KORSAKOF

El músico ruso Rimsky-Korsakof (1844-1908) es autor de algunas óperas que se han hecho famosas, entre ellas el *Zar Samtan* y *La ciudad invisible de Kitesc*. Era un hombre muy tímido. Y pobre, además. Vivía del cargo de director del Conservatorio de Música, con un sueldo que le servía justamente para no morirse de hambre. El zar Alejandro II asistió a una fiesta en el Conservatorio. Cuando Rimsky-Korsakof le saludó, el zar le dijo:
—Dudo que le hubiese conocido. Ha engordado desde la última vez que le vi.
—De puro milagro, señor, pues con mi sueldo de director de este Conservatorio, sin la ayuda de Dios, no habría engordado.
No dice la anécdota si el zar ordenó que le aumentaran el sueldo.

## RIVAROL

Antonio Rivarol (1752-1801) fue un hombre de letras más famoso por sus ocurrencias y salidas que por sus obras. Publicó algunos libros, pero todos con seudónimo. Y decía de sí mismo:
—Yo, como escritor, soy totalmente desconocido. Y, sin embargo, todo el mundo me conoce. Esto, aparte de tener algún mérito, tiene la ventaja de que nadie intentará imitarme.

Se atribuye a Rivarol este comentario sobre la vida y muerte de Luis XVI:
—Fue un hombre que, después de una vida de debilidades, tuvo un solo día de fuerza completamente inútil.
Se refería a la forma impasible y serena como Luis XVI supo morir delante de los revolucionarios franceses.

Malesherbes fue un día a pedir consejo a Rivarol de parte de Luis XVI. Y Rivarol le dijo:
—Decid al rey que haga como yo.
—¿Como vos?
—Exactamente. Yo hago de Rivarol; pues que él haga de rey. Eso es todo.

Un soldado que había perdido el brazo en la guerra insistía día tras día en la demanda de una pensión a la Asamblea popular. Rivarol dijo de aquel hombre:
—Este tipo tiende a la Asamblea hasta el brazo que le falta.

Y se le atribuye esta curiosa sentencia política:
—Dos cosas son verdad indiscutible: que el pueblo es soberano, y que nunca el pueblo ejerce ni puede ejercer su soberanía.

Rivarol, en plena Revolución francesa, decía:
—Esto es el resultado de los servicios de la monarquía.
—¿Y ahora, qué? —le preguntaban—. Será el cuento de nunca acabar.
—No; se acabará pronto. Y el final será el resultado de los vicios del pueblo.

En una reunión de sociedad, Rivarol estuvo todo el tiempo hablando con dos señoras cuya conversación tenía cierta fama de insoportable. Un amigo le preguntaba después a Rivarol:
—¿Cómo has podido hablar tanto rato con esas dos mujeres?
—Ha sido la única forma de evitar el suplicio de escucharlas yo a ellas.

Un mal poeta le decía a Rivarol, con expresión desesperada:
—¡Me han robado todos mis manuscritos!
—Te compadezco.
—Pero todos; no me han dejado ni un original.
—Y le compadezco.
—¿A quién?
—Al ladrón.

Otro poeta, también mal poeta, publicó sus poemas. Era hombre rico y la edición apareció lujosa, con muchos espacios blancos entre poema y poema. Rivarol decía:
—Más de la mitad del libro es muy aprovechable.
—¿Como inspiración?
—Me refiero a los espacios en blanco. Que son aprovechables para escribir algo encima.

Una frase que se atribuye a Rivarol, lo mismo que se ha atribuido a otros, es el juicio de los que hablaban de él a sus espaldas. Se cuenta que decía:
—Sé que muchos hablan mal de mí; pero lo más lastimoso es que los que hablan bien, lo que dicen lo dicen mal.

Se hablaba de un tipo que iba siempre muy sucio. Y Rivarol supo expresar tanta suciedad en una buena frase. Dijo:
—Este hombre, si un día cae en un barrizal, lo ensucia.

Se hablaba un día de la ternura y afectuosidad de las mujeres. Rivarol nunca había sido feminista. Y sin decir aquella vez nada contra ellas, hizo que su gato, que era una gata, se le subiera a las rodillas. Allí la gata se frotaba el hocico sobre la ropa de Rivarol. Y él dijo entonces:
—Esta gata es un buen ejemplo de cómo son las mujeres con nosotros. ¿Creéis que me acaricia? No; lo que hace es acariciarse ella conmigo. La que se lo pasa bien es ella y la víctima soy yo.

# ROBESPIERRE

Maximilien Robespierre (1758-1794) era hijo de un abogado y había recibido buena educación en el Colegio Luis el Grande. Era el muchacho más inteligente de su clase. Y, en cierta ocasión de fiesta nacional, en el colegio fue elegido para hacer el discurso de honor. La fiesta era la coronación de Luis XVI, el rey al que algunos años después, en unión de Marat, Danton y Saint-Just, llevaría a que los tribunales le juzgaran y le condenaran a muerte. Y otra vez, ante los tribunales de Arras, hizo un gran elogio de Luis XVI, y entre otras cosas dijo:

—Me siento feliz de poder hacer públicos mis mejores sentimientos y los de toda Francia hacia un rey al que todos queremos y que es la gloria del país.

Y después, ya en plena Revolución, Mirabeau decía de Robespierre:

—Toda la fuerza de este hombre es su sinceridad. Es una de las pocas personas que creen de buena fe en todo lo que dicen.

Robespierre mandó a Danton a la guillotina. Robespierre era hombre de palabra fácil y su mayor defensa eran siempre sus discursos. El famoso 9 termidor, cuando ya los enemigos de Robespierre habían decidido acabar con él, el presidente de la Convención, Fréron, no le dejó hablar. Y lo hizo a propósito, por el temor de que si le dejaba hablar, Robespierre ganaría la partida. Y cada vez que Robespierre intentó hablar, Fréron le gritaba:

—¡La sangre de Danton está contra ti!

Le recordó una y otra vez la muerte de Danton. Y después de vencido Robespierre, Fréron decía:

—¡Lo difícil que es abatir a un tirano!

Maximilien Robespierre tenía un hermano llamado Augustin, que siempre le ayudó en todo. Y cuando Robespierre fue acusado de asesino ante la Convención, su hermano se levantó y gritó:

—Si mi hermano es culpable yo también lo soy. Y si he participado en su gobierno, quiero seguir su suerte hasta el fin.

Luego de aquella sesión de la Convención fueron llevados los dos a la cárcel en mal estado. Robespierre con la mandíbula destrozada por una bala que le disparó un gendarme; su hermano, al verlo todo perdido, intentó suicidarse y se arrojó por una ventana. Pero no murió. Y fue llevado a la cárcel sin tener en cuenta sus heridas. Al día siguiente fueron guillotinados los dos.

A la ejecución de Robespierre asistía una madre cuyos dos hijos habían sido guillotinados por orden del tirano, del «incorruptible» como le llamaban, porque nunca se vendía por dinero.

Y, cuando el verdugo levantó la cabeza de Robespierre ya separada del cuerpo, aquella mujer gritó:
—¡Otra vez! ¡Que lo maten otra vez!
Exigía así, en venganza, una muerte del tirano por cada una de las muertes de sus dos hijos.

Cuenta Viel Castel que Barras mandó abrir la tumba de Luis XVI para echar cal viva sobre los huesos, que esto coincidió con la muerte de Robespierre y que Barras hizo echar su cadáver en la fosa abierta del rey. Y luego dijo:
—Que descansen juntos el verdugo y su víctima.

Más tarde, cuando los restos mortales de Luis XVI fueron inhumados para su traslado al monumento expiatorio de la avenida d'Angio, los encargados de la inhumación dudaron entre los dos cadáveres, y parece ser que hubo quien propuso que fuesen trasladados los dos.

## ROCKEFELLER

El multimillonario John Davison Rockefeller (1839-1937), que murió a los 98 años y cuyo rostro de sus últimos tiempos todos recordamos, daba un consejo para conseguir un reconocimiento de deuda. A un amigo suyo le debían 50.000 dólares y no tenía ningún comprobante. Consultó el caso con Rockefeller y éste le dijo:
—Escríbale una carta reclamándole los cien mil dólares que le debe. Seguro que él le contestará diciéndole que está en un error, que no son cien mil, que sólo son cincuenta mil. Y ya tiene un comprobante.

Daba pocas propinas y, una vez el *maître* de un restaurante se atrevió a decirle:
—Señor Rockefeller, si yo fuese millonario como usted, no ahorraría en propinas.
—Le agradezco la información; pero si yo no hubiese ahorrado en propinas y en otras muchas cosas, acaso no sería ahora millonario.

Esto me recuerda que había en Barcelona un señor de mucho dinero y muy conocido: don Manuel Girona. Se usaban entonces coches de punto. Y un cochero, ante la escasa propina que le daba el señor Girona, le dijo:
—Su hijo, señor Girona, me da mucha más propina que usted.
—¡Oh, mi hijo! Él es el hijo de don Manuel Girona; yo no.

Es cierto que supo ganar mucho dinero, pero en las anécdotas queda esto siempre en segundo lugar y el protagonista es otro.

En las anécdotas referidas a los ricos de este mundo, suele ocurrir así.

Un antiguo compañero de colegio de Rockefeller le visitó para pedirle ayuda. No había conseguido triunfar y estaba en la pobreza. Rockefeller, por tratarse de un amigo de muchos años atrás, le socorrió. Le dio cien dólares y algunos buenos consejos. El mismo día, un rato después, Rockefeller entró en el lujoso restaurante donde comía muchas veces, y allí vio a su compañero de colegio, sentado a una mesa muy bien servida, y saboreando nada menos que una ostra tras otra. Rockefeller se le acercó y le habló severamente:

—Esto no me parece bien. Al pedirme dinero has invocado necesidades urgentes, y una parte de mi dinero la gastas en una docena de ostras. No debes hacer esto.

—Verás... Primero, las cosas como sean. No se trata de una docena sino de dos. Esta que me tomo ahora es la segunda.

—Razón de más.

—Ponte en mi lugar. Cuando no tengo dinero no puedo comer ostras. Si cuando tengo dinero no debo comer, dime una cosa: ¿cuándo diablos voy a comer ostras?

## RODIN

El famoso escultor francés Auguste Rodin (1840-1917), cuyo secretario fue durante un tiempo el poeta Rilke, le decía a un muchacho que le pedía consejo para llegar a ser un buen artista:

—Trabaja, trabaja, trabaja; ése es todo el secreto.

El muchacho no parecía satisfecho y Rodin añadía:

—Es que no sé si me he explicado bien. Cuando digo trabaja, no quiero decir simplemente que trabajes, sino que te agotes todos los días en el trabajo. No hay otro secreto.

Este «agotarse todos los días en el trabajo» ha quedado como una fórmula anecdótica de Rodin.

Otro joven escultor, ya en los últimos años de Rodin, le decía:

—Maestro, ¡quién fuera usted! La vida daría por saber hacer lo que sabe hacer usted.

—Y yo la daría por tener la edad que usted tiene, aunque no supiera hacer nada.

Un día estaba Rodin en su estudio con algunos amigos y discípulos. Llegó su barbero y se dispuso a arreglarle. Rodin, delante de todos, le dijo:

—Hoy me quitas la barba.

Todos protestaron. Habían conocido a Rodin siempre con barba y no le querían ver afeitado. Incluso el barbero protestó. Dijo:

—Eso sí que no. Si se quiere afeitar la barba, llame a otro. Yo, no.
Rodin les tranquilizó a todos diciéndoles que sólo había querido embromarles. Y añadió:
—Sin barba sería incapaz de trabajar. Mi trabajo me agota físicamente y necesito algún ejercicio para desentumecerme. Y el que me desentumece mejor es pasarme las manos por la barba.

En el Palacio Farnesio de Roma, sede de la Embajada de Francia, hay (o había entonces) una estatua de Rodin. Era un hombre sin cabeza con este título: *El hombre que anda*. El Gobierno francés había pedido una estatua a Rodin para aquella Embajada, y Rodin les mandó *El hombre que anda*, sin cabeza. El ministro de Bellas Artes dijo que habría preferido otra cosa. Y Rodin respondió:
—Pero, señor ministro, siempre he creído que un hombre sin cabeza era el símbolo perfecto de nuestra diplomacia.
A pesar de todo, la estatua fue aceptada.

Hay una anécdota que hemos leído atribuida a Rodin, y también contada como cuentecillo, sin atribuirlo a nadie. Rodin hizo nueve estatuas de mujer, todas del mismo tamaño, en posiciones distintas. Un amigo suyo le preguntó:
—¿Qué figuran?
—Las nueve musas.
Vendió dos de aquellas figuras, y Rodin empezó a llamar a las que quedaban «los siete pecados capitales». Vendió otras dos, y a las demás las llamó «los cinco sentidos». Vendió una, y a las otras cuatro las llamó «las cuatro estaciones». Vendió otra, y a las otras tres las llamó «las tres gracias». Vendió dos, y a la única que le quedaba le puso debajo este título: *Soledad*.
Rodin y Anatole France eran amigos, hasta el punto que existe una cabeza de Anatole France obra de Rodin. Pero no por esto se dedicaban a alabarse mutuamente. France decía de Rodin:
—Es un gran escultor, pero los músculos de sus estatuas parecon sacos llenos de nueces.
Y Rodin decía, a su vez, de Anatole France:
—Es un gran escritor; pero en todo lo que escribe pone demasiada salsa y apenas conejo.
Con lo que quería decir que France tenía más estilo que sustancia.

Rodin nunca recibía a nadie en su estudio, a no ser que le hubiese invitado a ir. Y a las modelos, claro está. Una princesa, cuyo nombre no cita la anécdota, le quiso conocer y visitarle durante su trabajo. Intentó ser invitada y no lo consiguió. Y, al fin, como último recurso, se hizo recomendar como modelo por un

amigo del escultor. Llegó al estudio a la hora convenida y Rodin, sin ni levantarse ni mirarla, le señaló una puerta y le dijo:
—Desnúdate, aprisa.
Y continuó trabajando. Después de un rato, viendo que la modelo no se había movido:
—¿Todavía no te has desnudado?
Fue entonces cuando la princesa se atrevió a decir:
—Maestro, soy la princesa tal...
—¡Y a mí qué me importa! ¡Desnúdate!
La princesa intentó continuar la entrevista por las buenas, no lo consiguió y, temiendo que Rodin la desnudara con sus propias manos, desapareció.

Rodin era muy distraído. Vio un día, sobre su mesa, un telegrama que le anunciaba la muerte de un amigo, con indicación del día y hora del entierro. Ya faltaba poco, se cambió rápidamente de ropa y se fue a la casa del muerto. No había nadie. Rodin pensó que estarían todos en el cementerio, tomó un coche y se fue al cementerio. Su criado, entretanto, se dio cuenta de que el telegrama estaba fechado ocho días antes, y salió en busca de su señor. Fue también a la casa del muerto, tampoco encontró a nadie, pensó que Rodin habría sido capaz de ir al cementerio y allí se fue. Y, buscando el entierro del amigo entre las tumbas, encontró a Rodin. Este aprovechó la ocasión para admirar algunas estatuas del cementerio, y para explicarle a su criado todo lo bueno y lo malo que veía en las esculturas, hasta que el criado le preguntó:
—¿Éste es el premio que me da, señor, por haber venido a avisarle?

**ROOSEVELT**

Franklin Delano Roosevelt (1882-1945), cuando era gobernador del estado de Nueva York y entraba en su oficina, le gustaba pasar por la sala donde le esperaban sus visitantes. Les hablaba un rato y siempre era para contarles algún cuento gracioso.
Un amigo le preguntaba por qué hacía aquello tantas veces.
—Es un truco. Observo cuál de ellos es el que se ríe con más fuerza.
—¿Y qué gana con esto?
—Que ya sé que él es el que viene a pedirme el favor más importante

También se cuenta que, como recomendación de cierta persona que le proponían para ocupar un cargo, le decían:

—Yo le conozco bien y sé que ha sido siempre muy buen hijo, muy buen marido y muy buen padre.
—Sí, bueno; pero yo no le necesito para nada de todo esto. Aquí no se trata de vivir en familia, sino de gobernar.

## ROOSEVELT, Señora

La señora Eleanor Roosevelt, viuda del que fue presidente de los Estados Unidos, llevaba una vida muy activa en organizaciones. Se acostaba pronto y madrugaba mucho. Hablando un día de sus madrugones, decía:
—Me levanto en seguida que me despierto. Y creo que, a los que no se levantan sino mucho tiempo después de haberse despertado, es difícil que nada les salga bien.
Y, después de un reflexivo silencio, añadió:
—Aunque más les costará conseguir nada, creo yo, a los que no se despiertan sino mucho rato después de haberse levantado.

## ROSSINI

El músico italiano Gioacchino Rossini (1782-1868), autor de algunas óperas muy popularizadas, como *El barbero de Sevilla* y *Guillermo Tell*, durante los ensayos trataba a los músicos con mucho rigor y no les perdonaba la más ligera distracción. Y, por añadidura, les pagaba poco. Una tarde, antes del ensayo, fue a la peluquería. El peluquero, después de afeitarle, le dijo:
—Hasta dentro de un rato, señor.
—¿Dentro de un rato?
El peluquero desapareció un momento y regresó con un bigote postizo. Y entonces Rossini le conoció: era uno de los clarinetes de su orquesta.
—¿Y sois peluquero?
—Señor, no me llega el sueldo que me pagáis para mantener a los míos. Y así, entre la peluquería y la música...
Lo más curioso de este caso es que Rossini era cliente de aquella peluquería desde hacía muchos años, desde casi tantos como hacía que el músico tocaba en su orquesta.

Un músico, el maestro Halévy, había estrenado en París una ópera llamada *La hebrea*. Rossini se había permitido criticar aquella música; Halévy se había enterado y, un día, se cruzaron palabras ásperas entre los dos. Otro día, un organillero tocaba un trozo de *El barbero de Sevilla* frente a la casa donde vivía Rossini. Después de mucho rato Rossini se asomó a una ventana y le hizo subir. Le dio algún dinero y le dijo:

—Si supierais dónde vive el maestro Halévy, os daría un encargo.
—Lo sé, señor.
—¿Lo sabéis?
—Pues sí, señor.
—Bien; os daré el doble de lo que os he dado si vais a donde vive Halévy y os quedáis allí una hora tocando trozos de *La hebrea*.
—No me atrevería, señor.
—¿Por qué?
—Porque ha sido el maestro Halévy quien me ha pagado para que viniera a tocar el *Barbero* delante de vuestras ventanas.

Rossini era enemigo personal del músico Meyerber, cuya música le parecía insoportable. Iba un día Rossini con un amigo, cuando se cruzaron con Meyerber, que les saludó y le preguntó a Rossini:
—¿Qué? ¿Mucho trabajo?
—No. No puedo hacer nada. Paso una mala temporada, enfermo siempre, y no sé cuándo podré volver a trabajar.
Cuando ya Meyerber se hubo despedido, el amigo preguntó a Rossini:
—¿Estáis enfermo? No sabía nada.
—No, estoy mejor que nunca. Pero este Meyerber es tan envidioso que he preferido decirle esto. Le habría sentado muy mal si le llego a decir la verdad, que estoy trabajando más que nunca.

Rossini vivía en París y Verdi, una vez que estuvo allí, le visitó. Rossini era ya un músico consagrado y Verdi, treinta años más joven, empezaba entonces a darse a conocer. Rossini le recibió muy afable. Algo había oído hablar del joven Verdi, pero nunca se habían visto. Años después preguntaban a Verdi si había sacado algún fruto de aquella entrevista.
—La verdad es que Rossini —decía Verdi— sólo me dio un consejo que nada tiene que ver con la música. Y me lo dio así: para que te acuerdes de tu primer encuentro con Rossini. Primero se señaló la frente y dijo: para el público, esto. Después se señaló el corazón: para los buenos amigos, esto. Y añadió: y para las mujeres... no hace falta que te lo señale. ¿Comprendes? Y la verdad es que, al menos la última parte, la comprendí muy bien.

Rossini era generalmente muy cruel con los otros músicos. Raras veces les alababa y, para desmerecerlos, no tenía pelos en la lengua. Berlioz había estrenado *La condenación de Fausto* sin mucho éxito. Rossini, que asistió al estreno, dio esta opinión:
—Es una verdadera lástima que este muchacho no sepa nada de música. Si supiera algo, quizá lo haría peor, pero al menos entendería a sus críticos, cosa que ahora le será muy difícil.

En 1831 Rossini, en Madrid, fue presentado a Fernando VII, rey de España. El rey le recibió con un cigarro puro a medio fumar. Buscó otro cigarro en una caja, también medio fumado ya, y se lo ofreció. Rossini le dio las gracias y no lo aceptó.
La reina María Cristina, en italiano y en voz baja, le dijo:
—Debéis aceptarlo; es una distinción.
Rossini le contestó, también en italiano:
—Pero si nunca he fumado, señora.
La reina se echó a reír, y empezó a hablar de otra cosa mientras el rey guardaba el cigarro otra vez en la caja.
Hemos leído esta anécdota en una antología de anécdotas rossinianas, de un tal Radicciotti. ¿Será verdad?

En París se estrenaba *Hernani*, de Víctor Hugo. Balzac asistía al estreno; Rossini también. No se conocían. Dio la casualidad de que estaban sentados muy cerca uno del otro. Alguien le dijo a Balzac:
—Este señor grueso y corpulento es Rossini, el músico.
Balzac alargó la mano a Rossini:
—Maestro Rossini, soy Honoré de Balzac.
Salieron los dos juntos al *foyer* y, desde allí, Rossini señaló la platea llena de público y dijo:
—Sobre este montón de fango echamos nuestras perlas y nuestros diamantes.
Balzac decía después que siempre era difícil que dos hombres sostuvieran una conversación sincera, que no consistiera en pronunciar frases con el solo propósito de sorprender al otro.

Un importuno le estaba pidiendo una y otra vez a Rossini que le pusiera un autógrafo en su álbum. Rossini le decía también una y otra vez:
—Otro día, otro día.
Hasta que un día el importuno le dijo:
—Ya no puede ser otro día, porque mañana me voy de París. Y no tendré más ocasión de veros.
Rossini se resignó entonces y escribió en el álbum»: «Buen viaje y esperemos que sea verdad eso que decís de la ocasión».

Una noche, en una reunión de sociedad, una dama no dejaba de importunar a Rossini con su conversación. Hasta que Rossini, ya cansado, le preguntó:
—¿Os gusta el pescado, señora?
—Sí.
—Pues comedlo en abundancia. El pescado desarolla la inteligencia.
La señora le preguntó si para este desarrollo era mejor un pescado que otro.

—El mejor de todos —le dijo Rossini—, pero a condición de comerlo entero, es la ballena.

Rossini era hijo de un músico y una cantante. Escribió muchas obras y la que más fama le ha dado y más se recuerda es *El barbero de Sevilla*. Murió en París, pero había vivido tiempo en Florencia y allí se proyectó erigirle un monumento. No andaba el músico entonces muy bien de dinero y, cuando lo supo, preguntó:
—¿Cuánto piensan gastar?
Le dijeron que unas veinte mil liras.
—Si me dan diez mil a mí y con las otras hacen el pedestal, les prometo que subiré yo mismo.
Y no se lo aceptaron porque, al parecer, no quiso comprometerse a quedarse ya para siempre en el pedestal.

## ROUSSEAU

El filósofo Jean-Jacques Rousseau (1712-1778) era amigo de Diderot y un día le visitó para pedirle consejo.
—Es que no sé qué hacer —le dijo.
Diderot, que le conocía bien, le aconsejó:
—Observad lo que hacen los otros en el mismo caso.
—¿Me vais a aconsejar que les imite?
—No, al revés: que hagáis todo lo contrario. Y así, si os equivocáis, al menos os equivocaréis a lo Rousseau.

Se dice que un jesuita, cuyo nombre no se cita, le preguntó a Rousseau:
—¿Cómo es posible que pongáis tanto ardor y tanta pasión en todo lo que escribís?
—Será por falta de disposición literaria. Nunca he conseguido decir las cosas al revés de como las pienso.

Una mujer que estaba a punto de casarse le preguntó a Rousseau:
—¿Puede una mujer hacer feliz a un hombre?
—Puede intentarlo.
—¿Cómo?
—A través de aquellas condiciones naturales que los hombres aprecian.
La mujer le preguntó cuáles son esas condiciones. Rousseau se las escribió en un papel, así: «Belleza, cero; inclinación a la vida de hogar, cero; educación, cultura y riqueza, cero; bondad de corazón, uno».
La mujer le dijo que no lo entendía y Rousseau le dio esta explicación:

—Una mujer que sólo tenga bondad de corazón cuenta por uno; si además es bonita, cuenta con un cero después del uno, o sea, que vale diez. Si, además, tiene una decidida inclinación a la vida de hogar, otro cero, o sea ciento; y si, encima, tiene educación, cultura y dinero, otro cero, o sea mil. Es decir, que todas sus buenas condiciones son ceros que se añaden al uno de la bondad de corazón. Pero sin este uno, ninguna de sus condiciones naturales cuenta para nada.

El filósofo Jean-Jacques Rousseau era hijo de un relojero. En vida no ganó mucho dinero con sus libros, que después de su muerte se vendieron mucho y algunos todavía se siguen vendiendo. Trataba con gente rica. Y uno de esos ricos, que no despuntaba por su inteligencia, le invitaba con frecuencia. Una vez Rousseau le preguntaba:
—¿Cómo os las habéis arreglado para ganar tanto dinero en tan poco tiempo?
La contestación fue inmediata:
—Con mi cabeza.
Rousseau lo tomó a broma:
—Pero si no la habéis vendido. Veo que la lleváis puesta.
—Quise decir con mi inteligencia.
—Pues éste es el ejemplo de cómo con apenas capital se puede ganar una gran fortuna.

Rousseau vivía en Montmorency. Allí le visitó su amigo Diderot. Paseaban un día por la orilla de un lago y Rousseau le decía a su amigo:
—Muchas veces, a la vista de este lago, he pensado arrojarme al agua y acabar así.
—Pero nunca lo habéis hecho.
—No, porque siempre algunas circunstancias me lo han impedido. Una vez metí la mano en el agua y estaba muy fría. Últimamente, hace unos días, pensé que me habíais anunciado vuestra visita, deseaba veros, y cualquiera se arroja al agua.

Rousseau murió a los 66 años en Ermonville, en casa de su amigo el marqués de Girardin. Y sus últimas palabras fueron:
—Abrid la ventana; que pueda, una vez más, ver el sol.
Rousseau vivió cuanto pudo en contacto con la naturaleza, al aire libre, y uno de sus mayores placeres era respirar a fondo y tomar el sol.

## RUBENS

Peter Paulus Rubens (1577-1640) fue un pintor aristócrata, amigo de reyes, y se complació en la pintura de desnudos de mujeres llenitas y sonrosadas. Tenía escuela y sus alumnos le ayudaban a pintar sus grandes cuadros. Es muy difícil, en la pintura de Rubens, distinguir lo que es obra de sus manos y lo que es obra de sus discípulos.

Un día se le presentó un alquimista y le propuso invertir dinero en la busca de la piedra filosofal. Le decía:
—La encontraré, seguro. Pero me hace falta dinero y si vos lo ponéis...
—Años atrás —le dijo Rubens— quizá me habría interesado vuestra proposición. Ahora, no; porque ahora la piedra filosofal ya la he encontrado.
—¿De veras? ¿Dónde está?
Rubens le enseñó su paleta de pintor:
—Ésta es mi piedra filosofal.

Rubens era hombre de mucha cultura y hablaba siete idiomas. Compuso una antología de los mejores poetas de su tiempo. Mientras pintaba, un lector le leía páginas de historia y Rubens tenía capacidad suficiente para poner su atención en las dos cosas a al vez, la pintura y lo que escuchaba. Decía:
—Así aprovecho más el tiempo.

El marqués de Espínola, embajador de España en Flandes, le conoció y después elogiaba los muchos conocimientos de aquel hombre. Alguien preguntó al marqués:
—Y de sus pinturas, ¿no decís nada?
—Ah, pero... ¿es que también es pintor?

En una fiesta a la que asistía Rubens, alguien preguntó a otro invitado:
—¿Quién es este hombre del que todo el mundo hace tanto caso?
—Es Pedro Pablo Rubens, el pintor.
—¿Pintor? ¿Un señor noble que por pasatiempo pinta?
—No, sino al revés: un gran pintor que, por pasatiempo, hace de señor noble.

Rubens, a los 53 años, se casó con Elena Fourment, que sólo tenía 16 y que le sirvió de modelo. Le preguntaron:
—¿No os da cierto apuro casaros con una mujer tan joven a vuestra edad?
—A mí, no —dijo Rubens—; a ella supongo que sí. Pero siempre me han gustado las mujeres apuradas; tienen más gracia y dan la impresión de necesitarnos más.

Parece ser que su vida matrimonial fue apacible, aunque no

muy larga, pues Rubens murió diez años después de casarse. Murió en su casa de Amberes, que es hoy monumento nacional.

## RUBINSTEIN

El pianista Rubinstein fue contratado para dar unos conciertos en el Carnegie Hall. No se sabe cuánto cobraba por concierto. Pero se dice que el director de allí, cuando supo la cifra de lo que pedía el pianista, le dijo:

—Es mucho dinero. Usted pretende ganar en dos horas tanto como gana en dos meses el presidente de los Estados Unidos.

—Yo no pretendo nada ni deseo ganar nada; ni tan siquiera deseo tocar aquí. Y si usted cree que el presidente está mal pagado, contrátele como pianista y páguele a él lo que yo le pido para mí.

## RUSSELL

El filósofo inglés Bertrand Russell nació en 1872 y murió, a los noventa y siete años, en 1969. Se dice que en sus últimos años sólo se alimentaba de algunos purés, té y whisky.

Una vez, en un coloquio, le preguntaban si podía dar algunos buenos consejos de filosofía de la vida. Dijo que podía dar tres, muy importantes los tres. Y dio los siguientes:

—Tener el valor de aceptar resignadamente las cosas que no se pueden cambiar; tener la obstinación suficiente para cambiar aquellas que uno puede cambiar; y tener la inteligencia indispensable para no confundir nunca las unas con las otras.

## SAGAN

En un coloquio sobre las nuevas tendencias de la literatura, se comentaba la actual desaparición de los tabúes. Era en París. Y Françoise Sagan, que hace veinte años se hizo famosa con su primer libro *Bonjour tristesse*, escrito a sus dieciocho años, resumió así el estado actual de la literatura en todo el mundo:

—La verdad es que ahora los autores se atreven a todo, con tal de asegurar la venta de sus libros. Ciertas novelas pornográficas, que hace años sólo se leían a escondidas, hoy se anuncian en los diarios y la crítica busca la manera de defenderlas. Si continuamos así sólo habrá dos tipos de libros: los que nadie lee y los que nadie debería leer.

## SAINTE-BEUVE

El famoso crítico francés Charles-Auguste Sainte-Beuve (1804 a 1869), autor entre otras obras de muchas biografías, se batió una vez en duelo con un autor del que había hablado mal. Era un día de lluvia y Sainte-Beuve acudió al lugar del duelo con paraguas. No lo abandonó y empezaba a intentar batirse con la espada en una mano y el paraguas en la otra. Le advirtieron que esto, aunque no estuviera prohibido, no era costumbre. Y contestó:
—Acepto morir de una estocada, pero no de una pulmonía.
Se suspendió el duelo, que nunca llegó a celebrarse.

## SALINAS

Juan Salinas Sánchez no quiso aceptar una condena de dos años por robo, por considerar que esto era infamante para él, ya que le correspondían por lo menos diez años por un delito de homicidio. Éste es un caso curioso, ocurrido en 1954, en México, en el escenario del sexto juzgado penal. Le comunicaron a Salinas su condena a dos años y, como llevaba ya más tiempo de prisión preventiva, quedaba en libertad. Y Salinas, enojado, exclamó:
—¡Imposible! Estoy aquí por homicidio, no por robo. Y me niego a que me condenen por robo, pues nunca he robado ni he sido ladrón.
Las autoridades de la cárcel se informaron y entonces se descubrió que en la penitenciaría había dos presos con el mismo nombre, dos Salinas Sánchez, uno ladrón y el otro asesino. Les habían confundido y estaban a punto de soltar al asesino en vez de soltar al ladrón.
Y así, gracias a la protesta, por honor profesional, de uno de los dos presos, todo quedó aclarado; el Salinas ladrón fue puesto en libertad y el Salinas asesino volvió a su celda y, según parece al volver, gritaba:
—¡Yo lo menos diez años! ¡Yo lo menos diez años!

## SAND

Es conocida por el nombre de George Sand (1804-1876) y se llamaba Aurora o, si decimos todos los nombres, Armandina Lucila Aurora Dupin, y estaba casada con el señor Dudevant, militar retirado. Empieza a escribir en colaboración con Julio Sandeau y los dos firman a la vez *Jules Sand*. Se separan y, desde entonces, ella firma George Sand.
Dos importantes amores de George Sand fueron Musset y Chopin. Tuvo otros, varios otros; pero esos dos son los que más

recuerdo han dejado. Y los dos, Musset y Chopin, tenían seis años menos que ella (ambos habían nacido el mismo año). En la época de su vida con Chopin, un amigo que recordaba al antiguo novio Musset, comentó:
—No podéis negar que os gustan los hombres más jóvenes que vos.
—Todas las mujeres —contestó ella—, ante un hombre amado, nos sentimos algo madres. Yo nunca habría podido enamorarme de un hombre mucho mayor que yo.

Los primeros recuerdos de George Sand niña son tristes. Se acuerda de la muerte de su padre a consecuencia de una caída de caballo, una noche oscura y lluviosa; se acuerda de su madre, que la abandonó, después de enviudar, y fue a residir a París (ella vivía con su abuela en Nohant) a vivir su vida. Un día grita:
—¡No quiero estar aquí! ¡Quiero a mi madre!
La abuela, una vieja mandona y rígida, le contesta:
—Tu madre no te quiere. Deberías agradecerme que te tuviera aquí conmigo.
La niña, burlona, le saca la lengua. Y la abuela, enfadada, la encierra en un convento.
Las monjas del convento le llaman «agua dormida». Y la superiora dice de ella:
—O será un ángel o será un demonio.
Y fue siempre una mezcla muy personal, muy chocante y muy atractiva de ambas cosas.

No amaba a su marido, con el que se casó muy joven. A los dieciocho años ya tenía los dos hijos, Maurice y Solange. Pero mientras vivió con el señor Dudevant le fue siempre fiel. Un día encontró una carta de su marido dirigida a ella con esta anotación en el sobre: «Para ser abierta después de mi muerte». Aurora (todavía no era entonces George Sand) se adelantó a los acontecimientos y abrió la carta en seguida. En la carta, el señor Dudevant le hacía recriminaciones injustas y la maltrataba como si nunca la hubiese querido. Y ella decidió abandonarle. La separación fue amistosa. El marido le pasó una pensión que le permitiría vivir en París seis meses al año. Como comentario de aquellos primeros tiempos, muchos años después, decía a un crítico que le hacía una entrevista:
—No quise nunca ser prudente. Quise dejarme guiar por mi conciencia más que por la prudencia y las conveniencias. Estaba dispuesta, como lo estoy ahora, a pagar, por mi libertad y mi independencia sin fingimientos, el precio que fuese.
—¿Y cuál ha sido este precio?
—Para mí, el bienestar conmigo misma. Para los otros... pregúnteselo a ellos.

No le fue fácil al principio abrirse paso en el mundo literario. Sus amigos de París le aconsejaron que pidiera consejo a un tal Kératry, autor de novelas muy leídas entonces y del que nadie se acuerda ahora. La Sand le dio a leer algunas cosas suyas. Kératry le dio este consejo:
—Dedíquese a tener hijos, señora. No dudo que tenga usted vocación de madre; que la tenga de escritor me parece más dudoso. George Sand, muy amable, le empezó a decir:
—Yo he leído algunas de sus novelas...
—¿Le han gustado?
—Me han hecho pensar que tenga o no vocación de padre, cosa que ignoro, no la tiene de buen escritor.
Y, desde luego, dejaron de tratarse.

Su primer compañero sentimental y de trabajo en París fue Julio Sandeau. Trabajaban los dos en la redacción de *Le Fígaro*. Ella salía de la redacción a altas horas de la noche y, para llamar menos la atención, vestía de hombre. Sandeau le fue infiel, ella lo supo y le apartó de su vida por completo.

Muchos años después, cuando los dos eran ancianos y ricos, se encontraron en el vestíbulo del Ministerio de Educación y no se conocieron. ¿Puede ser posible? Pues así fue. Y Sandeau, al despedirse, dijo:
—Señora: si tuviera la seguridad de encontrarla, volvería con más frecuencia al Ministerio.
Aurora preguntó después al conserje:
—¿Quién es este caballero?
—El escritor Julio Sandeau, señora.
Al otro día Sandeau volvió al Ministerio. Ella no estaba, y fue él quien preguntó al conserje:
—¿Sabe quién es la señora con la que estuve charlando ayer?
—Sí; es la escritora George Sand.
No se habían conocido. Y habían vivido juntos y publicado, cuarenta años antes, dos novelas en colaboración. No se volvieron a ver. Los dos tuvieron tal vez el mismo pensamiento que tiene el lector cuando lee esta historia: «Es muy extraño; pero es así».

En París, un admirador (de los muchos que tuvo) le dijo un día:
—No sé si es usted una mujer bella e inteligente o una joven alocada.
Y ella, convencida de que decía la verdad, le contestó:
—Soy lo que a usted se le ocurra, y seguro que para cada uno una cosa distinta.
Y estuvo siempre convencida de ser para cada uno aquello que el otro veía en ella, y de que en esta rara diversidad estaba todo el misterio de su personalidad fascinadora.
Musset, que la conoció muy a fondo, dijo de ella:

—Es una mujer insoportable, sobre todo porque, una vez la has tenido, no puedes dejar de desearla.

Uno de los libros que escribió ya mayor la Sand, a los cincuenta años, se llama *Historia de mi vida*. En este libro cuenta las aventuras amorosas de sus padres, tanto de su padre como de su madre; todo lo que había sabido de aquellas aventuras. En Nohant, en la propiedad de la Sand, donde ella pasaba mucha parte del año, se hablaba de aquel libro recién publicado. Y uno dijo:
—Lo que no me parece apropiado es el título, o al menos creo que le falta algo.
Así despertó la atención general. Y entonces añadió:
—El título completo sería así: *Historia de mi vida antes de mi nacimiento*.

La hija de George Sand se casó muy joven con un pintor de escasa importancia llamado Clésinger. Ella, la madre, nunca aprobó aquella boda. Incluso lanzó una amenaza literaria contra su futuro yerno.
—Si os casáis, le haré protagonista de uno de mis libros. No diré su nombre, pero, por lo que diré del protagonista, todo el mundo le conocerá.
Clésinger parece ser que le contestó:
—Y yo, en venganza, la pintaré desnuda, pero con el rostro tapado. Y seguro que, si no todo el mundo, muchos hombres la reconocerán también.

El amor históricamente más recordado de George Sand fue Chopin. Ella tenía dos hijos, chico y chica, ya mayorcitos, en la última época de sus amores con Chopin. El hijo nunca fue buen amigo del músico. La hija, sí, hasta demasiado quizá. Y la culpa de la separación definitiva de George Sand y Chopin la tuvo el hijo, que no disimulaba su disgusto por la presencia del músico en la casa. Aurora (o George Sand) servía la comida. Dio un trozo mejor a su hijo. Chopin se sintió humillado. Era muy susceptible y gritó:
—¡No soy tu protegido! Y no consentiré que me trates como si lo fuera!
La pone en el apuro de elegir entre él y el hijo. Ella se decide por el hijo. Y Chopin, entristecido y humillado, advierte:
—Esto se ha acabado. Me iré.
Nadie en la casa pronuncia una sola palabra para retenerle.

Si hay algo confuso en la relación de Chopin y George Sand es la relación entre el músico y Solange, la hija de ella. En el momento de la separación definitiva de Chopin y George Sand, ella tenía 42 años, él 36 y Solange, la hija de George Sand, 24. Es posible que Chopin viviera en equilibrio sentimental entre las dos mujeres. Solange se casó; se sabe que George, disgustada por aquel matrimonio, dejó de tratar a su hija y que, en cambio, Chopin continuó tratándola.

Aurora y Chopin se vieron una sola vez después de la separación. Chopin le dio una noticia. Le dijo:

—Tu hija ha sido madre.

George Sand ni siquiera sabía que Solange estuviera embarazada.

A los setenta y dos años, después de una breve enfermedad, moría George Sand en su posesión de Nohant, una mañana de junio de 1876. Era, en sus últimos años, una amable, cordial y agradable ancianita.

Fue enterrada en un pequeño cementerio contiguo a la finca. La ceremonia conmovió a los aldeanos del lugar, todos buenos amigos de la difunta. Alejandro Dumas (hijo), ya entonces, a sus cincuenta y dos años, escritor famoso, Gustavo Flaubert y el príncipe Jerónimo Bonaparte, hijo de un hermano de Napoleón, asistieron al entierro. Se leyó un mensaje fúnebre enviado por Víctor Hugo, uno de los mayores y más fecundos poetas de todos los tiempos.

George Sand dejó la casa de Nohant y el dinero que había ganado escribiendo, a sus hijos, a los que había querido siempre, sobre todo al hijo, por encima de todo. Y a la humanidad le dejó una bella leyenda de amores desgraciados convertidos en obra, que hoy en día se sigue recordando mucho más que la obra, más o menos por ellos inspirada.

## SANDWICH

El conde de Sandwich, el cuarto conde de este título, se llamaba John Montagu. Y si cualquiera de nosotros, en la barra de un bar, pide un sandwich, no le dan un conde inglés, sino un trozo de jamón, de ternera o de queso entre dos trozos de pan. Pero vamos por partes, como cuentan que decía siempre, al empezar, un gallego que nunca pasó de aquí, de empezar a ir.

Sandwich es una localidad inglesa, situada en el condado de Kent, cerca de la costa del mar del Norte, al este de Canterbury, y que, en la Edad Media, era uno de los famosos Cinco Puertos. Dicen las guías de turismo que, en Sandwich, se conservan muchos restos arquitectónicos de su antigua grandeza. Es de suponer, por otras noticias parecidas, que los «restos» son de fácil conservación. Como le decía un entendido sastre a un cliente que le preguntaba por la posible duración de un traje:

—Nuevo, le puede durar dos o tres años; viejo, siempre.

En el siglo XVII, un tal Eduardo Montagu ingresó en la Marina inglesa, sirvió a las órdenes del almirante Blake y llevó, desde Holanda a Inglaterra, al príncipe que fue coronado rey con el nombre de Carlos II. Y el rey, agradecido por este servicio, le concedió el título de conde de Sandwich, el cual después fue almirante y murió en la batalla de Sonebay.

El cuarto conde de Sandwich se llamó John, se dedicó a la política y llegó a ser primer lord del Almirantazgo británico (1718 a 1729). Dicen que no fue, en su vida privada, nada ejemplar, sino de costumbres licenciosas y muy entregado al juego. Pasaba horas y más horas con las cartas en la mano. Y en el club donde jugaba tenía ordenado a los criados que le sirvieran, de cuando en cuando, unas lonchas de jamón entre dos trozos de pan. Y, gracias a tales refrigerios, no tenía que abandonar el juego ni para comer. Y allí, los criados, a aquellos ligeros refrigerios, les llamaban para entenderse «sandwichs», del nombre del aristócrata que los había inventado.

Quedó el nombre, como tantos otros términos ingleses que nada tienen que ver con el objeto que designan, pasó las fronteras y se popularizó en todo el mundo civilizado. Aunque por aquí se conoce más por el nombre de «bocadillo».

## SATIE

Tampoco los musicos hablan bien de los críticos. Erik Satie (1866-1926), músico modernista y futurista en su época, mereció muy escasos elogios de la crítica. Un día, en un café, encontró a uno de los críticos que le solían poner mal. Le saludó y le preguntó:
—¿Y su viga, cómo está?
El crítico no le comprendió. Y Satie le explicó lo que quería decir con la pregunta:
—Ustedes los críticos tienen una viga en el ojo y les sirve de telescopio para observar la paja de todo lo que hacemos nosotros.
Y el diálogo continuó así:
—Cuando todo es paja se ve en seguida.
—¿Y de qué vivirían ustedes si no les dieran esta paja para comer?

## SCHOPENHAUER

El filósofo alemán Arthur Schopenhauer (1788-1860) era hijo de un banquero, estuvo de profesor en la Universidad de Berlín. Y una vez, al comenzar el curso, preguntó a sus alumnos:
—Antes de empezar, me gustaría saber si alguno de ustedes ha leído mi ensayo sobre la influencia de la mentira en las rela-

ciones humanas. Aunque no lo recuerden bien, si alguno lo ha leído, ¿quiere levantar la mano?

Muchas manos se levantaron, y Schopenhauer concluyó:

—Ahora ya sé que de esta influencia voy a poder hablar con conocimiento de causa, pues la única verdad es que yo nunca he escrito este ensayo.

Schopenhauer nunca fue feminista, sino todo lo contrario. Es curioso comparar retratos de Schopenhauer joven y de Schopenhauer viejo. Los dos rostros son muy interesantes, pero no parecen de la misma persona.

Una señora, en una reunión de sociedad, le preguntó:

—¿Creéis que los hombres son más inteligentes que las mujeres?

—Lo único seguro, señora, es que las mujeres son más astutas, puesto que ellas se casan con hombres y ellos, ingenuos que son, se casan con mujeres.

En Dresde, Schopenhauer comía todos los días en un mismo mesón. Y en la mesa inmediata comían cuatro oficiales del ejército en continua y alborotada charla. Schopenhauer todos los días, al sentarse a la mesa, sacaba del bolsillo una moneda de oro y la dejaba allí encima. Y, después de comer, la volvía a guardar. El dueño del establecimiento se dio cuenta de aquello y le preguntó por qué lo hacía.

—Es para los pobres —le dijo el filósofo.

—Pero no les dais nada.

—Todavía no; les daré este dinero el día que mis cuatro vecinos de mesa hablen de otra cosa que no sea de caballos, de perros y de mujeres.

Ya en sus últimos años decía:

—A mí no me entenderá nadie sino después de mi muerte. Y entonces seré famoso. Me pasará como a los santos, que nunca les canonizan en vida.

Un amigo le preguntó si ya tenía elegido el sitio donde le enterrarían.

—No —le dijo el filósofo—; lo mismo me da un sitio que otro. Y donde sea, la posteridad sabrá encontrarme.

Murió en Francfort y fue enterrado allí.

## SCHUMANN

Robert Schumann (1810-1856) era, como la mayoría de los músicos, un gran soñador. Se cuenta que una vez llevó a una mujer a dar un largo paseo en barca, y no le dijo nada en todo el rato. Y después, como despedida, le dijo:

—¡Cómo nos hemos comprendido hoy!

En los últimos años de su vida Schumann enloqueció y tuvo que ser recluido en un sanatorio, pues se había arrojado al Rhin, de donde consiguió salvarse. Murió dos años después en el sanatorio.

## SCHWEITZER

El médico Albert Schweitzer, muerto hace pocos años en su hospital en África, contaba que una vez, al poco de haber establecido un dispensario en la selva, un negro le llevó a una mujer ya en la primera madurez.

—¿Qué le pasa?
—Nada. Pero quisiera que me la rejuvenecieras.
—Esto es imposible.
—Sí, doctor. Aunque sólo le durara dos o tres días. Es para venderla.

## SÉVIGNÉ

La marquesa de Sévigné (1626-1696), Marie de Rabutin-Chantal, casada con el marqués de Sévigné, que murió en duelo, ha pasado a la posteridad por las *Cartas* que escribió a su hija, que forman la colección epistolar más considerable y de mejor calidad literaria del siglo XVII. No era nada agraciada físicamente, y en sus retratos se ve que no lo era. En la corte de Luis XIV, donde se prefería la belleza, tenía poco éxito. Una noche que tenía lugar un baile en las Tullerías, el rey la sacó a bailar. La marquesa se despachaba a su gusto con frecuencia, hablando mal del rey. Pero aquella vez, vencida por la emoción, le dijo a su primo Rabutin:

—Es preciso reconocer que nuestro rey es un gran rey.
—¡Un héroe! Al menos, en opinión general, lo que acaba de hacer con vos es sencillamente heroico.

## SHAKESPEARE

Guillermo Shakespeare (1564-1616) tomaba sus temas, sus argumentos y hasta escenas y situaciones de la historia, de otras obras o de leyendas populares. Esto, en aquellos tiempos, era cosa corriente. Y una vez que el autor de una comedia protestó de que Shakespeare le hubiese copiado una escena entera, Shakespeare le dijo:

—Si la escena es buena, cuantas veces aparezca mejor para todos. Es la única forma de familiarizar al público con el buen teatro.

Shakespeare tenía como primer actor de su compañía a un tal Burbadge, un hombre que llevaba de cabeza a muchas mujeres. Estaban dando con éxito creciente, el *Ricardo III.* Después de la función, un mensajero se acercó a Burbadge y le dijo:
—Esta noche, en la casa número tal de tal calle, os espera una mujer que os ha visto trabajar y os ama. Si no fuera mucha su belleza no se atrevería a invitaros. Basta que llaméis a la puerta, que os anunciéis como Ricardo tercero y la puerta se abrirá.
Shakespeare oyó la conversación. Se anticipó al actor, fue a la casa, dio el santo y seña, le abrieron la puerta, se dio a conocer a la dueña de la casa y ella le aceptó como compañero de una noche. No mucho más tarde llegó Burbadge y llamó a la puerta. El mismo Shakespeare le preguntó desde dentro:
—¿Quién sois?
—Ricardo tercero.
Y Shakespeare desde dentro:
—Pues yo soy Guillermo el Conquistador.
Y no abrió la puerta.

Shakespeare, a la edad de 46 años (seis años antes de morir, pues murió a los 52), se retiró a su localidad natal, a Stratford-on-Avon y abandonó sus obras en manos de los actores a los que había dirigido hasta entonces. Él se dedicó a vivir en paz con sus vecinos y a cuidar su pequeño jardín. Y en este jardín, junto a la casa, plantó un tilo. Parece ser que, a los que visitan la casa de Shakespeare, les enseñan un viejo árbol y les dicen:
—Éste es el tilo que plantó el propio Shakespeare.
O se lo enseñaban hasta hace poco, pues hace cosa de algunos años la casa se quemó y es posible que, con el fuego, muriera el árbol. También es posible que si la casa ha sido reconstruida se haya plantado un nuevo tilo. No estamos seguros, pues no nos han llegado noticias en ningún sentido.

Había allí, en Stratford, un usurero llamado Combe, a quien la gente llamaba «el señor diez por ciento». El usurero era amigo de Shakespeare y un día le preguntó:
—Ya que sois tan buen poeta, ¿me haríais un epitafio para mi tumba?
—En seguida.
Shakespeare escribió, en verso, en un papel: «Aquí yace el señor diez por ciento. Apostamos ciento contra diez a que no le dejarán entrar en el paraíso».

Sin embargo, otra anécdota refiere que el tilo que se enseñaba a los visitantes no era el mismo que había plantado Shakespeare. Se cuenta que después de la muerte del dramaturgo, compró la casa un eclesiástico y lo primero que hizo fue cortar el tilo, pues le daba demasiada sombra a la casa y le quitaba la vista. Con esto se indispuso con todos los vecinos y tuvo que marcharse. Y entonces, entre todos ellos, compraron la casa y plantaron otro tilo, que fue el que permaneció y el que se decía plantado por Shakespeare. El primer tilo, ya cortado, también se lo quedó el pueblo, y con la madera hicieron gran cantidad de objetos: platos, tabaqueras, cucharas y otras cosas, y se lo repartieron todo entre los vecinos en recuerdo del famoso poeta dramático.

Shakespeare murió el 23 de abril de 1616, el mismo día de la muerte de Cervantes en Madrid.

En realidad, la anécdota no es de Shakespeare, sino de una señora turista que visitaba la ciudad de Stratford-on-Avon, cuna de Shakespeare. De Shakespeare se saben pocas cosas ciertas y hasta se ha dudado de su existencia aunque está demostrado, a pesar de los pocos datos históricos que sobre él se conservan, que, efectivamente, existió.

Una señora turista visitaba la ciudad que fue cuna de Shakespeare y la casa donde se suponía que había nacido, y que no hace mucho se quemó. Era una mujer muy apasionada y entusiasta y todo lo comentaba con exagerados extremos. Cuando ya el grupo de turistas esperaba el tren, en su viaje de regreso, en el andén de la estación la señora entusiasta exclamó:

—¡Y pensar que uno de esos trenes era el que tomaba Shakespeare en sus desplazamientos!

Alguien le advirtió que en aquel tiempo no había trenes, pues Shakespeare vivió en el siglo XVII y los trenes empezaron a funcionar en el XIX. Y, al parecer, la buena señora, con esta inclinación propia de las mujeres a no dejar nunca de tener más o menos razón, dijo:

—Bueno; pero al fin y al cabo, doscientos años más o menos...

Una compañía inglesa de cómicos de la legua representaba los dramas de Shakespeare. Acudía poca gente a verlos y andaban mal de dinero. Una tarde, antes de la representación, el primer actor pidió algo de dinero al director.

—¿Dinero? ¿De dónde quieres que lo saque?

—Es poco lo que necesito. Llevo tres días sin afeitarme, y esta noche ponemos *Romeo y Julieta*. ¿Cómo voy a salir así? Aquí los peluqueros no trabajan gratis.

Y el director, que estaba sin un céntimo, encontró la solución:

—Bueno, no te preocupes; cambiaremos de obra. En vez de *Romeo y Julieta* pondremos *Otelo*.

# SHAW

George Bernard Shaw (1856-1950) es el escritor de vida más anecdótica de cuantos han existido. Incluso se han publicado libros sólo con anécdotas de Shaw.

Sus libros, al principio, no se vendían. Shaw decía después que había llegado a sospechar que su visión del mundo era defectuosa. Fue al oculista y el oculista le aseguró que su visión era del todo normal.
—Pero veo las cosas distintas de como las ven los demás.
—Es que sólo diez por ciento de los hombres tienen una visión normal.
—¡Ah!

Y desde entonces —decía Shaw— se había resignado a que sólo le comprendieran diez por ciento de los lectores, o sea, considerando que sólo uno por mil de los habitantes del mundo leen libros, que sólo le comprendieran diez por ciento del uno por mil de los contemporáneos.
—¿Cuántos le parece que son? —le preguntaron.
—Lo sé: son veintitrés mil cuatrocientos cincuenta y dos.

Era el número de ejemplares vendidos hasta entonces de su último libro.

Shaw empezó su profesión periodística como crítico musical. Y tuvo mucho éxito. Se dice que una vez, en un concierto que dio un violinista, dijo:
—Este hombre me recuerda a Paderewski.
Y un enterado saltó en seguida:
—Paderewski no es. violinista.
—Pues por eso precisamente.

Al parecer, cierta señora le quiso invitar una vez con esta sencilla fórmula:
«La señora tal, su admiradora, estará en su casa mañana entre las cinco y las ocho».
Y Shaw le contestó con esta otra sencilla fórmula:
«Yo también en la mía».

George Bernard Shaw era hijo de un almacenista. Era aún un niño cuando se peleó con el hijo de un tendero, comerciante al por menor. Cuando su padre lo supo, le dijo:
—Te prohíbo que en adelante te mezcles, ni aunque sea para pelearte, con los de otra clase social. Yo vendo al por mayor y el podre de este muchacho vende al detall. ¿Comprendes la diferencia social de nuestras familias?
Shaw contaba esto y decía:
—Empecé a comprender entonces las diferencias mentales de

los hombres, uno de cuyos resultados es lo que podríamos llamar las tonterías sociales.

Shaw era muy joven cuando se instaló en Londres. No ganaba dinero suficiente y su padre le pasaba una pensión. Shaw decía después de aquellos tiempos:
—Yo vivía en una mediocre pobreza. Y si tardé unos años en salir de ella fue debido a que nunca me faltó nada. Tenía a mi disposición una biblioteca magnífica, la del British Museum; una magnífica pinacoteca, la de Londres; los mejores museos y los mejores conciertos. ¿Para qué más podía necesitar el dinero? Para tabaco no, pues nunca he fumado; para alcohol tampoco, pues nunca he bebido Para vestidos elegantes tampoco, pues si los hubiese llevado me habrían invitado a reuniones donde sólo habría aprendido a estupidizarme; para comer en buenos restaurantes tampoco, pues yo era vegetariano. Después, cuando dispuse de dinero, nunca compré nada de todo esto. ¿Por qué iba a desear comprarlo en mis tiempos de escasez económica? Por otra parte, me bastaba cerrar los ojos y tener, en sueños, canto me apetecía.

Shaw era muy aficionado a la música y, durante mucho tiempo, estuvo en un diario londinense de crítico musical. Después hizo crítica de teatro. Sus críticas fueron siempre muy duras. Si se lo reprochaban decía:
—No. Precisamente pongo mucho cuidado en que no lo sean. ¡Si la gente supiera todo lo que pienso y me callo!

En su juventud, Shaw estuvo enamorado de una mujer y le escribió algunas cartas de amor, de las que después decía, como de todas las cartas de amor, que bien pudieran existir máquinas que las escribieran, puesto que todas eran siempre iguales. Y un día, muchos años después, se encontró con aquella mujer. Ella le empezaba a recordar sus antiguos amores. Shaw le dijo, para cortar la conversación:
—Mis autógrafos ahora se pagan bien. Creo recordar que le escribí algunas cartas. ¿Por qué no las vendió?
—¡Imposible!
—¿Las ha roto?
—No; las vendí hace tiempo.

Se ha escrito que, en una fiesta infantil a la que fue invitado, Shaw entabló este diálogo con un niño de nueve años, o mejor, el niño con él, pues empezó el niño:
—¿Es verdad que usted es el célebre George Bernard Shaw, señor?
—Sí, soy yo. ¿Por qué me lo preguntas?
—Porque si lo es, ha de saber mucho de todo, ¿no?

—Sí, algo sé, aunque mucho menos de lo que tú te figuras.
—Me gustaría que me dijera una cosa. ¿Qué es un sinónimo?
—Pues un sinónimo es... una palabra que usamos cuando ignoramos la palabra que deberíamos usar en vez de la que hemos usado.

Un actor le pedía recomendación para entrar en un teatro. Era, como actor, bastante malo. Shaw no sabía cómo negarse. Y tanto insistía el otro que, al fin, Shaw le escribió la carta de recomendación para el director de un buen teatro. La dobló, la metió en un sobre y pegó éste.

El actor quiso saber lo que decía la carta, despegó el sobre cuidadosamente y leyó la carta, redactada así:
«Amigo mío: Le recomiendo al dador de la presente, actor muy capaz de atreverse con todos los papeles, entre ellos Hamlet, Otelo, Macbeth, El rey Lear... Y además sabe tocar la flauta, y me dicen que también juega al tenis. Supongo que lo último es lo que hace mejor».
No se sabe el uso que hizo el actor de la recomendación.

Decía también Shaw que lo más importante para vivir muchos años es tener el corazón sano. Contaba el caso de una niña nacida con el corazón en mal estado y de la que los médicos dijeron que no viviría más allá de los dos o tres meses. Decían que el corazón no le aguantaría más. Estuvo a punto de morir tres meses después; no murió, y los médicos le pronosticaron que no pasaría de los dos o tres años. Estuvo a punto de morir, siempre por culpa del corazón, a los tres años; no murió, y los médicos le pronosticaron que no pasaría de los veinte. Llegó a los veinte años, casada, y con un hijo nacido después de un parto difícil, en el que la madre, por fallos del corazón, estuvo a la muerte. Sobrevivió y, como consecuencia del quinto hijo, estuvo otra vez a la muerte por fallos del corazón. A los sesenta años era una viejecita ya con catorce nietos de los que pudo despedirse de todos a la vez en una ocasión en que, por un fallo del corazón, estuvo de nuevo al borde de la muerte. No murió entonces. Pero, al fin, después de otros fallos, el corazón le falló definitivamente y murió, tal como le habían pronosticado siempre los médicos, de un fallo cardíaco. Tenía, al morir, noventa y siete años, y había sobrevivido a dos generaciones de médicos cardiólogos.

El día del aniversario del nacimiento de Shakespeare le invitaron a un acto en honor de este autor dramático. Se negó a asistir con estas palabras:
—Si nunca he celebrado mi propio cumpleaños, no veo por qué he de celebrar el de otro, aunque el otro sea Shakespeare.

Cierto poeta inglés, bueno como poeta, pero incapaz de resolver con la poesía su economía personal, en un momento de hambre apeló a algunos escritores más o menos amigos suyos, pero todos bien situados. Algunos le ayudaron, aunque ninguno con esplendidez. Sin embargo, todos, además de la pequeña cantidad de dinero, le mandaron elogios de su poesía. Shaw fue el único que lo hizo al revés. Le mandó una fuerte cantidad, con esta nota: «Querido Thomas [era el nombre del poeta]: Tu poesía, como ya sabes, nunca me ha gustado nada. Y aquí, como verás, te mando doscientas cincuenta libras».

Dio una vez, en el Town Hall de Birmingham, una conferencia sobre tema religioso, y dijo cosas por su extravagancia nunca oídas. Esto lo sabía hacer muy bien. Terminada la conferencia, uno de los oyentes le preguntó si admitía coloquio. Shaw dijo que sí, que muy gustoso. Y el otro le preguntó:
—Si le hago una pregunta, ¿me la contestará rápidamente, sin pensar?
—Sí.
—¿Es usted cristiano sí o no?
—Sí.
—Pues no lo acabo de entender.
—Es que sucede una cosa: que yo soy el único cristiano del mundo actual. Y sólo me podrá entender otro cristiano el día que exista otro.

Un día, en plena calle, Shaw resbaló y cayó cuan largo era. Se reunió en seguida gente a su alrededor. Todos le preguntaban si se había hecho daño. Y él —que no se había hecho daño ninguno— les preguntó a todos a la vez:
—¿Les ha gustado?
Ninguno se atrevió a decir que sí. Y Shaw les desafió así:
—¿A que ninguno de ustedes es capaz de hacerlo como lo he hecho yo?
Y nadie fue capaz ni de intentarlo.

Shaw no acostumbraba ponerse al teléfono. Un desconocido le llamó varias veces, anunciándose en todas. Y al fin Shaw, a la enésima vez, se puso al teléfono. El desconocido empezó así:
—Me gustaría ver la cara que pone usted cuando oiga lo que le voy a decir...
—Un momento, por favor.
Shaw se apartó del teléfono y tardó unos minutos en cogerlo otra vez. Y dijo:
—Le ruego me perdone, pero es que he ido a buscar un espejo, y así veré mi rostro y le podré explicar, cuando usted me hable, cómo lo pongo.

Shaw, con otros invitados, asistía a un concierto, en una casa particular. Los músicos eran los hijos de la casa y algunos amigos. La señora de la casa, después de un rato, le dijo a Shaw:
—¿Verdad que tocan bien? Llevan cinco años tocando juntos.
—¿Cinco años? ¿Tanto rato hace que estamos aquí?

Shaw visitó a un amigo suyo enfermo de gravedad. Habló con el médico que salía de visitar al enfermo. La mujer del enfermo preguntó a Shaw:
—¿Hay alguna esperanza?
—Bueno, eso depende de lo que espere usted, señora.
Fue una forma de decirle que esperanza de salvar al enfermo no había ninguna.

Algunas de las máximas de Shaw parecen estar escritas contra la filosofía proverbial, tenida, generalmente, por buena. Así escribió:
«No trates nunca a los otros como te gustaría que te trataran a ti; las reacciones de la gente son imprevisibles».
«No resistas a las tentaciones; pruébalo todo y elige lo bueno y desprecia lo malo».

Estaba un día como entregado a la meditación. Un amigo le preguntó:
—¿Algo te preocupa?
—Sí. He leído que un día la tierra puede desaparecer. Y lo que me preocupa es dónde aterrizarán los aviones que estén en vuelo en el momento de la desaparición.

Shaw tuvo un sirviente, durante cierto tiempo, que a la vez le servía como secretario. Una revista le mandó un interrogatorio para publicar las contestaciones. Shaw lo pasó al sirviente.
—Conteste usted mismo. Lo sabe todo igual que yo.
Las preguntas eran: ¿A qué hora se levanta? ¿Cuándo sale a dar un paseo? ¿Qué hace por las mañanas? Y cosas así. Las contestaciones publicadas fueron: Me levanto a las ocho... Doy un paseo los jueves por la tarde, sólo cuando pierdo el autobús... Por las mañanas preparo los desayunos, limpio después los zapatos y las habitaciones y lo dejo todo preparado para la comida y la cena.

Shaw asistía al ensayo de una de sus obras. Interrumpió a un actor:
—¡No! ¡No! Esto no lo diga. Limítese a decir lo que hay escrito en la obra.
—Es exactamente esto, señor.
Shaw vio el texto. Era aquello. Y comentó:

—Parece mentira que de nuestras cabezas puedan salir cosas tan distintas de aquello que de veras pensamos.

Consultó a los actores y a todos los presentes y, al fin, la frase puesta en litigio fue sustituida por otra que dio uno de los obreros del escenario.

La frase que había puesto Shaw era: «El hombre es el fruto de una indigestión divina», sólo que, en vez de «indigestión», había otra palabra menos correcta. Y la frase que dio el obrero fue ésta: «El hombre, como fruto divino, es duro de pelar; y una vez pelado, todo es hueso».

Y, al parecer, Shaw añadió el nombre del obrero al suyo como autor de la obra y le dio una parte de los beneficios.

En un vagón de tren, Shaw coincidió con otros dos pasajeros que hablaban de literatura contemporánea. Citaron a Shaw; uno lo puso por las nubes y otro dijo que no le gustaba nada. Discutieron. Y uno preguntó al otro pasajero, o sea, al mismo Shaw:
—¿A usted qué le parece? ¿Es bueno o no es bueno este Shaw?
—¿Quién dice?
—¡Shaw!
—Es la primera vez que lo oigo nombrar.

Con esto daba la razón al que negaba calidad a la obra de Shaw. Buscó un diario entre sus papeles, y lo abrió de tal forma que un retrato suyo que publicaba el diario quedara frente a los dos compañeros de viaje. Uno de ellos se dio cuenta, observó el parecido y dijo algo al otro en voz baja. Los dos pasajeros se levantaron, salieron al pasillo y desaparecieron hacia un lado. Shaw no supo nada más de ellos.

Un día le visitó un productor cinematográfico en busca del permiso para la filmación de una de sus obras. El productor sabía que Shaw no era nada partidario de dar tales permisos. Y, para impresionarle, le habló de lo importante que podría ser llevar al cine toda la poesía y el fino dramatismo de aquella obra. Shaw le dijo:
—No nos entenderemos.
—¿Por qué?
—Por lo que veo es usted persona entendida en valores dramáticos y en poesía, y yo soy únicamente un hombre de negocios. No nos entenderemos.

Y no se entendieron.

Comía una vez Shaw con un cirujano y un abogado, los dos amigos suyos. Y el abogado le quiso poner en un aprieto.
—¿Sería capaz de inventar un cuentecillo protagonizado por un cirujano y un abogado?
—Sí.
Y lo contó así:

—Un cirujano abrió a un enfermo. No encontró ningún órgano dañado y, para hacer algo, le extirpó al enfermo la conciencia. Así le pudo cobrar, sin remordimiento, la operación. El enfermo sanó, pagó al cirujano y, ya sin conciencia, se hizo abogado y ganó mucho dinero.

Estaba en Inglaterra el campeón del mundo de boxeo de los pesos pesados Gene Tunney, y mostró deseos de conocer a Bernard Shaw. Alguien hizo de intermediario y Shaw puso sus condiciones:
—Bien, que venga a verme y le recibiré. Pero con una condición: que se comprometa a sólo hablarme de literatura y yo, en compensación, me comprometo a sólo hablarle de boxeo.

Fue una entrevista muy cordial, en la que Shaw pudo darse cuenta de lo bien instruido que estaba Tunney en literatura, y éste pudo advertir lo bien enterado que estaba Shaw de boxeo.

Y, después de la entrevista, Shaw dijo que pondría una entrevista parecida en alguna de sus obras de teatro.

Shaw fue siempre feminista, en el sentido de defender la independencia de la mujer y de su igualdad, ante la ley, con el hombre. Pero no la juzgaba buena compañera del hombre, sino su enemiga natural. Creía en la guerra de los sexos y hasta en la nobleza de esta guerra. Escribió: «Si la mujer pudiese vivir sin nuestro trabajo, o comiésemos el pan de nuestros hijos en lugar de ganarlo, nos mataría como la araña mata a su macho, o como las abejas matan al zángano».

No era partidario del matrimonio. Escribía: «En el matrimonio sucede que cada uno tiene sus gustos, incompatibles con los del otro, y cada uno tiende hacia los suyos. Uno tiende hacia el norte y otro hacia el sur, y el resultado es que se dirigen al este, adonde ninguno de los dos quería ir».

Y también decía: «Si los matrimonios se hiciesen metiendo los nombres de los hombres en un saco y los de las mujeres en otro, y sacándolos por la mano de un niño con los ojos vendados, como se hace en las loterías, habría el mismo porcentaje de matrimonios felices que hay actualmente».

Sin embargo, se casó. Y así cuenta la historia de su matrimonio:
—Iba un día en bicicleta por las inmediaciones de la casa donde vivía una tal Carlota Payne. Me caí y me disloqué una clavícula. Carlota me cuidó hasta que estuve bien. Se creó una situación embarazosa y comprendí que debía casarme con ella. No me convencía la solución y decidí abandonar la casa. Una larga escalera iba de la casa al jardín. Al bajarla, me caí, rodé por la escalera y, al levantarme, tenía un tobillo dislocado. Carlota acudió, me ayudó a levantarme y me cuidó hasta que estuve bien del todo. Comprendí que aquello era un doble aviso del destino y me casé con ella. Preferí esto a dislocarme otra articulación.

Discutían un día si era posible la muerte por un dolor de amor.
—Sí lo es; yo he sabido un caso —dijo Shaw.
Y contó que un amigo suyo se había enamorado locamente de una mujer; ella no le correspondió y él fue incapaz de sobrevivir al fracaso sentimental. Uno dijo:
—Acaso, si hubiese podido esperar...
—Ya esperó, pues no murió sino cincuenta años después.

Shaw era vegetariano. Una actriz, la señora Campbell, le tuvo invitado a comer. Y con curiosidad, para saber cómo reaccionaría Shaw, le sirvió un bistec. La ventana del sitio donde comían daba a una calle. Shaw tomó el plato, se levantó, fue hasta la ventana, dio la vuelta al plato, dejó caer el trozo de carne a la calle y continuó la conversación interrumpida como si no hubiese ocurrido nada. La actriz le preguntó:
—¿No le gusta la carne?
—Sí, señora; mucho.
—¿Y la tira a la calle?
—Sí, señora, aunque sin querer. Ahora me entero de que hay una calle debajo de esta ventana.
Y continuó la conversación.

Era partidario de la emancipación de la mujer. Le preguntaron cuál era, a su entender, el principal obstáculo para la emancipación. Y, sin detenerse a pensarlo, dijo:
—La lujuria.
Le preguntaron si creía que este obstáculo podía suprimirse. Dijo:
—No. Acaso pueda desaparecer algún día; esto no lo sabemos. Suprimirlo, tal como está, es imposible.
—Entonces, ¿es imposible que la mujer consiga una total emancipación?
—Tan imposible, por ahora, como que la Luna se emancipe de la fuerza de atracción de la Tierra.

Nunca estuvo Shaw de acuerdo con sus críticos. Decía:
—Aparte que nunca han entendido nada de lo que critican, algunos de ellos hasta son buenos padres de familia.
Y añadía:
—Claro que no tienen ninguna obligación de portarse bien conmigo, puesto que ni me han elegido como amigo ni me conocen. Ni la tienen de portarse bien con mis libros, puesto que tampoco los han elegido ellos ni los conocen.
Y una vez dijo (y lo escribió):
—El único hombre que se porta siempre bien conmigo es mi sastre; cada vez que me ve me toma cuidadosamente las medidas.

Los demás siguen con sus medidas viejas y quieren que me ajusten bien.

Le preguntaron una vez si se consideraba hombre famoso. Dijo:
—Mucho más me considero; lo menos diez o doce hombres famosos. He leído lo menos diez o doce alabanzas de mí suficientes para darme fama. Y todas me han dado la impresión de referirse a personas distintas.

Decimos aquí que «en martes ni te cases ni te embarques». No se sabe de dónde procede el refrán, aunque sí parece tenerse, el general, el martes como día aciago. Y no sólo aquí, sino en otros países; en Inglaterra al menos. Hemos leído que Shaw explica una vez por qué no era cosa recomendable casarse en martes. Y con su gracia habitual (una gracia con sus gotas de mala uva), decía:
—Pues, simplemente, porque el martes no es un día distinto de los otros.

Estaba Shaw en su casa de campo. Trabajaba y necesitaba un libro para una consulta. No tenía el libro en su biblioteca, pero sabía que un vecino suyo, hombre muy aficionado a los libros, lo poseía. Shaw le mandó al jardinero con una nota, rogándole que le prestara el libro. El jardinero regresó sin el libro y con una nota del vecino redactada así:
«Me satisface poder prestar un servicio al ilustre escritor G. B. Shaw. Sin embargo, he tenido siempre por norma no dejar salir ningún libro de mi biblioteca. Y crea, señor Shaw, que me consideraré honradísimo si acude usted a mi casa a tomar cuantas notas desee de todos los libros que en ella tengo a su disposición.»
Shaw nunca acudió a la biblioteca de su vecino. Un día, tiempo después, el jardinero del vecino llamó a la puerta de Shaw, con esta embajada:
—Vengo de parte del señor X, su vecino. Es que el señor X estaba regando y se le ha hecho un agujero en el fondo de la regadera. Y le ruega al señor Shaw si, para terminar de regar, le puede prestar una de sus regaderas.
Shaw no prestó la regadera. Y en vez de regadera dio una nota al jardinero, escrita de su puño y letra, en la que decía:
«Me satisface poder ser útil a mi señor vecino. Sin embargo, mi norma rigurosa es no dejar ninguna regadera de mi jardín. Y crea, señor vecino, que veré con sumo gusto que venga usted a mi jardín a regar cuanto le apetezca con mis regaderas, que pongo todas a su disposición.»

Le preguntaban a Shaw cómo se explicaba que hubiese tenido tanto éxito. Dijo:
—Lo debo a la casualidad de haber nacido en mi país.

Y daba esta aclaración:
—Observo la parte cómica de la gente y la explico tal como la veo. La gente que yo veo todos son ingleses. A los ingleses, que tienen sentido del humor, les gusta reírse de sí mismos. Han descubierto que mis libros les ayudan en esta diversión, y los compran. Eso es todo.

Shaw no iba nunca al teatro. Decía:
—¿Para qué? Si son obras malas me aburren, y si son buenas, me dan envidia. Ninguna de las dos cosas me satisface.

Tenía un invitado a comer y no le dijo nada en todo el rato. Ni el invitado se atrevió a hablar. Y, al final de la comida, Shaw le dijo:
—Le felicito.
—¿A mí? ¿Por qué?
—Si yo hoy hubiese comido conmigo como invitado lo consideraría un gran honor; pues este honor bien merece una felicitación.

En un banquete en su honor tuvo que decir algo, en agradecimiento, al final. Se levantó y copa en alto, dijo:
—Por Bernard Shaw, el joven autor dramático irlandés.
Después estrechó su propia mano.
—¡Gracias, Shaw!
Y se fue. Tenía, entonces, 80 años.

Frecuentaba poco la sociedad y, cuando lo hacía, aprovechaba la ocasión para soltar algunas paradojas de las suyas. Y en seguida se marchaba, con esta excusa:
—He dicho todo lo que tenía que decir.
Una vez la dueña de la casa le dijo:
—Ha estado muy gracioso.
—Sí; pero lo más gracioso de todo, aunque nadie se haya dado cuenta, es que he hablado completamente en serio.

Estuvo una vez en Rusia y fue recibido por Stalin. En Inglaterra le preguntaban después detalles de la entrevista, y Shaw los daba de la hora y del sitio, sin hacer ninguna referencia a Stalin. Y un informador le preguntaba:
—¿Y qué dijo Stalin?
—Pues... habla muy bien.
—Pero, ¿qué dijo?
—Demostró a la perfección su enorme capacidad para hablar muy bien durante un buen rato, sin decir absolutamente nada.

Se dice de los británicos, cualquiera que sea el sitio de las islas donde han nacido, que no son aficionados a discutir. Shaw, aunque

era irlandés y no inglés, y nacido en Dublín, tampoco era nada aficionado a las discusiones. Y sostenía que la mejor manera de evitarlas era dar siempre la razón a los otros. Si le preguntaban:
—¿Aunque no la tengan?
Contestaba entonces:
—No la tienen nunca. Pero, para lo que se saca en discutir, da igual.
Cuentan que una vez le visitaron dos amigos y le expusieron una diversidad de pareceres. Le pusieron como juez. Shaw les escuchó y les dijo que lo pensaría. Uno de ellos se fue primero y Shaw, al despedirle, le dijo:
—Tiene usted toda la razón, pero delante de su amigo no me he atrevido a dársela.
Y al despedir al otro, le dijo:
—Tiene usted toda la razón, pero delante de su amigo no me he atrevido a dársela.
Su secretaria le oyó cómo les daba la razón a los dos, y le dijo después:
—No debió hacer esto. Ahora no sabrá cómo salir del paso.
—Tiene usted toda la razón.
No dice la anécdota cómo se las arregló Shaw aquella vez para salir del paso y quedar bien con sus amigos.

De todas formas, no parece que le importara mucho quedar bien, pues se asegura que, una vez, al decirle su mujer que tenían que hacer un regalo a cierta persona, para quedar bien con ella, Shaw sentó una de sus frecuentes afirmaciones paradójicas:
—Piensa que la costumbre de quedar mal es una de las cosas que te permiten ahorrar algún dinero para la vejez.

Se cita este texto de Shaw, tomado de una de sus cartas inéditas:
«Me di cuenta una vez, años atrás, que las nueve décimas partes de todo lo que escribía no añadían absolutamente nada bueno a lo que se ha escrito ya. Y decidí escribir nueve veces menos. He cumplido esta decisión y, a pesar de todo, las nueve décimas partes de todo lo que tengo escrito desde entonces no añaden nada bueno a todo lo que se ha escrito ya en este mundo.»

Una revista de Londres organizó un concurso de artículos «a imitación de Shaw». Se recibieron muchos. La revista nombró un jurado compuesto por críticos literarios. Y, a escondidas del jurado, mandó a concurso un artículo que el mismo Shaw había escrito bastantes años antes. El jurado premió tres artículos y concedió accésits a algunos otros. El de Shaw sólo mereció un accésit. Cuando el jurado lo supo dio esta razón:

—Nadie ha sostenido jamás que una cosa original sea una muy buena imitación del estilo de su propio autor.

Nunca tuvo Shaw mucho respeto a los norteamericanos y jamás se privó de decir de ellos todo lo que pensaba, aunque no fuese favorable. Una vez que estuvo en los Estados Unidos, en Miami, un diario de allí anunció su visita con este titular: «La esposa de Bernard Shaw nos hace una visita». Y comentó después toda la estancia de Shaw: «La esposa de Shaw hizo esto y aquello», «La esposa de Shaw estuvo en el teatro», «La esposa de Shaw dijo esto y lo otro», etc. Shaw dio en la ciudad una conferencia y el periódico dio la noticia así: «Ayer la esposa de Shaw asistió a una conferencia, que la daba, por cierto, su esposo, el escritor G. B. Shaw».
Parece ser que esas informaciones a Shaw le hicieron mucha gracia y que las recortó y guardó todas. Cuando regresó a Inglaterra, por mar, fue al barco mucho antes de la hora y se encerró en su camarote. Su esposa llegó poco antes de salir el barco, y fue ella la que se despidió de los que habían acudido a desearle buen viaje. Ellos le preguntaron:
—¿Y su esposo?
Y ella, muy sorprendida, respondió:
—Pues creo que está bien. Hablé con él por teléfono hace dos días. Le daré recuerdos de ustedes.

Últimamente la residencia de Shaw estaba incluida en una de las rutas turísticas de Londres; la residencia por fuera, pues Shaw no había tolerado que le molestaran. Pero un día llamó a la cicerone que acompañaba a los turistas y le hizo esta proposición:
—Ignoro lo que gana usted. Pero si pide doble sueldo y se lo conceden, autorizaré a los turistas a visitarme, en mi casa, y hasta les dirigiré la palabra; a condición, desde luego, de que el aumento de sueldo lo cobre yo.

No tenía demasiado buen concepto de la mujer en general. Excepcionalmente de algunas, sí, desde luego. Y una vez una mujer le pidió que le firmara, en su álbum precisamente, una opinión sincera sobre las mujeres. Shaw se negaba. La dueña del álbum insistía. Y, al fin, Shaw escribió esto en el álbum:
«Ningún hombre podrá expresar, libremente, la opinión que le merecen las mujeres en general hasta que no quede ya ninguna mujer sobre la tierra.»
Y lo firmó. La mujer lo leyó y le dijo:
—Esto no es, claramente, una opinión.
—Puede que no; pero es, en todo caso, una confusión claramente inteligible.

Alguien, en un momento en que Shaw estaba silencioso y pensativo, le dijo:
—Daría una libra por saber en qué está usted pensando ahora.
—Lo pagaría demasiado. No vale tanto.
—Bueno, ¿en qué está pensando?
—Cuando alguien me habla siempre pienso en la persona que me habla.

La Academia Real de Suecia le concedió el Premio Nobel en 1925. Shaw aceptó el premio, pero no se quedó el dinero, sino que lo cedió todo para los escritores suecos pobres. Y eran ocho mil libras, alrededor de millón y medio de pesetas. Cuando le dieron la noticia de la concesión del premio, hizo este comentario:
—Sin duda lo hacen para que tenga dinero y deje de escribir de una vez. Pero no lo conseguirán.
Y, para evitar que lo consiguieran, renunció al dinero.

Ya a una edad muy avanzada, un fotógrafo le hizo varias fotografías. Shaw, al verlas después, no pareció nada satisfecho. El fotógrafo le preguntaba:
—¿No le gustan?
—No. Soy un hombre normal, no una excepción. Y a ningún hombre normal de mi edad le ha gustado jamás una fotografía suya.

No acostumbraba, como ya se ha dicho, ponerse al teléfono. Cuando le llamaban se ponía su secretaria. Y, si era después de las seis, decía:
—El señor nunca se pone al teléfono después de las seis de la tarde.
Y si era antes de las seis de la tarde, decía:
—El señor nunca se pone al teléfono antes de las seis de la tarde.
A uno al que ya le habían dado la primera contestación, le dieron la segunda, y preguntó:
—Pues, ¿a qué hora se pone?
—A las seis en punto.
Llamó algunas otras veces a las seis en punto y el teléfono comunicaba siempre.

De las mujeres aseguran que decía:
—Muchas cosas de ellas no me las explico. Y una de esas cosas es que cada día llevan menos ropa encima, y cada vez necesitan más maletas cuando viajan.

Asistía una vez a la representación de una de sus obras. Terminada la representación, fue muy aplaudida. Pero el que estaba sen-

tado al lado de Shaw, no sólo no aplaudió, sino que murmuró algunas frases contra la obra. Shaw le dijo:
—Tiene usted razón. Parece mentira que el público aplauda esas tonterías.

Al otro espectador le gustó encontrarse con uno que pensaba como él, expuso sus gustos en teatro y al terminar ofreció su tarjeta a Shaw. Y Shaw le ofreció la suya. Y el otro, después de leerla, preguntó:
—¿Es usted pariente del autor de la obra?
—Tanto como pariente, no. Soy el autor.

No se ha contado nunca cómo fue el final de la entrevista.

Un desconocido solicitó ser recibido por Shaw. No lo consiguió. El desconocido insistió una y otra vez. Y, al fin, Shaw consintió en recibirle. Lo hizo de pie, como anuncio de la brevedad de la entrevista. El otro sólo le pidió dinero. Y como razón de pedírselo le dio ésta:
—Somos de la misma familia y es justo que nos ayudemos unos a otros.
—¿De la misma familia?
—Sí; los dos descendemos de Adán y Eva.

Shaw le dio un chelín y le dijo:
—Ahí va esto. Y si los demás miembros de la familia le dan lo mismo, no tardará en ser mucho más rico que yo.

Su indisciplinada ironía le había creado muchos enemigos. Otro autor dramático estrenó una obra. Invitó a Shaw al estreno. Y éste acudió. Pero mandó una nota al autor, redactada así:

«Ya que no soy capaz de asistir únicamente en espíritu, no tendré otro remedio que asistir en persona.»

En una tertulia literaria (aunque Shaw no frecuentaba mucho esas reuniones, alguna vez acudía) una señora le planteó este problema:
—Se dice que la *Odisea* y la *Ilíada* no son de Homero. Hay incluso quien dice que Homero no existió. ¿Qué piensa usted?
—Querida señora —respondió muy en serio el humorista—, respecto a este punto tengo hechas mis averiguaciones personales. Estoy convencido de que Homero existió, pero no fue él quien escribió la *Odisea* ni la *Ilíada*. Los dos poemas son obra de otro escritor griego, de la misma época, que se llamaba también Homero. Y de ahí la confusión y el error que se ha venido manteniendo hasta nuestros tiempos.

Cuando Shaw empezó a dedicarse a escribir para el teatro, algunos de los que le conocían se asombraron de este propósito. Y le decían:

—¿Y si fracasas?
—Imposible. En nuestro teatro sólo aparece un genio cada tres siglos, y yo he nacido exactamente trescientos años después de Shakespeare. De manera que...
Cosa que no es cierta del todo, pues Shaw nació, «exactamente», 292 años después de Shakespeare.

Shaw vivía en una casa con jardín, cerca de Londres. Un jardinero le cuidaba el jardín. Shaw le pagaba puntualmente lo estipulado. Y un día le llamó y le dijo:
—Su manera de trabajar me gusta. Pienso ofrecerle una buena recompensa.
Mucho tiempo después le volvió a llamar y le dijo:
—Como le dije hace tiempo, le voy a dar una recompensa. Ahí la tiene.
Le entregó un cheque por una cantidad nada despreciable, y añadió:
—Si sigue trabajando tan a mi gusto como hasta aquí, el año próximo, si me lo recuerda, se lo firmaré.
El cheque, como es de suponer, estaba sin firmar.

Le preguntaban una vez por qué tantos buenos novelistas son incapaces de escribir buenas obras de teatro. Sin pensarlo, dijo:
—Por lo mismo que Beethoven habría sido incapaz de pintar un cuadro.
Añadió:
—Son dos cosas totalmente distintas, para las cuales hacen falta dos disposiciones naturales también distintas.
Y explicó la diferencia así:
—Hay cierto lenguaje literario que es bueno para el teatro y malo para la novela. Y al revés; hay otro lenguaje que sólo se entiende bien leído, y escuchado se entiende siempre mal, puesto que se dirige a los ojos y no a las orejas. Y así resulta que algunas buenas obras dramáticas que, leídas, son insoportables, representadas entusiasman.
—O sea —le decían—, que para el éxito en el teatro se ha de escribir tal como la gente habla.
Y Shaw contestaba rápidamente:
—No. Eso sí que no. Para tener éxito en teatro se ha de escribir y dialogar tal como el buen teatro exige. Y si se acierta, mucha gente hablará después a imitación de lo que ha oído en el teatro. O sea, todo al revés de lo que acaba usted de insinuar.

Se hablaba un día de Shakespeare y de las dudas sobre su existencia y sobre si fue verdaderamente Shakespeare y no otro el autor de los dramas atribuidos a él. Y una señora le preguntó a Shaw:

—¿Usted, maestro, qué piensa de todo esto de Shakespeare?
—Es un asunto que me ha interesado mucho y lo conozco a fondo. Y puedo asegurar que Shakespeare no es el autor de esos dramas.
—¿No? Pues ¿quién? Diga, diga.
—Vivió entonces, en aquellos tiempos, un poeta, contemporáneo de Shakespeare que, por una de esas casualidades, se llamaba también William Shakespeare. Y aquel poeta desconocido, el otro Shakespeare, fue el verdadro autor de los dramas. No lo dude.

En cierta ocasión recibió una carta con esta sola palabra escrita: «Imbécil». Shaw lo comentaba después con sus amigos:
—He recibido en mi vida muchas cartas sin firma. Y hoy ha sido la primera vez que recibo una firma sin carta.
Y les enseñó la que había recibido.

En su juventud Bernard Shaw pronunciaba discursos en el famoso Hyde Park de Londres. Un día, su discurso era revolucionario. Lo pronunciaba subido a un tonel y con sus palabras arrancaba aplausos y carcajadas.
De pronto desapareció. Bajo su peso se había hundido la madera del tonel y el orador había caído dentro. Bernard Shaw, sin amedrentarse, dio media vuelta al tonel, volvió a subir a su pedestal y gritó:
—La fuerza de mis argumentos es tan grande que acaba siempre por arrastrarme. Ya lo habéis visto.

Shaw cuenta cosas divertidas de algunas conferencias que dio. En una de ellas, al principio de su vida de conferenciante, cuando llegó al sitio donde estaba anunciada la conferencia, no había nadie. Y un conserje le dijo que, a última hora, ante la sospecha de que acudiera mucho público, habían decidido darla en otro local de más cabida. Y le indicó cómo se iba al otro local. Shaw llegó allí y tampoco había nadie. El conserje le dijo que le habían esperado mucho rato y que, al fin, pensando que estaba en el otro local se habían ido todos hacia allí. Shaw fue al primer local. Tampoco había nadie, y el conserje le dijo que había ido mucha gente, que él les había dicho que el orador estaba en el otro local y todos se fueron hacia allí otra vez. Y termina el relato así:
«La cosa (ellos de un local a otro y yo también, aunque en sentido contrario) duró casi una hora. Al fin, nos encontramos, en mitad de la calle, los pocos que no habían desistido y yo. Les ofrecí hablarles un rato allí mismo; me subí a un banco del paseo, se acercó un guardia y me puso una multa. Y así acabó todo.»

Tenía fama de no hablar nunca del todo en serio ni del todo

en broma y dar así a su tono cierta ambigüedad, de tal forma que si al otro le molestaba que aquello fuese dicho en serio, pudiera tranquilizársele diciéndole que no, que era broma, y si al otro le parecía exagerado bromear con el tema, se le pudiera tranquilizar diciéndole que era en serio. Y una vez que explicaba esta manera propia de conducirse, le preguntaron:
—Y cuando otro le habla, ¿sabe distinguir si es en serio o en broma?
—Algunas veces, no.
—¿Y qué hace entonces?
—Pues creo que, en un caso así, cuando no se sabe si otro habla en serio o en broma, lo mejor es preguntárselo; y si resulta que el otro tampoco lo sabe, lo mejor es cambiar de tema.

Después de su visita a Rusia y de su entrevista con Stalin, Shaw comentó en Londres la impresión que le había producido el dictador ruso. Y nunca se pudo poner en claro si sus comentarios eran de alabanza o todo lo contrario. Dijo en uno de ellos:
—Stalin se diferencia de los otros dictadores, al menos, en una cosa: en su sentido del humor. Hay en él una mezcla de pontífice y de soldado, algo así como si fuera hijo ilegítimo de un cardenal. A nosotros nos recibió con suma cortesía, no del todo bien imitada, y que habría sido perfecta si hubiese conseguido disimular que le resultábamos todos unos tipos perfectamente ridículos.

No tenía mucho aprecio por los sabios; los definía así:
—He conocido dos tipos de sabios: los especialistas que lo saben todo sobre casi nada, y los filósofos que no saben nada sobre casi todo.

Sabido es que cierta mujer, cuyo nombre no se cita, le escribió con esta proposición: «Yo soy una de las mujeres más bonitas de Europa y usted uno de los hombres más inteligentes. Si nos casáramos, nuestros hijos, al reunir mi belleza y su inteligencia, serían tipos envidiables».
Y Shaw le contestó: «Muy peligroso, pues si reunieran mi belleza y su inteligencia, serían de lo más despreciable».
A uno que le pedía una fórmula de bienestar en el amor, le dijo:
—Póngase límites; no ame demasiado a la mujer que desea, ni desee demasiado a la mujer que ame.
—¿Y si me encuentro con una mujer a la que amo y deseo, las dos cosas a la vez por encima de todo?
—Pues busque otra. Y cuando empiece a estar arrepentido de haberla encontrado, acuérdese de la primera.

Se hablaba de la amistad y alguien sostenía que los buenos

amigos, dispuestos a sacrificarse por amistad, existen. Bernard Shaw le contuvo:
—No se precipite. Haga primero lo que le voy a decir y juzgue después. Encierre en una habitación a diez amigos íntimos, ofrezca diez millones al único que sobreviva y espere un tiempo. Quizá pasado este tiempo habrá cambiado de opinión.

Se hablaba de política y Bernard Shaw dijo que, para la buena marcha del país, faltaba un Ministerio.
Le preguntaban cuál. Y lo explicaba así:
—Todos nuestros Ministerios están demasiado recargados de asuntos sin resolver. Tenemos el Ministerio de Asuntos Exteriores, el de Asuntos Interiores, el de asuntos militares y otros de otros asuntos. Pero nos falta el de Asuntos Inútiles que, como descargo de los otros, sería insustituible.

Le preguntaban cuál era la forma mejor de escribir, y decía:
—Que yo sepa, de izquierda a derecha.

Le preguntaban si era partidario del divorcio y respondía:
—Según y como se repita, sí.
—¿Hace falta que se repita?
—Sí. Todos deberíamos divorciarnos de nuestra querida mujer cuando otra no gustaría más, cosa que fatalmente ocurre después de conocer a fondo a la nuestra. Y casarnos con otra. Divorciarnos y casarnos con otra. Y volver, al fin, con la mujer propia, convencidos de que estuvimos muy acertados en la primera elección.

Parece ser que Bernard Shaw participó y, en cierto modo, fue el animador de una campaña contra «las inútiles, excesivas y aburridas celebraciones de los natalicios». Un tiempo después de su muerte, la «Shaw Society» reorganizó esta campaña con una primera cruzada antinatalicio, y puso a la venta una especie de *christmas*, con la fotografía de Shaw vestido como un recién nacido, en pañales (una composición fotográfica, desde luego), con este texto: «Ánimo, amigos nuestros. Todos nosotros hemos sido víctimas de nuestro natalicio; de lo que podemos consolarnos pensando que esto nos ocurre una sola vez en la vida. Deseamos, pues, a los recién nacidos que lo soporten con paciencia, en la seguridad de que, pasados los primeros días, todo se empezará a normalizar para ellos».

Dijo una vez hablando de una intervención suya inoportuna:
—Me cogió en un momento tonto.
Y, como alguien se extrañara de que tuviera esos momentos tontos, añadió:

—Todos los hombres tenemos no un momento, sino hasta una hora de idiotez todos los días. La sabiduría de la vida consiste en no pasar este límite, y en evitar tomar cualquier resolución durante la hora tonta.

Lamentando el mucho trabajo que da llegar a ser famoso en literatura, y lo pronto que el mundo olvida después estas celebridades, decía:

—La única forma de ser famoso sin hacer nada y de que la fama no se olvide es la santidad; conseguir que a uno le canonicen.

Se hablaba de la felicidad. Shaw, como extrañado por la palabra, preguntaba:

—¿Felicidad? En todo caso, mientras sea una sensación fugaz, y que dure muy poco.

—¿No es partidario de ser feliz?

—Prefiero vivir años. Y no creo que ningún hombre normal sea capaz de soportar, durante mucho tiempo, una vida feliz.

Estaba convaleciente de una enfermedad, ya en sus últimos años. Le visitaban unos amigos y les decía que, durante la enfermedad, había ideado la trama de una pieza teatral. Los amigos le pedían que les explicara el argumento.

—Es una comedia con dos únicos personajes, un hombre y una mujer. En el primer acto la mujer pregunta: «¿Me quieres?». Y el hombre contesta: «Te adoro». En el segundo acto la mujer pregunta: «¿Me quieres?». Y el hombre contesta: «Te adoro». Y en el tercer acto el hombre pregunta: «¿Me quieres?». Y la mujer contesta: «Te adoro».

Los amigos quedan confusos. Y uno se atreve a preguntar:

—Bueno, sí, pero... ¿y la acción?

Y el viejo autor, con su voz burlona, habitual, responde:

—¿La acción? Pues ¡y tanto que la hay! Porque resulta que la mujer es la misma en los tres actos. Y el hombre es, en cada acto, un hombre distinto.

Un amigo de Shaw le visitó pocos días antes de su muerte. Le encontró con la cabeza muy despejada, y contaba después que, entre otras cosas, Shaw le había dicho:

—Los hombres hasta los cien años deberían estudiar; entre los ciento y los ciento veinte, ejercer una profesión. Y pasada esta edad, si habían sido buenos observadores, refugiarse en la filosofía del conocimiento de los hombres.

Daba este consejo: que en este bajo mundo conviene estar resignado a soportarlo todo. Y si le decían que esto, dicho por él, dada su situación, tenía poco valor, contestaba:

—¿Poco? Hace ochenta años que me soporto a mí mismo, y ahí me tienen, tan fresco.

Contaba Shaw que en las caricaturas que le hacían le desfiguraban en todas, y que sólo una vez, al entrar en una casa, vio una caricatura suya que le gustó. Quiso verla más de cerca para apreciarla bien y... se encontró ante un espejo.

Shaw no se casó sino a una muy avanzada madurez. Enviudó al cabo de algunos años y nada se ha contado nunca de su vida íntima matrimonial. Pero antes de casarse se había expresado siempre como si no fuese partidario del matrimonio... ni de la mujer. De la mujer escribió que «es un ser de diferente especie biológica que el hombre, con encantos específicos y con imbecilidades también específicas». Del matrimonio dijo y escribió muchas cosas, entre ellas que «el matrimonio es la más licenciosa de las instituciones humanas, y éste es el secreto de su popularidad». «La mayoría de las mujeres, enamoradas o no, se casan con un hombre a falta de otro; a la mayoría de los hombres les pasa lo mismo; después, a veces, sale bien y, a veces, mal, según el aire que sopla.» «Lo grave del matrimonio es que uno de los dos siga enamorado cuando el otro ya ha dejado de estarlo; pero si no está enamorado ninguno de los dos, pueden ser perfectamente felices.»

Y, a mayor abundamiento, puestos a explicar la actitud de Shaw ante la mujer, el amor y el matrimonio, se pueden citar algunos otros textos tomados de su extensa obra:

«El hombre o la mujer que se siente bastante fuerte para dos, busca en su pareja alguna cualidad que no sea precisamente la fuerza. Lo bueno de esta gran verdad es que lo contrario también es verdad.»

«No sé por qué no iba a haber una máquina que escribiera cartas de amor. ¿Es que no han sido siempre todas iguales?»

«Si tres cuartas partes de hombres murieran, las mujeres podrían rehacerlos con la ayuda de la cuarta parte restante. Si tres cuartas partes de las mujeres murieran, ¿cuánta gente quedaría para la próxima generación? Si no fuera por eso, los hombres ya habrían encargado a las mujeres que hicieran ellas la guerra, como les han encargado los demás trabajos para los que sólo hace falta obedecer.»

Y al fin la verdadera anécdota: Shaw todavía soltero y Chesterton casado ya desde tiempo atrás. Chesterton, con el vago deseo de los casados de contagiar a los demás, le decía a Shaw:

—Usted es un viejo egoísta, pero en el pecado lleva la penitencia. No sabe usted el consuelo que significa, en la vejez, la compañía de una buena esposa.

Y Shaw, con su sonrisa irónica, le contestaba:

—Sí, tiene usted razón. Sólo una buena esposa puede consolar

al hombre de los muchos contratiempos que jamás hubiese conocido de haber continuado soltero.
Cuando alguna vez le preguntaban la edad, decía:
—No la recuerdo exactamente. Pero sí recuerdo que, hace poco, me decían que parezco mucho más joven de lo que soy.
—¿Y qué edad les dijo usted que tiene para que le dijeran esto?
—La misma que le he dicho a usted; siempre digo la misma a todo el mundo.

Cuando cumplió ochenta años aparecieron con tal motivo algunas biografías suyas, ensayos sobre su obra y muchos artículos en la prensa de distintos países. Shaw se enteraba de todo desde su casa y cada vez parecía menos satisfecho. Y uno de los amigos que le visitaban le preguntó:
—¿Es que no le gusta que se ocupen de su vida y de su obra?
—Mi vida prefiero que la dejen en paz. Y en cuanto a mi obra, prefiero que la lean, o al menos que la compren. Y si continuamos así, nadie leerá ninguno de mis libros. Les bastará leer los libros que hablan de mí escritos por otros. Y de esos libros los derechos de autor no los cobro yo, sino ellos. Mal negocio para mí.

Le preguntaban, cuando había pasado ya de los noventa, si le parecía cosa buena para un escritor llegar a edad tan avanzada.
—No, no —dijo—, es mucho mejor morir joven; aunque lo más tarde posible, desde luego.

Visitó una vez una exposición de ornitología. Y, después de ver todos los pájaros, preguntó:
—¿No hay ningún mirlo blanco?
Le dijeron que no, que se encuentran muy pocos y que...
—Perdón, perdón. Hay muchos. Pero casi nadie es capaz de verlos, precisamente por su blancura. Y todo el mundo ve los mirlos negros, que no son sino la sombra de los blancos, que nadie ve.
Alguien le dijo que no se entendía bien el significado de este juego de palabras. Y Shaw replicó que los juegos de palabras son como los juegos de cartas, que el único significado que tienen es el dinero que producen a quienes los manejan bien.

Ya enfermo, y pocos días antes de su muerte, estaba vagamente entristecido. Los amigos que le visitaban intentaban alegrarle un poco contándole cosas. Pero Shaw continuaba triste. Entró el jardinero y contó una historieta muy graciosa. Entonces el rostro de Shaw se animó vagamente. Pero en seguida sus ojos se fijaron en la puerta y preguntó:
—¿No será demasiado estrecha?
Nadie entendió la pregunta y Shaw la explicó así:

—Para que pase el ataúd. En todo caso, que lo saquen por la ventana.

Poco después de la muerte de Shaw, un diario publicó esta noticia:
«Bernard Shaw es uno de los autores que han dejado un capital literario de mayor rendimiento. El fisco, después de establecer las cuentas, ha declarado que, en 1958, los derechos de autor de Shaw habían alcanzado la cifra de trescientos millones [en su equivalencia en pesetas]. Y sus libros siguen vendiéndose y sus obras de teatro representándose en todo el mundo. Al parecer, Francia es el país donde esas obras rinden menos. Y el fisco inglés ha redactado unas hojas de propaganda en francés con algunas frases geniales de Shaw. Entre ellas éstas:

»*A un puritano le gustan los predicadores rigurosos, porque piensa que algunas duras verdades le serán útiles a su vecino.*

»*La democracia prefiere la incompetencia de todos a la corrupción de algunos.*

»*No des a los otros lo que deseas para ti; los gustos son distintos.*

»*Los ingleses confunden la decencia con la falta de comodidades y confort.*

»*Los economistas son la única gente capaz de hablar siempre de problemas económicos sin conocer las causas de ninguno de ellos, e ignorando todo lo demás.*

»*La ventaja de muchos hombres de Estado es que son incomprendidos. Si les comprendieran, les ahorcarían.*»

## SHELLEY

El poeta inglés Percy Bysshe Shelley (1792-1822) tuvo desde muy niño mucha imaginación. Y en todo lo que le rodeaba imaginaba otras formas. Así pues, vivía como rodeado de un mundo fantástico, inexistente. Una de las habitaciones de la casa de sus padres, en el sótano, estaba cerrada siempre. El niño Shelley imaginó la historia de aquella habitación cerrada, con un cadáver dentro, y la contaba a sus amiguitos. Todos querían ver el cadáver que, según Shelley, iba vestido de rey. La habitación estaba cerrada porque se había perdido la llave. Un día el cerrajero cambió la cerradura, y con la nueva cerradura apareció una llave. Shelley comunicó la aparición a sus amiguitos y les convocó a todos para abrir la puerta. La abrió delante de todos. En la habitación había botellas vacías y algunos otros trastos; nada más. Shelley, muy en serio, les dijo a sus amiguitos que el cadáver había resucitado, y que los cadáveres resucitados pueden pasar a través de las paredes y que, gracias a esto, había podido huir. Les aseguró que él «lo había visto huir».

Shelley estuvo en el colegio de Eton. Y contaba que el director del colegio, el doctor Keate, les decía a los alumnos:
—Debéis ser caritativos con el prójimo. Si sé de alguno de vosotros que no lo ha sido, le enseñaré a serlo a bastonazos.
—Era —decía Shelley— su concepto doctoral de la caridad.

Uno de los profesores de Eton encontró al alumno Shelley que había trazado, con yeso, un círculo en el suelo, y que recitaba cosas extrañas, de pie, en medio del círculo.
—¿Qué hacéis? —le preguntó.
—Invoco al diablo.
—Y si aparece, ¿qué haréis?
—No lo sé. Os lo diré después.
No tuvo que decirle nada, porque el diablo no se le apareció.

Shelley pasaba por ateo. Él creía en Dios, a su manera, pero creía. Su amigo Trelawny, que le conocía muy bien, aseguraba que Shelley había creído siempre en Dios, a pesar de sus declaraciones de incredulidad. Decía que una vez le preguntó:
—Si crees en Dios, ¿por qué dices que eres ateo?
—Para asustar a los imbéciles —le contestó Shelley.

La esposa de Shelley se llamaba María. Shelley murió a los treinta años, y el amigo de la casa, Trelawny, un tiempo después, propuso a la viuda que se casara con él. Le dijo:
—Aunque no estemos enamorados, somos los mejores amigos del mundo y viviremos bien.
La viuda del poeta se lo agradeció mucho, pero no aceptó la proposición. Dijo:
—Mi nombre de ahora es tan bello por nada del mundo lo cambiaría por otro; me llamo María Shelley.

Shelley era muy amigo de Byron. Eran muy aficionados los dos a la navegación. Shelley vivía entonces a la orilla del mar, en Liorna. Allí embarcó un día Shelley, con el hijo de una hermana de María y un marinero. Se levantó una tormenta, zozobró la embarcación y murieron ahogados los tres. Byron hizo quemar los tres cadáveres y depositó las cenizas en el cementerio protestante de Roma.

## SINCLAIR

El famoso escritor norteamericano Upton Sinclair contaba un apólogo como definición de las relaciones ruso-americanas:
—América ante Rusia se encuentra en la situación de aquel tendero que vio a un chiquillo dar vueltas, de modo sospechoso, al-

rededor de sus cestos de manzanas. El tendero le gritó: «¡Eh! ¡Cuidado! Que no te pierdo de vista. Porque supongo que tu intención es robarme una manzana».

Y el chiquillo, muy serio, le contestó: «Pues no, señor; mi intención es hacer todo lo posible para no robársela. Y si usted no se hubiese dado cuenta, lo difícil para mí habría sido conseguirlo».

## SÓCRATES

Vivió del 470 al 401 a. de J.C., o sea, 69 años, y fue el filósofo más importante de su tiempo. No dejó nada escrito. Todo lo que se sabe de su filosofía se debe a los libros de Platón, su discípulo.

Salía Sócrates una vez a visitar a un hombre muy rico, y un discípulo le preguntó:
—Si visitas a los ricos, ¿es que te gusta la riqueza?
Y Sócrates le contestó:
—Deduces como un niño que no ha llegado a la edad de la razón. Piensa que también los médicos visitan a los enfermos, y esto no significa que a ningún médico le guste la enfermedad.

Un rico ateniense encargó a Sócrates que se encargara de la educación de su hijo. Sócrates le pidió por aquel trabajo quinientos dracmas. Al rico le pareció mucho dinero.
—Por este precio —dijo— puedo comprarme un asno.
—Tienes razón. Te aconsejo que lo compres, y tendrás dos.

Un discípulo preguntó a Sócrates si era mejor casarse o quedar soltero, y Sócrates le contestó:
—Las dos cosas son buenas, puesto que las dos comienzan bien; la soltería con el nacimiento y el matrimonio con el amor. Pero, con el tiempo, las dos se hacen malas; y cualquiera que sea la solución que adoptes, con el tiempo te arrepentirás.
Un poeta nuestro, Felipe Pérez González, dijo algo parecido en verso:

*Una verdad encerrada*
*en un sencillo aforismo:*
*el matrimonio es lo mismo*
*que fortaleza sitiada.*
*Y así vemos insistir*
*en insistencia sin par,*
*los de fuera, por entrar,*
*los de dentro, por salir.*

Al principio de su vida Sócrates fue escultor. Después dejó la escultura por la filosofía. Decía:
—Es tonto perder el tiempo para dar a una piedra forma humana, siendo así que la mayoría de los hombres hacen todo lo posible para asemejarse a las piedras.

Se sabe que Xantipa, la mujer de Sócrates, tenía muy mal carácter y era insoportable. Le preguntaban a Sócartes si no se había dado cuenta del mal carácter de Xantipa antes de casarse con ella.
—Sí —decía Sócrates—, si me casé con ella fue, precisamente, por su mal carácter.
—¿Te gustaba vivir con una mujer así?
—Lo que me gustaba era aprender a tratar todos los días a una persona de carácter tan malo. No hay escuela mejor para el trato con los demás.
—¿Y te has acostumbrado a soportarla? —le preguntaban.
—Sí —decía el filósofo—; sus gritos ahora me producen el mismo efecto que los chirridos de las ruedas de un carretón. Y cuando la oigo pienso: ya chirría.

Un día estaba Sócrates en su casa con sus discípulos. A Xantipa le molestaba tanta gente reunida y se ponía a gritar contra ellos. Sócrates y los discípulos salieron, en silencio, a la calle. Y allí mismo, junto a la casa, continuó la lección. Xantipa abrió la ventana y les vació encima un cubo de agua. Y Sócrates, sin enfadarse, dijo a sus discípulos:
—Es cosa natural que, después de los truenos, venga la lluvia.
Y continuó la lección.

Aristófanes era, como se sabe, autor de comedias burlescas. En todas ellas atacaba a alguien o alguna costumbre. En «Las nubes» atacó a Sócrates. La obra tuvo mucho éxito. Sócrates lo supo y asistió a una representación. Y se rió de buena gana al oír todo lo que decía el personaje que figuraba él. Después de la representación visitó a Aristófanes y le felicitó por el buen rato que le había hecho pasar.

Sócrates se esforzaba en dominar todas las pasiones negativas, entre ellas la ira. Uno de sus esclavos le perjudicó con un acto de desobediencia. Y Sócrates le dijo:
—Si no estuviera encolerizado te azotaría. Pero no te azoto, porque no me gusta dejarme dominar por la cólera.

Sócrates buscaba discípulos entre la juventud. Les preguntaba:
—¿Dónde se encuentra todo lo necesario para vivir bien?
—En el mercado —le decían.

—¿Y dónde se aprende a ser buena persona y a ejercitarse en las virtudes?
—No lo sabemos —le decían.
—Yo lo sé. Se aprende en mi escuela, donde la bondad y la virtud es lo único que se enseña.
Y así conoció a los dos discípulos que fueron más famosos después, a Jenofonte y a Platón.

Sócrates vio a un hombre en una calle de Atenas que iba a todo correr, y a otro que le perseguía. Dejó pasar al primero y detuvo al segundo:
—¿Adónde vas? —le preguntó.
—¡Persigo a un asesino!
—¿No estarás equivocado?
—¡No! ¡Es un asesino!
—¿Un asesino? ¿Qué quieres decir con esto?
—Un asesino es un hombre que mata.
—¿Un carnicero?
—No te hagas el tonto. Un hombre que mata a otro hombre.
—¡Ah! Un soldado.
—¡No! Un hombre que mata a otro en tiempo de paz.
—Lo entiendo: un verdugo.
—No entiendes nada. Un hombre que mata a otro en su propia casa.
—¡Por fin hablas claro! ¡Un médico!
El hombre le dio un empujón y echó a correr en persecución del otro. Pero éste ya había tenido tiempo de alejarse y desaparecer.

Alcibíades tenía que pronunciar su primer discurso en una asamblea popular. No estaba muy seguro de sí mismo y expuso sus temores a Sócrates.
—¿Te asustaría hablar con tu zapatero y con tu carnicero?
—Desde luego que no.
—Pues no debe asustarte hablarles a los dos juntos y a muchos más, todos de la misma talla.

Platón, discípulo de Sócrates, un día, durante la lección del maestro, le dijo:
—Ayer le gritabas a un esclavo tuyo delante de otros. ¿No crees que, según tu filosofía, habría sido mejor reprenderle a solas sin que se enterara nadie?
—Desde luego. Y también creo, según mi filosofía, que habría sido mejor que tú esto me lo dijeras a solas y no delante de mis otros discípulos.
Y Platón le dio la razón.

Sócrates explicaba a sus discípulos que de dos maneras distin-

tas se puede llegar al mismo fin: de una manera leal, a la vista de todo el mundo, sin trampas ni engaños; y de una manera torcida, con artimañas y trampas, solapadamente. Les daba sobre esto largas explicaciones, y uno de los alumnos decía que todo aquello era muy complicado y no se entendía fácilmente. Sócrates le replicó:
—Pues te lo diré de forma muy clara, que se entienda en seguida.

Trazó dos líneas sobre un papel, una recta y de un rasgo limpio, todo igual, y otra quebrada, en zigzagues y de rasgos distintos. Las dos líneas se juntaban en el extremo final. Enseña el papel al alumno y le dijo:
—¡Elige!

Sócrates hablaba un día a un grupo de ciudadanos, y combatía con razones filosóficas la manera de conducirse de los que sólo buscan su provecho. Uno le gritó:
—¡No estoy de acuerdo contigo! Y, además, hablas de una forma que no hay quien te entienda.

Otras voces se unieron a la protesta. Y Sócrates, cambiando de tema, les dijo:
—Como podéis ver, queda demostrado que hay dos clases de tontos, los que gritan y los que callan; y, desde luego, los segundos hacen menos ruido.

Quedó un rato dedo en alto, como si le faltara añadir lo principal, y acabó así:
—A no ser que toquen el tambor.

Y se alejó tranquilamente.

Sabido es que muchos atenienses estaban contra Sócrates por cómo les desenmascaraba a todos. Una vez un ciudadano, en plena calle, le dio un puntapié. Sócrates siguió su camino sin ninguna protesta. Sus amigos le preguntaron por qué no acusaba a su ofensor ante los jueces. Y Sócrates dijo:
—Si un asno me hubiese dado una coz, ¿tenía yo que citarlo ante la justicia? Pues he aquí lo ocurrido.

Durante el proceso a que fue sometido, le preguntaron los jueces cuál era la pena de la que se consideraba merecedor. Y dijo:
—Ser instalado en un palacio y mantenido a expensas públicas.

Contestación que indignó a los jueces. Le amontonaron acusaciones y le invitaron a defenderse. Y Sócrates se negó con estas palabras:
—Toda mi vida, en la que no he hecho nada digno de castigo, ha sido una defensa.

Y, al parecer, cuando le anunciaron que le iban a dictar sentencia, les dio las gracias y se tapó los oídos con el manto.

Sabido es que Sócrates, principalmente por la envidia del mediocre poeta Melito, fue condenado a muerte, a beber la cicuta. Parece ser que, entre los motivos de su condena, hay uno ciertamente curioso. Amigos suyos consultaron al oráculo de Delfos sobre la filosofía socrática. Y el oráculo, por boca de la pitonisa, contestó que Sócrates era el más sabio de los hombres. Y esto bastó para que los enemigos de Sócrates le declarasen blasfemo. Decían:
—Sócrates ha dicho muchas veces que sólo sabe que no sabe nada. Si el oráculo dice que es el más sabio de los hombres, él miente al decir que no sabe nada; ha blasfemado.

Sócrates ya ante el tribunal, en defensa de esta acusación, dijo:
—La verdad es, atenienses, que el único sabio es el dios Apolo. Y su oráculo, al decir que yo soy el hombre más sabio, precisamente yo que no sé nada, sólo ha querido decir que la sabiduría humana no existe.

Y, a pesar de todo, le condenaron.

Cuando Sócrates estaba en la cárcel, ya condenado a muerte, su mujer Xantipa fue a visitarle. Y, a pesar de la forma poco afectuosa en que había tratado siempre a su marido, se echó a llorar.
—No llores —le dijo Sócrates—. Todos estamos condenados a muerte por la naturaleza.
—Pero, a ti te han condenado injustamente.
—¿Es que te parecería menos lamentable que me hubiese condenado justamente?

Cuando ya Sócrates sintió que la muerte se aproximaba, dijo a sus discípulos que le rodeaban:
—Pensad que no me han condenado los atenienses, sino unos pocos jueces, y que los atenienses me juzgarán por mis obras, que sois vosotros. Y que sólo de una manera podréis demostrar a los atenienses la injusticia de mi condena, y es con la honradez y la bondad de vuestras vidas.

Poco después Melito era condenado a muerte y los atenienses honraron la memoria de Sócrates.

## SOLÓN

Hubo, en tiempos de Solón (640-558 a. de J.C.) un parricida. Fue llevado ante los jueces y no pudieron dictar sentencia, porque no había ninguna ley que condenara el parricidio. Los jueces acudieron a Solón, y le explicaron el caso. Solón se presentó en el tribunal y dijo al acusado:
—No pueden condenarte por tu delito, pues no hay ninguna ley contra los parricidas. Pero yo puedo condenarte por haberme hecho

quedar mal, ya que si no existe esta ley es por mi culpa, por lo convencido que estaba de que ninguno de mis súbditos cometería parricidio jamás. Y por este delito contra mí te puedo condenar y te condeno.

Y le condenó a muerte.

## STEINBECK, John

Este buen escritor norteamericano, nacido en 1902, ha dicho que no era partidario de lo mucho que se gasta, en Navidades y otras fiestas, en divertir a los niños. Y le preguntaban:
—Así pues, ¿usted acabaría con los Papá Noël?
—Desde luego. No me parece que gastar más dinero en la diversión de los niños que en su educación pueda dar, a la larga, buen resultado.

Y contaba el caso de un matrimonio, ocasionalmente arruinado, que llegada la Navidad no tenían dinero para comprar juguetes a sus niños. Y unos días antes, entre marido y mujer, hicieron algunos muñecos con trapos y papel. Cuando los tenían hechos, un amigo en buena posición les mandó un paquete de juguetes para los niños. Lo pusieron todo en el árbol de Navidad, y los niños, sin hacer caso alguno de los juguetes, pasaron la tarde muy divertidos con los muñecos de trapo, que, entre todos, no costaban ni un dólar.

Estuvo en Europa y dio algunas conferencias. En Venecia habló de la literatura italiana. Terminada la conferencia se lo llevaron en seguida a cenar y dejó olvidadas, sobre la mesa, algunas hojas mecanografiadas. Un periodista las vio y las guardó disimuladamente, convencido de que en ellas encontraría el resumen de la conferencia. Y, en efecto, era un resumen, pero tan resumen, que sólo había algunas palabras indicadoras escritas en mayúsculas. Y a continuación de cada palabra algunas anotaciones en minúsculas. Las anotaciones eran:
«Aquí una pausa larga.
»Tono conmovido y emocionado.
»Mantener el gesto un buen rato.
»Cambio de tono de voz.
»Gritar fuerte.
»Mirar hacia lo alto.
»Mirar directamente a algunos de los asistentes.
»Hacer como que he terminado.»

No parecía muy partidario de dedicar elogios a las mujeres, al menos en general. Le preguntaban cuál era su opinión sobre las mujeres norteamericanas. Y preguntó a su vez:

—¿Cuáles: las gordas o las flacas?
—Unas y otras.
—Pues opino que a nuestras mujeres gordas lo único que de veras les preocupa es adelgazar. Y a nuestras mujeres flacas lo único que de veras les preocupa es engordar un poco.
—¿Y eso es todo?
—No. Están, además, las que nunca se han pesado. Que son las menos.

Una vez le preguntaban si podía explicar, con algún símil, su trabajo al escribir una novela. Y encontró el símil en seguida:
—Es como abrir un pozo.
Nadie lo comprendió bien. Y Steinbeck lo explicó así:
—El agua que se saca al principio es turbia; pero después se va aclarando poco a poco y, al final, hasta se puede beber.

La película *Al este del Edén*, que hizo famoso a James Dean, está tomada de una novela de Steinbeck. En ella las mujeres no quedan muy bien. Alguien le hacía notar esto y Steinbeck estaba de acuerdo. Y preguntaba:
—¿Es que no se pueden decir las cosas tal como son?
—¿Usted cree que son siempre así?
—Basta que lo hayan sido alguna vez para que yo las cuente. O ninguna. Los escritores tenemos derecho a inventar la vida, siempre que el invento sea una pieza de nuestra estructura literaria.
Después de esta declaración, añadió:
—Las mujeres se parecen a los diarios. Tanto a los diarios como a ellas les gusta la polémica. Pero siempre a condición de decir la última palabra, la que les da la razón.


## STAËL

Anne Louise Germaine Necker, baronesa de Staël-Holstein, más conocida por *madame de Staël* (1766-1817), no se distinguía por la belleza de su rostro. Conocida es la anécdota del amigo de madame de Staël y de madame Récamier, que, una vez que las encontró juntas, les dijo:
—He aquí juntas la belleza y la inteligencia.
Se han citado varios nombres como protagonistas de esta anécdota, que termina con la inmediata contestación de madame Récamier:
—Es la primera vez que alguien alaba mi inteligencia.
Con lo cual borraba la mala impresión producida en madame de Staël por la referencia a su inteligencia, en oposición a la belleza de otra. Sabido es que madame Récamier fue una de las más celebradas bellezas de su tiempo.

Pero madame Staël tenía los brazos muy bonitos y bien formados, y los llevaba siempre descubiertos. La explicación que daba de esta costumbre ha pasado a la anécdota en tres formas distintas. Cuentan que decía que, así, los demás no se fijaban tanto en su rostro; que sólo le faltaba llevar el rostro tapado para aparecer bella por completo, y que todas las mujeres se complacen en ser admiradas por sus bellezas más evidentes.

Dos novelas de madame Staël tuvieron éxito cuando se publicaron: *Delphine* y *Corinne*. Su obra más leída fue *Dix années d'exil*, que es como una autobiografía de los años que pasó alejada de Francia por cuestiones políticas. Decía una vez Staël que estaba escribiendo este libro, y que el libro tendría mucho de autobiográfico. A pesar de la escasa belleza de su rostro había tenido algunas aventuras galantes. Alguien le preguntó si las contaría todas en el libro, y ella le contestó:

—Ninguna. Aunque el libro es autobiográfico, no me retrato de cuerpo entero, sino que me limito al busto, de la cintura hacia arriba.

Aunque fue siempre muy partidaria de la promoción de la mujer, se dice que más de una vez había dicho que, si estaba muy contenta de ser mujer era porque, de haber sido hombre, se habría tenido que casar con una mujer, cosa que le parecía demasiado para sus fuerzas humanas.

Parece ser que era bastante agresiva en su conversación y se cuenta que de una amiga, criticándola, dijo:

—Es la peor lengua que he conocido jamás. Sé que repite todo lo que yo le digo.

En una de las anécdotas refiere un lance, en que el protagonista es el astrónomo Lalande. Y la contestación no la da madame Récamier, sino madame de Staël. El diálogo es el siguiente:

—Me encuentro feliz entre la belleza y la inteligencia.

—Sin poseer ninguna de ambas cualidades.

Imaginamos la escena con el astrónomo entre las dos mujeres, dirigiéndose primero a una y después a la otra. Y también la expresión de su rostro después de oír a madame de Staël. Lo que ya no imaginamos es la frase ingeniosa con la que el astrónomo concluiría el diálogo.

El vizconde de Choiseul se había hecho famoso por sus epigramas, con los que sacaba al sol los trapitos de ciertos personajes de entonces. Y a madame de Staël le había sacado algunos. Se encontraron un día en sociedad y ella se anticipó a saludarle:

—Hace tiempo que no se os ve, señor de Choiseul.

—He pasado una enfermedad, señora.

—¿Muy grave, acaso?
—Una intoxicación.
Y madame de Staël, rápida, dijo:
—¿Es que os mordisteis la lengua, señor?

En un salón de París, cuando Napoleón sólo era general, se hablaba de política. Las mujeres intervenían en la conversación. Madame de Staël tomó la palabra y la mantuvo durante un buen rato. Todos le iban dando la razón mientras hablaba. Todos menos Napoleón, que guardaba silencio. Hasta que ella le preguntó a Napoleón:
—Vuestro silencio, general, ¿significa desaprobación?
—No. Significa que no me gusta oír a las mujeres hablar de política.
—Os apruebo el gusto, general. Pero en un país donde por cosas políticas se corta la cabeza a las mujeres, ¿no os parece justo que las mujeres quieran saber algo de esas cosas?
No cita la anécdota la contestación del general Bonaparte.

## STALIN

Se contaba en la URSS, aunque en voz baja, que Stalin ya llevaba tiempo de mandamás y todavía no habían aparecido sellos con su efigie. Stalin llamó al director general de Comunicaciones y le dijo:
—¿Y mis sellos? ¿Por qué no se han puesto en circulación?
—Sí que se han puesto; pero nadie los usa.
—¿Por qué?
—Es lo que trato de averiguar y aún no lo he conseguido.
Stalin mandó a un agente de su confianza a averiguar en la calle. El agente hizo sus averiguaciones y las comunicó confidencialmente a Stalin:
—Nadie usa esos sellos, porque no hay manera de pegarlos a los sobres, dicen.
Stalin mandó traer algunos sellos y él mismo los pegó en un papel. Todos se pegaron muy bien.
—¿Cómo que no? ¡Mira cómo se han pegado todos!
—Así sí, claro. Pero es que la gente que los compra intenta pegarlos al revés, y en vez de escupir sobre la goma, escupen sobre la imagen. Y así no hay forma.

En tiempos de Stalin, en Rusia se hizo un empréstito público. Circulaban agentes por todo el país recogiendo dinero para cubrir el empréstito. Y garantizaban que, en cinco años, sería todo devuelto. Un campesino, desconfiado, preguntaba:
—¿Y quién me garantiza la devolución?

—Stalin.
—Y si Stalin desaparece, ¿qué?
—El partido comunista.
—Y si el partido comunista desaparece, ¿qué?
—Se le piden sólo cien rublos. ¿Y no daría muy a gusto cien rublos para esta desaparición?

## STENDHAL

El escritor Stendhal (1783-1842), cuyo nombre auténtico fue Henri Beyle, es autor de dos de las mejores novelas escritas en francés: *El rojo y el negro* y *La cartuja de Parma*. Era hombre muy aficionado a la buena mesa. Le gustaban, por encima de todo, los helados. Alguien le reprochaba que abusara tanto de ellos. Stendhal le dijo:
—Es que he decidido descubrir cuál es el mejor de todos para limitarme a uno sólo. Cuanto antes lo descubra, mejor; y cuantos más vaya probando, antes lo descubriré.

Stendhal había publicado su libro *Del amor*. Un tiempo después pidió al editor noticias del libro.
—Infunde mucho respeto, por lo visto —dijo el editor—, pues nadie lo toca.
Es uno de los libros que más éxito han tenido después de muchos años de su aparición.

Stendhal escribe con mucha claridad. Su estilo es limpio, sin aglomeración de palabras ni confusiones. Un amigo le alababa el estilo y Stendhal decía:
—Lo admito, y sé que es debido a mis lecturas. Nunca me siento a escribir sin haber leído antes algunas páginas de otros libros.
—¿De cuáles, si se puede saber?
—En realidad siempre del mismo: del Código Civil.
Se refería al Código Civil de Napoleón, uno de los libros más claramente escritos.

Stendhal estuvo por primera vez en Italia a los veintidós años. Era entonces oficial en el ejército de Napoleón. Y tuvo cierto éxito con algunas mujeres italianas. Volvió a Italia muchos años después y fracasó en todos sus intentos sentimentales. Le decía a un amigo:
—Las mujeres italianas han cambiado mucho. En mi juventud eran más amables y condescendientes.
Y el amigo le preguntó:
—¿No serás tú el que ha cambiado?
Contaba uno de nuestros jugadores de golf, que alrededor de

los sesenta años continuaba jugando, que no alcanzaba con sus golpes tanta distancia como en años anteriores. Y un día, viendo que alargaba menos, se quejaba de los palos. Decía:
—Esos palos no van bien. Están viejos. Tendré que cambiarlos.
Y que el caldy le hizo una observación:
—¿No será usted, señor, el que está viejo?
Son equívocos que muchas veces se producen. Se sabe que una pianista norteamericana, joven y bonita, daba frecuentes conciertos en los que sólo interpretaba música de Chopin. Salía a tocar muy escasamente vestida, con falda larga y sobre el cuerpo sólo unos tirantes que apenas le cubrían el pecho. Tenía mucho éxito. Incluso en las noticias y hasta en los programas le llamaban «la pianista desnuda». Y tanto se dijo esto que intervino la policía y le ordenaron que se cubriera algo más. Ella se enfadó y se cubrió del todo. Salió a tocar con una especie de hábito monjil. A la tercera vez se quedó sin público. Y decía después:
—Al público norteamericano ya no le gusta Chopin.

Preguntaron a Stendhal cuál era su programa de felicidad en este mundo. Lo explicó así:
—Encontrarme en un salón con diez o doce buenos amigos, hombres y mujeres, conversar sobre poesía, arte y belleza, amenizar la conversación con buena y abundante bebida y dejar así pasar las horas hasta las primeras luces del día, sin acordarnos de que existe alguien más en el mundo. Y os advierto que, en ocasiones parecidas, yo estaría siempre dispuesto a callar y a escuchar a los otros. Y si alguna vez daba mi opinión, sería únicamente como pago del billete de entrada.

Stendhal no fue muy apreciado por sus contemporáneos. No parece que fuese persona de trato agradable. Acompañó a Musset y George Sand en el viaje que hicieron juntos a Italia. La Sand decía después:
—Es fastidioso este hombre. No deseo encontrarlo nunca más en mi camino.
Parece ser que Stendhal, que tanto se ocupó literariamente de todo lo concerniente al amor, no supo inspirarlo a las mujeres. No tenía un tipo adecuado para ello. Merimée, después de conocerle, dijo:
—Es un tipo gordo, con grandes patillas negras y una cabeza como la de un carnicero de barrio bajo.
No quiere decir esto que Merimée hubiese impresionado tampoco agradablemente a Stendhal, que le dedicó este comentario:
—Es un tipo bajito y feo, cuya enorme nariz le disimula la fealdad de los ojos.
El músico Berlioz criticaba así una de las obras de Stendhal: «Este señor Beile, Baile o Bayle ha escrito una *Vida de Rossini*

con el seudónimo de Stendhal, y dice sobre la música las mayores estupideces, convencido de que entiende algo y puede juzgar».

Un general amigo de Stendhal contaba que se encontraron una vez él y el escritor en una reunión de sociedad. Los dos juntos observaban a las mujeres. Había allí mujeres de cuatro nacionalidades: francesas, italianas, inglesas y españolas. Y el escritor y el general llegaron a la conclusión de que, por la forma de conducirse en presencia de los hombres, se podía conocer la nacionalidad de las mujeres, al menos entre las de la alta sociedad. Y explicaba la diferencia así:

—Las francesas se miran entre ellas; las italianas miran a los hombres; las inglesas, aunque todas tienen ojos, ninguna tiene mirada; y las españolas bajan los párpados cuando los hombres las miran y, si no las miran, hacen todo lo posible para que las miren.

Continuaron después la discusión sobre las mujeres de esas cuatro nacionalidades y decidieron que las mejores amantes eran las francesas; las amantes más apasionadas, las italianas; las más fieles, las inglesas, por ser las que más difícilmente encontraban a otro hombre que las amara; y las peores amantes, las españolas, porque sólo se amaban a sí mismas y, aunque todas deseaban ardientemente ser preferidas, ninguna entendía nada en el arte amatorio.

Stendhal dejó escrito su epitafio, en italiano, de este modo: «Qui giace Enrico Beyle — milanese — visse, scrisse, amó — adorava Cimarosa, Mozart e Shakespeare.» Sin embargo, Stendhal había nacido en Grenoble y murió en París.

## TAINE

Hippolyte Taine (1828-1893), crítico de arte, historiador y filósofo, famoso, sobre todo, por sus ensayos sobre literatura, historia y arte y por sus volúmenes de *Philosophie de l'art*, era contrario a todos los tópicos y convencionalismos científicos de su época. Se hablaba un día de pedagogía, y dijo:
—Tengo mis ideas propias sobre pedagogía, pero nunca las digo.
—¿Por qué?
—Los pedagogos se me echarían encima.
—¿Es que no creéis que la pedagogía sea una ciencia respetable?
—Creo que es respetable, pero no que sea una ciencia. Creo que es una de las mayores tonterías de nuestra época. Y la tontería siempre me ha parecido respetable. Pero si digo esto, sólo podré esperar que los pedagogos, que todos viven de esta tontería aplicada a la tontería humana, se me echen encima. Y son tantos, que me aplastarían.

Se hablaba un día de católicos y protestantes. Taine hizo el elogio de ambas religiones.

—Ambas religiones —dijo— apelan al sentimiento. Pero no a los mismos sentimientos. El protestantismo apela al sentimiento musical; el catolicismo al sentimiento plástico.

Le pidieron que explicara esto mejor y que pusiera ejemplos. No lo quiso hacer. Sólo dijo que un hombre de naturaleza cerebral que estuviera por encima de los sentimientos, no podía ser católico ni protestante.

—¿Qué religión tendría un hombre así?
—La única verdadera —dijo Taine.
—¿Cuál es? —le preguntaban.
—La que tendría este hombre —dijo Taine.

Y no le sacaron de aquí.

# TALLEYRAND

Charles-Maurice de Talleyrand-Périgord (1754-1838) fue uno de los hombres más extraordinarios de su tiempo como político y diplomático. Basta una breve reseña biográfica para convencerse. Nace de familia noble en París; a los 25 años es sacerdote y a los 34 obispo; durante la Revolución es presidente de la Asamblea; renuncia a la mitra; es excomulgado. Luego es embajador de Francia en Londres; es desterrado; llega a ministro de Asuntos Exteriores durante el Directorio y también con Napoleón. Se casa con madame Gand. Bajo el reinado del emperador Napoleón es gran chambelán y príncipe de Benevento. Con Luis XVIII es ministro plenipotenciario de Francia en Viena y, después, embajador en Londres. Se retracta de sus errores religiosos y firma su sumisión al papa. Muere en su propio palacio, en París.

Se introdujo muy joven en la vida de sociedad. La duquesa de Grammont le recibió como invitado en su casa. Había oído hablar de la clara inteligencia del muchacho y quiso ponerle en un aprieto. Delante de todos le dijo:

—Por cierto, señor Talleyrand; sé que ésta es una de las primeras veces que acudís a una fiesta de sociedad.

—Exacto, señora.

—Por aquí se ha comentado que, al entrar en el salón, habéis exclamado: «¡Ah! ¡Ah!». ¿Puedo preguntaros el significado de esta exclamación?

Era falso que la duquesa supiera nada de aquello. Todos estaban atentos a la contestación del joven Talleyrand. Y él, sin inmutarse, dijo:

—Os han informado mal, señora. No he exclamado «¡Ah! ¡Ah!». Mi exclamación ha sido: «¡Oh! Oh!». ¿Os dais cuenta de la diferencia?

Y, con esto, se ganó la admiración de cuantos estaban escuchando.

Se hablaba de las costumbres livianas de la época y de la facilidad con que las damas se jugaban la reputación. Talleyrand hizo esta observación:
—El pudor es uno de los refugios de la gente del pueblo. En las señoras de la clase alta la reputación renace lo mismo que los cabellos. Y, una vez acabada de perder, se disimula la pérdida con una peluca.

La primera vez que estuvo en los Estados Unidos algunas cosas le sorprendieron. Decía después, refiriéndose a esa nación:
—Es un curioso país, con treinta religiones distintas y un solo tipo de comida.

Talleyrand, como la mayoría de los aristócratas de su época, tardaba mucho en pagar sus deudas, y hacía todo lo posible para no pagarlas nunca. Nombrado obispo, se hizo vestidos lujosos como correspondía a su alta dignidad y se compró una carroza. Pero no pagó nada de todo aquello. El sastre y el carrocero se unieron para reclamar su dinero. Talleyrand les recibió y les dijo:
—Mentiría si os dijera que os voy a pagar en seguida. Pero todo llegará.
—¿Cuándo? Sólo quisiéramos saber cuándo nos llegará el dinero.
—Mucho me temo que vuestra curiosidad sea excesiva. Y presumo que os haré mucho bien si os la corrijo.
Y así les despidió.

Napoleón, antes de partir para su campaña en Italia, visitó a Talleyrand. Le encontró acostado y enfermo. Napoleón iba a pedirle consejo. No sabía de dónde sacar dinero, y lo necesitaba. Decía:
—Un general pobre hace quedar mal a su patria.
Talleyrand le dijo:
—Abrid los cajones de mi secreter. En uno de ellos encontraréis cien mil francos. Yo no sé qué hacer con este dinero. Tomadlo y me lo devolveréis a vuestro regreso de Italia.
Napoleón tomó el dinero, dio las gracias a Talleyrand y se largó. Años después, ya emperador, recordó a Talleyrand aquella deuda todavía sin liquidar. Le preguntó:
—¿Necesitáis el dinero ahora?
—Menos que entonces, señor.
Napoleón, en vez de pagarle, le preguntó:
—¿Qué razón tuvisteis para prestármelo sin que yo os lo pidiera? Lo he pensado muchas veces y nunca he encontrado la razón.
—No tenía ninguna razón. Yo estaba enfermo. Vos erais mucho

más joven que yo; se os veía emprendedor y decidido. Y me pareció bien ayudaros.
—Pues no lo acabo de comprender.
—Ni yo os lo puedo explicar más claramente.
Talleyrand tenía quince años más que Napoleón. Y el emperador terminó la conversación con una frase lapidaria:
—Es imposible conocer de los hombres aquello que ni ellos conocen de sí mismos.

Napoleón había encargado a Roederer la redacción de una Constitución para la República Cisalpina. Roederer redactó dos, una corta y muy clara y la otra mucho más larga en la que estaba previsto todo. Enseñó los textos a Talleyrand antes de enseñarlos al emperador. Y le dijo:
—Me parece mejor la más corta. Es, como han de ser las Constituciones, corta y muy clara.
—Sí, en efecto —le dijo Talleyrand—; creo que las Constituciones deben ser breves. Pero no creo que deban ser claras. Ni demasiado oscuras. En el término medio puede estar la perfección.

Luis XVIII leyó a Talleyrand la carta constitucional que pensaba proponer al Parlamento. Talleyrand le hizo algunas observaciones.
—Veo —le dijo— que no señaláis ninguna asignación a los diputados.
—No. Creo que la función de diputado ha de ser gratuita. Así se ejerce no por el dinero, sino por el bien del país.
—Sí, majestad. Pero esas funciones, si son gratuitas, salen muy caras.
El rey lo pensó mejor y señaló una asignación a los diputados.

Cuando era embajador en Londres, le visitó un pariente suyo y le expuso la mala situación por la que atravesaba.
—Me han expulsado de una casa de juego acusándome de hacer trampa, y me han amenazado con arrojarme por la ventana si me atrevo a presentarme otra vez allí.
—¿Es una ventana muy alta? —le preguntó Talleyrand.
—Un tercer piso.
—Pues os aconsejo que sólo frecuentéis las casas de juego que estén en una planta baja.
Así le despidió. Y, cuando ya el jugador se iba, Talleyrand le llamó para redondearle el consejo.
—O, en último caso, en un entresuelo.
Y esto fue todo.

Decía que si algún autor le mandaba un libro, le escribía en seguida dándole las gracias. Y añadía: «Estoy seguro de que la lectura de su libro me causará tanto placer como satisfacción me ha dado recibirlo».

Le preguntaban por qué les escribía en seguida, antes de leerlo y no después, cuando pudiera darles una impresión del libro. Y decía:

—Es que así consigo una cosa muy difícil: quedar bien sin necesidad de mentir.

Se casó, y Napoleón, cuando lo supo, le preguntó cómo era su mujer. Talleyrand quedó algo desconcertado y Napoleón concretó más la pregunta:

—¿Es inteligente?

Y Talleyrand encontró una respuesta que ha pasado a la historia como ejemplo de finura sentimental y diplomática a la vez:

—Señor, como una rosa.

Parece que alguna otra vez dijo de su mujer que era «deliciosamente tonta».

De Talleyrand y su mujer se cuenta una bonita anécdota. El embajador de Inglaterra en Francia se llamaba Jorge Robinson. Talleyrand lo tuvo una vez invitado a cenar. Y, antes, advirtió a su esposa que no hiciera comentarios delante del embajador, y que se limitara a hablar de cosas indiferentes.

Durante la cena, en un momento de silencio, la señora Talleyrand preguntó al embajador:

—¿Sigue usted teniendo a su servicio al negro Viernes?

El embajador quedó algo desconcertado. Y aumentó su desconcierto cuando su anfitriona añadió:

—Fue una suerte para él que pudiera usted librarlo de los caníbales. Una suerte para él y para usted, que así no estuvo tan solo en aquella isla.

No dice la anécdota cómo reaccionaron Talleyrand y su invitado cuando todo se puso en claro. Fue entonces cuando se supo que la señora de la casa había leído el libro *Robinson Crusoe*, y confundía al protagonista con el embajador.

Talleyrand nunca perdía la calma. Y este dominio de sí mismo le daba mucha ventaja sobre los otros, en general más exaltados. La condesa de Rémusat, dama de honor de la emperatriz Josefina, le preguntó:

—¿Cómo lo hacéis, señor Talleyrand, para vivir así sin ninguna emoción, sin sorprenderos nunca, sin que nada de cuanto ocurre os altere el ánimo?

Y Talleyrand le contestó con otra pregunta:

—Señora, ¿no os basta ser joven y hermosa para llamar la atención?

—No entiendo lo que me queréis decir.

—Que no hace falta que me preguntéis nada para despertar mi admiración.

Talleyrand murió a los ochenta y cuatro años. Y alguien, en los círculos diplomáticos, comentó su muerte así:
—Seguro que el diablo le está ya reprochando lo mucho que se extralimitó al cumplir sus instrucciones.

Y Víctor Hugo decía:
—Después de muerto Talleyrand los médicos le sacaron las vísceras para embalsamar el cadáver; las recogieron para quemarlas, pero olvidaron el cerebro sobre la mesa. El encargado de la limpieza lo vio allí y lo echó a la basura. Un feliz encuentro del que la historia no ha sabido nada.

## TAMERLÁN

El conquistador tártaro Tamerlán, o Timur-Leng (1336-1405), había acumulado inmensos tesoros, la mayoría fruto del botín de guerra. Una vez un pobre vagabundo le preguntó:
—¿Es cierto, jefe Tamerlán, que todos los musulmanes somos hermanos?
—Sí; es cierto.
—Y, sin embargo, tú posees inmensas riquezas y yo me muero de hambre. Si somos hermanos, ¿por qué no me das de tu fortuna la parte que como hermano tuyo me corresponde?

Tamerlán le dio una moneda de oro.
—Ahí tienes tu parte.
—¿Sólo una moneda?
—La única forma justa de hacer el reparto es que cada hombre reparta todo lo que le pertenece entre todos los demás. Dados los muchos que somos, de mi fortuna corresponde una moneda como ésta a cada uno de mis hermanos. Ahora, para proceder con estricta justicia, falta que tú me des, de lo tuyo, la parte que me corresponde.
—Todo lo que me pertenece lo llevo encima.

Tamerlán ordenó a sus guardias que cortaran un trocito del andrajoso vestido del vagabundo, lo guardó y dijo:
—Justicia hecha entre tú y yo. Ahora falta que todos los demás musulmanes hagan lo mismo.

Tamerlán invadió Persia. En una de las ciudades persas vivía un filósofo llamado Ismael Kemal. Tamerlán tenía noticia de aquel hombre, y ordenó que le buscaran y le dieran alojamiento en su lujosa tienda. Kemal se presentó a Tamerlán por sus propios pies.
—Tengo entendido que me buscabas. Soy Ismael Kemal.

—Sí; quédate aquí, y así te verás libre de la persecución de mis soldados.

Poco rato después se presentó otro hombre y dijo que era Ismael Kemal. Tamerlán le dijo que se quedara allí, mientras él averiguaba quién de los dos decía la verdad. Y compareció otro hombre que se dio a conocer como Ismael Kemal. Tamerlán, harto ya, mandó que le cortaran la cabeza. Hechas las averiguaciones resultó que aquel tercer hombre era el verdadero Kemal.

Tamerlán estaba tomando un baño junto con sus cortesanos. Entre ellos había un filósofo persa. Tamerlán, al salir del baño, se envolvió en una toalla y preguntó al filósofo:
—¿Cuánto te parece que valgo yo?
—Lo sé, con exactitud. Vales, ahora, treinta dracmas.
—¿Tan poco? Éste es precisamente el valor de mi toalla de baño.
—Es que la cuento también, señor.

## TASSO

Torcuato Tasso (1544-1595) es uno de los más famosos poetas épicos italianos. Un amigo suyo le preguntó:
—¿Tienes a Fulano de Tal por amigo tuyo?
—Sí, mientras no se me demuestre lo contrario.
—Está demostrado. Este hombre habla mal de ti a todo el mundo.

Y yo se lo agradezco. Prefiero que él hable mal de mí a todo el mundo a que todo el mundo le hable mal de mí a él.

Sintiéndose enfermo llamó a la puerta del monasterio de San Onofre y pidió que le dejaran entrar para morir allí. Y allí se quedó hasta que le llegó la muerte. Los frailes del convento rodeaban el lecho donde agonizaba el poeta.
—Amigos míos, no penséis que os dejo —les decía el poeta para consolarles—; pensad únicamente que os precedo en el camino.

Sus últimas palabras fueron:
—Si no fuese por la muerte, no habría en la tierra un ser más mísero que el hombre.

## TCHAIKOWSKI

El músico ruso Peter Tchaikowski (1840-1893) fue considerado por algunos críticos como músico más bien ocasional, sin una determinada vocación, a pesar de lo cual algunas de sus obras figuran en los programas de buena música de todo el mundo. En su primera juventud cultivó más la poesía que la música, y daba la impresión de que su vocación era más bien poética. Y, dato curioso, la poesía la escribió en francés y no en ruso. He aquí una de sus poesías, en francés en el original, dedicada a la muerte de un pájaro:

*El pajarito duerme bajo la fría tierra.*
*No hay piedra sepulcral que señale el lugar,*
*como sucede con los hombres que han muerto.*
*Ni puede el pajarito recordar*
*que allí yace su cuerpo.*
*Pero Dios lo sabe, no lo olvida,*
*y este recuerdo divino es cuanto queda*
*de la vida de un pájaro.*

Tardó años en dedicarse a la música, pero le gustó mucho siempre. Un día, su institutriz le vio quieto, en silencio, como entregado a sus pensamientos, y le preguntó:
—¿Qué haces?
—Oigo música.
La institutriz no «vio» la música en ninguna parte.
—¿Música? ¿Dónde está la música?
Y el pequeño Tchaikowski se señaló la cabeza:
—Aquí.
La institutriz quiso hacerle jugar con ella y el niño le dijo:
—Ahora no. Espera que acabe la música.
Y continuó escuchando el concierto que, en su imaginación, se daba a sí mismo.

El niño Tchaikowski amaba mucho a su madre. Vivían en Alapajevsk, no lejos de San Petersburgo. En 1850 la madre llevó a sus dos hijos mayores, Nicolás y Pedro, a un colegio de San Petersburgo. Pedro tenía entonces diez años, y no quiso de ninguna manera separarse de su madre. Y estuvo a punto de morir sólo por no separarse de ella. La madre iba en coche y, cuando el coche arrancó dejando a los niños en el colegio, Pedro echó a correr detrás del coche y, al intentar subir, una de las ruedas posteriores le dañó un pie. La madre le recogió y lo llevó herido a su casa, a curarlo. Y allí le decía:
—Podías haberte matado.
Y el niño le replicaba:
—Preferiría estar muerto que separado de ti.
Así lo cuenta uno de los biógrafos del compositor.

Cuando ya había decidido dedicarse a la música, tuvo como maestro, en el Conservatorio de San Petersburgo, al famoso pianista Antonio Rubinstein (el pianista polaco, posterior y famoso

también, se llama Arturo Rubinstein), que nunca supo apreciar las buenas condiciones de Tchaikowski. Le decía:
—Es demasiado tierno, demasiado dulzón, demasiado humano.
El discípulo no comprendía esto.
—¿Humano?
—Sí. Sólo las criaturas demoníacas pueden ser artistas geniales. Y la verdad es que Tchaikowski, buen músico, no llega a genial y, desde luego, no es demoníaco.

Tchaikowski no tuvo una vida matrimonial feliz. Gustaba mucho a las mujeres, y una de sus condiscípulas, muchacha muy bella, se enamoró de él y trataba de conquistarle. Se llamaba Antonina. Contaban otros condiscípulos que Tchaikowski decía de ella:
—Es de una belleza sorprendente; tan sorprendente como su tontería.

Pero, al fin, Antonina ganó la partida y se casaron. Fue un matrimonio desgraciado y, aunque no hubo divorcio, pues Antonina se negó siempre a prestarse a ello, vivieron separados cada uno por su cuenta. Tchaikowski decía de su mujer:
—Tiene todo lo que hace falta para inspirar amor y le falta todo lo necesario para conservar en el hombre el amor inspirado.

Un biógrafo cita esta curiosa anécdota: Tchaikowski parecía mayor de lo que era, con su barba pronto encanecida. Un día, estaba en una sala de conciertos con su amigo el músico Grieg y la mujer de Grieg, los dos bajitos y delgados y, aparentemente, más jóvenes de lo que eran en realidad. Y en los diarios apareció la noticia de que Tchaikowski había asistido al concierto con sus dos hijos. Cuando salió la noticia, Grieg tenía 45 años y Tchaikowski cuarenta y siete.

**TELL**

Guillermo Tell, héroe suizo del siglo xiv, es, totalmente, un personaje legendario. Pero con su anécdota histórica. Suiza estaba sometida al emperador austríaco. Había insurrecciones y conatos de independencia. Y el hombre que gobernaba en nombre del emperador, puso un palo y un sombrero en lo alto. Y ordenó que todos, al pasar por allí, se descubrieran, en señal de acatamiento al emperador. Guillermo Tell no se quiso descubrir y fue arrestado. El gobernador le dijo que sólo le perdonaría la vida si, a una distancia de 150 pasos, lograba clavar una flecha en una manzana colocada sobre la cabeza de su propio hijo. Guillermo Tell aceptó la prueba. Preparó dos flechas. Disparó una y dio en la manzana. El gobernador quiso saber por qué había preparado dos flechas. Y ésta fue la contestación:

—Para matarte a ti con la otra si hubiera llegado a matar a mi hijo.
Fue encerrado otra vez y llevado prisionero a través del lago de los Cuatro Cantones. Se levantó una tormenta. Pasaban cerca de la orilla, y Guillermo, de un salto prodigioso, ganó la orilla y huyó. El sitio se conoce todavía con el nombre de «El salto de Guillermo Tell».

## TEMÍSTOCLES

El general y hombre de Estado griego Temístocles (528-460 antes de Jesucristo) asistía con frecuencia al teatro, donde se cantaban loas en honor de los hombres famosos de entonces.
—¿Cuáles te parecen, entre nuestros cantantes, los que tienen la voz más bonita? —le preguntaron.
—Los que más me alaban —dijo Temístocles.

Refiere Plutarco que Temístocles, después de una batalla de la que salió victorioso, recorría el campo entre los cadáveres enemigos. Muchos llevaban brazaletes y collares de oro. Y uno de los guerreros que acompañaban a Temístocles, le preguntó:
—¿Por qué no tomas algunas de esas riquezas?
Temístocles se detuvo, como para dar tiempo al otro a hacer lo que le indicaba, y le dijo:
—Toma tú cuanto te guste. Bien está que tú necesites todo esto, porque tú no eres Temístocles.

Cuenta también que Temístocles tenía una hija y que ésta tenía dos pretendientes, uno de ellos hombre de bien, aunque sin dinero; y el otro hombre muy rico, aunque de conducta dudosa. Temístocles eligió por yerno al primero. Y a sus amigos, que le criticaban la elección, les dijo:
—Más quiero para mi hija hombre sin dinero, que dinero sin hombre.

Temístocles fundó, cerca de Atenas, el puerto del Pireo. Y fue el vencedor, al mando de la flota griega, de la batalla de Salamina, con la que se cortó el paso a los persas que invadían Grecia. Los magistrados de Atenas convocaron a todos los generales que habían tenido parte en la guerra contra los persas, y les dijeron que todos dieran los nombres de los dos mejores generales, para premiarles públicamente. Todos dieron primero su propio nombre y después el de Temístocles. Así los magistrados dedujeron que Temístocles había sido el mejor general. Y le dieron el premio a él, y a ninguno más.

Temístocles tenía un hijo al que era incapaz de imponer su voluntad. Un día lo enseñó a sus amigos y les dijo:
—Este niño, a sus pocos años, ya es el dueño de Grecia.
—¿Qué quieres decir con esto?
—Quiero decir que este niño manda en su madre, su madre manda en mí, yo mando en Atenas y Atenas manda en Grecia. Así pues, este niño manda en todo el país.

Temístocles decía de sí mismo:
—Soy como un árbol de ramaje tupido, debajo del cual se cobijan los hombres en tiempo de lluvia, y del que los hombres se alejan tan pronto como vuelve a salir el sol.

Un amigo preguntó a Temístocles si habría preferido ser Aquiles o bien Homero. Y Temístocles le contestó con otra pregunta:
—Y tú qué preferirías ser, ¿el atleta vencedor en los juegos olímpicos o el trompetero que le proclama vencedor?

Temístocles, vencido por sus enemigos políticos, se refugió en Persia, donde el rey Artajerjes le dio asilo, a pesar de haber sido enemigos. Y hasta le entregó el mando de una provincia. Hubo entonces otra guerra entre los persas y los griegos. El rey persa ofreció a Temístocles el mando de un ejército. Pero Temístocles no quiso guerrear contra sus compatriotas, aunque le hubiesen desterrado, y decidió morir. Bebió sangre de toro hasta que aquella bebida le produjo la muerte.

## THACKERAY

El novelista inglés William Makepeace Thackeray (1811-1863) había nacido en Calcuta, donde su padre era recaudador de impuestos. Su padre murió, su madre se casó con otro y regresaron a Inglaterra. El viaje duró varios meses. Thackeray se acordó siempre de aquel largo viaje, que le había proporcionado las primeras impresiones fuertes de su vida. El barco se detuvo unos días en la isla de Santa Elena. Al niño Thackeray le acompañaba un servidor indio. Aquel hombre le llevó a ver a cierto señor que vivía en la isla. Le vieron desde lejos. Era un señor gordo, que andaba de un lado a otro a grandes pasos. El sirviente dijo:
—Míralo bien. Este hombre es Napoleón Bonaparte. Dicen que se come tres corderos todos los días y tantos niños como consigue atrapar.

Thackeray se acordó siempre de aquella visión, y hablaba con frecuencia de la impresión que le hizo.

Al principio de su carrera literaria, Thackeray se dedicaba al periodismo. Tenía el propósito de escribir un libro, pero no daba con el tema. Un día iba de paseo, solo, como de costumbre. Y, de pronto, dos palabras se apoderaron de su mente. Y sin darse cuenta las gritó:

—*Vanity Fair!*

Éste fue el título de su famoso libro *La feria de las vanidades*, que tanto renombre le dio.

El editor Smith fundó la revista *Cornhill Magazine* y ofreció la dirección a Thackeray. La revista fue un éxito. Y, un tiempo después, el editor Smith le dijo al director de la revista:

—Os he de pedir un favor: que me autoricéis a doblaros el sueldo.

—¿Por qué?

—La revista se vende bien y merecéis este aumento.

—¿Me dais un tiempo para pensarlo?

Quedaron en que Thackeray daría su contestación quince días después. Sorprende que no contestara en seguida que sí. Y más sorprende aún su contestación, pasados los quince días. No sólo no admitió el sueldo doble, sino que dimitió como director. La razón de su dimisión fue ésta:

—No tengo talla suficiente para ser director de una revista con sueldo doble del que gano ahora.

Abandonó el periodismo y se dedicó a escribir libros.

Y como escritor nunca se ocupó con insistencia de que sus obras fuesen publicadas. Al morir, a los cincuenta y dos años, dejó seis obras manuscritas sin publicar. Su obra más leída, *Vanity Fair*, se publicó la primera vez por entregas en el semanario *Punch*.

**THALES DE MILETO**

Se cuenta de Thales de Mileto (639-548 a. de J.C.), uno de los siete sabios de Grecia, que estaba una vez alojado en la casa de una buena mujer y le explicaba cosas de las estrellas, de las que la buena mujer no comprendía nada. Thales la invitó a salir con él de la casa a contemplar el cielo, pues así lo entendería mejor. Era de noche, desde luego, y Thales, al avanzar en la oscuridad, cayó en un hoyo, del que la buena mujer le ayudó a salir. Y, mientras le ayudaba, le decía:

—Tú presumes de ver muy claramente lo que hay en el cielo, pero lo único seguro es que no ves nada de lo que hay en la tierra, a tus pies.

# TIBERIO

El emperador romano Tiberio (42 a. de J.C. 37) fue el segundo emperador del Imperio romano y uno de los emperadores que duraron más tiempo en su puesto (23 años). Al principio fue un buen emperador, pero, después de la muerte de su hijo adoptivo Germánico, llevó vida disoluta y se entregó a raros placeres, precisamente en la isla de Capri, que ha sido siempre más o menos refugio de rarezas.

Murió un hijo del emperador Tibero llamado Druso. La ciudad de Troya le mandó una embajada de condolencia. Pero no se la mandó hasta mucho tiempo después de la muerte de Druso. Tiberio escuchó al embajador y después le dijo:

—Agradezco tus sentimientos y te ruego comuniques a tu ciudad mi condolencia por la muerte de Héctor.

Éste es uno de los héroes legendarios, hijo de Príamo y hermano de Paris, el raptor de Elena.

Parece ser que Tiberio tenía cierto sentido del humor y sabía corresponder con bromas a las bromas; aunque, como mandamás que era, sus bromas dejaban al embromado sin ganas de hacer otras.

Se cuentan de él dos anécdotas en este sentido.

Una, que miraba pescar a un pescador; que el pescador sacó del mar una lubina no muy grande, se la ofreció al emperador y éste, al verla tan pequeña, en recompensa, ordenó que la frotaran por el rostro del pescador. Entonces el pescador le dijo:

—Debo alegrarme, señor, de no haberte ofrecido una langosta.

—No lo creas.

Y, para demostrárselo, el emperador dio orden de que le llevaran una langosta y, cuando la tuvo, ordenó que también la frotaran por el rostro del pescador. Para que, así, otra vez no se metiera con los emperadores.

En otra ocasión desfilaba el entierro de un prócer romano y Tiberio lo presenciaba. Salió una voz de la multitud:

—Vete, ¡oh muerto!, a decirle a Augusto que sus leyes ya no rigen para el pueblo.

Tiberio ordenó a sus hombres que localizaran al que había lanzado el grito, lo localizaron y lo llevaron a presencia del emperador. Y Tiberio le dijo:

—Mejor será que vayas tú mismo a decirle esto a Augusto.

Y ordenó que allí mismo le cortaran la cabeza.

## TICIANO

Ticiano (o Tiziano) Vecellio (1477-1576) es uno de los más famosos pintores italianos de todos los tiempos. Había nacido en el Tirol italiano y murió, en Venecia, a los 99 años. Su famoso retrato de Laura de Dianti, ahora en el Louvre, es conocido por *La maitresse de Tiziano*. Hizo varios retratos de Carlos V y uno de ellos, en el que el emperador está de pie, lo tenemos en nuestro Museo del Prado. En el mismo museo está el retrato de la emperatriz doña Isabel de Portugal, uno de los mejores retratos de este pintor. Es uno de los grandes pintores que más cantidad de obras han dejado, cosa que se comprende dados los muchos años que vivió y en tan buen estado, que nunca dejó de pintar.

Se cuenta de Ticiano que, antes de empezar un retrato, estaba unos días meditando, sin hacer nada.

—¿Os tomáis un descanso? —le preguntaban.

—No. Dudo si hacer o no el retrato de...

Decía el nombre de la persona. Y cuando le preguntaban el motivo de su duda, respondía:

—Es que cada vez que hago un retrato me juego mi reputación.

Ticiano dio una fiesta en su casa de Venecia. Los invitados eran todos gente distinguida, de la mejor sociedad. Sabían que él era hombre rico y le criticaron el poco dinero que había gastado en la fiesta. Las críticas llegaron a oídos del pintor y quiso dar una lección a sus invitados. Les invitó a todos a otra fiesta. No había nada preparado en la casa, ni estaba puesta la mesa. Apareció el pintor con un vestido al brazo y un cuadro suyo debajo del otro brazo. Y dijo a sus invitados.

—Este vestido, regalo del emperador, está valorado en cinco mil escudos. Este cuadro, obra mía, está valorada en otro tanto.

Ardían leños en la chimenea. Ticiano se acercó a la chimenea y arrojó al fuego el vestido y el cuadro. Y dijo a los sorprendidos invitados:

—¿Os parece suficiente gasto para una fiesta? Pues, ¡buenas noches!

Y se retiró.

## TOLSTOI

León Nicolaievich Tolstoi (1828-1910) había heredado el título de conde de su padre, un título de cierta antigüedad. El primer conde de Tolstoi era un simple soldado. Estaba una vez de guardia en una de las puertas del palacio del zar Pedro el Grande. Se le acercó un noble y le dijo que quería pasar. El soldado le dijo que

no, pues el emperador había dado orden de que nadie pasara por aquella puerta.
—¡Soy el gran duque!
—A pesar de todo. El zar ha dicho que no pasara nadie, sin excepciones.
El gran duque cruzó, con su látigo, la cara del soldado. Y el soldado Tolstoi le dijo:
—Podéis pegarme, señor, pero no por eso dejaré que paséis.
El zar oyó el tumulto, salió a ver lo que ocurría, y el gran duque se lo explicó, indignado. Pedro el Grande le dejó hablar y, después, le preguntó al soldado:
—¿Cómo te llamas?
—Tolstoi.
—Soldado Tolstoi, has sido castigado por obedecer una orden mía. Es un castigo inmerecido y es justo que lo devuelvas. Toma mi bastón y dale un palo en la espalda a tu ofensor.
El gran duque protestó:
—¡Cómo vais a consentir que un simple soldado castigue a un gran duque!
—No es un simple soldado. Le nombro capitán.
—Yo soy capitán de vuestra Guardia y mi grado es superior.
—Le asciendo a coronel de mi Guardia Imperial.
El gran duque tuvo que resignarse a recibir el estacazo, y el soldado Tolstoi recibió al otro día su nombramiento de coronel de la Guardia y un título de nobleza.
Si fue o no, después un buen soldado es cosa que no se sabe. Pero es bien sabido que uno de sus descendientes, León Tolstoi, fue uno de los más grandes escritores de todos los tiempos.

León Tolstoi entró en un salón de su casa, donde su mujer estaba leyendo a los hijos un capítulo de *Guerra y paz*, que es una de sus obras. Se quedó a escuchar. Y terminada la lectura exclamó:
—¡Qué bello es este trozo!

Su mujer le ayudaba algunas veces, sobre todo en los primeros tiempos. Después surgieron algunas diferencias en el matrimonio. Un día, Tolstoi le preguntó a su mujer:
—¿Recuerdas todo lo que te dije cuando te empecé a hablar de amor?
—Sí; lo recuerdo.
—¿Serías capaz de escribirlo?
—Lo intentaré.
La mujer escribió todo lo que recordaba. Tolstoi lo copió, acaso con alguna modificación, y así quedó escrita la famosa declaración de amor del libro *Ana Karenina*.

Tolstoi era amigo de Gorki, y a los dos les gustaba hablar y discutir sobre literatura. Tolstoi decía:

—Si yo mandara, dictaría una ley por la que prohibiría escribir a los que se atrevieran a usar una palabra en un sentido distinto del verdadero, y lo mismo a los que cometieran errores gramaticales en sus textos.

—Yo nunca haría esto —le decía Gorki—. Sería un atentado contra la libertad del escritor.

—Admito esta libertad. Pero no la libertad de escribir mal.

Tolstoi no era feminista y consideraba que las mujeres eran enemigos naturales de los hombres, a los que excitaban con sus atractivos para hacerles perder la cabeza. En sus últimos años, una vez que hablaba de mujeres con amigos, les dijo:

—Toda la verdad de lo que yo pienso de las mujeres sólo la diré cuando ya tenga un pie en la fosa. Y, después de decirla, saltaré dentro de la fosa y desde allí gritaré: «¡Y ahora haced de mí lo que queráis! Mi misión ha terminado».

Alrededor de los setenta años había dejado de escribir. Murió a los ochenta y dos. Sus amigos le preguntaban:

—¿Por qué no escribes ahora? ¿Es que ya no se te ocurre nada?

—Más que nunca. Mi cabeza es un hervidero de temas.

—¿Y no escribes?

—Me queda poco tiempo de vida, y para escribir todo lo que llevo en la cabeza, necesitaría años, ¡toda una larga vida! Prefiero no escribir nada y dejar así que se pierda el fruto de mi imaginación.

En su propiedad de Yasnaia-Poliana recibía a todo el mundo debajo de un árbol, un olmo muy vigoroso, al que llamaba «el árbol de los pobres». Todo el mundo tenía el paso libre hasta aquel árbol. Allí les recibía Tolstoi, les escuchaba y les daba consejos. Un desconocido le enseñó una botella de vodka y le preguntó:

—¿Te gusta el vodka?

—Me gustaba; pero hace tiempo que no bebo.

—Yo, sí. Pero dime una cosa: ¿es verdad que Cristo resucitó?

—Sí; es verdad.

El desconocido arrojó al suelo la botella, contra una piedra y todo el vodka se perdió.

—He hecho voto de no beber ni un sorbo más si me decías que sí, que era cierto. Y cumplo mi voto.

Tolstoi le empezaba a felicitar cuando el desconocido sacó otra botella de un bolsillo y, casi de un trago, se bebió la mitad.

—Esta vez bebo a tu salud —dijo—, que bien lo mereces.

Terminó de beber todo el contenido de la botella y se alejó cantando.

Tolstoi, en sus últimos años, se dedicaba a ayudar a los pobres y a hacer todo lo posible por arrancar a algunos delincuentes de las garras de la justicia. En una calle de Moscú se cruzó con unos agentes de policía que llevaban a un hombre detenido. Les detuvo.
—¿Adónde llevan a este hombre?
—A la cárcel.
—¿Por qué?
—Ha robado.
El detenido gemía:
—¡Tenía hambre!
Y uno de los policías le pegó en el rostro para hacerle callar. Tolstoi, avergonzado al ver aquello, preguntaba a los policías:
—¿Han leído la Biblia?
—Sí.
—En la Biblia se nos manda perdonar las ofensas y amar a nuestro prójimo como a nosotros mismos.
El otro policía le preguntó:
—Y tú, ¿sabes leer?
—Sí.
—¿Has leído el reglamento de policía?
—No; eso, no.
—Pues léelo, y sabrás que lo único que hacemos es cumplir con nuestro deber.
Tolstoi no supo cómo desvirtuar la razón del policía, y se alejó entristecido mientras los policías se llevaban al preso.

Ya en la vejez, Tolstoi, considerando que la riqueza en manos de unos pocos era una injusticia social, quiso renunciar a todo lo que poseía. Pero tenía mujer e hijos y, entre todos, evitaron la catástrofe. Lo único que hizo Tolstoi fue poner todo lo suyo a nombre de su mujer. Y dicen que después, si un podre llamaba a su puerta, le decía:
—Hermano, no puedo socorrerte porque no poseo nada; todo lo he dado ya.
Y, al parecer, con esta especie de truco tranquilizaba su conciencia.

En la última época de su vida Tolstoi tuvo una honda crisis de conciencia y, como se acaba de señalar, se propuso hacer donación de todo lo suyo a los pobres, cosa que su mujer y sus hijos le impidieron. Lo único que pudo hacer Tolstoi fue renunciar al lujo personal. Vestía pobremente y, en la calle, parecía un vagabundo. En un teatro se ensayaba un drama de Tolstoi. El escritor fue a ver el ensayo y el portero del teatro no le dejó entrar. Tolstoi le decía que era amigo del director. Al fin, el portero fue al encuentro del director y le dijo:
—Hay un tipo que dice que es vuestro amigo y quiere entrar.

Salió el director y allí encontró a Tolstoi, vestido con ropas viejas y zapatos que se había hecho él mismo, y teniendo todo el aspecto de un pobre vagabundo.

Las teorías sociales de Tolstoi no podían convencer a nadie. Advertía que el orden social era injusto, pero era incapaz de vislumbrar una solución buena para todos; esa solución en la que muchos sueñan y que, hasta ahora, no ha encontrado nadie. Una muchacha que acababa de heredar un millón de rublos, visitó a Tolstoi y le preguntó:
—¿Qué puedo hacer con este dinero que sea en bien de todos?
—Quémalo —le dijo Tolstoi.
—Pero con este dinero se puede fundar un hospicio para los niños o un asilo para los viejos.
—¿Para qué? Nunca los padres debieran mandar a sus hijos a un hospicio ni los hijos debieran mandar a sus padres a un asilo. Quema ese dinero, créeme. Es lo mejor que puedes hacer.

## TOSCANINI

El director de orquesta italiano Arturo Toscanini (1867-1957) contaba que una vez dirigió una orquesta en una ciudad del sur, en su propio país. Antes ensayó con los músicos varias veces y ni una vez asistieron al ensayo todos los músicos. Un día faltaban unos; otro día otros. El único que estuvo siempre en su puesto fue un viejecito que tocaba el contrabajo. Y, el último día, Toscanini lo puso como ejemplo a los otros:
—Éste es el único hombre que ha ensayado todos los días. Si todos ustedes hubiesen ensayado como él, no habría problemas. Mañana este hombre será el único...
El del contrabajo levantaba la mano. Y habló:
—No, señor Toscanini; yo mañana no estaré.
—¿Cómo que no?
—Es que yo no soy titular de la orquesta. He venido en sustitución del titular, que estaba malo. Pero mañana, para el concierto, vendrá él.

Contaba también que una vez, en un concierto, el timbal sonaba sólo una vez en todo el tiempo. Eran cinco golpes rápidos y seguidos, como remate de unos compases de trompa. Y el músico encargado del timbal estaba allí, de pie, durante media hora, sin hacer nada. En los ensayos todo salió bien. Pero, durante el concierto, al del timbal le entró un sueño invencible y, en el momento en que Toscanini le hizo señal, estaba dormido y no le vio. Y el timbal no sonó. Toscanini, sin poderlo remediar, dio con la varita en el atril. Al ruido despertó el del timbal, vio el gesto airado del director y, rápido, dio los cinco golpes... fuera de tiempo. Y, al parecer, Toscanini supo hacer apresurarse de tal modo los otros instrumentos sobre los golpes de timbal, que si alguien del público se dio cuenta, nadie lo dijo.

Toscanini nunca quiso mujeres en su orquesta. Se limitaba a rechazarlas sin darles explicaciones. Le preguntaron:
—¿Es que tocan mal las mujeres?
—No lo sé. Nunca he dirigido a ninguna.
—¿Por qué no las admite? Puede probar alguna vez.
—No quiero correr el riesgo. Sé que si son bonitas distraerán a los músicos, y si son feas me fastidiarán a mí.
Y nunca admitió a ninguna.

## TOULOUSE-LAUTREC

Toulouse-Lautrec, pintor posimpresionista francés (1864-1901), era físicamente deforme, de muy poca estatura y con las piernas mal formadas. El cine inmortalizó su recuerdo con la película *Moulin Rouge*. Estaba una vez en una fiesta, con otros invitados, en un grupo donde casualmente todos eran altos y fuertes. Y uno, que acababa de llegar, le dijo:
—Hombre, Lautrec, vengo a salvarle. Supongo que aquí, entre esos gigantes, se siente usted demasiado pequeño.
—Pues, sí; está en lo cierto. Me siento pequeño como una monedita de oro entre un montón de calderilla.

## TRAJANO

El emperador Marco Ulpio Trajano (53-117) fue el primer soberano que usó el sobrenombre de «padre de la patria», tan repetido después. Fue un emperador justo y moderado en todas sus cosas. Se cuenta que una matrona romana fue a quejarse ante el emperador de la forma como su marido se conducía con ella. Le dijo:
—Yo era una mujer bonita y tenía dinero. Ahora he perdido toda la belleza y soy pobre. Y todo esto por culpa de mi marido.
—¿Y a mí qué me importa todo esto? —le dijo el emperador.
—Es que hay más. Mi marido habla siempre mal de ti y de la forma como gobiernas al país.
—Y esto otro, ¿qué te importa a ti?
Y así Trajano la despidió.

Trajano, al investir a un nuevo pretor, le daba una espada y le decía:
—Te la doy para que me defiendas con ella mientras yo sea un

príncipe justo. Y para que me mates con ella si un día soy para mis súbditos un tirano.

Un funcionario del emperador se quejaba de la falta de dinero en las cajas del Estado.

—Suprimamos gastos —decía el emperador.
—Podemos establecer algún nuevo impuesto. He pensado que...
—No, no. Todavía no. Piensa que la contribución económica exigida es como el hígado, que si crece demasiado todos los otros órganos se resienten.

Y, según esta doctrina, limitaba tanto como podía la contribución de sus súbditos.

## TROTSKI

Lev Davidovich Trotski (1879-1940), cuyo verdadero nombre era Leiba Bronstein, como todos los dirigentes comunistas de los primeros tiempos de la revolución, dedicaba muchas horas a su trabajo, dormía poco y madrugaba todos los días. Encargó a uno de sus centinelas, un muchacho joven, que le despertara todas las mañanas a las cinco.

—Y si no me despierto, insiste —le dijo.

El centinela, poco familiarizado con las costumbres del jefe del ejército comunista, le expuso sus dudas:

—Sí, pero no sabré cómo llamarle. No le puedo llamar ¡señor!, porque aquí no hay señores; llamarle camarada me parece muy atrevido; podría sacudirle, pero temo que no me atreva.

Trotski le dio la solución:

—Cántame la *Internacional*.

Y fue un acierto, pues la letra de la *Internacional* empieza así: «¡Alzaos! Seres infelices, marcados por la maldición, hijos de un mundo de hambrientos y de esclavos. ¡Alzaos!».

## TURGUÉNIEV

El novelista ruso Iván Turguéniev (1818-1883) era hijo de una madre de carácter muy duro, que castigaba con rigor a sus hijos y los castigos consistían en darles de palos o en azotes. Cuenta Turguéniev que sus salidas infantiles de ingenio y de sinceridad le valieron muchos castigos. Y cita dos de esas ocurrencias. Un día les visitó un poeta llamada Dimitriev, autor de fábulas. Turguéniev tenía entonces siete años y, cuando supo de quién se trataba, le dijo:

—Me gustan más las fábulas de Krylov.

Su madre, en castigo de su sinceridad, le vapuleó. Otra vez les

visitó una señora aristócrata. Le presentaron al niño y ella le dijo:
—Eres un niño muy guapo.
Turguéniev le devolvió así el elogio:
—Y vos, señora, sois fea como una mona.
La contestación le valió otra tanda de palos.

Había vivido mucho en París y allí conoció a la cantante Paulina Viardot. Se le veía con ella con frecuencia, en muchos sitios. Era en invierno, un invierno muy frío. Alguien preguntó a Turguéniev si pensaba casarse con la Viardot. El escritor dijo que no, pero que le gustaba salir con ella, sobre todo en invierno. Y dio esta razón:
—Me gustan mucho las flores y en invierno, aquí en París, apenas las encuentro. Cuando voy con esta mujer tengo la impresión de llevar una flor en el ojal. Y esto me rejuvenece.

Cuenta también Turguéniev que su madre, una vez, se fingió moribunda y pidió que todos sus servidores acudieran a despedirse de ella. Los servidores creían que se estaba muriendo de verdad. La fingida moribunda les escuchó a todos, después se levantó y les dijo que todo había sido una farsa para probarles. Y castigó, con su dureza habitual, a los que habían participado en la ceremonia sin mostrar tristeza ninguna.

El padre de Turguéniev ayudaba a la madre en los castigos. Cuenta el novelista que, un día, su padre le invitó a confesar una cosa mala que había hecho.
—¿Qué cosa? —preguntó el niño.
—Tú sabrás lo que has hecho.
El niño no lo sabía y su padre le dio una tanda de palos para refrescarle la memoria. Pero, como era verdad que el niño no lo sabía, no pudo confesar nada. Su padre le dijo que le daría una paliza cada día hasta que confesara lo que había hecho. El niño decidió huir de su casa. En la calle encontró a su profesor y le contó el motivo de la fuga. El profesor habló con el padre y consiguió persuadirle de la inocencia del niño. El padre dio su palabra de no pegarle más por aquel motivo. Y dijo:
—De todos modos, unos cuantos palos nunca les sientan mal a los niños.

Decía Turguéniev que sus profesores de la universidad sabían muy poco de aquello que enseñaban. Y contaba un caso. En unos exámenes le preguntaron cuáles eran las pruebas judiciales de la Edad Media. Él dijo algunas, y añadió:
—Pero la más importante era la prueba del rabo del novillo.
El catedrático nunca había oído hablar de aquella prueba. Y, sorprendido, preguntó:

—¿En qué consistía esta prueba?
—Se untaba con grasa la cola de un novillo, se invitaba al acusado a cogerla con una mano, se apaleaba al novillo, que echaba a correr, y si conseguía arrancar la cola de la mano, el acusado era considerado culpable.
—¿De dónde habéis sacado esto? —le preguntó el catedrático.
Turguéniev citó algunos autores e incluso los títulos de sus libros, todo inventado por él. Y el catedrático que, como es de suponer, no sabía nada de todo aquello, le dijo que muy bien, y le aprobó.

Turguéniev, para terminar una novela sin estorbos, pasó una temporada en Baden-Baden. Allí pronto llamó la atención de los otros huéspedes del hotel. Salía poco de la habitación y en ésta no hacía sino escribir. Sabían que era ruso, suponían que sería un escritor y un día, mientras comía, se le acercaron algunos jóvenes intelectuales de allí con el fin de averiguar de quién se trataba. Turguéniev les rogó que no levantaran la voz.
—Soy un nihilista —les dijo—. Y en Rusia me han condenado a muchos años.
—¿Y habéis huido?
—No. Me condenaron a elegir entre trabajos forzados a perpetuidad o pasar dos meses aquí. Y he elegido esto último.
Y esto fue todo lo que le sacaron de él.

Turguéniev se enamoró de una cantante llamada Paulina García, que estaba casada con un crítico de arte. Y la hizo su amante, pero sin dejar de ser amigo del marido. Un tiempo después, la mujer empezó a preferir a un pianista. Era una mujer voluble, por lo visto. Y entonces Turguéniev, como buen amigo del marido, le puso sobre aviso.
—Debes vigilar a tu mujer —le dijo—. Mucho me temo que esté a punto de traicionarte.
Y así, a través de la vigilancia del marido, hizo fracasar los nuevos amores de la mujer a la que todavía amaba.

Turguéniev murió en Bougival, cerca de París. Allí era amigo de sus vecinos los Viardot. Y la señora Viardot cuenta que, en su última enfermedad, Turguéniev sufría mucho. Y un día, cansado de tanto sufrir, le rogó:
—Arrojadme por la ventana, por favor.
Y ella, de buena fe y sorprendida por la pregunta, le contestó:
—Está muy alta y os haríais daño.
Una contestación que hizo reír a Turguéniev, a pesar de lo mucho que sufría.

# TWAIN

Mark Twain (1833-1910) se llamaba Samuel Langhorne Clemens. En su mocedad había sido tripulante de uno de los barcos que hacían la travesía del Misisipí. Durante la travesía el piloto, cuyo ayudante era, le hacía medir, con una sonda, la profundidad del agua. Y le hacía marcar las profundidades en el mapa. La profundidad mínima buena eran dos yardas. Y si el agua daba esta profundidad, el piloto le gritaba:
—¡Marca dos!
Y así, con el mapa bien marcado, podía dirigir el barco sin peligro. El grito, en la forma de hablar de allí, era: *Mark twain!* Y éste fue el seudónimo que adoptó el escritor.
Este Twain en inglés suena igual a Twin, que significa mellizo. Y de esta similitud tomó Twain el tema de la existencia de un hermano mellizo (que no tuvo nunca) y que le servía para decir que él no era él, sino su hermano; que, de muy niños, estaban un día los dos en el baño y uno de ellos se ahogó.
Y decía:
—El que se ahogó era yo, y ahora yo soy el otro.

Cuenta Mark Twain cómo ganó sus primeros veinticinco centavos. Era aún niño; en el colegio tenían prohibido cortar, con el cortaplumas, la madera del banco donde se sentaban. El castigo era o veinticinco azotes o pagar veinticinco centavos. Un día, el maestro le sorprendió cortando la madera, y le dijo:
—Ya sabes el castigo: o pagas los veinticinco centavos o recibes los veinticinco azotes. Te doy hasta mañana para pensarlo.
El niño contó lo ocurrido a su padre. Su padre le dijo que, por el buen nombre de la familia, prefería que no fuese azotado delante de los otros niños. Y le dio los veinticinco centavos. Y también para que escarmentara, los veinticinco azotes. Y el día siguiente, en el colegio, Twain eligió los azotes y se quedó el dinero.
—Y así pude saber —decía— que mi padre era más fuerte, o al menos pegaba más fuerte, que el maestro.

El mismo Mark Twain decía que, en las conferencias, lo más importante es la persona que da la conferencia, a quien los asistentes desean ver y escuchar, y si no lo desean no va. Mucho menos importante es la voz de esta persona, sus gestos y la manera ocurrente como sabe decir las cosas. Y lo que carece totalmente de importancia son las cosas que esta persona dice.

Contaba que una vez dio una conferencia en una pequeña localidad. Le hicieron esperar mucho antes de empezar. Había sillas para un centenar de personas y sólo estaban ocupadas las tres primeras filas, en total unas veinte personas, y poco después de

empezada la conferencia uno de los veinte se levantó y se fue. Y después otro, y otro y otro. Y, a los quince minutos, sólo quedaba uno. Entonces Mark Twain le dijo desde la tribuna:
—Le invito a una cerveza, ¿hace?
El único del público aceptó y salieron los dos, entraron en un bar y Twain pidió:
—¡Dos cervezas!
Y, ya en conversación con su invitado, decía:
—Lo que me extraña es que nadie nos haya dicho nada cuando hemos salido. Ninguno de los organizadores ha intentado detenernos.
—Se habían ido también, seguro.
—Pero, ¿por qué?
El invitado entonces contó que, a la hora de empezar, no había acudido nadie, y que los organizadores habían salido a la calle y ofrecían dos dólares a cualquiera que entrara a sentarse un rato. Así habían reunido a los veinte que ocupaban las tres primeras filas. Y todos, después de un rato, ya cumplidos, se habían ido. Y que lo más probable era que los organizadores, al ver que se iban, incapaces de reaccionar en otra forma, se habían ido también.

Estaba enfermo y el médico le aconsejaba que dejara de fumar. Y Mark Twain le decía:
—¡Si apenas fumo! Le aseguro que en toda la noche, mientras duermo, no fumo ni un solo cigarrillo. Y en cuanto a cigarros puros, nunca he fumado dos a la vez.

Twain era un niño travieso, pero muy listo. Pasó por el pueblo un hipnotizador. Twain supo que el hombre buscaba a un niño como médium. Twain se ofreció en seguida.
—¿Crees que sirves?
—Si nos ponemos de acuerdo, sí.
Aquello gustó al hipnotizador. Se puso de acuerdo con el niño y la sesión fue un éxito. La madre de Twain lo supo y quedó maravillada de que su hijo tuviera dotes sobrenaturales. Twain no le confesó la verdad, por miedo a que su madre lo dijera a otros vecinos. Pero, terminadas las sesiones, Twain le dijo la verdad a su madre y ésta no le quiso creer. Le decía:
—No, no; tú tienes algo demoníaco que no tienen los otros.
Y Twain, cuando explicaba esto, decía:
—Si es difícil engañar a la gente, es mucho más difícil convencerles después de que se les ha engañado.

Una vez, en Nueva York, Twain todavía muy joven, estaba sin nada de dinero. Y tenía hambre. Se detuvo a pensar lo que haría frente a un buen hotel. Se le acercó un perro. Twain le llamó, le

acarició y cuando lo tuvo dominado empezó a ofrecerlo a los transeúntes:
—¡Se vende este perro! Por tres dólares.
Un señor se lo compró. Twain vio que el señor entraba en el hotel. Y precisamente una señora, al verle allí parado, le preguntó:
—¿Has visto un perro así, así y así?
Twain le dijo que sí, que lo había visto y que si le daba seis dólares seguramente lo encontraría. Si no, no. La señora le prometió el dinero si le traía el perro. Twain dijo que no, pues necesitaba el dinero para empezar a buscarlo. La señora le dio los seis dólares. Twain entró en el hotel, vio al señor con el perro, le ofreció devolverle el dinero y le pidió que le devolviera el perro. El señor accedió. Twain salió con el perro, lo entregó a su dueña y se ganó tres dólares en la operación, que como él decía, con más honradez no se podía haber llevado.

Twain tenía la costumbre de repetir algunas sentencias, que después la gente repetía a su vez. Entre ellas, éstas:
—Si quieres ser original, siempre que otro necesite algo tuyo, dáselo.
—La verdadera fe consiste en creer aquello que sabes que no es así.
—La verdad es nuestro mayor tesoro; economicémosla, pues.

Una vez que después de una comida tuvo que hablar, empezó con una pregunta:
—Díganme: ¿han comido bien y a gusto?
Todos, en un murmullo general, le dijeron que sí.
—Esto me tranquiliza, pues sé que todo el mundo después de haber comido bien y a gusto, aplaude las mayores tonterías.
Hizo una pausa.
—Y como yo las mayores tonterías las he dicho ya en mis libros, como supongo que los han leído, no hace ninguna falta que las repita.
Y se sentó. Fue muy aplaudido.

Mark Twain fue invitado a dar una conferencia en un teatro de Nueva York. Unos minutos después de la hora anunciada, subió al escenario un señor alto, muy correctamente vestido y, desde las candilejas, hizo la presentación del conferenciante, no aparecido aún. Los del público pensaron que aparecería en algún momento preciso de la presentación. El presentador dijo:
—Señoras y señores: Me causa mucho placer saludar a tan distinguido auditorio por el motivo que debo hacerlo hoy, como es la presentación de nuestro orador. Y debo decirles que esta sociedad organizadora se ha superado a sí misma, al invitar a tan distinguido huésped a costa de no pocos esfuerzos, que, para sa-

tisfacción de ustedes, quiero detallárselos. Aparte el precio de la conferencia, si no exorbitante, sí muy caro, hemos tenido que pagarle el viaje desde casi el otro extremo de los Estados, y la estancia de los tres días que permanecerá aquí. Habría bastado con un día, pero los escritores son así y se ha quedado tres. Todo esto suma una cantidad considerable, pero el hombre a quien voy a presentarles lo merece. ¿Quién de ustedes no conoce a Mark Twain?
El presentador quedó allí, de pie, inmóvil. No entró nadie. Y alguien del público empezó a advertir entonces que el que les había hablado era precisamente Mark Twain. Una voz lo gritó y todos aplaudieron. La conferencia, después de aquel comienzo, sólo pudo ser un éxito.

Twain era cliente de una librería. Un día preguntó:
—¿Hacen descuento a según quién?
—Sí; a los escritores, por ejemplo.
—Pues ya es hora de que me lo hagan a mí.
—Sí, señor; tiene toda la razón.
—Me han dicho que también tienen descuento los socios del Círculo de Lectores.
—Sí, señor.
—Soy socio, y ya es hora de que me hagan este otro descuento. ¿Y a los antiguos clientes, no les hacen ningún descuento?
—Sí, señor, se lo hacemos.
—Pues ya es hora de que también me lo hagan a mí.
Eligió entonces un libro que estaba marcado a dos dólares y preguntó:
—¿Cuánto debo?
El dueño de la librería le dio el libro y un dólar.
—Con todos los descuentos soy yo el que le debo un dólar. Ahí está.
Y Twain decía después:
—Y lo más curioso del caso es que me llevé el libro y el dólar.

Era muy distraído y, además, presumía de serlo. Iba una vez en tren; el revisor le pidió el billete para taladrárselo y no lo encontraba. Mientras Twain buscaba el billete, el revisor le reconoció por fotografías que había visto en los periódicos.
—¿No es usted el señor Twain?
—Sí; no lo puedo negar.
—Pues no se preocupe. A otro le haría pagar el doble. A usted, no.
—Gracias por su amabilidad. Pero, a pesar de todo, he de seguir buscando mi billete, ya que ésta será la única manera de saber adónde voy, pues la verdad es que no lo recuerdo.

Twain mencionaba la diferencia que hay entre un error y un desacierto:
—Si un día de lluvia, al salir de un restaurante, cogen el paraguas de seda de otro cliente y dejan allí el suyo de algodón, es un error. Si se llevan el de algodón, que no les pertenece, y dejan allí el suyo de seda, es un desacierto.

Contaba también que un cliente, al salir de un restaurante y pedir su abrigo, dijo:
—Un abrigo forrado de piel...
Y le contestaron, muy servicialmente:
—Los abrigos forrados de piel se han acabado, señor.

Twain estaba con un amigo en una feria de ganado. Vieron una vaca que les gustó mucho. Twain propuso comprarla, pero entre los dos, pues ninguno tenía dinero suficiente para comprarla sólo él. El amigo aceptó. Y Twain quiso dejarlo todo claramente establecido.
—Así, quedamos en que media vaca es tuya y media vaca es mía.
—Desde luego.
—Pero mejor será que decidamos cuál es la mitad de cada uno. ¿Qué mitad prefieres, la de la cabeza o la del rabo?
—La de la cabeza.

Twain guardaba la vaca en su establo y con frecuencia pedía dinero a su amigo para el alimento de la vaca. Pero nunca le entregaba leche. Hasta que el amigo protestó.
—No tienes ninguna razón. ¿No quedamos que lo tuyo era la mitad de la cabeza y lo mío la mitad del rabo? Pues da la casualidad de que, al menos hasta ahora, sólo ha comido tu media vaca y sólo ha dado leche la mitad mía. De manera que...

Era fama que Mark Twain no tenía mucha facilidad para hablar en público y que prefería no hacerlo. En cierta ocasión, le dieron un banquete y, después que otro hubo ofrecido el banquete, no tuvo más remedio que dar las gracias. Se levantó y en voz muy suave, como con miedo, dijo:
—Pues les voy a contar un sueño que he tenido esta noche. Yo era un cristiano condenado a ser comido por las fieras en tiempo de los romanos. Yo estaba solo en la arena del coliseo y todo el público gritaba: «¡El león! ¡El león!». Y, de pronto, apareció el león. Iba con la boca abierta, como si estuviera hambriento y... yo le dije algo en voz baja y se detuvo a escucharme. Le hablé al oído y, en vez de devorarme, se alejó sin ni siquiera tocarme. Al ver este prodigio, me perdonaron la vida, a condición de que les dijera cómo había conseguido apaciguar al león, qué le había dicho. Y yo les decía la verdad, que le había dicho: «Oye, león, te advierto que aquí es costumbre, después de comer, hacer un dis-

curso; de manera que, si me devoras, ya sabes lo que te toca». Y así salvé la vida.
Le aplaudieron la ocurrencia y aprovechando que le aplaudían se sentó otra vez.

Twain no era hombre muy cumplidor de los preceptos religiosos. El pastor del sitio donde vivía entonces le preguntó por qué no se dejaba ver con más frecuencia en los oficios de los domingos.
—Es que nuestro Dios no me acaba de inspirar confianza.
—¡No diga esto!
—Verá; al fin y al cabo, si perdimos el paraíso terrenal fue por su culpa.
—Fue por la desobediencia de Adán y Eva.
—Bueno, bueno. Dios sabía que había creado seres desobedientes, que se gozarían en hacer, precisamente, aquello que les estaba prohibido. Les prohibió comer la fruta de un árbol, la comieron y todavía sufrimos las consecuencias. Pero intervino la serpiente con su tentación, y les engañó. Y Dios, que lo sabía, si en vez de prohibirles comer la fruta les hubiese prohibido comerse la serpiente, se la habrían comido y, libres del peligro de más tentaciones, todavía estaríamos en el paraíso.

Era muy aficionado a contar falsedades de sí mismo, de su familia y de sus antepasados. En tales casos nunca decía la verdad. Una vez, como presentación de sí mismo, empezó así:
—En mi familia hemos sido todos siempre muy curiosos. Y, por simple curiosidad, hemos reunido piezas únicas muy extrañas. Mi bisabuelo tenía una de las botas que llevaba Colón la primera vez que desembarcó en América, y tanto se dedicó a buscar la otra bota, que llegó a encontrar cuatro. Mi abuelo había conseguido cruzar una paloma mensajera con un loro; y el resultado fue una paloma mensajera que, si se extraviaba, podía preguntar el camino. Mi padre tenía un faisán hembra valorado en diez mil dólares. Y no es extraño un precio tan alto, pues era el único faisán hembra cuyos huevos eran cuadrados.
—¿Y salían faisanes pequeños de los huevos?
—No; salían faisanes grandes. Tan grandes que echaban a volar y no pudimos conservar ninguno. El faisán madre huyó a caballo, le confundieron con un indio y lo mataron.

En una biografía de Mark Twain publicada en los Estados Unidos, se cuenta que, en cierta ocasión, una señora le preguntó si era cosa buena tener muchos libros. Y Twain le contestó:
—Para mí es indispensable. Si un mueble cojea, necesito un libro para ponerlo debajo y nivelarlo. Las grietas de las paredes las disimulo todas con libros. Si mi perro me desobedece, le arrojo un

libro a la cabeza. Y menos mal que mi estatura es regular, porque si fuese más bajito necesitaría poner un grueso libro sobre la silla cada vez que me siento a la mesa.

Se hablaba de la dificultad de convivencia feliz y hasta de inteligencia común entre hombres y mujeres. Y Twain dijo:
—Es debido a las condiciones naturales de cada sexo. Y lo explicó así:
—La lengua de las mujeres es mucho más rápida que el oído de los hombres. Y así resulta que, un hombre normalmente constituido, sólo puede enterarse de la mitad de aquello que una mujer le dice.

Contaba también que uno de sus antepasados era mudo de nacimiento, o, al menos, nadie le había oído la voz. Un día le llevaron a una feria y entró en un barracón donde una mujer joven y bonita hacía *streep-tease*. Cuando la vio desnuda, gritó:
—¡Esto sí que es bueno!
Todos quedaron sorprendidos al oírle. Le preguntaban:
—Pero ¿no eres mudo?
—¿Yo? No.
—Pues ¿por qué no hablabas?
—Porque nunca había visto nada que mereciera la pena comentar.

Era aficionado a contar cuentos absurdos, al parecer todos inventados. Contaba uno de un hombre muy friolero; tan friolero que, después de muerto y cuando ya llevaba un tiempo en el cielo, fue al encuentro de san Pedro y le dijo:
—Yo aquí no aguanto. Hace demasiado frío. ¿No podrías llevarme al purgatorio? Tengo entendido que allí hay más calefacción.
San Pedro, que es un buen chico, accedió. Hizo los trámites de traspaso necesarios y llevó al friolero al purgatorio. Pasado un tiempo le visitó:
—¿Cómo te va por aquí?
—Me muero de frío. ¡Si me pudieras trasladar al infierno!
—Esto ya es más difícil. No estoy en muy buena relación con el diablo; pero veré de complacerte.
San Pedro consiguió, al fin, el traslado y el friolero fue a parar al infierno. Y allí le visitó pasado un tiempo. Y el friolero le gritó:
—¡Cierra la puerta!

Un amigo suyo se lamentaba de no haber obtenido algo que pretendía. Y Twain, como para consolarle, le dijo:
—Es que eres un hombre normal.
—No entiendo.

—Sí; dos grandes reglas mandan en nuestra vida, una de carácter general y la otra de carácter particular. La regla general es que todo hombre acaba por obtener cuanto se propone, si de veras pone los medios para ello. La regla particular es que todos los hombres son, más o menos, excepciones de la regla general.

Vivió cierto tiempo en Hartford y, un día, el director de la escuela de allí le rogó que diera una conferencia a los muchachos, y les explicara cómo se puede llegar a ser un buen escritor. Mark accedió, pero le advirtió que ésta es una cosa que se explica en muy pocas palabras, de forma que la conferencia sería muy corta. Y lo fue, en efecto. Mark Twain se limitó a saludar afectuosamente a los muchachos y a decirles:
—Eso de escribir no tiene dificultad ninguna. Hace falta una hoja de papel blanco, o más de una si van a escribir algo largo, una pluma que no rasgue demasiado y tinta [hoy día habría dicho una estilográfica o un bolígrafo]. Y, para hacerlo cómodamente, una mesa y una silla. Ponéis el papel sobre la mesa, os sentáis en la silla, de cara a la mesa, desde luego, y vais escribiendo en el papel todo lo que os pase por la imaginación. Y ya está. Más fácil no puede ser.

Daba ya con esto la conferencia por terminada, cuando, como si se le hubiese olvidado un detalle, añadió:
—Lo único difícil es que por la imaginación os pase algo que a los demás, a cuantos más mejor, les interese leer.

Y así la dio por terminada definitivamente.

Mark Twain contaba cómo llegó a ser director de una publicación agrícola, no por razones de conocimientos profesionales, sino porque la cosa vino así. Un día se le presentó un campesino en la redacción y le preguntó:
—¿Tiene usted mucha experiencia personal en cultivos agrícolas?

Twain sospechó en seguida que la pregunta podía tener una segunda intención.
—Pues... mucha que digamos, no.
—Lo he presentido. Y si quiere saber el motivo de mi presentimiento se lo diré. Es esto.

Y le enseñó un texto publicado en el periódico del que era autor el propio Mark Twain. Y que decía: «La mejor manera de recolectar las zanahorias es una a una, tirando de ellas con un ligero movimiento de torsión y sin sacudir el árbol, pues tales sacudidas podrían estropear la cosecha del año próximo».

Parece ser que el campesino invitó a Twain a visitarle los cultivos y allí, en su presencia, arrancó del suelo algunas zanahorias, sin hacer alusión a la conversación que habían tenido antes.

## UTRILLO

Maurice Utrillo (1883-1955) fue un gran bebedor. Y, según dicen, si no estaba bebido era muy generoso con todo el mundo, tanto que él decía de sí mismo:
—La bebida es mi salvación económica. Si no bebiera, ya habría dado todo lo que me pertenece.
Se cuenta que un pobre le pidió limosna en la calle. Utrillo no llevaba dinero. Hizo subir al pobre al taller, le enseñó los cuadros y le dijo:
—Llévate uno, el que más te guste.
El pobre, un desconocido, se llevó un cuadro y en seguida lo vendió baratísimo. El que hizo el negocio fue la persona que se lo compró.

Carco, en su *Vida de Utrillo*, explicaba que Utrillo y Modigliani eran muy amigos. Y bebían mucho los dos. Y ambos, cuando hablaban del otro, como único elogio decían:
—No hay otro que sepa beber como él.

Hacia 1950 se descubrió una organización de «falsificaciones Utrillo», en la que trabajaban algunos jóvenes pintores. Entonces fueron secuestrados muchos de los cuadros firmados «Utrillo», que estaban en venta en distintas galerías de arte. Y los llevaron al taller del pintor para que él mismo dijera si eran auténticos o falsos.
Utrillo apartó la mayoría como falsos, separó algunos pocos como auténticos y puso algunos otros en otro grupo aparte.
—¿Y éstos? —le preguntaron.
—Pues éstos no lo sé. Yo mismo soy incapaz de saber si los he pintado yo o son falsificaciones.

Como les pasa a muchos pintores, Utrillo no tenía costumbre de leer libros. Decía:
—¿Para qué? ¡Si pudiera pintar lo que leo! Pero prefiero pintar lo que veo.
Un amigo le prestó, para que lo leyera, *Los miserables* de Víctor Hugo. Un tiempo después le preguntó:
—¿Lo has leído?
—Un trozo, y no he podido continuar.
—¿Por qué?
—Porque no entendía nada.

La fama le vino a Utrillo casi de sopetón. De pronto, sus cuadros se empezaron a pagar muy bien. Un día, en una tienda donde se vendían cuadros, entró un desconocido:

—¿Tienen algún cuadro de este tipo que dicen que se llama Utrillo?
—Sí, tenemos dos.
—Me los quedo.
Le dijeron el precio, lo aceptó y lo pagó.
—¿Dónde se los mandamos?
—A ningún sitio. Se los quedan y cuando les ofrezcan el doble, los venden por mi cuenta.
Se hizo firmar un recibo del depósito de los cuadros y se fue. Volvió un año después y, de acuerdo con lo convenido, le dieron el doble de lo que había pagado por los cuadros, que ya estaban vendidos a otro.

El pintor Utrillo fue de los más falsificados. Se decía que en los Estados Unidos había, por lo menos, quinientos Utrillos falsos. Le contaban esto al pintor, él se encogía de hombros y lanzaba esta idea:
—Lo que debía hacer el Gobierno de los Estados Unidos es prohibir la entrada de cuadros de pintores europeos.
—No, no. Si ahora, sin prohibición, hay quinientos Utrillos falsos, con prohibición pronto habría dos o tres mil.

En otra ocasión, recordando el asunto de las falsificaciones, preguntó adónde habían ido a parar todos aquellos cuadros. La policía le dijo que los habían destruido.
—¡Lástima, hombre!
—¿Lástima?
—Sí. Es que lo he pensado mejor, y si alguna otra vez se incautan de falsificaciones buenas, y me las venden no demasiado caras, yo las compro. Las firmaré, y ¡el trabajo que me ahorraré con esto!

Utrillo cambió poco, a lo largo de su vida, de manera de hacer. Se lo reprochaban una vez y se defendió así:
—¿Para qué? Sólo de este modo todos mis cuadros pueden pasar por ser de primera época. Observen que de los buenos pintores que se han renovado una y otra vez, de Picasso por ejemplo, los cuadros más buscados y los que más se pagan son los de la primera época.

Se dice también que Alí Khan, en 1949, le pidió que hiciera el retrato de Rita Hayworth, que era entonces su mujer. Y el pintor rehusó.
—Si quiere que le pinte un paisaje, se lo haré, o una casa, o una naturaleza muerta; pero no un retrato y menos de mujer.
—Pero alguno ha pintado.
—Sí, de una tal Lucía Valore, que es mi mujer.

# VALÉRY

Paul Valéry (1871-1945) fue uno de los más famosos poetas franceses de los últimos tiempos. Contaba que una vez, en su juventud, visitó a un amigo suyo, que era inspector de policía. Le encontró muy preocupado.
—¿Qué te pasa?
—Buscamos a un anarquista. Le teníamos vigilado y le hemos perdido la pista. Y cada vez que esto ocurre, le cuesta al país treinta mil francos.
—¿Por los agentes movilizados?
—No. Porque telefoneamos a todas las jefaturas los datos personales del anarquista. Y a las direcciones de policía del extranjero. ¡Carísimo!
—Y, una cosa: ¿por qué no le ofrecéis diez mil francos al anarquista para que no desaparezca? Si acepta, os ahorraréis dinero.
Y el inspector, muy en serio, le dijo:
—Pues... no se nos había ocurrido.

En una reunión de sociedad le presentaron a una escritora autora de novelas. Y ella le dijo:
—Deseaba conocerle por lo mucho que le admiro. ¡Me gusta tanto todo lo que escribe!
—¿Le gusta? ¿Y lo comprende?
—Sí. Todo no, desde luego; pero casi todo, sí.
—De esto sólo puedo deducir que casi todo lo mío, entendido en un sentido distinto del que yo le doy, también puede significar algo para alguien.
Desde luego, no quedaron muy buenos amigos.

Valéry hacía un crucero por el Mediterráneo en barco. Los viajeros dormían siempre en el barco y, desde allí, visitaban las ciudades en cuyos puertos se detenían. Llegaron a Barcelona y Valéry no bajó del barco. Un periodista barcelonés supo que Valéry estaba en el barco y consiguió que le dejaran subir. Su intención era entrevistar al poeta. Le dijeron que éste no concedía entrevistas. El periodista llevaba un álbum y rogó que lo pasaran a Valéry para que se lo firmara. El secretario del poeta le dijo:
—Esto sí es posible. La firma sola, tal precio; la firma y una frase, tal otro; un poemita firmado, tal otro.
Los precios, cada vez más caros. El periodista se fue sin la firma del poeta.

Los Vanderbilt han sido famosos millonarios. Y se cuenta que, una vez, una señora Vanderbilt preguntó a la cantante de ópera Marthe Chenal cuánto cobraría por actuar en una reunión de alta sociedad, en los salones de los Vanderbilt.
—Mil dólares —dijo la cantante.
—Es mucho dinero. Pero se los daré. Y le hago una advertencia: que en mi casa los artistas se retiran después de su actuación y, ni antes ni después, se mezclan con los invitados.
La cantante se puso muy alegre al oír esto.
—¡Ah! —exclamó—. Así cambia mucho. Cantar me gusta. A mí lo único que me molesta es soportar a gente como sus invitados. Sin esta obligación, cantaré baratísimo; por cien dólares, por cobrarle algo.

## VAN GOGH

Vicente van Gogh (1853-1890), el famoso pintor holandés que acabó loco y se suicidó, había demostrado siempre cierta inclinación al suicidio. Ya una vez, a los diez años, su padre le riñó muy fuerte. Y la madre le sorprendió, poco después, con la navaja del padre en las manos.
—¡Deja esto! —le gritó.
El niño, asustado, dejó la navaja sobre la mesa.
—¿Qué hacías con la navaja?
—Nada; iba a cortarme el cuello.

Van Gogh era un hombre difícil, con extrañas reacciones. Muy enamoradizo, pero nada seductor, las mujeres no le amaban. Estuvo enamorado de una prima suya, que le despreció. El joven pintor intentó hablar con ella algunas veces y nunca lo consiguió. Fue a buscarla a su casa y ella no le quiso recibir. Había allí una lámpara de petróleo. Y Van Gogh le rogó a la madre de la muchacha que le dejara ver a la hija, aunque sólo fuese el tiempo que él aguantaría el dedo en la llama. Y se iba a quemar el dedo, cuando la mujer llegó a tiempo de apagar la lámpara. Y el pintor salió de la casa gritando:
—Dios mío, ¿por qué me has abandonado?

Nunca consiguió tener éxito, en vida, con sus cuadros, que, después de su muerte, se empezaron a pagar bien. Los críticos le trataban mal y uno de ellos le decía al propio pintor:
—Nunca he visto esos colores en la naturaleza.
—Usted, no; pero yo, sí. Es que esto es naturaleza desnuda, y no crea que la naturaleza se desnude delante de todo el mundo.

Era amigo de Gauguin. Y le admiraba. Gauguin le había hablado mucho de Arlés y Van Gogh se fue a pintar a esta población. Quiso pintar el río de noche. Y se disponía a hacerlo junto al río, con un sombrero de alas anchas en la cabeza, y pegadas a las alas del sombrero muchas velas encendidas. Así podía ver lo que pintaba. Y así la gente de allí empezó a pensar que estaba loco. Allí, en Arlés, Van Gogh se cortó una oreja, precisamente por amor a otra extraña mujer, prostituta también. Un día estaba con ella y ésta le alabó la oreja. Le dijo:
—Tu oreja me gusta.
Después Van Gogh, a solas, se miraba al espejo y se decía: «Marta no te ama ni te amará nunca; pero mi oreja le gusta». La mujer se llamaba Marta. Y un día Van Gogh se cortó la oreja con una navaja de afeitar, la envolvió, llamó a la puerta del burdel donde trabajaba Marta y al hombre que le abrió la puerta le dio el paquete con la oreja.
—Esto es para la señorita Marta. Dígale que es un regalo del «loco rojo».
Van Gogh tenía el cabello rojo, color de panoja, y Marta le llamaba «el loco rojo».
La herida de la oreja se le curó mal. Perdió mucha sangre y tuvo que intervenir un médico. Y el pintor le dijo al médico:
—Nada me puede salvar. Muero de amor.

Los amores de Van Gogh fueron siempre irregulares. Para ver y estudiar tipos raros, que luego dibujaba y pintaba, iba con frecuencia a una tasca de los barrios pobres. Allí presenció un día un altercado entre un hombre y una mujer. Ella se quejaba de que él la abandonara estando encinta. Y le suplicaba en nombre de otros hijos que ya tenía. Él se marchó y la dejó allí desconsolada. Van Gogh se le acercó a consolarla. Ella se llamaba Sien. Era una mujer ya con años encima, fea y desgarbada, y que vivía de la prostitución. Y Van Gogh se quedó con ella, la protegió, le hizo un retrato y al pie del retrato escribió: «¿Cómo es posible que haya en este mundo seres tan desgraciados?».
Aquella mujer era sifilítica y contagió la sífilis al pintor, que tuvo que ser internado en un hospital para curarse. Su hermano Teo fue a ocuparse de él entonces, y le quiso separar de Sien, que estaba en la maternidad esperando que le naciera el hijo. Teo consiguió su propósito y el pintor se despidió de aquella mujer perdida en una carta en la que, entre otras cosas, le aconsejaba que, en adelante, viviera honestamente. Y ya separado de ella decía:
—Con la separación de esta mujer ha muerto algo de mí. Ella, la pobre, nunca había conocido nada bueno. ¿Cómo podía ser buena? No estoy avergonzado de lo que hice por ella, puesto que ella nunca tuvo la culpa de que se cumpliera su destino.

Van Gogh iba enloqueciendo lentamente. Le encerraron en un sanatorio. Después de un tiempo le dejaron marcharse. Van Gogh se fue a París. Un largo viaje en tren desde Arlés a París. El revisor del tren contaba después que, un hombre extraño, con el cabello rojo, le había hecho una extraña pregunta. Y muy misteriosamente, como si se tratara de algo importantísimo. Le había preguntado:
—Dígame la verdad, señor revisor: ¿usted cree en el infierno?
—¿Es una broma, no?
—Lo pregunto en serio. ¿Cree en el infierno?
—Pues, no sé qué decirle, señor. Esas cosas...
Y contaba el inspector que entonces el viajero, siempre muy misteriosamente, le había dicho:
—Es posible que Dios no exista. Pero el infierno existe. Puede estar seguro.
Y decía el inspector:
—Era un hombre muy raro, con los ojos que daban miedo y con el cabello rojo.

## VERDI

Giuseppe Verdi (1813-1901), el músico italiano autor de *Aida*, tenía, como tantos otros músicos y escritores, muy mal concepto de los críticos. Un día, poco antes del estreno de *Il Trovatore*, se encontró, en una casa de música, con un crítico.
—Sé que estrena una ópera —le dijo el crítico—, y le agradecería que me tocara algunos trozos.
—Con mucho gusto.
Verdi tocó un trozo de la obra al piano. El crítico dijo que no le acababa de gustar. Verdi tocó otro. El crítico dijo lo mismo. Verdi probó una vez más con otra parte. El crítico tampoco quedó satisfecho. Verdi se levantó del piano y le abrazó.
—¡Gracias, amigo mío!
—¿Gracias? ¿De qué?
—He escrito una obra para que gustara al público, no a los críticos. Ahora, después de sus juicios, ya tengo la seguridad de que será un éxito.
Y, en efecto, lo fue.

Verdi era un hombre muy sencillo, sin presunción ni vanidad ninguna. En un viaje en tren, siendo el músico ya viejo, sostuvo conversación con otro viajero. Hablaron de música. El otro estaba algo enterado y alabó la música de Verdi. Y el viejecito le dijo:
—¡Bah! No vale gran cosa.
—A mí me gusta. Y creo que es de la mejor música que se ha hecho en los últimos tiempos.
—¿Le conoce usted a Verdi?

—No. Y me gustaría conocerle.
—Pues yo le digo que le conoce más a él que su música. Si no, no la elogiaría tanto.
El otro no le acababa de entender, hasta que el viejecito le dijo:
—Es que Verdi soy yo; y a mí me conoce, al menos de vista.

El día de su santo, Verdi recibió una carta de Manzoni, el escritor entonces en la cumbre de la fama. Verdi tenía invitados a comer y les enseñó la carta. Después de comer no recordó dónde la había dejado. La buscó y no la encontró. Temió que alguno de sus invitados se la hubiese quedado y les dijo:
—Amigos míos: lo siento mucho, pero, aun a riesgo de perder vuestra amistad, os ruego que os dejéis registrar los bolsillos.
Todos se prestaron, y empezó el registro. Y entonces se oyeron las voces de la mujer de Verdi:
—¡Aquí está! ¡Aquí está!
Nada menos que en la cocina. La habían dejado sobre una bandeja y una sirvienta se la había llevado. Y Verdi, para justificarse con sus amigos, les dio esta explicación:
—Es que yo, para tener una carta autógrafa de Manzoni, habría sido capaz de robarla.

Se cuenta que, cerca de la casa donde vivía Verdi, en Milán, un pobre pedía limosna dándole como sabía a un viejo piano con ruedas. Verdi oía todos los días aquella musiquilla. Un día bajó a la calle a rogar al ambulante que se fuese a tocar a otro sitio. Le dio lástima cuando le vio de cerca, le pidió que le dejara tocar a él y, a pesar del mal estado del piano, consiguió que se reuniera gente a escucharle. Después el mismo Verdi pasó el sombrero y recogió bastante dinero que entregó al músico ambulante.
Éste siguió tocando en el mismo sitio. Desde entonces, siempre que algún importuno iba a pedirle a Verdi un autógrafo para un álbum, petición que se repetía con frecuencia, Verdi le enseñaba el músico ambulante a través de la ventana y le decía:
—Lo haré a condición de que le deis cien libras a este pobre músico. Si no, no.
Y todos daban el dinero. Y contaba Verdi que, un día, el pobre le propuso:
—Si tocarais vos y yo pasara el plato, ganaríamos mucho dinero. ¿Por qué no lo hacemos?
Verdi trató de convencerle de que él ganaba más dinero con otro modo de hacer música. Y no lo consiguió. Así fue como el pobre, ofendido por la negativa, desapareció de allí.

Verdi viajaba en tren por Italia. El tren se detuvo en una estación donde no tenía marcada parada. Verdi preguntó al revisor la razón.

—Hemos de dejar paso al expreso de Venecia, que lleva retraso.
—¿Estaremos mucho rato?
—Media hora tal vez.
El revisor conocía la personalidad de su viajero. Bajó del tren a descansar un rato, y le dijo al jefe de estación que en aquel tren viajaba el compositor Verdi, autor de *La Traviata*. El jefe quiso obtener un autógrafo de Verdi y subió al tren. Llegó al departamento donde el compositor estaba solo.
—Sé que es usted Giuseppe Verdi, señor.
—Sí, ¿y qué?
—Que yo quisiera pediros...
—¡Vaya! Después que me tiene aquí detenido media hora, todavía me viene con peticiones. ¡Déjeme en paz!
El jefe paseó la mirada por el departamento y vio que el asiento frente a Verdi estaba manchado de polvo.
—Puede ser un gran músico, señor, pero es un mal viajero. ¿No sabe que no está permitido poner los pies en el asiento?
—¡Déjeme en paz!
Pero el jefe, en vez de dejarle en paz, le estuvo buscando las cosquillas con otros reproches, hasta que se las encontró. Verdi, ya indignado, gritó:
—¿Hay libro de reclamaciones en este tren?
—Sí, señor.
—¡Tráigalo!
—Pero, señor...
—¡Quiero el libro!
El jefe fue en busca del libro. Verdi escribió su reclamación y la firmó. Y devolvió el libro al jefe. Quien, allí mismo, arrancó la hoja del libro, la guardó y muy amablemente dijo:
—Yo sólo quería su autógrafo, señor. Ya lo tengo. Y lo pondré en un cuadro.
Verdi, agradecido, le alargó la mano.

Verdi vivió 88 años y siempre con todas sus facultades. En sus últimos tiempos parecía mucho más joven de lo que era. Una vez, ya viejo, estuvo de paso en Génova. Entró en una peluquería. El maestro peluquero le conoció en seguida.
—Es usted, si no me equivoco, el maestro Verdi.
—Pues sí.
El peluquero se apresuró a atenderle. Preguntó lo de siempre.
—¿Cómo lo quiere?
—De la manera que, sin cambiarme nada, parezca menos viejo.
—Eso no ha de preocuparle, señor. No es usted viejo.
—Ochenta cumplidos.
—Pues nadie lo diría.
—¡Eso es! Y lo que espero de los peluqueros es que me arreglen de modo que aún lo digan menos.

Y contaba Verdi que el peluquero, terminado su trabajo, le dijo:

—Le he quitado diez años de encima; de modo que, con los diez que ya aparenta de menos, es como si sólo tuviera sesenta.

A Verdi en la calle mucha gente le saludaba, cosa que llegaba a cansarle y le impedía pasear a gusto. Un día, en plena calle, una señora le detuvo:

—¿Es usted el maestro Verdi?

Verdi, que ya había contestado a muchos saludos, respondió sin amabilidad ninguna:

—Sí. ¿Qué quiere?

—Sólo quería advertirle —le dijo la señora— que lleva el sombrero muy sucio.

Verdi se quitó el sombrero, lo vio limpio y, aún con el sombrero en las manos, tuvo que oír cómo la señora le decía:

—¡Por fin! No creo que ser el autor de *Rigoletto, Il Trovatore, La Traviata* y *Aida* le autorice a no quitarse el sombrero cuando una señora le habla.

Verdi comprendió que la desconocida tenía toda la razón, le sonrió amablemente y le ofreció el brazo. Ella lo aceptó, y así continuaron el paseo los dos juntos.

## VERLAINE

El poeta francés Paul Verlaine (1844-1896) tenía fama de beber mucho. Y una vez que un amigo se lo reprochaba, le dijo:

—Esto de que bebo tanto es pura leyenda. Te aseguro que únicamente bebo y me emborracho cuando estoy invitado, o sea cuando, en sociedad, hago de Paul Verlaine.

Pero no era verdad que Verlaine no bebiera. Contaba Courteline que, un día, le encontró borracho en la calle; tan borracho que ni podía sostenerse de pie. Estaba agarrado a un árbol y tarareaba una canción nada decente. Courteline hizo detenerse un coche y consiguió meter a Verlaine dentro. También subió él. El cochero preguntó:

—¿Adónde vamos?

Courteline desconocía el domicilio de Verlaine. Conseguir que le dijera la calle le costó mucho esfuerzo. Y, al fin, supo que era la calle de la Roquette. Faltaba el número. Verlaine no era capaz de decir el número. Repetía:

—Dilo tú, dilo tú.

—El número uno.

—No.

—El número dos.

Verlaine movió la cabeza negativamente. Y así estuvieron hasta que llegaron al ciento veinticuatro, que era el número donde vivía el poeta.

Verlaine era ya el poeta contemporáneo más famoso de Francia cuando un diario fundó un premio de poesía. Una de las condiciones era que las poesías debían mandarse con lema, y el nombre del autor encerrado en un sobre con el mismo lema. Ya concedidos los premios, el jurado supo que Verlaine había mandado una poesía al premio. Abrieron todos los sobres premiados y en ninguno estaba el nombre de Verlaine. Los poemas desechados habían desaparecido ya. Otra condición era que no se devolverían los originales. Y los habían roto y quemado. Entonces, por mediación de un amigo, rogaron a Verlaine que les diera una copia de su poesía para mandarla en seguida a la prensa, por si salía premiada.

Verlaine dio la copia y... obtuvo el premio.

## VICTORIA

La reina Victoria de Inglaterra es en realidad Victoria I, pues sólo hubo una; pero se la conoce por reina Victoria y emperatriz de la India, sin nada más. Nació en 1819 y murió en 1901. Reinó desde 1837, o sea, durante más de sesenta años. No es ella la protagonista de esta anécdota, sino un médico inglés, un tal doctor Wilson, cuyo nombre no ha pasado a la historia, el cual era profesor de la Universidad de Edimburgo y fue nombrado médico honorario de la casa real. Era un título simplemente honorífico. El doctor Wilson, el primer día de clase después de su nombramiento, para dar la noticia a sus alumnos, anticipó su llegada y escribió en la pizarra:

«El doctor Wilson tiene el honor de poner en conocimiento de sus alumnos que ha sido elevado a la dignidad de médico honorario de su majestad.»

Los alumnos, enterados del texto, dedicaron un aplauso a su profesor. Y cuando éste iba a borrar el anuncio, le llamaron desde la puerta y tuvo que abandonar el aula unos momentos. Al regresar, alguien cuyo nombre nunca se supo, pero que no pudo ser otro que uno de los veintisiete alumnos, había añadido:

«God save the Queen»; que son palabras del himno nacional inglés.

## VIGNY

El poeta y novelista francés Alfred Victor, conde de Vigny (1797-1863), se casó, a los veintisiete años, con una mujer llamada Lidia, hija de un comerciante de Pau. El padre de la mujer se opuso terminantemente a la boda. La hija se casó y el padre no quiso saber nada más de ella. Un día, años después, aquel señor enemigo de los poetas conoció a Lamartine. Y, al filo de la conversación, le dijo:
—Mi hija está casada con un poeta.
—¿Quién es?
Y el suegro de Vigny no supo decir el nombre de su yerno. No lo recordaba. Lamartine le fue diciendo nombres de poetas y, entre ellos, dijo Alfred de Vigny.
—¿Vigny? ¿Vigny? Pues, aunque no estoy seguro, diría que es algo así.
Y tenía a su hija casada con uno de los poetas más conocidos de la Francia de entonces.

Vigny tenía fama de vivir del aire del cielo. Dumas, que era hombre muy aficionado a la buena mesa, decía de él:
—No se sabe de nadie que le haya visto comer.

## VILLA

El cabecilla, general y político mexicano Pancho Villa (1887-1923), que no se llamaba Pancho Villa sino Doroteo Arango, y que había tomado el nombre de guerra de un bandido y guerrillero ya muerto al que admiraba mucho, tenía, al principio de sus correrías, un compadre. Y cuenta la biografía de Pancho, que un día supo que el compadre le robaba. Parece ser que eran buenos amigos, pero aquello no se podía tolerar. Pancho Villa llamó a su compadre y... en la biografía la escena se explica, brevemente, así:
Cuando le tuvo delante le dijo:
—¡Con lo que te quiero, compadrito, y que te tenga que matar! No sabes lo que lo siento.
Y de un pistoletazo lo mató. Y se alejó de allí, secándose las lágrimas de los ojos.

Le enseñaron tres prisioneros acabaditos de hacer, con esta referencia:
—Les cogimos otra vez, les perdonamos y se quedaron con nosotros. Luego desertaron y les hemos vuelto a coger.
Villa se encaró con uno de ellos y dijo:
—¿Qué se hace con los traidores?
—Yo no soy un traidor.

—Los peores traidores son los embusteros. ¡Que le fusilen!
Se encaró con otro:
—¿Qué se hace con los traidores?
—Yo no podía abandonar a mis compañeros.
—Los peores traidores son los que se agrupan. ¡Que le fusilen!
Y después al otro la misma pregunta. Y el otro:
—Señor, es que yo...
—Los peores traidores son los indecisos. ¡Que le fusilen!
Y, muertos los tres, preguntó a uno de sus capitanes si aquellos tres desaparecidos habían peleado bien.
—Mejor que ninguno de los nuestros.
—Hombres así son los que nos hacen falta. ¡Lástima que hayan muerto!

Después de una batalla, quedaron en poder de Villa sesenta prisioneros. Villa dio esta orden:
—Me hacéis con ellos una fusilada.
Su lugarteniente le dijo que andaban escasos de municiones, y que para fusilarlos a todos habría que gastar muchas.
—Pues me los ponéis de tres en tres de fondo, les tiráis de cerca y, así, una bala bastará para cada tres.

En una ocasión, el general norteamericano Pershing le estuvo persiguiendo con mucha tropa, para acabar de una vez con él, en castigo de haber dado muerte a toda una guarnición fronteriza. La persecución duró tiempo y nunca los norteamericanos cayeron sobre las escasas fuerzas de Villa. Después preguntaban a Villa cómo había podido evitar que los norteamericanos le sorprendieran.
—Pues muy fácil. Les esperé con mi gente, todos escondidos. Pasaron y nosotros detrás, a lo lejos. Y, mientras duró la persecución, siempre les fuimos detrás.

Se le presentaron tres voluntarios. Los admitió. En seguida hizo que sus espías se documentaran sobre ellos, y así supo que se trataba de tres individuos pagados por los enemigos para asesinarle. Habló con ellos. No confesaron. Amenazó con colgarlos si no confesaban. No confesaron. Mandó colgar uno, al más viejo. Según su costumbre, siempre que colgaban a varios a la vez, empezaban por el más viejo. Los otros dos, entonces, confesaron toda la verdad. Villa les hizo jugarse la vida a cara y cruz. Uno perdió y fue colgado. Al otro lo devolvió, con las manos atadas a la espalda, al cuartel enemigo. Y le colgó del cuello una carta en la que decía al general enemigo: «Lo han hecho muy mal. Uno se lo devuelvo. Los otros dos se han quedado aquí, los dos en el mismo árbol».

Villa mandó fusilar a un súbdito británico. Y los encargados de la ejecución, en vez de fusilarlo, le mataron de un tiro en la nuca, por detrás. Cuando Villa lo supo se enfadó mucho:
—¿Qué dirán de nosotros los ingleses si se enteran? ¡Que desentierren al muerto y le corten la cabeza! Así no se verá que se le ha matado por la espalda.
Uno de sus lugartenientes observó:
—Pero se verá que le hemos decapitado.
—¡A quemar la cabeza! Así, aunque se vea, no se sabrá de quién se trata.
Y, si es cierta la anécdota, se supo, al menos, que se trataba de un súbdito inglés.

Un espía le vino corriendo con esta noticia:
—¡Un tren lleno de tropa viene contra nosotros!
—¿Por dónde viene?
—Por donde vienen todos los trenes: por la vía del tren.
Donde estaba Villa y sus hombres había otro tren. Y Villa mandó llamar al maquinista.
—¿Vamos a ir a su encuentro? Ellos son más que nosotros.
—No vamos a ir. Irá el tren.
Mandó poner el tren en marcha y soltarlo por la vía en dirección contraria al que venía con tropas. Y las tropas del otro tren no llegaron nunca a molestar a los hombres de Pancho Villa.

Las mujeres que le gustaban se las quedaba todas. Y abusaba de ellas. Si alguna se oponía con todas sus fuerzas a este abuso, hacía que algunos de sus hombres le quitaran las fuerzas. Y, al parecer, les daba la orden así:
—No está madura. ¡A madurarla!
Y la maduración consistía en una paliza. Y si después de haber abusado de ella la mujer continuaba protestando, Pancho Villa, por toda explicación, le decía:
—Ya te acostumbrarás. Todas se acostumbran.
Aunque, al parecer, no les daba tiempo de acostumbrarse, pues pronto las cambiaba por otras. Mujer auténtica, mujer propia en matrimonio, sólo tuvo una.

## VINCI

Leonardo da Vinci (1452-1519) nunca tuvo verdadera vida de familia. Era hijo natural de un notario y una aldeana, que se casaron después por separado. Leonardo lleva el nombre del lugar de su nacimiento, Vinci, en Italia, entre Pisa y Florencia. Su pintura más conocida de todo el mundo es su famosa *Gioconda*, que es el retrato de una tal Monna Lisa. Giocondo es el nombre del marido. Leonardo nunca cedió este cuadro, que, después de su muerte, pasó a ser propiedad del rey de Francia Francisco I, y que ahora está en el Museo del Louvre, donde es una de las pinturas que más admiran los que visitan el museo.

La *Gioconda* fue robada del Louvre en 1911. La robó un italiano, que la llevó a Florencia, y dos años después comunicó a la policía que el cuadro se encontraba en casa de un anticuario. Allí estaba, y así fue recuperado.

En 1956 un gamberro lanzó una piedra contra la pintura y causó un desperfecto en un brazo.

Dos buenas anécdotas tiene, además, este cuadro.

En ocasión de una restauración o limpieza, estuvo descolgado durante unos días; y, en vez del cuadro, pusieron un aviso en el que se explicaba el motivo de no estar el cuadro allí. Entonces se observó que, si bien antes casi todo el mundo se detenía ante el cuadro, ante el aviso se detenía todo el mundo sin excepción. Estaba escrito en letra pequeña y todos los visitantes se acercaban a leer el texto. O sea, que interesaba más la anécdota posible del cuadro, que el cuadro mismo.

En 1969, la *Gioconda* fue cambiada de sitio. Se instaló en una sala mucho más reducida y, en el lugar donde había estado tanto tiempo, se puso una pintura francesa, el *Gilles*, de Watteau. Y si se hizo el cambio en honor a la pintura francesa, no se consiguió gran cosa, pues todo el mundo continuó deteniéndose frente a la *Gioconda* en su nuevo emplazamiento y casi nadie frente al cuadro de Watteau, que, por otra parte, es muy bueno.

Contaba el escritor francés Giraudoux que cuadros como la *Gioconda* sirven, entre otras cosas, para observar las diferencias entre los hombres y las mujeres; que los hombres, después de detenerse ante la pintura, admiran su calidad y comentan la técnica del pintor, y las mujeres, si son dos o tres, una de ellas dice:

—¡Ah! Pues tiene un gran parecido con Maruchi.

O con cualquiera otra de sus amigas comunes.

Vinci pintó también *La bella Farroniera*, ahora también en el Museo del Louvre. Parece ser que la mujer retratada fue Lucrecia Crivelli, amante de Federico Sforza, primer propietario del cuadro. De este famoso cuadro existen dos versiones: la del Louvre y otra, propiedad (hace unos años al menos) de un coleccionista norteamericano. Y, al parecer, existen dos dictámenes del mismo técnico, uno a favor y otro en contra de la autenticidad de *La bella Farroniera* del Louvre. ¿Cuál de las dos versiones es la auténtica de Leonardo da Vinci? ¡Ah!

## VIRGILIO

El poeta latino Virgilio (70 a 19 a. de J.C.) era persona de mucha modestia y timidez, nada acostumbrado a alternar con personajes. Al emperador Augusto le gustaba recibir a los romanos ilustres, entre ellos a los poetas, y un día le convocó. Virgilio acudió a la cita. Todos, delante del emperador, hacían lo posible para quedar bien y para lucirse. Virgilio era el único que no decía nada. Un cortesano llamado Filisto le preguntó:
—¿Eres, acaso, mudo?
Virgilio no encontró ninguna contestación apropiada. El cortesano quiso ponerle más en ridículo.
—Se ve que no tienes lengua, o, si la tienes, no has aprendido a usarla.
El emperador oyó este sarcasmo y, para dar una lección al cortesano, le dijo:
—Un poeta no necesita decir nada cuando sus obras hablan por él.
Y, ante toda la corte, recitó unos versos de Virgilio.

Ya entonces, en Roma, los escritores que se las daban de críticos hablaban mal de los otros escritores. Y uno de ellos, un tal Cornificio, andaba diciendo a unos y a otros que Virgilio era mal poeta por tales y cuales razones. La noticia de tales críticas llegó a oídos del poeta. Y Virgilio dijo:
—Bueno, dejadle que hable. Yo nunca le he ofendido, por tanto si habla mal de mis obras será porque le parecen malas. Por mi parte, mi única venganza contra los que me critican es aprovecharme de sus buenos consejos.

## VOLTAIRE

Se llamó François-Marie Arouet (1694-1778). Vivió, pues, 84 años, siempre enfermizo. Tenía costumbre de decir:
—Las enfermedades las tengo todas. Y mientras discuten cuál acabará conmigo, va pasando el tiempo.
Una vez, uno de sus criados que no sabía escribir, le pidió que le escribiera una carta a la novia ausente. Voltaire le complació. Y, terminada la carta, la leyó en voz alta. Y el criado le dijo:
—No está mal. Pero añada esto: «Y te ruego que me perdones el estilo. Pero no es culpa mía. Esta carta me la ha escrito otro».

En tiempos de Voltaire, como en todos los tiempos, los escritores no se trataban con demasiada consideración. Parece ser que Voltaire, gran maestro de la ironía, la esgrimía fácilmente contra los hombres de letras contemporáneos suyos. Se dice que por

Rousseau nunca sintió admiración, sino todo lo contrario. Cuéntase que, en cierta ocasión, Rousseau leyó la oda suya *A la posteridad*. Voltaire asistió a la lectura y se limitó a hacer este único comentario:
—Mucho me temo que esta oda no llegue a su destino.

Desde muy joven empezó a escribir poesía, dedicada a su amor, una tal Pimpette. En realidad, se llamaba Olimpia y el mocito poeta le había cambiado el nombre. El padre de Voltaire era notario. Tenía dos hijos. El mayor no hacía nada de provecho y el otro, el futuro Voltaire, escribía versos. Y el padre decía:
—Mis dos hijos están locos; uno en prosa y otro en poesía, pero locos los dos.

Voltaire era muy mordaz en su manera de juzgar a los otros y esto le creaba muchas enemistades. Coincidió una vez en un salón con el duque de Rohan y le discutió, atrevidamente, algunas opiniones. El duque preguntó a otros:
—¿Quién es este muchacho que no me deja hablar?
Voltaire oyó la pregunta, hecha en voz alta para que el mozo la oyera, y la contestó él mismo:
—Señor, soy un hombre que no lleva el peso de un gran nombre, pero que sabe hacer honor al nombre que lleva.
El duque no se dignó contestarle. Pasados algunos días, en plena calle, dos hombres se echaron sobre Voltaire y le dieron algunos bastonazos. Allí cerca se había detenido un coche. Y, desde el coche, el duque de Rohan les gritaba:
—¡No le deis en la cabeza! Es posible que dentro haya alguna cosa aprovechable.

En el teatro, Voltaire tuvo poco éxito. Sus dramas *Edipo*, *Artemisa* y otras, apenas se recuerdan. En el estreno de una de ellas, poco ovacionada, un amigo de Voltaire, también escritor, pero de segunda fila, fue a su encuentro para saludarle y, en son un poco de burla, le preguntó:
—¿Qué os parece vuestra obra?
Voltaire contestó con otra pregunta:
—¿Y a vos?
—Pues... que estoy seguro de que preferiríais que el autor fuese yo.

La frase tan repetida «así se escribe la historia», como comentario de aquello que se cuenta tergiversado, está tomada de Voltaire, quien, en sus textos, la repite más de una vez. En una carta dirigida a madame Du Deffand, le dice: «Et voilà comme on écrit l'histoire; puis fiez vous a messieurs les savants» *(Y ahí tiene usted cómo se escribe la historia; después vaya confiando en los sabios).* Y en su comedia *Charlot,* uno de los personajes repite la frase así: «*Et voilà justement comme on écrit l'histoire*». Se conoce que le había gustado la expresión y la usó por segunda vez.

Le preguntaban una vez cuál era su mejor libro. Se dice que contestaba:
—No he escrito ninguno que no se pueda considerar el mejor, si bien se mira.

Y se cuenta también que, en otra ocasión, citó, como mejor verso suyo, el que dice:

*Si Dieu n'existait pas, il faudrait l'inventer.*
(Si Dios no existiera, sería preciso inventarlo.)

Verso que, al parecer, fue parodiado por algunos exaltados de la revolución de 1870, que lo decían así:

*Si Dieu existait, il faudrait le fusiller.*
(Si Dios existiera, sería preciso fusilarlo.)

Aunque, en aquellos tiempos, de haber podido, más que fusilarlo lo habrían guillotinado.

Hablaban un día Voltaire y sus amigos de religión y de Dios. Voltaire decía:
—¿Dios? Si no existiera habría que inventarlo.
Diderot, que era uno de los amigos, exclamó:
—¡Inventado está!

Las obras de Voltaire fueron incluidas en el *Índice.* Y un amigo le dijo:
—Vuestros libros han sido condenados al fuego.
—¡Tanto mejor! Los libros son como las castañas, que cuanto más tostaditos, mejor se venden.

Un buen amigo le decía a Voltaire:
—Trabajáis demasiado y abusáis del café. Y así os estáis matando.
—Amigo mío —le dijo Voltaire—, yo ya he nacido muerto.

El abate Desfontaines había escrito una sátira contra Voltaire. Se encontraron un día y Voltaire le reprochó que escribiera contra él. La explicación del abate fue ésta:
—Es necesario que yo viva.
Sin preguntarle por el significado de tales palabras, Voltaire le dijo:
—Yo no veo la necesidad.

Iba Voltaire con un amigo por una calle de París. Pasó un viático y Voltaire se descubrió.
—¿Os habéis reconciliado con Dios? —le preguntó el amigo.
—Hasta cierto punto. Nos saludamos, pero todavía no nos hablamos.

Le preguntaban a Voltaire si había alguna diferencia entre lo bueno y lo bello.
—Sí —dijo—, y una diferencia muy clara: que lo bueno necesita pruebas y lo bello, no.

Voltaire iba una vez de viaje. Siempre llevaba consigo algunos libros. Y uno de los libros que llevaba aquella vez era la Biblia. Un amigo le preguntó:
—¿Leéis la Biblia?
—Sí, con frecuencia.
—Pero... no lo comprendo.
—Pues nada más natural. Cuando se tiene un pleito interesa conocer a fondo los documentos del adversario.

El rey Federico II de Prusia invitó a Voltaire a pasar un tiempo en su corte. Voltaire pidió permiso, antes de aceptar, a Luis XV. Obtuvo el permiso en seguida. Después el rey hizo a sus cortesanos este comentario:
—Un loco más en la corte de Prusia y un loco menos en la de Versalles.

Se hablaba una vez en la corte de Prusia de las distintas lenguas. Voltaire decía que el alemán era duro y que sólo le parecía bueno para dar órdenes y dictar sentencias. Añadió:
—Seguro que cuando Dios echó del paraíso a Adán y Eva, les habló en alemán.
Y el rey Federico repuso:
—Es posible. Pero lo que parece indudable es que la serpiente, al tentar a Eva, le habló en francés.

Un joven escritor mandó una obra de teatro a Voltaire, rogándole que le diera su opinión. Voltaire la leyó y nada le dijo al autor; hasta que éste reclamó. Y entonces Voltaire le dijo:
—Escribir una obra como ésta no me parece difícil. Lo que me parece muy difícil es decirle al autor la opinión que merece la obra.

Voltaire jugaba con un niño. Lo tenía sentado sobre las rodillas y le decía:
—Escucha esto, y no lo olvides. Los hombres, si quieren triunfar, han de caer en gracia a las mujeres. Y para caerles en gracia

es preciso conocerlas bien. Te diré que las mujeres son todas falsas, traidorzuelas y coquetas.
—¿Todas? —preguntó la señora Du Chatelet, que estaba presente.
—Hablo con un niño, señora —le dijo Voltaire—, y engañar a los niños es cosa fea.

Voltaire se había retirado a Ferney, en Suiza. Y a los ochenta y tres años volvió a París a recibir el homenaje de sus conciudadanos. Y entonces les decía a sus amigos:
—Ya lo veis; he interrumpido mi agonía para venir a daros un abrazo.

Hace años se puso el nombre de Voltaire a una calle de Barcelona, en la barriada de Gracia. Una buena señora de radical catolicismo, que vivía en aquella calle, se enteró de quién había sido Voltaire y quedó horrorizada. Decía:
—¡Vivir en esta calle!
Una vecina que se lo oyó decir le preguntó:
—¿Qué tiene de malo?
—¡El nombre!
—¿Voltaire? —preguntó la vecina.
Pero no pronunció «Volter», como se pronuncia en francés, sino «Voltaire», como escrito en español. Y la buena vecina católica hasta los huesos se tranquilizó. Decía después:
—Menos mal que la gente de aquí ve el nombre escrito en español y no dice Volter; dice Voltaire.

## VOLLARD

El vendedor de cuadros Ambroise Vollard (1866-1939) escribió un libro: *Souvenirs d'un marchand de tableaux* (Recuerdos de un marchante de cuadros), que fue *best-seller* en Francia. En este libro cuenta muchas anécdotas de pintores conocidos. Refiere también cómo empezó a dedicarse a vender cuadros. Había llegado a sus manos un dibujo de Forain. Era joven, necesitaba dinero y decidió venderlo. Fue a visitar a un comerciante en vinos, del que había oído decir que hacía colección de pinturas y dibujos. Le enseñó el dibujo de Forain y se lo ofreció.
—¿Por cuánto? —le preguntó el vinatero.
—Por ciento veinticinco francos.
—Le doy ciento.
—¿Cómo? ¿Se atreve a rebajar un Forain? Pues desde ahora si no me da doscientos, no lo vendo.
—¡Buen sistema! —le dijo el vinatero. Y le compró el dibujo por los doscientos francos.

Cuenta Vollard que un cliente le compró una pintura que representaba una mujer desnuda. Y le dijo:
—Es un regalo para mi mujer.
—¿Le gustará?
—Supongo que no. Pero a mí me gusta mucho. Y si le digo que lo he comprado porque me gusta, le parecerá mal; pero si le digo que lo he comprado para ella, le parecerá bien y así lo tendré yo y contentos todos.
Y decía Vollard que, desde entonces, siempre que algún cliente se interesaba por un desnudo, le contaba este caso y le aconsejaba que lo comprara como un regalo para su mujer.

Cuenta Vollard que un pintor llamado Mery se había especializado en pintar gallinas. Las pintaba siempre de memoria, porque no tenía dinero para comprarlas vivas como modelos, y decía:
—¡Si un día pudiera tener una gallina viva!
Y la tuvo una vez. Tenía a un amigo invitado a comer. Y con el poco dinero que le quedaba compró una gallina. Y a su mujer y a su hija les dijo:
—La usaré como modelo toda la mañana y, después, nos la comeremos.
La empezó a pintar muy pronto. Ya casi a la hora de comer todavía la tenía allí como modelo. La mujer y la hija se la reclamaban, pues ya apenas les quedaba tiempo suficiente para cocerla. Discutían, ellas reclamando la gallina y el pintor rogándoles que se la dejaran un rato más, hasta que al fin tanto insistieron ellas y tan pesadas se pusieron que el pintor, ya con los nervios de punta y hecho una furia, le torció el cuello a la gallina, la arrojó sobre las dos mujeres y con un trapo borró todo lo que había pintado.
Y continuó pintando gallinas de memoria.

Una vez Vollard vendió un cuadro futurista a uno de sus clientes, por treinta mil francos. Cuando la mujer del comprador lo vio, dijo que no quería aquello en casa. El matrimonio discutió durante algunos días. Ganó la mujer y fueron los dos, marido y mujer, a devolver el cuadro. Fue la mujer la que habló:
—¡No quiero esto en mi casa!
—¡Por fin! —dijo Vollard, fingiendo sorpresa—. Estaba buscando este cuadro y no recordaba a quién lo había vendido. Es que un cliente me ofrece cien mil francos. ¡Y lo vendí por treinta! Ya desesperaba de poderlo recuperar. Le devuelvo los treinta mil francos y...
El marido y la mujer se miraban. Cruzaron algunas palabras en voz baja. Dijeron que pensándolo bien... Y no quisieron revender el cuadro y se lo llevaron otra vez. Desde la puerta, el marido le dijo a Vollard:

647

—Y este cliente, si tanto empeño tiene en este cuadro..., ¿por qué no me lo manda?
—Lo haré, lo haré.
Ni había tal oferta ni nadie se interesó jamás por aquel cuadro, que Vollard consideró entonces definitivamente vendido.

Vollard llevaba muy bien la anotación de todas sus ventas, con el nombre del comprador, la fecha de la venta y el precio que le habían pagado. Un amigo le preguntó:
—¿De qué te sirve todo este trabajo?
—¿No sabes que una parte de mi negocio consiste en volver a comprar a mis clientes los cuadros que les he vendido?
—¿Y se los compras más baratos de lo que pagaron ellos?
—No precisamente. Pero sí más baratos del precio por el que ya los tengo vendidos a otro.
Y decía:
—El negocio con un buen cuadro no termina hasta que lo compra un museo. Y, gracias a Dios, los museos disponen siempre de poco dinero.

Vollard se preciaba de conocer a sus clientes. Procedía siempre con mucho tacto y, gracias a esto, conseguía buenos negocios.
—Sólo una vez me equivoqué de medio a medio —decía—, y con un buen cliente. Estaba en una reunión y una señora no cesaba de hablarme. Tenía una voz nasal aguda e insoportable. Yo no sabía cómo quitármela de encima. Hasta que vi a lo lejos a uno de mis buenos clientes. Le dije a la señora que me perdonara un momento y salí disparado hacia mi cliente. «¡Gracias a Dios! —le dije—. No sabía cómo librarme de aquella mujer. Qué voz más insoportable tiene. ¡Una trompeta desafinada, parece!» Y el cliente me dijo: «Lo sé, lo sé; hace treinta años que la escucho y aún no he podido acostumbrarme; soy su marido».

**WAGNER**

Richard Wagner (1813-1883) tenía nueve años cuando, después de oír el *Freischutz* de Weber, emocionado, gritó:
—¡Yo seré músico!
Su madre le puso un maestro de piano, y el maestro, al cabo de cierto tiempo, dijo que aquel niño nunca sería un buen pianista. Su madre le puso entonces un maestro de violín, y el maestro, pasado algún tiempo, dijo que aquel niño nunca sería un buen violinista.
Cada vez el niño Wagner decía:
—Pero seré músico.
Y una vez su madre le preguntó:

—¿Qué entiendes tú por ser músico?
—Ser yo —contestó el niño.

Vivió siempre como si su calidad de músico genial le autorizara a disponer de los demás y del dinero de los demás. Y llegó a decir:
—Si yo escribo música para todo el mundo, justo es que todo el mundo me facilite los medios para escribirla.
Y en otra ocasión dijo:
—El mundo me debe todo lo que necesito.
En su vida matrimonial se condujo también como si tuviera derecho a todo. Se casó con Minna Planer. No se entendió con ella. El músico Liszt tenía una hija, fruto de su aventurera unión con María d'Agoult. Esta hija se casó con el músico Hans von Büllow, discípulo de Liszt y apasionado de Wagner. La muchacha abandonó al marido y a los hijos, y se fue con Wagner. Se casaron después de la muerte de los respectivos cónyuges. Esta mujer, que con Wagner tuvo tres hijos, es la famosa Cósima Wagner, veinticinco años más joven que el músico. Después de muerto Wagner, Cósima sólo vivió para la gloria del autor de *Parsifal*.

En 1839, un joven alemán, poeta y músico, intentaba abrirse camino en Francia. Había llegado a París con una carta de recomendación para el músico Meyerbeer. Y este músico le dio otra carta de recomendación para el director de ópera Léon Pillet. Se la dio cerrada, cosa que no es de muy buena etiqueta hacer. La carta decía: «Querido amigo: Desembarázate como puedas de este imbécil».
El joven «imbécil» se llamaba Richard Wagner.

En 1857, Wagner vivía en Zurich y estaba componiendo su *Tristán e Isolda*. En busca de la composición, sentado al piano, tocaba y tocaba. Vivía entonces Wagner con su primera mujer Minna, que estaba allí, en el salón, y escuchaba tocar a su marido. Y junto con Minna estaban otras dos mujeres: Matilde, la amante de Wagner, que le había inspirado aquel drama musical de amor, y la hija de Liszt, Cósima, casada entonces con Büllow, y que no tardaría en abandonar a su marido para unirse ya para siempre a Wagner. Las tres mujeres estaban pendientes de la música. Una de ellas, Cósima Büllow, nacida Cósima Liszt y que después fue Cósima Wagner, lloraba.

Baudelaire quiso conocer a Wagner. Le visitó. Wagner le recibió vestido con un batín amarillo. Baudelaire le dijo:
—Me gustaría oíros tocar.
Wagner se sentó al piano y tocó algo que a Baudelaire le pareció muy bueno. Wagner se levantó, salió de la habitación, regresó

con un batín verde y tocó otra cosa muy distinta que a Baudelaire también le gustó mucho. Wagner salió por segunda vez, regresó con un batín rojo y tocó una tercera cosa distinta de las dos anteriores, que también gustó mucho a Baudelaire.

—Admiro vuestra música —le dijo Baudelaire—, y admiro la influencia que tiene el color en vuestra música. Y lo comprendo muy bien. Yo he creído siempre también que los colores...

Wagner le interrumpió:

—Entiendo poco en colores. Y si he cambiado dos veces de batín no ha sido por ninguna influencia, sino, simplemente, porque al tocar me apasiono y sudo mucho.

Baudelaire lo comentaba después y decía:

—Es un gran músico, pero no he conocido a otro hombre de una frialdad tan impasible.

La música de Wagner tardó mucho tiempo en hacerse en cierto modo popular. Al principio, gustaba a muy pocos. Y los mismos músicos no la comprendían. Rossini, en 1865, le decía a un hijo de Weber:

—Nunca entenderé esta música, por mucho que lo intente.

El mismo año, Verdi, en una carta al conde Arribabene, le decía: «He escuchado la sinfonía del *Tannhäuser*. Es cosa de locos».

Berlioz, después de asistir a una representación del *Tristán*, decía: «Wagner está loco, loco de atar».

Tampoco Rossini entendía nada de la música de Wagner. Decía:

—Admito que en esta música hay algunos minutos de mucha belleza; pero separados por cuartos de hora que no hay quien los aguante.

Tenía la partitura de la obertura del *Tannhäuser*. Sentado al piano intentaba tocarla, ante algunos amigos. Uno de ellos advirtió que Rossini había puesto la partitura al revés. Le preguntó:

—¿La pone al revés?

—Sí, lo pruebo así. Antes la he tocado al derecho y me ha parecido mucho peor.

Sin embargo, a Wagner le gustaba la música de Rossini. Y, algunas veces, a solas, tocaba trozos del *Guillermo Tell*. A un amigo que le sorprendió una vez entregado a la música de Rossini, le dijo:

—Es que me gusta mucho. Pero le ruego que no se lo diga a los wagnerianos. No me lo perdonarían.

Wagner sentía mucho afecto por los animales. En su jardín tenía una pequeña colección zoológica, con monos de distintos tipos y con muchos pájaros. Decía de los animales:

—Son naturaleza sin disfraz. Crueles, pero sinceros.

En una carta a Nietzsche, durante el período de su gran amistad (que después se rompió), le decía: «Está usted en mi corazón, entre mi mujer y mi perro».

Richard Wagner, como ya se ha dicho, estaba casado con una hija de Liszt. Y Liszt encontró un trozo suyo, casi fielmente copiado, en una ópera de Wagner. Y se lo dijo. Wagner, como si con ello le hiciera un favor, le dijo:
—Sí; está hecho adrede, para que algo de su música se inmortalice gracias a la mía.

Durante uno de sus últimos ensayos de *Parsifal*, Wagner advirtió que uno de los comparsas estaba continuamente fuera de sitio. Y al fin, enfadadísimo, le gritó:
—Pero ¿qué hace? ¡Pedazo de asno! ¡A su sitio!

El comparsa era susceptible y dijo después que si Wagner no le presentaba excusas el día del estreno no se presentaría. Wagner lo supo y, muy amablemente, le dijo:
—Me precipité, lo reconozco. Me dejé llevar de un primer impulso y le ruego me perdone. Además, no es usted un pedazo de asno, es un asno entero, un hermoso asno.

No dice la anécdota si el comparsa participó o no en el estreno.

## WALPOLE

El político inglés Robert Walpole (1676-1745) sabía contestar a los reyes, diciéndoles la verdad sin enojarles demasiado. La reina Carolina de Inglaterra, esposa de Jorge II, tenía el proyecto de unir a su palacio uno de los parques públicos de Londres, y, para evitar que los londinenses entraran en el parque, rodearlo de un muro de cierta altura. Comunicó su proyecto a Walpole, que era ministro de Hacienda, y éste insinuó:
—Me temo que este muro costaría muy caro.
—¿Cuánto puede costar?
—Tres coronas.

La corona era entonces una moneda inglesa y tres coronas era un precio baratísimo para aquella obra.
—¿Nada más? —preguntó la reina.
—Y más os podría costar si más coronas tuvierais, señora.

Y entonces la reina comprendió el significado de las palabras de su ministro, que, al decir tres coronas, no se refería a la moneda, sino a las tres coronas de los reyes del Reino Unido: la de Inglaterra, la de Escocia y la de Irlanda.

El muro no se levantó y el parque continuó a disposición de los ciudadanos.

# WELLES

Es anécdota a la vez de Orson Welles y Vittorio de Sica, en el estreno de una película de éste último. Welles le felicitaba efusivamente.
—¿De veras le gusta esta película mía?
—Desde luego que no. ¡Nada!
—Entonces, ¿a qué viene esto?
—Es que, sin gustarme nada, me parece mucho mejor que todas las demás que se han estrenado últimamente.

# WELLINGTON

El duque de Wellington (1769-1852) derrotó a los soldados franceses en España en más de una ocasión, con ayuda, claro está, de los españoles, y en Waterloo fue el vencedor de Napoleón, aunque gracias a la oportuna ayuda del ejército prusiano mandado por Blücher, y acabó así con el Imperio francés. Después de esta victoria, el Gobierno inglés le enriqueció de una vez con una suma importante. Parece ser que, al comentar la batalla, después de la victoria de los ingleses y prusianos, alguien insinuó agradecimiento a Dios por haberles ayudado a vencer. Y, al parecer, Wellington le advirtió:
—Sí, gracias a Dios, desde luego. Pero dudo mucho que Dios, sin mi ayuda, hubiese ganado la batalla.
Ignoramos lo que hubiera dicho santa Teresa de haberle oído, pues se dice que la santa solía decir:
—Dios y yo podemos tanto como Dios.
Todo son maneras de enfocar las cosas.

Wellington era muy severo en disciplina militar y, por lo mismo, sus soldados le tenían poco afecto. Una vez, cuando era sólo coronel, en unas maniobras se cayó a un río. Y un soldado se echó al agua y le ayudó a salir. Wellington se sintió muy agradecido y preguntó al soldado si podía recompensarle en alguna forma.
—Sí, en una: no decir a nadie que os he sacado del río.
—¿Y esto por qué?
—Porque, si se enteran, me echarán al río a mí y no habrá quien me saque.

Se dice que, durante la batalla de Waterloo, observaba los dos ejércitos desde lejos, sentado a la sombra de un árbol. Al principio, y durante casi toda la batalla, todo parecía favorable a los franceses. Un general acudió a Wellington y le pidió refuerzos.
—¿Cuántos hombres os quedan?
—No los he contado; pero muy pocos.

—Pues ¡a morir con ellos!
Y le despidió así. Y a otro general que, en un momento de apuros, fue a pedirle órdenes, le gritó:
—¡Una sola orden para todos! ¡Morir!
Wellington era hombre de muy pocas palabras. Un día se le presentó un tipo con una coraza metálica de su invención, impenetrable a las balas. Wellington escuchó la explicación y ordenó:
—Ponéosla.
Y a un soldado:
—¡Dame el fusil!
El inventor no se quiso poner la coraza. Y Wellington dejó de interesarse por el invento.

Wellington era hombre de mucha sangre fría. En una travesía en barco, en plena tormenta, estaba en su camarote disponiéndose a acostarse. Entró el capitán.
—Me temo mucho que no habrá salvación esta vez. Nos hundiremos.
—Hacéis bien en decírmelo. Así no me quito las botas.
Se acostó con las botas puestas y se durmió.


## WILDE

Se llamaba Oscar Fingall O'Flahertie Wills. Nació en Irlanda en 1856 y murió en París en 1900. Contaba con frecuencia una anécdota de su tía Juana, que algunos suponen había sido verdad. Su tía Juana, de rancia aristocracia, ya viejecita, quiso dar un baile como una despedida mundanal. Vivía en una pequeña localidad, donde casi todos los vecinos la conocían. Y para el baile, su último baile, les invitó a todos. Les preparó una abundante cena y alquiló la mejor orquesta que pudo encontrar allí. Los músicos llegaron un poco antes de comenzar el baile y afinaron los instrumentos. La vieja señora les dijo:
—Empezad a tocar cuando entre el primer invitado.
Pero no empezaron a tocar, porque el primer invitado no entró nunca; ni ninguno. Nadie acudió al baile. Desprecio que llenó de amargura a la vieja señora. Después de una larga espera, invitó a cenar a los músicos y ella se sentó a cenar con ellos, en la presidencia de la mesa. Y eso fue todo.
La vieja señora subió, entristecida, a su habitación. Abrió el cajón de su tocador en busca de un pañuelo para secarse los ojos y... allí, en el cajón, vio todas las invitaciones para el baile. Y entonces se dio cuenta de que, por un imperdonable olvido, no las había echado al correo.

Oscar Wilde es uno de los escritores, entre los de todo el mundo, que más han sabido reducir a frases citables, si no su pensamiento, al menos su ingenio. Estudió en Oxford y ya allí fue uno de los muchachos de más evidente ingenio. Los profesores le tenían miedo. Y un tal Walter Pater era el único que confesaba su admiración por Wilde. Un día visitó a Wilde en su habitación. Le impuso silencio desde que entró y le dijo:
—Le admiro.
—¿A mí?
—Sí. Le considero muy superior a todos los demás muchachos. Y he venido a decírselo para que lo sepa. Y eso es todo. Por lo demás, mucho me temo que mi admiración no le sacará de ningún apuro y, que fuera de aquí, lanzado al mundo, los tendrá día tras día. El mundo no perdona a los que no saben o no quieren disimular su inteligencia.

Y tuvo toda la razón el profesor Pater.

En Oxford le preguntaron qué pensaba hacer después, en el mundo. Contestó con una sola palabra:
—Estética.
—¿Y para ganar dinero?
—Venderé estética.
—Pero ¿habrá compradores?
—Si lleva mi firma, sí.

Wilde estuvo siempre convencido de su superioridad, y decía que, si le gustaba tanto hablar, era porque nada le sorprendía tanto como su propia conversación.

Le gustaba vestir de modo que llamara la atención. Salía a la calle, a veces, con un girasol prendido en la solapa. Le preguntaban:
—¿Por qué esas rarezas?
Decía, muy en serio:
—Nuestro primer deber en la vida es ser tan artificial como se pueda. Y nadie ha sabido nunca cuál es el segundo deber.

Gide había sido buen amigo de Wilde y decía de él: «Lo mejor de sus obras no es sino un pálido reflejo de su conversación. Quienes le han oído hablar, encuentran decepcionante leerlo».
De la amistad de Wilde y Gide se cuenta una bonita anécdota. Se encontraron en el norte de África, en Argelia, en cierta ocasión. Wilde hacía un viaje corto, de puro placer; Gide llevaba unos meses allí. Wilde le preguntó si escribiría algo sobre Argelia. Y Gide le contestó:
—¡Imposible! Sólo llevo aquí unos meses. Y todavía no me atrevo a escribir nada de París, donde llevo viviendo más de veinte años.

A este propósito nos vienen a la memoria curiosas hazañas literarias de algunos escritores nuestros que, después de rapidísimos viajes a otros países, han publicado largas series de artículos, y hasta libros. Sin nombrar a nadie, diremos que esto ha ocurrido en un viaje a Rusia de ocho días, que fue material suficiente para lo menos veinte largos artículos; hubo otro viaje a Egipto, aún más breve, del que el escritor viajero sacó tema para inundar de crónicas un diario; y un viaje al Japón dio, al escritor viajero, material para todo un libro, muy interesante por cierto. Aunque un amigo del autor del libro aseguraba que el otro, durante su estancia en el Japón, había estado enfermo y apenas había salido de la habitación del hotel.

Sus paradojas y sus salidas le hicieron pronto famoso en la sociedad de Londres. Le invitaban sólo para oírle y para repetir después lo que había dicho.
—Es usted un raro personaje —le dijo una señora cuyo invitado era.
—Todas las piezas únicas son raras, señora.
—Me gustaría oírle cómo se define.
—Soy el gran dominador del mundo actual.
—¿Del mundo? ¿Se cree de veras dominador del mundo?
—Así es. Inglaterra domina el mundo; Londres domina Inglaterra; la aristocracia domina Londres; yo domino la aristocracia de aquí. De manera que...

El estreno, en Londres, de *El abanico de lady Windermere* fue un éxito. Terminada la representación, Wilde salió al escenario a dar las gracias al público. Y se las dio así:
—Celebro mucho, señoras y señores, que les haya gustado mi obra. Con esto han sido capaces de demostrar su buen juicio y que saben apreciar las cosas en su verdadero valor; en fin, que somos todos, yo el primero, de la misma opinión.

El periódico *The Saturday Review* abrió una encuesta entre escritores para averiguar cuáles eran las cien mejores obras de la literatura mundial. Wilde contestó así:
—No puedo nombrar los cien libros mejores, puesto que sólo tengo escritos cinco.

En otra ocasión, comentaba con mucho ingenio uno de sus libros. Alguien le dijo que él mismo era su mejor crítico, y lo aceptó así:
—Sí, desde luego. Y es que en mis libros sólo pongo mi talento; mi genio lo guardo todo para la conversación.

En cierta ocasión, Wilde estuvo en París en compañía de otro escritor llamado Frank Harris. Una escritora francesa, Marie-Anne Boved, conocía a Harris y le rogó que le proporcionara una entrevista con Wilde. La escritora no se distinguía por su belleza física, sino todo lo contrario. Harris pensó que esto a Wilde le tendría sin cuidado y no le dijo nada.

Llegó el momento de la presentación. Wilde, al ver la fealdad de la escritora, no disimuló su sorpresa. Ella se dio cuenta, y sin miedo ninguno preguntó:

—¿Verdad, señor Wilde, que soy la mujer más fea de Francia?

Wilde le hizo una reverencia y, muy ceremoniosamente, le dijo:

—Del mundo, señora, del mundo.

Y añadió suavemente:

—Es inútil quitarse méritos que saltan a la vista.

Le visitó una vez un aristócrata, que se dedicaba a escribir y había publicado algunos libros, aunque sin éxito. El objeto de la visita era hacerle una pregunta.

—¿A qué le parece que se debe que yo no consiga tener éxito?

—Tal vez la culpa la tiene su nombre. Si se llamara Oscar y de apellido Wilde...

—Le hablo en serio. Considero que se ha hecho como una conjura de silencio contra mí.

—En este caso sólo puedo aconsejarle que se una a la conjura.

Estuvo en los Estados Unidos, donde dio algunas conferencias. Cuando en la aduana le preguntaron si llevaba algo para declarar, dijo:

—Sí: mi talento.

Después, a su regreso, en Londres, entretuvo durante mucho tiempo a sus admiradores contándoles sus impresiones de los Estados Unidos. Uno le preguntó:

—Y el paisaje, ¿qué?

—No hay paisaje; lo único que hay son buenos laboratorios fotográficos.

—¿Ha estado en las cataratas del Niágara?

—Sí. Y ha sido la mayor desilusión de mi vida. Menos mal que allí he comprendido la razón de las infinitas desavenencias matrimoniales de los Estados Unidos. Los recién casados van al Niágara en viaje de novios y allí empieza para ellos la gran desilusión matrimonial. Habría aconsejado al presidente que las suprimiera, pero no tuve tiempo de recibirle.

Iba una mañana por una calle de Londres, muy despacito. Un amigo suyo se cruzó con él. Y le preguntó:

—¿Adónde vas, si se puede saber?

—Huyo.

—¿Tan despacio?
—Es que huyo de una tentación. Y de las tentaciones huyo siempre despacio, para darles tiempo a que me alcancen.

Estaba en cierta ocasión invitado por la baronesa Delsandes, mujer de extraordinaria belleza, a la que el poeta Rilke había dedicado siete poemas en los que únicamente le elogiaba las manos. Wilde quedó sorprendido por la belleza de aquella mujer y no dejó de contemplarla durante todo el tiempo, sin ni siquiera dirigir la palabra a ningún otro invitado. Otro día que la visitó, ella le dijo:
—Podías haber prestado más atención a mis invitados, la otra noche.
—¿A qué invitados?
—Los que estaban aquí, en mi casa.
—¡Ah! ¿Había otros invitados?

En los tiempos de sus mayores éxitos, en Londres, decía:
—Mi mayor placer es crearme enemigos.

Y contaba que, la noche del estreno de *El abanico de lady Windermere*, la obra fue muy aplaudida y el público reclamó la presencia del autor en el escenario. Él salió con expresión disgustada, un cigarro en la boca y dando la impresión de que aquello le fastidiaba. Su actitud molestó al público y dejaron de aplaudir. Y decía Wilde:
—Nunca me he divertido tanto.

Coincidió en una reunión con un banquero. Wilde estaba, como otras veces, abrumado de deudas. Y, sin conocer al banquero, le saludó y le dijo:
—Caballero, voy a dejarle asombrado. No le conozco y, a pesar de ello, le pido un préstamo de cincuenta libras.
Y el banquero, muy correcto, respondió:
—Caballero, también yo quiero dejarle asombrado. Le conozco bien y, a pesar de ello, le presto las cincuenta libras.
Y se las dio. No dice la anécdota si la misma noche, con aquel dinero, Wilde invitó a cenar al banquero.

Había quedado con algunos amigos para comer juntos. Wilde, como de costumbre, llegó tarde. Uno de sus amigos se permitió algunas bromas acerca de la tardanza de Wilde. Y éste le dijo:
—¿Puedo rogaros que no os mostréis ingenioso antes de comer? ¿O es que os proponéis quitarme el apetito?
Y en seguida preguntó a otro:
—¿A qué hora comemos?
—Hace un buen rato que debíamos estar sentados a la mesa.
—Menos mal. Nada me dispone tanto a comer a gusto como el incumplimiento del deber.

Era así como tenía costumbre de hablar siempre. No había aún decidido el sitio donde comerían. Uno de los amigos propuso un sitio. Wilde se opuso.
—No. Hoy, no. No pega la decoración de este sitio con mi vestido.

Le preguntaba Wilde a un amigo, también escritor, cuáles eran los últimos libros que se debían leer. El amigo le nombró algunos y le dijo:
—Creo que todos le gustarán.
—No he hablado de gustar sino de leer. Hay muchos libros que uno debe leer, sin estar obligado por ello a que le gusten.

De un amigo suyo decía:
—Es insoportable; sólo dice cosas razonables.
—¿Y esto le parece insoportable?
—Desde luego. Esas personas que siempre hablan en razonable sólo deberían hablar ante el espejo, a sí mismas. Y quizás entonces se les ocurriría lo más razonable de todo, que sería darse este consejo: calla delante de los demás.

A un sacerdote que le aconsejaba rezar, le dijo:
—Rezar siempre es posible. Lo único imposible es recibir contestación a nuestras oraciones.
—¿Imposible? ¿Por qué?
—Ignoro la razón, pero sé que esta imposibilidad distingue la oración del diálogo. Si nuestras oraciones recibieran contestación, dejarían de ser oraciones para convertirse en diálogos.

Se despedía de la dueña de una casa en la que había pasado la velada y donde se había aburrido. Y cuentan que, al despedirse, dijo:
—Señora, una fiesta muy agradable y divertida.
Y añadió después de un silencio:
—Claro que no me refiero a la de hoy, sino a otra.

Hablaba de las ventajas de la sangre fría. Y contaba el caso del incendio de un teatro. Cuando las gentes se dieron cuenta de las llamas, empezaron a lanzarse en tropel hacia la salida. El único que supo conservar la sangre fría, subió al escenario y les gritó:
—¡Quietos! ¡Quietos! En un caso así lo peor es precipitarse. ¡Cada uno otra vez a su sitio! ¡Serenidad! ¡Serenidad y sangre fría! ¡Sobre todo sangre fría! ¿No me ven a mí? Imiten mi ejemplo
Y así, a gritos, consiguió evitar que se precipitaran, les contuvo y...
Wilde hacía una pausa, a la espera de que alguno preguntara:
—¿Y los salvó?

Y entonces:
—No; murieron todos abrasados.

Decía que sólo le podían interesar de veras dos tipos de personas: las que lo saben todo y las que no saben nada.

Le advertían que es muy difícil encontrar alguien de alguno de los dos tipos y les daba la razón.
—Más que difícil, ¡imposible! Al menos yo nunca he encontrado a ninguno.

Contaba que los tiempos antiguos eran muy distintos de los nuestros. Y ponía este ejemplo:
—Antiguamente, en la época clásica, los dioses cegaban a los que querían castigar. Ahora les escuchan los ruegos y les dan lo que piden.

Y añadía:
—Si los hombres vivieran según los consejos que dan a los otros, todos serían santos.

Y una vez que le advirtieron que, entre ambas afirmaciones, hay cierta contradicción, replicó:
—Miraré de pulirlas más hasta conseguir que la contradicción sea total.

Un día que estaba sin dinero, después de comer en un buen restaurante le preguntó confidencialmente al *maître:*
—¿Podría prestarme una guinea?
El *maître* le dijo que sí, en seguida, y se la iba a dar.
—No, no, no me la dé. Guárdela; es para usted, su propina.

Sus juicios eran siempre originales y, en general, poco halagüeños para los demás. La vez que estuvo en Norteamérica a dar unas conferencias, en rueda de prensa le hablaron como si fuera periodista, y protestó en seguida:
—No, no; yo no soy periodista; soy escritor.
Le preguntaron entonces cuál es la diferencia entre una y otra profesión.
—Pues la misma palabra lo dice: los periodistas hacen periodismo y los escritores hacen literatura, que son dos cosas totalmente distintas.
Como es de suponer, le preguntaron la diferencia entre esas dos cosas. Y la explicó así:
—La literatura, aunque todo el mundo habla de ella, nadie la lee; y el periodismo, aunque todo el mundo lo lee, nadie lo recuerda al día siguiente.
En la misma reunión se comentó la obra de algunos escritores norteamericanos. De uno de ellos alguien, en alabanza, dijo:
—Trabaja los temas hasta agotarlos.

Y Wilde contestó en seguida:
—Y, como todos los que hacen esto, agota al lector mucho antes de agotar el tema.

Llevaba dos sortijas, una en cada mano, con las piedras iguales: dos esmeraldas. Decía que aquellas piedras habían sido encontradas en una pirámide de Egipto, y que la de la mano derecha era un amuleto del bienestar, y la de la izquierda era todo lo contrario, y le producía contratiempos. Alguien le dijo:
—Pues yo sólo usaría la de la mano derecha; la otra la suprimiría.
—Sería un error. Los contratiempos son necesarios para hacernos apreciar en su valor lo bueno del bienestar.

Contaba también que, poco tiempo atrás, se le había aparecido un ángel y le había reclamado un alma. Sí, porque, al nacer, por equivocación, en vez de una le habían puesto dos, un alma buena, de hombre generoso, y un alma mala, de mala persona. Y que el ángel le había reclamado una, pero le había dado a elegir que se quedara con cualquiera de las dos que tenía, la que le gustara más.
—¿Y cuál se quedó?
—Pedí un plazo para pensarlo bien, el ángel me lo concedió y todavía no he elegido, ni he decidido nada.
Y preguntaba de pronto:
—¿Cuál elegiría usted, en mi caso?
Decía que nadie le había contestado en seguida, decididamente.

Tantas son las cosas que se cuentan de Wilde que es casi imposible llegar a recopilarlas todas. Parece ser que, en cierta ocasión, se hablaba de mujeres. Y Wilde dijo:
—¡Oh, las mujeres! Para empezar a comprenderlas se ha de considerar que cada mujer son dos mujeres distintas: una vestida y otra desnuda.
Alguien le preguntó cuál era la diferencia. Y Wilde, muy aficionado a darle vueltas a la conversación, contestó:
—Nunca lo he sabido. Pero siempre he sabido que lo más difícil con una mujer que no sea la nuestra, es desnudarla; y lo más difícil, con nuestra mujer, es vestirla.

Estaba en una reunión de sociedad. La dueña de la casa, mujer insistente y de mucha palabrería inútil, le hacía observar los maquillajes de otras invitadas y le preguntaba:
—¿Le gustan las mujeres tan maquilladas?
—Mucho, y espero que, con el tiempo, aún me vayan gustando más. El maquillaje está ahora en sus comienzos y las mujeres sólo

se maquillan el rostro. Cuando aprendan a maquillarse también el pensamiento, serán todas criaturas adorables.

Wilde, como todo el mundo sabe, fue procesado por el supuesto delito de homosexualidad, a causa de una acusación del marqués de Quensberry (el cual entendía mucho de esto), y fue condenado, estuvo en la cárcel y allí escribió su famosa *Balada de la cárcel de Reading*, en cuyo segundo trozo del primer canto escribió algo que, repetido después infinitas veces, ha sido como el lanzamiento de una curiosa doctrina. Es así:

«Y, sin embargo, cada hombre mata lo que ama, sépanlo todos; unos lo hacen con una mirada de odio, otros con palabras acariciadoras; el cobarde con un beso; ¡el hombre valiente con una espada!»

Después de salir de la cárcel se fue a París, donde murió en una habitación de hotel de tercer orden. Allí le visitó el director de un diario de Londres y le propuso la publicación por entregas de sus memorias. Le dijo:

—Esto, en las actuales circunstancias, después de su condena, será un éxito.

Wilde no aceptó el ofrecimiento. Dijo:
—Me basta con el éxito que he tenido antes de mi condena.

Un día, en París, después de haber salido de la cárcel, estaba citado en un café con algunos amigos para comer juntos después. Le vieron llegar por la acera del otro lado y cruzar la calle. Y uno de los amigos le dijo:

—En Londres nunca cruzaba una calle como no fuese en coche.
—Ahora estamos en París —le dijo Wilde—, y a una nueva ciudad corresponden costumbres nuevas.

Otro amigo comentó:
—Me ha gustado verle cruzar la calle a pie.
—¿Por qué?
—Me gusta ver todo aquello que no había visto nunca.

Después de un rato Wilde se levantó.
—Voy a comprar un periódico y vuelvo —dijo a sus amigos.
Cruzó la calle, torció por una esquina y no volvió. Se lo reprocharon después y él les dijo:

—Me dijisteis que os gustaba verme cruzar la calle a pie. Pero sólo me habíais visto de frente y supuse que también os gustaría verme de espaldas al cruzarla. Pensé que si os daba este gusto ya no merecía la pena estar más tiempo con vosotros. Y me fui a comer solo a otro sitio, donde me habían dicho que no fuera porque se come mal; y aquí, en París, sólo consigo comer bien donde los franceses me dicen que se come mal.

Estaba Wilde moribundo en su habitación del hotel y oyó cómo su amigo Robert Ross y el médico hablaban de quién pagaría el entierro y los funerales. Wilde abrió los ojos y murmuró:
—Muero muy por encima de mis medios.
Algunos biógrafos aseguran que ésas fueron sus últimas palabras. Y también dicen otros biógrafos que el dueño y la dueña del hotel, para cobrarse los atrasos de Wilde, arrancaron con unas tenazas los dientes de oro del cadáver.

## WINDSOR

El actual duque de Windsor, nacido en 1894, fue rey, en 1936, con el nombre de Eduardo VIII, y abdicó en favor de su hermano en 1938, para casarse con su esposa actual. Desde entonces usó el título de duque de Windsor y fijó su residencia en París.
El duque de Windsor ha sido siempre muy aficionado a los perros. Una vez se publicó en revistas una fotografía del duque con uno de sus perros entre las piernas. Los dos, él y el perro, miran hacia el lector y tienen las cabezas levantadas en la misma posición. En los Estados Unidos se editó un curioso libro, que era una antología de fotografías publicadas en distintas revistas de todo el mundo, reproducidas exactamente como habían sido publicadas, pero con un pie distinto, en humor. El libro tuvo mucho éxito y fue un *best-seller*. En el libro se reproducía la fotografía del duque y su perro, con este epígrafe: «Dicen que los hombres acaban por parecerse a sus perros preferidos; o al revés, que los perros acaban por parecerse a sus dueños. La ciencia no ha podido aún poner en claro si el fenómeno se produce en uno u otro sentido».
Y, en efecto, en la fotografía se nota un indudable parecido entre el rostro del duque y el de su perro.

La educación del duque como príncipe y futuro rey fue muy rigurosa. Cuando se sentaba a la mesa del rey, de Eduardo VII, no le estaba permitido hablar como no fuese para contestar alguna pregunta que le hiciera el rey. Un día, mientras estaban comiendo, el principito exclamó:
—¡Señor...!
El rey había levantado la mano interrumpiéndole y el principito hubo de callar. El rey continuó su conversación con otro de los comensales. Y, después, se dirigió al principito.
—No debes hablar si no te preguntan. Dime ahora, ¿qué deseabas?
—Yo nada, señor. Era para advertiros que había un gusano en vuestra ensalada.
Y el rey, en seguida, sin etiqueta ninguna, exclamó:

—¿Dónde está?
—Exactamente no os lo puedo decir, señor. Os lo habéis tragado y no me está permitido hacer ninguna referencia a vuestras intimidades.

El mismo duque de Windsor ha contado a veces, al parecer, el diálogo que tuvo con un *caddie*, en un campo de golf, en Francia. El *caddie* le dijo:
—Sé que le conozco a usted, pero no recuerdo quién es.
—Me llaman el duque de Windsor.
—¡Ah, sí! Uno que fue rey de Inglaterra, ¿no?
—Sí; pero muy poco tiempo; tan poco que no merece la pena recordarlo.

Y el *caddie* después de pensarlo un rato, opinó:
—Pues hizo usted muy bien en dejar aquello y venirse a vivir aquí. La verdad es que en Francia se vive mejor que en ninguna otra parte.

Y, al parecer, el duque de Windsor, cuando lo contaba, añadía un comentario final:
—Y así quedamos.

Se dice que la duquesa de Windsor, en una reunión de señoras, dijo:
—En poco más de dos años he tenido dieciséis cocineras, y estoy segura de que no he conseguido serle agradable a ninguna.

Cuando la primera guerra mundial, el príncipe tenía veinte años. Y, en el momento de entrar en guerra Inglaterra, solicitó servir a su país en el frente, junto a otros oficiales de su promoción. Lord Kitchener, ministro entonces de la Guerra, fue contrario al deseo del príncipe.
—Es mejor que no vayáis al frente, señor.
—¿Por qué no? ¿Qué puede pasar? ¿Que me maten? Tengo cuatro hermanos y cualquiera de ellos puede ser rey en mi lugar.
—Si tuviéramos la seguridad de vuestra muerte —le dijo el ministro— no tendríamos inconveniente ninguno en dejaros ir al frente. Pero no os podemos dejar correr el riesgo de caer prisionero.

Y sólo a última hora le dejaron tomar parte en la guerra, pero no en el frente, sino en la retaguardia, en Bélgica.

Antes de que el príncipe subiera al trono, una revista francesa publicó esta anécdota. El príncipe era presidente honorífico de la Asociación de Jardineros del Reino Unido, lo mismo que lo era de la Asociación de Sastres, de la de Relojeros, de la de Pescadores y de otras. Un día asistió, como presidente de honor, al banquete que celebraban todos los años los miembros de la Asociación de Jardineros. Y, a la hora de los brindis y discursos, dijo:

—Amigos míos: os confieso sinceramente que, aunque soy vuestro presidente honorífico, no entiendo nada en la honorable profesión a la que todos vosotros os dedicáis; como tampoco entiendo nada en otras profesiones, de cuyas asociaciones soy también presidente de honor, como son la de relojeros, la de pescadores, la de sastres. De profesión soy únicamente marino y tengo el grado de almirante. Sin embargo, no me atrevería a aconsejar a ninguno de vosotros que se embarcara en un barco mandado por mí como capitán; lo cual no impide que, dada mi incompetencia casi total, admire profundamente a todos los que, como vosotros, sois más competentes que yo.
El brindis fue recibido con una salva de sinceros aplausos.

## WHISTLER

El pintor inglés Jacobo Whistler (1834-1903) desde muy niño había dicho que quería ser militar. Y, muy jovencito, entró en una escuela del ejército. Pero después del primer curso le suspendieron y abandonó la carrera de las armas. En los exámenes le habían preguntado:
—¿Qué es el silicio?
Y el muchacho había contestado:
—Un gas.
Y, años después, decía Whistler:
—Si el silicio hubiese sido un gas, yo ahora podría ser general. Pero el silicio es una piedra y soy pintor.

Ruskin, en una de sus críticas de arte, habló con desprecio de la pintura de Whistler. Y el pintor nunca se lo perdonó. Ruskin era ya viejo. Whistler aprovechaba cualquier ocasión para dedicarle toda clase de injurias. Y un amigo le dijo:
—Déjale en paz. Es viejo ya y con un pie en la tumba.
—Eso no le autoriza a pisotearme con el otro pie.
Y continuó sin perdonarle la crítica despectiva. Decía:
—Este hombre en pintura nunca ha entendido nada.
—Pues desde la juventud frecuenta las exposiciones y los museos. Si él no entiende...
—Nada tiene que ver. Si por frecuentar museos se entendiera en pintura, todos los conserjes de los mismos museos serían buenos críticos. Y ninguno sabe nada de nada.

Hizo el retrato de un señor. Y, ya terminado, le preguntó:
—¿Le gusta?
El del retrato dijo que no del todo.
—Algunas cosas sí. Pero el rostro... Parece que lo haya pintado un aficionado.
—¿Se ha mirado al espejo?

—Sí, muchas veces. ¿Por qué?
—Porque lo que parece que haya sido hecho por un aficionado es vuestro rostro.
No se sabe si antes de decir esto había ya cobrado el retrato.

Por otro retrato de un señor rico pidió, una vez terminado, mucho dinero. El señor del retrato lo encontró demasiado caro. Whistler le reclamó el dinero ante los tribunales. El juez interrogó al deudor y, entre otras cosas, le preguntó:
—¿Cuánto tiempo ha tardado el señor Whistler en hacerle el retrato?
—Tres sesiones, pongamos de un par de horas. Seis horas en total. Y algo más quizá, al estar yo presente. Y, por un trabajo de seis horas, me pide ahora quinientas libras.
El juez interrogó después al pintor:
—¿Cuánto tiempo ha necesitado para hacer este retrato?
—Treinta años, señor.
—La otra parte dice que seis horas.
—Seis horas con él delante y treinta años de trabajo diario para poder hacer un retrato en seis horas.
El juez le dio la razón al pintor, y el señor del retrato tuvo que pagar las quinientas libras.

Una cosa parecida se cuenta de un mecánico, ya en la madurez, al que acudió un automovilista con un coche que no se le ponía en marcha. Dijo:
—Lo he probado todo y no se pone en marcha.
El mecánico observó el motor, sopló fuerte en un sitio y dijo:
—Pruebe ahora.
Y el coche se puso en marcha.
—¿Cuánto le debo?
—Quinientas pesetas.
—¿Por un soplido?
—Es que para dar este soplido hace treinta años que estudio los motores.
Y el dueño del coche, convencido, pagó.

## WHITMAN

El poeta norteamericano Walt Whitman (1819-1892) fue en su juventud un hombre inquieto, incapaz de permanecer en ningún sitio. Le gustaba vagabundear. Sus mejores amigos eran la gente andariega, los mendigos y las prostitutas. Después trabajó de tipógrafo y de periodista. Pero sólo trabajaba cuando estaba sin dinero. Y en seguida que había reunido algunos billetes se echaba otra vez al vagabundeo.
—Vivo así —decía—, para evitar aficionarme al dinero.

## WOLFROMM

Se trata del cirujano inglés doctor Georges Wolfromm, que, al parecer, apostó con algunos amigos que sería capaz de escribir un libro de máximas y sentencias, tan buenas como las de cualquier filósofo. Y, para demostrarles que ganaría la apuesta, en pocos minutos escribió cinco máximas en un papel. Uno de los amigos guardó el papel y lo dio a la prensa con la historia de la apuesta. Las máximas eran:

*Hay gentes tan incapaces de sensibilidad que dedican toda la vida a no hacer desgraciados a los demás.*

*La pérdida de un ser querido nos deja dos tesoros: el recuerdo y la soledad.*

*A cada placer le basta su pena.*

*Lo contrario de una verdad es siempre otra verdad.*

*El amor es un juego agradable en el que el único estorbo es el otro jugador.*

## WOOD

Cuentan que Natalie Wood tiene cierto sentido del humor y, una vez, en rueda de prensa, le preguntaron qué era, según ella, el amor. Sin pensarlo, contestó:

—No lo sé.

Ésta fue la contestación que apareció publicada en la prensa. Y, al día siguiente, en la redacción del diario se recibió una carta de la actriz, redactada así:

«Estimado señor director: En la entrevista publicada conmigo en el diario de su dirección, se me atribuyen algunas contestaciones que todas son fiel reflejo de la verdad, por lo que les felicito. Mi ignorancia sobre la naturaleza del amor parece que se ha considerado por algunos como una salida de tono. La retiro. Me he documentado y ya sé lo que es el amor. Lo he mirado en el diccionario. El amor es un vivo afecto o inclinación hacia una persona o cosa. Y aún le puedo decir más: sé también, gracias al mismo diccionario, que el amor propio es un sentimiento complejo de inmoderada estimación de sí mismo, que incita el vehemente deseo de realizar cumplidamente lo que puede ser apreciado por los demás, y una viva susceptibilidad en todo cuanto atañe a este aprecio. De esas dos definiciones, académicas las dos, deduzco que el amor propio es algo bastante más largo que el amor en general.»

## YUGURTA

Fue rey de Numidia (aproximadamente entre 154-104 a. de J.C.). Se sabe que murió encarcelado en Roma. Alevosamente, mató a sus primos Adherbal e Hiempsal (que compartían el reino con él) y al nieto del rey de Numidia (pues los romanos habían, momentáneamente, destituido a Yugurta). Refugióse entonces en casa del rey de Mauritania. Pero éste lo entregó a Mario, quien lo llevó cautivo a Roma, atado detrás de su carro en el desfile triunfal. Después le encerraron, desnudo, en un calabozo. Y, al verse arrojado allí, exclamó:

—¡Qué frío está vuestro baño!

Y allí, en el frío, murió de hambre.

## ZENÓN

El filósofo griego Zenón de Citio (347-270 a. de J.C.) fue el fundador de la escuela estoica. Este nombre procede del griego *stoa* que significa «pórtico», por ser debajo de un pórtico donde Zenón daba lección a sus alumnos; de forma que la traducción etimológica de *estoicismo* sería *porticismo*. Zenón exigía de sus alumnos que guardaran silencio mientras él les hablaba. Y, después, les dejaba consumir a cada uno un turno de preguntas. A uno que una vez osó interrumpirle, le preguntó:

—¿Cuántos oídos tienes?

—Dos.

—¿Cuántas bocas?

—Una.

—Esto te enseña que debes escuchar más que hablar.

—¿Y por qué no te aplicas tú la misma regla? —le preguntó el alumno.

—Porque yo, si te escucho, sólo oiré sandeces; y tú, cuando yo te hablo, oyes verdades, que son fruto de larga meditación.

Zenón nunca fue visto por el rey de Macedonia, Antígono, desde un día en que el rey estaba bebido, encontró a Zenón en una plaza y le dijo:

—Pide por tu boca: soy el rey y te concederé todo lo que me pidas.

—Sólo una cosa: que vayas a encerrarte en tu casa hasta que tu cerebro haya digerido el vino.

Uno de los principios de Zenón era que todos estamos sometidos a nuestro destino de manera fatal. Un día, Zenón sorprendió a uno de sus esclavos cuando le robaba. Y ordenó que le dieran algunos bastonazos. El esclavo decía:

—Yo no soy responsable. Es mi destino, como tú dices, que me ha hecho quedarme con tu dinero.
—De acuerdo. Y también es el destino el que hace caer los bastonazos sobre la espalda de los ladrones.

Le preguntaron a Zenón si los sabios amaban. Dijo:
—Lo mismo que los necios, pero no con el mismo amor.
—¿Cuál es la diferencia?
—Que los necios creen conocer las razones por las cuales aman, y los sabios saben que esas razones no existen.
Cosa parecida dijo después un sabio: que el amor tiene razones que la razón desconoce.

El rey de Macedonia tenía invitados a su mesa a unos embajadores del rey de Persia. Zenón estaba también entre los invitados. Durante la comida todos se esforzaban en mostrar su ingenio y en sorprender a los otros con sus ocurrencias. El único que no abrió la boca fue Zenón. Uno de los embajadores, después de la comida, se encaró con él.
—Tú no has dicho nada. ¿Qué le podremos decir de ti a nuestro rey cuando nos interrogue?
—Decidle que habéis conocido a un hombre que sabe callar.

## ZOLA

Émile Zola (1840-1902), durante una de sus estancias en Roma, fue invitado a comer por el príncipe Odescalchi. Y éste le preguntó:
—¿Cuál es el novelista francés que más le gusta leer?
—Balzac.
—¿Lo prefiere a Émile Zola?
—Para leerlo yo, sí; a Zola no lo he leído nunca.

Alphonse Daudet le decía a Zola:
—Hay un autor que nos supera a todos. Y nadie lo cita.
—¿Quién es?
—La juventud.
—De acuerdo. Pero también hay un crítico que le sacará los trapitos al sol.
—¿Quién es?
—La juventud.
Daudet se refería a la juventud de entonces; Zola a la juventud de algunos años después.

Zola murió en su casa, asfixiado por el óxido de carbono de

su estufa. Poco antes de morir, había escrito una carta a un amigo suyo llamado Dayot, que se encargaba de algunos asuntos suyos. Y terminaba la carta así: «Puede hacer en todo como si yo no estuviera, como si fuese cosa suya». Cuando Dayot recibió la carta, Zola ya estaba muerto.

SEGUNDA PARTE

# ANECDOTARIO ESPAÑOL

# INDICE

Alady, 675
Alfonso VI, 675
Alfonso X, 675
Alfonso XII, 677
Alfonso XIII, 678
Álvarez de Castro, 682
Álvarez Quintero, 683
Balaguer, Víctor, 683
Bárcena, Catalina, 684
Baroja, Pío, 684
Benavente, Jacinto, 686
Beniliure, Mariano, 688
Blasco Ibáñez, Vicente, 689
Bonafé, Juan, 690
Borrás, Enrique, 691
Bretón de los Herreros, Manuel, 692
Cabrera, Ramón, 693
Calomarde, Fco. Tadeo, 694
Calvo, Rafael, 695
Camba, Julio, 696
Campoamor, Ramón, 696
Cánovas del Castillo, Antonio, 697
Carlos V, emperador, 699
Carrere, Emilio, 703
Casas, Ramón, 703
Castaños, Francisco Javier, 704
Castelar, Emilio, 705
Cervantes, Miguel, 706
Colón, Cristóbal, 707
Cortés, Hernán, 708
Cristina, reina, 708
Dalí, Salvador, 709
Darío, Rubén, 710
Domingo, Santo, de la Calzada, 711
Echegaray, José, 712
Espartero, Baldomero José Fernández, 712
Felipe II, 713
Felipe III, 715
Felipe IV, 716
Felipe V, 717
Fernández Fiórez Wenceslao, 717
Fernando *el Católico*, 718
Fernando VII, 719
Gallo, Rafael Gómez el, 722
Gayarre, Julián, 723
Gómez de la Serna, Ramón, 724
González-Ruano, César, 724
Goya, Francisco de, 725
Gran Capitán (Gonzalo de Córdoba), 726
Guerra, Rafael, 727
Hugué, Manolo, 727
Isabel *la Católica*, 728
Isabel II, 729
Jacome el Trezo, 729
Jardiel Poncela, Enrique, 730
Juan de Austria, 731
Lagartijo, 731
León, Fray Luis de, 732
León, Valeriano, 733
Letamendi, José de, 733
Lope de Vega, Félix, 734
López Heredia, Irene, 735
Luna, Álvaro de, 736
Llanas, Alberto, 737
Llopis, Carlos, 738
Maeztu, Ramiro de, 738
Medinaceli, duque de, 738
Meller, Raquel, 739
Méndez Núñez, Casto, 739

Messejó, Emilio, 740
Montijo, Eugenia de, 740
Moret, Segismundo, 741
Muñoz Seca, Pedro, 741
Murillo, Bartolomé Esteban, 742
Narváez, Ramón María, 743
Ors, Eugenio d', 744
Ortega y Gasset, José, 744
Osuna, duque de, 745
Ozores, José Luis, 746
Palacio Valdés, Armando, 746
Pardo Bazán, Emilia, 747
Pastora Imperio, 747
Pedro I *el Cruel*, 747
Pereda, José María de, 748
Pérez de Ayala, Ramón, 748
Picasso, Pablo, 748
Picón, José, 750
Prim y Prats, Juan, 751
Quevedo, Francisco de, 752
Ramiro II, 756
Ramón y Cajal, Santiago, 756
Ramper, 757
Ríos Rosas, Antonio de los, 758
Rodríguez Marín, Francisco, 758
Rusiñol, Santiago, 759
Sagasta, Práxedes Mateo, 762
Salamanca, José de, 762
Sassone, Felipe, 763
Tono, 764
Torrejón, Andrés, 764
Trigo, Felipe, 765
Trueba, Antonio de, 766
Unamuno, Miguel de, 767
Urrecha, Federico, 768
Valle-Inclán, Ramón del, 768
Vega, Ricardo de la, 771
Vico, Antonio, 772
Vilches, Ernesto, 773
Villamediana, conde de, 774
Vives, Amadeo, 777
Weyler, Valeriano, 778
Zorrilla, José, 778

## ALADY

Se llamaba Carlos Saldaña (1900-1969) y contaba que la primera vez que estuvo en México había huelga de taxis. En la estación, llamó a un chiquillo y le pidió que le llevara la maleta hasta el hotel. Era una maleta que pesaba lo suyo. El chiquillo pidió un precio y Alady se avino. Y echaron a andar, el chiquillo delante, pues sabía el camino, y Alady detrás.

A mitad de camino el chico dejó la maleta en el suelo y se sentó encima. Y, por toda explicación, dio ésta:
—Me rajé.

Y de aquí no había manera de sacarle. Pero Alady le había pagado ya lo convenido y llamó a un policía. Le contó la cosa. El policía habló con el chico. Y el chico repitió su explicación:
—Me rajé.

Y entonces el policía, muy en serio, dijo a Alady:
—Se rajó.

Y allí les dejó, cumplido su deber.

## ALFONSO VI

Del rey de Castilla Alfonso VI el Bravo, se cuenta que uno de sus ministros, el que le llevaba las finanzas, le presentó una lista de todos los servidores, divididos en dos grupos: en un grupo los necesarios y en otro los inútiles. Le propuso que suprimiera los del segundo grupo y el rey le contestó:
—No suprimiré ninguno. Los del primer grupo los necesito yo, y los del segundo grupo me necesitan ellos a mí.

## ALFONSO X

Alfonso X el sabio (1221-1284) estaba casado con doña Violante, hija de Jaime I el Conquistador, rey de Aragón y Cataluña. Se le llamó «el Sabio» por sus *Tablas astronómicas* y por la mucha

y muy buena legislación que dejó escrita, principalmente en el Fuero Real y Las Siete Partidas. Se dedicó a la astronomía y estudió los movimientos de los astros. Encontramos en un autor un curioso texto. Dice que Alfonso X no estaba de acuerdo con Dios en el funcionamiento que entonces se suponía del universo. Y le atribuye estas palabras:
—Si Dios me hubiese pedido consejo, yo le habría hecho algunas buenas sugerencias en lo relativo al movimiento de los astros.
Pero no hemos encontrado ninguna referencia a esas sugerencias, tan sólo mencionadas.

Uno de los historiadores nuestros, y muy citado por cierto, dice de este rey que «mientras estudiaba el cielo, y así conquistaba los astros, iba perdiendo la tierra».
Hemos encontrado la cita en un autor extranjero. Y no hemos querido buscar en el historiador nuestro para asegurarnos de si era o no verdad. Como proverbio, aplicado a la sabiduría real, nos parece bueno.

He aquí una curiosa noticia referida a Alfonso X, que copiamos literalmente de un autor extranjero:
«Este rey se había casado con Violante, hija del rey de Aragón; bajo el pretexto de esterilidad y, en realidad, por volubilidad propia, quiso repudiarla, y llegó a pedir la mano de una princesa danesa. Al llegar ésta, se supo que la reina estaba encinta. Desaparecido el pretexto, el rey renunció a la separación, casó a la princesa danesa con su hermano, y se mostró desde entonces muy enamorado de Violante. Pero lo más bonito de esta historia es que Violante, habiéndose dado cuenta de que no era ella la culpable de la esterilidad, sino el rey, tuvo el hijo con otro, con un amante, cosa que no le impidió usarlo para reconciliarse con el marido.»
Lo mismo, referido por un autor español, dice así:
«Casa con Violante de Aragón, hija de Jaime I y Violante de Hungría. Repudia a su esposa por estéril y pretende a la princesa Cristina de Dinamarca; pero la reina da a luz la infanta Berenguela y Alfonso casa a Cristina con su hermano don Felipe.»

Alfonso X, aunque nunca tomó posesión de aquella corona, fue elegido, por unos cuantos príncipes alemanes, emperador de Alemania. Quizá buscó esta elección con la esperanza de que de Alemania le llegaran recursos económicos, pues, según asegura un biógrafo, consiguió hacerse impopular por haber falseado la moneda, o sea, por haber trampeado así para agenciarse recursos.

Su reinado duró más de treinta años, y ya a más de la mitad se vio abandonado por los nobles y por las ciudades, de las que sólo una le permaneció fiel, Sevilla. Y, refugiado en Sevilla, el rey usó un emblema que se hizo famoso: NO8DO, que significaba No-madeja-do.

Se le atribuye esta frase relativa al bienestar matrimonial:
—Para hacer un buen matrimonio feliz hace falta que el marido sea sordo y la mujer sea ciega.
Tomamos nota de esta nada inoportuna sentencia real.

## ALFONSO XII

Del rey de España Alfonso XII (1857-1885) se cuenta una anécdota muy parecida a otras de otros soberanos, referidas también en este libro. La del rey de España es así:
Alfonso XII y el duque de Sexto habían salido una noche a pasarlo no del todo mal y regresaban a palacio. Se les había unido un desconocido, persona de trato agradable y campechano. Esas amistades que se hacen al aire de la noche. Fueron andando hasta palacio y allí se detuvieron. El duque de Sexto dijo:
—Nos despedimos aquí.
Y se presentó, cosa que no había hecho aún:
—Duque de Sexto, en mi palacio, para lo que sea.
Alfonso XII se despidió también:
—Alfonso doce, aquí, en el palacio real.
Y el desconocido, muy en serio, se despidió así:
—Pío nono, en el Vaticano, siempre a disposición de mis amigos.

No era seguro que el hijo de Isabel II llegara a reinar, pero, al fin, fue proclamado rey, después de un año de república. En su juventud vivió con su madre en París y allí se encargaba de la educación del príncipe el conde Murphy, una de cuyas normas educativas era tenerle siempre escaso de dinero. Estaban una vez los dos de viaje y, en cierto punto, el conde le dijo:
—Se nos acabó el dinero y no sé cómo nos arreglaremos para regresar.
No era verdad; lo dijo únicamente para averiguar si el príncipe sabría o no resolver la situación. El príncipe le preguntó:
—¿Cuánto dinero le queda?
—Cincuenta florines.
Estaban en Holanda. El príncipe hizo algunas averiguaciones y encontró la solución.
—Desde luego, no es dinero suficiente para regresar en primera; pero sí lo es para regresar en tercera. Yo estoy dispuesto.
Y así lo hicieron. Parece ser que aquel viaje en tercera entretuvo mucho al príncipe, tanto que el conde Murphy dijo después:
—En este príncipe hay madera de rey.

Y fue un buen rey, durante los pocos años de su reinado.

Alfonso XII fue educado, en parte, en Viena. Vivía allí con su preceptor, el conde Murphy. Se abrió en Viena una Exposición Universal. El príncipe y su preceptor asistieron mezclados entre el público. Asistía también a la inauguración un conocido actor italiano, Rossi, que conocía al príncipe (la anécdota está tomada de las memorias de este actor), le vio y le preguntó:

—¿Cómo no está vuestra alteza en el cortejo imperial?
—No. Hemos venido en plan particular. Es mucho más divertido.

Terminada la inauguración, Rossi entró en una cervecería y allí estaban, en otra mesa, el príncipe y su acompañante. Rossi se sentó con ellos. Entró una señora conocida de Rossi, no había mesa libre y Rossi le ofreció sitio en la que ellos ocupaban. La presentó, y a ellos les presentó como el conde Murphy y un sobrino suyo. Hablaron, entre otras cosas, de política, y la amiga de Rossi se declaró cerradamente republicana. El príncipe le dijo:

—Me temo, según como vayan las cosas, no poder compartir prácticamente sus teorías.
—¿Por qué?
—Porque la vida es así.

Y no dio ninguna otra explicación. Y, en efecto, por el curso que tomaron los acontecimientos, no las habría podido compartir, al menos prácticamente.

Cuenta Rossi, en sus memorias, que en uno de sus viajes a Madrid, años después, visitó al rey en palacio. El rey le recibió muy amable, recordó con él dónde se habían visto otra vez y le dijo:

—¿Se acuerda de aquel día, en Viena? Pues nosotros habíamos terminado el dinero austríaco y, en dinero español, sólo teníamos, entre los dos, siete duros, y uno de ellos era falso.

## ALFONSO XIII

El que fue rey de España, Alfonso XIII (1886-1941), durante una cacería se había alejado de los demás. Se detuvo a descansar a la sombra de un árbol y un campesino de por allí se acercó a preguntarle:

—Dicen que el rey anda cazando por aquí. ¿Sabe usted si es verdad?
—Pues sí; dicen que sí.
—Me gustaría conocerle.
—Venga conmigo. Cuando lleguemos verá que todos se descubren, menos uno. El que no se descubra, ése es el rey.

Fueron los dos al encuentro de los otros. Cuando les vieron llegar, todos se descubrieron. Y el rey preguntó al campesino:
—Bueno, pues ya sabe quién es.
—Sí; una de dos: o es usted o soy yo. Porque somos los únicos que estamos con el sombrero en la cabeza.

Se cuenta de Alfonso XIII que tenía la costumbre de mojar algunos bollos en el té. Y que la primera vez que estuvo en Inglaterra, ya casado, le advirtieron que, aquello de mojar los bollos en el té, en Inglaterra no se hacía. Alfonso XIII, muy oportuno, replicó:
—Pues no saben lo que se pierden.

Otro español, cuyo nombre no hace al caso, puesto a considerar la conveniencia de mojar o no mojar pan, bollos o lo que fuese en alimentos más o menos líquidos, y muy partidario de hacerlo, entre otras razones a favor, dio ésta:
—Si será cosa castiza nuestra, que hasta tiene palabra propia en el diccionario.

Una palabra que nadie conocía, pues nadie se anticipó a decirla. Y la dijo él, después de esperar un rato:
—¡Sopetear!

Banquete oficial en Berlín en honor del rey de España. Se había decidido que Guillermo II pronunciaría su discurso en francés y que, a continuación, pronunciaría el suyo el rey de España, también en francés. Pero el káiser faltó a lo acordado y, en vez de discurso, soltó un brindis en alemán. Y el rey de España, sin mostrarse nada sorprendido, contestó en un breve discurso en español, muy elocuente, pero todo dicho en camelo y con frases hechas de las muchas que tenemos, de las que los alemanes no comprendieron, desde luego, ninguna.

Todas las anécdotas de Alfonso XIII citadas a continuación están tomadas de publicaciones de otros países, y trasladadas tal cual. Ponemos únicamente aquellas que, en la publicación de donde se han tomado, llevan indicación del libro, revista, o periódico donde aparecieron antes.

Alfonso XIII, desde el punto de vista personal y no político, es un rey de grata memoria para todos los que le conocieron y, por el afecto general que se le tuvo, para todos los españoles. Quede bien sentado esto para empezar.

De *La Tribuna*, 5 de agosto de 1905.—Alfonso XIII, cuando niño, tardó mucho en aprender a escribir. Hacía las letras irregulares y no había forma de entenderlas. Su primera maestra, miss Mary Aragón, se esforzaba en enseñarle a hacer una firma inteligible y no lo conseguía. Y un día le dijo:
—Vuestra firma no es digna de un rey.

Y, desde entonces le rey niño no hizo sino firmar y firmar. Llenaba hojas y más hojas con firmas. Y así, en poco tiempo, consiguió una firma clara, limpia y bonita, la misma que usó toda la vida y que tanta gente le conoció.

*La Tribuna*, 29 de abril de 1895.—El rey tenía entonces diez años. Su madre, familiarmente, le llamaba Bubi. Un día, un personaje de palacio usó este nombre para llamarle. Tanta familiaridad disgustó al niño y puso así las cosas en su punto:
—Soy Bubi para mi madre, pero para usted soy simplemente el rey.

*Excelsior*, noviembre de 1930.—La reina madre educaba al niño con mucha rigidez, según algunos con excesiva rigidez. Tenía Alfonso XIII siete años y una dama palatina pidió permiso a la reina para dar un beso al niño. Y el niño protestó en seguida:
—No se dan besos a los reyes, señora; a los reyes se les hace una reverencia.

*Manual General*, 16 de junio de 1934.—Se cuenta que Alfonso XIII no fue un niño demasiado fácil. Aunque no rebelde, era muy travieso y obstinado en sus caprichos de niño. Su madre le amenazaba con castigarle encerrándole en una habitación oscura. Y un día, cansada ya, cumplió la amenaza. Encerrado, el niño se puso a gritar:
—¡Viva la república!
Y la madre le abrió la puerta en seguida. Desde entonces, otras veces que no le dejaban hacer su voluntad, repetía el mismo grito:
—¡Viva la república!
O no lo llegaba a repetir, pues, al empezar el grito, su madre le decía que sí en seguida y le satisfacía el capricho.

*Seccolo*, julio de 1922.—Esta anécdota, si no es verdad, tiene mucha gracia. Durante una estancia en Deauville, entre los que rodeaban al rey había una dama muy bella y que, preciándose mucho de su belleza, no hacía nada para disimularla. Llevaba la dama los brazos al aire y el rey, como galantería, la pellizcó en un brazo. A la dama le quedó una señal y, más para lucirla que para otra cosa, la enseñó al duque de Sotomayor, que había sido uno de los preceptores del rey. Y el duque, después, advirtió al rey:
—Señor, esas libertades con las damas, que después lo enseñan y dicen: «Mira lo que me ha hecho el rey...».
La próxima vez que el rey vio a la dama, repitió el pellizco, pero no en el brazo, sino en otra parte de mayor blandura carnosa. Y le dijo:
—Supongo, señora, que esta vez, si le queda alguna señal, no se la enseñará a nadie.

*Candie*, agosto de 1924.—En las anécdotas del general francés Cambronne, explicamos la verdad de su famosa exclamación en Waterloo. El rey de España estaba un día jugando al polo, en Biarritz, y en un golpe que le falló, y que de no fallarle hubiera podido ser definitivo para ganar el partido, lanzó la misma exclamación. Y al parecer conocía esta verdad, puesto que después se justificaba así:
—Aquella jugada era mi Waterloo en el polo. Y con lo que dije, quedó demostrado.

Del libro *Momentos decisivos de la política mundial*.—El 31 de mayo de 1905, el rey Alfonso XIII estaba en París en visita oficial. Salían de la Ópera el rey de España y el presidente Loubet, cuando un anarquista arrojó una bomba al paso de los dos personajes. El soberano y el presidente resultaron ilesos, pero hubo algunos heridos entre los acompañantes y el público. El rey, sin perder ni un momento la serenidad, dijo:
—Me parece que ha sido un petardo.

Se oyeron gritos y, entre ellos, los de un lacayo que decía que un caballo estaba herido. Otros caballos se encabritaron. Se veían manchas de sangre. Acudían soldados de la escolta del presidente. Y el rey, siempre sin perder la calma, dijo:
—Nunca habría sospechado, señor presidente, un bautismo de sangre como éste, rodeado de coraceros franceses.

*Minerva*, enero de 1933.—Iba Alfonso XIII de paseo en coche. Al borde de la carretera un arriero le estaba dando de latigazos a un pobre caballo, que apenas podía sostenerse en pie. Y que no se sostuvo y cayó al suelo, bajo los golpes. El arriero quería levantarlo a puntapiés. En aquel momento pasaba el coche del rey, que se detuvo. Alfonso XIII bajó del coche y ayudó al caballo a levantarse. Era muy entendido en caballos y sabía hacerlo. Por las cosas que decía entretanto el arriero, el rey vio que estaba algo bebido. Y lo apartó dándole un sopapo. Y cuando el caballo estaba otra vez sobre sus patas, el rey le dijo al arriero:
—Y si no te gusta este trato, ve a reclamar al rey de España, que es hombre muy justo y seguro que, si cree que lo mereces, te atenderá.

*Les cannes de M. Bourget*, de Marsan.—El emperador de Alemania Guillermo II visitó al rey de España. Éste fue a recibirlo a la estación en traje de calle. Vestía con frecuencia así, siempre que el protocolo no mandara otra cosa. El káiser iba con uniforme de gala y mostró su extrañeza por la indumentaria del rey. Se lo dijo y el rey le contestó:
—Es mi costumbre.

Así pues, la visita empezó con cierto aire de frialdad. El rey,

desde las primeras frases, tuteó al emperador. También esto disgustó a Guillermo II y lo dijo:
—¿Por qué me tratáis de tú? Soy el emperador de Alemania.
—Es otra de mis costumbres como rey de España.
Ésta fue la contestación.

*Idea Nazionale*, febrero de 1924.—Cuando el estreno en Madrid de *Seis personajes en busca de autor*, el rey asistió, en su palco. Y, después de la función, recibió en el mismo palco a la primera actriz italiana Vera Vergani. Y le habló en italiano. La actriz dio la impresión de no comprender bien aquello que el rey le decía. Y el rey, todavía en italiano, le dijo:
—Me pasa con usted lo mismo que me pasaba en Italia, que si les hablaba en italiano les costaba entenderme y me entendían muy bien si les hablaba en español; y a mí con ellos me pasaba igual, que si me hablaban en español me costaba entenderles y si me hablaban en italiano les entendía muy bien. Así que lo mejor será que yo le hable en español y usted en italiano, y seguro que nos entenderemos.

*Histoires diplomatiques.*—El rey se hallaba de cacería y, en un descanso, el duque de Peñaranda le decía:
—La verdad es que puede vuestra majestad estar satisfecho del país; todo parece que ha mejorado mucho en los últimos años.
Y el rey le replicó con una pregunta:
—¿Sabes lo que me dijeron en Cataluña que dicen allí los arrieros?
El duque no lo sabía.
—Pues dicen esto: «Si estás enfermo, cúrate; si te crees sano, cúrate con más cuidado, pues a lo mejor desconoces tu enfermedad».

## ÁLVAREZ DE CASTRO

El general Álvarez de Castro (1749-1810) fue el heroico defensor de la plaza de Gerona en la guerra contra los franceses, que habían invadido España.

Heroica defensa en la que se formaron dos cruzadas civiles: la Cruzada Gerundense, que la formaban hombres, y la de Mujeres Gerundenses. Los franceses mandaban parlamentarios para conseguir la rendición y el general Álvarez de Castro, que no pensaba rendirse, incluso amenazó con estas palabras: «No quiero trato ni comunicación con los enemigos de mi patria, y el emisario que, en adelante, venga, será recibido a metrallazos». Los franceses iban tomando reductos de la ciudad. Álvarez de Castro estaba gravemente enfermo y, en su delirio, gritaba: «¡No quiero rendirme!».

Al fin, una junta militar acordó la rendición. Álvarez de Castro fue llevado a Francia casi moribundo, estuvo en varias prisiones, fue devuelto a España como prisionero y murió, probablemente asesinado, en un calabozo del castillo de San Fernando, en Figueras, al día siguiente de haber sido encerrado allí. Dicen algunos textos que murió en circunstancias «no muy bien conocidas».

Una de las anécdotas, y además hecho histórico demostrado, es la siguiente: durante el sitio de Gerona, los sitiados hostilizaban al enemigo con frecuentes salidas. El oficial que mandaba una de aquellas salidas, regresó convencido de que la retirada, la huida como quien dice, de los heroicos defensores, sería muy difícil, y preguntó al general Álvarez de Castro:

—¿Dónde debo acogerme en caso de retirada?

Y el general le contestó:

—En el cementerio.

Lo difícil, en casos como el del sitio y rendición de Gerona, es saber si para el bien común es mejor la defensa a ultranza (sin posibilidades de éxito) o la rendición, si no de buenas a primeras, mucho antes del montón de muertes y de la destrucción. También falta saber, en casos así, en dónde se sitúa, a la larga, el mayor bien común.

## ÁLVAREZ QUINTERO

Como es natural, los hermanos Quintero, Joaquín y Serafín (1871-1944 y 1873-1938), tenían algunas buenas salidas. Uno de sus amigos, escritor, iba siempre muy sucio. Y, un día, uno de los Quintero, en plena tertulia con otros, le preguntó:

—¿Cómo te las arreglas, cada vez que te cambias, para ponerte otra ropa tan sucia como la que te quitas?

## BALAGUER

Víctor Balaguer, político y poeta (1824-1901), había nacido en Barcelona y escribió en castellano y en catalán, cosa que, después, han hecho otros, y algunos muy bien, en ambas lenguas. Otros no lo han querido hacer y varios hasta han presumido de no hacerlo, como si fuera un timbre de gloria. Salvador Pániker, en su libro *Conversaciones en Cataluña* (1966), pone en boca del poeta Salvador Espriu, estas palabras: «Mi concepto de los escritores catalanes que reniegan de su lengua es bastante duro. Hay cosas que no se pueden hacer. Al menos la gente de mi generación. Nosotros estamos comprometidos con una determinada mentalidad y no podemos desertar. Es una cuestión de propia estimación y de decencia. Así es como lo veo yo». Y también: «... desde un punto de vista estrictamente estético, el escritor catalán que escribe en castellano está perdido». Y lo mismo que Espriu dice esto, otro, con igual derecho y acaso con mucha más visión de la realidad y más clara mentalidad, podría decir que quien tales cosas afirma no le merece ningún respeto en cuanto a su calidad como pensador, puesto que tales manifestaciones son reflejo de cierta oscuridad mental y de una clara incapacidad de comprensión.

Víctor Balaguer escribió en catalán y en castellano y la anécdota sobre él se refiere a un desliz que tuvo en el segundo idioma. Si fue error propio o lo fue de imprenta, ¡cualquiera lo pone en claro ahora! El caso es que un texto de Balaguer habla de «plumas de gacela». Y, al parecer, desde la aparición del texto, se le reprochó repetidas veces a Balaguer haberlo escrito. Un comentarista escribe: «Porque una vez, escribiendo rápidamente para la máquina de la imprenta, puso gacela en vez de garza y le atribuyó plumas, lo batanearon todo el resto de su vida».

No reproducimos aquí el texto original de Balaguer con las «plumas de gacela», por la sencilla razón de no tenerlo. Pero que el texto apareció publicado, parece cierto.

## BÁRCENA

La actriz Catalina Bárcena, primera actriz durante años de la compañía de Gregorio Martínez Sierra, contaba que una vez en Colombia, en una localidad llamada Santa Marta, trabajaron en un teatro sin techumbre. Es ésta una zona muy castigada por los huracanes y, después de que un huracán se hubo llevado la techumbre, no la repusieron, pues ésta era la única forma de evitar que otra vez volviera a llevársela el viento. Trabajaba con la compañía Guerrero-Mendoza y ponían una obra en la que ella, en una escena, estaba tumbada en un diván. La veían allí y Díaz de Mendoza, al verla, decía a María Guerrero:

—¡Está muerta!

Lo dijo, y, en el mismo instante, una ráfaga de aire levantó la falda de la Bárcena y ella, inconscientemente, se bajó la falda con la mano. Y se armó tal alboroto entre el público que hubo que suspender la función.

## BAROJA

Nuestro gran escritor Pío Baroja (1872-1956) era un hombre de cierta timidez, sobre todo en sociedad. Estuvo algunas veces en Barcelona, a dar conferencias. Una de las veces, en 1942, invitado por un club de tenis, el Real Club de Tenis Turó, del que era entonces presidente el autor de esta antología, que lo tuvo hospeda-

do en su casa. El día de la conferencia, Baroja se vistió de esmoquin y corbata blanca, de lazo. Y, antes de aparecer en público, preguntó a los directivos del club que le rodeaban:
—¿Qué les parece, estoy bien?
A todos les parecía que exactamente no, pero todos le dijeron que sí.

A las horas de comer, Baroja no cesaba de hacer preguntas sobre todo lo ocurrido durante la guerra. Las hacía sin ningún partidismo, como si la cosa hubiese ocurrido en otro planeta y a él sólo le interesara como documentación. Mucha gente le pedía autógrafos. Entonces era mucha costumbre recoger firmas y textos, o dibujos, en un álbum. Le daban el álbum al autor de esta antología y él le pedía a Baroja que escribiera algo. Baroja nunca se decidía a hacerlo y así iba aumentando el número de álbumes que esperaban turno. Un día Baroja preguntó:
—¿Qué le parece, ponemos lo mismo en todos?
—Sí, sí; al fin y al cabo nadie sabe nada de los otros álbumes.
Y lo único difícil entonces fue poner algo en el primero. Al fin, Baroja puso una frase de otro escritor, que dijo que le gustaba mucho, algo de la imposibilidad del hombre de saltar por encima de su propia sombra. Y lo firmó, aunque citando en el texto al verdadero autor. Lo puso en tres álbumes y dejó los otros para el día siguiente. Nadie se atrevió a pedirle que llenara también los otros y cuando él regresó a Madrid no había aún nada de Baroja escrito en ellos. Entonces, el autor de esta antología se esforzó en imitar la pequeña y quebrada caligrafía de Baroja y, como supo, puso el mismo texto en todos los álbumes y los devolvió firmados. Existen, pues, esos álbumes con una firma de Baroja que no la puso él.

Llegado el verano, Baroja se iba al norte, a su casa del país vasco. Un día, cuando cruzaba la calle para entrar en la estación del norte, tres muchachas le conocieron y una de ellas gritó:
—¡Es don Pío Baroja!
Y las otras le gritaron:
—¡Adiós, don Pío!
Y Baroja dijo después a un amigo que le acompañaba:
—Esto es todo lo que se saca en España de llegar a ser un escritor conocido.

A Baroja le gustaba hablar de la muerte, y en uno de sus libros habla de sus preferencias en este sentido. Dice:
«A mí me gustaría morir en verano, cuando parece que todo está aplastado o dormido por el calor, y Madrid se queda solo albergando a los pobres. Debe ser bonito eso de morirse en verano, en un cuarto como el mío, que da a un patio de luces. Me

gustaría morir en verano, pero que no me llevaran a un camposanto para darme tierra. La materia de un viejo es repugnante y la vida del hombre tiene así un final trágico, de animal muerto en una epidemia. Lo bonito y lo verdaderamente poético es aquel procedimiento que seguían en París a fines del siglo pasado. Yo le oí contar a Gómez Carrillo que le metían a uno en una especie de nicho y que la materia salía convertida en humo azulado, pacífico, por una chimenea, elevándose como el humo de un sacrificio. Eso me parece, desde luego, más higiénico y más poético. El alma no se quema; la materia, ¿qué importa? Creo que aquello lo hacían con gasolina, ¡aunque ahora, eso de la gasolina! Yo creo que debe de costar más de veinticinco pesetas.»

## BENAVENTE

Nuestro autor dramático don Jacinto Benavente (1866-1954) fue Premio Nobel en 1922. Algunos de sus dramas, como *La Malquerida*, por ejemplo, son de una construcción teatral perfecta.

En cierta ocasión le visitó un joven escritor para pedirle que le recomendara a un empresario al que quería visitar y ofrecerle una obra de teatro. Benavente quiso conocer primero la obra. La leyó y le pareció muy mala. No sabía cómo decirle después al joven autor que no se atrevía a recomendarle.

Hablaban, hablaban y el muchacho, presuntuoso, le dijo:

—Me precio de conocer a los hombres y, sobre todo, de adivinarles el pensamiento.

—¿De veras?
—Sí, sí.
—Pues le ruego que me perdone.
Y con este ruego acabó la entrevista.

Era amigo de algunos toreros. Y, un día, uno de sus amigos toreros, lamentando lo mal que había quedado en la última corrida, decía:

—Era un toro imposible. Huía de los caballos, buscaba el cuerpo, pegaba coces. No se pueden torear toros así.

Don Jacinto torcía el gesto, como si no estuviera muy convencido.

—¿No tengo toda la razón, don Jacinto?
—Pues, verá: yo, para juzgar, necesito oír a las dos partes. Tendría que oír ahora lo que dice el toro de usted.

Las anécdotas cuya gracia consiste en una frase ocurrente pronunciada a tiempo, nunca se sabe si son literalmente verdad. La frase pudo ser la que se ha inmortalizado en la anécdota u otra parecida, de un sentido más o menos el mismo. Nunca ha habido un amanuense para tomar nota de la frase, y conseguir así que se publicara después tal cual. Pero es cosa buena dar a esas frases, en la historia anecdótica, una forma invariable.

Se cuenta que un amigo de Benavente tenía un hijo, mocito aún, que había escrito una comedia. Y el padre la dio a leer a Benavente, por la curiosidad de saber si el muchacho podía llegar a ser algo. Benavente la leyó, acaso por encima, cosa que suele ser suficiente para descubrir la calidad. Y dijo después al padre:
—Pues no está mal. Lo que hace falta es que el muchacho tenga verdadera vocación.
Lo pensó un poco más y añadió:
—Y que la tenga despierta, porque una vocación dormida no sirve para gran cosa.

El padre quiso saber cómo se podía despertar una vocación que, a lo mejor, estaba dormida y Benavente le dio una receta que puede ser un buen consejo para muchos. Le dijo:
—Yo creo que la fórmula más segura para que se nos despierte una vocación es llamarla a grito pelado.

Entre sus contertulios había un poeta ciertamente vanidoso, por el que Benavente no sentía mucho afecto. Un día, el poeta se presentó con la mejilla hinchada. Se quejó de lo mucho que le dolía una muela. Y dijo esta tontería:
—Yo creía que los dolores de muelas sólo los padecían los imbéciles.
Y Benavente le hizo esta insinuación:
—¿Y qué razones tiene para pensar lo contrario?

No le gustaba que de sus obras de teatro se hicieran libretos de zarzuelas. Pero no siempre lo pudo evitar. Y *La princesa Bebé* fue arreglada para ponerle música. El arreglo lo hizo el mismo Benavente. Había puesto esta condición. Y un periodista le preguntó:
—¿Es cierto que el arreglo lo ha hecho usted mismo?
—No.
—Pues me han asegurado que sí.
—Que lo he hecho, es cierto. Pero no es un arreglo; es un desarreglo.

Había terminado la representación de una de sus obras, el público aplaudía y las voces llamaban al autor al escenario. El autor, en aquel momento, les estaba contando una historia divertida a sus amigos.
—¡Que le llaman al escenario, don Jacinto!
—Diga que no, que ahora no puedo ir. Si interrumpo el cuento, el final no les hará ninguna gracia.

En su tertulia del Ateneo, Jacinto Benavente comunicaba a sus amigos la muerte de un escritor más o menos conocido. Y otro preguntaba:
—¿De qué murió?
Y don Jacinto, con su voz suave, incisiva y dulce a la vez, decía:
—Si jamás se supo de qué vivía, ¿cómo vamos a saber de qué murió?

De su tertulia del Ateneo formaba también parte el autor de comedias Linares Rivas, a quien Benavente no se tomaba muy en serio. Linares Rivas tenía la costumbre de levantarse del asiento todos los días y estar ausente unos minutos. Es de suponer a lo que iba. Y los otros contertulios no sólo lo suponían, sino que lo sabían. Era la hora del café, después de comer. Y, una tarde, Linares Rivas tardaba mucho en regresar. Benavente hizo este comentario cruel:
—Se habrá dormido sobre sus laureles.

En una revista francesa se contó esta anécdota de Benavente: Un crítico, cuando el estreno de *La princesa Bebé*, habló muy mal de la obra. Y Benavente, en rueda de amigos, dijo:
—Este hombre no sabe lo que se dice. Lo único que pretende con esto es significarse. Merece tres tiros.
—Hombre, tanto como esto no.
—Bueno, tanto no. Con dos tiros le bastaría. Y hasta con uno, apuntando bien.

Un grupo de señoras fueron a visitarle al teatro (que es donde acostumbraba recibir), para rogarle que les diera una conferencia. Les preguntó de qué se trataba. Le dijeron que de las señoras de un ropero. Benavente les dijo que, en todo caso, necesitaba dos o tres meses para preparar la charla. A las señoras les pareció mucho tiempo.
—¿No podría ser dentro de quince días?
—No, no. Eso de dar una conferencia a tontas y a locas..., no, no.
Una curiosa forma de expresar su idea, que, tratándose de un público femenino, fue muy comentada.

## BENLLIURE

Al escultor Mariano Benlliure (1862-1947) se le atribuye una explicación que hemos leído atribuida también a otros buenos escultores. ¿Quién lo diría? Le preguntaban si era difícil trabajar directamente el mármol o la piedra. Y contestaba:

—No. La figura ya está hecha dentro del bloque. Sólo hace falta quitar lo que sobra.

## BLASCO IBÁÑEZ

Vicente Blasco Ibáñez (1867-1928) tenía mucha facilidad de palabra y sus conferencias y discursos eran recibidos con entusiasmo. Dio una serie de conferencias en tierras de América. Después de una de ellas, le pareció ver, entre el público, un rostro conocido, pero que no había visto desde hacía mucho tiempo. Se le acercó, vio que, en efecto, era él y le gritó:
—¡Hombre! ¿Pero no te maté?
—Pues parece que no, gracias a Dios.
Un corto diálogo que chocó a los pocos que lo oyeron. Y el caso es que Blasco Ibáñez había estado años atrás en Patagonia, había tenido negocios allí y aquel hombre había trabajado a sus órdenes. Discutieron un día violentamente y el otro había sacado la pistola. Pero Blasco Ibáñez se le anticipó y disparó el primero. Y lo había dejado, creyéndole muerto. Pero el otro se había recuperado, pasaron años y... allí estaba, dispuesto a estrechar la mano y a dar un abrazo a su antiguo enemigo.
Así lo hicieron y tan amigos como antes o más, pues no volvieron a intentar disparar sobre el otro ninguno de los dos.

Blasco Ibáñez era un lector empedernido. Leía cuatro horas cada día, todo lo que caía en sus manos. Tenía muy buena memoria y se acordaba de muchas cosas de las que había leído. Era capaz de abstraerse de tal modo en la lectura que se ausentaba, al leer, de todo cuanto le rodeaba. Un amigo le decía:
—¿Y de qué te sirve leer tanto?
—De mucho.
—Lo dudo.
Blasco Ibáñez le contó entonces que, por cosas políticas, le desterraron una vez a un pueblo de mala muerte, y no le dejaron llevarse casi nada. Se enteró de que allí había una biblioteca, en una casa, que era la casa de la viuda de un militar; la visitó, le pidió permiso para leer algunos de aquellos libros, los leyó todos y aquellos libros sólo trataban de temas militares. Tiempo después, cuando la guerra europea, asistió en Francia a una comida con generales franceses. Y les asombró a todos por sus muchos conocimientos de estrategia y arte militar.
—¿Y qué ganaste con sorprenderles? —le preguntó el amigo.
—Que me invitaran otras varias veces.

En unas *Nouvelles littéraires* leemos que Blasco Ibáñez, a pesar de ganar mucho dinero, era muy avaro. Una vez un escritor

joven y pobre fue a visitarle, le expuso su situación y le pidió ayuda económica. Blasco Ibáñez le dio un billete de mil pesetas. Después el muchacho le pidió una carta de recomendación y entonces Blasco Ibáñez le dijo:
—No tengo inconveniente; pero mil pesetas y la carta, no; o las mil pesetas, o la carta y sólo quinientas pesetas.
El joven eligió la segunda solución.

Este novelista español tuvo un momento de mucha popularidad y algunas de sus obras fueron llevadas a la pantalla, entre ellas *Los cuatro jinetes del Apocalipsis*. En uno de sus viajes a América latina, había embarcado ya para regresar a España, cuando subió al barco una señora y le pidió que le pusiera una dedicatoria en un libro. En América latina existían ediciones piratas, no sólo reediciones de obras que tenían éxito y que se hacían sin autorización del autor, y desde luego sin pagarle derechos, sino obras que nunca había escrito el autor y que se publicaban con su nombre. Y el libro que le ofrecía aquella señora era uno de éstos. Blasco Ibáñez desconocía la existencia de aquel libro, cuyo título leía por primera vez. Y lo dijo:
—Este libro no lo he escrito yo.
La señora quedó desilusionada.
—¡Vaya! Con lo que me ha costado llegar hasta aquí y que no me sirva de nada.
—No se preocupe, se lo firmaré igual.
Y lo firmó, con esta dedicatoria: «En homenaje de amistad, ocasionalmente demostrada, a la señora tal y tal, dedico este libro, que no he escrito yo». Y firmó.

## BONAFÉ

Este buen actor nuestro, Juan Bonafé (1875-1940), hablaba un día con otro actor de la facilidad y la dificultad de su trabajo. El otro actor sostenía que lo principal es el gesto. Bonafé no estaba de acuerdo:
—Hombre..., ¡tanto como lo principal!
—Sí, sí; con el gesto, con la mímica, se puede expresar absolutamente todo.
—Hombre..., ¡tanto como todo!
—Que sí, que sí.
—Pues a ver cómo se las arregla usted para decir esto sólo con el gesto: «El próximo lunes llega de Málaga una prima segunda mía que tiene un hijo cura en un pueblo de la provincia de Córdoba».
Si hubiesen apostado, habría ganado la apuesta Bonafé.

En una de las obras que representó en su juventud salía a escena tirando de un burro. Y sacaba un burro de verdad. Era en una ciudad de segundo orden. Y uno del público le gritó:
—¡Que hable el burro!
Bonafé se dirigió al borrico y, dedo en alto, en señal de advertencia, le dijo:
—Tú no dices ni una palabra mientras no te lo mande yo.
Risas en el público y éxito de la obra.

Del actor Bonafé se cuenta que, al principio de su carrera, formó en alguna compañía de cómicos de la legua. Una de esas compañías en la que había trabajado alguna vez, le llamó con urgencia para sustituir a otro actor que estaba enfermo. Bonafé llegó una noche y, en aquella noche y la mañana siguiente, tuvo que aprenderse el papel.
Sus amigos de la compañía le hicieron una jugada. En vez de darle el papel escrito de la obra que representaban, le dieron el de otra obra. A los actores les dan copia de sus papeles respectivos sólo con la última frase de lo que otro actor dice antes. Y esto se lo dieron de otro papel de otra comedia.
Bonafé salió al escenario confiando en su memoria y, sobre todo, en el apuntador. Y se encontró con que ni el apuntador ni los otros actores le decían nada de lo que él más o menos sabía.
Se armó un desbarajuste. Bonafé, buen actor cómico, lo resolvió con mucha gracia, la gente empezó a reír y la representación fue un éxito. Al terminar el acto, le contaron todo. Y, entonces, Bonafé planteó otro problema:
—Y mañana, ¿cómo lo hacemos? Porque, ¡cualquiera se acuerda de lo que hemos dicho hoy!
Si lo volvieron a hacer otro día y cómo lo hicieron, no se sabe.

## BORRÁS

El famoso actor Enrique Borrás (1869-1957) contaba que, una vez, en una representación de *Don Juan Tenorio*, había contratado a un muerto de hambre para el papel de estatua del comendador, es decir, de don Gonzalo. Y, para hacer de estatua, se puso al muerto de hambre. Y así, el otro, el actor, no tuvo necesidad de pintarse de blanco. Y, en el cementerio, Enrique Borrás le gritó:
—*Tú eres el más ofendido,
mas, si quieres, te convido
a cenar, comendador.*
Y la estatua le preguntó:
—¿Sí? ¿A qué hora?

## BRETÓN

Manuel Bretón de los Herreros (1796-1873) fue un buen poeta y dramaturgo. Se le considera el tipo castizo de burgués madrileño, y se dice de él que «inventó» el frac color marrón con solapas de seda negra. De Bretón se cuenta una anécdota muy ingeniosa. Su nombre era conocido de todos los madrileños, pero no todos le conocían personalmente. Una mañana, entró en una pastelería un buen señor gordinflón y encargó un gran pastel de cumpleaños. Dijo:
—Que sea grande, que quepan bien las setenta velitas.

Le advirtieron que cuando los años eran muchos se ponían velas más gruesas y una sola para cada diez años, además de las velitas de los años que sobrepasaran la última decena.
—No sobrepasa ninguno. Son los setenta.

Eligió el pastel y pidió que le pusieran encima, con caramelo blanco, el nombre de la persona a quien iba dedicado. Y dio el nombre:
—Manuel Bretón de los Herreros.
—¿Le conoce?
—Le veo todos los días.
—¿Es su vecino?
—Cuando me miro al espejo. Soy yo.

Se reunió en seguida alguna gente en la pastelería. El nombre de Bretón de los Herreros era popular. El autor de *El pelo de la dehesa*, *A Madrid me vuelvo* y *A la vejez viruelas* estuvo allí charlando con todos. Y, al fin, le enseñaron el pastel ya con el nombre escrito.

—¿Va muy lejos? Se lo digo para envolvérselo en una forma u otra.
—No, no, en ninguna. Me lo voy a comer aquí.

Mandó poner las setenta velitas, las encendió, las sopló, cortó un buen trozo, comió un bocado y repartió el resto del pastel entre los otros clientes de la pastelería.

Se cuenta del escritor costumbrista Bretón de los Herreros que no era muy tolerante con las mujeres en cuestiones literarias. Gertrudis Gómez de Avellaneda estrenó un drama titulado *El hilo del destino*. Y parece ser que Bretón de los Herreros le dedicó esta sentencia:
—Más le valiera a esta señora conocer el destino del hilo.

Sabida es la anécdota de Bretón y un vecino suyo médico, llamado Mata. Estaban en muy mala relación de vecindad. El doctor Mata era algo poeta y, para molestar a su vecino, le pegó en la puerta este cartel:

*En esta habitación*
*no vive ningún bretón.*

Y, al otro día, apareció un cartel en la puerta del médico, mucho más gracioso e inolvidable, que decía lo siguiente:

*Vive en esta vecindad*
*cierto médico poeta*
*que al fin de cada receta*
*pone «mata» y es verdad.*

## CABRERA

Ramón Cabrera (1806-1877) fue un general carlista que empezó sentando plaza como voluntario. Curiosa guerra y muy anecdótica la guerra carlista. Leemos que Cabrera había puesto sitio a la plaza de Morella, y entre Cabrera y el gobernador de la plaza tenían establecida la costumbre de enviarse unos a otros las familias de los prisioneros, para que las mantuvieran, a fin de poder reservar para las tropas las escasas subsistencias. Y, en una ocasión, el gobernador de Morella, Bruno Portilla, se dirigió a Cabrera en estos términos:

«Remito a usted, por vez primera, esas familias para que las mantenga, y le iré haciendo sucesivas remesas, según me acomode, pero cuidaré siempre de quedarme con los parientes de los individuos que se hallen a las órdenes de usted para que me sirvan de alimento cuando no tenga otra cosa que comer, porque este fuerte no será nunca del faccioso Carlos, ínterin exista piedra sobre piedra y tengan vida los leales defensores que lo guarnecen. Morella, 10 de diciembre de 1837.—Bruno Portilla Velasco.»

Cabrera le contestó de la siguiente forma:

«En vista de cómo ustedes proceden no deberán extrañarse, que, contra toda mi voluntad, les mande algunas docenas de individuos de su partido que habitan en los pueblos que yo domino, y de lo que con ellos pueda ocurrir será usted responsable ante Dios y ante los hombres. Aunque alguna vez carezca de víveres, jamás comeré carne humana, porque no soy antropófago, como usted se gloria de serlo en su carta al decir que, cuando no tenga cosa que comer, le servirán de alimento los parientes de los individuos que se hallan a mis órdenes.—Ramón Cabrera.»

Es de suponer que, en la guerra carlista, unos y otros procedían de buena fe, y unos y otros estaban convencidos de luchar por una causa justa. La única diferencia era que unos llevaban un uniforme y los otros, otro. Y, por culpa de los uniformes distintos, eran enemigos. Y, posiblemente, para muchos de ellos, lo único que de veras les distinguía era los uniformes. Posiblemente los dos bandos, los dos ejércitos, invocaban, para conseguir la victoria final, la ayuda de Dios.

En esto de la ayuda que puede, llegado el caso, prestar Dios a los combatientes, hay también anécdotas, y una muy buena, aunque inventada, se debe a la pluma de Henri Barbusse, que la explica en su libro *El fuego*, cuyo tema es la primera guerra mundial, la de 1914. Es lo siguiente:

Están los franceses atrincherados en vísperas de una batalla. Los alemanes se hallan, también atrincherados, a poca distancia. Unos y otros invocan, en sus ruegos, la ayuda de Dios en la batalla que se avecina. Dios está dando un paseo más arriba de las nubes, en compañía de algunos de sus santos, con san Pedro, como de costumbre, a la cabeza. Las oraciones de los dos ejércitos llegan a lo alto confundidas en un solo murmullo. Los intérpretes celestiales consiguen distinguir el texto francés del texto alemán. Exponen a Dios ambos textos, que son exactamente iguales, y Dios les pregunta:

—¿Qué hago?

Y ninguno de los santos le sabe contestar.

## CALOMARDE

El hombre de Estado Francisco Tadeo Calomarde (1773-1842) es autor de una frase muy repetida después. Reinaba, en España, Fernando VII y Calomarde era ministro de Gracia y Justicia. El rey estaba muy enfermo y Calomarde le hizo firmar un decreto que restablecía la ley sálica, por la cual quedaba excluida del trono la princesa Isabel, que reinó después como Isabel II. Y la hermana de la reina Cristina, la infanta doña Carlota, cuando lo supo, le dio una bofetada a Calomarde. Y el ministro pronunció esta frase:

—Manos blancas no ofenden, señora.

Pero, en opinión de algunos, no la inventó Calomarde, sino que ya se decía antes. Y en apoyo de esto, se cita la misma frase como usada en la isla de Sicilia, en la siguiente forma: «Manu bianca nun offeni».

También se dice de Calomarde que, en su juventud, cuando le preguntaban para qué estudiaba, decía:

—Para ministro de Gracia y Justicia.

Puede ser cierto que lo dijera. Pero lo absolutamente cierto es que un compañero nuestro de colegio, que fue después médico famoso, desde antes de empezar el bachillerato, se le oía decir:

—Nosotros, los médicos...

# CALVO

Del actor español Rafael Calvo (1842-1888) se cuentan algunas buenas anécdotas. Refería una vez, que en el acto primero de la segunda parte de *Don Juan Tenorio*, invitó al comendador con los versos de siempre:

> *Tú eres el más ofendido,*
> *mas si quieres, te convido*
> *a cenar, comendador.*

Y la estatua (no se dice el nombre del actor que hacía el papel de comendador) le contestó:

> *Yo te agradezco el favor,*
> *pues sabrás que no he comido.*

Y, al parecer, nadie se dio cuenta.

Como tampoco se dio cuenta casi nadie otra vez que, el mismo actor Rafael Calvo, en los primeros versos del *Don Juan Tenorio*, se equivocó. Y el primer verso le salió así:

> *¡Cuán gritan esos malvados!*

Se dio cuenta entonces del error, pero supo terminar la estrofa felizmente, así:

> *Pero mal rayo me parta*
> *si en concluyendo la carta*
> *no los dejo malparados.*

Por cierto que esos primeros versos tienen dos particularidades anecdóticas. En una, muchas veces se ven escritos distintos de como los escribió Zorrilla. En un ejemplar que tenemos a la vista están así:

> *¡Cuán gritan esos malditos!*
> *Pero mal rayo me parta*
> *si en «acabando» esta carta*
> *no pagan caros sus gritos.*

Y la otra, este uso del gerundio «en acabando» no parece estar de acuerdo con ninguna buena regla gramatical, cosa que no ha impedido hacer famoso el verso.

## CAMBA

Del humorista español Julio Camba (1885-1962) se cuentan pocas anécdotas. Era soltero, vivía en un hotel, en el Palace, y llevó siempre una vida muy tranquila. Hemos leído que (y advertimos que lo mismo lo hemos leído al menos de otro personaje) un día de lluvia dio un resbalón, cayó al suelo y se llenó el vestido de barro. Una mujer que le vio cómo intentaba limpiarse en un portal, le preguntó:
—¿Se ha caído usted?
Y Camba, muy serio, le contestó:
—No, señora; vengo así desde mi casa.

Contaba Julio Camba que iba en tren hacia Madrid y, durante el viaje, hizo amistad con otro pasajero. Y antes de despedirse, ya en la estación de Atocha, en Madrid, le dijo:
—Si puedo ayudarle en algo... Es que resulta que soy amigo del gobernador de Madrid, y, si le pido un favor, me atenderá.
Y dio su tarjeta al otro viajero. El otro le correspondió con la suya. Y en la otra tarjeta leyó un nombre conocido entonces y, a continuación, «Gobernador Civil de Madrid».
Puede ser cierto, Pero lo que sí es verdad es que en Barcelona, el presidente de un club de tenis, uno que se llamaba Francisco Trabal (no era exactamente este nombre, pero para el caso da igual), estuvo una vez comprando sillas de jardín para el club en un establecimiento de la ciudad. Cuando dijo para dónde eran, el vendedor le dio esta noticia:
—¡Ah, sí! Yo conozco al presidente.
—¿De veras? ¿El actual?
—Sí, sí, Francisco Trabal.
—Pues dele recuerdos de mi parte cuando le vea.
—¿De parte de quién diré?
Y Francisco Trabal, para evitarle un sofoco al vendedor, inventó sobre la marcha un nombre cualquiera.

## CAMPOAMOR

El poeta don Ramón de Campoamor nació en Asturias en 1817 y murió en Madrid en 1901. Fue un poeta muy leído en su tiempo, aunque ahora se le lea poco. Pero algunas de sus definiciones en verso se siguen repitiendo; la de la soledad, por ejemplo:

> *Sin el amor que encanta*
> *la soledad de un ermitaño espanta;*
> *pero es más espantosa todavía*
> *la soledad de dos en compañía.*

Esta «soledad de dos en compañía» es ahora una frase hecha, ya proverbial. Una de sus «Humoradas» dice:

> *Yo conocí a un labrador*
> *que, para ensalzar mi gloria,*
> *al borrico de su noria*
> *le llamaba Campoamor.*

Parece ser que la «humorada» fue fruto de un hecho real. Tenía el poeta una finca rústica, donde pasaba sus vacaciones. Los vecinos de allí le tenían en gran consideración. Uno de ellos vio un día al poeta que iba de paseo, le llamó para enseñarle la noria y el borrico que la movía. Y le dijo:
—¿Sabe usted cómo se llama este borrico?
El poeta no lo sabía, claro está.
—Pues es el borrico más bonito de los alrededores. Y para que se sepa, le he bautizado con un nombre ilustre. Se llama ¡Campoamor!
Al parecer, el poeta dijo que él no merecía tanta distinción. Y hasta aconsejó que le cambiaran el nombre, e incluso sugirió otro posible nombre, que era el siguiente:
—Le podrían llamar Núñez de Arce, que suena muy bien.
Lo que no se sabe es si lo dijo por respeto a Núñez de Arce o... por falta de respeto. Ni se sabe tampoco si el borrico cambió de nombre.

## CÁNOVAS

El hombre de Estado español Antonio Cánovas del Castillo (1828-1897) murió asesinado por un anarquista llamado Angiolillo. Tenía cierta fama de ser hombre galante con las mujeres, cosa a la vez de buen político y de buen español. Y se cuenta que, en cierta ocasión, en un baile que se celebraba en la Embajada de Alemania, la embajadora observó cómo algunas señoras se acercaban a Cánovas, entonces presidente del Consejo, y hacían todo lo posible para hablarle algunos momentos a solas. Y, en un aparte, le dijo a Cánovas:
—Veo que las mujeres le molestan con muchas peticiones.
—¡Qué se le va a hacer! Pero no me molestan las mujeres por lo que me piden; si algunas me molestan, es por lo que me niegan.
No recoge la anécdota la contestación de la señora embajadora.

Cánovas luchó por la abolición de la esclavitud. Y una vez que hablaba mal de los negros, le preguntaron:

—¿Cómo habla tan mal de los negros, después de todo lo que hace para la abolición de la esclavitud?
—Es que son cosas distintas. A mí deme usted negros manumisos; pero no me obligue a tratarlos.

Fue un gran orador, de una elocuencia arrebatadora. Y una vez que le preguntaban cuáles eran las mejores cualidades de un orador, dijo:
—Un buen orador debe, ante todo, tener el don de imponer el silencio.
Y añadía:
—El silencio somete mil voces distintas a una sola y mil ideas dispares a una sola inteligencia.
Y lo cierto es que, cuando él hablaba, se hacía en la sala el más profundo silencio. Y gracias a esto dominaba siempre a sus oyentes.

Don Antonio Maura, que era cuñado del conde de Gamazo, al principio de hacer sus armas en la política, fue ayudado por el conde, y a Cánovas del Castillo le dijo más de una vez:
—Yo tengo un cuñado, que me gustaría que le oyera usted.
Con el tiempo Maura fue elegido diputado. Y la primera vez que habló en el Congreso lo hizo muy bien. Gamazo vio cómo Cánovas seguía el discurso de Maura con mucha atención. Y, cuando se terminó, Gamazo se le acercó y le dijo:
—¿No le decía yo que tenía un cuñado...?
Cánovas le interrumpió:
—Perdón; el que tiene un cuñado es Antonio Maura.

A la muerte de Alfonso XII, en el partido conservador se produjeron algunas deserciones. Uno de los que se separaron de Cánovas del Castillo fue Romero Robledo. Y, comentando esta deserción, le decían a Cánovas:
—Esta deserción ha sido una verdadera sangría.
—¿Una sangría? —replicó Cánovas—. Yo más bien diría que ha sido una purga.

Cánovas fue, además de político, escritor. Una novela histórica suya, muy mediocre, La campana de Huesca, tuvo mucho éxito. De sus aficiones literarias decía:
—Es como una salida al campo, a respirar otros mejores aires.
Y, para explicar el sentido de su frase, añadía:
—La política es una mazmorra y la literatura es un campo abierto a todos los vientos.

Era de una decidida mordacidad al juzgar a los otros y no tenía, como se suele decir, pelos en la lengua. Sabía encontrar frases con las que pintaba la manera de ser de otros. Le hablaban una vez de un diputado conservador por el que no sentía ninguna simpatía. Y lo retrató en un juicio oportunísimo:

—Le conozco bien. Es un tonto adulterado por el estudio. Y casi le diré que prefiero los tontos puros.

Menéndez y Pelayo ingresó en la Academia cuando sólo tenía veinticinco años. Nadie había ingresado nunca tan joven. El día de su discurso de ingreso, acudió tanta gente que apenas se podía dar un paso. Cánovas quiso oír el discurso y le fue difícil llegar hasta el salón de sesiones. Y exclamó:

—¡Gracias a Dios que cuesta trabajo entrar en la Academia!

Se ve que entonces, no hacía siempre falta haber hecho mucha buena obra para ser académico, y bastaban a veces amistades e influencias.

## CARLOS V

El emperador Carlos I de España y V de Alemania (1500-1558), que murió retirado en el monasterio de Yuste, y a una edad que no se consideraría ahora suficiente para la jubilación, tuvo que viajar mucho para atender a sus Estados, en España, Alemania, Italia, Países Bajos, sur de Francia, etc. Había en su tiempo un campesino que había conseguido, después de mucho tiempo de entrenamiento, introducir garbanzos por la estrecha boca de un cántaro, lanzándolos desde lejos y sin equivocarse nunca. El campesino quiso lucir su habilidad ante el emperador y solicitó una audiencia. Le fue concedida y pudo demostrar su destreza ante el monarca.

Carlos V le ofreció una recompensa, sin decirle cuál. Y, poco tiempo después, Carlos le mandó cinco cántaros y dos sacos de garbanzos, junto con un mensaje imperial en el que le decía: «Para que sigas divirtiéndote».

El español es una de las lenguas más extendidas en el mundo; la tercera en cantidad de gente que lo habla, después del inglés y el chino (pues la población de habla hispana supera ya en el mundo a la de habla rusa). Se debe esta extensión a que los conquistadores españoles llevaron a América, entre muchas de sus costumbres, el idioma. Esta importancia de la lengua castellana data, pues, de la época de los grandes conquistadores, cuyo primer héroe fue Cristóbal Colón.

En 1536, Carlos V, en un parlamento celebrado ante el papa Paulo III, adoptó la lengua castellana como lengua política universal. Y no lo hizo a través de ninguna disposición, sino prácticamente, rompiendo a hablar en castellano ante el papa y los obispos reunidos. El parlamento era una grave acusación contra el rey de Francia. Y parece ser que el obispo francés se quejó de no entender nada de lo que decía el emperador. Y éste, entonces, seguramente en francés, le dijo:

—Señor obispo: entiéndame si quiere y no espere de mí otras palabras que las de mi lengua española, la cual es tan noble que merece ser sabida y entendida de toda la gente cristiana.

Ya entonces se producía confusión entre los términos *español* y *castellano* aplicados al idioma. En realidad, lenguas españolas lo son todas las que se hablan en España y como más importantes el castellano y el catalán; y lengua castellana la que habla el pueblo en las dos Castillas, en Extremadura, en Andalucía, en León, y que es, además, lengua oficial en todo el país.

Carlos V tuvo desde niño mucha facilidad para los idiomas. Hablaba español, francés, italiano, inglés, flamenco y alemán. Se cuenta que decía:

—Uso el español para hablar con mi madre; el italiano para hablar con el papa; el inglés para hablar con mi tía Catalina de Aragón (la que fue esposa de Enrique VIII); el flamenco para hablar con mis amigos; el alemán para mandar a paseo a mis enemigos y el francés para hablar a solas conmigo mismo.

Hemos leído parecida anécdota en forma no del todo parecida. Estando Carlos V en España, le visitó un joven noble alemán y le preguntó por qué había aprendido tantos idiomas. Y Carlos V, molesto por el tono suficiente de la pregunta, le contestó:

—Porque los necesito: el francés para hablar con las mujeres; el español para hablar con Dios; el italiano para hablar con los ángeles, el inglés para hablar con los pájaros y el alemán para hablar con los caballos que me han llegado de allí.

También se asegura que solía decir:

—Tanto vale un hombre como lenguas sabe.

Se veía, como todos los reyes de entonces, agobiado por las pretensiones de la nobleza. Y parece ser que una vez dijo:

—Los filósofos me están instruyendo, los hombres de negocios me ayudan a enriquecerme y los nobles son los que me arruinan.

Tenía Carlos V mucha estimación para Ticiano, que le retrató varias veces. Se cuenta que una vez, mientras el emperador posaba, a Ticiano se le cayó un pincel. Y el emperador se lo recogió. Ticiano quedó confuso y el emperador le dijo:

—Bien merece el mejor pintor del mundo que un emperador le ayude.

Y otra vez Ticiano le decía:

—Ésta, señor, es la tercera vez que os retrato.

—Sí; la tercera vez que me abrís las puertas de la inmortalidad.

Francisco I, rey de Francia, le preguntaba a Carlos V cuál era, a su modo de ver, la más bonita ciudad de Francia.
—Poitiers.
Sorprendido por la contestación, el rey de Francia insistía:
—¿Y después de Poitiers?
—Orleans.
—¿Y París, no os gusta?
—Mucho, desde luego; pero estábamos hablando de ciudades y París no es una ciudad, París es un mundo.
Esto decía Carlos V hace cuatro siglos y medio. ¿Qué habría dicho del París de ahora? ¿Y de Londres, de Nueva York (todavía por empezar) y de Tokio?

Carlos V luchó contra la Reforma y, desde luego, contra Lutero. Después de muerto Lutero, los nobles españoles que acompañaban a Carlos V le aconsejaban que hiciera destruir la tumba del padre de la Reforma. Carlos V se negó.
—No soy quién para juzgarle después de muerto —dijo—, pues sería meterme en el terreno del Juez Supremo. Ni he hecho jamás la guerra a los muertos ni a nadie que no estuviera debidamente armado.

Entre Carlos V y Francisco I se había firmado el Tratado de Madrid, que perjudicaba a los franceses a favor de España. En uno de sus viajes a Flandes, Carlos V se detuvo en París y era allí huésped de Francisco I. Los nobles franceses decían a su rey que no dejara continuar el viaje a Carlos V si no anulaba antes el Tratado de Madrid. Francisco I se negó:
—Es mi huésped y no puedo dejar de hacer honor a la confianza que ha depositado en mí.
Y, en una ocasión en que estaba a solas con el emperador, le contó la petición de sus nobles y cómo les había respondido.
—De todos modos —le dijo Carlos V—, si creéis que el consejo es bueno, pienso que debierais seguirlo.
Pero el rey de Francia no lo siguió.

Estaba anunciado un viaje del emperador a Cataluña y le visitó una comisión de nobles catalanes para preguntarle cómo deseaba ser recibido.
—Pues igual como hace tiempo se recibía a los condes de Barcelona, ya que éste es el título que más me enorgullece cuando estoy allí.

Uno de los consejeros de Carlos V le insinuaba que, para deshacerse de cierto enemigo, lo mejor sería ordenar que le asesinaran.
—¿Y cómo respondería de ello ante mi alma? —le preguntó el emperador.

—¿Tenéis alma, señor?
—Como todo el mundo.
—En este caso, señor, mejor será que abdiquéis. ¿Cómo queréis gobernar si tenéis alma?

Un biógrafo cuenta que Carlos V discutía con sus nobles sobre la manera de ser de las gentes de algunos países, y que resumió su punto de vista en esta curiosa sentencia:
—Los franceses parecen locos y no lo son; los españoles parecen sensatos y están medio locos; y los portugueses parecen locos y lo son tanto como lo parecen. Y así es una ventaja tratar con ellos, porque son los únicos que no engañan.

Un gentilhombre español había conspirado contra el emperador durante una de las largas ausencias de éste. Cuando el emperador regresó a España, un cortesano le dijo el sitio donde se había escondido el gentilhombre. Y Carlos V se disgustó:
—Mejor le hubieseis dicho a él dónde estoy yo, para ayudarle a esconderse.
—No comprendo esto, señor.
—Si en vez de ser quien sois fueseis yo, lo comprenderíais.
Y no le dio ninguna otra explicación.

Carlos V abdicó en su hijo Felipe II y se retiró a Yuste. Vivía allí sin mucho dinero a su disposición. Le visitó un antiguo bufón de la corte. El emperador le recibió afectuoso y se quitó el sombrero para saludarle.
—Yo no merezco este saludo —le dijo el bufón, aturdido.
—No dispongo de dinero para hacerte un buen obsequio; pero sí dispongo de toda mi cortesía para saludarte como a uno de mis buenos viejos amigos.

En Yuste, Carlos V tenía muchos relojes y una de sus distracciones era darles cuerda y tenerlos todos en hora. Esto le daba mucho trabajo y cuenta la anécdota que un día, cansado ya de tanto adelantar unos relojes y atrasar otros, los descolgó todos y los arrojó por la ventana a un patio del monasterio. Y, cuando le preguntaron por qué lo había hecho, dijo:
—Para ponerlos en hora de una vez para siempre.

Cuenta un biógrafo que, en Yuste, el emperador madrugaba mucho (acaso porque la gota que padecía no le dejaba dormir) y se dedicaba a despertar a la comunidad. Y una madrugada, un novicio que no había terminado el sueño, le gritó:
—¿No te basta haber turbado durante tantos años el reposo de todo el mundo que vienes ahora a turbar el mío? ¡Déjame dormir!
—Perdona, hijo mío.

Después, cuando reunida la comunidad, el prior pasaba lista, al llegar al nombre del novicio, el emperador contestó por él:
—Laus Deo.
Y añadió:
—Le he dejado dormir convencido de que ya era hora de que, al fin, dejara en reposo a alguien.
No dice la anécdota cuál fue la opinión del prior.

## CARRÈRE

El poeta Emilio Carrère (1880-1947) tuvo dos famas: la de bastante buen poeta y la de andar siempre muy mal de dinero. Se contaba de él que había inventado algunos trucos para sacarles dinero a los amigos e incluso a los que no conocía de nada, ni de vista. Se dice que, en su juventud, en una primera época de mucha pobreza bohemia, había usado este truco: entraba en una iglesia a la hora de las misas y las confesiones, se arrodillaba ante un confesionario y, en vez de confesarse, le pedía un duro al padre cura. Y empezaba a decir que tenía hambre, que estaba sin dinero y otras desgracias. Y rara era la vez que el padre cura, por el respeto debido al templo entre otras cosas, no le diera las cinco pesetas.
El poeta escribía en el Café Varela, un antiguo café de la calle Preciados, convertido ahora en cafetería. Allí hay una placa en el muro, que le recuerda. Y allí, después de muerto, con motivo de descubrir la placa, se le rindió homenaje. Y alguien contaba después que los discursos de homenaje todos habían empezado más o menos así:
—Recuerdo la primera vez que Carrère me pidió cinco duros...
—Un día que Carrère estaba sin un duro y me pidió dinero...
—Una madrugada me encontré al poeta en la Puerta del Sol, me pidió si le podía prestar algún dinero y después...

Carrère trabajó de oficinista, aunque no mucho tiempo. Contaba él mismo que un día su jefe le preguntó:
—¿Ha sumado ya eso, Carrère?
—Sí, señor. Y seis veces, para estar más seguro.
—Deme el resultado.
—Pues cada vez me ha dado un resultado distinto. Ahí tiene los seis. Elija el que más le guste.

## CASAS

De este pintor catalán se cuenta que era muy distraído. Murió no muy viejo, a los 66 años, en 1932 (había nacido en 1866). Era muy aficionado a la buena mesa y él mismo iba muchos días al

mercado y hasta, a veces, se guisaba la comida. Se sentaba a comer todos los días a las dos en punto. Y un día, en el momento de sentarse a la mesa, ya con el arroz caliente servido, sonó el timbre y la criada le anunció la visita de un amigo, también pintor. Casas no se quiso levantar.
—Bueno, que espere. Éstas no son horas de ir a ver a nadie.
Y comió tranquilamente y, después de comer, fue al encuentro de su amigo.
—Perdona, chico; es que yo tengo la costumbre de comer a las dos en punto y acababa de sentarme a la mesa. El arroz si se deja enfriar...
—Sí, sí, a las dos en punto. Es la hora que me dijiste cuando me invitaste a comer.
Casas le hizo quedarse y le dio comida. Y, cuando lo contaba, decía que ya se sabe que los amigos cuestan muchos sacrificios.

Una vez estaba comiendo con amigos. Terminado de comer encendió un cigarro puro. Le cayó la ceniza sobre el vestido, y pasó la manga por la ceniza, frotando, de forma que quedó una gran mancha en el vestido.
—¿Qué haces? —le preguntaron.
—¿No lo ves? A mí me gustan las manchas. Ir limpio es señal de pobreza. Yo mancho los vestidos y, cuando lo están demasiado, me hago otro. Quiero que se vea que no me importa un vestido más o menos.

Cuentan del pintor catalán Ramón Casas que visitó una vez una exposición de otro pintor amigo, en la que todo eran retratos de mujeres más o menos conocidas, y que hizo este comentario:
—No están mal, pero... ¡lástima, hombre!
El pintor amigo quiso saber la razón de la lástima:
—¿No te has dado cuenta de que los retratos de mujeres conocidas nunca nos parecen tan bonitos como los cuadros de mujeres del todo desconocidas?
Y dicen también que, una vez, dijo que no le gustaba pintar retratos de mujeres. Y dio esta razón:
—Porque, para pintarlas a gusto, antes de pintarlas las he de despintar. Y es mucho trabajo.

## CASTAÑOS

El general Francisco Javier Castaños (1758-1852) es el héroe de la batalla de Bailén, ganada a los franceses, y por esta victoria le fue concedido después el título de duque de Bailén. En Bailén, el mariscal francés Dupont se le rindió con 22.000 hombres. Y, al rendirse, le entregó la espada y le dijo:

—Tomad, señor, esta espada, vencedora en cien combates.
Y Castaños la tomó con estas palabras:
—Pues yo, señor, éste es el primer combate que gano.

El general Castaños, como se acaba de señalar, fue el primer duque de Bailén y se ganó el ducado por su victoria sobre los franceses en la batalla de Bailén. Por cierto que, según parece (no lo hemos comprobado), el nombre de esta batalla figura en el interior del Arco de la Estrella, de París, donde están los nombres de todas las batallas ganadas por los franceses a lo largo de la historia.
En aquellos tiempos, durante el reinado de Fernando VII, la Hacienda nuestra no andaba muy boyante. Un día frío de invierno, el general Castaños fue a cumplimentar al rey Fernando VII. Acudió vestido con uniforme de verano. El rey, al verle, le dijo:
—¡Vienes muy fresco! ¡Te vas a helar!
El general, muy serio, le contestó:
—Es la ropa propia de la estación, majestad.
—¿Propia de la estación? ¡Si estamos en enero!
—Según el calendario astronómico, tenéis toda la razón. Según el calendario económico, la tengo yo, puesto que hoy he cobrado mi paga del mes de julio.

## CASTELAR

Leemos que Emilio Castelar (1832-1899), gran orador, se abrió paso en política, desde los veinticinco años, gracias a sus primeros discursos. Y tanto se hablaba de él que la reina Isabel II le quiso conocer, y le llamó a palacio. Y se le ofreció:
—Decidme si necesitáis algo de mí, que os ayudaré con mucho gusto.
—Gracias, majestad; pero soy republicano y esto me impide aceptar ninguna ayuda que vuestra majestad me ofrezca.
Y de la misma época se dice que, para ganar dinero, escribía sermones a sueldo de algunos curas que no sabían inventarlos buenos ellos mismos.

Una vez en París, una señora amiga de Castelar dio una comida en su honor. Castelar llevó la conversación durante todo el tiempo. Después de comer, la anfitriona preguntó a otro invitado:
—¿Qué le ha parecido este Castelar?
—Muy enterado; pero un poco charlatán.
Otra señora, que le escuchaba, hizo este comentario:
—Lo es mucho más de lo que supone; tanto lo es que en casa no hace sino hablar solo todo el tiempo.
La otra señora era una hermana de Castelar.

Leemos en una revista cierta curiosa anécdota de Castelar y Gambetta, dos políticos y oradores famosos en aquel tiempo, uno español y el otro francés. Habían asistido a un banquete, en París. Castelar habló en francés y lo hizo muy bien. Gambetta, felicitándole, le dijo:
—La verdad es que su elocuencia es soberbia, incomparable, única.
Castelar, que estaba muy convencido de su valía, exclamó:
—¡Y nada le digo si me oyera en español!
—Lo haré; pero no en seguida. Aprenderé primero el español, aunque sólo sea para darme el gustazo de oírle.

Una vez, un admirador le dijo:
—Recuerdo aquel primer discurso que pronunció usted en el Teatro Real de Madrid, en mil ochocientos cincuenta y cuatro, y que le puso de golpe en la cumbre de la fama.
—¿Le gustó?
—Ningún discurso me ha gustado nunca tanto.
—Si quiere oírlo otra vez, se lo repetiré. Y si quiere oír todos los que he pronunciado desde entonces, también. Yo nunca improviso; todo lo preparo muy bien y tengo una memoria de hierro.

Hablaba de finanzas con un ministro francés, y el otro se quejaba de lo difícil que era, en Francia, nivelar los presupuestos y orientar bien las llamadas finanzas públicas. Y Castelar le dijo:
—Esto es culpa de la pobreza de vuestro idioma.
—¿Pobre el francés?
—En algunos conceptos. Para los fracasos económicos sólo tenéis una palabra: *faillite*. Nosotros para esos fracasos tenemos más de veinte palabras distintas; esto nos permite matizar mucho más y seguir tirando pase lo que pase.
No se citan en la anécdota esas palabras, y en los diccionarios de sinónimos sólo encuentro una: *bancarrota*.

## CERVANTES

Miguel de Cervantes Saavedra (1547-1616), es uno de los tres o cuatro genios más grandes de la literatura universal. Lo es, entre otras causas, por el invento de los personajes protagonistas del *Ingenioso hidalgo*, don Quijote de la Mancha y Sancho Panza. Se cuenta que estuvo en tratos, en cierta ocasión, con un portugués ya entrado en años, que usaba barba y que la llevaba teñida. El portugués, en un momento de su conversación, en apoyo de algo que estaba asegurando, como si jurara, dijo:
—Por esas barbas que *teño*.
Y Cervantes le corrigió en seguida:

—No se dice *teño* en castellano, señor mío; se dice *tiño*. Y así si el portugués lo repitió dijo una gran verdad, aunque la primera vez hubiese querido decir «por esas barbas que tengo».

## COLÓN

Conocida es la anécdota de Cristóbal Colón (1451-1506) y el huevo. Se cuenta de distintas maneras, y la más frecuente es así: A la vuelta de su primer viaje le decían que descubrir un nuevo mundo (al que nadie llamaba entonces Nuevo Mundo, sino Indias occidentales) era cosa fácil. Y Colón pidió un huevo y les propuso que le hicieran sostenerse de pie. Nadie lo consiguió. Colón golpeó suavemente sobre la mesa con un extremo del huevo, puso así el extremo plano, después de quebrada la cáscara, y el huevo quedó quieto de pie. Y Colón dijo:

—Ved si ha sido fácil. Lo único difícil es dar con ello.

La cosa, según la anécdota, ocurrió en Salamanca ante una junta de sabios.

Otras versiones de la misma anécdota la atribuyen a otro, y hasta a otros personajes. De todo ello lo que queda en pie es la anécdota y las cantinelas que se han inspirado en ella. De ellas sabemos dos, tomadas las dos de canciones o cantinelas de coro. Una dice:

*Colón fue un hombre*
*de gran renombre,*
*que descubrió un mundo nuevo.*
*Y además fue el primer hombre*
*que puso un huevo*
*de pie.*

La otra, más curiosa por la mezcla que en ella se hace de dos temas distintos, dice:

*Cíngulo es*
*la cuerda con que*
*a Cristo, melé, melé,*
*ataron a la columna.*
*Colón fue el primero*
*que puso un huevo de*
*pie.*

## CORTÉS

El conquistador español Hernán Cortés (1485-1547) fue un gran aventurero en toda la extensión de la palabra. Como conquistador de tierras y como conquistador de corazones femeninos. Tuvo hijos con varias mujeres y, en México, con algunas indígenas de allí, al menos con dos: con doña Marina, un hijo reconocido, Martín Cortés; y con una hija de Moctezuma, cuatro hijas. Se sabe de Cortés que quemó sus naves para impedir que sus hombres abandonaran la empresa echándose a la mar con ellas. Y de ahí la frase ya proverbial «quemar las naves», que equivale a jugarse la última carta. La verdad parece ser que fue ésta: Había desembarcado en Veracruz, vio síntomas de rebelión entre sus hombres y, sin poner fuego a las naves, las mandó desguazar y las echó contra la costa, destrozándolas así. Después arengó a sus hombres, les convenció y le siguieron. Acaso ya no tenían otra posibilidad.

Más tarde, otra vez en España, Cortés estaba sin dinero, arruinado. El emperador Carlos I se negaba a recibirle. Cortés esperó que el emperador saliera de paseo y se subió al estribo del coche. El emperador no le reconoció.

—¿Quién sois? —le preguntó.

La contestación histórica y anecdótica de Cortés es ésta:

—El que os ha ganado más provincias que ciudades os legaron vuestros antepasados.

En realidad la frase no es exactamente así, pero sí parecida, y el significado es el mismo.

Murió en España, en la finca de un amigo en la provincia de Sevilla, y se sabe que no murió rico. Sus restos fueron trasladados a México y allí descansan en el Hospital de Jesús de Nazaret, que había fundado el conquistador.

## CRISTINA

La reina Cristina llegó a España desde Austria para casarse con Alfonso XII, viudo de su primera mujer, la reina Mercedes, aquella bonita y amada reina Mercedes, a la que se aplicaron los antiguos versos de una canción popular:

> *¿Dónde vas, rey Alfonsito,*
> *dónde vas, triste de ti?*
> *Voy en busca de Mercedes*
> *que ayer tarde no la vi.*
> *Merceditas ya se ha muerto,*
> *muerta está que yo la vi.*
> *Cuatro condes la llevaban*
> *por las calles de Madrid,*

Al Escorial la llevaban
y la enterraron allí.
¿Dónde está la flor de mayo,
dónde está la flor de abril?
¿Dónde está, rey Alfonsito,
tu bella flor de Madrid?

La reina Cristina, cuando llegó a España, no hablaba muy bien el español. Y, al parecer, tardó lo suyo en hablarlo bien. Alfonso XII lo hablaba al estilo castizo y se divertía a veces en confundir, con equivocadas interpretaciones, a su esposa austríaca. Un día, refiriéndose a una sesión del Congreso, dijo el rey:
—Me dicen que Cánovas ha estado hecho un barbián.

La reina María Cristina le preguntó el significado de la palabra *barbián*, y el rey le dijo que equivalía a *gran orador*. Cánovas era entonces presidente del Consejo de Ministros. Y al día siguiente, la reina le dijo:
—Ya sé que en la sesión de ayer estuvo usted hecho un barbián de mucha altura.

Y parece que Cánovas replicó:
—Muy agradecido, majestad. Pero el barbián no he sido yo, sino la persona que le ha dado en esta forma la noticia a vuestra majestad.
—Ha sido el rey.

Y parece ser que Cánovas tuvo un gesto de respetuosa comprensión, como si intentara decir: «ya me lo suponía».

## DALÍ

Le preguntaron a Dalí en qué se podía conocer si un hombre era un genio o no lo era. Y lo expresó así:
—Pues es muy fácil. Si ha nacido en Figueras y se llama Dalí, seguro que es un genio.

Hemos leído que en París, en el baile de los Petits Lits Blancs, alguien contaba esta anécdota de Dalí:
Un día, el pintor español visitó una casa de salud para enfermos mentales. El director se los iba mostrando. Abría la puerta de una celda y le decía:
—Éste es Napoleón.
—Poco interesante.
En otra celda, después:
—Éste es el Padre Eterno.
—Poco interesante.
Y así uno tras otro. Ninguno le interesaba. Hasta que, al fin, al abrirse la puerta de una celda, vio un rostro prodigiosamente

desorbitado, con los ojos saltones y el cabello en desorden genial. Y exclamó:
—¡Éste! ¡Éste! ¡Éste es un loco genial! Se le nota en seguida.
—Pero, señor Dalí, aquí no hay nadie. Observe que está usted ante el espejo de un armario.

De una entrevista publicada tomamos dos contestaciones muy dalinianas. Le preguntan:
—¿Qué es lo que más le gusta de España a su mujer Gala?
La contestación es inmediata:
—Dalí.
Le preguntan si cree que se puede hacer algo nuevo en el cine.
—No. Porque el cine es fotografía y la fotografía es un arte de decadencia, ya perfecto desde el día de su invención.

Cuentan que una pintora francesa llamada Linda Darnell, más conocida entonces como actriz que como pintora, pidió a Dalí que se dejara hacer el retrato. Dalí accedió, a condición de que no tuviera que posar más de cuatro sesiones.
Ella le puso otra condición: que no viera el cuadro hasta después de terminado.
Después de las cuatro sesiones, Linda enseñó su obra a Dalí. En el cuadro había pintado una pequeña cruz entre un tomate y un calabacín. Nada más.
Dalí lo examinó detenidamente y lo comentó así:
—El parecido es exacto; pero, por lo demás, está muy mal pintado. La lástima es que los retratos tan parecidos se pagan poco. No lo venda, créame.

Leemos una bonita anécdota en una revista francesa, que si es verdad, puede tomarse como muy representativa del autobombo daliniano.
Dalí, en París, fue presentado a la actriz Madeleine Renaud. Y ella le dijo:
—Créame que le admiro mucho, señor.
—Yo también, señora.
—¿Me ha visto trabajar?
—No hablo de usted, señora, sino de mí. Que también me admiro mucho.

## DARÍO

El poeta se llamó Félix Rubén García Sarmiento (1867-1916). Estuvo casado más de una vez. Vivió un tiempo en Mallorca y, una parte de este tiempo, en una casita de una sola planta situada en El Terreno, a muy poca distancia de la ciudad de Palma. En

Mallorca nos contaban dos anécdotas del poeta. Una ocurrida en Nicaragua, al día siguiente de su primer matrimonio con una mujer de allí. Parece ser que, después de casados, partieron los dos para el viaje de novios. Y el poeta regresó solo. Cuando le preguntaban por su mujer, decía:

—Me la dejé olvidada en el tren.

Se decía también en Mallorca que Rubén, en su casa de El Terreno, dormía en una habitación con ventana a la calle. Era una planta baja y, desde la calle, si los postigos estaban abiertos, se veía la habitación. Y la gente de por allí, a última hora de la tarde, veía al poeta tendido en la cama con un libro en la mano, iluminado por cuatro velas encendidas, puestas sobre las cuatro columnas de la cama. Y siempre abiertos los postigos, sin impedir que desde la calle se viera el interior de la habitación.

## DOMINGO, Santo

En la iglesia de Santo Domingo de la Calzada, y en una hornacina junto al altar mayor, hay un gallo y una gallina vivos. Chocan aquellos animales allí a quien no conozca la anécdota de la que son recuerdo.

Se refiere el hecho a la época de las peregrinaciones a Santiago de Compostela. Los peregrinos pasaban por Santo Domingo de la Calzada, en la provincia de Logroño. Tres peregrinos alemanes, padre, madre e hijo, pararon en un mesón que había allí. Había una moza en el mesón que se enamoró del mozo alemán. Pero él la despreció. Y ella, sintiéndose desairada, se quiso vengar, y escondió una taza de plata de la casa de su padre en las alforjas del mozo. Después dijo que el mozo la había robado. Fue la justicia en persecución del mozo y encontraron la taza en sus alforjas. Y, como el mozo no encontró manera de defenderse, le condenaron a muerte y le ahorcaron. Los padres continuaron la romería hasta Santiago. Y, en su camino de regreso, pasaron otra vez por Santo Domingo. Allí fueron a ver el sitio donde había sido ahorcado el hijo y le encontraron vivo, aunque todavía colgado del madero. Fueron en seguida a ver al corregidor y le rogaron que mandara soltar al muchacho, puesto que estaba vivo. El corregidor, al oír aquello, dijo:

—Tan vivo está vuestro hijo como esas aves que se están asando en la lumbre.

Eran las aves un gallo y una gallina, y no bien el corregidor hubo dicho aquello, las dos batieron alas y echaron a volar. Por este milagro, el mozo fue descolgado de la horca y ahorcada, en su lugar, la moza que le había acusado en falso.

Por aquellas tierras todavía se repite una aleluya que recuerda el hecho:

*En Santo Domingo de la Calzada
cantó la gallina después de asada.*

## ECHEGARAY

El dramaturgo español José Echegaray (1832-1916) tuvo su época de esplendor, aunque sus obras hayan desaparecido totalmente de los carteles y la mayoría de ellas de la memoria de sus compatriotas, y en 1904 le concedieron el Premio Nobel. Leemos que, una vez, un amigo recién instalado en Madrid le preguntó:
—¿A qué es debido que en Madrid se hable tan mal de todo el mundo?
—Acaso a lo que dentro de algunos siglos se llamará la sinceridad española; lo mismo que ahora se llama arrogancia española a la manera de ser de nuestros antepasados.

Leemos que a uno que, ya en sus últimos años, le preguntaba por su salud, le contestó con esta curiosa comparación:
—Pues hasta ahora no puedo quejarme. Veremos cuando llegue abajo.
—¿Abajo?
—Sí; estoy como aquel que se cayó de un sexto piso y, al pasar por delante del tercero, uno que estaba en el balcón le preguntó: «¡Eh! ¿Cómo te va?». Y el que se caía le dijo: «Hasta ahora no me puedo quejar; veremos en cuanto llegue abajo». Pues a mí me pasa igual. Estoy bien, pero sé que voy a chocar pronto. Y ya veremos, entonces.

## ESPARTERO

El general Espartero (1793-1879) se llamaba Baldomero José Fernández Espartero. Es frecuente, en España, conocer a los personajes por el segundo apellido, siempre que el primero sea un castizo Pérez, García, López, Gómez, Fernández o Martínez. El general Espartero era también príncipe de Vergara, debido el título a sus victorias sobre el ejército carlista.
En una ocasión, el generalísimo de los ejércitos reales era el general Córdoba; nombramiento que a Espartero no le había sentado muy bien. En uno de los encuentros con los carlistas, Espartero se lanzó impetuosamente sobre el enemigo. Tanto ímpetu disgustó a Córdoba. Y, según se dice, mandó a dos ayudantes con orden de detenerlo. Y la orden les fue dada así:
—Y si es necesario, agárrenlo por los faldones de la levita.
Así lo leemos escrito. Se refería a la levita o casacón militar.

# FELIPE II

El rey de España Felipe II (1527-1598) era hermano por parte de padre de don Juan de Austria, el héroe de la batalla de Lepanto. Este otro hijo de Carlos V había sido educado lejos de palacio, y no sabía que fuese hijo de un emperador y hermano de un rey. El padre Coloma, en su novela *Jeromín*, explica la historia de los primeros años de este muchacho. A la muerte de Carlos V, Felipe II encontró una carta del emperador en la que le contaba la verdad y le ordenaba tratar a don Juan de Austria como a un hermano, con todo el honor de tal parentesco. Felipe II hizo llevar a su presencia a don Juan y, delante de algunos cortesanos, le contó la verdad de su nacimiento. Y parece ser que lo primero que hizo don Juan fue dirigirse a los caballeros que le habían acompañado, para decirles:

—Desde ahora sois vosotros los que estáis a mis órdenes.

Y parece ser también que Felipe II, cuando oyó esto, comentó:

—Se ve que tiene sangre de rey.

Felipe II ha pasado a la historia como un rey de gobierno riguroso, muy absoluto, que estaba sinceramente convencido de que su voluntad era la suprema ley. Leemos que, una vez, el arzobispo de Sevilla (no consta el nombre de aquel arzobispo) le dijo al rey que había mucho descontento entre los nobles por la dureza con que eran gobernados.

—¿Cómo lo sabéis? ¿Por sus confesiones?

—Si fuera así no lo diría. Pero muchos acuden a pedirme consejo.

—Pues si tan suelta tienen la lengua —le dijo el rey—, justo es que no les deje sueltas las manos.

Un campesino sostenía un pleito por una cuestión de dinero, y el pleito no terminaba de resolverse nunca. Un día, el campesino prorrumpió en improperios contra todos los Felipes, los pasados, los presentes y los futuros. El campesino fue detenido, y a oídos del rey llegó la causa de la detención. Felipe II llamó a su presencia al juez, y le dijo:

—Sé lo que ha dicho este hombre. Los Felipes pasados han muerto todos y no se enteran ya de nada; los Felipes futuros nadie sabe si existirán; así es que sólo queda el Felipe presente, que soy yo. Y le perdono, os ordeno que le pongáis en libertad y os ruego que resolváis su pleito lo antes posible. Estoy seguro de que el conflicto de este hombre es por falta de dinero; un mal que conozco muy bien, puesto que también lo sufro.

El príncipe Carlos, hijo de Felipe II, estaba enfermo, probablemente del cerebro. Le hicieron unos zapatos, le estuvieron estrechos cuando se los puso y ordenó que los cortaran a trocitos y que obligaran al zapatero a comérselos. Felipe II lo supo, impidió que se cumpliera el castigo y no sólo esto, sino que tomó al zapatero a su servicio.

De los conflictos entre Felipe II y su hijo don Carlos se cuentan cosas por las que se ve que el hijo sentía muy poco afecto por el padre. Parece ser que, en cierta ocasión, el príncipe Carlos mandó encuadernar un libro con este título en la cubierta: *Grandes y maravillosos viajes del rey don Felipe*. Y las páginas del libro, muy ricamente encuadernado, estaban todas en blanco. Al parecer el rey Felipe no procedió en serio contra su hijo sino después de que el príncipe hubo tramado una conspiración para echar a su padre del trono y ponerse él en su lugar. Entonces el rey le dijo:

—Hasta ahora os he tratado como un padre a su hijo. En adelante, os trataré como un rey a su vasallo.

Se cuenta del rey Felipe que tenía sus salidas de más o menos ingenio, como todos los reyes, y que de tal presunción de ingenio se aprovechaban, a veces, los que le servían. Tuvo que trasladarse una vez, con la mayor prontitud, desde Madrid a El Escorial. Y le dijo al cochero:

—¡A ver si consigues que los caballos vuelen!

El cochero supo hacer correr mucho a los caballos y, durante todo el camino, les estuvo gritando:

—¡Caballos del demonio!

A la llegada a El Escorial, el rey preguntó al cochero:

—¿De quién decías que son esos caballos?

—Del diablo, señor.

—Pues no quiero que me los reclame. Quédatelos tú.

Y así el cochero, como premio a un grito y al manejo del látigo, recibió un par de hermosos caballos.

Este rey de España mandó construir el monasterio de El Escorial, en conmemoración de la batalla de San Quintín, ganada a los franceses. Intervinieron en la dirección de las obras tres arquitectos. El último fue Juan de Herrera. La cripta que está bajo el panteón de los reyes tiene el techo plano, construido en tal forma que Felipe II, la primera vez que lo vio, llamó al arquitecto y le dijo:

—Para evitar que este techo se derrumbe habrá que poner una columna en medio.

—Está calculado para sostenerse sin columna, majestad.

—¡Imposible! Os digo que os veréis obligado a ponerla.

Terminada la construcción, Felipe II vio que el techo estaba sostenido por una columna. Y dijo al arquitecto:

—Tuve razón al deciros que haría falta una columna.

—Sí, majestad.

Y Herrera, al decir esto, se acercó a la columna y la apartó de un puntapié. Era de cartón y no sostenía nada.

Antes de terminar del todo la construcción, invitó Felipe II al embajador de Francia a visitar la obra. El embajador quedó asombrado. Había, amontonadas, gran cantidad de tejas. El embajador las vio y se permitió una ironía. Dijo:

—Mucho me temo que, para terminar la obra, sobrarán tejas y faltará oro.

Terminada la construcción, Felipe II mandó poner, en el borde del tejado, algunas tejas de oro. Invitó otra vez al embajador a ver la obra. Le señaló aquellas tejas y le dijo:

—Como podéis apreciar, ha ocurrido lo contrario de vuestro augurio. Han faltado tejas para terminarlo y ha sobrado oro.

Felipe II pasó los últimos tiempos de su vida en El Escorial. Allí gozaba de una soledad que no había podido gozar nunca en su laboriosa vida anterior. Un día, paseaba solo por los alrededores del monasterio. Se le acercó un campesino que pasaba por allí y se presentó:

—Caballero: me llamo Pedro Pérez y vivo no lejos de aquí. Si cualquier día os llegáis hasta mi casa, que es hacia allá, os prometo un vaso del mejor vino, de cosecha propia.

Felipe II correspondió a la presentación y al ofrecimiento.

—Yo me llamo Felipe segundo, soy rey de España y vivo corrientemente en Madrid. Si un día me visitáis en palacio, que es hacia allá [y señaló en dirección al sur, hacia Madrid], os prometo también un vaso de buen vino, aunque no de cosecha propia, pues no me dedico a esos cultivos.

No se sabe si alguno de los dos aceptó la invitación del otro.

## FELIPE III

Leemos de Felipe III, rey de España (1578-1621), que murió de las quemaduras producidas por el fuego de un brasero. Lo leemos en un libro francés. En los libros españoles (en algunos al menos) se dice que murió «víctima de una tenaz melancolía». Y recogemos aquí la muerte por quemaduras, según el libro francés, como una curiosa anécdota. Estaba el rey sentado junto a un brasero (acaso en una mesa camilla). Se le prendió fuego en el vestido. Según la rigurosa etiqueta de la corte, el único que podía desnudar al rey era el duque de Usseda. Se buscó apresuradamente al duque, pero el duque tardó en llegar y, a la llegada de éste, el rey estaba ya medio quemado. Poco después murió.

Acaso en los archivos de la casa ducal de Usseda encontraríamos alguna referencia sobre este dudoso suceso.

## FELIPE IV

En la corte de Felipe IV (1605-1665) había un bufón, que abusaba de su privilegio profesional y se metía, en verso siempre, con muchos de los cortesanos; hasta tal punto que hubo una conspiración entre los caballeros de la corte para acabar de una vez con el bufón. Contrataron a un espadachín y le ofrecieron una recompensa si lo mataba. Pero el espadachín sintió más simpatía por el bufón que por los nobles y puso al bufón sobre aviso de lo que se tramaba contra él, sin decirle el nombre de ninguno de los confabulados. El bufón habló entonces, en prosa y en una prosa muy clara, con el rey.

—He sabido, majestad, que se han confabulado para matarme.

—Si no lo veo no lo creeré —le dijo el rey.

—Es que después que lo hayáis visto, majestad, que lo creáis o no me tendrá sin cuidado.

El rey comprendió que el bufón estaba en lo cierto y le invitó a sugerir alguna solución.

—¿Qué harías tú en mi caso?

—Yo, en vuestro caso, pediría asilo para mi bufón en un convento de frailes, al menos por un tiempo.

—Lo pensaré —dijo el rey.

—Y si entretanto me matan, ¿qué?

—Te doy mi palabra de que, si te matan, a quien sea que haya sido yo le haré matar quince minutos después.

—¿Y no podría ser, majestad, que le hicierais matar quince minutos antes?

Cosa parecida decía uno de nuestros humoristas de todos los criminales condenados a cárcel: que si, en vez de encarcelarles después de cometido el crimen, les encarcelaran antes, se evitarían muchos de los crímenes que ahora se cometen.

De Felipe IV, rey de España, leemos que, en un consejo general celebrado en Barcelona, preguntó si las deliberaciones se harían en catalán o en aragonés. Según hemos leído, el rey lo preguntó así: «en catalán o en aragonés». No se había tomado ningún acuerdo en este sentido, y se decidió que las preguntas se hicieran en catalán y las contestaciones en aragonés. Hemos leído esto en un libro francés de anécdotas de un tal Padovan.

# FELIPE V

De Felipe V, rey de España (1683-1746), que fue nuestro primer rey Borbón, como descendiente de Enrique IV de Francia, y con el que se introdujo en España una dinastía francesa, se cuenta que, en su largo viaje de París a Madrid, se tomó algunos descansos. Uno de ellos en Montherly. El cura de allí organizó una recepción en su honor y, en vez de pronunciar un discurso, dijo:
—Majestad, los discursos cansan a quien los escucha; con vuestro real permiso, pues, os cantaré una canción.
Y la cantó tan graciosamente que el rey le pidió el bis, es decir, que la repitiera. Y el cura la volvió a cantar. Terminada la recepción, el cura pidió al rey una limosna para sus pobres; el rey le dio un escudo de oro y el cura le dijo:
—Bis, majestad, bis.
Cosa que gustó al rey, el cual, muy a gusto, dio otro escudo de oro.

# FERNÁNDEZ FLÓREZ

Wenceslao Fernández Flórez (1879-1964) hizo un viaje a las islas Canarias con un grupo de turistas. Una de las señoras que iban con el grupo le pidió a Fernández Flórez que le dedicara un libro. Y le dio el libro para que se lo firmara. Era *La casa de la Troya,* de Pérez Lugín. Fernández Flórez se excusó.
—Como ve usted, este libro no es mío; es de Pérez Lugín.
—Ya lo sé, pero es que no tengo otro.
—De todos modos...
Lo discutieron y, al fin, Fernández Flórez accedió a poner su firma en el libro de Pérez Lugín, advirtiendo en la dedicatoria que lo hacía a petición de la señora tal y tal, que tenía la amabilidad de solicitarle la firma y que no disponía de otro libro.

Wenceslao Fernández Flórez, en un largo viaje que hicimos juntos, nos contaba que una vez le invitaron a una fiesta de sociedad. La anfitriona, para animar a los otros que invitaba, les decía:
—Estará con nosotros Fernández Flórez, el famoso humorista. Lo pasaremos muy bien.
Durante la fiesta Fernández Flórez estuvo siempre callado, acurrucadito en un rincón. No le divertían esas cosas. Hasta que una señora le provocó, en voz alta:
—¿De modo que es usted el famoso humorista?
—Pues sí, señora.
—Pues a ver si se le nota. ¡Díganos algo gracioso!
En seguida se vio rodeado de desconocidos, que le miraban con

curiosidad y esperaban que les divirtiera con alguna salida. Y él, entonces, tímidamente, dijo:
—De ningún modo. Yo el primero, no. En todo caso que empiece otro.
—Es que no hay ningún otro humorista.
—No tiene nada que ver.
Y, dirigiéndose a la señora que le había acometido la primera, le preguntó:
—¿Cuál es la profesión de su esposo?
—Cirujano.
—Envidiable profesión. Pues que empiece su esposo.
—Mi esposo no tiene ninguna gracia.
—Es que no hace falta que la tenga. ¿No es cirujano? Pues que le saque el apéndice a cualquiera de ustedes que todavía lo tenga. Y después yo. ¿Cómo quieren que sea yo el único que ejerza aquí mi profesión? No, no; que empiece otro.
No le sacaron de aquí y así consiguió que le dejaran en paz.

**FERNANDO EL CATÓLICO**

Fue el primer rey, después de los visigodos, con los que el país también estuvo unificado, de toda España (1452-1516). Se le llama siempre por el atributo *el Católico*, y no por el número que le corresponde como Fernando. En realidad, tuvo varios números, pues fue Fernando V de Castilla, Fernando II de Aragón y Fernando I de España. Pero al primer Fernando que existió años después se le llamó Fernando VI, o sea, que los reyes de España heredaron la numeración de los reyes de Castilla. Fernando el Católico, como rey de Castilla por su matrimonio con Isabel I, no era todavía rey de Aragón cuando se casó. Fernando e Isabel tuvieron cinco hijos, ninguno de los cuales les heredó en el auténtico gobierno del país, pues Juana la Loca, prácticamente, no gobernó. El primer auténtico rey-gobernante de toda España, después de ellos, fue Carlos I, hijo de Juana la Loca, hija a su vez de los reyes católicos.

Después de la muerte de Isabel, Fernando V se casó con Germana de Foix, sobrina de Luis XII de Francia, con la que no tuvo hijos. Para que el rey de Francia consintiera en este matrimonio, don Fernando se comprometió a renunciar a sus derechos sobre Nápoles y a pagar quinientos ducados al soberano francés. Y la verdad es que no renunció a nada ni pagó nada.

Y dejó de cumplir otros compromisos con el rey de Francia; tantos que, en cierta ocasión, alguien le fue con el cuento a Fernando de que el rey de Francia le acusaba de haberle engañado dos veces. Y Fernando exclamó:
—¡Miente!
Y, con su castiza arrogancia española, añadió:

—No le he engañado dos veces; le he engañado diez.
Y parece ser que, al presumir de tales engaños, se anorgullecía de ser uno de los mejores diplomáticos de su tiempo.

## FERNANDO VII

Fernando VII, rey de España (1784-1833), no era un dechado de belleza física. Pero esto no ha impedido nunca que se pueda ser un gran rey. Y si Fernando VII no lo fue, es cosa que no hemos de juzgar nosotros, sino la historia. Murió de apoplejía (seguramente la mesa real era excesivamente abundante) y le sucedió en el trono su hija Isabel II, gracias a la infanta Carlota, que rompió el codicilo real que anulaba la famosa pragmática sanción contra la sucesión femenina en el trono. A la muerte del rey, las Cortes declararon heredera legítima a doña Isabel.

Leemos que Martínez de la Rosa comunicó a Fernando VII su propósito de sustituir la Constitución de 1812 por otra más «constitucional», en la que se establecía un segundo cuerpo legislativo que se llamaría «Estamento de Próceres». Y que el propósito sentó muy mal a Fernando VII, que exclamó:
—¿Cómo? ¿Dos cámaras cuando no podemos con una? ¡Jamás!

Leemos también que «las Cortes de Cádiz de 1823 declararon al rey sin juicio y nombran regentes a Valdés, Císcar y Vigodet».

O sea que, anecdóticamente, todo liga.

Y no tenemos ninguna razón para conceder suma importancia a los tres citados regentes, pues de ninguno de ellos se menciona ninguna anécdota, e incluso escasean los datos históricos.

Un cortesano de este rey decía que la parte más sólida del cuerpo de los reyes es la nariz. Y daba esta razón:
—Sus ministros, si son hábiles, les llevan a donde quieren por la nariz, y no se sabe de ninguno que la haya perdido.

El rey de España Fernando VII tuvo que someterse a las Cortes constitucionales, que le quitaron casi todos sus poderes como gobernante. El rey lo soportó con cierto sentido del humor. Cuentan que decía:
—¡Los tiempos! O adaptarse o desaparecer.

Un grande de España, antiguo cortesano, solicitó audiencia para pedirle un favor. El rey le escuchó sin interrumpirle, y después le dijo:
—Te aseguro que haré por ti todo lo que pueda.
—Gracias, señor.
—Te he dicho lo que pueda, y milagros no puedo hacer.

Tomó un cigarro puro de una caja y se lo dio:
—¡Toma! Quizá sea esto todo lo que pueda hacer.

—¡Señor!
—Al menos esto es lo único que las Cortes han dejado a mi disposición. Si no te basta con esto, lo demás pídelo a las Cortes.

Por la revolución de 1820 quedó instituida la milicia de Madrid, que fue disuelta en 1823, después de la entrada de los franceses, y sustituida por los «voluntarios realistas». Los anteriores milicianos eran liberales; los realistas eran, teóricamente, lo contrario. La primera vez que Fernando VII pasó revista a los «voluntarios», conoció muchos rostros que había visto antes entre los milicianos licenciados poco antes. Y, según la anécdota, el rey le dijo al gentilhombre que le acompañaba:
—Pues, hombre; resulta que son los mismos perros con distintos collares.

Pío Baroja, en su *Vitrina pintoresca*, refiere la anécdota en forma parecida. Otros autores cambian la ocasión de la frase, pero la atribuyen igualmente a Fernando VII. Y no es raro que la pronunciara, pues dados los continuos cambios políticos de entonces, no es posible que las personas fuesen también distintas en cada nueva oleada. No había gente para tanto.

Se cuenta de Fernando VII que, una vez, estaba jugando al billar con uno de sus palaciegos. Una jugada, los dos jugadores la discutieron. Entró otro palaciego y el rey quiso que hiciese de juez.
—Estamos discutiendo una jugada y tú dirás quién de los dos tiene razón.
—Tiene razón vuestro adversario, señor.
—¿Y te atreves a decirlo sin conocer la jugada?
—Es que por poca razón que pudiera tener su majestad, se la habrían dado en seguida.

La misma anécdota se cuenta de otros reyes, entre ellos de Luis XIV de Francia. Pero le cae mejor a Fernando VII, pues conocida es su afición al billar, de la que es fruto el tan repetido proverbio «así se las ponían a Fernando VII», con el que se indica que las bolas han quedado de manera que es facilísimo hacer carambola.

Fue el último rey absoluto de España, pues los que le siguieron fueron todos constitucionales. Hablaba muy ingeniosamente y se recuerdan algunas de las cosas que decía. Se cuenta que acostumbraba repetir:
—España es una botella de champaña y yo soy el tapón.

Se cuenta una de sus contestaciones ocurrentes, dada a un campesino de Arganda, una vez que estuvo allí. Era un campesino rico, cosechero de vino y con bodega propia. Fernando VII visitó la bodega y el cosechero le obsequió con su vino. Un vino, el de allí, ligero y suave, de muy buen *bouquet* y pronto en subirse a la cabeza. Al rey le gustó mucho y le dedicó buenos elogios. El cosechero le lijo:

—Y aún tengo otro mejor, majestad.

—¡Ah! Pues haces bien en guardarlo para otra ocasión; si es que se te presenta, cosa que no me parece fácil, mientras yo no vuelva a visitar tu bodega, y, entretanto, no me hayan nombrado emperador.

En algunos sitios de Castilla todavía se ven unos tazones de loza basta, sin asas, con este anagrama de Jesús en el fondo: JHS. Se dice que en ellos bebían vino los soldados del rey. Llenaban el tazón y, al levantarlo, decían:

—Hasta verte, Jesús mío.

Y se bebían todo el vino sin apartar el tazón de la boca.

La frase ya proverbial «vísteme despacio que tengo prisa», la hemos leído atribuida a Fernando VII, que la dirigía a su ayuda de cámara, aunque no exactamente igual, sino así: «Vísteme despacio que estoy de prisa». Estar «de prisa» nos suena bien, aunque ahora mejor diríamos «estar con prisa» o, mejor, «tener prisa». También hemos leído la frase atribuida al famoso elegante George Brummell, que la dedicaba a su criado cuando le ayudaba a vestirse.

Es frase anecdótica proverbial repetida en el mismo sentido en distintas formas. Del emperador romano Octavio Augusto se cuenta que decía: «Apresúrate lentamente».

Otros autores atribuyen a Carlos III, rey de España, la frase «vísteme despacio si estás de prisa». Leemos también, atribuido a Platón, este proverbio: «Quien mucho se apresura, queda en el camino».

Erasmo llama, a la sentencia de Augusto, «el rey de los adagios», y lo cita como una frase que Augusto había tomado del sabio griego Chilón.

Leemos, citada por un autor, como leída en otro, esta anécdota:

Caminando un caballero llegó a una cuesta que, por lo áspera y arriscada le pareció a él y a sus criados mejor subirla a pie. Preguntóle a un aldeano que estaba allí, a la falda: «¿Qué os parece, buen hombre, que tardaré en llegar a la altura de esa serranía?». Respondió el hombre: «Señor: si vais despacio, en tres horas estaréis arriba; pero si de prisa, no llegaréis en tres días».

Todo lo cual, en lo anecdótico, está muy bien. Pero no sería éste el consejo que daría un montañista acostumbrado a subir cumbres. O, en todo caso, diría: Relativamente despacio, sin apresuramientos excesivos, pero sin interrupciones.

Quede, de todos modos, en pie que la fórmula del emperador

romano César Augusto (o la del sabio griego Chilón) es de la más alta calidad.

## GALLO, Rafael Gómez, el

Se cuenta de Rafael Gómez *el Gallo* (1882-1960), que se llamaba Rafael Gómez Ortega y que fue esposo de la conocida Pastora Imperio (Pastora Rojas Monje), que, en una de sus tardes más aciagas, el público le abucheaba por todo lo alto y le arrojaba almohadillas. El torero, huido y escondido, ni se enteraba de los gritos. Y, después, le preguntaba a su mozo de estoques:
—¿Y qué decían de mí?
—Pues había diversidad de opiniones.
—¿Sí? Menos mal.
—Sí... Unos se metían con tu padre y otros con tu madre.

La palabra usada por el mozo no fue precisamente «metían» sino otra, aunque más expresiva, menos apta para ser dada a la imprenta.

El Gallo era conocido por sus «espantás». Era muy buen torero y entendía mucho de toros. Pero si en un toro veía mal agüero, prefería huir de la plaza antes de exponerse a acabar en la enfermería. Y él, para justificar sus «espantás», decía:
—Es que no entienden de toros. Si entendieran como entiendo yo, me comprenderían.

Y la verdad es que, hasta este punto, nunca le llegaron a comprender.

El Gallo estaba toreando en la plaza de toros de Madrid. No anduvo acertado en su primer toro y el público estuvo mucho rato gritándole y abucheándole. Vicente Pastor toreaba también aquella tarde. Se acercó a Rafael y le dijo:
—Hoy sí que empieza mal la tarde, Rafael.
—Pa ti, superió.
—¿Por qué?
—Porque con mi faena te los he dejado roncos.

Como diciéndole que, a él, ya no le podrían gritar.

Dicen que a un muchacho que empezaba a torear y que ponía mucho valor en su toreo, le dijo:
—Con lo que yo sé y con el valor que tú pones, ¡menudo torero haríamos!

# GAYARRE

El tenor español Julián Gayarre (1844-1890) ha sido considerado como uno de los mejores tenores del mundo. Se cuenta de sus comienzos una anécdota de lo más emotivo. Estaba en Italia, en Milán, y su propósito era debutar en el Teatro de La Scala. Pero no debutó allí, sino en otro teatro, en el Varesse. Ponían *I Lombardi* y *Elissire d'amore* y estaba anunciado uno de los buenos tenores de entonces. Gayarre había probado su voz ante el empresario de La Scala. Una noche, el tenor del Varesse se puso repentinamente enfermo. Y el empresario de allí preguntó al del otro teatro si le podía prestar un tenor para una o dos noches. Y así fue como, a través de otro empresario y por culpa de una enfermedad, conoció a Gayarre, el tenor que le mandó el otro empresario con la siguiente nota: «No ha cantado nunca en público, aquí; pero tiene voz, y dado el caso...».

En los carteles de la función de la noche apareció el aviso, superpuesto, de que «Por enfermedad del tenor Tal le sustituirá, esta noche, el tenor Julián Gayarre». Nadie de allí conocía a Gayarre. Y el público de Milán de entonces, muy aficionado a la ópera, tenía la costumbre, si algo no les gustaba, de ponerse a leer periódicos durante la función o, al menos, durante aquello de lo que querían protestar. Habían pagado para oír al otro tenor, que era bueno. Acudieron con periódicos, dispuestos a la protesta. Y, en el momento de aparecer Gayarre en el escenario, toda la gente de la platea estaba con un periódico abierto delante de los ojos. Y ante este público y con este ambiente en contra, Gayarre empezó a cantar.

Y a las primeras notas se oyó, como una ráfaga de viento, el ruido de todos los periódicos que se cerraban a la vez.

Era un público inteligente y había comprendido en seguida que aquella voz merecía ser oída; una voz que fue premiada, al terminar, con una ovación. Y así entró Gayarre en el mundo del canto por la puerta grande.

Gayarre murió de una afección en la garganta. Su entierro tuvo proporciones de acontecimiento nacional. Murió en Madrid. Estaba cantando en el Real, cuando se sintió repentinamente enfermo. Fue a dar su famoso do de pecho y no lo pudo dar. Y sucedió entonces una cosa que no había sucedido nunca. La orquesta se detuvo y, a una indicación del director, repitió el trozo y Gayarre, ya con la muerte en el cuerpo, intentó otra vez. Y tampoco le salió la nota. Y Gayarre avanzó hasta las candilejas y dijo al público:
—Esto se ha acabado.
Y cayó desvanecido. Murió pocas semanas después.

## GÓMEZ DE LA SERNA

Contaba Ramón Gómez de la Serna (1888-1963) que le visitó una vez un amigo suyo y le pidió una recomendación para un hijo suyo, que se iba a examinar. Le dio el nombre del catedrático y Ramón no le conocía ni lo había visto nunca. Pero no dijo nada. Después, cuando lo contaba, decía:
—No me atreví a decir que no lo conocía por temor de que mi amigo pensara que era una excusa para no darle la recomendación.

Y escribió una carta al catedrático desconocido, rogándole que tuviera la bondad de aprobar a Fulano de Tal, «hijo de mi querido amigo don Fulano de Tal». De esta carta decía:
—Me salió un modelo de este tipo de literatura, y eso que no figura en ninguna preceptiva literaria.

Y lo mejor del caso es que, algunos días después, recibió una caja de cigarros puros que le mandaba su amigo, con una tarjeta en la que había escrito: «Muchas gracias. Ya sabía yo...».

Durante uno de sus viajes por África, preguntó el precio de un collar de dientes de cocodrilo. El vendedor, un indígena, le dijo:
—Quinientas libras.
—Por este precio puedo comprar un collar de perlas.
—Si esto es verdad, son seiscientas. Piense que es mucho más fácil sacar una perla de una ostra que un diente de la boca de un cocodrilo.

## GONZÁLEZ-RUANO

César González-Ruano (1903-1965) escribía siempre a mano. Nunca había escrito a máquina. Y a mano escribía muy aprisa, en letra muy clara, separadas todas las letras unas de otras y hechas como las de imprenta; una curiosa escritura, que parecía imposible pudiera hacerse a tanta velocidad. Y él lo explicaba así:
—Es cosa de entrenamiento, lo mismo que los pianistas. Escribo como quien «hace dedos». Y si, además, hay suerte, algo bueno sale.

Este magnífico articulista nuestro nos contaba que había conocido en Madrid a un joven escritor, muy despreocupado, que, estando una vez sin dinero, propuso a un amigo suyo, que lo tenía, hacer una comedia entre los dos. Estaba seguro de estrenarla y sólo le pedía que le anticipara algún dinero mientras la escribían. El otro aceptó. Se reunían en un café, el escritor dictaba todo lo que se le ocurría y el otro lo iba escribiendo. La cosa duró, hasta terminar la comedia, bastante tiempo. Todo el tiempo que necesitó el escritor para dictarle a su amigo *Los intereses creados*, de don Jacinto Benavente; que no se pudo estrenar, evidentemente, porque ya se había estrenado y a nombre de su verdadero autor.

## GOYA

Nuestro gran pintor don Francisco de Goya y Lucientes (1746 a 1828) llevó una vida muy agitada, una vida de la que, en una enciclopedia francesa, se hace este curioso resumen: «Goya era hijo de un campesino aragonés. Sus padres le mandaron a estudiar a Zaragoza. Era un muchacho muy fuerte y se mezclaba en todos los disturbios y luchas estudiantiles. Hasta que tuvo que huir de la ciudad por haber tomado parte en una riña de la que resultaron tres muertos. Para esconderse de la policía, se unió a una cuadrilla de toreros y con ellos dio la vuelta a España. Marchó después a Italia, donde se enamoró de una muchachita y se la quiso llevar. Los padres de ella la encerraron en un convento. Pero Goya saltó la tapia del convento, la raptó y se la llevó a Madrid».

La misma enciclopedia asegura que el general Wellington se permitió hacerle algunas observaciones a Goya, que le hacía el retrato. El famoso retrato de Wellington, que hace poco fue robado del British Museum. Y Goya se indignó tanto, que amenazó con un puñal a Wellington y estuvo a punto de matarle. Y por aquella amenaza tuvo que huir de Madrid y se refugió en Burdeos. Pero Wellington le hizo regresar a Madrid y le obligó a terminar el retrato.

Y la misma enciclopedia dice:
«Se casó y su mujer tuvo que perdonarle muchas infidelidades. Y se sabe que se las perdonó, porque le dio veinticuatro hijos». Un biógrafo español, acaso más enterado, lo explica así: «A los veintinueve años se casa, en Madrid, con Josefa Bayeu, con la que, en el curso de la vida, ha de tener hasta veinte hijos, de los que sólo uno le sobrevivió, llamado Javier».
No es razonable olvidar este largo y triste detalle en la vida de Goya: que vio morir a diecinueve hijos.

Goya fue pintor de cámara de la familia real. Existen varios retratos de Carlos IV, de la reina María Luisa y de otros miembros de la familia real pintados por Goya. Varios de ellos en el Museo del Prado.
Ortega y Gasset, con su fino concepto de las cosas, escribió que Goya fue uno de los que mejor explicaron la historia de algunos altos personajes de la familia real y... no hizo más que retratarlos.

## GRAN CAPITÁN

Gonzalo Fernández de Córdoba (1453-1515) es conocido por el nombre de *el Gran Capitán*. Su anécdota más famosa es la de las cuentas que presentó a Fernando el Católico, que se las exigía. Y que se han convertido en frase proverbial, pues se dice «las cuentas del Gran Capitán» de aquello que se presenta de modo exageradamente estrafalario. Las famosas cuentas tenían muchas partidas. Una de ellas, ésta:

«En picos, palas y azadones, cien millones. Diez mil ducados en guantes perfumados para preservar a las tropas del mal olor de los cadáveres de los enemigos tendidos en el campo de batalla. Ciento sesenta mil ducados para poner y renovar campanas deterioradas en fuerza de repicar todos los días a causa de nuevas victorias conseguidas sobre el enemigo. Y cien millones por mi paciencia en escuchar cómo el rey pide rigurosas cuentas a quien le ha regalado un reino».

Leemos que el Gran Capitán decía: «Al enemigo que huye hacelle la puente de plata». Y esta frase, tanto si la decía como si no el Gran Capitán, quedó como proverbio nuestro incorporado al uso desde hace siglos. Lo usa Cervantes y lo usa Lope de Vega. Este último autor no sitúa al enemigo en plan de huida. Dice en *La estrella de Sevilla:*

>  *que al enemigo*
>  *se ha de hacer puente de plata.*

Otros autores aseguran que la frase está tomada de un poeta árabe. Pero, de todos modos, en el anecdotario nuestro, queda como atribuida a Gonzalo de Córdoba, *el Gran Capitán,* aunque no se cite ninguna ocasión en la que, anecdóticamente, la empleara.

El Gran Capitán, en su campaña de Italia, supo aprovechar todas las ocasiones para crear en sus soldados una fe ciega en la victoria. En una ocasión, estalló un polvorín, con lo que los soldados quedaron sin poder hacer uso de la artillería. Y el Gran Capitán les arengó así:

—¡La victoria es nuestra! Esto ha sido una señal del cielo; el anuncio de que, para vencer al enemigo, no nos hace ninguna falta la artillería.

Y, sin artillería, vencieron.

## GUERRA

Rafael Guerra, *el Guerrita,* fue un gran torero; mucho más grande como torero que humilde como persona, pues se cuenta de él que, en cierta ocasión, le preguntaron cuáles eran los mejores toreros de entonces. Y parece ser que dijo:
—El mejor ahí lo tienen; y después de mí, nadie; y después de nadie, nadie; y después de nadie, Antonio Fuentes.
Falta saber cómo habría contestado Antonio Fuentes a la misma pregunta.

Se llamaba Rafael Guerra Bejarano. Una vez le sacaban de la plaza de toros en hombros, después de una actuación triunfal. Y se oían gritos de la multitud.
—¡Que viva nuestro mejor torero!
—¡Que viva el Guerrita, su faena y su gracia!
Y, uno de los que le llevaban en alto, gritó:
—¡Y que viva cerca de aquí, que me está pesando mucho!

## HUGUÉ

El escultor catalán Manolo Hugué (1872-1945) no triunfó económicamente, quizá por su manera de ser desprendida y bohemia. Las anécdotas citadas están tomadas de un anecdotario biográfico firmado, en una revista, por Manuel Amat.

Contaba Manolo Hugué que, en cierta ocasión, un escultor llamado Pisaca le propuso hacer una estatua a los Mártires de la Independencia. Se había convocado un concurso oficial. Él y Pisaca concurrieron. Les había salido, a juicio de Manolo, una cosa horrible. Ya terminada la obra, consultaron las bases del concurso y vieron que se exigía poner un lema a la obra presentada. Manolo propuso este lema: *¡Ustedes perdonen!*

Decía Manolo que algunos de sus clientes se habían quejado de que vendiera la misma escultura varias veces. Eran, desde luego, reproducciones de la misma escultura. Le decían:
—Esto no está bien, Manolo; hay que ser un poco más formal.
Y Manolo hacía este comentario:
—Lo desean todo baratísimo. Y, encima, que sea pieza única.

Contaba Manolo que, un día, estaba con unos amigos en la terraza del Continental, que ya no existe. Uno de sus amigos pidió una tila; otro un té; otro una infusión de hierba luisa. Y él, dadas las circunstancias, cuando le llegó el turno, muy en serio, pidió:
—A mí me hace en el cogote una pintada de tintura de yodo.

Algunas veces, cuando Manolo estaba sin dinero, pedía prestado a los amigos. Elegía, para aquella empresa, el ascensor del Círculo Artístico. Y justificaba el sitio así:
—Es que me da la impresión de que en el ascensor la gente toca menos «de peus a terra».
Hablaba siempre en catalán.

Manolo decía del pintor Rusiñol que era hombre descuidado, que nunca tenía prisa en quitarse de encima la ropa sucia. El doctor Pagés le operó para extirparle un riñón. Y Rusiñol, antes de ir a la clínica, tuvo que tomar un baño. Después de la operación, le preguntaban:
—¿Qué? ¿Cómo ha ido? ¿Muy doloroso todo eso?
Rusiñol, con su calma habitual, decía:
—Sí, la operación ha sido una cosa fuerte. Pero lo de veras inaguantable fue el baño. Eso sí que no lo soportaría otra vez.
Y Manolo, cuando contaba esto de su amigo, decía:
—Lo curioso de la respuesta de Rusiñol es que, probablemente, es sincera.

## ISABEL la Católica

Fue la primera reina de la España unificada (1451-1504). Por indicación del cardenal Mendoza, eligió como confesor a fray Hernando de Talavera. En la primera confesión, el monje se sentó y rogó a la reina que se arrodillara a su lado, como lo hacían todos los penitentes. La costumbre protocolaria era que el confesor se arrodillara ante la reina. Isabel, sorprendida, lo indicó así:
—Reverendo padre, es costumbre que ambos nos arrodillemos.
—Es una mala costumbre. El confesionario es el tribunal de Dios. Y ante Dios no hay reyes ni reinas, sino solamente pecadores. Yo, aunque indigno, soy ahora el ministro de Dios. Es justo, por tanto, que yo esté sentado y el pecador de rodillas.
La reina confesó sus pecados de rodillas, y después dijo:
—Éste es el confesor que yo buscaba.

Antes de conquistar el reino de Granada, los Reyes Católicos conquistaron Málaga. Y, en la batalla por la conquista de esta ciudad, el caudillo moro Zenet, en un ataque por sorpresa, llegó hasta el campamento de los cristianos, que retrocedieron para reorganizarse. En una tienda quedaron unos muchachos, hijos de capitanes. Allí los encontró Zenet. Les tocó suavemente con el palo de su lanza y les dijo:
—¡Ea, muchachos, id con vuestras madres!

Los otros capitanes moros le reprochaban después que no los hubiese matado. Y Zenet dio esta explicación:
—Non los maté porque non vide barbas.

## ISABEL II

Nuestra reina Isabel II (1830-1904) fue, según dicen, muy campechana y afectuosa en el trato. Estaba una vez en Comillas, en el palacio de don Antonio López, marqués de Comillas. Y una noche, después de cenar, la hija de Fernando VII quiso jugar una partida de carambolas. Algunos invitados acompañaron a la reina al salón de billar, interesados por ver cómo jugaba. Parece ser que no lo hacía del todo mal, aunque sus oponentes se esforzaban en dejarle siempre las bolas de tal manera colocadas que le fuera cosa fácil hacer carambola, y hasta ganar la partida. Una de las veces, uno de los presentes, sin ni siquiera darse cuenta de la plancha, dijo:
—Así se las ponían a Fernando séptimo.

Todos le miraron, asustados. Isabel II se dio cuenta de la situación y encontró la manera de resolverla muy gallardamente. Dijo:
—Y a veces no las hacía.

Y continuó jugando como si nada.

La frase «así se las ponían a Fernando séptimo» era ya entonces, como lo es ahora, proverbial entre los jugadores de billar, como comentario de una «quedada» de las que dan la carambola hecha.

Durante la revolución de 1854, Isabel II se disponía a abandonar el palacio de Madrid para refugiarse en Aranjuez. Y el marqués de Turgot, embajador de Francia, le dijo:
—Señora, los soberanos que abandonan su palacio en días de revolución, jamás vuelven allí.

Isabel II se quedó y... continuó reinando.

También es cierto que algunos soberanos que no han abandonado su palacio han sido muertos allí, y otros han caído prisioneros y ajusticiados después. La conclusión es que, en caso de revolución, lo mejor que puede hacer un soberano es aquello que en aquel momento, dadas las circunstancias, le parezca más oportuno para conservar la vida, si prefiere conservarla, o para acabar de una vez, si prefiere morir.

## JACOME EL TREZO

En Madrid está la calle de Jacometrezo. Este nombre deriva de un tal Jacome Trezzo, o *el Trezo*, escultor y grabador italiano, y relojero de Felipe II. El rey le debía mucho dinero y no se lo pagaba. Mandóle el rey llamar para el arreglo de algunos relojes. Jacome no acudió a la llamada. Mandóle llamar el rey otra vez. Jacome no acudió. El rey le envió entonces a uno de sus guardias con la orden de traerle a Jacome de buen grado o por la fuerza. Jacome, vista la situación, no se resistió y acudió de buen grado. Y parece ser que el rey, enojado, le preguntó:

—¿Qué merece un criado que no acude a la llamada de su señor?

—Merece, señor, que le paguen y que se le despida.

No dice la anécdota si el rey hizo alguna de las dos cosas, o las dos a la vez.

## JARDIEL PONCELA

Enrique Jardiel Poncela (1901-1952) tenía tanta aversión a todo lo inglés y a los ingleses, que no quería nada con ellos. Cuando ya estaba enfermo y de gravedad, le recetaron penicilina. Entonces se empezaba a usar este medicamento. Jardiel se negó a tomarla. Dijo:

—No, porque esto lo ha descubierto Fleming y es inglés.

Le dijeron que era lo único que le podía salvar y cuentan que dijo:

—Pues prefiero morirme a salvarme gracias a una medicina inglesa.

Y parece ser que no la tomó. Lo único seguro es que murió pocos días después.

Jardiel no admitía que otros escritores se metieran con él. En esto era de una intransigencia a veces injustificada. Un escritor que entonces empezaba a ser conocido, en uno de sus libros dijo algo de lo largo de los títulos de Jardiel. Nada malo. Pero algo que no era una clara alabanza. Y, pocos días después, recibió una carta de Jardiel en la que le advertía que no toleraba que otros se metieran con él. Una carta que obra en poder del autor de esta antología, pues fue él quien la recibió.

Se cuenta (y él mismo cuenta algo de esto en uno de sus libros) que, después del estreno de una de sus comedias, compró un automóvil. Invitó a subir a un amigo y le dio unas vueltas por Madrid, sin percance ninguno. El amigo le decía:

—Has aprendido a conducir en pocos días.

—No del todo.

—Pues hasta aquí te ha salido todo bien.

—Porque no ha habido ocasión de ponerme a prueba. Todavía no sé cómo se frena.

Para el cierre perfecto de la anécdota tenía que haber surgido entonces un camión delante del coche y producirse, en vez del frenazo, el choque del coche con el camión. Pero no parece que ocurriera así.

## JUAN DE AUSTRIA

Todos sabemos que don Juan de Austria (1545-1578) fue el almirante que mandó la escuadra española e italiana contra los musulmanes en la batalla de Lepanto. Nació en Ratisbona y era hijo de Carlos V y de una señora alemana, Bárbara Blomberg. Don Juan de Austria, protagonista de la novela *Jeromín*, del padre Coloma, murió joven, a los treinta y tres años, y soltero. En aquellos tiempos, para alcanzar la victoria en las guerras, se invocaba la ayuda de Dios (y ahora muchos también). Cuando la batalla de Lepanto, el papa de la cristiandad era Pío V. Y este santo padre, al enterarse de la victoria de los ejércitos cristianos sobre los musulmanes, exclamó:
—*Fuit homo missus a Deo, cui nomen erat Johannes.*
Y así quedó atribuida la victoria a la ayuda de Dios.

En el terreno anecdótico, se puede añadir aquí la conocida sentencia de Napoleón de que para ganar una guerra lo único que hace falta es más hombres y más dinero que el enemigo (aunque Napoleón siempre combatió con menos hombres, y aun dinero, que sus enemigos), cosa que puede estar de acuerdo con el sentir popular, cuando convertido en *vox populi* se expresa, en humor, así:

*Vinieron los sarracenos*
*y nos molieron a palos,*
*que Dios protege a los malos*
*cuando son más que los buenos.*

Sin que la supuesta ayuda del cielo convenida al número haya sido siempre cierta, pues, en los tiempos bíblicos, las murallas de Jericó, plaza fuerte de los filisteos, enemigos del pueblo judío, se derrumbaron al son de las trompetas que, por orden del cielo, tocaban los israelitas.

## LAGARTIJO

Este torero (1841-1900) se llamaba Rafael Molina y era de Córdoba. Un admirador suyo, también de Córdoba, le decía:
—Desengáñate, Rafael, en Córdoba sólo habéis sido dos grandes hombres: tú y Gonzalo de Córdoba.
—¿Y el Gran Capitán, dónde lo dejamos?

Se cuenta que, una vez, a Lagartijo le tocó en suerte lidiar un toro de gran tamaño y mucho trapío. El toro se llamaba *Cucharero*. Lagartijo necesitó tres casi enteras para matarle. Después, Lagartijo pidió que le disecaran la cabeza del toro. Cortada había pesado 100 kilos. La tenía en su casa, colgada en la pared, como un trofeo. Un amigo le preguntaba:
—¿Y qué hace aquí este toro que tan mal rato te hizo pasar?
Lagartijo le dio esta razón:
—Lo tengo aquí colgao pa podé echarle mardisiones tos los días y a toas horas.

De Lagartijo es la frase que se ha hecho proverbial entre toreros: «más cornás da el hambre». La dijo una vez que le hablaban del peligro de las cornadas. Con su modo cordobés de hablar, dijo:
—¡Más cornás da el hambre!

También se dice de este torero que, un día, la reina Isabel II le recibió en audiencia y, anticipándose a saludarle para sacarle de apuro, le preguntó:
—¡Hola! ¿Cómo estás?
Y el torero le dijo la verdad, que le salió así:
—Pués, bien comío, bien bebío y bien...
No ponemos la última palabra por respeto al lector. Sólo indicamos que empieza por jota y que es consonante de las otras dos.

## LEÓN, Fray Luis de

Fray Luis de León, poeta y erudito (1527-1591), merece un puesto de honor entre nuestros clásicos, entre otras cosas, por la pureza y la sobriedad de la frase y el rigor de su *ne quid nimis* (nada de sobra), tan poco frecuente en los autores de su tiempo. Era catedrático en la Universidad de Salamanca, tuvo conflictos con la Inquisición por haber traducido el Cantar de los Cantares sin permiso de sus superiores. Era fraile agustino y murió siendo provincial de la orden. Estuvo cuatro años preso y al recuperar la libertad volvió a su cátedra de Salamanca. El primer día de lección, estaba muy concurrida el aula, pues esperaban todos que fray Luis hiciera alguna alusión a la prisión sufrida. Y fray Luis les decepcionó. Subió a la tarima y empezó así:
—*Dicebamos hesterna die...*
Que en castellano es el «decíamos ayer», incorporado al idioma como frase proverbial.
En el colegio nos tomábamos la libertad de cambiar, por diversión, algo de la primera estrofa de la *Oda a la Ascensión* de este poeta. Dice la estrofa:

> Y dejas, Pastor Santo,
> tu grey en este valle, hondo, oscuro,
> con soledad y llanto,
> y Tú, rompiendo el puro
> aire, te vas al inmortal seguro.

Y nosotros decíamos:

> Y dejas, Pastor Santo,
> tu grey en este valle, hondo, oscuro,
> con soledad y llanto,
> y Tú, rompiendo el puro,
> te quedas sin fumar estoy seguro.

## LEÓN

Fue Valeriano León muy buen actor cómico (1892-1956). Su mayor éxito lo tuvo con la comedia de Arniches *Es mi hombre*. Contaba que, en su debut en la Habana, no conseguía que el público entendiera su comicidad. Estuvo mucho rato sin arrancar una sola risa. Y en esto, un niño de corta edad, que estaba con sus padres en una de las primeras filas, empezó a llorar muy fuerte. El actor se adelantó hasta las baterías, sonrió al niño llorón y le dijo:

—¡Cállate, rico, que en seguida acabo!

El público le rió esta ocurrencia. Y rió después todas las demás de la obra, que fue un éxito.

## LETAMENDI

El doctor José de Letamendi fue catedrático de Patología en la Universidad de Barcelona. Se cuenta de él que una de sus primeras lecciones fue llevar a los alumnos a ver un cadáver. Una vez ante él, les dijo:

—Dos condiciones ha de tener un buen médico: no sentir repugnancia por nada de lo que a los enfermos se refiere y poseer en alto grado lo que, entre nosotros, llamamos ojo clínico, que es una especie de intuición profesional que nos hace darnos cuenta, sin error, del tipo de afección que padece el enfermo.

Después les invitó a poner el cadáver en posición de decúbito supino y les dijo:

—Van a hacer ahora ustedes lo mismo que me vean hacer a mí.

Introdujo el dedo índice en el orificio posterior del cadáver y, sin limpiarlo, se lo introdujo después en la boca.

Los alumnos, para quedar bien, todos, uno a uno, repitieron la doble operación. Y, entonces, el doctor Letamendi les dijo:
—Muy bien y muy mal a la vez, puesto que queda probado que saben ustedes vencer la repugnancia natural; pero también queda probado que en ojo clínico andan muy mal, ya que ustedes han usado siempre el mismo dedo, sin darse cuenta de que yo he usado dos: uno para introducirlo en el cadáver y el otro para introducírmelo en la boca.

## LOPE DE VEGA

Félix Lope de Vega Carpio, el príncipe de los ingenios de nuestra edad de oro de la literatura (1562-1635), tenía diecinueve torres en su escudo. Otro poeta, adversario suyo (entonces los poetas, al igual que ahora, pero con más valor, se dedicaban más a la mutua enemistad que a la mutua amistad), le dijo:
—Mucho me temo que a las diecinueve torres corresponden muchas virtudes que vos no tenéis.

Cosa que Lope de Vega consideró una ofensa a su honor. Desafió al otro poeta y le mató. Lope de Vega era muy buen espadachín. La cosa ocurrió en Madrid, de donde Lope de Vega estuvo ausente durante mucho tiempo, para evitar que le encarcelaran.

Lope de Vega, el monstruo de los ingenios, parece ser que llegó a escribir hasta dos mil obras de teatro. Lo único que parece mentira de Lope de Vega es que tuviera tiempo, en los 73 años de su vida, de hacer todo lo que hizo. Tuvo muchos hijos nacidos de distintas mujeres y vio cómo se le iban muriendo; y una hija que le vivió, la sin par en belleza Antoñita Clara, fue raptada, a los 17 años, por un galán de la corte. Y, por todo ello, bien se pudo decir que Lope de Vega, en su vejez, murió de pena, dadas las muchas congojas que le destrozaban el corazón.

Defendió en verso la justicia de hablarle en necio al vulgo necio que paga. Y se cita con frecuencia la defensa que de ello hizo, aunque casi siempre se menciona distinta de como la escribió. Se cuenta que Lope decía:

*—El vulgo es necio y pues lo paga, es justo
hablarle en necio para darle gusto.*

Lope dijo esto, o mejor lo escribió en su *Arte nueva de hacer comedias*, y lo dejó escrito así:

*Escribo por el arte que inventaron
los que el vulgar aplauso pretendieron,*

*porque, como las paga el vulgo, es justo*
*hablarle en necio para darle gusto.*

No dijo, pues, que el vulgo fuese necio. Dijo que al vulgo le gustaba que le hablaran en necio, que, aunque muy parecido, no es lo mismo.

De Lope de Vega y Vicente García (el llamado Rector de Vallfogona), poeta también, aunque cultivara la poesía menos adecuada para competir con el romanticismo, se cuenta que se encontraron una vez, en camino, junto a un niño dormido con la cabeza apoyada en una piedra. Lope de Vega dijo:
—O la piedra es de lana o el niño de bronce.

Y Vicente García le contestó:

*—No hay más lana*
*que no pensar en mañana;*
*ni hay más bronce*
*que no tener años once.*

Sabía Lope de Vega que, por allí, sólo un hombre era capaz de reaccionar poéticamente así, y en seguida, por la versificación improvisada, le reconoció. Aunque otros comentaristas lo cuentan un poco al revés: que el primero en hablar fue Vicente García, y que la versificación la puso Lope.

Un amigo de Lope de Vega le hablaba de su gloria inmortal. Y Lope de Vega le preguntaba:
—¿Inmortal? ¿Y cómo lo podré saber? Y si yo no lo sé, ¿qué me importa la inmortalidad de mi gloria? Gloria, gloria... Tengo escritas novecientas comedias, doce libros en prosa y varios volúmenes en verso. ¿Qué es lo que he conseguido con todo esto? Hacerme algunos enemigos y nada más.
—Pero dentro de muchos siglos todavía se hablará de vos.
—Cosa que sólo servirá para fastidiar a los que entonces estudien literatura; y que a mí, ahora, me tiene completamente sin cuidado.
Y le volvió la espalda.

## LÓPEZ HEREDIA

La actriz Irene López Heredia, que hizo pareja en el teatro durante muchos años con el actor Ernesto Vilches, contaba que una vez, en Alicante, entró en una tienda, donde la conocieron en seguida. La había recibido el dueño de la tienda y pidió permiso a la actriz para presentarle a su mujer.

—Me gustaría que mi mujer la conociera a usted. La llamó. La mujer saludó a la actriz y le dijo que la habían aplaudido muchas veces en el teatro. En fin, todo muy correcto y cordial. Pero la mujer quiso que su hija conociera también a la actriz, y llamó a la hija desde la tienda:
—¡Asunción! ¿Puedes salir? ¡Mira quién está aquí! ¡La gran actriz María Fernanda Ladrón de Guevara!
Esto que le pasó es cosa frecuente. Estábamos una vez en la Costa del Sol con Laura Valenzuela. Era antes de que ella se hiciera tan popular gracias a la televisión. Pero había interpretado varias películas y la gente la conocía. En una tienda, la muchacha que la atendía, le dijo:
—La he visto en películas y la he conocido en seguida.
Y citó tres película en las que la había visto trabajar. Tres películas en ninguna de las cuales aparecía Laura Valenzuela.
Al autor de esta antología, un amigo al que encontró en la calle, le dijo:
—Me gustó mucho tu artículo de *Destino* de la otra semana.
—Gracias, hombre. Pero el caso es que yo no he escrito nunca en *Destino*.
—¿Seguro que no?
—Tan seguro. Y si me dices cuál era el artículo puede que yo sepa el autor con el que me confundes.
Y el otro, después de fingir que pensaba, dijo:
—El caso es que no recuerdo el título del artículo. Era un artículo que trataba de... Pues tampoco lo recuerdo; pero me gustó mucho.
Y así quedamos.

## LUNA

Don Álvaro de Luna (1388-1453) fue privado del rey de Castilla don Juan II y murió decapitado en la plaza de Valladolid, como sentencia del proceso que se le siguió, desde luego con consentimiento del rey.

Camino del cadalso don Álvaro, montado en una mula y cubierto de ropas negras, tuvo que cruzar entre la multitud. Le precedían diez pregoneros que iban voceando el pregón, es de suponer que para ejemplo y bien del país. Decía el pregón:

«Ésta es la justicia que manda hacer el rey nuestro señor a este cruel tirano usurpador de la corona real, en pena de sus maldades y de los deservicios que hizo al rey, mandándole degollar por ello.»

Cuenta la anécdota que uno de los pregoneros se equivocó y que, en vez de «deservicios», dijo «servicios». Y don Íñigo Estúñiga, uno de los caballeros que llevaban a matar a don Álvaro, reprendió al pregonero. Y entonces don Álvaro exclamó:

—Dices bien, que por los muchos servicios que hice al rey, ahora me manda degollar.

Cuando don Álvaro de Luna subió al cadalso vio un garfio en lo alto de un palo. Y preguntó al verdugo:
—¿Para qué este garfio?
—Para colgar vuestra cabeza una vez decapitado.
Y don Álvaro dio así su último parecer:
—Una vez decapitado, me tiene sin cuidado alguno lo que se haga con mi cuerpo y con mi cabeza.

## LLANAS

Alberto Llanas (1840-1915) fue un autor festivo catalán, de muy poca obra y algo más de anécdota. Tenía un hermano fabricante. Llanas le pedía siempre dinero a su hermano y éste, cansado al fin, le buscó un trabajo en Buenos Aires, le pagó el viaje, le dio dinero para vivir un tiempo allí y, así, creyó librarse de él. Llanas llegó a Buenos Aires, bajó a tierra, tomó pasaje de vuelta y volvió a subir al barco. Y mes y medio después desembarcaba en Barcelona. Y lo primero que hizo fue visitar a su hermano, quien, al verle, puso el grito en el cielo. Y Llanas, fingiendo asombro, le preguntó:
—¿Y te parece que ésta es manera de recibir a un hermano que llega de América?

Ya en su lecho de muerte, cuando le faltaba poco para abandonar este mundo, se dio a sí mismo un apretón de manos y lo acompañó de sus últimas palabras:
—Adiós, Llanas.
Y cerró los ojos, dando por cumplida su misión en este mundo.

Un amigo le invitó a comer. Les sirvieron dos pescados, uno mucho mayor que el otro. Llanas, que siempre andaba con el hambre más o menos abierta, se sirvió en seguida el pescado grande. Al amigo no le pareció bien:
—¡Hombre! Te sirves tú el primero y te quedas el pescado mejor.
—De haberte servido primero tú, ¿cuál habrías tomado?
—Pues... el pequeño.
—Pues... ya lo tienes.
Y siguió comiendo.

## LLOPIS

El autor de comedias Carlos Llopis, muerto hace años, decía que nunca les contaba a los empresarios los argumentos de las comedias que les ofrecía.
—Porque si se los cuento piensan en una comedia distinta de la mía.
Y ponía un ejemplo:
—El otro día le conté este argumento a un empresario: Un moro se casa con una cristiana; se va a la guerra, un amigo le dice que su mujer le engaña y el moro mata a su mujer, y se suicida al descubrir que se ha equivocado. Le pregunté su opinión y me dijo que esto no podía gustar a nadie.
Y, después de un silencio, añadía:
—Y le había contado el argumento de *Otelo*, un drama nada menos que de Shakespeare.

## MAEZTU

Ramiro de Maeztu (1875-1936) discutía una vez, en reunión de amigos, sobre nuevos procedimientos de enseñanza. Uno de los que estaban con él, maestro de niños, a las doctrinas de Maeztu opuso un conocido proverbio, con el que quiso defender la severidad en el trato con los alumnos. Dijo:
—Todo lo que usted quiera, pero la verdad es que la letra con sangre entra.
Y Maeztu le contestó:
—Cierto; pero la letra no ha de entrar con sangre del discípulo, sino con la sangre del maestro; lo que equivale a decir con su esfuerzo llevado hasta el último extremo.
Sin duda, el sentido del proverbio es el que le daba el maestro de muchachos; pero la otra interpretación es mucho más bonita y con seguridad más eficaz.

## MEDINACELI

Se cuenta de uno de los duques de Medinaceli (que es uno de los títulos más antiguos de España) que un día, en la provincia de Soria (en donde está la villa de Medinaceli), regresaba a su casa de campo después de una cacería. La guardia civil le salió al paso y le pidió la licencia. El duque la buscó y no la encontró.
—Me la habré dejado en casa.
—Pues tiene usted que entregarnos la escopeta y los conejos.
—Bueno. Ahí tienen.
El duque entregó lo que le pedían. Miró hacia lo lejos.

—Si van hacia allá, yo también. Es mi camino.
No le conocían. Le preguntaron si era de allí. Dijo que ser de allí no lo era; pero que pasaba una temporada en el lugar, donde tenía una casa. Siguieron el camino juntos, los de la guardia civil con ganas de averiguar si todo era verdad. Anduvieron cosa de media hora y llegaron al pabellón de caza del duque.
—Es aquí. Si aguardan un momento...
El duque entró, encontró en seguida la licencia y la enseñó. La guardia civil vio que estaba conforme y devolvió la escopeta y los conejos. Y el duque, muy cumplido, dijo:
—Y muchas gracias por habérmelo traído todo hasta mi casa.

## MELLER

La canzonetista Raquel Meller actuaba con éxito en un teatro de la calle de Alcalá, en Madrid, al parecer en un teatro ya desaparecido llamado Trianón. Un caballero la vistió y le comunicó que la reina, doña Victoria Eugenia, deseaba oírla, y que la invitaba a cantar en palacio. Parece ser que Raquel Meller contestó algo así:
—Si la reina quiere oírme, que venga aquí, al teatro. La misma distancia hay de la calle de Alcalá a la plaza de Oriente, que de la plaza de Oriente a la calle de Alcalá.
—Es que se trata de la reina.
—Pero aquí, donde yo trabajo, la reina soy yo.
Es de suponer que el caballero, cuyo nombre no se cita, supo ser muy diplomático y la cosa terminó en una función de gala en el Teatro Español, a la que asistió la reina y en la que cantó Raquel Meller.

## MÉNDEZ NÚÑEZ

El almirante de la escuadra española del Pacífico don Casto Méndez Núñez (1824-1869) luchó en la batalla del Callao contra fuerzas muy superiores a las suyas. El almirante enemigo le advirtió que podía hundirle todos los barcos. Y, al parecer, Méndez Núñez le contestó con una frase que se ha hecho histórica:
—Más vale honra sin barcos, que barcos sin honra.
Méndez Núñez fue herido en esta batalla. Algún autor afirma que tal frase nunca fue pronunciada, sino escrita, aunque por el propio Méndez Núñez, en carta dirigida al Gobierno. Una carta que terminaba así: «Primero honra sin Marina que Marina sin honra».
Buena la frase y de las que quedan, aunque no parece que el resultado de la batalla del Callao fuese demasiado favorable a

España, ni tampoco al enemigo. Bueno, en algo sí, pues le quedó la frase.
Para ser más exactos, la frase de Méndez Núñez que citan los historiadores dignos de crédito es la siguiente:
—Cumpliré mi deber arrollando cuantos obstáculos encuentre en mi camino. España preferirá que su escuadra quede sumergida en las aguas del Pacífico a que retroceda, aun ante fuerzas superiores. Más vale tener honra sin barcos, que barcos sin honra.
Tres años después de la batalla del Callao, moría Méndez Núñez, como consecuencia de las heridas recibidas en este combate.

## MESEJO

El actor cómico Emilio Mesejo (1864-1931), famoso en el llamado género chico y que había estrenado nada menos que *La verbena de la Paloma*, estrenaba una noche otra obra, al parecer condenada, desde el primer acto, al fracaso. En un momento del comienzo del segundo acto, Mesejo descendía figuradamente de la barquilla de un globo por una escalera de cuerda. La escena, después del fracaso de las anteriores, fue coreada con pateos. Quedó Mesejo solo en escena. Era no muy alto y más bien grueso. Estaba allí, desorientado, sin saber qué hacer. Avanzó hasta las candilejas, levantó los brazos y, aprovechando un momento de calma, dijo:
—¡Si lo llego a saber no bajo!
Era un actor popular, la cosa cayó bien, le aplaudieron la salida y la obra se salvó.

## MONTIJO

La española Eugenia de Montijo (1826-1920) ocupó el trono de Francia, como esposa de Napoleón III y así ha pasado a la historia con el título de emperatriz Eugenia.
Se hablaba un día en palacio de un hombre a quien habían detenido como conspirador, y a quien iban a juzgar. La emperatriz quiso conocer detalles de la vida del acusado. Supo que tenía mujer y seis hijos, y en seguida intercedió por él.
—Seguro que es inocente, víctima de una calumnia.
Le preguntaron si le conocía o si tenía razones en las que apoyar su afirmación.
—Ni le conozco ni las tengo. Pero un hombre con mujer y seis hijos, ¿cómo puede tener tiempo para conspirar?
Cuando era todavía niña, una gitana, después de observarle la palma de la mano, le dijo:

—Llegarás muy alto, vivirás cien años y acabarás en la noche.
Y llegó a emperatriz, vivió noventa y cuatro años y, en sus últimos tiempos, lo había perdido casi todo y estaba casi ciega.

## MORET

Don Segismundo Moret (1838-1913) era un hombre de mucha capacidad. Y se cuenta de él una anécdota parecida a otra, también referida en este libro, de Alejandro Dumas padre. Le eligieron presidente de la Academia de Jurisprudencia, y tuvo que pronunciar un discurso de toma de posesión. Pasaban días y Moret no daba ninguna fecha para su discurso. El presidente saliente, Villaverde, le daba prisa, pues necesitaba ausentarse. Y, al fin, Moret le dio palabra.
—Tal día.
Faltaban tres para el día indicado. Moret se presentó con un fajo de cuartillas. Comenzó la lectura. Moret leía sus cuartillas despacio. Fue un discurso bueno, muy documentado. Cuando ya estaba leyendo una de las últimas cuartillas, la volvió al revés durante la lectura y todos los asistentes pudieron ver que era un papel blanco. Como todas las otras. Y así hasta el final no se supo que Moret estaba hablando sin leer, a punta de más o menos preparada improvisación. Y el discurso duró una hora.

## MUÑOZ SECA

La vida del autor de comedias Pedro Muñoz Seca (1881-1936) fue una larga sucesión de anécdotas, que nos prueban su humanidad. Leemos una de ellas, como contada por uno de sus nueve hijos. Había llegado a Madrid a los veinte años y empezaba a luchar por abrirse paso con sus comedias. Desayunaba todos los días en un café de la Puerta del Sol. A la misma hora, desayunaba allí una mujer anciana. Y, todos los días, Muñoz Seca le regalaba una de las dos tostadas que pedía para él y que, desde luego, pagaba él. Mientras desayunaba, leía el periódico y, después de leído, lo regalaba también a la mujer.
Una mañana la mujer no acudió a la cita; ni al día siguiente, ni al otro ni al otro. Y, algunos días después, se presentó otra mujer, también de cierta edad. Se acercó a Muñoz Seca y le preguntó:
—¿Es usted el señor que le daba la tostada y el periódico a mi vecina?
—Pues, sí.
—Por las señas que ella me dio no podía ser otro. Ella ha muerto, hace cinco días. Y, antes de morir, me nombró a mí heredera de la tostada y el periódico. Y aquí me tiene, a recoger la herencia.

Y allí la tuvo, desde entonces, todas las mañanas, como heredera de la otra.

Dicen sus amigos que una vez que tenía un montón de cartas por contestar, el médico le había dicho que se bebiera una botella de buen vino tinto. Él lo hacía.
—Y esto ¿me ayudará a contestar las cartas?
—No. Pero terminada la botella le tendrá sin cuidado dejar las cartas sin contestar.

También cuentan que decía que lo mejor, para curarse la gripe, era beber, antes de acostarse, desde luego despacito, una botella de coñac.
—¿Y así se cura la gripe?
—No se cura; pero con lo bien que se pasa después, uno se olvida de que la tiene.

Sabido es, pues se ha repetido muchas veces, que Muñoz Seca, cuando fue detenido en Madrid durante nuestra guerra civil, dijo a los que le llevaban preso:
—Me lo podéis quitar todo: el dinero, la familia, hasta la vida. Pero una cosa nunca me la podréis quitar.
Los milicianos quisieron saber cuál era aquella cosa, y Muñoz Seca se la dijo:
—¡El miedo!

## MURILLO

El pintor español Bartolomé Esteban Pérez, que tomó el nombre de Murillo (1617-1682), llevó una vida de trabajo, casi sin anécdota. A los veinticinco años estuvo en Madrid y fue amigo de Velázquez, del que no aprendió mucho, pues el genio no se aprende y nunca la pintura de Murillo estuvo a la altura del genio de Velázquez. Se casó con Beatriz de Cabrera. En Sevilla fue profesor de pintura y tuvo abierta una academia.

Tenía, en su casa de Sevilla, un criado mulato llamado Sebastián Gómez. Un día, el pintor llevó a sus discípulos a estudiar las buenas pinturas del museo. El criado, que estaba solo en la casa, entró en el estudio del pintor y vio, en un caballete, un cuadro de la Virgen sólo esbozado. No pudo resistir a la tentación de poner a prueba su capacidad, cogió los pinceles y dio algunas pinceladas en el cuadro. Murillo lo vio después, conoció en seguida que alguien había pintado allí, llamó al criado y no consiguió poner nada en claro. Al fin dijo:
—Pues el que ha hecho esto sabe lo que se hace y puede llegar a ser un buen pintor.

El criado sucumbió al elogio y confesó:
—He sido yo. Y os pido perdón.
Murillo le perdonó. Y no sólo esto, sino que le auguró un buen porvenir como pintor. Le dijo:
—Creía haber producido sólo cuadros. Ahora sé que he producido también un pintor.
Y, desde entonces, Sebastián Gómez dejó de ser su criado para convertirse en su discípulo predilecto. Y, al parecer, aquel Sebastián Gómez alcanzó cierta fama como pintor, aunque no seguramente mucha, pues no se cita en los diccionarios biográficos, donde no siempre hace falta mucha fama para ser incluido.

Muchos ignoran cómo se produjo la muerte de Murillo. Estaba en Cádiz, en el convento de los capuchinos, donde pintaba *Los desposorios de santa Catalina*. Pintaba subido a un andamio. Se cayó del andamio, con el golpe de la caída se le reprodujo una antigua hernia, se sintió muy mal, fue llevado en seguida a su casa de Sevilla y allí murió, dos años después, como consecuencia del accidente, que bien pudo considerarse un accidente de trabajo.

## NARVÁEZ

El general Ramón María Narváez (1800-1868), duque de Valencia, fue hombre de gran presencia de espíritu. Era presidente del Gobierno cuando ocurrió el motín de estudiantes conocido por «la noche de San Daniel». Los amotinados estaban congregados en la Puerta del Sol, frente a Gobernación. Narváez salió a encararse con ellos (no dice la anécdota si salió al balcón o a la calle) y les dijo:
—Las personas honradas, ¡a sus casas! Los pillos que se queden aquí a entendérselas conmigo.
Al parecer, no se entendió muy bien con los que se quedaron, pues no tardó en dimitir como primer ministro.

Leemos que, a principios del siglo pasado, en una época de persecución religiosa y de expulsión de comunidades, un gobernador (no se dice de dónde) mandó al Gobierno central un comunicado redactado así:
«La degollación de los frailes continúa en medio del mayor orden».
Como anécdota de celtiberismo andante, no está nada mal. Falta que sea verdad.

## ORS

Es difícil clasificar a Eugenio d'Ors (1882-1954) como escritor, pues cultivó géneros muy distintos, pero en especial el ensayo. En Madrid dirigió algunas publicaciones. Le visitó un desconocido y le ofreció un cuento para publicar. D'Ors le dijo que, en todo caso, un ensayo. Era en invierno y el desconocido llevaba capa. Visitó otra vez a D'Ors en primavera. Iba ya sin capa. Y le ofreció un ensayo, tal como D'Ors le había pedido. Y parece ser que Eugenio d'Ors aprovechó la ocasión para decirle:
—Bien, pues, por lo visto, ha hecho usted de su capa un ensayo.

## ORTEGA Y GASSET

Nuestro gran pensador José Ortega y Gasset (1883-1955) dejó escrita una obra considerable y su lectura es, desde todos los puntos de vista, de lo más recomendable. Su discípulo Julián Marías (que no tiene, ni con mucho, la clara visión y limpieza expresiva del maestro), en una conferencia en recuerdo de Ortega y Gasset, dijo: «Nunca un muerto me ha parecido menos muerto que Ortega. Nunca he podido pensar en él como pretérito. Cuando lo aludo, lo hago como si estuviera entre nosotros». Y de la generación comprendida entre los años veinticinco al cuarenta, dice muy acertadamente: «Han encontrado a Ortega reducido a libros. Convertido en una biblioteca». ¡Feliz encuentro!

Ortega y Gasset murió hace cosa de quince años. En este tiempo se han vendido cerca de dos millones de libros de Ortega. Éste es el dato que más sitúa a Ortega como un maestro entre nosotros. En el pensamiento de Ortega resalta, acaso por encima de todo, la doctrina del «punto de vista» y la de «la claridad mental». La doctrina del punto de vista podría formularse así: «Todo es según dónde y cómo están situados, y según cómo es la pantalla de los ojos del que mira». Éste es uno de los últimos testimonios de la desigualdad radical humana que hace imposible, en la mayoría de los casos, el diálogo. La doctrina de la claridad mental se podría formular así: «Una cabeza clara adopta siempre una posición intermedia entre el sí y el no. En esta posición está la máxima altura mental que puede alcanzar el hombre en nuestros días».

Ortega recibió la visita de un joven con ganas de llegar a profundizar en el conocimiento. Le preguntó:
—¿Lees mucho?
—Pues sí; leo.
—¿Y qué lees?

El muchacho dio los nombres de algunos autores. Ortega le interrumpió:

—Habría preferido que, a la primera pregunta, me hubieses contestado ¡mucho! y a la segunda ¡todo!; ambas contestaciones en gritos espontáneos, sin ni siquiera pensarlo.

Cuenta un discípulo de Ortega que el maestro escribía frente a un gran paño negro colgado de la pared, y que así conseguía que nada le distrajera de su pensamiento y su trabajo, mientras escribía. Y otro discípulo aconsejaba: «Antes de ponerse a leer a Ortega es bueno crear, en el propio pensamiento, una pantalla blanca, y así eliminar todo pensamiento propio, que pudiera ser obstáculo a la asimilación del claro y hondo pensamiento del maestro».

## OSUNA

Hay dos famosos duques de Osuna, el tercero y el duodécimo. El tercer duque de Osuna se llamó Pedro de Alcántara Téllez Girón (1579-1624). Llevó una vida muy alborotada y fue virrey de Sicilia en tiempo de Felipe III. Una de sus principales glorias es haber tenido a su servicio nada menos que a don Francisco de Quevedo y Villegas. Este duque de Osuna murió en la cárcel (una cárcel para nobles de las de entonces) en tiempo de Felipe IV. Pero el personaje más anecdótico fue el duodécimo duque de Osuna (1814-1882), Mariano Téllez Girón Beaufort Spontin, cuyas anécdotas se refieren casi todas a la forma como dilapidó una inmensa fortuna.

Estuvo como embajador de España en Rusia en tiempos del zar Alejandro II. En una fiesta de palacio, el duque de Osuna llegó el último y estaban ya ocupados todos los asientos. El duque llevaba una capa con tiras de armiño y, prendidas en la capa, algunas condecoraciones de oro y pedrería, de gran valor entre todas. Puso la capa en el suelo y se sentó allí, sobre la capa. Al ir a salir del salón, dejó la capa en el suelo. Un criado la recogió y se la dio.

—La capa de su excelencia, señor duque.

Y el duque, sin admitirla, dijo:

—El duque de Osuna nunca se lleva su asiento.

Y así quedó la capa con todas las condecoraciones en poder de un criado de la corte rusa.

El duque de Osuna tenía casa puesta en Madrid, y durante sus largas ausencias, en su casa de Madrid se ponía la mesa todos los días a la misma hora y estaba la comida a punto, por si el señor duque, inesperadamente, llegaba a comer.

También se dice que a determinada hora, todos los días, el coche del señor duque (un coche de caballos) iba a la estación, por si el señor duque llegaba, inesperadamente, a Madrid.

Tuvo este duque de Osuna, como secretario, a don Juan Valera, diplomático y escritor, que publicó tres volúmenes de *Cartas desde Rusia*. Se dice del duque de Osuna que, ya en la pendiente de la ruina, su administrador le propuso pasarle una importante cantidad todos los años; que se comprometiera a no gastar más y que, así, podría salvarse de la ruina total. No se resignó y prefirió continuar gastando a su antojo hasta perderlo todo. Rasgo que puede considerarse, en cierto modo, muy español... de entonces.

## OZORES

Cuentan de José Luis Ozores, maestro gran actor, fallecido en plena juventud, que estaba rodando una película en un escenario que figuraba la antigua Roma. Y el director, Luis Lucia, de pronto, le preguntó:
—¿Sabes conducir una cuadriga?
Y Ozores, muy en serio, contestó:
—Sí. Tengo una en la puerta. La he cambiado esta mañana por el «cuatro-cuatro».

## PALACIO VALDÉS

Leemos del novelista Armando Palacio Valdés (1853-1938), autor de *La hermana San Sulpicio*, que, en cierta ocasión, dijo:
—Si España poseyera tantos barcos y cañones como Inglaterra, Francia o Alemania, su literatura clásica estaría considerada como la primera del mundo.
Cosa parecida hemos leído en un autor nuestro moderno, aunque dicho del siguiente modo:
—Si España fuese una primera potencia mundial, por encima de Inglaterra, Lope de Vega y Calderón de la Barca serían considerados, como autores dramáticos, superiores a Shakespeare.
Y ya que hemos citado a Calderón, permítasenos deslizar aquí una curiosa frase debida a juego de palabras, que no hace falta escribir entera para que tenga toda su gracia. La aprendimos de viva voz de alguien cuyo nombre no recordamos. Es así: *El mundo es una barca, dijo Calderón de la...*

## PARDO BAZÁN

Se cuenta de la condesa de Pardo Bazán (1852-1921) que, en su juventud, mandó un cuento a un concurso. Y le dieron el premio. Un tiempo después, un maestro de escuela escribió a la entidad que había organizado el concurso, diciendo que el cuento premiado era copia exacta de otro cuento francés escrito mucho antes. Y así era, en efecto. Los directivos de la entidad escribieron a la Pardo Bazán, comunicándole el descubrimiento. Y ella les contestó que sí, desde luego, y que lo había hecho adrede para poner a prueba la competencia del jurado; la cual bien probada quedó. Y se dice que hasta les recomendaba que, otra vez, eligieran a otros mejor enterados.

## PASTORA IMPERIO

Se dice que Pastora Imperio recibió una noche, en su camarín, a la actriz María Guerrero. Y la Guerrero le preguntó:
—¿Es muy cansado bailar como lo hace usted?
Y contaba después que Pastora Imperio le contestó:
—¡Calle usted! ¡Con lo que el público nos hace repetí! Ustedes las cómicas salen, hablan lo suyo y se van tan descansás. Pero nosotras, las artistas...
Y es curioso que los cantantes, bailarines y todos los que trabajan en los escenarios, en algo que no sea simplemente «teatro», se llamen a sí mismos artistas. Y los actores no se lo llamen nunca, ni cómicos tampoco, palabra que sólo se usa en tono de cierto desprecio hacia la profesión.

## PEDRO EL CRUEL

Pedro I el Cruel, el Justiciero, según sus partidarios, rey de Castilla (1334-1369), murió a manos de su hermano bastardo Enrique de Trastamara. Lucharon los dos y un famoso capitán francés, Beltrán Dugesclin, que estaba al servicio de don Enrique, ayudó a éste a levantarse, cuando estaba a punto de caer bajo el puñal de don Pedro.
—Ni quito ni pongo rey, pero ayudo a mi señor.
Pedro el Cruel se había casado con doña Blanca de Borbón y la abandonó tres días después por doña María de Molina, a la que amaba.
Se cuenta que, durante el reinado de Pedro el Cruel, un arcediano de Sevilla mató a un zapatero. El hijo del muerto pidió justicia al obispo y éste condenó al arcediano a no decir misa durante un año. Entonces, el hijo del zapatero mató al arcediano

y el obispo fue a pedir justicia al rey. Y don Pedro, informado del caso, condenó al asesino a no hacer zapatos durante un año.

## PEREDA

De José M.ª de Pereda, autor de *Peñas arriba* (1833-1906), se cuenta que, en cierta ocasión, le visitó un escritor joven, madrileño. Pereda era santanderino y la cosa ocurrió en Santander. Iban los dos de paseo y llovía fino y menudo, como suele llover allí. El escritor castellano dijo:
—En mi pueblo de Castilla esta lluvia se llama calabobos.
Y Pereda, muy amable, respondió:
—Es un regionalismo de allí. Aquí no se dice porque como bobos no hay, pues...
La misma anécdota se atribuye al rey don Alfonso XIII, en uno de sus viajes a Santander. Y parece ser que quien le dijo lo de la ausencia de bobos fue el alcalde de Santander, que acompañaba al rey bajo la lluvia, y había copiado la frase de Pereda.

## PÉREZ DE AYALA

Don Ramón Pérez de Ayala (1881-1962), en las entrevistas que le hacían los periodistas, daba con frecuencia contestaciones que pudieran sorprender al lector. Recordamos una, ciertamente ingeniosa. Le preguntaban:
—Y del Quijote, ¿qué nos dice?
—Ah..., se puede leer.

## PICASSO

Picasso tenía, al parecer, la costumbre de ir muy raramente vestido. Y parece ser que, un día que iba vestido más o menos como de costumbre, alguien le preguntó:
—¿No crees que empiezas a ser demasiado viejo para vestir así?
Picasso exclamó:
—¡Otra vez! Siempre que me dicen que soy demasiado viejo para hacer una cosa, la hago en seguida. Y ahí a la vista tienes el resultado.

Uno de sus amigos del tiempo que estuvo en Barcelona era un tal Soto. A los dos les gustaba vestir con cierta elegancia. Entonces los elegantes llevaban siempre guantes. Soto tenía guantes; Picasso, no; ni tenía dinero para comprarse unos. Y le dijo a su amigo:

—Tú tienes dos guantes y yo ninguno. Si me prestaras uno... Soto se lo prestó y, desde entonces, iban los dos con una mano enguantada y la otra mano en el bolsillo.

Cuentan de Pablo Picasso que un joven pintor le pidió consejo para llegar a ser alguien como pintor. Y Picasso le preguntó:
—¿Ves algo con los ojos cerrados?
—Pues... no sé, no estoy seguro.
—Asegúrate. Cierra los ojos y, si ves algo, píntalo. Y si te sale algo bueno, ya está.

Michel Georges-Michel, autor del libro *De Renoir a Picasso*, cuenta la siguiente anécdota:
Un pintor de Montparnasse me trajo un día una tela de Picasso para que intentara venderla. Me pidió poco dinero y me la quedé antes de intentar nada. El pintor me aconsejó que, antes de poner el cuadro a la venta, lo enseñara al propio Picasso, y que así estaría seguro de su autenticidad. Se lo enseñé y Picasso me dijo en seguida:
—Es una falsificación.
El que le había vendido el cuadro le visitó otro día con otro Picasso. Y Georges-Michel le repitió lo que había dicho Picasso. El pintor protestó. Dijo que el propio Picasso le había regalado algunas pinturas, y que las vendía porque necesitaba dinero. Georges-Michel se las pidió para que Picasso las viera. Se hizo así y Picasso dijo de todas que eran falsificaciones. Georges-Michel tenía a la venta un cuadro que había comprado al mismo Picasso, y que había visto cómo Picasso lo pintaba. Se lo enseñó como si fuera uno más de los del otro pintor. Y Picasso sentenció:
—Es una falsificación, como todos.
—Pero si este cuadro yo vi cómo lo pintabas, aquí, en tu propio taller.
—¿Y qué? Yo también pinto falsos Picassos. Soy mi principal falsificador, no lo dudes.

Un joven pintor le dijo:
—Yo sí que comprendo sus cuadros, maestro.
Picasso quedó muy asombrado.
—¡Hombre! Pues explíquemelos, a ver si yo consigo comprenderlos también.

A Picasso se le atribuye una buena definición de la pintura llamada moderna. No importa que la misma definición se atribuya a otros pintores. Algunas de esas definiciones son muy antiguas y han ido pasando de unos a otros. La atribuida a Picasso es ésta:

—La pintura llamada moderna es aquella que nunca llegará a ser antigua.

En cierta ocasión, comía en un restaurante, en una pequeña ciudad. Mientras comía, se entretuvo dibujando algunas figuras sobre el mantel. Llegada la hora de pagar, el dueño de allí no quiso cobrarle nada.
—Guardaré el mantel. Es el mejor precio.
Lo que no dice la anécdota es si todavía lo guarda o si, después, lo vendió.

Tuvo una modelo, llamada Silvette, una muchacha joven, bonita, a la que conoció de verla pasar, casualmente. Hizo, con ella, algunos cuadros. Y, como paga, le regaló uno.
Silvette se casó después, tuvo el marido enfermo y sin poder trabajar en mucho tiempo. Y, para pagar la curación del marido, ella vendió el cuadro que le había regalado Picasso. Y se lo pagaron muy bien.

Papini, en su *Libro negro*, atribuye a Picasso esta declaración:
—Yo no soy un verdadero artista. Lo único que hago es divertir a la gente con todo lo que me pasa por la cabeza.
Un periodista italiano que consiguió que Picasso le recibiera, le preguntó si era verdad que había dicho esto.
—No lo recuerdo. Pero si lo dije fue en un momento de exagerada vanidad. Pienso que para divertir al mundo durante mucho más de medio siglo, y siempre con éxito creciente, se ha de ser un verdadero genio.

Una muchachita le conoció y se le acercó a hacerle una pregunta:
—Oiga, señor Picasso, ¿por qué pinta esas cosas tan raras?
—Pinto las cosas tal como las veo, hija mía.
—Y... lo que pinta, ¿no lo ve?

## PICÓN

José Picón (1829-1873) fue un buen sainetero, autor de varias obras y del que, lo mismo que ha pasado con otros escritores, el éxito de una de ellas ha hecho olvidar las otras. La de éxito de Picón fue *Pan y toros*, con música del maestro Barbieri, estrenada en Madrid en 1864.
La decoración del segundo acto es un callejón sombrío y, al fondo, un palacio, a través de los cristales de cuyos balcones se ven las luces encendidas y, a la luz de ellas, mucha gente distinguida que canta, baila y alborota. Y, en la calle, se produce un

crimen entre mendigos. Llega el corregidor al lugar del crimen. Se oye a lo lejos la voz lastimera de un mendigo:
«Para el pecado mortal...»
Y el corregidor, al ver a un hombre muerto, grita:
«¡Pronto! ¡Aquí los alguaciles!»
Se oye lejana la voz del mendigo:
«Una limosna quién da.»
Damas y caballeros se asoman al balcón del palacio en fiesta y preguntan desde allí:
«¿Qué es eso? ¿Qué es eso?»
Y el corregidor les tranquiliza:
«¡No es nada! Un hombre muerto. Puede el baile continuar.»
Y éste es el origen de la frase ya proverbial «puede el baile continuar», que se aplica para indicar que nada de lo malo o desgraciado que sucede impide que otros sigan pasándolo bien.

## PRIM

El general Prim (1814-1870) fue gobernador militar de Barcelona. Por lo que fuese, no tenía a todo el pueblo a su favor. Y se dice que algunos expresaban su desacuerdo con él en la letra de esta canción:

*Ai! Xim, xim,*
*visca la Junta, visca la Junta.*
*Ai! Xim, xim,*
*visca la Junta i mori en Prim.*

Con lo de la Junta, se refería la canción a una de tantas formas provisionales de gobierno establecidas para salir de uno de tantos embrollos políticos por los que pasaba entonces España.
Hubo tumulto. Prim, a caballo, desafió a los manifestantes. Y de la multitud salió un grito:
—Aquest el que busca es la faixa!
Todo en catalán, claro está. Se refería el grito a la faja de general. Prim sólo era, entonces, coronel, grado que consiguió a los veinticinco años. Y Prim, sin inmutarse, contestó al grito con otro:
—¡O caixa o faixa!
Espoleó su caballo y cruzó entre la multitud sin miedo ninguno. Pronto le llegaron refuerzos, dominó la revuelta y fue nombrado general. Con su grito había significado que «o la muerte [la caja] o la faja» [de general]. Y obtuvo la faja, aunque años más tarde obtuvo también la caja, al ser asesinado a tiros en una calle de Madrid, llamada entonces del Turco y ahora del Marqués de Cubas.

El general don Juan Prim y Prats fue ministro y presidente del Consejo de Ministros. Una vez, en el Congreso, uno de sus enemigos políticos pronunció un discurso contra los proyectos del general. Era un hombre que hablaba muy bien. Y, terminado el discurso, Prim le aplaudió.
—¿Aplaude a sus enemigos?
Y el general, con su habitual sangre fría, contestó:
—Aplaudo la música, no la letra.

Prim era catalán y también lo era otro de los ministros de su Gabinete, cuyo nombre no cita la anécdota. El otro ministro tenía la palabra y no dejaba de usarla. Comenzó a decir cosas que Prim prefería que no se dijeran. No sabía cómo advertirle a su ministro que se callara. No quería interrumpirle, pues se habría notado su contrariedad por las manifestaciones del ministro. Escribió una nota en un trocito de papel y la puso, por debajo de la mesa, sobre las rodillas del ministro, que estaba sentado a su lado. El ministro se dio cuenta, recogió la nota y la dejó disimuladamente sobre la mesa donde la pudiera leer. Y, en seguida, dio por terminada su peroración. Otro ministro se había dado cuenta y alcanzó la nota. Pero estaba escrita en catalán, y el otro ministro no entendió nada. Decía la nota: «Ficat la llengua a la butxaca i no t'emboliquis».

## QUEVEDO

Don Francisco de Quevedo Villegas (1580-1645) es, sin duda, el escritor castellano que más géneros ha cultivado, y todos como gran maestro, siendo el que más genialmente ha sabido manejar el idioma. Se habla mucho del idioma de Cervantes como expresión sinónima de «castellano». Y bien está. Pero ¡Quevedo! A un futuro escritor, con ganas de nutrirse idiomáticamente a fondo, le diríamos que leyera trozos de Cervantes, pero que a Quevedo se lo leyera todo. Y, por otra parte, Quevedo nos ha dejado el mejor soneto que se ha escrito jamás en castellano, el titulado: *Amor constante más allá de la muerte,* que empieza así:

> *Cerrar podrá mis ojos la postrera*
> *sombra que me llevare el blanco día...*

Y que termina con aquellos tres versos monumentales, verdadero prodigio del genio:

> *su cuerpo dejarán, no su cuidado;*
> *serán ceniza, mas tendrán sentido;*
> *polvo serán, mas polvo enamorado.*

Se cuenta de Quevedo que estaba una vez en cuclillas, en una calle poco concurrida, aprovechando el sitio y la oscuridad para defecar, y que pasó por allí un italiano, le vio y exclamó:
—¡Que veddo!
Y el poeta decía después:
—¡Hasta por detrás me conocen!

El rey Felipe IV estaba casado, en segundas nupcias, con Mariana de Austria, hija de Fernando III de Alemania. Esta reina tenía cierto defecto al andar, y Quevedo apostó que le hablaría de su cojera sin que ella se diera cuenta. Y, en una recepción de palacio, ofreció dos flores a la reina, un clavel y una rosa. Y le dijo, al ofrecérselas:
—Entre el clavel y la rosa, vuestra majestad escoja.

Otra vez, el rey Felipe IV le pidió que improvisara, rápidamente, una cuarteta. Y con gracia, desde luego. El poeta le dijo:
—Dadme pie.
Como pidiendo tema. Y el rey, que estaba sentado en el trono, le alargó en broma uno de sus pies. Quevedo tomó en la mano el pie real, y declaró:

*—En semejante postura
dais a comprender, señor,
que yo soy el herrador
y vos la cabalgadura.*

En los tiempos que vivió Quevedo el río Manzanares llevaba tan poca agua como ahora, o mucha menos, pues no se había construido ningún embalse. Pero Felipe II había hecho construir un puente sobre el río, que costó mucho dinero. Quevedo pidió audiencia al rey, y le dijo que iba a hacerle una proposición, que le daría más fama de la que el puente del Manzanares había dado a Felipe II.
—Os escucho —le dijo el rey.
—El puente costó mucho dinero y el río no lleva agua; que vendáis el puente y con el dinero compréis agua para el río.

En su epístola XXIX Quevedo escribe: «No seas de los vulgares que dicen que todo tiempo pasado fue mejor..., pues forzosamente dirá el futuro en llegando que es mejor éste, no por bueno, sino por pasado». Supone con este texto Quevedo que decir tal cosa es una vulgaridad. Y si lo es, será una vulgaridad bíblica, pues ya en el Eclesiastés se dice que: «Priora tempora, meliora fuere quam nunc sunt» (Los tiempos pasados mejores fueron que los de ahora).
Y si en una clase de literatura nos preguntara el maestro de

dónde se ha tomado esta frase proverbial, ¿qué le diríamos? A Quevedo se le lee, pero las epístolas es de lo que menos se lee, y el Eclesiastés, aunque allí se encuentra casi toda la filosofía popular que se ha propalado después, tampoco es lectura corriente. ¿De dónde? Un alumno aplicado contestaría en seguida:
—¡De las coplas de Jorge Manrique a la muerte de su padre!

Y si tuviera buena memoria hasta recitaría la primera estrofa:

> *Recuerde el alma dormida,*
> *avive el seso y despierte*
> *contemplando*
> *cómo se pasa la vida,*
> *cómo se viene la muerte*
> *tan callando:*
> *cuán presto se va el placer,*
> *cómo después de acordado*
> *da dolor;*
> *cómo a nuestro parescer*
> *cualquiera tiempo pasado*
> *fue mejor.*

Era gran conocedor del castellano y basta leer sus obras para convencerse. Una vez, como para probarle tanto conocimiento, alguien le preguntó si sería capaz de terminar cualquier cuarteta de la que le dieran los dos primeros versos. Quevedo dijo que, al menos, sería capaz de intentarlo. Y le propusieron estos dos versos:

> *De lejos venís, señor,*
> *se os conoce por el polvo.*

Y Quevedo, sin pensarlo mucho, añadió:

> *Y a vos se os ve pecador*
> *y como a tal os absolvo.*

Quevedo quedó muy bien, pues salió del apuro. Pero quien le propuso el juego pudo haber elegido mejor. La palabra *polvo*, si bien muy escasa en consonantes, tiene algunos, aunque los dos más conocidos no sólo acaban en *olvo*, sino en *polvo*, y uno de ellos, *guardapolvo*, pudiera no servir, por ser palabra compuesta de *polvo*, y menos quizás en tiempos de Quevedo, pues es muy posible que entonces no se conocieran tales prendas de vestir. Pero el otro consonante, *rapapolvo*, aunque acabe en *polvo*, no es palabra tan claramente compuesta. El diccionario la define como «reprensión áspera», y la hace derivar de «rapar» y «polvo»; clara aunque incomprensible etimología, pues no se ve que el rapar ni el polvo tengan ninguna relación con la aspereza de las reprensiones.

Si alguna vez nos da por repetir este juego, en vez de *polvo*, elegiremos *mezcla, ímpetu, tribu, lepra, perpetuo, almizcle, fúnebre* o *análisis*. Y el que haya aceptado la apuesta es casi seguro que en su busca del consonante quedará poco airoso.

Un importuno le estaba escribiendo una carta tras otra. Quevedo, para acabar aquella correspondencia de una vez, le escribió: «Señor mío: Acabo de morir. Y, dadas las circunstancias, no podré permitirme el gusto de contestaros más».

El importuno le contestó con otra carta, en cuya dirección ponía:

«A don Francisco de Quevedo, en el otro mundo».

Estaba una vez Quevedo en Italia. Se peleó con uno del país y tuvo que comparecer ante el juez, que le preguntó el nombre.
—Don Francisco de Quevedo.
—¿Por qué añadís tantas cosas al apellido? Un don y un de.
—Por respeto a mi linaje.
—Pero si todos los españoles hacéis lo mismo!
—Porque todos somos de ilustre linaje.

El juez aprovechó la ocasión para decirle que había conocido a un español que se llamaba simplemente Luis García Petto.
—¿Petto, con dos tes? —preguntó Quevedo.
—Exactamente.
—Eso prueba que era hijo de español e italiana y, por lo mismo, menos linajudo que los españoles de pura raza, como don Francisco de Quevedo Villegas.

Un día que se hablaba de la grandeza de Felipe IV, y hasta de la conveniencia de darle este calificativo y hacerle pasar a la historia como Felipe IV el Grande, Quevedo, que tomaba parte en la conversación, no se mostró muy de acuerdo con ella.
—Sí, es un monarca grande; pero a la manera que son grandes los pozos.

Tuvo que dar una explicación para que se le comprendiera:
—Que más grandes son los pozos cuanta más tierra se les quita.

Se refería con esto a las pérdidas de tierras de sus reinos que había tenido que sufrir Felipe IV. Perdió Portugal y Flandes, empezó a perder algún pequeño territorio de ultramar...

Y con todo, pese a Quevedo, empezó a anticiparse a los tiempos, y en este sentido se le podría tachar de genial, puesto que ya ahora todos los países colonizadores han perdido, si no todos, casi todos los territorios que en colonias tenían.

Se hablaba de los peligros que supone dejar a la mujer en casa,

cuando el marido se va a la guerra, sobre todo en los tiempos de Quevedo, más civilizados que la Edad Media, y en los que ya no se usaba el cinturón de castidad. Uno decía:
—Bien harán los maridos, en casos así, si dejan a sus esposas bajo llaves y con guardianes.
Y Quevedo añadió:
—Y con otros guardianes que guarden a los guardianes y así sucesivamente, hasta que...
No terminaba la frase. Le pedían que la terminara y decía:
—Hasta que deje de usarse este adverbio, y en vez de *sucesivamente* se diga otra cosa.

## RAMIRO II

Ramiro II el Monje rey de Aragón, vivió, aproximadamente, entre 1090 y 1154, sin que se conozca con certeza la fecha de su nacimiento. Los nobles de su reino habían adoptado una actitud rebelde contra el rey. Y el rey anunció un día que haría fundir una campana cuyo sonido se oiría desde todo el país. Había sido monje benedictino y, por lo mismo, le llamaban, en burla, el rey *Cogulla*. Según la leyenda, invitó a cenar a muchos de los nobles rebeldes y, a medida que llegaban al palacio real de Huesca, un verdugo les iba cortando las cabezas y las dejaba en el suelo, donde formaban un círculo. En el centro quedó la cabeza cortada del último en llegar. Y así se hizo la famosa campana, con badajo en el centro, cuyo ruido tenía que oírse tanto. Y verdad o no, mucho se ha oído, pues todavía ahora se recuerda, si no el hecho, sí la leyenda de la campana.

## RAMÓN Y CAJAL

Santiago Ramón y Cajal (1852-1934) fue una de nuestras glorias nacionales en medicina. Un día, hacia la madrugada, llamaron a su puerta. Su esposa abrió. Era un telegrama de Suecia, en el que comunicaban a don Santiago que había recibido el Premio Nobel de Medicina. Ramón y Cajal no pensó que fuese verdad.
—Esto son cosas de los estudiantes —dijo—. Una broma que me han querido hacer.
Y continuó durmiendo. Después, por la prensa, supo que era verdad.

Era tenido por sabio y lo era. Parece ser que un amigo le preguntó:
—Bueno, a ver, dinos: ¿es muy difícil llegar a sabio?
—Pues sí; sobre todo por los pequeños detalles. Para mí lo

más difícil ha sido aprender a ser distraído en público, a perder el sombrero, a salir con paraguas los días de sol, a mojar la pluma en el frasco de la goma y a echar el reloj en el agua hirviendo, y mirar la hora en el huevo en vez de ponerlo a cocer. Menos lo del huevo, que es muy complicado, todo lo demás me sale ya bastante bien.

Tenía la costumbre, cuando daba clase, de repetir la palabra *¿comprenden?* Un día observó que sus alumnos le escuchaban con más atención que de costumbre. Sorprendido, les preguntó:
—Veo que hoy no pierden palabra de lo que les digo. ¿Tanto les interesa?

Y uno de los alumnos, sin miedo ninguno, pues no era hombre para asustar a nadie, le dijo:
—Es que hemos apostado a si diría usted *¿comprenden?* un número par o un número impar de veces. Y como nos jugamos bastante dinero, las contamos, o las contaremos, pues aún no la ha dicho ninguna vez.

Ramón y Cajal continuó la lección y ni una sola vez dijo su acostumbrado *¿comprenden?* Sólo al final de la lección, añadió:
—¿Comprenden? ¿Comprenden? ¿Comprenden? Tres veces; ganan los impares.

## RAMPER

El famoso caricato y equilibrista Ramper (1892-1952) se llamaba Ramón Álvarez Escudero. Al principio, trabajaban juntos dos hermanos: Ramón y Pedro, al que llamaban Perico, y del ram de Ramón y el per de Perico hicieron el nombre de guerra *Ramper*. Pedro murió y Ramper continuó trabajando solo. Su trabajo consistía en entretener al público durante mucho rato con sólo uno o dos ejercicios, amenizados con chistes y ocurrencias. Ponía sillas una encima de otra e iba subiendo por ellas. Después de subir algunas decía:
—Y ahora, mucha atención. Porque yo soy hombre prevenido y, como ya es sabido que hombre prevenido vale por dos, subirá el otro.

Y, desde donde estaba, fingía mirar cómo otro subía y, en un momento dado, sonaba un redoble como si el otro hubiese llegado a la última silla. Fingía después que el otro se caía, que lo veía caerse, se inclinaba como para verlo mejor, y tranquilizaba al público:
—Nada; no se ha hecho daño.

En este ejercicio de subir sillas en equilibrio, a medio subir se detenía y empezaba a contar cosas. Y decía:

—Yo, cuando hago un ejercicio difícil, nunca dejo de hablar; sí, sí, Ramper está hablando. Y así, si se cae, como está blando, pues no se hace daño.

Cuando el incendio de Santander, Ramper en una función a beneficio de los damnificados, vendía corbatas junto a la puerta del teatro. Las vendía a cien pesetas. Un señor le pagó con un billete de quinientas y reclamó la vuelta. Ramper le dijo:
—¿Una vuelta? En seguida.
Y dio allí mismo una voltereta en el aire. El comprador no reclamó más el cambio.

## RÍOS ROSAS

El político Antonio de los Ríos Rosas (1812-1873), en una sesión del Congreso muy aburrida, dio algunas cabezadas, vencido por el sueño. Otro diputado le tocó el hombro y le dijo:
—Perdone...
—¿Qué pasa?
—No pasa nada, pero como estaba usted dormido.
—¿Dormido? Lo que estaba es durmiendo.
—¿No le parece lo mismo?
Ríos Rosas lo pensó un poco.
—Pues no lo sé. Lo que sí le puedo asegurar que estar bebiendo y estar bebido no es lo mismo.

Y parece ser que el otro diputado añadió otro caso de participio y gerundio, con significado totalmente distinto, que sería cierto atrevimiento poner aquí y que el lector, si tiene la sagacidad que le suponemos, puede imaginar.

## RODRÍGUEZ MARÍN

El eminente polígrafo español Francisco Rodríguez Marín (1855 a 1943) fue a tomar las famosas aguas de Marmolejo, en la provincia de Jaén. Había allí un ceramista muy popular, llamado Vallejo, a quien muchos bañistas visitaban. Rodríguez Marín le visitó y Vallejo le pidió que le pusiera algo en su álbum. Y Rodríguez escribió las siguientes quintillas, al parecer improvisadas:

> *Dos cosas muy principales*
> *se admiran en Marmolejo,*
> *las dos en mérito iguales:*
> *las aguas medicinales*
> *y el taller del buen Vallejo.*
> *Su oficio es noble y bizarro*

*y de todos el primero,*
*pues para gloria del barro,*
*Dios fue el primer alfarero*
*y el hombre el primer cacharro.*

## RUSIÑOL

Del pintor catalán Santiago Rusiñol (1861-1931) se cuentan, verdad o mentira, muchas cosas. En este libro se repiten algunas. Otras que se cuentan aquí, tomadas de oído a través de amigos del pintor, no se habían contado nunca.

Rusiñol (este apellido se escribe así, en una mezcla ortográfica de catalán y castellano, cosa que ocurre con frecuencia con los apellidos) estaba cenando con amigos. De la sopa dejó caer unas gotas sobre su camisa. De la salsa del primer plato también. Y de la del segundo plato, y del flan que tomó de postre se frotó un poco por la camisa, manchándola. Al fin, le preguntaron la razón de mancharse tanto y dio ésta:

—Mañana por la mañana mi mujer me preguntará: «¿Qué cenaste ayer?». Me lo pregunta siempre y yo nunca me acuerdo. Y, así, mañana me bastará enseñarle la camisa y decirle:

—¡Míralo! ¡Esto!

En la juventud tenía por modelo un hombre llamado Piñol (otro apellido escrito con ortografía mezclada). Lo estaba pintando desnudo, para un cuadro que figuraría un santo. Piñol tenía una larga barba encanecida. Y, mientras pintaba, tuvo una idea y la realizó en seguida. Le dijo al modelo:

—Espera; vuelvo en seguida.

Entró en la habitación donde el modelo dejaba la ropa, se quitó la suya, la guardó bajo llave, se puso el vestido viejo del modelo y salió a la calle. Era un vestido muy viejo, lleno de remiendos. Rusiñol también llevaba barba, y con aquel vestido podía pasar por un pordiosero. Esto es lo que intentó y se estuvo un buen rato en la puerta de una iglesia, tendida la mano, pidiendo limosna.

Tardó horas en volver a su estudio. Allí encontró a Piñol envuelto en una cortina, muy triste. Y le dio el dinero que había recogido de limosna.

—¡Toma! Es tuyo ese dinero.

Al poco tiempo de su matrimonio, le nació una hija. La niña tenía sólo unos meses y, un día, Rusiñol la tomó en brazos y la empezó a mecer de un lado a otro. Era verano y estaba la ventana abierta. Su mujer le miraba. Y, en uno de los movimientos de vaivén, Rusiñol arrojó a la niña por la ventana. La mujer lanzó un grito. Y Rusiñol fue entonces a buscar a la nina, que había dejado en otra habitación. Lo que había lanzado por la ventana era un muñeco hecho con trapos, de cualquier manera.

Se ha contado mucho que una vez, en un viaje que hizo en carro por Cataluña, con sus amigos el pintor Casas y el escultor Clarasó, en uno de los pueblos por donde pasaron vieron un puesto de cacharros de «plats i olles», como se dice en catalán. Rusiñol compró a un precio alzado todos los cacharros y los tres amigos se pusieron a venderlos a los transeúntes. Se acercó una mujer y preguntó el precio de una olla. Se lo dijo Rusiñol:

—¡Diez duros!
—¡Imposible! Es carísimo.
—¿La quiere o no?
—A este precio, no.

Y Rusiñol arrojó la olla al suelo y la rompió. Lo mismo hizo con otros cacharros. Pedía un precio alto y como no se lo pagaran (y nadie se lo pagaba) los rompía.

De esta anécdota se cuenta esta parte sustancial. Cómo acabó la cosa, no se ha contado nunca y no se sabe.

Se cuenta de Santiago Rusiñol que, una vez que visitaba las ruinas de Ampurias, unido a un grupo de turistas, las señoras del grupo no le dejaban en paz. Habían ya llegado todas a una respetable madurez. Y allí, junto a las ruinas, una le decía:

—Usted, don Santiago, no nos hace caso. Y se comprende, ¡ante esas ruinas!

—No lo crea, señora; comparadas con ustedes, esas ruinas no son nada. ¡Ustedes! ¡Ustedes!

Y, al parecer, no le importunaron más en todo el viaje.

Rusiñol tuvo que soportar un día la visita a una casa donde iba por primera vez. Había pedido que le dejaran pintar el jardín. La señora le recibió personalmente y quiso enseñarle la casa. Era gente de dinero y estaban orgullosos de su mansión. Y pensaban, equivocadamente, como siempre en esos casos, que, para otros, visitarla sería un placer. Rusiñol tuvo que ir de habitación en habitación, y a todo lo que veía, que le tenía sin cuidado, iba diciendo:

—¡Oh! ¡Oh!

Y hasta tuvo que admirar la cocina y la recocina. En ésta estaba la nevera. Y Rusiñol tuvo que admirarlo todo, no sólo por fuera, sino por dentro. La señora abrió la puerta de la nevera y explicó:

—Y aquí todo se nos mantiene fresco.

Era un día de mucho calor y Rusiñol encontró, por fin, un elogio más elocuente que el simple «¡Oh! ¡Oh!».

—¡Oh, señora! ¡No sabe cuánto me gustaría pasar el verano dentro de esta nevera!

Rusiñol, además de pintor, escribía comedias, y algunas de ellas tuvieron buen éxito. *L'Auca del senyor Esteve*, todavía se representa algunas veces y *L'alegria que passa* gustará siempre que se represente, pues es uno de los temas humanos que nunca pasan de moda. En *Els jocs florals de can prosa* se burla de los juegos florales pueblerinos, que se nutrían de ciertos poetas no de mucha categoría. Algunos de los premios eran en dinero y los poetas buscaban esta pequeña ayuda económica. En *Els jocs florals de can prosa*, muchos premios los gana el mismo poeta, y tantas veces sale su nombre que al final, todo el público lo corea en una voz unánime: «¡August Coca i Poncem!».

Contaba un amigo de Rusiñol que este pintor-escritor, mientras escribía una comedia, al comentar sus propias ocurrencias, decía:

—¡Cómo se enfadará Fulano de Tal cuando oiga esto!

Y, así, ponía en boca de sus personajes algunas cosas con la intención de molestar a según quién.

En sus últimos años, una vez que estaba enfermo en cama, su mujer llamó al médico. Éste acudió y al enfermo le anunciaron la visita:

—Es el médico.

—Decidle que no le puedo recibir, que estoy enfermo.

Rusiñol, Casas, Clarasó y otros amigos habían vivido juntos, en París, en una casa de la rue Lepic, en Montmartre. Con ellos vivieron allí otros dos amigos: Miguel Utrillo, el que dio su nombre al pintor Maurice Utrillo, hijo de Suzanne Valadon, y uno llamado Ramón Canudas, granador de oficio, que murió joven, en Sitges. Se trataba de una casa con un pequeño jardín delante. Era en invierno. En el jardín había dos árboles sin hojas. Los inquilinos pintaron los árboles de verde y les añadieron hojas de papeles de colores. Rusiñol ya empezaba entonces su colección de hierros. Los guardaba, en aquel tiempo, en el taller del escultor Clarasó, en la calle de Muntaner, y de allí pasaron al Cau Ferrat de Sitges, ahora museo. En París, Rusiñol había comprado una cruz de hierro. La plantó en el jardín. Y, a poca distancia de la cruz, medio enterraron dos botas viejas, de las que sólo las puntas salían del suelo. Así daba la impresión de haber allí alguien enterrado. Cuando tomaron la casa había un letrero «A louer». No lo tocaron. La puerta del jardín la tenían siempre abierta. Una mañana entró un señor en el jardín. Sin duda había visto el letrero y entraba a ver la casa «por alquilar». Los inquilinos le vieron desde sus habitaciones, uno de ellos gritó:

—¡A él!

Y todos comenzaron a arrojarle zapatos, almohadas y otras cosas. Y el buen señor salió pitando, como es de suponer.

Después de muerto, se encontraron algunos billetes escondidos entre las páginas de los libros de sus estanterías. Se hojearon bien todos los libros y se reunió una cantidad importante, al parecer de algunos cientos de miles de pesetas. Y así se descubrió que Rusiñol, en vez de guardar el dinero en el banco, lo guardaba en su biblioteca, esparcido en los libros.

El hijo de un buen amigo de Rusiñol heredó de su padre algunos cuadros de este pintor. En un momento de necesidad vendió alguno. Uno de ellos estaba pintado en la Alhambra, en Granada. Era el interior de un baño moro. Un cuadro no muy atractivo como pintura. Un tiempo después, el antiguo dueño de aquel cuadro visitó una exposición de varios pintores de años atrás. La exposición estaba organizada por una galería de arte de Barcelona. Había cuadros de Rusiñol, de Casas y de otros. Uno de los cuadros era aquel «baño moro» de la Alhambra. Y, junto al baño, había una mujer mora, que Rusiñol no había pintado nunca, pues no estaba la primera vez que el cuadro fue vendido. Quien lo vendió entonces preguntó el precio y le pidieron mucho más de lo que le habían pagado a él. Y le pareció justo, pues el cuadro con la figura, había ganado mucho en tema. No lo compró.

## SAGASTA

Cuentan de don Práxedes Mateo Sagasta (1825-1903) que, en una de sus entrevistas con la reina María Cristina, llevaba una banda de seda distinta de las usuales. Intrigada, la reina le preguntó:
—Dime, ¿de qué es esta banda?
—Pues... no lo sé exactamente. Es cosa de mi hija; ella guarda las bandas y condecoraciones y me da las que me he de poner. Ella lo sabe.
La reina no insistió. Al llegar a su casa, Sagasta se dio cuenta de que llevaba la banda al revés y de que en la parte derecha había esta curiosa inscripción: «Primer Premio de Declamación para la señorita Esperanza Sagasta».

## SALAMANCA

Don José de Salamanca, marqués de Salamanca (1811-1883), fue hombre de muchos negocios y que invirtió mucho dinero en el embellecimiento del Madrid de entonces. El barrio de Salamanca lleva

todavía su nombre. Y lo que muchos no saben es que algunas manzanas de este barrio tienen aún un bello jardín interior, tal como Salamanca tenía proyectado engrandecer aquella parte de la ciudad. Salamanca fue uno de los hombres que supo gastar el dinero para abrirse paso hacia mejores negocios. Un banquero sevillano, buen amigo suyo, le decía:
—Tiras el dinero, y no sé...
—Hay dos maneras de enriquecerse —le repuso Salamanca—: una, guardando ochavos; otra, tirando onzas.
Frase ésta, «guardar ochavos y tirar onzas», que se ha hecho proverbial.

## SASSONE

Felipe Sassone (1884-1959) era un buen escritor peruano, avecindado en Madrid desde la juventud. Asistía una vez a la representación de una obra. Los actores no gritaban lo suficiente para que se les oyera bien. Tampoco el teatro tenía buenas condiciones acústicas. Además, Sassone ocupaba una localidad entre la mitad del teatro y el final. Y no se enteraba de nada.
En una de las escenas, una actriz sostenía un monólogo. Avanzó hasta las candilejas. Recitó desde allí su monólogo en voz limpia y clara, despacio y muy bien. Y se oyó una voz que, desde el fondo del teatro, le gritaba:
—¡Bendita seas!
La actriz, sorprendida, quedó mirando hacia la voz. Y era Sassone que, de pie, brazos en alto, le gritaba:
—¡Esto es lo único que ha llegado claramente hasta mí de toda la comedia!
No recuerda la anécdota el nombre de la actriz.

Se cuenta de Sassone que un día, en un encuentro con un amigo, éste le dijo aquello que tantas veces se dice:
—Y a ver si algún día nos vemos con calma.
—¿Para qué?
—¡Hombre! Un cambio de ideas...
—No. Yo saldría perdiendo. Y eso, no.

Felipe Sassone escribió esto de sus comienzos como autor:
«Benavente me metió en el teatro como autor, cuando yo en el teatro ya lo había sido todo menos eso. Pero por orden suya, para el «Teatro de los niños», que él dirigía, escribí mi primer acto de comedia. Y le dije:
—Yo no puedo con esto, maestro.
Y él me replicó:
—Yo sé que puedes.

La noche del estreno, fui a esconder mi miedo en un camarín desocupado y me encontré allí a don Jacinto, solito, sentado en una silla, retorciéndose las manos, como muy nervioso.
—¿Qué hace usted, maestro?
—Pues... aquí, ¡dándote a luz!
Después, cuando me llevó al escenario a agradecer los aplausos, me pronosticó melancólicamente:
—Ya no saldrás de esto. ¡Pobre Felipe!

Se cuenta que, una vez que Benavente estuvo en Buenos Aires, vio su retrato en la primera plana de un diario. Y, junto al retrato, la fotografía, mucho más grande, de un caballo ganador de una carrera. Guardó la página y, algunos días después, un periodista le preguntó:
—¿Cuándo vuelve usted por aquí, don Jacinto?
—No lo sé. Quizá... cuando sea caballo.
Sacó la página y la enseñó al periodista.

## TONO

El humorista Tono (Antonio de Lara, nacido en 1896) supo convertir en anécdota el conocido proverbio «hay más días que longanizas», de origen desconocido y usado en el sentido de que no merece la pena precipitarse a hacer una cosa, pues hay mucho tiempo por delante.
En una de sus comedias, un personaje cae de pronto enfermo. Deciden llamar a un doctor. Uno aconseja que sea el doctor Díaz, pues le conoce y es especialista en síncopes. Y una mujer busca en la guía de teléfonos el número del doctor. Busca un Díaz médico. Y va pasando los Díaz:
—Díaz, Díaz, Díaz, Díaz...
Y al fin, cansada, exclama:
—¡Hay más Díaz que longanizas!

## TORREJÓN

Andrés Torrejón es el hombre que ha pasado a la historia como «el alcalde de Móstoles», que es una localidad a pocos kilómetros de Madrid. La anécdota es ésta:
Era cuando la invasión de los franceses (1808). Y el bando que publicó el alcalde de Móstoles era una declaración de guerra a los franceses. Decía:
«La patria está en peligro. Madrid perece, víctima de la perfidia francesa. ¡Españoles, acudid a salvarla! Dos de mayo de 1808. El alcaide de Móstoles».

Era un bando dirigido a todos los alcaldes o justicias de los pueblos de España. Y, según leemos (y en buenas fuentes), no fue tal bando ni tal como se suele poner, sino un largo parte que redactó un tal Pérez Villaamil, fiscal del Supremo Consejo de Guerra, que pasaba días en su casa de campo de Móstoles. Y que el alcalde de Móstoles, de 73 años, se avino a firmarlo y a mandarlo a conocimiento de otros, con estas palabras:

—Venga el parte. No temo a Napoleón ni a Francia. Les declaro la guerra y seré feliz si muero defendiendo mi patria.

Leemos que el verdadero parte decía así:

«Señores justicias de los pueblos a quienes se presente este oficio, de mí, el alcalde de Móstoles.

»Es notorio que los franceses, apostados en las cercanías de Madrid y dentro de la corte, han tomado la defensa sobre este pueblo capital y las tropas españolas; de manera que en Madrid está corriendo a esas horas mucha sangre; como españoles es necesario que muramos por el rey y por la patria, armándonos contra unos pérfidos que so color de amistad y alianza nos quieren imponer un pesado yugo, después de haberse apoderado de la augusta persona del rey; procedamos, pues, a tomar las activas providencias para escarmentar tanta perfidia, acudiendo al socorro de Madrid y demás pueblos y alentándonos, pues no hay fuerzas que prevalezcan contra quien es leal y valiente, como los españoles lo son. Dios guarde a usted muchos años. Móstoles, 2 de mayo de 1808. Andrés Torrejón. Simón Hernández».

Llevaba el parte dos firmas, la del alcalde y la de uno de sus síndicos. Se encargó de darle curso el postillón Pedro Serrano. Llegó en su misión hasta Extremadura y se detuvo, extenuado, en un pueblo de la provincia de Cáceres, después de haber recorrido, en menos de 24 horas, doscientos kilómetros.

Y, al parecer, el parte tuvo su efecto en el levantamiento de España contra los invasores.

## TRIGO

El escritor Felipe Trigo (1864-1916) llegó a ser muy popular gracias a sus novelas, algunas de mucho éxito. Un comentarista le dedica este elogio: «El estilo de Trigo resulta originalísimo, extraño, luminoso, muy acorde con el fondo de sus novelas, a las que presta uno de sus mayores encantos». Este «fondo», era un pasar de raya de lo permitido por la sociedad burguesa en materia de sexualidad y de lo que ahora se llama erotismo. Los títulos de algunos de sus libros ya revelan algo de este fondo: *Sor Demonio, En la carrera, Las Evas del paraíso, Las posadas del amor, En camisa rosa, Murió de un beso*...

De Felipe Trigo hemos leído que empezó a hacer periodismo en

*El Imparcial,* como meritorio. Otro periodista, ya famoso, Eduardo Palacio, se burló, en el mismo diario, de la forma como escribía el muchachito. Felipe Trigo no reaccionó en seguida visiblemente. Pero en ocasión de pasar un tiempo en Badajoz (era extremeño), escribió a Eduardo Palacio una carta que empezaba así:

«Muy admirado señor: Por el barbero de este pueblo sé que es usted rubio, además de llamarse Eduardo, y como me gusta atrozmente todo lo que escribe, acabo de hacer testamento legándole la tercera parte de mi fortuna, o sean treinta mil duros...»

Firmaba: «El periodista espontáneo a quien usted tomó el pelo».

La carta no se publicó, pero, al parecer, Felipe Trigo sacó muchas copias y las repartió. El resultado fue que el periodista veterano quedó en mala situación y hasta se dice que, durante un tiempo, dejó de acudir a su tertulia en un café de Madrid.

Sirva esta anécdota de advertencia a los escritores ya en la madurez, sobre la cordura que deberían tener siempre al expresar la opinión que algún escritor joven les merece.

Se dice de Anatole France que, a un mocito que hacía sus primeras armas en las letras y que le dio a leer algunas cuartillas, le dijo:

—Me gusta porque escribe usted totalmente distinto de como escribo yo.

Así supo quedar bien, acaso sin mentir y confesando, a la vez, la falta de coincidencia entre uno y otro. El escritor joven, treinta y ocho años más joven que Anatole France, se llama Jean Giraudoux y fue después, en su tiempo, tan famoso como lo había sido France en el suyo.

## TRUEBA

Antonio de Trueba (1819-1889) era un escritor costumbrista, vizcaíno de nacimiento y con largos años de residencia en Madrid.

Y en la capital de España se dice todavía que «de Madrid al cielo y un agujerito para verlo». Esto en alabanza de todo lo bueno de Madrid, que es mucho. También se dice que «Madrid tiene nueve meses de invierno y tres de infierno». Esto en demérito del clima, muy frío durante gran parte del año y de un calor sofocante en verano. ¿Es posible que de ambas frases ya proverbiales sea responsable Antonio de Trueba? Encontramos esta cita tomada de su libro *Madrid por fuera:*

*Era en Madrid el año*
*suplicio eterno,*
*pues constaba de doce*
*meses de infierno,*
*en que, turnando sólo*

*dos estaciones,*
*producían carámbanos*
*y chicharrones.*
*Pero reinando doña*
*Isabel segunda*
*(que en la cría de cuervos*
*fue muy fecunda),*
*a fin de hacer la corte*
*mansión más grata,*
*se conmutó el infierno*
*por la inmediata,*
*y el que conoce el viento*
*que en Madrid sopla,*
*rinde a la verdad culto*
*con esta copla:*
*«Desde Madrid al cielo,*
*porque es notorio*
*que va al cielo el que sale*
*del purgatorio».*

Sin embargo, la frase «de Madrid al cielo», parece ser que se empezó a decir en tiempo de Carlos III, en expresión de las muchas mejoras que aquel monarca había introducido en la ciudad.

## UNAMUNO

El escritor y filósofo español Miguel de Unamuno (1864-1936) no era muy aficionado a la pintura. Al menos, así como otros escritores se han ocupado con frecuencia de pintura, Ortega y Gasset entre ellos, Unamuno no. Un día, en Salamanca, visitaba la exposición de un pintor muy abstracto, cuyas creaciones eran de lo más extraño. El pintor le conoció y le preguntó:
—¿Le gusta?
Unamuno dijo secamente:
—No.
Y el pintor, por toda explicación, repuso:
—Ésta es la manera como yo veo el mundo.
—Pues si es verdad que lo ve así, ¿por qué lo pinta?

Se cuenta de Unamuno que, una vez que fue condecorado por el rey Alfonso XIII, al agradecer la distinción lo hizo así:
—Gracias, señor, por este honor que bien merecido tengo.
—Me sorprende que digas esto. Todos aquellos a quienes pongo una condecoración me dicen lo contrario: que no la merecen.
—Y la mayoría, si no todos, tienen razón, majestad.

Contaba César González-Ruano que estuvo una vez en Salamanca, expresamente, para entrevistar a Unamuno. Fue a saludarle al café donde Unamuno acudía todos los días a la misma hora. Sostuvo con él una larga conversación. La entrevista y la conversación se repitieron los dos días siguientes. Ninguna de las tres veces Unamuno le pagó el café y siempre le dejó que se lo pagara él.

## URRECHA

Federico Urrecha (1855-1935) fue un crítico de teatro, novelista, poeta y autor de cuentos en los tiempos de Echegaray y Ricardo de la Vega. No figuran en las enciclopedias muchos datos biográficos de este señor crítico. «Sic transit gloria mundi», si al fugaz renombre que suelen alcanzar la mayoría de críticos se le puede llamar gloria. Leemos que el tal Federico Urrecha repartía palos a diestro y siniestro, y apenas sabía encontrar buenas cualidades en nada de lo que se estrenaba. Condición ésta de algunos críticos de lo peorcito, sobre todo si es cierto que la misión de la crítica es más que nada delatar y demostrar lo malo y falso y descubrir y elogiar lo bueno, dondequiera que esté, y enseñar a los demás a comprenderlo y saborearlo. Parece ser que el tal Urrecha dedicó palos a *La verbena de la Paloma*, uno de los éxitos inmortales, hasta ahora, de nuestro zarzuelero, considerándola una obra chabacana, mal escrita, insulsa y nada original. En otra ocasión, dedicó sus palos, fruto de sus puras ganas de fastidiar, a un drama de José Echegaray. Y Ricardo de la Vega aprovechó la ocasión para dedicarle, en la prensa, estos versos:

> *Diz que en la India ahora hay*
> *terrible peste bubónica.*
> *Y aquí Urrecha hace la crónica*
> *de un drama de Echegaray.*
> *¡Mejor están en Bombay!*

Parece ser que Urrecha, leídos los versos, no volvió a meterse con Ricardo de la Vega. En general, esos piropos en verso suelen dar buen resultado.

## VALLE-INCLÁN

Don Ramón del Valle-Inclán (1869-1936) tenía su tertulia en un café de la calle de Alcalá, la Granja El Henar, hoy desaparecido. Allí le encontraban los amigos que deseaban verle. Aunque a muchos les daba un poco de miedo, pues Valle-Inclán les decía con frecuencia cosas que, más o menos, les ponían en ridículo. Un amigo fue a saludarle una noche. Se despidió en seguida y, al despedirse, dijo:

—Te escribiré sin falta, te lo prometo.

Valle-Inclán tenía la voz algo chillona. Y, sin bajar la voz, le preguntó:

—¿Sin falta o sin faltas?

Y antes de que el amigo, ya un poco aturdido, le contestara, añadió:

—Te lo pregunto porque sin faltas no creo que seas capaz de hacerlo.

En el Teatro Fontalba, desaparecido ya, que estaba en la Gran Vía de Madrid, no lejos de donde está el edificio de Correos, se daba una obra en verso. No hace falta decir aquí el nombre del autor, del que no se recuerda gran cosa. Valle-Inclán estaba entre el público. La obra era muy mala, en versos aconsonantados y nada poéticos. Y Valle-Inclán, a la mitad del segundo acto, se levantó y se puso a gritar:

—¡Basta! ¡Basta!

Quedó por un momento suspendida la representación. Y Valle-Inclán, brazos y bastón en alto (llevaba bastón), en el pasillo, gritaba:

—¡No hay derecho a declamar esas ridiculeces ante el público de Madrid!

Y salió del teatro blandiendo el bastón. La obra era de veras mala y se mantuvo muy pocos días.

Había en Madrid, sobre los años veinte, un restaurante popular llamado Próculo. Aseguraba el dueño que el nombre se lo había puesto Valle-Inclán años atrás, tomado de un señor muy comilón que se había llamado igual. Si la cosa es cierta no se sabe a qué personaje histórico pudiera referirse.

En Próculo se comía en largas mesas de madera. Los clientes se sentaban en bancos sin respaldo, en cualquier sitio libre, o sea, que comían, como quien dice, todos juntos. El precio era único: dos pesetas. Y nadie daba propina. Si alguno, la primera vez, iba a dar, otro cliente le impedía hacerlo. Le decía:

—Sería echar a perder las buenas costumbres de la casa.

En Próculo no se preguntaba a nadie lo que quería comer. Se servía a todos lo mismo, el menú del día, que era igual para todos. Un primer plato de sopa, otro de huevos y otro de pescado, o de carne. Y, a veces, cocido; otras veces arroz y pescado o arroz y carne. Un trozo de pan, un vaso de vino y una fruta de postre. ¡Y todo por dos pesetas!

Un día fue uno a comer allí por primera vez. Le habían hablado

del sitio. Entró, vio un sitio libre y se sentó. Un chico de la casa le puso delante un plato de sopa. El cliente le dijo:
—No, sopa no. Nunca tomo sopa.
El chico se llevó la sopa. Volvió después con la misma sopa y la volvió a dejar delante del cliente.
—Te he dicho que sopa no, que no tomo nunca.
El chico se llevó otra vez la sopa. Y entonces vino con la misma sopa el dueño de allí, el señor Próculo en persona, dejó la sopa delante del nuevo cliente y le dijo, en voz autoritaria:
—¡Aquí se empieza por la sopa!
Y el cliente, asustado, se la tomó.
Una casa invariable en sus costumbres.

Valle-Inclán había contraído una deuda y no la pagaba. Después de una reclamación judicial, que no fue atendida, se presentaron a embargarle. Valle-Inclán les recibió muy amablemente:
—¿Vienen con orden judicial?
Le enseñaron la orden.
—¿Y con este papel pueden entrar en mi casa siempre que se les antoje?
—No, señor, siempre no; es para una sola vez.
—Menos mal.
Y les estuvo dando conversación. Después de un rato les preguntó:
—¿Les puedo pedir un favor?
Les pidió que bajaran a la calle a comprarle tabaco, pues no tenía y no le parecía bien bajar él y dejarlos allí. Y que lo menos que podían hacer era ayudarle a despedirse de alguna de sus cosas a bocanadas de humo. Les convenció. Fueron a comprarle tabaco y volvieron a subir. Encontraron la puerta cerrada. Y, sin abrirles la puerta, a través de la mirilla, Valle-Inclán les dijo que si la orden era válida para una sola vez, al irse quedó la vez consumida y no les abriría si no le presentaban otra orden. Y no les abrió.

González-Ruano contaba de Valle-Inclán (sin decir quién se lo había contado a él) que, algunas veces, Valle-Inclán iba a sentarse a leer en la biblioteca que había, al aire libre, en el Retiro. Aquella biblioteca era un kiosco con libros y un encargado de prestarlos. Acudían los lectores, pedían un libro y se sentaban a leer en unos bancos que había frente al kiosco. Una de las páginas del libro que leía una mañana Valle-Inclán le gustó mucho. Y, disimuladamente, la arrancó y la guardó en el bolsillo. Cuando devolvió el libro, fue con una advertencia:
—Vea; aquí falta una página.
—Alguien la habrá cortado. Hay mucho gamberro, incluso aquí.
—¡Mentira parece! Destrozar así un libro.
Y se fue tranquilamente con la hoja en el bolsillo.

En la tertulia de Valle-Inclán, se hablaba de un escritor del siglo XIX y alguien lo tachó de melancólico. Don Ramón preguntó:
—¿En qué fecha murió exactamente?
Entre todos, consiguieron recordar que había muerto en 1860. Y Valle-Inclán dictaminó:
—Pues no pudo ser melancólico. La melancolía no se inventó hasta 1863.

## VEGA

Ricardo de la Vega (1839-1910) fue uno de los más populares saineteros. Y, al mismo tiempo, funcionario público. No daban entonces, y ahora menos aún, los sainetes bastante dinero como para no hacer otra cosa. Es de aquellos autores que por serlo de una obra muy popularizada, se han olvidado las otras. Y, así, Ricardo de la Vega quedará siempre como el autor de *La verbena de la Paloma*. La anécdota de esta obra consiste en haber dado al decir popular una frase proverbial que poca gente, cuando la usa, sabe de dónde procede. Y es ésta:
—Hoy las ciencias adelantan que es una barbaridad.
En la escena primera de *La verbena de la Paloma*, el boticario don Hilarión y su amigo don Sebastián, cantan.

*—El aceite de ricino*
*ya no es malo de tomar.*
*Se administra en pildoritas*
*y el efecto es siempre igual.*
*—Hoy las ciencias adelantan*
*que es una barbaridad.*

Hemos dicho que la obra de Ricardo de la Vega queda toda ella eclipsada por la fama de *La verbena de la Paloma*. Y esto nos recuerda lo que decía el padre de cuatro niños, nacidos a un año de distancia uno del otro. Uno de los niños lloraba que se las pelaba, a moco tendido. Y el padre lo comentaba así:
—Menos mal que éste llora tan fuerte.
—¿Menos mal?
—Sí, porque nos impide oír el lloro de los otros tres.

Algunos de los versos de este sainetero son curiosamente anecdóticos por sí mismos. De los toros, fiesta nacional fecunda en anécdotas, escribió:

*Es una fiesta española*
*que viene de prole en prole,*
*y ni el gobierno la abole*
*ni habrá nadie que la abola.*

Y otros versos de *La verbena de la Paloma*, que no está nada mal recordar de cuando en cuando, pues tienen aplicación en distintas ocasiones, todas entrañables, son:

> *También la gente del pueblo*
> *tiene su corazoncito*
> *y lágrimas en los ojos*
> *y celos mal reprimidos.*

Menos sonora al oído actual es la estrofa siguiente del mismo trozo, continuación de los versos anteriores:
> *Bigornia del herrador*
> *es este corazón mío;*
> *cuantos más golpes le dan*
> *más duro está el maldecío.*

Que a ningún lector se le ocurra decir que su corazón es «bigornia del herrador», en primer lugar porque la palabra *herrador* a nadie le suena bien en sustitución de herrero, aunque en realidad es la más apropiada, pues el que hierra los caballos es herrador y herrero lo es todo el que trabaja el hierro. Y en segundo lugar, porque *bigornia* no es palabra de uso frecuente, por mucho que la germanía use en un modismo este sinónimo de *yunque*. Y el modismo es: «los de la bigornia», que son los valentones que andan en cuadrilla para hacerse temer. ¿De dónde saldrá eso de que, anecdóticamente, se les llame los de la bigornia?

## VICO

El actor Antonio Vico (1840-1902), la fama de cuyo apellido ha sido mantenida por otros actores de la misma familia, representaba una obra en una de cuyas escenas recibía, en su casa, a un invitado. El actor que hacía de «invitado» no salió a tiempo. Por lo que fuese, pero no salió. El decorado tenía un balcón. Vico salió al balcón, y allí empezó a improvisar para ganar tiempo:

—¡Ah! Ya le veo que llega. ¡Bueno! Ahora se detiene a hablar con el jardinero. Se ve que le interesan las flores. Pues si le deja despacharse a gusto, hay para rato. Menos mal, ya se despiden. ¡Vaya! Ahora rompe una rosa. Y le cuesta romperla, claro, sin cuchillo. ¿Y para qué necesita este hombre una rosa?

En este momento le hicieron señal desde bastidores, que el otro actor ya estaba allí. Y continuó:

—Bueno, menos mal... ¡Por fin!

Y se dispuso a recibirle. Y, ante el asombro de Vico, el otro actor entró con una rosa en la mano, se la ofreció y le dijo:

—Para tu mujer. Y no me agradezcas la atención, pues la he cogido de tu propio jardín.

Y nadie se dio cuenta de que, entre los dos actores, habían inventado un trozo de comedia. Alguien que había estado escuchando a Vico, había encontrado la rosa, y la dio al otro actor, informándole rápidamente de todo.

Una vez, en una representación de *Don Juan Tenorio*, el actor que hacía de Capitán Centellas equivocó la palabra precisamente la que daba consonancia al verso. Dijo:
—A la luz de las *estrollas*
os hemos reconocido
y un abrazo hemos venido
a daros.

Y Vico completó el verso muy gallardamente:

—¡Gracias, Centollas!

Pero aquella vez el público advirtió el cambio y se escucharon siseos. Los actores, inmutables, continuaron como si no los hubiesen oído.

## VILCHES

Leemos que el actor Ernesto Vilches (1879-1954), una vez que hacía el papel de un inglés, en vez de decir «no por mucho madrugar amanece más temprano», como estaba escrito en la obra, con acento anglosajón, que imitaba muy bien, dijo:
—No por mucho tempranear amanece más madrugue.

Gustó, y lo repitió así durante todo el tiempo que se representó la obra.

Esto de «no por mucho madrugar amanece más temprano» es proverbio muy antiguo de origen desconocido, y que se ha dicho de manera distinta al correr de los tiempos. Parece ser que, en un principio, se decía: «Por mucho madrugar no amanece más aína». Después se dijo: «No por mucho madrugar amanece más aína». Y más adelante: «No por mucho madrugar amanece más presto». Y, al fin, se empezó a decir en là forma actual: «No por mucho madrugar amanece más temprano».

Este proverbio tiene relación con otro muy conocido: «A quien madruga, Dios le ayuda». Y sobre éste hay una anécdota, ya clásica, y que se cuenta así:

Un padre, para enseñarle a su hijo la ayuda que concede Dios a los que madrugan, le decía que uno que una vez madrugó mucho, se encontró en la calle con una bolsa llena de dinero, como

si el encuentro fuese ayuda de Dios. Y el muchacho le contestó:
—Más madrugó el que la perdió.

## VILLAMEDIANA

El conde de Villamediana (1582-1622) se llamaba don Juan de Tassis y de Peralta. Fue bien portado, elegante, guapo y famoso caballero. Pero le duró poco la gallardía y la fama, pues murió a los 40 años, según parece en plena donjuanidad. Murió asesinado. Y, según *vox populi*, el asesino material fue un tal Vellido, a quien nadie castigó, porque había obrado por orden de la muy alta persona del rey don Felipe IV.

A los dos días de asesinado el conde, sobre el muro de la iglesia de San Felipe el Real apareció pegado un poemita que se recuerda así:

*—Mentidero de Madrid,*
*decidnos: ¿quién mató al conde?*
*—No se encuentra ni se esconde*
*sin discurso, discurrid.*
*—Dicen que lo mató el Cid,*
*por ser el conde Lozano.*
*—Disparate chabacano...*
*Lo cierto del caso ha sido*
*que el matador fue Vellido*
*y el impulso soberano.*

Significaba la última palabra que el conde había sido asesinado por orden del rey.

El autor dramático Joaquín Dicenta escribió una obra en verso con este título: *Son mis amores reales*, en la que refiere la anécdota de esos amores de Villamediana por la reina. En la escena del torneo, al rey le da mala espina el lema de Villamediana. Y un bufón del rey, puesto a interpretar el lema lo hace así:

*Si de reales de a ocho*
*se cubre el pecho, debajo*
*de la banda donde escribe*
*«son mis amores...» es llano*
*que el mote quiere decir,*
*y apuesto que no me engaño,*
*«son mis amores, dinero».*

Y con esta interpretación trata de evitar que se le dé otra en presencia del rey.

Villamediana no era de muy antigua nobleza, pues el primer conde de Villamediana fue su padre don Juan de Tassis y Acuña. Era persona de mucha cultura y que había viajado mucho, y en la corte se había creado enemigos con sus epigramas, en los que daba a entender de aquellos a quienes los dedicaba circunstancias poco halagüeñas. A Pedro Vergel, alguacil de Corte, le dedicó éste:

> *¡Qué galán viene Vergel*
> *con cintillos de diamantes!*
> *Diamantes que fueron antes*
> *de amantes de su mujer.*

No era para ser tenido en mucha estima un hombre que tales cosas escribía de los otros.

La noche entre el 21 y el 22 de agosto de 1622, el conde de Villamediana fue asesinado en plena calle Mayor, junto a la puerta de su casa. Iba el conde en su coche y le acompañaba don Luis de Haro. Venían del palacio real. Del portal de las Pellejerías salió un embozado. Hizo detenerse el coche, abrió la portezuela, disparó a quemarropa sobre el conde, le partió el corazón, y se perdió entre las sombras del callejón de Santa Inés. El conde bajó del coche y al pisar la calle se desplomó muerto.

¿Se dedicaba de veras el conde de Villamediana a enamorar a la reina doña Isabel de Borbón? Algunas anécdotas así lo confirman.

Se decía que un paje del conde-duque de Olivares (éste nada buen amigo del conde) sorprendió a Villamediana y a la reina en íntimo coloquio, ocultos entre las frondas de los jardines de Aranjuez. El paje estaba allí, no por casualidad, sino de centinela, puesto por el conde-duque. No se dice ni importa a nadie el nombre del paje.

Se cuenta que un día (no se dice exactamente dónde), el rey Felipe IV sorprendió a la reina sola, sentada y de espaldas, ante un tocador sin espejo. El rey se acercó a la reina sobre las puntas de los pies, le tapó los ojos con las manos y le susurró:
—¿Quién soy?
Y la reina, nada acostumbrada a tales finezas de parte de su real esposo, convencida de acertar, dijo entre melindres:
—Estaos quieto, conde.
¡Y tan quieto como le dejaron, y para siempre, al conde después!

También se dice que, en una fiesta de toros en la plaza Mayor, el conde de Villamediana se lució en el arte de picar algunos toros. Era buen caballero a caballo y buen picador con la pica. Y otro cortesano (no se dice quién) exclamó:

—¡Pica bien el conde!
Y el rey, entre dientes (no dice la anécdota cómo tenía de conservados el rey los dientes a los 17 años, pues ésta era entonces su edad), murmuró:
—Sí, pero pica muy alto.
Y que con este «picar alto» se refería a los intentos amorosos del conde con la reina. Ésta, dos años mayor que el rey, tenía entonces 19.

En la obra de teatro que se cita en otra anécdota, este episodio queda referido en sonoros versos. Y el final es así:

La reina — *En continuo sobresalto*
*a mí me tuvo también.*
*El conde pica muy bien.*
El rey — *Pica bien, pero muy alto.*

Aquí no es un cortesano, sino la misma reina la que dice que el conde de Villamediana pica muy bien.

Se dice también que el conde de Villamediana no ocultaba sus preferencias sentimentales por la reina, sino todo lo contrario, que de ellas hacía gala. Y que, en un torneo, se presentó en el recinto (se decía también palestra, palenque y liza) con divisa, como era costumbre entonces. Y la divisa era una cinta con esta inscripción: «Son mis amores...» y que, a continuación de este lema, había algunos reales de a ocho, que eran monedas de plata, cosidos a la cinta. Y este emblema se pudo interpretar como: «Son mis amores... reales.»

Se refiere que en el jardín de la Isla, del palacio de Aranjuez, se presentó una obra de teatro, *La gloria de Niquea*, en la que aparecían damas y caballeros de la corte. Y también la reina ricamente vestida de Diosa de la Hermosura. Para esta representación se levantó en el jardín un teatro de madera y lienzo. El teatro ardió y, en la obra de Dicenta, Villamediana se lanza entre las llamas a salvar a la reina y aparece, al final del segundo acto, con la reina en brazos. Y le dedica estos versos:

*Al fin puedo contemplarte*
*entre mis brazos rendida.*
*¡Quien de ellos quiera arrancarte*
*ha de arrancarme la vida!*

El asesino de Villamediana fue, según el mentidero, un tal Vellido. Pero, según otros datos, fue un tal Ignacio Méndez, natural de Illescas, que no sólo no fue castigado, sino que fue nombrado, por el mismo conde-duque de Olivares (que entonces no era conde-duque, sino únicamente conde), guardia de los Reales Bosques. Y murió un tiempo después envenenado por su mujer, una tal Micaela de la Fuente.

Un biógrafo refiere así la muerte de Villamediana: «Iba don Juan bien descuidado y hablando con su compañero (don Luis de Haro) cosas de su gusto y diversión, cuando le embistió un hombre y le tiró un solo golpe, mas tan grande que, arrebatándole la manga y carne del brazo hasta los huesos, penetró el pecho y corazón y fue a salir a las espaldas. Aqueste fue su infausto fin; mas de sus causas, aunque siempre se discurrió con variedad, nunca se supo cierto autor; unos han dicho se produjo de tiernos yerros amorosos y otros de partos de su ingenio, que abrieron puertas a su ruina».

Otro autor dice de esta muerte de Villamediana: «Mataron alevosamente al conde de Villamediana, en la calle Mayor, cerca de las oraciones, en la encrucijada de la calle de San Ginés y los Boteros. No se ha podido averiguar de esta muerte. Dicen que le mataron con un arma como ballesta, a uso de Valencia, y que se callase demandó».

Quevedo, en *Anales de quince días*, asegura que las últimas palabras de Villamediana fueron: «Esto es hecho».

## VIVES

El maestro Amadeo Vives (1871-1932), autor de *Doña Francisquita* y de *Maruxa* entre otras zarzuelas, era al parecer hombre muy mordaz y poco dado a elogiar a los otros músicos de su tiempo. Se cuenta que, a raíz del estreno de *La montería*, del maestro Guerrero, Amadeo Vives se encontró, estando con un grupo de amigos, con él y, por todo saludo, le dijo:

—¡Vaya cosa mala que ha estrenado usted! Eso de *La montería*. Estuve a verlo y ¡vaya tostón!

El maestro Guerrero parece ser que le contestó algo así:

—Pues yo, maestro, lo poco que sé de música lo he aprendido de usted.

—Pero ha elegido mal y sólo ha aprendido lo malo. De lo bueno, nada.

Si es verdad o no... Tal como lo hemos leído lo ponemos aquí.

## WEYLER

El general Valeriano Weyler Nicolau (1838-1930) era hombre de costumbres sencillas, que tenía fama de despreciar los honores. La primera vez que le fue concedida una gran cruz, a unos amigos que le felicitaban, les dijo:
—A Cristo, el mejor de los hombres, le bastó con una cruz. A nosotros no nos basta; necesitamos una gran cruz para creernos alguien.

Se cuenta que uno de sus hijos, mocito aún, una vez le pidió que le comprara un pijama.
El general le miró asombrado:
—¿Y para qué lo quieres?
—Pues para dormir.
—¡Bah! Lo único que hace falta para dormir, y para dormir a gusto, es sueño.
Y no se lo compró.

Dicen que contaba el general Weyler que una vez llamó por teléfono a una compañía del ejército. Se puso una voz al aparato.
—¡Diga!
—Que se ponga el capitán.
—Está con la instrucción; llámelo más tarde.
—¡Que se ponga!
—¡A tomar viento!
—¿Sabe usted quién soy?
—No; ni me importa.
—El general Weyler.
—¿Y usted sabe quién soy yo?
—No.
—Menos mal.
Y le colgaron el teléfono.

## ZORRILLA

El poeta José Zorrilla (1817-1893) vivía con sus padres en Lerma y le mandaron a estudiar a Sevilla. Pero no estudiaba. Y su padre le fue a buscar. Tenía el padre que estar unos días allí, pero al hijo lo envió en seguida hacia su casa, al parecer con esta condena:
—¡A Lerma! ¡A cavar las viñas!
El mocito Zorrilla hizo el viaje en galera. Por el camino vio una mula solitaria a lo lejos. Bajó del carruaje, montó en la mula y, en esa cabalgadura, se dirigió a Valladolid. Allí vendió la mula y, con el dinero, tomó plaza en una diligencia hasta Madrid. Así llegó a la capital y, una vez en ella, empezó su aventura literaria.

Tiempo después decía de su propia obra: «He escrito mucho, pero todo lo mío es de lo más incorrecto que se ha producido en poesía en el presente siglo. Aprendí desde muy joven el arte de hablar mucho sin decir nada, y de este aprendizaje es fruto mi poesía lírica». El *Don Juan Tenorio* lo escribió a los 27 años, al parecer en cuatro o cinco días. Se estrenó en el Teatro de la Cruz, hoy desaparecido. No tuvo mucho éxito, y Zorrilla vendió la propiedad de la obra al editor Manuel Delgado por 4.200 reales, o sea, algo más de mil pesetas. Y es una obra que, después, ha dado mucho dinero. Zorrilla ingresó en la Academia, y el discurso de ingreso lo pronunció en verso, un caso único que se dio entonces por primera y por última vez.

Zorrilla estrenó el *Don Juan Tenorio* en Madrid, en el Teatro de la Cruz, como se ha indicado, el 28 de marzo de 1844. El *Don Juan Tenorio* fue aplaudido, aunque sin entusiasmo, y la crítica se manifestó reservada. Zorrilla no dio ninguna importancia a su drama en verso. Se cuenta que uno de los críticos hizo este comentario: —Envidiables personajes todos ellos, el Comendador, Luis Mejía, doña Inés... Mueren a las diez y media, y veinte minutos después ya tienen estatua.

De las infinitas representaciones del *Don Juan Tenorio* se cuentan muchas cosas, verdaderas o falsas. La más graciosa, aunque incierta, lo contaba un actor en su papel de don Juan. En el cuarto acto, hacia el final, mata de un pistoletazo al Comendador. Y en seguida se revuelve contra don Luis y le grita:

*Y tú, insensato,*
*que me llamas vil ladrón,*
*di en prueba de tu razón*
*que cara a cara te mato*

Y hay esta acotación: «Riñen y le da una estocada». Contaba el actor que al ir a sacar la espada para reñir con don Luis, sólo el puño salió de la vaina y la hoja se quedó dentro. Y ante la grave novedad de las circunstancias, el actor levantó los brazos al cielo y bajó el telón. Y así quedaron sin oírse aquellos tan conocidos versos:

*Llamé al cielo y no me oyó,*
*y pues sus puertas me cierra,*
*de mis pasos en la tierra*
*responda el cielo, y no yo.*

En las representaciones el acto se acaba con esos versos, aunque en el texto hay algunos más.

Se representaba en Zaragoza una obra de Zorrilla. El portero no le conocía y no le dejaba pasar. Zorrilla recitaba muy bien, con entonación muy marcada. Se encaró con el portero y le recitó, en gran tono, unos versos del *Don Juan Tenorio*:

*Tu necio orgullo delira,
Don Juan. Los hierros más gruesos
y los muros más espesos
se abren a mi paso. ¡Mira!*

Empujó la puerta de la platea y entró, ante el asombro del portero, que, a pesar de todo, le siguió y le encontró en un pasillo de conversación con el empresario.
—Este señor...
—Es el autor de la obra.
—Pues podía haberlo dicho.
Y Zorrilla se lo dijo entonces, también en verso:

*Soy el autor de la obra
que muy pronto escucharás
y como genio me sobra,
escribiré muchas más.*

TERCERA PARTE
# ANECDOTARIO ANÓNIMO

**LA AVARICIA ESCOCESA**

Los escoceses tienen fama de avaros. Y siempre que se trata de un cuento de avaricia el protagonista es un escocés. Se dice que un escocés fue una vez a una cepillería y enseñó un cepillo de dientes en muy mal estado.
—¿Se podría recomponer este cepillo? —preguntó.
—Poder sí se puede. Pero por lo que cuesta un cepillo de ésos, no merece la pena componerlos. Mejor compra uno nuevo.
—Es que el mango está todavía en muy buen estado.
—Los mangos de esos cepillos no se estropean nunca.
—¿Y qué se hace con ellos cuando el cepillo ya se ha gastado?
—Nada; se tiran, supongo. Aquí nadie viene a pedirnos que le pongamos cepillo nuevo a un mango viejo.
—De todos modos... ¿cuánto vale un cepillo nuevo?
—Pues hay de varios precios. Pongamos treinta pesetas.
—Y arreglar éste, ¿cuánto podría costar?
—Un poco menos, desde luego. Pongamos veinticinco pesetas.
—O sea, cinco pesetas menos. Cinco pesetas son cinco pesetas. ¿Me lo compondrían?
—Sí, sí. Déjelo aquí.
—Todavía no. Es que es el cepillo de dientes del club y no puedo tomar ninguna decisión sin consultar a los otros socios.

**PROBLEMA PARA UN CIRUJANO**

Un conocido cirujano explicaba que uno de sus enfermos le planteó este problema:
—Usted, en cada operación aprende algo y gana experiencia, ¿sí o no?

—Desde luego que sí.
—Y el enfermo no gana nada y se presta no sólo gratis, sino que encima ha de pagar. Esto es injusto. Deberían ser ustedes los que pagaran algo a los enfermos cada vez que les intervienen.

Decía el cirujano que la cosa terminó muy ingeniosamente por parte del enfermo. El médico le decía:

—¿Y de qué viviríamos entonces los médicos?

El enfermo le hacía otra pregunta:

—¿Y de qué vivimos ahora los enfermos?

## CUANDO LOS EXTRANJEROS NOS CRITICAN

Una señora inglesa, que llevaba ya algunos años en España y que hablaba, aunque muy mal pronunciado, el español, nos decía:

—Lo que más me chocó de las mujeres españolas, cuando llegué aquí, es la forma como gritan cuando hablan.

Y lo decía con una voz chillona, estridente, que obligaba a los otros a interrumpir sus conversaciones y a escucharla sólo a ella.

Una señora norteamericana, de unos cuarenta años, recién llegada a España, nos explicaba cosas de España a un grupo de españoles. Nos decía:

—En los países más atrasados, como es el Sudán y como es España, las mujeres, a los cuarenta años, ya han envejecido.

Entre los que la escuchábamos había tres señoras españolas, de alrededor de cuarenta años, muy bonitas y muy bien conservadas las tres, y que parecían las tres bastante más jóvenes que la norteamericana, mal conservada y excesivamente gruesa. Y una de ellas, amablemente, le dijo:

—No, si la verdad es que los españoles, para llegar a conocernos, hemos de escuchar a los extranjeros que nos visitan.

## ANÉCDOTAS TEATRALES

Parece ser que el día del estreno de una obra, en un teatro de Madrid, el primer acto fue recibido con abucheos y silbidos. Y entonces el director de la compañía salió por delante del telón y dijo a los espectadores:

—Estoy con ustedes; esto es muy malo. Y los

dos actos que faltan aún son peores. ¿Ponemos otra comedia?
La contestación fue unánime:
—¡¡¡Síií!!!
Y se empezó otra obra, una de repertorio.
Y también parece ser que el director, antes de empezar la otra comedia, volvió a salir y advirtió:
—Si silban ésta, no empezaremos otra, porque acabaríamos demasiado tarde.

De un actor, cuyo nombre se calla pues todavía vive, se cuenta que, en una larga *tournée* por distintas poblaciones, y por no ir el negocio demasiado bien, no le pagaban el sueldo concertado. Lo reclamaba y el empresario le decía:
—Mañana.
Hasta que el actor, cansado y sin un duro, le dijo:
—Si esta vez no es verdad, no trabajo más.
No fue verdad. En el momento de empezar la función el actor reclamó el dinero. No le pagaron. Y el actor, disimuladamente, salió del escenario y entró en el patio de butacas. No había mucha gente. El actor se sentó en una de las últimas filas ocupadas, la seis o siete. Y, después de un rato le dijo a otro, un desconocido, a cuyo lado estaba:
—¡Verá usted ahora la que se arma!
—¿Por qué? ¿Qué pasa?
—Pasa que ahora, dentro de muy poco, sale a escena un nuevo personaje. Y este personaje soy yo.
No dice la anécdota lo que pasó.

Se cuentan muchas anécdotas de equivocaciones sufridas por actores la primera vez que han aparecido a escena. Y las que menos se cuentan son las dos más sorprendentes. En ninguna de las dos se cita el nombre del actor que, a lo mejor, llegó después a la cumbre de la fama.
Un actor principiante sólo tenía que contestar dos palabras a dos preguntas que le hacían. A la primera pregunta, «sí», y a la segunda pregunta, «no». Y, aturdido, se equivocó. Alguien de los

que tienen la costumbre de anticiparse, suele decir:
—Dijo no en vez de sí, y al revés.
—No. La primera vez dijo: ¡ni! y la segunda ¡so!

Y otro actor de la compañía, cuando lo contaba, decía:
—Y lo más curioso del caso es que nadie del público se enteró.

Otro actor empezó con un papel de criado, con una sola salida a escena. Aparecía con un servicio de chocolate en una bandeja y decía: «Señorito, el chocolate».
Lo repetía una y otra vez para decirlo con la entonación justa. Y en el escenario la emoción le trabó la lengua, y le salió así:
—¡Chocolito, el señorate!

Otra equivocación, en boca de una actriz una de las primeras veces que salía a escena. Tenía que decir, muy asustada:
—Está la calle llena de policías y hay un cochecito de niño junto a la puerta.

Estaba asustada de verdad, por ser la primera vez y empezó así:
—Hay un policía junto a la puerta...
Y ya en la pendiente, intentó arreglarlo así:
—Y está la calle llena de niños en sus cochecitos.

Otra equivocación teatral, ocurrida en Madrid, es la del actor que tenía que decir:
—Os espero a la puesta del sol.
Y le salió así:
—Os espero en la Puerta del Sol.
Era una obra del tiempo actual y nadie se dio cuenta.

**TRASPASO EN VERSO**

En una tienda de Madrid apareció un anuncio de traspaso redactado en verso, al parecer obra de uno de los inquilinos de la casa, más o menos poeta. Era así el cartel:

*Esta tienda se traspasa*
*con permiso del casero;*
*dará razón el portero*
*que vive en la misma casa.*

LITERATURA
RENTABLE

Se cuenta de dos escritores actuales que (uno de ellos escribe muy bien y gana muy poco dinero, y el otro, precisamente una mujer, escribe muy mal y gana el dinero a espuertas) discutieron sobre la rentabilidad de la literatura. El buen escritor se quejaba de no ganar dinero. La escritora le decía:
—Claro que no; es que tú eres de una calidad excepcional. Y escribes para los que son como tú, que son los menos. Y yo soy una del montón, y escribo para los del montón, que son casi todos.
—¿Sabes quiénes son los que te leen?
—No sé quiénes son, pero sé cuántos son. Y son tantos, que seguro que no pueden ser excepcionales en nada.

ANÉCDOTAS
DE NUEVOS
RICOS

De los nuevos ricos se cuentan algunas anécdotas. Y si es para hacerles quedar mal, se ha de decir, en compensación, que ellos tienen dos cosas muy buenas: que son ricos y que son nuevos.
El nuevo rico iba siempre muy bien vestido. Y uno de sus amigos le advirtió que la chaqueta, en el lado superior izquierdo, le abultaba más que el otro lado. Y el nuevo rico explicó:
—Sí; pero no es el vestido. Es la cartera. Me gusta llevar un poco de dinero encima.

El nuevo rico tenía un hijo, ya mocito. Le visitó un vendedor de libros y le empezó a ofrecer:
—Su hijo ya está en edad de necesitar documentación, y de tener dónde encontrarla. ¿Por qué no le compra usted una enciclopedia?
Y el nuevo rico, que aquel día ya había gastado el cupo que él mismo se imponía, supo rechazar la oferta y demostrar a la vez que en palabras raras estaba bastante al día. Dijo:
—No, no; todavía no. Prefiero que vaya a pie.

El nuevo rico se reunió con dos amigos en la terraza de un café. Llegó en un coche enorme, de esos que se dice que sólo hay dos o tres en el país. Y los amigos no supieron disimular la sorpresa.
—¡Vaya coche! ¿De dónde lo has sacado?

787

## EL BENEDICTINO, EL DOMINICO Y EL JESUITA

—Pues no sé. Lo he encontrado esta mañana en el garaje.

Estaban reunidos un benedictino, un dominico y un jesuita. Era de noche y, de pronto, se les apagó la luz. El benedictino propuso a los otros dos rezar un rosario y pedir así a Dios que la luz volviera. El dominico dijo que lo mejor sería averiguar primero las causas del apagón. Y entonces volvió la luz y, con la luz, el jesuita, que había ido a cambiar el fusible fundido.

## JUGADORES DE PÓQUER

Un grupo de amigos estaban jugando al póquer. Llevaban ya rato jugando y estaban en uno de aquellos momentos de más intensa emoción. Uno de los jugadores perdía mucho. Le dieron tres ases. Pidió dos cartas y subió el otro as. Otros dos jugadores estaban en juego, los dos habían ido también con tres cartas, ambos habían ligado también póquer. Uno de esos casos poco frecuentes, que le sirven a un jugador para recuperar, en una jugada, el dinero perdido en muchas. Póquer de dieces, póquer de reyes y póquer de ases. El del póquer de dieces hizo un envite muy fuerte, el del póquer de reyes lo dobló, el del póquer de ases lo triplicó y, al fin, los tres se jugaron el resto. Abatieron primero cada póquer más bajo y el del póquer de ases, en el momento de abatir, vencido por la emoción, cayó muerto de bruces sobre la mesa. Y otro jugador, al verlo muerto, dijo, desorientado:

—¿Qué hacemos?

Y otro, por deformación de jugador, respondió rápidamente:

—Quitamos los sietes.

Lo que no se sabe es si la partida, sin sietes y con el muerto allí, continuó.

Un español, jugador de póquer, iba en barco. Vio una mesa de póquer. Se acercó a los jugadores. Eran cuatro caballeros muy serios. Uno le preguntó si quería jugar y él dijo que sí. Se lo preguntó en inglés, porque los cuatro jugadores de póquer eran ingleses.

En la primera jugaba ligó póquer. Y lo enseñó. Los tres ingleses le miraron sorprendidos. Y uno le preguntó:

—¿Por qué lo enseña?

—¿No juegan así?

—Basta que lo diga. Somos caballeros, y ninguno de nosotros duda de la palabra de los otros.

—Ustedes perdonen.

Y después el español, descendiente de aquella tan cacareada picaresca, cuando lo contaba a sus amigos, decía:

—¡El dinero que les gané!

EL ORIGEN DE UNA FORTUNA

Era un señor de mucho dinero, cuyo nombre callamos, pues sus hijos aún viven. La cuantía de su fortuna sólo se supo después de su muerte. Era hijo del cochero de una fábrica de tejidos y acompañaba a su padre en los viajes, en tartana, de la fábrica a la estación, y viceversa. De tanto ir a la estación le entraron ganas de viajar, y un día, muy joven todavía, se fue a conocer mundo. Tenía, cuando se fue, unos diecisiete años. Regresó alrededor de los cincuenta. Había vivido años en Australia y había ganado mucho dinero. La fábrica necesitaba una renovación y él la pagó. Se convirtió así en uno de los principales accionistas. Y, al fin, compró toda la fábrica. Preguntó entonces si todavía iban a la estación en tartana. Le dijeron que sí. Un día acompañó al cochero. Y otro día, y otro. El cochero, un viejo entonces, murió, y él, el dueño de la fábrica, le sustituyó. Decía que aquello era, de todo el trabajo de allí, lo que le gustaba más. Se casó, tuvo hijos que estudiaron en Inglaterra y, al morir, les dejó una gran fortuna.

Pero lo bueno es la forma como explicaba el origen de su dinero. Decía:

—Allí, en Australia, hablan de una manera que no hay quien les entienda. Ni yo les entendía a ellos ni ellos a mí. Y, como pensaba regresar un día u otro, no me interesó aprender a hablar como ellos. Así que, si no podía hablar ni entenderme con nadie, no me quedó otra solución, para no aburrirme demasiado, que ganar dinero. Y así fue.

**CATEDRÁTICO COMPRENSIVO**

Un catedrático de medicina, cuyo nombre no decimos, pues todavía vive y desempeña su cátedra, contaba que en un examen había hecho esta pregunta:

—Supongamos que un hombre se ha tomado, por confusión, una cucharada de arsénico en agua. ¿Qué medidas hay que tomar en este caso?

Y el muchacho le había contestado, sin vacilar:

—Las del ataúd.

Le preguntaban si lo había suspendido y decía que no, que lo había aprobado. Y daba esta razón:

—Es que yo le di pie con la forma de hacer la pregunta. Y él lo supo aprovechar, con lo que me demostró no ser nada tonto.

**ESOS VERSOS SONOROS**

Un político, y escritor a la vez, publicó un manifiesto contra el trono. Se dictó auto de prisión contra él. Le avisaron con tiempo y pudo huir y ganar la frontera. Llegó la policía a su casa. No había sino una criada que, como siempre en tales casos, no sabía nada de nada. En el despacho del dueño de la casa, se encontró un gran papel escrito, en verso. Decía:

*Al partir en diligencia*
*de camino para Francia,*
*me... en la providencia*
*del juez de primera instancia*
*del distrito de la Audiencia.*

Versos que, en aquellos tiempos, fueron comentados y hasta celebrados, quizá tanto como aquellos otros, debidos a la inspiración estudiantil, la primera vez que aparecieron, y que aún aparecen a veces:

*Dada la estrella polar*
*y el logaritmo de pi,*
*averiguar si es aquí*
*donde se puede...*

**EXAMEN PRINCIPESCO**

El hijo de un rey, en aquellos tiempos en que los reyes abundaban más, se estaba examinando. Le dieron a sacar, con todo respeto, una

bola. Le salió la lección número 17. Y, al ver el número, dijo:
—¡Oh, la diecisiete! Ésta me la sé muy bien.
Y el presidente del tribunal respondió:
—Basta con esto, alteza; no la diga. El tribunal cree en vuestra palabra. Otra lección.
El príncipe sacó otra bola, la 42. Y se repitió lo mismo. Dijo que la sabía bien, y se la dieron por bien sabida sin ni decir nada. Y el príncipe sacó la tercera bola, la número 27. Vio el número, consultó el programa y, sincero en todo, confesó:
—Ésta, tan bien tan bien no la sé.
Y el presidente, apenado, dijo:
—¡Lástima, alteza! ¡Con el buen examen que estaba haciendo vuestra alteza!
Y por aquel fallo no se atrevieron a darle matrícula de honor; sobresaliente, sí.

EL FRAILE
Y EL
EVANGELIO

Se cuenta de un fraile, fiel cumplidor de los evangelios, que una vez, en tiempos revueltos, fue insultado en un sitio público por un mozalbete que, animado por la multitud, hasta le dio un bofetón. Y el fraile le ofreció la otra mejilla. Y el mozalbete, sin ni siquiera pensarlo, le asestó otro bofetón. Y el fraile, inesperadamente, dijo:
—Hasta aquí el Evangelio. Ahora, yo.
Y de un directo a la mandíbula abatió al mozalbete. Y ganó la partida incluso ante el público.

TOZUDEZ
ARAGONESA

Para probar la tenacidad aragonesa, su tozudez, se cuenta una anécdota, posiblemente inventada. Es la siguiente:
San Pedro, en uno de sus paseos por la tierra, con Jesucristo, preguntó a un aragonés:
—¿Adónde vas, maño?
—A Zaragoza.
—Mejor será que añadas «si Dios quiere».
—Es que, quiera Dios o no quiera, yo voy a Zaragoza.
A Jesucristo le pareció fea la contestación, convirtió al aragonés en rana y lo arrojó a una charca. Pasó mucho tiempo, siglos según algunas versiones. Dios y san Pedro, otra vez de paseo por la tierra, pasaron por aquella charca,

se acordaron del aragonés y Dios le devolvió su forma primaria. Y entonces san Pedro le preguntó:

—¿Adónde vas
Y el aragonés, erre que erre, contestó:
—A Zaragoza, o al charco.

## DE LA REALIDAD AL MITO

Discutían dos autores de teatro sobre los tipos femeninos de sus obras. Uno decía:
—Tus mujeres son siempre de trato difícil, insoportables. Las mías son todo lo contrario.
—Es que tú eres un reformador, y yo me limito a observar la realidad y a inspirarme en ella. Tú pintas a las mujeres tal como debieran ser; yo las pinto tal como son.

## SIN LAS DEBIDAS CONSIDERACIONES

Leemos una anécdota sin nombres de protagonistas. Se sitúa en el siglo pasado, y se refiere a cierto hombre público y a cierto comisario de policía. Por circunstancias políticas, el hombre público fue detenido. El comisario, en el interrogatorio, no le guardó las debidas consideraciones.
—¿Cómo se llama usted?
—Fulano de Tal, si no recuerdo mal.
El interrogado sabía que el comisario conocía muy bien el nombre. Y todo. Y siguió preguntando:
—¿Oficio?
Rara pregunta, pues se trataba de un hombre de carrera y muy situado.
—¿Oficio?
—Sí, oficio. ¿O es que no tiene?
—Pues sí tengo. Y tengo tres: guarnicionero, veterinario y capador. Y en los tres oficios para servirle a usted.
No dice la anécdota cómo acabó el interrogatorio.

## FUNCIÓN DE DESPEDIDA

Cuentan de un cantante de zarzuela que una vez, vista la poca gente que acudía al teatro, anunció su función de despedida. Y aquella noche el teatro se llenó. Al otro día apareció este aviso en la prensa: «En vista del éxito clamoroso obtenido por el barítono Fulano de Tal en su despedida, la empresa ha decidido prolongar dos días más su actuación». Y dos días des-

pués anunciaba otra vez su despedida. Hubo lleno también y apareció el anuncio de su despedida definitiva para el día siguiente. Otro lleno. Y, al día siguiente, apareció en la prensa y en los carteles un anuncio redactado así: «Hoy última y definitiva despedida del barítono Fulano de Tal. Hoy última representación bajo palabra de honor. ¡Por la salud de mi madre!».
Y lo raro es que, en aquella última función de despedida, también se llenó el teatro.

## VERSIÓN ESPAÑOLA

En un encuentro de Copa Davis jugado en España contra Alemania, en la que ganó Alemania por 4 a 1, el año 1936, formaban el equipo español Manolo Alonso (que vino de Norteamérica expresamente para jugar), Buby Mayer, campeón entonces de España, y el entonces joven jugador Manuel Blanc. Después del encuentro se celebró una cena. Y después de la cena, el presidente de la Federación Alemana, que había asistido a los partidos, tomó la palabra. Mayer, hijo de alemanes, se levantó también con el propósito de ir dando en versión española el discurso alemán. Fue un largo discurso. Mayer no abrió la boca y a los que le miraban les indicaba, con gestos, que lo diría a todos después. El discurso alemán, muy largo, de lo menos diez minutos, fue muy aplaudido. Y entonces Mayer dijo:

—El señor presidente ha dicho que lo ha pasado muy bien entre nosotros y que se lleva de aquí un recuerdo inolvidable.

Y el señor presidente saludó y fue aplaudido por segunda vez.

## UN ARISTÓCRATA ESPAÑOL

De un aristócrata español, cuyo nombre no decimos pues todavía vive, y que tuvo una juventud muy airosamente vivida, se cuenta que una noche, a la salida con otros amigos de un local de diversión nocturna, pidió que le prestaran veinte duros, pues los necesitaba el día siguiente a primera hora y estaba sin un duro. Hace de esto casi medio siglo. Ninguno se los prestaba por dos razones: porque no los tenían de sobras y porque el aristócrata nunca se apresuraba a devolver el dinero que le prestaban. Él insistía y decía que no se separaría de sus amigos sin

el dinero. Y se ponía pesado. Al fin, uno de los amigos echó mano a la cartera y le dijo:
—¡Toma! Te lo has ganado.
Y entonces el aristócrata llamó al portero del local, le pidió una caja de buenos cigarros habanos, se la pagó con los veinte duros (el precio de la caja fue de ochenta pesetas), le dio de propina las veinte pesetas que sobraban y repartió los cigarros entre sus amigos. Encendió uno, y se marchó calle arriba echando humo.

Del mismo aristócrata es otra anécdota muy buena. Uno de sus amigos tenía una «amiga» titular. La tenía en un apartamento, donde la visitaba casi todos los días y, sin falta, todas las noches. Era una mujer muy celosa y si él alguna noche no iba, al día siguiente se organizaba el drama. Si, a veces, cenaba con amigos y salía con ellos por la noche, ella le decía:
—Bien, pero a las dos aquí.
Y le exigía que a la hora que fuese, las dos o más tarde si la pandilla organizaba un póquer, él fuese a verla. Y si no iba, ¡drama!
Una noche estaba él con sus amigos, uno de los cuales era el aristócrata de la anécdota. Eran entre dos y tres. Iban con mujeres y estaban organizando una juerga por todo lo alto. Y se planteó el problema. El amigo con amiga titular decía:
—Yo he de subir a verla. Si no subo, tendré drama mañana. Y si subo sólo para decirle que no me quedo, más drama.
Y entonces el aristócrata tuvo una idea genial.
—Subiré yo.
—¡Si no la conoces!
—Mejor.
Y era verdad; el otro, el que aquí llamamos el aristócrata, no la conocía. Lo organizó todo. Llegaron en grupo, cuatro hombres y cuatro mujeres, a la casa donde vivía ella. Allí, el aristócrata les dijo que esperaran, que no tardaría en volver. Su amigo le abrió la puerta de la casa y le dio la llave del apartamento. Y todos le vieron cómo subía en el ascensor. Diez minutos más tarde reaparecía con aire de triunfo y decía:
—¡Todo arreglado!

Después se supo cómo había sido el arreglo. El aristócrata entró en el piso. Estaba oscuro. La mujer en la cama. El aristócrata dio la luz. Ella, por el ruido, se despertó. El aristócrata avanzó por el pasillo. Sabía por indicación del otro, cuál era la puerta de la habitación. Abrió la puerta y entró. Y quedó allí, junto a la puerta, en actitud fantasmal. La mujer, asustada, gritó:
—¿Quién es usted?
Y él, en tono declamatorio:
—¡Soy un hijo de la noche!
Y empezó a hablar, siempre en el mismo tono. Estuvo hablando durante diez minutos, la aturdió así, sin dejarle ni abrir más la boca, se despidió con una reverencia, cerró la puerta de la habitación, bajó la escalera aprisa y salió a la calle. Y allí, después de decir que todo estaba arreglado, añadió:
—Y ahora vámonos, ¡aprisa!
Se fueron todos a continuar la juerga. No se sabe exactamente lo que pasó después; pero sí se sabe que el aristócrata y la mujer quedaron buenos amigos y otras veces que se vieron comentaron, divertidos, su primer inesperado encuentro.

POBRE
SEÑOR
ARRUINADO

Un buen señor arruinado vivía en Madrid, hace años, de pobre titular vergonzante. Para los vestidos no encontraba gran dificultad. Los hacía durar mucho, según aquella ley infalible por la cual los vestidos nuevos no duran mucho y los viejos duran siempre. Dormía en la única habitación de su piso que no tenía realquilada. Comía poco, casi todos los días en la casa de algún antiguo amigo. Su cena consistía en un vaso de leche, y a dormir. Para el desayuno tenía un truco que no le fallaba casi nunca. Entraba en un café, pedía café con leche con media tostada, lo suyo de mantequilla y lo suyo de mermelada. Lo tomaba todo con mucha calma y, una vez tomado, preguntaba por el dueño de allí y le decía:
—No le puedo pagar.
Le explicaba su pobreza en términos ya aprendidos, conmovedores, y acababa diciéndole:
—Un desayuno no es nada para usted, y para

mí es la vida asegurada hasta que encuentre otra alma caritativa.
Casi todos le dejaban irse sin más. Pero hubo uno que no, que se obstinó en cobrarle el desayuno. Y como el pobre hombre no le pudiera pagar, amenazó con acudir a la policía. Oyeron la amenaza otros clientes que desayunaban allí, y uno de ellos salió en defensa del pobrecito señor. Y los demás le ayudaron a defenderlo. Así se organizó un pequeño tumulto contra el dueño del café que, al fin, asustado, no sólo pagó el desayuno del pobrecito señor, sino que invitó a desayuno a todos los otros clientes.
El pobre señor tenía ordenados alfabéticamente todos los cafés de Madrid. Ponía una señal en el nombre de aquel donde había desayunado. Y así no corría el riesgo de volver, por confusión, al mismo local. Parece ser que, en la lista, tenía anotados más de doscientos cafés.
Y un día, pasado mucho tiempo, volvió al mismo café del tumulto. El dueño, al verle entrar, le conoció en seguida. Un camarero, sin que el buen señor pidiera nada, le sirvió un abundante desayuno, incluso con dos huevos fritos. Y con el desayuno una nota redactada así: «Y salga sin decir nada, y tenga la amabilidad de no dejarse ver por lo menos hasta dentro de un año».
El pobrecito señor volvió exactamente un año después. Y entregó al camarero aquella nota, a la que había añadido de su puño y letra: «Hoy se cumple el año».
Y volvió a desayunar felizmente gratis.

UN BUEN
VESTIDO
DURA SIEMPRE

De los sastres de Sevil Road se cuenta otra muy bonita anécdota, y que explica el concepto que los buenos sastres tienen, o tenían, de un vestido bien hecho. Un aristócrata inglés fue a encargarse un vestido a su sastre de Sevil Road. El aristócrata era cliente antiguo del sastre. Sin este requisito, el sastre no le habría recibido. Nunca aquellos buenos sastres aceptaban clientes nuevos desconocidos. Si aceptaban alguno era a través de la recomendación de otro antiguo cliente.
El sastre observó con detención el vestido que

su cliente llevaba puesto. Pasó la mano por la tela. Se apartó un poco para verlo mejor.
—Es un buen vestido —dijo.
—Salido de sus manos.
—¿De veras? Pues... hará algunos años. Diez o doce, quizá.
—Exactamente veintiuno.
—Necesitaré usar lentes, señor. Me pareció bueno, pero no habría dicho tanto. Y es que, en opinión de aquellos buenos sastres, un buen vestido dura «siempre».

## LECCIÓN DE BUEN VENTRÍLOCUO

Un famoso ventrílocuo proponía dos ejercicios a sus discípulos. Uno era entrar en un bar, sentarse junto a algunas mujeres y llamar al camarero imitando voz de mujer. Si el camarero se dirigía a alguna de las mujeres, es que la imitación estaba bien hecha. El otro consistía en tomar habitación en un hotel, encerrarse en la habitación y entablar un diálogo a gritos entre un hombre y una mujer, supuestamente matrimonio. Subir progresivamente el tono del diálogo; intercalar los gritos y el llanto de un niño asustado; subir más el tono de las voces, usar insultos más fuertes y groseros; imitar los ruidos de una lucha, lanzar gritos de auxilio en voz de mujer y un largo grito final de dolor y el ruido de un cuerpo que se desploma exánime. Acudirá gente y golpeará la puerta. Mientras golpean se pone todo en orden, si no lo estaba y, tranquilamente, se abre la puerta y con una sonrisa se pregunta:
—¿Qué desean ustedes?
El asombro de los otros, al entrar y no ver más que a un hombre que les sonríe, es monumental. Si con la gente acude también la policía del hotel, es posible que la cosa se alargue, pero, al fin, como es de esperar, todo se aclara (como también es de esperar).

## TONTO DE PUEBLO

Nos contaba un buen señor asturiano, compañero nuestro de pensión, en Madrid, que allá en Asturias, en su pueblo natal, en Sotierlo, había un tonto titular, como en tantos otros pueblos hay uno. Y que el tonto de su pueblo tenía costumbre de canturrear, en verso, así:

*A mí me llaman el tonto;*
*tontos los de este lugar,*
*que trabajan y no comen.*
*Yo como sin trabajar.*

ALTA
PROSAPIA

Dos cosas nos contaba también de un caballero asturiano de alta prosapia, o quizá las contaba de dos caballeros distintos y nosotros, en el recuerdo, las sumamos al mismo protagonista.

Una, que el tal caballero tenía mujer bonita y, al parecer, de corazón sensible. Con el marido propio, en los dos primeros años, no tuvo hijos, y ella, por lo que fuese, entró en trances de amor con otro hombre, un don Juan fugaz que se satisfizo con ella. El caballero marido tuvo noticia de la infidelidad; un día llamó a capítulo a su mujer y le dijo:

—Empezaste tú.

Ni una palabra más. Ni una alusión. Continuó con ella, aunque con espacio interpuesto, de tal forma y con tal rigor que jamás, en lo que le quedó de vida, volvió a calentarle la cama a su mujer o a hacer que ella le calentara la suya.

La mujer tuvo un hijo. El parecido del hijo y el don Juan de paso era innegable. Pero el caballero lo disimuló y trató siempre al niño como a hijo propio. Pero no bastó este trato para evitar las murmuraciones de la gente de allí; de las que el caballero fingía no saber nada y, si algo sabía, no importarle.

Y treinta años después murió, de muerte natural, aunque no en la cama, como luego se dirá. En el testamento dejó reconocidos nada menos que diecisiete hijos, habidos con mozas bonitas de por allí, y la fortuna repartida entre todos ellos.

De cómo murió este caballero nos contaba que fue de la siguiente forma: había entonces en Asturias campeonatos gastronómicos. Y ganaba el campeonato el que era capaz de comerse, en una sentada, más pollos enteros. El caballero fue campeón un año, con nueve pollos a su favor, contra ocho y medio del otro finalista. Y, al año siguiente, ante la amenaza de un adversario vizcaíno, se entrenó con tiempo, antes del campeonato. Y el entrenamiento consistía en zamparse un pollo tras otro, una vez por semana, hasta nueve, y hasta diez, y hasta once. De los once no pudo pasar. Y lo que tampoco pudo fue participar en el campeonato, pues la semana anterior, en el entrenamiento, justo al terminar el pollo once (el que habría podido darle la victoria), inclinó la cabeza sobre el pecho, se vino de bruces sobre la mesa y allí quedó... muerto.

## UN BUEN PROFESOR

Teníamos en el colegio profesores jesuitas y algunos profesores seglares. Nos decía hace poco el padre rector de otro colegio de jesuitas, que no es nada difícil hoy en día encontrar personas que, por sus títulos universitarios, puedan ejercer el profesorado; que lo único difícil —y esto lo es mucho— es que esas personas sepan ser buenos profesores, sepan establecer este contacto con los alumnos, indispensable para que la enseñanza sea eficaz. De que muchos profesores no sirven para la enseñanza ya nos habíamos dado cuenta en el colegio. De entre todos los que tuvimos en aquellos tiempos, sólo habríamos elegido a dos, uno de la orden y otro seglar. Del seglar todos recordamos una anécdota muy buena.

Allí, entonces, estaba terminantemente prohibido exhibir fotografías de mujeres en actitud algo licenciosa. No eran aquéllas épocas de tolerancias eróticas ni nudistas. Y un día, en nuestra clase, apareció, en el suelo, la fotografía de una bailarina. Nos daba la clase el profesor seglar, a quien todos queríamos mucho. Vio la fotografía, interrumpió la clase y, sin tocarla de donde estaba, del suelo, preguntó a todos:

—¿De quién es esta fotografía?

Ninguno dijo que fuera suya. El profesor repitió dos veces la pregunta y nadie la contestó. El profesor, muy serio, dijo:

—Pues estarán de pie hasta que uno de ustedes diga que la fotografía le pertenece.

Y estuvimos un rato así, él en la tarima, nosotros abajo, todos de pie. Nosotros sabíamos de quién era la fotografía. No podía ser de otro. Sólo uno era capaz de exhibir tales cosas allí. Pero nadie le acusó. La fotografía le había caído

sin que él se diera cuenta, no hubo forma de recogerla y el profesor la descubrió.
Y al fin, después de mucho rato, uno de nosotros levantó la mano y dijo:
—Es mía.
Todos sabíamos que no lo era. A continuación, otro levantó la mano y repitió igual:
—Es mía.
Y así, uno a uno, se fueron acusando todos a sí mismos. Hasta el verdadero dueño de la fotografía se acusó con las dos palabras de rigor. Una especie de Fuenteovejuna y una situación difícil para el profesor, que estaba al borde de ponerse en ridículo. Y nosotros lo sentíamos casi más por él que por nosotros mismos, puesto que un castigo general nunca es demasiado incómodo de soportar.
Y entonces, de pronto, el profesor bajó en silencio de su tarima, observó de cerca la fotografía, fingió que se acordaba de algo, la tomó y dijo:
—¡Pero si es mía! ¡Si la llevaba yo! Se me habrá caído sin darme cuenta; lo siento.
Y la guardó en el bolsillo. Y en seguida continuó la clase como si nada hubiese ocurrido, y aquella rapidez evitó que sonara una salva de aplausos.
No se habló más del caso. Pero seguro que si alguno de nosotros le hubiese hablado de la fotografía al profesor, él habría preguntado:
—¿Qué fotografía?
Y si el alumno hubiese empezado a contestar, él le habría interrumpido así:
—No me acuerdo de nada.
Y habría hablado de otra cosa.

UN HOMBRE CAE DE UN BALCÓN

Un hombre estaba asomado al balcón. Se asomó demasiado, pasó por encima de la baranda y se cayó a la calle. Era el balcón de un primer piso y, aunque se hizo daño, no se mató ni se rompió ningún hueso. El primero que se le acercó le preguntó:
—¿Qué ha pasado?
Y el hombre, medio inconsciente, dijo:
—No lo sé; acabo de llegar.

**CAPÍTULO DE TONTOS**

Uno de los versículos del Eclesiastés dice que el número de los tontos es infinito. Es así el versículo entero: «Las almas pervertidas difícilmente se corrigen y es infinito el número de los tontos».

Esto puede ser el origen de algunas otras sentencias, entre ellas una de Gracián, que se ha repetido mucho: «Tontos los son todos los que lo parecen y la mitad de los que no lo parecen». Baltasar Gracián, en su *Oráculo manual*, después de lanzada esta afirmación, explica: «Alzóse en el mundo la necedad, y si hay algo de sabiduría, es estulticia en comparación con el cielo; pero el mayor necio es el que no se lo piensa y a todos los otros define. Para ser sabio no basta parecerlo, y menos parecérsele; aquel sabe que piensa que no sabe; y aquel no ve, que no ve que los otros ven; con estar todo el mundo lleno de necios, ninguno hay que lo piense, ni aun lo recele».

En forma muy ocurrente alude el padre Luis Coloma a esta sentencia en uno de sus libros, al describir a un sacerdote del que dice: «Si es cierto que tontos lo son todos los que lo parecen y la mitad de los que no lo parecen, él era una excepción de los primeros». Dejando sentado con esto que parecía tonto y no lo era.

Se cuenta otra anécdota en muy estrecha relación con este texto. Uno que llama a un convento de frailes en busca de uno de ellos, del que no sabe el nombre. Se lo describe al portero para ver si por la descripción le conoce. Y así va el diálogo:

—¿Cómo le diré? Es uno bajito...
—Hay muchos más bien bajos en la comunidad.
—Flacucho.
—Muchos lo son también.
—Uno que lleva barba.
—Aquí la llevan casi todos.
—Uno que parece algo tonto.
—Aquí todos lo parecemos.

**PALÍNDROMOS**

Se llama palíndromo en castellano la frase que lo mismo se lee de derecha a izquierda que viceversa, y en ambos sentidos dice exactamente lo mismo. El más antiguo de nuestros palíndromos (en el colegio ya lo decíamos) es «dábale arroz a la zorra el abad.» Pero hay muchos otros y, buscando con calma, tiempo y paciencia, se encontrarían otros más. En su busca una vez, hace tiempo, encontramos cerca de un centenar. No todos buenos, pues los buenos son aquellos en los que la frase tiene un sentido claro, en cierto modo lógico, aunque sea relativamente absurdo. También es absurdo que un abad le dé arroz a una zorra.

De aquellos que encontramos (fue entre muchos) damos aquí los mejores, para diversión anecdótica del lector:

A Mercedes ese de crema.
Así Ramona va no Marisa.
Anita lava la tina.
Salta Lenin el atlas.
Átale demoníaco Caín o me delata.
Anás usó tu auto Susana.
Amigo no gima.
Adán a donde va ved no da nada.
Ale, socorro, cósela.
Amad a la dama.
Ana lleva al oso la avellana.
Yo hago yoga hoy.
Ateo por Arabia iba raro poeta.
No di mi decoro, cedí mi don.
A mamá Roma le aviva el amor a papá y a Roma le aviva el amor a mamá.
Sor Rebeca hace berros.
Señor goioso logroñés.
Oirás orar a Rosario.
Oíd Roma la luz azul al amor dio.
Es Adán ya ve yo soy Eva y nada sé.
Se van sus naves.
¿Subo tu auto o tu autobús?
O rey o joyero.
No bajará Sara jabón.
La moral, claro, mal.
Le avisará Sara si va él.
Arde ya la yedra.
Si es a las siete metéis sal a seis.
Lava esa base naval.
A ti no, bonita.
Yo haré cera hoy.
A la Manuela dale una mala.

Adán no cede con nada.
No traces en ese cartón.
La tomó como tal.
A sor Ana lana rosa.
Ese se acurruca, es ese.
Así revelará su amada dama usar aleve risa.
La ruta natural.
Saca tú butacas.
Allí sale de la silla.
Ojo, corre poco perro cojo.
Ella le dará detalle.
Seguro nene no ruges.
Así le ama Elisa.
A la catalana banal atácala.
Logre ver gol.
No deseo yo ese don.
¿Somos o no somos?
Boj no como con Job.
No son soja, ajos no son.
Ocas el rey ayer le sacó.
Y ahora por enero paro hay.
Sólo di sol a los ídolos.
Abajo memo, me mojaba.

No es óbice, para que sean buenos palíndromos, el cambio de comas y de acentos que se produce al leerlos al revés.

**PALÍNDROMO EN VERSO**

Y el más curioso de todos es una décima, no invento nuestro, sino leída en una publicación. Tanto si se lee empezando por el primer verso, como empezando por el último, siempre verso entero a verso entero, tiene sentido y, además, el mismo sentido:

> *Todos hablan sin saber;*
> *quien más calla, éste lo sabe;*
> *en lo posible no cabe*
> *penetrar lo que ha de ser;*
> *mucho se ve disponer*
> *en esta ocasión presente;*
> *nada se sabrá, es patente,*
> *de lo que se haya tratado,*
> *hasta que el golpe esté dado,*
> *inténtelo quien lo intente.*

**ATRACADOR COJO**

Había en una cárcel un preso condenado a dos años por un robo de no mucha importancia.

La policía estaba buscando al autor de un atraco a un banco del que lo único que se sabía, por la declaración de un testigo (de uno que estaba como cliente en el banco en el momento del atraco), que no era muy alto y que cojeaba de la pierna izquierda. El atracador se había llevado dinero, y ni de él ni del dinero se había sabido nada más.

Al fin, la policía decidió ofrecer una cantidad respetable a quien facilitara una pista segura para detener al atracador, que ya era conocido por el «atracador cojo».

Aquel preso condenado a dos años se enteró del ofrecimiento de la policía y solicitó del director de la cárcel que le concediera una entrevista.

—Es por eso del atracador cojo —dijo al guardián.

Y al director le dijo que él podía decir quién era el atracador cojo, que él le conocía, y que sabía dónde le encontrarían. Pero que no lo diría si no le daban palabra de no condenarle a más de dos años. Decía:

—Es que somos amigos y no quiero que por mi culpa...

Al fin, le dieron la palabra pedida. Y el preso pidió que se la dieran por escrito, firmada por el juez y el jefe superior de policía. Lo consiguió todo. Y entonces, reunidos el director, el juez y el jefe de policía, les dijo:

—El atracador cojo a quien buscan soy yo.

Y se fue, aprisa, hacia la puerta. Y entonces, al verle andar, los tres se dieron cuenta de que, en efecto, cojeaba de la pierna izquierda.

## LA ILUMINACIÓN DE PEKÍN

De un emperador de China, del que no se dice el nombre, se cuenta que dio esta orden a su primer ministro:

—Quiero que dentro de diez días Pekín esté iluminado.

Cosa difícil, pues Pekín quedaba por la noche sumido en la oscuridad. El primer ministro llamó al gobernador de la ciudad y le repitió la orden:

—Quiero que dentro de diez días Pekín esté iluminado.

Las calles de Pekín tenían todas ellas una

primera autoridad vecinal, responsable de todo lo malo que en ellas ocurría. El gobernador llamó a los jefes vecinales de todas las calles y les repitió la orden, aunque en otra forma:
—Quiero de cada uno de vosotros que cuide de que su calle esté iluminada lo más tarde dentro de nueve días.
Había ya pasado un día. Los jefes vecinales se reunieron en asamblea y, al día siguiente, reunieron al jefe de familia de cada casa y dieron esta orden:
—Quiero que, para mayor seguridad de todos y para mayor belleza de la ciudad, cuide cada uno de vosotros de que vuestra casa esté iluminada lo más tarde dentro de ocho días.
Habían pasado ya dos días. Y, exactamente en el día que había ordenado el emperador, todo Pekín, aquella noche por primera vez, apareció iluminado. Y el emperador premió a su primer ministro, el primer ministro premió al gobernador de Pekín, el gobernador premió a los jefes vecinales. Y los únicos que no recibieron ningún premio fueron los dueños de las casas.

EL CAPITAL
Y EL TRABAJO

Sabida es la diferencia entre capital y trabajo, tal como ha sido contada por muchas personas distintas, si es verdad que han dicho esto todos aquellos a quienes se atribuye.
La explicación es ésta: El que lo explica le pide un dinero al otro. Guarda el dinero y le dice:
—Este dinero que me has dado es el capital; el trabajo es el que tú vas a tener ahora para recuperarlo.

EL BANDIDO
Y EL
VIOLINISTA

Años y acaso siglos atrás, había en Hungría una cuadrilla de bandidos que asolaba el país. El capitán era un hombre cruel, incapaz de compasión, que sólo encontraba placer en matar y robar. Había allí un violinista ambulante que tocaba muy bien. Le alquilaban en algunas fiestas. Y una vez tocó en una boda. Cuando los invitados, y el violinista con ellos, regresaban de la fiesta, les atacaron los bandidos y se los llevaron a su guarida para despojarles de todo. Y a algunos, que llevaban poco dinero encima, los mataron sin compasión. Le tocó el turno al

violinista y el capitán de los bandidos le preguntó:
—¿Cuánto pagas por tu vida?
—Mi violín es lo único que tengo. Y no te lo doy, pues de nada te serviría.
—Ni a ti, pues si nada tienes, morirás.
El violinista, jugándose una última carta, le hizo una proposición:
—¿Quieres hacer una apuesta conmigo? Tienes fama de ser un hombre frío, incapaz de emocionarte y de llorar. Pues bien, yo con la música de mi violín, te arrancaré lágrimas. Si no lo consigo, me matas; si lo consigo, me perdonas la vida.
El bandido aceptó. El violinista empezó a tocar. Lo hacía muy bien. Tocó tristes y melancólicos aires populares, uno tras otro. Y los tocaba tan bien, que todos los bandidos empezaron a sentirse emocionados y todos, uno tras otro, se alejaron para evitar que se les conociera la emoción. El único que aguantó impasible fue el capitán. Y el violinista tocaba y tocaba. Y el capitán aguantaba. Hacía un esfuerzo para aguantar. Y tan profundamente le impresionaba la música y tanto era el esfuerzo que tenía que hacer, que, al fin, algo se le rompió en el corazón y, aunque pudo contener las lágrimas, cayó muerto.

Y los otros bandidos, asustados, perdonaron la vida al violinista y a todos los invitados a la boda que no habían sido aún juzgados.

## JUSTICIA ISLAMITA

Se cuenta de un famoso bajá de alguno de los países del islam, que administraba justicia personalmente. Uno de sus súbditos le pidió justicia contra un vecino que no le dejaba dormir.
—Es músico y ensaya toda la noche. No hay quien lo aguante.
El bajá tomó el nombre del músico y le mandó una orden de cambio de domicilio.
Otro ciudadano le presentó una queja parecida.
—Un vecino mío es músico y ensaya durante todo el día. Es un no vivir.
El bajá tomó nota del nombre del vecino músico y le mandó una orden de cambio de casa.
Los dos obedecieron la orden. Pero resultó

que los dos eran músicos y que uno se quejo del otro, por ensayar uno de día y el otro de noche, y molestarse así mutuamente. Y, al cambiar de casa, cada uno de ellos ocupó la casa que hasta entonces había ocupado el otro y que acababa de quedar vacía. Y todo continuó para ellos tan molesto como antes, sin que ninguno de los dos se atreviera a pedir justicia por segunda vez.

FALSIFICACIÓN DE PINTURAS

Son muchas las anécdotas relativas a falsificaciones de pinturas y de antigüedades. Franck Arnau en su libro *El arte de falsificar el arte*. pone este epígrafe general: «Sólo en los Estados Unidos se encuentran más de 5.000 Corots. Sin embargo, según los expertos en cuestiones de arte, Corot sólo produjo unas 3.000 obras». Y de otros pintores se ha dicho lo mismo. De Renoir y de Utrillo se dice que, de los dos mil cuadros que pintaron, más de 4.000 están en los Estados Unidos. Con las antigüedades sucede cosa parecida. Una gran parte de las que están a la venta son falsificadas. Un anticuario decía en tono burlón:

—Yo sólo vendo piezas únicas.

—Y una vez vendida, ya está.

—No, entonces la sustituyo por otra igual, pero también única.

Contamos dos anécdotas de falsificaciones de pinturas, y no damos el nombre de los protagonistas para evitar conflictos.

En los Estados Unidos, el poseedor de un Renoir auténtico lo tuvo que vender porque necesitaba dinero y, en vez de venderlo, lo sorteó, a cien dólares el número. Reunió así una respetable suma. Se celebró el sorteo y entonces el dueño del cuadro visitó al favorecido y le devolvió los cien dólares.

—Le devuelvo el dinero y no le doy el cuadro, porque no le quiero engañar. Mi Renoir es una falsificación.

Y el otro se resignó. Pero uno de los otros que habían participado en el sorteo lo supo y reclamó su parte. El dueño del cuadro le preguntó:

—¿Le ha tocado el cuadro a usted?

—No.
—Pues no tiene derecho a reclamar nada. Usted se jugó cien dólares a la suerte. Los ha perdido y en paz.

No se sabe (en las anécdotas nunca se sabe) cómo terminó la cosa.

Un señor muy rico que invertía dinero en coleccionar cuadros, compró, a precio muy alto, un Goya. Lo enseñaba después con orgullo a los otros coleccionistas amigos. Y uno de ellos, muy sorprendido, le dijo:
—Yo tengo otro exactamente igual.

Compararon los dos Goyas y eran, en efecto, iguales. Investigaron y resultó que los dos los había vendido el mismo tratante. Era éste un hombre muy entendido en pintura y con muchos recursos de disquisición. Y les contó esta historia, con seguridad tan falsificada como los cuadros:
—Este Goya era propiedad de mi padre, muy aficionado a la pintura. Mi padre temía siempre que se lo robaran. Se hizo hacer una copia exacta por un buen pintor, guardó el Goya auténtico y puso la copia en la colección. Muerto mi padre, en un traslado, se confundieron los dos cuadros, y no hubo manera de saber después cuál era el auténtico y cuál la copia. Los he vendido los dos como auténticos. Sé que uno es falso. Si se ponen ustedes de acuerdo, devolveré el dinero a cualquiera de ustedes dos que me haya comprado el falso y recuperaré el cuadro.

Los dos coleccionistas consultaron a técnicos y los dos consiguieron certificados de la autenticidad de su Goya, que, por otra parte, había sido comprado a muy alto precio por tratarse de un Goya.

No se sabe si el vendedor repitió el mismo truco con dos cuadros iguales de algún otro pintor famoso.

HOMBRES
Y PERROS

De la frase «cuanto más conozco a los hombres más admiro a los perros», leemos que se ha atribuido a madame Roland, a la marquesa de Sevigné, a la escritora inglesa Ouida (Luisa de Ramée) y a otros, cuyos nombres sentimos no recordar. A Lamartine se le atribuye una frase más dura, más atrevida, así: «Cuanto más observo a los representantes del pueblo, más admiro a los perros».

Permítasenos añadir que todas esas frases nos parecen fruto, tal vez, de merecidas decepciones, pronunciadas sólo en busca de cierta notoriedad. Pensar de buena fe que los perros tienen, como seres sociales, cualidades superiores a los hombres, supone un total desconocimiento de ambos. Con el perro animal doméstico se hace mucha literatura, y en su elogio se dice que es el gran «amigo del hombre». Y es curioso que no se añada «y el gran enemigo, cuando para enemigo se le educa». Como son los perros policía y los perros usados como guardianes.

## TRES ANÉCDOTAS DEL SEÑOR SERRA

El señor Serra era un fabricante catalán del siglo pasado, de los que lo tienen casi todo previsto. Si le anunciaban una visita, aparecía siempre con el sombrero en la mano. Y explicaba esta buena costumbre así:

—Si me interesa la visita, digo que acabo de llegar; y si no me interesa, digo que estaba a punto de salir.

Uno de sus empleados le dijo una vez:

—Oiga, señor Serra; he pensado que...

El señor Serra no le dejó continuar:

—No, no; eso, no. Aquí el único que se toma el trabajo de pensar soy yo. Usted basta que haga bien lo que yo he pensado y le digo que haga.

En el almacén del señor Serra había un mozo. A la una se iban todos a comer, menos el mozo, que se iba a las doce y volvía a la una. Y se quedaba como de vigilancia allí de una a tres, mientras los otros comían. El mozo vivía cerquita, se ve que comía aprisa y todos los días, a la una menos cuarto, ya estaba de vuelta. Pero no entraba en el almacén. Se sentaba en un banco frente al almacén, donde daba el sol, y allí se quedaba hasta la una en punto. Y entonces entraba.

El señor Serra vivía lejos. A veces a la una menos cuarto ya había terminado su trabajo de la mañana. Y un día le dijo al mozo:

809

—Veo que todos los días llegas a la una menos cuarto y te sientas ahí enfrente. Lo mismo podrías entrar. Yo te daría las llaves y así podría irme un poco antes.

Y el mozo, muy reposado, le contestó:
—No, señor Serra. Eso, no. Yo soy pobre y los pobres no podemos dar nada.

Y continuó sentado en el banco, a la vista del almacén, pero sin entrar.

Entonces se usaban monedas de plata. Las monedas de plata de cinco pesetas se llamaban duros. Y todavía se cuenta por duros al contar el dinero. Había algunos duros falsos, de metal inferior a la plata. Y otros llamados «sevillanos», falsos también y más difíciles de reconocer. El cajero del almacén conocía en seguida los duros falsos, por la fuerza de la costumbre. Y si alguna vez un cobrador tomaba alguno sin darse cuenta, el cajero, al contar el dinero, le decía:
—Este duro no pasa.
—No me di cuenta. Si quiere intentaré hacerlo pasar.
—No. Sería engañar.

Y ponía el duro aparte. Y así, con el tiempo, tuvo junto a la ventanilla de «pagos» un montoncito de duros todos falsos.

Un día de pago, el cajero estuvo enfermo y cuidó de hacer los pagos el mismo señor Serra. Entre otras cosas fueron a cobrar una factura de ochenta pesetas, es decir, dieciséis duros. El señor Serra vio el montoncito de duros, tomó algunos, contó dieciséis y pagó con ellos. Todo el mundo, entonces, si cobraba duros de plata, los miraba antes de guardarlos, no fuese que le dieran alguno falso. Y el que había ido a cobrar los dieciséis duros, los examinó uno a uno, se los puso todos en la mano y así los enseñó al señor Serra, a quien conocía. Y le dijo:
—¡Hombre, señor Serra! Que intente usted pasarme un duro falso... todo el mundo lo hace. Pero que me los dé falsos todos...

Otro de la casa, que lo sabía, lo aclaró todo y... nada.

EL COMUNISTA
Y EL
CRUCIFIJO

Durante la última guerra mundial, ante un avance de los rusos por territorio alemán, un cura se puso a salvo huyendo, por lo que pudiera ser. Tenía un amigo comunista. Y, antes de huir, le dio un crucifijo de oro y le pidió que se lo guardara. El comunista le prometió hacerlo y cumplió.

Los rusos, dos meses después, no habían llegado aún, pues los alemanes consiguieron detenerlos por un tiempo. Y el cura regresó a recuperar el crucifijo. Su amigo comunista se lo devolvió. Pero no era el mismo crucifijo, sino otro bastante más pequeño. El cura protestó:

—No es éste. El mío era más grande.

—Es el mismo. ¿No le parece natural que un crucifijo, después de estar dos meses en casa de un comunista, haya enflaquecido?

UN NUEVO
CONDE

A un catalán enriquecido le concedieron el título de conde. Tampoco se cita aquí el nombre ni el título. El nuevo conde fue muy homenajeado. Era hombre de ocurrencias graciosas y prefería, en vez de un largo discurso, una buena frase. Y, en uno de sus discursos en que daba las gracias, la encontró muy apropiada. Se levantó cariacontecido y dijo:

—Hoy tendrán que perdonarme, pues me siento indispuesto y apenas con fuerza para hablar. Otra vez será. Supongo que lo de hoy es una indisposición pasajera, debida al cambio de sangre. Con su perdón, pues.

Y se sentó.

Tanto le homenajearon que un tiempo después, comentándolo, decía:

—Empiezo a creer que los dos condes más famosos del mundo actual somos el conde de Luxemburgo y yo.

*El conde de Luxemburgo* es una opereta, que entonces estaba teniendo mucho éxito en todas partes.

Con el tiempo le empezó a encontrar el gusto a que le llamaran «señor conde», como se lo llamaba todo el mundo... menos el viejo jardinero que le cuidaba el jardín. El título y el apellido no coincidían. Y el nuevo conde firmaba siem-

811

pre con el título, como si hubiese cambiado de apellido. Llegó a parecerle como una falta de respeto que alguien le nombrara por el apellido. Y esto es lo que hacía siempre el jardinero. Era un apellido corriente, muy repetido en la región. Y un día, el nuevo conde le dijo al viejo jardinero.
—No es por nada, pero quisiera advertirle una cosa. ¿No se ha fijado que nadie ahora me llama por el apellido y que todos me dicen señor conde?
Y el viejo jardinero, cachazudo, repuso:
—Bueno, señor X [el apellido], déjelos que lo digan. Ya se sabe que la gente es así.
Y continuó llamándole siempre por el apellido.

ORATORIA
DE UN
DIPUTADO
A CORTES

No se dice el nombre del protagonista de esta anécdota porque sus hijos viven y... Era un buen señor fabricante catalán, con buena fortuna, al que había sido concedido el título de conde de... la localidad donde tenía la fábrica. Un título no concedido, precisamente, por heroísmo en acciones bélicas.
El buen señor era, además, diputado a Cortes por aquella demarcación. En fin, sin ser propiamente cacique, un ilustre prócer, de los que dan nombre a una calle y a los que, si hace falta embellecer la localidad, se les erige estatua.
Coincidió el ilustre prócer en Madrid con dos amigos, también catalanes. Había aquella tarde sesión en el Congreso. El ilustre prócer les dijo a sus amigos que fuesen a oírle hablar.
—¿Hablarás tú, hoy?
Dijo que sí, que hablaría y que si le querían oír... Los amigos suponían que el ilustre prócer no era un gran orador. Y, hasta por curiosidad, fueron al Congreso, a escucharle.
Llegaron, se sentaron en primera fila en el público, vieron al ilustre prócer en su escaño y esperaron. Se prolongaba la sesión y el ilustre prócer no se levantaba. Hasta que al fin, después de mucho rato, cuando ya faltaba poco para que terminara la sesión, en un momento de silencio general, el ilustre prócer se levantó, dirigió la mirada hacia sus dos amigos, dio un

manotazo sobre el brazo del escaño y gritó:
—¡Señores diputados!
Se sentó en seguida otra vez y volvió a mirar a sus dos amigos como lanzándoles con la mirada esta pregunta: «¿Os ha gustado?». Y aquél fue todo su discurso.

El mismo señor presidió la inauguración de un monumento en una de las localidades de su distrito electoral. Una vez descubierto el busto del personaje, casualmente nacido allí, el alcalde de la localidad discurseó un rato; ni bien ni mal, como supo; dijo lo que tenía que decir dadas las circunstancias. Y después del alcalde, se levantó el ilustre prócer. Estábamos allí, entre el público. Y un desconocido, al ver al ilustre prócer que se levantaba, nos dijo:
—Éste sí que poca cosa dirá.
Se ve que le conocía. Y el ilustre prócer, mesurada la voz y gallardo el ademán, dijo:
—Yo, señores míos, me adhiero en todo y por todo a las elocuentes palabras que acaba de pronunciar vuestro señor alcalde.
Y se sentó.

MUJER
COMPASIVA

Una viejecita, buena y compasiva mujer, vio que dos hombres llevaban a otro atado, lo ponían atravesado sobre la vía del tren, el cuello sobre uno de los rieles, y lo ataban fuerte en esta posición. Se les acercó y les dijo:
—No quisiera meterme en lo que no me importa, pero..., dadas las circunstancias, me creo en el caso de advertirles que ésta es una vía muerta y que por aquí no pasa ningún tren.

LA
STARLETTE
EQUIVOCADA

Cuentan de una *starlette* que la primera vez que tuvo un papel en una película, se presentó muy ligera de ropa, tan ligera, que exagerando un poco, se podía decir que lo enseñaba todo. Y la *script*, cuando la vio, le dijo:
—No, no, vestida así no creo que sea oportuno. Estropearía la escena.
—¿No le parece todo lo contrario?
—En este caso no. Es una escena breve entre una mujer casada y su marido. Y el marido va y le dice: «Querida, me parece que tú me ocul-

tas alguna cosa»: Si la ven así, cuando el marido diga esto todo el mundo se echará a reír.

## ERRORES PUBLICITARIOS

Se dice de unas, hace años, famosas pastillas para la tos, que alcanzaron cifras muy altas de venta, gracias a anunciarse con un error gramatical, así: «Si toséis, toméis pastillas tal».

También se dice de una relojería que, en su cartel, se anunciaba así: «Reloges de presición».

Y que mucha gente entraba en la tienda a decirle al dueño que relojes se escribía con jota y que no era *presición* sino *precisión*. Y el relojero les decía:

—Lo sé; pero así la gente entra, como ha entrado usted. Y una vez dentro... ¿no le hace falta un buen reloj?

Por si a algún comerciante le parece aprovechable, le sugerimos otra posibilidad, a condición de que su negocio sea una sombrerería: que ponga en el cartel: «Preciosos sombreros a precios asombrosos». Puede chocar.

## TRES MESES EN EL FRENTE POR EXCESO DE SUEÑO

El cabo norteamericano J. Murphy, durante la guerra de Corea, se equivocó de tren cuando iba a comenzar un permiso, y estuvo luchando en el frente por espacio de otros tres meses.

Un policía le indicó el tren que suponía le conduciría a las cercanías del sitio donde estaba el cuartel general de su grupo de aviación. Se quedó dormido en el tren y despertó más al norte del paralelo 38. Allí trató de explicar a los oficiales de un regimiento que se había perdido, y que tenía que volver a su unidad. Sospecharon que trataba de desertar y no le hicieron caso. Le dieron un fusil y le mandaron al frente. Después tomó parte en tres operaciones de patrulla y ganó una cinta de combate como soldado de infantería. En una última acción fue citado por méritos de guerra. Cuando, al fin, pudo volver a su compañía, el capitán al verle le preguntó:

—¿No estaba con permiso?

—Oficialmente, sí. Pero... Bueno, cuando termine la guerra le contaré todo lo que ha pasado.

Y, según parece, le visitó un día en Norteamérica, después de terminada la guerra, y se lo contó.

## VISIÓN ATÓMICA DEL FUTURO

En Norteamérica, un obrero de un arsenal atómico dejó caer distraídamente una bomba de mano. Y la bomba estalló. Y el estallido hizo estallar a todas las otras bombas que había en el arsenal. Fue otro estallido mucho mayor que hizo estallar las bombas de otros arsenales. Y así la explosión se comunicó, en cadena, a todo el país. Y de Norteamérica se comunicó a la URSS, y de la URSS a China y a Europa. Con un resultado imprevisto: el fin del mundo.
Al oír tanto ruido, el Padre Eterno sopló las nubes, apartándolas, y miró hacia la Tierra. Lo vio todo más o menos como al principio de los siglos, sin ningún edificio. Y vio cómo de un agujero salía un hombre vivo, un solo hombre vivo. Y cómo de otro agujero salía una mujer viva, una sola mujer viva. No vio a nadie más y dijo a los que le acompañaban:
—Son Adán y Eva, sin duda alguna. Pero ¿dónde está el paraíso terrenal que hice para ellos?

## CUANDO LA MUJER ACCEDE

Un marido vuelve una noche muy tarde a su casa. La mujer, ya acostada, se despierta al oírle entrar. Mira la hora y le pregunta:
—¿Tan tarde? ¿Dónde has estado?
—Una cena de negocios, ya lo sabes. Y a eso de las doce ya estaba aquí. Pero en el momento de cruzar me encontré a esa amiga tuya que vive enfrente, y cuya hija se casó hace cosa de un mes. Le he preguntado que cómo le iba el matrimonio a su hija. Y... me lo ha contado.

## CORTESÍA MILITAR

Durante la guerra mundial un aparato norteamericano entró, en vuelo, en territorio suizo. Y recibió una advertencia telegráfica:
—¡Atención! ¡Atención! Está volando sobre Suiza.
El piloto norteamericano contestó:
—Ya lo sé.
Y siguió su camino por el cielo suizo. Le advirtieron por telégrafo que si no retrocedía abrirían fuego contra él con los antiaéreos. El piloto norteamericano no contestó. Y los antiaéreos suizos abrieron fuego. Entonces el pilo-

to les mandó otro comunicado: «Les advierto que apuntan demasiado bajo». Y recibió la misma contestación que había dado él antes: «Ya lo sabemos».

## EL JESUITA Y EL DOMINICO

En un tren que había salido de Roma viajaban dos religiosos, un jesuita y un dominico. Sentados frente a frente, entablaron conversación. El jesuita encendió un pitillo. Y el dominico, entristecido, le dijo:
—Yo no puedo fumar. El santo padre me lo acaba de prohibir.
—¿Cómo ha sido?
—Le he pedido permiso y me lo ha negado.
—¿Cómo se lo ha pedido, si se puede saber?
—Muy sencillamente: le he dicho si me daba permiso para fumar mientras meditaba. Y me ha dicho que no.
—Pues a mí me ha dicho que sí. Claro que yo no se lo he preguntado igual. Yo le he preguntado si me daba permiso para meditar mientras fumaba. Y me lo ha concedido.

## ATRACADOR DESNUDO

La cosa ocurrió en un barrio extremo de Buenos Aires. El dueño de un bar había cerrado su establecimiento, después de apagar las luces, y se iba a su casa. Le pareció oír dentro un ruido sospechoso y volvió a entrar. Y entonces vio que, por una claraboya, se descolgaba un hombre completamente desnudo. El dueño del bar sacó su pistola de un cajón y esperó que el desconocido llegara a tierra. Y entonces le gritó:
—¡Manos arriba!
Y era, en efecto, un ladrón o, más exactamente, tres ladrones; sólo que los otros esperaban fuera. Y el «desnudo» había entrado a vaciar la caja del bar. Y había entrado desnudo, porque los otros dos habían querido evitar, así, que escapara por otro sitio con lo robado sin darles la parte correspondiente. Parece ser que el razonamiento de los ladrones fue éste: «Somos ladrones y los ladrones no son de fiar. Así, pues, el designado por la suerte entrará desnudo. Y tendrá que volver después a recoger su ropa».
Que no fue recogida, pues el dueño del bar le dio al ladrón un abrigo para que se cubriese, y

le llevó directamente a la policía. Lo que no se sabe es si la ropa fue o no recuperada después.

**HIJA DE UN ESTRAPERLISTA**

En la época del auge del estraperlo, a la hija de un acaudalado estraperlista, con motivo de los exámenes de fin de curso, le pusieron, como composición literaria, la historia de una familia pobre.

Y la niña, después de pensar un rato, escribió:

«Érase una vez una familia pobre. El papá era pobre, la mamá era pobre, los hijos eran pobres. El mayordomo era pobre. Las doncellas eran pobres. La cocinera era pobre. El chófer era pobre. Los otros criados de la casa eran pobres. Y cuando daban una fiesta a los amigos, todos los amigos eran pobres también. ¡Los pobres!».

**EL BUEN ZAPATERO REMENDÓN**

Nunca le supe el nombre y le llamé siempre «el zapatero remendón de aquí cerca». Y es que tenía su obrador muy cerca de nuestra casa. Alguna vez le llevé zapatos a remendar. Lo hacía todo a mano, como los antiguos zapateros remendones, y tardaba algunos días. Tenía, en el suelo, un montón de zapatos para componer. Decía:

—Tal día, a tal hora.

Y nunca fallaba. Era fama, en el vecindario, que nunca salía de su obrador, escondido en el recinto de una entrada. Le pregunté si era verdad y me dijo que sí. Le pregunté si tenía curiosidad por acudir a otros sitios y ver otras cosas, y me dijo que no. Le pregunté si le bastaba con su trabajo diario y me dijo que sí. Le pregunté si era feliz con tan poca cosa y me dijo que sí. Quise saber más, saber sus motivos, y me dio esta simple explicación:

—Es que a mí me gusta remendar zapatos.

**PEÓN CAMINERO CUMPLIDOR**

Un hombre que va de paseo ve a otro que está dormido al borde de la carretera. Le parece, por la gorra, que es un peón caminero. Empieza a oscurecer y el paseante, creyendo que en cierto modo cumple un deber humanitario, sacude al peón caminero y le despierta. El dormido despierta de mal humor.

—¿Qué pasa? ¿Por qué me sacude de esta forma?
—Es que es muy tarde, más de las ocho, y he pensado que...
—¿Más de las ocho?
—Sí, mire.

Y le enseña la hora en el reloj. Y el peón caminero, fastidiado, dice:

—¡Vaya! Vea por dónde he trabajado una hora más de la cuenta. Y luego dirán.

## FERROVIARIO DISCIPLINADO

Cuentan de un ferroviario británico que, después de medio siglo de servicio, fue jubilado. Y había sido tan buen observador de los reglamentos que, en premio a sus muchos años de servicio, la compañía le regaló un vagón de tren, un viejo vagón ya jubilado también. El ex ferroviario puso el vagón en el jardín de su casita, y era relativamente feliz los ratos que pasaba contemplándolo, o sentado en uno de los viejos asientos de madera. Un día de lluvia le visitaron algunos amigos, ex compañeros suyos de trabajo. Le encontraron en el jardín, bajo la lluvia, junto al vagón. Y le gritaron:

—¿Qué haces aquí mojándote? ¿Por qué no subes al vagón?

El ex ferroviario les enseñó la pipa encendida.

—Sí, sí; en seguida que acabe de fumar esta pipa.

—¿Y esto qué tiene que ver?

—Sí. Este vagón mío lleva el aviso de prohibido fumar. Y ¿qué voy a hacer?

## RAZÓN CONTRA EL MATRIMONIO

Algunas anécdotas iguales se cuentan atribuidas a personas distintas. ¿Quién dijo que cuanto más trataba a los hombres más afecto sentía por los perros? Lo único difícil es saber quién fue el primero que lo dijo. Después muchos lo han repetido. Otra anécdota que se ha atribuido a personajes distintos, todos solteros, es ésta:

Les preguntan si han tenido alguna razón para no casarse. Y dicen que sí, que han tenido una; que una vez, en autobús o en metro, dieron un pisotón a una mujer. Y ella les gritó, enojadísima:

—¡Bruto! ¡Idiota! ¿Es que no miras dónde pones los pies?
Y que, al volver el rostro y ver al protagonista del cuento, asustadísima, añadió:
—¡Oh, perdón! Creí que era mi marido.
Y en ninguna de las anécdotas se dice nada de la reacción del marido, que, seguramente, estaba allí al lado.

## UN SALERO ASEGURADO CON SALERO

Cuentan de un hombre muy rico y muy avaro, como algunos ricachos lo son, que tenía todos los objetos de su casa, algunos de mucho valor, asegurados contra robo.
Un día le entraron ladrones y se llevaron algunos objetos de valor. La compañía de seguros los pagó todos, según la valoración que previamente se había hecho.
Entre lo robado figuraba un salero de plata con incrustaciones de oro, que era el usado por el dueño de la casa a las horas de comer. Estaba valorado en cinco mil pesetas. Y la compañía, en la relación de pagos presentada, puso: «Un salero de plata y oro, 5.000».
Esta partida fue corregida por el dueño de la casa, que cambió por un 2 el penúltimo cero. Y así la cantidad quedó en 5.020. Cuando en la compañía de seguros le preguntaron el motivo de la corrección, dijo:
—Estaba lleno; es el precio de la sal.

## MUERTES PREFERIDAS

Tres hombres, ya en la última madurez, hablaban de la muerte, no lejana para ninguno de ellos. Y decían cuál sería la muerte que les gustaría más. Uno dijo:
—A mí me gustaría morir de repente, sin darme cuenta de nada.
Los otros dos no fueron de la misma opinión. Uno dijo:
—A mí no. Yo prefiero morir en la cama, después de una breve enfermedad, rodeado de mis hijos y de mis nietos, despedirme de todos, darles los últimos buenos consejos. En fin, una muerte bien organizada, como corresponde a mi posición.
Y el tercero, que les había dejado decir, saltó al fin:
—Pues a mí me gustaría morir a manos de

un marido celoso, que me sorprendiera *in fraganti* con su mujer. Una muerte también bien organizada, com corresponde al alegre solterón que he sido toda mi vida.

SI QUIEREN
VIVIR
CIEN AÑOS

En los Estados Unidos hay algunos centenarios, lo mismo que en otros países. Y allí, de vez en cuando, se celebran fiestas de centenarios, a las que se invita a cuantos se puede encontrar que hayan cumplido los cien años. Y la costumbre es preguntarles a todos a qué atribuyen su bien llevada longevidad. Se toma nota de todo, se mandan las notas a las computadoras y se cree que, de este trabajo, saldrá una estadística que permitirá a todos los ciudadanos vivir algunos años más; de lo que, en realidad, no sacarán ningún provecho para el bien común, pero en fin...

En una de esas fiestas de centenarios, el investigador repetía a todos los festejados la misma pregunta:

—¿A qué atribuye usted su tan bien llevada longevidad?

Sólo hubo una coincidencia en casi todas las contestaciones: que todos ellos habían tenido una vida matrimonial feliz y tranquila. Pero la contestación más curiosa fue la de un centenario soltero, sin vida matrimonial anterior ninguna. Se llamaba Jim Taylor, y dijo claramente:

—Debo mi longevidad a que la policía no ha sido nunca capaz de encontrar al asesino de un tal Tom Browns, que fue muerto a tiros en Chicago, el día 4 de marzo de 1908.

Un crimen del que se había hablado mucho y que algunos de los presentes recordaban.

FELIZ
HALLAZGO

Dos médicos cirujanos hablaban de operaciones curiosas. Y uno de ellos contó este caso:

—Pues yo, hace poco, operé de urgencia a un buen hombre que, mientras comía una ostra, se había tragado una perla.

—¿Y la encontraste?

—Sí, por suerte; pues después de valorada y vendida, el dinero fue suficiente para pagar la intervención y la estancia en la clínica. En realidad, un caso de suerte tanto para el enfermo como para la clínica.

## VIVA DEPORTIVAMENTE

En un campo de golf. Un ladrón huía por allí con el botín de su último robo en un saco a la espalda. Uno de los jugadores le vio. Sospechó y se dirigió hacia él. El ladrón vio al jugador y echó a correr. El jugador buscó una piedra grande, la encontró al fin, cargó con ella y echó a correr detrás del ladrón. La piedra le impedía correr demasiado aprisa, pero, a pesar de todo, consiguió alcanzar al ladrón, aunque bastante lejos del campo de golf. El ladrón le entregó el saco con el botín y le pidió que le dejara escabullirse. Y el jugador de golf, que no era policía, recuperado el robo, dejó suelto al ladrón. Otros jugadores le habían visto correr, con la piedra. Y le vieron después regresar, con el saco del ladrón. El jugador entonces les contó todo lo ocurrido. Y una jugadora le preguntó:

—Y lo de la piedra, ¿por qué?

—Esto es un terreno de golf y somos deportistas. Soy más joven y más fuerte que el ladrón, y él iba cargado. Habría sido antideportivo jugar con tanta ventaja. Y cargué con la piedra.

## EL BEY Y LA GUILLOTINA

El bey de Túnez (así lo dice la historia y así lo dejamos) visitaba París y quiso, entre otras cosas, comprar una guillotina. Para implantarla en sus dominios.

Le dijeron que no había ninguna en venta y se ofrecieron a enseñarle la que tenían montada en una dependencia de la cárcel. Fueron allí, el bey la examinó y preguntó cómo funcionaba. Se lo explicaron más o menos. El bey no lo acababa de entender y preguntó si podía verla funcionar. Señaló a uno de los funcionarios que le acompañaban:

—Con éste, por ejemplo.

Le dijeron que no era posible, que en Francia no era costumbre guillotinar a nadie sino después de una condena a muerte.

Cosa que, al parecer, dejó muy sorprendido al bey de Túnez.

## GENEROSIDAD PÚBLICA EN LOS ESTADOS UNIDOS

Se dice que la gente, en Nueva York, es indiferente a las desgracias ajenas, y que un hombre puede estar muriéndose en mitad de la calle sin que nadie se acerque a auxiliarle. Esto puede ser verdad, pero en todo caso es debido a una ley que prohíbe a los transeúntes tocar a los heridos por accidentes callejeros. Pero la gente no es indiferente ni mucho menos. Y se cuenta el caso que, a continuación, explicamos. De una fábrica de vidrio salía un camión lleno de cristalería. Justo al salir, chocó con otro camión más grande, y se rompieron muchos de los vidrios. El conductor del camión miraba los cristales rotos, muy acongojado, sin saber qué hacer. Y entonces un buen señor transeúnte, uno que ocasionalmente al parecer pasaba por allí, le dijo:

—Supongo que usted tendrá que pagar todos esos vidrios rotos.

—Pues esto me temo, señor. ¡Calcule!

Se había reunido gente alrededor de los hombres y del destrozo. Y el transeúnte sacó un dólar de su bolsillo y se lo ofreció al conductor:

—¡Tome! Un dólar. Y si me permite que pase su gorra, espero que algunos de esos señores le socorrerán también.

El conductor, emocionado, dio su gorra al buen señor y éste fue pidiendo ayuda a todos los que se habían detenido a curiosear, y a otros que se acercaban al suponer que allí ocurría algo. Y así el buen señor consiguió reunir hasta cien dólares. Y ante el grupo de curiosos, que había aumentado, se los dio al conductor.

—¡Tome! Este dinero le será una buena ayuda.

Y se fue. La gente se dispersó. El conductor quedó allí recogiendo los cristales rotos. Y entonces volvió el buen señor; él y el conductor se saludaron y el conductor le devolvió el dinero.

—¿Bastará?

—Creo que sí, más o menos.

El buen señor era el dueño de la fábrica y el conductor uno de sus empleados.

## DOS VIEJOS AMIGOS

En una revista italiana se publicó un encuentro entre dos amigos que no se veían desde tiempo atrás. Traducido al castellano sería así:

—¡Hombre, Pepe! ¿Tú por aquí? ¿Y cómo te va?
—Pues no del todo bien, como quien dice. ¿Y a ti, Manolo?
—No, no, tú primero. ¿Qué te pasa?
—Murió mi mujer.
—Esto sí que es malo de veras.
—Bueno, no tan malo. Me he casado con otra mucho más joven y más bonita.
—Así, todo ha sido para bien.
—Tampoco tanto. Verás, el caso es que mi mujer sufre cierto reumatismo.
—Eso empieza a ser malo otra vez.
—Tan malo, no, pues en la puerta de enfrente a la nuestra vive un médico.
—¡Menos mal!
—No, no, peor. Porque resulta que este médico y mi mujer se han dado cuenta de que son almas gemelas y...
—¡Eso sí que es malo!
—Tan malo, no, pues mientras mi mujer está con el vecino, la mujer del vecino, que es muy bonita, se consuela conmigo.
—Entonces, di que lo pasas bastante bien.
—En realidad ni mal ni bien. Tirandillo nada más. ¿Y tú?
—Pues tampoco me puedo quejar. ¡Te invito a un café!
El otro aceptó la invitación y se tomaron dos cafés; uno lo pidió solo, el otro cortado y se los sirvieron al revés, como suele ocurrir.

DECLARACIÓN

En un juzgado municipal. Es la vista de una causa por escándalo en mitad de la calle. El juez pregunta al agente que ha detenido al acusado:
—¿Qué dijo el acusado cuando lo detuvieron?
—¿Lo digo con sus palabras textuales o suprimo los tacos?
—Sin tacos, sin tacos, por respeto a la sala.
—Pues... no dijo nada.

LEÍDO ASÍ

Cuentan de uno de nuestros cómicos que le dijo un día a Carmen de Lirio:
—Yo soy capaz de dar un beso a una mujer sin tocarla.
—Esto es imposible.

—¿Te apuestas un duro?
—Sí.
Y el cómico la tomó por la cintura, la enlazó y le dio un sonoro beso.
—¡Pero tú me has tocado!
—Sí. Ahí tienes el duro.
Y se lo dio.

EXAMEN DE HISTORIA

En unos exámenes de historia el examinador pregunta al examinando:
—A ver, algunos acontecimientos memorables ocurridos en 1483.
El muchacho lo piensa y, al fin, feliz, grita:
—¡El nacimiento de Lutero!
—Muy bien. ¿Y en 1488?
El muchacho piensa otro buen rato y, al fin, dice:
—¡Ah, sí! Que Lutero cumplió cinco años.

JUSTICIA TURCA

Hubo hace años, en París, un crimen del que se habló mucho. Una tal señora Chevalier tenía relaciones íntimas con un hombre conocido, casado con otra. Y ésta, en un arrebato de celos, mató a su marido. Durante el proceso, un periodista dijo:
—En Turquía, a quien habrían condenado es a la señora Chevalier.
Que, por cierto, a juzgar por las fotografías, era muy bonita.
—¿Has estado en Turquía? —le preguntaban.
—Sí, de corresponsal. Y allí, a la mujer descubierta en infidelidad, la cosen dentro de un saco con dos gatos hambrientos y la arrojan al Bósforo.
Y añadía en seguida:
—Bueno, esto era antes; ahora ya no.
—Claro, se van civilizando.
—No, no; es que se les han acabado los gatos.

MEMORIAS DE VIAJE

Cuentan de cierta buena señora norteamericana, que había viajado mucho por todo el mundo y que en todas partes tomaba notas de todo. Después, las perdía y las rehacía de memoria. Y esto, una y otra vez. Ya en la madurez, recapituló todas sus notas, con el propósito de publicarlas en un libro. La recapitulación empezaba así:

Los tres animales más indígenas de Australia son el canguro, el ornitorrinco y el bumerán.
Algunos de los habitantes del antiguo Egipto todavía en buen estado de conservación, se llaman momias.
El templo antiguo más importante de Grecia es el Páncreas.
Lipton es la capital de la isla de Ceilán.
Por fin he comprendido por qué la hora en Norteamérica va mucho más atrasada que en Europa; claro está, es que América se descubrió mucho más tarde.
En España hay dos ciudades muy importantes: Donjuán y Elcid.
El puerto de Atenas se llama Piorrea.
En África, los principales pobladores del país son las tribus tam-tam.
Las pirámides son unas montañas que separan Francia de España.
Etcétera. No se sabe que el libro se haya publicado; pero si se publica será interesante leerlo.

FUERZA MAYOR

Dos aristócratas españoles dejaron de tratarse por un conflicto de intereses entre ellos. De pronto un día, en el casino, los otros socios vieron que se hablaban como si nada hubiese ocurrido. Uno les preguntó:
—¿Es que habéis hecho las paces?
Y uno de los dos, contestó:
—Sí, por un caso de fuerza mayor.
Y entre los dos contaron lo siguiente: Había entonces en Madrid, donde ocurrió el caso, un buen establecimiento de sauna, en el que los clientes coincidían casi desnudos, la mayoría sólo con una toalla, en la misma estancia, a altas temperaturas. Uno de los dos entró un día en la sauna. Dentro había una sola persona. Y era el otro. Estuvieron allí bastante tiempo y, como es de suponer, tuvieron que hacer las paces.

LIMPIEZA CIUDADANA INDIA

En una ciudad india, muy sucia, como casi todas las ciudades de allí, hubo una vez un gobernador limpio. La calle principal de la ciudad estaba siempre llena de barro. El gobernador ordenó que se quitara todo el barro y se adoquinara con piedras nuevas toda la calle. Obligó a los vecinos a hacerlo ellos. Y los vecinos estuvieron días y días sacando barro. Tanto sacaron, que, al fin, apareció un adoquinado perfectamente conservado gracias al barro que se había acumulado encima. Se consultaron los archivos de la ciudad y se descubrió que allí, muchos años atrás, había habido también un gobernador limpio.

## ASÍ SE INVITA A COLABORAR

El gobernador de una ciudad china pidió dinero a todos los ricos de la ciudad. Lo necesitaba para hacer mejoras. Y todos los ricos se negaron a darle dinero. Eran nueve. El gobernador los encarceló a todos, a ellos nueve y, con ellos, a un pobre infeliz que nunca había tenido un cheng (es moneda china, o lo era). Y les amenazó a todos con que, si no le daban el dinero, les cortaría la cabeza. Ninguno le dio dinero. El gobernador cumplió su palabra; les reunió a todos en el patio de la cárcel y mandó cortar la cabeza a uno de ellos, precisamente al pobre sin un cheng. Y los otros, al ver que la cosa iba en serio, todos dieron dinero. Y después el gobernador decía:

—Así he matado dos pájaros de un tiro: me he librado de un ser inútil y he obtenido el dinero que necesitaba.

## EL PRÍNCIPE Y EL MAÎTRE

Se cuenta de un príncipe europeo, sin decir de qué príncipe se trata, que después de la primera guerra europea estuvo en Nueva York. Había triunfado la Revolución rusa, y Europa y América estaban invadidas por nobles rusos, que lo habían perdido todo y trabajaban en lo que fuese para ganar algún dinero. El príncipe europeo entró en un restaurante. No había ninguna mesa libre. El príncipe, por si aquello podía facilitarle una mesa, se dio a conocer. Dijo al *maître*:

—Soy el príncipe tal. ¿Tiene un sitio para mí?

Y el *maître*, muy correcto, le contestó:

—Lo siento, pero me sobran camareros. Lo único que me hace falta es una mujer para fregar los platos.

No dice la anécdota cómo acabó la cosa.

## CÓMO RESOLVER LA DUDA

Un enfermo del corazón está ya decidido a que le operen. Se encarga de la operación un famoso cirujano, que ha hecho ya algunos trasplantes; corazones ha operado muchos e incluso ha conseguido sustituir algunos corazones enfermos por corazones artificiales. En fin, una eminencia.

Llegado el momento de la operación, el enfermo no ve al famoso cirujano.

—¿Y el doctor X? —pregunta.

Uno de los ayudantes del doctor le dice:

—Es que está en una duda. No sabe si intervenir su propio corazón, si cambiarlo por otro corazón humano o hacerle un trasplante.

—Que haga lo mejor.

—Todo puede ser bueno.

—¿Y dónde está ahora el doctor X?

—Ha ido a buscar una moneda.

## SISTEMA MÉDICO CHINO

Es fama que, en tiempos del Imperio, los médicos chinos no cobraban sus visitas a los enfermos. Pero les cobraban una cantidad fija todos los meses mientras estaban sanos. Cada médico tenía sus clientes, todos le pagaban un tanto y dejaban de pagarle tan pronto como enfermaban. De esta forma, se aseguraba el interés de los médicos en la salud de los enfermos.

## PROFESOR IMPROVISADO

Un pintor catalán pasaba un tiempo en París y estaba sin un duro. Leyó en un diario el anuncio de un buen señor que buscaba un profesor de griego. Tenía que resolver negocios en Atenas y quería aprender el griego lo más aprisa posible. El pintor fue a ver al solicitante y se ofreció. Cerraron trato y empezaron las lecciones. Y así, en relativamente poco tiempo, el pintor enseñó al otro... el catalán, que era el único idioma que sabía bien.

No decimos el nombre del pintor, pues todavía vive (y cuya vida guarde Dios muchos años). Y cuando lo contaba, decía:

—Supongo que mi discípulo, al llegar a Atenas, se enteró en seguida de que él no hablaba griego, sino otra cosa. Lo que no tengo ningún dato por suponer es cómo y cuándo descubrió cuál era el idioma que tan bien aprendió.

## A MANERA DE DESPIDO

Es de suponer, deseado lector, que no has leído este libro de un tirón, ni mucho menos. Y que si has llegado al final ha sido, si no a trompicones, a saltos. Es de suponer también que algún sabroso recuerdo te queda de esta lectura, y que algunas de las anécdotas leídas las repetirás, en alarde de erudición, cuando las circunstancias te parezcan favorables. Con esto quedará recompensado nuestro trabajo de recopilación. Y si nos admites un consejo, te lo damos, a manera de despido, para el mayor bien de los futuros anecdóticos. Y es así: Que al repetir algunas de las anécdotas del libro les añadas cualquier ocurrencia, fruto de tu ingenio, que pueda mejorarlas. Y con esto contribuirás a la forma definitiva perfecta que algún día llegará a tener la anécdota en la leyenda. Puesto que no es en la historia, sino en la leyenda, donde las versiones de todo aquello que ya pertenece al pasado, o sea de absolutamente todo, se hacen inmutables.

www.ingramcontent.com/pod-product-compliance
Lightning Source LLC
Chambersburg PA
CBHW070815250426
43672CB00030B/2588